제4판

자본시장법

CAPITAL MARKETS LAW

김건식 · 정순섭

박영사

제 4 판 머 리 말

2013년 이 책의 제3판을 출간한 이후 햇수로 정확히 10년이 지났다. 그동안 자본시장법은 불공정거래와 사모펀드 등에 관하여 중요한 개정이 이루어졌다. 금융회사지배구조법과 금융소비자법 등 자본시장에 직간접적인 영향을 미치는 입법도 이루어졌다. 디지털기술을 금융에 접목한 핀테크의 발전은 자본시장실무에도 큰 변화를 일으키고 있다.

제4판의 발간이 늦어진만큼 우선 지난 10년간의 제도와 실무의 변화, 그리고 새로운 판례와 실무사례를 추가하기 위해 세심하게 노력하였음을 밝혀둔다. 제4판에서 특히 변화된 내용은 제2장 금융투자상품, 제3장 금융투자업, 제18장 영업행위규제, 그리고 제21장 집합투자의 4장이다. 제2장 금융투자상품에서는 투자계약증권의 개념에 관하여 새로이 의견을 추가하였다. 제3장에서는 증권형 크라우드펀딩을 대상으로 온라인소액투자중개업과 투자일임업과 관련하여 로보어드바이저에 관한 내용이 새로 추가되었다. 핀테크의 발전에 따른 자본시장의 변화를 이 책에 어떻게 추가할 것인지는 새로운 과제가 되고 있다. 제18장에서는 적합성원칙과 설명의무와 같은 판매규제를 금융소비자법으로 이관한 입법상 변화를 반영하였다. 제21장 집합투자에서는 2021년 새로이 도입된 사모펀드규제가 중요하다. 제3판의 제21장 자산유동화는 제4판의 제21장에 포함하여 기술하였다 이와 함께 제3판이 발간된 이후 새로이 나온 대법원 판례를 포함하여 그동안의 많은 이론적 및 실무상 의문에 명확한 시각을 제시해 준 것은 특기할만하다.

제4판을 준비하는 과정에도 여러분의 도움을 받았다. 서울고등법원의 김상철 고법판사, 연세대 김유성 교수, 고려대 류경은 교수, 증권선물위원회 비상임위원인 법무법인 세한의 송창영 변호사, 그리고 서울법대 이정수 교수는 원고를 꼼꼼히 읽고 의견을 주었다. 연세대 김유성 교수는 대법원 재판연구관으로 근무하면서 수집한 판례자료도 보내주어 개정 작업에 큰 도움을 주었다. 금융위원회의 심원태 사무관은 자본시장관련 통계와 실무사례를 찾는 데 많은 기여를 하였다. 서울법대 대학원의 김학유 변호사는 원고 전반의 편집과 함께 법령확인과 색인작업을 담당해 주었다. 이 자리를 빌어 도움을 주신 여러분께 깊이 감사드린다. 끝으로 새로이 이 책의 발간을 맡아주신 박영사 안종만 회장님과 조성호 이사님 그리고 편집을 맡아준 김선민 이사님께도 감사의 뜻을 전한다.

2023년 8월

김건식 · 정순섭

머 리 말

이 책의 목적은 자본시장에 관한 법적 규제를 체계적으로 조망하는 것이다. 우리 자본시장법제의 골간을 이루는 것은 금년 2월 4일 발효된 자본시장과 금융투자업에 관한 법률("자본시장법")이다. 자본시장법은 종래 증권거래법, 선물거래법, 간접투자자산운용업법, 신탁업법 등으로 복잡하게 갈려 있던 관련법률들을 하나로 통합한 맘모스 법률이다. 내용면에서는 금융투자업자들의 활동영역을 넓혀줌으로써 자본시장의 발전을 도모하는 동시에 법적 구성면에서는 영국식 요소를 대폭 가미하였다.

자본시장법은 2005년부터 약 3년에 걸친 준비작업 끝에 제정되었다. 입법과정에서는 물론이고 시행준비과정에서도 기대의 눈길 못지 않게 우려의 목소리가 적지 않았다. 특히 법시행을 앞두고 급속히 전세계로 확산된 금융위기는 자본시장법에 대한 회의론에 힘을 실어주기도 했다. 그러나 금융위기를 핑계로 자본시장법을 반대하는 것은 마치 교통사고위험을 이유로 자동차를 없애자는 논리와 비슷한 것으로 여겨진다.

자본시장법의 적용대상인 증권거래와 파생상품거래는 매우 매력적인 동시에 난해한 법분야이다. 우선 거래의 기초인 금융투자상품을 제대로 이해하는 것부터 만만치않은 일이다. 이러한 상품과 거래를 파악하기 위해서는 경제학, 재무관리, 회계학 등 관련 분야는 물론 자본시장의 실제 운영에 관한 기본지식이 필요하다. 게다가 이들 상품과 거래는 시시각각으로 진화하고 있다. 동일한 경제적 기능을 가진 상품이라도 금융투자업자의 전문성이나 투자자의 투자목적에 따라 다른 형태나 구조를 취하는 경우도 적지 않다. 자본시장법이 기관과 상품을 기초로 하는 종래의 규제체계를 기능중심의 규제체계로 전환한 것도 시장의 급속한 변화에 능동적으로 대응하기 위한 것이다.

이 책은 자본시장법의 모든 분야에 걸쳐 기초적인 정보를 제공하는 것을 일차적인 목적으로 한다. 기본적인 구성과 기술방식은 이 책의 모태라고 할 수 있는 김건식, 증권거래법 제4판(2006)과 크게 다르지 않다. 그러나 자본시장법이 증권거래법과 근본적으로 다른 구조를 취하고 있는 점을 반영하여 새로이 편과 장을 구분하였다. 아쉬운 것은 출간일자를 자본시장법의 시행에 맞추다 보니 이론과 실무의 양면에서 보다 심도있는 검토를 후일로 미룰 수밖에 없었다는 점이다. 독자들의 너그러운 이해를 구하면서 빠른 시일내에 개정판을 내서 미흡한 부분을 보완할 것을 약속드린다.

이 책을 준비하는 과정에서도 여러분들의 도움을 받았다. 무엇보다도 서울법대 박준 교수의 도움이 컸다. 박교수는 풍부한 실무경험과 폭넓은 지식을 바탕으로 초고단계에서부터 수많은 사항을 지적해주었다. 김·장법률사무소의 정남성 위원, 한국거래소의 엄세용 부장, 외국어대 법대의 안수현 교수는 원고를 꼼꼼히 읽고 검토해주었다. 서울법대 대학원의 김유성군은 법령확인작업을 맡아 주었다. 이 자리를 빌어 도움을 주신 여러분들께 다시 한번 진심으로 감사드린다. 끝으로 이 책에 대해서 변함없는 관심을 베풀어주고 계신 두성사 부성요 사장님께 깊이 감사드리는 바이다.

2009년 2월

金建植·鄭順燮

목   차

제1편 총   설

제1장 서   설

제 2 장   금융투자상품

제 3 장 금융투자업

제 4 장 투 자 자

제 2 편 발행시장과 유통시장

제 5 장 발행시장의 규제

제 6 장　유통시장과 공시

제 7 장　기업인수에 대한 거래의 규제

제 3 편   불공정거래규제

제 8 장   미공개중요정보이용행위

제 9 장 시세조종행위

제10장 부정거래행위 등

제 4 편   자본시장의 기초

제12장   금융투자상품시장

제13장　금융투자상품거래의 법률관계

제14장 금융투자상품의 청산·결제

제15장   금융투자업관계기관

제 5 편   금융투자업자의 규제

제16장   진입규제

제17장 건전성 규제

제18장 영업행위 규제

제 6 편　금융투자규제의 체계

제19장　금융투자규제기관

제20장　국제자본시장규제

제22장　파생상품

제23장　신용평가

표 목차

그림 목차

주요 참고문헌

김건식, 증권거래법, 두성사, 2006   [김건식]

김건식 · 노혁준 · 천경훈, 회사법, 박영사, 2023   [김건식 · 노혁준 · 천경훈]

김건식 · 송옥렬, 미국의 증권규제, 홍문사, 2001   [김건식 · 송옥렬]

김용재, 자본시장법원리, 고려대학교출판문화원, 2020   [김용재]

김정수, 자본시장법원론, 서울파이낸스앤로그룹, 2014   [김정수]

김홍기, 자본시장법, 박영사, 2021   [김홍기]

박준 · 정순섭, 자본시장법 기본 판례, 소화, 2021   [박준 · 정순섭]

변제호 · 홍성기 · 김종훈 · 김성진 · 엄세용, 자본시장법, 지원출판사, 2015   [변제호외]

신영무, 증권거래법, 서울대학교 출판부, 1987   [신영무]

안문택, 증권거래법개론, 박영사, 1983   [안문택]

임재연, 자본시장법, 박영사, 2021   [임재연]

정순섭, 신탁법, 지원출판사, 2021   [정순섭, 신탁]

정순섭, 은행법, 지원출판사, 2017   [정순섭, 은행]

정찬형 편, 주석 금융법(Ⅲ) [자본시장법1], 한국사법행정학회, 2013   [주석1]

정찬형 편, 주석 금융법(Ⅲ) [자본시장법2], 한국사법행정학회, 2013   [주석2]

정찬형 편, 주석 금융법(Ⅲ) [자본시장법3], 한국사법행정학회, 2013   [주석3]

한국증권법학회, 자본시장법 [주석서 Ⅰ], 박영사, 2015   [주석Ⅰ]

한국증권법학회, 자본시장법 [주석서 Ⅱ], 박영사, 2015   [주석Ⅱ]

神崎克郎 · 志谷匡史 · 川口恭弘, 金融商品取引法, 青林書院, 2012   [神崎외]

松尾直彦, 金融商品取引法〔第6版〕, 商事法務, 2021   [松尾]

長島 · 大野 · 常松法律事務所(編), アドバンス 金融商品取引法 第3版, 商事法務, 2021

                                                                      [長島외]

약 어 표

I. 법 령

[간투법]	간접투자자산운용업법
[간투령]	간접투자자산운용업법시행령
[금산법]	금융산업의 구조개선에 관한 법률
[금소법]	금융소비자의 보호에 관한 법률
[실명법]	금융실명거래 및 비밀보장에 관한 법률
[금융위설치법]	금융위원회의 설치등에 관한 법률
[지배구조법]	금융회사의 지배구조에 관한 법률
[기촉법]	기업구조조정촉진법
[공정거래법]	독점규제 및 공정거래에 관한 법률
[민]	민법
[상]	상법
[선물법]	선물거래법
[종금법]	종합금융회사에 관한 법률
[증권법]	증권거래법
[증권령]	증권거래법시행령
[증권규]	증권거래법시행규칙
[신용정보법]	신용정보의 이용 및 보호에 관한 법률
[약관규제법]	약관의 규제에 관한 법률
[온투법]	온라인투자연계금융업 및 이용자 보호에 관한 법률
[외감법]	주식회사 등의 외부감사에 관한 법률
[외감법시행령]	주식회사 등의 외부감사에 관한 법률시행령
[자본시장법], [법]	자본시장과 금융투자업에 관한 법률
[자본시장법시행령], [시행령, 령]	자본시장과 금융투자업에 관한 법률시행령
[자본시장법시행규칙], [시행규칙]	자본시장과 금융투자업에 관한 법률시행규칙
[전자문서법]	전자문서 및 전자거래기본법

[전자증권법]   주식·사채 등의 전자등록에 관한 법률
[전자증권령]   주식·사채 등의 전자등록에 관한 법률시행령
[정통망법]   정보통신망 이용촉진 및 정보보호 등에 관한 법률
[조세특례제한법]   조세특례등 제한에 관한 법률
[채무자회생법]   채무자 회생 및 파산에 관한 법률

II. 규   정

[규정]   금융투자업규정
[발행공시규정]   증권의 발행 및 공시 등에 관한 규정
[단기매매규정]   단기매매차익반환 및 불공정거래 조사·신고 등에 관한 규정

[상장규정]   유가증권시장 상장규정
[업무규정]   유가증권시장 업무규정
[공시규정]   유가증권시장 공시규정
[인수규정]   증권인수업무에 관한 규정
[예탁업무규정]   증권등예탁업무규정
[결제업무규정]   증권등결제업무규정

III. 금융감독기관 등

금융감독원   [금감원]
금융결제원   [금결원]
금융위원회   [금융위]
금융정보분석원   [분석원]
증권선물위원회   [증선위]
한국거래소   [거래소]
한국금융투자협회   [협회]
한국예탁결제원   [예결원]

제 1 편
총   설

제1장 서 설

제1절 서 언

자본시장법은 자본시장을 규율한다. 자본시장법은 입법과 해석의 양면에서 일본의 영향을 강하게 받아 온 국내증권법제에 영국과 호주의 모델을 도입한 법률로서 입법사적 의미는 매우 크다. 자본시장법은 지금도 금융규제의 기본원칙으로 유효한 기능별 규제를 최초로 도입한 입법이다. 자본시장법은 혁신과 경쟁에 기초한 시장기능을 규율대상으로 하는 법률로서 시장자율성의 존중은 입법 및 해석의 핵심적인 기준이 되어야 한다.

자본시장법은 발행인과 투자자 사이의 정보의 비대칭성에서 비롯된 공시 및 불공정거래 규제를 양대지주로 한다. 그러나 자본시장법의 학습은 법의 적용범위를 정하는 기준인 금융투자상품·금융투자업·금융투자업자·투자자에서 출발해야 한다. 진입·건전성·영업행위규제를 포함한 금융투자업규제, 집합투자와 파생상품, 그리고 자본시장인프라(매매체결·청산·결제)에 대한 관심도 중요하다. 특히 자본시장법은 금융투자상품 거래를 위한 법률관계 형성에서 준수되어야 할 계약법원칙을 영업행위규제로 도입해 왔다. 지금은 금소법으로 대부분 이관되었지만, 계약법과 영업행위규제의 관계는 중요한 과제이다. 분산원장을 포함한 새로운 기술발전을 자본시장법에 어떻게 수용할 것인지는 앞으로의 과제이다.

제2절에서는 금융규제에서 자본시장법의 위치를 확인한다. 제3절에서는 자본시장법의 연혁과 주안점을 살펴본 후 구성과 내용 그리고 목적을 개관한다. 제4절에서는 기능별 규제와 자본시장법의 적용범위를 정리한다. 제5절은 이 책의 구조와 내용을 설명한다.

제2절 자본시장과 자본시장법

I. 금융과 금융시장

일반적으로 **금융**은 자금의 공급자와 수요자 사이에서 일어나는 자금의 융통을 말하고, 이러한 금융활동이 이루어지는 시장을 **금융시장**(financial market)이라고 한다. 자금의 공급자와 수요자의 자금여유와 자금수요는 기간, 금액 등의 면에서 완전히 일치하기 어렵다. 또한 자금공급자에게는 자금수요자의 신용에 관한 정보가 충분하지 않은 경우가 많다. 이처럼 자금공급자와 자금수요자 사이에 존재하는 수요와 공급의 불일치와 **정보의 비대칭**을 해결하는 것이 바로 은행과 같은 **금융중개기관**(financial intermediary)의 역할이다.

금융시장은 이처럼 자금공급자와 자금수요자 사이에 금융중개기관이 개입하는 **간접금융시장**과 금융중개기관의 개입이 없는 **직접금융시장**으로 나눌 수 있다. 이러한 구조의 차이는 각 시장에 관한 기본규제법인 은행법과 자본시장법의 규제중점과 대상 및 내용에 깊은 영향을 미치고 있다.[1]

직접금융시장은 금융이 일어나는 기간의 장단에 따라 단기금융시장인 **화폐시장**(money market)과 장기금융시장인 **자본시장**(capital market)으로 나눌 수 있다. 보통 자본시장은 자본시장에서 거래되는 대표적인 상품이 증권이므로 증권시장과 같은 의미로 사용된다.[2]

금융은 전통적으로 은행, 증권, 보험의 3분야로 나뉘어 발전하였다. 은행이 간접금융시장의 중심이라면 증권은 직접금융시장 중 자본시장과 밀접하게 관련된다. 일반적으로 금융시스템은 은행중심과 자본시장중심으로 구분할 수 있다. 우리나라는 독일, 일본과 함께 아직 은행중심시스템으로 볼 수 있다.[3] 한편 보험은 은행이나 증권에 비하여 자금융통이란 측면이 약하지만 미래의 현금흐름에 대한 약속이란 점에서는 공통점이 있다. 다만 최근에 금융산업이 고도화됨에 따라 이들 3분야 사이의 구별은 과거보다 크게 흐려진 상태이다.

---

1) 금융규제법의 체계도 이러한 금융시장의 구분에 상응하여 구성되어 있다. 직접금융시장과 간접금융시장에 대한 기본규제법은 각각 자본시장법과 은행법이다. 정순섭, 은행, 4-7면.
2) 장기금융시장으로서의 자본시장과 단기금융시장으로서의 화폐시장은 기간이나 증권의 사용 여부 등의 면에서 확연히 구별되는 것처럼 보이기도 한다. 그리고 은행을 중심으로 한 대출시장과 자본시장의 구별도 역시 분명해 보인다. 그러나 자산유동화와 파생상품기법의 발전, 그리고 금융의 디지털화는 이러한 시장 구분을 근본적으로 뒤흔들고 있다.
3) 정순섭, 은행, 7-8면.

Ⅱ. 금융시장과 규제

금융시장은 실물경제의 발전과 밀접한 관련이 있다. 경제활동에 필요한 자금이 원활히 공급되지 않는다면 경제활동 자체가 위축될 수밖에 없다. 특히 기업에 위험자본을 공급하는 자본시장이 제대로 발달하지 않은 상태에서는 새로운 사업에 대한 과감한 투자, 나아가 경제의 지속적 성장은 어렵다. 또한 자금공급자의 관점에서도 고령화로 인한 노후소득의 확보가 중요한 화두로 대두됨에 따라 금융시장 및 자본시장의 발전은 모든 나라가 관심을 쏟는 과제이다.

금융시장의 발전에 필요한 조건은 다양하지만 적절한 규제는 필수적인 조건이다. 금융을 사적자치에만 맡겨둘 수 없다는 점에 대해서는 거의 다툼이 없다. 앞서 언급한 정보비대칭은 물론 금융위기가 초래하는 **시스템위험**은 금융에 대한 정부의 간섭, 즉 **금융규제**를 정당화한다. 그리하여 오늘날 금융시장이 발달한 나라일수록 정교한 금융규제를 갖추고 있다.

종래 금융규제는 나라마다 다소 차이가 있지만 은행, 증권, 보험으로 구분된 금융시장의 현실을 반영하여 각 분야별로 독자적인 체계를 갖추고 있었다. 그러나 최근 각국의 금융규제는 금융시장의 환경변화에 따라 엄청난 변화를 겪게 되었다. 1970년대 말 이후 금융시장은 전자화, 유동화, 금융공학, 국제화, 자율화, 규제완화 등의 용어로 표현되는 급속한 변화를 거쳤다. 이러한 변화를 뒷받침한 것은 정보통신기술과 금융경제이론이었다. 이에 따라 각 분야의 중심에 있는 기관이나 상품의 차이가 크게 완화되는 등 금융시장구조에도 변화가 일어났다. 특히 금융의 디지털화는 이러한 추세를 더욱 가속화하고 있다.

이러한 변화는 크게 다음 네 가지로 정리할 수 있다. 첫째, 은행, 증권, 보험 사이의 전통적 구분이 모호해지고 있다. 주된 동인은 동일한 기능을 가진 상품의 상호판매와 파생상품의 확산, 그리고 금융의 디지털화이다.[4] 둘째, 다양한 금융회사들이 집단화(conglomeration)하고 있다. 계열회사나 지주회사를 통하여 은행·증권회사·보험회사가 수직적 또는 수평적으로 결합하는 현상은 이제 국내에서도 일반적이다.[5] 셋째, 인구의 고령화와 기관투자자의 역할 증대에 따른 금융시장의 수요변화이다. 금융시장에서 다양한 상품에 대한 수요가 증대됨에 따라 금융규제의 시각도 종전의 공급자중심에서 수요자중심으로 전환할 필요가 있다. 금융소비자보호의 목소리가 높아지는 것은 이러한 시각이 현실화되고 있다는 뜻이다. 넷째, 금융의 디지털화에 따라 전통적인 금융기능이 요소별로 분화(unbundling)되고 새로운 기능으로 재결합

---

4) 이러한 현상은 금융과 非금융 사이에서도 발생하고 있으며 흔히 빅블러(Big Blur)라고 표현한다. 조용호, 당신이 알던 모든 경계가 사라진다, 미래의창, 2013.

5) 금융의 디지털화로 인하여 금융과 비금융의 상호진출이 촉진되고 있다. 이러한 현상은 기업집단위험에 대한 규제 필요성과 함께 금산분리 논의에 대한 새로운 도전이 되고 있다.

(rebundling)되는 현상이 나타나고 있다. 이러한 현상은 기능별 규제를 채택할 필요성을 새삼 부각시킨다.

　이러한 변화에 금융규제가 적절하게 대응할 필요성은 2008년 글로벌 금융위기의 과정에서도 확인되었다. 이제 정보비대칭성과 그로 인한 손실가능성은 증권이나 파생상품에만 한정된 문제가 아니며, 시스템위험도 은행에 고유한 것으로 볼 수 없다.[6] 그 결과 금융의 기능과 위험을 중심으로 규제체계를 구축할 필요가 더욱 부각되고 있다.

Ⅲ. 금융규제의 변화와 자본시장법

　외국과 마찬가지로 우리 금융규제도 은행, 증권, 보험의 분야별로 운영되어 왔다. 은행분야의 「은행법」, 증권분야의 「증권거래법」, 보험분야의 「보험업법」은 각 분야의 독자성을 기초로 제정된 대표적인 법률이다. 그러나 앞서 언급한 금융시장의 변화는 이러한 전통적인 접근방식에 근본적인 재검토를 요구하였다. 증권거래법을 비롯한 일련의 자본시장 관련 법률들을 대체하는 통합법률로 2007년 탄생한 자본시장법은 바로 이러한 변화에 대응하기 위한 입법이었다.[7] 정부는 영국의 「금융서비스 및 시장법」(Financial Services and Markets Act: FSMA)과 같이 모든 금융분야의 규제를 기능별 규제원칙에 따라 재편하는 입법 대신 일단 증권과 파생상품이 거래되는 자본시장만을 대상으로 하는 부분적 기능별 규제입법을 택하였다. 그후 지배구조법과 금융소비자법이 각 분야의 기능별 규제법으로 입법되었다.

제3절 자본시장법의 개요

Ⅰ. 자본시장법의 연혁

1. 제정과 시행

　이 책에서 자본시장법은 2007년 8월 3일 법률 제8635호로 제정된 「자본시장과 금융투자업에 관한 법률」을 가리킨다. 자본시장법 제정작업은 2003년으로 거슬러 올라간다. 당시 정부는 금융시장의 변화를 반영하고 시장친화적 규제체계를 마련하기 위해 기존의 업종별 규제

---

6) 시스템위험 자체도 기관형에서 시장형을 포함하는 방향으로 진화하였다. 정순섭, 은행, 22면.
7) 자본시장법은 흔히 '자본시장통합법' 또는 이를 줄여서 '자통법'이라고 불리고 있다. 이 용어는 입법을 위하여 2005년 당시 재정경제부에서 구성한 실무작업반에서 금융관련법 전반의 통합을 목적으로 2003년부터 진행되어 온 '금융통합법'과의 구분을 위하여 사용한 용어가 일반에 알려지면서 사용되기 시작하였다. 그러나 정확한 용어라고는 할 수 없다.

체제를 기능별 규제원칙에 따라 개편한다는 방침을 발표하였다.[8] 그러나 은행·증권·보험의 구분을 뛰어넘는 포괄적 금융입법은 현실적으로 엄청난 실무작업을 수반한다는 점을 고려하여 정부는 2006년 2월 증권과 선물분야부터 통합하는 점진적인 개혁방침으로 선회하였다.[9] 자본시장법은 그 점진적 개혁작업의 결과물이다.

자본시장법은 종래 여러 갈래로 나뉘어 있던 자본시장에 관한 규제를 체계적으로 통합하였다. 이에 따라 「증권거래법」, 「선물거래법」, 「간접투자자산운용업법」, 「신탁업법」, 「종합금융회사에 관한 법률」, 「한국증권선물거래소법」 등 자본시장관련 법률들이 하나로 통합되었다. 또한 자본시장법 시행을 위하여 「자본시장과 금융투자업에 관한 법률시행령」(2009. 7. 29. 대통령령 제20947호. 이하 '**자본시장법 시행령**' 또는 '**령**'), 「자본시장과 금융투자업에 관한 법률시행규칙」(2008. 8. 4. 총리령 제885호), 「금융투자업규정」(2008. 8. 4. 금융위 고시 제2008-25호), 그리고 「증권의 발행 및 공시 등에 관한 규정」(2009. 1. 28. 금융위 고시 제2009-14호. 이하 '**발행공시규정**')이 각각 제정되었다. 자본시장법 제정을 계기로 우리 금융산업구조는 기존의 '**은행업**', '**보험업**' 그리고 새로이 통합된 '**금융투자업**'의 세 분야로 개편되었다.

2. 개정경과

1) 개   관

자본시장법은 제정 이후 2023년 7월 31일 현재까지 모두 56차에 걸쳐 개정되었다. 그 대부분은 타법개정 등으로 인한 소규모 개정이었다. 그러나 제3차, 제7차, 제17차, 제21차, 제22차, 제23차, 제42차 그리고 제49차 개정은 특히 주목할 필요가 있다.[10] 이들 개정 중 제23차와 제42차 개정은 지배구조법과 금융소비자법의 제정에 따른 것으로서 금융법체계의 구조에 영향을 미쳤다. 제49차 개정은 사모펀드[11]에 관한 규율체계를 크게 변화시켰다. 한편 제21차(시장질서교란행위)와 제49차 개정(펀드판매업자의 감시의무)에 대해서는 자본시장법상 불공정거래와 사모펀드규제체계를 크게 혼란시켰다는 평가도 존재한다. 이하 각 개정의 요점을 간단히 살펴본다.

2) 제1차 개정[시행 2009. 2. 4.][법률 제8852호, 2008. 2. 29., 타법개정]

2008. 2. 29. 정부조직법 개정에 따라 종전의 재정경제부를 기획재정부로 변경하였다(동법 부칙 6조 50항).

3) 제2차 개정[시행 2009. 2. 4.][법률 제8863호, 2008. 2. 29., 타법개정]

2008. 2. 29. 금융위설치법 개정에 따라 금융감독위원회의 명칭을 금융위로 변경하고, 정

---

8) 재정경제부, 「금융법체제 개편 추진방안」(2003. 3. 26).
9) 재정경제부, 「금융투자업과 자본시장에 관한 법률(가칭)」 제정 방안(2006. 2. 17).
10) 이 책에서 조문인용은 특별히 다른 표시가 없는 한 「자본시장법」의 규정을 말한다.
11) 정식명칭은 '집합투자기구'이지만 이 책에서는 조문이나 원문을 인용하는 경우를 제외하고는 '펀드'라는 용어를 혼용한다.

부조직법 개정사항을 반영한 것이다(부칙 5조 7항). 또한 외국거래소[12]와의 정보교환에 관한 사항(437조)도 일부 개정하였다.

4) 제3차 개정[시행 2009. 2. 4.][법률 제9407호, 2009. 2. 3., 일부개정]

통화파생상품거래와 관련한 분쟁을 계기로 투자자 보호규제를 강화하고, 자본시장법 제정 후 증권법, 선물법 등 통합대상법률의 개정사항을 반영하며, 그 밖에 법 제정 후 나타난 미비점을 보완하려는 개정이다.

주요내용은 금융투자업의 변경인가 시 예비인가제도 적용(16조), 집합투자업자의 의결권 공시대상 축소(87조), 신탁업자의 공탁의무 폐지(현행 제107조 삭제), 상장법인 등의 반기·분기 보고서 제출기한 특례(160조), 증권법상 상장법인 등의 재무특례를 자본시장법으로 이관(165조의2부터 165조의18까지 신설), 상장법인의 주식매수청구권제도의 개선(165조의5 신설), 미공개 중요정보 이용금지 대상에 공개매수예정자 및 대량취득·처분을 하려는 자 본인을 포함(174조), 상장지수집합투자기구의 연동대상을 기초자산의 개별가격 또는 종합지수로 확대(234조), 적격투자자 대상 사모펀드 도입(249조의2 신설), 상호출자제한기업집단 계열 사모투자전문회사 등에 대한 제한 완화(274조), 과징금결손처분 및 환급제도 도입(434조의2-434조의4 신설), 외국금융투자감독기관과의 정보교환 제한 완화(437조), 양벌규정 개선(448조 단서 신설), 단정적 판단의 제공행위를 설명의무에 포함하고, 일반투자자와의 장외파생상품거래를 위험회피목적거래로 한정하는 등 투자권유규제를 강화하였다.

5) 제4차 개정[시행 2013. 1. 1.][법률 제9408호, 2009. 2. 3., 타법개정]

2009. 2. 3. 외감법 개정으로 결합재무제표의 작성의무 및 외부감사를 받을 의무가 폐지됨(종전 1조의2 3호 및 1조의3 삭제, 2조)에 따라 자본시장법상 "기업집단결합재무제표"([별표 1] 제139호 자목 및 제140호 타목)를 삭제하고, 세그멘트공시에 관한 근거규정(159조 5항)을 삭제하였다(동법 부칙 14조).

6) 제5차 개정[시행 2009. 7. 23.][법률 제9625호, 2009. 4. 22., 타법개정]

2009. 4. 22. 저작권법 개정내용(저작권신탁관리업)을 반영하였다(부칙 8조 5항).

7) 제6차 개정[시행 2009. 10. 10.][법률 제9784호, 2009. 6. 9., 타법개정]

2009. 6. 9. 은행법 개정으로 경영참여형 사모펀드의 은행 및 은행지주회사 주식소유를 제한한 자본시장법 제275조와 동조 위반에 대한 처벌규정인 제446조 제50호를 삭제하였다(부칙 4조).

---

12) 자본시장법상 외국거래소는 "외국 법령에 따라 외국에서 거래소에 상당하는 기능을 수행하는 자"를 말한다(406조 1항 2호).

8) 제7차 개정[시행 2010. 6. 13.][법률 제10063호, 2010. 3. 12., 일부개정]

기업어음증권에 대한 전자어음 발행의무 면제(10조 3항), 금융투자업의 변경인가·등록시 업자 본인요건의 강화와 대주주요건의 완화(12조 2항 6호의2, 16조 2항 등), 금융투자업자의 임원결격사유 적용대상의 확대(24조), 펀드 판매수수료 및 보수의 상한 설정(76조 5항), 장외파생상품사전심의(166조의2 1항 6호, 286조 1항 4호 및 288조의2 등), 기업재무안정투자회사 특례 신설(234조의2), 기업재무안정경영참여형 사모펀드 특례 신설(278조의2) 등을 주요 내용으로 한다.

9) 제8차 개정[시행 2010. 11. 18.][법률 제10303호, 2010. 5. 17., 타법개정]

2010. 5. 17. 은행법상 은행의 명칭이 '**금융기관**'에서 '**은행**'으로 변경된 것을 반영하였다(22조 1호).

10) 제9차 개정[시행 2010. 12. 9.][법률 제10361호, 2010. 6. 8., 타법개정]

2010. 6. 8. 「근로자복지기본법」의 제명이 「근로복지기본법」으로 변경된 것을 반영하였다(165조의7 1항).

11) 제10차 개정[시행 2012. 6. 11.][법률 제10366호, 2010. 6. 10., 타법개정]

2010. 6. 10. 「동산·채권 등의 담보에 관한 법률」의 제정에 따라 자본시장법상 담보권을 표시하는 질권·저당권에 「동산·채권 등의 담보에 관한 법률」에 따른 담보권을 포함하였다(400조 3항, 434조의4 5호).

12) 제11차 개정[시행 2011. 10. 13.][법률 제10580호, 2011. 4. 12., 타법개정]

2011. 4. 12. 「부동산등기법」 개정에 따라 종래 "투자신탁재산으로 부동산을 취득하는 경우「부동산등기법」제123조를 적용할 때 신탁의 등기를 신청하는 신청서에 첨부하는 서면에 수익자를 기재하지 아니할 수 있다"라고 규정한 것을 "투자신탁재산으로 부동산을 취득하는 경우「부동산등기법」제81조를 적용할 때에는 그 신탁원부에 수익자를 기록하지 아니할 수 있다"로 개정하였다(94조 5항).

13) 제12차 개정[시행 2011. 7. 20.][법률 제10629호, 2011. 5. 19., 타법개정]

2011. 5. 19. 「지식재산기본법」의 제정에 따라 지적재산권을 지식재산권으로 변경하였다(103조 1항 7호).

14) 제13차 개정[시행 2012. 7. 22.][법률 제10866호, 2011. 7. 21., 타법개정]

2011. 7. 21. 「고등교육법」 개정으로 자본시장법상 준법감시인의 자격에 관하여 종래의 전임강사를 조교수로 변경하였다(28조 4항 1호 나목).

15) 제14차 개정[시행 2012. 7. 26.][법률 제10924호, 2011. 7. 25., 타법개정]

2011. 7. 25.「신탁법」전면개정에 따라 자본시장법상 신탁법 조문과 자구를 정리하였다(3조 1항 2호 등).

16) 제15차 개정[시행 2011. 11. 5.][법률 제11040호, 2011. 8. 4., 일부개정]

특수은행이 투자자문업을 영위할 수 있도록 주식회사로 제한되었던 영업주체요건에 시행령으로 정하는 금융기관을 추가하고, 집합투자업자의 수시공시사항으로 집합투자기구의 투자운용인력이 변경되는 경우에 변경되는 투자운용인력의 운용경력을 추가하였다.

17) 제16차 개정[시행 2013. 7. 6.][법률 제11758호, 2013. 4. 5., 일부개정]

금융투자상품거래청산 제도 등을 도입하고, 상법 개정에 따라 주권상장법인 특례 조항을 정비한 것이다.

18) 제17차 개정[시행 2013. 8. 29.][법률 제11845호, 2013. 5. 28., 일부개정]

사업보고서 제출대상법인의 임원 중 일정 금액 이상의 보수를 받는 임원의 개인별 보수공시 의무화(159조), 집합투자증권 판매시 간이투자설명서 교부 허용(124조 등), 불공정거래행위에 대한 벌금형의 하한 설정(443조 및 447조), 종합금융투자사업자의 업무범위 확대(8조 8항 및 77조의2·77조의3 신설), 거래소 허가제와 다자간매매체결회사 도입, 신용평가회사규제를 신용정보법에서 자본시장법으로 이관하면서 신용평가회사의 평가방법 및 신용평가서 등의 투자자에 대한 공시의무 확대(8조의2, 9조 26항 및 373조의2 신설, 68조, 78조, 373조 및 386조), 집합투자업, 투자일임업 등 금융투자업 상호 간의 구분을 특성에 맞추어 규정하고, 집합투자업자가 선관주의의무 및 충실의무에 따라 집합투자기구의 재산에 속한 주식의 의결권행사 의무화(6조 5항, 87조, 98조 등), 주선인에 대해서도 증권신고서 부실기재등에 따른 배상책임 부과, 비상장증권, 장외파생상품을 이용한 시세조종행위 등의 처벌 명확화, 우회상장13)하려는 기업의 미공개중요정보이용행위 처벌 등(119조, 122조, 125조, 132조, 176조 4항 및 429조 4항, 427조의2 신설) 내용을 담고 있다.

19) 제18차 개정[시행 2013. 11. 14.][법률 제12102호, 2013. 8. 13., 일부개정]

기업재무안정 PEF의 유효기간을 3년 연장하였다.

20) 제19차 개정[시행 2014. 1. 28.][법률 제12383호, 2014. 1. 28., 일부개정]

신탁업의 수익자 또는 집합투자의 투자자에 대하여 손해배상책임이 있는 회계감사인에게 해당 신탁업자 또는 집합투자업자의 이사·감사 등과 연대책임을 인정하면서, 고의의 경우와

---

13) 우회상장은 "비상장법인(이른바 pearl 회사)이 정규 상장절차를 거치지 않고 상장법인(이른바 shell 회사)과의 기업결합을 통하여 상장효과를 거두는 금융기법"을 말한다. 온주 자본시장과 금융투자업에 관한 법률 제165조의4 / 집필위원: 노혁준 / 출판일: 2019. 11. 28., [15].

소액투자자에 대하여는 연대배상책임을 지도록 하되, 고의가 아닌 경우에는 귀책사유에 따라 법원이 정하는 비율에 따라 배상책임을 지도록 규정하면서 아울러 손해액의 일부를 배상받지 못하는 경우에는 변제력이 있는 피고가 일부를 추가부담하도록 하였다(115조 3항·4항, 241조 2항·3항).

21) 제20차 개정[시행 2015. 7. 1.][법률 제12892호, 2014. 12. 30., 타법개정]

채무자회생법 개정으로 도입된 소액영업소득자에 대한 간이회생절차를 반영하였다(부칙 5조 5항; 법 161조 1항 3호, 278조의3 1항 2호).

22) 제21차 개정[시행 2015. 7. 1.][법률 제12947호, 2014. 12. 30., 일부개정]

시장질서교란행위를 신설하고(178조의2 및 429조의2 신설), 기존의 미공개 중요정보 이용행위 등 위반행위자를 징역형에 처할 경우 벌금형을 필요적으로 병과하도록 하고, 위반행위자가 해당 행위를 하여 취득한 재산은 반드시 몰수 또는 추징을 하도록 하였다(447조 1항 및 447조의2 신설). 그리고 전자투표 및 의결권 대리행사의 권유를 실시한 회사에 한정하여 중립적 의결권행사제의 폐지를 2017. 12. 31.까지 연기하였다(부칙〈법률 제11845호〉 18조).

23) 제22차 개정[시행 2015. 10. 25.][법률 제13448호, 2015. 7. 24., 일부개정]

크라우드펀딩을 도입하기 위하여 온라인소액증권공모에 대한 발행공시규제 완화, 온라인소액투자중개업자 신설 및 규제완화에 따른 보완사항을 규정하는 개정이다. 또한, 중소 상장기업의 자금조달 여건 개선과 우량·유망 비상장기업들의 상장유인 제고를 위해 상장기업의 분리형 신주인수권부사채 발행을 다시 허용하고, 다양한 전략을 추구하는 펀드의 출현을 촉진하기 위해 사전적 규제인 투자회사의 최소자본금요건을 폐지했다. 그리고 사모펀드 체계를 재정립하고, 규제를 대폭 완화하였다. 한편, 거래소가 회원의 증권시장 또는 파생상품시장에서의 매매거래위약으로 인하여 손해배상책임을 지는 경우, 손해배상이행재원의 사용순서와 구상권행사를 통하여 추심된 금액의 배분순서를 시행령으로 정하도록 하였다.

24) 제23차 개정[시행 2016. 8. 1.][법률 제13453호, 2015. 7. 31., 타법개정]

지배구조법 제정에 따라 자본시장법상 금융투자업자에 관한 지배구조규율을 지배구조법으로 이관하였다.

25) 제24차 개정[시행 2016. 9. 1.][법률 제13782호, 2016. 1. 19., 타법개정]

「감정평가 및 감정평가사에 관한 법률」 제정에 따라 자본시장법관련조항(94조 4항)의 「부동산가격공시 및 감정평가에 관한 법률」을 「감정평가 및 감정평가사에 관한 법률」로 개정하였다(부칙 7조 18항).

26) **제25차 개정**[시행 2016. 3. 18.][법률 제14075호, 2016. 3. 18., 타법개정]

기촉법 제정에 따라 자본시장법관련조항(249조의22 1항 1호) 중 "제2조 제5호"를 "제2조 제7호"로 개정하는 것이다(부칙 6조 2항).

27) **제26차 개정**[시행 2019. 9. 16.][법률 제14096호, 2016. 3. 22., 타법개정]

전자증권법의 제정에 따라 자본시장법상 예탁제도 및 전자등록기관 관련조항을 개정하는 내용이다(부칙 10조 3항).

28) **제27차 개정**[시행 2016. 7. 30.][법률 제14129호, 2016. 3. 29., 타법개정]

은행의 조건부자본증권 발행을 허용하는 은행법 개정에 따라 증권의 정의를 보완하고 발행근거에 관한 두 법의 관계를 정리하기 위해 자본시장법 중 관련조항(4조7항3호 · 3호의2 · 5호, 165조의10 1항, 165조의11 1항, 165조의18전단, 314조 8항)을 개정하였다(8조 2항).

29) **제28차 개정**[시행 2016. 6. 30.][법률 제14130호, 2016. 3. 29., 일부개정]

금융회사의 고객응대업무를 수행하는 근로자보호의무를 부과하고, 부동산펀드규제를 「부동산투자회사법」상의 부동산투자회사 수준으로 규제를 완화하고, 임원의 개인별 보수공개 범위에 임원이 아니라도 보수총액 기준 상위 5명에 해당하는 경우를 포함하고, 2012년 도입된 공매도잔고보고제도를 보완하며, 파생상품업무책임자의 지정 · 변경 및 상장지수집합투자기구인 투자회사의 주식대량보유보고의무를 폐지하고, 주요사항보고서 제출기한을 3일로 연장하며, 경영참여형 사모펀드의 주식관련사채권 소유의 기산점 기준을 명확하게 하고, 역외투자자문 · 투자일임업자의 합병, 분할 시 사전승인의무를 사후보고의무로 변경하는 등 제도운영상 나타난 일부 미비점을 개선 · 보완하려는 것이다.

30) **제29차 개정**[시행 2016. 12. 1.][법률 제14242호, 2016. 5. 29., 타법개정]

「수산업협동조합법」 개정으로 수산업협동조합중앙회가 은행법에 따라 수협은행을 설립하기로 규정함에 따라 자본시장법 관련조항(8조 9항 1호)을 개정한 것이다(부칙 19항).

31) **제30차 개정**[시행 2017. 1. 1.][법률 제14458호, 2016. 12. 20., 일부개정]

2016. 11. 한시법의 효력이 만료된 '**기업재무안정 경영참여형 사모집합투자기구**' 제도를 상시화하고, 창업 · 벤처전문 경영참여형 사모펀드 제도의 근거를 마련하여 원활한 자금조달 및 투자활성화를 유도하려는 개정이다. 이를 위해 효력이 소멸된 기업재무안정 경영참여형 사모펀드제도와 창업 · 벤처전문 경영참여형 사모펀드 제도의 근거 및 운용방법, 보고의무를 규정하였다(249조의22 · 249조의23 신설).

32) **제31차 개정**[시행 2017. 8. 19.][법률 제14817호, 2017. 4. 18., 타법개정]

조건부자본증권 발행을 허용하는 「금융지주회사법」 개정에 따라 증권 정의를 보완하고 발행근거관련 두 법의 관계를 정리하기 위해 자본시장법 관련조항(4조 7항, 165조의10 1항, 165조의11 1항, 165조의18전단, 314조 8항)을 개정하였다(부칙 5조).

33) 제32차 개정[시행 2017. 10. 19.][법률 제14827호, 2017. 4. 18., 일부개정]

2014년 순자본비율(Net Capital Ratio: NCR) 산출방식 개편을 장외파생상품 업무취급기준에 반영하고, 미공개중요정보이용행위, 시세조종행위 및 부정거래행위와 관련하여 벌금의 부과범위를 상향함으로써 벌칙의 실효성을 확보하는 한편, 금전적 제재의 실효성을 제고하기 위하여 과징금과 과태료의 부과한도를 인상하고, 동일·유사한 위반행위에 대하여 과태료·과징금·벌금이 금융업권에 따라 다르게 부과되는 문제점을 개선하는 등 제도운영상 일부 미비점을 개선·보완하려는 개정이다.

34) 제33차 개정[시행 2017. 10. 31.] [법률 제15021호, 2017. 10. 31., 일부개정]

일반투자자에 대한 설명의무위반에 따른 금융투자업자의 손해배상의무와 관련한 손해액 산정에서 시행령으로 정하는 금액을 제외하게 한 규정을 삭제하여 손해액 범위를 명확하게 하고, 투자자별 투자한도, 전매제한기간, 광고규제 등 규제수준을 정비하는 한편, 공모 여부의 판단에서 자금조달계획의 동일성 등을 종합적으로 고려하게 하고, 사업보고서 등의 제출 대상법인이 감사보고서 작성을 위하여 부득이 제출기한연장이 필요한 경우 연장할 수 있게 하는 등 제도운영상 일부 미비점을 개선·보완하려는 개정이다.

35) 제34차 개정[시행 2018. 11. 1.][법률 제15022호, 2017. 10. 31., 타법개정]

외감법 개정에 따라 제명을 「주식회사 등의 외부감사에 관한 법률」로 변경하는 등의 개정을 하였다(부칙 14조 27항).

36) 제35차 개정[시행 2018. 9. 28.][법률 제15549호, 2018. 3. 27., 일부개정]

종합금융투자사업자의 신용공여업무범위를 확대하고, 집합투자기구의 일시적인 금전차입을 허용하며, 변액보험[14] 등은 사모단독펀드가 가능하나 집합투자 개념에 포함되지 않은 점, 경영참여형 사모펀드가 주식관련사채권을 6개월 이상 소유해야 하는데 그 기산점이 불명확하다는 점, 역외투자자문·일임업자는 합병, 분할 시 현실적으로 사전승인을 받기 어려운 점 등을 고려하여 내용을 정비하고, 온라인소액투자중개와 관련한 대주주의 정의를 명확히 하고, 불공정거래행위에 대한 손해배상청구권의 소멸시효를 연장하고, 위반행위에 대한 처벌수준을 강화하려는 개정이다.

37) 제36차 개정[시행 2019. 7. 1.][법률 제16191호, 2018. 12. 31., 일부개정]

급증하는 약관심사수요에도 인력부족 등으로 심사가 지연되어 금융서비스를 적시에 제공

---

14) "보험금이 자산운용의 성과에 따라 변동하는 보험계약"을 말한다(보험업법 108조 1항 3호).

하지 못하는 문제와 일단 사전심사를 통과한 후에는 금융회사 책임을 묻는 데 한계가 있는 점을 고려하여 사전신고제를 사후보고제로 전환하되, 소비자권익에 중대한 영향을 미치는 경우 등에는 사전신고를 유지하고, 약관 또는 표준약관의 제정 또는 변경 신고가 수리가 필요한 신고임을 명시하며, 유사투자자문업자신고에 대한 결격요건 마련과 불건전영업방지교육의 사전의무화, 편법적 영업행위에 대해 신고사항의 직권말소, 자료제출요구거부 또는 미신고 유사투자자문행위 등에 대한 제재 강화 등 제도운영상 일부 미비점을 개선·보완하려는 개정이다.

38) 제37차 개정[시행 2020. 5. 27.][법률 제16657호, 2019. 11. 26., 일부개정]

집합투자기구에 대한 투자자 선택권을 확대하고 국내 집합투자업의 경쟁력을 강화하기 위하여, 국내에서 등록한 집합투자기구의 집합투자증권을 대한민국 정부와 집합투자기구 교차판매에 관한 협약 등을 체결한 외국에서 판매하려는 경우에는 자기자본, 임원 및 운용인력 등의 요건을 갖추어 그 집합투자기구를 금융위에 교차판매 집합투자기구로 등록할 수 있게 하고, 등록사항이 변경된 경우에는 교차판매 집합투자기구를 변경등록하게 하며, 거짓이나 부정한 방법으로 등록한 경우 등 교차판매 집합투자기구의 등록취소 사유를 정하고, 집합투자기구 교차판매에 관한 협약 등에 따라 설정·설립된 것으로 인정되는 외국 집합투자기구의 집합투자증권을 국내에서 판매하려는 경우에는 외국 집합투자업자 적격 요건 및 외국 집합투자증권 판매적격 요건을 달리 정할 수 있게 하는 등 현행 제도의 운영상 나타난 일부 미비점을 개선·보완하려는 개정이다.

39) 제38차 개정[시행 2020. 4. 1.][법률 제16859호, 2019. 12. 31., 타법개정]

「소재·부품·장비산업 경쟁력강화를 위한 특별조치법」의 전부개정에 따라 자본시장법 관련조항(249조의23 1항 5호)을 개정하였다(부칙 9조 3항).

40) 제39차 개정[시행 2020. 8. 5.][법률 제16957호, 2020. 2. 4., 타법개정]

전문개인신용평가업 및 개인사업자신용평가업의 도입 등 신용정보법 개정에 따라 신용평가회사의 유사명칭 사용금지 조항(335조의7)에 단서를 신설하여 예외를 허용했다(동법 부칙〈법률 제16957호, 2020. 2. 4.〉 12조 19항).

41) 제40차 개정[시행 2020. 8. 5.][법률 제16958호, 2020. 2. 4., 일부개정]

의사결정기구의 성별 대표성을 확보하기 위하여 최근 사업연도말 현재 자산총액이 2조원 이상인 주권상장법인 이사회의 이사 전원이 특정 성(性)의 이사로 구성되지 않게 노력하도록 하려는 개정이다(165조의 20).

42) 제41차 개정[시행 2020. 8. 12.][법률 제16998호, 2020. 2. 11., 타법개정]

「벤처투자 촉진에 관한 법률」 제정에 따라 '**창업·벤처전문 경영참여형 사모집합투자기구**'의 정의에서 "「중소기업창업 지원법」 제2조 제4호에 따른 중소기업창업투자회사가 업무집행사원인 경영참여형 사모집합투자기구"를 제외하였던 자본시장법 제249조의23 제1항 단서를 삭제하였다(동법 부칙 〈법률 제16998호, 2020. 2. 11.〉 10조 11항).

43) 제42차 개정[시행 2021. 3. 25.][법률 제17112호, 2020. 3. 24., 타법개정]

금소법으로 이관된 사항을 반영한 개정이다. 첫째, 적합성원칙, 적정성원칙, 설명의무, 부당권유, 투자광고, 그리고 계약서류의 교부 및 계약해제 등의 관련규정(46조, 46조의2, 47조, 49조, 57조, 59조)을 하였다. 둘째, 투자권유대행인의 영업행위규제(52조 2항·3항, 5항)를 삭제하였다. 셋째, 검사 및 조치에 관한 규정(53조 2항 2호)중에서 금소법으로 이관된 사항(46조, 47조, 49조)을 반영하였다. 넷째, 투자성 있는 예금·보험에 대한 특례(제77조 제1항 후단) 중 부당권유 등의 금지(49조)가 금소법으로 이관된 것을 반영하였다. 다섯째, 전문투자형 사모펀드의 적격투자자 확인의무에 관한 제249조의4를 "전문투자형 사모집합투자기구의 집합투자증권을 판매하는 금융투자업자는 투자자가 적격투자자인지를 확인해야 한다"로 변경하였다. 기존의 자본시장법 제249조의4 제2항과 제3항은 금소법 제17조 제5항과 제6항으로 이관되었다. 여섯째, 금융투자업자에 대한 조치를 규정한 제420조 제1항 제8호를 제9호로 하고, 같은 항 제8호에 금소법상 조치에 위반한 경우인 동법 제51조 제1항 제4호 또는 제5호에 해당하는 경우를 신설하였다. 일곱째, 금융투자업자에 대한 영업취소 등의 근거규정인 제420조 제3항 각 호 외의 부분 중 "한정한다)"를 "한정한다), 「금융소비자 보호에 관한 법률」 제51조 제2항 각 호 외의 부분 본문 중 대통령령으로 정하는 경우에 해당하는 경우(제1호에 해당하는 조치로 한정한다)"로 하였다. 여덟째, 벌칙을 규정한 제445조 제6호를 삭제하였다. 금소법으로 이관된 제49조 및 이를 제52조 제6항에서 준용하는 경우를 규정한 내용이다. 아홉째, 금소법으로 이관된 사항을 대상으로 한 벌칙(446조 6호, 8호), 과태료(449조 1항 21호, 22호, 25호의2, 26호 및 같은 조 3항 3호), 자본시장법 별표 1(46호, 46호의2, 47호, 48호, 60호, 64호 및 138호의16)을 삭제하였다.

44) 제43차 개정[시행 2020. 7. 8.][법률 제17219호, 2020. 4. 7., 타법개정]

「감정평가 및 감정평가사에 관한 법률」 개정에 따라 자본시장법 제94조 제4항을 개정하였다(동법 부칙 〈법률 제17219호, 2020. 4. 7.〉 2조 20항).

45) 제44차 개정[시행 2021. 5. 20.][법률 제17295호, 2020. 5. 19., 일부개정]

겸영·부수업무에 대한 사전보고를 사후보고로 전환하되 사후감독을 강화하고(40조, 41조), 금융투자업자가 제3자에게 위탁할 수 있는 업무범위를 확대하고 위탁자 동의를 전제로 재위탁을 원칙적으로 허용하여 금융투자업자의 특화·전문화를 유도하는 한편(42조), 법령에서 규정하던 금융투자업자의 정보교류차단 대상과 방식을 원칙만 규정하고 세부사항은 회사가 자율적으로 설계·운영하는 방식으로 개선(45조)하기 위한 개정이다.

46) 제45차 개정[시행 2020. 12. 29.][법률 제17764호, 2020. 12. 29., 타법개정]

주권상장법인의 이익배당규정(165조의12 7항)을 상법 제350조 제3항의 삭제를 반영하여 개정하였다(동법 부칙〈법률 제17764호, 2020. 12. 29.〉4조 3항).

47) 제46차 개정[시행 2021. 12. 30.][법률 제17799호, 2020. 12. 29., 타법개정]

공정거래법 개정내용을 반영한 것이다{동법 부칙(법률 제17799호, 2020. 12. 29.) 25조 56항}.

48) 제47차 개정[시행 2021. 6. 30.][법률 제17805호, 2020. 12. 29., 일부개정]

종래의 금융투자업자의 대주주 신용공여규정(34조 2항, 77조의3 9항)을 정비하여 시행령상 금융투자업자의 신용공여에 대한 예외적 허용사유를 법률에 구체적으로 명시하고, 종합금융투자사업자가 50% 이상 지분을 보유하거나 사실상 경영을 지배하는 해외현지법인에 대해서는 예외적으로 신용공여를 허용하여 금융투자업자와의 형평성 문제를 해소하고 종합금융투자사업자의 해외진출을 활성화하려는 개정이다.

49) 제48차 개정[시행 2021. 4. 6.][법률 제17879호, 2021. 1. 5., 일부개정]

불법공매도에 대하여 형사처벌과 과징금 부과를 가능하게 하는 등 처벌을 강화하고(180조의4, 429조의3 2항, 429조의3 1항·3항, 443조 1항 10호 신설), 시행령상 금융위의 예외적인 차입공매도 제한조치 내용을 법률에 상향하며(180조 3항), 차입공매도를 목적으로 하는 증권대차거래에 대하여 거래정보보관 및 금융당국 제출의무를 부과하는(180조의5 및 449조 1항 39호의5 신설) 등 공매도관리를 보다 엄격히 하여 시장신뢰성을 높이려는 개정이다.

50) 제49차 개정[시행 2021. 10. 21.][법률 제18128호, 2021. 4. 20., 일부개정]

사모펀드 부실사태를 고려하여 판매업자와 신탁업자의 집합투자업자의 사모펀드 운용현황에 대한 감시·견제의무를 신설하고(77조의3 및 249조의8 2항 5호, 249조의4 및 249조의8 2항 1호 신설), 분기별 운용현황 보고, 자산운용보고서 교부, 개방형펀드 설정 제한, 외부감사 도입 등 일반투자자의 보호방안을 도입하는(249조의7 3항 및 249조의8 2항 2호-4호 신설) 한편, 운용목적에 따른 사모펀드분류(전문투자형과 경영참여형)를 투자자 유형에 따른 분류(일반과 기관전용)로 재편하여 운용규제를 일원화하고, 사모펀드 투자자 총수를 49인 이하에서 100인 이하로 확대하되 투자자 보호 필요성이 큰 일반투자자 총수는 49인 이하로 제한함으로써 사모펀드시장의 건전한 성장기반을 마련하려는 개정이다(9조 19항, 249조의7 및 249조의12). 그 밖에 '대차대조표'라는 용어를 2011년 도입된 국제회계기준에 부합하도록 '재무상태표'로 변경하였다(165조의12 4항-6항 등).

51) **제50차 개정**[시행 2021. 12. 9.][법률 제18228호, 2021. 6. 8., 일부개정]

첫째, 시세조종행위에 대한 제재를 강화하기 위하여 "시세조종행위로 취득한 부당이득" 이외에 "시세조종행위에 제공하거나 제공하려 한 재산"까지 몰수 또는 추징할 수 있게 하였다(447조의2). 둘째, 종래 금융투자업 인가체계가 복잡하고 업무추가에 따른 절차상 부담 등 보완이 필요하다는 지적을 고려하여, 인가단위 업무추가 시에는 추가등록을 통해 완화된 심사요건을 적용하고, 외국계 금융투자업자의 조직형태 변경 시 신규인가 요건 중 사업계획의 타당성·건전성, 인적·물적 설비, 대주주요건에 대한 심사를 면제·완화하였다(15조, 16조의2, 16조의3 신설 등). 셋째, 예치금융투자업자의 파산 또는 인가취소 등의 사유가 발생한 경우 예치기관이 투자자의 청구에 따라 투자자예탁금을 투자자에게 직접 지급하도록 함으로써 투자자예탁금이 안전하고 신속하게 반환될 수 있도록 지원하는 제도를 도입하였다(74조). 넷째, 계좌대여 알선·중개 금지원칙을 명확히 밝히고 이에 대한 처벌규정을 마련하였다(11조의2 및 444조 1호의2 신설). 다섯째, 운용의 책임성과 투명성을 확보하기 위하여 투자회사뿐 아니라 모든 형태의 집합투자기구의 업무를 위탁받은 일반사무관리회사의 등록을 의무화하였다(254조 1항). 여섯째, 단기금융업자의 인가요건에 본인의 "건전한 재무상태와 사회적 신용을 갖출 것"을 추가하였다(360조 2항 6호 신설 등).

52) **제51차 개정**[시행 2021. 12. 21.][법률 제18585호, 2021. 12. 21., 타법개정]

국가재정법 개정내용을 반영한 것이다.

53) **제52차 개정**[시행 2022. 6. 29.][법률 제18661호, 2021. 12. 28., 타법개정]

중소기업창업 지원법 전부개정법률을 반영한 것이다.

54) **제53차 개정**[시행 2023. 1. 1.][법률 제19211호, 2022. 12. 31., 타법개정]

조건부자본증권 등의 발행관련 보험업법 개정사항을 반영한 것이다.

55) **제54차 개정**[시행 2023. 9. 22.][법률 제19263호, 2023. 3. 21., 일부개정]

금융위의 조치명령권 행사요건 및 수단을 명확히 하고 조치명령을 이행하지 않는 경우 1년 이하의 징역 또는 3천만원 이하의 벌금에 처하는 내용의 개정이다.

56) **제55차 개정**[시행 2023. 12. 14.][법률 제19438호, 2023. 6. 13., 타법개정]

소재·부품·장비산업 경쟁력강화를 위한 특별조치법의 제명이 소재·부품·장비산업 경쟁력 강화 및 공급망 안정화를 위한 특별조치법으로 변경된 것을 반영한 것이다.

57) **제56차 개정**[시행 2024. 1. 19.][법률 제19566호, 2023. 7. 18., 일부개정]

불공정거래행위자에 대하여 부당이득액의 2배 이하의 과징금을 부과할 수 있도록 하고, 불공정거래행위나 시장질서교란행위로 인한 부당이득액 산정방식을 차액설에 기초하여 각 유형벌로 시행령에서 정하도록 하며, 불공정거래행위를 자진신고하는 등의 경우 형을 감경 또는 면제받을 수 있도록 하는 내용의 개정이다.

Ⅱ. 자본시장법의 주안점

1. 서   언

자본시장법은 우리나라의 자본시장에도 빅뱅(Big Bang)이 필요하다는 판단에 따라 제정된 것이다. 기존 자본시장법제에 대해서는 새로운 금융상품의 거래와 금융회사의 영업활동을 저해함으로써 결과적으로 자본시장의 발전을 제약한다는 비판이 많았다. 이러한 한계를 시정하기 위하여 자본시장법은 포괄적 금융투자상품개념의 도입, 기능별 규제의 도입, 업무범위의 확대, 투자자 보호의 강화 등 4가지에 주력하였다.[15) 이러한 취지는 자본시장법의 개정과정에서는 물론이고 지배구조법이나 금소법과 같은 후속입법에서도 유지되고 있다.

2. 포괄주의에 따른 금융투자상품 개념 도입

자본시장법은 증권법과 선물법에 비하여 적용대상인 금융상품의 범위를 확대하였다. 이를 통하여 한편으로는 금융상품이 자본시장에 출현할 수 있는 길을 넓혀 경쟁을 촉진하고 다른 한편으로는 투자자를 폭넓게 보호하고자 하였다. 이를 위하여 특히 다음과 같은 조치를 취하였다.

첫째, 증권, 선물 등 적용대상 금융상품을 법령에서 일일이 열거하던 한정적 열거주의를 폐지하고, 투자성이 있는 금융상품은 모두 **금융투자상품**에 포섭하여 자본시장법을 적용하는 방식을 채택하였다(3조).[16)

둘째, 파생상품과 파생결합증권의 구성요소인 기초자산의 범위도 '계량화 가능한 모든 위험'으로 확대하여 파생상품과 파생결합증권을 최대한 자유롭게 제한 없이 설계할 수 있도록 하였다(4조 10항).

셋째, **집합투자**의 개념을 명확히 하고, 집합투자기구의 종류를 신탁형은 물론 회사형이나 조합형으로 확대하였다(6조 5항·9조 18항).

3. 금융투자업에 대한 기능별 규제

자본시장법은 또한 영위주체를 불문하고 동일한 금융투자업은 동일한 규제를 받도록 하

---

15) 이하 자본시장법의 내용정리는 재정경제부, 위 입법예고안 참조.
16) 자본시장법상 금융투자상품 개념은 금융의 디지털화 등에 따라 해석론은 물론 입법론상 많은 도전에 직면하고 있는 것도 사실이다.

기 위하여 다음과 같은 조치를 취하고 있다.

첫째, 자본시장법의 적용대상인 **금융투자업**은 자본시장과 관련된 금융업을 포괄적으로 규정하되 기능에 따라 투자매매업, 투자중개업, 집합투자업, 투자일임업, 투자자문업, 신탁업으로 구분하였다(6조).

둘째, 은행과 보험회사 등이 집합투자증권, 투자성 있는 예금 또는 투자성 있는 보험을 판매하거나 파생상품을 매매 또는 중개하는 경우에도 금융투자업으로 규율함으로써 투자자 보호를 꾀하고 있다.[17)

셋째, 종래 다른 법률에 따라 규제되어 온 부동산투자회사, 선박투자회사, 창업투자조합 등에 대해서도 자본시장법에 따른 집합투자업자 및 집합투자에 대한 규율을 적용하고 있다(6조 5항; 령 6조 1항).[18)

넷째, 금융투자업자의 지배구조와 금융상품판매에 관한 기본원칙을 각각 지배구조법(제23차 개정)과 금소법(제44차 개정)으로 이관하여 기능별 규제의 실현을 진전시켰다.

4. 금융투자업자의 업무범위 확대

자본시장의 효율성과 투자자의 편의를 위하여 금융투자업자의 업무범위도 확대하고 있다.

첫째, 금융투자업자는 진입요건을 갖추면 투자매매업, 투자중개업, 집합투자업, 투자일임업, 투자자문업, 신탁업 등 금융투자업을 모두 겸영할 수 있게 하여 대규모 투자은행이 출현할 수 있는 제도적 기반을 마련하였다(8조 1항, 12조, 18조).

둘째, 부수업무(금융업이 아닌 업무로서 금융투자업에 부수하는 업무)의 범위를 사전적으로 제약하지 않고 사후보고제를 통하여 원칙적으로 허용하되 투자자 보호에 문제가 있는 등 예외적인 경우에 제한할 수 있게 하였다(41조).

셋째, 투자자의 투자자예탁금을 지급수단으로 하는 금융투자업자의 자금이체업무를 제한적으로 허용하였다(40조 1항 4호).[19)

넷째, 제17차 개정에서는 종합금융투자사업자의 기업에 대한 신용공여업무를 허용하여 투자은행업무 활성화를 도모하였다(77조의3 3항).[20)

---

17) 다만 이미 관련 금융법상 진입규제와 건전성 규제를 받고 있음을 감안하여 금융투자업 인가는 받은 것으로 간주하고 건전성규제는 적용하지 않도록 하여 중복규제의 가능성을 제거하고 있다(77조, 30조 1항, 31조 1항, 34조 1항, 40조 1항).

18) 다만 그 적용범위를 공모 펀드와 같이 특히 투자자 보호의 필요성이 강한 경우로 한정하고 있다(6조 5항 1호; 령 6조 1항-3항).

19) 이에 대해서는 은행의 고유업무인 지급결제업무를 은행이 아닌 금융투자회사에 허용하는 것이라는 이유로 입법과정에서 상당한 논란이 있었다.

20) 이와 같이 금융투자업자에게 '기업에 대한 신용공여업무'를 허용하는 것에 대해서는 입법과정에서 상당한 논

5. 투자자 보호의 강화

금융투자상품과 겸영업무의 범위가 확대되면 투자자 이익이 침해될 가능성도 높아진다. 제정 당시 자본시장법은 이러한 사정을 고려하여 투자권유와 관련한 투자자 보호를 강화하였다. 첫째, 투자자를 위험감수능력(전문성, 보유자산규모 등)에 따라 일반투자자와 전문투자자로 구분하여 일반투자자를 상대로 하는 금융투자업에 대한 규제를 강화하는 한편 전문투자자를 상대로 하는 경우에는 진입규제를 완화하였다(9조 5항·6항, 12조 2항 2호, 18조 2항 2호). 둘째, 적합성원칙, 적정성원칙, 설명의무 등 투자권유규제(46조, 46조의2, 47조)와 관련하여 과거 자본시장법은 전문투자자와 일반투자자의 구분에 따라 규제를 차별화했으나 현재는 금소법에서 일반금융소비자와 전문금융소비자의 구분을 전제로(2조 9호·10호) 같은 체계를 유지하고 있다(17조-19조). 셋째, 과거 자본시장법은 투자자의 요청이 없음에도 방문·전화 등을 통해 투자권유를 하는 행위 등을 금지하고, 투자권유를 받은 투자자가 이를 거부하는 의사표시를 하였음에도 불구하고 투자권유를 계속하는 것을 금지하였다(49조 3호·4호). 현재는 금소법에서 일반금융소비자와 전문금융소비자의 구분을 전제로(2조 9호·10호) 같은 체계를 유지하고 있다(21조 6호 가목·나목).

현재는 금융상품판매의 핵심원칙에 해당하는 사항(46조, 46조의2, 47조, 49조, 57조, 59조)은 금소법으로 이관하고 적용대상을 금융투자상품을 의미하는 투자성상품 외에 예금성상품, 대출성상품, 보장성상품으로 확대하였다(제44차 개정, 금융소비자법 17조-23조).

Ⅲ. 자본시장법의 구성과 내용

자본시장법은 아래 표에서 보는 바와 같이 모두 10개 편으로 구성되어 있다.

▌표 1-1 자본시장법의 구성*

편	장	내 용	세부 내용
제1편 총칙	–	총 칙	○ 목적, 정의규정
제2편 금융투자업	제1장	인가 및 등록	○ 인가·등록 요건 및 절차
	제2장	지배구조	○ 파생상품업무책임자 ○ 지배구조법 이관
	제3장	건전경영 유지	○ 자기자본 규제 ○ 대주주와의 거래제한 ○ 회계처리 ○ 경영공시
	제4장	영업행위 규칙	○ 공통영업행위 규제

란이 있었지만, 뒤에서 보는 바와 같이 그 범위는 금융투자업을 영위하는 데 필요한 한도로 제한되는 것으로 해석되어야 한다.

			− 손실보전 금지, 손해배상책임 등 ○ 업자별 영업행위규제 ○ 투자권유규제는 금소법 이관
	제5장	온라인소액투자중개업 자 등에 대한 특례**	○ 증권형 크라우드펀딩 도입 ○ 온라인소액투자중개업자 규제
제3편 증권의 발행 및 유통	제1장	증권신고서	○ 증권신고서
	제2장	기업의 인수·합병 관련제도	○ 공개매수, 대량보유보고, 위임장권유 등
	제3장	상장법인의 사업보고 서 등	○ 정기공시, 수시공시
	제3장의2	주권상장법인특례***	○ 재무특례
	제4장	장외거래 등	○ 장외거래, 외국인의 장외매매 제한
제4편 불공정거래의 규제	제1～2장	불공정거래 규제	○ 미공개중요정보이용행위, 시세조종
	제3장	부정거래행위 등	○ 부정거래행위, 시장질서교란행위, 공매도
제5편 집합투자기구	제1～10 장	집합투자기구	○ 정의, 집합투자기구의 구성 ○ 집합투자증권, 집합투자기구 기관 등
	제11장	외국집합투자증권에 대한 특례	○ 외국 집합투자기구의 등록, 국내판매 등
제6편 금융투자업 관계기관	제1～8장	금융투자업관계기관	○ 협회, 한국예탁결제원, 증권금융, 신용평가 회사**** 등
제7편 거래소	제1～6장	거래소	○ 조직, 시장개설 ○ 시장감시, 분쟁조정 등
제8편 감독 및 처분	제1～4장	금융위의 집행	○ 금융위 명령, 검사 및 처분, 조사, 과징금
제9편 보칙	−		○ 위법행위의 신고
제10편 벌칙	−	형벌 규정	○ 형벌, 과태료, 양벌규정

* 재정경제부, 『자본시장과 금융투자업에 관한 법률 제정안』 축조설명자료(2006. 6. 30), 1면을 수정한 것임.
** 증권형 크라우드 펀딩을 도입한 것임(자본시장법 개정 2015. 7. 24.).
*** 증권법상 상장법인특례규정을 지배구조와 재무특례에 관한 규정으로 나누어 전자는 상법(545조의2-542조의
12)에, 그리고 후자는 자본시장법에 규정하였음.
**** 신용정보법에서 자본시장법으로 이관하였음(자본시장법 개정 2013. 5. 28).

Ⅳ. 자본시장법의 목적

1. 제1조

자본시장법은 "자본시장에서의 금융혁신과 공정한 경쟁을 촉진하고 투자자를 보호하며 금융투자업을 건전하게 육성함으로써 자본시장의 공정성·신뢰성 및 효율성을 높여 국민경제의 발전에 이바지함"을 목적으로 한다(1조).[21] 자본시장에 관한 구체적 규범을 법률에 모두

---

21) cf. 증권법 제1조(목적) 이 법은 유가증권의 발행과 매매 기타의 거래를 공정하게 하여 유가증권의 유통을 원활히 하고 투자자를 보호함으로써 국민경제의 발전에 기여함을 목적으로 한다.

담는 것은 입법기술상 불가능할 뿐 아니라 비효율적이다. 어느 나라에서도 금융규제 분야에서는 위임입법이 폭넓게 행해지고 있다. 그러나 위임입법은 남용의 위험이 있기 때문에 사전적·사후적 통제가 필요하다. 앞서 언급한 목적 규정은 자본시장법의 해석과 집행을 지배하는 지침인 동시에 금융규제기관의 임무와 책임을 판단하기 위한 기준이라고 할 수 있다.

위 목적규정의 기본구조는 다음과 같이 정리할 수 있다. 먼저 자본시장법의 최종목표로 제시한 "국민경제의 발전에 이바지"한다는 표현은 경제법령에서 공통적으로 발견되는 것으로 특별한 의미를 부여하기 어렵지만 자본시장법의 수많은 규정이 국민경제의 발전을 궁극적인 목표로 삼고 있다는 당연한 전제를 강조한 것으로 이해할 수 있다.

"국민경제의 발전"은 추상적이므로 목적규정은 구체적인 중간적인 목표로 "자본시장의 공정성·신뢰성·효율성"의 제고를 제시한다. "공정성·신뢰성·효율성"은 서로 밀접하게 관련이 있는 것으로 이 세 가지 요소는 모두 자본시장발전을 위한 필요조건으로 볼 수 있다. 결국 이 논리의 밑바닥에는 자본시장의 발전이 경제발전에 기여한다는 판단이 깔려있음을 알 수 있다.

목적규정은 "자본시장의 공정성·신뢰성·효율성"이란 중간목표에 도달하기 위한 수단으로 "자본시장에서의 금융혁신과 공정한 경쟁을 촉진하고 투자자를 보호하며 금융투자업을 건전하게 육성함"을 제시하고 있다. **투자자**와 **금융투자업**이 자본시장을 지탱하는 양대 지주라는 점에서 목적규정이 이처럼 자본시장, 투자자, 금융투자업의 3가지 요소에 주목한 것은 타당하다. 먼저 "자본시장에서의 금융혁신과 공정한 경쟁을 촉진"한다는 문구는 자본시장의 효율성과 공정성, "투자자를 보호"한다는 문구는 자본시장의 신뢰성, 그리고 "금융투자업을 건전하게 육성"한다는 문구는 자본시장의 "효율성"과 각각 관련이 깊다. 이하 위 3가지 요소에 대해서 차례로 살펴본다.

2. 투자자의 보호

어느 나라에서도 투자자 보호는 자본시장법의 핵심적인 목적이라고 할 수 있다. 비록 증권법에 비하여 덜 부각되고 있지만, 투자자 보호는 자본시장법이 제시한 3가지 목적 중에서도 가장 상위의 목적이라고 할 것이다.[22] 투자자 보호가 확보되지 않은 흔들리는 상황에서 금융투자업의 육성이나 자본시장의 발전을 기대할 수 없기 때문이다. 그러나 투자자 보호가 자본시장법의 유일한 목표라고 할 수는 없다. 투자자 보호에 치중한 나머지 금융투자업자의 활동이 위축되거나 자본시장의 효율성이 저하되면 결과적으로 자본시장법의 궁극적 목적인 경제발전을 저해할 우려가 있기 때문이다. 그러므로 결국 투자자 보호도 자본시장의 발전을 가로막지 않는 범위 내에서 추구해야 할 상대적 개념으로 볼 수 있다.

---

22) 같은 취지: 임재연, 3면; 김정수, 22면.

자본시장법에 실제로 참여하는 투자자는 실로 다양하다. 한쪽 극단에는 투자를 전문으로 하는 기관투자자가 있는가 하면 반대쪽 극단에는 투자판단의 능력이 없는 일반인, 즉 **금융소비자**가 있다. 이처럼 전문성에서 큰 차이를 보이는 투자자를 동일한 방식으로 보호하는 것은 효율적이라고 할 수 없다. 증권법에서도 자신을 보호할 능력을 갖춘 기관투자자 같은 투자전문가는 주된 보호대상이 아니었다.[23] 자본시장법에서는 투자자 사이의 이런 차이를 특히 중시하고 있다. 후술하는 바와 같이 자본시장법과 금소법은 투자자를 일반투자자와 전문투자자로 구분하여 규제를 달리하고 있다. 전문투자자를 상대하는 금융투자업자에 대하여 적합성원칙이나 설명의무를 부과하지 않는 것은 그 대표적인 예이다(2020년 개정 전 46조- 47조; 금융소비자보호법 17-19조).

3. 금융투자업의 육성

증권법에서는 목적으로서 증권업의 육성은 전면에 등장하지 않았다. 그러나 자본시장법은 금융투자업의 육성을 목적조항에서 투자자 보호와 나란히 규정하고 있다. 이는 금융투자업의 발전 없이 자본시장의 발전을 도모할 수 없다는 인식과 아울러 산업으로서의 금융투자업을 발전시키는 것이 국가경제적 관점에서도 중요하다는 인식에서 비롯된 것이다. 금융투자업자가 거래할 수 있는 금융투자상품의 폭과 겸업의 허용범위를 대폭 확대한 것은 금융투자업 육성을 위한 조치의 대표적인 예라고 할 수 있다.

4. 자본시장의 발전

자본시장의 발전이 자본시장법이 지향하는 목적임을 부인할 수 없다. 투자자와 금융투자업자가 자본시장의 양대 구성요소이고 투자자 보호나 금융투자업 육성 없이 자본시장이 발전할 수 없다는 점에서 이를 추가로 언급하는 것은 불필요할 수도 있다. 그러나 증권법과 달리 자본시장법은 자본시장을 명시적으로 언급하고 있다. 이는 증권법 제정 당시에 비하여 자본시장의 역할이 현저히 중요해진 현실을 반영함과 동시에 자본시장법의 시장법으로서의 지위를 명확히 한 것으로 볼 수 있다.[24] 경제발전의 초기단계에서는 기업이 은행을 중심으로 하는 차입금융에 의존하지만 경제가 성숙단계에 접어들면 사업위험을 다수의 투자자에 분산시키는 직접금융에 대한 의존도를 높일 필요가 있다. 한편 가계의 여유자금이 축적되고 인구의 고령

---

23) 특정의 증권발행이 공시의무가 부과되는 모집이나 매출에 해당하는지 여부를 판단할 때 기관투자자가 취득한 부분을 제외하는 것(증권령 제2조의4 제3항 제6호)은 대표적인 예이다.

24) 영국에서도 종전의 1986년 「금융서비스법」(Financial Services Act 1986)이라는 명칭을 2000년 「금융서비스 및 시장법」(Financial Services and Markets Act 2000)으로 변경하였다. 일본의 「금융상품거래법」의 목적조항 (1조)에도 '자본시장'이라는 표현이 처음으로 등장하였다. 우리나라에서는 과거 지금은 폐지된 「자본시장육성에 관한 법률」 제1조에서 '자본시장의 건전한 발전'을 목적으로 규정한 바 있다. 그러나 이 법은 자본시장법과 동일한 차원의 법률이 아니다.

화가 진전됨에 따라 다양한 위험의 투자대상을 필요로 하는 투자자의 관점에서도 자본시장을 발전시킬 필요가 있다. 전술한 바와 같이 목적조항에 명시된 자본시장의 공정성·신뢰성·효율성은 결국 자본시장의 발전에 필요한 요소이므로 자본시장법은 자본시장의 발전을 지향한다고 볼 수 있다. 자본시장법은 구체적으로 **"자본시장에서의 금융혁신과 공정한 경쟁을 촉진"**할 것을 천명하고 있다(1조). 자본시장법이 금융투자상품의 폭을 대폭 확대한 것은 금융혁신의 촉진을 위한 것이고 동일한 업무에 대해서 동일한 규제를 가하거나 불공정거래에 대한 규제를 강화하는 것은 공정한 경쟁의 촉진을 위한 것으로 볼 수 있을 것이다.

제4절 자본시장법의 기본원칙과 적용범위

I. 개 관

자본시장법의 핵심은 기존의 기관별·상품별 규제를 기능별 규제로 전환하여 규제의 공백을 제거하고 규제의 형평성과 효율성을 높이는 것이다. 금융규제는 규제대상인 금융시장의 현상과 부합할 때 비로소 효율적으로 기능할 수 있다. 기존의 기관별·상품별 금융규제는 바로 금융시장이 기관별·상품별로 구분되어 작동하던 시절의 산물이다. 그러나 금융시장 내부를 구획하던 칸막이가 급속히 붕괴함에 따라 전통적인 규제 패러다임인 기관별·상품별 규제가 타당성과 실효성을 상실하게 되었다.

이러한 시장변화에 대응하여 금융규제제도를 개혁하려는 시도는 이미 다양한 차원에서 이루어지고 있다. 이러한 개혁은 크게 세 갈래로 전개되고 있다. 첫째, 여러 기관으로 나뉜 금융감독기관을 하나로 통합하는 것이다. 우리나라, 영국, 호주, 일본 등 이미 많은 국가가 금융감독기관의 개편을 마쳤다.[25] 둘째, 금융업종별로 상이한 영업행위 규제에 관한 원칙을 하나로 통합하는 것이다. 호주는 가장 최근에 이 분야의 개혁을 완료한 대표적인 나라이다. 셋째, 영업행위 규제의 통합에서 한걸음 더 나아가 건전성규제까지 통합하는 것이다. 이러한 방식의 포괄적인 입법을 실현한 나라는 영국이다. 영국과 호주의 입법은 자본시장법의 체계와 내용에도 큰 영향을 미쳤다.[26]

---

25) 특히 주목의 대상이 되는 것은 금융규제목적에 따라 건전성규제기관(시스템위험방지)과 영업행위규제기관(금융소비자보호)을 분리하는 '이원화모델'(Twin Peaks Model)이다. 이에 대해서는 Michael Taylor, ""Twin peaks": A Regulatory Structure for the New Century"(December 1995, Centre for the Study of Financial Innivation); Michael W. Taylor, "Twin Peaks Revisited: A Second Chance for Regulatory Reform" (2009, Centre for the Study of Financial Innovation). 호주와 네덜란드에서 일찍부터 채택하였고, 영국도 이원화모델로 전환하였다. Financial Services Act 2012. 상세한 논의는, 정순섭, "금융감독체계의 구성원리에 관한 연구 — 이원화모델을 중심으로", 『민사판례연구』 37, 2015, 1043-1084면.

26) 자본시장법과 영국 및 호주의 입법과의 관계에 대해서는, 정순섭, "영국·호주의 금융개혁법, 규제유연화의 신

Ⅱ. 자본시장법과 기능별 규제[27)]

1. 의   의

금융규제는 규제방식에 따라 기관별 규제와 기능별 규제로 나눌 수 있다.[28)] 기관별 규제(institutional regulation)는 금융회사가 수행하는 업무의 내용을 불문하고 금융회사의 종류에 따라 규제를 적용하는 방식이다. 반면에 기능별 규제(functional regulation)는 금융회사의 종류와 관계없이 금융회사가 수행하는 업무의 경제적 기능이나 성질을 기초로 규제하는 방식을 말한다. 증권법을 비롯한 기존의 자본시장 관련 법률들은 주로 기관별 규제원칙에 입각하여 각각의 금융업에 대하여 별도의 규제(진입·건전성·영업행위규제)를 적용하였다.[29)] 이러한 기관별 규제는 한편으로는 업종간 규제에 불공평을 낳거나 다른 한편으로는 규제의 공백 때문에 투자자 보호가 미흡해질 수 있다.[30)] 자본시장법은 특정한 업무의 수행주체가 아니라 대상 상품의 경제적 기능에 주목하는 기능별 규제를 택하고 있다.[31)]

2. 기능별 규제의 적용

자본시장법상 기능별 규제는 다음과 같이 이루어진다. 첫째, 금융투자상품, 금융투자업, 투자자를 경제적 실질에 따라 구분한다. 둘째, 금융기능을 금융투자상품(증권·파생상품), 금융투자업(투자매매업, 투자중개업, 집합투자업 등), 투자자(전문·일반투자자)를 기준으로 분류한다. 셋째, 각 금융기능별로 진입·건전성·영업행위 규제를 적용한다. 그리하여 다른 종류의 금융회사라도 동일한 금융기능을 수행하는 경우에는 동일한 진입·건전성·영업행위 규제를 적용한다. 이러한 기능별 규제원칙은 투자자 보호측면에서도 관철되고 있다. 즉 동일한 기능의 금융거래에 참여하는 투자자는 상대방인 금융회사의 종류와 무관하게 동일한 보호를 받는다. 기능별 규제 하에서는 규제차익(regulatory arbitrage)이 사라져 금융업종간에 공정한 경쟁이 가능해진다.

기원 이뤄", 『나라경제』 Vol. 201, 2007. 8, 20-22면.

27) 이하 논의는 정순섭, "자본시장통합법과 기능별 규제의 적용", 『증권』 No. 130, 2007, 15-28면을 기초로 한 것이다.

28) 정순섭, "금융시장의 변화와 금융규제제도의 정비(상)", 『증권법연구』 제3권 제1호, 2002, 1-26면.

29) 증권법을 비롯한 자본시장관련 법률상 기관별 규제의 문제점에 대해서는, 재정경제부, 「자본시장과 금융투자업에 관한 법률안」 설명자료(2006. 12. 28), 15-21면에 구체적으로 정리되어 있다.

30) 정순섭, 위의 논문 주 27) 참조.

31) 물론 기능별 규제는 영업행위규제와 관련하여 중요한 의미를 가진다. 건전성규제에 대해서는 기관별 접근이 불가피하다.

Ⅲ. 자본시장법의 적용범위

다른 규제법과 마찬가지로 자본시장법도 어떠한 경우에 적용되는지가 문제된다. 자본시장법의 적용범위는 주로 **금융투자상품**과 **금융투자업** 그리고 **투자자**라는 3가지 핵심개념을 중심으로 결정된다.

첫째, 자본시장법은 포괄적으로 정의된 금융투자상품을 출발점으로 한다. 증권법에서와 마찬가지로 자본시장법의 핵심개념은 '**투자**'이다.

둘째, 자본시장법은 금융투자상품에 대한 매매와 중개 등 일정한 행위를 영업으로 하는 것을 금융투자업으로 정의하여 진입규제의 대상으로 한다. 종래 증권법, 선물법, 간투법, 구 신탁업법 등 자본시장 관련 법률에서 규정하는 「증권업」, 「선물업」, 「자산운용업」, 「투자자문업」, 「투자일임업」, 「신탁업」 등 다양한 종류의 자본시장관련 업무를 「금융투자업」으로 일원화하고 이를 경제적 기능과 위험을 기준으로 「투자매매업」, 「투자중개업」, 「집합투자업」, 「투자자문업」, 「투자일임업」, 「신탁업」의 6개 업무로 새로이 구분하고 있다.

셋째, 금융투자상품과 금융투자업 이외에 투자자의 전문성 여부도 자본시장법의 적용에 영향을 주는 요소이다. 자본시장법은 투자자를 위험감수능력을 기준으로 전문투자자와 일반투자자로 분류한 후 전자에 대해서는 진입규제를 달리하면서, 규제를 차별화하고 있다.

제5절 이 책의 구성

이 책은 모두 7편 23장으로 구성된다.

제1편 총설은 제1장 서설, 제2장 금융투자상품, 제3장 금융투자업, 제4장 투자자로 구성된다. 제2장에서는 금융투자업과 함께 자본시장법의 핵심개념인 금융투자상품의 범위를 상세히 검토한다. 제3장에서는 자본시장법상 기능별 규제의 원칙이 가장 명확하게 반영되어 있는 금융투자업에 대해서 살펴본다. 제4장에서는 적용되는 규제의 내용에 영향을 주는 투자자의 구분에 관하여 설명한다.

제2편 발행시장과 유통시장은 증권법과 별 차이가 없는 부분이다. 제2편은 제5장 발행시장의 규제, 제6장 유통시장과 공시, 제7장 기업인수에 대한 거래의 규제로 구성된다. 제5장에서는 발행인으로서의 상장법인에 관한 특례규정도 간략히 살펴본다.

제3편 불공정거래규제는 자본시장에서의 불공정거래에 대한 규제를 정리하는 부분으로서 개정과정을 통하여 증권법과 상당한 차이를 보이고 있다. 제8장 미공개중요정보이용행위, 제

9장 시세조종행위, 제10장 부정거래행위, 제11장 시장질서교란행위로 구성된다.

제4편 자본시장의 기초는 제12장 금융투자상품시장, 제13장 금융투자상품거래의 법률관계, 제14장 금융투자상품의 청산·결제, 제15장 금융투자업관계기관으로 구성된다. 금융투자상품시장은 세계적으로 변혁을 겪고 있는 부분이다. 청산·결제기능은 오랜 논의를 거쳐 가닥을 잡은 부분으로 앞으로 국내자본시장의 발전을 위한 중요한 기초로서 주목할 필요가 있다. 금융투자상품거래의 법률관계에서는 거래소시장에서의 매매거래, 위탁매매의 법률관계, 신용거래와 장외거래 등 금융투자상품거래와 관련된 사법상의 법률관계를 정리한다. 금융투자업관계기관으로는 협회와 증권금융회사 등을 살펴본다.

제5편 금융투자업자의 규제는 진입규제, 건전성규제, 영업행위규제로 구성된다. 제16장 진입규제에서는 금융투자업의 진입규제로서의 인가와 등록제도를 검토한다. 제17장 건전성규제에서는 금융투자업자에 대한 지배구조규제와 건전성규제를 서술한다. 제18장 영업행위규제는 자본시장법상 이해상충 규제 등 공통영업행위규제와 각 금융투자업자별 영업행위규제와 함께 금소법상 금융상품판매규제를 포함한다.

제6편 금융투자규제의 체계는 자본시장과 금융투자업에 대한 감독을 담당하는 규제기관을 다루는 제19장 금융투자규제기관과 역외적용 및 감독공조에 관한 문제를 다루는 제20장 국제자본시장규제로 구성된다.

제7편 집합투자·파생상품·신용평가에서는 현대 금융시장의 총아라고 할 수 있는 집합투자, 파생상품 그리고 신용평가에 대해서 살펴본다. 제21장 집합투자에서는 간투법의 적용대상이었던 집합투자의 기본구조와 시장참가자에 대한 각종 규제를 살펴본다. 자산유동화는 규제목적상 집합투자와 일맥상통하는 면이 있어서 집합투자와 함께 검토한다. 제22장 파생상품에서는 장내외파생상품에 관한 기본적인 법률관계를 정리한다. 제2장에서 파생상품의 정의를 다루고 있으므로 이 장에서는 그 이외의 법률관계를 정리한다. 제23장 신용평가에서는 신용평가의 기본구조와 당사자 간의 책임관계에 관한 기본적인 법리를 살펴본다.

▌표 1-2 이 책의 구성과 내용

구 분	내 용
제1편 총 설	제 1 장 서 설 제 2 장 금융투자상품 제 3 장 금융투자업 제 4 장 투자자
제2편 발행시장과 유통시장	제 5 장 발행시장의 규제 제 6 장 유통시장과 공시 제 7 장 기업인수에 대한 거래의 규제

제3편 불공정거래규제	제 8 장 미공개중요정보이용행위
	제 9 장 시세조종행위
	제10장 부정거래행위
	제11장 시장질서교란행위
제4편 자본시장의 기초	제12장 금융투자상품시장
	제13장 금융투자상품거래의 법률관계
	제14장 금융투자상품의 청산·결제
	제15장 금융투자업관계기관
제5편 금융투자업자의 규제	제16장 진입규제
	제17장 건전성규제
	제18장 영업행위규제
제6편 금융투자규제의 체계	제19장 금융투자 규제기관
	제20장 국제자본시장규제
제7편 집합투자·파생상품·신용평가	제21장 집합투자
	제22장 파생상품
	제23장 신용평가

제2장 금융투자상품

제1절 서 언

자본시장법은 '**금융투자상품**'이라는 도구개념을 중심으로 구성되어 있다. 금융투자상품은 자본시장법의 적용범위를 정하고 금융투자업의 업무범위를 정하는 1차적인 기능을 수행한다. 금융투자상품은 나아가 증권과 파생상품의 범위를 획정함으로써 은행업 및 보험업과 금융투자업의 경계를 설정한다.

금융투자상품은 증권법상 유가증권 개념에 관한 한정적 열거주의가 가진 한계를 극복하기 위한 포괄성의 요청을 충족하면서 동시에 죄형법정주의원칙에 따라 자본시장법상 형벌의 대상인 범죄의 구성요건요소로서의 구체성과 명확성도 갖추어야 한다. 자본시장법은 이러한 상호 모순되는 요청을 일반적 정의 – 명시적 포함 – 명시적 제외라는 단계적 정의를 통하여 동시에 충족시키려고 한다. 이러한 체계는 금융투자상품의 세부유형인 증권과 파생상품에도 그대로 적용된다. 현행법 해석론으로는 죄형법정주의 틀 내에서 금융투자상품의 구체성과 명확성을 확보하기 위한 기준을 확보하려는 노력이 불가피하다. 다만 금융투자상품 개념은 특정한 기술을 개념요소로 하고 있지 않으므로 기술중립적인 개념으로 해석되어야 한다.

제2절에서는 금융투자상품 개념의 기능을 살펴보고 투자자 보호 규제와 산업법적 규제의 관계, 그리고 증권법상 유가증권 개념의 한계를 정리한다. 제3절에서는 금융투자상품의 구체적 개념요소를 검토한다. 제4절에서는 증권의 개념과 증권과 파생상품의 구분 그리고 구체적인 증권유형을 살펴본 후 유사성 기준 등 관련문제를 분석한다. 제5절에서는 파생상품의 개념과 유형 그리고 관련 법률문제를 살펴본다. 제6절에서는 금융투자상품과 신탁의 관계, 제7절에서는 투자성 있는 예금과 보험을 정리한다.

제2절 금융투자상품 개념의 제도적 기능

Ⅰ. 금융투자상품 개념의 기능

자본시장법이 담고 있는 다양하고 복잡한 규제는 '**금융투자상품**'[1]이라는 도구개념을 기초로 구성된다. 금융투자상품 개념의 기능은 다음과 같다. 첫째, 자본시장법 규제의 핵심구성요소이다. 예컨대 투자자에 대한 정보제공을 강제하는 공시규제(118조 이하, 159조 이하)나, 미공개중요정보이용행위와 같은 불공정거래규제는 금융투자상품거래에만 적용된다(172조, 174조, 176조, 178조, 178조의2). 또한 금융위의 인가나 등록을 요하는 '**금융투자업**'도 주로 금융투자상품을 기초로 규율된다(6조). 이처럼 금융투자상품은 증권법상 '**유가증권**'과 같이 자본시장법의 적용범위를 정하는 핵심개념이다. 둘째, 증권과 파생상품의 전체적인 범위를 정한다. 뒤에서 보는 바와 같이 자본시장법은 증권과 파생상품에 대한 정의규정을 따로 두지만, 금융투자상품 정의는 그 테두리를 정한다. 셋째, 은행 및 보험과의 경계를 설정한다. 금융투자상품 정의의 배후에는 전형적인 예금과 보험계약을 자본시장법에서 제외하려는 의도가 있다.

Ⅱ. 투자자 보호규제와 산업법적 규제

자본시장규제의 중심은 역시 투자자를 보호하는 것이다. 공시규제와 불공정거래규제는 투자자 보호의 양대 지주이다. 그러나 증권법과 마찬가지로 자본시장법도 투자자 보호와 아울러 금융투자업에 대한 산업법적 규제를 포함한다. 이처럼 투자자 보호와 산업법적 규제를 하나의 법률로 하는 것을 일본에서는 **원세트**(one set)**규제**라고 한다.

산업법적 규제도 크게 보면 투자자 보호와 무관하지 않은 점에서 원세트규제가 반드시 불합리지만은 않다. 그러나 하나의 법으로 2가지 규제를 시도하는 '**원세트규제**'에는 난점도 따른다.[2] 증권법상 폭넓은 투자자 보호를 위해서는 유가증권의 범위를 확대할 필요가 있었다. 그러나 '**원세트규제**'에서 유가증권의 범위를 확대하면 증권업의 범위도 확대된다. 예컨대 증권법상 은행은 겸영허가 없이는 증권업을 할 수 없었으므로(29조 2항) 특정상품이 유가증권에 해당하면 은행은 그 상품을 취급할 수 없었다.

---

[1] 금융투자상품은 금소법상 투자성 상품(3조 3호)과는 다르다. 투자성 상품은 금융투자상품을 기본으로 하면서 규제목적상 투자일임계약과 신탁계약 등을 추가한 개념이다.
[2] 김건식, 59-60면.

Ⅲ. 증권법상 유가증권 개념의 한계[3]

증권법은 '**유가증권**' 개념을 중심으로 구성되었다. 자본시장이 덜 성숙한 시기에는 '**유가증권**'이란 개념이 크게 불편하지 않았다. 그러나 자본시장의 발달에 따라 차츰 난점을 드러내게 되었다. 증권법상 유가증권 개념의 문제점으로는 **규제의 공백**과 **현실과의 괴리**를 들 수 있다.

첫째, 규제의 공백에 대해서 살펴보자. 증권법은 유가증권을 정의하면서 일정한 종류의 투자상품을 한정적으로 열거하였다(한정적 열거주의). 따라서 새로운 상품이 등장하면 그것이 한정적으로 열거된 상품에 해당하는지를 검토해야 했다. 그 결과 열거된 대상에 없을 경우 증권회사는 그 상품을 거래할 수 없었다. 반면 증권회사가 아닌 자가 그 상품을 거래할 경우 증권법상 규제를 받지 않기 때문에 투자자 보호에 공백이 발생하였다.

둘째, 현실과의 괴리도 문제였다. 증권법상 유가증권으로 열거되어 있던 상품은 경제적 실질보다는 법적 형식에 중점을 두었다. 그러나 금융공학의 발전에 따라 파생상품을 활용하면 법적 형식은 달라도 경제적 실질은 동일한 상품을 쉽게 만들어 낼 수 있다. 즉 증권법의 정태적인 접근방식으로는 증권시장의 동태적인 현실을 제대로 규제할 수 없게 된 것이다. 그렇다고 해서 파생상품의 사용을 억제하면 금융시장의 혁신과 신상품 개발이 위축될 수밖에 없었다.

유가증권 개념의 이런 한계는 학계와 실무계에서 잘 알려져 있었다.[4] 그러나 그것을 극복하기 위한 현실적인 대안에 대해서는 별로 논의가 없었다. 그래도 가장 유력한 것은 미국 증권법상 투자계약(investment contract) 개념을 도입하자는 주장이었다. 그러나 투자계약 개념은 증권법상 유가증권 개념의 한계를 극복하는 대안으로 삼기는 어렵다. 투자계약 개념은 특

---

3) 이하 논의는 김건식 외, 『기업자금조달 활성화를 위한 유가증권제도의 개선방안에 관한 연구』(서울대학교 금융법센터 연구보고서, 2003. 6), 40면 이하 참조. 간단한 정리로는 정순섭, "유가증권개념에 관한 일고 — '파생결합증권'의 개념을 중심으로", 『증권선물』 제7호, 2005, 1-20면.

4) 이러한 문제를 단적으로 보여준 것이 네티즌펀드이다. 네티즌펀드는 1999년 인츠필름이 영화 '반칙왕'에 도입한 이후 확산되었던 것으로서 당시 증권법상 유가증권으로 열거되어 있지 않던 익명조합구조를 이용한 것이다. 조상욱, "Netizen Fund의 투자자 보호상의 문제", 『증권법연구』 제2권 제2호, 2001, 121-178면.

구 증권거래법 시행령 개정[시행 2005. 3. 29.] [대통령령 제18757호, 2005. 3. 28., 일부개정]

가. 출자지분 등을 유가증권으로 인정(영 제2조의3 제1항 제3호의5 및 제8호 신설)

(1) 상법상 익명조합 등의 출자지분이 유가증권으로 인정되지 아니하여 공시제도 등을 통하여 투자자를 보호할 수 없는 문제점이 있음.

(2) 상법상 익명조합·합자회사 및 유한회사의 출자지분, 파생금융상품과 전통적 유가증권의 성격이 결합된 파생결합증권을 각각 「증권거래법」상 유가증권으로 인정함.

(3) 익명조합의 출자지분 등을 모집 또는 매출할 때 일정한 사항을 공시하도록 함으로써 투자자를 보호할 수 있을 것으로 기대됨.

히 전통적인 금융상품에 파생상품을 결합한 파생결합상품을 포섭할 수 없다는 치명적인 약점을 안고 있다.[5]

자본시장법은 이러한 한계를 극복하기 위하여 증권의 개념을 확장하여 파생결합증권을 도입하고 파생상품을 활용할 수 있는 여지를 크게 확대하였다. 이하 금융투자상품에 대한 설명에서 상세히 논하기로 한다.

제3절 금융투자상품의 의의와 유형

I. 개 관

자본시장법은 증권법상의 유가증권 개념 대신 보다 포괄적인 금융투자상품 개념을 기초로 한다.[6] 자본시장법은 금융투자상품을 포괄적으로 정의함으로써 종전과 같이 규제의 필요가 발생할 때마다 새로이 상품을 열거하여 규제대상을 확장하는 한정적 열거주의 체제와 결별하였다.[7] 자본시장법은 금융투자상품을 정의하면서 상품의 기능과 위험에 주목한다. 또한 포괄적 정의에서 비롯되는 불확실성을 최소화하기 위하여 금융투자상품에 포함되는 상품을 명시함과 동시에 배제되는 상품도 명시하는 단계적 정의를 통하여 포괄적 정의의 구체화를 도모하고 있다.

II. 금융투자상품의 정의

1. 의 의

자본시장법은 '**금융투자상품**'을 "이익을 얻거나 손실을 회피할 목적으로 현재 또는 장래의 특정(特定) 시점에 금전, 그 밖의 재산적 가치가 있는 것(이하 '**금전등**'이라 한다)을 지급하기로 약정함으로써 취득하는 권리로서, 그 권리를 취득하기 위하여 지급하였거나 지급해야 할 금전 등의 총액(판매수수료 등 대통령령으로 정하는 금액을 제외한다)이 그 권리로부터 회수하였거나 회수할 수 있는 금전 등의 총액(해지수수료 등 대통령령으로 정하는 금액을 제외한다)을 초과

---

5) 미국의 법원은 금리스왑에 대하여 공동사업의 부재와 금전 등의 집합의 부재 그리고 타인의 기업가적 노력이 아니라 시장요소에 따라 가치가 변동되는 점 등으로 인하여 투자계약에 해당할 수 없다고 판단하였다. Procter & Gamble v Bankers Trust, 925 F. Supp 1270, 1278.
6) 이하 논의는 정순섭, "금융규제법상 포괄개념 도입의 가능성과 타당성 — 자본시장통합법상 금융투자상품의 개념을 중심으로", 『서울대학교 법학』 제49권 제1호, 2008, 281-314면; 정순섭, "포괄주의에 따른 '증권' 개념의 확장 — 금융투자상품에 있어서 투자성의 요소를 중심으로", 『투신』 No. 60, 2006. 12, 1-14면을 기초로 한 것이다.
7) 재정경제부, 『금융투자업과 자본시장에 관한 법률(가칭)』 제정방안(2006. 2. 17), 30면.

하게 될 위험(이하 '**투자성**'이라 한다)이 있는 것"이라고 정의하고 있다(3조 1항).

이러한 기능적 정의에 따르면 과거 금융투자와 무관한 것으로 여겨지던 상품들이 금융투자상품에 해당할 수 있다. 그렇다고 해서 금융투자상품의 범위가 무제한 확대되는 것은 아니다. 자본시장법은 금융투자상품을 증권과 파생상품에 한정하고(3조 2항), 증권과 파생상품에 대해서는 각각 상세한 정의규정을 두고 있기 때문이다(4조·5조). 이하에서는 이 정의의 4가지 요소, 즉 첫째 이익을 얻거나 손실을 회피할 목적, 둘째 금전등의 지급, 셋째 계약상의 권리, 넷째 투자성에 대해서 차례로 살펴본다.

2. 목   적

금융투자상품에 해당하기 위해서는 "이익을 얻거나 손실을 회피할" 목적(**금융투자목적**)이 있어야 한다(3조 1항). 여기서 이익취득은 주로 증권 그리고 손실회피는 주로 파생상품과 관련된다.[8] 뒤에서 보는 바와 같이 금융투자목적은 예금이나 보험상품에도 인정할 수 있다. 이들과는 뒤에 설명하는 투자성의 요소에 의하여 구분된다. 다만 여기서 말하는 금융투자목적은 일반상품을 대상으로 하는 상업 또는 소비목적의 실물거래를 금융투자상품거래와 구분하는 기준으로 작용할 수 있다.[9] 예컨대 탄소배출권이나 골프장 또는 콘도회원권의 전매에 의한 차익실현을 포함한 비금융상품의 매매에 따른 이익추구행위를 금융투자목적으로 볼 수는 없다.

3. 금전등의 이전에 관한 약정

금융투자상품의 두 번째 요소는 금전등의 이전에 관한 약정이다. 자본시장법은 "현재 또는 장래의 특정 시점에 금전, 그 밖의 재산적 가치가 있는 것('**금전등**')을 지급"하기로 약정할 것을 요구한다.

첫째, 시기와 관련하여 장래 결제를 포함한 것은 파생상품을 고려한 것이다. '**특정 시점**'이라고 한 것은 만기가 확정되어 있거나 확정될 수 있어야 한다는 뜻이다. 이와 관련하여 파생상품을 현물거래와 구별하는 요소로서의 '**장래**'란 거래일로부터 어느 정도 먼 후일을 말하는지가 문제이다. 이에 대해서는 파생상품의 정의에서 상세히 검토한다.[10]

둘째, 금전 외에 "그 밖의 재산적 가치가 있는 것"을 포함한 것은 (i) 금융투자상품의 취득대가를 금전에 한정하지 않고, (ii) 파생상품거래에서 차액결제(cash settlement)와 현물인도에 의한 결제(physical delivery)를 모두 포함하기 위한 것이다.[11] 또한 가상자산의 증권성과

---

8) 물론 실제로는 이익취득을 목적으로 파생상품거래를 하는 경우도 없지 않다.

9) 제4절 Ⅳ. 4. 참조.

10) 제5절 Ⅱ. 2. 참조.

11) 입법과정에서 "그 밖의 재산적 가치가 있는 것"에 대해서 '지급'이란 용어를 쓰는 것은 부적절하다는 지적이 있었다. 그러나 여기서 지급은 교부나 제공 등도 포함한다고 새겨야 할 것이다.

관련하여 가상자산을 취득하기 위하여 다른 가상자산을 대가로 지급하는 경우 그 대가인 가상자산이 금전에 해당하는지 문제될 수 있다. 자본시장법에서는 금전은 아니지만, "그 밖의 재산적 가치가 있는 것"에 해당할 수 있다.[12]

셋째, 금융투자상품의 취득을 위한 계약체결시점에 금전등을 지급하지 않는 경우도 금융투자상품으로 볼 수 있는가? 예컨대 주식회사의 임직원에게 부여하는 주식매수선택권(상 340조의2 1항)과 같이 옵션을 무상으로 취득하거나 신주를 무상으로 발행하는 경우가 문제된다. 그러나 이 경우의 옵션이나 주식은 대부분 근무의 대가로 제공되는 것이라는 점에서 **'금전등의 지급'**이라는 요소가 존재한다고 볼 여지도 있다. 다만 시행령은 상법상의 주식매수선택권 (340조의2 또는 542조의3)을 금융투자상품 정의에서 제외하고 있다(3조 3항). 주로 임원 등의 보수로 활용되는 실무를 고려한 것이다.

4. 권 리

자본시장법은 금융투자상품을 "약정함으로써 취득하는 권리"라고 하여 **'권리'**를 요소로 한다. 여기서 권리는 다음 3가지 특징을 갖는다.

첫째, 권리는 발행인이나 거래상대방에 대한 채권이나 주식과 같은 지분 또는 신탁수익권으로서 물권은 포함하지 않는다. 물권 자체를 표창하는 증권은 뒤에서 보는 바와 같이 자본시장법상 증권의 유형에 포함되지 않으므로 예컨대 물건에 대한 공유지분을 직접 증권으로 볼 수는 없다.

둘째, **'권리'**는 주로 **'금전과 같은 현금흐름을 취득할 권리'**인 것이 보통이지만 **'현물을 취득할 권리'**인 경우도 있다. 파생결합증권이나 파생상품거래에서 현물인도로 결제되는 경우에는 현물을 취득한다. 다만 이러한 결과는 당사자들이 선택한 결제방법에 따른 것으로서 그 차이가 자본시장법상 금융투자상품으로서의 성질결정에 영향을 미치는 것은 아니다.

셋째, 특정한 거래 또는 상품이 파생상품에 해당하는지를 판단할 때 중요한 것은 **'계약의 이행결과 취득하는 결과물'**이 아니라 **'계약상의 권리'**이다. 예컨대, 파생상품에서 금융투자상품에 해당하는 것은 파생상품계약상 **'권리 그 자체'**이고 기초자산은 **'권리의 행사에 따라 취득하게 되는 결과물'**에 불과하다. 특히 차액결제를 선택한 경우에는 기초자산이 아니라 그에 상응하는 금전만을 취득하게 된다.

---

12) 일본의 2019년 금융상품거래법 개정에서 일본법상 암호자산을 금전으로 간주하는 규정을 둔 것은 이 문제를 해결하기 위한 것이었다(2조의2). 그러나 자본시장법은 "금전 그 밖의 재산적 가치가 있는 것"이라고 하여 이러한 문제를 원천적으로 제거하였다.

5. 투 자 성(위험)

1) 의   의

금융투자상품의 마지막 요소인 위험은 '**투자성**'으로 표현된다. 여기서 투자성은 지급(예정)금액이 회수(가능)금액을 초과할 위험을 말한다.[13]

2) 투자성의 2가지 요인

투자성은 2가지 요인에 의하여 발생한다. 첫째, 대상 상품의 시장가격하락으로 인한 손실발생으로 시장위험이 현실화되는 경우이다. 둘째, 금융투자상품의 구조 자체에서 비롯되는 것으로서 대상 상품이 시장거래의 대상이 아닌 경우에도 파생결합증권에서의 기초자산 가치나 투자계약증권에서의 사업성과의 변화로 인하여 손실이 발생하는 경우이다. 즉 시장위험과 무관하게 손실이 발생할 수 있는 경우를 말한다. 전자는 유통성을 전제로 하지만 후자는 그럴 필요가 없다. 위 2가지 요인은 지분증권이나 수익증권과 같이 중복적으로 나타날 수도 있다.

이와 관련하여 3가지 문제에 주의할 필요가 있다. 첫째, 국채는 무위험자산이므로 투자성이 없는가? 국채는 시장거래의 대상이므로 매수시점과 매도시점의 금리변동에 따라 양도손익이 발생할 수 있다. 따라서 국채는 투자성을 갖는다. 둘째, 이른바 '**원금보장형**'[14] 주가연계증권에 대해서도 비슷한 의문이 제기되기도 하지만, 같은 이유에서 투자성이 인정된다. 실무상 유통도 가능하다. 셋째, 양도성예금증서는 양도손익이 발생할 수 있으므로 이론상 금융투자상품에 해당한다. 그러나 자본시장법은 은행업무임을 감안하여 원화표시 양도성예금증서를 금융투자상품에서 제외하였다(3조 1항 1호). 반대해석으로 외화표시 양도성예금증서는 금융투자상품이다.

3) 투자성과 신용위험

발행인의 도산 등 신용위험을 투자성의 기초가 되는 위험으로 파악할 것인가도 문제된다. 만약 발행인의 도산으로 인하여 회수금액이 지급금액에 미달하는 경우도 투자성을 충족한다고 본다면 일반적인 채권도 모두 증권이나 파생상품의 요소를 갖는 것을 전제로 금융투자상품에 해당하게 된다.

나아가 일반적인 대출업무가 모두 금융투자업에 해당하게 될 것이다. 이러한 불합리를 피하기 위하여 자본시장법은 발행인이나 거래상대방의 자력부족으로 투자자가 회수할 수 없는 금액은 투자성 판단에서 기준이 되는 회수금액에 합산하도록 규정함으로써 신용위험을 투

---

13) 일본의 「금융서비스의 제공에 관한 법률」(이하 "금융서비스법") 제4조 제3항(구 금융상품의 판매 등에 관한 법률 제3조 제2항)을 참조한 것이다.
14) 원금보장형 주가연계증권은 과실연계증권을 가리키며, 기초자산의 가치변동분이 원금에는 영향을 미치지 않는 증권을 말한다.

자성의 기초가 되는 위험에서 명시적으로 제외하고 있다(령 3조 2항 3호).

따라서 대출 등 상거래에 따른 일반적인 채권은 원칙적으로 금융투자상품의 범위에서 벗어난다. 다만 금리 등 시장상황의 변동에 따라 시가가 변하는 채권, 즉 시장위험이 있는 채권은 금융투자상품, 그 중에서도 증권에 해당한다. 또한 대출채권도 양도나 취득과정에서 채무자의 신용위험 이외에 시장금리 등의 영향을 받아 가격이 결정될 경우에는 금융투자상품으로 볼 여지가 있다. 이와 함께 다수의 대주로 구성되는 대주단에 의한 신디케이티드대출에서 개별대주가 가지는 대출채권을 증권으로 볼 수 있는지도 논의되고 있다.[15]

4) 투자성과 보험료

보험상품의 투자성과 관련하여 보험료의 취급도 문제이다. 특히 순수보장성보험에서 위험보험료를 지급금액에 포함할 경우 보험사고가 발생하지 않으면 회수금액이 지급금액에 미달하여 투자성이 인정될 수 있다. 자본시장법은 금융투자상품의 정의상 지급금액에서 "판매수수료 등 대통령령으로 정하는 금액"을 제외한다(3조 1항). 시행령은 보험계약상 사업비와 위험보험료와 같이 투자자가 금융투자업자에게 지급하였으나 실제 투자에 활용되지 않은 서비스제공대가를 지급금액에서 제외하였다(령 3조 1항).

5) 투자성과 예금중도해지

투자성과 관련해서 예금에 수반되는 중도해지수수료도 문제된다. 예금을 조기에 중도해지하는 경우에는 고액의 수수료 공제로 인하여 회수금액이 지급금액에 미달할 수 있다. 그렇다고 해서 이러한 예금을 금융투자상품으로 간주하는 것은 부적절하다. 자본시장법은 이 문제도 입법적으로 해결하였다. 자본시장법은 회수금액에 "해지수수료 등 대통령령으로 정하는 금액"을 포함하였다(3조 1항). 시행령은 해지수수료나 환매수수료와 같이 실제로 회수금액을 감소시키지만 투자자의 의사에 지급이 좌우되는 금액은 회수금액에 포함하고 있다(령 3조 2항).

6) 투자성과 일반상품

투자성만 있으면 일반상품도 금융투자상품에 해당한다고 볼 것인가? 문제되는 것은 예컨대, 장차 처분하여 이익을 얻을 목적으로 곡물을 매입하는 경우이다. 이 경우는 금융투자상품의 4가지 요소, 즉 목적, 금전 등의 지급, 권리, 투자성을 모두 충족하는 것처럼 보인다.

그러나 곡물과 같은 일반상품 자체를 금융투자상품으로 취급할 정책적 필요는 없다.[16] 일반상품거래에서는 금융투자상품거래에서와 같은 정보비대칭의 문제가 심각하지 않아서 투

---

15) 정순섭, 은행, 477면("신디케이티드 대출의 개별성과 독립성을 인정하는 한 차주에 대하여 대주들이 가지는 권리의 법적 성질을 일반적인 대출과 달리 볼 것은 아니라고 생각한다").

16) 예컨대 탄소배출권을 들 수 있지만 금융투자상품으로 볼 수 없다. 임재연, 40면. 일반상품도 장래의 인도를 조건으로 거래하는 경우에는 파생상품(선도)에 해당할 수 있다.

자자 보호의 필요가 그리 크지 않다. 실제로 자본시장법의 해석상 일반상품의 금융투자상품성을 인정하는 견해는 찾아보기 어렵다.[17] 해석론으로는 금융투자상품의 양대 구성요소인 증권이나 파생상품의 어느 쪽에도 해당한다고 볼 수 없기 때문에 금융투자상품에서 배제된다고 보는 것이 옳다고 판단된다.[18]

7) 투자성과 원본

"특정 금융투자상품의 취득을 위하여 지급한 금전"이란 의미로 편의상 **원본**이란 용어를 사용하는 것이 보통이다. 그러나 파생상품에서는 원본이 없는 경우가 대부분이다. 그러면 자본시장법상 원본의 존재는 금융투자상품의 불가결한 개념요소인가? 자본시장법은 금융투자상품의 핵심요소인 투자성을 "그 권리를 취득하기 위하여 지급하였거나 지급해야 할 금전 등의 총액(판매수수료 등 시행령으로 정하는 금액을 제외한다)이 그 권리로부터 회수하였거나 회수할 수 있는 금전 등의 총액(해지수수료 등 시행령으로 정하는 금액을 제외한다)을 초과하게 될 위험"(3조 1항)이라고 정의한다. 따라서 '**원본**'의 존재를 금융투자상품의 불가결한 개념 요소로 하고 있지 않다. 그러므로 엄밀히 말하면 원본초과 손실을 파생상품의 개념요소라고 설명하는 것은 옳지 않다. 자본시장법상 추가지급의무가 증권과 파생상품의 구분 기준이 되는 것은 원본이 존재하는 경우에 한정되고, 원본이 존재하지 않는 경우는 일반적으로 파생상품에 해당한다.

그리고 '**원본손실위험이 없는 일부 금융상품**'으로서 '**증권에 해당하는지 여부가 문제되는 경우**'는 이른바 원금보장형 ELS와 같은 것을 의미하는 것으로 생각된다. 자본시장법 제정을 위한 논의과정에서 실제 일부 학자들은 자본시장법상 포괄적인 금융투자상품의 정의를 도입하는 것에 다양한 옵션을 결합해 예금과 동일한 상품을 제조하는 것을 허용하려는 의도가 있는 것은 아닌가 하는 지적을 하기도 했다. 이른바 원금보장형 ELS라는 것을 대상으로 금융투자업자의 원금보장행위가 허용된다고 주장하는 것은 이러한 우려가 맞았음을 증명하는 것이 될 것이다. 또한 이른바 원금보장형 ELS도 양도가 제한되는 것은 아니며, 실무상 양도가 이루어질 수 있다.[19]

그러나 금융투자업자의 원금보장행위 또는 원금보장형 상품의 제조는 현행 금융업종별 규제체계의 근간을 뒤흔드는 행위로서 어떤 경우에도 허용될 수 없다. 자본시장법은 금융투자업자의 은행 예금에서와 같은 의미의 원금보장행위를 금지하고(55조), 「유사수신행위의 규

---

17) 금, 부동산, 외환 등을 이익수취 또는 손실회피목적으로 취득하는 경우는 동 재화를 물권적으로 지배하는 것이므로 계약상 권리로 볼 수 없다고 설명하기도 한다. 변제호외, 79면. 따라서 창고증권(상 516)도 임치물의 소유권을 나타내는 것으로서 금융투자상품에 해당할 수 없다. 금융위, 질의회신: 창고증권이 금융투자상품에 해당하는지 여부, 2015. 7. 17.
18) 다만 장래의 인도를 조건으로 거래하는 경우에는 파생상품인 선도거래에 해당할 수 있다.
19) 금융위·금감원·한국거래소·협회, 파생결합증권시장 건전화 방안, 2020. 7., 14면.

제에 관한 법률」은 이를 형사처벌의 대상으로 한다(3조, 6조 1항).[20] 자본시장법상으로는 금융투자업자가 금융투자상품 발행이나 판매 그 밖의 거래와 관련하여 '**원금보장**', '**원본보존**' 또는 이와 유사한 의미의 용어를 사용하는 것 자체를 불법으로 보아야 한다.[21]

다만 이른바 원금보장형 ELS는 그 발행인이 해당 증권을 판매하는 금융투자업자인 점에서 금융투자업자의 일반적인 손실보전 등과는 구별된다. 이 경우 금융투자업자는 금융투자업자가 아니라 발행인으로서 원금상환을 약속한 것이기 때문이다. 실무에서 원금보장형 ELS라고 할 때 원금보장은 'principal protection'을 번역한 말로서 기초자산의 가치변동이 원금에는 영향을 미치지 않는 것을 말한다. 자본시장법상으로는 이른바 원금보장형은 '**과실연계형**'으로,[22] 이른바 원금비보장형은 '**원금연계형**'이라고 해야 한다.

6. 변칙적인 외환증거금거래의 금융투자상품해당 여부가 문제된 사례

자본시장법상 금융투자상품에 해당하는지는 앞서 설명한 4가지 요소를 토대로 판단한다. 그러나 법원은 외환증거금거래의 변형거래가 금융투자상품에 해당하는지 여부가 문제된 사안에서 거래의 경제적 기능, 거래내용과 목적, 투자자 보호의 필요성 등 실질적 판단기준을 추가한 바 있다.[23]

대상 거래는 "회원이 피고인에게 10만 원을 지급하여 피고인으로부터 영국 파운드화('GBP')와 호주달러('AUD')의 환율 변동으로 인한 이익금을 받을 수 있는 권리를 부여받되, 일정한 규모의 이익이 발생하는 경우 자동적으로 거래가 종료되면서 이익금 중 10퍼센트를 피고인에게 지급한 후 나머지 이익을 지급받고, 손실이 발생하는 경우에는 위와 같은 권리를 포기하기로 약정한 것"이다(서울북부지법 2012. 7. 18. 선고 2012노68 판결). 1심은 선도거래로(서울북부지법 2011. 12. 29. 선고 2011고단1743 판결), 원심은 옵션으로서 파생상품에 해당한다고 판단하였다(서울북부지법 2012. 7. 18. 선고 2012노68 판결). 그러나 대법원은 파생상품이나 증권에 해당하지 않는다고 판단하였다(대법원 2015. 9. 10. 선고 2012도9660 판결).

대법원은 그 판단에서 다음 사항을 고려해야 한다고 판시하였다. ① 거래구조가 기업자금조달이나 경제활동에 수반하는 다양한 위험을 회피 또는 분산할 수 있는 순기능을 할 수

---

20) 김용재, 9면 주 2)("원금 보장형 ELS는 자본시장법 제55조의 손실보전금지에 반하는 것이 아닌가 하는 의문").
21) 그러나 이른바 원금보장형 ELS는 자본시장법상 과실연계파생결합증권에 해당하는 것으로서 본문에서의 논의가 그 상품 자체가 자본시장법상 금지된다는 의미는 아니다. '원금보장'이라는 용어가 문제라는 의미이다.
22) "발행과 동시에 투자자가 지급한 금전등에 대한 이자, 그 밖의 과실(果實)에 대하여만 해당 기초자산의 가격·이자율·지표·단위 또는 이를 기초로 하는 지수 등의 변동과 연계된 증권"(4조 7항 1호).
23) 구체적으로 국내 투자중개업자에 계좌를 개설하고 외환증거금거래(FX margin trading)를 하는 자가 국내 개인고객과 자신이 행한 외환증거금거래와 직접 관련되지 않지만 일정한 환율변동에 연계된 수익을 지급하는 변형거래를 별도의 인가없이 행한 경우가 자본시장법상 무인가 금융투자업영위에 해당하는지 여부가 문제된 사안이다. 관건은 "일정한 환율변동에 연계된 수익을 지급하는 변형거래"를 자본시장법상 금융투자상품 특히 파생상품으로 볼 수 있는지 여부이다.

있는 것인지 아니면 그러한 순기능을 전혀 할 수 없고 오로지 투기목적으로만 사용될 수밖에 없는 것인지, ② 거래내용과 목적 등에 비추어 볼 때 거래를 새로운 금융투자상품으로 발전 · 육성시킬 필요가 있는 것인지, ③ 거래참여자들을 투자자로서 보호할 필요는 있는 것인지, 특히 투기성이 강한 거래라면 투자자의 이익을 제대로 보호하고 건전한 거래질서를 유지할 수 있는 적절한 규제방법이 마련되어 있는지.

대법원은 그 근거로 ① 죄형법정주의 원칙상 형벌법규 해석은 엄격해야 하고, 명문의 형벌법규의 의미를 피고인에게 불리한 방향으로 지나치게 확장 또는 유추해석하는 것은 허용될 수 없으며, ② 자본시장법이 무인가 금융투자업자를 처벌하는 것은 부적격 금융투자업자의 난립을 막아 그와 거래하는 일반투자자를 보호하고 금융투자업의 건전한 육성을 통해 국민경제의 발전에 기여할 수 있도록 하는 데 목적이 있는 점을 들었다.

이 판결에 대해서는 죄형법정주의의 관점에서 자본시장법상 정의의 포괄성과 추상성을 제한한 판결로서의 긍정적 의의를 강조하는 견해와[24] 금융투자상품 해당 여부와 파생상품과 도박의 구분에 관한 기준을 제시하였지만, 여전히 구체적 개별적 판단을 거쳐야 하는 점에서 기준으로서의 한계가 있다는 평가가[25] 공존한다. 다만 대법원이 실질판단을 제시한 것과 대상 상품별로 구체적 개별적 판단을 거쳐야 증권에 해당하는지 여부를 알 수 있다는 것은 다른 차원의 문제이다. 선진법제 중에서 새로이 등장하는 다양한 상품에 대하여 구체적 개별적 판단 없이 증권이나 파생상품에 해당하는지를 판단하는 경우는 찾기 어렵다. 자본시장법은 금융투자상품 정의에 관하여 포괄주의를 원칙으로 채택함으로써 개별상품에 대한 실질적 판단을 최대한 배제한 채 공시를 통한 투자자 보호를 도모하는 입법이다. 자본시장법상 금융투자상품이 오로지 자금조달이나 위험관리기능을 수행하는 경우에 국한된다고 볼 수는 없을 것이다. 금융투자상품에 대하여 형법상 도박죄의 적용을 배제한 것(10조 2항)은 그러한 해석을 뒷받침한다. 다만 대법원의 이러한 실질판단을 모든 금융투자상품에 확대 적용하는 것은 경계해야 할 것이다. 그렇지 않으면 금융투자상품의 구조와 형식을 일부 변형함으로써 자본시장법상 규제의 적용을 회피하려는 시도가 속출할 위험이 있기 때문이다.

대법원이 이러한 판단을 하게 된 배경에는 "이 사건 거래에서 렌트 사용료는 2만 원, 5만 원 또는 10만 원 등으로 매우 적은 금액이고, 거래가 자동으로 종료되는 환율 변동폭도 0.1% 정도에 불과하여 거래는 아무리 길어도 몇 시간 내에 종료된다"는 사실을 고려한 점도 있다. 그러나 첫째, '매우 적은 금액'은 법률상 파생상품해당 여부의 판단에서 중요한 고려요소가 될 수 없다. 둘째, 해석론상 계약체결시점으로부터 "길어도 몇시간 내에 종료"되는 거래가 파생

---

24) 고제성, "자본시장법의 규율을 받는 금융투자상품의 거래에 해당하는지에 대한 판단 기준", 『BFL』 77호, 2016, 105면.

25) 임재연 · 한지윤, "자본시장법상 무인가 금융투자업", 율촌판례연구, 박영사, 2017, 388-389면.

상품의 개념요소인 장래의 특정시점에 해당하는지는 중요한 판단사항이다.[26]

Ⅲ. 금융투자상품 개념의 구체화

1. 서 설

앞서 살펴본 금융투자상품 개념은 추상적인 요소로 구성되어 있기 때문에 실제 적용과정에서 해석상 혼란이 우려된다. 자본시장법은 실무상의 혼선을 최소화하기 위하여 2가지 시도를 하고 있다. 하나는 금융투자상품에 포함되는 상품을 명시하는 것이고, 다른 하나는 제외되는 상품을 명시하는 것이다.[27] 자본시장법은 시행령으로 특정 상품을 금융투자상품이나 파생상품의 정의에서 제외할 수 있는 근거를 신설함으로써 한층 탄력적인 운용을 가능하게 하고 있다(3조 1항 3호, 5조 1항 단서).

2. 명시적으로 포함되는 상품

자본시장법은 금융투자상품을 증권과 파생상품의 2가지 유형으로 구분한다(3조 2항). 그렇다면 증권과 파생상품 이외의 금융투자상품이 존재할 수 있는가? 자본시장법 입법과정에서 참고한 호주의 입법례에서는 명시적으로 열거되지 않은 상품도 추상적 정의에 해당한다고 판단될 경우에는 금융투자상품이 될 수 있다(Corporations Act 2001, section 764A). 그러나 자본시장법은 "금융투자상품은 다음 각 호와 같이 구분한다"라고 하여 증권과 파생상품에 해당하지 않는 유형의 금융투자상품이 존재할 수 있는 여지를 봉쇄하고 있다. 반면 논리적으로 모든 증권과 파생상품은 금융투자상품에 해당하고 증권이나 파생상품에 해당하지 않으면 금융투자상품으로 볼 수 없다.[28] 따라서 금융투자상품으로서 증권이 아닌 것은 파생상품이고, 파생상품이 아닌 것은 증권이다.

3. 명시적으로 제외되는 상품

자본시장법상 금융투자상품에서 명시적으로 제외되는 상품은 원화표시 양도성 예금증서와 관리형신탁의 수익권, 그리고 시행령으로 지정하는 금융투자상품으로 구성된다(3조 1항).

첫째, 원화표시 양도성 예금증서는 제외된다(3조 1항 1호). 양도성 예금증서는 만기 전에 양도할 수 있으며 금리변동에 따라 회수금액이 지급금액보다 낮아질 수 있는 점에서 투자성

---

26) 이에 대해서는 제5절 Ⅱ. 4) 장래의 의미 참조.
27) 이러한 발상은 호주의 입법례를 따른 것이다. 정순섭, "자본시장통합법과 기능별 규제의 적용", 『증권』 제130호, 2007, 15-28면; 정순섭, "호주의 증권금융법제 — 1998년 '관리투자법'과 2001년 '금융업개혁법'을 중심으로", 『증권선물』 제27호, 2007, 37-68면.
28) 같은 취지: 임재연, 35-36면.

을 충족한다. 그러나 통상 은행이 발행하므로 기존의 영역구분을 존중하기 위하여 자본시장법은 원화표시 양도성 예금증서를 금융투자상품에서 배제하였다. 양도성 예금증서는 통상 만기가 짧아 금리변동에 따른 가치변동이 미미하므로 투자자 보호의 관점에서도 구태여 자본시장법을 적용할 필요성이 크지 않다.29) 다만 외화표시 양도성 예금증서는 환위험을 고려하여 금융투자상품에 포함한다.

둘째, 관리형신탁의 수익권도 배제된다. 관리형신탁은 종래 관리신탁이라는 이름으로 "수탁자에게 신탁재산의 처분권한이 부여되지 아니한 신탁"을 의미하는 것으로 정의되어 왔다(2013. 5. 28. 개정 전 자본시장법 3조 1항 2호). 원래 신탁수익권은 수탁자(신탁업자)가 특별히 원본보전을 하는 경우는 제외하고 모두 자본시장법상 금융투자상품에 해당하는 것이 원칙이다. 신탁업자가 신탁재산을 관리·운용·처분하는 과정에서의 손익이 투자성을 충족하기 때문이다. 그러나 수탁자가 운용·처분권한을 갖지 않는 관리형신탁에서는 투자성이 주로 수탁자의 행위가 아니라 신탁재산 자체의 가치변동에서 비롯되는 것이므로 투자자 보호의 필요성이 크지 않다.30) 자본시장법은 2013. 5. 28 개정에서 '관리신탁'을 '관리형신탁'으로 변경하고 정의를 구체화하여 ① 위탁자 또는 신탁계약에 따라 처분권한을 가진 수익자의 지시에 따라서만 신탁재산의 처분31)이 이루어지는 신탁과 ② 신탁계약에 따라 신탁재산에 대하여 보존행위 또는 그 신탁재산의 성질을 변경하지 않는 범위에서 이용·개량행위만을 하는 신탁으로 규정하고 있다(3조 2호 가목, 나목).32) 다만 수익증권발행신탁(신탁법 78조 1항)33)과 금전신탁수익권(103조 1항 1호)은 금융투자상품에 해당한다(3조 1항 2호).

셋째, 그 밖에 해당 금융투자상품의 특성 등을 고려하여 금융투자상품에서 제외하여도 투자자 보호 및 건전한 거래질서를 해할 우려가 없는 것을 시행령으로 제외할 수 있다(3조 1항 3호). 시행령은 상법상 주식매수선택권(340조의2 또는 542조의3)을 제외하였다(3조 3항). 상법상 보수적 특징을 고려한 것이다.

---

29) 재정경제부, 「자본시장과 금융투자업에 관한 법률안」 설명자료(2006. 12. 28), 14면.
30) 위의 자료, 14면.
31) 신탁법상 비용상환청구권이나 보수청구권(46조-48조)에 근거해 채권변제에 충당하기 위하여 신탁재산을 매각하는 경우는 여기서 말하는 처분에 해당하지 않는다(3조 1항 2호).
32) '관리형신탁'의 정의는 일본 신탁업법 제2조 제3항의 관리형신탁의 정의와 동일하다.
33) 개정 신탁법(법률 제10924호, 2011. 7. 25.)에서 도입된 수익증권을 발행할 수 있는 신탁이다.

제4절 증 권

I. 서 설

자본시장법은 증권을 "내국인 또는 외국인이 발행한 금융투자상품으로서 투자자가 취득과 동시에 지급한 금전등 외에 어떠한 명목으로든지 추가로 지급의무(투자자가 기초자산에 대한 매매를 성립시킬 수 있는 권리를 행사하게 됨으로써 부담하게 되는 지급의무를 제외한다)를 부담하지 아니하는 것"으로 정의하고 있다(4조 1항). 특히 중요한 것은 추가지급의무가 부존재해야 한다는 요건이다. 이에 대해서는 뒤에서 상세히 설명한다.

자본시장법은 증권을 채무증권, 지분증권, 수익증권, 투자계약증권, 파생결합증권, 증권예탁증권의 6유형으로 나눈다(4조 2항). 그리고 자본시장법은 투자계약증권 등 일부 증권에 대해서는 발행공시나 불공정거래규제 등 일부 규제를 적용할 때에만 증권으로 보도록 제한하고 있다(4조 1항 단서).

증권법은 투자자 보호를 위한 도구개념으로 '**유가증권**'이란 용어를 사용함으로써 사법상의 유가증권과 개념상 혼란을 초래하였다. 사법상의 유가증권 개념은 자본시장에서의 투자와는 전혀 무관하게 형성된 것임에도 불구하고 증권법이 유가증권이란 용어를 채택한 것에 대해서는 의문이 많았다. 자본시장법은 '**유가증권**' 대신 '**증권**'이란 용어를 채택함으로써 사법상의 유가증권 개념과의 결별을 분명히 선언하였다.[34]

II. 증권과 파생상품의 구분기준: 추가지급의무의 부존재

증권의 정의에서 금융투자상품에 추가로 제시한 개념요소는 발행주체요건과 추가지급의무 부존재 요건이다. 발행주체요건에 대해서는 내국인은 물론 외국인이 발행한 증권도 포함된다는 점을 분명히 하였다는 것 이외에 특별히 더 설명이 필요하지 않다.[35] 그러나 추가지급

---

34) 대법원판결은 일찍이 "회사와 주주 또는 신주인수인 사이에서 회사가 장차 발행할 주권의 교부와 상환한다는 특약 하에 발행된 주식보관증"에 대하여 "상법상의 유가증권으로서의 요건을 갖춘 증서라고는 할 수 없"으나 "[증권법]상의 유가증권에 해당"된다고 하여 증권법상의 유가증권과 상법상의 유가증권 개념을 구별하였다. 대법원 1965. 12. 7. 선고 65다2069 판결. 이 판결에서 문제된 증권은 "회사와 주주 또는 신주인수인과의 사이에서 회사가 장차 발행할 주권의 교부에 관하여 미리 발행하는 주권보관증과 같은 특정의 증서(그 성질이 면책증권이었는가 자격증권이었는가를 따질 필요 없다)를 소지하는 사람의 청구에 따라 그 증서와 상환으로서만 이를 교부하기로 하는 특약"을 내용으로 하는 일종의 신주인수권증서로 파악된다. 서울대학교 금융법센터에서 2004년 12월 정부에 제출한 최종보고서에서도 종래의 '유가증권'이라는 용어를 '증권'으로 변경할 것을 제안한 바 있다. 김건식 외, 금융관계법률의 체계정비에 관한 연구(2004. 12), 36면; 변제호외, 83-84면.

35) 여기서 외국인은 외국법인등과 개념상 구별된다. 자본시장법상 '외국법인등'은 외국의 정부·지방자치단체·공

의무 부존재 요건36)은 파생상품과 증권을 구별하는 중요한 기준이므로 상세한 설명이 필요
하다.

▌표 2-1 증권의 정의

구 분	내 용	비 고
일반적 정의	증권(4조 1항)	
명시적 포함	증권(4조 2항, 3항-8항)	채무증권, 지분증권, 수익증권, 투자계약증권, 파생결합증권, 증권예탁증권
	간주증권(4조 9항)	증권 미발행
명시적 제외	금융투자투자상품의 적용제외(3조)	

자본시장법은 "투자자가 취득과 동시에 지급한 금전등 외에 어떠한 명목으로든지 추가로
지급의무를 부담하지 아니하는 것"이라고 하여 추가지급의무의 부존재를 증권의 요건으로 규
정하고 있다. 추가지급의무가 없다는 말은 이미 취득대가를 전부 지급한 것을 전제한다. 주의
할 것은 전액지급에 관한 판단이 발행시점과 그 이후의 유통시점에 다르게 이루어지는 점이
다. 먼저 발행시점에는 투자자의 발행인에 대한 전액지급 여부를 기준으로 증권에 해당하는
지가 결정된다. 다음으로 이미 발행된 증권에 대하여 대가를 전액지급하지 않고 거래가 이루
어질 경우에는 증권에 대한 신용거래 또는 파생상품인지 여부를 판단하게 된다. 신용거래의
경우 금융투자업자의 대출을 통하여 대금의 전액지급은 거래시에 이루어진다.

한편 이미 지급한(또는 지급하기로 정한) 금액(이하 '**원본**'37)이라 한다) 외에 상황변화에 따
라 추가로 지급의무가 발생할 가능성이 있는 투자대상은 자본시장법상 증권에 해당하지 않는
다.38) 자본시장법상 증권은 투자자가 투자한 원본이 손실의 최고한도인 투자대상만을 가리킨
다. 투자자가 원본 외에 추가로 지급할 의무가 생길 수 있는 투자대상은 파생상품에 해당한
다. 그리고 계약시점에 지급이 이루어지지 않아서 원본이 없지만 계약기간 중 일정한 사유의
발생 또는 기초자산 가치의 변동에 따라 지급의무가 발생할 수 있는 선도 등도 당연히 파생상

공단체, 외국 법령에 따라 설립된 외국 기업, 조약에 따라 설립된 국제기구, 외국 법령에 따라 설정ㆍ감독하거
나 관리되고 있는 기금이나 조합, 외국의 정부ㆍ지방자치단체ㆍ공공단체 또는 조약에 따라 설립된 국제기구에
의하여 설정ㆍ감독하거나 관리되고 있는 기금이나 조합을 말한다(9조 16항 1호-6호; 령 13조 1항, 2항 1호-3
호). 그러나 일반적으로 증권의 정의에서 말하는 외국인은 외국법인등에 해당할 것이다.
36) 이와 아울러 전액지급의무존재 요건을 별도로 언급하기도 한다. 그러나 추가지급의무가 부존재한다는 것은
이미 전액을 지급하였다는 의미로 해석할 수 있으므로 따로 그것을 언급하지 않기로 한다.
37) 설명의 편의상 '원본'이라는 용어를 사용하지만 파생상품의 경우에는 원본이 존재하지 않는 경우가 대부분이
다. 자본시장법상 원본의 존재는 금융투자상품의 불가결한 개념 요소가 아니다.
38) 추가지급의무의 상대방이 반드시 발행인에 한정되어야 하는 것은 아니다. 자본시장법상 증권과 파생상품의
구분기준으로서의 추가지급의무는 우발채무(contingent liability)의 존부를 기준으로 하는 것으로서 그 상대방
이 누구인지는 묻지 않는다.

품이다. 그러나 자본시장법은 "투자자가 기초자산에 대한 매매를 성립시킬 수 있는 권리를 행사"함으로써 추가지급의무가 발생하는 경우는 명시적으로 예외로 하고 있다(4조 1항). 이는 옵션 요소를 결합한 증권에서 현물인도에 의한 결제가 이루어지는 경우에 이를 위한 대금지급을 추가지급으로 볼 가능성을 없애기 위한 것이다.

이러한 기준을 따를 때 옵션도 증권에 해당한다는 의문이 제기될 수 있다. 옵션을 매입하는 자는 매입대가인 프리미엄 외에 추가로 지급할 의무는 부담하지 않기 때문이다.[39] 그러나 옵션은 투자자도 매도할 수 있다. 매도하는 투자자의 관점에서는 옵션이 행사되면 상당한 손실을 입을 수 있기 때문에 옵션을 증권으로 파악할 수는 없고 파생상품으로 보아야 한다. 같은 상품을 매수자의 관점에서는 증권으로 보고 매도자의 관점에서는 파생상품으로 볼 수는 없으므로 결국 모든 옵션은 파생상품으로 보아야 한다.[40]

이와 관련하여 특히 주의할 것은 이른바 주식워런트증권(equity-linked warrant: ELW)이다. ELW는 특정 주식(또는 주가지수)의 변동과 연계하여 일정한 기간이 지나면 미리 약정된 방법에 따라 해당 주식을 매매하거나 차액을 수령할 수 있는 권리가 표시된 증권으로 금융투자업자만이 발행할 수 있다. 이처럼 ELW는 옵션에 해당하지만 자본시장법은 이를 파생결합증권으로 본다. 그것을 뒷받침하는 법문의 구조는 복잡하다. 자본시장법은 일단 옵션을 파생상품으로 규정하는 한편으로(5조 1항 2호) 파생결합증권의 정의에서는 옵션을 제외하고 있다(4조 7항 2호·5호). 그러나 파생상품으로 보는 옵션과 파생결합증권에서 제외되는 옵션 중에서 시행령이 규정하는 일정한 옵션은 다시 제외하고 있다(5조 1항 각호 외의 부분 단서). 시행령은 ELW를 그 대상으로 지정하고 있기 때문에(령 4조의3 1호) ELW는 결국 파생결합증권에 해당하는 셈이 된다.

▌표 2-2 증권과 파생상품의 구분

구 분	전액지급의무	신규 또는 추가지급의무		구분	
금융투자상품	그 취득시점에 금융투자상품의 취득대가로서의 금전등을 전액 지급하는 경우	그 만기 또는 처분시까지 추가적으로 지급의무가 발생하지 않는 것	[1]	증권	금융투자상품
	그 취득시점에 금융투자상품의 취득대가로서의 금전등을 전액 지급하지 않는 경우	그 만기 또는 처분시까지 지급의무가 발생하는 것	[2]	파생상품	

39) 정순섭, "금융규제법상 포괄개념 도입의 가능성과 타당성 — 자본시장통합법상 금융투자상품의 개념을 중심으로", 『서울대학교 법학』 제49권 제1호, 2008, 302-303면.
40) 자본시장통합법연구회(편), 자본시장통합법해설서(2007), 29면(최원진 집필부분); 김병연·권재열·양기진, 자본시장법: 사례와 이론, 박영사, 2019, 66-67면(이하 "김병연외"로 인용). cf. 김정수, 91면("규제의 강도가 높은 방향으로 분류하는 것이 적절하다").

Ⅲ. 증권과 파생상품의 구분 실익

1. 위험도에 따른 규제 차별화

증권과 파생상품의 구분은 금융투자상품을 그 위험도에 따라 구분하여 규제상 취급을 달리한다는 발상에서 출발한 것이다. 자본시장법은 금융투자상품의 위험도가 [파생결합증권 이외의 증권 < 장내파생상품 < 파생결합증권 < 장외파생상품]의 순서로 높아진다는 인식을 전제로 한다. 이러한 인식은 금융투자업자의 진입규제와 영업행위규제에 반영되어 있다.

첫째, 진입규제에서 장외파생상품을 대상으로 하면 증권이나 장내파생상품을 대상으로 하는 경우보다 진입요건을 높게 설정하고 있다.[41] 투자매매업 인가를 요하는 파생결합증권 발행을 위해서는 증권과 장외파생상품을 대상으로 하는 투자매매업 인가를 요구함으로써 장외파생상품과 동일한 수준의 진입규제를 부과한다(령 [별표 1] 비고 1).

둘째, 영업행위규제에서 파생상품이나 파생결합증권(과실연계형 제외), 조건부증권, 고난도금융투자상품, 고난도투자일임계약 및 고난도금전신탁계약을 판매할 경우에는 적정성원칙(금소법 18조 1항; 동 시행령 12조 1항 2호 가목-라목) 등 강화된 규제를 적용한다. 그리고 장외파생상품에 대해서는 일반투자자에 대한 불초청권유를 금지하고(금소법 21조 6호 가목; 동 시행령 16조 1항 1호), 일반투자자의 요청에 따라 거래할 경우에도 위험회피목적거래에 한정된다(166조의2 1항 1호).

2. 고난도 금융투자상품 등의 개념 도입

최근 파생결합상품거래와 관련한 투자손실사태에 따라 고난도금융투자상품 등에 대한 투자자 보호장치를 강화하였다.[42] 고난도금융투자상품 등은 첫째, 파생상품 내재 등으로 가치평가방법 등에 대한 투자자의 이해가 어렵고, 둘째, 최대 원금손실가능비율이 20%를 초과하는 상품으로서 고난도금융투자상품, 고난도투자일임계약, 고난도신탁계약을 말한다. 20%를 기준으로 한 것은 실무상 고위험상품 분류기준이 최대 원금손실 비율 20%를 활용하는 점을 고려한 것이다.[43]

첫째, 고난도금융투자상품은 일정한 범위의 금융투자상품[44] 중 최대 원금손실 가능금액

---

41) 제16장 제3절 Ⅲ.에서의 논의를 참조.

42) 금융위·금감원, 고위험 금융상품 투자자 보호 강화를 위한 종합 개선방안(최종안), 2019. 12. 12., 10면.

43) 2019년 6월말 현재 거래되고 있는 부분과실연계형 파생결합증권의 98.8%가 최대원금손실비율이 20% 이하라고 한다. 금융위·금감원, 위의 자료, 25면.

44) 과실연계형을 제외한 파생결합증권, 파생상품, 집합투자증권 중에서 운용자산의 가격결정방식, 손익구조 및 그에 따른 위험을 투자자가 이해하기 어렵다고 인정되는 것으로서 금융위가 고시하는 집합투자증권, 그 밖에 기초자산의 특성, 가격결정의 방식, 손익의 구조 및 그에 따른 위험을 투자자가 이해하기 어렵다고 인정되는

이 원금의 20%를 초과하는 것을 말한다(령 2조 7호 본문).[45] 둘째, 고난도투자일임계약은 최대 원금손실 가능금액이 원금의 20%를 초과하는 투자일임계약 중 운용방법 및 그에 따른 위험을 투자자가 이해하기 어렵다고 인정되는 것으로서 금융위가 고시하는 기준에 해당하는 투자일임계약을 말한다(령 2조 8호). 셋째, 고난도금전신탁계약은 최대 원금손실 가능금액이 원금의 20%를 초과하는 금전신탁계약 중 그 운용방법 및 그에 따른 위험을 투자자가 이해하기 어렵다고 인정되는 것으로서 금융위가 고시하는 기준에 해당하는 금전신탁계약을 말한다(령 2조 9호). 최대원금손실가능액 산정방법은 금융위가 정한다.

이 개념은 금소법상 금융투자상품의 판매규제와 관련된다.[46] 자본시장법도 불건전영업행위[47]와 발행공시방법[48]을 차별화한다. 금융투자상품을 증권과 파생상품으로 구분한 것도 위험상품에 대한 규제의 강화를 위한 도구개념을 확보하기 위한 것이었다. 자본시장법 입법 당시에도 좀더 세분화된 분류가 필요하다는 의견도 있었으나 규제의 명확성을 위해 구분을 단순화한 것이다. 규제 필요가 있을 때마다 새로운 구분을 추가하는 것은 결국 한계에 부딪힐 수밖에 없다. 판매규제의 강화로 해결할 과제라고 생각한다.

IV. 증권의 종류

1. 서 설

자본시장법상 증권은 채무증권, 지분증권, 수익증권, 증권예탁증권, 투자계약증권, 파생결합증권의 6가지 유형으로 구분된다(4조 2항).[49] 앞의 네 유형은 전통적인 증권이고 뒤의 2유형은 새로운 증권이다.[50]

자본시장법상 증권의 유형은 증권상에 표시되는 권리의 종류를 기준으로 구분된다. 채무증권은 **지급청구권**을, 지분증권은 **출자지분**을, 수익증권은 **신탁수익권**을, 그리고 증권예탁증권

것으로서 금융위가 고시하는 금융투자상품(령 2조 7호 가목-라목).

45) 다만, 거래소시장, 해외 증권시장, 해외 파생상품시장에 상장되어 거래되는 상품 또는 주권상장법인, 해외 상장법인, 전문투자자 요건 충족 법인·단체·개인을 제외한 전문투자자만을 대상으로 하는 상품은 제외한다(령 2조 7호 단서). 상장상품은 투자자가 해당 시장에서 직접 매매하는 경우로 한정한다. 그러나 인덱스펀드(레버리지·인버스 제외)는 고난도금융투자상품에서 제외된다(규정 1-2조의4 2항 단서 1호-4호).

46) 동 시행령 12조 1항 2호 다목〈적정성원칙〉, 37조 1항 2호 가목-라목〈청약철회〉.

47) 71조 7호; 령 68조 5항 2호의3 나목〈고난도금융투자상품 설명서 교부〉, 98조 2항 10호; 령 99조 4항 1호의2 나목〈고난도투자일임계약 설명서 교부〉, 령 104조 6항 2호 나목 1)2)〈특정금전신탁계약체결 및 운영방법변경 시의 확인〉; 108조 9호; 령 109조 3항 1호의3 나목〈고난도금전신탁계약 설명서 교부〉.

48) 119조 2항; 령 121조 1항 4호 가목·나목〈일괄신고서의 적용범위〉.

49) 금융투자상품의 경우와 마찬가지로 증권의 종류도 '구분된다'라고 하여 법에서 규정한 6가지 종류 이외에는 존재할 수 없다. 변제호외, 84면.

50) 이는 증권법상 복잡하게 세분된 유가증권 유형을 각 유형이 공통적으로 가지는 권리의 법적 성질을 기준으로 재분류한 것이다.

은 **예탁받은 증권에 관련된 권리**를 각각 내용으로 한다. 파생결합증권은 파생상품적 요소가 가미된 권리를, 그리고 투자계약증권은 공동사업에 대한 투자에서 손익을 귀속받는 계약상의 권리를 각각 그 내용으로 한다. 따라서 채무증권 등의 명칭을 사용하더라도 권리의 내용이 지급청구권 등에 해당하지 않거나 그와 유사성이 없으면 채무증권에 해당할 수 없다.[51]

　　새로운 유형으로서의 투자계약증권과 파생결합증권은 포괄주의의 구현을 위하여 추가한 것이다. 파생결합증권의 경우에는 기초자산을 거의 무제한하게 확대하고 있다. 또한 개별증권 유형의 정의에서도 증권법상 존재하는 증권유형을 열거한 후 '**이와 유사한 것**'을 포함하여 포괄주의의 취지를 관철하고 있다. 이하 개별적인 증권유형을 차례로 살펴본다.

▌표 2-3 전통적 증권의 포괄주의 전환방안

구분	포괄적 정의	포함되는 금융상품	근거
채무증권	채무를 표시하는 것	국채증권, 지방채증권, 특수채증권, 사채권, 대통령령이 정하는 기업어음 등	제4조 제3항
지분증권	출자지분을 표시하는 것	주식, 신주인수권, 특수법인의 출자증권, 상법상 합자회사·유한책임회사·유한회사·합자조합·익명조합의 출자지분 등	제4조 제4항
수익증권	신탁의 수익권을 표시하는 것	신탁수익증권, 신탁형 간접투자기구의 수익증권 등	제4조 제5항
증권예탁증권	증권을 예탁받은 자가 그 증권의 발행 국가 밖에서 발행하는 증권	국내증권예탁증서(KDR), 외국주식예탁증권(GDR, ADR등)	제4조 제8항

2. 채무증권

1) 의   의

　　채무증권은 국채증권, 지방채증권, 특수채증권, 사채권, 기업어음증권, 그 밖에 이와 유사한 것으로서 지급청구권이 표시된 것을 말한다(4조 3항). 타인자본 조달수단으로서 채무를 표시하는 증권을 '**채무증권**'이라는 명칭으로 일반화한 것이다.

　　열거된 채무증권 유형 외에도 그와 "유사(類似)한 것으로서 지급청구권이 표시된 것"은 채무증권에 포함된다. 열거된 유형은 모두 표준적인 내용으로 대량으로 발행할 수 있는 것이다. 따라서 일반 사법상의 거래에서 발생하는 채권은 설사 증서에 표창된 경우에도 '**유사성**'을 갖추지 못하여 채무증권에 해당하지 않는 것으로 보아야 할 것이다.

2) 국채증권

　　국채증권은 "정부가 국채법과 다른 법률에 따라 공공목적에 필요한 자금의 확보 등을 위하여 발행하는 채권(債券)"으로 보통 국채라고 한다(국채법 2조 1호). 채무자가 국가이기 때문

---

51) 김홍기, 42면.

에 채무불이행위험은 사실상 없지만,[52] 금리변동에 따라 시가가 변동할 수 있으므로 '**투자성**'을 충족한다. 그러나 신용위험이 없어 정보공시규제를 적용할 실익이 크지 않다고 보아 정보공시규제의 대상에서는 제외하고 있다(118조).[53]

3) 지방채증권

지방채증권은 '지방자치단체가 재정수요를 충족하기 위하여 발행하는 채권'으로 줄여서 지방채라고 한다(지방재정법 11조 1항). 지방채도 국채와 마찬가지로 투자성은 있지만 채무불이행위험이 거의 없다고 보아 정보공시규제의 대상에서 제외하고 있다(118조).

4) 특수채증권

특수채증권은 특수법인이 발행한 채권을 말한다. 특수법인은 국가가 특별한 정책목표의 수행을 위하여 특별히 개별적인 근거법을 마련하여 직접 설립된 법인을 말한다. 여기서 '**직접설립**'되었다는 것은 그 법인을 설립하기 위해서는 동법을 제정해야 하고 없애기 위해서는 동법을 폐지해야 한다는 것을 말한다. 예컨대 한국산업은행법에 따라 직접 설립된 산업은행은 포함되지만, 은행법에 따라 인가된 은행은 포함되지 않는다. 특수채 가운데 "대통령령으로 정하는 법률에 따라 직접 설립된 법인이 발행한 채권"에 대해서는 정보공시규제의 대상에서 제외하고 있다(118조; 령 119조 1항). 이에 대해서는 제5장 발행시장의 규제에서 상세히 논의한다.

5) 사 채 권

(1) 의   의

사채권 또는 사채에 대해서는 법적 정의가 없기 때문에 그 범위가 반드시 분명한 것은 아니다. 가장 넓게는 "주식회사가 채권발행의 형식으로 부담한 채무"라고 정의할 수 있다.[54] 그러나 뒤에 설명하는 기업어음(Commercial Paper: CP)과 같이 기업이 단기자금을 융통하기 위하여 발행한 어음은 사채에 포함되지 않고 별도 유형으로 규정된다.

(2) 상법상 사채와의 구분

자본시장법상 사채와 상법상 사채와의 구별이 문제될 수 있다. 상법상 사채의 개념은 자본시장법상 사채권의 개념과 반드시 일치하지는 않는다. 상법상 사채는 주식회사가 상법상 사채발행 규정에 따라 채권발행의 형식으로 부담한 채무라는 넓은 의미로 이해된다. 상법은 사채에 대한 정의를 두고 있지 않지만 2011년 개정 상법은 사채에 이익참가부사채, 교환사채와 상환사채, 파생결합사채를 포함하고 있다(상 469조 2항).

---

52) 다만 외화표시 국채는 채무불이행위험이 있다.
53) 국채의 등록 등 사무처리는 국채사무처리기관인 한국은행이 담당한다(국채법 8조 3항; 동 시행규칙 5조).
54) 김건식·노혁준·천경훈, 699면.

상법상 사채는 자본시장법상 채무증권(사채권)이나 파생결합증권에 해당하고 추가지급의무가 있는 경우에는 파생상품에 해당한다. 다만 상법상 파생결합사채 중 과실연계파생결합증권(4조 7항 1호)에 해당하는 것은 자본시장법상 파생결합증권이 아닌 사채권으로 규정하고 있다(4조 3항).

상법상 파생결합사채와 자본시장법상 파생결합증권이 동일한지에 대해서는 다음 3가지 관점에서 논의할 수 있다. 첫째, 기초자산의 범위는 상법도 자본시장법상 기초자산 정의(4조 10항)를 적용하므로(상 469조 2항 3호; 동 시행령 20조) 차이가 없다. 둘째, 자본시장법상 파생결합증권은 "지급하거나 회수하는 금전등이 결정되는 권리가 표시된 것"(4조 7항)이라고 정의되어 있는데 상법상 파생결합사채는 "상환 또는 지급금액이 결정되는 사채"(상 469조 2항 3호)라고 정의되어 문언상 차이가 보인다. '**지급하거나 회수하는 금전등**'과 '**상환 또는 지급금액**'은 발행인과 투자자의 관점 차이를 반영한 것이고, '**상환 또는 지급금액**'이라는 표현을 근거로 현물결제에 의한 파생결합증권이 포함되지 않는다고 볼 이유도 없으므로 역시 차이가 없다. 셋째, 상법상 사채는 원금과 이자로 구성된다는 전통적인 개념에 따르면 주식워런트증권과 같이 원금이 존재하지 않는 증권은 상법상 파생결합사채에 포함되지 않는다.[55] 그러나 자본시장법상으로는 원금이 존재하지 않는 주식워런트증권은 사채권이 아닌 파생결합증권으로 규제된다.

(3) 파생결합증권과의 구분

최근에는 사채에 파생상품 요소를 결합시킨 신종사채가 많이 발행되고 있다. 예컨대 사채의 원리금을 만기시의 주가지수에 연동시키는 방법으로 결정하는 사채가 그에 속한다. 과거에는 그러한 신종사채가 여기서 말하는 사채권에 포함될 수 있는지 여부가 불확실했기 때문에 금융투자업자가 그러한 상품을 적극적으로 개발하기 어려웠다. 자본시장법은 파생결합증권을 증권으로 명시(4조 7항)함으로써 이 문제에 종지부를 찍었다.

그리고 자본시장법상 사채권에는 일반사채 이외에 신주인수권부사채, 전환사채, 교환사채가 포함된다는 것이 일반적인 해석론이다. 담보나 보증이 붙어 있는지 여부도 관계없다. 그러나 신주인수권부사채, 전환사채, 교환사채에 대하여 전통적인 사채에 각각 신주인수권, 전환권, 교환권과 같은 옵션이 결합된 것으로 보아 자본시장법상 파생결합증권에 해당한다는 의문이 제기될 수 있었다. 자본시장법은 교환사채 및 상환사채(상 469조 2항 2호), 전환사채(상 513조), 신주인수권부사채(상 516조의2), 그 밖에 이와 유사한 것으로서 시행령으로 정하는 금융투자상품을 파생결합증권의 정의에서 제외하여 일반적인 해석론을 확인하였다(4조 7항 4호·5호).

---

55) 상법상 사채의 개념에는 원금이 포함된다. 김건식·노혁준·천경훈, 712면; 송옥렬, 상법강의, 2021, 1165면. 상세한 논의는 박준, "상법상 사채의 속성", 『상사법연구』 제31권 제3호, 2012, 9-58면.

또한 자본시장법은 과실연계파생결합증권[56]과 조건부자본증권[57](165조의11 1항), 그 밖에 이와 유사한 것으로서 시행령으로 정하는 금융투자상품도 파생결합증권이 아니라 사채권에 해당하는 것으로 명시하였다(4조 7항 1호·3호·5호).

이러한 증권을 파생결합증권의 정의에서 제외하면 자동적으로 사채권에 해당하게 되는가? 교환사채 및 상환사채, 전환사채, 신주인수권부사채, 과실연계파생결합증권과 조건부자본증권은 모두 사채에 일정한 기초자산에 대한 옵션이 결합된 것으로 볼 수 있어 채무증권으로서의 사채권과 파생결합증권의 어느 것에도 해당할 여지가 있다. 따라서 이들 증권을 파생결합증권의 정의에서 제외하면 자동적으로 사채권에 해당하게 된다.[58]

(4) 이권의 취급

사채이자는 흔히 사채권에 붙어 있는 이권(利券)을 떼어내 그것과 상환으로 수취한다. 떼어낸 이권 자체도 사채권이라고 할 수 있는지에 대해서는 학설상 다툼이 있다.[59] 부정설은 이권이 거래의 대상이 되고 있지 않다는 점을 근거로 들고 있다. 증권법상으로는 투자자 보호나 금융투자업규제라는 면에서 사채권으로 해석할 필요가 있었다.[60] 그러나 자본시장법은 금융투자상품의 정의에 관한 포괄주의 취지를 관철하기 위하여 "그 밖에 이와 유사한 것으로서 지급청구권이 표시된 것"을 채무증권으로 규정하고 있다. 이권은 여기에 해당한다.

---

56) 과실연계파생결합증권은 "발행과 동시에 투자자가 지급한 금전등에 대한 이자, 그 밖의 과실(果實)에 대해서만 해당 기초자산의 가격·이자율·지표·단위 또는 이를 기초로 하는 지수 등의 변동과 연계된 증권"을 말한다(4조 7항 1호). 제2절 Ⅱ. 5. 2)에서 언급한 이른바 원금보장형 주가연계증권이 여기에 해당한다.

57) 조건부자본증권은 "해당 사채의 발행 당시 객관적이고 합리적인 기준에 따라 미리 정하는 사유가 발생하는 경우 주식으로 전환되거나 그 사채의 상환과 이자지급 의무가 감면된다는 조건이 붙은 것으로서 자본시장법 제165조의11 제1항에 따라 주권상장법인이 발행하는 사채"를 말한다(4조 7항 3호). 이 제4조 제7항 제3호의 주권상장법인에는 「은행법」제33조 제1항 제2호 또는 제3호에 따라 해당 사채를 발행할 수 있는 자는 포함되지 않는다. 「은행법」제33조 제1항 제2호부터 제4호까지의 규정에 따른 상각형 조건부자본증권, 은행주식 전환형 조건부자본증권 및 은행지주회사주식 전환형 조건부자본증권은 별도로 규정되어 있다(4조 7항 3호의2). 은행법상 은행에는 주권상장법인이 아닌 경우도 있기 때문에 은행법에 별도의 발행근거를 두고 이 경우도 제외되는 점을 명확히 한 것이다. 「금융지주회사법」제15조의2 제1항 제2호 또는 제3호에 따른 상각형 조건부자본증권 또는 전환형 조건부자본증권 및 「보험업법」제114조의2 제1항 제1호에서 제3호까지의 규정에 따른 상각형 조건부자본증권, 보험회사주식 전환형 조건부자본증권 및 금융지주회사주식 전환형 조건부자본증권도 제외된다(4조 7항 3호의3·3호의4). 조건부자본증권은 주로 은행 등 금융회사의 자기자본비율이 일정 비율 이하로 하락할 경우 사채를 상각하거나 이를 보통주로 전환함으로써 금융회사의 건전성을 유지하기 위한 수단으로 발행되는 것이다. 상세한 논의는 박준, "기업금융활성화와 신종증권에 관한 자본시장법의 개정", 『상사판례연구』제24집 제3권, 2011, 29-93면; 정순섭, "조건부 자본증권에 대한 법적 연구", 『상사법연구』제30권 제3호, 2011, 9-45면.

58) 국회 검토보고서는 "해석에 따라 다수의 개념에 해당하는 금융투자상품의 경우 어느 금융투자상품 범주에 해당하는지를 명확히 규정함에 따라 중복 규제와 이에 따른 시장의 혼란 발생을 방지할 수 있고, 사후적 분쟁발생 가능성이 감소할 수 있다는 측면에서 바람직한 것"으로 평가하고 있다. 구기성, 자본시장과 금융투자업에 관한 법률 일부개정법률안[정부제출] 검토보고서, 2012. 9, 152면.

59) 부정설: 안문택, 97면.

60) 김건식, 66면.

(5) 이자의 지급방법

이자의 지급방법은 사채권인지의 판단에 아무런 영향을 주지 않는다. 이자는 3개월, 6개월 또는 1년마다 정기적으로 지급되는 것이 보통이나 상환기일에 한 번 지급하는 이른바 무이표채(zero coupon bond)와 같은 것도 이에 포함된다. 또한 이자가 미리 고정되어 있는 것이 아니라 시장금리에 따라 변동하는 변동금리사채,[61] 확정이자에 추가하여 이익배당에 참가할 수 있는 이익참가부사채 등도 포함된다. 형식상 이자를 지급하지 않는 할인채에서는 원금과 발행가액의 차액이 이자에 해당한다.[62] 상환기일의 확정 여부도 사채권인지의 판단에 영향을 주지 않는다. 따라서 상환기일이 회사해산시로 정해진 **영구채**도 사채권에 포함된다.

(6) 후순위채의 취급

상환순위가 일반채권에 비하여 뒤처지는 **후순위채**(열후사채)가 사채에 해당하는지 아니면 지분증권에 해당하는지 여부도 문제될 수 있다. 그러나 후순위채는 발행조건의 하나인 상환순위에 관하여 당사자 간에 특수한 합의가 있는 것에 불과한 것으로서 사채권에 포함된다.

(7) 신탁사채의 취급

개정 신탁법상 일정한 요건[63]을 충족할 경우에는 수탁자가 신탁을 위하여 사채를 발행할 수 있다(동법 87조 1항). 신탁사채도 자본시장법상 사채권에 해당한다. 다만 수탁자가 사채를 발행할 수 있는 자여야 하고, 사채의 책임재산은 신탁재산으로 한정된다.

(8) 해외사채

자본시장법은 증권의 발행장소와 준거법을 불문하므로 외국에서 발행된 해외사채도 사채의 정의에는 해당한다. 다만 자본시장법의 적용 여부는 그 적용범위를 정하는 기준에 따라 결정된다. 또한 구체적인 발행형태나 보유방식에 따라 실제 사채에 투자한 투자자의 권리내용은 준거법에 따라 결정될 것이다.[64]

---

61) 이와 관련하여 이자가 시장금리에 따라 변동하는 변동금리사채는 이자가 자본시장법상 기초자산(국채 등 금융투자상품, 통화)의 이자율, 가격 등에 연계되어 있으므로 파생결합증권에 해당한다고 보는 견해가 있을 수 있다. 파생결합증권의 정의를 기계적으로 해석하면 그런 결론에 이를 수도 있지만 그러한 해석은 따르기 어렵다. 이자를 시장금리에 연계시키는 것은 전통적인 이자결정방식에 속하므로 변동금리사채는 일반적인 채무증권의 범주에 속하는 것으로 보아야 할 것이다. 변동금리가 시장성 있는 금리가 아닌 특정기업의 신용도 등 특정조건에 의해 결정될 경우에 한하여 이를 파생결합증권으로 볼 수 있을 것이다.

62) 김건식·노혁준·천경훈, 703면.

63) ① 수익증권발행신탁(신탁법 78조)일 것, ② 유한책임신탁(신탁법 114조 1항)일 것, ③ 수탁자가 「상법」상 주식회사나 그 밖의 법률에 따라 사채를 발행할 수 있는 자일 것, ④ 신탁행위로 수탁자가 신탁을 위하여 사채를 발행할 수 있다는 정함이 있을 것.

64) 내국법인이 기명식 해외전환사채를 영국법을 준거법으로 하여 발행하면서 외국법인을 장래 위 사채를 취득할 사채권자를 위한 수탁자로 선임하여 사채권자 및 사채에 관한 이해관계인들의 권리의무관계에 관하여 규정하는 신탁계약(Trust Deed)을 체결하고, 그에 따라 사채 전액에 관하여 유럽포괄사채권(European Global Certificate)을 발행한 사안에서, 위 사채의 유일한 사채권자는 사채권자 명부에 사채소지자로 등록된 자로서

6) 기업어음증권

(1) 의 의

기업어음증권은 "기업이 사업자금을 조달하기 위하여 발행한 약속어음으로서 시행령으로 정하는 요건을 갖춘 것"을 말한다(4조 3항). 통상의 어음이 주로 상거래의 지급수단인데 비하여, 기업어음증권은 순전한 자금조달수단이다. 자금조달수단이므로 그 금액은 투자에 편리한 단위로 되어 있다. 과거 기업어음의 발행·할인·매매 등의 업무는 단기금융업에 속하는 것으로 보아 투자금융회사나 종합금융회사의 업무영역에 속하였다. 그러나 기업어음은 단기사채와 실질적으로 유사하고, 발행규모도 커서 투자자 보호를 위하여 증권규제를 적용할 필요가 있었다. 1997년 증권법을 개정하여 일정한 기업어음을 유가증권에 포함하였다. 기업이 아닌 자가 발행한 어음은 기업어음이 아닌 채무증권에 해당한다.[65]

(2) 요 건

증권법상 기업어음 요건은[66] 너무 엄격해서 오히려 증권으로 취급받지 못하는 경우가 많아 투자자 보호에 공백이 발생하였다. 자본시장법상 기업어음 요건은 훨씬 완화되어 있다. 시행령은 기업의 위탁으로 지급을 대행하는 은행 등이 교부하고 '기업어음증권'이란 문자가 인쇄된 어음용지를 사용하도록 요구할 뿐이다(령 4조 1호-3호).

(3) 증권규제의 적용

기업어음증권도 증권이므로 공모하기 위해서는 발행공시의무를 이행해야 한다. 그동안 기업어음증권에 대한 공모는 이루어지지 않았다. 한편 기업어음증권을 대상으로 하는 매매·중개업무는 금융투자업이므로 투자매매업이나 투자중개업의 인가를 요한다.[67]

(4) 전자어음법의 적용

기업어음증권도 '약속어음'의 일종으로서 「전자어음의 발행 및 유통에 관한 법률」('전자어음법')에 따라 전자어음으로 발행해야 하는가? 전자어음법은 외감법상 외부감사 대상 주식회

원칙적으로 그 자 또는 그 수탁자만이 발행회사에 대한 관계에서 권리의무관계를 맺고, 위 사채의 청산기관(clearing system)에 계좌를 개설하여 위 사채에 관한 권리(Title to book-entry interest in the Bonds)를 취득한 기관투자자 등과 같은 계좌보유자들과 다시 계좌를 개설함으로써 위 사채에 관한 권리에서 파생하는 수익적 권리를 취득한 개인 투자자 등은 발행회사에 대하여 사채권자의 지위에 있다거나 직접 금전지급청구권이 있음을 주장할 수 없고, 구 증권거래법(2007. 8. 3. 법률 제8635호 자본시장과 금융투자업에 관한 법률 부칙 제2조 제1호로 폐지) 제174조의3, 제174조의4의 규정(자본시장법 제311조와 제312조에 상당)은 위 신탁계약 및 사채에 관한 권리의무관계를 해석하는 데 적용될 여지가 없다. 대법원 2010. 1. 28. 선고 2008다54587 판결.

65) 김홍기, 41면.
66) 발행주체(상장법인 등), 만기(1년 이내), 최저액면(1억원), 신용등급(B 이상) 등 엄격한 요건을 충족해야 했다.
67) 종합금융회사는 1년 이내에 만기가 도래하는 어음의 발행·할인·매매·중개·인수 및 보증을 업무로 취급할 수 있다(336조 1항 1호; 령 325조 1항).

사가 발행하는 약속어음을 전자어음으로 발행하게 한다(6조의2).[68] 전자어음으로 발행할 경우 전자어음관리기관 등록(동법 5조 1항)과 백지식 배서 금지(동법 7조 3항) 등 제한으로 자본시장법상 예탁 및 결제제도를 이용할 수 없다. 따라서 자본시장법은 기업어음증권에 대해서는 전자어음법상 전자어음발행강제조항의 적용을 배제하고 있다(10조 3항).

(5) 단기사채와의 구별

이와 관련하여 단기사채와의 구별이 필요하다. 「전자단기사채등의 발행 및 유통에 관한 법률」('전자단기사채법')은 단기금융시장의 투명성과 효율성 제고를 위하여 기업어음증권을 전자화한 새로운 금융상품인 **전자단기사채**를 도입하였다.[69] 이는 신속한 자금조달이라는 기업어음증권의 장점은 살리면서 배서에 의한 양도나 분할 불가능 등 단점을 해결할 수 있도록 고안된 금융상품이다.[70] 전자단기사채가 도입되면 기업어음증권을 대체하게 될 것으로 기대되었지만, 아직 그 효과는 명확하지 않다.[71] 현재 전자단기사채법은 폐지되고 전자단기사채는 전자증권법상 단기사채로 흡수되었다(59조-61조).

7) 원리금수취권

대출형 크라우드펀딩을 규제하는 온투법상 원리금수취권은 "온라인투자연계금융업자가 회수하는 연계대출 상환금을 해당 연계대출에 제공된 연계투자 금액에 비례하여 지급받기로

---

68) 동법의 2009. 5. 8 개정에서 도입된 내용이다. 동법안의 제안이유에 따르면 "금융질서를 확립하고, 위조·변조 또는 도난·분실 등의 위험이 없는 투명한 어음거래로 회계 및 금융시장의 투명성과 안정성을 도모"하기 위하여 전자어음의 발행을 강제할 필요가 있다는 것이다. 전자어음의 발행 및 유통에 관한 법률 일부개정법률 안(이한성의원 대표발의, 의안번호 1622, 2008. 10. 29). 기업어음증권을 「어음법」상 약속어음으로 보는 한계로 인하여 발생한 문제라고 할 수 있다. 기업어음증권은 '어음'의 형식을 갖추고 있지만 어음과는 전혀 무관한 금융투자상품이다. 한편 2013. 4. 5. 전자어음법 개정에서 직전 사업연도 말 자산총액이 일정한 기준(5억원)에 해당하는 법인사업자도 전자어음발행이 강제된다(6조의2; 동 시행령 8조의2).

69) 법률 제10855호, 2011. 7. 14. 제정, 시행 2013. 1. 15. '전자단기사채'란 자본시장법 제4조 제3항에 따른 채무증권인 사채권으로서 다음 요건을 갖추고 전자적 방식으로 등록된 것을 말한다(2조 1호).
　가. 각 사채의 금액이 1억원 이상일 것
　나. 만기가 1년 이내일 것
　다. 사채 금액을 한꺼번에 납입할 것
　라. 만기에 원리금 전액을 한꺼번에 지급한다는 취지가 정하여져 있을 것
　마. 사채에 전환권(轉換權), 신주인수권, 그 밖에 다른 증권으로 전환하거나 다른 증권을 취득할 수 있는 권리가 부여되지 아니할 것
　바. 사채에 「담보부사채신탁법」 제4조에 따른 물상담보(物上擔保)를 붙이지 아니할 것
　동일한 정의가 전자증권법 제59조에 반영되어 있다.

70) 금융위, 금융위기 극복 방안(2009년도 업무계획, 2008. 12. 18), 13면. 금융위는 모든 증권을 대상으로 증권전자등록제도를 도입하기로 하고 2009년 4월 법무부와 공동으로 「증권 등의 전자등록에 관한 법률」 제정(안)을 마련하였다. 그러나 단기사채 및 국채·통안채 등을 동법안에 포함하는 것에 대한 정부유관기관 간의 이견으로 지연되자 전자화의 기대효과가 큰 단기사채에 대하여 우선 전자등록제도를 도입하기 위하여 「전자단기사채등의 발행 및 유통에 관한 법률」을 제정한 것이다.

71) 기준하, "전자단기사채 제도의 입법영향분석", 『입법영향분석보고서』 제40호, 국회입법조사처, 2019. 12. 13. 2022년 사채시장이 경색되면서 오히려 발행물량이 늘어나기도 하였다.

약정함으로써 투자자가 취득하는 권리"를 말한다(2조 4호). 원리금수취권은 채권 중에서 원리금을 수취할 수 있는 권능만을 분리하여 권리화한 것으로서 엄밀한 의미의 민법상 채권과는 구별된다. 그러나 법적 성질에 관하여 논의가 있는 점을 고려하여 온투법은 원리금수취권을 자본시장법상 금융투자상품으로 보지 않는다는 특칙을 두었다(3조 4항).[72]

3. 지분증권

1) 의   의

지분증권은 "주권, 신주인수권이 표시된 것, 법률에 의하여 직접 설립된 법인이 발행한 출자증권, 「상법」에 따른 합자회사·유한책임회사·유한회사·합자조합·익명조합의 출자지분, 그 밖에 이와 유사한 것으로서 출자지분 또는 출자지분을 취득할 권리가 표시된 것"을 말한다(4조 4항). 자기자본에 해당하는 출자지분을 표시하는 증권을 '지분증권'이라는 명칭으로 일반화한 것이다.

2) 주권 · 신주인수권

주권은 주식회사 주주의 지위, 즉 주식을 표창하는 증권이다. 보통주는 물론이고 우선주나 열후주(후배주)도 포함된다. 의결권의 유무나 기명식 여부를 묻지 않는다.[73] 양도 제한 유무를 불문한다.[74] 법문상 '주권'이라는 문언을 사용하지만, 주권불소지나 예탁결제원에 예탁된 경우는 물론, 주권발행전의 주식이라도 증권에 해당한다(4조 9항).

'신주인수권이 표시된 것'에는 상법상 신주발행회사가 신주인수권에 양도성을 인정하는 경우 발행되는 신주인수권증서(상 420조의2)와 분리형 신주인수권부사채에서 발행되는 신주인수권증권(상 516조의5 1항)이 모두 포함된다.[75] 그러나 시행령은 신주인수권증서와 신주인수권증권을 파생결합증권은 물론(4조의2), 파생상품에서도 제외되는(4조의3 2호) 금융투자상품이라고 명시함으로써 지분증권임을 확인하였다. 신주인수권은 출자지분이 표시된 것이라고 볼 수는 없지만, 출자지분을 취득할 권리가 표시된 것에는 해당한다. 자본시장법은 지분증권에 '출자지분을 취득할 권리가 표시된 것'을 포함하여 이 점을 명확히 하였다. 상법상 주식매수선택권(340조의2)도 신주로 결제될 경우에는 여기서 말하는 신주인수권에 포함될 수 있다. 그러나 시행령은 상법상 주식매수선택권을 금융투자상품의 정의에서 제외하고 있다(3조 3항).

신주인수권증권은 업계에서는 흔히 워런트(warrant)라고 부른다. 워런트는 기초가 되는 주식의 발행회사가 발행하기도 하고 증권회사와 같은 제3자가 발행하기도 한다. 상법상 주식

---

72) 고환경/주성환, "온라인투자연계금융업법의 주요 내용과 법적 쟁점", 『BFL』 제102호, 2020, 40-41면.
73) 2014. 5. 20. 상법 개정으로 무기명식 주식은 발행할 수 없다(357조 삭제).
74) 양도제한이 있는 주식은 원칙적으로 상장할 수 없다(유가증권시장 상장규정 29조 1항 7호).
75) 자본시장법이 증권법의 '신주인수권을 표시하는 증서'라는 용어 대신 '신주인수권이 표시된 것'이란 용어를 쓰고 있는 것은 이러한 해석을 분명히 하기 위한 조치로 추측된다.

회사가 사채와 무관하게 워런트만을 발행할 수 있는가? 부정적인 견해[76]가 우세하다. 상법상 제3자의 워런트 발행을 막는 규정은 없다. 기초가 되는 주식의 발행회사가 발행하고 신주 발행에 의하여 결제되는 워런트는 신주인수권증권으로서 지분증권에 해당한다. 그러나 제3자가 발행하고 기발행주식에 의하여 결제되는 주식워런트증권은 자본시장법상 지분증권이 아니라 뒤에 설명하는 파생결합증권에 해당한다. 앞서 언급한 바와 같이 발행인에 대한 신주인수권증권을 결합한 신주인수권부사채는 분리형 또는 비분리형을 불문하고 자본시장법상 사채권에 해당한다.[77]

3) 특수법인의 출자증권

여기서 '법률에 의하여 직접 설립된 법인'은 영리회사에 관한 일반법인 상법 이외의 법률에 의하여 설립된 법인으로 '특수법인'이라고 한다. 특수법인의 의의는 특수채증권에서 설명하였다.

4) 합자회사 · 유한책임회사 · 유한회사의 지분

자본시장법은 합자회사나 유한책임회사 그리고 유한회사의 지분 그 밖에 이와 유사한 것으로서 출자지분이 표시된 것을 지분증권으로 규정하고 있다(4조 4항). 상법상 합자회사 · 유한회사의 지분은 증권법 시행령상 유가증권으로 지정되어 있던 것을 지분증권의 일부로 정리한 것이다(증권령 2조의3 1항 3호의5). 유한책임회사의 출자지분은 2011. 4. 상법 개정으로 추가된 유한책임회사(상 287조의2 이하)를 반영한 것이다. 합자회사 무한책임사원의 출자지분은 무한책임이 수반된다는 의미에서 추가지급의무의 부존재를 요건으로 하는 증권에 해당할 수 없다.[78] 합명회사를 제외한 것도 같은 이유에 따른 것이다.

5) 합자조합의 지분

2013. 5. 28 개정 전 자본시장법에서 지분증권의 한 종류로 민법상 조합의 출자지분을 포함하고 있었던 것은 투자조합(2013. 5. 28. 개정후 투자합자조합)의 법적 근거로 삼기 위한 것이었다. 그러나 민법상 조합의 조합원은 조합채무에 대하여 무한책임을 지므로 자본시장법상 증권에 해당할 수 없다. 또한 자본시장법상 투자조합은 업무집행조합원과 유한책임조합원으로 구성된다. 따라서 민법상 조합과 '유사'한 것이라고는 할 수 있어도 '동일'하다고 하기는 어

---

76) 반대 견해로는 김건식, "이른바 워런트의 도입을 위한 소론", 『서울대학교 법학』 제40권 제1호, 1999, 241면; 김용재, 100-101면. 이와 관련하여 발행회사의 주식으로 전환하는 권리를 수반하되 미전환시에는 원리금상환청구권 자체가 소멸하는 것을 내용으로 하는 이른바 '의무전환사채' 발행이 허용되는지가 문제되었다. 실질적으로 권리행사기간이 한정된 신주인수권과 다를 바 없으므로 지분증권에 해당한다. 이명수, "자본시장법상 공시제도", 『BFL』 제41호, 2010, 10면. 법무부는 그것이 상법상 주식회사가 발행할 수 있는 주식이나 사채에 해당하지 않는다고 해석하였다. 금감원, "의무전환사채 등 변종사채 발행에 대한 공시심사 강화"(보도자료, 2009. 7. 20), 2면.
77) 주권상장법인은 분리형 신주인수권부사채는 사모방식으로 발행할 수 없다(165조의10 2항).
78) 같은 취지: 김병연 외, 45면; 임재연, 64면.

렵다. 개정 자본시장법은 민법상 조합을 삭제하고 개정 상법에서 추가된 합자조합(상 86조의2
이하)을 추가하였다. 이에 따라 종래의 투자조합도 그 명칭을 투자합자조합으로 변경하였다(9
조 18항 5호).

실무에서는 민법상 조합을 투자조합이라고 부르면서 자본시장법 규제를 전혀 받지 않는
투자기구로 활용하는 경우가 많다. 자본시장법에서 민법상 조합지분을 지분증권의 정의에 포
함하지 않은 것은 조합원의 무한책임을 고려한 것이다. 따라서 계약상 또는 사실상 조합원의
무한책임이 전혀 발생할 수 없는 투자구조를 이용할 경우에는 투자조합의 출자지분과 유사한
것으로서 자본시장법상 지분증권에 해당할 수 있다.

6) 익명조합의 지분

상법상 익명조합의 출자지분은 합자회사 · 유한회사의 지분과 함께 증권령상 유가증권으
로 지정되어 있던 것을 지분증권의 일부로 정리한 것이다(증권령 2조의3 1항 3호의5).

익명조합 지분은 2가지로 구분된다. 첫째, 영업자가 익명조합원이 출자한 재산으로 증권
이나 파생상품 등 투자대상자산에 투자하는 경우('**집합투자형 익명조합**')와 둘째, 영업자가 익명
조합원이 출자한 재산으로 직접 사업을 수행하는 경우('**직접투자형 익명조합**')이다. 집합투자형
익명조합의 지분은 지분증권이면서 동시에 뒤에서 논의하는 집합투자의 정의에 해당할 경우
집합투자증권으로 규제된다. 직접투자형 익명조합의 지분은 지분증권이면서 원칙적으로 집합
투자에는 해당하지 않고 뒤에서 논의하는 투자계약증권의 요건을 충족하는 경우 투자계약증
권에 해당할 수 있다.[79)]

4. 수익증권

1) 의   의

수익증권은 제110조의 수익증권, 제189조의 수익증권 그 밖에 이와 유사한 것으로서 신
탁의 수익권이 표시된 것을 말한다(4조 5항). 신탁법상 신탁의 수익자가 수탁자에 대하여 가지
는 신탁수익권을 표시하는 증권을 '**수익증권**'이라는 명칭으로 일반화한 것이다. '**제110조의 수
익증권**'은 금전신탁계약에 따라 신탁업자가 신탁수익권에 대하여 발행하는 수익증권을, 그리
고 '**제189조의 수익증권**'은 투자신탁의 수익증권을 말한다. 자산유동화 구조에서 유동화기구를
신탁으로 구성했을 경우에 신탁업자가 발행할 수 있는 수익권(자산유동화법 32조 1항)은 "그 밖
에 이와 유사(類似)한 것으로서 신탁의 수익권이 표시된 것"으로 역시 수익증권에 해당한다.

한편 관리형신탁의 수익권은 명시적으로 금융투자상품의 정의에서 제외되어 있으므로(3
조 1항 2호) 수익증권에 해당하지 않는다.

---

79) 같은 취지: 임재연, 64면.

2) 수익증권발행신탁에서의 수익증권

자본시장법 제110조의 수익증권은 금전신탁계약에서의 수익증권으로 비금전신탁계약에 의한 수익권은 포함하지 않는다. 신탁업자는 위탁자로부터 금전을 수탁받아 그것을 주로 CP 매입이나 ELS 등으로 운용한다. 수익증권은 그 신탁재산의 운용에서 생기는 수익을 분배받고 그 신탁재산의 상환을 받을 수익자의 권리를 표창한다. 비금전신탁계약의 수익권은 앞서 말한 유사성을 충족하여 역시 수익증권에 해당한다.

3) 투자신탁계약에서의 수익증권

제189조의 수익증권, 즉 집합투자업자가 발행하는 투자신탁의 수익권을 표시한 증권도 자본시장법상의 증권에 해당한다. 집합투자에는 집합투자기구의 유형에 따라 다양한 종류의 것이 있을 수 있지만, 여기서 말하는 것은 투자신탁형 집합투자이다. 자본시장법은 실질적인 수탁자인 집합투자업자를 위탁자로, 그리고 신탁업을 영위하는 신탁업자를 수탁자(9조 18항 1호)로 구성하고 있다. 투자신탁형 집합투자에서는 일반적인 신탁에서와는 달리 투자의 운용·관리는 위탁자인 집합투자업자가 담당하고(80조 1항) 수탁자인 신탁업자는 신탁재산을 보관하고 일정한 감시역할을 수행할 뿐이다(247조). 수익증권도 수탁회사인 신탁업자가 아니라 위탁회사인 집합투자업자가 발행한다(189조 1항). 투자신탁계약에서의 수익증권에 관하여는 제21장 집합투자에서 상세하게 논의한다.

5. 증권예탁증권

1) 의   의

증권예탁증권(depository receipt: DR)은 채무증권, 지분증권, 수익증권, 투자계약증권, 파생결합증권을 예탁받은 자가 그 증권이 발행된 국가 이외의 국가에서 발행하는 것으로서 그 예탁받은 증권에 관련된 권리를 표시하는 것을 말한다(4조 8항). 예탁된 증권이 발행된 국가 이외의 국가에서 발행되어야 하므로 외국증권을 표시한 국내예탁증권은 물론이고 국내증권을 표시한 외국예탁증권도 포함한다. 증권법은 국내예탁증권만을 유가증권으로 규정하였으나(2조 1항 8호), 자본시장법은 해외예탁증권도 증권에 포함하였다. 국내예탁증권은 대상증권을 해외발행증권으로, 발행주체를 예탁결제원으로 한정하고 있지만(298조 2항; 증권령 2조의2), 해외예탁증권에 대해서는 발행주체에 대한 제한이 없다.

2) 종   류

증권예탁증권은 다양하게 분류할 수 있다. 외국발행증권을 대상으로 국내 예탁기관이 발행하는 KDR 등 발행지에 따라 분류할 수 있다.[80] 또한 증권예탁증권은 발행에 대상증권의

---

80) 국내상장된 외국기업은 증권예탁증권(KDR)이나 원주 중 하나를 상장한 것이다.

발행인이 관여하는지에 따라 자본조달형(sponsored DR)과 투자지원형(unsponsored DR)으로 구분할 수도 있다.[81] 후자는 대상증권 발행인의 협력없이 예탁기관이 단독으로 증권예탁증권을 발행하는 것을 말한다. 자본시장법상 이러한 구조가 허용되는지에 대한 명시적인 규정은 없지만, 투자자 보호를 위한 공시 등의 방안이 보완되지 않는 한 현실적으로 발행하기는 어려울 것으로 본다.

6. 투자계약증권

1) 의   의

자본시장법상 증권 중에서 포괄주의관점에서 가장 중요한 것은 투자계약증권이다. 투자계약증권은 "특정 투자자가 그 투자자와 타인 간의 공동사업에 금전등을 투자하고 주로 타인이 수행한 공동사업의 결과에 따라 손익을 귀속받는 계약상의 권리가 표시된 것"을 말한다(4조 6항). 투자계약증권과 관련해서는 다음 3가지 사항을 유의할 필요가 있다.

첫째, 여기서 '**타인**'은 발행인인 사업자를 말하지만, 다른 투자자도 포함할 수 있다. 투자계약증권의 발행인은 타인인 사업자로서 자본시장법상 지분증권이나 채무증권을 발행할 수 있는 법인이어야 한다. "손익을 귀속받는 계약상의 권리"는 계약의 내용에 따라 지분적 권리나 채권적 권리 또는 파생상품적 권리나 이들 권리를 복합한 권리로 구성할 수 있기 때문이다.[82] 둘째, 구조상 발행인으로서의 사업자는 발행인이면서 투자자가 될 수도 있다. 따라서 투자계약증권에서는 발행인의 자산과 투자자의 자산이 혼합되는 이해상충위험이 존재한다. 셋째, 발행인인 사업자와 투자자 또는 투자자들이 공동사업을 경영하므로 공동사업 수행주체의 법적 성격을 명확히 할 필요가 있다. 그러한 공동사업주체를 익명조합이나 합자조합으로 성질결정할 수 있는 경우에는 특히 집합투자와의 구분이 문제된다.[83]

2) 미국법상 투자계약

(1) 의   의

투자계약증권은 미국 연방증권법상 투자계약(investment contract)을 모델로 한 것이다. 미국은 연방증권법상 열거되지 않는 새로운 투자대상도 '**투자계약**'이라는 포괄개념을 활용하여 증권으로 보고 있다. '**투자계약**'의 개념요소에 대해서는 1946년 연방대법원의 SEC v. W. J. Howey Co. 판결[84]이 여전히 선례로 널리 인용되고 있다.

---

81) 박준외, KDR 및 외국주권 발행 선진화를 위한 조사연구(금융법센터 연구용역보고서, 2012. 8. 22).
82) 상세한 사항은 아래 3)(2) 공동사업에서 살펴본다.
83) 상세한 사항은 아래 3)(6) 다른 증권 유형 및 집합투자와의 구별에서 살펴본다.
84) 328 U.S. 293(1946).

(2) Howey 판결의 개요

피고회사는 투자자들에게 오렌지밭을 분양하면서, 분양한 밭을 회사가 대신 경작·수확·판매 등의 관리를 하는 내용의 서비스계약을 동시에 체결할 것을 권유하였다. 분양계약만 체결할 수도 있었지만, 투자자들은 대부분 타지역에 거주하는 데다 농사에 대한 지식·기술·장비 등을 갖추지 못했기 때문에 현실적으로 서비스계약을 체결하지 않을 수 없었다. 또한 피고회사가 서비스계약을 체결하는 것이 유리하다는 쪽으로 몰고 갔기 때문에 실제로 투자자의 85%가 서비스계약을 체결하였다. 서비스계약에 의하면 오렌지밭에 관한 모든 관리권한은 회사가 갖고 투자자는 수확에 따라 순익을 배분받는 권리만을 가졌다. 증권거래위원회(Securities Exchange Commission: SEC)는 이러한 분양·서비스계약 등이 1933년 증권법 제2조(a)(1)의 '**투자계약**'에 해당하므로, 등록 없이 그러한 계약을 체결하는 것은 증권신고서 제출에 관한 동법 제5조 위반이라는 이유로 법원에 금지명령을 신청하였다.

연방대법원은 법상 투자계약의 정의는 없지만, 연방법 제정 전의 주법(blue sky law)에서 자주 사용되던 개념으로 그 해석은 주법원의 판결을 고려해야 한다고 전제하고 다음 기준을 적용하였다. "증권법상의 투자계약은 (i) 공동사업(common enterprise)에, (ii) 자금을 투자하여, (iii) 오로지 사업자나 제3자의 노력으로부터(solely from the efforts of the promoter or a third party), (iv) 수익을 기대하는 계약·거래·계획을 의미한다." 연방대법원은 피고회사의 행위가 위 네 요건을 충족하므로 투자계약에 해당한다고 판단하였다. 이러한 기준은 다소 수정된 형태로 아직도 적용되고 있다. 이하에서는 이들 요건을 살펴본다.

(3) 공동사업

공동사업에 대한 하급심 판례는 **수평적 공동성**(horizontal commonality)과 **수직적 공동성**(vertical commonality)으로 갈린다.[85] 전자는 투자자들 사이의 관계에 주목하여 투자자들의 출연금의 집합(pooling)과 투자자들 사이의 손익의 비례배분을 요한다.[86] 수평적 공동성은 통상적으로 수익의 비례배분과 결합된 자산의 집합을 통하여 개별 투자자의 운명이 다른 투자자의 운명과 연계되는 것을 말한다.[87] 따라서 투자자가 1인뿐인 거래는 개념상 제외된다. 수직적 공동성의 개념은 투자자와 사업자의 관계에 주목하여 투자자와 사업자의 운명의 상호의존성에 주목한다.

주로 문제되는 것은 일임매매계약이다. 금융투자업자와 체결한 일임매매계약에서 손해를

---

85) 이하 설명은, Paul D. Chestovich, GWG Holdings, Inc. (the "Company") Registration Statement on Form S-1 Filed June 14, 2011 File Number 333-174887, July 25, 2011 ⟨https://www.sec.gov/Archives/edgar/data/1522690/000119312511196626/filename8.htm⟩

86) Stenger v. R.H. Love Galleries, 741 F. 2d 144 (7th Cir. 1984); Newmyer v. Philatelic Leasing; Ltd., 888 F. 2d 385, 394 (6th Cir. 1989).

87) Hart v. Pulte Homes of Michigan Corp., 735 F. 2d 1001, 1004 (6th Cir. 1984).

본 투자자가 그것이 투자계약에 해당하므로 증권법상 구제수단인 계약취소와 원금상환을 구하는 것이 전형적인 사안이다. '**수평적 공동성**'을 요구하는 판례는 금융투자업자와 일임매매계약을 체결한 투자자가 다수인 경우에도 그 계좌는 금융투자업자와 각 투자자 사이에 개별적으로 체결되는 것이므로 공동성을 결하여 투자계약이라고 할 수 없다고 본다.[88] 반면 수평적 공동성을 요구하면 투자계약의 범위가 부당히 축소된다는 고려에서 투자자와 금융투자업자 사이에 운명공동체적 관계만 존재하면 투자계약으로 보는 판례도 있다.[89] 최근 판결은 대부분 수평적 공동성을 요구한다.[90]

(4) 금전의 투자

'**금전**'이라고 하지만 반드시 금전만을 투자해야 하는 것은 아니다. 어음, 증권 등 계약법상 적법한 약인(consideration)에 해당하면 충분하다.

(5) 오로지 사업자나 제3자의 노력으로부터

이처럼 수익이 오로지 사업자 등의 노력으로부터 발생할 것을 요구하는 근거는 사업경영에 참여하는 투자자는 이미 그 사업에 대해서 충분한 정보가 있어서 구태여 증권법상의 보호를 해 줄 필요가 없다는 것이다. '**오로지**'란 말을 붙이고 있지만 판례는 투자자가 경영에 전혀 관여하지 않을 것을 요구하는 것은 아니다. 문제는 투자자가 어느 정도로 관여하면 이 요건을 결한다고 볼 것인가 하는 것이다. 이 문제는 주로 **피라미드형 거래**의 증권성 여부와 관련하여 논의되었다. 피라미드형 거래에서는 투자계약으로 간주되는 것을 피하기 위하여 가입자에게 하위가입자의 유치나 보고서의 제출 등 다소라도 경영에 참여시키는 것이 보통이다. SEC v. Glenn W. Turner Enterprises, Inc. 판결[91]에서 연방 제9항소법원은 「투자자 이외의 자들의 노력이 부정할 수 없을 정도로 중대하고(undeniably significant) 사업의 성패를 좌우하는 필수적인 경영상의 노력(essential managerial efforts)인가」라는 기준에 따라 문제된 피라미드형 거래가 투자계약에 해당한다고 판시하였다. 이에 의하면 투자자가 다소 경영에 관여하는 경우에도 사업자 등의 노력이 훨씬 더 중요한 경우에는 투자계약이 성립할 수 있다. Howey 판결의 '**오로지**'라는 표현의 절대적 구속력을 부인하는 이 판결의 해석은 다른 판결에서도 널리 수용되고 있다.[92]

---

88) Milnarik v. MS Commodities, Inc., 457 F. 2d 274(7th Cir) cert. denied, 409 U.S. 887(1972).

89) 대표적인 것은 Brodt v. Bache & Co. Inc., 595 F. 2d 459(9th Cir., 1978). 운명공동체적인 관계 외에 같은 처지에 있는 다른 투자자의 존재를 요하는 판결도 있다. SEC v. Continental Commodities Corp, 497 F. 2d 516(5th Cir., 1978).

90) Carl W. Schneider, "The Elusive Definition of a 'Security' 1990 Update", Review of Securities & Commodities Regulation Vol. 24, 1991(Richard W. Jennings, Harold Marsh, John C. Coffee, Jr. & Joel Seligman, Securities Regulation, 1998, pp283-287(이하 'Jennings 외')에서 수록. 이하 Jennings 외의 수록면에 의하여 인용한다.

91) 474 F. 2d 476(9th Cir), cert. denied, 414 U.S. 821 (1973).

92) 예컨대 SEC v. International Loan Network, Inc., 968 F. 2d 1304(D.C. Cir. 1992) 판결에서는 수익이 '오로지'는 아니더라도 적어도 '주로'(predominantly) 제3자의 노력에 의해 발생해야 한다고 판시하고 있다.

한편 수익이 특정 타인의 노력으로 말미암아 발생한 것이 아닌 경우에는 증권으로 보지 않는다. 예컨대 후에 가격이 오를 것을 기대하고 부동산을 매입한 경우에도 그 가격상승을 위한 타인의 경영상의 노력이 부존재하는 경우에는 증권에 해당한다고 할 수 없다.

(6) 이익을 기대하는 계약·거래·계획

'**수익의 기대**'의 유무는 사업자 등의 선전자료, 구두약속, 계약서 등을 토대로 판단할 수 있다. 사업자 등이 투자자의 수익의 기대를 뒷받침할 만한 근거를 전혀 제공하지 않은 경우에는 이 요건은 충족될 수 없다. 여기서 '**수익**'은 금전의 형태를 취할 필요는 없다. 예컨대 투자자가 투자한 오락시설이나 별장을 사용하는 형태도 무방하다. 중요한 것은 미국법상 투자계약은 순수한 사업성과의 배분을 추구하는 '**수익배분형**'은 물론 시가상승에 의한 전매차익을 추구하는 '**전매이익형**'도 포함한다는 점이다.[93]

또한 특기할 것은 Howey 판결은 "계약, 거래, 계획"(a contract, transaction or scheme)이란 포괄적인 표현을 사용하고 있다는 점이다. 이는 자본시장법이 투자계약증권을 정의하며 "공동사업의 결과에 따른 손익을 귀속받는 계약상의 권리가 표시된 것"이라는 제한적인 문구를 사용한 것과는 차이가 있다.

(7) 투자계약의 판단에 영향을 주는 요소

미국법상 어떤 투자대상이 증권에 해당하는지는 판단하기 어려운 경우가 많다. 여기서는 증권 여부를 가리는 법원의 판단에 영향을 주는 일반적인 요소들에 대해서 간단히 언급한다.[94] 첫째, 모집이나 판매가 어떤 방식으로 이루어졌는지이다. 그것이 특정인이 아닌 불특정 다수를 상대로 한 경우에는 증권으로 인정될 가능성이 크다. 둘째, 법적 형식보다는 **경제적 실질**이 중요하다. 투자자가 형식적으로는 경영에 관여할 수 있다고 하더라도 실질적으로 사업자에 의존할 수밖에 없는 경우에는 증권에 해당할 가능성이 높다. 셋째, 법원은 결과지향적이기 때문에 증권 여부의 결정도 결과에 좌우될 가능성이 없지 않다. 그리하여 투자대상이 부실하고 판매방식이 의심스러워 투자자 보호의 필요성이 높을수록 증권으로 인정될 가능성도 높다. 반면에 공시가 충분하고 사기성이 없는 경우에는 증권으로 인정될 가능성이 낮다. 끝으로 투자대상이 다른 법규제(예컨대 은행법)에 의하여 보호되는 경우에는 증권으로 인정되지 않을 가능성이 높다.

---

93) United Housing Found., Inc. v. Forman, 421 U.S. 837 (1975), p852("[b]y profits, the Court has meant either capital appreciation resulting from the development of the initial investment ⋯ or a participation in earnings resulting from the use of investors' funds").

94) 상세한 것은 Jennings 외, 334-336면.

3) 자본시장법상 투자계약증권의 개념구조

(1) 의   의

자본시장법은 투자계약증권을 "특정 투자자가 그 투자자와 타인 간의 공동사업에 금전 등을 투자하고 주로 타인이 수행한 공동사업의 결과에 따라 손익을 귀속받는 계약상의 권리가 표시된 것"으로 정의한다(4조 6항). 이 정의는 앞서 살펴본 Howey 판결의 4요소, 즉 (i) 공동사업, (ii) 금전의 투자, (iii) 타인의 노력에 대한 의존, (iv) 이익을 기대하는 계약, 거래, 계획를 반영한 것이다. 즉 "타인과의 공동사업"은 (i)을, "금전 등을 투자"한다는 부분은 (ii)를, "주로 타인이 수행한"이란 부분은 (iii)에 상응한다. (iv)와 관련해서는 양국의 법이 조금 차이가 있다. 그러나 (iv)에서 이익의 기대는 금융투자상품의 정의에 포함된 "이익을 얻거나 손실을 회피할 목적"이란 문구에 의하여 이미 반영된 것으로 볼 수 있다. 남은 차이는 (iv)가 "계약, 거래, 계획"이란 포괄적인 표현을 사용하고 있는데 비하여 자본시장법은 "공동사업의 결과에 따라 손익을 귀속받는 계약상의 권리"라는 보다 제한적인 표현을 사용하고 있는 점이다.

이와 관련하여 최근 음악 저작권료 참여청구권을 투자계약증권에 해당한다고 판단한 증선위 결정이 주목을 끈 바 있다.[95] 보다 중요한 것은 가상자산이 투자계약증권에 해당하는지 여부에 관한 하급심판결이다. 최근 가상자산의 거래로 손해를 본 원고가 자본시장법상 증권 발행규제의 위반 등을 근거로 손해배상을 구한 사례에서 법원은 당해 가상자산이 투자계약증권에 해당하지 않는다고 판단한 바 있다{서울남부지법 2020. 3. 25. 선고 2019가단225099 판결(확정), 의정부지법 2022. 10. 20. 선고 2021나219018 판결(확정)}. 이와 같이 가상자산을 투자계약증권으로 보려는 시각은 미국에서의 논의에 주로 영향을 받은 것으로 생각된다. 그러나 앞서 지적한 바와 같이 우리나라의 투자계약증권은 법문상의 구성요소가 미국과 차이가 있다. 이하 투자계약증권의 구체적인 개념요소를 차례로 살펴본다.

(2) 공동사업

① 의   의

공동사업에 관하여 자본시장법은 정의하고 있지 않다. 따라서 이에 대해서는 미국 판례상 공동성에 관한 논의가 의미를 가진다. 그러나 자본시장법은 첫째, 문언상 "그 투자자와 타인간의 공동사업"이라고 하고, 둘째, '타인'에는 다른 투자자도 포함되므로 미국에서 말하는 수평적 공동성은 물론 수직적 공동성도 포함한다. 공동사업이라는 문언 자체가 2인 이상의 참여를 요구하는 것도 명백하다.[96]

---

95) 금융위, 보도자료: 저작권료 참여청구권의 증권성 여부 판단 및 ㈜뮤직카우에 대한 조치, 2022. 4. 20.
96) 옥스퍼드영어사전은 "common enterprise"를 "a project or undertaking by 2 or more people"라고 설명한다.

② 공동사업의 법적 구조

투자계약증권에서 발행인인 사업자와 투자자 사이의 관계는 첫째, 사업자와 투자자 사이의 1:1 관계만 존재하는 경우, 둘째, 사업자와 투자자 사이의 1:1 관계가 복수 존재하되 투자자 사이에는 전혀 공동관계가 없는 경우, 셋째, 사업자를 제외한 복수의 투자자 사이의 공동관계만 존재하는 경우의 3가지로 유형화할 수 있다.

위 첫째 경우는 사업자와 투자자가 공동으로 투자하여 주로 사업자가 사업을 경영하고 그 손익을 투자자에게 배분하는 구조이다. 상법상 익명조합에 해당할 가능성이 높다. 위 둘째 경우도 첫째 경우가 복수 존재하는 것이므로 상법상 익명조합에 해당할 가능성이 높다. 셋째 경우는 상법상 합자조합에 해당할 가능성이 높다. 이 경우 사업자는 업무집행조합원으로서 투자자들이 모은 금전등을 공동사업을 위하여 관리운용하게 될 것이다. 이 3가지 경우 모두 투자자는 공동사업의 결과 발생한 손익을 분배받더라도 유한책임을 지게 된다. 사업성과에 대하여 무한책임을 질 경우 자본시장법상 증권 자체에 해당할 수 없다.

③ 법률상 공동사업기구의 조직형태

법상 2인 이상의 자가 공동사업을 경영하면서 상법상 회사나 조합 또는 신탁법상 신탁에 해당하지 않을 수 있는가? 민법상 조합 이외에는 없다. 민법상 조합원 지분은 조합채무에 대한 무한책임이 유지되는 한 자본시장법상 증권이 될 수 없다.

또한 상법상 회사를 제외하고 신탁법상 신탁이나 상법상 익명조합 또는 합자조합은 당연히 묵시적 계약으로도 설정할 수 있다. 상법상 익명조합이나 합자조합에 해당하지 않는 경우에도 자본시장법상 증권유형 판단에서는 유사성 기준을 적용하므로 그 범위는 매우 유연하다.

따라서 위 3가지 경우는 우선 자본시장법상 지분증권이나 집합투자에 해당하게 될 가능성이 높다. 자본시장법상 투자계약증권은 공동사업의 법적 구조가 익명조합이나 합자조합에 해당하는지를 살펴본 후 그 가능성이 전혀 없는 경우에만 인정될 수 있다. 아래 (5) 손익을 귀속받을 계약상 권리에서 살펴보는 바와 같이 채권적 권리나 파생상품적 권리로 구성할 수도 있지만 이 경우는 투자계약증권으로 논의할 필요가 없다.

(3) 금전등의 투자

금전등의 투자와 관련하여 자본시장법은 "금전등"이라고 하여 더 넓게 규정한다. 금전등에는 금전 외에 "재산적 가치가 있는 것"이 포함되므로(3조 1항) 재산적 가치가 인정되는 한 모든 것, 예컨대 가상자산을 투자하는 경우도 투자계약에 해당할 수 있다.

(4) 주로 타인의 노력

타인의 노력요건으로 미국의 '오로지'에 비하여 자본시장법은 '주로'라고 하여 투자자가

사업수행에 참여하는 경우도 포함한다.[97]

(5) 손익을 귀속받을 계약상 권리

① 의   의

이 요건은 (i) "공동사업의 결과에 따른 손익을 귀속받는"다는 요소와 (ii) "계약상의 권리"라는 요소로 구성된다. (i)의 "공동사업의 결과에 따른 손익"이란 일반적으로 운영자가 공동사업을 영위하여 거둔 수익에서 비용을 공제하여 얻은 이익(또는 손실)을 가리킨다고 보는 것이 자연스럽다. 이런 해석에 따르면 투자대상의 가격상승으로 인한 시세차익이나 전매차익은 그런 손익으로 볼 수 없을 것이다.

투자계약의 범위를 제한하는 보다 중요한 요소는 (ii)의 "계약상의 권리"이다. "계약상의 권리"는 그 권리를 주장할 수 있는 상대방의 존재를 전제한다. 그 상대방에는 발행인은 물론 제3자도 포함될 수 있다. "손익을 귀속받는 계약상의 권리"는 손익의 귀속을 청구할 수 있는 권리를 가리킨다. 앞서 소개한 Howey 판결의 사안을 예로 들자면 투자계약증권으로 인정되는 것은 오렌지밭에 대한 소유권이 아니라 오렌지밭의 경작사업의 성과를 토대로 손익을 청구할 수 있는 계약상의 권리인 것이다. 사업자의 노력으로 투자대상의 가치가 상승하여 투자자가 유통시장에서 전매차익을 얻을 수 있는 경우에 투자자가 갖는 권리는 "계약상의 권리"로 볼 수 없을 것이므로 전매차익만을 기대할 수 있는 경우는 투자계약으로 볼 수 없을 것이다.[98]

② 권리의 성질결정과 증권유형판단

"손익을 귀속받는 계약상의 권리"는 계약내용에 따라 지분적 권리나 채권적 권리 그리고 파생상품적 권리 또는 이들 권리를 복합한 권리로 구성할 수 있다. 그러한 거래구조는 투자자의 권리를 기준으로 (i) 대상자산에 대한 물권적 권리(공유지분등)를 가지는 유형, (ii) 대상자산으로부터 발생하는 현금흐름에 대한 채권적 권리(원리금등)를 가지는 유형, (iii) 대상자산으로부터 발생하는 현금흐름에 대한 지분적 권리(비율에 따라 일정한 배당을 받는 등)를 가지는 유형, (iv)위 (i)과 (ii) 또는 (i)과 (iii)을 혼합하는 유형, (v) 대상자산을 신탁재산으로 하는 신탁의 수익권을 가지는 유형, (vi) 그러한 권리가 사업자의 사업성과를 기초자산으로 하는 가치파생적인 관계를 갖는 유형으로 구분할 수 있다.

자본시장법상 (i)만으로는 대상자산에 대한 소유권을 공동소유구조를 이용하여 양적으

---

97) 수직적 공동사업의 개념도 포함하도록 의도한 것이다. 자본시장통합법연구회(편), 『자본시장통합법해설서』(2007), 21면(최원진 집필부분).

98) 우리나라와 구체적인 조문내용은 다르지만, 미국법상 투자계약을 금융상품거래법에 조문화(집단투자스킴)한 일본에서도 전매차익형을 포함할 수 없으므로 이를 포함하도록 개정해야 한다는 견해가 있다. 河村賢治, 「ICO規制に関する一考察」, 『金融法研究』第35号, 2019, 96-97면. 다만 주로 전매차익형이라도 수익분배형의 요소를 일부라도 포함한 경우에는 투자계약증권으로 규율해야 한다.

로 분할하는 방식으로서 금융투자상품이 될 수 없다.[99] (ⅱ)는 채무증권, 그리고 (ⅲ)은 지분
증권에 해당한다. (ⅴ)와 (ⅵ)은 각각 수익증권과 파생결합증권이다. 문제가 되는 것은 (ⅳ) 유
형이다. 이에 대해 금융당국은 투자계약증권으로 성질결정하고 있다. 미국 Howey 판결에서
증권으로 인정된 것도 "오렌지밭의 관리에 관한 모든 권한은 회사가 갖고 투자자는 오렌지밭
을 소유면서 수확시에 행하는 검사결과에 따라 순익을 배분받는 권리만을 가지는" 서비스계
약상 투자자의 권리이다. 그러나 여기서 증권에 해당하는 것은 사업성과에 대한 지분적 또는
채권적 권리이지 오렌지밭에 대한 소유권이 아니다. 자본시장법상으로는 이러한 권리를 지분
증권이나 채무증권으로 성질결정하면 충분하다.

(6) 다른 증권 유형 및 집합투자와의 구별

① 다른 증권 유형과의 중복

자본시장법상 구체적인 증권유형 중에는 투자계약증권의 요건도 동시에 충족하는 것들이
많다. 예컨대 익명조합의 출자지분이나 수익증권 등 전통적인 증권뿐만 아니라 비정형 집합
투자지분이나 자산유동화증권과 같은 새로운 증권도 투자계약증권의 요건을 충족할 수 있다.
그러나 투자계약증권은 자본시장법에 구체적으로 열거되지 않은 투자대상을 포괄하기 위한
보충적 도구개념이므로 구태여 다른 증권유형에 해당하는 것을 투자계약증권으로 파악할 필
요는 없을 것이다.[100]

자본시장법이 투자계약증권과 시행령이 정하는 특정증권에 대해서는 온라인소액투자중
개업자 등에 대한 특례(제2편 제5장), 증권신고서 제출(3편 1장) 및 그 위반에 대한 제재, 부정
거래행위(178조)와 그에 대한 손해배상책임(179조) 등 일부 규제를 적용할 경우에만 증권으로
본다고 규정한 것도 이러한 인식에 따른 것이다(4조 1항 단서 1호·2호).

② 집합투자와의 구별

투자계약증권과 구별해야 하는 것은 집합투자이다. 집합투자의 정의는 영국의 「금융서비
스 및 시장법」을 모델로 한 것이다. 동법상 집합투자는 "2인 이상의 투자자로부터 집합한 자
산을 투자자로부터의 일상적인 운용지시를 받지 않으면서 운용하여 그 실적을 배당하는 모든
구조(arrangements)"를 말하며, 신탁 이외의 계약구조도 포함한다.[101] 그에 비하여 미국법상
집합투자에 해당하는 개념은 1940년 투자회사법상 투자회사(investment company)이다. 투자회
사법상 투자회사는 "증권투자나 거래를 주된 업무로 하면서 40% 이상의 자산을 증권에 투자
하고, 공모 등의 요건을 충족하는 발행인"을 말한다{3(a)(1)}.[102] 미국법상 집합투자적 성격을

99) 금융위·금감원, "조각투자 등 신종증권 사업 관련 가이드라인", 2022. 4. 28., 2면.
100) 자본시장통합법연구회(편), 『자본시장통합법해설서』(2007), 21면(최원진 집필부분); 김홍기, 42면, 49면.
101) 흥미로운 것은 이러한 영국의 집합투자개념은 미국의 투자계약에 관한 Howey 기준을 반영한 것이라는 점이
다. Michael Blair and George Walker(eds), Financial Services Law 2nd ed, 2009, p874 n. 12.
102) 상품거래소법상으로는 "상품선물이나 스왑 등 상품에 관한 권리에의 투자를 목적으로 하는 투자신탁, 신디케

가진 형태 가운데 투자회사에 해당하지 않는 것은 투자계약이 될 것이다. 그러나 자본시장법은 영국의 집합투자 개념을 도입하면서 동시에 미국의 투자계약도 도입하였다. 따라서 자본시장법상 투자계약증권을 미국의 투자계약과 동일하게 볼 수는 없다.

　　이러한 개념상 차이를 고려할 때 투자계약증권이 적용되는 것은 주로 집합투자적 성격을 가진 계약 가운데 자본시장법에 규정된 집합투자기구를 이용하지 않는 투자구조이다.[103] 그런데 자본시장법이 집합투자기구의 폭을 크게 넓혔기 때문에 실제로 투자계약증권이 인정될 여지는 크지 않다. 간투법은 집합투자기구의 종류를 신탁(투자신탁)과 주식회사(투자회사) 그리고 합자회사(PEF)로 제한하였다. 자본시장법은 여기에 상법상 유한회사(투자유한회사), 합자회사(투자합자회사)와 유한책임회사(투자유한책임회사), 상법상 익명조합(투자익명조합)과 합자조합(투자합자조합)을 추가하였다. 자본시장법은 집합투자기구의 종류별로 투자회사의 주식, 투자신탁의 신탁수익권, 합자회사·유한회사·유한책임회사의 지분, 그리고 익명조합·합자조합의 지분을 각각 지분증권과 수익증권으로 구분하고 있다. 다만, 편의상 이들을 다시 '**집합투자증권**'이라는 용어로 포괄한 것이다(9조 21항).

　　투자자로부터 모은 금전등을 재산적 가치있는 투자대상자산에 투자하는 경우에는 집합투자로, 사업에 투자하는 경우에는 투자계약으로 보아야 한다는 견해[104]도 있다. 그러나 첫째, 이 경우에는 그 사업주체의 법적 구조에 따라 지분증권에 해당하는지 여부가 먼저 판단되어야 할 것이고, 둘째, 투자대상자산의 범위가 광범위하므로 사업과 구별하는 것이 점점 어려워진다.[105]

　　집합투자규제가 증권규제와 다른 점은 집합투자증권의 판매단계는 물론이고 집합투자기구의 설정·설립 및 집합투자재산의 운용단계에서도 규제가 적용되는 점이다. 투자계약증권을 적극적으로 인정할 경우 이러한 설정·설립 및 운용단계에 해당하는 규제를 반영해야 한다. 대표적으로 발행인재산과 투자자재산의 분리는 현실적으로 문제되고 있다.

▌표 2-4 투자계약증권과 집합투자의 개념구조

미 국	한 국	영 국
투자회사	집합투자	집합투자
투자계약	투자계약증권	

　　이트 또는 유사한 형태의 기업"을 말하는 상품풀(commodity pool)이 여기에 해당한다{1a(10)}.

103) 같은 취지: 임재연, 69면; 김정수, 67면. cf. 김병연외, 56-57면. 금감원도 Howey 기준을 참고한 4가지 요소 이외에 지분증권, 채무증권, 집합투자증권 등 전형적인 증권에 해당되지 않을 것을 투자계약증권의 판별기준으로 제시하고 있다. 금감원, 증권신고서 제출관련 유의사항(보도자료, 2009. 2. 25), 2면.

104) 박삼철·차태진·박재현·김건·이화석, 사모펀드 해설 3판, 지원출판사, 2021, 52-53면{"박삼철외(2021)로 인용"}.

105) 위 견해도 이러한 어려움을 논의하고 있다. 박삼철외(2021), 59-60면.

4) 유동화형 집합투자의 도입

(1) 의   의

국내에서는 이른바 조각투자와 관련하여 투자계약증권을 인정하는 사례가 나타나고 있다. '**조각투자**'는 "부동산이나 한우와 같은 실물자산 또는 저작권 등 또는 그로부터 발생하는 현금흐름에 대한 권리를 분할하여 소액투자의 대상으로 하는 거래구조"를 말한다.106) 현재까지 부동산, 저작권, 한우 또는 미술품에 대한 투자사례가 알려져 있다.107) 대상자산에 대한 권리를 채권적 또는 물권적으로 분산하여 소액투자가 가능하게 하는 구조라는 점에서 '**조각투자**'라는 말이 사용된다. 실무상 유동화자산으로서의 기능적 요소를 갖추지 못하여 유동화의 대상이 되지 못했던 자산이나 그로부터 발생하는 현금흐름에 대한 권리를 채권적 또는 물권적으로 소액으로 분할하여 소액투자자가 참여할 수 있게 하는 "소매디지털유동화구조"로 이해된다.

(2) 유동화형 집합투자의 인정 필요성

이러한 거래구조는 유동화형 집합투자를 자본시장법에서 인정하여 해결하는 것이 정도이다. 저작권이나 한우, 미술품과 같은 종래 유동화의 대상이 되지 않았던 자산을 일반투자자의 소액투자대상으로 구조화하는 것은 투자상품의 다양화라는 관점에서 긍정적인 발전이다. 그러나 (ⅰ) "2인 이상의 투자자로부터 모은 금전등"으로 (ⅱ) "대상자산을 취득하여" (ⅲ) "그로부터 발생하는 실적을 배분하는" 구조는 정확히 운용형 집합투자에서 우려하는 대리인문제를 안고 있다. 투자계약증권에서는 일부 조합형태를 제외하고 발행인의 고유재산과 공동사업의 대상자산의 분별관리가 이루어질 수 없는 점을 고려할 때 단순히 증권의 발행으로 규제하는 것은 한계가 있다. 운용형 집합투자와 함께 집합투자의 한 유형으로 규제하는 것이 옳다.108)

7. 파생결합증권

1) 의   의

파생결합증권은 "기초자산의 가격·이자율·지표·단위 또는 이를 기초로 하는 지수 등의 변동과 연계하여 미리 정하여진 방법에 따라 지급하거나 회수하는 금전등이 결정되는 권리가 표시된 것"을 말한다(4조 7항). 차이가 있다면 증권법과 달리 기초자산의 범위를 크게 확

---

106) 금융당국은 조각투자를 "2인 이상의 투자자가 실물, 그 밖에 재산적 가치가 있는 권리를 분할한 청구권에 투자·거래하는 등의 신종 투자형태"라고 정의한다. 금융위·금감원, "조각투자 등 신종증권 사업 관련 가이드라인", 2022. 4. 28., 1면.

107) 금융위·금감원, "저작권료 참여청구권의 증권성 여부 판단 및 ㈜뮤직카우에 대한 조치", 2022. 4. 20; 금융위·금감원, "조각투자 시장의 규율을 지속적으로 확립해 나가겠습니다. — ㈜뮤직카우 제재면제 의결 및 한우·미술품 조각투자의 증권성 판단 —", 2022. 11. 29.

108) 제21장 제15절 자산유동화.

대하여 포괄주의를 극대화하였다는 점이다. 종래 발행할 수 있었던 주가연계증권(ELS)이나 주
식워런트증권(ELW), 신용연계증권(CLN) 이외에 재해연계증권(CAT bond), 범죄율연계증권, 강
수량연계증권 등도 발행할 수 있게 되었다. 기초자산의 범위에 대해서는 뒤에서 파생상품을
설명할 때 함께 논의한다.

파생결합증권에 표시되는 권리의 내용과 당해 증권의 결제방법과 직접적인 관련이 있다
고 보기 어렵다. 특정 금융투자상품의 결제방법은 당사자들의 의사에 맡겨두더라도 전혀 문
제가 없고, 오히려 기초자산의 가격 하락으로 손실이 발생할 때는 현물인도를 받아 기초자산
자체를 보유하면서 가격상승 기회를 노릴 수도 있기 때문이다. 자본시장법상 **'지급금액 또는
회수금액'**을 **'지급하거나 회수하는 금전등'**으로 개정한 것은 이 점을 명확히 한 것이다.

2) 구　　별

상법은 주식 그 밖의 다른 유가증권으로 교환 또는 상환할 수 있는 사채인 상환사채에
대해서는 조건성취 또는 기한도래시까지 상환에 필요한 유가증권을 예탁결제원에 예탁하도록
하고 있다(상 469조 2항 2호; 동 시행령 23조 1항·3항). 현물인도에 의한 결제가 이루어지는 파
생결합증권도 상법상 상환사채로 보아 예탁의무를 부과할 것인가? 파생결합증권은 상법상 파
생결합사채(469조 2항 3호)에 해당하는 것으로서 예탁의무는 없다.[109]

파생결합증권은 문자 그대로 파생상품요소가 결합된 증권이다. 파생상품요소를 어느 정
도까지 반영할 수 있는가, 달리 말하면 파생결합증권과 파생상품을 가르는 기준은 무엇인가?
결국 그 기준은 앞서 설명한 추가지급의무의 유무로서 추가지급의무가 없는 범위까지는 증권
이고 추가지급의무가 생기는 순간 파생상품이 된다.

V. 투자계약증권 등의 증권성

1. 의　　의

자본시장법은 투자계약증권과 특정증권에 대해서는 증권형 크라우드펀딩(2편 5장), 증권
신고서 제출(3편 1장) 및 그 위반에 대한 제재, 부정거래행위(178조)와 그에 대한 손해배상책
임(179조) 등 일부 규제를 적용할 경우에만 증권으로 본다(4조 1항 단서 1호·2호). 여기서 **'특정
증권'**은 지분증권, 수익증권 또는 증권예탁증권 중 해당 증권의 유통가능성, 자본시장법 또는
금융관련법령에서의 규제 여부 등을 종합적으로 고려하여 시행령으로 정하는 증권이다. 현재
시행령은 상법상 합자회사·유한책임회사·합자조합·익명조합의 출자지분이 표시된 것을 규
정하였다(령 3조의2).

---

109) 김상만, "금융투자상품의 정의", 『BFL』 제60호, 2013, 16면.

증권성이 제한되는 "「상법」에 따른 합자회사 · 유한책임회사 · 합자조합 · 익명조합의 출자지분이 표시된 것"에 "자본시장법상 투자합자회사 · 투자유한책임회사 · 투자합자조합 · 투자익명조합의 출자지분이 표시된 것"도 포함되는가? 여기서 "「상법」에 따른 합자회사 · 유한책임회사 · 합자조합 · 익명조합"의 지분에 대하여 증권성을 제한하는 것은 직접 사업수행을 위한 도구인 점을 고려한 것이다. 그러므로 "자본시장법상 투자합자회사 · 투자유한책임회사 · 투자합자조합 · 투자익명조합"은 집합투자를 위한 용기에 불과하므로 양자는 같을 수 없다. 따라서 여기서 말하는 "「상법」에 따른 합자회사 · 유한책임회사 · 합자조합 · 익명조합의 출자지분이 표시된 것"에는 "자본시장법상 투자합자회사 · 투자유한책임회사 · 투자합자조합 · 투자익명조합의 출자지분이 표시된 것"은 포함될 수 없다. 시행령도 집합투자증권(9조 21항)을 제외하여 이러한 취지를 확인하고 있다.

2. 취   지

이 규정의 취지는 유통가능성 등을 고려하여 증권신고서 제출이나 부정거래행위규제를 제외한 자본시장법의 일반규제를 적용할 실익이 없는 증권을 배제하는 것이다. 투자계약증권은 앞에서 본 바와 같이 일정한 형태의 거래가 대중을 상대로 이루어진 후 자본시장법상 규제를 적용하기 위한 사후적 도구개념으로 유통가능성이 거의 없다.[110] 상법상 합자회사 · 유한책임회사 · 합자조합 · 익명조합의 출자지분 중 합자회사의 무한책임사원과 합자조합의 업무집행조합원은 회사나 조합채무에 대하여 무한책임을 지므로 그들의 출자지분은 증권에 해당할 수 없다. 한편 합자회사의 유한책임사원(상 276조), 유한책임회사의 사원(상 287조의8 1항), 합자조합의 유한책임조합원(상 86조의7 2항)의 지분양도도 다른 사원의 동의나 조합계약의 정함을 요하는 등 유통성에 제한이 있다. 익명조합도 영업자와 익명조합원간의 1:1 계약관계를 전제로 하므로 영업자의 동의없이 익명조합원이 그 출자지분을 양도하는 것은 불가능하다고 해석해야 할 것이다.[111] 그러나 과거 네티즌펀드의 사례에서 보듯이 익명조합 출자지분 등도 공모의 대상은 될 수 있으므로 증권신고서 제출의무는 면제하지 않은 것이다.

투자계약증권과 상법상 합자회사 · 유한책임회사 · 합자조합 · 익명조합의 출자지분이 표시된 것에 대해서는 증권신고서 제출의무 등을 제외한 자본시장법상 모든 규제가 적용되지 않는다. 따라서 이들 증권을 대상으로 투자매매업이나 투자중개업에 해당하는 행위를 영업으로 할 경우에도 금융투자업으로 볼 수 없다. 현행법은 이들 증권은 유통가능성이 거의 없으므로 투자매매업이나 투자중개업으로 규제할 필요도 없음을 전제로 한 것이다.

---

110) 반대: 김상만, 위의 논문, 12면.
111) 해지는 가능하다(상 83조).

3. 투자계약증권 등의 법적 지위

투자계약증권과 특정증권은 집합투자업의 운용대상인 '재산적 가치가 있는 투자대상자산'
에는 속할 것이므로 집합투자업에서의 운용대상자산에는 포함될 수 있다. 투자자문업의 대상
인 투자대상자산에는 포함되는가? 시행령은 투자자문업의 투자대상자산으로 금융투자상품
이외에 부동산, 지상권, 전세권, 부동산임차권, 부동산소유권 이전등기청구권, 그 밖의 부동산
관련 권리, 제106조 제2항 각 호의 금융기관에의 예치금만을 포함하고 있다(6조의2). 따라서
투자계약증권과 「상법」에 따른 합자회사·유한책임회사·합자조합·익명조합의 출자지분이
표시된 것은 투자자문업이나 투자일임업의 대상인 투자대상자산에는 포함되지 않는다.

4. 유통가능성의 인정과 자본시장법의 개정 필요성

최근 금융위는 음악저작권이나 미술품 또는 부동산 등에 대한 일정한 권리를 대상으로
하는 유동화형 투자상품을 포함한 유통가능성을 가진 투자상품에 대하여 투자계약증권으로서
의 성질을 인정하였다. 투자계약증권에 대하여 유통성을 인정하는 방향으로 자본시장법이 해
석운용될 경우에는 집합투자와 투자계약증권의 체계적 관계와 증권성의 제한에 관한 자본시
장법 규정은 전면적으로 재검토되어야 한다. 그러나 이미 살펴본 바와 같이 투자계약증권 개
념은 일반적인 증권개념으로 인정되기 어렵다. 현재 문제되는 사례는 증권유형으로는 지분증
권이나 채무증권 개념을 활용함으로써, 공동사업의 법적 구조는 조합 개념을 통하여, 그리고
규제상으로는 유동화형 집합투자를 자본시장법에 도입함으로써 해결할 수 있다.

VI. 증권의 정의에 관한 몇 가지 문제

1. 증권의 정의와 유사성

자본시장법은 포괄적 증권 개념의 구현을 위하여 채무증권, 지분증권, 수익증권과 같은
주요 유형에 대해서 유사한 투자대상도 그에 포함됨을 명시하고 있다. 유사한 투자대상인지
여부를 판단할 때에는 다음 2가지 사항을 고려해야 할 것이다. 첫째, 자본시장법상 증권의 정
의는 금융투자상품의 정의를 전제로 하고 있다는 점이다. 따라서 예컨대 채무증권에 유사한
투자대상으로 인정받기 위해서는 금융투자상품의 요건을 충족해야 한다. 둘째, 투자대상에
표시되는 권리의 법적 성질이 지급청구권, 출자지분, 신탁의 수익권 등 자본시장법상 증권에
표시되는 권리 중 어느 하나와 유사한 것에 해당해야 한다.

현재 유사성 판단이 문제되는 것으로는 앞에서 살펴본 비금전신탁의 수익증서 이외에 이
슬람채권(Sukuk), 지방자치단체가 자금조달목적으로 발행한 어음, 탄소배출권, 조각투자 등을

들 수 있다. 최근 새롭게 등장하고 있는 조각투자 등의 증권유형상 성질결정도 현재의 자본시장법체계상으로는 유사성 기준을 적용하여 해결할 문제이다. 유사성 기준으로 해결할 수 없는 상황에서만 투자계약증권으로 볼 수 있는 여지를 검토해야 한다.

2. 증권 유형의 상호중복

위에서 본 바와 같이 자본시장법상 증권의 유형은 상호중복되는 경우가 없지 않다. 예컨대 지분증권은 상당 부분 투자계약증권에도 해당한다. 이러한 유형의 중복가능성이 특별한 규제상 문제를 야기하는가? 자본시장법은 기능별 규제를 기본원칙으로 하고 있어 개별증권이 구체적으로 어떤 유형에 해당하는가에 따라 규제의 내용에 차이가 없다. 주식과 같은 지분증권과 사채를 포함한 채무증권의 구분은 상법상 의결권의 행사나 배당 등과 관련하여 의미를 갖지만, 자본시장법상 공시규제나 불공정거래규제에서는 특별히 문제되지 않는다.[112]

자본시장법상 증권은 크게 그 수익이 외생적 요인에 의하여 결정되는 것과 발행인의 노력에 주로 의존하는 것으로 나눌 수 있다. 전자의 예로는 파생결합증권, 그리고 후자의 예로는 투자계약증권을 들 수 있다. 채무증권, 지분증권, 수익증권, 증권예탁증권은 모두 넓은 의미에서는 투자계약증권에 해당한다고 볼 수 있다. 이처럼 자본시장법은 증권유형의 중복가능성은 이미 증권의 정의에서도 전제되고 있다.[113] 다만 투자계약증권에 해당하는 경우 증권성의 제한(5조 1항 단서)이 적용된다.

3. 증권이 발행되지 않은 경우의 증권성

본래 '**증권**'은 투자자 보호를 위한 도구개념이므로 투자대상이 될 수 있다면 증서에 표시되는지 여부는 중요하지 않다. 그러나 증권법은 연혁적인 이유에서 '**유가증권**'이라고 표현함으로써 마치 '**증서성**'이 요구되는 것과 같은 인상을 초래하였다. 자본시장법은 '**유가증권**'이라는 용어를 '**증권**'으로 변경하고 증권법과 마찬가지로 증권에 표시되어야 할 권리는 증권이 발행되지 않는 경우에도 증권으로 본다고 명시하고 있다(4조 9항). 여기서 '**증권이 발행되지 않는 경우**'는 실물증권이 발행되지 않은 경우뿐만 아니라, 예탁증권이나 전자증권으로 발행되지 않은 경우도 포함한다.

이와 같이 실물증권이 부동화(예탁제도)를 거쳐 무권화(전자등록제도)로 진화하고 있는 현재 이 조항은 더 이상 '**증권의 증서성**'에 관한 문제를 규정한 것이 아니다. 증권의 증서성에 관한 논의는 현실적인 의미를 대부분 상실하였다. 종이와 권리의 관계를 대상으로 하는 상법상 유가증권법리도 자본시장법상 전자증권에 대해서는 특별한 의미를 갖지 않기 때문이다.

---

112) 자본시장통합법연구회(편), 앞의 책, 24면(최원진 집필부분); 변제호외, 84-85면.
113) 자본시장통합법연구회(편), 위의 책, 23-24면(최원진 집필부분).

전자증권법은 증권의 발행에 관한 규율의 상당 부분을 결제제도의 일부로 수용하여 그 법률관계를 직접 규정하고 있다. 이러한 기술적 변화는 전자증권법상 전자증권의 법률관계를 논의할 때 특히 유의해야 한다.

제5절 파생상품

I. 서 언

자본시장법 제정전 파생상품규제에 대해서는 2가지 비판이 있었다.

첫째, 규제가 다원적이고 비체계적이라는 비판이다. 종전에는 장내파생상품과 장외파생상품이 각각 다른 규제체계에 속하였다. 장내파생상품은 '**선물거래**'라는 이름으로 선물법의 적용을 받았고, 장외파생상품은 거래주체에 따라 은행법, 증권법 등이 적용되었다. 한편 파생상품거래가 외국환업무에 해당할 경우 외국환거래법의 적용을 받았다. 제22장 파생상품에서 보는 바와 같이 증권법과 은행법의 파생상품규제에는 상당한 차이가 존재하였다. 특별한 근거가 없는 규제상의 차이는 금융산업의 경쟁을 왜곡하고 장기적으로 금융산업의 균형적인 성장을 저해한다. 키코거래는 이러한 증권법과 은행법의 규제상 차이를 잘 나타낸 사례이다. 또한 파생상품거래에 대한 규제를 외국환거래법에 맡기는 것도 문제였다. 외국환거래법은 외환규제를 목적으로 하는 법률로서 금융규제목적과는 무관한 법률이기 때문이다. 자본시장법은 파생상품규제의 일원화를 시도한 점에서 중요한 발전으로 평가할 수 있다.

둘째, 파생상품의 기초자산이 너무 협소하여 금융시장의 수요에 부응하기 어렵다는 비판이다. 자본시장법은 기초자산의 범위를 대폭 확대함으로써 포괄주의를 관철하고 있다.[114]

자본시장법은 파생상품을 정의하고 이를 거래장소에 따라 장내파생상품과 장외파생상품으로 구분한다. 장내파생상품과 장외파생상품은 거래의 장소와 방법에서만 차이가 존재할 뿐 위험의 성질 면에서는 본질적으로 같은 상품이다. 이하 자본시장법상 파생상품에 대한 일반적 정의를 살펴본 후 장내파생상품과 장외파생상품의 구체적 개념을 검토한다.

II. 파생상품의 개념

1. 개 관

1) 파생상품 개념의 기능적 요소

이론상 파생상품의 정의에 대해서는 아직 상당한 다툼이 존재한다. 파생상품의 정의를

---

114) 파생상품의 기초자산은 위에서 살펴본 파생결합증권의 기초자산과 같다.

위해서는 다음 3가지 요소, 즉 가치의 결정과정, 장래의 이행, 위험의 교환 혹은 이전에 주목할 필요가 있다.

첫째, 파생상품의 핵심요소는 그 가치가 결정되는 과정이다. 파생상품은 그 가치가 그 거래와 독립적으로 존재하는 자산이나 가격 등('기초자산')에 따라 변동한다는 점에서 '파생'상품(derive → derivatives)으로 불린다.[115] 파생상품의 가치를 결정짓는 자산이나 가격 등은 기초자산(underlying assets)으로 불린다. 지수·신용도 등과 같이 기초자산 중에는 반드시 자산으로 파악하기 어려운 것도 많기 때문에 단순히 'underlyings'로 불리기도 한다. 이 책에서는 자본시장법에 따라 '기초자산'(4조 10항)이라고 한다. 예컨대 통화옵션은 그 가치가 통화의 가격, 즉 환율의 추이에 따라 변동되는 점에서 그 가치가 통화의 가치로부터 '파생'되는 '파생'상품이다. 금리스왑은 당사자 사이의 지급의무의 방향과 금액이 금리변동에 따라 결정된다는 점에서 '파생'상품이다.

둘째, 파생상품의 또 다른 특성은 그 가치가 장래 일정한 시점의 기초자산의 가치에 따라 결정되며 장래 일정한 시점에 결제되는 점이다. 장래의 결제를 전제로 하는 점에서 매매시점에 대금지급과 현물인도가 바로 이루어지는 현실매매를 제외한 모든 계약과 유사하다. 그러나 파생상품은 그 목적에서 다른 일반거래와 구분된다.

셋째, 파생상품의 목적은 위험의 이전이나 교환을 통하여 기초자산에 수반되는 손실을 회피하거나 이익을 확보하는 것이다. 여기서 '손실의 회피 또는 이익의 확보'는 원칙적으로 기초자산의 현실적 혹은 상업적 이용과는 구별된다. 손실회피나 이익확보는 반드시 당사자가 기초자산을 물리적으로 인도받아야만 가능한 것은 아니다. 더욱이 기초자산 중에는 예컨대 금리, 주가지수, 자연재해 등과 같이 성질상 인도할 수 없는 것도 많다. 따라서 기초자산의 인도를 의무화하는 것은 거래목적이 상업적임을 나타내는 징표로 볼 수 있다. 요컨대, 파생상품은 대부분 기초자산의 인도를 요하지 않는 '금융'계약이다. 그러나 현물인도가 있다고 해서 반드시 파생상품거래를 부정해야 하는 것은 아니다.

2) 파생상품의 연혁

파생상품의 효시는 이미 고대 메소포타미아에서 찾아볼 수 있다.[116] 고대 중동의 상인들은 곡물이나 노예 등을 대상으로 가격위험의 헤지를 위한 일종의 선도 거래를 행하였다고 한다. 16-17세기 일본과 유럽에서는 그러한 거래가 늘어나 거래소에 유사한 형태까지 등장하였다. 1848년 미국의 시카고 상품거래소(Chicago Board of Trade)는 현대적인 선물거래의 출발점이라고 할 수 있다.[117] 전통적으로 파생상품은 곡물이나 금속 등 대량으로 거래되는 상품을

---

115) '파생상품'(derivative)이라는 용어가 법률적으로 사용된 것은 1982년의 미국판례가 최초이다. American Stock Exchange v. CFTC, 528 F. Supp 1145 (SDNY, 1982)(일정한 옵션 거래를 'derivative'라고 표현).

116) Edward J. Swan, Building the Global Market: A 4000 Year History of Derivatives, 2000.

117) Jerry M. Markham, The History of Commodity Futures Trading and Its Regulation, 1987. 일본에서는 그 이

기초로 발전되었다. 그러나 1970년대 중반 이후 기초자산은 새로운 영역인 통화, 금리, 주가지수 등 금융영역으로 확산되어 금융파생상품이 폭발적으로 증가하기 시작했다. 특히 시카고 상업거래소(Chicago Mercantile Exchange: CME)가 통화선물을 상장한 것이 1972년이다.[118] 금융자산을 기초자산으로 하는 장외파생상품이 거래되기 시작한 것은 1970년대 말부터이다.

3) 파생상품 개념의 정의방식

파생상품 개념의 정의에 대해서는 다음 3가지를 주목해야 한다.

첫째, 파생상품의 정의방식은 국가별로 다양하다. 미국은 시장에 존재하는 모든 파생상품을 예시하는 열거방식{listing approach, 11 USC §101(53B)}[119]을, 그리고 호주는 파생상품의 기능적 요소를 규정하는 서술방식(describing approach, Corporations Act 2001, sec 761D)을 사용한다. 미국식은 구체성과 명확성은 장점이지만, 새로이 등장하는 상품에 대해서는 해당 여부를 판단해야 한다. 호주식은 포괄적이지만, 규제필요가 없는 상품까지 규제할 수 있어 구체성과 명확성이 부족할 위험이 있다.

둘째, 서로 다른 유형의 파생상품이 동일한 경제적 기능을 수행할 수 있다. 선도는 옵션을 결합하여 재구성할 수 있다. 예컨대 금리스왑은 일련의 금리선도로 분석할 수 있다. 매 지급기일은 하나의 선도에 관한 지급기일을 의미하는 동시에 다음 지급기일을 만기로 한 새로운 선도의 거래일자로 볼 수 있다. 파생상품을 제대로 규제하기 위해서는 법적 형식과 경제적 실질에 관한 정확한 인식이 필요하다.[120]

셋째, 같은 용어라도 국가별로 의미가 다를 수 있다. 예컨대 영국은 결제방법에 주목하여

전에 이미 선물거래소가 존재했다. Mark D. West, "Private Ordering at the World's First Futures Exchange", Michigan Law Review Vol. 98, 2000, pp2574-2615.

118) 이는 1970년대에 시작된 일련의 구조변화, 즉 1973년을 기점으로 한 고정환율제도의 폐지, 급격한 인플레와 이자율 변동 등을 배경으로 한 것이다. 이러한 과정을 종래 국가가 위험을 부담했던 것을 민간이 직접 인수하게 되었다는 의미에서 '위험의 민간화'(privatization of risks)라고 한다. 파생상품은 민간화된 위험에 대한 관리수단으로서 거래되기 시작한 것이다. John Eatwell and Lance Taylor, Global Finance at Risk: The Case for International Regulation, 2000, pp1-28.

119) 미국법상 장외파생상품 전체를 의미하는 스왑계약(swap agreement)을 정의한 규정이다. 장내파생상품은 상품거래소법에서 별도 정의없이 사용되는 장래인도를 위한 상품의 매매계약(a contract for the purchase or sale of a commodity for future delivery)으로 표현한다{7 U.S. Code § 6(a)}.

120) 이러한 문제는 파생상품과 다른 금융상품이나 거래와의 관계에서도 발견된다. 예컨대 증권회사가 SPC를 통하여 발행한 사채를 인수하고, 그 SPC가 해당 증권을 기초자산으로 하는 총수익스왑거래를 개인과 체결한 사안에서 증권회사가 총수익스왑거래상 사채원리금에 해당하는 고정현금흐름의 지급인이면서 그 사채로부터 발생하는 실제현금흐름의 수취인인 개인에 대하여 자본시장법상 신용공여를 한 것인지 여부가 문제된 사례가 있다. 서울고법 2022. 1. 26. 선고 2020누51909 판결(확정)("이 사건 사모사채의 매입은 A이 단기금융업무를 통해 조달한 단기금융 조달자금으로 실질적으로는 F의 이 사건 주식 매수에 필요한 자금 등을 사모사채 매입의 형식으로 경제적 지원을 함으로써 금융거래상 개인의 신용위험을 수반하는 거래를 한 것이므로, 종합금융투자사업자로서 단기금융 조달자금의 운용이 금지되는 개인에 대한 신용공여에 해당한다"). 1심은 반대: 서울행법 2020. 7. 17. 선고 2019구합81773 판결("이 사건 사모사채의 매입이 D 개인에 대한 신용공여에 해당한다고 보기는 어렵다").

현물인도에 의한 거래를 선물(futures)과 옵션(options)으로 정의하고, 계약가치를 2가지 이상의 기초자산 가치의 차이에 따라 결정하거나 차액결제방식을 이용할 경우는 차액계약(contract for differences)이라고 정의한다(FSMA 2000 Schedule 2, Part Ⅱ 17-19). 대부분 국가에서 '선물'은 표준화된 형태로 파생상품시장에서 거래되는 선도를 의미한다.

이러한 사정을 고려할 때 현실적으로 존재하게 될 다양한 파생상품을 모두 포섭하는 포괄성과 죄형법정주의 관점에서 형벌의 대상인 범죄의 구성요건요소로서 파생상품 개념에 요구되는 구체성과 명확성의 요건을 모두 충족하는 완벽한 법적 정의를 찾기는 매우 곤란하다. 자본시장법은 이러한 사정을 모두 고려하여 일반적 정의와 명시적 제외를 통한 단계적 정의를 기초로 기본구성요소방식을 채택하였다.

2. 자본시장법상 정의

1) 기본구성요소방식

자본시장법은 열거방식이나 서술방식이 아니라 '**기본구성요소방식**'(building block approach)에 따라 파생상품을 정의한다. 파생상품 자체를 정의하는 대신 파생상품의 기본구성요소(building block)인 선도(forwards), 옵션(options), 스왑(swaps)을 정의하고 있다(5조 1항 각호). 법문에서는 선도, 옵션, 스왑이란 명칭은 쓰지 않은 채 각 유형을 정의하고 있지만 이 책에서는 편의상 그 명칭을 사용한다. 기본구성요소방식은 파생상품을 최소단위까지 분해하면 결국 선도와 옵션 중의 하나 또는 이들 양자로 구성되어 있다는 전제에서 출발한다. 본래 경제적 분석을 위한 방법론으로 제시되었지만, 법이론적 유용성도 인정받고 있다.[121] 스왑은 일정 기간 선도거래가 계속적·반복적으로 이루어진 것으로 따로 정의할 필요가 없지만 현실적 중요성을 고려하여 정의한 것이다

2) 명시적 포함

(1) 선도, 옵션, 스왑

자본시장법은 파생상품을 선도, 옵션, 스왑 중의 어느 하나에 해당하는 계약상의 권리로 정의하고 있다(5조 1항 1호-3호). '**선도**'는 "기초자산이나 기초자산의 가격·이자율·지표·단위 또는 이를 기초로 하는 지수 등에 의하여 산출된 금전등을 장래의 특정시점에 인도할 것을 약정하는 계약"으로 정의한다(5조 1항). '**옵션**'은 "당사자 일방의 의사표시에 의하여 기초자산이나 기초자산의 가격·이자율·지표·단위 또는 이를 기초로 하는 지수 등에 의하여 산출된 금전 등을 수수하는 거래를 성립시킬 수 있는 권리의 부여를 약정하는 계약"으로 정의한다(5조 1항 1호). '**스왑**'은 "장래의 일정기간 동안 미리 정한 가격으로 기초자산이나 기초자산의 가

---

121) Alastair Hudson, The Law on Financial Derivatives 4th ed, 2006, pp14-17; Roberta Romano, 'A Thumbnail Sketch of Derivative Securities and Their Regulation'(1996) 55 Maryland Law Review 1, p47.

격·이자율·지표·단위 또는 이를 기초로 하는 지수 등에 의하여 산출된 금전 등을 교환할 것을 약정하는 계약"으로 정의한다(5조 1항 2호).

(2) 시행령에 의한 보충가능성

그러나 파생상품구조를 분석하여 이들 중 어느 요소에 해당하는지를 실제 해석운용상 구체성과 명확성을 갖추어 신속하게 판단하는 것은 쉬운 일이 아니다. 자본시장법은 2013. 5. 28. 개정에서 이 점을 고려하여 선도, 옵션, 스왑과 유사한 것으로서 시행령으로 정하는 계약을 파생상품의 한 유형으로 포함하였다(5조 1항 4호). 현재 시행령에서는 구체적인 상품을 규정하고 있지는 않다. 극히 예외적으로 활용할 규정으로 이해된다.

(3) 대가의 유무

법문은 파생상품을 '**계약상의 권리**'로 규정하지만 선도나 스왑에는 '**의무**'적 요소도 포함된다. 선도나 스왑은 당사자별로 발생하는 손익을 불문하고 이행의무와 그에 대응하는 권리를 발생시키는 '**계약**'이다. 그에 비하여 옵션은 매입자가 기초자산의 시가와 행사가격을 비교하여 이익이 되는지를 고려하여 행사 여부를 선택할 수 있는 '**예약완결권**'을 갖는 예약이다. 따라서 선도나 스왑에서는 계약시점에 상대방에 대하여 대가지급의무가 없지만, 옵션의 매입자는 매도자에 대하여 대가(프리미엄)를 지급한다.

(4) 차액결제거래

형태를 불문하고 차액결제되는 상품도 파생상품이 될 수 있다. 영국법상 파생상품 중 선물과 옵션은 현물인도결제가 이루어지는 것을, 그리고 차액거래(contract for differences)는 2 이상의 자산가치변동에 연계되거나 차액결제가 이루어지는 선도나 옵션 그 밖의 거래를 말한다(FSMA 2000, SCHEDULE 2 sec.17-19). 국내에서 거래되는 차액결제거래는 "실제 투자상품을 보유하지 않고 기초자산의 가격변동을 이용한 차익을 목적으로 매매하며 그 차액을 정산하는 장외파생상품거래"로서 증거금만으로 거래할 수 있고, 투자자는 기초자산인 증권을 보유하지 않으므로 규제회피수단으로 활용된다는 지적이 있다.122)

3) 명시적 제외

같은 취지에서 "해당 금융투자상품의 유통 가능성, 계약당사자, 발행사유 등을 고려하여 증권으로 규제하는 것이 타당한 것으로서 시행령으로 정하는 금융투자상품"을 파생상품의 정의에서 제외한다(5조 1항 단서). 시행령은 ① 증권시장이나 해외 증권시장에서 매매거래되는 주권(이와 관련된 증권예탁증권을 포함)의 가격이나 이를 기초로 하는 지수의 변동과 연계하여 미리 정하여진 방법에 따라 주권의 매매나 금전을 수수하는 거래를 성립시킬 수 있는 권리가

---

122) 한국거래소, 보도자료: 한국거래소 시장감시위원회는 CFD(차액결제거래)를 이용한 불공정거래 여부에 대하여 집중 심리할 예정입니다, 2020. 11. 18.

표시된 증권 또는 증서(령 4조의3 1호), ② 주주가 주주로서 당연한 권리로서 가지게 되는 신주인수권증서(상 420조의2) 및 분리형 신주인수권부사채의 신주인수권증권(상 516조의5)(령 4조의3 2호)을 그러한 상품으로 규정하고 있다. 위 ①은 파생결합증권(4조 7항)에 속한다. 위 ②는 시행령에서 파생결합증권에도 해당하지 않는다고 명시하고 있으므로(4조의2) **'출자지분을 취득할 수 있는 권리를 표시하는 것'**(4조 4항)으로서 지분증권에 속하게 된다.

4) 장래의 의미

(1) 개   관

파생상품의 본질적 요소 중의 하나인 **'장래'**의 결제에서 **'장래'**의 의미는 다소 불명확하다. 이에 대해서는 영국의 경우 7일, 호주의 경우 외환을 기초자산으로 하는 경우와 그 이외의 경우를 구분하여 전자는 2일, 후자는 1일로 각각 명확히 정의하고 있다. 반면 미국이나 일본은 그 의미를 해석에 맡긴다.[123] 우리나라에서도 기준을 법정할 것인가에 관한 논의가 있었지만, 탄력적인 운용을 위해서 해석에 맡기기로 하였다.[124] 해석상 **'장래'**는 외국환을 기초자산으로 할 경우에는 계약일로부터 2영업일 후(T+2)를, 그 이외의 자산을 기초자산으로 할 경우에는 계약일로부터 1영업일 후(T+1)를 말하는 것으로 본다.[125]

(2) 외환증거금거래

이와 관련하여 외환증거금거래(foreign exchange margin transaction)의 법적 성질이 문제된다.[126] 자본시장법은 일정한 요건을 갖춘 외환증거금거래를 장내파생상품에 속하는 **'해외 파생거래'**(령 5조 3호·4호)로 규정한다. 자본시장법은 결제기한을 특정하지 않고 있으므로 외환증거금거래에서 약정하는 결제일자(T+2일)를 어떻게 해석할 것인지가 관건이다. 만기가 자동으로 연장된다면 강제 청산되지 않는 한 결제시점을 계약자가 사후적으로 정할 수 있다는 것인데 통상적인 선도거래의 경우 결제시점이 사전에 정해져 있는 점과 차이가 있다. 만기가 자동연장되는 점과 장외파생상품 규제의 회피를 위하여 이용될 수 있는 점, 그리고 현행법이 외환증거금거래를 장내파생상품으로 분류한 것은 선물법상 선물회사의 업무범위를 고려한 것인

---

123) 정순섭, 「파생상품 정의 규정에 관한 의견」(2005. 8. 23), 3면.

124) "획일적으로 기준을 설정해 놓을 경우, 장내 증권거래 등 매매대금의 지급시기가 미래로 이연되어 있는 다수의 계약이 파생상품으로 간주될 소지가 있어 사안별로 탄력적으로 해석될 수 있는 여지를 남겨두기 위한" 것이라고 설명되고 있다. 최원진, "자본시장과 금융투자업에 관한 법률 제정안」의 주요 내용 해설", 『증권』 No. 128, 2006, 49면.

125) cf. 고제성, 앞의 논문, 104면("구 자본시장법 제5조 제1항 제1호에서 말하는 '장래'란 최소한 2~3일 정도 이후로 봄이 타당").

126) 외환증거금거래는 외화현물을 대상으로 장외에서 이루어지는 매매거래로서 형식적으로는 거래일로부터 2일에 결제되나 증거금(거래금액의 2-5%)만 있으면 만기가 자동으로 연장되는 구조로 되어 있다. 거래일과 결제일 사이에는 통상 거래금액의 2-5% 내외의 증거금만을 유지하면 되고 증거금 미달 시에는 강제로 청산된다. 그리고 결제일에는 차액에 대한 정산을 통한 결제가 이루어진다. 외환증거금거래에 대해서는 박철호, FX마진거래 제도개선 및 활성화 방안(파생상품연구회 발표자료, 2009. 4. 28).

점 등을 감안하면 장외파생상품으로서의 선도에 해당하는 것으로 보는 것이 옳다.[127]

(3) "아무리 길어도 몇 시간 내에 종료"되는 거래와 장래성

대법원은 "거래가 자동으로 종료되는 환율 변동폭도 0.1% 정도에 불과하여 거래는 아무리 길어도 몇 시간 내에 종료"되는 경우에 대하여 "위 거래는 단시간 내에 종료되는 것으로 구 자본시장법 제5조 제1항 제1호에서 말하는 '**장래**'의 특정 시점에 인도할 것을 약정한 것이라고도 볼 수 없다"고 판단하였다(대법원 2015. 9. 10. 선고 2012도9660 판결). 외국환시장에서 현물거래의 결제일을 T+2로 하는 현재의 실무상 "아무리 길어도 몇 시간 내에 종료"되는 거래를 파생상품으로 해석할 수는 없다.[128] 입법론으로는 초단기간에 결제되는 금융상품도 파생상품으로 규제하는 것이 투자자 보호를 위하여 필요하다. 이를 위하여 자본시장법상 파생상품 지정제도(5조 1항 4호)를 활용하는 것도 대안이 될 것이다. 계약일로부터 1일 이내의 초단기간에 결제되는 거래로서 파생상품요소를 가지고 있지만 자본시장법상 파생상품에 해당한다고 단언할 수 없는 상품은 자본시장법시행령을 통하여 파생상품으로 지정하는 것이다.

Ⅲ. 장내파생상품과 장외파생상품의 분류

1. 구   분

자본시장법은 파생상품을 거래장소를 기준으로 장내파생상품과 장외파생상품으로 구분한다. "장내파생상품"은 "① 파생상품시장에서 거래되는 파생상품, ② 해외 파생상품시장에서 거래되는 파생상품, ③ 그 밖에 금융투자상품시장을 개설하여 운영하는 자가 정하는 기준과 방법에 따라 금융투자상품시장에서 거래되는 파생상품"(5조 2항 각 호)을 말한다. 장외파생상품은 "파생상품으로서 장내파생상품이 아닌 것"을 말한다(5조 3항).

금융투자상품시장은 "증권 또는 장내파생상품의 매매를 하는 시장"을 말한다(8조의2 1항). 이는 거래소의 허가제 전환(373조의2)과 다자간매매체결회사의 도입(8조의2 5항)에 따라 시장의 개념을 재구성하면서 도입된 것이다. 여기서 '**파생상품시장**'은 "장내파생상품의 매매를

---

127) 박철호, 위 발표자료, 27면(장외파생상품으로 판단). 미국에서는 2004년 외환증거금거래를 상품거래소법상 선물거래(futures)가 아니라 현물거래(spot)에 해당한다고 판단한 판결이 있었다. 그 이유는 첫째, 상품의 대체성이 없고, 둘째, 투자자에게는 반대포지션을 취할 권리가 없다는 것이었다. CFTC v. Zelener, 373 F.3d 861, 862 (7th Cir. 2004). 문제된 거래는 일반투자자가 48시간 내에 결제하는 조건으로 금융회사로부터 외화를 매매하되, 투자자는 그 거래를 연장하여 실질적으로 외화에 대한 오픈 포지션을 제공하는 거래였다. 이에 대응하여 CFTC의 관할에 속하도록 하는 법개정이 이루어졌다. CFTC Reauthorization Act of 2008, Pub. L. No. 110-246, 122 Stat. 1651 (2008), section 13101. 일본 금융상품거래법은 장외파생상품으로 규제한다(2조 22항 1호; 금융상품거래업등부령 123조 4항). 자본시장법은 미국의 상품거래소법과는 다른 규제원칙에 기초하고 있다.

128) 같은 취지: 임재연·한지윤, 앞의 논문, 383면. "이 사건 거래는 환율이 0.1퍼센트만 변동되더라도 종료되는 것으로, 그 시간은 불과 10분 정도에 불과"하다고 한다. 고제성, 앞의 논문, 104면.

위하여 거래소가 개설하는 시장"(8조의2 4항 2호)을, 그리고 해외파생상품시장은 "파생상품시장과 유사한 시장으로서 해외에 소재하는 시장과 대통령령이 정하는 해외파생상품거래가 이루어지는 시장"을 말한다(5조 2항 2호). 시행령은 일정한 요건을 충족하는 장외시장을 추가하고 있다.[129] 여기서 장외는 "파생상품시장과 비슷한 시장으로서 해외에 있는 시장 밖"을 말한다.

2. 장내파생상품의 특징

장내파생상품은 거래소가 개설한 파생상품시장에서 거래된다는 점에서 장외파생상품과 다른 특징을 갖게 된다.

첫째, 다수의 잠재적인 매도인과 매수인의 존재를 전제로 하는 파생상품시장에서의 거래에 적합하기 위해서는 표준화(standardization)와 대체성(fungibility)의 요건을 갖추어야 한다. 자본시장법에서는 별도의 규정을 두고 있지 않지만, 장내파생상품에 대해서는 어느 정도 표준화와 대체성의 확보가 요구될 것이다.[130] 여기서 대체성은 물리적 대체성이 아니라 권리의 내용 또는 실질상 대체성을 말한다. 대체불가토큰(non-fungible token: NFT)에서의 대체불가성은 토큰 ID만 달라도 충족되지만, 자본시장법상 대체성은 권리의 내용 또는 실질의 동질성을 의미한다.

둘째, 장내파생상품은 청산기능(clearing)에 의하여 결제가 보장된다. 2013. 4. 5. 개정 자본시장법은 장외파생상품의 경우에도 청산기능을 이용할 수 있는 근거를 신설하고(323조의3) 일부 장외파생상품에 대해서는 청산을 의무화하는 제도를 도입하였다(166조의3). 그러나 청산이 이루어진다 해서 모두 장내파생상품이 되는 것은 아니다.[131] 청산의 효과를 극대화하기 위해서는 대상상품의 대체성이 요구된다. 장외파생상품거래에서의 청산은 거래상대방위험을 제거하기 위한 방법으로 청산기관이 거래상대방으로 개입되는 구조를 이용한 것일 뿐이기 때문이다. 물론 장외파생상품도 청산대상이 되기 위해서는 표준화는 필요하다. 그러나 장내파생상품과 동일한 수준의 표준화와 대체성의 요구는 맞춤형 상품으로서의 장외파생상품의 본질

---

129) 시행령은 런던금속거래소의 규정에 따라 장외에서 이루어지는 금속거래, 런던귀금속시장협회의 규정에 따라 이루어지는 귀금속거래, 미국선물협회의 규정에 따라 장외에서 이루어지는 외국환거래, 선박운임선도거래업자협회의 규정에 따라 이루어지는 선박운임거래, 그 밖에 국제적으로 표준화된 조건이나 절차에 따라 이루어지는 거래로서 금융위가 고시하는 거래를 해외 파생상품거래로 규정한다(5조 1호-3호, 5호·6호). 금융업감독규정은 대륙간 거래소의 규정에 따라 장외에서 이루어지는 에너지거래, 일본 금융상품거래법에 따라 장외에서 이루어지는 외국환거래, 유럽연합의 금융상품시장지침에 따라 장외에서 이루어지는 외국환거래, 영국 금융감독청의 업무행위감독기준에 따라 장외에서 이루어지는 외국환거래를 해외 파생상품거래로 추가하고 있다 (1-3조 1호-4호).

130) 특히 장내파생상품의 표준화의 요건과 관련하여 장외파생상품시장에서의 거래계약서의 표준화와 관련한 논란이 있을 수 있다. 그러나 장내파생상품의 표준화와 장외파생상품시장에서의 거래계약서의 표준화는 그 내용에 차이가 있다.

131) 예컨대 대륙간 거래소 규정에 의하지 않는 에너지 관련 해외 장외파생상품 거래는 해외 파생상품시장의 청산시스템을 사용하여 청산하더라도 장내파생상품거래에 해당하지 않는다(금융위 유권해석, 2009. 12. 17).

적 기능과 맞지 않는다.

Ⅳ. 기초자산의 확대

1. 의   의

자본시장법은 파생상품의 기초자산을 확대하여 포괄주의를 강화하였다.[132] 자본시장법은 기초자산을 "금융투자상품, 통화, 일반상품, 신용위험 그 밖에 자연적·환경적·경제적 현상 등에 속하는 위험으로서 합리적이고 적정한 방법에 의하여 가격·이자율·지표·단위의 산출이나 평가가 가능한 것"이라고 정의한다(4조 10항 1호-5호).[133] 제1호부터 제4호까지의 기초자산은 기존 증권법령에서도 인정되고 있었다.[134]

2. 금융투자상품

제1호의 금융투자상품은 증권과 파생상품을 포함한다. 따라서 스왑을 기초자산으로 하는 옵션도 성립될 수 있다. 가상자산도 증권에 해당할 경우에는 제1호의 금융투자상품으로서 기초자산이 될 수 있다.

3. 통   화

제2호의 통화는 한국은행법상 법화(48조)를 말한다. 외국통화는 외국의 법화를 말한다. 그러면 엘살바도르나 중앙아프리카공화국 등에서 법화로 지정한 비트코인은 자본시장법상 외국통화에 해당하는가? 특정 지급수단이 법화에 해당하는지는 국제사법상 화폐의 준거법인 발권국의 화폐법(lex monetae)에 따라 판단한다. 그러나 비트코인은 발권국이 없다. 따라서 이를 법화로 채택한 국가의 법이 준거법으로 적용될 수 있다. 그러나 투자자 보호를 목적으로 하는 자본시장법상 외국통화는 내국통화, 즉 한국은행법상 화폐에 준하는 것으로 한정해야 한다.[135] 비트코인은 자본시장법상 외국통화에 해당할 수 없다.

---

132) 파생결합증권에서도 기초자산을 마찬가지로 확대하고 있다.

133) 이 정의는 채무자회생 및 파산에 관한 법률 제120조 제3항의 장외금융상품의 일괄청산네팅에 관한 특칙의 적용범위를 정하는 동법 시행령 제14조의 기초자산 정의와 동일한 것이다. 상세한 내용은 정순섭, 파생상품 정의에 관한 입법의견서 -2- 기초자산의 범위(2005. 10. 24.). 입법된 시간적 선후관계를 따져보면 자본시장법상의 기초자산 정의가 채무자회생 및 파산에 관한 법률 시행령상의 기초자산 정의를 도입한 것으로 보인다. 그러나 실제로는 자본시장법상 기초자산 정의를 위하여 작성해 둔 규정을 채무자회생 및 파산에 관한 법률 시행령에서 먼저 입법화한 것이다.

134) 은행법상으로는 기초자산의 범위에 관한 명시적인 제한을 두고 있지 않다.

135) 정순섭, "CBDC와 금융시스템에 관한 법적 연구 — 화폐법과 중앙은행법상 쟁점을 중심으로", 『은행법연구』 제14권 제2호, 2021, 12면. 외국환거래법상 대외지급수단으로서의 외국통화(3조 1할 4호)에 해당하는지에 대해서도 동일한 판단이 이루어져야 한다. 정순섭, 위의 논문, 12면.

4. 일반상품

제3호의 일반상품은 엄격히 유체물에 한정된다. 자본시장법도 일반상품을 "농산물·축산물·수산물·임산물·광산물·에너지에 속하는 물품 및 이 물품을 원료로 하여 제조하거나 가공한 물품, 그 밖에 이와 유사한 것"이라고 하여 이러한 취지를 명백히 하고 있다. 실무에서는 상품지수가 일반상품에 해당하므로 가상자산도 일반상품에 해당할 수 있다는 주장도 발견되지만, 자본시장법상 지수는 기초자산이 아니다.[136]

미국에서 비트코인을 포함한 가상자산을 자본시장법상 기초자산에 해당하는 1936년 상품거래소법상 '**상품**'(commodity)에 해당한다고 보는 것을 근거로 드는 견해[137]도 존재한다. 이러한 해석이 가능한 것은 미국 상품거래소법상 상품의 정의는 "현재 또는 장래에 선물거래의 대상이 되는 모든 서비스, 권리와 이익"을 포함하고 있기 때문이다{7 U.S.C. § 1(a)(9)}. 실무상 선물거래소가 가상자산을 기초자산으로 하는 장내파생상품을 상장하는 과정은 원칙적으로 자율규제사항(self-certification process)이다.[138] 미국은 사전적 또는 사후적으로 기초자산의 범위에 관한 실질적 통제를 하지 않는 구조이다.

그러나 우리나라는 이러한 구조를 취하고 있지 않다. 따라서 비트코인을 포함한 가상자산은 제4호의 일반상품에 해당할 수 없고,[139] 제5호의 기초자산에 해당하는지 여부를 판단해야 한다. 물론 증권에 해당하는 것은 제1호의 금융투자상품으로서 기초자산에 해당한다.

5. 신용위험

제4호의 신용위험은 당사자나 제3자의 채무불이행위험(default risk) 또는 거래상대방위험

---

136) 자본시장법은 "기초자산의 가격·이자율·지표·단위 또는 이를 기초로 하는 지수 등"(4조 7항) 또는 "기초자산이나 기초자산의 가격·이자율·지표·단위 또는 이를 기초로 하는 지수 등"(5조 1항 1호-3호)이라고 규정하여 기초자산과 그에 기초한 지수를 엄격히 구분하여 사용한다.

137) Mitchell Prentis, "Digital Metal: Regulating Bitcoin as a Commodity", Case Western Reserve Law Review Vol. 66, 2015, pp626-632("Bitcoin is a Commodity Because of its Economic Function", "Bitcoin Fits Within the CEA's Definition of a Commodity"). In re Coinflip, Inc., CFTC No. 15-29, Sept. 17, 2015, p3("Bitcoin and other virtual currencies are encompassed in the definition and properly defined as commodities."); 상품선물거래위원회도 같은 입장이다. In re BFXNA Inc., CFTC Docket 16-19, June 2, 2016, pp5-6 ("[V]irtual currencies are encompassed in the [CEA] definition and properly defined as commodities."). 자율규제기관인 전국선물협회도 동일한 해석을 하고 있다. NAT'L FUTURES ASS'N, IN-TERPRETIVE NOTICE 9073, DISCLOSURE REQUIREMENTS FOR NFA MEMBERS ENGAGING IN VIRTUAL CURRENCY ACTIVITIES (2018)(providing that disclosure requirements are applicable to commodities professionals with respect to digital currency transactions). 법원도 마찬가지이다. CFTC v. McDonnell, 287 F. Supp. 3d 213, 228(E.D.N.Y. 2018)("[virtual currencies] fall well-within the common definition of "commodity'"); CFTC v. My Big Coin Pay, No. 18-CV-10077 (D. Mass., Sept. 26, 2018).

138) CFTC, CFTC Backgrounder on Oversight of and Approach to Virtual Currency Futures Markets, January 4, 2018.

139) cf. 임재연, 45면 주26)("가상자산의 구체적 내용 및 그 법적 성격에 따라 판단될 것").

(counterparty risk)을 말한다. 자본시장법은 신용위험을 "당사자 또는 제3자의 신용등급의 변동, 파산 또는 채무재조정 등으로 인한 신용의 변동"이라고 설명하고 있다. 신용등급의 변동, 파산 또는 채무재조정은 예시적 규정으로서 당사자나 제3자의 신용에 영향을 미치는 요소는 모두 포함된다.

6. 그 밖의 위험

제5호는 자본시장법에서 새로 추가된 것이다. 제5호는 객관적인 방법으로 현금흐름의 산출이 가능한 것은 모두 기초자산으로 인정하겠다는 취지이다. 제5호에 의하여 새로이 추가될 수 있는 기초자산으로는 재난이나 자연재해와 같은 자연적 현상, 탄소배출권 등 환경적 현상, 물가상승률 등 경제적 현상 등을 들 수 있을 것이다.[140) 증권에 해당하는 경우를 제외한 가상자산에 대해서도 같은 기준이 적용되어야 한다.

기초자산의 정의와 관련하여 특히 주의할 것은 제5호의 '**합리적이고 적정한 방법**'이 가지는 규제상 의미이다. 여기서 '**합리적이고 적정한 방법**'은 기초자산에 대한 평가방법의 합리성과 적정성을 말한다. 기초자산의 범위에 대한 제한을 사실상 제거하면서 금융투자상품 설계의 자유에 대한 최후의 통제수단으로서 합리성과 적정성 기준을 유보한 것이다. 이 요건은 자본시장법상 모든 기초자산에 적용되는가? 취지상 옳을 수도 있지만, 문언상 제5호의 기초자산에만 한정되어 적용된다고 보아야 한다.

V. 파생상품의 투자성과 증권과의 구별

1. 파생상품의 투자성

자본시장법상 금융투자상품에는 증권과 파생상품밖에 없다. 따라서 금융투자상품 중에서 증권이 아닌 것은 파생상품이고 파생상품이 아닌 것은 증권이다. 금융투자상품은 모두 투자성, 즉 지급금액이 회수금액을 초과할 위험이 있어야 한다. 파생상품은 계약을 체결할 때 일정한 담보를 제외하고는 지급이 이루어지지 않기 때문에 과연 지급금액이 존재하는가에 대해서 다소 의문을 가질 수 있다. 그러나 자본시장법상 금융투자상품의 요소로서의 투자성은 지급금액이 반드시 사전에 지급될 것을 요하지 않는다. 자본시장법은 '**현재 또는 장래의 특정 시점에**' '**지급하였거나 지급해야 할**'이라고 하여(3조 1항) 계약일자에 먼저 지급될 것을 요하지 않는다는 취지를 명시하고 있다.

구체적인 예를 들어 설명하면 다음과 같다. A은행은 B증권에게 갑공업주식회사의 주식 1주를 6개월 후에 2만원에 매도하기로 하는 선도계약을 체결하였다. A은행을 선도매도자

---

140) 탄소배출권을 기초자산으로 볼 수 있다는 견해로, 임재연, 40면.

(forward seller, short position), B증권을 선도매입자(forward buyer, long position)라고 한다. A은행과 B증권에게 이 선도거래의 가치는 기초자산인 주식의 가치가 변동함에 따라서 변동한다. 예컨대, 선도매입자인 B증권의 입장에서는 갑공업의 주식가격이 5만원으로 상승하면 이 선도거래의 가치는 3만원이 된다. 거꾸로 그 가격이 만원으로 하락하면 이 선도거래의 가치는 마이너스 만원, 즉 만원 손실이 된다. A은행의 처지는 B증권과 정반대의 지위에 놓이게 된다. 이를 표로 표시한 것이 [표 2-5]이다.

아래 [표 2-5]의 주식선도거래에서 결제방법이 현물결제인 경우를 검토해 보자. 만기가격이 5만원일 경우 A의 계약시점 현재 지급금액은 0이지만 만기에는 지급금액이 5만원이 되며, 회수금액은 2만원이다. A의 관점에서는 지급금액이 회수금액보다 3만원이 더 많기 때문에 투자성 요건을 충족하는 것이 명백하다. 반대로 B는 만기에 지급금액이 2만원, 회수금액이 5만원으로 이익을 보았지만, 주가가 2만원에 미달하였다면 손실을 볼 가능성이 있었기 때문에 역시 투자성 요건을 충족한 것으로 볼 것이다.

차액결제의 경우에는 한 방향의 지급만이 이루어지기 때문에 지급금액과 회수금액의 판별이 쉽지 않다. 그러나 결제방법의 차이가 투자성의 판단에 영향을 미친다고 보는 것은 비합리적이다. 따라서 차액결제의 경우에는 현실적으로는 한쪽의 지급이 이루어지지 않지만, 관념상으로는 이루어진 것으로 보아 역시 투자성을 충족한다고 볼 것이다.

▌표 2-5 선도거래의 거래조건 예시

선도거래조건			
매도인	A은행		
매수인	B은행		
기초자산	甲공업주식회사의 보통주 1주		
만기	6월		
계약가격	20,000원		
결제방법	차액결제 가능		

만기결제조건				
만기가격	손익상황		결제방법	
	A은행	B증권	현물결제	차액결제
50,000원	△30,000원	▲30,000원	A→B 甲주식 1주인도 B→A 20,000원 지급	A→B 30,000원 지급
10,000원	▲10,000원	△10,000원	A→B 甲주식 1주인도 B→A 20,000원 지급	B→A 10,000원 지급

2. 증권과의 구별

자본시장법은 금융투자상품의 2가지 유형인 증권과 파생상품에 대해서 각각 별도로 정의하고 있다. 연혁적으로 증권과 파생상품은 서로 크게 달라서 양자의 구별이 문제되는 경우는 거의 없었다. 그러나 최근에는 금융공학의 발달로 인하여 양자의 특성을 공유하는 금융투자상품이 확산되고 있다. 자본시장법은 이러한 결합상품을 독자적인 범주로 보지 않고 일정한 기준에 따라 증권이나 파생상품에 속하는 것으로 보고 있다.

자본시장법은 "투자자가 취득과 동시에 지급한 금전 등 외에 … 추가로 지급의무를 부담"할 수 있는 투자대상은 증권에서 배제하고 있다(4조 1항).[141] 이에 따르면 지급(예정)금액 외에 상황변화에 따라 추가로 지급의무가 발생할 가능성이 있는 투자대상은 자본시장법상 증권이 아니라 파생상품에 해당한다. 즉 손실이 원본을 초과할 위험이 있는 금융투자상품은 파생상품에 해당한다. 그리고 계약시점에 지급이 이루어지지 않아서 이른바 원본은 없지만 계약기간 중 일정한 사유의 발생 또는 기초자산 가치의 변동에 따라 추가적으로 지급의무가 발생할 수 있는 선도나 스왑 등도 당연히 파생상품의 정의에 포함된다.

자본시장법은 2013. 5. 28. 개정에서 "선도, 옵션, 스왑과 유사한 것으로서 시행령으로 정하는 계약"을 파생상품의 한 유형으로 포함하고(5조 1항 4호), "해당 금융투자상품의 유통 가능성, 계약당사자, 발행사유 등을 고려하여 증권으로 규제하는 것이 타당한 것으로서 시행령으로 정하는 금융투자상품"을 파생상품의 정의에서 제외하여(5조 1항 단서) 증권과 파생상품의 구분을 시행령을 통하여 보다 명확하게 할 수 있는 근거를 신설하였다.

VI. 파생상품에 관한 몇 가지 문제

1. 개 관

자본시장법이 파생상품규제에서 기초자산의 범위를 대폭 확대한 것은 금융혁신에 대처한다는 점에서 긍정적으로 평가할 수 있다. 그러나 기초자산의 범위 확대는 파생상품과 인접하는 분야와의 마찰을 야기하고 있다. 여기에서는 보험과의 구분, 도박규제의 적용 여부, 일반상품거래와의 접근 등 3가지 문제를 살펴보기로 한다.

2. 보험과의 구분

파생상품과 보험계약의 구분은 파생상품이 등장한 1980년대 초부터 이미 제기된 문제이

---

141) 다만 "투자자가 기초자산에 대한 매매를 성립시킬 수 있는 권리를 행사"함으로써 추가지급의무가 발생하는 경우는 명시적으로 예외로 인정하고 있다.

다. 그러나 이 이론적인 문제가 현실적인 중요성을 갖게 된 계기는 신용파생상품의 등장이다. 종래의 파생상품은 주로 금리나 환율과 같은 가격지표의 방향성에 의존하여 지급이 결정되는 구조였다. 그에 비하여 신용파생상품은 기초자산과 관련한 신용사고(credit event)의 발생 여부에 따라 지급금의 규모와 지급주체가 결정되는 구조로서 기능면에서 보험계약과 매우 유사하기 때문이다.

양자의 구별 기준으로 학자들은 (ⅰ) 위험헤지수단의 차이, (ⅱ) 기초자산에 대한 이해관계의 존부 등을 들고 있다. 먼저 위험헤지수단의 차이에 관해서는 보험상품은 주로 대수의 법칙을 활용한 단체성을 헤지수단으로 사용하는 점을 지적한다. 그러나 보험상품 중에서도 대수의 법칙에 근거하지 않은 것이 존재한다는 점에서 설득력이 크지는 않다. 한편 기초자산에 대한 이해관계에 관해서는 보험상품의 경우 수익자나 계약자는 반드시 당해 보험상품이 헤지하고자 하는 위험에 대하여 실질적인 이해관계를 가지거나 피보험자의 동의를 받을 것을 요구한다. 반면에 파생상품은 거래당사자가 기초자산인 위험에 대하여 실질적인 이해관계를 가질 것을 법률상 요건으로 하지 않는다는 점에서 보험상품과 구별된다.

현실적으로 파생상품은 보험과 유사한 기능적 요소를 보유한다. 그러나 이들 상품은 각각 고유의 상품구성원리에 따라 자본시장법과 보험업법상 규제를 준수하면서 위험관리기능을 수행하는 것으로 이해할 수 있다.

3. 도박규제의 적용 여부

장래 불확정한 사실에 따라 지급 여부가 결정되는 점에서 파생상품은 도박과 비슷하다.[142] 특히 자본시장법에서 기초자산을 확대함에 따라 레버리지 수준에 따라서 외형상 도박과 큰 차이 없는 파생상품이 등장할 여지가 있다. 실제로 장외파생상품거래에서 대규모 손실을 입은 당사자가 법원에서 도박으로서 무효라는 주장을 한 사례는 많다.[143] 이러한 문제는 우리나라에 한정된 것은 아니다. 도박규제는 특히 파생상품규제의 관점에서는 초기형태의 금

---

142) 상세한 논의는, 정순섭, "금융거래와 도박규제 — 자본시장통합법상 도박면제규정의 입법론적 고찰", 『증권법연구』 제7권 제2호, 2006, 173-197면. 김홍기, "파생상품과 도박규제", 『비교사법』 제14권 제1호, 2007, 531-562면도 참조.

143) 실제로 미국이나 영국에서는 파생상품거래에서 손실을 입은 당사자가 도박에 해당한다는 이유로 의무이행을 거부하였으나 법원이 그 주장을 부정한 사례가 있다. Morgan Grenfell v. Welwin Hatfield [1996] 2 All ER 961. 국내기업이 관련된 사건 중 대표적인 것은 Korea Life Insurance Co., Ltd. and Morning Glory Investment (L) Limited v. Morgan Guaranty Trust Company of New York, 269 F. Supp. 2d 424 (SDNY, 2003)이다(도박이라는 주장은 인정되지 않음). 국내에서도 스노우볼이라는 통화옵션계약에 대하여 "환위험 회피 목적에 전혀 적합하지 않은 사행적 구조"라는 원고의 주장에 대하여 "이 사건 통화옵션계약은 일정 기간 동안 제한적이나마 환위험 회피목적을 일부 수행하였다고 보이므로, 이 사건 통화옵션계약이 환위험 회피 목적에 전혀 적합하지 않았다고 단정할 수 없고, 달리 사행행위에 해당한다고 볼 만한 자료가 없다"고 판시한 사례가 있다. 서울중앙지법 2011. 9. 22. 선고 2008가합 108519 판결(항소심은 서울고법 2011나89134 2012. 11. 17. 조정으로 확정).

융규제로서의 의미도 가진다.144)

도박죄에서 도박은 "'재물을 걸고 우연에 의하여 재물의 득실을 결정하는 것'이고, '우연'이란 주관적으로 '당사자에 있어서 확실히 예견 또는 자유로이 지배할 수 없는 사실에 관하여 승패를 결정하는 것'을 말하고, 객관적으로 불확실할 것을 요구하지 않는다"(대법원 2008. 10. 23. 선고 2006도736 판결). 그러나 우연성이 있어도, 예컨대 보험계약과 같이 '경제적으로 정당한 이익'이 있는 경우에는 도박에 해당하지 않는다.145) 파생상품거래도 우연성이 있지만 위험관리 등 경제적으로 정당한 이익을 목적으로 행한 거래이므로 도박에 해당하지 않는다고 보아야 할 것이다.

파생상품거래가 형법상 도박죄에 해당하는지 여부가 문제된다면 사법상으로는 민법상 공서양속(103조) 위반 여부가 문제될 수 있다. 먼저 헤지목적의 파생상품거래를 공서양속 위반으로 볼 수는 없다. 그러나 헤지목적인지 투기목적인지의 구별은 반드시 쉬운 것이 아니다. 만약 파생상품거래가 모두 유효하다는 점이 법에 명시되어 있다면 문제가 없을 것이다. 이론상으로 파생상품거래는 도박과 달리, 심지어 당사자가 투기목적으로 거래를 하는 경우에도 시장의 유동성을 높이는 유용한 결과를 가져올 수 있다. 그렇지만 파생상품거래가 전반적으로 유효임을 명시하는 입법조치가 없는 상황에서는 효력 여부를 둘러싼 분쟁의 소지가 없지 않다.

자본시장법은 금융투자업자가 금융투자업을 영위하는 경우에는 형법상 도박죄에 해당하지 않는다는 특칙을 두어 입법적으로 해결하였다(10조 2항). 영국이나 미국, 호주, 일본 등의 입법례를 따른 것이다.146) 그러나 "금융투자업자가 금융투자업을 영위하는 경우에는 「형법」 제246조를 적용하지 아니한다"라고 하여 규정내용이 지나치게 넓게 해석될 여지도 있다. 금융투자업자가 금융투자상품의 매매 등을 할 경우에 그 금융투자상품이 도박에 해당하지 않는다는 의미로 해석되어야 한다.147)

그러나 금융투자업자가 금융투자업을 영위하는 경우라도 과도한 사행성이 인정되는 경우 민법 제103조의 공서양속에 위반하는 행위로서 그 효력이 문제될 수 있다.148) 이러한 규정으

---

144) 현행법상 금융투자상품으로 보기는 어렵지만, 외환증거금거래의 변형거래를 "10만 원 이하의 소액을 걸고 단시간내에 환율이 오를 것인지 아니면 내릴 것인지를 맞추는 일종의 게임 내지 도박에 불과할뿐, 구 자본시장법제5조 제1항 제1호나 제2호의 파생상품에 해당한다고는 볼 수 없다"고 판단한 사례(대법원 2015. 9. 10. 선고 2012도9660 판결)도 문제를 잘 나타내준다.

145) 배종대, 형법각론 제14판, 홍문사, 2023, 647면; 이재상 장영민 강동범, 형법각론 제11판, 박영사, 2019, 650면.

146) 영국 FSMA, s412. Cf. FS Act, s63; 미국 CFMA, Title IV 7 USC s 27f(c); 호주 FSRA, s1101I; 일본 증권거래법 제201조, 금융상품거래법 제201조.

147) 자본시장법상 도박면제규정에 대해서는 정순섭, "금융거래와 도박규제 — 자본시장통합법상 도박면제규정의 입법론적 고찰", 『증권법연구』 제7권 제2호, 2006, 173-197면.

148) 일본에서는 이를 인정한 판결이 있다. 東京高裁 2006. 9. 21. 金判1254号, 35면("본건외환증거금거래는 X와

로는 민법 제103조 위반 여부에 대한 우려까지 완전히 제거할 수는 없다. 오히려 대부분의 법적 위험은 해결되지만, 파생상품이 지나치게 도박성이 강한 경우에 대비하여 민법 제103조를 통하여 법원에 최종적인 통제장치를 유보한 것이라고 보는 것이 옳다.[149) 민법 제103조의 일반규정은 기초자산에 대한 평가방법의 합리성과 적정성을 요구하는 규정(4조 10항 5호)과 함께 금융투자상품 설계의 자유에 대한 최후의 통제수단으로서 기능해야 한다.

금융투자업자가 아닌 자가 금융투자업 영위와 무관하게 파생상품거래를 하는 경우에는 도박죄가 적용될 수 있다. 예컨대 사설선물거래사이트를 통한 무허가시장개설행위에 대해서는 도박개장죄가 적용될 수 있다(대법원 2013. 11. 28. 선고 2013도10467 판결).

4. 일반상품거래와의 접근

파생상품의 범위가 확대됨에 따라 일반상품의 거래 중에서도 파생상품과의 구별이 문제되는 경우가 생겨나게 되었다. 특히 문제되는 것은 인도가능한 유체물인 일반상품을 소비할 목적의 매매거래와 그런 상품을 기초자산으로 하는 금융거래와의 구분이다.[150) 예컨대 부동산 같은 실물자산을 기초자산으로 하는 선도와 실수요 목적에 의한 장래 인도조건의 상업적 구매를 구분하는 기준이 필요하다.[151) 영국에서는 선물거래(futures)의 경우 투자목적과 상업목적을 구분하여 "투자목적이 아닌 상업목적으로 체결된 계약상 권리"(rights under any contract which is made for commercial and not investment purposes)는 금융상품 정의에서 배제하고 있다.[152) 한편 호주에서는 차액결제의 금지를 조건으로 실물자산의 매매를 파생상품의 정의에서 배제하고 있다.[153)

자본시장법은 이익취득이나 손실회피라는 투자목적을 금융투자상품의 요소로 규정하고 있다는 점에서 영국의 입법례를 따른 것으로 볼 수 있다. 일반상품거래와 금융투자상품거래의 구분에 관한 모든 문제는 이익의 취득이나 손실의 회피라는 자본시장법상 투자목적의 해석에 따라 판단되어야 할 것이다. 요컨대 실제 소비할 수 있는 유체물을 대상으로 하는 장래

Y1이 상호 재산상 이익을 걸고 우연한 승패에 따라 그 득실을 결정하는 것이므로 도박에 해당하고, 공서양속에 위반한다"). 당시 법률상 외국환증거금거래에 관한 법적 근거가 없어 법률상 정당한 행위로 인정되지 못하였지만, 금융상품거래법이 시행되면서 이 문제는 해소되었다.

149) 반대: 김홍기, 63면("사법상 효력이 부인되지 않는다는 규정을 도입할 필요").
150) 정순섭, 「파생상품 정의 규정에 관한 의견」(2005. 8. 23), 3-4면.
151) 이와 관련하여 자본시장법에 관한 국회 재정경제위원회 공청회에서 자본시장법상 포괄적인 파생상품 정의 특히 선도거래에 대한 정의를 그대로 적용하게 되면, 대금분할지급과 잔금지급과 교환으로 목적물인도가 이루어지는 국내 부동산거래는 모두 여기에 해당할 수 있고, '복덕방'은 금융투자업자에 해당할 수 있다는 주장도 있었다. 국회사무처, 제267회 국회(임시회) 재정경제위원회회의록(임시회의록) 제3차, 37면(전성인 교수 진술 부분) <http://likms.assembly.go.kr/kms data/record /data2/267/pdf/267fb0003b.PDF>.
152) The Financial Services and Markets Act 2000(Regulated Activities) Order 2001(Statutory Instrument 2001 No. 544), 84. 영국법상 상업목적은 소비목적을 말한다.
153) Corporations Act 2001, 762(D)(3).

매매로서 현물인도에 의한 결제방식을 채택할 경우에는 금융투자목적이 없는 것으로 보아 자본시장법의 적용범위에서 제외하는 것이 적절할 것으로 본다.

5. 파생상품과 매매

파생상품 중 선도는 매매계약이다.[154] 자본시장법은 파생상품을 정의하면서 파생상품에 해당하는 계약 중 "매매계약이 아닌 계약의 체결은 이 법을 적용함에 있어서 매매계약의 체결로 본다"라는 규정을 두고 있다(5조 4항). 이 규정은 투자권유나 투자매매업과 같이 자본시장법상 대부분의 규제가 금융투자상품의 매매라는 개념을 기초로 하는 점을 고려한 규정으로[155] 모든 파생상품계약의 법적 성격이 민법상 매매에 해당한다는 의미는 아니다. 이는 자본시장법에서 증권과 같은 상품형과 파생상품과 같은 계약형을 모두 금융투자상품이라는 상품형으로 정의하면서 발생한 개념상 문제를 해소하기 위한 규정이다.

제6절 금융투자상품과 신탁

I. 의   의

자본시장법은 구신탁업법을 흡수통합하고 신탁수익권을 금융투자상품 중 증권으로 규정하고 있다. 그러나 자본시장법이 신탁의 모든 국면을 규율하는 것은 아니다. 종래 신탁에는 영업으로 하는 영업신탁 혹은 상사신탁과 영업으로 하는 것이 아닌 비영업신탁 혹은 민사신탁의 구분이 존재해 왔다. 이 중 구신탁업법의 대상이 되는 것은 전자, 즉 영업신탁이다. 따라서 자본시장법의 적용대상이 되는 것은 영업신탁에 한정되고 비영업신탁은 여전히 신탁법의 규율을 받는다.

II. 신탁수익권과 수익증권

자본시장법은 신탁수익권을 증권의 한 유형으로 규정하고 있다. 신탁수익권도 금융투자상품의 하위 유형이기 때문에 먼저 금융투자상품의 4가지 요소를 모두 충족해야 한다. 따라서 원본이 보전되는 신탁은 투자성을 결하기 때문에 금융투자상품으로 볼 수 없다. 또한 수탁자에게 신탁재산의 처분권한이 부여되지 않은 관리형신탁은 금융투자상품의 정의에서 명시적

---

154) 대법원 2003. 4. 8. 선고 2001다38593 판결("선물환계약은 … 확정기매매"); 대법원 2013. 9. 26. 선고 2011다 53683,53690 전원합의체 판결("선물환계약과 환전은 … 외환의 매매").
155) 임재연, 87면.

으로 제외되고 있다(3조 1항 2호).

Ⅲ. 신탁업과 원본보전신탁이나 관리형신탁

그렇다면 신탁업자는 원본보전신탁이나 관리형신탁을 영위할 수 없는 것인가? 자본시장법상 신탁업은 신탁을 영업으로 하는 것이고(6조 8항), 여기서 말하는 신탁은 신탁법상의 신탁을 말한다(9조 24항). 따라서 원본보전신탁이나 관리형신탁이 신탁법상 신탁에 해당하는 한 신탁업자는 업무로서 이를 영위할 수 있어야 한다. 그러나 자본시장법상 신탁업자는 수탁한 재산에 대하여 원본의 보전이나 이익의 보장을 할 수 없다고 하여(103조 3항, 109조 7호; 령 104조 1항) 원본보전신탁의 길을 원칙적으로 막고 있다. 다만 연금의 지급이나 퇴직금의 지급을 목적으로 하는 신탁으로서 금융위가 고시하는 경우에는 원본보전이 가능하다. 현재는 금융투자업규정상 허용되지 않는다.156) 원본보전신탁이나 관리형신탁은 금융투자상품에 해당하지 않으므로 공시 규제나 불공정거래규제와 같은 금융투자상품 규제는 적용되지 않는다. 다만 신탁업자에 대한 업규제는 동일하게 적용된다.

제7절 투자성 있는 예금과 보험

Ⅰ. 의   의

예금과 보험의 형태를 취하는 투자성 있는 금융상품을 어떻게 규율할 것인가? 자본시장법은 '**동일 기능에 대한 동일 규제**'를 원칙으로 하는 기능별 규제법으로서 투자성 있는 금융상품은 주체를 불문하고 규율대상이 된다. 은행법상 예금에 대한 명시적인 정의 규정은 없다. 그러나 일반적으로 "금융회사가 불특정다수인으로부터 일정한 기간을 정하거나 또는 정하지 않고 예금증서와 교환하여 금전의 예입을 받는 것"157)으로서 민법상 금전소비임치계약으로

---

156) 금융투자업규정은 신노후생활연금(노후생활연금신탁 포함), 연금신탁(신개인연금신탁 및 개인연금신탁을 포함) 그리고 퇴직일시금신탁에 대해서는 원본보전을 할 수 있도록 규정하고 있었다(개정 전 규정 4-82조 1항 1호-3호). 원래 신탁에 대한 이러한 원본보전행위는 2010년까지만 허용하기로 되어 있었으므로(재정경제부, 2005. 11. 금융규제 개혁방안) 그 이후에는 금융투자업(신탁업)으로 규율되는 것으로 이해되고 있었다. 결국 2016. 6. 28. 금융투자업규정 제4-82조 제1항은 폐지되었지만, 은행권의 반발로 원금보장형 연금저축신탁의 판매금지시기는 2018. 1. 1. 이후로 연기되었다(규정 부칙 〈제2016-22호, 2016. 6. 28.〉 1조 3호). 윤민섭, 사적연금제도의 소비자보호방안 연구, 정책연구 16-19, 한국소비자원, 2016. 12, 45-46면. 원본보전신탁은 금융투자상품에 해당하지 않지만, 자본시장법에서 규정했던 것은 업자를 신탁업자로 한정하기 위한 것이다. 재정경제부, 「자본시장과 금융투자업에 관한 법률안」설명자료(2006. 12. 28), 48면.

157) 은행감독원, 『은행법 해설』, 1993, 34-35면. 상세한 논의는, 정순섭, 은행, 299-308면.

정의되고 있다.[158] 외화표시 양도성예금증서와 같은 투자성 있는 예금은 외화기준으로 만기 시 원금상환이 보장되므로 예금에 해당할 수 있다.

보험업법상 보험계약은 원본보전을 요소로 하지 않는다. 따라서 투자성 있는 보험은 금융투자상품과 보험계약으로서의 성격을 함께 가지는 것으로 이해해야 할 것이다. 자본시장법상 투자성의 유무를 기준으로 보험계약을 구별하면 투자성 있는 변액보험, 투자성 없는 변액보험 그리고 변액보험 이외의 보험계약의 3가지로 나눌 수 있다.

Ⅱ. 자본시장법상 취급

1. 증 권 성

투자성 있는 예금과 보험이 자본시장법상 증권에 해당하는지에 대해서는 의문이 있다. 그러나 자본시장법은 그것이 증권에 해당한다는 전제하에 규정을 두고 있다.[159] 먼저 자본시장법은 "투자성 있는 예금계약 그밖에 이에 준하는 것으로서 시행령으로 정하는 계약"[160]에 따른 증권이나 투자성 있는 보험계약에 따른 증권을 발행하는 것을 투자매매업으로 규정하고 (7조 1항 3호·4호), 은행이 이러한 계약을 체결할 경우에는 일단 투자매매업 인가는 받은 것으로 본다(77조 1항). 그리고 보험회사가 투자성 있는 보험계약을 체결하거나 그 중개 또는 대리를 하는 경우에도 일단 투자매매업 또는 투자중개업 인가는 받은 것으로 본다(77조 2항).

2. 투자성 있는 예금

투자성 있는 예금에 대해서는 자본시장법에서 명시적으로 배제하고 있는 일부 영업행위

---

158) 대법원 1985. 12. 24. 선고 85다카880 판결.

159) 자본시장법은 투자성 있는 예금이나 보험을 증권유형 중에서 채무증권으로 보고 있다.

160) 시행령은 예금계약에 준하는 계약으로서 "은행등이 투자자와 체결하는 계약에 따라 발행하는 금적립계좌 또는 은적립계좌"("1호 상품")와 "그 밖에 증권 및 장외파생상품에 대한 투자매매업의 인가를 받은 자가 투자자와 체결하는 계약에 따라 발행하는 파생결합증권으로서 금융위원회가 투자에 따른 위험과 손익의 구조 등을 고려하여 고시하는 파생결합증권"("2호 상품")을 규정하고 있다(7조 2항 1호·2호). 여기서 금적립계좌 또는 은적립계좌는 "투자자가 은행등에 금전을 지급하면 기초자산인 금(金) 또는 은(銀)의 가격 등에 따라 현재 또는 장래에 회수하는 금전등이 결정되는 권리가 표시된 것으로서 금융위원회가 고시하는 기준에 따른 파생결합증권"을 말한다.

    1호 상품에서 "금융위원회가 고시하는 기준"은 (i) 투자자가 금전등을 지급한 날에 파생결합증권이 발행될 것, (ii) 파생결합증권의 계약기간(계약기간을 따로 정하지 아니한 경우에는 무기한) 동안 매 영업일마다 청약 및 발행이 가능할 것, (iii) 파생결합증권의 계약기간 동안 매 영업일마다 투자자가 그 파생결합증권을 매도하여 금전 또는 실물로 회수할 수 있을 것, (iv) 발행인이 파생결합증권의 발행을 통하여 조달한 자금의 일부를 투자자에게 지급할 실물의 매입을 위하여 사용할 것의 4가지 요건을 모두 충족하는 것을 말한다(령 7조 2항 1호; 규정 1-4조의3 2항 1호-4호). 2호 상품에서 "금융위원회가 투자에 따른 위험과 손익의 구조 등을 고려하여 고시하는 파생결합증권"이란 금융투자업자가 발행한 기초자산이 금 또는 은인 파생결합증권으로서 위 4가지 요건을 모두 충족하는 파생결합증권을 말한다(령 7조 2항 1호; 규정 1-4조의3 3항).

규제를 제외하고, 발행공시와 불공정거래 등 증권규제가 일반적으로 적용된다(77조 1항). 다만 투자성 있는 외화예금에 대해서는 발행공시규제는 배제하고 있다.[161] 예입통화와 지급통화가 같은 외화인 외화예금에 대해서는 원본보전성이 유지되므로 투자성이 없다는 견해가 있을 수 있다. 이에 대하여는 일본에는 예입 전과 지급 후에 환전이 이루어지는 경우를 고려하면 환위험이 존재하고, 이를 '특정예금 등'(일본 은행법상 '투자성 있는 예금'에 해당)에서 제외할 경우 쉽게 규제를 회피할 수 있게 된다는 점을 이유로 일반적으로 특정예금등으로 규제해야 한다는 견해가 있다.[162] 국내에서 일반금융소비자의 금융상품거래는 원화를 기준으로 투자성을 판단하는 것이 옳을 것이다.

3. 투자성 있는 보험

투자성 있는 보험에 대해서는 투자성 있는 예금과 같은 규제를 적용하되 발행공시규제는 제외하였다(77조 2항).[163] 보험회사의 변액보험 특별계정에서의 자산운용은 변액보험의 투자성과 상관없이 투자신탁으로 간주한다(251조 1항). 이와 관련하여 투자성 있는 변액보험에 한하여 자본시장법을 적용하려는 자본시장법의 입법취지에 비추어 부자연스럽다는 의견이 있을 수 있다. 그러나 변액보험 특별계정을 투자신탁으로 간주하는 것은 업자규제, 설정규제 및 판매규제가 아닌 운용규제 측면에서 집합투자업에 관한 규정을 적용하기 위함이다. 다만 투자성 있는 보험은 금융투자상품에 해당하는 경우라도 보험상품으로서의 성질은 유지되고 있으므로 금융투자업자가 보험회사 허가를 받지 않고서는 취급할 수 없다.

외화보험에도 외화예금과 같은 문제가 있다.[164] 외화보험은 '보험사고 발생시 보험금 지급을 약정하고 보험료를 수수'하며 보험료 지급, 보험금 수취 등은 모두 '외화'로 설정한다. 보험회사는 책임준비금 적립기준, 해약환급금 보장, 모집수수료 지급한도 등 현행 보험업법상 상품설계 관련 기준을 '외화' 기준으로 충족한다. 그러나 보험소비자에 대한 판매는 '원화'로 진행되어 '외화보유자', '외화수요자'뿐만 아니라 누구나 '원화'로 가입할 수 있는 상품이다. 이에 대해 금융당국은 '동일상품-동일규제' 원칙에 따라 외화보험에 변액보험 등 투자성 상품에 준하는 규제를 적용하였다.

---

161) 자본시장통합법연구회(편), 앞의 책, 40면(최원진 집필부분).
162) 金融庁, コメントの概要及びコメントに対する金融庁の考え方, 2007. 7. 31., 600면. 국내에서도 '프리미엄 어카운트'라는 예금상품에 대하여 투자성 있는 예금에 해당하는지가 문제되었다. '프리미엄 어카운트'는 예금을 수취한 은행이 지급통화를 결정할 수 있는 옵션을 가지는 예금계약이다. 예금자는 그러한 옵션을 은행에 매도하는 대가로 일반 예금보다 높은 이자를 받게 된다. 그러나 예입통화와 지급통화의 환율변동에 따라서는 원본손실위험에 노출될 수 있다. 현재 국내에서는 투자성 있는 예금에 해당한다고 보고 있다. 증권으로서의 분류는 파생결합증권에 해당한다.
163) 자본시장통합법연구회(편), 위의 책, 41면(최원진 집필부분).
164) 금융위·금감원, 외화보험 종합개선방안, 2021. 12.

Ⅲ. 은행법 및 보험업법상 취급

자본시장법상 은행이나 보험회사의 투자성 있는 예금이나 보험 취급규정을 근거로 은행이나 보험회사가 투자성 있는 예금이나 보험을 취급할 수 있을까. 이에 대해서는 관련업법인 은행법이나 보험업법이 따로 허용해야 비로소 취급할 수 있다고 보는 것이 옳을 것이다. 은행법상으로도 만기시의 원금지급이 보장되어 있는 경우에는 취급이 가능할 것이다.[165] 보험업법상으로는 변액보험의 형태로 취급이 가능할 것이다.

Ⅳ. 금소법상 취급

금소법은 금융상품을 예금성·대출성·투자성·보장성 상품으로 구분하여 금융상품판매규제를 적용하고 있다. 투자성 있는 예금이나 보험은 금소법상 투자성과 예금성 그리고 투자성과 보험성을 함께 가진 것으로 볼 수 있다. 이에 대해 금소법은 "개별 금융상품이 다음 각 호의 상품유형 중 둘 이상에 해당하는 속성이 있는 경우에는 해당 상품유형에 각각 속하는 것으로 본다"고 규정한다(3조 단서). 따라서 투자성 있는 예금이나 보험은 금소법상 투자성 상품과 예금성 상품, 그리고 투자성 상품과 보험성 상품에 적용되는 규제를 모두 적용받는다.

금소법은 금융상품판매업자가 일반금융소비자에게 보장성 상품과 예금성 상품의 계약체결을 권유하는 경우에 설명의무를 적용한다(19조 1항 1호 가목·다목). 동법은 보장성 상품에 대해서는 적합성원칙과 적정성원칙도 적용하지만, 그 대상은 변액보험과 보험료 또는 공제료의 일부를 금융투자상품의 취득·처분 또는 그 밖의 방법으로 운용할 수 있도록 하는 보험 또는 공제에 한정된다(17조 2항 1호, 18조 1항 1호; 동 시행령 11조 1항 1호 가목·나목, 12조 1항 1호). 그러나 투자성 있는 예금과 보험은 투자성 상품으로서 판매규제는 모두 적용된다.

---

165) 다만 외화양도성예금증서는 투자성 있는 예금이므로 그 발행은 투자매매업에 해당하지만, 발행은행은 자본시장법 제77조 제1항에 따라 투자매매업 인가를 받은 것으로 간주되기 때문에 별도로 인가를 받을 필요가 없다는 유권해석이 있다(금융위 유권해석 2009. 6. 29).

제3장   금융투자업

제1절   서   언

자본시장법은 기존의 기관별 규제를 기능별 규제로 전환한다는 원칙을 금융투자업규제에
도 그대로 적용한다. 이에 따라 금융투자상품에 대한 매매, 중개 등의 행위를 금융투자업으로
정의하여 업규제의 기본개념으로 삼고 있다. 구체적으로는 금융투자업을 경제적 실질에 따라
투자매매업, 투자중개업, 집합투자업, 투자자문업, 투자일임업, 신탁업의 6가지로 구분한다(6
조 1항 1호-6호).

금융투자업은 위탁매매나 중개 또는 대리를 통하여 주로 시장위험을 인수함으로써 자본
시장을 뒷받침하는 금융기능으로 은행업 및 보험업과 함께 금융업종별 규제의 기초가 되고
있다. 금융투자업에 의한 신용위험의 인수는 전통적인 금융투자업규제원칙에 대한 수정을 요
구할 수밖에 없다. 금융투자업의 범위와 위험관리에 관한 논의에서 유의할 사항이다.

제2절 금융투자업에서는 금융투자업의 일반적 정의를 살펴본다. 제3절 투자매매업에서는
자기매매, 인수, 발행을 검토한다. 자본시장법상 인수 및 주선과 증권법상 인수의 구별은 중
요하다. 제4절 투자중개업에서는 금융투자업의 핵심업무인 위탁매매와 중개 및 대리, 발행주
선을 살펴본다. 제5절 집합투자업에서는 집합투자를 특히 영미의 집합투자개념과의 비교에
유의하면서 정리한다. 투자계약증권에 대한 해석론에도 깊은 영향을 미치는 문제이다. 제6절
투자자문업과 제7절 투자일임업 그리고 제8절 신탁업에서는 역시 집합투자업과의 관계에 유
의하면서 투자자문과 투자일임 그리고 신탁업의 구조를 분석한다. 제9절 금융투자업과 시장
개설행위에서는 금융투자업과 시장개설행위의 구분을 정리한다. 제10절 기술발전과 금융투자
업에서는 온라인소액투자중개업과 전자적 투자조언장치를 설명한다. 제11절 자본시장법의 적
용배제에서는 포괄적 규제로 인하여 규제 필요가 없는 행위를 금융투자업에서 배제하기 위한
장치를 확인한다.

제2절 금융투자업

I. 의   의

자본시장법은 금융투자업을 "이익을 얻을 목적으로 계속적이거나 반복적인 방법으로 행하는 행위로서 다음 각 호의 어느 하나에 해당하는 업"이라고 정의한다(6조 1항). "이익을 얻을 목적으로 계속적이거나 반복적인 방법으로 행하는 행위"란 "영업성"(by way of business test)을 가리킨다. 영업성 요건은 명시적 제외규정과 함께 금융투자업의 범위가 무한히 확대되는 것을 막는 기능을 한다. 예컨대, 일반기업이 헤지 목적으로 실행한 단발적인 장외파생상품 거래는 영업성을 결하기 때문에 금융투자업의 규제는 받지 않을 것이다.

II. 영 업 성

금융투자업의 요건인 영업성은 영리성과 계속성 또는 반복성의 2가지 요소로 구성된다. 영리성은 반드시 이익을 추구하는 것에 국한되지 않고 수지균형을 유지하는 것도 포함하는 의미로 넓게 해석해야 할 것이다. 이러한 의미의 영리성은 계속성이나 반복성을 통하여 추정할 수 있을 것이다.[1]

이와 관련하여 일반사업회사인 주식회사나 구조화금융거래에서 특별목적기구가 1회 파생결합증권을 발행하는 경우에도 이를 영업으로 하는 것으로 볼 것인가? 아래에서 보는 바와 같이 자본시장법이 일정한 요건을 충족하는 파생결합증권의 발행을 투자매매업으로 보고 있는 것과 관련하여 문제될 수 있다. 그러나 1회 발행하는 것에 대하여 반복성이나 계속성을 인정하기는 어려울 것이다.

자본시장법이 제시한 금융투자업의 6가지 유형은 모두 원칙적으로 금융투자상품의 제조나 판매와 관련된 업무이다.[2] 따라서 종합금융회사가 영위하는 어음관리계좌 업무나 자금중개회사의 단기금융상품 중개 등은 금융투자상품을 대상으로 하는 업무가 아니기 때문에 금융

---

1) 영업성의 의미는 대법원 2002. 6. 11. 선고 2000도357 판결. 호주에서는 일정한 시스템과 반복성 및 계속성을 갖추면 영업성의 요소를 충족한 것으로 보지만, 수익동기를 요구하고 있지는 않다. ASIC, Licensing: Financial product advice and dealing, REGULATORY GUIDE 36, June 2016, RG 36.59. 일본에서도 증권거래법에서는 '증권업'을 일정의 행위를 행하는 '영업'이라 정의하여 영리성을 업의 요건으로 하고 있었지만(동법 2조 8항), 금융상품거래법에서는 업의 범위를 명확화하기 위해 '금융상품거래업'을 일정한 행위를 "업으로 행할 것"으로 정의하여(동법 2조 8항) 영리성을 업의 요건으로 하고 있지 않다. 小島宗一郎·松本圭介·中西健太郎·酒井敦史,「金融商品取引法の目的·定義規定」(2006)『商事法務』No. 1772, 24면.
2) 자본시장통합법연구회(편), 자본시장통합법해설서(2007), 42면(최원진 집필부분).

투자업에 해당하지 않는다.3) 집합투자업과 신탁업은4) 금융투자상품의 제조, 그리고 투자매매업, 투자중개업, 투자자문업, 투자일임업은 금융투자상품의 판매와 주로 관련이 있다. 집합투자업과 신탁업은 문언상 금융투자상품이 아닌 집합투자재산과 신탁재산을 기본요소로 정의되어 있다. 그러나 집합투자업은 집합투자증권의 그리고 신탁업은 수익증권의 제조자로서 금융투자상품에 관련된 기능을 수행하는 것이다.

Ⅲ. 명시적 포함과 명시적 제외

자본시장법은 금융투자업에 포함되는 업무를 명시적으로 규정하고 있다. 법적 확실성을 위한 규정이다. 오히려 문제는 자본시장법이 금융투자상품을 포괄적으로 정의함에 따라 금융투자업 범위도 확대된 점이다. 따라서 실제로 규제할 필요가 없는 업무가 금융투자업에 속할 위험도 커졌다. 그리하여 자본시장법은 규제의 현실적 필요를 고려하여 상당수의 거래를 금융투자업에서 명시적으로 제외하고 있다. 위에서 본 영업성의 요건도 그러한 기능을 수행한다.

제3절 투자매매업

Ⅰ. 의   의

자본시장법상 투자매매업(dealing)은 "누구의 명의로 하든지 자기의 계산으로 금융투자상품의 매도·매수, 증권의 발행·인수 또는 그 청약의 권유, 청약, 청약의 승낙을 영업으로 하는 것"을 말한다(6조 2항). 투자매매업은 '자기계산'으로 매매하는 점에서 투자중개업과 구분된다("계산의 주체"). 투자매매업은 증권법상 증권회사의 매매업, 인수업, 매출업, 선물법상 선물업자의 매매업, 종금법상 종합금융회사의 매매업과 인수업, 그리고 간투법상의 간접투자증권의 판매, 증권법상 증권회사의 장외파생상품매매업 등을 포함한다. 자본시장법상 투자매매업은 금융투자상품 매매업무, 증권발행업무, 증권인수업무로 구분된다. 이하 차례로 살펴본다.

---

3) 종금사의 어음관리계좌업무는 집합투자의 개념에서 제외되어 있고(령 6조 4항 4호), 단기금융회사의 CP에 대한 단기금융업무는 투자매매업이나 투자중개업으로 보지 않는다(362조 2항).
4) 신탁업의 정의에서는 금융투자상품이란 용어가 명시되어 있지 않지만 신탁수익권이 금융투자상품에 해당하기 때문에 결국 금융투자상품의 제조에 관한 업무라고 할 수 있을 것이다.

II. 매매업무

1. 의   의

여기서 매매업은 '**자기매매업**'(dealing)으로서 "증권이나 파생상품의 매매를 자기계산으로 하는 업무"를 말한다. 자기계산으로 하는 한 장내외를 불문한다. 기초자산의 종류에 따라 다르겠지만, 당사자간 계약의 형태를 취하는 모든 파생상품을 매매로 보기는 어려울 것이다. 그러나 자본시장법은 파생상품에 해당하는 계약 중 매매계약이 아닌 계약의 체결은 동법을 적용할 때 매매계약의 체결로 본다고 규정하고 있다(5조 4항). 이는 자본시장법상 투자매매업이 '**매매**'라는 개념을 기초로 하는 점을 고려한 규정으로 파생상품계약의 법적 성격이 민법상 매매에 해당한다는 의미라고는 할 수 없다.

증권이나 파생상품의 자기매매는 금융투자업자뿐만 아니라 연기금, 개인투자자나 일반회사, 은행이나 보험회사와 같은 금융회사도 하고 있다. 따라서 잠재적으로 매매업에 해당할 수 있는 범위는 너무나 넓다. 특수한 형태의 매매업무를 수행하는 투자매매업자로 다자간매매체결회사(78조)가 있다. 이는 경쟁매매를 통하여 매매체결기능을 수행하는 시장이 될 수 있다는 업무의 특수성을 고려하여 일반적인 투자매매업과 달리 취급한다. 이에 대해서는 제11장 금융투자상품시장에서 논의한다. 한편 자본시장법은 규제 필요에 비추어 이하의 경우를 매매업에서 명시적으로 배제하고 있다.[5]

2. 투자매매업자를 상대방으로 하거나 투자중개업자를 통하여 금융투자상품을 매매하는 경우

1) 자기매매업무와 시장조성기능

자기매매는 기본적인 투자거래로서 금융투자업자 이외에도 은행이나 보험회사와 같은 금융회사는 물론, 연기금과 일반기업, 나아가 개인투자자("전업투자자")도 일상적으로 하고 있다. 이들 거래를 모두 투자매매업으로 보는 것은 너무도 비현실적이다. 일반적으로 단순히 이익을 얻기 위한 금융투자상품의 매매를 투자매매업으로 규제할 이유는 없다.[6] 투자매매업을 규제하는 주된 이유는 투자자 보호이다. 따라서 투자자를 상대로 하지 않는 매매거래를 구태여 매매업으로 규제할 이유가 없다. 증권법하의 판례(대법원 2002. 6. 11. 선고 2000도357 판결)

---

[5] 기업어음증권을 대상으로 하는 어음할인을 증권에 대한 매매로 볼 것인지 대출로 볼 것인지에 대해서는 논란이 있다. 어음법상 어음으로서의 본질이 유지되는 한 어음할인에 관한 일반론에 따라 할인어음의 부도위험을 은행이 부담할 경우에는 대출로 본다. 정순섭, 은행, 368-369면.

[6] 神崎외, 601면("금융상품거래업의 기초가 되는 유가증권의 매매는 장기투자목적으로 유가증권을 취득하거나 또는 이러한 목적으로 취득한 유가증권을 처분하는 행위를 포함하지 않는다").

도 유가증권매매를 "영리목적으로 불특정 일반고객을 상대로 하는 반복적인 영업행위"라고
하여 같은 태도를 보이고 있다.

투자매매업은 증권과 파생상품으로 나누어 보는 것이 간명하다. 첫째, 증권과 장내파생
상품의 경우 거래소가 개설한 증권시장이나 파생상품시장의 회원으로서 기능을 수행하는 경
우만 자기매매업이다. 둘째, 장외파생상품의 경우 단순히 최종이용자가 아니라 매수를 원하
는 자에게는 매도당사자가, 그리고 매도를 원하는 자에게는 매수당사자가 되어 줌으로써 시
장조성기능을 수행하는 경우만 자기매매업으로 본다.

2) 명시적 제외

자본시장법은 이러한 취지를 반영하여 "투자매매업자를 상대방으로 하거나 투자중개업
자를 통하여 금융투자상품을 매매하는 경우"를 금융투자업에서 배제하였다(7조 6항 2호).[7] 따
라서 개인투자자 등이 투자자를 직접 상대하지 않고 투자매매업자나 투자중개업자를 통하여
금융투자상품의 매매를 하는 경우는 자기매매업에 해당하지 않는다. 반면에 사채업자가 개인
이나 일반회사를 상대로 반복적으로 증권매매업무를 하는 경우는 투자매매업에 해당한다. 같
은 취지에서 자본시장법은 외국투자매매업자 또는 외국투자중개업자가 해외에서 국내 투자매
매업자나 투자중개업자를 상대로 영업하는 경우도 투자매매업에서 제외하고 있다(7조 6항 4
호: 령 7조 4항 6호 가목). **'투자중개업자를 통하여'**의 의미도 해당 부분에서 설명한다.

3. 일반사모집합투자업자의 집합투자증권 판매

일반사모집합투자업자가 자신이 운용하는 일반사모펀드의 집합투자증권을 판매하는 경
우도 투자매매업 또는 투자중개업에서 제외하고 있다(7조 6항 3호; 령 7조 5항 3호). 일반사모집
합투자업자는 별도의 투자매매업, 투자중개업 인가 없이도 자신이 운용하는 일반사모펀드
의 집합투자증권을 투자자들에게 판매할 수 있도록 하여 사모펀드시장을 활성화하기 위한
것이다.

4. 국가 등에 의한 매매와 한국은행의 공개시장조작

정부나 한국은행은 공익을 위하여 금융투자상품을 거래하는 경우가 많다. 이러한 경우까
지 구태여 투자매매업으로 규제할 필요는 없을 것이다. 자본시장법은 국가 또는 지방자치단
체가 공익을 위하여 관련 법령에 따라 금융투자상품을 매매하는 경우(7조 6항 4호: 령 7조 4항
1호)와 한국은행이 한국은행법 제68조에 따라 공개시장조작을 하는 경우(7조 6항 4호: 령 7조
4항 2호)를 투자매매업에서 제외하고 있다.

---

7) 여기서 '매매'는 투자매매업자의 인수나 투자중개업자의 중개를 통하여 금융투자상품을 발행하는 경우도 포함
   한다.

5. 환매조건부 증권매매

투자매매업과 관련하여 환매조건부 증권매매(repurchase agreement, RP거래)의 법적 성질이 문제된다. RP거래는 "투자매매업자가 증권을 일정기간 후에 환매수 또는 환매도할 것을 조건으로 매도하거나 매수하는 거래"를 말한다(령 181조 1항). RP거래에 대해서는 전통적으로 증권매매로 보는 견해와 증권담보부 대출로 보는 견해가 대립되어 왔다.[8] RP거래를 매매로 보는 관점에서는 그 업무를 투자매매업에 해당된다고 볼 여지도 있다.

자본시장법에서는 RP거래를 대고객 RP와 기관간 RP로 구분하여 전자는 증권매매로 인식하여 금융투자업으로 규정하고 있다(7조 6항 4호: 령 7조 4항 3호). RP거래 상대방이 계약을 이행하지 못하고 대상 증권의 가치가 급락할 경우 투자자 손실이 발생할 가능성이 있기 때문에 투자자 보호의 필요가 있다는 것이 그 이유이다.[9] 따라서 대고객 RP거래업무는 금융투자업 특히 투자매매업 인가를 요하며 자본시장법의 규제를 받게 된다.

대고객 RP거래는 기관간 RP거래를 제외한 거래를 말한다. 기관간 RP거래는 전문투자자 등 일정한 요건에 해당하는 전문가[10]들 간에 이루어지는 RP거래를 말한다. 기관간 RP거래는 투자자 보호의 필요성이 적고 실제 기관간 단기자금대차 수단으로 활용되고 있는 점을 고려하여 정책적으로 금융투자업에서 제외한 것이다.[11] 따라서 기관간 RP거래는 자본시장법이 아닌 해당 기관에 대한 규제법규의 적용을 받는다.

Ⅲ. 인수업무

1. 의 의

'인수'는 다양하게 이해된다. 상법상으로는 새로이 발행되는 증권을 취득하는 행위(subscription)를 말한다. 그러나 자본시장에서는 종래 인수를 "원활한 공모를 위하여 필요한

---

8) 이러한 견해의 차이는 RP거래의 당사자 중 일방이 도산한 경우 매매목적물인 증권의 도산법상 취급과 관련하여 중요한 의미를 가진다(성질재결정위험, recharacterization risk). RP거래의 법적 성질에 대해서는, 정순섭, 은행, 제15장 증권금융, 517-530면; 정순섭, "국제증권금융거래에 관한 법적 고찰 — 리포거래를 중심으로", 『경영법률』 제14집 제2호, 2004, 187-198면.

9) 구증권업감독규정에서 RP 업무 수행을 위해 증권매매업 허가를 요구하는 등 그동안 증권업으로 규율해 왔던 점도 감안하였다고 한다.

10) 기관간 RP거래에 참여할 수 있는 자는 금융회사나 예금보험공사 및 정리금융기관, 한국자산관리공사, 한국주택금융공사, 한국투자공사, 일정한 집합투자기구, 신용보증기금, 기술신용보증기금, 법률에 따라 설립된 기금 및 그 기금을 관리·운용하는 법인, 법률에 따라 공제사업을 영위하는 법인, 농수협, 신협, 새마을금고, 투자일임계약을 체결한 일반투자자 그 밖에 이에 준하는 외국인을 말한다(7조 6항 4호; 령 7조 4항 3호 가목-다목; 규정 1-5조 1항).

11) 환매조건부 증권매매에 대한 상세한 논의는 이 책의 제13장 제7절 참조.

업무를 담당하거나 발행증권이 소화되지 않는 경우에 발행인의 위험을 떠안는 행위(under-writing)”로 이해해왔다. 따라서 자본시장법상 인수는 “제3자에게 증권을 취득시킬 목적으로 하는 행위 또는 그 행위를 전제로 발행인 또는 매출인을 위하여 증권의 모집·사모·매출을 하는 것”을 말한다. “갑 회사가 발행인을 위하여 제3자에게 취득의 청약을 권유하여 신주인수 권부사채 또는 신주인수권을 취득시킬 목적으로 신주인수권부사채를 취득하였다고 보기 어렵 고, 오히려 투자자의 지위에서 이자수익과 매도차익 등 투자수익을 얻을 목적으로 취득하였 다고 볼 수 있는 경우” 갑을 인수인으로 볼 수 없다(대법원 2019. 5. 30. 선고 2017두49560 판결).[12]

2. 총액인수와 잔액인수

자본시장법은 인수를 위험의 부담형태에 따라 총액인수 또는 확정액인수(firm com-mitment underwriting)[13]와 잔액인수(stand-by underwriting)로 구분한다(9조 11항 1호·2호).[14]

총액인수는 그 증권의 전부 또는 일부를 취득하거나 취득하는 것을 내용으로 하는 계약 을 체결하는 것을 말한다. 그리고 잔액인수는 그 증권의 전부 또는 일부에 대하여 이를 취득 하는 자가 없는 때에 그 나머지를 취득하는 것을 내용으로 하는 계약을 체결하는 것을 말한다.

총액인수는 인수단이 발행증권 전량을 자신의 명의로 매입하여 투자자들에 분매하는 경 우로 발행증권이 소화되지 못하는 위험은 인수인이 부담한다. 총액인수는 제3자에게 취득시 키는 것을 전제로 하고 있으므로 순수한 투자목적으로 증권을 취득하는 것은 인수에 해당하 지 않는다. 따라서 상법에서 말하는 사채의 총액인수(475조)는 제3자에 대한 매출목적이 없 는 한 여기서 말하는 인수가 아니라 단순한 취득에 불과하게 된다. 또한 인수업무에는 당연 히 인수한 증권을 매출하는 행위도 포함되는 것으로 해석해야 할 것이다. 제3자에게 “취득시 킬 목적”은 결국 인수계약서의 유무, 사후의 현실적인 매출 유무 등에 의하여 판정할 수밖에 없다.[15]

잔액인수에서는 인수인이 먼저 증권을 취득하는 것이 아니라 투자자에 의하여 소화되지 않고 남은 증권만을 취득한다. 매각되지 않은 잔량의 위험을 인수인이 부담한다는 점에서는

---

12) 상속세 및 증여세법 제40조 제1항의 인수인에 관한 판단이지만, 자본시장법상 인수의 개념을 기초로 한 것 이다.

13) ‘총액인수’라는 용어에 대하여 ‘증권의 일부 인수’까지 총액인수라고 부르는 것이 이상하다는 의견이 있을 수 있다. 엄밀하게는 ‘총액인수’가 아니라 ‘확정금액인수’라고 칭하는 것이 정확한 표현일 것이다. 즉, 사전에 발 행 예정인 증권을 확정된 금액으로 인수하는 것을 지칭하는 것이므로 발행 증권 전부는 물론 그 일부도 대상 이 될 수 있다. 다만, 현실적으로 증권의 일부만을 인수하도록 하는 경우에도 ‘그 증권의 일부의 총액’을 인수 하는 것이므로 실무적으로는 ‘총액인수’라고 칭하여도 무방할 것이다.

14) 여기서 ‘매출인’은 증권의 소유자로서 스스로 또는 인수인이나 주선인을 통하여 그 증권을 매출하였거나 매출 하려는 자를(9조 14항), 그리고 ‘주선인’은 인수 외에 발행인 또는 매출인을 위하여 해당 증권의 모집·사모· 매출을 하거나 그 밖에 직접 또는 간접으로 증권의 모집·사모·매출을 분담하는 자를 말한다(9조 13항).

15) 鈴木·河本, 244면.

총액인수와 차이가 없다. 잔액인수에서는 발행업무를 발행인이 담당하기도 하지만 인수인이 담당하는 경우가 많다.

3. 제   외

1) 모집주선

증권법은 미매각 위험을 부담하지 않고 단순히 공모를 돕는 모집주선도 인수의 한 유형으로 규정하였다(2조 6항 3호). 그러나 자본시장법상 인수는 미매각 위험의 인수를 수반한다. 따라서 종래의 모집주선업무는 타인의 계산으로 "증권의 발행·인수에 대한 청약의 권유·청약·청약의 승낙을 영업으로 하는 것"으로서 투자중개업에 해당한다(6조 3항).[16] 이에 관하여 "구 자본시장법이 … 주선인을 인수인에서 제외하는 별도의 규정을 두지 않았다"고 하면서 "자본시장법은 2013. 5. 28. 개정을 통하여 제9조 제13항에 '주선인'을 별도로 규정함으로써 주선인을 인수인에서 제외하였다"는 설명이 있다.[17] 그러나 자본시장법은 인수를 미매각분에 대한 인수위험을 기준으로 재정의하면서 그러한 위험을 부담하지 않는 주선을 제외하였다. 이러한 인수개념의 변화에 따라 발행공시규제위반에 따른 손해배상책임을 질 자(125조)에서 주선인이 제외된 것을 고려하여 2013. 5. 28. 개정 자본시장법은 주선인을 새로이 도입한 것이다.

2) 은행의 사모사채 인수

은행이 행하는 사모사채 인수를 인수업무로 볼 것인지 아니면 대출업무로 볼 것인지에 대해서 논란이 있다. 그러나 사모사채를 인수하는 것은 제3자에게 취득시킬 목적이 없으므로 투자매매업의 일부로서의 인수업무에 해당한다고 보기 어려울 것이다. 은행법상으로는 사모사채는 신용공여규제의 대상이 되고 있다(은행업감독규정 [별표 2] 신용공여의 범위).[18]

Ⅳ. 발행업무

1. 의   의

자본시장법은 증권의 발행도 투자매매업으로 규정한다. '발행'에 관하여 자본시장법은 전혀 규정하지 않는다. 다만 발행공시와 관련하여 모집, 사모 또는 매출의 개념을 정의하면서 **'새로 발행되는'**과 '이미 발행된'을 구별하여 사용하고 있을 뿐이다(9조 7항-9항).[19] 여기서 **'발**

행'은 상법과 같은 관련법령상 절차를 밟아 새로운 증권을 창출하여 특정인에게 취득시키는 행위를 가리킨다. 증권을 새로이 창출하는 행위라는 점에서 이미 창출된 증권을 매매하는 자기매매업무와는 구별된다. 그러나 자본시장법상 투자매매업에 관한 인가업무단위는 투자매매업 전체를 영위하는 경우, 인수업무만을 영위하는 경우, 인수업무만을 제외한 투자매매업을 영위하는 경우로 규정하고 있기 때문에[20] 발행과 매매를 구별할 실익은 적다.

일반기업이 자금조달을 위해서 스스로 증권을 발행하는 것은 영업으로 보기 어렵고 구태여 투자매매업으로 규제할 필요도 없을 것이다. 그러나 파생결합증권과 같은 신종상품의 발행은 영업으로 할 수 있고, 투자자 보호의 필요성도 인정된다. 자본시장법은 이에 관하여 명문의 규정을 두고 있다. 원칙적으로 자기가 증권을 발행하는 경우는 투자매매업으로 보지 않는다(7조 1항 본문). 그러나 예외적으로 투자신탁 및 수익증권발행신탁의 수익증권, 시행령에서 정하는 파생결합증권 및 투자성 있는 예금·보험을 발행하는 경우는 투자매매업으로 본다(7조 1항 단서). 이하 차례로 설명한다.

2. 투자신탁의 수익증권(7조 1항 1호)

투자신탁의 수익증권은 집합투자업자만이 발행할 수 있다(189조 1항). 집합투자업자가 발행하는 수익증권은 투자자 보호의 필요성이 크므로 투자매매업규제를 적용한 것이다. 투자신탁 이외의 집합투자기구의 경우 집합투자업자가 집합투자증권을 직접 판매하더라도 집합투자증권은 집합투자기구 자체가 발행하므로 집합투자증권의 '**발행**'과 '**판매**'가 명확하게 구별될 수 있다. 그러나 투자신탁의 집합투자업자가 수익증권을 직접 판매할 경우에는 집합투자업자에 의한 수익증권의 '**발행**'과 '**판매**'는 구별하기 어렵다. 따라서 투자신탁의 수익증권을 발행하는 집합투자업자에게는 집합투자업 인가 이외에 투자매매업 인가를 요구한다(7조 1항). 물론 투자신탁 이외의 집합투자기구의 경우에도 결국 집합투자증권의 발행을 주도하는 것은 법인이사(투자회사 197조·198조; 투자유한회사 209조), 업무집행사원(투자합자회사 214조), 업무집행자(투자유한책임회사 217조의4), 업무집행조합원(투자합자조합 219조), 또는 영업자(투자익명조합 225조)의 지위를 가지고 있는 집합투자업자일 것이므로 규제상 이러한 차이가 옳은지에 대해서는 의문을 제기하는 의견도 있다.

개정 신탁법에 따른 수익증권발행신탁의 수익증권 관련 규제를 마련하기 위하여 정부가 국회에 제출했던 자본시장법 개정안[21]에 의하면 신탁업자가 수익증권발행신탁의 수익증권을 발행하는 것은 투자매매업으로 간주되므로 투자매매업 인가를 취득해야 한다(개정안 110조 1항).

---

20) 제15장 제3절 II 참조.
21) 자본시장과 금융투자업에 관한 법률 일부개정법률안(의안번호 1057, 제출연월일: 2012. 8. 6., 제출자: 정부).

3. 시행령에서 정하는 파생결합증권(7조 1항 2호)

발행을 투자매매업으로 보는 또 하나의 예외는 '**시행령이 정하는 파생결합증권**'을 발행하는 경우이다. 시행령은 그러한 파생결합증권으로 '**다음 요건을 모두 충족하는 파생결합증권을 제외한 파생결합증권**'으로 규정하고 있다(7조 1항 1호-4호; 규칙 1조의2).

(i) 기초자산이 통화 또는 외국통화로서 지급하거나 회수하는 금전 등이 그 기초자산과 다른 통화 또는 외국통화로 표시될 것

(ii) 증권의 발행과 동시에 금융위가 고시하는 위험회피 목적의 거래가 이루어질 것

(iii) 사업에 필요한 자금을 조달하기 위하여 발행될 것

(iv) 발행인이 전문투자자일 것

종래 자본시장법은 첫째, 지분증권(지분증권과 관련된 증권예탁증권을 포함)의 가격이나 그것을 기초로 하는 지수의 변동과 연계된 파생결합증권과(개정 전 령 7조 1항 1호), 둘째, 앞의 지분증권과 무관한 기초자산에 연계된 것으로서 투자자가 지급한 금전 등에 대한 이자등 과실 이외에 원본까지 그 기초자산에 연계된 파생결합증권(개정 전 령 7조 1항 2호)에 대한 발행만을 투자매매업으로 규정하고 있었다. 현행법은 투자매매업의 대상에서 제외되는 파생결합증권을 환율을 기초자산으로 하는 것으로서 위험헤지거래가 이루어지고 사업자금조달목적 등 일정한 발행요건을 충족하는 경우로 더욱 엄격하게 제한한 것이다.

따라서 통화 또는 외국통화를 제외한 다른 기초자산과 연계된 파생결합증권의 발행은 모두 투자매매업의 대상이 된다. 종래의 지분증권에 관한 파생결합증권은 물론 종래 투자매매업의 대상에서 제외되어 온 과실연계파생결합증권도 모두 투자매매업의 대상으로 포함된다.

증권법 하에서는 앞서 언급한 주식을 기초자산으로 하는 파생결합증권 외에는 발행주체에 대한 제한이 없었다. 그렇지만 실무상 은행은 파생결합증권을 발행할 수 없다고 보는 견해가 우세하였다. 그 이유로는 다음과 같은 것들이 제시되었다. 첫째, 은행법상 은행이 발행할 수 있는 사채는 "상법상의 사채, 전환사채, 신주인수권부사채 기타 이에 준하는 사채"로 규정되어 있는데(은행법 33조; 동 시행령 19조) 파생결합증권이 이에 해당하는지 여부가 불확실하다. 둘째, 은행법상 허용되는 사채는 은행의 본업인 여신업무에 필요한 자본조달을 위한 것에 한정된다. 그러나 파생결합증권은 자본조달용이 아니라 투자자를 위한 금융상품으로 제조된 것이다. 자본시장법에서 투자매매업자 이외의 자에 대하여 통화연계 파생결합증권을 제외한 모든 파생결합증권의 발행을 제한한 것은 이러한 실무를 입법으로 확인하고 상법상 일반사업회사인 주식회사에 대하여 파생결합사채의 발행이 허용된 것(상 469조 1항 3호)을 고려한 것으

로도 볼 수 있다.[22]

4. 투자성 있는 예금계약에 따른 증권(7조 1항 3호)

투자성 있는 예금계약 그 밖에 이에 준하는 것으로서 시행령으로 정하는 계약에 따른 증권은 은행법상 허용될 경우 은행만이 발행할 수 있다. 시행령에서는 금적립계좌등을 규정하고 있다(령 7조 2항 1호·2호). 자본시장법은 은행이 투자성 있는 예금을 발행하는 경우에는 투자매매업 인가를 받은 것으로 간주한다(77조 1항).

5. 투자성 있는 보험계약에 따른 증권(7조 1항 4호)

투자성 있는 보험계약에 따른 증권은 보험회사만이 발행할 수 있다. 보험회사가 투자성 있는 보험계약을 체결하거나 그 중개 또는 대리를 하는 경우에는 투자매매업과 투자중개업에 관한 금융투자업 인가를 받은 것으로 간주한다(77조 2항).

V. 명시적으로 제외되는 경우

자본시장법은 일정한 역외영업행위에 대해서도 투자매매업에서 제외한다(령 7조 5항 4호 나목·다목, 4항 4호·5호·5호의2·6호·6호의2).[23]

제4절 투자중개업

I. 의 의

자본시장법상 투자중개업(arranging deals)은 "누구의 명의로 하든지 타인의 계산으로 금융투자상품의 매도·매수, 그 중개나 청약의 권유·청약·청약의 승낙 또는 증권의 발행·인수에 대한 청약의 권유·청약·청약의 승낙을 영업으로 하는 것"을 말한다(6조 3항). 그에 의하면 투자중개업은 자기의 명의, 타인의 계산으로 하는 위탁매매업무, 중개업무, 타인의 명의, 타인의 계산으로 하는 대리업무, 발행·인수에 대한 청약의 권유를 하는 발행주선업무로 구분된다. 이러한 투자중개업은 증권법상 증권회사의 위탁매매업, 중개업, 대리업, 매매위탁의 중개·주선·대리업, 모집·매출의 주선업, 선물법상 선물회사의 선물거래업, 종금법상 종

---

22) 그러나 입법정책적으로 장외파생상품매매가 가능한 은행에 대하여 파생결합증권의 발행을 제도적으로 제한할 필요가 있는지에 대해서는 재고할 필요가 있다. 파생결합상품의 은행법상 취급에 대해서는 정순섭, 『은행의 파생상품업무에 대한 법규제선진화방안 연구』(전국은행연합회 연구용역보고서, 2008. 4), 52면 이하.

23) 상세한 논의는 아래 제11절 자본시장법의 적용배제.

합금융회사의 중개업 등을 포함한다. 이하 투자중개업의 구체적 업무에 대해서 살펴본다.

Ⅱ. 위탁매매업무

위탁매매업무(brokerage)는 엄격히 말하면 "금융투자상품의 매매를 투자자의 계산으로 하는 업무"를 말한다. 그러나 넓게는 금융투자상품 매매의 중개나 대리를 포함하는 의미로 사용되고 있다.[24) 좁은 의미의 위탁매매는 거래소의 회원인 금융투자업자가 투자자의 위탁을 받아 자기명의로 하는 매매로 그동안 금융투자업자의 업무 중 가장 큰 비중을 차지해 왔다. 자본시장법의 제정취지 중 하나는 투자은행업무를 수행할 수 있는 금융투자업자를 육성하는 것이지만 위탁매매업무의 중요성은 여전히 무시할 수 없다.

금융투자업자는 투자자로부터 매매주문을 받아 그것을 투자자의 계산으로 집행하여 경제적 효과를 투자자에게 귀속시키는 대가로 수수료를 받는다. 수수료는 투자자의 주문을 투자자에게 유리하게 효과적으로 집행하는 것과 투자자에게 적절한 투자관련정보를 제공하는 것에 대한 대가라고 할 수 있다.[25)

Ⅲ. 중개업무

1. 의 의

금융투자상품매매의 '중개'는 타인간에 매매가 성립되도록 중간에서 진력하는 사실행위를 말한다. 중개자가 간접적으로도 매매의 당사자가 되지 않는다는 점에서 대리와 차이가 있다. 중개는 주로 법인 사이에 대량의 주식을 거래하는 경우에 이루어진다. 자본시장법상 투자권유대행인은 물론 보험설계사, 대출모집인 등도 그 법적 구조는 상법상 중개이다.

2. M&A중개

M&A를 중개하는 업무도 금융투자상품 매매의 중개에 해당한다고 볼 것인가? 종래 거래계에서는 금융투자업 인가를 받지 않은 회사나 개인이 그러한 업무를 수행하는 예가 많았다. 이처럼 주로 기업을 상대로 하는 중개업무를 구태여 투자중개업으로 보아 폭넓은 규제대상으로 삼는 것은 정책적으로 적절하지 못하다. 따라서 해석상 M&A중개는 '주식'보다는 '기업'의

---

24) 2013. 5. 28. 자본시장법 개정에서 다자간매매체결회사를 도입하면서 종래의 전자증권중개업무에 대한 특칙은 삭제되었다(개정 전 12조 2항 1호 단서, 78조).

25) 투자중개업자가 위탁매매업무를 하면서 투자자에게 정보를 제공하는 등 상담에 응하는 행위가 투자자문업에 해당하는지 여부가 문제될 수 있다. 자본시장법은 위탁매매과정에서 무보수로 한 상담행위를 투자자문업에서 제외하고 있다(7조 6항 4호; 령 7조 4항 8호, 5항 4호 마목).

매매를 중개하는 것으로 보아 투자중개업에 포함하지 않는 것이 옳다.

M&A가 지배주식의 매각이라는 형태를 취할 경우에는 당사자 사이에서 주식매매를 중개하는 업무는 증권매매의 중개로서 투자중개업에 해당한다는 의견이 있다.[26] 그러나 M&A중개의 "본질적이고 중요한 부분은 단순한 주식매매의 중개라기보다 주식매매의 중개를 포함하는 포괄적인 금융자문의 성격을 가진다"(대법원 2012. 10. 11. 선고 2010도2986 판결)고[27] 보는 것이 옳다. 자본시장법은 투자매매업자나 투자중개업자가 기업의 인수 및 합병의 중개 · 주선 또는 대리업무"를 할 때 영업행위규제에 대한 특칙을 적용한다(71조 3호, 령 68조 2항 3호).

증권령도 이런 관점에서 "기업의 매수 및 합병의 중개 · 주선 또는 대리업무"를 증권회사의 부수업무로 규정하고 있었다(증권령 36조의2 5항 1호 나목).[28] 또한 은행법도 "기업의 인수 및 합병의 중개 · 주선 또는 대리"를 은행의 겸영업무로 규정하고 있다(은행법 시행령 18조의2 4항 3호). 그러면 투자자문업과 투자일임업으로 등록한 투자자문회사도 기업인수 · 합병의 중개 업무를 할 수 있는가? 법원은 이를 부정하고, 그에 수반하여 이루어지는 주식매매의 중개 업무 역시 할 수 없다고 판단하였다.[29] 요컨대 은행 등 금융회사가 허용된 금융자문 등 업무 의 일부로 M&A중개를 수행할 경우에만 증권매매의 중개업으로 규제할 필요가 없다는 의미이다. 그렇지 않은 경우에는 증권중개업으로 규율되어야 한다(대법원 1997. 4. 22. 선고 96도 3393 판결).

3. 금융자문

K그룹이 D사 인수자금마련을 위해 계열사가 보유하고 있는 A사와 B사의 지분매수자를 찾아달라는 내용이 포함되어 있는 금융자문은 주식매매의 중개업에 해당하는가? 법원은 이러 한 거래를 포함하여 은행 직원이 은행에서 수행하던 "새로운 투자사업의 발굴, 그 투자사업을 위한 거래당사자 사이의 회의 주선, 거래당사자가 제시하는 매매조건의 교섭, 간접투자형식 에 관한 조언, 간접투자를 위한 자산운용사의 추천 및 조언 등"의 행위는 '**금융자문**'으로서 증 권법상 주식매매의 중개에 해당하지 않고 은행법상 허용되는 은행업무에 속한다고 판단하였 다(대법원 2012. 10. 11. 선고 2010도2986 판결).[30] 법원은 "이 사건 거래에 관한 본질적이고 중 요한 부분은 단순한 주식매매의 중개라기보다 주식매매의 중개를 포함하는 포괄적인 금융자

---

26) 김홍기, 75면; 임재연, 106면.

27) 원심은 서울고법 2010. 2. 10. 선고 2009노1507 판결.

28) 그러나 이 규정은 자본시장법상 금융투자업자의 부수업무에 대한 규제가 포괄주의체제로 전환되면서 삭제되 었다. 자본시장법상 금융투자업자의 부수업무 규제에 대해서는 제15장 제2절.

29) 대법원 2013. 2. 14. 선고 2010도11507 판결.

30) 동 판결의 사안은 은행에 재직하던 직원들이 퇴직하면서 은행에서 수행하던 업무를 가지고 나와 독자적으로 설립한 회사에서 수행하여 일정한 대가를 수취한 행위가 은행에 대한 배임죄를 구성하는지 여부가 문제된 것 이다.

문의 성격을 가진다"고 판단하였다(대법원 2012. 10. 11. 선고 2010도2986 판결).[31] 이 사건에서는 폐지된 은행업무에 부수하는 업무의 범위에 관한 지침이 문제되었다. 현행 은행법시행령상 "기업의 경영, 구조조정 및 금융 관련 상담·조력 업무"(18조의2 4항 4호)에 해당한다고 본 것이다.

4. 특수한 형태의 투자중개업자

특수한 형태의 투자중개업자로 다자간매매체결회사(78조)와 채권중개전문회사(령 179조), 온라인소액투자중개업자(9조 27항)가 있다. 다자간매매체결회사는 경쟁매매를 통하여 매매체결기능을 수행하고, 채권중개전문회사는 일종의 호가 집중이 가능하다는 업무의 특수성을 고려하여 일반적인 투자중개업과 달리 취급하고 있다. 제11장 금융투자상품시장에서 논한다. 온라인소액투자중개업자는 증권형 크라우드펀딩의 중개를 위하여 새로이 도입된 것으로서 아래 제10절 기술발전과 금융투자업에서 살펴본다.

IV. 대리업무

금융투자상품매매의 '대리'는 "위탁자의 명의로 금융투자상품의 매매를 해 주는 대가로 수수료를 받는 업무"이다. 거래소가 개설한 증권시장이나 파생상품시장에서의 매매는 회원만이 할 수 있다(388조 1항 본문). 따라서 투자자로부터 위탁을 받은 비회원은 자신이 집행할 수 없고 회원인 금융투자업자에게 위탁해야 한다. 거래소 회원에 대한 위탁의 중개·주선·대리도 투자중개업에 포함된다.[32] 다만 이 경우에는 '본인'의 명의로 거래하는 점에서 위탁매매와 구별된다.

V. 발행주선업무

앞서 언급한 바와 같이 증권법상의 모집주선(best efforts underwriting), 즉 "수수료를 받고 발행인을 위하여 당해 유가증권의 모집 또는 매출을 주선하거나 기타 직접 또는 간접으로 유가증권의 모집 또는 매출을 분담하는 것"(2조 6항 3호)은 자본시장법상 인수의 개념에서 제외되었다. 모집주선에서 인수인은 발행인의 위탁을 받아 발행인의 계산으로 단순히 발행 및 판매사무만 맡을 뿐이며, 발행된 증권이 소화되지 않는 미매각위험은 발행인이 부담한다. 모집

---

31) 원심은 서울고법 2010. 2. 10. 선고 2009노1507 판결.
32) 외국의 거래소시장에서의 거래를 위하여 그 거래소의 회원 사이에 위탁을 중개하는 경우도 마찬가지로 투자중개업으로 본다.

주선은 자본시장법상으로는 "증권의 발행·인수에 대한 청약의 권유를 영업으로 하는 것"으로서 투자중개업에 해당한다(6조 3항).

증권법은 "모집 또는 매출을 주선"하는 등으로 규정하여 공모만을 대상으로 했지만, 자본시장법은 "증권의 발행·인수"를 대상으로 명시하여 사모까지 포함한다.[33] 그런 의미에서 '모집주선'이 아니라 '발행주선'이 더 적절하다. 과거 우리나라에서는 총액인수형태의 발행이 대부분이었으나 최근 발행주선의 형태가 늘고 있다. 자본시장법은 인수 외에 "발행인 또는 매출인을 위하여 해당 증권의 모집·사모·매출을 하거나 그 밖에 직접 또는 간접으로 증권의 모집·사모·매출을 분담하는 것"을 발행주선으로 정의하고, 이를 영업으로 수행하는 자를 '주선인'이라고 한다(9조 13항).

주선인을 증권회사로 한정할 것인가? 증권신고서를 제출하지 않고 이루어진 모집과 관련하여 증권회사 아닌 피고를 주선인으로 보아 과징금을 부과한 사안에서 이 쟁점이 문제되었다(429조 1항 2호, 119조, 125조). 법원은 주선인을 증권회사로 한정할 근거가 없다고 해석하였다(대법원 2011. 3. 11. 선고 2020두54920 판결).[34] 그러나 주선인에 대하여 발행공시위반책임을 인정한 것은 자본시장의 문지기책임에 기초한 것이다. 인가 없이 발행주선을 영업으로 한 자를 무인가 투자중개업으로 처벌하는 것은 별론으로 하고, 주선인이 투자중개업자에 한정되지 않는다는 해석은 이해할 수 없다.

Ⅵ. 명시적으로 제외되는 경우

자본시장법은 투자중개업에서 제외되는 예외를 명시적으로 규정한다.

첫째, 투자권유대행인은 금융투자업자의 위탁을 받아 금융투자상품의 투자권유를 대행하는 자로서 그 법적 성질은 중개에 해당하므로 자본시장법상 투자중개업에 해당할 가능성이 있다. 따라서 투자권유대행인이 투자권유를 대행하는 경우(7조 2항)를 투자중개업에서 명시적으로 제외하고 있다. 별도의 규제체계가 있는 점을 고려한 것이다(51조-53조).

둘째, 거래소(8조의2 2항)가 증권시장 및 파생상품시장을 개설·운영하는 경우도 제외되고 있다. 현실적으로는 가능성이 크지 않지만 혹시라도 그것이 회원간의 증권매매계약의 체결에 조력하는 투자중개업으로 볼 가능성을 배제하기 위한 규정이다(7조 6항 1호; 령 7조 5항 1호).

셋째, 협회가 비상장주권 및 그 밖의 비상장지분증권의 장외매매거래에 관한 업무를 하

---

33) 법문상 증권의 사모발행 주선업무도 투자중개업에 해당하게 되었음이 명백하므로 종래 증권법의 규제범위 밖에 있던 속칭 '부띠끄'들도 이제는 법의 적용대상이 되었다. 다만, 감독여력의 한계로 인해 실제로는 사회적으로 주목을 끄는 경우에만 감독대상이 될 가능성이 크다.
34) 서울고법 2020. 10. 7. 선고 2020누39589 판결; 서울행법 2020. 4. 3. 선고 2019구합53419 판결.

는 경우(286조 1항 5호; 령 307조 2항 5호의2)도 투자중개업에서 제외된다(7조 6항 4호; 령 7조 4항 4호, 7조 5항 4호 나목). 거래소의 시장개설행위를 투자중개업에서 제외한 것과 같은 취지이다.

넷째, 일정한 범위의 역외영업행위에 대해서도 투자중개업에서 제외하고 있다(령 7조 5항 4호 나목·다목, 4항 4호·5호·6호·6호의2).[35]

제5절 집합투자업

I. 의   의

집합투자업(collective investment)은 "집합투자를 영업으로 하는 것"이다(6조 4항). 집합투자는 "복수의 투자자로부터 모은 금전등을 투자자로부터 일상적인 운용지시를 받지 아니하면서 운용한 결과를 투자자에게 배분하는 것"을 말한다(6조 4항·5항). 집합투자는 간투법상 **'간접투자'**에 상응하는 개념으로 간접투자에 비하여 그 범위가 대폭 확대되었다. 집합투자업 중 일반사모펀드를 통한 집합투자를 영업으로 하는 것을 일반사모집합투자업, 이를 영업으로 하는 자를 일반사모집합투자업자라고 한다(9조 28항·29항). 일반적으로 집합투자업은 인가(12조)를 요하는 데 비하여, 일반사모집합투자업은 등록을 요한다(249조의3).

집합투자는 다수의 투자자로부터 모은 자산을 집합투자업자가 운용함으로써 소액으로는 불가능한 포트폴리오투자와 같은 전문적인 운용기법의 활용과 규모의 경제를 통한 수수료 등 비용의 절감을 추구한다.

II. 집합투자의 4가지 요소

1. 개   관

자본시장법상 집합투자는 첫째, 자산의 집합(pooling), 둘째, 투자자로부터의 일상적인 운용지시의 배제, 셋째, 투자대상자산의 취득과 처분에 의한 운용, 넷째, 운용실적의 배분의 4가지 요소로 구성된다.

2. 자산의 집합

1) 2인 이상의 투자자로부터 모은 금전등

(1) 의   의

집합투자가 제도적 기능을 발휘하기 위해서는 개념상 다수의 투자자로부터 자산을 모으

---

35) 상세한 논의는, 아래 제11절 자본시장법의 적용배제.

는 것, 즉 자산의 집합이 요구된다. 전형적인 자산의 집합 형태는 복수의 투자자의 투자자금을 모아서 하나의 투자자산을 형성하는 것이다. 자산의 집합은 공동사업에 사용되는 것으로도 충족된다.

(2) 사모단독펀드의 가부

그러면 투자자 1인으로부터 모은 자산으로 설정되는 '사모단독펀드'가 가능한가? 간투법은 "투자자로부터 자금 등을 모아서"라고 규정하여 자산의 집합을 요건으로 하고 있었지만, 투자자의 수는 규정하지 않았다(간투법 2조 1호). 자본시장법의 입법단계에서는 2인 이상의 투자자의 투자를 요건으로 함으로써 사모단독펀드를 제외하려는 움직임도 있었다. 그 이유는 투자자 1인의 의사로 설정되고, 자산운용의 의사결정에 관여하는 등 경제적 실질이 투자일임·신탁과 유사하기 때문이다. 운용업자가 공모펀드 등 다른 펀드의 운용에 소홀할 가능성과 투자자가 드러나지 않는 펀드의 속성상 5% 규칙 회피 등의 수단으로 악용될 수 있는 점이 지적되었다.[36]

그러나 사모단독펀드를 제외하는 것에 대한 저항도 만만치 않았다. 당시 약 70조원(2006. 6월말 현재)에 달하는 사모단독펀드가 일시에 자산운용시장에서 이탈하여 자산운용사의 경영악화를 초래할 것을 우려하는 업계의 목소리가 높았다. 결국 자본시장법은 "2인 이상에게 투자권유를 하여"라는 타협적인 표현을 채택하였다. 그러나 이러한 타협적인 표현은 기교적인 해석의 원인이 되었다. 결국 자본시장법은 '2인 이상의 투자자로부터 모은'이란 표현으로 변경함으로써 사모단독펀드는 개념상 금지되게 되었다.

(3) 법적 형식과 경제적 실질

투자자들의 투자자산을 반드시 집합하여 운용하는 것이 요건은 아니다. "법적으로는 별개의 계좌로 운영하지만 사실상 복수의 계좌를 하나로 관리하는 경우(managed as a whole)"도 집합투자에 해당할 수 있다. 예컨대 특정금전신탁을 개별적으로 설정한 경우에도 신탁업자가 각 개인의 신탁자산을 개인의 개별적 특징을 고려하지 않고 전체적으로 모아서 관리한다면 집합투자에 해당한다. 입법론으로는 특정금전신탁이나 투자자문, 투자일임, 투자조합 또는 CMA 등 법적 형식과 명칭을 불문하고 집합투자와 같은 경제적 이익을 추구하면서 운용자와 복수의 투자자 사이의 대리인문제가 존재하는 투자구조는 집합투자로 규제하는 것이 옳은 방향이다.

---

36) 사모단독펀드의 주식 등 대량보유보고의무와 관련해서 보고의무자 및 제재대상을 누구로 볼 것인가의 문제가 있다. 금융당국은 2004. 2. 13. 현대엘리베이터 경영권 분쟁과 관련하여 금강고려화학측이 경영권 분쟁과정에서 대량보유 보고의무를 회피할 목적으로 사모단독펀드를 이용하였다고 판단하고 사모단독펀드에 대해서도 대량보유보고의무 위반을 근거로 처분명령을 발하였다.

(4) 1인 펀드의 해지 · 해산

투자신탁을 설정한 집합투자업자는 수익자의 총수가 1인이 되는 경우 지체없이 투자신탁을 해지하고, 금융위에 보고해야 한다(192조 2항 5호 본문). 투자회사는 법인이사인 주주를 제외한 주주의 총수가 1인이 되는 경우 해산한다(202조 1항 7호 본문). 투자유한회사, 투자합자회사, 투자유한책임회사도 같다(211조 2항, 216조 3항, 217조의6 2항, 202조 1항 7호 본문). 투자합자조합도 유한책임조합원의 총수가 1인이 되는 경우 해산한다(221조 1항 4호 본문). 투자익명조합도 같다(227조 3항, 221조 1항 4호 본문). 다만 건전한 거래질서를 해할 우려가 없는 경우로서 시행령으로 정하는 경우는 해지나 해산의무를 면제한다.[37]

2) 사모단독펀드 금지의 적용제외 투자자

자본시장법은 투자자가 1인이지만 일정한 요건을 충족하는 경우로서 집합투자의 다른 요건을 모두 갖출 경우에는 집합투자로 본다(6조 6항 단서). 여기서 투자자에는 (ⅰ) 국가재정법상 기금관리주체(동법 8조 1항) 및 이에 준하는 외국기관으로서 시행령으로 정하는 자(령 6조 5항, 13조 2항 1호-3호), (ⅱ) 농 · 수 · 신협중앙회, 상호저축은행중앙회, 산림조합, 새마을금고중앙회, 체신관서, (ⅲ) 보험회사가 설정한 투자신탁(251조 1항 전단), (ⅳ) 법률에 따라 설립된 법인 또는 단체로서 공제조합, 공제회, 그 밖에 이와 비슷한 법인 또는 단체로서 같은 직장 · 직종에 종사하거나 같은 지역에 거주하는 구성원의 상호부조, 복리증진 등을 목적으로 구성되어 공제사업을 하는 법인 또는 단체에 해당하는 자 중에서 시행령으로 정하는 자(령 6조 6항 1호 · 2호), (ⅴ) 그 밖에 금융투자상품등(6조 7항)에 대한 투자를 목적으로 2인 이상의 자로부터 금전등을 모아 설립한 기구 또는 법인 등으로서 효율적이고 투명한 투자구조, 관리주체 등 시행령으로 정하는 요건을 갖춘 자[38]가 포함된다(6조 6항 1호-11호).

1인의 투자자라 해도 그 자금 자체가 이미 다수의 자로부터 모은 복수 투자자성이 인정

---

37) 투자신탁 192조 2항 5호 단서; 령 224조의2, 투자회사 202조 1항 7호 단서; 령 231조의2, 투자유한회사 211조 2항; 투자합자회사 216조 3항; 투자유한책임회사 217조의6 2항 투자합자조합 221조 1항 4호 단서; 령 238조 2항, 투자익명조합 221조 1항 단서, 227조 3항; 령 238조 2항. 투자신탁에 대해 시행령은 다음의 경우를 규정하고 있다(령 224조의2 1호-4호).

  (ⅰ) 수익자가 적용제외 위탁자(6조 6항)의 어느 하나에 해당하는 자인 경우

  (ⅱ) 수익자가 학교법인, 공익법인, 사내근로복지기금법인, 법률에 따라 공제사업을 경영하는 법인(령 10조 3항 13호), 그 밖에 자금 운용의 공공성 등을 고려하여 금융위가 고시하는 자에 해당하는 자로서 자금의 효율적이고 투명한 운용을 위하여 투자구조, 관리주체 등에 관하여 금융위가 고시하는 기준에 따라 설정된 투자신탁에 투자하는 경우

  (ⅲ) 수익자가 제1호의2에 따른 투자신탁인 경우

  (ⅳ) 수익자가 의무해산면제 투자회사(령 231조의2 1호의2)인 경우

  (ⅴ) 투자신탁이 최초 설정일부터 1개월이 지나지 않은 경우

  (ⅵ) 투자신탁의 수익자 총수가 1인이 된 날부터 1개월이 지나지 않은 경우

38) 현재 시행령에는 규정이 없다.

되는 경우를 대상으로 한 것이다.[39] 국가재정법에 따른 여유자금은 각 기금주체로부터 모은 여유자금 풀을 말한다. 기획재정부장관은 기금 여유자금의 효율적인 관리·운용을 위하여 각 기금관리주체가 예탁하는 여유자금을 일정한 기준과 절차에 따라 선정된 금융기관으로 하여금 통합하여 운용하게 할 수 있다(국가재정법 81조). 이를 '**여유자금의 통합운용**'이라 한다. 위 예외에서 국가재정법상 기금관리주체(동법 8조 1항)를 포함한 것은 이러한 경우를 대상으로 한다.

3. 일상적인 운용지시의 배제

집합투자의 또 하나의 본질적 요소는 투자자의 자산에 대한 운용권을 집합투자업자에 완전히 이전하는 것이다. 호주의 판례에 따르면 집합투자기구의 투자자가 전체로서 "통상적인 사업상 결정"(routine, ordinary, everyday business decisions)에 참여하고 전체로서 그 결정에 구속될 경우에는 일상적 운용지시가 존재한다.[40] 영국에서도 일상적 운용지시에 관하여는 명시적인 정의가 없으므로 통상적인 의미에 따라 해석되어야 하지만, 일상적으로 자산운용에 관한 결정을 하는 것이라고 보고 있다.[41] 실무상 투자자는 펀드의 일상적 운용지시권을 유보한 채 운용업자에게 운용권을 위임할 수도 있으므로 집합투자에 해당하기 위해서는 일상적 운용지시권의 유보도 허용되지 않는다.

자본시장법은 이 요소를 "투자자로부터 일상적인 운용지시를 받지 아니하면서"라고 규정한다. 간투법에도 명시적 규정은 없었지만 같은 해석이 이루어졌다.[42] 이는 집합투자업자의 엄격한 책임과 의무를 인정하기 위한 전제요건이기도 하다. 이와 관련하여 법원은 간투법상 간접투자기구를 운용하면서 투자자가 투자형식, 투자대상의 종류, 수량, 매매방법과 시기 등 주된 요소를 모두 결정하고 자산운용사는 위탁자로서 투자자가 설정한 취지에 따라서 운용하는 것에 불과한 경우에는 간투법상 '**투자신탁**'에 해당한다고 단정하기 어렵다고 판시하였다(대법원 2012. 10. 11. 선고 2010도2986 판결). 사모펀드라 해도 이러한 판단은 달라질 수 없다.[43] 이에 따르면 종래 유사한 형식으로 운용되어 온 사모단독펀드 등도 같은 이유로 투자신탁으로 볼 수 없을 것이다.

---

39) "보험회사가 설정한 투자신탁이나 다른 법률에 따라 공제사업을 목적으로 설립된 법인·조합이 설정한 집합투자기구 등 복수 투자자성이 인정되나 형식상 1인 투자자인 경우 등에 대하여 집합투자로 인정함"(자본시장과 금융투자업에 관한 법률 일부개정법률안(대안)(의안번호 12198, 제안연월일 2018. 2. 28., 제안자 '정무위원장).

40) Australian Securities and Investment Commission v PE Capital Funds Management Limited (administrators appointed) [2022] FCA 76.

41) FCA Handbook PERG 11.2 Guidance on property investment clubs Q6 28/02/2014.

42) 법령제정 실무작업반(8)인, 『간접투자(펀드)해설』, 2006, 8면.

43) 반대: 김홍기, 78면("사모펀드에서는 투자자의 관여가 어느 정도 허용").

흥미로운 것은 "투자자와의 이면계약 등에 따라 그 투자자로부터 일상적으로 명령·지시·요청 등을 받아 집합투자재산을 운용하는 행위"를 집합투자업자의 불건전영업행위로 규정하고(85조 8호; 령 87조 4항 5호) 1억원 이하의 과태료를 부과하는 점이다(449조 1항 29호). 투자자의 일상적인 운용지시가 있는 경우에는 집합투자에 해당할 수 없다.

4. 투자대상자산을 취득·처분, 그 밖의 방법으로 운용

집합투자는 집합투자업자가 투자자로부터 모은 금전등으로 재산적 가치가 있는 투자대상자산을 취득, 처분, 그 밖의 방법으로 운용하여 수익을 창출하는 간접투자행위이다. 취득, 처분, 그 밖의 방법으로 운용하는 것은 **'투자대상자산의 성질을 변화시키는 능동적인 사업수행'**이 아니라 **'투자대상자산의 가치변동을 노리는 수동적인 사업수행'**을 말한다. 따라서 투자자로부터 모은 금전등으로 사업자가 직접 사업을 경영하여 얻은 사업수익을 투자자에게 분배하는 일반사업회사와는 본질적으로 다르다. 그러나 뒤에서 보는 바와 같이 집합투자와 일반사업회사의 구별이 항상 쉽지는 않다.

5. 운용실적의 배분

집합투자에서 투자위험은 투자자에게 귀속된다('실적배당원칙'). 집합투자의 요건인 '**운용실적의 배분**'은 이를 말한다. 운용실적의 배분대상인 '**투자자**'는 집합투자기구의 설정·설립시점이 아니라 운용실적의 배분시점의 투자자이다. 수익증권을 양도하면 양수한 투자자가 배분대상이다. 집합투자에서 집합투자업자의 원본보전이나 수익보장이 이루어지면 자본시장법 제55조와 무관하게 집합투자 자체가 성립될 수 없다. 자본시장법 제55조가 주로 판매에서 투자자의 자기책임원칙을 침해한 경우라면, 집합투자에서 집합투자업자의 원본보전은 집합투자의 본질을 근본적으로 훼손한 것이다.

Ⅲ. 집합투자에서 배제되는 투자형태

1. 개   관

이러한 포괄적인 집합투자의 개념은 유사한 투자형태와 마찰을 야기할 수 있다. 자본시장법은 이러한 마찰을 최소화하기 위하여 일정한 요건에 해당하는 투자형태를 집합투자의 개념에서 제외하고 있다. 집합투자규제에 관하여 상세한 내용은 제21장 집합투자에서 논의한다.

2. 타법 집합투자기구 등

국내에는 금융위 이외의 정부부처의 관할에 속하는 법률에 근거한 이른바 '**타법펀드**', '**타부처펀드**', 또는 '**개별법펀드**'가 상당수 존재한다. 자본시장법상 집합투자의 정의를 그대로 적용하면 타법펀드들도 당연히 집합투자에 해당하여 자본시장법을 적용받게 된다. 그러나 타법펀드들은 해양수산업, 건설업 등 특정산업의 육성발전이라는 산업정책목적에 따라 설립된 것으로서 그 목적을 위해서는 자본시장법상 규제를 일부 완화하여 적용할 필요가 있다. 그 취지를 살리기 위하여 자본시장법은 타법펀드를 제외한 것이다.[44]

자본시장법은 "대통령령으로 정하는 법률에 따라 사모(私募)의 방법으로 금전등을 모아 운용·배분하는 것으로서 대통령령으로 정하는 투자자의 총수가 대통령령으로 정하는 수 이하인 경우"(6조 5항 1호)를 집합투자의 정의에서 제외하고 있다. 타법펀드라도 투자자 보호의 필요성이 큰 공모펀드에 대해서는 자본시장법을 적용하는 것이 원칙이다.[45] 한편 주로 전문투자자 등으로 구성되는 사모펀드는 집합투자의 개념에서 제외하고 있다.

자본시장법상 집합투자에서 배제되는 타법펀드의 요건은 다음 4가지이다. (i) 시행령이 정하는 법률에 따라 (ii) 사모의 방법으로 금전등을 모아 운용·배분하는 것으로서 (iii) 시행령이 정하는 투자자의 총수가 (iv) 시행령이 정하는 수 이하인 것이 그것이다. 시행령에 제시된 요건을 정리한 것이 [표 3-1]이다. [표 3-1]의 〈가〉〈나〉〈다〉의 요건을 모두 충족하는 사모펀드는 자본시장법상 집합투자에 해당하지 않는다.[46]

---

44) 이하 타법펀드에 관한 사항은 재정경제부, 「자본시장과 금융투자업에 관한 법률안」 설명자료(2006. 12. 28), 34-44면.

45) 그러나 소관부처의 산업정책적 측면과 투자대상자산의 특성을 고려하여 개별법에서 자본시장법 중 적용배제 조항을 명시하되, 투자자 보호에 필요한 중요규제는 반드시 적용한다는 것이다. 그 중요규제는 다음과 같다. — 이해상충 방지체계 구축 및 이해상충 관리 의무 — 내부통제기준 제정 및 준법감시인 선임 의무 — 업무보고서 제출 및 공시 — 업무간·계열회사간 정보교류 차단 — 직무관련 미공개정보 이용금지 — 이익보장 및 손실보전 금지 — 선관주의 의무 — 이해관계인과의 거래제한 — 자기 또는 제3자의 이익도모 금지 — 고유재산 또는 펀드간 거래 금지 — 펀드재산 보관·관리의 위탁의무 그리고 개별법상 인가·등록을 받은 경우 자본시장법상 별도심사는 면제하지만, 개별법상 인가·등록 심사시 금융위와 사전협의해야 한다. 감독권은 원칙적으로 개별법 규정에 의한 소관부처가 행사하되 그 법에 금융위 감독권이 없는 펀드는 금융위의 (공동) 감독권을 인정한다. 위 설명자료(2006. 12. 28), 40-42면.

46) 〈나〉의 요건 중 "2. 제10조 제1항 각 호의 어느 하나에 해당하지 아니하는 전문투자자"는 일반투자자로 전환이 가능한 전문투자자를 말한다. 따라서 집합투자에서 제외되는 펀드의 범위를 설정하기 위한 요건으로서의 투자자에 대해서는 일반적인 전문투자자보다 더욱 엄격한 전문성을 요구하고 있다고 할 수 있다. 투자자의 구분과 전환에 대해서는 제4장 제4절 참조.

▌표 3-1 집합투자업에서 명시적으로 제외되는 경우

구 분			비 고
〈가〉	시행령이 정하는 법률	1. 「부동산투자회사법」 2. 「선박투자회사법」 3. 「문화산업진흥 기본법」 4. 「산업발전법」 5. 「벤처투자 촉진에 관한 법률」 6. 「여신전문금융업법」 7. 삭제 〈2020. 8. 11.〉 8. 「소재・부품・장비산업 경쟁력강화를 위한 특별조치법」 9. 「농림수산식품투자조합 결성 및 운용에 관한 법률」	령 6조 1항
〈나〉	시행령이 정하는 투자자	다음 각 호의 자를 제외한 투자자 전문투자자(령 10조 1항 각 호) 법정기금 및 공제사업법인(령 10조 3항 12호・13호) 중 금융위가 고시하는 자	령 6조 2항
〈다〉	시행령이 정하는 수	49인 － 이 경우 49인을 계산할 때 다른 집합투자기구가 해당 집합투자기구의 집합투자증권 발행총수의 10% 이상을 취득하는 경우에는 그 다른 집합투자기구의 투자자(〈나〉에 따른 투자자)의 수를 합산 － 다른 집합투자기구에서는 사모투자재간접집합투자기구(령 80조 1항 5호의2), 부동산・특별자산투자재간접집합투자기구(령 80조 1항 5호의3) 또는 부동산집합투자기구등(령 80조 1항 5호의3 가목-마목)에 대한 투자금액을 합산한 금액이 자산총액의 80%를 초과하는 공모부동산투자회사(부동산투자회사법 49조의3 1항)는 제외	령 6조 3항

3. 자산유동화

자본시장법은 유동화법에 따른 자산유동화도 집합투자에서 제외하고 있다(6조 5항 2호). 자산유동화를 집합투자의 개념에서 명시적으로 제외한 것은 양자의 구조적 차이점을 고려한 것이다. 집합투자가 먼저 투자자로부터 금전등을 모아 투자대상자산에 투자하여 수익을 도모하는 구조라면, 자산유동화는 투자대상자산을 근거로 발행한 증권을 투자자에게 처분하여 자금을 모으는 구조이다. 집합투자는 "투자자로부터 모은 금전등"으로부터 출발하여 투자대상자산으로 넘어가는 데 반하여 자산유동화는 **'투자대상자산'**으로부터 출발하여 투자자에 대한 증권매각에 이른다는 점에 차이가 있다. 그러나 최종적인 투자자의 관점에서는 결국 투자대상자산으로부터 발생하는 현금흐름을 수익의 원천으로 하는 점에서 동일하다. 현 단계에서는 일단 집합투자에서 자산유동화를 분리하여 별개의 규제에 맡기고 있다. 그러나 장기적으로는 집합투자와 자산유동화의 규제를 일원화해야 할 것이다. 제21장 집합투자에서 상세히 논의한다. 같은 취지에서 자산유동화법에 의하지 않는 비정형유동화도 특히 유동화자산의 관리나

운용의 측면에서 자산유동화법상 정형유동화와 동일한 수준을 유지할 경우에는 제외된다고 보아야 할 것이다.[47)

4. 투자자 보호의 필요성이 없는 경우

1) 개　　관

자본시장법은 "행위의 성격 및 투자자 보호의 필요성 등을 감안하여" 시행령으로 정하는 경우도 집합투자에서 배제하고 있다(6조 5항 3호). 시행령에서는 이를 네 개의 그룹으로 구분하여 규정한다.

2) 별도의 법적 근거가 있는 경우

다른 법적 근거에 따른 증권금융회사등 예치기관의 투자자예탁금운용(령 6조 4항 1호), 종합금융투자사업자의 종합투자계좌업무(77조의2, 77조의6 1항 3호; 령 6조 4항 1호의2), 신탁업자에 의한 신탁재산공동운용(령 6조 4항 2호),[48) 자본시장법상 투자목적회사의 업무영위(249조의13; 령 6조 4항 3호),[49) 종금사의 어음관리계좌업무(령 6조 4항 4호), 프로젝트금융투자회사(조세특례제한법 104조의31 1항)가 금전등을 모아 운용·배분하는 경우(령 6조 4항 5호)가 여기에 속한다.

3) 지주회사 등

지분증권의 소유를 통하여 다른 회사의 사업내용을 지배하는 것을 주된 사업으로 하는 국내회사, 즉 지주회사가 그 사업을 영위하는 경우(령 6조 4항 6호), 가맹사업을 영위하는 경우(령 6조 4항 7호), 다단계판매업을 영위하는 경우(령 6조 4항 8호), 일반사업체(령 6조 4항 9호) 등 사업수행과정이 집합투자와 유사한 경우가 여기에 속한다.

집합투자의 개념과 관련하여 주목할 것은 일반사업체와의 구분이다. 시행령은 "「통계법」에 따라 통계청장이 고시하는 한국표준산업분류에 따른 제조업 등의 사업을 하는 자가 직접 임직원, 영업소, 그 밖에 그 사업을 하기 위하여 통상적으로 필요한 인적·물적 설비를 갖추고 투자자로부터 모은 금전등으로 해당 사업을 하여 그 결과를 투자자에게 배분하는 경우"(령 6조 4항 9호 본문)를 집합투자에서 제외하고 있다. 이에 의하면 일반기업이 주식발행으로 자금을 모아 사업을 한 후 수익을 분배하는 것은 개념상 집합투자와 유사하나 집합투자업으로 보지 않는다. 여기서 "투자자로부터 모은 금전 등으로 해당 사업을 하여" "그 결과를 투자자에게 배분하는 경우"는 위에서 본 집합투자의 4가지 요소 중 (i) 자산의 집합, (ii) 일상적인

---

47) 박삼철외(2021), 65-66면. 반대: 김홍기, 80면(자산유동화법에 따라 금융위에 등록한 자산유동화만 제외).

48) 신탁재산의 공동운용은 종합재산신탁(103조 2항)으로서 금전수탁비율이 40% 이하이거나 수익금·잔여신탁재산 운용을 위해 불가피한 경우를 말한다(령 6조 4항 2호 가목·나목).

49) 제21장 제13절 Ⅲ 참조.

운용지시의 배제, 그리고 (ⅲ) 운용실적의 배분이라는 3가지 요소를 충족한다. 그러나 일반사업체에서 사업을 하는 자가 직접 임직원, 영업소, 그 밖에 그 사업에 통상적으로 필요한 인적·물적 설비를 갖추고 해당 사업을 하는 것은 집합투자의 4가지 요소 중 "투자대상자산을 취득·처분, 그 밖의 방법으로 운용"한다는 수동적 경영의 요건을 충족하지 못한다. 즉 집합투자와 일반사업체와의 구분은 결국 '운용'의 개념과 관련된 문제이다. '운용'은 투자대상자산의 성질을 변화시키는 능동적인 사업수행이 아니라 취득이나 처분 등의 방법으로 투자대상자산의 가치변동을 노리는 수동적인 사업수행을 말한다. 그러나 일반사업자가 해당 사업을 특정하고 그 특정된 사업의 결과를 배분하는 경우는 집합투자에 해당한다(령 6조 4항 9호 단서). 예컨대 영화제작을 주로 하는 직접투자형 익명조합에서 영업자가 제작하는 특정 영화의 수익만을 배분하기로 약정하는 경우가 여기에 해당할 수 있다. 그러나 그 타당성에는 의문이 있다.

4) 비영리단체 등

비영리 목적으로 운용되는 학술·종교·자선·기예·사교 목적의 계(契)(령 6조 4항 10호), 종중 등(령 6조 4항 11호), 공익법인 등(령 6조 4항 12호)이 여기에 속한다. "종중, 그 밖의 혈연관계로 맺어진 집단과 그 구성원을 위하여 하는 영리 아닌 사업인 경우"를 집합투자로 규제할 것은 아니다. 민법상 비영리법인, 공익법인의 설립·운영에 관한 법률상 공익법인, 사회복지사업법에 따른 사회복지법인, 근로복지기본법에 따른 우리사주조합, 그 밖에 관련 법령에 따라 허가·인가·등록 등을 받아 설립된 비영리법인 등이 해당 정관 등에서 정한 사업목적에 속하는 행위를 하는 경우도 마찬가지이다.

5) 투자클럽

투자자로부터 모은 금전을 투자자 전원의 합의에 따라 운용·배분하는 경우를 말한다(령 6조 4항 13호). 투자클럽은 투자자가 '일상적 운용지시'에 참여하므로 해석상 집합투자의 개념에서 제외된다. 확인적 규정이다.

6) 기업인수목적회사

기업인수목적회사(special purpose acquisition company: SPAC)는 "다른 법인과 합병하는 것을 유일한 사업목적으로 하고 모집을 통하여 주권을 발행하는 법인"을 말한다(령 6조 4항 14호). 다른 기업과의 M&A를 통해 기업가치를 높이고 이에 따른 자본이득을 투자자에게 배분하기 위해 설립하는 특수목적회사라고 할 수 있다.[50]

기업인수목적회사와 집합투자의 관계는 대상회사 인수 전과 인수 후로 나누어 볼 수 있다. 첫째, 인수 전에는 투자자로부터 모은 자금이 제3자에 예치 또는 신탁되어(령 6조 4항 14호

---

50) 기업인수목적회사에 대하여 상세한 내용은 제21장 제14절 참조.

가목) 경영진이 '**취득·처분 등을 통한 운용**'을 할 수 없으므로 집합투자의 요건을 충족할 수 없다. 둘째, 인수 후에는 대상회사의 사업을 승계하여 직접 영위하는 일반사업회사가 되거나 대상회사의 지분을 취득·소유함으로써 대상회사의 사업내용을 지배하는 회사에 해당하여 역시 집합투자의 요건을 충족할 수 없다.

따라서 시행령에서 적용배제하지 않아도 집합투자와의 관계에서는 문제가 없었다. 그럼에도 적용배제규정을 둔 것은 기업인수목적회사의 구체적 내용을 규제하려는 의도에 따른 것이다(령 6조 4항 14호 가목-사목).

7) 금융위가 정하는 경우

시행령은 금융위에 일정한 사항을 종합적으로 고려하여 집합투자에서 제외하는 권한을 위임하고 있다(령 6조 4항 15호). 금융위가 고려할 사항은 운용에 따른 보수를 받는 전문적 운용자의 존재 여부, 투자자의 투자동기가 전문적 운용자의 지식·경험·능력에 있는지 투자자와 전문적 운용자 간의 인적 관계에 있는지 여부, 운용결과가 합리적 기간 이내에 투자금액에 따라 비례적으로 배분되도록 예정되어 있는지 여부, 투자자로부터 모은 재산을 전문적 운용자의 고유재산과 분리할 필요성이 있는지 여부, 집합투자로 보지 않을 경우 투자자 보호가 뚜렷하게 곤란하게 될 가능성이 있는지 여부 등이다(령 6조 4항 15호).

제6절 투자자문업

I. 의   의

1. 개   념

투자자문업은 "금융투자상품 그 밖에 시행령으로 정하는 투자대상자산('**금융투자상품등**')의 가치 또는 금융투자상품등에 대한 투자판단에 관한 자문에 응하는 것을 영업으로 하는 것"을 말한다(6조 7항). 여기서 '**금융투자상품등에 대한 투자판단**'은 "금융투자상품등의 종류와 종목, 취득·처분, 취득·처분의 방법·수량·가격 및 시기 등에 대한 판단"을 말한다(6조 7항).

투자자문업은 뒤에서 보는 바와 같이(II. 특정성과 투자자문업) 특정 투자자를 상대로 한 개별성과 상대성을 갖춘 자문이지만, 반드시 일정한 형식·내용·방법을 전제로 하지는 않는다. 대면·구두자문에 한하지 않고, 전화, 인터넷대화창, 자동주문시스템 등을 통하는 경우를 포함한다.

투자자문업은 집합투자업 및 투자일임업과 구분된다. 첫째, 투자일임업과 함께 특정 투자자의 투자수요를 고려한 개별성과 상대성을 본질로 한다. 집합투자업은 자산의 집합으로 특정 투자자의 개별적·상대적인 수요와는 무관하게 운용된다. 둘째, 투자자의 재산을 금융투자업자에게 위탁하지 않는다. 투자일임업도 같지만, 집합투자업은 투자자의 자산을 집합투자기구가 보관한다. 셋째, '**투자자문**'을 맡긴 것이고 최종적인 '**투자판단**'은 투자자가 한다. 투자일임업과 집합투자업은 '**투자판단**'을 맡긴 것이다.

2. 투자대상자산

1) 의   의

투자대상자산('**금융투자상품등**')은 금융투자상품 이외에 부동산 등 실물자산도 포함한다.[51] 간투법은 증권회사나 자산운용회사가 겸영하는 경우 투자자문업의 투자자문자산에 부동산 및 그에 관한 권리까지 포함했으나(간투령 4조 1항), 자본시장법은 '**금융투자상품**'으로 한정하고 있었다. 따라서 해석론상 금융투자상품 이외의 투자대상자산에 대한 투자자문업 영위 가부에 대해 의문이 있었다. 해석상으로는 투자자문업자의 부수업무로서 영위할 수 있다고 보는 것이 옳지만,[52] 실무계에서는 입법으로 불확실성을 제거하기를 원하였다. 그리하여 자본시장법은 금융투자상품 이외에 '**그 밖에 시행령으로 정하는 투자대상자산**'을 추가하였고, 시행령은 부동산과 지상권·지역권·전세권·임차권·분양권 등 부동산 관련 권리를 규정한다(6조의2 1호-2호).

2) 부동산중개업과의 관계

부동산을 투자자문대상자산에 포함한 것과 관련하여 「공인중개사의 업무 및 부동산 거래신고에 관한 법률」상 중개업과의 관계가 문제될 수 있다. 동법상 중개업은 "다른 사람의 의뢰에 의하여 일정한 보수를 받고 중개를 업으로 행하는 것"을, 그리고 중개는 부동산 등 "중개대상물에 대하여 거래당사자간의 매매·교환·임대차 그 밖의 권리의 득실변경에 관한 행위를 알선하는 것"을 말한다(동법 2조 1호·3호). 그러나 부동산에 대한 투자판단의 자문과 부동산매매 등에 대한 중개는 법률상 명백히 구별되는 개념으로서 특별히 문제되지 않는다. 시행령은 오히려 "부동산의 투자·운용에 관한 자문"(다른 법령에 따라 건축물 및 주택의 임대관리 등 부동산의 관리대행, 부동산의 이용·개발 및 거래에 대한 상담, 그 밖에 부동산의 투자·운용에 관한 자

---

51) 금융투자상품 이외의 자산은 다음과 같다(령 6조의2 1호-6호).
   1. 부동산 2. 지상권·지역권·전세권·임차권·분양권등 부동산관련권리 3. 금융기관 예치금 4. 상법상 합자회사·유한책임회사·합자조합·익명조합의 출자지분, 민법상 조합의 출자지분, 그 밖에 특정사업으로부터 발생하는 수익을 분배받을 수 있는 계약상의 출자지분 또는 권리("사업수익권") 5. 거래소가 승인을 받아 그 매매를 위하여 개설한 시장에서 거래되는 금지금과 은행이 그 판매를 대행하거나 매매·대여하는 금지금(은행법 시행령 18조 1항 4호)(조세특례제한법 106조의3 1항), 6. 종금사나 단기금융회사의 발행어음(336조 1항 1호, 360조 1항).
52) 투자자문업자의 부수업무에 대해서는 제17장 제3절 Ⅲ.

문 등의 업무를 영위하는 경우)(령 7조 4항 10호)을 투자자문업과 투자일임업에서 제외하고 있다 (령 7조 5항 4호 바목).

Ⅱ. 특정성과 투자자문업

1. 특정성의 의의

투자자문업은 특정 투자자의 투자수요를 고려한 개별성과 상대성을 본질로 한다. 구체적으로는 투자판단이 그 상대방을 '**특정인**'으로 하여 제공되면 투자자문업이다. 여기서 특정성과 개별성이 반드시 1:1의 관계를 의미하는 것은 아니다. "'**특정**'이란 투자판단을 제공받는 상대방의 범위가 한정되어 있다는 의미가 아니라, 투자판단을 제공받는 과정에서 면담·질문 등을 통해 투자판단을 제공받는 상대방의 개별성, 특히 투자목적이나 재산상황, 투자경험 등이 반영된다는 것"을 말한다(대법원 2022. 10. 27. 선고 2018도4413 판결).

2. 전화상담

전화상담을 투자자문업으로 볼 수 있는가? "불특정다수인을 상대로 한 경우가 아니라 문의자와 상담자 사이에 1:1 상담 혹은 자문이 행해지는 한 이는 투자자문업에 해당하는 것"이고, "비록 그 투자상담이 전화를 통하여 이루어지는 경우"라도 유사투자자문업이라고 할 수 없다(대법원 2007. 11. 29. 선고 2006도119 판결).[53]

3. 인터넷창에서의 안내

다른 유료회원들이 청취할 수 있는 상황에서 개별투자자들로부터 고액 가입비를 받고 개별종목을 상담하는 전문가방송에 대해 법원은 "피고인 A의 답변내용은 특정 시점, 특정 상황에 놓인 개별 투자자들의 개별적인 투자상담에 응한 것으로서 전형적인 투자자문업과 그 형식, 내용에 있어 정도의 차이는 있을 수 있으나 본질적으로 유사투자자문업이 아닌 투자자문업과 동일한 것"이라고 판단했다(서울남부지법 2011. 4. 28. 선고 2010노2044 판결).[54] 근거는 첫째, 유료회원들은 고액의 가입비를 지급하고, 피고인 A는 유료회원 숫자에 따라 인센티브를 지급받는데, 이러한 고액의 비용은 개별적 투자상담이 가능하기 때문으로 보이는 점과 둘째, 위 방송의 채팅창에 피고인 A 명의로 개별종목을 상담한다는 안내가 게시된 점 등을 들고 있

---

53) 기간통신사업자의 담당직원이 무등록업자에게 060회선을 임대하여 실시간 1:1 증권상담서비스 사업을 영위하게 한 것은 증권법상 무등록 투자자문업 행위의 방조행위에 해당한다. 대법원 2007. 11. 29. 선고 2006도119 판결.

54) 대법원 2011. 7. 28. 선고 2011도6020 판결로 확정.

다. 투자자문업과 유사투자자문업의 구분기준으로 비용구조도 고려한 것은 주목된다.[55]

4. 주식자동매매 프로그램

프로그램 사용자가 투자판단을 도출해 내는 데 필수적인 설정값 등을 입력하면 이를 기초로 기계적인 연산작용을 통해 입력한 설정값 등에 들어맞는 주식 종목을 가려냄으로써 투자판단을 도출해 내는 방식으로 작동하는 주식 자동매매 프로그램을 판매·대여한 자는 투자자문업을 영위한 것으로 볼 수 있는가? "프로그램 작동에 필수적인 입력 설정값 등도 제공하였다면, 이러한 일련의 행위는 해당 프로그램을 도구로 이용하여 프로그램 사용자들에게 투자판단을 제공한 것"으로 볼 수 있으므로, 특정성을 갖추어 투자자문업에 해당한다(대법원 2022. 10. 27. 선고 2018도4413 판결).

Ⅲ. 명시적으로 제외되는 경우

1. 불특정다수인을 상대로 한 조언: 유사투자자문업자

1) 의   의

투자자문업은 특정 투자자의 개별적인 투자수요를 충족하기 위하여 특정 투자자를 상대로 자문하는 업무로서 불특정다수인을 상대로 조언하는 경우는 투자자문업으로 보지 않는다. 불특정다수인을 대상으로 발행 또는 송신되는 경우는 물론이고, 불특정다수인이 수시로 구입 또는 수신할 수 있는 출판물, 통신, 방송 등을 통하여 조언하는 경우는 투자자문업으로 보지 않는다(7조 3항). 다만 이러한 조언을 대가를 받고 하는 경우 유사투자자문업(101조)으로 규제한다. 자본시장법은 유사투자자문업을 "불특정 다수인을 대상으로 발행 또는 송신되고, 불특정 다수인이 수시로 구입 또는 수신할 수 있는 간행물·출판물·통신물 또는 방송 등을 통하여 투자자문업자 외의 자가 일정한 대가를 받고 행하는 투자조언"으로 정의한다(101조 1항; 령 102조 1항).

투자자문업과 유사투자자문업은 다음과 같은 차이가 있다. 첫째, 유사투자자문업은 "특정 시점 내지 특정한 상황에 놓인 개별 투자자를 상정하지 않은 채 불특정 다수인을 대상으로 일방적으로 이루어지는 투자에 관한 조언을 하는 것"으로서 "특정한 시기 및 특정한 상황에 처한 개별 투자자들로부터의 투자상담에 응하여 개별적인 투자판단에 관한 자문을 하는 투자자문업"과 다르다.[56] 둘째, 그 대상에서도 투자자문업이 '**금융투자상품등**'을, 유사투자자문업

---

55) 같은 취지의 법령해석으로, 금융위·금감원, 유사투자자문업자의 개별적 투자조언, 자동매매 프로그램 연동 등 가능 여부, 210144, 2021. 6. 1.

56) 서울남부지법 2011. 4. 28. 선고 2010노2044 판결(대법원 2011. 7. 28. 선고 2011도6020 판결로 확정).

은 '**금융투자상품**'을 대상으로 한다(101조 1항).

유사투자자문업은 사설투자자문업자의 양성화 등을 위하여 도입한 것이다.[57] 그러나 투자자입장에서는 오히려 투자자문업과의 혼동을 야기하여 투자자 보호에 더 많은 문제를 일으키는 측면도 있다. 이 제도를 폐지할 경우 문제의 심각화를 우려하기도 하지만,[58] 개별적 투자자문은 투자자문업으로 규제하고, 유사투자자문업은 폐지하는 것이 옳다.[59]

2) 신고와 검사 등

유사투자자문업을 영위하려는 자는 일정한 서식을 갖추어 금융위에 신고해야 한다(101조 1항; 령 102조). 금융관련법령위반, 신고유효기간경과 등 사유가 있는 경우에는 신고를 수리할 수 없다(101조 5항). 신고하지 않고 유사투자자문업을 영위한 자는 1년 이하의 징역 또는 3천만원 이하의 벌금에 처한다(446조 17호의2). 신고유효기간은 신고수리일로부터 5년이다(101조 6항).

유사투자자문업을 영위하는 자는 유사투자자문업의 폐지나 명칭·소재지·대표자 변경의 경우에는 2주 이내에 금융위에 보고해야 한다(101조 2항 1호-3호). 금융위는 유사투자자문업자에 대하여 일정한 자료제출을 요구할 수 있고, 그 요구를 받은 자는 정당한 사유가 없으면 따라야 한다(101조 3항). 이러한 보고 및 자료제출요구의 거부에 대해서는 3천만원 이하의 과태료를 부과한다(449조 3항 5호의2 및 5호의3).

유사투자자문업자에 대해서는 투자자문업에 대한 영업행위규제 중 일부가 적용된다(101조 4항, 98조 1항 1호·2호·4호·5호). 자본시장법은 또한 유사투자자문업자의 불법 또는 불건전 영업행위로 인한 투자자 피해를 방지하고, 건전한 영업행위를 유도하기 위해 불건전 영업방지교육을 사전에 의무적으로 받도록 하였다(101조 7항·8항). 금융위는 보고의무위반 등에 대해 신고사항을 직권으로 말소할 수 있다(101조 9항). 이를 위하여 금융위는 필요한 경우 관할 세무서장에게 영업자의 폐업 여부에 관한 정보제공을 요청할 수 있고, 관할 세무서장은 해당 정보를 제공해야 한다(101조 10항).

금감원장은 유사투자자문업을 영위하는 자가 보고를 하지 않거나 거짓으로 보고한 경우, 정당한 사유 없이 자료제출을 하지 않거나 거짓으로 제출한 경우 그 업무와 재산상황에 관하여 금융투자업자에 관한 검사에 준하여 검사를 할 수 있다(101조 11항 1호·2호, 419조).

---

[57] 증권법 [시행 1997. 4. 1.][법률 제5254호, 1997. 1. 13., 일부개정]. 금융위·금감원, 보도참고자료: 유사투자자문업 제도개선 및 감독방안, 2017. 2, 1면.

[58] 금융위·금감원, 위 보도참고자료, 1면.

[59] 찬성: 권재열, "자본시장법상 유사투자자문업자 규제 — 투자자문업자에 대한 경우와 비교를 중심으로", 『사법』 32호, 2015, 28면(신고제도의 폐지를 주장); 금융위·금감원, 보도자료: 투자자문사의 건전한 성장을 위한 종합 정책방향 마련, 2012. 7. 11.

3) 유사투자자문업자의 투자자에 대한 책임

(1) 자본시장법상 투자자 보호의무와 금융투자상품 판매규제

자본시장법은 금융투자업자에게 적용된다. 따라서 "투자자문을 받는 자와의 계약에서 자본시장법상 투자자문업자의 의무와 같은 내용의 의무를 부담하기로 약정하였다는 등의 특별한 사정이 없는 이상", 미등록 투자자문업자에게 개정 전 자본시장법(현재는 금소법)상 적합성원칙과 적정성원칙 및 설명의무가 유추적용되거나 그런 내용의 신의칙상 의무가 인정될 수 없다(대법원 2014. 5. 16. 선고 2012다46644 판결).

같은 취지에서 이러한 의무는 금융투자업자가 아닌 유사투자자문업자(101조)에게도 적용되지 않는다(대법원 2014. 5. 16. 선고 2012다46644 판결).[60] 적합성원칙과 적정성원칙은 "개별 투자자와의 면담·질문 등을 통해 그 투자자의 투자목적·투자상황 및 투자경험 등의 정보를 파악하는 것을 전제"로 하고, 설명의무는 "개별 투자자의 이해능력에 따라 이행방법이나 정도가 달라지는데", "불특정 다수인을 상대로 투자조언을 하는 유사투자자문업자에게는 이를 기대할 수 없기 때문"이다(대법원 2022. 10. 27. 선고 2018도4413 판결). 또한 이러한 의무는 특정투자자를 상대로 한 것이므로, 불특정 다수인을 상대로 투자조언을 하는 유사투자자문업자에게는 그에 관한 규정이 유추적용되거나 같은 내용의 신의칙상 의무가 인정될 수 없다(대법원 2014. 5. 16. 선고 2012다46644 판결).

이러한 법리는 적합성원칙과 적정성원칙 그리고 설명의무가 금소법으로 이관된 지금도 같다. 유사투자자문업자를 금소법상 금융상품판매업자나 금융상품자문업자로 볼 수는 없기 때문이다.[61]

(2) 일반적 성실의무 또는 투자자 보호의무와 불법행위책임

그러나 투자자는 "유사투자자문업자가 제공하는 정보에 나름의 진실이 있는 것으로 신뢰하고 유사투자자문업자의 서비스를 이용하는 것"이고 "유사투자자문업자로서도 고객의 이러한 신뢰를 알고 이를 전제로 서비스를 제공하는 것"이므로[62] 유사투자자문업자에게는 허위정보를 제공하지 않을 일반적 성실의무 내지 투자자 보호의무가 인정된다(대법원 2015. 6. 24. 선고 2013다13849 판결).[63]

따라서 유사투자자문업자가 고객에게 투자조언을 하면서 "고객의 투자판단에 영향을 미

---

60) 같은 취지: 2022. 10. 27. 선고 2018도4413 판결. 논의로는, 이원석, "유사투자자문업자의 의무와 손해배상책임", 『BFL』 74호, 2015, 102-114면.

61) 금소법상 금융상품자문업은 "이익을 얻을 목적으로 계속적 또는 반복적인 방법으로 금융상품의 가치 또는 취득과 처분결정에 관한 자문에 응하는 것"을 말한다(2조 4호 본문). 금소법도 자본시장법과 같은 취지에서 "불특정 다수인을 대상으로 발행되거나 송신되고, 불특정 다수인이 수시로 구입하거나 수신할 수 있는 간행물·출판물·통신물 또는 방송 등을 통하여 조언을 하는 것"을 금융상품자문업에서 제외한다(2조 4호 가목).

62) 이원석, "유사투자자문업자의 의무와 손해배상책임", 『BFL』 74호, 2015, 112면.

63) 원심은 반대한다. 이원석, 위의 논문, 104면.

칠 수 있는 중요한 사항에 관하여 허위의 정보를 제공하거나 아무런 합리적이고 객관적인 근거가 없는 정보를 마치 객관적인 근거가 있는 확실한 정보인 것처럼 제공하였고, 고객이 위 정보를 진실한 것으로 믿고 금융투자상품에 관한 거래를 하여 손해를 입"은 경우, 고객은 유사투자자문업자에 대하여 민법상 불법행위책임을 물을 수는 있다(대법원 2015. 6. 24. 선고 2013다13849 판결). 이러한 법리는 유사투자자문업자와의 고용 등의 법률관계에 따라 유사투자자문업자의 업무를 직접 수행하는 자에 대하여도 동일하게 적용된다(대법원 2015. 6. 24. 선고 2013다13849 판결).

2. 외국투자자문업자의 국외투자자문

자본시장법은 "외국투자자문업자가 국외에서 국가 등을 상대로 투자권유 또는 투자광고를 하지 아니하고 그 자를 상대방으로 투자자문업을 하는 경우"를 투자자문업에서 명시적으로 제외하고 있다(7조 6항 4호; 령 7조 4항 7호 및 5항 4호 라목). 이에 대해서는 아래 제11절 자본시장법의 적용배제에서 살펴본다.

3. 다른 영업에 수반되는 무보수 상담

자본시장법은 "따로 대가 없이 다른 영업에 부수하여 금융투자상품등의 가치나 그 금융투자상품등에 대한 투자판단에 관한 자문에 응하는 경우"를 투자자문업에서 명시적으로 제외하고 있다(7조 6항 4호; 령 7조 4항 8호 및 5항 4호 마목). 여기서 '**다른 영업**'은 금융투자업에 한정되는가? 이 규정이 예상하는 전형적인 사례는 투자중개업자의 임직원이 금융투자상품의 위탁매매에 부수하여 투자자에게 행하는 무보수의 투자상담행위이다. 그러나 증권정보업무나 법무법인 혹은 회계법인에서 법무 또는 회계자문업무를 수행하면서 금융투자상품의 가치나 금융투자상품에 대한 투자판단에 관한 자문에 응하는 것이 투자자문업에 해당하는지가 문제될 수 있다. 결국 '**다른 영업**'의 범위를 어떻게 이해할 것인지에 따라 결론이 달라질 것이다.[64] '**다른 영업**'을 금융투자업으로 한정하면 이러한 경우는 모두 투자자문업에 해당할 것이다. 반면에 금융투자업 이외의 영업도 포함한다고 보면 위의 경우는 모두 투자자문업에 해당하지 않게 된다.

'**다른 영업에 수반되는 무보수 상담**'을 투자자문업에서 제외한 것은 그 '**다른 영업**'에 대하여 수수료 규제 등 자본시장법상 규제가 적용되기 때문으로 보는 것이 합리적이다. 따라서 '**다른 영업**'은 금융투자업에 한정되는 것으로 보아야 한다. 이러한 해석에 따르면 유사투자자문업도 여기서 말하는 다른 영업에 속하는 것으로 볼 수 없다. 혼란을 피하기 위해서는 "따로

---

64) 임재연, 110면 주 171은 은행의 PB가 은행의 고객을 상대로 투자조언을 하는 것은 투자자문업에 해당하지 않는다고 설명한다.

대가 없이 다른 영업에 부수하여 금융투자상품등의 가치나 그 금융투자상품등에 대한 투자판 단에 관한 자문에 응하는 경우"를 "따로 대가 없이 투자매매업이나 투자중개업에 부수하여 금융투자상품등의 가치나 그 금융투자상품등에 대한 투자판단에 관한 자문에 응하는 경우"로 개정하는 것이 옳을 것이다. 그러나 투자중개업자가 단순한 중개나 위탁매매만을 수행하는 경우와 자문을 곁들이는 경우 투자자에 대한 영향의 차이를 고려하면 투자매매업자나 투자중 개업자를 포함한 금융투자업자와 금융투자업자 아닌 자가 하는 투자자문행위도 금융투자업으 로서의 요건을 충족하면 투자자문업으로 규제해야 한다.

4. 자문용역과 관련한 분석정보 제공

자본시장에서 자문용역을 제공할 때에는 투자에 관한 자문이 수반되는 경우가 많다. 자 본시장법은 일정한 전문가들이 자문용역과 관련하여 분석정보 등을 제공하는 것을 투자자문 업에서 명시적으로 제외하고 있다(7조 6항 4호; 령 7조 4항 9호 및 5항 4호 마목). 그러한 전문가 에는 집합투자기구평가회사(258조), 채권평가회사(263호), 공인회계사, 감정인, 신용평가를 전 문으로 하는 자, 변호사, 변리사 또는 세무사, 그 밖에 이에 준하는 자로서 해당 법령에 따라 자문용역을 제공하고 있는 자(소속단체 포함)가 포함된다. 그러나 이러한 전문가들이 분석정보 를 제공하는 경우에 투자자 보호의 필요성까지 없어지는 것은 아니므로 입법론상으로는 자본 시장법의 직접 규제대상으로 하거나 이들로 하여금 독자적인 투자자 보호장치를 구축하도록 하는 의무를 부과할 필요가 있다.

5. 부동산 관리대행 업무 등

자본시장법은 다른 법령에 따라 건축물 및 주택의 임대관리 등 부동산의 관리대행, 이 용·개발·거래상담, 그 밖에 투자·운용자문 등의 업무를 영위하는 경우도 투자자문업에서 제외한다(7조 6항 4호; 령 7조 4항 10호 및 5항 4호 바목).

제7절 투자일임업

Ⅰ. 의 의

투자일임업은 "투자자로부터 금융투자상품등에 대한 투자판단의 전부 또는 일부를 일임 받아 투자자별로 구분하여 그 투자자의 재산상태나 투자목적 등을 고려하여 금융투자상품등 을 취득·처분, 그 밖의 방법으로 운용하는 것을 영업으로 하는 것"을 말한다(6조 8항). 투자자 문업에 관하여 논의한 것과 같은 문제가 있어서 종래 금융투자상품으로 한정되었던 투자일임자산의 범위를 투자자문자산과 같이 확대하였다.

투자일임업은 투자자 재산이 금융투자업자에 위탁된 상태에서 수행된다는 점에서 투자자 문업과 구분된다. 또한 "투자자별로 구분하여" "그 투자자의 재산상태나 투자목적 등을 고려하여" 운용하는 점, 즉 개별성이 운용의 기본적 고려사항이라는 점에서 집합투자업과 구분된다.[65]

II. 명시적으로 제외되는 경우

첫째, 투자중개업자가 투자자의 매매주문을 집행하는 과정에서 일부 재량적 처리가 불가피한 상황이 있을 수 있다. 자본시장법은 이러한 사정을 고려하여 투자중개업자가 "따로 그 대가를 받지 않고 불가피하게 금융투자상품에 대한 투자판단의 전부 또는 일부를 일임받는" 일정한 경우를 투자일임업에서 제외하고 있다(7조 4항; 령 7조 3항 1호-5호).[66]

둘째, 증권을 대상으로 투자매매업(인수업 제외) 및 투자중개업(위탁매매업만 해당)을 함께 하는 자로서 특정업무[67]를 담당하게 하기 위하여 집합투자업자가 지정하는 자('**지정참가회사**')가 상장지수집합투자기구의 설정·설립을 위하여 자기 또는 타인의 계산으로 증권을 매매하는 경우는 투자일임업으로 보지 않는다(234조 2항).

---

65) 그러나 '일임형랩'과 '투자일임' 그리고 '특정금전신탁'을 실무상 명확히 구분하는 것은 결코 쉽지 않다. 금감위, '간접투자·금전신탁·일임형랩의 효율적 감독방안 마련'(정례브리핑 자료, 2006. 12. 12).

66) 시행령에서는 다음 경우를 투자일임업에서 제외하고 있다(령 7조 3항 1호-5호).
① 투자자가 금융투자상품의 매매거래일(1일)과 그 매매거래일의 총매매수량 또는 총매매금액을 지정한 경우로서 투자자로부터 그 지정범위에서 금융투자상품의 수량·가격 및 시기에 대한 투자판단을 일임받는 경우, ② 투자자의 여행·질병 등으로 인한 일시적 부재기간 중에 금융투자상품의 가격폭락 등 불가피한 사유가 있는 경우로서 투자자로부터 약관 등에 따라 미리 금융투자상품의 매도권한을 일임받는 경우, ③ 투자자가 금융투자상품의 매매 그 밖의 거래에 따른 결제나 증거금의 추가 예탁 또는 신용공여와 관련한 담보비율 유지의무나 상환의무를 이행하지 아니한 경우로서 투자자로부터 약관 등에 따라 금융투자상품의 매도권한(파생상품의 경우 이미 매도한 파생상품의 매수권한을 포함)을 일임받는 경우, ④ 투자자가 투자중개업자가 개설한 계좌에 입출금하는 경우 투자중개업자가 투자자와의 사전 약정에 따라 단기금융집합투자기구(MMF)의 집합투자증권 등을 자동으로 매수·매도하는 경우(CMA계좌 내 MMF에의 자동투자분 등을 포함), ⑤ 그 밖에 투자자 보호 및 건전한 금융거래질서를 해할 우려가 없는 경우로서 금융위가 고시하는 경우

67) 시행령은 ① 상장지수집합투자기구의 설정·추가설정 또는 설립·신주발행을 집합투자업자에 요청하는 업무, ② 상장지수집합투자기구의 해지·일부해지 또는 해산·주식의 일부 소각을 집합투자업자에 요청하는 업무, ③ 투자자로가 납부한 금전 또는 증권(이하 이 절에서 "납부금등"이라 한다)을 금융위원회가 고시하는 일정 단위("설정단위")에 상당하는 자산으로 변경하기 위한 증권의 매매나 위탁매매업무, ④ 상장지수집합투자기구의 집합투자증권이 증권시장에서 원활하게 거래되도록 하고, 그 가격이 그 집합투자증권의 좌수 또는 주수 당의 순자산가치에 수렴되도록 하는 업무(금융위가 고시하는 지정참가회사만 해당)를 규정하고 있다(령 247조 1호-4호).

Ⅲ. 일임매매제도의 폐지

증권법상 증권회사는 '**투자일임업**' 겸영(증권령 36조의2 1항 3호)은 물론, 일임매매도 허용되었다.[68] 일임매매에서 일임은 수량·가격·매매시기에 한해서만 허용되었다(증권법 107조).[69] 그러나 실제로는 일임매매가 대부분 증권의 수량·가격·매매시기뿐만 아니라 종류·종목까지 일임받아 투자자와의 분쟁이 끊이지 않았다. 자본시장법은 음성적이고 불법적인 일임매매를 양성화하기 위하여 일임매매제도를 폐지하였다. 따라서 이제 일임매매를 하려는 금융투자업자는 투자일임업을 등록하고 그에 대한 법규제를 준수해야 한다.

제8절 신 탁 업

Ⅰ. 의 의

자본시장법상 신탁업은 '**신탁을 영업으로 하는 것**'을 말한다(6조 9항). 여기서 신탁을 영업으로 한다는 것은 '신탁 자체'가 아니라 '신탁의 인수'를 영업으로 하는 것이다. 신탁은 신탁법상 신탁을 의미한다(9조 24항, 신탁법 2조).[70]

신탁업은 금융투자상품을 기초로 하는 다른 금융투자업과는 다른 방식으로 정의되고 있다. 투자매매업, 투자중개업, 투자자문업, 투자일임업 등은 모두 금융투자상품에 대한 매매, 위탁매매, 자문, 일임을 내용으로 한다. 그러나 신탁업은 신탁법상 신탁을 영업으로 하는 것이라고 하여 구신탁업법상 신탁업의 개념을 그대로 따르고 있다. 신탁업의 정의를 금융투자상품에 기초하여 정의하지 않고 구신탁업법상 신탁업 개념을 유지한 것은 은행의 신탁업 범위가 축소되는 것을 막기 위해서였다.[71]

---

68) 투자일임업 겸영을 위해서는 증권회사가 별도로 투자일임업을 등록하고, 투자자의 투자판단을 일임받아야 했다(간투법 145조 1항 2호).

69) 증권회사의 일임매매와 투자일임업의 차이점으로는 첫째, 전자에 대하여는 위탁수수료가 지급되지만, 후자에 대해서는 사전에 약정된 보수(확정보수와 성과보수)가 지급되는 점, 둘째, 전자는 유가증권의 종류·종목 등에 대한 고객의 결정에 따라야 하는 등 제한을 받는 점의 2가지를 들고 있었다. 법령제정 실무작업반(8)인, 위의 책, 556-557면.

70) 인수란 말을 뺀 것은 투자매매업의 일부인 금융투자상품의 '인수'와의 혼동을 방지하기 위한 것으로 짐작되나 그 타당성은 의문이다.

71) 재정경제부, 『자본시장과 금융투자업에 관한 법률 제정안』 공청회 등을 통한 의견수렴결과(2006. 6), 13-14면.

II. 특정금전신탁과 불특정금전신탁의 구분

1. 의   의

자본시장법상 금전신탁은 특정금전신탁과 불특정금전신탁으로 구분된다(103조 3항; 령 103조). 특정금전신탁은 위탁자가 신탁재산인 금전의 운용방법을 지정하는 금전신탁을, 그리고 불특정금전신탁은 위탁자가 신탁재산인 금전의 운용방법을 지정하지 않는 금전신탁을 말한다(령 103조 1호·2호).

2. 운용방법의 지정

특정과 불특정의 구분기준인 운용방법 지정의 의미는 무엇인가? 자본시장법은 특정금전신탁의 운용방법 지정을 구체화하였다. 신탁업자가 특정금전신탁 계약을 체결하거나 갱신할 때에는 위탁자로 하여금 신탁재산인 금전의 운용방법으로서 운용대상의 종류·비중·위험도 등을 계약서에 자필로 적도록 했다(령 104조 6항 1호). 운용방법을 변경할 때에는 그 변경내용을 계약서에 자필로 적도록 하거나 서명, 기명날인, 녹취의 방법으로 확인받도록 하였다(령 104조 6항 1호 가목-다목).[72] 다만, 수익자보호 및 건전한 거래질서를 해칠 우려가 없는 경우로서 계약의 특성 등을 고려하여 금융위가 고시하는 특정금전신탁은 제외한다(령 104조 6항 단서).

여기서 주의할 것은 운용방법의 지정에서 운용대상자산의 종류이다.[73] 특정금전신탁에 편입하는 금융투자상품에 대해 금소법상 판매규제를 적용하지 않는 것은 신탁업자의 권유없이 투자자가 지정한 방법으로 운용하였기 때문이다. 그러나 운용대상자산의 종류가 주식이나 사채와 같이 매우 포괄적으로 지정될 경우에도 투자자의 의사에 따른 운용으로 볼 수 있을지 의문이다. 금소법상 신탁업자의 권유가 없다고 하기 위해서는 특정금전신탁에서의 운용방법의 지정은 대상자산의 위험을 평가할 수 있을 정도로 구체적인 대상에 대해 이루어져야 한다.

3. 합동운용의 금지

다수의 위탁자로부터 모은 금전으로 특정이나 불특정금전신탁을 설정하여 신탁업자가 합동운용할 경우 자본시장법상 투자신탁에 해당하므로 집합투자업 인가를 요한다.[74] 따라서 1

---

72) 다만, 운용대상의 위험도를 변경하는 경우 변경내용을 계약서에 자필로 적게 해야 한다(령 104조 6항 2호 단서).
73) 협회의 특정금전신탁 업무처리 모범규준은 다음과 같이 정의한다{3.(1)(2)}.
  - 지정형: 투자자가 운용대상을 특정종목과 비중 등 구체적으로 지정한 특정금전신탁.
  - 비지정형: 투자자가 운용대상을 특정종목과 비중 등 구체적으로 지정하지 않은 특정금전신탁.
74) 다만, '특정금전신탁'은 합동운용이 금지되며(령 109조 3항 3호), '불특정금전신탁'은 간투법 당시부터 현재까지 신규설정이 금지되어 있으므로(간투법 부칙 14조 2항), 집합투자업 인가는 문제되지 않는다. 또한 하나의 CP를 분할하여 고객계좌에 편입시키는 것은 합동운용이 아니라는 것이 실무이다.

인 위탁자가 위탁한 금전을 특정이나 불특정금전신탁으로 단독운용하는 것만이 신탁업에 해당하게 된다.

Ⅲ. 명시적으로 제외되는 경우

자본시장법은 신탁업을 신탁법상 신탁을 영업으로 하는 것으로 정하면서도 「담보부사채신탁법」상 담보부사채신탁업과 「저작권법」상 저작권신탁관리업은 신탁업에서 배제하였다(7조 5항). 이들 업무도 신탁법상 신탁이지만, 주로 관리에 해당하고 다른 규제근거가 있어서 금융투자업에서 제외한 것이다. 한편 자본시장법은 관리형신탁 수익권을 금융투자상품에서 배제하였다(3조 1항 2호). 따라서 이를 취급하는 업무는 신탁업 이외의 금융투자업에 해당하지 않는다.

제9절 금융투자업과 시장개설행위

Ⅰ. 개   관

시장의 발전에 따라 금융투자상품과 관련한 일정한 행위를 시장개설행위로 볼 것인지 또는 금융투자업으로 볼 것인지가 문제이다. 선물거래와 관련하여 법원은 계좌대여와 가상선물거래를 구분하여 전자는 무인가 금융투자업으로, 후자는 무허가 금융투자상품시장개설행위로 보고 있다.

Ⅱ. 계좌대여

법원은 계좌대여방식을 "투자자들의 주문을 거래소가 개설한 파생상품시장으로 전달하여 거래를 체결하고 일정한 수수료를 취득하는 방식"이라고 정의하고, 그 행위자를 무인가 금융투자업으로 처벌한다(대법원 2013. 7. 25. 선고 2013도1592 판결). 금융투자업 중에서는 투자중개업에 해당한다. 나아가 자본시장법은 계좌대여의 알선이나 중개 그 자체를 금지하고, 이에 위반하는 경우 5년 이하의 징역 또는 2억원 이하의 벌금에 처한다(11조의2, 444조 1호의2).

Ⅲ. 가상선물거래

법원은 가상선물거래를 "피고인이 투자자들의 주문을 거래소가 개설한 파생상품시장으로 전달하여 실제선물거래를 체결하지 않고 선물지수를 기준으로 모의투자를 그 손실은 투자자에게 그리고 이익은 자신에게 귀속시키는 방식"라고 정의하고, 해당 가상선물거래가 자본시장법상 금융투자상품 특히 장내파생상품에 해당하는지 여부를 판단한다. 이에 해당한다고 판단될 경우 법원은 무허가 시장개설행위로 처벌하고 있다(대법원 2013. 11. 28. 선고 2012도4230 판결).[75] 한편 가상선물거래가 금융투자상품에 해당하지 않을 경우에는 도박죄에 해당할 수 있다(대법원 2015. 9. 10. 선고 2012도9660 판결).

제10절 기술발전과 금융투자업

Ⅰ. 서 언

금융은 기술을 기반으로 발전해 왔다. 특히 2008년 글로벌 금융위기 이후 세계금융시장에서는 블록체인과 인공지능을 비롯한 디지털기술을 금융에 접목함으로써 전통적인 금융의 논리와 구조를 크게 변화시키고 있다. 이러한 변화의 산물을 금융(finance)과 기술(technology)을 결합한 용어인 핀테크(fintech)라고 부른다. 핀테크는 금융의 모든 분야에 두루 영향을 미치고 있다. 특히 자본시장에서의 영향은 금융투자상품과 금융투자업 그리고 자본시장인프라로 나눌 수 있다. 금융투자상품에서는 가상자산형 증권이나 가상자산을 기초자산으로 하는 파생상품이 문제된다. 금융투자업에서는 증권형 크라우드펀딩이나 로보어드바이저 등 자금조달구조와 금융투자업의 방식에 큰 변화를 일으키고 있다. 자본시장인프라에서는 분산원장기술을 매매체결·청산·결제에 반영하는 방법이 주로 논의되고 있다. 이 절에서는 온라인소액투자중개업과 전자적 투자조언장치를 살펴본다.

Ⅱ. 온라인소액투자중개업자

1. 개 관

전통적으로 자금조달은 최종적인 자금수요자가 중개기관(금융회사)의 관여 아래 증권을 발행하거나 대출을 받는 형식으로 이루어졌다. 직접금융시장에서는 최종적인 자금공급자(투자자)와 수요자(발행인)가 직접 법률관계를 형성한다. 그러나 간접금융시장에서는 은행이 중개기관으로 개입하여 최종적인 자금공급자(예금자)와 수요자(차입자) 사이에는 간접적인 법률관계가 있을 뿐이었다. 그러나 기술발전에 따라 자금수요자와 자금공급자를 직접 연계할 수 있는 펀딩플랫폼(펀딩포털)이 등장하게 되었다. 소액투자자들의 집단지성에 기초한 P2P구조의

---

75) 같은 취지: 대법원 2013. 11. 28. 선고 2012도14725 판결; 대법원 2013. 11. 28. 선고 2013도10467 판결.

자금조달방식을 크라우드펀딩이라고 한다. 일반적인 증권발행이 성숙한 기업을 대상으로 하는 것이라면, 크라우드펀딩은 수익실현 이전의 미성숙한 기업을 대상으로 한다. 크라우드펀딩의 개념요소는 ① 자금공급자와 수요자의 온라인을 통한 직접 연결, ② 자금공급자들의 집단지성에 의한 투자판단, ③ 위험부담의 소액화의 3가지이다.[76]

크라우드펀딩은 자금조달수단의 유형에 따라 대출형과 증권형으로 구분한다.[77] 대출형은 온라인투자연계금융업법에서 온라인투자연계금융으로, 그리고 증권형은 자본시장법에서 온라인소액투자중개로 규율한다. 이하 증권형 크라우드펀딩에 관하여 살펴본다.[78]

▌표 3-2 증권형 크라우드펀딩 발행실적(단위: 건, 억원)

구 분	'18년		'19년		'20년		'21년		'22년		계	
	건수	금액	건수	금액	건수	금액	건수	금액	건수	금액	건수	금액
주식형	143	227	140	245	109	199.5	47	80.2	47	97.1	486	848.8
보통주	105	142.3	69	140.5	40	57.4	25	38.4	24	28.0	263	406.6
우선주	38	84.7	71	104.5	69	142.1	22	41.8	23	69.1	223	442.2
채권형	56	90.3	65	145.2	41	79.7	48	85.3	44	88.5	254	489
일반회사채	37	63.1	36	52.8	23	22.6	25	33.8	17	26.9	138	199.2
이익참가부	14	14.3	19	58.6	11	29.3	16	41.9	12	35.9	72	180
전환사채	3	9.1	8	20.6	7	27.8	7	9.6	15	25.7	40	92.8
신주인수권부	2	3.8	2	13.2	0	0	0	0	0	0	4	17
총 계	199	317.3	205	390.2	150	279.2	95	165.5	91	185.6	740	1,337.8

(자료) 금융위

2. 온라인소액투자중개의 의의와 구조

1) 의의와 구조

(1) 개   념

온라인소액투자중개는 "온라인상에서 누구의 명의로 하든지 타인의 계산으로 온라인소

---

76) 이런 관점에서 크라우드펀딩은 "창의적 아이디어나 사업계획을 가진 기업 등이 중개업체의 온라인 포털에서 집단지성을 활용하여 다수의 자금공급자로부터 자금을 조달하는 것"이라고 정의되고 있다. 금융위·금감원, 중개업자·발행인·투자자를 위한 알기 쉬운 크라우드펀딩 제도 제2판, 2016, 3면("금융위·금감원, 크라우드펀딩 제도"로 인용). 자금수요자는 온라인 노출, 구전에 의한 인지도 제고, 제품·서비스 등에 대한 능동적 소비자와의 의사소통 기회 확보 등 부수적 효과도 기대할 수 있다. 위의 책, 5면. 국내에서는 네티즌펀드를 크라우드펀딩의 초기형태로 볼 수도 있다.

77) 이외에 기부형이나 후원형도 있지만, 자금수요자가 자금공급자에 대하여 자연채무를 부담하는 구조로서 금융법상 특히 논의할 실익은 없다.

78) 크라우드펀딩에 대해서는, 금융위·금감원, 중개업자·발행인·투자자를 위한 알기쉬운 크라우드펀딩 제도 제2판, 2016; 이연임, "증권형 크라우드펀딩의 법적 규제 및 개선방안에 관한 소고", 『법과 정책연구』 제21집 제2호, 2021, 79-135면; 정승화, "증권형 크라우드펀딩의 활성화와 투자자 보호를 위한 법적과제", 『상사판례연구』 제28집 제4권, 2015, 145-207면.

액증권발행인이 법정영업방법으로 발행하는 채무증권, 지분증권, 투자계약증권의 모집 또는 사모에 관한 중개"이다(9조 27항). 온라인소액중개는 온라인소액투자중개업자가 영위한다.

온라인소액투자중개는 첫째, 새로 발행되는 증권에 대하여 온라인소액증권발행인을 위하여 투자자에게 그 증권취득에 관한 청약을 권유하는 행위("발행인을 위한 청약권유"), 둘째, 그 외에 직접 또는 간접으로 온라인소액증권발행인과 그 증권의 모집 또는 사모를 분담하는 행위("발행인을 위한 발행주선"), 셋째, 투자자로부터 그 증권취득에 관한 청약을 받아 온라인소액증권발행인에게 전달하는 행위("투자자를 위한 청약대행")를 하는 것이다(9조 27항; 령 14조의4 1항 1호-3호). 다만 온라인소액투자중개업자는 자신이 온라인소액투자중개를 하는 증권을 자기계산으로 취득하거나, 증권발행 또는 그 청약을 주선 또는 대리할 수 없다(117조의7 2항). 따라서 온라인소액투자중개업자의 중개업무는 자본시장법상 인수·주선·투자권유 또는 금소법상 금융상품판매나 권유에 해당하지 않아야 한다.

자본시장법은 투자중개업중 증권형 크라우드펀딩에 필요한 것만 온라인소액투자중개업자의 업무로 허용하였다. 자본시장법은 이를 "투자중개업 중 온라인소액투자중개에 해당하지 아니하는 것"(117조의5 1항)이라는 규정으로 확인하고 있다.

대출형 크라우드펀딩과의 구별도 문제된다. 대출형을 의미하는 온라인투자연계금융은 "온라인플랫폼을 통하여 특정 차입자에게 자금을 제공할 목적으로 투자("연계투자")한 투자자의 자금을 투자자가 지정한 해당 차입자에게 대출(어음할인·양도담보, 그 밖에 이와 비슷한 방법을 통한 자금의 제공을 포함. "연계대출")하고 그 연계대출에 따른 원리금수취권을 투자자에게 제공하는 것"(온라인투자연계금융업법 2조 1호)을 말한다. 증권형과는 연계대출이 개입되는 점에서 구별되지만, 양자는 실질적으로 유사한 기능을 수행하고 있다. 대출형에서는 연계투자에 대한 투자권유도 가능하다.[79]

(2) 온라인증권발행인

① 발행인의 자격

온라인소액증권발행인은 온라인소액투자중개를 통하여 증권을 발행하는 자를 말한다 (117조의7 3항). 발행인은 첫째, 중소기업창업지원법상 창업기업(2조 3호) 중 시행령으로 정하는 자, 둘째, 그 밖에 시행령으로 정하는 요건에 부합하는 자로 한정된다(9조 27항 1호·2호). **'창업기업'**은 중소기업을 창업하여 사업개시일부터 7년이 지나지 않은 기업(법인과 개인 사업자 포함)을 말한다(중소기업창업지원법 2조 3호 전단). 발행인의 자격제한은 크라우드펀딩은 자본시장법상 중대한 예외로서 혁신성이 인정되는 자에 한정해야 한다는 논리에 따른 것이다.

첫째, **"창업기업 중 시행령으로 정하는 자"**는 창업기업 중 주권상장법인과 제외대상업종을

---

79) 금소법은 온라인투자연계금융업법상 연계투자 및 연계대출을 대출성 상품으로 규제한다(3조 2호; 령 2조 1항 3호).

하는 자를 제외한다(9조 27항 1호; 령 14조의5 1항 1호·2호).[80] 둘째, "그 밖에 시행령으로 정하는 요건에 부합하는 자"는 벤처기업, 기술혁신형 또는 경영혁신형 중소기업으로서 제외대상업종(령 14조의5 1항 2호)에 해당하지 않는 자, 일정한 범위의 중소기업 그리고 중소기업으로서 사회적기업에 해당하는 자를 말한다(9조 27항 2호; 령 14조의5 2항 1호-3호). 다만, 제외대상 주권상장법인(령 14조의5 1항 1호)은 제외한다.

그 밖에 온라인소액증권발행인과 그 대주주 및 임원의 범죄경력에 관한 사항 등 발행인의 신뢰성을 확인할 수 있는 사항을 온라인소액투자중개업자의 확인사항으로 규정하고 있다(117조의11 1항 1호-5호; 령 118조의18 3항 1호-6호). 공시위반이나 증권사기 등으로 자격이 박탈된 자를 말하는 부적격발행인에 대하여 발행공시규제 면제 등을 적용하지 않는 미국과는 다르다{Regulation CF 227.503(a)}.

발행인과 관련해서 2가지 문제가 있다. 첫째, 발행인의 범위를 중소기업창업지원법 등에 의존하고 있어 실무상 증권발행목적 등과 관련하여 가능한지가 문제될 수 있다. 둘째, 적격발행인이 아닌 경우 발행의 사법적 효력은 인정되지만, 자본시장법상 일반적인 증권규제가 적용된다.

② 발행인의 회계기준

대체적 공시사항인 온라인소액증권발행인의 재무상태를 기재한 서류는 발행한도 산정기준금액(령 118조의16 1항 2호 다목)별로 회계감사의 기준이 다르다. 3억원 이하인 경우 발행인의 대표이사의 확인, 3억원 초과 5억원 이하인 경우 발행인의 대표이사의 확인 및 공인회계사의 확인과 의견표시, 5억원 초과인 경우 회계감사인의 감사의견을 요한다(령 118조의16 1항 2호 다목; 규정 2-2조의4 2항 1호-3호).

(3) 법정영업방법

법정영업방법은 "온라인소액투자중개업자의 인터넷 홈페이지[81]에 게재한 대체적인 공시사항(117조의10 2항)에 관하여 온라인소액증권발행인(117조의7 3항)과 투자자 간, 투자자 상호간에 해당 인터넷 홈페이지에서 의견의 교환이 이루어질 수 있도록 한 후에 채무증권, 지분증권 또는 투자계약증권을 발행하는 방법"을 말한다(9조 27항; 령 14조의4 1항). 발행인과 투자자

---

80) 제외대상업종은 금융 및 보험업, 부동산업, 일반유흥주점업, 무도유흥주점업 및 기타 주점업, 무도장운영업 그 밖에 다수의 일반투자자로부터 자금조달하는 것이 바람직하지 않은 업종으로서 금융위가 고시하는 업종이다. 다만 주권상장법인 중 코넥스시장 상장일부터 3년이 지나지 않은 법인, 증권모집·매출실적이 없는 법인, 그리고 창업기업의 원활한 자금조달 필요성이 인정되는 업종으로서 금융위가 고시하는 업종을 하는 자는 포함한다(령 14조의5 1항 1호 가목·나목, 2호 단서).

81) 인터넷 홈페이지는 이동통신단말장치에서 사용되는 애플리케이션, 그 밖에 이와 비슷한 응용프로그램을 통하여 온라인소액투자중개업자가 가상공간에 개설하는 장소를 포함한다. 온라인소액투자중개업자의 청약증거금 우선지급에 관한 공시를 위한 인터넷 홈페이지에 관한 규정(령 118조의13 2항)을 제외한 온라인소액투자중개에 관한 규정(제2편 제5장)에서 같다.

간, 투자자 상호 간에 인터넷 홈페이지에서 직접 의견교환을 할 수 있는 P2P구조와 이를 가능하게 하는 기술 기반에 주목하여 크라우드펀딩을 핀테크의 일부로 논의하는 것이다.

(4) 온라인소액증권

온라인소액증권은 증권형 크라우드펀딩으로 발행할 수 있는 증권으로서 채무증권, 지분증권, 투자계약증권(9조 27항)을 말한다. 단순한 형태인 주식과 사채만 허용한 것이다. 투자계약증권을 포함한 것은 다양한 발행수요의 가능성을 기대한 것이지만 이미 본 바와 같이 현실성은 높지 않다. 수익증권, 파생결합증권, 증권예탁증권은 제외된다. 수익증권은 그 발행인이 신탁업자나 집합투자업자로 한정되는 점, 파생결합증권의 발행인도 장외파생상품에 관한 투자매매업자로 한정되는 점, 증권예탁증권은 국제적인 증권거래수요를 고려한 것인 점 등을 고려한 것이다. 초기기업인 발행인에게 이러한 복잡한 유형의 증권발행수요는 인정하기 어려울 것이다.

(5) 유통시장의 필요성

발행인이 초기기업에 한정되는 점에서 온라인소액증권이 증권시장에 상장될 가능성은 높지 않다. 이에 온라인소액증권에 대한 중간유통시장을 개설할 필요성이 논의되기도 한다. 그러한 자본시장법은 그러한 유통가능성이 없음을 전제로 제도가 설계되어 있다.

2) 의무의 수준과 규제의 완화

증권형 크라우드펀딩이 기능하기 위해서는 온라인플랫폼의 법적 지위와 투자자에 대한 의무수준이 관건이다. 투자자들이 집단지성을 활용하여 발행인정보에 기초하여 투자판단을 하고 그 결과에 책임지는 것이 핵심이다. 자본시장법은 플랫폼운영자를 완화된 투자중개업자로 규제하면서 발행공시규제를 면제하는 대신 투자한도를 기초로 대체적 공시규제와 손해배상책임, 그리고 불공정거래규제를 적용한다. 이에 대해 그 업무범위에 비하여 여전히 규제비용이 높다는 평가[82]가 있는 한편, 범죄목적으로 악용되는 사례도 보고되어 있다.[83] 증권형 크라우드펀딩은 초기기업인 발행인정보의 한계를 투자한도라는 양적 규제를 통한 위험의 분산과 최소한의 대체적 공시로 보완하고자 하는 것이다.[84] 다만 규제완화의 논리적 근거인 집단지성은 투자자의 적극적 참여를 전제로 하므로 그 현실적 의미는 주기적으로 재평가될 필요가 있다.

---

82) 신현탁, "자본시장법상 온라인소액투자중개업자의 법적 지위에 관한 해석론상 문제점", 『증권법연구』 제17권 제2호, 2016, 93-123면.

83) 이천현/손영화, 크라우드 펀딩(Crowdfunding)을 이용한 범죄의 실태와 대응방안 연구, 연구총서 18-AA-06, 한국형사정책연구원, 2018. 12.

84) 정중호, "크라우드펀딩의 도입 의의와 과제", 『주간 하나금융포커스』 제5권 29호, 2015. 7. 27.-8. 2, 3면("크라우드펀딩이 정보문제로 인한 리스크에 대응하는 방식은 해결이 아니라 해당 리스크를 소액투자자들 사이에 철저히 분산시키는 것").

3. 업자규제

1) 의 의

온라인소액투자중개업자는 "온라인소액투자중개를 영업으로 하는 투자중개업자"를 말한다. 기능상 투자중개업에 해당하므로 투자중개업자로 규제해야 한다. 그러나 자본시장법은 제한된 업무범위와 투자자재산의 보관금지 등 구조적 차이를 고려하여 그 진입규제를 등록으로 완화하였다(117조의3, 117조의4). 규제수준은 투자자문업자나 투자일임업자와 같다.

2) 진입규제

온라인소액투자중개업자 등록을 하지 않은 자는 온라인소액투자중개를 할 수 없고(117조의3), 등록하면 투자중개업 인가(12조)를 받은 것으로 본다(117조의4 1항). 투자중개업 인가제도를 유지하면서 예외를 만든 것이다. 등록요건과 절차는 투자자문업 및 투자일임업에 준하여 설정되어 있다(117조의4 2항-9항). 자기자본요건은 5억원 이상이다(117조의4 2항 2호; 령 118조의4 1항). 외국 온라인소액투자중개업자("외국 법령에 따라 외국에서 온라인소액투자중개에 상당하는 영업을 영위하는 자")도 온라인소액투자중개에 필요한 지점, 그 밖의 영업소를 설치하여 등록할 수 있다(117조의4 2항 1호 나목). 온라인소액투자중개업자의 업무범위와 구조적 특징을 감안하여 투자자문업자등의 경우보다 진입규제를 완화해야 한다는 주장이 있다.

3) 건전성규제

자본시장법상 재무건전성 유지(30조)와 경영건전성기준(31조)에 관한 규정은 온라인소액투자중개업자에 대하여 적용하지 않는다(117조의6 3항). 투자자에 대한 의무수준이 낮은 점을 고려한 것이다.

온라인소액투자중개업자에 대해서도 지배구조법이 적용된다. 그러나 지배구조법이 적용되지 않는 사항에 대해서는 자본시장법상 특칙이 적용된다. 첫째, 지배구조법상 대주주 변경승인은 다른 금융투자업 인가를 받지 않은 온라인소액투자중개업자에게 적용되지 않는다(지배구조법 31조 1항 단서; 시행령 26조 4항 4호). 등록업임을 고려한 것이다.[85] 대신에 대주주가 변경된 경우 2주 이내에 금융위에 보고해야 한다(117조의6 1항). 둘째, 온라인소액투자중개업자는 내부통제기준을 정해야 한다(117조의6 2항). 내부통제기준에 포함될 사항은 시행령으로 정한다(령 118조의8 1항).[86] 내부통제기준을 제정·변경은 이사회의 결의를 요한다(령 118조의8

---

85) 금융위, 보도자료:「금융회사의 지배구조에 관한 법률 시행령」제정안 입법예고(4. 26.까지 40일간), 2016. 3. 17., 6면.
86) 시행령으로 정하는 사항은 다음과 같다.
    1. 업무의 분장과 조직구조에 관한 사항
    2. 고유재산운용업무*를 하는 과정에서 발생하는 위험의 관리지침에 관한 사항
    3. 임직원이 업무를 할 때 준수해야 하는 절차에 관한 사항

2항).87) 내부통제기준에 관한 구체적 기준은 금융위가 정하여 고시한다(령 118조의8 4항). 지배구조법상 내부통제기준에 관한 제24조와의 관계도 문제된다.88) 자본시장법이 지배구조에 관하여는 일반법인 지배구조법에 대한 특별법에 해당하므로 자본시장법 규정이 우선 적용된다. 셋째, 파생상품업무책임자의 임명(28조의2)에 관한 규정은 적용하지 않는다(117조의6 3항).

4) 업무범위규제

(1) 온라인소액중개

온라인소액투자중개업자의 업무범위는 "투자중개업 중 크라우드펀딩에 필요한 온라인소액중개"로 제한된다(9조 27항). 위탁매매와 대리는 허용되지 않는다. 법상 업무는 발행인을 위한 청약권유나 증권발행주선, 투자자를 위한 청약대행업무(령 14조의4 1항 1호-3호)로 되어 있지만, 자신이 중개하는 온라인소액증권의 취득이나 증권발행 또는 그 청약주선이나 대리는 금지된다(117조의7 2항). 취득제한은 투자매매업(자기매매업무)이나 불공정거래 가능성이 있는 고유재산 매매를 할 유인이 있음을, 그리고 주선등의 금지는 투자자와의 이해상충을 고려한 것이다.89)

따라서 일반 투자중개업자에 적용되는 겸영업무(40조), 매매형태명시 등 주문집행관련 규정(66조-70조), 신용공여와 집합투자증권판매 등 규제(72조-77조), 종합금융투자사업자관련 규정(77조의2·77조의3), 다자간매매체결회사관련 규정(78조)은 적용되지 않는다(117조의7 1항). 온라인소액투자중개업자는 투자자로부터 일체의 금전·증권, 그 밖의 재산의 보관·예탁을 받

---

    4. 경영의사결정에 필요한 정보가 효율적으로 전달될 수 있는 체제의 구축에 관한 사항

    5. 임직원의 내부통제기준 준수 여부를 확인하는 절차·방법과 내부통제기준을 위반한 임직원의 처리에 관한 사항

    6. 임직원의 금융투자상품 매매에 관련한 보고 등 법에 따른 불공정행위를 방지하기 위한 절차나 기준에 관한 사항

    7. 내부통제기준의 제정이나 변경 절차에 관한 사항

    8. 이해상충의 파악·평가와 관리에 관한 사항

    9. 그 밖에 내부통제기준에 관하여 필요한 사항으로서 금융위가 고시하는 사항

    * 외관상의 명의에 관계없이 자기의 계산으로 금융투자상품을 매매하거나 소유하는 업무로서 투자매매업이나 기업금융업무가 아닌 업무

87) 의사결정구조의 차이를 고려하여 외국온라인소액투자중개업자의 지점, 그 밖의 영업소는 제외한다. 금융위는 금감원장의 검사 결과 법령위반사실이 드러난 외국온라인소액투자중개업자에 대하여 법령위반행위의 재발방지를 위하여 내부통제기준의 변경을 권고할 수 있다(령 118조의8 3항).

88) 당초 자본시장법 제28조(내부통제기준 및 준법감시인)와 제29조(소수주주권)는 적용제외되어 있었지만, 이 두 조항은 지배구조법 시행과 함께 삭제되었다. 지배구조법상 내부통제규정(24조)을 적용배제하기 위한 개정안이 국회에 제출되어 있다(안 제117조의6 제3항, 지배구조법 24조). 자본시장과 금융투자업에 관한 법률 일부개정법률안(의안번호 1515, 제출연월일: 2020. 7. 6., 제출자: 정부). 동 개정안은 온라인소액투자중개업자의 업무범위와 위험이 제한적임을 고려하여 지배구조법상 위험관리에 관한 규정도 적용배제하고 있다. 국회 정무위원회 수석전문위원 이용준, 자본시장과 금융투자업에 관한 법률 일부개정법률안 검토보고 〈장외파생상품거래정보저장소 제도 법적근거 마련 등〉 ▣ 정부 제출(의안번호 제1515호), 2020. 9., 115-116면.

89) 금융위·금감원, 크라우드펀딩 제도, 24면.

을 수 없으므로(117조의8 1항) 금융투자업자에 적용되는 소유증권의 예탁(61조)도 강제할 필요
가 없다(117조의7 1항).

온라인소액투자중개업자는 발행인의 신용 또는 투자 여부에 대한 투자자의 판단에 영향
을 미칠 수 있는 자문이나 발행인의 경영에 관한 자문에 응할 수 없다(117조의7 3항).

(2) 업무위탁

온라인소액투자중개업자도 업무위탁을 할 수 있다. 다만, 본질적 업무에 해당하는 온라
인소액투자중개업 관련 계약의 체결·해지 업무, 대체적 공시사항인 게재내용의 사실확인 업
무(117조의11) 및 청약의 접수·전달·집행·확인 업무를 위탁할 경우에는 그 업무수행에 필요
한 인가를 받거나 등록을 한 자여야 한다(42조 4항 전단; 령 47조 1항 2호 단서).

5) 영업행위규제

(1) 개 관

온라인소액투자중개업자에 대해서도 자본시장법상 투자중개업자에 대한 영업행위규제와
금소법상 금융상품판매규제가 적용되는 것이 원칙이다. 그러나 투자자에 대한 의무수준과 그
업무의 특성을 고려하여 일부 규제를 완화 또는 면제하고 있다.

(2) 상호규제

온라인소액투자중개업자는 일반 투자중개업자에 비하여 업무범위가 제한되고 규제가 완
화된 점을 고려한 상호 또는 명칭규제를 적용한다. 첫째, 다른 금융투자업(투자중개업 중 온라
인소액투자중개에 해당하지 아니하는 것을 포함)을 영위하지 않는 온라인소액투자중개업자는 상
호에 '**금융투자**'(financial investment와 그 한글표기문자나 그와 비슷한 의미를 가지는 다른 외국어문
자와 그 한글표기문자)를 사용할 수 없다(117조의5 1항; 령 118조의7). 일반 금융투자업자와의 혼
동을 방지하기 위한 것이다. 둘째, 온라인소액투자중개업자가 아닌 자는 온라인소액투자중개
(또는 이와 유사한 명칭)를 사용할 수 없다(117조의5 2항). '**이와 유사한 명칭**'에는 외국어문자와
그 한글표시문자도 포함된다. 이에 위반하면 1년 이하의 징역 또는 3천만원 이하의 벌금에
처한다(446조 19호의2).

(3) 판매규제 등의 면제

온라인소액투자중개업자는 온라인소액증권발행의 중개를 제외한 금융상품판매가 허용되
지 않는다. 온라인소액증권발행의 중개도 자본시장법상 투자권유 또는 금소법상 금융상품판
매나 권유에 해당하지 않는다. 따라서 금소법상 적합성·적정성·설명의무(17조-19조), 부당권
유금지(21조), 계약서류 제공의무(23조), 금융상품판매대리·중개업자의 금지행위(25조 1항),
금융상품판매대리·중개업자의 고지의무 등(26조), 금융상품판매업자등의 손해배상책임(44
조·45조), 청약철회(46조)는 적용하지 않는다. 자본시장법상 설명의무위반에 따른 손해배상책

임추정의 특칙(48조), 투자권유준칙(50조), 투자권유대행인규제(51조-53조)도 적용하지 않는다 (117조의7 1항).

(4) 이해상충행위의 제한

온라인소액투자중개업자는 발행인의 신용 또는 투자 여부에 대한 투자자의 판단에 영향을 미칠 수 있는 자문이나 발행인의 경영에 관한 자문에 응할 수 없다(117조의7 3항). 이해상충 가능성을 높게 보아 거래 자체를 금지한 것이다. 온라인소액투자중개업자의 자기중개증권의 자기계산취득이나, 증권발행등의 주선등의 금지(117조의7 2항)도 같은 취지이다.

(5) 청약권유의 방법 제한

온라인소액투자중개업자는 '**증권의 청약을 권유하는 일체의 행위**'를 할 때 그 방법은 다음 4가지로 제한된다(117조의7 10항 1호-4호). 발행공시규제를 면제하는 대신 투자자 보호를 위하여 청약권유방법을 제한한 것이다.

첫째, 투자광고를 자신의 인터넷 홈페이지에 게시하는 행위(117조의7 10항 1호 본문, 117조의9 1항 본문). 다만, 온라인소액투자중개업자 또는 온라인소액증권발행인이 다른 매체를 이용하여 투자광고가 게시된 인터넷 홈페이지 주소나 그에 접속할 수 있는 장치등을 제공하는 행위는 가능하다(117조의7 10항 1호 단서, 117조의9 1항 단서 1호-3호).

둘째, 온라인소액증권발행인이 게재하는 내용을 자신의 인터넷 홈페이지에 게시하는 행위(117조의7 10항 2호, 117조의10 2항).

셋째, 자신의 인터넷 홈페이지를 통하여 자신이 중개하는 증권 또는 그 온라인소액증권 발행인에 대한 투자자들의 의견이 교환될 수 있도록 관리하는 행위(117조의7 10항 3호 본문). 다만, 온라인소액투자중개업자가 자신의 인터넷 홈페이지를 통하여 공개되는 투자자들의 의견을 임의로 삭제하거나 수정할 수 없다(117조의7 10항 3호 단서).

넷째, 사모방식으로 증권청약을 권유하는 경우에는 온라인소액증권발행인이 게재하는 내용을 특정 투자자에게 전송하는 행위(117조의7 10항 3호 단서, 117조의10 2항).

온라인소액투자중개업자는 투자중개업자로서 '**투자권유를 하는 업**'임에도 불구하고 위 4가지 방법 이외의 방법에 의한 청약의 권유를 원칙적으로 금지하는 점에 대해서는 논의가 있을 수 있다. 그러나 자본시장법은 그 역할을 플랫폼의 운영주체로서의 기능에 한정한 것으로 생각된다.

(6) 청약의 제한

① 투자자의 정확한 정보에 기초한 청약의 확보

온라인소액투자중개업자는 투자자가 청약내용, 투자에 따르는 위험, 증권의 매도제한, 증권의 발행조건과 온라인소액증권발행인의 재무상태가 기재된 서류 및 사업계획서의 내용을 충분히 확인하였는지의 여부를 투자자의 투자자로부터 서명이나 전자서명을 받는 방법, 전자우편, 그 밖에 이와 비슷한 전자통신방법, 그 밖에 금융위가 고시하는 방법으로 확인하기 전에는 그의 청약의사표시를 받을 수 없다(117조의7 4항; 령 118조의9 1항 1호-3호). 투자자의 정확한 정보에 기초한 투자판단을 사전적으로 확인하는 장치로서 설명의무와 유사한 것으로 볼 수 있다.[90]

② 임의청약의 금지

온라인소액투자중개업자는 투자자가 청약의사를 표시하지 않은 상태에서 투자자의 재산으로 증권의 청약을 할 수 없다(117조의7 6항). 금융투자업자의 임의매매의 금지(70조)와 같은 취지이다.[91]

③ 투자자의 청약철회

투자자는 온라인소액투자중개를 통하여 발행되는 증권의 청약기간 종료일까지 청약의사를 철회할 수 있다(117조의10 8항 전단). 청약기간이 10일 이상(령 118조의16 3항 1호의2)으로 비교적 장기간이어서 변동가능성이 높은 점을 고려한 것이다.[92] 청약철회의사는 투자자가 온라인소액투자중개업자에게 그의 인터넷 홈페이지를 통하여 전자문서(전자문서법에 따른 전자문서)의 방법으로 표시해야 한다(117조의10 8항; 령 118조의17 7항 전단). 온라인소액투자중개업자는 그 인터넷 홈페이지에 해당 투자자가 청약의사를 철회할 수 있는 조치를 갖추어야 한다(117조의10 8항; 령 118조의17 7항 후단). 투자자가 청약철회의사를 표시한 경우 온라인소액투자중개업자는 그 투자자의 청약증거금을 지체 없이 반환해야 한다(117조의10 8항 후단). 온라인소액투자중개업자는 증권청약기간이 만료되고 투자자에게 청약증거금을 반환해야 할 경우 그 금액 및 반환일정 등을 투자자에게 통지해야 한다(117조의7 8항; 령 118조의10 2항 4호).

④ 청약기간의 만료와 청약 등 내역의 통지

온라인소액투자중개업자는 증권청약기간이 만료된 경우 증권의 청약 및 발행내역[93]을

---

90) 금융위·금감원, 크라우드펀딩 제도, 25면.
91) 위의 책, 27면.
92) 금융위·금감원, 크라우드펀딩 제도, 60면.
93) 통지해야 할 증권의 청약 및 발행내역은 다음과 같다(령 118조의10 2항 1호-4호).
　　1. 증권의 취득의 청약에 관한 사항
　　　가. 전체 투자자의 청약금액 및 수량 나. 전체 투자자로부터 받은 청약증거금 총액 다. 그 밖에 증권의 취득에 관한 청약의 세부사항
　　2. 증권의 발행에 관한 다음 각 목의 사항
　　　가. 전체 투자자의 청약금액이 펀딩실패기준금액 이상인지 여부 나. 전체 투자자로부터 온라인소액증권 발행인에게 실제 납입될 증권 대금 다. 그 밖에 증권의 발행에 관한 세부사항
　　3. 증권의 배정 및 그 대금 납입에 관한 사항
　　　가. 증권의 취득에 관한 청약을 한 해당 투자자에게 배정된 증권의 가액 및 수량 나. 증권 대금의 납입기일 다. 그 밖에 증권의 배정 및 그 대금 납입에 관한 사항
　　4. 온라인소액투자중개업자가 투자자에게 청약증거금을 반환해야 할 경우 그 금액 및 반환 일정 등에 관한

금융위가 고시하는 방법에 따라 지체 없이 투자자에게 통지해야 한다(117조의7 8항). 일반적인 증권의 공모기간에 비하여 청약기간이 길고 발행취소제도가 있는 점 등을 고려한 것으로서 이를 통하여 투자자는 증권발행 여부와 자신의 투자한도를 확인하고 온라인소액투자중개업자에 의한 임의청약 등을 방지할 수 있다.[94]

⑤ 적합성 확인

온라인소액투자중개업자는 온라인소액투자증권에 대한 투자한도 산정시 일정한 소득요건을 갖춘 자를 제외한 투자자(117조의10 6항 2호)가 온라인소액투자중개의 방법을 통하여 증권을 청약하려는 경우 해당 투자자에게 투자에 따르는 위험 등에 대하여 이해했는지 여부를 질문을 통하여 확인하고, 확인결과 투자자에게 온라인소액투자중개의 방법을 통한 투자가 적합하지 않은 경우에는 청약의 의사표시를 받을 수 없다(71조 7호; 령 68조 5항 13호의5). 이를 위반하는 경우 불건전 영업행위로서 1억원 이하의 과태료에 처한다(449조 1항 29호). 여기서 말하는 **'적합성'**은 금소법상 적합성과 같은 의미로 보아야 할 것이다. 금소법상 적합성원칙(17조)의 적용을 배제하면서(117조의7 1항) 불건전 영업행위로 재도입한 것으로 평가된다.

(7) 차별적 취급의 제한

온라인소액투자중개업자는 온라인소액증권발행인에 관한 정보제공, 청약주문처리 등 업무를 수행할 때 특정한 온라인소액증권발행인 또는 투자자를 부당하게 우대하거나 차별할 수 없다(117조의7 7항 본문). 투자중개업자로서 고객에 대한 기본적 의무라고 할 수 있다. 여기서 정보제공, 청약주문처리는 온라인소액투자중개업자의 업무를 예시적으로 열거한 것으로서 온라인소액중개에 관한 모든 업무를 대상으로 한다.

다만, 투자자가 증권취득에 관한 청약의 권유를 받지 않고 그 청약의사를 표시하는 경우, 온라인소액투자중개업자는 발행인의 요청에 따라 투자자의 자격 등을 합리적이고 명확한 기준에 따라 제한한 경우(117조의7 5항), 그 밖에 건전한 거래질서 및 투자자 보호를 저해할 우려가 크지 않은 경우로서 금융위가 고시하는 경우는 정당한 사유가 있는 경우로서 차별적 취급에 해당하지 않는다(117조의7 7항 단서; 령 118조의10 1항 1호-3호).

(8) 청약증거금의 관리

① 별도관리의무

온라인소액투자중개업자의 투자자에 대한 의무수준을 나타내는 핵심징표는 청약증거금 관리방법이다. 온라인소액투자중개업자는 투자자로부터 일체의 금전·증권, 그 밖의 재산의 보관·예탁을 받을 수 없다(117조의8 1항). 중개업자의 도산위험으로부터 고객재산을 격리하기

사항
94) 금융위·금감원, 크라우드펀딩 제도, 28-29면.

위한 예외가 없는 원칙이다. 대신 온라인소액투자중개업자는 투자자의 청약증거금을 청약증거금관리기관(은행 또는 증권금융회사)에 예치 또는 신탁해야 한다(117조의8 2항; 령 118조의11 2항, 4조 1호-3호). 온라인소액투자중개업자는 청약증거금관리기관에 예치 또는 신탁된 투자자의 청약증거금이 투자자의 재산이라는 뜻을 밝혀야 한다(117조의8 3항). 그 방법은 개별 투자자를 예치의 예금자와 신탁의 수익자로 표시하는 것이 이상적이다. 그러나 실무상으로는 온라인소액투자중개업자의 명의로 예치나 신탁이 이루어진다.95)

② 청약증거금의 관리

청약증거금관리기관은 예치 또는 신탁된 투자자의 청약증거금을 자기재산과 구분하여 신의에 따라 성실하게 관리해야 한다(117조의8 6항; 령 118조의14 1항). 온라인소액투자중개업자는 증권의 청약기간이 끝난 후 발행이 취소되지 않은 경우(117조의10 3항)에는 청약증거금 중 발행인에게 실제 납입될 증권대금(령 118조의10 2항 2호 나목)을 청약증거금관리기관에 통보해야 한다(117조의8 6항; 령 118조의14 2항 전단). 이 경우 청약증거금 관리기관은 지체 없이 그 증권대금을 온라인소액증권발행인에게 지급해야 한다(117조의8 6항; 령 118조의14 2항 후단).

온라인소액투자중개업자는 발행취소(117조의10 3항), 투자자의 청약의사철회(117조의10 8항 전단), 증권청약기간이 끝난 후 청약증거금이 발행인에게 실제 납입될 증권대금(118조의10 2항 2호 나목)을 초과한 경우, 그 밖에 투자자 보호 및 건전한 거래질서의 유지를 위하여 금융위가 고시하는 경우에는 청약증거금 중 투자자에게 반환해야 할 금액을 청약증거금 관리기관에 통보해야 한다(117조의8 6항; 령 118조의14 3항 전단 1호-4호). 이 경우 청약증거금 관리기관은 지체 없이 그 금액을 투자자에게 반환해야 한다(117조의8 6항; 령 118조의14 3항 후단).

청약증거금관리기관은 발행인에 대한 증권대금 지급, 투자자에 대한 청약증거금 반환, 투자자에 대한 청약증거금 우선지급(117조의8 5항)에 해당하는 경우로서 청약증거금의 지급·반환 업무를 위하여 필요한 경우에는 중앙기록관리기관에 관련자료제공을 요청할 수 있다(117조의8 6항; 령 118조의14 4항 1호-3호). 청약증거금의 관리, 지급 및 반환 등에 필요한 구체적인 사항은 금융투자업규정으로 정한다(117조의8 6항; 령 118조의14 5항).

③ 도산위험의 격리

자본시장법은 온라인소액투자중개업자의 도산위험으로부터 격리하기 위한 조치를 취하고 있다. 누구든지 청약증거금관리기관에 예치 또는 신탁된 투자자의 청약증거금을 상계·압류(가압류를 포함)하지 못하며, 온라인소액투자중개업자는 청약증거금관리기관에 예치 또는 신탁된 투자자의 청약증거금을 양도하거나 담보로 제공할 수 없다(117조의8 4항). 다만 온라인소액투자중개업자가 다른 회사에 흡수합병되거나 다른 회사와 신설합병함에 따라 그 합병에

---

95) 협회의 증권형 크라우드펀딩 표준업무방법서는 "중개업자는 … 투자자로부터 받은 청약증거금이 예치된 자신의 계좌"라고 하여 이 점을 확인하고 있다{Ⅱ. 온라인소액투자중개 업무 10. 2)}.

따른 존속회사나 신설회사에 청약증거금 관리기관에 예치 또는 신탁한 청약증거금을 양도하는 경우, 온라인소액투자중개업자가 온라인소액투자중개업의 전부나 일부를 양도하는 경우로서 양도내용에 따라 양수회사에 청약증거금 관리기관에 예치 또는 신탁한 청약증거금을 양도하는 경우, 그 밖에 투자자의 보호를 해칠 염려가 없는 경우로서 금융위가 고시하는 경우에는 양도하거나 담보로 제공할 수 있다(117조의8 4항; 령 118조의12 1호-3호).

④ 지급사유와 청약증거금의 지급

온라인소액투자중개업자는 지급사유가 발생한 경우 청약증거금관리기관에 예치 또는 신탁된 투자자의 청약증거금이 투자자에게 우선지급될 수 있도록 조치해야 한다(117조의8 5항). 지급사유는 온라인소액투자중개업자의 등록취소, 해산결의, 파산선고, 폐업승인이나 정지명령, 그 밖에 이에 준하는 사유를 말한다(117조의8 5항; 령 118조의13 1항 1호-6호). 폐업승인이나 정지명령은 온라인소액투자중개업 자체를 대상으로 하는 경우만을 말한다.

온라인소액투자중개업자는 지급사유가 발생한 경우 지체 없이 청약증거금의 우선지급사유, 지급시기 및 방법, 그 밖에 청약증거금의 우선지급과 관련된 사항을 온라인소액투자중개업자, 중앙기록관리기관 및 청약증거금관리기관의 인터넷 홈페이지 등을 이용하여 공시해야 한다(117조의8 5항; 령 118조의13 2항).

청약증거금관리기관은 투자자에 대한 청약증거금 우선지급(117조의8 5항)에 해당하는 경우로서 청약증거금의 지급·반환 업무를 위하여 필요한 경우에는 중앙기록관리기관에 관련 자료의 제공을 요청할 수 있다(117조의8 6항; 령 118조의14 4항 3호). 청약증거금관리기관이 투자자에게 청약증거금을 직접 반환한 경우 투자자의 온라인소액투자중개업자에 대한 청약증거금반환청구권도 소멸하는 것으로 보아야 한다.

(9) 투자광고의 특례

① 온라인소액투자중개 관련 투자광고의 원칙

투자광고에 대해서는 광고의 주체와 수단이 제한된다. 피싱과 같은 신종금융사기 및 무분별한 광고를 막기 위한 것이다.[96] 첫째, 광고의 주체는 온라인소액투자중개업자 또는 온라인소액증권발행인에 한정된다(117조의9 2항). 둘째, 온라인소액투자중개업자 또는 온라인소액증권발행인은 온라인소액투자중개업자가 개설한 인터넷 홈페이지 이외의 수단을 통해서 투자광고를 할 수 없다(117조의9 1항 본문). 투자광고와 관련하여 자본시장법에 규정하지 않은 사항은 「표시·광고의 공정화에 관한 법률」 외에 금소법을 적용한다(117조의9 3항).[97]

② 온라인투자광고 관련 일정한 사항의 제공

온라인소액투자중개업자 또는 온라인소액증권발행인은 다른 매체를 이용하여 온라인투

96) 금융위·금감원, 크라우드펀딩 제도, 33면.
97) 조문은 자본시장법 제57조를 준용하지만, 현재 금소법 제22조로 이관되었다.

자광고 관련 사항을 제공할 수 있다(117조의9 1항 단서 1호-4호). 온라인투자광고 관련 사항은 투자광고가 게시된 인터넷 홈페이지 주소와 그 홈페이지에 접속할 수 있는 장치, 온라인소액투자중개업자·온라인소액증권발행인의 명칭, 온라인소액증권발행인의 업종 및 증권의 청약기간[98]을 말한다.

온라인투자광고 관련 사항에 대해서는 전자게시판서비스 제공자에게도 일정한 의무를 부과한다.[99] 전자게시판서비스 제공자는 해당 게시판을 통하여 온라인투자광고 관련 사항이 제공되는 경우 이로 인한 투자자 피해가 발생하지 않도록 일정한 의무를 이행해야 한다(117조의15 1항 1호-3호). 그 내용은 첫째, 온라인소액증권발행인 또는 온라인소액투자중개업자가 게시판을 이용하여 온라인투자광고 관련 사항을 제공하는 경우 투자광고관련의무(117조의9)를 준수하도록 안내하고 권고할 것, 둘째, 게시판을 이용하여 온라인투자광고관련사항을 제공하는 온라인소액증권발행인 또는 온라인소액투자중개업자가 자본시장법을 위반하는 경우 위반자에 대한 접속제한, 자본시장법을 위반하여 게재된 정보삭제 등 투자자 피해방지조치, 위반자의 자본시장법 위반사실을 금융위에 신고조치할 것, 셋째, 그 밖에 시행령으로 정하는 사항을 말한다(117조의15 1항 1호-3호).

금융위는 전자게시판서비스 제공자가 위 의무를 불이행하는 경우 방송통신위원회에 시정명령이나 과태료부과를 요구할 수 있다(117조의15 2항).

6) 온라인소액증권의 발행

(1) 개   관

자본시장법상 온라인소액증권의 발행은 모집과 사모로 한정된다. 초기기업의 사업자금조달이라는 발행목적상 매출을 인정하기는 어렵다. 발행규제는 발행한도와 투자한도, 발행공시규제의 면제와 대체적 공시의무의 부과, 발행성공비율의 규제 등으로 이루어진다. 차례대로 살펴본다.

(2) 발행한도와 투자한도

① 개   관

증권형 크라우드펀딩에 대한 규제완화의 전제는 발행한도와 투자한도이다. 발행한도로 자본시장에 미치는, 그리고 투자한도로 투자자가 부담하는 위험의 최대한도를 통제하려는 것이다. 온라인소액투자중개업자는 이러한 한도가 준수될 수 있도록 필요한 조치를 취할 의무

---

98) 온라인소액증권발행인이 개설한 인터넷 홈페이지 또는 정보통신서비스 제공자(정통망법 2조 1항 3호)가 운영하는 포털서비스를 이용하여 제공하는 경우에 한정한다. 포털서비스는 다른 인터넷주소·정보 등의 검색과 전자우편·커뮤니티 등을 제공하는 서비스를 말한다.

99) 전자게시판서비스 제공자는 정통망법상 게시판을 운영하는 정보통신서비스 제공자를 말한다(동법 2조 1항 9호·3호).

를 진다(117조의7 9항). 온라인소액투자중개업자는 이러한 한도관리업무를 중앙기록관리기관에 위탁해야 한다(117조의13 2항). 개별중개업자가 아닌 전문기관이 담당하게 함으로써 제도자체에 대한 신뢰도를 높이려는 것이다.

② 발행한도

자본시장법은 발행인별로 발행한도를 둔다(117조의10 1항; 령 118조의15 1항). 첫째, 온라인소액투자중개를 통하여 모집하려는 증권의 모집가액과 해당 모집일부터 과거 1년 동안 이루어진 증권의 모집가액(해당 모집가액 중 채무증권의 상환액은 제외) 각각의 합계액이 30억원 이하인 경우 채무증권의 합계액은 15억원을 한도로 한다. 둘째, 청약권유일 이전 6개월 이내에 해당 증권과 같은 종류의 증권에 대하여 공모에 의하지 않고 청약의 권유를 받은 자를 합산하는 경우(령 11조 1항) 그 합산대상이 되는 모든 청약의 권유(해당 권유액 중 채무증권의 상환액은 제외) 각각의 합계액이 30억원 이하인 경우 채무증권의 합계액은 15억원을 한도로 한다.

다만 발행한도금액을 산정할 때 투자한도의 제한이 없는 전문투자자등(령 118조의17 2항 1호-3호)이 발행인으로부터 증권을 취득하면서 1년간 전매제한조치[100]를 취할 경우 그 자가 납입하는 증권대금은 제외한다(117조의10 1항; 령 118조의15 2항 1호·2호). '**같은 종류의 증권**'과 '**각각의**' 등은 제5장 발행시장의 규제(제3절 Ⅳ. 2. 소규모공모)에서 살펴볼 것과 같다.

발행한도를 초과할 경우에는 발행공시규제가 적용되므로 공시규제위반이 될 수 있다. 그러나 취지상 발행한도를 초과한 증권발행의 사법상 효력은 인정되어야 한다.

③ 투자한도

자본시장법은 투자자별 투자한도를 둔다. 발행인이 미성숙 초기기업으로서 불확실성이 크고 유동성이 낮아 투하자본 회수에 시간이 걸리는 점을 고려한 것이다.[101] 투자한도 제한이 없는 전문투자자등[102]을 제외한 투자자의 투자한도는 동일 발행인한도와 총한도로 구성된다(117조의10 6항 1호·2호; 령 118조의17 2항). 첫째, 투자자를 소득 등 일정한 요건을 갖춘 자[103]와 이 요건을 갖추지 못한 자로 나누어 최근 1년간 동일 발행인에 대한 누적투자금액을 각각

---

100) 예탁결제원과 그 증권 취득 후 지체 없이 예탁결제원에 예탁하거나 보호예수할 것과 예탁 또는 보호예수일부터 1년 동안 그 증권의 인출이나 타인에 대한 매도를 금지하는 내용의 계약을 체결한 경우.

101) 금융위·금감원, 크라우드펀딩 제도, 58면.

102) 시행령은 다음과 같이 규정한다(령 118조의17 2항).

　　1. 전문투자자, 회계법인, 신용평가회사, 발행인에게 회계, 자문 등의 용역을 제공하고 있는 공인회계사·감정인·변호사·변리사·세무사 등 공인된 자격증을 가지고 있는 자, 그 밖에 발행인의 재무상황이나 사업내용 등을 잘 알 수 있는 전문가로서 금융위가 고시하는 자, 일정한 범위의 연고자(령 11조 1항 2호 각 목), 집합투자 적용제외 타법펀드 근거법률(령 6조 1항 각호)에 따라 설립·설정된 집합투자기구(령 11조 2항 1호-4호)

　　2. 창업기업·벤처기업에 대한 투자실적보유자로서 금융위가 고시하는 금액 이상을 투자한 자

　　3. 그 밖에 창업기업·벤처기업 등에 대한 투자전문성 등을 고려하여 금융위가 고시하는 자

103) 시행령은 개인과 법인으로 나누어 소득금액과 투자금액, 자기자본 등의 기준을 정하고 있다(령 118조의17 3항 1호·2호).

1천만원과 5백만원, 그리고 최근 1년간 누적투자금액은 각각 2천만원과 1천만원을 한도로 한다(령 118조의 17 4항 1호-4호). 둘째, 온라인소액투자중개업자는 발행인의 요청에 따라 투자자의 자격 등을 합리적이고 명확한 기준에 따라 제한할 수 있다(117조의7 5항). 다수의 주주 관리비용 등을 고려하여 발행인의 투자자선택권을 존중한 것이지만, 투자자 간 형평성을 침해해서는 안 된다.[104] 취지상 투자한도를 초과한 증권투자의 사법상 효력도 인정되어야 한다.

(3) 발행공시규제의 면제와 대체적 공시의무

자본시장법은 온라인소액투자중개의 방법으로 발행한도 이하의 증권을 모집하는 경우 증권신고서(119조) 및 소액공모공시서류 등(130조)을 적용하지 않는(117조의10 1항) 대신 다음의 대체적 공시의무가 적용된다. 발행공시의무를 면제한 것은 증권신고서 작성과 기업·회계실사에 필요한 시간과 비용을 온라인소액증권발행인이 감당하기 어려운 점을 고려한 것이다.[105] 대체적 공시의무는 소규모공모의 공시규제수준에 비하여 완화되어 있다. 발행한도를 초과할 경우에는 당연히 발행공시규제가 적용된다.

첫째, 발행인의 대체적 공시의무이다. 발행인은 모집개시전까지 대체적 공시사항을 온라인소액투자중개업자가 개설한 홈페이지에 게재하고(령 118조의16 1항 1호-3호),[106] 일정한 투자자 보호조치를 취해야 한다(117조의10 2항; 령 118조의16 3항 1호-3호).[107] 대체적 공시사항

---

104) 사전 공시를 통하여 전문투자자등에게 청약수량을 우선배정하고, 그 잔액에 대하여 일반투자자에게 청약일을 기준으로 선착순으로 배정하는 것과 같은 방식을 말한다. 금융위·금감원, 크라우드펀딩 제도, 26면.
105) 금융위·금감원, 위의 책, 57면.
106) 시행령은 대체적 공시사항을 다음과 같이 규정한다(령 118조의16 1항 1호-3호).
  1. 증권의 발행조건에 관한 사항
  가. 모집에 관한 일반사항 나. 모집되는 증권의 권리내용 다. 모집되는 증권의 취득에 따른 투자위험요소 라. 자금사용목적 마. 증권 발행가액의 산정방법 및 근거
  2. 온라인소액증권발행인의 재무상태, 사업계획서 등에 관한 사항(온라인소액증권발행인이 설립 중인 법인인 경우에는 금융위가 고시하는 사항)
  가. 회사개요 나. 사업내용, 그 밖의 사업계획에 관한 사항 다. 온라인소액증권발행인의 재무상태를 기재한 서류* 라. 회사의 기관, 대주주 및 임원 등에 관한 사항 마. 회계감사인의 감사보고서** 바. 온라인소액투자중개업자와의 채무관계 등 이해관계에 관한 사항
  3. 그 밖에 투자자를 보호하기 위하여 필요한 사항으로서 금융위가 고시하는 사항
    * 발행한도 금액(117조의10 1항)의 범위에서 금융위가 고시하는 금액별로 그 서류의 중요사항이 적정하게 기재되었다는 사실에 관하여 1) 발행인의 대표이사의 확인, 2) 공인회계사의 확인과 의견표시, 3) 회계감사인의 감사의견을 받은 것이어야 함.
    ** 발행한도별 발행금액(령 118조의15 1항 각호)의 합계액이 10억원 이상인 경우에 한정함.
107) 시행령은 다음 조치를 규정하고 있다(령 118조의16 3항 1호-3호).
  1. 증권모집이 끝난 후 지체 없이 그 모집실적에 관한 결과를 온라인소액투자중개업자의 인터넷 홈페이지에 게재할 것
  1의2. 증권의 청약기간은 10일 이상으로 할 것
  2. 매 사업연도 경과 후 90일 이내에 소액공모공시서류(령 137조 1항 5호 각목)를 온라인소액투자중개업자의 인터넷 홈페이지(온라인소액증권발행인이 둘 이상의 온라인소액투자중개업자를 통하여 모집의 방법으로 증권을 발행한 경우에는 그 둘 이상의 온라인소액투자중개업자의 인터넷 홈페이지를 포함)에 게재할 것.*

중 해당 온라인소액투자중개업자의 인터넷 홈페이지에 이미 게재된 것과 같은 부분이 있는 때에는 그 부분을 적시하여 이를 참고하라는 뜻을 게재함으로써 그 게재를 갈음할 수 있다(117조의10 2항; 령 118조의16 2항).

둘째, 발행인은 증권 청약기간 종료일부터 7일 전까지 온라인소액투자중개업자가 관리하는 인터넷 홈페이지(117조의7 10항 3호)를 통하여 투자자의 투자판단에 도움을 줄 수 있는 정보를 제공할 수 있다(117조의10 4항 본문). 다만, 발행인은 발행조건, 배정기준일·청약기간 또는 납입기일, 자금의 사용목적 등 투자자의 투자판단에 영향을 미칠 수 있는 중요한 사항을 포함하고 있는 정보(령 118조의16 6항 1호-4호)가 대체적 공시내용(117조의10 2항)과 다른 경우에는 대체적 공시내용을 즉시 정정하고 온라인소액투자중개업자가 관리하는 인터넷 홈페이지를 통하여 정정 게재해야 한다(117조의10 4항 단서; 령 118조의16 6항 1호-4호).[108]

셋째, 온라인소액투자중개업자는 온라인소액투자중개 전에 발행인에 관한 일정 사항을 확인할 의무를 진다(117조의11 1항).[109] 위 중개업자가 해당 사항을 가장 잘 알 수 있는 위치에 있기 때문이다. 방법과 절차는 금융위가 고시한다(117조의11 2항; 발행공시규정 2-2조의7 2항). 당해 규정은 "발행인의 명백한 사기, 사실관계의 오류 등을 방지하기 위해 증빙서류를 징구하는 등 기초적인 확인의무만을 부여하려는 취지"[110]로서 "대부분 단순한 서류대조 작업에 의하여 처리될 성질의 것"이다.[111] 이에 위반할 경우 1억원 이하의 과태료(449조 1항 35호의10)나 손해배상책임(64조)을 진다.

넷째, 발행공시위반에 대한 책임(125조)과 같은 취지에서 대체적 공시위반에 관한 발행인 등의 손해배상책임을 규정한다(117조의12).

(4) 발행취소 등

발행인은 온라인소액투자중개의 방법으로 증권을 모집하는 경우 청약금액이 모집예정금

---

3. 그 밖에 투자자를 보호하기 위하여 필요한 조치로서 금융위가 고시하는 조치

* 다만, 사업보고서 제출대상법인(159조 1항), 장외매매거래(령 178조 1항 1호)를 통해 주권이 거래되는 법인, 모집한 증권의 상환 또는 소각을 완료한 법인은 게재하지 않을 수 있음.

108) 정정 게재일이 청약기간의 말일부터 7일 이내인 경우에는 청약기간의 말일은 그 게재일부터 7일 후로 변경된 것으로 본다(117조의10 4항). 이 경우 7일은 숙려기간으로서의 의미를 가진다.

109) 확인사항은 발행인의 재무상황, 발행인의 사업계획이 사업목적 및 내용, 그 밖에 투자자 보호 필요사항(117조의11 1항 2호; 령 118조의18 1항 1호·2호)을 포함하였는지 여부, 그 발행인의 대표자 및 경영진의 이력, 모집자금의 사용계획이 모집예정금액의 구체적인 사용목적 및 그 목적이 사업계획에 적합한지 여부, 청약금액이 모집예정금액에 미달하는 경우 그 부족분 조달을 위한 세부계획이 수립되었는지 여부, 그 밖에 투자자 보호 필요사항(117조의11 1항 4호; 령 118조의18 2항 1호-3호)을 포함하였는지 여부, 그 밖에 온라인소액증권 발행인과 그 대주주 및 임원의 범죄경력에 관한 사항 등 발행인의 신뢰성을 확인할 수 있는 사항이다(117조의11 1항 1호-5호; 령 118조의18 3항 1호-6호).

110) 국회 정무위원회 수석전문위원 구기성, 자본시장과 금융투자업에 관한 법률 일부개정법률안【의안번호 5418, 신동우의원 대표발의】 검토보고서, 2013. 12., 32면.

111) 신현탁, 앞의 논문, 108-109면.

액의 80%에 미달할 때는 발행을 취소해야 한다(117조의10 3항; 118조의16 5항). 투자자들의 사업전망에 대한 부정적 평가를 반영하고 목표금액에 미달하면 사업수행이 곤란한 점을 고려한 것이다.[112] 실무상 '**펀딩실패**'라고 하지만, '**발행취소**'가 정확하다.[113] 반대로 청약금액이 모집예정금액을 초과하기 위해서는 대체적 공시내용의 정정절차가 필요하다(117조의10 4항 단서; 령 118조의16 6항 1호-4호).

발행취소의 경우 온라인소액투자중개업자는 청약증거금 중 투자자에게 반환할 금액을 청약증거금관리기관에 통보하고(117조의8 6항; 령 118조의14 3항 전단 1호-4호), 그 관리기관은 지체 없이 그 금액을 투자자에게 반환해야 한다(117조의8 6항; 령 118조의14 3항 후단). 청약금액이 발행취소기준금액을 초과하여 증권발행이 가능하게 되었음에도 온라인소액투자중개업자가 해당 사실을 청약자에게 통지하지 않는 행위는 불건전영업행위로서 금지된다(71조 7호; 령 68조 5항 13호의6).

발행취소에는 해당하지 않지만 청약금액이 모집예정금액에 미달하거나 초과하는 경우에는 어떻게 할 것인가? 미달발행의 경우 부족분의 조달계획을 마련하여 게재해야 하고, 초과발행의 경우 그에 상응하는 정보를 정정하여 게재해야 한다.[114] 특히 초과발행의 경우 대체적 공시사항(발행금액과 사용목적 등)의 정정게재 및 온라인소액추자중개업자의 사실확인, 발행인에 대한 회계기준이 변경되는 경우 그 기준의 충족이 필요하고, 정정 게재일이 청약기간의 말일부터 7일 이내인 경우에는 청약기간의 말일은 그 게재일부터 7일 후로 변경된 것으로 본다(117조의10 4항).

(5) 발행인 등의 처분제한

발행인과 투자자의 온라인소액증권 처분은 일정 기간 제한된다.

첫째, 발행인과 그 대주주는 발행인이 온라인소액투자중개 방식으로 증권발행 후 1년 동안은 보유한 발행인의 지분을 누구에게도 매도할 수 없다(117조의10 5항; 령 118조의17 1항). 여기서 대주주는 온라인소액투자중개의 방법으로 자금을 모집하기 직전을 기준으로 한 대주주를 말한다. 투자자의 신뢰확보와 사업계획의 이행보장을 위한 것으로서 거래소증권시장의 의무보호예수제도와 비슷하다.[115]

둘째, 온라인소액투자중개를 통하여 발행된 증권은 유통제한의 대상이 된다. 투자자는

---

112) 금융위·금감원, 위의 책, 51면.
113) '조건성취형 방식'이라고 한다. 미국의 JOBS법은 목표금액(100%)에 미달할 경우 취소하는 목표달성형(All or Nothing)이다. 금융위·금감원, 크라우드펀딩 제도, 50면. 온라인투자연계금융업법상 대출형 크라우드펀딩도 목표달성형이지만, 온라인투자연계금융업자가 20%를 자기계산으로 대출할 수 있으므로 결과는 조건성취형으로서 증권형과 같다(12조 2항, 4항 단서).
114) 금융위·금감원, 크라우드펀딩 제도, 51면.
115) 금융위·금감원, 위의 책, 52면.

해당 증권을 지체 없이 예탁결제원을 명의인으로 하는 방법(309조 5항)으로 예탁결제원에 예탁하거나 보호예수해야 하며, 그 예탁일 또는 보호예수일부터 6개월간 해당 증권(증권에 부여된 권리의 행사로 취득하는 증권을 포함)을 매도, 그 밖의 방법으로 양도할 수 없다(117조의10 7항 본문). 창업기업에 대한 장기투자 장려와 2차 투자자의 상대적인 정보부족 등에 따른 투자자 보호 필요를 고려한 것이다.116) 다만, 전문투자자나 해당 증권의 투자 손실가능성 및 낮은 유통 가능성 등을 인지하고 있는 자로서 시행령으로 정하는 자117)에 대해서는 증권을 매도하거나 양도할 수 있다(117조의10 7항 단서 1호·2호; 령 118조의17 5항 1호-5호).

(6) 대체적 공시위반 등에 대한 손해배상책임

발행인이 제공하는 정보의 정확성을 위하여 대체적 공시위반 등에 따른 손해배상책임을 두고 있다(117조의12). 이 책임은 대상서류가 "대체적 공시(117조의10 2항)에 따라 게재한 증권의 발행조건과 재무상태 등을 기재한 서류 또는 사업계획서"인 점을 제외하고는 발행공시위반에 따른 손해배상책임(125조)과 같다. 대상서류는 정정하여 게재한 경우도 포함한다(117조의10 4항).

책임요건은 대상서류 중 중요사항에 관한 거짓 기재나 표시 또는 중요사항의 기재 또는 표시누락에 따라 온라인소액투자중개를 통하여 증권을 취득한 자가 손해를 입은 경우이다(117조의12 1항 본문). 청구권자("온라인소액투자중개를 통하여 증권을 취득한 자")도 발행시장 취득자에 한정된다.

배상책임을 질 자도 온라인소액투자중개업자가 제외된 것을 빼고는 발행공시위반의 경우와 같다(117조의12 1항 본문 1호-5호; 령 118조의19). 온라인소액투자중개업자를 포함해야 한다는 주장도 있지만 발행인과 투자자의 직접 의견교환과 투자중개업자의 제한적인 역할을 고려할 때 확대하는 것은 부적절하다. 손해배상액의 산정에 관하여도 발행공시위반에 관한 손해배상액추정규정(126조)을 준용한다(117조의12 2항). 배상책임을 질 자의 상당한 주의 또는 취득자의 악의의 항변에 의한 면책가능성도 같다(117조의12 1항 단서). 상당한 주의를 다하였다는 사실과 취득자의 악의에 관한 증명책임은 배상책임을 질 자가 진다.

손해배상청구권의 소멸시효기간은 "그 청구권자가 해당 사실을 안 날부터 1년 이내 또는

---

116) 금융위·금감원, 위의 책, 60면.
117) 시행령은 다음 투자자를 규정한다(령 118조의17 5항 1호-5호).
　　1. 동조 2항 각 호의 어느 하나에 해당하는 자. 다만, 전문투자자는 제외.
　　2. 해당 증권의 온라인소액증권발행인의 대주주. 다만, 동조 2항 각 호의 어느 하나에 해당하는 자는 제외.
　　3. 해당 증권의 온라인소액증권발행인(해당 증권이 주권인 경우로 한정)
　　4. 해당 증권이 증권시장이나 협회가 비상장주권의 장외매매거래를 위하여 개설·운영하는 시장(286조 1항 5호)에서 거래되는 증권인 경우 그 증권을 매수하려는 자
　　5. 그 밖에 해당 증권의 유통 가능성이 높지 않고 투자손실 가능성이 있다는 등의 사실을 알고 그 증권을 매수하는 투자자로서 금융위가 고시하는 자

해당 증권의 청약기간의 종료일 전 7일부터 3년 이내"이다(117조의12 3항). 소멸시효의 기산점을 "해당 증권의 청약기간의 종료일 전 7일부터"라고 하여 발행공시위반의 경우의 "해당 증권에 관하여 증권신고서의 효력이 발생한 날부터"(127조)와 달리 한 것은 증권신고서의 효력발생일에 해당하는 사유가 없기 때문이다. 대신 온라인소액증권의 청약기간은 최소 7일이므로 증권신고서의 효력발생일에 해당하는 날을 "해당 증권의 청약기간의 종료일 전 7일"로 한 것이다. 안 날의 의미는 자본시장법상 다른 경우(127조; 142조 5항; 162조 5항)와 같다.

7) 발행기록의 관리 등

(1) 중앙기록관리기관

① 의의와 기능

중앙기록관리기관은 "온라인소액투자중개업자로부터 온라인소액증권발행인과 투자자에 대한 정보를 제공받아 관리하는 기관"이다(117조의13 1항; 령 제118조의20 2항). 중앙기록관리기관은 온라인소액투자중개정보의 집중관리, 온라인소액투자중개를 통한 발행 및 투자 한도 관리, 온라인소액투자중개업자 또는 온라인소액증권발행인 등에 대한 온라인소액투자중개정보의 제공 그 밖에 이에 부수하는 업무를 담당한다. 현재 중앙기록관리기관은 예탁결제원이다.[118]

② 자료의 보관·관리

온라인소액투자중개업자는 발행인으로부터 증권모집 또는 사모의 중개에 관한 의뢰를 받거나 투자자로부터 청약의 주문을 받은 경우 의뢰 또는 주문의 내용, 발행인과 투자자에 대한 정보 등 법정자료를 지체 없이 중앙기록관리기관에 제공해야 한다(117조의13 1항; 령 118조의20 1항 1호-9호). 이러한 자료는 중앙기록관리기관의 업무기초자료로서 온라인소액증권과 관련한 분쟁에서 중요한 증거자료가 될 수 있다.[119]

중앙기록관리기관은 온라인소액투자중개업자로부터 제공받은 자료를 전자문서의 보관요건(전자문서법 5조 1항 1호·2호)을 모두 충족하고, 제공일로부터 10년간 디스크, 자기테이프, 그 밖의 전산정보처리조직을 이용하여 보관·관리해야 한다(117조의13 3항, 1항; 령 118조의21 2항 1호·2호). 중앙기록관리기관은 온라인소액투자중개업자로부터 제공받은 자료를 그 중개업자 또는 해당 발행인에게 제공하는 경우, 청약증거금관리기관의 요청이 있는 경우(령 118조의14 4항), 실명법상 제공할 수 있는 경우(동법 4조 1항 단서), 그 밖에 투자자 보호 또는 개인정보주체의 권익을 저해할 우려가 없는 경우로서 금융위가 고시하는 경우를 제외하고는 타인에

---

[118] 금융위·금감원, 보도참고자료: 한국예탁결제원을 크라우드펀딩 중앙기록관리기관으로 선정, 2015. 8. 31.

[119] 법정자료는 발행인에 관한 정보, 발행인의 온라인소액투자중개 의뢰에 관한 정보, 투자자의 청약에 관한 정보, 투자자에 관한 정보, 청약기간 만료된 경우 증권의 청약 및 발행내역에 관한 정보, 온라인소액투자중개업자의 인터넷 홈페이지에 게재된 정보, 이러한 자료에 부수하는 자료, 이상 자료의 변경에 관한 자료, 그 밖에 금융위가 고시하는 자료를 말한다(령 118조의20 1항 1호-9호).

게 제공할 수 없다(117조의13 4항; 령 118조의 21 3항 1호-3호).

③ 발행 및 투자한도의 준수 확인 위탁

온라인소액투자중개업자는 발행 및 투자한도 준수조치(117조의7 9항)를 위하여 필요한 사항을 중앙기록관리기관에 위탁해야 한다(117조의13 2항).

(2) 투자자명부

투자자명부는 "주주명부 등 증권의 소유자내역을 기재·관리하는 명부"를 말한다. 발행인은 투자자명부의 관리업무를 예탁결제원에 위탁해야 한다(117조의14 1항). 주권, 투자계약증권 등 기명증권을 발행할 경우에는 예탁결제원과 투자자명부관리계약을 체결해야 하는 데 주권의 경우 주권의 명의개서대리인계약을 말한다.[120]

투자자명부관리를 위탁받은 예탁결제원은 투자자의 주소·성명, 그 소유증권수량, 실물발행의 경우 그 증권번호를 기재한 투자자명부를 작성·비치해야 한다(117조의14 2항 1호-3호). 예탁결제원은 투자자명부의 기재정보를 온라인소액투자중개업자 또는 해당 발행인에게 제공하는 경우, 실명법상 제공가능한 경우(동법 4조 1항 단서)를 제외하고는 타인에게 제공할 수 없다(117조의14 3항; 령 118조의22). 상법상 주권불소지에 관한 규정(동법 358조의2 1항·2항)은 온라인소액투자중개를 통하여 발행된 증권에 관하여 준용한다(117조의14 4항).

8) 온라인소액투자중개업자에 대한 검사 등

온라인소액투자중개업자에 대해서도 금융투자업자에 대한 검사등에 관한 규정이 적용된다(419조). 그러나 업무특성상 한국은행, 거래소 및 금융투자협회에의 위탁사항(419조 2항-4항, 8항)은 적용되지 않는다(117조의16).

Ⅲ. 전자적 투자조언장치

1. 의 의

핀테크의 대표적인 금융투자업 적용사례가 로보어드바이저이다. 인공지능을 활용하여 집합투자와 투자자문 또는 투자일임업무를 하려는 시도이다. 자본시장법 시행령은 '**전자적 투자조언장치**'라는 이름으로 도입하였다.

금융투자업은 원칙적으로 인력을 통하여 수행해야 한다. 집합투자업자는 투자운용인력이 아닌 자에게 집합투자재산을 운용하게 할 수 없고(85조 7호), 투자자문업자나 투자일임업자도 투자권유자문인력이나 투자운용인력이 아닌 자에게 투자자문업 또는 투자일임업을 하게 할 수 없다(98조 1항 3호). 그러나 전자적 투자조언장치를 활용하여 집합투자재산을 운용하거나

---

120) 금융투자협회, 증권형 크라우드펀딩 표준업무방법서, Ⅲ. 발행인 정보게재 및 게재 내용의 사실 확인 3.7 2).

(85조 단서; 령 87조 1항 5호), 일반투자자를 대상으로 투자자문업 또는 투자일임업을 수행하는 것은 가능하다(98조 1항 단서; 령 99조 1항 1호의2).

여기서 '**전자적 투자조언장치**'는 "시행령에서 정하는 적격요건을 모두 갖춘 자동화된 전산정보처리장치"를 말한다(령 2조 6호 가목-다목). 적격요건은 첫째, 활용하는 업무종류에 따라 집합투자재산을 운용하는 경우에는 집합투자기구의 투자목적·투자방침과 투자전략에 맞게 운용할 것, 그리고 투자자문업 또는 투자일임업을 수행하는 경우에는 투자자의 투자목적·재산상황·투자경험 등을 고려하여 투자자의 투자성향을 분석할 것, 둘째, 정통망법상 침해사고(2조 7호) 및 재해등의 예방체계 및 침해사고 또는 재해가 발생했을 때 피해확산·재발방지와 신속복구체계를 갖출 것, 셋째, 그 밖에 투자자 보호와 건전한 거래질서 유지를 위해 금융위가 고시하는 요건(규정 1-2조의2 1호-3호)을 갖출 것이다.

2. 비대면 계약의 가능성

특히 투자일임업의 경우 로보어드바이저를 이용하기 위해서는 투자자와의 비대면계약이 가능해야 한다. 자본시장법은 일임형 ISA(자산구성형개인종합자산관리계약, 령 98조 2항)와 역외투자일임업자(100조 1항)를 제외하고 투자일임업자가 대면으로 설명의무(금소법 19조)를 이행하지 않는 행위를 불건전영업행위로 금지하고 있다(98조 2항 10호; 령 99조 4항 7호; 규정 4-77조 18호 가목·나목). 그러나 투자일임업자와 투자자가 적격요건을 갖춘 전자적 투자조언장치를 활용하여 투자일임계약을 체결하는 경우(규정 4-77조 18호 라목)에는 예외적으로 허용된다.[121]

3. 업무위탁

업무위탁규제는 외부자원의 활용가능성 확대라는 관점에서 완화되었다(42조 1항 본문). 그러나 본질적 업무를 위탁받는 자는 그 업무수행에 필요한 인가를 받거나 등록을 한 자여야 한다(42조 4항 전단). 본질적 업무는 그 금융투자업자가 인가받거나 등록한 업무와 직접적으로 관련된 필수업무로서 시행령으로 정한다. 집합투자업자의 집합투자재산의 운용(운용지시)업무와 투자일임업자의 투자일임재산의 운용업무는 본질적 업무이다(령 47조 1항 3호 나목, 5호). 따라서 집합투자업자나 투자일임업자는 이러한 업무를 위하여 전자적 투자조언장치를 이용할 수 없다는 해석도 가능하다.

이에 따라 이러한 불확실성을 제거하기 위하여 일정한 요건을 갖추고 전자적 투자조언장치를 활용할 경우에는 본질적 업무에서 제외하고 있다(령 47조 1항 단서; 규정 4-4조의2 1호-3

---

121) 최근 1년 6개월 이상 코스콤 홈페이지에 운용성과, 위험지표 등 주요사항을 매일 공시하고 있는 전자적 투자조언장치에 한정된다.

호). 따라서 투자자 등에 대한 직접적 책임을 위탁자(금융투자업자)가 질 경우 전자적 투자조언
장치를 활용한 집합투자 및 투자일임재산 운용업무를 집합투자업자가 아닌 전자적 투자조언
장치 개발업체에도 위탁할 수 있게 되었다.

4. 책임구조

1) 개   관

오히려 문제는 자본시장법상 전자적 투자조언장치를 이용하여 집합투자업이나 투자자문
업 또는 투자일임업을 수행하는 경우 첫째, 자본시장법상 규제의 수범주체, 둘째, 자본시장법
상 규제에 위반한 경우 공사법상 책임과 관련한 주관적 요건의 적용방법의 2가지이다.

2) 규제의 수범주체

자본시장법상 규제의 수범주체는 금융투자업자이다. 전자적 투자조언장치를 활용하는 경
우 누구를 수범주체로 볼 것인가? 자본시장법은 "위탁자인 금융투자업자가 운용·운용지시
업무의 주체로서 투자자 등에 대하여 운용·운용지시와 관련하여 직접적인 책임을 부담한다
는 사항을 집합투자규약 또는 투자일임계약에 명시할 것"을 전자적 투자조언장치의 활용요건
의 하나로 규정하고 있다(령 47조 1항 단서; 규정 4-4조의2 2호). 자본시장법상 규제의 수범주체
도 금융투자업자이다.

3) 주관적 요건의 적용기준

(1) 문제의 의의

자본시장법상 규제에 위반한 경우 공사법상 책임과 관련하여 주관적 요건을 누구를 기준
으로 판단할 것인가? 현행법은 착오에 의한 계약 취소와 같은 법리의 적용에서 자연인을 기
준으로 주관적 요소를 판단한다. 따라서 계약상대방이 인공지능을 이용하여 계약을 체결한
경우 착오와 상대방의 착오를 이용하려는 의사를 판단하는 대상의 확정이 필요하게 된다. 이
러한 문제를 확인할 수 있는 것으로 당사자 중 일방이 인공지능을 이용하여 계약을 체결한
경우 거래소 증권시장이나 파생상품시장에서의 착오주문에 따라 체결된 거래를 주문자의 착
오를 이유로 취소할 수 있는지 여부에 관한 논의가 있다. 법원은 착오주문에 의하여 체결된
매매의 상대방이 알고리즘거래를 한 경우와 그렇지 않은 경우를 구분하여 착오법리를 적용하
고 있다.

(2) 대법원 2014. 11. 27. 선고 2013다49794 판결

법원은 착오주문에 의하여 체결된 매매의 상대방이 알고리즘거래를 하지 않은 사안에서
"거래소가 개설한 금융투자상품시장에서 이루어지는 증권이나 파생상품 거래의 경우"에도
"거래의 안전과 상대방의 신뢰를 보호할 필요성이 크다고 하더라도 거래소의 업무규정에서

민법 제109조의 적용을 배제하거나 제한하고 있는 등의 특별한 사정이 없는 한" "거래에 대하여 민법 제109조가 적용"되고, 착오주문자의 의사표시의 착오가 표의자의 중대한 과실로 발생하였으나 상대방이 표의자의 착오를 알고 이용한 경우 표의자가 의사표시를 취소할 수 있다고 판단하였다.

(3) 대법원 2023. 4. 27. 선고 2017다227264 판결

착오주문에 의하여 체결된 매매의 상대방이 알고리즘거래를 한 사안에서 법원은 "피고는 이 사건 매매거래일 전후 일정 기간 계속하여 이 사건 매매거래에서와 동일한 방식으로 호가를 제시하여 왔는데, 순위험증거금액 제도를 고려할 때 위와 같은 피고의 호가가 우연히 발생할지도 모르는 H증권의 착오를 이용할 목적으로 사전에 마련된 것이라고 단정할 수 없으며, 이 사건 매매거래 중에는 옵션의 예상 가치에 근접한 가격의 거래 등 H증권의 착오에 의하여 체결되었다고 보기 어려운 거래도 상당 부분을 차지하고 있"는 사정을 고려하면 "피고가 H증권의 착오를 이용하여 이 사건 매매거래를 체결하였다고 보기 어렵다"고 판단했다.[122]

(4) 정   리

이와 관련하여 싱가포르 법원의 최근 판결은 중요한 기준을 제공하고 있다. 싱가포르 법원은 '**자동화되었지만 자율적이지 않은 판단시스템**'(deterministic systems)의 경우에는 선의 여부를 프로그래밍시점의 프로그래머를 기준으로 판단해야 하고, '**진정한 자율형시스템**'(truly autonomous systems)에 대해서는 접근이 달라져야 한다고 판단하였다.[123] 위 대법원 2023. 4. 27. 선고 2017다227264 판결은 프로그램설계자를 기준으로 해도 착오를 이용하려는 의사를 인정하기 어렵다고 본 것이다. 착오주문에 대한 착오법리의 적용과 알고리즘거래에 대한 사안 판단도 그 자체로 문제가 있다고 하기 어려우나 전반적인 거래시스템의 변화는 고려되어야 한다.

제11절   자본시장법의 적용배제

Ⅰ. 개   관

자본시장법에서는 금융투자업의 기초를 이루는 금융투자상품이 포괄적 개념으로 정의됨에 따라 기업의 정상적인 재무활동을 포함한 통상의 경제활동마저 금융투자업으로 규제될 위

---

122) 이 사안과 관련하여 알고리즘거래의 특성을 감안하여 주관적 요건을 해석해야 한다는 견해가 있다. 서희석, "알고리즘거래에서 착오주문의 문제 ― H증권사건 하급심판결에 대한 비판적 고찰", 『상사법연구』 제39권 제2호, 2020, 668-669면.
123) B2C2 Ltd v Quoine Pte Ltd [2019] SGHC(I) 3.

험이 있다. 자본시장법은 이러한 우려를 불식하기 위하여 3가지 장치를 두고 있다. 첫째, 영업성 요건이다(6조 1항). 비록 금융투자상품을 거래하는 경우라도 영업성을 충족하지 못한다면 금융투자업으로 규제되지 않는다. 둘째, 명시적 제외업무로서 구체적으로 특정 업무를 금융투자업의 범위에서 배제하는 것이다. 자본시장법은 금융투자업 유형별로 구체적인 제외행위를 규정하고 시행령에서 추가하도록 위임하고 있다(7조). 셋째, 금융투자업에 해당하지만, 자본시장법의 적용이 배제될 수 있는 외국금융투자업자의 역외영업행위이다. 이하에서는 이에 관하여 살펴본다.

Ⅱ. 외국금융투자업자의 역외 영업행위와 금융투자업

1. 원칙과 예외

자본시장법은 국외에서 이루어진 행위라도 그 효과가 국내에 미치는 경우에는 적용된다(2조). 따라서 외국금융투자업자가 국외에서 내국인을 상대로 영업하는 경우에는 원칙적으로 자본시장법이 적용된다. 증권법 등은 외국금융투자업자가 국내투자자를 대상으로 영업하기 위해서는 국내 영업소를 두고 허가를 받도록 하였다(증권법 28조의2; 선물법 37조; 간투법 156조).[124] 따라서 외국금융투자업자가 국내영업소를 통하지 않고 국내투자자를 대상으로 영업행위를 하는 것은 증권법 등에 위반하는 것이었다. 이 원칙은 지금도 같다(11조·17조).

그러나 외국금융투자업자의 역외 영업행위에 대해서는 실제 감독이 충분하지 못하였다. 또한 실제로 역외영업의 필요성이 인정되는 경우도 있다. 자본시장법은 이러한 현실적인 감독의 어려움과 영업의 필요성을 감안하여 국내거주자를 상대로 한 외국금융투자업자의 역외영업행위 중 일부를 금융투자업에서 제외하고 있다.

2. 해외증권발행관련 인수계약의 협의 등

내국인이 증권을 해외에서 공모 또는 사모할 목적으로 외국투자매매업자 또는 외국투자중개업자와 인수계약[125]을 국내에서 협의하거나 체결하는 경우는 투자매매업 또는 투자중개업에서 제외된다(7조 6항 4호; 령 7조 4항 5호, 5항 4호 다목). 외국투자매매업자는 외국 법령에 따라 외국에서 투자매매업에 상당하는 영업을 영위하는 자(령 7조 4항 5호)를, 그리고 외국투자중개업자는 외국 법령에 따라 외국에서 투자중개업에 상당하는 영업을 영위하는 자(령 7조

---

124) 다만 외국투자자문업자에 대해서는 지점 그 밖의 영업소를 설치하는 방법 이외에 국내거주자를 상대로 직접 영업을 하는 방법 또는 국내외 통신수단을 이용하는 방법을 통한 역외영업행위를 허용하고 있었다(간투법 150조 1항 2호·3호).
125) 그 내국인을 위하여 해당 증권의 모집·사모·매출을 하거나 그 밖에 직접 또는 간접으로 증권의 모집·사모·매출을 분담하기로 하는 내용의 계약(주선계약)을 포함한다(령 7조 4항 5호 가목).

4항 5호)를 말한다. 다만 그 내국인과 인수계약의 내용을 확정하기 위한 협의만을 국내에서
하는 경우에는 금융위에 관련자료를 제출해야 하고, 국내에서 체결하는 경우에는 금융위의
인정을 요한다(령 7조 4항 5호 가목·나목).[126] 위 절차를 준수하지 않을 경우 해당 외국 투자매
매업자나 투자중개업자는 자본시장법상 무인가 투자매매업이나 투자중개업으로서 형사처벌
될 수 있다(444조 1호). 이와 관련하여 2가지 문제가 있다.

첫째, '인수계약의 내용을 확정하기 위한 협의만을 국내에서 하고자 하는 경우'라는 법문에서
관련자료 제출시점의 기산점을 확정하는 기준이 되는 '확정하기 위한 협의'가 구체적으로 무엇
을 의미하는지가 불분명하다. 이 규정은 위반의 경우 무인가 투자매매업 영위행위로 규제하
기보다는 인수계약 등의 내용을 확정하기 위한 협의를 국내에서 하고자 할 경우 사전에 신고
하라는 절차적인 규정으로 해석·운용하는 것이 옳을 것이다. 그렇다면 '확정하기 위한 협의'
의 범위는 가급적 폭넓게 해석할 필요가 있다. '국내에서'의 의미와 관련해서도 해당 행위의
일부라도 국내에서 이루어지는 경우 이를 국내에서 행위가 이루어진 것으로 볼 수 있다.

둘째, 외국투자매매업자가 국내에서 인수계약의 내용의 확정을 위한 협의를 하거나 인수
계약을 체결하기 전에 국내에서 행하는 발행권유행위도 '인수계약의 내용의 확정을 위한 협의'
에 포함된다고 볼 것인가? 그 협의는 '내국인이 해외에서 증권을 모집·사모·매출하는 경우', 즉
내국인이 증권발행의사를 확정한 후 외국투자매매업자와 인수계약 등의 내용만을 확정하기
위한 협의로 보아야 할 것이다. 발행권유행위는 인수업무의 전제로서 명백히 투자매매업에
해당한다고 보아야 할 것이다.

3. 외국투자매매업자에 의한 국외에서의 파생결합증권 발행

자본시장법상 파생결합증권 발행을 투자매매업으로 규정하고 있어서 국내에 지점을 둔
외국투자매매업자는 투자매매업 인가 없이는 파생결합증권을 발행할 수 없는 문제가 발생한
다. 자본시장법은 외국투자매매업자가 국외에서 파생결합증권을 일정한 기준을 충족하여 발
행하는 경우를 투자매매업에서 제외한다(7조 6항 4호; 령 7조 4항 5호의2, 5항 4호 가목).[127]

---

126) 관련자료의 제출과 인정신청 및 인정기준에 관한 상세한 사항은 금융투자업규정에서 규정한다(규정 1-5조 2
항-5항).
127) 그 기준은 다음과 같다.
① 외국투자매매업자가 외국금융투자감독기관으로부터 해당 파생결합증권 발행과 관련하여 경영건전성,
불공정거래방지 그 밖에 투자자 보호 등에 관한 감독을 받을 것
② 경영능력·재무상태·사회적 신용에 관하여 금융위가 고시하는 기준에 적합할 것
③ 금융위가 자본시장법 또는 이에 상응하는 외국법령을 위반한 외국투자매매업자의 행위에 대하여 자본
시장법 또는 이에 상응하는 외국법령에서 정하는 방법에 따라 행하여진 조사 또는 검사자료를 상호주의의 원
칙에 따라 외국금융투자감독기관으로부터 제공받을 수 있는 국가의 외국투자매매업자일 것
④ 해당 파생결합증권을 국내에서 매매하는 경우 투자매매업자가 그 파생결합증권을 인수하여 전문투자자
(특정금전신탁(령 103조 1호)을 운용하는 신탁업자는 제외)에게 이를 취득하도록 하거나 투자중개업자를 통

4. 국내 투자매매업자 등을 상대로 하는 영업

외국투자매매업자 또는 외국투자중개업자가 국외에서 투자매매업자를 상대방으로 하여 금융투자상품을 매매하거나 투자중개업자를 통하여 금융투자상품의 매매를 중개·주선 또는 대리하는 행위는 각각 투자매매업이나 투자중개업에서 제외된다(7조 6항 4호; 령 7조 4항 6호 가목 및 5항 3호 다목). 한편 외국의 투자매매업자나 투자중개업자가 국내에서 투자매매업자를 상대방으로 하거나 투자중개업자를 통하여 영업하는 것도 금융투자업에서 제외된다(7조 6항 2호).

이와 관련하여 특히 문제되는 것은 "투자중개업자를 통하여"의 의미이다. 외국금융투자업자의 역외영업행위를 제한하는 취지는 투자자 보호의 관점에서 국내 투자자가 금융투자업자를 상대로 분쟁이 발생한 경우 국내에서 소송을 제기할 수 있고, 그 판결을 집행할 수 있는 책임재산이 국내에 있어야 하기 때문이다. 따라서 "투자중개업자를 통하여"에서 투자중개업자의 관여 정도는 국내에서 "그 투자중개업자를 통하여 이루어진 금융투자상품매매등에 관한 분쟁의 당사자로서 책임을 질 수 있는 정도일 것"을 요구한다. 따라서 국내 투자중개업자는 외국금융투자업자의 역외영업행위에 관하여 실질적으로 당사자로서 참여해야 한다.[128]

5. 국내거주자의 자발적 거래 등

외국투자매매업자 또는 외국투자중개업자가 투자매매업자 또는 투자중개업자를 제외한 국내거주자를 상대로 투자권유 또는 투자광고[129] 없이 국내거주자의 매매주문을 받아 그 자를 상대방으로 투자매매업이나 투자중개업을 영위하는 경우는 각각 투자매매업과 투자중개업에서 제외된다(7조 6항 4호; 령 7조 4항 6호 나목 및 5항 3호 다목). 예컨대 해외상품파생상품업자가 국내정유사에 대한 투자권유나 투자광고 없이 국내정유사의 주문을 받아 유가파생상품거래를 행한 경우에는 이 규정에 따라 금융투자업 규제를 면한다.

다만 일반투자자와 같이 투자자 보호 필요성이 높은 투자자가 자본시장법상 업규제를 받지 않는 외국금융투자업자와 직접 거래하는 것에 대해서는 우려가 있을 수 있다. 그러나 일반투자자와 일정한 전문투자자가 해외증권시장이나 해외파생상품시장에서 외화증권이나 장내

하여 전문투자자에게 그 파생결합증권을 매도할 것.
    * 이 경우 투자매매업자나 투자중개업자는 증권에 관한 투자매매업이나 투자중개업 인가를 받은 자로서 해당 파생결합증권의 기초자산이나 그 가격·이자율·지표 등과 동일한 것을 기초자산이나 그 가격·이자율·지표 등으로 하는 장외파생상품에 관한 금융투자업인가를 받은 자로 한정.
128) 금융위·금감원, "외국 투자매매·중개업자의 국내 거주자 대상 영업 가이드라인", 2015. 12. 8.; "외국 투자매매·중개업자의 국내 거주자 대상 영업 가이드라인 설명자료", 2015. 12. 8.
129) 투자광고는 투자성 상품을 취급하는 금융상품판매업자나 금융상품자문업자의 업무에 관한 광고 또는 투자성 상품에 관한 광고를 말한다(령 7조 4항 6호 나목; 금소법 22조).

파생상품의 매매거래를 하려면 국내 투자중개업자를 통해야 한다(령 184조 1항). 따라서 외국
투자중개업자와 직접 거래하는 투자자는 전문성이 높은 일부 전문투자자로 한정된다. 여기서
외화증권의 매매거래는 그 증권의 취득경위를 불문한다. 외국법인으로부터 받은 스톡옵션 행
사로 보유하게 된 외국증권의 매도도 외화증권의 매매거래에 해당되므로 투자중개업자를 통
해 거래해야 한다.[130]

6. 일정한 외국 집합투자증권의 국내판매

외국투자신탁이나 외국투자익명조합의 외국집합투자업자나 외국투자회사등이 적격기준
을 갖추어 외국집합투자증권을 국내에서 판매하는 경우도 투자매매업 또는 투자중개업에서
제외된다(279조 1항; 령 7조 4항 6호의2 가목·나목, 5항 4호 다목).[131]

적격기준은 2가지이다. 첫째, 그 외국집합투자증권에 그 펀드자산총액의 100%까지 투자
하는 펀드나 투자신탁 또는 투자익명조합의 경우 그 집합투자재산을 보관·관리하는 신탁업
자에 대하여 판매해야 한다. 둘째, 그 외국집합투자증권을 발행한 외국펀드는 그 집합투자재
산을 외화자산에 70% 이상 운용하는 것(령 80조 1항 6호 가목)으로서 등록한 외국펀드(279조
1항)여야 한다.[132]

국내 집합투자업자가 운용하는 투자신탁·투자회사 등에서 적격기준을 충족하는 외국펀
드에 투자하는 경우에도 국내 투자매매업자·투자중개업자를 통하게 하던 것을 면제한 것이
다. 국내 펀드를 통하여 외국 펀드에 간접적으로 투자하려는 투자자에게 불필요한 수수료 부
담을 줄일 수 있게 한 것이다. 이러한 외국집합투자증권을 국내에서 일정한 범위의 전문투자
자에게 판매할 경우 외국펀드의 국내판매를 국내 투자매매업자나 투자중개업자를 통하도록
하는 규제를 적용하지 않는다(301조 4항, 280조 1항, 279조 2항 1호, 7조 4항 6호의2).

7. 외국투자자문업자 등의 국외투자자문 등

외국투자자문업자 또는 외국투자일임업자가[133] 국외에서 국가, 한국은행, 한국투자공사
와 법률에 따라 설립된 기금(신보와 기보는 제외) 및 그 기금관리·운용법인(령 10조 3항 4호·12

---

130) 금융위·금감원, 일반투자자의 외화증권 매도 관련 질의, 2010. 9. 10.
131) 외국투자신탁은 투자신탁과 유사한 것으로서 외국법령에 따라 설정된 투자신탁을, 외국투자익명조합은 투자
      익명조합과 유사한 것으로서 외국법령에 따라 설립된 투자익명조합을, 외국집합투자업자는 외국법령에 따라
      집합투자업에 상당하는 영업을 영위하는 자를, 외국투자회사등은 외국 법령에 따라 설립된 투자회사등을, 그
      리고 외국집합투자증권은 집합투자증권과 유사한 것으로서 외국 법령에 따라 외국에서 발행된 것을 말한다.
132) 외국펀드는 펀드와 유사한 것으로서 외국 법령에 따라 설정·설립된 것을, 그리고 외화자산은 외국에서 발행
      또는 창설되거나 유통되는 자산 및 이와 비슷한 자산을 말한다(령 2조 3호).
133) 외국투자자문업자는 외국법령에 따라 외국에서 투자자문업에 상당하는 영업을 영위하는 자를 그리고 외국투
      자일임업자는 외국법령에 따라 외국에서 투자일임업에 상당하는 영업을 영위하는 자를 말한다.

호), 그 밖에 금융위가 고시하는 자를 상대로 투자권유 또는 투자광고를 하지 않고 그 자를 상대방으로 투자자문업이나 투자일임업을 하는 경우도 투자자문업 또는 투자일임업에서 제외된다(18조 2항 1호 단서; 령 7조 4항 7호 가목-라목, 5항 4호 라목). 국가나 중앙은행 등의 외국에서의 일정한 자산운용행위에 대한 규제를 면제한 것이다.

제1절 서 언

자본시장법은 금융투자상품거래에서 금융투자업자의 거래상대방을 가리키는 용어로서 **'투자자'**를 사용한다. 투자자는 금융투자상품이나 금융투자업 및 금융투자업자와 함께 자본시장법의 기초개념으로서 자본시장법의 적용범위를 정하는 기능을 수행한다.

자본시장법상 투자자는 합리적 투자자를 가정한 개념으로서 공시주의 규제의 기본전제가되었다. 그러나 현재의 자본시장법은 금소법과 함께 전통적인 공시주의에서 한걸음 나아가금융투자업자의 투자자 보호의무를 강화하여 설명의무 등 다양한 투자자 보호장치를 두고 있다. 고도로 복잡한 금융상품이 등장하고 모든 투자자가 합리적인 의사결정을 하는 것은 아니라는 행동경제학의 연구성과를 반영한 것이다.

이러한 접근은 전문투자자와 일반투자자를 구별하여 규제수준을 달리한다는 시장분리에의한 규제차별화도 반영하였다. 이는 일반투자자에 대한 보호의 강화와 규제자원의 집중을통하여 투자자 보호수준을 높이면서 전문투자자에 대한 규제상 보호의 경감을 통하여 금융시장 전체의 규제수준을 적정하게 조정하려는 시도이다.

이러한 자본시장법의 기본체계는 지금도 유지되고 있지만 투자권유와 관련한 구체적인규제근거는 대부분 금소법상 권유규제로 이관되었다. 이제 자본시장법상 투자권유규제를 이해하기 위해서는 금소법을 함께 살펴야 한다. 그러나 금소법도 일반금융소비자와 전문금융소비자의 구별에 기초한 시장분리의 철학을 그대로 유지하고 있다.

제2절에서는 투자자 개념의 기능과 함께 금소법상 금융소비자 개념과의 관계를 살펴본다. 제3절에서는 자본시장법상 투자자의 구분을 정리한다. 제4절에서는 자본시장법상 투자자의 전환제도를 설명한다. 제5절에서는 비교대상으로서 금소법상 금융소비자를 알아본다.

제2절 투자자와 금융소비자

Ⅰ. 의 의

자본시장법상 투자자는 "금융투자상품거래에서 금융투자업자의 거래상대방"을 말한다. 전통적으로 투자자는 소비자와 다른 것으로 이해해 왔다.[1] 소비자는 유통과정의 최말단에서 상품을 매입하여 소비하는 자로서 상품의 위험을 고스란히 부담한다. 그에 비하여 투자자는 상품의 매입과 매도를 모두 할 수 있으므로 위험을 시장에 전가할 수도 있다. 그러나, 최근 등장한 신종금융상품의 투자자는 일단 매입하면 위험을 전가하기 어려운 점에서 소비자와 크게 다르지 않다.

전통적으로 금융거래의 상대방을 부르는 용어로 소비자를 사용하는 데는 신중한 입장이 강했다. 금융회사와의 법률관계의 성질결정에 일정한 가치판단이 개입될 수 있는 점을 우려했기 때문이다. 그러나 금소법은 금융소비자라는 용어를 직접 사용한다. 저축이나 투자 또는 위험관리를 넓은 의미에서 소비라고 인식하기 시작한 것이다. 물론 자본시장법상 전문투자자나 보험업법상 전문보험계약자 그리고 금소법상 전문금융소비자를 일반적인 소비자와 동일한 관점에서 파악하기는 어렵다.

Ⅱ. 합리적 투자자의 가설과 수정

자본시장법상 투자자는 정보의 정확성·적시성·충분성이 확보되면 스스로 투자판단을 할 수 있는 '**합리적인 투자자**'를 가정한다. 그러나 이는 고도로 복잡한 신종금융상품에서는 유지되기 어렵다. 또한 모든 사람이 주어진 환경에서 합리적인 의사결정만을 하는 것은 아니라는 행동경제학의 성과도 고려해야 한다. 자본시장법은 정보제공만으로는 충분히 보호할 수 없다는 의미에서 소비자와 유사한 투자자 개념을 받아들였다. 그에 따라 금융투자업자의 투자자 보호의무에 기초한 설명의무 등을 도입하였다. 이와 함께 자본시장법은 투자자를 전문투자자와 일반투자자로 구분하여 규제를 달리한다. 전자와의 거래에 대해서는 투자자 보호규제의 대부분을 면제하고, 후자와의 거래에 대해서는 적합성·적정성원칙과 설명의무를 부과하였다(46조, 46조의2, 47조).[2]

---

[1] 소비자와 투자자의 구별에 관한 논의는 國民生活センター(編), 金融商品の多樣化と消費者保護 — 橫斷的金融市場ルールに向けての提言, 2002, 5-6면.

[2] 이러한 규제는 현재 금소법으로 이관되었다(17조-19조). 투자자에 대한 이러한 인식은 증권법에서도 일부 반영되어 기관투자자 같은 투자전문가는 주된 보호대상이 아니었다. 예컨대 증권발행이 '모집'이나 '매출'에 해

제3절 자본시장법상 투자자의 구분

I. 구분의 실익

투자자구분에 의한 규제차별화에 대해서는 비판적 견해도 존재한다.[3] 첫째, 도매시장에 대한 규제를 정당화할 근거가 없다고 하는 전제가 타당한지와 그러한 전제가 규제정책에 충분한 근거를 제공하고 있는지에 대하여 의문을 제기하는 견해가 있다.[4] 둘째, 특히 공시규제에서 투자자의 분류를 세분화하고 각 분류등급에 따라 공시내용을 달리하는 방식을 '**투자자 보호규정의 다원화**'(pluralism in investor protection rules)라고 표현하면서 "타당성이 없거나 매우 높은 비용을 초래할 수 있다"고 지적하는 견해가 있다.[5] 셋째, 보다 현실적으로 전문가와 비전문가 구분의 곤란성을 지적하는 견해가 있다.[6]

그러나 다음과 같은 이유로 현행법의 투자자구분은 타당성을 인정할 수 있을 것이다. 첫째, 시장의 분리에 의한 규제의 차별화는 영업행위규제 중 일부에 한정되는 것이고, 전문투자자는 스스로의 자산으로 투자자문업자를 이용하는 등의 방법으로 자신을 보호할 수 있다고 보는 것이지 규제상 보호 자체를 배제하는 것은 아니다. 둘째, 한정된 규제자원을 보다 많은 보호를 요하는 일반투자자에게 집중할 수 있고, 전문투자자에 대한 규제의 완화와 함께 시장 전체적으로는 규제수준의 적정화라는 효과를 달성할 수 있다.[7] 셋째, 전문가와 비전문가의 구분과 관련하여 자본시장법은 전문투자자와 일반투자자 사이의 전환을 허용함으로써 적용상의 유연성과 명확성을 확보하고 있다(9조 5항 단서).[8]

당하는지를 판단할 때 기관투자자가 참여한 부분을 제외하는 것(증권령 2조의4 3항 6호)도 그러한 발상에 입각한 것이라는 설명이 있었다. 김건식, 3-4면.

3) 이하 논의는 정순섭, 위의 논문, 11-12면.

4) Helen Garten, "Consumerization of Financial Regulation", Washington University Law Quarterly Vol. 77, 1999, p304.

5) Emilios Avgouleas, "The Global Financial Crisis and the Disclosure Paradigm in European Financial Regulation: the Case for Reform", European Company and Financial Law Review Vol. 6, 2009, pp470-472.

6) 예컨대, Jason M. Rosenthal, "Incorporation May Not Mean Sophistication: Should There Be a Suitability Requirement for Banks Selling Derivatives to Corporations.", Chicago-Kent Law Review Vol. 71, 1996, pp1249-1270.

7) 대법원 2019. 7. 11. 선고 2016다224626 판결; 대법원 2021. 4. 1. 선고 2018다218335 판결("특히 보호가 필요한 일반투자자에게 한정된 규제자원을 집중함으로써 규제의 효율성을 높이고자 하는 취지").

8) 정순섭, "금융규제개혁과 금융소비자 보호", 『상사판례연구』 제22집 제4권, 2010, 12면.

Ⅱ. 구분의 기준

1. 전문투자자

1) 의   의

전문투자자와 일반투자자의 구분기준은 위험감수능력이다. 위험감수능력은 금융투자상품 거래에 따라 필연적으로 발생하는 각종 위험을 스스로 감수할 수 있는 능력이다. 자본시장법은 그 판단기준으로 '금융투자상품에 대한 전문성 구비 여부, 소유자산 규모'를 들고 있다(9조 5항 본문). 투자자의 구분은 전문투자자와 일반투자자 사이에 금융투자계약을 체결할 때 필요한 지식과 경험, 능력 등 그 속성에 차이가 있음을 고려한 것이다(대법원 2019. 7. 11. 선고 2016다224626 판결).[9] 전문투자자는 국가, 한국은행, 일정한 금융기관, 주권상장법인 그 밖에 시행령이 정하는 투자자로 구분된다(9조 5항). 다만 장외파생상품매매의 경우 주권상장법인은 일반투자자로 본다(9조 5항 4호 단서).

자본시장법시행령은 법률에서 정한 전문투자자와 동일 또는 유사한 수준의 위험감수능력을 가진 것으로 판단되는 자를 전문투자자로 열거하고 있다(9조 5항 5호; 령 10조 3항 1호-18호). 전문투자자제도는 자본시장법상 핵심규제에 속하는 투자자 보호규제의 일부나 전부의 적용을 면제하는 것으로서 투자자입장에서 중대한 예외적 취급에 해당한다. 투자자 보호를 목적으로 하는 자본시장법의 관점에서는 매우 불리한 조치이다. 따라서 그 범위는 자본시장법령에서 명백히 인정되는 경우로 한정적으로 해석해야 한다. 이러한 해석은 금소법에서도 동일하게 적용되어야 한다.

2) 금융기관

시행령으로 정하는 금융기관에 한하여 전문투자자로 인정한 것은 금융기관 사이에도 위험감수능력에 차이가 있음을 고려한 것이다. 시행령은 은행, 보험회사, 금융투자업자, 증권금융회사, 종합금융회사, 자금중개회사, 금융지주회사, 여신전문금융회사, 상호저축은행 및 그 중앙회, 이에 준하는 외국금융기관을 전문투자자의 범위에 포함하고 있다(9조 5항 3호; 령 10조 2항 1호-18호).[10]

---

9) 증권법상 의사가 모집의 기준인 50인을 산정할 때 제외되는 전문가에 해당하는지 여부와 관련하여 대법원은 이를 부정하였다. 대법원 2005. 9. 30. 선고 2003두9053 판결. 자본시장법상 전문투자자라고 할 때의 전문가와 일반적인 직업으로서의 전문가는 다른 것이다.

10) 금소법은 모든 금융회사라고 규정하고 있다(2조 9호 다목; 령 2조 8항).

3) 기타 전문투자자

(1) 범   위

시행령은 기타 전문투자자로서 예금보험공사, 자산관리공사 등 특별법에 의해 설치된 공공기관, 협회, 예탁결제원과 거래소, 금감원, 집합투자기구, 지방자치단체, 자발적 전문투자자 등을 열거하고 있다(9조 5항 5호; 령 10조 3항 1호-18호). 주의할 것은 집합투자기구와 법률에 따라 설립된 기금, 그리고 자발적 전문투자자이다.

(2) 집합투자기구

집합투자기구(령 10조 3항 9호)는 집합투자의 설정·설립을 위한 기구로서 그 자체 위험감수능력을 갖춘 것으로 보기는 어렵다. 그러나 집합투자업자가 운용을 담당하기 때문에 전문성을 갖춘 것으로 본다.[11] 그러면 자본시장법상 집합투자에서 명시적으로 배제된 일부 사모펀드(6조 5항 1호)는 전문투자자에 속하지 않는다고 볼 것인가? 이 문제는 구조화금융에 이용되는 다양한 SPC에서 발생할 수 있다. 입법론으로는 법적 근거를 갖춘 SPC는 모두 전문투자자에 포함하는 것이 옳다.[12]

(3) 법률에 따라 설립된 기금

전문투자자에는 '**법률에 따라 설립된 기금**'(령 10조 3항 12호)도 포함된다. '**법률에 따라 설립된**'으로 한정한 것은 '**투자자의 입장에서 매우 중대한 예외적 취급**'에 해당하는 전문투자자제도의 취지상 당연하다. '**법률에 따라 설립된**' 기금에는 (ⅰ) 법률 자체에서 직접 설립하는 경우와 (ⅱ) 법률상 근거에 따라 인허가 등을 받아 설립되는 경우가 있다. 해석상 전자, 즉 국가재정법 제5조 제1항에 따라 "국가가 특정한 목적을 위하여 특정한 자금을 신축적으로 운용할 필요가 있을 때에 한정하여 법률로써 설치"한 기금으로 보는 것이 제도의 취지에 부합한다. 후자로 해석할 경우 범위가 지나치게 확대되고 제도의 취지는 물론 실무상 시장참여자들의 예측가능성도 침해하게 될 것이다. 대법원도 "법률에 설립근거를 두고 있다는 사정만으로는 자본시장법 시행령 제10조 제3항 제12호에서 전문투자자로 규정하고 있는 '**법률에 따라 설립된 기금**'에 해당한다고 단정할 수 없고, 특히 그 기금의 설치 여부가 임의적인 경우에는 더욱 그러하다"고 하여 같은 입장이다(대법원 2021. 4. 1. 선고 2018다218335 판결).[13]

---

11) 금소법도 자본시장법상 집합투자기구로 한정하고 있다(2조 9호 마목; 동 시행령 2조 10항 1호 아목; 동 감독규정 2조 6항 8호).

12) 금소법에 대하여 같은 취지의 주장으로, 김민석·남궁주현·노태석·류혁선·윤민섭, 『금융소비자보호법 해설』, 한국금융소비자보호재단, 2021, 21면(이하 "김민석외"로 인용).

13) 이 사건에서는 「근로복지기본법」 제50조, 제52조에 따라 한국도로공사 근로자의 생활안정과 복지증진을 위하여 고용노동부장관의 인가를 받아 설립된 법인인 원고는 자본시장법 시행령 제10조 제3항 제12호에서 전문투자자로 규정하고 있는 '법률에 따라 설립된 기금'에 해당한다고 보기 어렵다"고 판단하였다. 금소법은 "「국가재정법」 별표 2에 따른 법률에 따라 설치된 기금(「기술보증기금법」에 따른 기술보증기금 및 「신용보증기금법」에 따른 신용보증기금은 제외한다)을 관리·운용하는 공공기관"으로 규정하고 있다(2조 7항 2호 나목).

(4) 자발적 전문투자자

자발적 전문투자자는 일정한 요건을 갖추어 전문투자자로 전환한 법인과 개인을 말한다 (령 10조 3항 16호·17호). 법인과 개인에 대한 요건이 다르다. 법인은 자산보유요건으로서 "금 융위에 관련 자료를 제출한 날 전날의 금융투자상품 잔고가 100억원(외감법상 외부감사를 받는 주식회사는 50억원) 이상으로서 관련 자료를 제출한 날부터 2년이 지나지 않은 자"를 말한다 (령 10조 3항 16호). 한편 개인은 자산보유경험요건과 소득액·자산기준 또는 전문성요건으로 서 "금융위에 관련 자료를 제출한 날의 전날을 기준으로 최근 5년 중 1년 이상의 기간 동안 금융위가 정한 금융투자상품을 월말 평균잔고기준으로 5천만원 이상 보유한 경험이 있고 금 융위가 정한 소득액·자산기준이나 금융 관련 전문성 요건을 충족하는 자"를 말한다(령 10조 3항 17호). 이러한 요건을 갖추지 못했음을 알고도 전문투자자로 대우하는 행위(77조 1항; 령 68조 5항 1호의3)에 대해서는 1억원 이하의 과태료를 부과한다(449조 1항 29호).

다만, 개인종합자산관리계좌(조세특례제한법 91조의18 1항)에 가입한 거주자인 개인[14] 및 전문투자자와 같은 대우를 받지 않겠다는 의사를 금융투자업자에게 표시한 개인은 제외한다 (령 10조 3항 17호 단서). 외국법인이나 단체 또는 외국인인 개인은 제외하지만(령 10조 3항 16호 단서, 17호 단서), 자발적 전문투자자에 준하는 외국인은 같은 절차를 거쳐 전문투자자가 될 수 있다(령 10조 3항 18호 라목 본문).

(5) 외국정부 등

외국정부, 조약에 따라 설립된 국제기구, 외국중앙은행, 국내 기타전문투자자(령 10조 3항 1호-17호)에 준하는 외국인도 전문투자자에 포함된다(령 10조 3항 18호 가목-라목). 다만, 개인 전문투자자의 경우 개인종합자산관리계좌(조세특례제한법 91조의18 1항)에 가입한 거주자인 외 국인은 제외한다(령 10조 3항 18호 라목 단서).[15]

2. 일반투자자

전문투자자에 속하지 않는 투자자는 일반투자자에 속한다(9조 6항).

---

14) 신탁업자와 특정금전신탁계약을 체결하는 경우(조세특례제한법 91조의18 3항 2호) 및 투자일임업자와 투자일 임계약을 체결하는 경우(령 98조 1항 4호의2 및 2항)로 한정한다.

15) 신탁업자와 특정금전신탁계약을 체결하는 경우(조세특례제한법 91조의18 3항 2호) 및 투자일임업자와 투자일 임계약을 체결하는 경우(령 98조 1항 4호의2 및 2항)로 한정한다.

제4절   자본시장법상 투자자의 전환

I. 의   의

투자자 구분과 관련하여 투자자가 임의로 다른 범주의 투자자로 대우받는 것을 선택할 수 있는가? 자본시장법은 일부 전문투자자에게 길을 열어두었다(9조 5항 단서). 전문투자자 중 전문성이 낮은 투자자에게 전환 기회를 주는 것이다. 반면 일반투자자의 전문투자자로의 전환은 원칙적으로 허용하지 않는다. 투자자 보호의무의 회피수단으로 악용할 수 있기 때문이다. 다만 장외파생상품매매에서 일반투자자로 취급되는 주권상장법인이나 지방자치단체 등이 전문투자자로 전환할 수 있다.16)

II. 전환가능한 전문투자자

일반투자자로 전환가능한 전문투자자는 국내외 주권상장법인, 기금관리·운용법인, 공제사업자, 지방자치단체, 자발적 전문투자자 등이다(령 10조 1항). 국가, 한국은행, 금융기관, 일정한 기타 전문투자자 등은 제외된다. 장외파생상품매매에서 일반투자자로 취급되는 주권상장법인이나 지방자치단체 등도 전문투자자로 전환할 수 있다. 이 경우 주권상장법인 등은 전문투자자로 대우받겠다는 의사를 금융투자업자에게 서면으로 통지해야 한다(9조 5항 4호 단서; 령 10조 3항 단서). 통지시점은 취지상 투자권유가 이루어지기 전이어야 한다.

III. 전환의 절차

일반투자자의 전환절차는 다음과 같다(9조 5항 단서).

첫째, 전환을 원하는 전문투자자는 일반투자자와 같은 대우를 받겠다는 의사를 금융투자업자에게 서면으로 통지해야 한다. 금융투자업자가 투자자에게 전환권 있음을 통지할 의무가 있는가? 명문규정은 없지만, 투자자 보호라는 제도취지를 고려할 때 금융투자업자의 신의성실의무(37조 1항)에 속한다. 그러나 전환요청결정은 투자자책임이다. 투자자요청이 없음에도 금융투자업자가 적극적으로 전환하는 것은 허용되지 않는다.17)

---

16) 현재 법인전문투자자는 1,616사(2022. 9. 30.기준), 그리고 개인전문투자자는 26,717명(2022. 8. 30.기준)이다. 법인전문투자자와 개인전문투자자가 2013. 6. 17. 현재 576건과 44건, 그리고 2010. 1. 26. 현재 255건과 4건이었던 것에 비하면 개인비중이 크게 높아졌음을 알 수 있다.

17) 영국의 경우 금융회사는 스스로 또는 고객의 요청에 따라 본질적 적격상대방으로 분류되었을 고객을 전문고

둘째, 법인인 일반투자자의 전문투자자 전환을 위한 관련자료제출의 접수는 금융위를 거쳐 협회에 위임되어 있다(령 387조 2항 2호 나목, 10조 3항 16호). 과거 개인인 일반투자자의 전문투자자 전환을 위한 관련자료제출의 접수는 금융위를 거쳐 협회에 위임되어 있었다(령 387조 2항 2호 나목, 10조 3항 17호). 2019. 11. 21부터는 각 증권사에서 개인전문투자자 지정 신청을 접수한다(령 387조 2항 2호 나목, 10조 3항 17호 가목).

셋째, 개인전문투자자 지정신청을 접수한 금융투자업자는 관련서류제출(령 10조 3항 17호 가목) 이후에는 전문투자자와 같은 대우를 받지 않겠다는 의사를 표시하기 전까지는 전문투자자로 대우받는다는 사실을 일반투자자에게 설명하지 않고 서류를 제출받는 행위를 할 수 없다(77조 1항; 령 68조 5항 1호의2). 이를 위반하면 1억원 이하의 과태료에 처한다(449조 1항 29호). 이러한 설명의무는 전문투자자제도의 규제상 의미를 설명하여 투자자를 보호하자는 것이므로 이러한 설명은 자본시장법상 관련자료의 제출시점에 이루어져야 한다. 여기서 관련자료의 제출은 지정신청을 의미한다. 따라서 만일 관련자료제출과 지정신청이 절차상 구분되어 있는 경우에도 설명의무는 최종적인 지정신청의사확인 이전에 이루어지면 충분하다.

넷째, 전문투자자로부터 전환요청서를 받은 금융투자업자는 정당한 사유가 있는 경우를 제외하고는 이에 동의해야 한다.[18] 이미 종전의 투자자 구분에 따라 거래가 완료된 경우를 제외하고는 투자자의 전환요청을 거부할 수 있는 사유는 현실적으로 별로 없을 것이다. 금융투자업자가 동의하면 당해 투자자는 일반투자자로 본다.

Ⅳ. 전환의 효과

1. 전환의 효력발생시기

전환의 효력발생시기는 금융투자업자가 전환에 동의한 때이다. 다시 일반투자자로 전환하고자 할 경우에도 마찬가지로 보아야 한다. 제도관리의 확실성을 위하여 금융투자업자의 동의를 받은 시점에 그 효력이 발생한다.

2. 전환의 적용범위

따로 규정은 없지만, 주관적 범위와 객관적 범위가 문제된다. 주관적 범위는 전환의 효력이 미치는 금융투자업자의 범위에 관한 것이고, 객관적 범위는 전환의 효력이 미치는 금융투자상품거래의 범위에 관한 것이다.

객이나 일반고객으로 취급할 수 있다(COBS 3.7.3A(a), COBS 3.6.2R).

18) 일반투자자와 같은 대우를 받겠다는 전문투자자의 요구에 정당한 사유 없이 동의하지 아니하는 행위는 불건전 영업행위로서 금지되며(71조 7호; 령 68조 5항 1호), 이에 위반한 경우에는 1억원 이하의 과태료를 부과한다(449조 1항 29호).

첫째, 주관적 적용범위는 전환에 동의한 금융투자업자와의 사이에 한정된다. 자본시장법상 일반투자와 전문투자자의 구분은 원칙적으로 당사자의 의사를 불문하는 객관적 기준에 의한 구분이다. 따라서 투자자의 요청에 의한 일반투자자로의 전환효과는 당연히 그 요청의 대상이 된 금융투자업자와의 사이로 한정되는 것이 제도의 취지에 부합한다. 다만 실무상 금융투자업자는 다른 금융투자업자가 관계자료를 확인하여 개인전문투자자 전환을 인정하여 발급한 전문투자자 확인증을 인정하고 있다. 이 경우에도 전환의 주관적 범위는 이를 인정한 금융투자업자와 해당 투자자 사이에 상대적 효력을 가질 뿐이다.

둘째, 객관적 범위는 전환 이후에 금융투자업자와 사이에서 이루어지는 모든 거래이다. 투자자와 금융투자업자의 약정으로 그 적용범위를 특정한 금융거래로 한정할 수 있는가? 투자자 구분의 전환은 투자자와 그 상대방인 금융투자업자 사이에 한정되는 문제이므로 당사자 사이의 약정으로 그 적용범위를 정할 수 있다.

제5절 금소법상 금융소비자

I. 의   의

금소법상 금융소비자는 "금융상품에 관한 계약의 체결 또는 계약 체결의 권유를 하거나 청약을 받는 것("금융상품계약체결등")에 관한 금융상품판매업자의 거래상대방 또는 금융상품자문업자의 자문업무의 상대방인 전문금융소비자 또는 일반금융소비자"를 말한다(2조 8호). 금융소비자는 은행법상 예금자와 은행이용자, 자본시장법상 투자자, 보험업법상 보험계약자 등의 용어를 통합한 것으로서 금융거래상 금융회사의 거래상대방에 대하여 '소비자'라는 표현을 사용한 국내 최초의 입법사례이다. 금소법은 금융상품을 예금성·대출성·투자성·보장성 상품으로 유형화하여 규제한다(3조 1호-4호). 금융투자상품은 투자성 상품에 해당한다.

II. 전문금융소비자와 일반금융소비자의 구분

1. 전문금융소비자

금소법은 전문금융소비자도 자본시장법상 전문투자자와 유사한 기준으로 구분한다. 금소법상 전문금융소비자는 "금융상품에 관한 전문성 또는 소유자산규모 등에 비추어 금융상품계약에 따른 위험감수능력이 있는 금융소비자"를 말한다(2조 9호 본문). 전문금융소비자는 국가, 한국은행, 시행령으로 정하는 금융회사, 주권상장법인, 그 밖에 금융상품의 유형별로 시행령으로 정하는 자가 포함된다(2조 9호 가목-마목). 시행령으로 정하는 금융회사는 금소법상 모든 금융회사를 말한다(금소법시행령 2조 8항). 주권상장법인과 자발적 전문금융소비자 등은 장외파생상품에 관한 계약체결등을 할 때에는 전문금융소비자와 같은 대우를 받겠다는 의사를 금융상품판매업자등에게 서면으로 통지하는 경우만 해당한다(금소법 2조 9호 라목; 동 시행령 2조 9항·11항 1호-3호). 그 밖에 시행령은 금융상품의 유형별로 전문금융소비자에 해당하는 자를 열거하고 있다(금소법시행령 2조 10항 1호-4호, 11항 1호-3호). 투자성 상품의 경우 일정한 요건을 갖춘 법인이나 개인도 전문금융소비자가 될 수 있다(금소법시행령 2조 10항 3호 나목·다목; 령 10조 3항 16호·17호). 자본시장법상 전문투자자의 범위에 속하지 않지만 전문금융소비자에 포함되는 자는 금소법상 투자성상품 금융상품판매대리·중개업자, 대부업자·대부중개업자, 온라인투자연계금융업자, 금융업협회이다(금소법 2조 7호 아목; 동 시행령 2조 6항 1호·2호·4호·6호; 동 감독규정 2조 8항 본문, 6항 11호; 금소법 22조 1항 1호-6호). 취지상 일치시키는 것이 옳을 것이다.

2. 일반금융소비자

일반금융소비자는 전문금융소비자가 아닌 금융소비자이다(금소법 2조 10호). 전문금융소비자와 전문투자자의 범위에 약간의 차이가 있으므로 일반금융소비자와 일반투자자의 범위도 동일한 차이가 있다.

Ⅲ. 전문금융소비자와 일반금융소비자 간의 전환

금소법도 자본시장법과 동일하게 전문금융소비자도 일반금융소비자로 전환할 수 있는 길을 열어두고 있다. 반대방향의 전환은 장외파생상품의 경우 주권상장법인 등을 제외하고는 허용되지 않는다. 그러한 전환도 모든 전문금융소비자는 아니고 시행령으로 정하는 일정한 범위의 전문금융소비자에 한정된다. 시행령은 대출성·투자성·보장성 상품을 대상으로 전환대상 전문금융소비자를 규정하고 있다(금소법 2조 9호 단서; 동 시행령 2조 7항 1호-3호).

전환대상 전문금융소비자가 일반금융소비자와 같은 대우를 받겠다는 의사를 금융상품판매업자 또는 금융상품자문업자에게 서면으로 통지하는 경우 금융상품판매업자등은 정당한 사유가 있는 경우를 제외하고는 이에 동의해야 하며, 금융상품판매업자등이 동의한 경우에는 해당 금융소비자는 일반금융소비자로 본다(금소법 2조 9호 단서). 전환의 방법과 효과에 대해서는 자본시장법상 투자자에서 살펴본 것과 기본적으로 동일한 원칙이 적용된다.

제 2 편
발행시장과 유통시장

제5장 | 발행시장의 규제

제1절 서 언

투자자의 관점에서는 발행시장이나 유통시장에서의 증권매매가 큰 차이가 없을 수 있지만, 자본시장법은 발행시장을 유통시장보다 엄격하게 규제하고 있다. 이는 정보의 부족이나 증권회사의 우호적 태도, 판매압력과 같은 발행시장의 특수성에 따른 것이다. 발행시장 규제방식으로 국가가 증권의 내용을 심사하여 거래 가부를 판단하는 내용규제로는 현재의 다양하고 역동적인 자본시장수요에 부응할 수 없다. 따라서 대부분의 국가는 발행인의 엄격한 공시의무에 기초한 공시규제를 전제로 한다.

그러나 공시규제 자체에 대해서도 그 제도적 타당성에 대한 의문이 제기되는 것은 부인할 수 없다. 특히 대부분의 투자자가 공시내용을 확인하지 않는다는 근본적인 한계가 있다. 그럼에도 발행인에 의한 공시내용은 해당 발행인의 과거의 성과와 장래의 전망에 대한 가장 정확한 자료로서 기업 및 그 발행증권의 가치평가의 기초자료가 되고 부실공시에 대한 책임의 근거가 되는 것은 여전히 중요한 제도적 기능이다.

제2절 발행시장 규제의 의의와 논리에서는 발행시장의 의의, 규제필요성, 공시규제의 내용을 살펴본다. 제3절 공시의무의 발생에서는 공모의 의의와 적용면제를 정리한다. 제4절 공시의무의 내용에서는 신고의무자, 증권신고서심사, 신고서의 효력발생 등을 검토한다. 제5절 공모시의 행위규제에서는 신고서의 수리전, 수리후, 효력발생전, 효력발생후로 나누어 행위규제를 정리한다. 제6절 공시규제위반의 효과에서는 행정상·형사상, 그리고 민사상의 제재를 살펴본다. 제7절 발행시장에 대한 실체적 규제에서는 발행인자격, 발행조건, 투자자자격을 검토한다. 제8절 기업공개실무에서는 증권신고절차 이외의 증권공모절차를 포괄적으로 살펴본다. 제9절 주권상장법인특례에서는 자본시장법상 상장법인특례규정을 간략히 소개한다.

제2절 발행시장 규제의 의의와 논리

Ⅰ. 발행시장의 의의

1. 발행시장

증권시장1)은 발행시장(primary market)과 유통시장(secondary market)으로 구분된다. 발행시장은 기업이 발행한 증권을 투자자가 처음으로 취득하는 시장으로서 이미 발행된 증권이 투자자 사이에서 거래되는 유통시장과 구별된다. 대주주가 자신의 보유주식을 널리 투자자에게 매도하는 경우와 같이 이미 발행된 후 시간이 지난 증권이라도 대량으로 투자자에게 분산 매매되는 거래는 발행시장거래에 속한다. 발행시장에서의 '**발행**'은 투자자에게 투자대상으로 제공된다는 의미가 더 강하다는 점에서 증권이 새로이 창출된다는 의미의 상법상 발행과는 다르다.

▌표 5-1 **발행시장의 자금조달상황**(단위: 억원)

구분	2017	2018	2019	2020	2021
조달총액	1,543,810	1,698,142	1,754,999	1,944,832	2,314,793
주 식	103,572	88,959	53,172	109,164	290,903
기업공개	58,893	23,149	24,677	38,241	145,225
유상증자	44,679	65,810	28,495	70,923	145,678
회사채	1,440,238	1,609,183	1,701,827	1,835,668	2,023,890
일반회사채	322,668	356,590	453,062	420,550	467,230
금융채	967,471	1,091,299	1,099,029	1,206,595	1,396,126
A B S	150,099	161,294	149,736	208,523	160,534
은행채	373,093	373,459	368,946	393,911	525,235

(자료) 금감원

---

1) 자본시장법상 시장개설주체로 거래소 이외에 다자간매매체결회사를 도입하면서 시장 개념에 변화가 일어났다. '금융투자상품시장'은 증권 또는 장내파생상품의 매매를 하는 시장을 말한다(8조의2 1항). '거래소시장'은 거래소가 개설하는 금융투자상품시장으로서(8조의2 3항), 증권시장과 파생상품시장으로 구분된다(8조의2 4항 1호·2호). 거래소 이외의 금융투자상품시장 개설주체인 다자간매매체결회사는 일반적으로 대체거래시스템(alternative trading system, ATS)이라고 부르는 것으로서 2013. 5. 28. 개정에서 경쟁매매를 통한 가격발견기능이 인정되어 완전한 의미의 시장이 되었다(8조의2 5항, 78조). 증권이 상장되어 거래되는 시장을 거래소라고 하는 것은 옳지 않다. 이 책에서는 거래소가 개설한 증권시장을 '거래소증권시장', 다자간매매체결회사가 개설한 증권시장을 합쳐서 부를 때는 단순히 '증권시장'이라고 한다. 문맥에 따라 장외증권시장을 합쳐 '증권시장'으로 부르는 경우도 있다.

[표 5-1]은 최근 발행시장의 자금조달상황을 나타낸다. 주식보다 채권이 차지하는 비중이 더 크다. 또한 여전히 은행대출중심의 간접금융에 비하여 직접금융시장의 역할을 확대할 필요성이 크다는 평가를 받고 있다.

■표 5-2 주요국 가계 금융자산 구성 비교(2021년말 기준; 단위: %)

구분		한국	미국	일본	영국	호주
현금·예금		43.4	13.2	54.2	27.1	21.6
금융투자상품		25.4	58.0	16.3	15.6	18.2
	(주식)	20.8	40.2	10.4	11.1	17.3
	(채권)	2.3	2.3	1.3	0.2	0.1
	(펀드)	2.3	15.5	4.5	4.3	0.8
보험·연금		30.4	28.6	26.7	53.1	58.2
기타		0.8	0.2	2.8	4.2	2.0

(자료) "주요국 가계 금융자산 비교", 금융투자협회 조사국제부, 2022. 8.

[표 5-2]는 우리나라 금융시장에서 개인이 보유하는 금융자산의 구성현황을 보여준다. 국내 개인의 주식 보유가 다른 나라와 비교해도 크게 증가하고 있지만 미국에 비하여 여전히 낮은 수준임을 알 수 있다. 특히 펀드의 비중이 매우 낮은 것은 우리나라 자본시장의 중요한 특징이다.

2. 발행시장규제

발행공시규제는 "자본시장의 공정성·신뢰성 및 효율성을 높이고 투자자를 보호하기 위하여 증권의 발행인으로 하여금 증권의 내용이나 발행회사의 재산, 경영상태 등 투자자의 투자판단에 필요한 기업 내용을 신속·정확하게 공시하게 하는 제도"(대법원 2020. 2. 27. 선고 2016두30750 판결; 대법원 2020. 5. 14. 선고 2016두42258 판결)를 말한다. 자본시장법이 발행공시규제를 두는 것은 "증권의 공모 시에 발행회사와 증권에 관한 정확한 정보를 투자자에게 제공함으로써 발행회사와 투자자 사이에 발생할 수 있는 정보의 비대칭을 해소하여 투자자를 보호하기 위한 것"(대법원 2016. 2. 18. 선고 2014두36259 판결)이다.

Ⅱ. 발행시장규제의 필요성

1. 전통적인 논의

투자자의 관점에서는 이미 발행된 증권을 유통시장에서 매입하는 것과 새로이 발행되는 증권을 발행시장에서 취득하는 것에 별 차이가 없다. 그러나 자본시장법은 발행시장을 유통시장보다 엄격하게 규제한다. 그 이유는 다음과 같은 발행시장의 특수성이다. 첫째, 정보의 부족이다. 발행시장에서 증권을 발행하여 자금을 조달하는 기업은 비교적 규모가 작고 사업내용도 덜 알려진 신생기업인 경우가 많다. 이들이 발행하는 증권은 증권시장에 처음 등장하기 때문에 정보가 부족한 것이 보통이다.[2] 둘째, 증권회사등의 우호적 태도이다. 일시에 대량으로 발행하는 증권에 대한 투자를 유도하기 위하여 발행인이나 이를 돕는 증권회사가 지나치게 낙관적인 정보를 제시할 가능성이 높다. 셋째, '**판매압력**'(selling pressure)의 존재이다. 증권회사등의 판매압력을 받는 투자자들도 짧은 시간 내에 투자를 결정하다 보니 정보를 검토하지 못한 채 경솔하게 투자를 결정하기 쉽다.

만약 금융당국이 발행시장에서의 투자를 투자자의 자기책임에 맡긴 채 방치한다면 건실한 기업보다 오히려 허황된 약속을 남발하는 부실기업으로 자금이 몰릴 수도 있다. 이러한 사태가 효율적 자원배분을 왜곡하는 것임은 당연하다. 또한 이처럼 투자자로부터 무리하게 자금을 끌어모은 기업이 약속과 달리 도산의 운명을 맞게 되면 그에 실망한 투자자가 영영 증권시장을 떠날 수도 있다. 그러한 결과를 방치한다면 결국 증권시장은 쇠퇴의 길을 걸을 수밖에 없을 것이고 마침내 유망한 기업마저도 증권시장에서 자금을 조달할 길이 막혀버릴 것이다. 발행시장에 대한 규제는 바로 이러한 사태를 피하기 위한 것이다.

2. 현대적인 의의

이러한 전통적인 규제 논리와 함께 현대적인 의의로는 다음 3가지를 들 수 있다.[3] 첫째, 일반적인 투자자가 투자판단에 참고하기 위해 공시정보에 접근하려고 할 경우 전자공시 등을 통하여 용이·신속·공평하게 접근할 수 있게 한다. 둘째, 공시정보의 수집·분석·제공을 전문적으로 하는 전문기관에 대하여 정보공시를 한다. 일반적인 투자자들은 언론이나 증권분석가, 신용평가회사나 금융투자업자 그리고 기관투자자와 같은 전문기관이 제공하는 정보분석을 참고로 투자하거나 투자판단 자체를 그들에게 맡기기도 한다. 셋째, 정보공시를 통하여 상장회사법이나 공개회사법으로서 상장회사나 공개회사에 대한 사실상의 규율기능을 수행한다.

---

2) 대법원 2020. 2. 27. 선고 2016두30750 판결("발행시장은 최초로 시장에 증권이 등장하는 공모발행이라는 점에서 그 증권의 가치평가가 어렵고, 투자판단에 필요한 정보가 부족한 경우가 많으며, 그 결과 투자자들이 증권시장에 대한 신뢰와 투자에 대한 확신을 가지기 어려운 특징이 있다"). 같은 취지로, 대법원 2020. 5. 14. 선고 2016두42258 판결.
3) 松尾, 106-107면.

Ⅲ. 공시규제와 내용규제

1. 의의와 구분

발행시장규제방식은 크게 2가지로 구분된다. 첫째, '**내용규제**'(merit regulation)로서 "금융당국이 부실한 투자대상이라고 판단하는 증권을 투자자로부터 격리시키는 방식"이다. 둘째, '**공시규제**'(disclosure regulation)로서 "금융당국이, 증권이 투자자의 투자대상으로서 적절한지에 대해서는 간여하지 않고 증권정보가 투자자들에게 충분히 제공되는 것만을 담보하는 방식"이다. 공시규제의 저변에는 아무리 부실하고 위험한 증권이라도 투자자가 이를 충분히 알면서 취득하는 경우에는 구태여 막을 이유가 없다는 자유주의적 사고가 깔려 있다. 즉 정확한 정보가 충실히 공시되기만 한다면 나머지는 투자자의 판단에 맡겨도 무방하다는 것이다. 공시규제는 투자판단에 필요한 정보를 제공하는 기능과 아울러 부정행위를 억지하는 기능도 수행한다. 즉 공시를 해야 한다면 사기적인 투자대상은 저절로 시장에서 사라질 것이라는 점이다. 이러한 사고는 후일 미국 연방대법원 대법관을 지낸 브랜다이스(Louis Brandeis)의 "햇빛은 가장 훌륭한 소독제이고 전기불은 가장 효과적인 경찰관이다"[4]라는 말에서 가장 잘 드러난다.

2. 공시규제의 평가

공시규제의 장점은 사적자치에 대한 간섭이 크지 않아 규제비용이 덜 들뿐 아니라 금융당국의 자의적 개입 여지도 적다는 점이다. 반면 투자자가 공시된 정보를 검토하여 투자하고 그 결과에 대해서 스스로 책임을 지는 자기책임원칙이 정착되지 않은 풍토에서는 공시규제에만 의존하기는 어려운 면이 있다. 미국의 「1933년 증권법」은 공시규제를 채택한 대표적인 입법이다. 반면에 미국 각주의 증권규제법(blue sky laws)은 대체로 내용규제방식을 취하고 있다.

3. 공시규제의 합리성 논의

공시규제는 내용규제에 비하여 간섭의 정도가 깊지 않다. 따라서 규제비용은 내용규제보다 적다. 그러나 공시규제도 발행인에게 규제비용을 발생시킨다. 먼저 증권신고서와 투자설명서 등의 공시서류를 제대로 작성하려면 적지 않은 비용이 소요된다. 또한 일단 공모를 마친 회사는 사업보고서 등을 통해서 계속적으로 정보를 공시할 의무가 있다. 이러한 유통공시비용도 만만치 않다. 물론 이러한 공시부담은 금융당국이 공시규제를 얼마나 엄격히 적용하는가에 좌우될 것이다.

---

4) Louis Brandeis, Other People's Money and How the Bankers Use It, Frederick A. Stokes Company, 1914, p92.

우리나라에서는 비교적 최근까지 공시가 상당히 형식적으로 이루어져 왔던 탓인지 그 부담에 관한 논의가 별로 없었다. 그러나 공시비용부담이 큰 미국에서는 과연 이러한 증권법상의 규제로 인한 비용이 그로 인한 편익에 비추어 합당한 것인가에 대해서 논의가 끊이지 않고 있다.5)

일부 학자들은 증권법이 요구하는 정보는 공시의무를 부과하지 않아도 어차피 시장에 나오게 될 것이라며 강제공시를 폐지할 것을 주장한다. 이들에 따르면 법으로 강제하지 않더라도 회사는 투자자들을 끌기 위하여 스스로 정보를 제공할 것이고 정보의 신뢰도를 높이기 위하여 외부감사인의 감사를 받을 것이다. 또한 인수인도 결과적으로 투자자 보호기능을 수행한다. 인수인은 인수대상을 신중하게 선정할 인센티브가 있다. 시원찮은 회사의 증권을 인수하여 투자자에게 권유했다가는 자신의 명성이 손상될 것이기 때문이다. 나아가 공시규제의 한계를 지적하면서 내용규제의 재도입을 주장하는 견해도 있다.6) 근본적으로 입법자들이 기대한 것과는 달리 투자자들이 발행인이 작성한 공시서류를 꼼꼼하게 읽고 투자판단을 하는 것은 아니라는 점이다.

그러나 아직은 강제공시규제의 필요성을 긍정하는 견해가 우세하다. 투자자들이 투자판단을 할 때 공시서류를 일일이 확인하는 것은 물론 아니다. 그러나 강제공시제도는 증권분석가들이 정보를 구하는 것을 쉽게 해 준다. 설사 회사가 공시의 이익을 깨닫고 스스로 공시에 나선다 해도 공시사항·형식·시점이 각양각색이라면 투자자가 혼란에 빠질 것이다. 또한 공시의 정확성을 담보하기 위해서는 민법이나 상법 규정만으로는 불충분하다. 금융투자업자도 자신의 명성을 고려할 것으로는 생각되지만, 아직 큰 기대를 걸기는 어렵다. 과연 수수료 수입을 원하는 금융투자업자가 발행회사의 정보공시가 미흡하다고 해서 영업기회를 스스로 포기하기를 기대할 수 있을지 의문이다. 또한 발행인의 공시내용은 발행인의 기업 및 그 발행증권의 가치평가의 기초자료가 되고 부실공시에 대한 책임의 근거가 되는 것은 여전히 중요한 제도적 기능이다.

이처럼 공시규제의 무용론은 적어도 아직은 따르기 어렵다. 그러나 그러한 논의가 공시규제의 '비용'에 대한 인식을 높인 점은 평가되어야 한다. 공시규제도 결국은 편익이 비용을 초과하는 범위에서만 정당성을 인정받을 수 있다. 따라서 공시규제의 합리화를 통해서 기업의 공시비용을 줄이려는 노력을 소홀히 해서는 안 될 것이다.

---

5) 이에 대한 문헌은 많지만, 대표적으로 Frank H. Easterbrook and Daniel R. Fischel, "Mandatory Disclosure and the Protection of Investors", Virginia Law Review Vol. 70, 1984, pp669-715; John C. Coffee, Jr., "Market Failure and the Economic Case for a Mandatory Disclosure System", Virginia Law Review Vol. 70, 1984, pp717-753.

6) Omri Ben-Shahar and Carl E. Schneider, "The Failure of Mandated Disclosure", University of Pennsylvania Law Review Vol. 159, 2011, pp647-749.

Ⅳ. 발행시장규제의 개요

1. 발행의 다양한 형태

발행형태는 대상에 따라 다르지만 이하에서는 주식발행을 중심으로 설명한다. 주식발행은 청약의 권유의 상대방의 수에 따라 공모7)와 사모8)로 나눌 수 있다. 증권규제, 특히 공시규제에서 중요한 것은 공모이다. 공모는 크게 회사의 설립 시에 공모하는 경우9)와, 일단 설립된 회사가 공모를 통하여 증자하는 경우로 나눌 수 있다. 후자도 최초의 공모, 즉 IPO(initial public offering)10)와 이후의 공모유상증자로 구분된다.

IPO에 의하여 발행된 주식은 거래소증권시장에 상장되는 것이 보통이지만 비상장상태로 장외에서 거래되기도 한다. 이 중에서 IPO와 상장이 함께 이루어지는 경우를 일반적으로 '기업공개'라고 부른다. 과거에는 IPO와 상장은 함께 하는 것으로 알려져 일방만이 이루어지는 경우를 생각하지 못하였다. 그러나 최근에는 개념상은 물론 실무에서도 양자는 확연히 구별되고 있다. 따라서 상장을 수반하지 않는 IPO는 물론이고 IPO가 선행되지 않는 상장(이른바 '直上場')도 실제로 이루어진다. IPO 이후의 공모유상증자도 다양한 형태로 이루어지고 있다. 신주인수권을 가진 다수의 주주에게 배정하여 증자하는 주주배정증자(rights offering), 투자자에게 공모하는 일반공모증자, 주주에게 우선배정하고 실권된 부분을 투자자에게 모집하는 주주우선공모 등이 그것이다.

▌표 5-3 주식발행의 다양한 형태

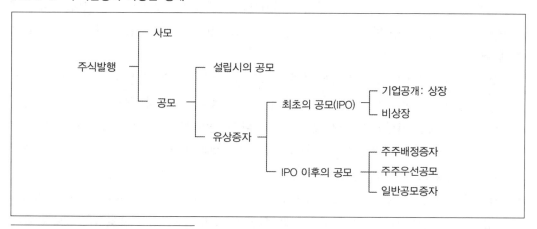

---

7) '공모'의 의의에 대해서는 제3절 Ⅱ. 참조.
8) '사모'의 의의에 대해서는 제3절 Ⅳ. 1. 참조.
9) 실제로 이러한 경우는 거의 없다. 우리나라에서는 과거 한겨레신문사와 일부 은행이 공모로 설립되었다
10) 엄밀히 말하면 대주주가 자신의 보유주식을 최초로 일반에 매출하는 것도 IPO에 해당하지만, 여기에서는 신규로 발행되는 주식이 공모되는 경우를 중심으로 설명한다.

2. 발행시장규제의 개요

자본시장법상 발행시장규제는 증권신고제도를 중심으로 한다. 증권신고제도는 증권 공모시에 발행회사와 증권에 관한 정확한 정보를 투자자에게 제공함으로써 발행회사와 투자자 사이에 발생할 수 있는 '**정보의 비대칭**'을 해소하기 위한 제도이다. 이하에서는 증권신고제도의 개요를 간추려보기로 한다.

증권의 공모는 원칙적으로 발행회사가 당해 증권에 대한 신고서를 금융위에 제출하여 수리된 경우에만 할 수 있다(119조 1항). 예외적으로 적용면제증권이나 적용면제거래의 경우에는 신고가 면제된다(118조; 령 119조, 120조, 124조의2). 신고서에는 증권의 모집·매출에 관한 사항, 발행회사의 기업내용 등에 대한 사항을 기재한다(119조 7항; 령 125조-128조). 금융위는 이를 심사한 후 일정한 장소에 갖추어 두고 인터넷 등을 통하여 공시한다(120조, 129조). 신고서의 수리 후 효력발생 전까지는 청약이나 청약의 권유행위는 허용되지만, 투자자와 계약을 체결할 수는 없다(121조 1항). 계약의 체결은 신고서의 효력발생 후에야 비로소 가능하다. 신고서와는 별도로 발행회사는 일정한 정보가 기재된 투자설명서를 작성하여 금융위에 제출해야 하며 일정한 장소에 갖추어 두고 일반인이 열람할 수 있도록 해야 한다(123조 1항). 발행회사는 전문투자자를 제외하고는 투자설명서를 교부한 후가 아니면 증권을 취득하게 하거나 매도할 수 없다(124조 1항).

3. 상법상 공시와의 차이

증권에 대한 정보공시가 자본시장법에 의해서만 이루어지는 것은 아니다. 상법도 주식이나 사채를 발행하는 경우 일정한 정보공시를 요구하고 있다. 그러나 다음과 같은 차이를 확인할 수 있다.

첫째, 규제목적이 다르다. 상법은 주주와 채권자 사이의 이해조정을 위한 주주나 채권자 보호를, 그리고 자본시장법은 전통적인 투자자 보호를 목적으로 한다. 둘째, 규제대상인 금융상품의 기능에 대한 인식도 다르다. 같은 주식이나 채권이라도 상법은 자금조달수단측면을, 그리고 자본시장법은 투자측면을 주로 대상으로 한다. 셋째, 규제내용도 다르다. 상법은 주로 발행규제를 대상으로 증권의 형식적 내용을 공모에 해당하는지 여부와 관계없이 주식이나 사채청약서에 의하여 공시한다(상 302조, 474조).[11] 상법은 자본시장법상 매출(9조 9항)에 대해서는 규정을 두고 있지 않다. 그러나 자본시장법은 주로 증권의 유통을 전제로 투자자의 투자판단에 필요한 정보를 공시한다. 넷째, 자본시장법에서는 금융위가 공시정보의 완전성을 심사하지만, 상법에는 그런 장치가 없다.

---

11) 사채총액인수나 채권매출을 하는 경우에는 사채청약서를 작성할 필요가 없다(상 475조).

■표 5-4 상법과 자본시장법상 공시제도의 비교

구분	상법	자본시장법	비고
규제목적	주주 및 채권자 보호	투자자 보호	규제목적의 차이
규제대상	증권(주식, 사채) 〈자금조달수단〉	증권, 파생상품 〈투자수단〉	상품기능의 차이
규제내용	발행규제 : 발행절차, 발행한도 등 : 공사모 구분없음	유통규제 : 발행규제는 유통전제 : 금융상품 위험규제 : 공시, 불공정규제	규제내용의 차이
규제주체	주주총회, 법원	금융위·금감원	규제주체의 차이

제3절 공시의무의 발생

Ⅰ. 공모시의 공시의무

자본시장법상 증권을 공모하면 증권신고서의 제출 등 공시의무가 발생한다(119조 1항). 그러나 이러한 공시의무가 모든 공모에 적용되지는 않는다. 증권에 따라서는 구태여 공시를 요구할 필요가 없을 수도 있다. 또한 형태상 공모에 해당하더라도 투자자 보호의 관점에서 공시가 불필요한 경우도 있다.

미국 증권법은 원칙적으로 모든 증권의 매매에 공시를 요구하는(15 U.S. Code § 77e) 한편 공시가 면제되는 예외(15 U.S. Code § 77d)를 상세히 규정한다. 이에 반해 자본시장법은 공시가 요구되는 거래의 유형(공모)을 규정하고, 적용제외증권과 적용제외거래를 명시하고 있다. 따라서 신고의무의 면제거래를 알기 위해서는 먼저 공시대상거래를 확정할 필요가 있다.

Ⅱ. 공모(모집과 매출)의 의의

1. 모집과 매출의 구별

1) 의 의

자본시장법은 증권의 공모에 대하여 투자자 보호를 위한 일정한 공시의무를 부과하고 있다. 공모(public offering 내지 public placement)는 "증권을 투자자에게 분산매각하는 행위"를 말한다. 자본시장법은 공모라는 거래계의 용어 대신 '**모집**'과 '**매출**'이라는 특별한 용어를 사용한다.[12] 모집은 "대통령령으로 정하는 방법에 따라 산출한 50인 이상의 투자자에게 새로

---

12) 시행령에서는 '직접공모'(령 125조 1항 2호 바목)나 '일반공모증자'(령 176조의2 2항 2호) 등과 같이 모집과

발행되는 증권의 취득의 청약을 권유"하는 것을 말한다(9조 7항). 한편 매출은 "대통령령으로 정하는 방법에 따라 산출한 50인 이상의 투자자에게 이미 발행된 증권의 매도의 청약을 하거나 매수의 청약을 권유"하는 것을 말한다(9조 9항). '**매도의 청약**'과 '**매수의 청약의 권유**'는 개념상 구별되지만 실제로는 거의 같은 의미로 이해할 수 있다.

공모가 모집과 매출을 의미하는 것이라면 공모의 반대인 사모는 모집이나 매출이 아닌 것을 가리켜야 할 것이다. 그러나 자본시장법은 새로 발행되는 증권의 취득의 청약을 권유하는 것 중에서 모집이 아닌 것만을 '**사모**'라고 한다(9조 8항). 증권법과 달리 이미 발행된 증권을 소수에게 매출하는 것은 사모로 보지 않는다.[13]

이 책에서는 특히 모집과 매출을 구별해야 할 경우가 아닌 한 양자를 모두 포괄하는 의미로 편의상 '**공모**'라는 용어를 사용한다.

2) 모집과 매출의 차이

모집과 매출의 차이는 공모대상인 증권이 신규로 발행되는 것인지(모집), 아니면 이미 발행된 것인지(매출)에 있다. 모집의 주체는 발행인인 데 반하여 매출의 주체는 매출인이다. 매출인은 "증권의 소유자로서 스스로 또는 인수인이나 주선인을 통하여 그 증권을 매출하였거나 매출하려는 자"를 말한다(9조 14항). 자본시장법은 모집에서는 매도·매수라는 용어 대신 '**취득**'이라는 용어를 사용한다(9조 7항). 그 이유는 거래대상이 아직 미발행상태의 증권이어서 그 거래를 매매계약으로 볼 수 없기 때문이다. 취득이란 용어를 사용하고 있으므로 모집에는 금전을 대가로 하지 않은 취득, 예컨대 교환도 포함되는 것으로 해석할 수 있다. 한편 매출은 일반적인 용어례에 의하면 교환을 포함하는 것으로 해석할 수 없을 것이다. 그렇다면 언뜻 모집과 매출 사이에는 단순히 거래대상이 신규발행증권이냐 기발행증권이냐의 차이 말고도 상당한 차이가 있는 것처럼 보인다. 그러나 공시의무는 대가의 내용 및 종류와 관계없이 널리 인정할 필요가 있는 점을 감안하면, 모집은 물론 매출도 교환을 포함한다고 본다.[14]

3) 매출 규제의 근거

이미 발행된 증권을 대상으로 하는 매출이 발행공시규제의 적용대상인 점은 일반인으로 서는 의외로 여겨질 수도 있다. 매출에 발행공시규제를 적용하는 이유는 다음 2가지로 설명되고 있다.[15]

첫째, 발행공시의 필요성을 반드시 증권이 새로 발행되는 경우로 한정할 수 없다. 특정

매출을 합쳐 공모라고 하는 경우가 있다. 부동산투자회사법은 '공모부동산투자회사'(49조의3 1항)와 같은 용어를 사용한다.

13) 일본에서는 매출에 해당하지 않는 이러한 매각을 私賣出이라고 하여 사모와 구별한다.

14) 神崎외, 219-220면; 長島외, 82면. 미국 1933년 증권법상 매도(sale)도 교환을 포함한다{15 U.S. Code § 77b(a)(3)}.

15) 山下友信·神田秀樹(編), 金融商品取引法概説 第2版, 有斐閣, 2017, 85-86면.

회사가 완전자회사의 모든 주식을 보유하고 있다가 투자자들을 대상으로 분산매도하는 경우 발행인 관점에서는 '이미 발행된 증권'이지만 이를 최초로 매수하는 투자자에게는 '새로 발행되는 증권'과 실질적으로 차이가 없다. 회사법상으로는 '이미 발행된 증권'이지만 투자자 보호를 목적으로 하는 자본시장법 관점에서는 '새로 발행되는 증권'과 동일한 수준의 정보비대칭이 존재하는 것이다.16)

둘째, 발행공시규제의 대상을 '새로 발행되는 증권'에 대한 모집으로 한정한다면 발행회사가 먼저 특정인에게 증권을 취득시키고 그 특정인으로 하여금 최종적으로 투자자들에게 분산매도하게 하는 방법으로 발행공시규제를 완전히 회피할 수 있다는 부당한 결과가 발생할 것이다.

4) 자기주식 처분과 발행공시

상법과 자본시장법의 개정으로 상법상 주식회사와 자본시장법상 주권상장법인이 자기주식을 취득할 수 있는 범위가 크게 확대되었다(165조의3 4항; 령 176조의2 1항 1호; 상 341조, 341조의2, 341조의3). 또한 종래 자기주식은 일시적인 보유만 허용했으나 2011년 상법 개정 후 계속 보유하는 것도 가능하게 되었다. 그러면 주식의 발행인인 주식회사가 자신이 보유하는 자기주식을 처분하는 것도 모집이나 매출에 포함될 수 있는가? 다음의 4가지가 문제된다.

첫째, 자본시장법상 매출인의 개념(9조 14항)에서 발행인을 제외하는 규정은 없으므로 발행인에 의한 자기주식의 처분도 당연히 매출의 개념에 해당할 수 있다.

둘째, 상법상 주식회사가 자기주식을 처분하는 경우 '처분할 상대방' 등에 대하여 정관에 규정이 없는 것은 이사회가 결정한다(상 342조). '처분할 상대방'은 반드시 "특정인을 의미하는 것이 아니므로 거래소에서의 매각이나 기존 주주에 대한 배정과 같이 매수인을 선택하는 방법만을 정하는 것도 허용된다"고 볼 것이다.17)

셋째, 자기주식처분을 신주발행으로 보게 되면 매출이 아니라 모집에 해당한다. 그러나 자기주식처분은 실질적으로는 신주발행과 유사하지만 형식적으로는 기발행주식의 매각이기 때문에 자본시장법상 모집의 개념을 적용할 수는 없다.18)

넷째, 자본시장법상 자기주식의 처분으로 간주되는 '자기주식을 취득하기로 하는 신탁업

16) 뒤에 서술하는 바와 같이 자본시장법은 그러한 정보비대칭이 존재하지 않는다고 판단되는 일정한 매출의 경우에는 증권신고서 제출을 면제하고 있다(119조 6항).
17) 이철송, 회사법강의, 2013, 396면. 자본시장법은 그 중 '주식을 처분할 상대방'을 이사회 결의사항에서 제외하고 있지만(165조의3 4항; 령 176조의2 1항 1호; 발행공시규정 5-1조 2호), 처분의 상대방에 대해서는 동일하게 해석해야 할 것이다.
18) 일본은 기발행증권이라도 모집에 관한 공시규제를 적용하는 것이 적절하다는 판단 아래 주식회사의 자기주식처분(일본 회사법 199조 1항)을 위한 매도의 청약 또는 매수의 청약의 권유를 '취득권유 유사행위'로서 모집으로 규제하여 이를 신주발행으로 보는 회사법의 입장을 유지한다(금융상품거래법 2조 3항; 금융상품거래법 제2조에서 규정하는 정의에 관한 내각부령 9조 1호).

자와의 신탁계약의 해지'(165조의3 4항)나 '주권상장법인이 소유하고 있는 상장증권 중 자기주식을 교환대상으로 하는 교환사채권을 발행한 경우'(령 176조의2 4항)에 대해서도 발행공시규제를 할 것인가? 이 경우 신탁업자는 발행공시규제를 통해서 특별히 보호할 필요가 없다. 자기주식의 처분에 해당하는 부분은 교환사채의 내용을 구성하므로 교환사채 발행에 대해서 발행공시규제를 적용하면 충분할 것이다.

2. 공모의 상대방: 50인 기준

1) 취 지

1991년 개정 전 증권법은 공모를 '**불특정다수인**'에 대한 청약의 권유(또는 청약)로 규정하였기 때문에 '**불특정다수인**'의 해석이 문제였다. 그래서 증권법은 1991년 개정에서 불특정다수인이라는 일반개념 대신 '**공모의 상대방이 50인 이상**'일 것을 명시하였다(증권령 2조의4 1항·2항). 자본시장법은 공모의 상대방이 50인 이상일 것을 법률에서 직접 규정하고 산출방법만 시행령에 위임한다(9조 7항·9항). 여기서 50인은 '**실제로 투자한 자**'가 아니라 '**청약의 권유를 받은 자**'의 수를 말한다. 따라서 실제 투자자는 50인 미만이라도 권유의 상대방이 50인 이상이면 공모에 해당한다.

공모 여부를 따지는 실익은 공시의무의 부과 여부를 결정하는 데 있다. 정보공시를 강제할 필요성은 반드시 공모의 상대방인 투자자의 수에만 달린 것은 아니다. 오히려 투자자들이 정보에 대한 충분한 접근성과 판단능력을 갖추고 있는지가 더 중요하다. 공모의 상대방인 투자자의 수가 적고 투자규모가 크다면 투자자가 스스로 자기이익을 판단하게 해도 문제없을 것이다. 그러한 투자자는 필요한 정보를 기업에 요구하거나 전문가의 도움을 받을 수도 있으므로 구태여 일반 사법상 보호 외에 특별한 보호를 할 필요가 없다.

2) 50인 기준

(1) 산정원칙

자본시장법은 공모의 판단기준으로 우선 투자자 수에 주목한다. 투자자 수가 50인 미만이면 사모로서 공시규제의 적용이 없다. 투자자 수를 산정하는 것은 간단하지 않다. 먼저 대상기간을 공모시점(청약의 권유시점)으로부터 과거 6개월로 잡고, 그 기간 중 같은 종류의 증권에 대하여 공모에 의하지 않고 청약의 권유를 받은 투자자, 즉 사모에 의하여 청약권유를 받은 투자자 수를 합산한다(령 11조 1항). 또한 6개월 사이에 있었던 권유의 대상자라도 이미 증권신고서에 의한 신고가 이루어졌다면 계산에서 제외한다.

(2) 전문가와 연고자의 제외

자본시장법도 모든 투자자를 공시규제로 보호하는 것은 아니다. 자본시장법은 공시규제에 의한 보호가 불필요한 자로 이른바 전문가와 연고자를 들고 있다. 전문가가 스스로 보호할 수 있는 전문성을 갖춘 자라면 연고자는 이미 다른 경로를 통해서 정보에 대한 접근이 가능한 자이다.[19] 50인 산정시에 제외되는 전문가와 연고자는 [표 5-5]에서 보는 바와 같다(령 11조 1항 1호 · 2호).[20] 여기에 열거되어 있는 전문가와 연고자는 증권신고서제도에 대한 중대한 예외가 되므로 제한적으로 해석되어야 한다.[21]

■ 표 5-5 공모기준 산정시 제외되는 전문가와 연고자

구 분	해당자
전문가	(1) 전문투자자(령 11조 1항 1호 가목)
	(2) 「공인회계사법」에 따른 회계법인(령 11조 1항 1호 다목)
	(3) 신용평가회사(령 11조 1항 1호 라목)
	(4) 발행인에게 회계, 자문 등의 용역을 제공하고 있는 공인회계사 · 감정인 · 변호사 · 변리사 · 세무사 등 공인된 자격증을 소지하고 있는 자(령 11조 1항 1호 마목)
	(5) 그 밖에 발행인의 재무상황이나 사업내용 등을 잘 알 수 있는 전문가로서 감독규정에서 정하는 자(령 11조 1항 1호 바목)
연고자	(6) 발행인의 최대주주[22]와 발행주식총수의 5% 이상 소유주주(령 11조 1항 2호 가목)
	(7) 발행인의 이사 · 감사 및 우리사주조합원(령 11조 1항 2호 나목)
	(8) 발행인의 계열회사 및 그 이사 · 감사(령 11조 1항 2호 다목)
	(9) 발행인이 주권비상장법인인 경우 그 주주(령 11조 1항 2호 라목)[23]
	(10) 외국기업인 발행인이 종업원의 복지증진을 위한 주식매수제도 등에 따라 국내계열회사의 임직원에게 해당 외국기업의 주식을 매각하는 경우 그 국내계열회사의 임직원(령 11조 1항 2호 마목)
	(11) 발행인이 설립중인 회사인 경우 그 발기인(령 11조 1항 2호 바목)
	(12) 그 밖에 발행인의 재무상황이나 사업내용 등을 잘 알 수 있는 연고자로서 감독규정에서 정하는 자(령 11조 1항 2호 사목)

위 (9)에서 상장법인, 공모실적 있는 법인을 제외한 비공개법인이 주주배정증자를 실시하는 경우에는 공모에 해당하지 않아 공시의무가 배제된다. 따라서 주주의 처분행위로 인하여 주주 수가 증가하더라도 회사가 증자시 뜻하지 않게 공시의무를 부담하는 것은 막을 수 있다. 그러나 주주관점에서는 공시규제를 통한 보호가 필요한 것이 아닌지 의문이 없지 않다.

---

19) 대법원 2005. 9. 30. 선고 2003두9053 판결("예외적으로 발행인으로부터 설명을 듣지 아니하고도 발행인의 재무상황이나 사업내용 등의 정보에 충분히 접근할 수 있는 위치에 있을 뿐만 아니라, 그것을 판단할 수 있는 능력을 갖추고 있어 스스로 자기이익을 방어할 수 있는 자는 50인의 청약권유 대상자 수에서 제외해야 할 것").

20) 코넥스시장 주권상장법인의 경우 제외되는 투자자 범위에 관한 특칙이 있다(령 11조 2항).

21) 대법원 2005. 9. 30. 선고 2003두9053 판결("50인의 청약권유 대상자 수를 산정함에 있어서 제외되는 자를 규정한 … 규정 역시 [입법]취지에 비추어 제한적으로 해석되어야 할 것").

22) 발행인의 최대주주는 지배구조법에 따른 최대주주(동법 2조 6호 가목)를 말한다. 이 경우 "금융회사"는 "법인"으로 보고, "발행주식(출자지분을 포함)"은 "발행주식"으로 본다.

23) 주권 모집 또는 매출실적이 있는 법인을 제외한 법인을 말한다(령 11조 1항 2호 라목).

거래소증권시장에서 주식을 대량으로 처분하는 경우에 그것을 매수한 투자자가 우연히 50명 이상이라고 해서 바로 매출에 해당한다고 본다면 현실적으로 매매가 크게 위축될 것이다. 그러한 불합리를 막기 위하여 시행령은 매출에 대한 특칙을 두어 50인의 수를 산정할 때에는 거래소증권시장 및 다자간매매체결회사 밖에서 취득하는 자들만을 고려하도록 하고 있다(령 11조 4항). 굳이 신고서를 제출하지 않아도 상장증권에 대한 정보는 이미 많이 존재할 뿐 아니라 거래소 매매에는 판매압력이 존재하기 어렵다는 점에서 타당성을 인정할 수 있다.24) 반면에 비상장주권을 이른바 호가중개시스템(령 178조)을 통해서 매도하는 경우는 매출에 포함시켜서 수를 산정한다.25)

3) 같은 종류의 증권

(1) 산정원칙

어려운 것은 '같은 종류'의 의미이다. 자본시장법상 증권은 채무증권·지분증권·수익증권·투자계약증권·파생결합증권·증권예탁증권의 6가지로 구분되고, 각 유형은 발행주체에 따라 세분화되어 있다. 예컨대 채무증권은 발행주체에 따라 국채증권, 지방채증권, 특수채증권, 사채권 등으로 구분된다. 지분증권인 주식도 보통주·우선주·후배주 등으로, 채무증권인 사채는 일반사채·전환사채·신주인수권부사채 등으로 구분된다. 상법상 '종류'는 이익의 배당, 잔여재산의 분배, 주주총회에서의 의결권의 행사, 상환 및 전환 등에 관하여 내용이 다른 종류의 주식(상 344조 1항)을 말한다. 그러나 종류를 그렇게 좁게 해석할 것은 아니다. 전환사채와 신주인수권부사채는 큰 차이가 없고, 보통주와 우선주도 유사한 내용으로 구성할 수 있다. 따라서 '같은 종류'라고 보아 투자자의 수 산정 시 합산하는 것이 옳다.26)

그러므로 여기서 말하는 종류는 원칙적으로 동일한 발행인에 의하여 발행된 채무증권·지분증권·수익증권·투자계약증권·파생결합증권·증권예탁증권과 같은 상위차원의 구분을 의미하는 것으로 보아야 한다.27) 그리하여 비록 전환사채와 주식은 기능상 상당히 접근하지만 각각 채무증권과 지분증권에 속하는 것으로서 다른 종류에 속하는 것으로 보아야 한다.28)

---

24) 다자간매매체결회사에 관해서는 제11장 참조.

25) 호가거래시스템에 관해서는 제11장 참조.

26) 공시실무는 상법상 다른 종류의 주식(보통주·우선주·후배주등)을 서로 다른 종류에 속하는 것으로 처리한다. 금감원, 『기업공시 실무안내』, 2022, 207면("금감원공시안내").

27) 찬성: 김용재, 202면; 김병연외, 244면; 윤승한, 자본시장법강의, 삼일인포마인, 2014, 270면; 이상복, 자본시장법, 박영사, 2021, 1035-1036면; 이상복, 자본시장법상 기업공시: 이론과 실무, 박영사, 2012, 45면("이상복 공시"로 인용); 주석2, 43면.

28) 증권법상 여기서 말하는 종류는 주식, 사채, 신주인수권증서와 같이 상위차원의 구분을 의미하는 것으로 보아 비록 전환사채와 주식은 기능상 상당히 접근하지만 다른 종류의 증권에 속하는 것으로 보아야 할 것이라고 해석하고 있었다. 김건식, 101면. 찬성: 김정수, 401-402면. 발행 후 즉시 전환이 가능한 전환사채와 같이 실질적으로 주식과 차이가 없는 경우라면 주식으로 볼 여지도 없지 않을 것이다. 그러나 주권상장법인이 발행하는 전환사채는 1년 동안 전환이 금지된다(발행공시규정 5-21조 2항 본문).

감독실무에서는 채무증권 · 지분증권 · 수익증권 · 투자계약증권 · 파생결합증권 · 증권예탁증권의
하위항목, 예컨대 채무증권의 경우 국채증권, 지방채증권, 특수채증권, 사채권, 기업어음증권
등을 기준으로 같은 종류인지 여부를 판단한다.[29] 그러나 이러한 하위항목은 동일한 채무증
권을 발행주체별로 구분한 것이고, 발행공시도 또한 발행주체별로 이루어지는 것이므로 결과
는 다를 것이 없다. 감독실무도 보증사채와 무보증사채는 물론, 일반사채, 전환사채, 신주인
수권부사채, 교환사채 등은 사채에 옵션이 결합된 것에 불과하다고 하여 역시 같은 종류의 증
권으로 처리하고 있다.[30]

감독실무의 실익은 사채와 기업어음증권을 다른 종류로 보는 것이다. 그러나 발행공시에
서 사채와 기업어음증권을 다른 종류의 증권으로 취급할 이유가 있는지 의문이다. 감독실무
는 파생결합증권의 경우 구조와 특성 그리고 기초자산의 종류별로 다른 종류의 증권으로 분
류하고 있다.[31]

(2) 복수의 형식적 발행인을 통한 동일 증권 발행과 공모규제

같은 자산유동화증권을 발행하면서 복수의 특수목적법인을 설립하여 각 법인별로 49인
이하에게 청약을 권유하는 방식을 통하여, 실질적으로 공모에 해당하는 증권발행에 대한 공
모규제를 회피한 사례가 발생하였다.[32] 이에 자본시장법을 개정하여 둘 이상의 증권의 발행
또는 매도가 사실상 동일한 증권의 발행 또는 매도로 인정되는 경우에는 하나의 증권의 발행
또는 매도로 보아 공모규제를 적용하고 있다(119조 8항).[33] 이는 공시규제회피를 위한 의도적
인 분할발행을 막기 위하여 증권의 발행 또는 매도가 동일한 자금조달 계획에 따른 것인지,
증권의 발행 또는 매도의 시기가 6개월 이내로 서로 근접한지, 발행 또는 매도하는 증권이
같은 종류인지, 증권의 발행 또는 매도로 인하여 발행인 또는 매도인이 수취하는 대가가 같은
종류인지를 기준으로 판단한다(119조 8항; 령 129조의2).[34]

---

29) 금감원공시안내, 207면.
30) 금감원공시안내, 309면.
31) 금감원공시안내, 309면.
32) "2016년 A사는 해외 소재 빌딩 관련 자산유동화증권(ABS: Asset Backed Securities)을 발행하면서 15개의 특
   수목적법인(SPC: Special Purpose Company)을 설립하여 각 SPC당 50인 미만을 상대로 청약을 권유하여 사
   모의 형식으로 자금을 모집하고자 하였음. 그러나 이에 대하여 금융위는, A사의 경우 15개의 SPC를 이용하여
   발행목적, 시기, 수익구조, 판매방법 등이 모두 동일한 증권에 대한 청약을 총 771인에게 권유한 것으로서 자
   본시장법 위반이 있다고 보아 총 20억원의 과징금을 부과하고 기관주의 조치를 내렸음." 국회 정무위원회 수
   석전문위원 전상수, 자본시장과 금융투자업에 관한 법률 일부개정법률안 검토보고 〈복수의 형식적 발행인을
   통한 동일 증권 발행시 공모규제〉 ■ 박용진의원 대표발의(의안번호 제7112호), 2017. 9, 5면 각주 3.
33) 국회 정무위원회 수석전문위원 전상수, 위 보고서, 5면.
34) ① 단일한 자금조달 계획에 따른 것인지, ② 동종의 증권이 발행되었는지, ③ 근접한 시기에 발행되었는지,
   ④ 동종의 대가를 수취하였는지, ⑤ 동일한 목적으로 발행되었는지를 종합적으로 고려하여, 복수의 증권발행
   을 동일한 발행으로 볼 수 있는지를 판단하는 미국과 같은 취지의 제도이다. Regulation D – Rules Gov-
   erning the Limited Offer and Sale of Securities Without Registration Under the Securities Act of 1933. 김

하급심 중에는 여기서 말하는 '**종류**'를 종류형 집합투자기구의 '**종류**'와 같은 의미로 이해하고, "자본시장법은 '**종류형집합투자기구**'를 규정한 제231조에서 '**같은 집합투자기구에서 판매보수 차이로 인하여 기준가격이 다르거나 판매수수료가 다른 여러 종류의 집합투자증권을 발행하는 집합투자기구'인**' 종류형집합투자기구'를 예정하고 있고, 이는 같은 집합투자기구 내에서도 '**판매보수의 차이로 인하여 기준가격이 다르거나 판매수수료가 다른 증권**'은 서로 종류가 다름을 전제한 것"이라고 하면서, 이 사건 각 시리즈펀드의 경우 "같은 시리즈에 속할지라도 개별 펀드들은 그 판매수수료, 운용보수가 서로 다름을 알 수 있으므로, 이 사건 회사가 같은 시리즈별로 '**같은 종류**'의 증권을 발행했다고 단정할 수는 없다"고 판단하였다.[35] 종류형 집합투자기구에서의 '**같은 종류**'는 동일한 집합투자기구의 증권임을 전제로 집합투자기구의 종류를 분류한 것으로서 공시규제에서의 '**같은 종류**'와는 다른 차원의 개념이다. 그러므로 종류형 집합투자기구에서는 다른 종류의 증권이라도 발행공시와 관련해서는 같은 종류로 볼 수 있다.[36]

3. 전매가능성

1) 원   칙

공모의 상대방의 수를 셀 때는 청약(내지 청약의 권유)을 받는 자를 기준으로 하는 것이 원칙이다. 그러나 모집의 경우에는 전매가능성을 특별히 고려한다. 즉 청약의 권유를 받는 상대방이 50인 미만이어서 모집에 해당하지 않더라도 증권이 1년 이내에 50인 이상의 자에게 전매될 가능성이 있는 경우에는 모집에 해당한다(11조 3항 본문). 다만, 해당 증권이 사모의 방법으로 발행할 수 없는 사채(주권상장법인의 경우 신주인수권부사채 중 신주인수권증권만을 양도할 수 있는 분리형 신주인수권부사채)인 경우에는 전매가능성을 고려하지 않는다(령 11조 3항 단서; 법 165조의102항, 상 516조의2 1항).

모집으로 보는 경우는 "증권의 종류 및 취득자의 성격 등을 고려하여" 발행공시규정으로 정한다. 전매가능성을 고려하지 않는다면 1차적으로 50인 미만에게 청약을 권유하고 이들이 다시 다른 투자자들에게 전매하는 방식으로 공시의무를 쉽게 회피할 수 있기 때문이다. 일단 모집에 해당하게 되면 증권신고서 제출 등의 공시의무를 부담하게 되므로 모집에 해당하는지 여부는 실제로 중요한 의미를 갖는다. 발행공시규정은 증권 종류 및 취득자 성격 등을 고려하여 모집으로 보는 전매기준을 상세히 규정한다(2-2조). 예컨대 감독실무상으로는 전환이 가능한

연미, "의도적 분할발행의 규제 ─ 미국의 Integration Doctrine과 자본시장법의 비교", 『증권법연구』제21권 제2호, 2020, 1-30면.

35) 서울행법 2021. 9. 3. 선고 2020구합77923 판결.

36) 항소심도 이와 같은 취지로 판단하였다. 서울고법 2022. 11. 23. 선고 2021누62203 판결("총보수 및 비용은 모두 동일하며 … 예상수익률에 따라 펀드의 종류가 달라진다고 볼 정도로 예상수익률의 차이에 실질적인 의미가 있다고 보기도 어렵다"). 대법원 2023. 3. 30. 선고 2022두67289 판결(심리불속행 기각).

주식(예: 보통주로 전환 가능한 전환우선주)은 전환대상 주식의 전매기준 해당 여부도 판단한다.[37] 이미 같은 종류의 지분증권이 상장·모집·매출된 사실이 있다면 전매가능성이 있는 것으로 본다(발행공시규정 2-2조 1항 1호). 따라서 신주를 발행하는 상장회사가 1인에 배정하는 경우에도 전매가능성 때문에 모집으로 간주되므로 증권신고서를 제출해야 한다.

2) 예   외

첫째, 모집으로 간주되는 것을 피하려면 증권의 발행 후 지체 없이 예탁결제원에 예탁하고 예탁 후 1년간 인출이나 매각하지 않기로 예탁계약을 체결해야 한다(발행공시규정 2-2조 2항 1호).[38] 뒤에서 보는 바와 같이 모집은 청약의 권유를 포함하는 폭넓은 개념이기 때문에 제3자와 주식인수에 관하여 교섭하는 행위 자체가 모집에 해당할 수 있다.[39] 그렇다고 해서 제3자와 교섭하기 전에 증권신고서를 제출하는 것은 현실적으로 불가능하다. 따라서 이런 경우에는 교섭단계부터 예탁결제원에 예탁하는 것을 제3자배정증자의 전제로 명시하고 진행해야 할 것이다.

둘째, 모집에 해당할 위험을 피하기 위한 또 하나의 방법으로 적격기관투자자시장에 대한 예외규정이 있다(발행공시규정 2-2조 2항 4호). 적격기관투자자가 발행인 또는 인수인으로부터 직접 취득하고, 금감원장이 정하는 바에 따라 적격기관투자자 사이에서만 양도·양수되는 채무증권으로서 일정한 요건을 모두 충족하는 경우에는 전매기준에 해당되지 않는 것으로 본다.[40]

셋째, 모집과는 달리 매출의 경우에는 전매가능성 기준을 적용하지 않는다. 매출에 대해서도 전매가능성을 적용하면 증권의 유통성이 크게 저해될 것이기 때문이다. 적용해야 한다는 견해도 있다.

4. 균일한 조건 여부

과거 공모를 '균일한 조건으로' 하는 청약(내지 청약의 권유)으로 정의하고 있었다. 따라서 발행가격이나 청약기간을 변경하여 수회로 나누어 발행하면 공모에 해당하지 않을 여지도 있

---

37) 금감원공시안내, 314면.
38) 금산법에 따라 정부나 예금보험공사가 취득하는 주식에 대해서도 특칙이 있다(발행공시규정 2-2조 2항 1호).
39) 黑沼悅郎, 「ディスクロージャーに關する一省察」, 企業法の理論(江頭憲治郎還曆記念), 2007, 618-619면.
40) 국가, 한국은행, 금융회사, 예보 등 공사, 기금 등 일정한 전문투자자를 적격기관투자자로 인정한다{발행공시규정 2-2조 2항 4호 가목 (1)-(5)}. 발행인은 직전 사업연도말 총자산이 2조원 이상인 기업을 제외한 기업으로 한정한다(발행공시규정 2-2조 2항 4호 나목). 외국법인등이 원화로 표시하여 발행하는 채권(원화표시채권)과 원화 외의 통화로 표시하여 발행하는 채권(외화표시채권)에 대해서는 총자산제한의 적용이 없다. 증권의 종류도 비상장기업이나 외국기업 등의 실질적인 자금수요가 충족될 수 있는 무보증사채, 주식관련사채, 유동화증권 등 채무증권으로 한정한다. 거래시스템 운영 기관은 협회로 한정하고 있다. 협회의 적격기관투자자 거래시스템 운영규정(제정 2012. 4. 13) 참조.

었다. 또한 입찰방식에 의한 발행도 공모에 해당하는지 해석상 의문이 있었다. 그러나 1997년
개정으로 공모의 정의에서 **'균일한 조건'**이란 요건을 삭제하였기 때문에 이제는 그러한 편법
을 사용하여 공시의무를 회피할 가능성은 봉쇄되었다.[41)]

5. '청약'이나 '청약의 권유'

1) 의   의

공모의 정의에는 청약은 물론 청약의 권유도 포함된다. 그러나 과거에는 어느 정도의 행
위가 청약의 권유에 해당하는지에 대한 기준이 없어서 자칫 규제를 회피할 여지도 없지 않았
다. 1997년 개정 이후 시행령에 청약의 권유에 대한 정의규정을 두어 이러한 불명확성을 제
거하였다.

시행령은 청약의 권유를 "권유받는 자에게 증권을 취득하도록 하기 위하여 신문 · 방송 ·
잡지 등을 통한 광고, 안내문 · 홍보전단 등 인쇄물의 배포, 투자설명회의 개최, 전자통신 등의
방법으로 증권 취득청약의 권유 또는 증권 매도청약이나 매수청약의 권유 등 증권을 발행 또
는 매도한다는 사실을 알리거나 취득의 절차를 안내하는 활동"으로 정의한다(령 2조 2호). 이
러한 활동유형은 모두 다수에 대한 정보전달수단을 전제하고 있다. 따라서 1 대 1의 직접적인
면담을 통한 권유는 그것이 50명을 넘는 투자자들에게 순차로 이루어진 경우에도 공모에 해
당한다고 볼 수 없다는 것이 현재 판례의 태도이다.[42)]

2) 단순광고의 제외

이 정의는 매우 넓어서 투자자의 관심을 야기할 수 있는 모든 행동을 포함할 수 있다.
그에 의하면 단순히 정보를 제공하는 안내행위도 권유로 볼 여지가 있다. 그러나 투자에 대한
광고를 권유로 보아 엄격히 제한하면 투자자의 투자활동이 과도하게 위축될 수밖에 없을 것
이다. 그리하여 시행령은 투자자의 주의를 환기하는 정도의 단순한 사실전달은 일정한 조건
아래 허용하고 있다(령 2조 2호 단서). 이른바 **'단순광고'**로서 발행인의 명칭, 발행증권의 종류
및 발행예정총액, 증권발행의 일반적인 조건, 예상 공모일정 등에 대한 사실을 단순히 알리는
정도는 허용된다(발행공시규정 1-3조). 투자자의 경솔한 판단을 막기 위하여 인수인의 명칭과
증권의 발행금액 및 발행가액은 알리지 못하도록 하고 있다. 또한 증권신고의 대상이 되는 증
권의 거래를 위한 청약의 권유는 투자설명서(예비투자설명서 또는 간이투자설명서)에 따른다는
뜻도 명시하도록 하고 있다.

---

41) 일본은 1992년 증권거래법 개정에서 모집의 정의에서 '균일한 조건'이란 요건을 삭제하였다.
42) 대법원 2004. 2. 13. 선고 2003도7554 판결. 이에 대한 비판으로, 박준 · 정순섭, 47-48면.

Ⅲ. 적용면제증권

1. 의   의

공모에 해당한다고 해서 항상 공시의무가 발생하는 것은 아니다. 증권에 따라서는 구태여 정보공시를 강제하지 않아도 투자자 보호에 별로 문제가 없는 것도 있다. 자본시장법은 (i) 국채증권, 지방채증권, (ii) 시행령에서 정하는 법률에 따라 직접 설립된 특수법인이 발행한 채권(특수채), (iii) 그 밖에 다른 법률에 따라 충분한 공시가 이루어지는 등 투자자 보호가 이루어지고 있다고 인정되는 증권으로서 시행령이 정하는 증권을 신고대상에서 제외하고 있다(118조).

이 중 (ii)의 특수채는 종래 다른 법령에서 특수채로 보는 채권과 아울러 은행채(은행법 33조; 동 시행령 19조 5항)와 증권금융회사가 발행하는 채권(증권법 160조 2항) 등을 포함하고 있었다. 그러나 자본시장법상 특수채는 "대통령령으로 정하는 법률에 따라 직접 설립된 법인이 발행한 채권", 즉 "설립과 폐지가 법률에 의하여 직접적이고 완결적으로 이루어지는 법인의 경우"만을 대상으로 한다. 그리하여 종래 신고면제증권이었던 은행채 등은 증권신고서 제출 대상에 포함되었다(118조).[43] 시행령은 "대통령령으로 정하는 법률"로서 「한국은행법」 등 38개 법률을 열거하고 있다(령 119조 1항).[44]

(iii)의 '**시행령으로 정하는 증권**'으로는 국가 또는 지방자치단체가 원리금을 지급보증한 채무증권, 국가 또는 지자체가 소유하는 증권을 미리 금융위와 협의하여 매출의 방법으로 매각하는 경우의 그 증권, 지방공사가 발행하는 일정한 채권, 국제금융기구가 금융위 협의와 기획재정부 동의를 거쳐 발행하는 증권, 주택금융공사가 발행하고 원리금 지급보증하는 주택저당증권 및 학자금대출증권, 그리고 만기 3개월 이내의 단기사채등을 들 수 있다(령 119조 2항).

---

43) 김건식, 105면은 증권법 하에서 "은행이 발행하는 채권도 신고면제대상으로 삼은 것에는 의문이 있다"라고 하여 은행채를 신고면제 증권으로 한 것에 의문을 제기한 바 있다. 은행채가 신고면제대상에서 제외된 것은 증권령 개정(〈제20947호, 2008. 7. 29〉 부칙 26조 81항에 의한 은행법 시행령 19조 5항 삭제)에 따른 것이었지만 자본시장법 제정방향을 고려한 개정이었다.

44) 그 결과 구체적으로는 다음 기관이 발행한 채권은 증권신고면제대상이 된다.
한국은행, 산업은행, 기업은행, 수출입은행, 농수협은행, 농수협중앙회, 예금보험공사, 자산관리공사, 토지주택공사, 도로공사, 주택금융공사, 전력공사, 석유공사, 가스공사, 석탄공사, 수자원공사, 농어촌공사, 농수산식품유통공사, 한국공항공사, 인천국제공항공사, 항만공사, 관광공사, 철도공사, 철도공단, 환경공단, 수도권매립지관리공사, 중소기업진흥공단, 제주국제자유도시개발센터, 산업단지공단, 장학재단, 광물자원공사, 무역보험공사, 해양진흥공사, 새만금개발공사.

2. 면제의 근거

1) 종류별 근거

적용면제증권에 대해서 발행공시규제를 면제하는 이유는 증권에 따라 다르다. 위 (i)의 국채증권과 지방채증권은 사실상 채무불이행위험이 없는 점을 고려한 것이다. 위 (ii)의 특수법인이 발행한 채권은 특별법이 감독관청에 대한 발행신고등을 요구하는 등 나름의 투자자 보호방안이 있으므로 따로 공시할 필요가 없다는 판단에 따른 것이다. 위 (iii)에서 정부 또는 지방자치단체가 원리금을 지급보증한 채권은 실질적으로 국채나 지방채와 유사하므로 쉽게 이해할 수 있다. 만기 3개월 이내 단기사채도 발행시점부터 일정기준에 따른 등록과 공시가 이루어지므로 공시규제를 적용할 실익이 크지 않다.[45] 그러나 정부 등이 보유하는 증권을 매출하는 경우와 지방공사채권을 면제증권으로 포함한 것은 검토를 요한다. 집합투자증권의 경우에도 추가적으로 고려할 사항이 있다.

2) 정부 등의 보유증권 매출

정부 등이 보유하는 증권을 매출하는 대표적인 예로는 정부보유 공기업주식이나 정부재정을 투입하여 취득한 부실금융회사의 주식을 매각하는 경우를 들 수 있다.[46] 그러나 정부가 매각의 주체라고 해서 공시를 면제하는 것에는 의문이 없지 않다. 정부가 증권을 발행하는 경우와는 달리 정부가 보유증권을 매각하는 경우에는 당해 증권의 신용이나 가치를 정부가 보장하는 것이 아니기 때문이다. 그러나 증권법과는 달리 '미리 금융위와 협의하여' 매각하는 경우로 한정한 것은 일단 금융위가 투자자 보호에 관한 판단의 기회를 가진다는 점에서 절차적으로는 개선된 면이 있다.[47]

3) 지방공사채권

문제는 지방공사가 발행하는 채권을 면제증권에 포함한 것이다. 그 이유는 지방공사의 채권발행을 위해서는 지방자치단체의 장과 행정안전부의 승인을 요구하는 점(지방공기업법 68조 1항·3항) 등을 근거로 한 것으로 생각된다. 그러나 이러한 승인은 자본시장법상 일정한 증권을 공시규제의 대상에서 제외하는 이유인 증권의 위험성과는 무관하게 이루어질 가능성이 크

---

45) 최소 분할한도 1억원 이상으로 개인투자자가 진입할 수 없는 점, 이사회의 발행한도 설정이 이루어지는 점, 등록기관을 통하여 발행정보와 미상환잔액이 실시간으로 공시되는 점 등을 들고 있다. 금융위, 보도자료:「자본시장과 금융투자업에 관한 법률 시행령」 개정안 국무회의 통과, 2013. 4. 2., 2면.

46) 과거에는 입찰방식을 통한 정부보유주식의 매각은 '균일한 조건'이 아니기 때문에 매출에 해당하지 않는다고 보았으므로 면제증권으로 규정할 필요가 없었다. 그러나 앞서 본 바와 같이 1997년 증권법 개정으로 매출의 정의에서 '균일한 조건'의 요건을 삭제함에 따라 입찰방식의 매각도 매출에 해당하게 되어 면제증권으로 규정할 필요가 생긴 것이다.

47) 과거에는 정부나 지방자치단체도 아닌 정부투자기관이나 금융위가 정하는 법인이 보유하는 증권까지 면제증권으로 포함하고 있었지만(증권령 5조의3 3호), 자본시장법은 이를 삭제하였다.

다. 면제증권의 범위를 지방공사가 발행하는 채권 중 지방자치단체의 상환 보증이 있는 경우
(지방공기업법 68조 4항)로 한정하는 것이 옳다.

4) 집합투자증권

종전에는 신탁회사와 자산운용회사가 발행하는 수익증권도 면제대상에 포함되었다(증권
령 5조의3 1호). 구신탁업법이나 간투법상 이미 일정한 정보공시가 요구되고 있기 때문에 별도
의 신고가 불필요하다고 본 것이다. 그러나 투자자들의 투자결정 시에 신탁회사와 자산운용
회사의 자산과 경영이 완전히 공시될 필요가 있으므로 투자자 보호의 견지에서 재고해야 한
다는 견해[48]도 있었다. 자본시장법은 수익증권을 신고대상에 포함하였다.[49]

이는 증권신고서제도와 집합투자기구의 등록제도(182조 3항)의 차이를 고려한 것이다. 증
권신고서는 증권공모시에 투자자에게 투자판단에 필요한 정보를 사전에 제공하기 위한 제도
이다. 이에 비하여 집합투자기구의 등록은 집합투자업자와 같은 관계인과 집합투자약관 등이
법령을 위반하거나 투자자의 이익을 침해하는지 여부를 확인하는 수단이다. 후자는 실질심사
적 성격이 강하다. 그렇지 않다면 양 제도를 병행할 이유가 없다.

그러나 현실적으로 신고와 등록을 함께 해야 하는 집합투자업자에게는 부담이 된 것도
사실이다. 금융당국은 집합투자기구 등록신청서와 증권신고서 그리고 투자설명서의 서식을
단일화하고, 증권신고서의 서식 종류를 신탁형과 회사형을 기본으로 하되 모집방식과 집합투
자기구의 종류에 따라 기재사항을 추가하는 방식을 채택한다는 방침을 밝혔다.[50] 현행법은
집합투자증권의 증권신고서와 집합투자기구의 등록신청서를 동시에 제출하는 경우 증권신고
의 효력발생시점에 등록된 것으로 간주한다(령 211조 5항).[51] 그러면 자본시장법상 증권신고
서와 집합투자기구등록을 병행하는 이유가 무엇인가? 양 제도의 기능적 차이를 근본적으로
재검토할 필요가 있다.

3. 외국증권

자본시장법은 외국증권을 증권의 정의에 포함하고(4조 1항), 동법의 역외적용을 명시하고
있다(2조). 따라서 외국에서 외국인이 발행하는 증권에 대하여 자본시장법상 증권신고서의 제
출의무가 발생하는가? 원론적으로 국내투자자 보호에 영향을 미치지 않는 경우에는 증권신고
서 제출을 비롯한 공시규제가 적용되지 않는다. 상세한 사항은 제20장 국제자본시장규제에서

---

48) 신영무, 195면.
49) 다만 증권신고서 작성으로 인한 추가부담을 최소화하기 위하여 그 서식과 제출절차 등을 따로 정한다(119조
   7항; 령 127조).
50) 금감원, 펀드신고서 제도 시행을 위한 Action Plan 마련, 정례브리핑자료, 2009. 1. 7.
51) 정정신고서(122조 1항)를 제출하면 집합투자기구의 변경등록신청서(182조 8항)를 제출한 것으로 보고, 정정
   신고의 효력이 발생한 때 변경등록된 것으로 본다(령 211조 6항).

검토한다.

Ⅳ. 적용면제거래

1. 사   모

사모(private offering 또는 private placement)는 "새로 발행되는 증권의 취득의 청약을 권유하는 것으로서 모집에 해당하지 않는 것"(9조 8항), 즉 증권의 발행 중 공모에 해당하지 않는 경우를 말한다. 자본시장법에서 명시적으로 사모에 대하여 신고의무를 면제하는 규정은 없다. 그러나 신고의무가 공모에만 부과되기 때문에(119조) 그 반대해석으로 사모는 신고의무가 면제되는 것이다(대법원 2003. 4. 11. 선고 2003도739 판결). 자본시장법상 공모와 사모를 구분하는 50인 기준에 대해서는 이미 살펴보았으므로 설명을 생략한다.

모집의 경우 권유의 상대방을 50인 미만으로 한정하고 예탁결제원에 증권을 예탁함으로써 전매가능성을 봉쇄하면 사모에 해당한다. 그러나 자본시장법상 청약의 권유가 넓게 정의되어 있기 때문에 실제로 모집의 상대방을 50명 미만으로 한정하는 것은 쉽지 않다.

자본시장법은 사모를 매출이 아니라 모집에 대응하는 개념으로 파악하고 있다. 따라서 이미 발행된 증권을 매도하더라도 자본시장법상 매출에 해당하지 않는다면 역시 신고의무는 발생하지 않는다.

2. 소규모공모

1) 의   의

공모라도 조달금액이 작으면 증권신고에 들어가는 시간과 비용에 비하여 투자자 보호효과는 그리 크지 않을 것이다. 그리하여 자본시장법은 조달금액이 일정한 규모에 미달하는 소규모공모의 경우에는 신고의무를 면제하고 있다(119조 1항).[52] 시행령은 소규모공모의 기준금액의 산정방법을 다음과 같이 2가지로 나누어 규정한다(령 120조 1항 1호·2호).

(1) 공모하려는 증권(투자계약증권과 금융소비자보호법 제18조 제1항에 따라 적정성원칙이 적용되는 증권은 제외)의 공모가액과 해당 공모일부터 과거 1년 동안 이루어진 증권의 공모로서 그 신고서를 제출하지 않은 공모가액 각각의 합계액이 10억원 이상인 경우(령 120조 1항 1호)[53]

---

[52] 다만 2023년 6월 시행령 개정에 따라 투자계약증권 등 일부 증권을 공모하는 경우는 발행규모와 관계없이 신고의무면제대상에서 제외되었다(령 120조 1항 3호).

[53] 다만 그 증권의 발행인과 인수인을 제외한 소액출자자가 장외거래 방법(령 178조 1항 1호)에 따라 증권을 매출하는 경우에는 해당 매출가액은 제외한다(령 120조 1항 1호). '소액출자자'는 해당 법인이 발행한 지분증권 총수의 1%에 해당하는 금액과 3억원 중 적은 금액 미만의 지분증권을 소유하는 자를 말한다(령 120조 2항

(2) 과거 6개월간의 권유대상자수가 50인을 넘게 되어 공모에 해당하는 경우(령 11조 1항)에는 그 합산의 대상이 되는 모든 청약의 권유 각각의 합계액이 10억원 이상인 경우(령 120조 1항 2호)

위 (1)은 공모끼리의 합산을, 그리고 위 (2)는 사모끼리의 합산을 의미한다. 법문상 **'각각의'**라는 표현은 이 점을 나타낸다. 이와 관련하여 다음 2가지 점을 주의할 필요가 있다.

첫째, 위 (1)의 공모끼리의 합산에서 과거에는 같은 종류의 증권만을 합산하였다. 그러나 시행령 개정(2012. 6. 29)으로 증권의 종류에 관계없이 과거 **'1년'**간 공모액을 증권신고서 제출 여부와 무관하게 합산하여 소액공모로 조달가능한 자금의 최대한도를 축소하였다. 이러한 개정이 있기 전에는 보통주·우선주·회사채 별로 각각 10억원, 최대 30억원 발행이 가능했다면 현재는 증권의 종류에 관계없이 합산하여 최대한도는 10억원이다. 한계기업에 의한 남용가능성을 봉쇄하고 투자자 보호를 강화하기 위한 조치이다.[54]

둘째, 위 (1)은 공모끼리의 합산을 가리키고 위 (2)는 사모끼리의 합산을 의미하므로 10억원에 달하는지 여부를 판단할 때 공모와 사모를 합산하는 것은 아니다. 이러한 합산기준은 공모와 사모가 순차적으로 발생하는 경우 불합리한 결과를 낳을 수 있다.[55] 예컨대 1월에 공모로 8억원, 7월에 40명의 투자자를 대상으로 한 사모로 5억원을 발행한 법인의 경우 12월 중 10명의 투자자를 대상으로 한 사모로 4억원을 추가 발행하고자 할 경우 공모금액과 사모금액을 각각 합산하여 기준을 정하게 되면 공모합계액 8억원, 사모합계액 9억원으로서 신고서 제출대상이 아니다. 제정 당시 시행령 입법예고안은 이러한 점을 반영하여 증권신고서 제출이 면제되는 소규모공모를 신고서 제출 없이 이루어진 공모와 사모금액을 모두 합산하도록 하였다(시행령 입법예고안 120조 1항 1호). 그러나 신고서 제출기준인 최저발행금액을 증권법상 20억원에서 10억원으로 낮추면서 발행인 부담을 덜기 위하여 공모와 사모를 각각 합산하는 증권법상 규정을 유지하였다.[56]

합산의 대상인 공모가액(모집가액 또는 매출가액)은 실제거래가액이 아니라 청약(또는 청약의 권유)가액을 기준으로 산정해야 한다. 모집가액과 매출가액을 합산할 것인가? 실제로 대주

본문). 사업보고서 제출대상 법인(159조 1항 본문)의 경우에는 지분증권총수의 10% 미만의 지분증권을 소유하는 자를 말한다(령 120조 2항 본문). 다만, 그 법인의 최대주주 및 그 특수관계인은 소액출자자로 보지 않는다(령 120조 2항 단서).

54) 금융위, 보도자료: 「자본시장과 금융투자업에 관한 법률 시행령」개정안 차관회의 통과, 2012. 6. 21., 붙임2 자본시장법 시행령 개정안의 주요내용, 8면.

55) 이 문제에 대해서는 김건식, 106-108면. 입법론상 이처럼 공모와 사모를 구분하여 합산하는 것은 합리적인 근거를 찾기 어렵다. 상세한 논의는, 유석호, "증권거래법상 공모규제의 문제점과 개선방안", 『증권법연구』 제3권 제2호, 2002, 199면.

56) 법문상 '각각'은 이러한 의미를 밝힌 것이다. 이와 같이 발행금액 기준을 하향조정한 것은 ① 증권법상 20억원은 미국(1백만달러), 일본(1억엔) 등 외국에 비해 과다하다는 점, ② 부실기업이 상장 퇴출회피를 위해 한도액까지 공모발행한 후 부도발생 등으로 투자자 피해가 발생한 점(2002. 1.~2006. 8. 동안 소액공모 증자한 252개사 중 44개사가 상장폐지) 등을 고려한 것이다.

주 보유분에 대한 매출과 신주발행이 동시에 이루어진 사례도 있다. 발행공시규제의 회피가능성 등을 고려할 때 합산해야 할 것으로 본다.57) 그러나 증권신고서 실무는 모집과 매출을 따로 처리하고 있으므로 각각 합산하고 있다.

주식을 시가로 발행(또는 매출)하는 경우에는 청약의 권유시에 그 모집(또는 매출)가격이 확정되지 않을 수도 있다. 이러한 경우에 무엇을 기준으로 신고의 면제 여부를 판단할 것인가? 결국 나중에 확정된 가격을 기준으로 할 수밖에 없다.58) 소규모공모의 경우에는 증권신고서 제출 등의 공시의무가 면제된다. 과거 인터넷공모가 유행했던 시기에는 공시의무를 피하기 위하여 공모금액을 당시 소규모공모 기준금액인 10억원 미만으로 하는 예가 많았다. 한편, 투자자 보호를 강화하기 위해 투자계약증권과 금융소비자보호법 제18조 제1항에 따라 적정성원칙이 적용되는 증권을 모집·매출하려는 경우에는 10억원 미만인 경우에도 증권신고서를 제출하도록 하였다(령 제120조 제1항 3호).

2) 최소한의 공시

공모에 해당하는 경우에는 비록 10억원에 미달해도 발행인의 재무상태, 청약권유의 방법과 청약권유문서의 기재사항 등에 관해 최소한의 공시를 의무화하였다(130조 1항).59) 첫째, 소규모공모개시 전에는 발행인에 관한 기초정보를 알 수 있도록 감사보고서 등을 제출해야 한다(령 137조 1항 1호). 둘째, 소규모공모개시 시에는 공모개시일 3일 전까지 청약의 권유방법 및 청약을 권유한 문서 등 소규모공모공시서류를 금융위에 제출해야 한다(령 137조 1항 2호-3호). 셋째, 소규모공모시 증권회사나 은행 또는 증권금융회사가 청약증거금 관리업무를 수행해야 한다(령 137조 1항 3호의2). 넷째, 공모를 종료한 후에는 소규모공모실적보고서를 금융위에 제출해야 한다(령 137조 1항 4호). 예외적으로 소액출자자의 매출에 대해서는 장외거래방법으로 이루어지고, 발행인이 발행인에 관한 사항과 발행인의 재무상태와 영업실적에 관한 사항을 기재한 서류를 금융위가 정한 방법에 따라 공시한 경우 그러한 공시의무도 면제한다(령 137조 3항 1호-3호).60) 다섯째, 결산서류61)를 매 사업연도 경과 후 90일 이내에 금융위에 제출해야 한다(령 137조 1항 5호 가목-라목).62)

---

57) 반대: 김홍기, 245면; 임재연, 482면; 주석서 I, 592면.

58) 신영무, 199면.

59) 2000년 증권법 개정에서 도입되었다.

60) '소액출자자'의 개념은 위 각주 54.

61) 재무상태표 및 손익계산서와 그 부속명세서, 이익잉여금처분계산서 또는 결손금처리계산서, 회계감사인의 회계감사를 받은 법인의 경우 회계감사인의 감사보고서.

62) 다만, 사업보고서 제출대상법인(159조 1항), 사업보고서 제출면제외국법인등(176조 1항 1호-4호), 매 사업연도말 공모증권의 소유자수가 25명 미만인 법인, 공모증권의 상환 또는 소각을 완료한 법인과 보증사채권(령 362조 8항)만을 발행한 법인의 경우에는 제출의무가 없다(130조 1항; 령 137조 1항 5호 단서).

3) 동일한 형식적 발행인을 통한 공모규제 회피 방지

일반적인 공모와 달리 소규모공모시에는 공시내용에 대해서 인수인의 기업실사나 금감원의 증권신고서심사가 없으며 발행가격에 대한 견제장치도 없다. 다만 자금조달계획의 동일성 등 시행령으로 정하는 사항을 종합적으로 고려하여 둘 이상의 증권의 발행 또는 매도가 사실상 동일한 증권의 발행 또는 매도로 인정되는 경우에는 하나의 증권의 발행 또는 매도로 보아 소규모공모규제를 적용한다(130조 2항; 령 137조 6항, 129조의2). 일반공모와 동일한 형식적 발행인을 통한 공모규제 회피방지기준을 소규모공모에도 도입한 것이다.

3. 일정한 요건을 충족하는 매출

발행인 및 같은 종류의 증권에 대하여 충분한 공시가 이루어지는 등 시행령으로 정한 사유에 해당하는 때에는 매출에 관한 증권신고서를 제출하지 않을 수 있다(119조 6항). 잘 알려진 기업에 대한 일괄신고제도와 같은 취지이다. 시행령은 이미 잘 알려진 기업이 발행한 증권으로서 상장을 목적으로 하지 않고, 대주주나 임원의 보유증권을 매출하는 것도 아니며 투자매매업자나 투자중개업자가 관여하는 등의 요건을 규정하고 있다(령 124조의2 1항).[63] 이 경우 증권신고서를 제출하지 않는 모집·매출에 적용되는 재무상태에 관한 사항의 공시 등의 조치도 취할 필요가 없다(130조 1항 단서). 외국정부가 발행한 국채증권 또는 일정한 국제기구(9조 16항 5호)가 발행한 채무증권으로서 일정요건을 충족한 경우 매출에 관한 증권신고서를 제출하지 않을 수 있다(119조 6항; 령 124조의2 2항).[64]

4. 일괄신고서를 제출하는 경우

증권시장의 상황에 따라 증권을 수시로 신속하게 발행할 필요가 있는 경우에는 신고의무

---

63) 그 요건은 다음과 같다.
　(i) 발행인이 사업보고서 제출대상법인으로서 최근 1년간 사업·반기·분기보고서를 기한 내에 제출했을 것
　(ii) 발행인이 최근 1년간 공시위반으로 과징금을 부과받거나 그 밖의 조치(429조; 령 138조·175조)를 받은 사실이 없을 것
　(iii) 최근 2년 이내에 매출하려는 증권과 같은 종류의 증권에 대한 증권신고서가 제출되어 효력이 발생한 사실이 있을 것
　(iv) 증권시장에 상장하기 위한 목적의 매출이 아닐 것
　(v) 투자매매업자 또는 투자중개업자를 통하여 매출이 이루어질 것
　(vi) 그 밖에 금융위가 고시하는 요건을 충족할 것
64) 그 요건은 다음과 같다.
　(i) 해당 외국정부 또는 국제기구의 신용등급 등이 금융위가 고시하는 기준을 충족할 것
　(ii) 투자매매업자 또는 투자중개업자를 통하여 매출이 이루어질 것
　(iii) 위 투자매매업자 또는 투자중개업자가 그 증권 및 증권발행인에 관한 정보를 금융위가 고시하는 방법에 따라 인터넷 홈페이지 등에 게재할 것
　(iv) 그 밖에 금융위가 고시하는 요건을 충족할 것

가 상당한 부담이 된다. 특히 회사채는 한꺼번에 전액을 발행하기보다는 일정한 한도로 승인받고 구체적인 발행시기와 조건은 자금수요와 시장상황을 고려하여 결정하는 것이 합리적이다. 이 경우에는 전체의 발행규모에 대해서 일괄적으로 신고하도록 허용할 필요가 있다. 자본시장법은 일정한 요건을 충족하는 경우에는 복수의 공모에 대해서 일괄적으로 신고하는 것을 허용한다(119조 2항). 일괄신고제도는 엄밀히 말하면 신고가 면제되는 것이 아니라 신고를 합리화한 경우라고 할 수 있다.

5. 청약이나 청약의 권유가 수반되지 않는 거래

1991년 증권법 개정 전에는 무상증자 · 주식배당 등과 같이 권유행위가 수반되지 않는 신주발행을 증권신고서 제출이 면제되는 거래로 법에서 명시하였다. 그러나 이는 '**청약의 권유**'가 수반되지 않은 경우로 애당초 모집에 해당할 여지가 없었다. 이에 따라 1991년 증권법 개정에서 예시적으로 열거하였던 면제대상거래를 모두 삭제하였다. 이처럼 모집에 해당할 여지가 없는 거래로는 무상증자, 주식배당, 전환사채의 전환권 행사, 신주인수권부사채의 신주인수권 행사, 주식의 병합 · 분할 등에 따른 신주발행을 들 수 있다.

증권법은 합병의 경우에도 증권신고서가 아닌 합병신고서를 제출하게 하였다. 그러나 자본시장법은 이를 폐지하고 증권신고서를 제출하게 하면서 발행공시규정에서 그 방법을 규정하고 있다(2-9조). 영업 및 자산양수 · 도, 주식의 포괄적 교환 · 이전, 분할 및 분할합병도 마찬가지다(발행공시규정 2-10조).

제4절 공시의무의 내용

I. 신고의무자

1. 일반적인 증권신고서

1) 발 행 인

신고의무(증권신고서 제출의무)를 지는 자는 모집 · 매출의 대상인 증권의 발행인이다(119조 1항). 여기서 발행인은 증권을 '**발행하고자 하는 자**'도 포함하므로(9조 10항) 설립중의 법인도 신고의무를 질 수 있다. 증권예탁증권을 발행하는 경우에는 증권예탁증권이 아니라 그와 관련된 증권을 발행했거나 발행하고자 하는 자가 신고의무를 진다(9조 10항 단서).

자연인은 자본시장법상 증권을 발행할 수 없으므로 발행인은 회사 그 밖의 법인에 한정된다.[65] 특수한 형태인 집합투자증권의 경우에도 투자신탁의 수익증권이나 투자익명조합의 지분증권 발행인은 집합투자업자(투자익명조합의 경우 영업자)인 주식회사이고, 투자회사 등 회사형 집합투자기구도 발행인은 주식회사 등 상법상 회사이다. 다만 투자합자조합의 지분증권 발행인만 상법상 합자조합이다. 이 경우는 집합투자기구로서의 특징을 고려하여 자본시장법이 허용한 예외일 뿐이다. 투자합자조합의 지분증권 발행에 대해서는 투자회사의 주식발행에 관한 절차가 준용된다(222조 2항, 208조 3항, 196조). 따라서 발행인은 투자합자조합, 정관은 조합계약이고 업무집행조합원이 신고 등 발행사무를 처리한다.

2) 공모의 주체와 신고의무자가 다른 경우

(1) 발행인이 신고의 주체

모집의 주체는 발행인이므로 공모주체와 신고의무자가 일치한다. 그러나 매출의 주체는 대주주가 보유주식을 매각하는 경우와 같이 발행인이 아닌 제3자인 것이 보통이다. 그러한 경우에는 매출의 주체와 신고의무자가 달라진다. 매출의 경우에도 발행인에게 신고의무를 부담시키는 이유는 기업내용에 관한 공시는 발행인이 가장 잘 할 수 있기 때문이다. 따라서 증권을 매출하고자 하는 자는 사전에 회사에 신고를 요청할 필요가 있다. 만약 회사가 신고를 거부하면 매출할 수 없다는 결론이 된다. 실제로 매출을 원하는 자가 회사의 지배주주인 경우에는 회사가 신고서 제출을 거부하는 일은 생각하기 어렵다. 또한 매출의 주체인 증권보유자가 사전에 회사와 계약을 체결하여 회사의 신고의무를 명시해 둔 경우에도 문제는 없을 것이다.[66]

(2) 발행인의 신고협력의무

이처럼 계약상 의무를 부담하는 경우를 제외하면 회사는 자신이 발행한 증권을 '매출'하고자 하는 자를 위하여 신고에 협력할 법적 의무는 없는가? 신고에는 적지 않은 비용이 들기 때문에 일반적으로 회사에게 그러한 비용을 부담할 의무가 있다고 보기는 어렵다. 증권보유자가 신고비용을 부담한다면 회사가 신고를 거부할 근거는 없는가?

신고비용에는 2가지를 생각해 볼 수 있다. 하나는 신고 자체의 비용이다. 이 비용은 결국 증권보유자의 편의를 위하여 지출되는 것이므로 증권보유자 쪽에서 부담해야 할 것이다. 그러나 신고에는 또 다른 비용이 수반될 수 있다. 예컨대 회사가 공개법인이 됨으로써 발생하는 각종의 공시의무와 같은 부담이 그것이다. 회사는 폐쇄회사의 성격을 유지할 권리가 있는가?

---

65) 자본시장법은 발행인이 법인인 경우를 규제대상으로 한다. 따라서 자연인이 자본시장법상 증권을 발행할 수 있다고 해도 자본시장법은 적용될 수 없다. 상법 중 주식이나 회사채에 관한 규정도 주식회사가 발행인인 경우를 대상으로 하므로 마찬가지로 해석되어야 한다.

66) 실제로 미국에서는 벤처캐피탈이 벤처기업에 투자를 할 때 나중에 보유주식을 매출할 수 있도록 계약서에 벤처기업의 협조의무를 명시하는 것이 실무관행이라고 한다.

주식회사의 경우에는 따로 정관에 주식양도를 제한하고 있는 경우가 아닌 한 그러한 권리는 인정되지 않는다. 결론적으로 회사는 주주가 신고비용을 부담하는 경우에는 신고를 거부할 수는 없다고 보아야 할 것이다.

2. 합병 등의 증권신고서

증권법은 합병의 경우에 증권신고서가 아닌 합병신고서를 제출하게 하였다. 그러나 자본시장법은 이를 폐지하고 증권신고서를 제출하게 하고 발행공시규정에서 방법을 규정하고 있다(발행공시규정 2-9조). 영업 및 자산양수·도, 주식의 포괄적 교환·이전, 분할 및 분할합병도 마찬가지다(발행공시규정 2-10조). 다만 합병 등의 증권신고서 제출의무가 발생하는 것은 당해 절차에 따라 발행 또는 교부되는 주식에 대하여 발행공시가 이루어지지 않은 경우에 한정된다.

이 경우 신고의무자는 누구인가? 합병 등의 경우 당해 절차에 따라 발행 또는 교부되는 주식의 발행인인 존속회사나 신설회사가 될 것이다. 삼각합병은 갑주식회사의 완전자회사인 을주식회사(흡수합병존속회사)가 상장회사인 병주식회사(흡수합병소멸회사)를 흡수합병하고, 병회사의 주주에 대하여 을회사의 모회사인 갑회사의 주식이 발행되는 경우이다.[67] 이 경우 갑회사는 증권 발행인으로서 증권신고서의 제출의무를 지게 된다. 병회사를 을회사의 완전자회사로 하기 위해 병회사의 주주에 대하여 을회사의 모회사인 갑회사의 주식을 발행하는 삼각주식교환의 경우에도 같다.[68] 합병 등 조직변경과정에서 실제 발행되는 주식을 기준으로 판단해야 한다.

II. 증권신고서의 내용

1. 개   관

증권신고서의 기재사항과 첨부서류는 시행령으로 정한다(119조 7항). 시행령은 증권신고서에 관하여 일반적인 규정과 집합투자증권 및 자산유동화증권에 대한 특칙을 상세히 규정한다(령 125조·127조·128조). 이와 같이 증권유형별로 신고내용을 차별화한 것은 집합투자증권과 자산유동화증권 이외의 증권의 경우에는 발행인에 관한 사항이 중요한 데 비하여, 집합투자증권과 자산유동화증권에서는 집합투자재산의 운용·관리와 유동화자산의 내역이 투자자의 투자판단에 더 중요하기 때문이다. 신고서에는 모집 또는 매출 개요와 발행인에 관한 사항으로 나누어 기재하고, 대표이사 등이 서명해야 한다. 일괄신고서에 대해서는 별도의 규정을 두고 있다(령 126조). 상세한 기준은 발행공시규정에 있다(2-4조·2-6조).

---

67) 松尾, 143면.
68) 松尾, 143면.

2. 신고서의 기재사항과 첨부서류

1) 집합투자증권과 자산유동화증권 이외의 증권

(가) 신고서의 기재사항

(1) 모집 또는 매출에 관한 사항(령 125조 1항 2호)

(i) 모집 또는 매출에 관한 일반사항 (ii) 모집 또는 매출되는 증권의 권리내용 (iii) 모집 또는 매출되는 증권의 취득에 따른 투자위험요소 (iv) 모집 또는 매출되는 증권의 기초자산에 관한 사항(파생결합증권[69])에 한함) (v) 모집 또는 매출되는 증권에 대한 인수인의 의견(인수인이 있는 경우) (vi) 주권비상장법인의 직접공모에 관한 신고서를 제출하는 경우에는 증권분석기관의 평가의견[70] (vii) 자금의 사용목적 (viii) 그 밖에 투자자 보호에 필요한 사항으로서 금융위가 고시하는 사항

모집 또는 매출에 관한 일반사항에는 발행가액 등을 기재해야 한다. 그러나 유상증자를 하는 경우에는 발행가액을 정하기 전에 신고서를 제출할 수도 있다. 그러한 경우에는 발행가액, 청약증거금, 인수주식수, 인수조건 등을 기재하지 않고 산정방법 또는 추후에 인수인이 기재하는 것으로 신고할 수 있다(발행공시규정 2-12조).

(2) 발행인에 관한 사항(령 125조 1항 3호)

(i) 회사개요 (ii) 사업내용 (iii) 재무에 관한 사항 (iv) 회계감사인의 감사의견 (v) 이사회 등 회사의 기관 및 계열회사에 관한 사항 (vi) 주주에 관한 사항 (vii) 임직원에 관한 사항 (viii) 이해관계자와의 거래내용 (ix) 그 밖에 투자자 보호를 위하여 필요한 사항으로서 금융위가 고시하는 사항

(나) 첨부서류

증권신고서에는 다음 서류를 첨부해야 한다(령 125조 2항). 이 경우 금융위는 행정정보의 공동이용(전자정부법 36조 1항)을 통하여 법인 등기사항증명서를 확인해야 한다(령 125조 2항 단서).

(i) 정관 또는 이에 준하는 것으로서 조직운영 및 투자자의 권리의무를 정한 것. (ii) 증권 발행을 결의한 주주총회 또는 이사회 의사록의 사본 그 밖에 발행결의를 증명할 수 있는 서류 (iii) 법인 등기사항증명서에 준하는 것으로서 법인설립을 증명할 수 있는 서류(법인 등기사항증명서로 확인할 수 없는 경우) (iv) 증권발행에 관하여 행정관청의 인허가나 승인을 요하는 경우

---

69) 금융위가 고시하는 채무증권을 포함한다. 필요성이 인정되는 경우 파생결합증권에서 제외되어 사채로 분류된 일정한 신종사채를 포함해야 할 것이다.

70) '직접공모'는 설립 중인 법인을 포함한 주권비상장법인이 인수인의 인수 없이 지분증권이나 지분증권과 관련된 증권예탁증권의 모집 또는 매출을 하는 경우를 말한다(령 125조 1항 2호 바목). 다만 금융위가 고시하는 경우에는 생략할 수 있다.

그 사실을 증명하는 서류 (ⅴ) 증권인수계약을 체결한 경우 그 계약서 사본 (ⅵ) 일정한 요건을 갖춘 지분증권(집합투자증권 제외)·증권예탁증권(지분증권 관련)·파생결합증권(지분증권 또는 지분증권관련 증권예탁증권을 기초자산)을 상장하고자 할 경우 그 증권이 상장적합하다고 하는 상장예비심사결과서류71) (ⅶ) 사용하려는 경우 예비투자설명서 (ⅷ) 사용하려는 경우 간이투자설명서 (ⅸ) 직접공모의 경우 증권분석기관의 평가의견서, 증권분석기관 대표자의 비밀유지각서, 청약증거금관리계약에 관한 계약서 사본 및 청약증거금예치용 투자매매업자 등의 통장사본 등 (ⅹ) 그 밖에 투자자 보호를 위하여 필요한 서류로서 금융위가 고시하는 서류

2) 집합투자증권
(가) 신고서의 기재사항
(1) 모집 또는 매출에 관한 사항(령 127조 1항 2호)

(ⅰ) 모집 또는 매출에 관한 일반사항 (ⅱ) 모집 또는 매출되는 집합투자증권의 권리내용 (ⅲ) 모집 또는 매출되는 집합투자증권의 취득에 따른 투자위험요소 (ⅳ) 모집 또는 매출되는 집합투자증권에 대한 인수인의 의견(인수인이 있는 경우) (ⅴ) 그 밖에 투자자 보호에 필요한 사항으로서 금융위가 고시하는 사항

앞서 본 '**집합투자증권과 자산유동화증권 이외의 증권**'의 경우와는 달리 기초자산이나 자금사용목적 그리고 직접공모에 관한 사항은 집합투자증권과 무관하므로 기재사항에 포함되지 않았다.

(2) 집합투자기구에 관한 사항(령 127조 1항 3호)

(ⅰ) 집합투자기구의 명칭 (ⅱ) 투자목적·투자방침 및 투자전략에 관한 사항 (ⅲ) 운용보수, 판매수수료·판매보수, 그 밖의 비용에 관한 사항 (ⅳ) 출자금에 관한 사항(투자신탁의 경우에는 출자금이 문제되지 않으므로 제외) (ⅴ) 재무에 관한 사항 (ⅵ) 집합투자업자에 관한 사항(투자회사의 경우에는 발기인 및 감독이사에 관한 사항을 기재) (ⅶ) 투자운용인력에 관한 사항 (ⅷ) 집합투자재산의 운용에 관한 사항 (ⅸ) 집합투자증권의 판매 및 환매에 관한 사항 (ⅹ) 집합투자증권의 평가 및 공시에 관한 사항 (ⅺ) 손익분배 및 과세에 관한 사항 (ⅻ) 신탁업자, 일반사무관리회사(일반사무관리회사가 있는 경우)에 관한 사항 (ⅹⅲ) 업무위탁에 관한 사항 (ⅹⅳ) 그 밖에 투자자 보호를 위하여 필요한 사항으로서 금융위가 고시하는 사항

집합투자증권에 관한 증권신고서 제출의무는 자본시장법에 의하여 처음으로 도입된 것이다. 집합투자증권의 경우 발행인의 건전성보다 집합투자재산의 운용·관리가 중요하다는 특수성을 고려하여 집합투자기구에 관한 사항을 중심으로 기재사항이 구성되어 있다.

(나) 첨부서류

집합투자증권신고서에는 다음 서류를 첨부해야 한다(령 127조 2항). 다만 금융위는 행정

---

71) 코넥스시장에 상장하려는 경우에는 상장심사결과서류를 말한다(령 125조 2항 6호).

정보의 공동이용(전자정부법 36조 1항)을 통하여 법인등기사항증명서를 확인해야 한다(령 127조 2항 단서).

(ⅰ) 집합투자규약과 그 부속서류 (ⅱ) 법인등기사항증명서에 준하는 것으로서 법인설립을 증명할 수 있는 서류(법인등기사항증명서로 확인할 수 없는 경우로 한정하며, 투자신탁, 투자합자조합 및 투자익명조합인 경우는 제외) (ⅲ) 출자금 납부를 요할 경우 그 납입증명서류(투자신탁 제외) (ⅳ) 집합투자업자, 신탁업자, 일반사무관리회사 그 밖의 업무수탁자와 체결한 업무위탁계약서 사본(신탁업자 또는 일반사무관리회사와 체결한 업무위탁계약서의 경우 해당 사업연도에 같은 내용의 계약서 사본을 이미 첨부하여 제출하였으면 그 사본으로 갈음할 수 있음) (ⅴ) 집합투자증권의 인수계약을 체결한 경우 그 계약서 사본 (ⅵ) 그 밖에 투자자 보호를 위하여 필요한 서류로서 금융위가 고시하는 서류

그 밖에 집합투자증권의 증권신고서의 서식 및 작성방법 등에 관하여 필요한 사항은 금융위가 정하여 고시한다(령 127조 3항).

3) 자산유동화증권[72)]

(가) 신고서의 기재사항

(1) 모집 또는 매출에 관한 사항(령 128조 1항 2호)

(ⅰ) 모집 또는 매출에 관한 일반사항 (ⅱ) 모집 또는 매출되는 유동화증권의 권리내용 (ⅲ) 모집 또는 매출되는 유동화증권의 취득에 따른 투자위험요소 (ⅳ) 모집 또는 매출되는 유동화증권에 대한 인수인의 의견(인수인이 있는 경우) (ⅴ) 자금의 사용목적

(2) 발행인에 관한 사항(령 128조 1항 3호)

(ⅰ) 회사의 개요 (ⅱ) 임원에 관한 사항 (ⅲ) 업무의 위탁에 관한 사항

---

72) 자산유동화증권에 관해서는 다음 3가지 문제가 있다. 첫째, 유동화증권에서 유동화자산의 범위이다. 자본시장법 시행령은 '유동화증권'을 "부동산, 그 밖에 금융위가 고시하는 부동산 관련 자산을 기초로 하여 유동화법 제2조 제4호에 따라 발행된 유동화증권"이라고 정의하고 있다(령 80조 1항 1호 마목). 그러나 자본시장법상 증권신고서의 제출대상인 유동화증권의 유동화자산을 '부동산, 그 밖에 금융위가 고시하는 부동산 관련 자산'으로 한정할 필요는 없을 것이다. 유동화법상 유동화자산(자산유동화의 대상이 되는 채권·부동산 기타의 재산권)(동법 2조 3호) 일반을 포함하는 것으로 해석해야 할 것이다. 둘째, 유동화법에 따르지 않고 발행되는 이른바 '비정형유동화'에 따라 발행된 증권도 여기서 말하는 '유동화증권'에 포함되는지 여부이다. 자본시장법상 유동화증권은 유동화법에 따라 이루어진 것만을 포함하는 것으로 해석된다. 그러나 입법론으로는 유동화증권에 관하여 특별한 공시내용을 규정하고 있는 증권신고서 제도의 취지상 비정형유동화증권을 유동화법에 따른 유동화증권과 구별할 이유는 없다. 셋째, 「주택저당채권유동화회사법」 또는 「한국주택금융공사법」에 따른 주택저당채권담보부채권 또는 주택저당증권(「주택저당채권유동화회사법」에 따른 주택저당채권유동화회사, 「한국주택금융공사법」에 따른 한국주택금융공사 또는 금융회사가 지급을 보증한 주택저당증권)(령 80조 1항 1호 바목)의 경우에도 자산유동화증권과 동일하게 해석해야 할 것이다. 주택금융공사가 발행하고 원리금을 지급보증하는 주택저당증권은 증권신고서제출의무가 면제되어 있으므로(령 119조 2항) 특히 문제되지 않는다.

이외에도 자산보유자(령 128조 1항 4호), 유동화자산(령 128조 1항 5호), 유동화계획(령 128조 1항 6호), 그 밖에 투자자 보호에 필요한 사항으로서 금융위가 고시하는 사항을 신고서의 기재사항으로 포함하고 있다.

(나) 첨부서류

자산유동화 증권신고서에는 다음 서류를 첨부해야 한다(령 128조 2항). 다만 금융위는 행정정보의 공동이용(전자정부법 36조 1항)을 통하여 법인 등기사항증명서를 확인해야 한다(령 128조 2항 단서).

(i) 정관 또는 이에 준하는 것으로서 조직운영 및 투자자의 권리의무를 정한 것 (ii) 증권의 발행을 결의한 주주총회 또는 이사회 의사록의 사본 그 밖에 발행결의를 증명할 수 있는 서류 (iii) 법인 등기사항증명서에 준하는 것으로서 법인설립을 증명할 수 있는 서류(법인 등기사항증명서로 확인할 수 없는 경우) (iv) 증권의 발행에 관하여 행정관청의 인허가나 승인을 요하는 경우 그 사실을 증명하는 서류 (v) 증권의 인수계약을 체결한 경우 그 계약서의 사본 (vi) 자산관리위탁계약서 사본 (vii) 업무위탁계약서 사본 (viii) 그 밖에 투자자 보호를 위하여 필요한 서류로서 금융위가 고시하는 서류

그 밖에 유동화증권의 증권신고서의 서식 및 작성방법 등에 관하여 필요한 사항은 금융위가 정하여 고시한다(령 128조 3항).

4) 외국증권 등의 특칙

금융위는 투자자 보호 등을 위하여 필요하다고 인정되는 경우 발행인의 성격, 증권의 구분 및 종류 등을 고려하여 증권신고서의 기재사항 및 첨부서류를 달리 고시할 수 있다(119조 7항; 령 129조; 발행공시규정 2-9조-2-12조). 여기서 '**발행인의 성격**'은 외국기업인지 여부 등 발행인의 특징을 말한다. '**증권의 구분 및 종류**'는 채무증권, 지분증권, 수익증권, 투자계약증권, 파생결합증권, 증권예탁증권의 구분과 세부적인 증권유형을 의미한다.

3. 예측정보

1) 의   의

예측정보는 '**의견·예측 그 밖에 주관적 평가 등의 정보**'인 '**불확정정보**'(soft information)로서 '**객관적으로 증명가능하며 확정된 사항에 관한 정보**'인 '**확정정보**'(hard information)에 대응하는 개념이다.[73] 과거 이러한 정보는 투자자를 현혹시키는 등 자칫 남용될 소지가 있어 공시가 제한되어 왔다. 그러나 합리적인 근거에 따라 마련된 것이라면 투자자의 판단에 오히려 큰 도

---

73) 황동욱, "미국의 소프트정보공시제도", 『증권조사월보』 제209호, 1994. 9, 32면 이하. '硬性 정보'(hard information)와 '軟性 정보'(soft information)라는 용어도 사용된다. 안태식·이용규·이정훈, "영업보고서상 軟性 情報의 자발적 공시에 관한 연구 — '영업의 개황'을 중심으로", 『회계저널』 제14권 제2호, 2005, 3면 주 2.

움이 될 수 있다.[74] 종래 우리 법은 불확정정보에 관해서 아무런 언급도 없었다. 실무상으로 증권신고서나 사업보고서에 극히 막연한 형태로 경영자의 경영전망 등을 밝힌 예는 없지 않았지만 정작 합리적 근거에 입각한 예측은 이루어지지 않았다.[75] 그러나 1999년 증권법 개정에 의해 예측정보의 범위와 공시방법을 제한하는 형태로 예측정보의 공시제도가 도입되었다. 자본시장법은 이를 그대로 유지하고 있다.

2) 공시방법

자본시장법상 증권신고서에는 "발행인의 미래의 재무상태나 영업실적 등에 대한 예측 또는 전망에 관한 사항" 중 다음 사항을 예측정보로서 공시할 수 있다(119조 3항 1호-4호). 예측정보를 공시할 의무는 없다(대법원 2015. 12. 23. 선고 2013다88447 판결).

(i) 매출규모 · 이익규모 등 발행인의 영업실적 그 밖의 경영성과에 대한 예측 또는 전망에 관한 사항 (ii) 자본금규모 · 자금흐름 등 발행인의 재무상태에 대한 예측 또는 전망에 관한 사항 (iii) 특정사실의 발생 또는 특정계획의 수립으로 인한 발행인의 경영성과 또는 재무상태의 변동 및 일정시점에서의 목표수준에 관한 사항 (iv) 그 밖에 발행인의 미래에 대한 예측 또는 전망에 관한 사항으로서 시행령이 정하는 사항[76]

이상과 같은 예측정보의 공시는 다음 방법에 따라야 한다(119조 3항 후단, 125조 2항 1호 · 2호 · 4호).

(i) 그 기재 또는 표시가 예측정보라는 사실이 밝혀져 있을 것 (ii) 예측 또는 전망과 관련된 가정 또는 판단의 근거가 밝혀져 있을 것 (iii) 그 기재 또는 표시에 대하여 예측치와 실제 결과치가 다를 수 있다는 주의문구가 밝혀져 있을 것

예측정보의 부실공시로 인한 손해배상책임에 대해서는 특칙이 있다(125조 2항).

4. 종속회사 관련 사항의 기재와 자료요구권

연결재무제표 작성 대상법인 중 증권신고서를 제출해야 하는 법인은 증권신고서에 종속회사 관련 사항을 기재할 필요가 있을 수 있다. 이 경우 종속회사의 원활한 협조를 위하여 필요한 범위에서 종속회사에 대해서 관련자료의 제출을 요구할 수 있는 근거를 신설하였다(119조의2 1항).[77] 연결재무제표 작성 대상법인 중 증권신고서를 제출해야 하는 법인은 증권

---

74) 이상복 공시, 76면.
75) 황동욱, 위의 논문, 53면.
76) '시행령이 정하는 사항'은 위에 열거한 예측정보에 관하여 발행인으로부터 평가요청을 받은 경우 그 요청을 받은 자가 당해 예측정보의 적정성에 관하여 평가한 사항이다(령 123조). 대법원은 "유가증권신고서에 기재된 분석기관의 유가증권에 대한 평가의견"이 예측정보에 해당한다는 주장을 배척하였다. 대법원 2010. 1. 25. 선고 2007다16007 판결.
77) 종속회사는 발행인이 지배회사로서 그 회사와 외감법상 지배 · 종속의 관계(동법 2조 3호; 동시행령 3조 1항)

신고서의 작성을 위하여 필요한 자료를 입수할 수 없거나 종속회사가 제출한 자료의 내용을 확인할 필요가 있는 때에는 종속회사의 업무와 재산상태를 조사할 수 있다(119조의2 2항). 정당한 이유없이 연결재무제표 작성 대상법인의 자료제출 요구 및 조사를 거부·방해·기피한 자는 1년 이하의 징역 또는 3천만원 이하의 벌금에 처한다(446조 19호의8).[78]

5. 참조방식

신고의무는 발행인에게 상당한 부담이 될 수 있다. 자본시장법은 신고서의 기재사항과 첨부서류에 이미 제출된 것과 동일한 부분이 있는 경우에는 그 부분을 적시하여 참조시키는 방식(incorporation by reference)을 채택함으로써 신고부담을 절감할 수 있는 길을 열어주고 있다(119조 4항).

6. 대표이사 등의 확인·검토·서명의무

1) 의의와 취지

증권신고서 등 공시서류는 회사 내부적으로 대표이사 결재를 받아 제출하는 것이 원칙이다. 그러나 과거 이러한 절차는 형식적으로 이루어졌을 뿐 아니라 증권신고서도 대표이사 날인 없이 제출되는 경우가 많았다. 그리하여 나중에 부실공시책임이 문제되는 경우에도 대표이사가 알지 못하였음을 이유로 책임을 회피하려는 사례도 있었다. 그리하여 대표이사 등에 증권신고서와 사업·반기·분기보고서에 대한 확인·검토·서명의무를 명시하였다(119조 5항, 159조 7항, 160조 후단, 161조 1항 후단).[79] 여기서 증권신고서에는 일괄신고서도 포함된다(119조 3항). 일괄신고추가서류도 마찬가지이다(령 122조 2항 1호 본문).

2) 의무의 주체

의무의 주체는 신고 당시 해당 발행인의 대표이사[80]와 신고업무를 담당하는 이사이다(119조 5항).[81] 제도의 취지가 대표이사가 부지를 이유로 책임을 회피하는 것을 막는 것이라

에 있는 경우 그에 종속되는 회사를 말하며, 국제회계기준 등 발행인이 적용한 회계기준에 따라 연결재무제표 작성대상 종속회사를 보유한 외국법인등의 경우에는 해당 회계기준에 따른 종속회사를 말한다.

78) 사업보고서 등의 작성에 관하여도 동일한 취지의 규정이 도입되었다(161조의2, 446조 19호의8). 이러한 제도의 입법취지는 이해하지만 이러한 목적의 자료협조를 위하여 법적 근거가 필요하고 그 위반에 대한 제재규정을 두어 강제할 정도의 관계를 '지배종속의 관계'로 보는 것이 적절한지 의문이다. 외감법이 지배종속의 관계를 확인하는 기준으로 종래의 형식적 기준을 실질적 기준으로 변경한 상황에서는 더욱 그러하다.

79) 고창현·김연미, "기업회계관련법의 분석과 평가", 『BFL』 제4호, 2004, 41면 이하.

80) 집행임원설치회사의 경우 대표집행임원을 말한다(119조 5항). 투자합자조합의 경우 업무집행조합원이다.

81) 사업보고서 제출의 경우 의무의 주체는 "제출 당시 그 법인의 대표이사(집행임원설치회사의 경우 대표집행임원) 및 제출업무를 담당하는 이사"로 되어 있다(159조 7항). 사업보고서 제출의무는 주권상장법인 그 밖에 시행령으로 정하는 법인에게만 존재하므로 증권신고서 제출의 경우와는 달리 "그 법인의 대표이사 및 제출업무를 담당하는 이사"가 없는 경우에 대한 규정은 특별히 두고 있지 않다. 따라서 만일 "그 법인의 대표이사 및

는 점을 고려하면 대표이사가 복수 있는 경우에는 모두 의무를 부담한다.[82] 대표이사나 신고업무를 담당하는 이사가 없는 경우 '**이에 준하는 자**'가 의무를 부담한다(119조 5항).

여기서 '**이에 준하는 자**'는 증권법에서 "신고업무를 담당하는 이사가 없는 경우 당해 이사의 업무를 집행하는 자"라고 되어 있던 것을 개정한 것이다(증권법 8조 4항). 증권법과 달리 자본시장법에서는 집합투자증권도 신고대상이다. 표현을 바꾼 이유는 집합투자기구의 종류에 따라서는 대표이사나 이사가 없는 경우가 있을 수 있는 점을 고려한 것이다. 따라서 '**이에 준하는 자**'에는 대표이사에 준하는 자와 신고업무를 담당하는 이사에 준하는 자가 있을 수 있다. 투자합자조합의 경우가 대표적이다.

증권법상 '**신고업무를 담당하는 이사의 업무를 집행하는 자**'는 신고업무를 담당하는 이사에 준하는 자에 포함될 수 있다. 법문상 누가 '**신고업무를 담당하는 이사의 업무를 집행하는 자**'에 해당하는지는 분명하지 않다. 실제로 신고서 제출업무의 책임을 맡은 부서의 최고책임자가 그에 해당할 것이다.[83]

그러나 투자신탁에서는 집합투자업자가, 투자익명조합에서는 영업자인 집합투자업자가, 투자회사에서는 회사 자체가 발행인이므로 특별히 문제되지 않는다. 투자유한회사·투자합자회사·투자유한책임회사에서는 대표이사에 준하는 자와 신고업무를 담당하는 이사에 준하는 자가 의무의 주체이다.

3) 확인·검토의 대상

확인·검토의 대상은 증권신고서의 기재사항 중 중요사항에 관하여 거짓의 기재 또는 표시가 있거나 중요사항의 기재 또는 표시가 누락되어 있지 않다는 사실 등 시행령으로 정하는 사항이다. 신고서의 기재사항 중 중요사항은 과거 설명의무의 내용인 중요사항의 정의에 따라 신고서에 기재된 사항 중에서 "투자자의 합리적인 투자판단 또는 해당 금융투자상품의 가치에 중대한 영향을 미칠 수 있는 사항"을 말하는 것으로 해석해 왔다(구 47조 3항). 현재 설명의무에 관한 자본시장법 제47조는 삭제되어 금소법 제19조로 이관되었다. 그러나 중요사항의 의미는 동일하게 해석하여도 문제없을 것으로 본다. 확인·검토대상으로 시행령은 중요사항의 거짓기재나 기재누락이 없다는 등의 사항을 들고 있다(령 124조 1호-4호).

신고서나 일괄신고추가서류의 중요사항에 대하여 거짓기재나 기재누락이 있음을 알고도 서명한 자와 그 사실을 알고도 이를 진실 또는 정확하다고 증명하여 그 뜻을 기재한 공인회계사·감정인 또는 신용평가를 전문으로 하는 자에 대해서는 5년 이하의 징역 또는 2억원 이하

제출업무를 담당하는 이사"가 없는 경우에는 그 이사의 업무를 집행하는 자가 책임을 부담하게 될 것이다.

82) 내부적으로 업무를 분담할 수 있지만 책임은 같이 부담할 수밖에 없다.

83) 이 제도의 모델인 미국 회계개혁법(Sarbanes-Oxley Act of 2002)에서는 재무담당임원(principal financial officer)으로 지정하고 있다. 고창현·김연미, 앞의 논문, 44면, 주 16.

의 벌금에 처한다(444조 13호 가목).

Ⅲ. 증권신고서의 심사

1. 신고서의 심사

자본시장법상 증권의 공모는 신고서를 금융위에 제출하여 수리되기 전에는 할 수 없다(119조 1항). 금융위는 접수된 신고서에 대해서 심사를 할 수 있는 권한(내지 의무)이 있는가? 종래 증권법은 이 점을 명시하지 않았기 때문에 논란이 있었다.[84] 자본시장법은 증권신고서에 대한 심사에 관하여 명문의 규정을 두고 있다(120조 2항).

2. 심사의 범위

1) 형식적 심사권

증권법에서는 금융위의 증권신고서 심사권의 범위에 관하여도 논란이 있었다. 자본시장법은 이에 관해서도 명문의 규정을 두고 있다. 금융위의 심사에 기재사항이나 첨부서류의 형식적 충족 여부에 대한 심사가 포함된다는 점에는 의문이 없다. 자본시장법은 "증권신고서의 형식을 제대로 갖추지 아니한 경우…를 제외하고는 그 수리를 거부하여서는 아니 된다"라고 하여 형식적 심사권을 명시하고 있다(120조 2항).

2) 내용적 심사권

금융위에 기재내용의 진실성과 정확성에 대한 심사권도 있는가?[85] 자본시장법은 "그 증권신고서 중 중요사항에 관하여 거짓의 기재 또는 표시가 있거나 중요사항이 기재 또는 표시되지 아니한 경우를 제외하고는 그 수리를 거부하여서는 아니 된다"라고 하여 내용적 심사권을 분명히 인정하였다(120조 2항).[86] 현행법상 중요사항이 기재 또는 표시되지 않은 경우와 중요사항의 기재나 표시내용이 불분명하여 투자자의 합리적인 투자판단을 저해하거나 투자자에게 중대한 오해를 일으킬 수 있는 경우에는 정정신고서 제출을 요구할 수 있게 한 것도 그러한 해석을 뒷받침한다(122조 1항).

금융위에 이러한 내용적 심사의 권한을 넘어 의무까지 존재한다고 볼 수 있는가? 법원은

---

84) 당시의 발행공시규정은 "신고서는 금감위가 이를 수리하면 접수된 날에 수리된 것으로 본다"(24조 2항)라고 규정하였다. 증권법은 신고서의 '受理'라는 용어를 사용하고 있는데 발행공시규정은 이러한 수리를 사실상의 개념인 '접수'와 구별하고 있으므로 금감위는 일단 접수한 신고서를 수리하기 전에 심사할 수 있다는 해석이 가능하였다. 김건식, 115면.

85) 증권법상 유가증권신고서에 허위기재가 있는 경우 금감위의 정지명령등의 권한(20조 1호)에 비추어 금감위의 내용심사권을 긍정할 수 있었다. 김건식, 115면. 같은 취지: 전홍렬, 증권거래법해설, 넥서스, 1997, 270면.

86) 같은 취지: 이명수, "자본시장법상 공시제도", 『BFL』 제41호, 2010, 8면.

원칙적으로 금융위의 내용적 심사의무를 부정하고 있다. 공모발행주식에 대한 가장납입으로 인하여 손해를 입은 투자자가 유가증권신고서에 대한 심사를 담당한 금감원을 상대로 손해배상을 청구한 사안에서 대법원은 "구 증권거래법 제19조 등의 규정에 의하여 금감위의 지시를 받아 유가증권신고의 신고인, 유가증권의 발행인·인수인 기타 관계인에 대하여 조사를 할 수 있으나" "위와 같은 규정만으로는 유가증권신고서…등의 실체적인 진위 여부를 조사해야 할 의무가 있다고 보기 어렵고," "피고 금융감독원이 위 업무를 처리함에 있어 유가증권신고서…에 허위사실의 기재가 있다는 등의 사실을 알았거나 알 수 있었을 특별한 사정이 있었음에도 불구하고 그에 관하여 아무런 조치를 취하지 아니하였다면, 이는 법령에 위반되는 것이라고 인정할 수 있다"고 판단하고, 본 사안에서는 특별한 사정을 인정할 수 없다고 하여 청구를 기각하였다(서울고법 2008. 9. 12. 선고 2006나43240 판결).[87] 이 판시는 내용적 심사권을 인정하면서도 심사의무는 특별한 사정이 있는 경우에만 인정한 것이다.[88]

금융당국은 부실신고서에 대한 적극적인 수리거부 의지를 피력했지만, 증권발행을 위한 당국과의 사전협의실무나 정정신고 또는 명령제도가 있는 상황에서 수리거부권이 행사될 가능성은 거의 없다.[89] 한편 이 규정은 금융당국의 자의적인 신고서 수리거부를 방지하는 의미도 가진다.

3) 실질적 심사권

나아가 금융위가 공모대상인 증권의 실질적인 가치에 대해서도 심사권이 있다고 볼 것인가? 금융위가 증권이 실질적으로 발행가액에 상당하는 가치를 지니는지 여부를 심사할 권한은 없다.[90] 자본시장법에서 증권신고의 효력발생이 "그 증권신고서의 기재사항이 진실 또는 정확하다는 것을 인정하거나 정부에서 그 증권의 가치를 보증 또는 승인하는 효력을 가지지 아니한다"는 점을 명시한 것(120조 3항)도 이를 뒷받침한다.

---

87) 대법원 2009. 2. 26. 선고 2009다5148 판결로 확정. 같은 취지: 대법원 2008. 7. 10. 선고 2008다23637·23644(병합)·23651(병합)·23668(병합)·23675(병합) 판결(증권법상 협회등록법인의 가장납입 여부에 대하여 금감위와 금감원의 조사의무를 부정). 흔히 '유령주식 사건'이라고 한다. 정순섭, "금융감독기관의 감독배상책임에 관한 연구", 『상사법연구』 제31권 제4호, 2013, 192-193면. 소개는 송종준, "허위납입주식 발행·유통의 법적 제문제", 『증권법연구』 제5권 제1호, 2004, 101-136면.

88) 반대: 김홍기, 252면.

89) 금감원, 「2010 금융감독원 업무설명회: 금융투자·기업공시·조사·회계본부 세부업무계획」(2010. 1. 25), 15면. 증권법은 물론 자본시장법 하에서도 금융당국의 증권신고서 수리거부권이 행사된 예는 없다고 한다.

90) 그러나 금융위가 기재내용의 진실성에 대한 심사를 통해서 증권의 가치평가에 사실상 영향을 미칠 여지가 없지 않다.

3. 심사 후의 조치

1) 신고서 수리

심사결과 신고서가 형식적이나 내용적으로 흠이 없다면 신고서를 수리해야 한다(120조 2항). 신고서를 수리한 경우에는 금융위는 신고서를 제출한 발행인에게 서면이나 전자문서 또는 팩스의 방법으로 통지해야 한다(발행공시규정 2-3조 6항 후단). 신고서는 금융위가 신고서를 수리하면 접수된 날에 수리된 것으로 본다(발행공시규정 2-3조 6항 전단).

2) 정정요구 그 밖의 조치권

한편 금융위가 신고서의 심사결과 형식적인 불비나 중요사항의 허위기재나 기재누락을 발견한 때에는 그 증권신고서에 기재된 증권의 취득 또는 매수의 청약일 전일까지 그 이유를 제시하고 정정신고서의 제출을 요구할 수 있다(122조 1항). 중요사항의 기재나 표시내용이 불분명하여 투자자의 합리적인 투자판단을 저해하거나 투자자에게 중대한 오해를 일으킬 수 있는 경우도 마찬가지다. 기재내용이 부정확한 경우에는 금융위는 정정요구 외에, 후에 설명하는 각종의 조치권(132조)을 행사할 수 있다.[91] 일단 정정요구가 이루어진 경우에는 신고서는 그 요구를 한 날로부터 수리되지 않은 것으로 본다(122조 2항).

이처럼 법문은 정정요구는 일단 신고서가 수리된 후에 이루어지는 것으로 전제하고 있다. 신고서를 수리하기 전에 이러한 흠을 발견한 경우에는 단순히 수리를 거부하면 될 것이다. 그러나 금융위가 원하는 경우에는 수리 전에도 정정요구를 할 수 있다고 보는 것이 타당할 것이다. 발행인으로서는 금융위가 수리를 거부하는 이유를 정확히 알 수 있기 때문에 정정요구를 받는 것이 유리할 수도 있기 때문이다. 그러나 수리 후에 정정요구를 받게 되면 발행회사로서는 불의의 타격을 입기 때문에 실무상으로는 신고서를 정식으로 제출하기 전에 미리 금감원 담당 직원과 의견교환의 기회를 갖는 것이 보통이다. 정정요구를 받은 후 3개월 이내에 발행인이 정정신고서를 제출하지 않는 경우에는 그 증권신고서를 철회한 것으로 본다(122조 6항; 령 130조 5항).

---

91) 금감원 분석에 따르면 최근 5년간('17년 ~ '21년) 제출된 증권신고서 총 2,680건을 대상으로 정정요구 180건이 이루어졌고, 정정요구 사유는 842건(주식·채권 583건, 합병 등 259건)이었다. 최근 5년간 정정요구 비율은 '20년(9.7%)까지 증가하다가 '21년에 6.8%로 감소하였다. 주관사가 인수책임을 지지 않는 모집주선 방식의 증권신고서에 대한 정정요구 비율이 32.6%로 가장 높았다. 주식·채권 증권신고서에 대한 정정요구는 신규사업 진행 등 사업위험이나, 지배구조, 계열회사 등 회사위험과 같은 투자위험과 관련된 사항이 대부분(72.2%)을 차지하였다. 금감원, 보도자료: 최근 5년간 증권신고서 정정요구 현황 및 시사점, 공시조사 이슈 분석 2022-03호, 2022. 9. 27. 2022년 기준 상세한 사례분석은 금감원, 『증권신고서에 대한 정정요구 사례집』, 2022. 12.

3) 보고등과 그 밖의 조치권

금융위는 심사와 관련하여 필요한 때에는 신고인, 발행인, 매출인, 인수인, 그 밖의 관계인에게 보고 또는 자료제출을 명할 수 있고, 금감원장에게 조사하게 할 수도 있다(131조 1항). 또한 증권신고서, 정정신고서, 증권발행실적보고서 등에 중요사항의 허위기재나 중요사항의 기재누락이 있는 경우에는 금융위는 신고인, 발행인·매출인, 인수인 또는 주선인에게 이유를 제시한 후 그 사실을 공고하고 정정을 명할 수 있으며, 필요한 경우 일정기간 증권발행제한, 임원해임권고, 법위반의 경우 고발 또는 수사기관 통보, 경고 또는 주의 등의 조치를 취할 수도 있다(132조 2호; 령 138조 1호-5호).

Ⅳ. 정정신고서

1. 원칙: 자발적 제출

정정신고서는 금융위의 요구가 있는 경우에는 물론이고 발행인이 자발적으로도 제출할 수 있다. 발행인은 "그 증권신고서에 기재된 증권의 취득 또는 매수의 청약일 전일까지"[92] 당해 증권신고서의 기재사항에 변경이 있는 때에는 정정신고서를 제출할 수 있다(122조 3항 전단). 이 경우의 증권신고서에는 일괄신고서(119조 3항) 이외에 일괄신고추가서류(122조 3항 전단)도 포함된다. 정정신고서가 제출된 때에는 그 정정신고서가 수리된 날에 증권신고서가 수리된 것으로 본다(122조 5항).

2. 예외: 의무적 제출

정정신고서에 대한 금융위의 요구가 없고, 자발적 제출을 원칙으로 하지만 일정한 경우에는 제출의무가 발생한다. 시행령으로 정하는 중요한 사항을 정정하고자 하는 경우 또는 투자자 보호를 위하여 그 증권신고서에 기재된 내용을 정정할 필요가 있는 경우로서 시행령으로 정하는 경우에는 반드시 정정신고서를 제출해야 한다(122조 3항 후단).

첫째, "시행령으로 정하는 중요한 사항을 정정하고자 하는 경우"에서 중요한 사항에는 집합투자증권을 제외한 증권과 집합투자증권으로 나누어 모집가액 또는 매출가액 등 발행조건, 인수인 그 밖에 투자자의 합리적인 투자판단 또는 해당 증권의 가치에 중대한 영향을 미칠 수 있는 사항이 포함된다(령 130조 1항). 특히 만기나 금리 등 이미 발행된 사채의 발행조건

---

92) 원래 '효력발생일 전'으로 되어 있던 것을 채권발행시 금리가 급변하는 경우에 대비하여 정정신고서를 제출할 수 있는 기간을 연장하기 위하여 "청약일개시 전"으로 변경하였다가, 자본시장법에서 "그 증권신고서에 기재된 증권의 취득 또는 매수의 청약일 전일까지"로 구체화하였다. 다만 일괄신고서를 제출한 자는 그 발행예정기간 종료 전까지 정정신고서를 제출할 수 있다(122조 4항).

을 변경할 경우 발행공시와의 관계가 문제된다. 사채의 발행조건을 변경하기 위해서는 사채권자집회의 특별결의와 법원의 인가를 요한다(상 490조, 498조 1항). 사채 발행시 제출한 증권신고서를 정정하는 것은 청약일 전일까지만 가능하므로 증권신고서의 정정을 통한 공시는 불가능하다. 감독실무는 거래소 수시공시와 정기보고서에 기재하는 방식으로 공시해야 하는 것으로 본다.[93]

둘째, "투자자 보호를 위하여 그 증권신고서에 기재된 내용을 정정할 필요가 있는 경우로서 시행령으로 정하는 경우"는 증권신고서의 기재 또는 표시내용이 불분명하여 그 증권신고서를 이용하는 자에게 중대한 오해를 일으킬 수 있는 내용이 있는 경우나 발행인에게 불리한 정보를 생략하거나 유리한 정보만을 강조하는 등 과장되게 표현된 경우, 집합투자증권 이외의 증권의 경우 발행인의 경영이나 재산 등에 중대한 영향을 미치는 소송의 당사자가 된 때 등 발행인에게 영향을 미치는 사유가 발생한 경우, 그리고 집합투자증권의 경우 집합투자기구 간의 합병계약이 체결된 때 등 집합투자재산에 영향을 미치는 사유가 발생한 경우가 포함된다(령 130조 2항).

V. 신고서의 효력발생

1. 대기기간

자본시장법은 신고서 수리와는 별도로 그 효력이 발생할 때까지 일종의 대기기간을 두고 있다. 신고서 수리가 있으면 청약(또는 청약의 권유)은 할 수 있지만, 효력발생 전에는 청약에 대한 승낙은 할 수 없다(121조 1항). 이러한 대기기간은 증권신고서에 대한 심사기간을 확보하면서 동시에 신고서 내용이 일반에 충분히 확산된 후에 비로소 거래가 이루어지게 하기 위한 주지기간의 의미를 가진다.[94] 따라서 그 기간은 증권 유형과 발행인 종류에 따라 다르게 설정된다.

2. 효력발생기간

신고서는 수리일로부터 증권 종류 또는 거래특성을 고려하여 일정 기간이 경과한 날에 효력이 발생한다(120조 1항). 시행규칙은 효력발생기간을 [표 5-6]과 같이 규정하고 있다(규칙 12조 1항 1호-4호). 또한 효력발생기간을 달력 기준으로 산정하면 과도하게 단축되어 투자자의 숙려기간이 부족해진다는 지적[95]에 따라 영업일 기준으로 변경되었다. 따라서 그 기간계산에

---

93) 금감원공시안내, 320면.
94) 금감원공시안내, 225면. 종전에는 신고서의 발효 후에도 추가로 7일 동안 거래를 금지함으로써 투자자의 신중한 판단을 유도하였으나 1988년 증권법 개정으로 폐지되었다.
95) 실제 금요일 오후 또는 연휴 전날 오후에 신고서를 제출하는 사례가 있고, 주말과 연휴를 악용할 경우 효력발

는 비영업일을 산입하지 않는다(규칙 12조 5항; 령 153조 1항 1호-3호).[96]

▌표 5–6 신고서의 효력발생기간

증권 발행인	지분증권		채무증권		환매금지집합투자 기구의 집합투자증권	기타 증권
	일반공모 주주우선 공모	주주배정 제3자 배정	보증, 담보 부, ABS	무보증		
주권상장법인	10일	7일	5일	7일	10일	15일
일반법인	15일					

* 효력발생기간 및 그 단축 및 연장은 영업일 기준으로 산정
자료: 금감원공시안내, 225면.

3. 정정신고서의 효력발생

발행가액이나 발행금리 등의 변경으로 정정신고서를 제출하는 경우에는 위의 기간이 아니라 정정신고서의 수리일로부터 3일이 경과한 날에 효력이 발생한다(규칙 12조 2항 1호). 집합투자기구의 등록사항의 변경으로 정정신고서를 제출하는 경우에는 그 정정신고서가 수리된 다음 날에 효력이 발생한다(규칙 12조 2항 2호). 그러나 위의 기간이 경과하기 전에 정정신고서가 수리되어 발효하는 경우에는 위의 기간에 의한다(규칙 12조 2항 단서).

4. 효력발생기간의 단축·연장

이러한 효력발생기간은 정보확산을 위한 것이므로 필요에 따라 단축하거나 연장할 수 있다. 첫째, 장기의 주지기간이 필요없는 경우[97] 금융위가 이를 단축할 수 있다(규칙 12조 3항 1호-3호). 발행공시규정은 일괄신고서의 정정신고서와 일정한 사채발행 등에 대한 특례를 규정한다(2-3조). 둘째, 장기의 주지기간이 필요한 경우[98]에는 금융위가 당초의 효력발생기간에서 3일을 연장할 수 있다(규칙 12조 4항 1호-4호).

생기간을 최장 5일 단축할 수 있다. 금융위·금감원, 보도자료: 증권신고서 효력발생제도 개선, 2011. 12. 14.
96) 다만 집합투자증권의 경우에는 비영업일을 고려하지 않는다(규칙 12조 5항 단서).
97) 신고서 내용이 일반인에게 널리 알려져 있거나 쉽게 이해될 수 있는 경우, 특수법인, 정부·지자체의 업무감독을 받는 자 또는 금융위가 고시하는 국제기구 또는 단체로서 이미 일반인에게 공공성을 널리 인정받고 있는 경우, 그 밖에 투자자 보호 또는 건전한 거래질서 유지를 위해 증권신고의 효력발생시기를 단축할 필요가 있다고 금융위가 고시하는 경우.
98) 최근 사업연도의 재무제표에 대한 외감법상 감사인의 감사의견이 적정의견이 아닌 경우, 최근 사업연도의 사업보고서 또는 반기·분기보고서상 자본금 전액이 잠식된 경우, 사업보고서, 반기·분기보고서를 법정기한내에 제출하지 않은 경우, 그 밖에 투자자 보호 또는 건전한 거래질서를 위하여 증권신고의 효력발생시기를 연장할 필요가 있다고 금융위가 고시하는 경우.

VI. 일괄신고제도

1. 의   의

발행인은 증권을 공모할 때마다 건별로 증권신고서를 제출하는 것이 원칙이다. 이러한 공시의무는 수시로 증권을 공모하는 회사로서는 시간과 비용 면에서 큰 부담이 된다. 일괄신고제도는 "발행인이 일정한 발행예정기간의 발행물량에 대해서 일괄하여 사전에 신고하고, 그 기간 중에는 일일이 신고서를 제출하지 않고도 공모할 수 있도록 하는 제도"이다(119조 2항 전단). 이 제도는 미국의 'shelf registration'제도를 1992년 증권법 개정으로 도입한 것이다.

그러나 실제로 일괄신고제도는 별로 활용되지 못하였다. 그것은 일괄신고 수요가 있는 금융회사가 발행하는 채권이 신고면제증권으로 되어 있던 것과 관련이 있다(증권법 7조; 은행법 33조; 구은행법 시행령 19조 5항). 자본조달목적으로 증권을 발행하는 일반회사는 자기의 자금흐름이 외부에 노출될 우려가 있는 일괄신고제도를 이용하기를 꺼렸다. 2001년 시행령 개정으로 은행을 제외한 금융회사가 발행하는 채권이 신고대상에 포함됨에 따라(증권령 5조의2) 증권회사가 발행하는 증권이 신고대상이 되었다. 현재 금융투자업자가 발행하는 주가연계증권은 대부분 일괄신고제도를 이용하고 있다. 집합투자증권과 금적립계좌 등도 일괄신고제도를 이용할 가능성이 매우 높다.

일괄신고서에 의한 공시는 발행되는 증권 자체보다는 그것을 발행하는 회사에 중점을 둔 것이다. 그렇지만 일괄신고서도 증권신고서의 일종이기 때문에 신고서의 수리, 발효시기, 거래제한에 관해서 달리 규정이 없는 한 통상의 신고서와 마찬가지로 취급된다.

금융당국은 기업 공시부담을 경감하기 위하여 2009. 7. 시행령을 개정하여 일정한 요건을 갖춘 **'잘 알려진 기업'**이 증권을 발행하는 경우에도 일괄신고서를 이용할 수 있도록 그 적용범위를 대폭 확장하였다.

2. 일괄신고서의 요건

1) 개   관

일괄신고서를 채택하려면 대상증권의 종류, 발행예정기간과 발행횟수, 제출가능발행인 등 시행령에서 규정하는 요건을 충족해야 한다(119조 2항).

2) 대상증권

(1) 개   관

일괄신고서를 제출할 수 있는 증권은 주권, 주권관련사채권 및 이익참가부사채권을 포함한 사채권, 파생결합증권, 집합투자증권에 한한다(119조 2항; 령 121조 1항 1호-5호). 다만, 조건부자본증권은 제외한다(령 121조 1항 단서; 법 165조의11). 구체적인 범위는 제출가능법인의 종류에 따라서 정해진다.

(2) 주식 및 주권관련사채권

과거 주권에 대해서는 일괄신고를 허용하지 않았지만,[99] 2009. 7. 시행령을 개정하여 주권과 주권관련사채권을 일괄신고대상에 포함하였다.[100] 주식 중에서 합병, 분할, 분할합병, 주식의 포괄적 교환·이전, 자산·영업양수도에 따라 신주를 발행하는 경우는 일괄신고서를 이용할 수 없고 기재사항을 별도로 정한 합병 등 증권신고서를 제출해야 한다.[101]

주권관련사채권은 전환사채권, 신주인수권부사채권 및 교환사채권 및 전환형 조건부자본증권(령 176조의12)을 말한다(71조 4호 나목; 령 68조 4항). 교환사채권은 주권, 전환사채권 또는 신주인수권부사채권과 교환을 청구할 수 있는 교환사채권만 포함한다. 다만 제출가능법인이 잘 알려진 기업이 아닌 일반법인인 경우에는 주식관련사채권은 대상에서 제외된다.

그러나 일괄신고대상에서 조건부자본증권은 제외된다(령 121조 1항 단서). 투자위험도가 높아 일괄신고서를 통한 증권발행을 제한한 것이다.[102]

(3) 파생결합증권

파생결합증권은 일괄신고서 제출대상증권을 규정하는 증권령 제2조의3 제1항의 워런트, 주가연계증권, 파생결합증권을 통합한 것이므로 특별한 변화라고 할 수 없다. 다만 투자자 보호목적상 고난도금융투자상품이 아닌 파생결합증권이나 고난도금융투자상품 중 오랫동안 반복적으로 발행된 것으로서 주가지수 또는 이를 구성하는 개별종목만을 기초자산으로 하고 손실배수가 1 이하인 파생결합증권으로 한정된다(령 121조 1항 4호 가목·나목; 발행공시규정 2-4조 1항).

(4) 집합투자증권

집합투자증권은 환매금지형 집합투자기구(230조)가 아닌 집합투자기구의 집합투자증권 또는 이에 준하는 것으로서 등록(279조 1항)한 외국집합투자증권에 한한다(령 121조 1항 5호 가목·나목). 시행령은 '개방형 집합투자증권'이라고 한다. 일정 기간 수시로 발행할 필요가 있어 매번 신고서를 제출하게 하면 사실상 영업이 곤란한 점을 고려한 것이다.

---

99) 증권법상 주권 및 주권관련 사채권에 대한 일괄신고를 허용하지 않았던 이유는 첫째, 회사채와는 달리 주권에 대해서는 수시로 발행할 필요가 적은 점, 둘째, 주식의 발행예정물량이 미리 공시되는 경우에는 주가에 좋지 않은 영향을 줄 수 있다는 점을 감안한 것이다. 이 책의 초판, 127-128면.

100) 미국, 일본에서는 법률상 주식발행의 경우에도 일괄신고서의 제출이 가능하게 되어 있으나 실제로는 주로 회사채의 경우에 이용되고 있다고 한다. 전홍렬, 앞의 책, 277면.

101) 금감원공시안내, 231면.

102) 금융위, 보도자료: 금융개혁을 위한 자본시장법 시행령 및 Howey규정 개정 추진, 2016. 1. 20., 10면.

3) 발행예정기간과 발행횟수

발행예정기간은 일괄신고서 효력발생일로부터 2개월 이상 1년 이내이다(령 121조 2항). 2
가지 예외가 있다. 첫째, 개방형집합투자증권 및 금적립계좌 등의 경우에는 그 집합투자규약
에서 정한 존속기간 또는 계약기간을 발행예정기간으로 하고, 그러한 존속기간 또는 계약기
간이 없는 경우에는 무기한으로 한다(령 121조 2항 단서). 둘째, 아래의 잘 알려진 기업인 발행
인의 발행예정기간은 2년 이내로 하며 최단기간은 적용하지 않는다(령 121조 6항 후단). 일괄
신고서를 제출한 자는 발행예정기간 중 3회 이상 그 증권을 발행해야 한다(령 121조 3항). 잘
알려진 기업인 발행인은 발행횟수 제한도 없다(령 121조 6항 후단).

4) 제출가능법인

일괄신고서를 제출할 수 있는 자는 대상증권의 종류에 따라 다음과 같이 3가지로 나눌
수 있다.

(i) 일반법인: 사채권(주권관련사채권과 이익참가부사채권 제외)이나 파생결합증권(금적립계
좌 제외)

사채권(주권관련사채권과 이익참가부사채권을 제외)이나 파생결합증권(금적립계좌 제외)에 대
한 일괄신고서를 제출할 수 있는 자는 적격요건[103]을 갖추어야 한다(령 121조 4항 1호-3호).
(i)과 관련하여 종래 일괄신고서의 제출대상은 "주권상장법인·코스닥상장법인 또는 등록법
인"(증권규 2조의3 1항)으로 한정하였다. 그러나 등록법인제도가 폐지됨에 따라 비상장기업의
일괄신고서 이용이 곤란해질 것을 고려하여 상장기업요건을 폐지하였다. 그리고 적용대상법
인의 계속공시요건을 종래 3년(증권규 2조의3 1항 1호·2호)에서 1년으로 완화하여 기업의 공시
부담을 경감하였다. 최근 1년간 업무보고서를 제출한 금융투자업자를 포함한 것은 최근 1년
간 사업보고서와 분기보고서를 제출할 수 없었던 신설 금융투자업자를 고려한 것이다.[104] 제
출가능법인을 이처럼 한정한 것은 이들이야말로 사채권과 같은 증권을 수시로 발행할 필요성
이 큰 반면 이미 수차례 공시를 통하여 기업내용이 잘 알려져 있기 때문이다.

---

103) 그 요건은 다음과 같다.
(i) 최근 1년간 사업보고서와 반기보고서를 제출한 자나 최근 1년간 분기별 업무보고서 및 월별 업무보고
서를 제출한 금융투자업자로서 사채권(주권관련 사채권과 이익참가부사채권을 제외)이나 파생결합증권 중 같
은 종류에 속하는 증권을 최근 1년간 모집 또는 매출한 실적이 있을 것
(ii) 최근 사업연도의 재무제표에 대한 회계감사인의 감사의견이 적정일 것
(iii) 최근 1년 이내에 금융위로부터 증권발행제한조치를 받은 사실이 없을 것
104) 분할 또는 분할합병으로 인하여 설립 또는 존속하는 법인은 첫째, 분할 또는 분할합병 전의 법인이 위 (i),
(ii), (iii)의 요건을 충족하고, 둘째, 분할 또는 분할합병으로 인하여 설립된 법인의 최근 사업연도 재무제표
에 대한 회계감사인의 감사의견이 적정 또는 한정일 경우 일괄신고서를 제출할 수 있다(령 121조 5항).

(ii) 잘 알려진 기업: 주권이나 주권관련사채권 등(령 121조 6항 1호-6호)

적격요건[105]을 갖춘 기업('**잘 알려진 기업**', well-known seasoned issuer: WKSI)은 주권, 주권관련사채권과 이익참가부사채권, 그 밖의 사채권, 파생결합증권에 대해서도 일괄신고서를 제출할 수 있다. 이 요건은 (i) 일반법인의 경우보다 엄격하다. 다만 투자자로서는 일괄신고서 (추가서류 포함)의 즉시 효력발생 및 투자판단을 위한 숙려기간이 훨씬 짧아지므로 더욱 신중한 접근이 요구된다. 또한 금융당국은 불성실공시법인 등 공시취약부문에 심사역량을 집중할 수 있어 투자자 보호관점에서는 개선되는 측면이 있다. 다만 발행규제가 완화되는 만큼 사업보고서 등 정기공시 심사를 한층 강화할 필요가 있다.[106]

▌표 5-7 일반기업과 잘 알려진 기업의 일괄신고제도 비교

구 분		일반기업	잘 알려진 기업
발행증권		일반사채	일반사채, 주권, 주권관련사채, 이익참가부사채
발행인 요건	● 상장기간	–	5년 경과
	● 시가총액	–	5천억원 이상
	● 공모실적	최근 1년간 공모실적 有	–
	● 정기보고서	최근 1년간 기한내 제출	최근 3년간 기한내 제출
	● 감사의견	적정	적정
	● 행정조치	최근 1년간 증권발행 제한조치가 없었을 것	최근 3년간 공시위반관련 제재를 받지 않았을 것
	● 벌칙 등	–	분식회계, 자본시장법 위반으로 벌금형 이상의 형을 받지 않았을 것
발행 규제	● 발행예정기간	2월 이상 1년 미만	2년 미만
	● 의무발행횟수	3회 이상	–
	● 감액허용범위	예정발행금액의 20%	예정발행금액의 20%

자료: 금감원, 보도자료: 잘 알려진 기업의 일괄신고서 운영방안 마련, 2009. 9. 15.

---

105) 그 요건은 다음과 같다.
   (i) 주권상장법인으로서 주권이 상장된 지 5년이 경과하였을 것
   (ii) 최근 사업연도의 최종 매매거래일 현재 시가총액이 5천억원 이상일 것
   (iii) 최근 3년간 사업보고서·반기보고서 및 분기보고서를 기한 내에 제출하였을 것
   (iv) 최근 3년간 공시위반으로 금융위나 거래소로부터 일정한 제재를 받은 사실이 없을 것
   (v) 최근 사업연도의 재무제표에 대한 회계감사인의 감사의견이 적정일 것
   (vi) 최근 3년간 자본시장법에 따라 벌금형 이상의 형을 선고받거나 회계처리기준(외감법 5조)의 위반과 관련하여 동법상 벌금형 이상의 형을 선고받은 사실이 없을 것
106) 금감원, 보도자료: 잘 알려진 기업의 공모절차 간소화 추진, 2006. 12. 26. 미국 1933년 증권법상 2005. 12. 1. 부터 시행된 제도를 도입한 것이다. Securities Offering Reform, 70 Fed. Reg. 44722 (August 3, 2005)(17 CFR pts. 200, 228, 229, 230, 239, 240, 243, 249 and 274).

3. 일괄신고서의 기재사항과 첨부서류

일괄신고서에는 발행예정기간, 발행예정금액, 발행인에 관한 사항, 그 밖에 투자자 보호를 위하여 필요한 사항으로서 금융위가 고시하는 사항을 기재해야 한다(령 126조 1항). 또한 일괄신고서에는 관련서류를 첨부해야 한다(령 126조 2항).[107] 그 밖에 일괄신고서의 서식 및 작성방법 등에 관하여 필요한 사항은 금융위가 정하여 고시한다(령 126조 3항).

4. 효력발생기간

일괄신고서의 효력발생기간은 일반적인 신고서의 경우와 같다(120조 1항, 119조 3항). 그러나 일괄신고서로 발행되는 채무증권의 경우에는 5일로 단축되어 있다(규칙 12조 1항 1호 라목). 일괄신고서가 수리되면 청약을 권유할 수 있지만 발행인이 실제 청약에 대한 승낙을 할 수 있으려면 통상의 경우와 마찬가지로 신고서의 효력이 발생해야 한다. 또한 일괄신고의 경우에는 공모시마다 추가로 시행령이 정하는 '**일괄신고추가서류**'를 제출하지 않고서는 청약에 대한 승낙을 할 수 없다(121조 2항).

5. 일괄신고추가서류

일괄신고서는 1년간 예정물량을 일괄하여 신고하는 것이므로 발행금액이나 금리 등 발행조건은 개별적인 발행이 이루어질 때 확정된다. 따라서 발행금액과 금리 등 발행조건에 관한 일괄신고추가서류를 제출하지 않고는 거래를 할 수 없다(119조 2항 후단, 121조 2항). 다만 개방형 집합투자증권과 금적립계좌 등은 일괄신고추가서류의 제출의무가 면제된다(119조 2항 후단; 령 122조 1항). 특히 개방형은 이미 수차례 발행된 것이고 수시로 발행되므로 매번 제출할 경우 사실상 영업이 곤란한 점을 고려한 것이다.[108] 일괄신고추가서류의 기재내용은 일괄신고서의 기재내용을 변경할 수 없으며(령 122조 3항), 법정사항[109]을 기재해야 한다(령 122조 2

---

107) 첨부서류는 다음과 같다.
    (i) 정관 또는 이에 준하는 것으로서 조직운영 및 투자자의 권리의무를 정한 것
    (ii) 일괄신고할 것을 결의한 이사회 의사록 또는 그 결의를 증명할 수 있는 서류의 사본
    (iii) 법인등기사항증명서로 확인할 수 없는 경우 법인등기사항증명서에 준하는 것으로서 법인설립을 증명할 수 있는 서류
    (iv) 회계감사인의 감사보고서
    (v) 외감법상 회계감사인이 작성한 연결재무제표에 대한 감사보고서(연결재무제표작성의무 있는 경우)
    (v) 그 밖에 투자자 보호를 위하여 필요한 서류로서 금융위가 고시하는 서류
    금융위는 행정정보의 공동이용(전자정부법 36조 1항)을 통하여 법인등기사항증명서를 확인해야 한다(령 126조 2항 단서).
108) 이상복 공시, 94면.
109) 법정사항은 다음과 같다.
    (i) 모집 또는 매출의 개요

항). 그 밖에 일괄신고추가서류의 서식 및 작성방법, 첨부서류 등에 관하여 필요한 사항은 금융위가 고시한다(령 122조 4항).[110]

6. 일괄신고서의 정정

일반적으로 정정신고서는 증권신고서에 기재된 증권의 취득 또는 매수의 청약일 이전에만 제출할 수 있지만(122조 3항 전단), 일괄신고서를 제출한 자는 발행예정기간 종료 전에는 언제든지 정정신고서를 제출할 수 있다(122조 4항). 그러나 개방형 집합투자증권을 제외하고는 발행예정금액과 기간을 정정할 수 없다(122조 4항; 령 130조 3항). 이는 발행예정기간을 계속 정정함으로써 증권신고의무를 회피할 가능성을 막기 위한 것이다. 집합투자증권의 경우에는 그러한 문제가 없다. 다만 일괄신고서 제출 이후 발생한 자금사정 변화를 반영할 수 있도록 발행예정금액의 20% 한도에서 감액정정은 허용하고 있다(122조 4항 단서; 령 130조 4항).

7. 투자설명서

일괄신고서를 제출한 경우에도 개별적인 공모시마다 투자설명서를 제출해야 한다. 이 경우 일괄신고서와 일괄신고추가서류에 기재된 내용과 다른 내용을 표시하거나 누락할 수 없다(123조 2항).

Ⅶ. 증권신고서의 철회

발행인은 증권신고서를 철회할 수 있다. 다만 그 증권신고서에 기재된 증권의 취득 또는 청약일 전일까지 철회신고서를 금융위에 제출해야 한다(120조 4항). 증권법에서는 '**신고의 발효 전**'까지 철회신고서를 제출하도록 했었다. 그 결과 철회의사가 있음에도 효력발생 이후에는 철회할 수 없어 일단 정정신고서를 제출하여 효력발생 전으로 만든 후 철회신고서를 제출했다. 이러한 사정을 고려하여 증권신고서에 대해서도 정정신고서와 마찬가지로 청약일 전일까지 철회신고서를 제출할 수 있게 한 것이다.

　(ⅱ) 일괄신고서상의 발행예정기간 및 발행예정금액
　(ⅲ) 발행예정기간 중에 이미 모집 또는 매출한 실적
　(ⅳ) 모집 또는 매출되는 증권에 대한 인수인의 의견(인수인이 있는 경우)
　(ⅴ) 그 밖에 투자자 보호를 위해 필요한 사항으로서 금융위가 정하여 고시한 사항
110) 금융회사의 일괄신고 추가서류 제출시에는 대표이사 등의 서명의무(124조)를 면제하고(령 122조 2항 1호 단서; 발행공시규정 2-4조 4항), 일반사채권과 파생결합증권에 대하여 이사회가 구체적인 범위를 정하여 대표이사에게 발행의 세부내역을 위임한 경우 그 위임범위 내에서 발행하는 경우에는 일괄신고서 제출 당시에 첨부한 이사회 의사록을 재첨부할 수 있다(령 122조 4항; 발행공시규정 2-4조 6항 1호 가목). 특히 은행의 증권신고서 제출에 따른 부담을 덜어주기 위한 조치이다.

VIII. 투자설명서

1. 의   의

자본시장법은 증권법상 '**사업설명서**'를 '**투자설명서**'로 변경하였다(123조; 증권법 12조). 자본시장법은 증권법과 마찬가지로 투자설명서(prospectus)를 정의하고 있지 않지만,[111] 대체로 "증권의 공모시에 청약의 권유를 위하여 투자자에게 제시하는 문서"를 말한다. 이 제도는 2가지를 목적으로 한다. 첫째, 투자자가 증권에 관한 정보를 가지고 투자판단을 할 수 있도록 정보를 제공하는 것이다. 둘째, 투자자가 허황된 정보에 따라서 투자판단을 하는 것을 막는 것이다. 종래 투자설명서제도는 이 목적 중 어느 것도 효과적으로 달성하지 못하였다는 평가를 받아 왔다.

물론 금융위에 제출하는 증권신고서도 정보공시기능을 수행하는 것이 사실이다. 그러나 금융위에 제출된 증권신고서는 일정한 장소에 갖추어 두고 인터넷 등을 통하여 공시되지만 투자자가 반드시 그 내용을 숙지하고 있을 것이라는 보장은 없다. 따라서 미국에서는 투자설명서가 투자자에게 전달되지 않은 상태에서는 거래가 이루어지지 못하게 하고 있다.[112] 증권법상으로는 투자자가 요구하지 않는 한 투자설명서를 제공할 필요가 없었지만(12조 1항) 자본시장법은 그 교부를 의무화하였다(124조).

위에서 언급한 두 번째 목적과 관련해서는 투자자에 대한 발행인의 정보제공을 제한할 필요가 있다. 효과적인 방안은 역시 미국법에서와 같이 투자설명서를 아주 넓게 정의하여 발행인의 정보제공행위를 모두 투자설명서로 간주하는 것이다. 그렇게 되면 발행인의 정보제공행위는 모두 법적 요건을 갖춘 투자설명서에 의하게 될 것이다. 투자설명서에 대한 정의가 없는 현행법상으로는 투자설명서라는 명칭이 적혀 있지 않은 서류는 투자설명서가 아니기 때문에 자유롭게 이용할 수 있다는 주장도 제기될 여지가 있다. 과거 시장에서는 발행회사나 인수인이 정식의 투자설명서 대신 유사한 투자권유문서를 사용하는 사례가 많았다. 지금도 광고의 이름으로 유사한 문서가 사용되고 있다. 금융투자업자가 투자권유를 위하여 사용하는 모든 문서나 자료에 대해서는 통일적인 규제가 필요하다.

---

111) 일본 금융상품거래법은 '사업설명서'를 "유가증권의 모집 혹은 매출(제4조 제1항 제4호에 규정하는 것을 제외한다) 또는 동조 제2항에 규정하는 적격기관투자자 대상 유가증권의 일반권유(유가증권의 매출에 해당하는 것을 제외한다)를 위하여 당해 유가증권의 발행인의 사업 기타의 사항에 관한 설명을 기재하는 문서로서 상대방에게 교부하거나 상대방으로부터 교부의 청구가 있는 경우에 교부하는 것"이라고 정의하고 있다(2조 10항).

112) 상세한 것은 김건식·송옥렬, 77-93면 참조.

2. 범　위

투자설명서는 투자자에게 투자를 권유하기 위한 문서이다. 자본시장법은 청약의 권유를 넓게 정의한다. "권유받는 자에게 증권을 취득하도록 하기 위하여 신문·방송·잡지 등을 통한 광고, 안내문·홍보전단 등 인쇄물의 배포, 투자설명회의 개최, 전자통신 등의 방법113)으로 증권 취득청약의 권유 또는 증권 매도청약이나 매수청약의 권유 등 증권을 발행 또는 매도한다는 사실을 알리거나 취득의 절차를 안내하는 활동"은 원칙적으로 청약의 권유에 해당한다(령 2조 2호). 투자권유의 목적으로 이러한 방법으로 제공되는 문서는 반드시 투자설명서라는 명칭이 적혀 있지 않아도 투자설명서로 보아 자본시장법의 규제대상으로 삼아야 한다.114) 따라서 모집안내서, 매출안내서, 신주청약안내서와 같은 명칭이 붙어 있는 문서는 물론이고 다른 명칭이 붙어 있더라도 일단 투자권유목적으로 작성된 문서는 모두 투자설명서에 해당한다.

자본시장법에서 간이투자설명서를 허용하는 것은 이들 문서도 적어도 뒤에 설명하는 간이투자설명서의 요건을 갖추어 이용될 것을 전제로 하는 취지라고 보아야 할 것이다. 미국법에서는 투자설명서가 문서에 한정되지 않고 라디오나 텔레비젼을 통해서 청약을 권유하는 경우도 포함한다. 따로 특별규정이 없는 한 '書'라는 문자가 사용되고 있는 우리법의 해석상으로는 구두의 청약을 투자설명서라고 해석하기는 어려울 것이다. 이러한 투자설명서의 '文書性'은 가능한 한 유연하게 해석할 필요가 있다. 그리하여 2000년 증권법 개정에서 인터넷을 통한 증권발행의 증가에 발맞추어 전자문서도 투자설명서로 볼 수 있는 근거를 마련하였다(124조 1항 후단).

뒤에 보는 바와 같이 자본시장법은 발행인의 명칭, 발행이나 매도의 일반적 조건 등 투자자 보호에 저해될 염려가 없는 사실을 광고를 통해서 알리거나 안내하는 것은 '청약의 권유'에서 제외한다(령 2조 2호 단서). 이러한 **단순광고**는 권유를 위한 것이 아니므로 투자설명서로 볼 수 없다.

3. 종　류

투자설명서는 통상의 투자설명서, 예비투자설명서, 간이투자설명서의 3가지가 있다(124조 2항 1호-3호). 예비투자설명서는 신고서가 수리된 후 효력이 발생하기까지의 기간 동안 청약을 권유하기 위하여 사용되는 서류로서 장차 기재사항 중 일부가 변경될 가능성이 있다는

---

113) 일반사모펀드의 투자광고의 방법(249조의5)을 포함한다.
114) 찬성: 이상복 공시, 108-109면; 임재연, 532면. 반대: 김정수, 437면(법은 투자설명서를 표제부와 본문으로 구분하고 각각 기재될 내용들을 구체적으로 규정하고 있으므로, 이러한 규정에 의해 작성된 문서는 투자설명서라고 볼 수 있다).

점이 표시되는 점 등을 제외하고는 정식의 투자설명서와 차이가 없다.[115] 간이투자설명서는 정식의 투자설명서에서 일부사항을 생략하거나 중요사항만을 발췌하여 표시한 문서·전자문서 그 밖에 이에 준하는 기재 또는 표시를 말한다(124조 2항 3호). 간이투자설명서는 신문·방송 등을 이용한 광고나 전자전달매체를 통하여 제공될 수 있다. 간이투자설명서의 작성시 발행인에게 불리한 정보를 생략하거나 유리한 정보만을 발췌해서는 아니 된다(령 134조 2항).

4. 작성 및 제출과 공시

증권을 공모할 때는 발행인이 증권신고서 외에 투자설명서를 작성하여 금융위에 제출해야 한다(123조 1항). 발행인은 투자설명서를 신고서의 효력발생일에 금융위에 제출해야 하며, 일괄신고추가서류를 제출할 경우에는 일괄신고추가서류 제출일에 제출해야 한다(123조 1항). 예비투자설명서나 간이투자설명서를 사용하고자 할 경우에는 신고서를 제출할 때 예비투자설명서나 간이투자설명서를 함께 제출해야 한다(령 125조 2항 7호·8호).

공모증권이 집합투자증권일 경우에는 간이투자설명서도 제출해야 한다(123조 1항). 아래에서 보는 바와 같이 집합투자증권의 공모에는 투자자에 대하여 원칙적으로 통상의 투자설명서가 아닌 간이투자설명서의 교부를 요구하고 있는 점(124조 3항)을 반영한 것이다.

개방형 집합투자증권과 금적립계좌 등의 발행인은 최초의 공모시에 증권신고서와 함께 투자설명서 및 간이투자설명서를 제출하는 외에 1년마다 1회 이상 다시 고친 투자설명서 및 간이투자설명서를 제출하고, 집합투자기구에 대한 변경등록(182조 8항)을 한 경우에는 변경등록통지를 받은 날로부터 5일 이내에 그 내용을 반영한 투자설명서 및 간이투자설명서를 제출해야 한다(123조 3항 1호·2호; 령 131조 6항; 규칙 13조 2항). 다만, 그 집합투자증권 및 금적립계좌 등의 공모를 중지한 경우에는 제출하지 않아도 된다(123조 3항 단서). 이는 간투령 제54조 제5항의 규정에 기초한 것으로서 일정 기간 수시로 발행되는 개방형 집합투자증권의 본질을 고려하여 변경사항을 투자자들에게 적시에 공시할 수 있도록 하기 위한 것으로서 2013. 5. 28 개정에서 금적립계좌 등을 추가하였다.

발행인은 제출된 투자설명서를 금융위와 거래소 등에 갖추어 두고 일반인이 열람할 수 있게 해야 한다(123조 1항; 규칙 13조 1항 1호-4호).

5. 기재사항

투자설명서는 시행령에 따라 작성하며(123조 1항), 표제부와 본문으로 구분하여 작성한다(령 131조 1항). 투자설명서의 표제부에는 다음 사항을 기재한다(령 131조 2항 1호-9호).

---

115) 증권신고서의 효력발생일까지 기재사항에 변경이 없으면 예비투자설명서를 표제부만 바꾸어 투자설명서로 사용할 수 있다(령 131조 4항).

(i) 증권신고의 효력발생일

(ii) 공모가액

(iii) 청약기간

(iv) 납부기간

(v) 증권신고서의 사본 및 투자설명서의 열람장소

(vi) 증권시장에서 안정조작 또는 시장조성이 행해질 수 있다는 뜻

(vii) 증권신고서의 기재사항 중 일부가 청약일 전일까지 변경될 수 있다는 뜻[116]

(viii) 정부가 신고서 기재사항의 진실성이나 정확성을 인정하거나 증권 가치를 보증 또는 승인한 것이 아니라는 뜻

(ix) 그 밖에 투자자 보호를 위하여 필요한 사항으로서 금융위가 고시한 사항

투자설명서의 본문에는 증권신고서를 제출한 경우에는 그 종류에 따라 신고서에 기재한 사항을, 그리고 일괄신고추가서류를 제출한 경우에는 그 서류에 기재한 사항을 기재한다(령 131조 3항 1호-5호). 투자설명서에는 증권신고서에 기재한 사항과 다른 사항을 표시하거나 기재사항을 누락해서는 아니 된다(123조 2항 본문). 다만 기업경영 등 비밀유지와 투자자 보호와의 형평 등을 고려하여 기재를 생략할 필요가 있다고 인정되는 다음 사항은 투자설명서에 기재하지 않아도 무방하다(123조 2항 단서; 령 131조 5항 1호-2호).

(i) 군사기밀보호법상의 군사기밀에 해당하는 사항

(ii) 발행인의 업무 또는 영업에 관한 것으로서 금융위의 확인을 얻은 사항

예비투자설명서의 기재사항도 해당 증권신고의 효력이 발생하지 않았다는 점과 기재사항이 변경될 가능성이 있다는 점을 표시하는 것을 제외하고는 대체로 통상의 투자설명서와 유사하다(령 133조 1항).

간이투자설명서의 기재사항은 해당 증권신고의 효력이 발생하기 전과 발생한 후로 나누어 규정되고 있다(령 134조). 먼저 효력발생 전 기재사항으로 해당 증권신고의 효력이 발생하기 전에는 해당 증권신고의 효력이 발생하지 않았다는 점과 기재사항이 변경될 가능성이 있다는 사실, 일정한 요건에 해당하는 지분증권·증권예탁증권·파생결합증권을 상장하고자 할 경우에는 상장예비심사결과, 투자설명서 본문 기재사항 중 금융위가 정하는 사항, 증권의 공모 및 발행에 관한 구체적인 내용은 투자설명서나 예비투자설명서를 참조하라는 뜻 등과 함께 투자설명서의 본문에 표시되는 사항 중 공모가액, 청약기간, 납입기간, 증권신고서의 사본 및 투자설명서의 열람장소, 증권시장에서 안정조작 또는 시장조성이 행해질 수 있다는 뜻을 기재해야 한다(령 134조 1항 1호). 이어서 효력발생 후 기재사항으로는 효력발생 전 기재사항

---

116) 개방형 집합투자증권과 금적립계좌 등의 경우 청약일 이후에도 변경될 수 있다(령 131조 2항 7호).

중 해당 증권신고의 효력이 발생하지 않았다는 점과 기재사항이 변경될 가능성이 있다는 사실을 제외하고, 투자설명서의 본문에 표시되는 사항 중 증권신고서의 기재사항 중 일부가 청약일 전일까지 변경될 수 있다는 뜻, 정부가 신고서의 기재사항의 정확성을 인정하거나 증권가치를 보증한 것이 아니라는 뜻을 추가적으로 기재해야 한다(령 134조 1항 2호).

6. 투자설명서의 교부

1) 교부의무의 발생

자본시장법은 전문투자자 등 일정한 자를 상대로 할 경우를 제외하고 증권을 취득하게 하거나 매도할 경우 투자설명서의 교부를 의무화하고 있다(124조 1항).[117] 이는 투자설명서가 투자판단의 근거가 되는 기초서류이므로 교부를 의무화하여 발행공시제도의 실효성을 높이려는 것이다.[118] 이는 투자자의 청구가 있는 경우에만 투자설명서의 교부의무를 인정했던 증권법을 바꾼 것이다(13조 1항). 투자설명서 교부의무를 위반한 경우 금융위는 정정명령이나 거래정지 등 조치를 취할 수 있다(132조 4호; 령 138조 1호-5호).[119] 집합투자증권의 경우 투자자가 정식의 투자설명서의 교부를 별도로 요청하지 않는 경우에는 간이투자설명서를 교부하면 된다(124조 1항). 집합투자증권의 경우에는 핵심내용이 포함된 간이투자설명서를 투자자에게 교부할 수 있게 함으로써 투자자의 이해도를 높이자는 것이다.[120]

2) 교부의무의 면제

자본시장법은 투자설명서의 교부의무를 원칙으로 하되 전문투자자와 시행령에서 정하는 자를 상대로 할 경우에는 이를 면제한다(124조 1항). 전문투자자는 위험감수능력이 있으므로 종래와 같이 청구가 있을 경우에만 투자설명서를 교부하게 하여 발행인의 부담을 줄이려는 것이다.[121]

시행령에서는 3가지 예외를 규정하고 있다. 첫째, 회계법인, 신용평가회사, 공인회계사·감정인·변호사 등 공인자격증소지자 등 일정 요건을 충족하는 전문가와 발행인의 최대주주와 임원 및 그 계열회사와 그 임원 등 일정 요건을 갖춘 연고자이다(령 132조 1호, 11조 1항 1호 다목-바목, 11조 1항 2호 각목).[122] 이들은 주로 공모 기준인 50인 산정 기준에서 제외되는 전문가와 연고자들로서 발행인과의 관계를 고려할 때 이미 충분히 정보에 대한 접근성을 갖

---

117) 이는 미국법과 같은 입장을 채택한 것이다. 김건식·송옥렬, 79-81면.
118) 재정경제부, 「자본시장과 금융투자업에 관한 법률안」 설명자료(2007. 12. 28), 90면.
119) 투자설명서 교부의무를 위반한 경우 투자자에게 거래취소권을 부여하는 것이 옳을 것이다.
120) 구기성, 자본시장과 금융투자업에 관한 법률 일부개정법률안[정부제출] 검토보고서, 2012. 9, 95면.
121) 재정경제부, 「자본시장과 금융투자업에 관한 법률안」 설명자료(2007. 12. 28.), 90면.
122) 코넥스시장 주권상장한 법인이 발행한 주권 등 또는 협회중개시장에서 장외매매거래가 이루어지는 지분증권의 경우에도 동일한 범위의 면제규정이 적용된다(령 132조 1호의2, 11조 2항 2호·3호, 11조 1항 1호 다목-바목, 11조 1항 2호 각목).

추고 있다고 평가되는 자들이다. 둘째, 투자설명서의 수령거부 의사를 서면이나 전화 등의 방법으로 표시한 자이다(령 132조 2호). 셋째, 이미 취득한 것과 같은 집합투자증권을 추가로 취득하려는 자이다(령 132조 3호). 집합투자증권의 경우에는 투자설명서 기재사항에 변동이 없을 가능성이 크기 때문이다. 따라서 투자설명서 내용이 직전에 교부한 투자설명서 내용과 다른 경우에는 투자설명서를 교부해야 한다(령 132조 3호단서).

3) 교부의무의 이행방법

투자설명서 교부의무의 이행방법은 구체적으로 교부의 주체와 시기, 교부의 상대방과 대상 그리고 교부방법으로 나누어 볼 수 있다.[123] 첫째, 교부의 주체는 "증권신고의 효력이 발생한 증권을 취득하고자 하는 자에게 취득하게 하거나 매도하고자 하는 자"이다(124조 1항). 주로 발행인과 인수인 그리고 주선인 등이 여기에 해당한다. 둘째, 교부의 시기는 "증권을 취득하고자 하는 자가 증권을 취득하거나 매수하기 이전까지"이다. 따라서 청약의 권유시에는 '**통상의 투자설명서**'를 교부하지 않아도 무방하다고 해석되어 왔다.[124] 그러나 투자설명서가 투자자의 증권취득이나 매수를 위한 의사결정에서 가장 중요한 기초자료가 되는 점에서 취득이나 매수를 위한 의사결정이 이루어지기 전에 교부되어야 한다고 보는 것이 옳다. 따라서 증권의 취득이나 매수를 위한 의사결정이 완료된 이후에 형식적으로 교부하는 것은 교부의무를 이행한 것으로 볼 수 없다. 그러나 투자자가 언제 그러한 의사결정을 했는지를 확인하는 것은 쉽지 않다. 따라서 발행인은 청약의 권유시에 투자설명서를 교부하는 것이 안전할 것이다. 셋째, 교부의 상대방은 증권을 취득 또는 매수하고자 하는 자를 말하며, 모든 투자권유 상대방에게 교부할 의무는 없다. 넷째, 교부의 대상, 즉 교부되는 투자설명서는 '**통상의 투자설명서**'를 말하며, 예비투자설명서나 간이투자설명서만으로 교부의무를 이행한 것으로 볼 수는 없다.[125] 앞서 언급한 바와 같이 집합투자증권의 경우에는 투자자의 요구가 없는 한 간이투자설명서의 교부로 충분하다. 다섯째, 교부의 방법은 원칙적으로 서면에 의해야 하지만, 인터넷공모가 확산되는 현실을 고려하여 공모기업의 편의를 위하여 투자설명서를 전자문서로 교부하는 것을 다음 요건 하에 허용하고 있다(124조 1항 후단).[126]

---

123) 금감원, 보도자료: 투자설명서 교부의무 관련 주요내용 및 유의사항, 2009. 2. 17.
124) 이 책의 2판, 151면.
125) 투자설명서를 실제로 교부하지 않으면서 청약자에 대하여 투자설명서 내용을 설명하고 확인을 받는 것만으로는 투자설명서 교부의무를 이행한 것으로 볼 수 없다.
126) 미국 SEC는 1995년 2월 Brown & Wood의 질의에 대한 답신(No-Action Letter)에서 인터넷을 통한 투자설명서교부가 적법한 교부가 되기 위한 요건을 다음과 같이 제시하였다.
　　1. 문서에 의한 투자설명서에 포함된 것과 동일한 정보의 전자문서일 것
　　2. 투자자가 전자매체에 의하여 투자설명서를 받는다는 점을 자발적으로 동의할 것
　　3. 전자매체에 의한 투자설명서가 이용가능함을 적절히 통지할 것
　　4. 투자자가 투자설명서를 문서형태로 전환할 수 있을 것
　　5. 투자자의 청구가 있으면 문서에 의한 투자설명서를 교부할 것

(i) 전자문서수신자의 사전 동의가 있을 것

(ⅱ) 전자문서를 수신할 전자전달매체의 종류와 장소를 지정할 것

(ⅲ) 전자문서의 수신사실이 확인될 것

(ⅳ) 전자문서의 내용이 서면에 의한 투자설명서의 내용과 동일할 것

실제 교부는 영업점에 내방한 투자자에 대한 서면이나 CD에 의한 현실교부, 우편, 이메일 등의 방법으로 이루어질 수 있다. CD나 이메일의 경우에는 위의 전자문서 교부요건을 충족해야 한다.127)

7. 투자설명서 사용의 강제

1) 원 칙

공모를 위하여 청약을 권유하는 자는 투자설명서를 반드시 '**사용**'해야 한다(124조 1항). 시행령은 청약의 권유를 "권유받는 자에게 증권을 취득하도록 하기 위하여 신문·방송·잡지 등을 통한 광고, 안내문·홍보전단 등 인쇄물의 배포, 투자설명회의 개최, 전자통신 등의 방법으로 증권 취득청약의 권유 또는 증권 매도청약이나 매수청약의 권유 등 증권을 발행 또는 매도한다는 사실을 알리거나 취득의 절차를 안내하는 활동"으로 정의하고 있다(령 2조 2호). 이 정의에 따르면 극소수의 투자자를 상대로 구두로 투자를 권유하는 경우를 제외하고는 대부분 청약의 권유에 해당하고 투자설명서의 사용이 강제될 것이다.128)

2) 사 용

투자자의 청구가 없는 한 투자설명서의 교부의무가 발생하지 않았던 증권법상 '**사용**'의 의미에 대해서는 다소 의문이 있었다. 그러나 투자설명서 교부를 의무화하고 있는 자본시장법에서는 그러한 의문은 해결된 것으로 보인다. 그리고 이러한 투자설명서 외에 청약권유를 위한 다른 문서는 명칭에 관계없이 사용할 수 없다.129) 신문·방송 등을 통한 광고, 홍보전단이나 전자전달매체를 이용하여 청약을 권유하는 경우에는 간이투자설명서를 이용할 수 있기

David M. Bartholomew and Dena L. Murphy, "The Internet and Securities Regulation: What's Next", Securities Regulation Law Journal Vol. 25, 1997, p183.

127) 전자문서에 의한 투자설명서 교부가 특히 의미를 갖는 것은 주주배정증자의 경우이다. 청약자에게 직접 교부하는 일반공모증자나 소수 청약자에게 교부하는 제3자 배정증자의 경우에는 전자문서에 의한 교부의 실익이 별로 없을 것이다. 주주배정증자의 경우 다수의 주주에게 청약일 이전에 등기우편으로 미리 송부하고 있는 현실을 고려할 때 정정 요구 등 일정조정사유가 발생하는 경우 전자문서에 의한 교부가 아니면 그 일정을 맞추기 어려울 것이다. 이명수, 앞의 논문, 12면.

128) 다만 집합투자증권의 경우 투자자가 통상의 투자설명서의 사용을 별도로 요청하지 않는 한 간이투자설명서를 사용할 수 있다(124조 3항). 다만 이 경우 집합투자증권의 간이투자설명서를 교부하거나 사용하는 경우에는 투자자에게 통상의 투자설명서를 별도로 요청할 수 있음을 알려야 한다(124조 4항).

129) 찬성: 유석호, 앞의 논문, 202면.

때문에 공모기업의 부담은 그다지 크지 않을 것이다.[130] 간이투자설명서의 허위기재에 대해서도 손해배상책임에 관한 특칙조항이 적용된다(125조 1항).

3) 투자권유와 정보의 통일성

투자설명서 사용을 강제하는 것은 투자자에게 증권을 권유할 때 제공되는 정보를 통일하는 의미도 있다. 실제 판매과정을 보면 안내문·홍보전단 등 여러 형태의 인쇄물이 배포된다. 이들 인쇄물을 모두 투자설명서로 보아 규제하는 것이 옳다. 이것이 어렵다면 "신문·방송·잡지 등을 통한 광고, 안내문·홍보전단 등 인쇄물의 배포, 투자설명회의 개최, 전자통신 등의 방법으로" 청약의 권유를 할 경우 반드시 투자설명서도 함께 교부 내지 사용되어야 한다는 것이 입법취지라고 해석하는 것이 옳다.

8. 투자설명서의 계약적 효력

투자설명서의 기재내용이 발행인과 투자자 사이에 당연히 계약으로서 구속력을 가지는가? 현행법상 투자설명서와 완전히 같지 않지만 간투법상 자산운용회사가 작성하는 투자설명서의 구속력이 문제된 사례가 있다.

첫째 법원은 간투법 "제28조, 제56조 제1항, 제2항의 투자설명서에 관한 규정 및 취지에 비추어 볼 때," "투자설명서의 기재 내용 자체가 투자신탁계약의 당사자 사이에서 당연히 계약적 구속력이 있다고 볼 수는 없고, 투자설명서에 기재된 내용이 신탁약관의 내용을 구체화하는 내용인 경우에 신탁약관의 내용과 결합하여 계약적 구속력을 가진다"고 판단하였다(대법원 2013. 11. 28. 선고 2011다96130 판결). 둘째, "그 기재 내용이 개별약정으로서 구속력을 가질 수는 있"다고 하고, 개별약정으로서 구속력 유무는 "투자설명서에 기재된 구체적인 내용, 그러한 내용이 기재된 경위와 당사자의 진정한 의사 등을 종합적으로 고려하여 판단해야 한다"고 보았다(대법원 2013. 11. 28. 선고 2011다96130 판결).

자본시장법상 투자설명서도 그 자체가 직접 발행인과 투자자 사이에 계약의 내용이 된다고 보기는 어렵다. 그러나 투자설명서의 내용이 발행계약의 내용을 구체화하는 것인 경우 계약으로서의 효력을 가진다. 개별약정으로서의 효력을 가지는지는 그 내용을 보아 판단해야 한다.

IX. 증권발행실적보고서

발행인은 공모를 완료한 후에 금융위 고시에 따라 증권발행실적보고서를 작성하여 금융

---

[130] 거래계에서는 실무상의 수요를 고려하여 모집안내서 등의 판매용자료가 널리 사용되고 있다. 원칙적으로 이들 판매용자료는 모두 간이투자설명서의 요건을 갖추어야 할 뿐 아니라 증권신고서에 첨부하여 금융위에 제출해야 할 것이다(령 125조 2항 8호).

위에 제출해야 한다(128조).[131] 증권발행실적보고서에는 청약 및 배정에 관한 사항, 유상증자 전후의 주요주주의 지분변동상황, 신주인수권증서의 발행내역, 실권주식의 처리내역, 조달자 금의 사용내역 등에 관한 정보를 기재한다(발행공시규정 2-19조 2항 1호-9호). 합병, 영업·자산 양수도, 주식의 포괄적 교환·이전, 분할·분할합병의 증권신고서에 대한 발행실적보고서에는 합병 등의 일정, 최대주주 및 주요주주 지분변동 상황, 주식매수청구권 행사, 채권자보호에 관한 사항, 합병 등 관련 소송의 현황, 신주배정 등에 관한 사항, 합병 등 전·후의 요약재무 정보, 보호예수관련사항을 기재한다(발행공시규정 2-19조 3항 1호-8호).

X. 증권신고서 등의 공시

1. 증권신고서 등의 비치·공시의무

금융위는 증권신고서(정정신고서 포함), 투자설명서(집합투자증권의 경우 간이투자설명서 포함), 증권발행실적보고서를 3년간 일정 장소에 갖추어 두고 인터넷 홈페이지 등을 이용하여 공시해야 한다(129조 전단 1호-3호). 다만 기업경영 등 비밀유지와 투자자 보호와의 형평 등을 고려하여 일정 사항(군사기밀에 해당하는 사항과 발행인의 업무 및 영업에 관한 것으로서 금융위의 확인을 받은 일정한 사항)은 그 대상에서 제외할 수 있다(129조 후단; 령 136조 1호·2호). 또한 발행인도 증권 공모의 경우 투자설명서를 금융위에 제출하고, 이를 발행인의 본점, 금융위, 거래소, 청약사무취급처에 갖추어 두어 일반인이 열람할 수 있게 해야 한다(123조 1항). 증권 신고서와 공개매수신고서 등은 투자자에게 직접 교부되지 않고 공중열람의 대상이 되는 점에 서 '**간접공시서류**', 투자설명서나 공개매수설명서 등은 투자자에게 직접 교부되는 점에서 '**직 접공시서류**'라고 하기도 한다.[132] 그러나 자본시장법은 증권신고서는 물론 투자설명서도 공시 를 요구한다.

2. 전자공시

자본시장법상 금융위, 증선위, 금감원장, 거래소, 협회 또는 예탁결제원에 신고서 등 서 류를 제출하는 경우에는 정보통신망[133]을 이용하여 전자문서의 방법에 의할 수 있다(436조). 전자문서는 "컴퓨터 등 정보처리능력을 가진 장치에 의하여 전자적인 형태로 작성되어 송· 수신 또는 저장된 문서형식의 자료로서 표준화된 것"을 말한다(령 385조 1항). 자본시장법상 전자문서 중에는 '**전자문서법상 전자문서**'라고 된 경우(령 118조의17 1항)도 있다. 전자문서법상

---

131) 이를 위반하면 1,000만원 이하의 과태료가 부과된다(449조 2항 7호).
132) 松尾, 114-115면.
133) 정통망법상 정보통신망을 가리킨다(령 385조 1항).

전자문서는 "정보처리시스템에 의하여 전자적 형태로 작성·변환되거나 송신·수신 또는 저장된 정보"(동법 2조 1호)를 말한다. 그 의미는 위 자본시장법상 전자문서의 정의와 같다.[134)

전자문서의 이용에 필요한 표준서식·방법·절차 등은 금융위가 정한다(령 385조 2항 전단). 거래소, 협회 또는 예탁결제원의 업무관련규정에 따라 제출하는 신고서의 경우 해당 기관이 전자문서의 이용에 필요한 표준서식·방법·절차 등을 정할 수 있다(령 385조 3항).[135)

전자공시제도의 도입으로 공시의무자가 공시자료를 작성·제출하는 수고가 크게 줄었음은 물론이고 투자자들의 정보접근도 한층 쉬워졌다. 금감원(Data Analysis, Retrieval and Transfer System: DART)과 한국거래소(Korea Investor's Network for Disclosure System: KIND)는 각각 전자공시시스템을 운영하므로 투자자들은 인터넷 등을 통해서 공시서류를 간편하게 검색하고 열람할 수 있다.[136)

제5절 공모시의 행위규제

I. 신고서의 수리 전

1. 청약의 권유의 금지

증권공모를 위해서는 증권신고서를 금융위에 제출해야 한다. 금융위가 증권신고서를 수리하기 전에는 공모(청약의 권유)할 수 없다(119조 1항). 이에 위반하면 형사처벌의 대상이 된다(444조 12호). 그러나, 실제로는 증권신고서제도를 모르고 위반한 신고인 등에 대하여 과징금을 부과하는 것이 보통이다(429조 1항 1호·2호).

공모를 원하는 기업은 증권신고서 제출 전에 먼저 인수를 담당할 금융투자업자와 접촉한다. 그러한 발행회사와 금융투자업자 사이의 교섭을 공모라고 볼 수는 없다. 그러한 교섭은 상대방이 50인 이상인 경우에 한정되는 공모에 해당할 수 없기 때문이다(9조 7항·9항).[137)

---

134) 대법원은 상법상 소수주주의 임시주주총회 소집청구(상 366조 1항)의 방법으로서의 전자문서를 "정보처리시스템에 의하여 전자적 형태로 작성·변환·송신·수신·저장된 정보"라고 하여 전자문서법상 정의를 적용하면서 "이는 작성·변환·송신·수신·저장된 때의 형태 또는 그와 같이 재현될 수 있는 형태로 보존되어 있을 것을 전제로 그 내용을 열람할 수 있는 것"이어야 하므로, "이와 같은 성질에 반하지 않는 한 전자우편은 물론 휴대전화 문자메시지·모바일 메시지 등까지 포함된다"고 판시하였다. 대법원 2022. 12. 16.자 2022그734 결정.

135) 금감원공시안내, 528면 이하.

136) DART의 주소는 〈http://dart.fss.or.kr〉이고 KIND의 주소는 〈http://kind.krx.co.kr〉이다.

137) 금융투자업자와의 교섭이 '청약의 권유'에 해당된다면 그 전에 이루어진 청약권유의 상대방의 수와 합산되거나 간주공모에 해당되어 공모에 해당할 수 있게 될 것이다. 다만 회사에 대한 발행권유행위는 투자매매업에 해당한다고 볼 수 있을 것이다.

우리나라에서는 '**청약의 권유**'를 매우 넓게 정의하지만, 증권을 취득하게 하기 위한 활동에 한정하고 있으므로(령 2조 2호) 공개회사가 행하는 정기공시나 수시공시는 물론 통상의 홍보활동도 증권공모에 임박하여 이루어지더라도 청약의 권유에 해당하는 것으로 볼 수는 없다.138)

2. 단순광고의 제외

미국에서는 청약이나 권유가 넓게 해석되고 있어서 증권에 대한 투자자의 관심을 야기할 가능성이 있는 행위는 일단 공모에 해당하여 금지될 수 있다. 회사 상황을 적극적으로 공시할 의무가 있는 공개회사로서는 자칫 증권법에 위반할 가능성이 있어 문제된다. 따라서 미국에서는 회사가 증권공모계획이 있다는 사실 정도는 공표하는 것을 허용하고 있다(1933년 증권법 Rule 135). 시행령도 법정사항139) 중 전부 또는 일부에 대하여 광고 등의 방법으로 단순히 그 사실을 알리거나 안내하는 경우(단순광고)를 '청약의 권유"에서 제외하여 같은 접근을 하고 있다(령 2조 2호). 다만 광고 등의 방법은 금융위가 고시하는 기준에 따라야 하며, 인수인의 명칭과 증권의 발행금액 및 발행가액을 포함할 수 없다(발행공시규정 1-3조 1호-3호). 요컨대 이러한 내용의 일반적인 광고는 투자자의 투자수요 환기를 위한 것으로 증권신고서의 효력발생 전에도 할 수 있다.

Ⅱ. 신고서의 수리 후 효력발생 전

신고서의 수리 후에는 공모, 즉 청약의 권유를 할 수 있지만 투자설명서에 대한 규제가 적용될 수 있다. 앞서 설명한 바와 같이 자본시장법은 투자설명서에 대한 정의를 두고 있지 않고 투자설명서란 명칭이 붙지 않은 문서는 투자설명서가 아니므로 투자설명서에 대한 자본시장법 규제가 적용될 수 없다는 주장도 있을 수 있다. 그러나 앞서 본 바와 같이 청약의 권유에서는 반드시 세 종류의 투자설명서 중 하나를 사용해야 하므로(124조 2항) 투자설명서가 아닌 다른 문서를 이용하여 공모하는 것은 불가능하다. 나아가 투자자 보호를 위해서는 명칭에 관계없이 청약의 권유를 위하여 공중에 제공하는 회사의 사업에 관한 설명을 기재한 문서는 모두 투자설명서에 포함된다. 이러한 해석에 따르면 공모시에 투자설명서의 요건을 충족하지 않는 문서를 투자자에게 제공하는 것은 허용되지 않는다.

---

138) 神崎克郎 · 志谷匡史 · 川口恭弘, 金融商品取引法, 青林書院, 2012, 173면.
139) 법정사항은 다음 사항을 말한다.
  (1) 발행인의 명칭 (2) 발행 또는 매도하려는 증권의 종류와 발행 또는 매도 예정금액
  (3) 증권발행 또는 매도의 일반적인 조건 (4) 증권의 발행이나 매출의 예상 일정
  (5) 그 밖에 투자자 보호를 해칠 염려가 없는 사항으로서 금융위가 고시하는 사항

신고서가 수리되어도 아직 효력발생 전에는 청약이나 권유는 할 수 있지만 투자자와의 계약체결은 금지된다(121조 1항). 이 기간은 투자자가 공시정보를 고려하여 투자 여부를 결정하는 숙려기간이다. 이에 위반한 자는 1년 이하의 징역이나 3천만원 이하의 벌금에 처한다(446조 20호).

Ⅲ. 신고서의 효력발생 후

신고서의 효력발생 후에는 당연히 모든 공모행위를 할 수 있음은 물론 계약체결도 가능하다. 다만 투자자의 청구를 불문하고 투자설명서를 교부한 후에야 계약을 체결할 수 있다(124조 1항 전단).

제6절 공시규제위반의 효과

Ⅰ. 총 설

발행공시규제는 투자자의 투자판단에 필요한 정확한 정보를 충분히 제공하기 위한 것이다. 투자자의 투자결정이 충분하고 정확한 정보를 토대로 이루어지는 경우에만 발행시장에서 자원의 효율적인 배분이 가능하기 때문이다. 자본시장법은 실효성 확보를 위하여 행정·형사·민사상 제재 등 다양한 장치를 마련하고 있다.

Ⅱ. 행정제재

1. 정정신고서 제출 요구

금융위는 증권신고서 심사결과 (ⅰ) 증권신고서의 형식을 제대로 갖추지 않은 경우, (ⅱ) 그 증권신고서 중 중요사항에 관하여 거짓 기재 또는 표시가 있거나 중요사항이 기재 또는 표시되지 않은 경우, (ⅲ) 중요사항의 기재나 표시내용이 불분명하여 투자자의 합리적인 투자판단을 저해하거나 투자자에게 중대한 오해를 일으킬 수 있는 경우에는 이유를 제시하고 정정신고서 제출을 요구할 수 있다(122조 1항). 일단 정정요구가 이루어지면 신고서는 요구일로부터 수리되지 않은 것으로 본다(122조 2항). 정정요구불응에 대해서는 따로 벌칙이 규정되어 있지 않다. 대신에 정정요구를 받은 후 3개월 이내에 발행인이 정정신고서를 제출하지 않으면 그 증권신고서를 철회한 것으로 본다(122조 6항; 령 130조 5항).

2. 발행정지 등 조치

금융위는 공시규제위반[140]에 대해서는 신고인, 발행인, 매출인, 인수인 또는 주선인에게 이유를 제시한 후 그 사실을 공고하고 정정을 명할 수 있으며 필요한 경우 증권발행정지 등의 조치를 취할 수도 있다(132조 1호-6호; 령 138조 1호-6호). 이 조치에 위반한 자는 1년 이하의 징역이나 3천만원 이하의 벌금에 처한다(446조 24호). 금융위는 금융투자업자의 증권신고서등의 부실기재나 미제출의 경우 업무정지등 조치를 할 수 있다(420조 3항 1호-7호, [별표1] 139호 가목-다목, 140호 가목-다목). 금융위는 금융투자업자의 임원이 증권신고서의 효력이 발생하기 전에 증권에 관한 취득 또는 매수의 청약에 대한 승낙을 한 경우 해임요구 등 조치를 할 수 있다(422조 1항 1호-6호, [별표 1] 143호). 금융투자업자의 직원에 대해서는 면직 등 조치를 그 금융투자업자에게 요구할 수 있다(422조 2항 1호-7호, [별표 1] 143호).

3. 과 징 금

1) 원   칙

금융위는 증권신고서등을 미제출하거나 중요사항을 부실표시한 경우 일정한 자에게 일정 한도까지(20억원을 초과하지 않는 범위에서 공모가액의 3%까지) 과징금을 부과할 수 있다(429조 1 항 1호·2호, 119조, 122조 또는 123조). 최근 공시의무위반에 대한 과징금 부과사례가 많다. 중요사항은 "증권의 공정한 거래와 투자자 보호를 위하여 필요한 사항으로서 투자자의 합리적인 투자 판단 또는 증권의 가치에 중대한 영향을 미칠 수 있는 사항"을 뜻한다(대법원 2016. 2. 18. 선고 2014두36259 판결).

증권신고서등의 내용이 정확한지를 판단하는 시점은 원칙적으로 제출시점이다. 그러나 청약일 전일까지 일정한 중요사항의 변경이 있는 경우에는 발행인은 정정신고서를 제출할 의무가 있다(122조 3항). 따라서 최종적인 판단시점은 청약일 전일이다. 또한 투자설명서는 신고서의 기재내용과 불일치해서는 아니 되므로(123조 2항) 투자설명서의 경우에도 판단시점은 청약일 전일이다. 그러나 투자설명서는 신고서의 효력발생일에 제출하게 되어 있으므로(123조 1항) 문제는 없다. 법원은 자본시장법 제162조 제1항이 적용된 사건에서 같은 중요사항에 관하여 거짓의 기재·표시 또는 그 기재·표시의 누락이 있는지 여부는 그 기재·표시나 누락이 이

---

140) 증권신고서·정정신고서 또는 증권발행실적보고서를 제출하지 않은 경우, 증권신고서·정정신고서 또는 증권 발행실적보고서 중 중요사항에 관하여 거짓의 기재 또는 표시가 있거나 중요사항이 기재 또는 표시되지 않은 경우, 증권신고서 효력발생이나 일괄신고추가서류 제출 전에 증권의 취득 또는 매수의 청약에 대한 승낙을 한 경우(121조), 투자설명서에 관한 규제(123조·124조)를 위반한 경우, 예비투자설명서 또는 간이투자설명서에 의한 증권의 모집·매출, 그 밖의 거래에 관하여 정당한 투자설명서 사용에 관한 규제(124조 2항)를 위반한 경우, 소규모공모의 조치(130조)를 하지 않은 경우.

루어진 시기를 기준으로 판단해야 한다고 보았다(서울고법 1999. 7. 23. 선고 98나50335 판결).[141] 그러나 객관적으로 확인할 수 있는 기재시점은 제출시점이다. 그리고 중요사항의 변경이 있는 경우에는 청약일 전일을 기준으로 해야 한다.

2) 부과대상자

과징금부과대상은 증권신고서등의 부실기재에 대한 배상책임을 질 자로서(125조 1항 1호-7호) 신고의무자(발행인, 119조 1항)가 아닌 자도 부과대상에 포함한다. 사실상의 이사로서 증권신고서 작성을 지시하거나 집행한 자와 매출인은 발행인에 준하는 자로서 처벌하는 것이다. 주로 문제되는 것은 인수인등이다.

첫째, 인수인이나 주선인 등에게 증권신고서등의 부실기재책임을 물을 수 있는가? 법원은 "인수인이 증권신고서 등의 직접적인 작성주체는 아니지만 증권신고서나 투자설명서 중 중요사항에 관하여 거짓 기재 또는 기재 누락을 방지하는 데 필요한 적절한 주의를 기울여야 할 의무(자본시장법 제71조 제7호, 자본시장법 시행령 제68조 제5항 제4호)"를 지는 데서 근거를 찾는다(대법원 2020. 2. 27. 선고 2016두30750 판결).[142] 이 의무에 위반하여 거짓기재 또는 기재누락으로 증권취득자가 손해를 입은 때에는 손해배상책임을 지고(125조 1항 5호), 그 위반행위에 대하여 고의 또는 중대한 과실이 있는 때에는 과징금을 부과하는 것이다(429조 1항 1호, 430조 1항). 금융규제위반행위에 대한 행정제재에는 주관적 요건을 불문하는 것이 원칙이지만[143] 이 경우는 요건으로 명시한 것이다. 이 경우의 중대한 과실은 "조금만 주의를 기울였더라면 중요한 사항에 관하여 거짓의 기재·표시를 하거나 중요사항을 기재·표시하지 않았다는 사실을 손쉽게 확인할 수 있는데도 이를 게을리 한 경우"를 말한다(대법원 2020. 5. 14. 선고 2016두42258 판결). 같은 논리는 주선인과 그 투자설명서를 작성·교부한 자에게도 적용된다. 그 증권신고서의 기재사항 또는 그 첨부서류가 진실 또는 정확하다고 증명하여 서명한 공인회계사·감정인 또는 신용평가를 전문으로 하는 자 등(소속단체 포함) 시행령으로 정하는 자와 그 증권신고서의 기재사항 또는 그 첨부서류에 자기의 평가·분석·확인 의견이 기재되는 것에 대하여 동의하고 그 기재내용을 확인한 자(125조 1항 3호·4호)도 같다.

---

141) 대법원 2002. 5. 14. 선고 99다48979 판결로 확정. 같은 취지: 대법원 2015. 12. 10. 선고 2012다16063 판결.
142) 같은 취지: 대법원 2020. 5. 14. 선고 2016두42258 판결.
143) "구 여객자동차 운수사업법(2012. 2. 1. 법률 제11295호로 개정되기 전의 것) 제88조 제1항의 과징금부과처분은 제재적 행정처분으로서 여객자동차 운수사업에 관한 질서를 확립하고 여객의 원활한 운송과 여객자동차 운수사업의 종합적인 발달을 도모하여 공공복리를 증진한다는 행정목적의 달성을 위하여 행정법규 위반이라는 객관적 사실에 착안하여 가하는 제재이므로 반드시 현실적인 행위자가 아니라도 법령상 책임자로 규정된 자에게 부과되고 원칙적으로 위반자의 고의·과실을 요하지 아니하나, 위반자의 의무 해태를 탓할 수 없는 정당한 사유가 있는 등의 특별한 사정이 있는 경우에는 이를 부과할 수 없다고 보아야 한다(대법원 2000. 5. 26. 선고 98두5972 판결; 대법원 2002. 5. 24. 선고 2001두3952 판결 참조)". 대법원 2014. 10. 15. 선고 2013두5005 판결.

둘째, 인수인이나 주선인 등에게 부실기재가 아닌 미제출에 대한 책임을 묻는 것은 가능한가? 법원은 "인수인이 증권신고서의 제출 여부를 확인하고 미제출을 방지할 의무를 위반하는 것은 증권신고서의 중요사항에 관하여 거짓의 기재 또는 표시를 하거나 중요사항을 기재 또는 표시하지 아니한 행위를 방지할 의무를 위반하는 것보다 오히려 의무해태의 정도가 더 크다고 볼 수도 있는 점, 자본시장법 제429조 제1항의 규정 형식상 제1호와 제2호를 달리 볼 이유가 없으므로 금융위원회가 인수인에게 인수인이 제1호의 의무위반을 방지하지 못한 때에 과징금을 부과할 수 있다면 인수인이 제2호의 의무위반을 확인하고 방지하지 못한 때에도 과징금을 부과할 수 있다고 보는 것이 자연스러운 점 등을 종합하여 보면", 인수인이나 주선인 등에게 증권신고서등의 부실기재책임을 묻는 법리를 미제출에도 적용할 수 있다고 본다(서울고법 2020. 10. 7. 선고 2020누39589 판결).[144] 인수인은 인수업무를 수행할 때 공모에 해당하는지와 증권신고서등이 제출되었는지 등을 확인할 의무가 있다. 주선인과 그 투자설명서를 작성하거나 교부한 자도 같다. 그러나 증권신고서의 기재사항 또는 그 첨부서류가 진실 또는 정확하다고 증명하여 서명한 공인회계사·감정인 또는 신용평가를 전문으로 하는 자 등(소속단체 포함) 시행령으로 정하는 자와 그 증권신고서의 기재사항 또는 그 첨부서류에 자기의 평가·분석·확인 의견이 기재되는 것에 대하여 동의하고 그 기재내용을 확인한 자(125조 1항 3호·4호)에 대해서는 적어도 미제출에 대한 과징금 부과는 불가능할 것으로 본다.

셋째, 인수인의 책임은 증권신고서상 인수인의 의견란에 기재한 경우에만 적용되는가? 인수인의 "증권신고서 등의 직접적인 작성주체는 아니지만 증권신고서나 투자설명서 중 중요사항에 관하여 거짓 기재 또는 기재 누락을 방지하는 데 필요한 적절한 주의를 기울여야 할 의무"는 반드시 인수인의 의견란의 기재사항에 한정되지 않는다(대법원 2020. 2. 27. 선고 2016두30750 판결).[145]

넷째, 금융위는 자본시장법을 위반한 법인이 합병을 하는 경우 그 법인의 위반행위는 합병 후 존속법인이나 신설법인의 행위로 보아 과징금을 부과·징수할 수 있다(430조 3항). 확인적 규정이다.

3) 부과요건

대량보유보고의무위반을 제외한 증권신고서등 관련 의무위반에 대한 과징금{429조(4항 제외)} 부과는 과징금부과대상자에게 각 위반행위에 대하여 고의 또는 중대한 과실이 있는 경우에 한한다(430조 1항).

---

144) 대법원 2021. 3. 11. 선고 2020두54920 판결로 확정.
145) 원심은 한정된다는 의견이다. 서울고법 2015. 12. 9. 선고 2015누36623 판결.

4) 부과기준

금융위는 증권신고서등 관련 의무위반에 대한 과징금(429조)을 부과하는 경우 위반행위의 내용 및 정도, 기간 및 회수, 위반행위로 인하여 취득한 이익의 규모를 고려하여야 한다(430조 2항 1호-4호). 상세한 내용은 시행령과 금융위규정으로 정한다(령 379조; 자본시장조사 업무규정 [별표 제2호]).

Ⅲ. 형사제재

증권신고서를 제출하지 않고 증권을 공모한 자는 5년 이하의 징역이나 2억원 이하의 벌금에 처한다(444조 12호). 증권신고서의 효력발생 전에 투자자의 청약을 승낙한 자도 1년 이하의 징역 또는 3천만원 이하의 벌금에 처한다(446조 20호). 여기서 '**증권을 공모한 자**'와 '**청약에 대해서 승낙한 자**'에는 주선인도 포함되는가? 청약의 권유를 직접 하거나 대리인으로서 승낙하면 사법상 효과와는 무관하게 포함된다. 그러나 실제로는 단순실수에 의한 법위반에 대해서 형사처벌을 하는 예는 거의 없을 것이다.

미제출이나 미교부 그 밖에 위법한 투자설명서를 사용한 자는 1년 이하의 징역이나 3천만원 이하의 벌금에 처한다(446조 21호 · 22호 · 23호). 또한 공시와 관련한 금융위 처분에 위반한 자도 마찬가지로 처벌한다(446조 24호). 한편 증권신고서와 투자설명서의 중요사항에 관하여 부실기재를 한 자는 5년 이하의 징역이나 2억원 이하의 벌금에 처한다(444조 13호 가목-다목). 증권신고서와 투자설명서의 중요사항에 대하여 부실기재가 있음을 알고도 서명하였거나 그 사실을 알고도 이를 진실 또는 정확하다고 증명하여 그 뜻을 기재한 공인회계사 · 감정인 또는 신용평가를 전문으로 하는 자도 같다(444조 13호 가목-다목). 소규모공모시의 공시의무위반이나 증권발행실적보고서의 미제출 등 경미한 위반행위에 대해서는 과태료가 부과될 수 있다(449조 1항 36호, 3항 7호).

Ⅳ. 민사제재

1. 총 설

공시규제는 주로 행정제재나 형사처벌에 의하여 그 실효성이 확보된다. 그러나 규제위반행위에 대해서 사법상 효력을 부인하거나 위반자에게 손해배상책임을 물을 수 있다면 그러한 위반행위를 보다 효과적으로 억제할 수 있을 것이다. 이러한 사법상 구제수단에 대해서 자본시장법이 규정하지 않았다면 민법상의 일반원칙만이 적용되었을 것이다. 그러나 자본시장법은 손해배상책임에 대해서 별도의 규정을 두고 있다(125조-127조).[146] 이하에서는 규제위반행위의 사법상의 효력에 대해서 간단히 언급한 후 주로 손해배상책임을 중심으로 설명하기로 한다.

2. 규제위반행위의 사법상 효력

미국 증권법은 신고서 제출 없이 공모하거나 공모와 관련하여 부실표시가 있는 경우 증권을 취득한 투자자가 거래를 취소할 수 있다{1933년 증권법 5조, 12조(a)}. 그러나 자본시장법은 그러한 위반행위의 사법상 효력을 규정하고 있지 않다. 우리나라에서는 그 효력은 민법에 따라 결정된다.

공모와 관련하여 부실표시가 있으면 민법 제110조의 사기를 이유로 거래 취소를 주장해 볼 수 있다. 그러나 투자자가 사기를 주장하기 위해서는 발행인에게 사기의 고의가 있었다는 사실과 투자자가 그러한 부실표시를 신뢰하여 착오에 빠졌음을 증명해야 한다. 현실적으로 그러한 증명은 극히 어렵다. 자본시장법은 손해배상책임 외에 취소를 규정하고 있지 않으므로 사기를 증명할 수 없는 경우 계약을 취소할 수 없다.[147]

증권신고서 제출 또는 투자설명서 교부 없이 공모한 경우는 법령위반행위에 해당한다.[148] 일반적으로 법령위반행위는 그 법령이 효력규정이면 무효, 단속규정이면 유효로 본다. 법령 자체가 위반행위의 사법상 효력을 부정하는 경우 효력규정임은 물론이다. 그렇지 않은 경우 민법 제103조의 공서양속 위반 여부를 기준으로 효력을 가릴 수밖에 없다. 그러한 행위가 형사처벌의 대상이라는 점, 손해배상을 통한 구제가 현실적으로 어렵다는 점 등을 고려하면 적어도 증권신고서 제출 없이 진행된 공모를 통해서 체결된 계약의 효력은 무효로 보는 것이 옳을 것이다.[149]

3. 자본시장법상의 손해배상책임

1) 총   설

자본시장법 위반행위로 인하여 손해를 입은 투자자는 민법상 불법행위규정(750조 이하)에 의하여 손해배상을 받을 수 있다. 그러나 민법상 손해배상책임을 주장하기 위해서는 투자자

---

146) 자본시장법은 제125조 이하의 규정과는 별도로 금융투자업자가 "법령·약관·집합투자규약·투자설명서에 위반하는 행위를 하거나 그 업무를 소홀히 하여 투자자에게 손해를 발생시킨 경우"에 손해배상책임을 인정하는 규정{64(1)}을 두고 있다. 이 규정은 125조의 책임이 인정되지 않는 경우에 대비하여 예비적 청구원인으로 활용된다.

147) 찬성: 신영무, 240면.

148) 앞서 언급한 신고서의 부실기재도 법령위반행위에 해당함은 물론이다.

149) 일본에서는 하급심판례는 유효설을 취하지만 학설은 무효설이 우세한 것으로 보인다. 黑沼悦郎, 金融商品取引法, 有斐閣, 2020, 115-116면.

가 가해자(발행인)의 과실과 손해액을 증명하는 것이 큰 부담이다. 자본시장법은 이러한 투자자의 증명부담을 덜기 위하여 민법상 불법행위책임에 대한 특칙(125조-127조)을 두고 있다.150) 자본시장법 제125조의 책임과 민법상 불법행위책임은 서로 배척하는 것이 아니라 경합적으로 적용된다(대법원 1997. 9. 12. 선고 96다41991 판결).151) 뒤에 보는 바와 같이 상장법인은 다양한 공시의무를 진다(159조-161조). 이와 관련하여 발행공시에 관한 규정(125조-127조)과 같은 취지의 규정을 두고 있다(162조). 부실공시와 관련하여 제125조나 제162조를 적용할 수 없으면 일반적 부정거래행위에 대한 손해배상책임(179조)도 주장할 수 있다. 이하 제125조부터 제127조까지를 중심으로 발행시장의 부실공시책임을 설명한다.

2) 대상행위

(1) 대상공시서류

자본시장법상 손해배상책임을 발생시키는 행위는 증권신고서와 투자설명서의 중요사항의 거짓기재나 기재누락이다(125조 1항). 따라서 증권신고서와 투자설명서 이외의 서류에 거짓기재가 있거나 구두의 부실표시가 있는 경우 적어도 자본시장법 제125조의 손해배상책임은 발생하지 않는다.

대상공시서류와 관련하여 4가지 문제가 있다. 첫째, 증권신고서에 정정신고서와 첨부서류가 포함되는가? 과거 논란이 있었지만, 자본시장법은 이를 포함함을 명시하였다(125조 1항). 둘째, 이미 제출된 신고서의 일부를 참조하라는 방식으로 신고서를 제출하는 경우(119조 4항)에는 참조대상인 신고서도 이에 포함된다. 셋째, 증권신고서에 일괄신고서도 포함되는가? 과거 논의가 있었지만, 자본시장법은 역시 포함함을 명시하였다(119조 3항). 일괄신고 후 개별적인 공모시에 제출하는 일괄신고추가서류(119조 2항 후단)도 포함된다(123조 2항). 넷째, 투자설명서는 예비투자설명서와 간이투자설명서를 포함한다(125조 1항). 나아가 명칭에 관계없이 증권공모를 위하여 공중에 제공하는 투자권유문서를 모두 포함한다. 투자설명서를 좁게 해석하면 공모시의 부실공시에 대한 손해배상책임을 인정하기 어려워진다.152)

(2) 부실표시

손해배상청구를 위해서는 "중요사항에 관하여 거짓의 기재 또는 표시가 있거나 중요사항이 기재 또는 표시되지 아니하였음"을 증명해야 한다. 거짓기재와 기재누락 외에 투자자에게

---

150) 대법원 2015. 11. 27. 선고 2013다211032 판결("자본시장법 제125조 제1항에서 정한 손해배상책임은 민법상 불법행위책임과는 별도로 인정되는 법정책임이지만 실질은 민법상 불법행위책임과 다르지 아니하고").

151) 원심은 "피해자가 굳이 증권거래법에 의한 손해배상책임보다 엄격한 요건을 갖추고 있고, 증명이 곤란한 민법상의 불법행위책임을 주장하는 것까지 배제하는 취지는 아니라 할 것"이라고 한다. 서울지법 1996. 8. 28. 선고 96나15298 판결. 감사인의 책임에 관한 증권법 제197조 제1항과 민법상 불법행위책임의 관계에 관한 판결이다. 같은 취지: 대법원 1998. 4. 24. 선고 97다32215 판결; 대법원 1999. 10. 22. 선고 97다26555 판결.

152) 일본 금융상품거래법에는 공모시의 일반 허위표시에 대한 규정(17조)이 있어 투자설명서를 좁게 해석해도 문제가 없지만, 우리 법에는 그러한 규정이 없다.

오해를 야기하는 오인표시(misleading statement)도 포함되는가? 오인표시에는 표시 자체가 한 편으로는 진실하나 다른 한편으로는 허위인 **'모호한 표시'**와 표시된 사실은 진실하지만 투자자의 오인을 막기 위해서 필요한 사실이 누락됨으로써 오해를 야기하는 **'반진실표시(半眞實表示)'**가 포함된다. 오인표시도 투자자의 잘못된 판단을 야기하는 점에서는 허위표시나 기재누락과 다를 바 없으므로 포함된다.[153] 신고서를 제출하지 않거나 투자설명서를 교부하지 않고 공모한 경우는 여기서 말하는 부실표시에 해당하지 않는다.[154] 허위표시나 기재누락에 해당하는지 여부는 제출시점을 기준으로 판단한다. 상세한 논의는 위 Ⅱ. 행정제재 3. 과징금 1) 원칙에서 살펴보았다.

(3) 중요성 요건
가. 요건의 구조

자본시장법은 거짓기재와 기재누락 모두 중요성을 요구한다. 거짓기재에서 중요성을 요구하지 않으면 배상책임이 과도해질 수 있다는 우려를 반영한 것이다.[155] 법원은 "정보의 부족뿐만 아니라 범람 또한 피하기 위하여 **'중요사항'**이라는 개념으로 의무적 공시의 범위를 설정하고 있는 공시제도의 취지"라고 설명한다(대법원 2015. 12. 23. 선고 2013다88447 판결).

나. 판단기준
① 자본시장법상 기준

자본시장법은 "투자자의 합리적인 투자판단 또는 해당 금융투자상품의 가치에 중대한 영향을 미칠 수 있는 사항"을 **'중요사항'**이라고 규정하였다(구 47조 3항). 자본시장법 제47조 제3항은 금소법으로 이관되었지만, 취지상 동일하게 해석해야 한다.

② 법원의 판단기준

구체적 기준은 개별사안별로 법원에서 판단할 수밖에 없다. 사업보고서의 부실표시에 관한 사건에서 대법원은 중요사항에 관하여 다음 기준을 제시하고 있다(대법원 2015. 12. 10. 선고 2012다16063 판결). 첫째, **'중요사항'**은 "합리적인 투자자가 금융투자상품과 관련된 투자판단이나 의사결정을 할 때에 중요하게 고려할 상당한 개연성이 있는 사항"을 의미하고, 둘째, 거짓의 기재·표시 또는 그 기재·표시의 누락이 있는지 여부는 "그 기재·표시나 누락이 이루어진 시기"를 기준으로 판단해야 하며, 셋째, 원고가 부실표시로 주장하는 사항이 중요사항에 해당하는지는 원고가 아니라 시장의 합리적인 투자자를 기준으로 따져보아야 한다.[156] 부실

---

153) 대표이사 등의 확인·검토의무와 관련해서는 기재누락, 허위표시와 별도로 오인표시도 없음을 확인하도록 하고 있다(령 124조 2호).

154) 입법론상 신고서 미제출이나 투자설명서 미교부에 대해 따로 손해배상책임을 규정해야 한다. 일본 금융상품거래법은 투자설명서 미교부에 대해 따로 손해배상책임을 인정한다(16조).

155) 재정경제부, 「자본시장과 금융투자업에 관한 법률」 설명자료(2007. 12. 28), 90면.

156) 진상범, "자본시장과 금융투자업에 관한 법률 제162조 제1항에서 정한 '중요사항'의 의미 및 중요사항에 관하여 거짓의 기재·표시나 누락이 있는지 판단하는 기준 시기," 대법원판례해설 제105호, 2016, 449-470면.

표시에 해당하는지 여부는 사항별로 개별적으로 판단하지만, 중요사항에 해당하는지 여부는 종합적인 사정을 고려하여 판단한다.

③ 정보의 전체 맥락을 상당히 변경하는 것으로 볼 수 있는지

자본시장법 제125조의 중요사항에 관하여 법원은 "합리적인 투자자가 금융투자상품과 관련된 투자판단이나 의사결정을 할 때에 중요하게 고려할 상당한 개연성이 있는 사항"에 해당하는지 여부의 판단은 "그 사항이 거짓으로 기재·표시되거나 그 기재·표시가 누락됨으로써 합리적인 투자자의 관점에서 이용할 수 있는 정보의 전체 맥락을 상당히 변경하는 것으로 볼 수 있는지에 따라" 판단해야 한다는 기준을 제시하고 있다(대법원 2015. 12. 23. 선고 2013다 88447 판결).157)

다. 인정사례

중요사항의 허위기재로 인정된 사례로는 위조납입금보관증명서를 이용한 상법상 주금가장납입행위(대법원 2006. 10. 26. 선고 2006도5147 판결), 90억원 규모의 유상증자자금 중 35억원을 사채업자 등에게 주가하락에 따른 손실보장을 위한 담보명목으로 제공하기로 하였음에도

---

157) 판단과정은 다음과 같다.

　1심은 유상증자 관련 증권신고서 및 투자설명서에 ① 용선·대선계약에 관한 기재, ② D사의 재무상태 악화에 관한 기재, ③ 신조 선박 투자에 관한 기재누락을 인정하고, 이러한 기재 누락은 자본시장법 제125조 제1항의 중요사항에 관한 것이라고 보아 인수인의 손해배상책임을 인정하였다(책임비율 30%로 제한).

　원심은 1심이 중요사항에 관한 기재누락으로 인정한 사항들에 대한 주장을 모두 배척하고, ① 용·대선 매출 비중에 관한 거짓 기재, ② 신조 선박 수에 관한 거짓 기재, ③ 매출채권 유동화 관련 기재 누락, ④ 선박 펀드에 매각한 선박 관련 사항 기재 누락, ⑤ 회계감사인 의견의 거짓 기재 등이 자본시장법 제125조 제1항의 중요사항에 관한 것이라고 판단하였다(책임비율 20%로 제한).

　대법원은 원심이 거짓 기재로 인정한 ① 용·대선 매출 비중, ② 신조 선박 수, ⑤ 회계감사인 의견에 관한 기재는 증권신고서 및 투자설명서의 전체적인 내용을 고려할 때 거짓 기재에 해당한다고 볼 수 없고, ③ '매출채권 유동화 관련 내용'의 경우, 투자자로서는 증권신고서 및 투자설명서의 기재 내용에 의해 "D사가 현금유동성 확보를 위해 매출채권 등의 자산을 활용한 유동화를 도모하고 있다는 사실" 및 그와 관련된 주요계약으로 2건의 유동화 내역이 기재되어 있음을 알 수 있으므로, 합리적인 투자자라면 위와 같은 기재로부터 D사가 유동성 확충을 위해 위 2건 외에도 추가적인 매출채권의 자산유동화를 할 가능성이 있음을 어렵지 않게 추론할 수 있다고 보았다. 따라서 증권신고서와 투자설명서에 D사의 확정된 자산유동화 계획의 구체적 내용 중 일부가 기재되어 있지 않다 하더라도 그것이 "D사에 현금유동성이 부족하여 그 확충을 위해 자산유동화를 하여 왔다는 정보의 전체 맥락을 상당히 변경하는 것"이라고 보기 어려우며, 위 부분을 기재하지 않은 것이 중요사항의 기재 누락에 해당하지 않는다고 판단하였다. ④ '선박펀드에 매각한 선박 관련 사항'도 증권신고서 및 투자설명서에 D사가 추가적인 선박 매각과 운임매출채권의 유동화 등을 통한 현금유동성 확충을 도모하고 있다는 사실이 기재되어 있고, 합리적인 투자자라면 위 기재로부터 D사가 유동성 확충과 선박금융 조달을 위해 추가적인 선박 매각을 통한 유동성 확충에 나설 것임을 충분히 추론할 수 있으므로, 선박 매각에 관한 사실이 모두 기재되어 있지 않다고 하여 그것이 위와 같은 정보의 전체 맥락을 상당히 변경하는 것이라고 보기 어렵다고 판단하였다.

　그 이전의 판결도 유사한 방식으로 판단하고 있지만 "정보의 전체 맥락을 상당히 변경하는 것인지 여부"라는 기준을 명시한 것은 중요하다.

　판결 요약은 배성진, "자본시장법 제125조 '중요사항'의 의미와 판단기준에 관한 판례," 법무법인 지평 증권금융뉴스레터 2016년 2월 제2호, 1-6면.

자금사용목적란에 해외시장개척비용 50억원, 마케팅비용 20억원 등으로 기재한 것{서울고법 2006. 5. 25. 선고 2006노252 판결(확정)}, 회사보유주식 200만주를 최대주주의 채권자를 포함 총 6회 담보제공했음에도 담보제공내역란에 해당사항 없음으로 기재한 것{서울고법 2006노 1400 판결(확정)}, 최대주주의 자본금 변동이 없었음에도 최대주주의 차입금 중 일부(270억원 중 220억원)가 자본금으로 전환되었다고 기재한 경우(대법원 2016. 2. 18. 선고 2014두36259 판결; 대법원 2020. 2. 27. 선고 2019다22374 판결), '**자기계산으로 주식을 소유하고 있는 자**'와 '**명의상 주 주**'가 상이함에도 명의상 주주를 최대주주로 기재한 경우(대법원 2018. 8. 1. 선고 2015두2994 판결),[158] 유상증자대금 중 해외부동산투자자금(60억원)에 대해서 임시주총 이후로 자금인출 을 제한하겠다고 정정신고서에 기재하였으나 임시주총 이전에 동 자금을 인출 사용한 것, 모 집총액 160억원 중 30억원을 가장납입한 것 등을 들 수 있다.[159]

중요사항의 기재누락으로 인정된 사례로는 증자자금 210억원의 사용목적을 신규사업투 자, 차입금 상환으로 기재했으나 기업구조조정조합에 100억원을 투자하기로 자금사용목적을 변경하였음에도 이를 기재하지 않은 것, 보증채무 16,121백만원(자기자본 대비 45.82%)을 대위 변제하고 피보증회사가 파산하였음에도 이를 기재하지 않은 것 등을 들 수 있다.[160]

3) 책임의 주체

(1) 개 관

손해배상책임을 지는 주체로 6가지를 규정하고 있다. 이는 뒤에 볼 공시규제위반에 따른 과징금부과(420조 1항)에도 동일하게 적용된다.

(2) 신고인과 신고 당시 발행인의 이사 등(125조 1항 1호·2호)

신고인은 발행인이므로(119조 1항) 발행인이 책임진다. 매출의 경우 매출인도 독자적인 책임주체가 된다(125조 1항 7호). 신고 당시 발행인의 이사는 신고에 관여했는지와 관계없이 책임진다.[161] '**신고 당시 발행인의 이사**'인지의 판단에서 '**신고 당시**'는 신고서의 제출, 수리, 효 력발생 중 어느 때를 말하는가? 신고서의 부실기재가 일단 확정되는 것은 신고서의 제출시점 이므로 신고서 제출일 현재 재직하는 이사가 책임의 주체가 된다.

사외이사도 책임을 진다. 사업보고서 허위기재에 대한 162조의 손해배상책임과 관련하여

---

158) 대법원은 최대주주에 관한 사항은 합리적인 투자자가 투자판단에 중요하게 고려할 상당한 개연성이 있는 중 요사항에 해당한다고 보면서 이러한 법리는 증권신고서를 제출하는 발행인이 외국법령에 따라 설립된 외국 기업인 경우에도 같다고 판단하였다.

159) 금감원공시안내, 261-262면.

160) 금감원공시안내, 262-263면.

161) 발행인인 회사의 공시서류 작성이나 제출에 전혀 관여하지 않은 사외이사의 경우에도 동일한 책임을 묻는 것 에 대해서는 비판이 있을 수 있다. 미국에서 발행공시와 관련하여 사외이사는 '악의로 행한'(knowingly com-mitted) 경우에만 책임을 진다{증권법 제11조(f); 증권거래소법 제21D조(f)}.

사외이사의 책임을 인정한 사례가 있다(대법원 2014. 12. 24. 선고 2013다76253 판결).[162)]

이사가 없는 경우에는 이에 준하는 자를 말한다(125조 1항 1호). 주주총회에서 선임된 정식의 이사가 아닌 이른바 비등기이사[163)]는 사실상 신고서작성에 관여한 경우에도 제125조의 책임을 지지 않는다. 신고서작성에 관여한 비등기이사도 책임주체에 포함하자는 견해가 있으나 찬성하기 어렵다. 만약 신고서작성에 관여한 것을 이유로 책임을 물어야 한다면 어느 정도의 하위자까지 포함할지가 불명확하다. 그러나 이사가 없는 경우에는 '**이사에 준하는 자**'로서 책임을 질 수 있다. 일본법과는 달리 감사는 책임주체가 아니다(금융상품거래법 21조 1항 1호). 감사의 업무는 신고서 작성과 직접 관계가 없고 신고서에 포함된 회계정보의 검토에 관해서도 회계감사인에 견줄 수 없다는 점에서 감사를 제외하는 것은 옳다. 신고인이 설립중의 법인인 경우에는 이사 대신 발기인이 책임을 진다(125조 1항 1호).

책임주체에는 이사 외에 상법 제401조의2 제1항의 업무집행관여자도 포함된다(125조 1항 2호). 업무집행관여자는 미국 증권법상의 지배자(controlling person)와는 달리 업무집행에 관여한 경우, 즉 증권신고서의 작성을 지시하거나 집행한 경우에만 책임을 진다.[164)] 업무집행관여자에게 책임을 묻기 위해서는 이들이 신고서의 작성을 지시하거나 집행하였음을 원고가 증명해야 한다.

(3) 공인회계사, 감정인, 신용평가전문가 등(125조 1항 3호)

신고서의 기재사항이나 첨부서류가 진실 또는 정확하다고 증명하여 서명한 공인회계사, 감정인, 신용평가전문가도 책임진다. 실제로 회사가 계약을 체결하는 상대방은 공인회계사 개인이 아니라 회계법인인 경우가 일반적이다. 또한 자력도 공인회계사 개인보다는 회계법인

---

162) 대법원은 "주식회사의 이사는 선량한 관리자의 주의로써 대표이사 및 다른 이사들의 업무집행을 전반적으로 감시하고 특히 재무제표의 승인 등 이사회에 상정된 안건에 관하여는 이사회의 일원으로서 의결권을 행사함으로써 대표이사 등의 업무집행을 감시·감독할 지위에 있으며, 이는 사외이사라고 하여 달리 볼 것이 아"니라고 한 후, 사외이사인 "피고 2가 회사에 출근하지도 않고 이사회에 참석하지도 않았다는 것은 사외이사로서의 직무를 전혀 수행하지 아니하였음을 나타내는 사정에 불과"하다고 하여 책임을 인정하였다

원심은 "피고 2는 자본시장법 제162조 제1항에 의하여 특별한 사정이 없는 한 코어비트의 제16기 사업보고서에 중요사항이 허위기재됨으로써 원고들이 입은 손해를 배상할 책임이 있다고 한 다음, 피고 2는 코어비트의 제16기 사업보고서 제출 당시 코어비트의 사외이사의 지위에 있기는 하였으나 출근을 하거나 이사회에 참석하여 결의에 참여하는 등 사외이사로서의 실질적인 활동은 없었던 점, 코어비트의 제16기 재무제표에 대한 외부감사 당시 피고 삼일회계법인에 제출된 피고 2 명의의 확인서는 당시 대표이사였던 000이 임의로 작성한 것이라는 점 등에 비추어 보면, 피고 2는 코어비트 제16기 사업보고서의 허위기재와 아무런 관련이 없거나 그가 상당한 주의를 하였더라도 그 허위기재 사실을 알 수 없었을 것으로 판단된다"고 하여 그의 면책 주장을 받아들였다. 서울고법 2013. 8. 21. 선고 2013나5376 판결.

163) 법률상 이사인지는 주주총회에서 이사로 선임되었는지가 중요하고 등기 여부는 이사인지 여부의 판단에 영향을 주지 못하지만 업계에서는 '비등기이사'라는 용어를 널리 사용하고 있다.

164) 미국 1933년 증권법(15조)은 부실표시에 관한 손해배상책임(14조)에서 일차적인 위반자를 사실상 지배하는 지배자에 대해서 구체적인 관여가 없는 경우에도 책임을 인정한다. 상세한 것은, 안수현, "미국 증권법상의 감독자책임", 『서울대학교 법학』 제43권 제1호, 2002, 447면 이하.

이 우월하다. 현재는 법이 소속단체도 책임을 지도록 명시하고 있으므로 문제가 없다.

　　법문상 제한이 없으므로 감사증명[165]이나 감정대상 이외의 사항에 부실표시가 있는 경우에도 책임질 수 있는 것처럼 보이기도 한다. 그러나 공인회계사나 감정인의 책임은 자신이 증명하였거나 서명한 대상에 관한 부실표시에 한정된다고 볼 것이다.[166] 자신에게 권한이나 의무가 없는 사항에 대해서도 부실표시에 대한 책임을 지우는 것은 부당하기 때문이다.

　　공인회계사의 경우 가장 문제가 되는 것은 감사인으로 작성한 감사보고서가 책임의 대상이 될 수 있는지 여부이다. 이에 관해서 판례는 엇갈리고 있다. 증권법 시절의 대법원 판례 중에는 증권신고서에 첨부된 감사보고서가 당연히 대상이 되는 것으로 전제한 것도 존재한다 (대법원 2007. 9. 20. 선고 2006두11590 판결). 자본시장법하의 하급심판결 중에는 이 판결을 따른 것도 있지만{서울남부지법 2014. 1. 17. 선고 2011가합18490 판결(고섬판결)} 감사보고서는 증권신고서에 첨부되어 있지만 회계법인이 증권신고서의 기재사항이나 첨부서류의 진실성을 증명하여 서명한 것이 아니라는 이유로 제125조의 손해배상책임을 부정한 경우도 있다(서울고법 2016. 4. 15. 선고 2014나2000572 판결; 서울중앙지법 2013. 10. 16. 선고 2011가합56779 판결).[167] 제125조의 적용이 부정되는 경우에는 회계감사인의 손해배상책임에 관한 제170조의 적용여부가 문제될 수 있다.

　　제170조의 적용여부를 판단하는 것은 의외로 쉽지 않다. 유통시장의 공시수단인 사업보고서의 부실표시에 의한 손해배상책임에 대해서는 제162조가 규정한다. 그러나 회계감사인의 감사보고서는 제162조의 적용대상에서 명시적으로 배제되고 있기 때문에 별도의 규정인 제170조의 적용을 받게 된다.[168] 제170조는 사업보고서에 첨부되는 회계감사인의 감사보고서에 대해서는 외감법의 관련규정(31조 2항부터 9항까지)을 준용한다(170조 1항). 제170조는 책임대상을 "사업보고서"에 첨부되는 감사보고서로 제한하고 있기 때문에 엄격히 해석한다면 "증권신고서"에 첨부되는 감사보고서에 대해서는 적용할 수 없다는 해석도 가능할 것이다. 그러나 하급심판결 중에는 별다른 근거를 제시함이 없이 제170조가 적용되는 것으로 처리한 사례가 존재한다(서울고법 2016. 4. 15. 선고 2014나2000572 판결).[169]

　　현재 시행령에서는 변호사, 변리사, 세무사 등 공인된 자격을 가진 자 및 그 소속단체도

---

165) 현재는 '감사증명'이라는 제도 대신 '감사의견'을 제시하는 제도를 택하고 있기 때문에 '증명'이라는 표현은 적절치 않다. 권종호 외, 『증권손해배상책임의 실체법적 정비』(증권법학회 연구용역보고서, 2003. 11), 58면.

166) 찬성: 김정수, 459-460면. 최근 공모증자를 위한 증권신고서에 기재된 주식가치 평가의 부적정 등을 이유로 발행인은 물론 분석기관인 회계법인의 손해배상책임을 인정한 사례가 있다. 대법원 2010. 1. 28. 선고 2007다16007 판결.

167) 이들 판결에서 법원은 다음에 설명하는 제4호의 적용도 부정하였다.

168) 자본시장법 제162조와 제170조는 감사인 대신 회계감사인이란 용어를 쓰고 있다.

169) 제170조를 적용한 원심의 판단을 문제삼지 않은 대법원판결도 있다(대법원 2020. 7. 9. 선고 2016다268848 판결).

책임주체로 추가하고 있다(령 135조 1항).

(4) 자신의 의견이 기재되는 것에 동의하고 내용을 확인한 자(125조 1항 4호)

신고서에 "자기의 평가·분석·확인 의견이 기재되는 것에 대하여 동의하고 그 기재내용을 확인한 자"를 책임주체에 포함된다. 이에 해당하는 자들은 대부분 앞의 (3)에서 열거한 자에도 해당할 것이다.[170] 이들의 의견은 주로 회사제공자료에 기초하여 작성될 것이다. 회사제공자료의 허위나 부실로 인하여 이들이 잘못된 의견을 내는 경우에도 그 사실만으로 면책을 주장할 수는 없고 상당한 주의를 다 하였음에도 기초자료의 허위나 부실을 알 수 없었다는 점을 증명해야 한다.[171]

증권신고서에 첨부된 감사보고서나 검토보고서를 작성한 회계법인의 책임과 관련하여 "회계법인이 위 각 증권신고서의 첨부서류에 위 각 감사보고서 내지 검토보고서에 기재되어 있는 자기의 평가·분석·확인의견이 기재되는 것에 동의하였다거나 그 기재내용을 확인하였다는 취지의 기재를 찾아볼 수 없다"는 이유로 회계법인은 자본시장법 제125조 제1항 제3호 또는 제4호의 손해배상책임을 질 자에 해당되지 않는다고 판단한 사례가 있다{서울고법 2016. 4. 15. 선고 2014나2000572 판결(확정)}. 책임을 질 자의 범위를 제한적으로 해석하려는 입장으로 이해된다. 그러나 실무상 감사보고서등을 작성하는 회계법인은 그 보고서가 증권신고서에 첨부될 수 있음을 당연히 인식할 것이다. 필요하면 증권신고서에 첨부될 감사보고서등을 작성한 회계법인의 동의나 확인서를 첨부하게 해야 할 것이다.[172] 신용평가회사가 증권신고서에 첨부되어 있는 신용평가서에 후순위사채의 신용평가에 대해 의견을 기재한 것은 제4호의 '첨부서류에 자기의 평가·분석 의견이 기재되는 것에 대하여 동의하고 그 기재내용을 확인'한 것에 해당한다(서울중앙지법 2014. 2. 14. 선고 2012가합501894 판결).[173]

(5) 그 증권의 인수인 또는 주선인(125조 1항 5호)

가. 취   지

간접금융에서는 자금수요자(기업)의 신용판단을 그르치면 중개기관(은행)이 손실을 보게 되므로 은행은 당연히 주의를 기울인다. 직접금융에서도 인수인(금융투자업자)은 발행인과 증

---

170) 공모증자를 위한 증권신고서에 기재된 주식가치 평가의 부적정 등을 이유로 손해배상책임을 부담하는 회계법인은 여기에도 해당할 것이다. 대법원 2010. 1. 28. 선고 2007다16007 판결(이러한 범주가 법에서 채택되기 전의 사안으로 민법상 불법행위책임이 인정).

171) 고창현·김연미, 앞의 논문, 45면. 신용평가회사가 감사인의 감사보고서에 포함된 허위의 재무정보를 토대로 신용등급에 관한 의견을 낸 사안에서 법원은 "자본시장법 제125조 제1항 제4호는 중요사항에 관하여 허위의 기재가 있는 증권신고서에 자신의 의견 등을 기재하는데 동의했을 것을 요건으로 하고 있을 뿐, 그 의견이 허위일 것을 요구하지 않는다"고 판시하며 신용평가회사의 책임을 인정하였다(서울중앙지법 2014. 2. 5. 선고 2012가합501894 판결).

172) 박준·정순섭, 64-67면.

173) 대법원 2015. 12. 23. 선고 2015다222852 판결로 파기환송된 후 서울고법 2016. 3. 31. 선고 2016나2001951 판결로 확정.

권에 대한 정보를 수집하여 투자자에게 제공한다. 그러나 후에 그 정보가 부정확한 것으로 밝혀져 투자자가 손해를 입게 되어도 인수인은 명성에 흠이 가는 것을 제외하고 직접 손해를 보지는 않는다. 자본시장법은 인수인에게도 손해배상책임을 부과하여 정보생산과정에서의 인수인의 주의를 촉구하고 있다.

이러한 인수인의 책임과 관련하여 법원은 "인수인이 증권신고서 등의 직접적인 작성주체는 아니지만 증권신고서나 투자설명서 중 중요사항에 관하여 거짓 기재 또는 기재 누락을 방지하는 데 필요한 적절한 주의를 기울여야 할 의무(자본시장법 제71조 제7호, 자본시장법 시행령 제68조 제5항 제4호)"를 부담하는 데서 근거를 찾는다(대법원 2020. 2. 27. 선고 2016두30750 판결; 대법원 2020. 5. 14. 선고 2016두42258 판결). 이 의무에 위반하여 거짓 기재 또는 기재 누락으로 증권취득자가 손해를 입은 때에는 손해배상책임을 지우고(125조 1항 5호), 그 위반행위에 대하여 고의 또는 중대한 과실이 있는 때에는 과징금을 부과하는 것이다(429조 1항 1호, 430조 1항).

나. 인 수 인

증권법은 책임지는 인수인을 "발행인과 당해 유가증권의 인수계약을 체결한 자"로 규정하고 있었다(14조 1항 3호). 이 문언에 따르면 매출인과 인수계약을 체결한 증권회사는 제외될 것이기 때문에 매출을 고려하지 않은 것이라는 문제가 지적되었다.[174] 자본시장법은 법문상 배상책임을 질 자를 인수인 또는 주선인으로 하고, 그 개념을 모집·사모·매출을 포함하게 하여 인수 및 주선계약의 상대방을 발행인으로 제한하지 않으므로 매출도 포함된다(125조 1항 5호, 9조 12항·13항).

다. 주 선 인

자본시장법에서는 발행주선이 인수의 개념에서 제외되면서(9조 11항) 주선인은 자동으로 책임주체에서 배제되었다.[175] 2013. 5. 28 개정 자본시장법은 책임주체로 주선인을 추가하였다. 인수한 증권 중 미매각분에 대한 위험부담 여부를 기준으로 인수를 정의하면 주선인의 발행주선은 제외하는 것이 옳다. 그러나 공모를 돕는 점에서는 주선인도 인수인과 유사한 기능을 수행하므로 책임을 동일하게 인정한 것이다.[176]

라. 인수인 또는 주선인이 둘 이상인 경우

인수인 또는 주선인이 둘 이상인 경우에는 과거에는 주간사회사만이 책임을 지게 되어

---

174) 김건식, 140면.
175) 자본시장법 시행 이후 전환사채 발행과 관련하여 발행인에 관한 위험의 충분한 고지가 이루어지지 않은 것을 이유로 주선인의 손해배상책임을 인정한 사례가 있다. 서울남부지법 2011. 11. 18. 선고 2010가합13177 판결. 항소심은 주선인으로서의 주의의무를 다하였다고 보아 책임을 인정하지 않았다. 서울고법 2012. 7. 26. 선고 2012나2165 판결(대법원 2012. 12. 13. 선고 2012다75345 판결로 상고기각 확정). 이 사례에서는 자본시장법 제125조의 책임주체에 주선인이 포함되어 있지 않아 민법 제750조의 불법행위책임이 문제되었다.
176) 자본시장법상 인수인의 책임에 관한 논의로는 허유경, 인수인의 책임에 관한 연구 — 게이트키퍼 책임을 중심으로, 서울대학교 법학석사학위논문, 2012. 2., 84-85면.

있었다(개정 전 령 135조 2항). 법원은 공동주관회사도 개정 전 '발행인 또는 매출인으로부터 직접 증권의 인수를 의뢰받아 인수조건 등을 정하는 인수인'에 해당한다고 판단하여 넓게 보고 있었다(대법원 2020. 2. 27. 선고 2016두30750 판결).[177] 그리고 2017. 시행령 개정으로 "증권신고서 또는 투자설명서의 충실한 기재를 유도하기 위하여" 인수인의 범위를 '대표 인수인'에서 '해당 증권 인수에 참여한 모든 인수인'으로 확대하였다.[178]

인수인 등이 어느 범위의 정보에 대해서 책임을 지는가? 일본 금융상품거래법에서 금융상품거래업자는 기재가 허위등임을 몰랐고, 재무계산에 관한 서류 이외의 부분에 대해서는 상당한 주의를 다하여도 알 수 없었을 것을 증명하면 면책된다(21조 2항 3호). 재무계산에 관한 서류에 대해서는 상당주의의무도 면제함으로써 사실상 그와 무관한 부분의 부실표시에만 책임을 지도록 하고 있어 인수인 등이 재무서류에 대해서 무관심해질 여지가 있다는 우려가 있다. 그러나 우리 법에서는 그러한 제한규정이 없기 때문에 인수인 또는 주선인은 공시서류 전반에 대해서 책임을 진다. 대표주관회사가 실사업무(due diligence)를 하는 목적 중의 하나는 바로 이러한 손해배상책임의 가능성을 최소화하기 위한 것이다. 한편 인수인의 책임을 증권신고서의 인수인 의견란에 직접 부실기재를 한 경우에만 한정되는 것은 아니다(대법원 2020. 2. 27. 선고 2016두30750 판결).[179]

마. 인수인의 "문지기" 기능

최근 대법원은 발행시장에서 인수인이 문지기(gatekeeper) 기능을 수행한다는 점을 다음과 같이 설시한 바 있다(대법원 2020. 2. 27. 선고 2016두30750 판결).

"'자본시장법'은 자본시장의 공정성·신뢰성 및 효율성을 높이고 투자자를 보호하기 위하여 증권의 발행인으로 하여금 증권의 내용이나 발행회사의 재산, 경영상태 등 투자자의 투자판단에 필요한 기업 내용을 신속·정확하게 공시하게 하는 제도를 두고 있다. 발행시장은 최초로 시장에 증권이 등장하는 공모발행이라는 점에서 그 증권의 가치평가가 어렵고, 투자판단에 필요한 정보가 부족한 경우가 많으며, 그 결과 투자자들이 증권시장에 대한 신뢰와 투자에 대한 확신을 가지기 어려운 특징이 있다. 이 때문에 증권의 모집·매출은 발행회사가 직접 공모하기보다는 인수인을 통하여 간접공모를 하는 것이 통상인데, 그 이유는 발행회사로서는 인수인이 가지는 공신력에 의하여 공모가 성공할 가능성이 높아질 뿐만 아니라 공모 차질로 인한 위험을 부담하게 되는 보험자의 역할을 기대할 수 있고, 투자자들은 시장의 '문지기(Gatekeeper)' 기능을 하는

---

177) 공동주관회사인 인수인이 고의 또는 중대한 과실로 말미암아 발행인이 작성 제출한 증권신고서나 투자설명서 중 중요사항에 관하여 거짓의 기재 또는 표시를 하거나 중요사항을 기재 또는 표시하지 아니한 행위를 방지하지 못한 때에는 과징금 부과대상이 되는지 여부가 문제된다. 대법원은 자본시장법상 인수인의 지위, 발행시장에서의 공시규제의 내용에 더하여 공시위반에 대한 과징금 조항의 문언 및 취지 등을 종합하여 과징금 부과대상이 된다고 판단했다. 대법원 2020. 2. 27. 선고 2016두30750 판결.
178) [시행 2017. 5. 8.][대통령령 제28040호, 2017. 5. 8., 일부개정]
179) 원심은 한정된다는 의견이다. 서울고법 2015. 12. 9. 선고 2015누36623 판결.

인수인의 평판을 신뢰하여 그로부터 투자판단에 필요한 정보의 취득·확인·인증 등을 용이하게 제공받을 수 있기 때문이다.”

　“이러한 이유로 자본시장법은 인수인이 증권신고서 등의 직접적인 작성주체는 아니지만 증권 신고서나 투자설명서 중 중요사항에 관하여 거짓 기재 또는 기재누락을 방지하는 데 필요한 적절한 주의를 기울여야 할 의무를 부과하고(자본시장법 제71조 제7호, 자본시장법 시행령 제68조 제5항 제4호), 거짓 기재 또는 기재 누락으로 증권의 취득자가 손해를 입은 때에는 그 손해배상 책임을 지우는 한편(자본시장법 제125조 제1항 제5호), 그 위반행위에 대하여 고의 또는 중대한 과실이 있는 때에는 과징금을 부과하도록 규정하고 있다(자본시장법 제429조 제1항 제1호, 제 430조 제1항).”

바. 금융투자업자로서의 인수인의 손해배상책임

자본시장법상 “금융투자업자는 법령·약관·집합투자규약·투자설명서(제123조 제1항에 따른 투자설명서를 말한다)에 위반하는 행위를 하거나 그 업무를 소홀히 하여 투자자에게 손해를 발생시킨 경우에는 그 손해를 배상할 책임이 있다”(64조 1항). 인수인은 금융투자업자에 해당하기 때문에 실제로는 제125조 외에 추가로 이 규정에 의한 손해배상책임을 묻는 사례가 많다.

(6) 투자설명서를 작성·교부한 자(125조 1항 6호)

투자설명서를 작성하는 것은 증권의 발행인이다(123조 1항). 증권법은 투자설명서의 교부 자도 책임주체로 규정하고 있어서(14조 1항 4호) '**교부**'에 '**사용**'도 포함되는지 여부와 관련하여 논란이 있었다.[180] 자본시장법은 제정 당시에는 '**교부한 자**'를 삭제했다가, 2009년 2월 개정에서 교부한 자를 다시 포함하였다. '**교부**'는 '**사용**'도 포함하는 의미로 해석된다.

(7) 매출에 의한 경우 매출신고 당시의 매출인(125조 1항 7호)

매출의 경우에도 신고인은 발행인이므로 신고인에게만 책임을 부과하면 매출에 가장 큰 이해관계를 가진 증권소유자는 책임을 면한다. 따라서 1997년 증권법 개정에서 신고인과는 별도로 증권소유자도 책임주체로 규정하였다. 현행법은 과거의 '**소유자**'라는 용어를 '**매출인**'으로 변경하였다. 매출인은 증권소유자로서 스스로 또는 인수인이나 주선인을 통하여 그 증권을 매출하였거나 매출하려는 자를 말한다.

4) 손해배상청구권자
(1) 취득자와 전득자

손해배상을 청구할 수 있는 자는 '**증권의 취득자**'이다. 법문상 모집('**취득**')과 매출('**매수**')에서 각각 다른 용어를 사용하고 있지만(9조 7항·9항), 여기서 취득자는 매출에 응하여 취득한 자도 포함한다.[181]

---

180) 김건식, 140-141면.
181) 다른 곳에서도 취득이란 용어가 매수를 포함한 의미로 사용된 예가 있다(124조 1항 전단).

모집이나 매출에 응하여 취득한 자 이외에 전득자도 포함되는가? 일본 금융상품거래법과는 달리 전득자에 대한 규정을 따로 두지 않는 우리 법에서는 전득자를 제외할 필요는 없다.[182] 제1차 취득자로부터 직접 장외에서 전득한 자는 당연히 포함해야 한다. 신고서는 공모가 완료된 후에도 3년간 일정한 장소에 갖추어 두고 인터넷 홈페이지 등을 이용하여 공시하게 되어 있으므로(129조) 이후의 유통시장에서의 거래에도 상당한 영향을 미친다. 부실기재로 인하여 손해를 입었다는 점에서는 제1차로 취득한 자와 그 후에 취득한 전득자를 차별할 합리적인 이유가 없으므로 손해배상청구권자에는 최초의 취득자에 한정하지 않고 전득자도 포함된다. 다만 부실표시로 인한 책임을 무한정 인정하는 것은 곤란하므로 입법론으로는 일정기간 내의 취득자로 한정하여 제125조에 따른 손해배상청구권을 인정할 필요가 있다.

(2) 유통시장 취득자

거래소증권시장에서 동종의 증권을 취득한 자도 청구권자에 포함되는가?[183] 종래 대법원은 그 증권을 유통시장에서 취득한 자는 일반 불법행위책임은 몰라도 증권법 제14조(자본시장법 제125조에 해당)의 책임은 물을 수 없다고 판단하였다(대법원 2002. 5. 14. 선고 99다48979 판결).[184] 그 근거로는 증권법이 유가증권의 발행시장에서의 공시책임과 유통시장에서의 공시책임을 엄격하게 구분하고, 그 책임요건을 따로 정하고 있는 점을 들었다. 이러한 판례의 태도는 그 후에도 계속되고 있다(대법원 2015. 12. 23. 선고 2013다88447 판결; 대법원 2015. 12. 24. 선고 2014다200121 판결). 나아가 최초 상장된 증권을 거래소에서 매수한 경우와 같이 공모대상인 증권을 전득한 것임이 분명한 경우에도 유통시장에서의 취득으로 보아 제125조의 적용을 부정한 하급심판결이 있다{서울남부지법 2014. 1. 17. 선고 2011가합18490 판결(고섬판결)}.

〈참고판례〉 대법원 2015. 12. 23. 선고 2013다88447 판결

"자본시장법… 제125조 제1항 본문은 증권신고서(정정신고서 및 첨부서류를 포함한다. 이하 같다)와 투자설명서(예비투자설명서 및 간이투자설명서를 포함한다. 이하 같다) 중 중요사항에 관하여 거짓의 기재 또는 표시가 있거나 중요사항이 기재 또는 표시되지 아니함으로써 증권의 취득자가 손해를 입은 경우에는 자본시장법 제125조 제1항 본문 각 호의 자가 그 손해에 관하여 배상의 책임을 진다고 규정하고 있다. 자본시장법이 증권의 발행시장에서의 공시책임과 유통시장에서의 공시책임을 엄격하게 구분하면서 그 손해배상청구권자와 책임요건을 따로 정하고 있는 점, 자본시장법 제125조의 손해배상책임 규정은 법이 특별히 책임의 요건과 손해의 범위를 정하고, 책임의 추궁을 위한 증명책임도 전환시켜 증권 발행시장에 참여하는 투자자를 보호하기

---

182) 일본 금융상품거래법에서는 '당해 유가증권을 당해 모집 또는 매출에 응하여 취득한 자'에 대한 책임(18조 1항, 21조 1항)과 그 후에 취득한 자에 대한 책임(22조 1항)을 별도로 규정하고 있다.

183) 긍정설: 김정수, 452-453면.

184) 같은 취지: 대법원 2002. 9. 24. 선고 2001다9311·9328 판결; 대법원 2015. 12. 23. 선고 2013다88447 판결; 대법원 2015. 12. 24. 선고 2014다200121 판결.

위하여 규정한 조항인 점, 자본시장법 제3편 제1장의 다른 조에서 말하는 '**청약**'은 모두 발행시장에서의 증권의 취득 또는 매수의 청약을 의미하므로 같은 장에 속한 자본시장법 제125조 제1항 단서에서 증권 취득자의 악의를 판단하는 기준 시로 정한 '**취득의 청약을 할 때**'도 발행시장에서 증권의 취득 또는 매수의 청약을 할 때로 보는 것이 자연스러운 점 등에 비추어 보면, 증권의 유통시장에서 해당 증권을 인수한 자는 증권신고서와 투자설명서의 거짓의 기재 등으로 해당 관여자에게 민법상 불법행위책임을 물을 수 있는 경우가 있을 수 있음은 별론으로 하더라도, 자본시장법 제125조에 정한 손해배상청구권자인 증권 취득자의 범위에는 포함되지 않는다고 봄이 타당하다(대법원 2002. 5. 14. 선고 99다48979 판결, 대법원 2002. 9. 24. 선고 2001다9311, 9328 판결 등 참조).

상고이유에서 원심판결이 대법원판례에 상반되는 판단을 하였다고 하면서 원용하고 있는 대법원 2008. 11. 27. 선고 2008다31751 판결 등은, 유통시장에서 유가증권을 취득한 자가 사업보고서의 부실표시를 이유로 구 증권거래법(2007. 8. 3. 법률 제8635호 자본시장과 금융투자업에 관한 법률 부칙 제2조로 폐지되기 전의 것) 제186조의5에 기하여 손해배상을 청구한 사안에서 같은 법 제186조의5가 같은 법 제14조 내지 제16조를 준용하고 있으므로 같은 법 제14조에 따른 손해배상청구를 할 수 있다고 판단한 취지이므로 이 사건과는 사안을 달리한다. 따라서 원심판결이 대법원판례에 상반되는 판단을 하였다고 할 수 없다."

투자자 보호 관점에서는 발행인이 제출한 허위의 증권신고서를 믿고 유통시장에서 증권을 취득한 자도 당연히 그 손해를 배상받을 수 있어야 한다.[185] 판례도 일반불법행위법상 배상은 가능할 것으로 본다. 그러면 입법론상 민법의 일반원칙에 대한 특칙을 자본시장법에 규정할 필요가 있는가? 자본시장법상 발행공시의 독자에 제한이 없는 점을 고려할 때 제125조와 동일한 내용을 증권신고서에 한하여 '**모집이나 매출에 의하지 않고 증권을 취득하거나 처분한 자**'에게 적용하는 규정을 두는 것이 옳다.[186] 다만 이 경우에도 그 책임주체에서 발행시장에만 관계하는 매출인이나 인수인 또는 주선인은 제외하는 것이 옳다(일본 금융상품거래법 22조, 23조의12 5항 참조).

---

185) 자본시장법은 투자설명서도 공시하게 하고 있어 책임을 인정할 여지를 완전히 부정할 수 없지만, 모집이나 매출의 경우에 개별적인 교부를 통하여 사용되는 것이므로 그러한 책임을 인정할 이유가 적다. 일본은 투자설명서에 대해서는 유통시장 취득자에 대한 책임을 인정하지 않는다. 神崎외, 560-563면; 長島외, 408-413면.

186) 일본은 자본시장법과 달리 부실발행공시에 따른 손해배상책임에 관하여 책임주체를 발행인과 그 이외의 자로, 그리고 청구주체를 모집이나 매출을 통하여 취득한 자와 모집이나 매출에 의하지 않고 유통시장에서 취득한 자를 구분하여 별도의 규정을 두고 있다. 神崎외, 549-560면; 長島외, 399-408면. 유통시장에서의 취득자를 청구권자로 인정할 경우 처분자를 제외할 이유는 없다.

▌표 5-8 자본시장법 제125조와 제162조의 책임요건 비교

<table>
<tr><th colspan="2">구분</th><th>제125조(발행공시)</th><th>제162조(유통공시)</th></tr>
<tr><td rowspan="3">대
상
행
위</td><td>대상서류</td><td>· 증권신고서(정정신고서 및 첨부서류를 포함)
· 투자설명서(예비투자설명서 및 간이투자설명서를 포함)</td><td>· 사업보고서 · 반기보고서 · 분기보고서 · 주요사항보고서(사업보고서 등) 및 첨부서류
· 회계감사인의 감사보고서는 제외한다)</td></tr>
<tr><td>부실표시</td><td>· 거짓의 기재 또는 표시
· 기재 또는 표시 누락</td><td>· 거짓의 기재 또는 표시
· 기재 또는 표시 누락</td></tr>
<tr><td>중요성</td><td>· 중요사항</td><td>· 중요사항</td></tr>
<tr><td colspan="2">대상증권</td><td>· 증권</td><td>· 증권등
- ⟨i⟩증권, 그 증권과 관련된 증권예탁증권
- ⟨ii⟩ ⟨i⟩과 교환을 청구할 수 있는 교환사채권
- ⟨i⟩ 및 ⟨ii⟩만을 기초자산으로 하는 파생결합증권</td></tr>
<tr><td colspan="2">청구권자</td><td>· 증권의 취득자</td><td>· 증권의 취득자 또는 처분자</td></tr>
<tr><td colspan="2">책임의 주체</td><td>· 신고인과 신고 당시 발행인의 이사 등
· 공인회계사, 감정인, 신용평가전문가 등
· 자신의 의견이 기재되는 것에 동의하고 내용을 확인한 자
· 그 증권의 인수인 또는 주선인
· 그 투자설명서의 작성자 또는 교부자
· 매출의 방법에 의한 경우 매출신고 당시의 매출인</td><td>· 제출인과 제출당시의 그 사업보고서 제출 대상법인의 이사 등
· 공인회계사, 감정인, 신용평가전문가 등
· 자신의 의견이 기재되는 것에 동의하고 내용을 확인한 자</td></tr>
<tr><td colspan="2">항변사유</td><td>· 배상책임자가 상당한 주의를 하였음에도 불구하고 이를 알 수 없었음을 증명한 경우
· 증권 취득자가 취득의 청약을 할 때에 그 사실을 안 경우</td><td>· 배상책임자가 상당한 주의를 하였음에도 불구하고 이를 알 수 없었음을 증명한 경우
· 증권 취득자 또는 처분자가 그 취득 또는 처분을 할 때에 그 사실을 안 경우</td></tr>
</table>

5) 무과실의 항변과 주의의무의 정도

(1) 의   의

일반불법행위로 인한 손해배상책임은 과실책임으로 피해자가 가해자의 과실을 주장 · 증명하는 것이 원칙이다. 제125조의 손해배상책임도 과실책임이지만 법문상 가해자의 무과실이 면책요건으로 되어 있어 과실의 증명책임이 전환되어 있다. 따라서 피해자는 가해자의 과실을 증명할 필요가 없고 반대로 가해자가 "상당한 주의를 하였음에도 불구하고 이를 알 수 없었음"을 증명하지 못하면 책임을 진다. 법문상 "상당한 주의를 하였음"을 전제하고 있으므로 책임주체인 발행인 등이 상당한 주의를 다하지 않았다면, 설사 주의를 다했더라도 알 수 없었을 것이라는 점을 증명한다고 해도 책임을 면할 수 없다.[187] 증권신고서나 투자설명서 작성에

---

187) 대법원판례 중에는 사외이사가 "상당한 주의를 하였더라도 그 허위기재 사실을 알 수 없었을 것으로 판단된다"는 이유로 면책주장을 받아들인 원심의 판단을 원심이 근거로 든 사정들이 피고가 "그 지위에 따른 상당한 주의를 다하였다는 사정이 아님은 물론이며 상당한 주의를 다하였더라도 허위기재 사실을 알 수 없었다고 볼 사정도 되지 아니한다"는 이유로 배척한 것이 있다(대법원 2014. 12. 24. 선고 2013다76253 판결). 이 판

필요한 자료는 주로 발행인의 지배 아래에 있는 점을 고려하면 이러한 증명책임의 전환이 발행인 등에게 크게 불리한 것이라고는 할 수 없다.

(2) 상당한 주의의 기준

일반적으로 상당한 주의를 다 했다고 인정받기 위해서는 "피고가 자신의 지위와 특성에 따라 합리적으로 기대되는 조사를 하였으며 그에 의해 문제된 사항이 진실이라고 믿을 만한 합리적인 근거가 있음"을 증명해야 한다(대법원 2002. 9. 24. 선고 2001다9311,9328 판결).[188] 나아가 '**상당한 주의를 하였음에도 불구하고 이를 알 수 없었음**'을 증명한다는 것은 "자신의 지위에 따라 합리적으로 기대되는 조사를 한 후 그에 의하여 허위기재 등이 없다고 믿을 만한 합리적인 근거가 있었고 또한 실제로 그렇게 믿었음"을 증명하는 것을 말한다(대법원 2002. 9. 24. 선고 2001다9311,9328 판결). 따라서 "이사가 재무제표의 승인을 위한 이사회에 참석하지도 않았고 또한 공시 대상인 재무제표 및 사업보고서의 내용에 대하여 아무런 조사를 한 바가 없다면, 그와 같이 이사의 직무를 수행하지 아니한 이유가 보유주식을 제3자에게 모두 양도한 때문이었다는 사정만으로는 위 법 제14조 제1항 단서의 면책사유에 대한 증명이 있었다고 볼 수 없"다는 결론을 내렸다.

그러므로 피고에게 부과되는 주의의무의 내용이나 정도는 구체적인 상황에 따라 다를 수밖에 없다.[189] 주체와 관련해서는 주체의 전문성에 따라 부과되는 주의의무의 정도가 다를 것이다. 예컨대 전문가인 외부감사인은 이사보다 주의의무 정도가 높고, 같은 이사의 경우에도 사내이사는 사외이사보다, 그리고 재무담당이사는 다른 이사보다 부과되는 주의의무의 정도가 높을 것이다. 또한 주의의무의 대상인 정보에 관해서도 정보가 전문가를 통해서 제공된 것인지 여부에 따라 주의의무의 정도가 달라진다.

실무상 주의의무의 정도에 관해서는 금감원이 인수인이나 주선인의 "적절한 주의"에 관해서 제시한 기준[190]이 널리 활용되고 있다.[191] 그에 의하면 ⅰ) 전문가 의견이나 분석[192]이

시는 마치 상당한 주의를 다하지 않은 경우에도 면책의 여지가 있는 것처럼 읽히는 면이 있는 것이 사실이다. 그러나 하급심판례 중에는 "실효성 없었을 것이라는 가정을 근거로 상당한 주의를 다하지 않은" 경우에는 면책될 수 없음을 명시한 것도 존재한다. 서울남부지방법원 2014. 1. 17. 선고 2011가합18490 판결(고섬판결).

188) 같은 취지: 대법원 2014. 12. 24. 선고 2013다76253 판결; 대법원 2015. 12. 23. 선고 2015다210194 판결. 신영무, 236-237면; 임재연, 569면.

189) 미국법상 공모에 관여한 당사자들의 주의의무의 정도에 관한 대표적인 판결로는 Escott v BarChris, 283 F. Supp. 643 (S.D.N.Y. 1968). 이 판결에 대한 간단한 설명으로, 김건식·송옥렬, 126-128면. 우리나라의 사정에 관해서는 천경훈, "재무정보의 부실공시에 대한 상장회사 이사의 책임과 '상당한 주의' 항변," 증권법연구 제18권 제2호, 2017, 119-155면.

190) 금융감독원, 인수업무 등에 관한 "적절한 주의"이행을 위한 유의사항(2009. 2. 5.)

191) 위 기준은 금감원이 인수인을 비롯한 금융투자업자가 불건전영업행위를 저지르지 않도록 기울여야 할 "적절한 주의"(71조 7호; 령 68조 5항 4호 가목)에 관하여 제시한 것이지만 법원은 이사 등의 제125조나 제162조상의 책임과 관련하여 "상당한 주의"의 판단에도 적용하고 있다(서울고법 2016. 11. 24. 선고 2014나2004505 판결 등).

192) 적정 감사의견을 받은 재무제표, 전문평가기관의 평가를 받은 광물매장량 등.

반영된 정보에 대해서는 그 내용이 진실하지 않다고 의심할 만한 합리적 근거가 없을 것, ⅱ) 비전문정보에 대해서는 그 내용이 진실하다고 믿을 만한 합리적 근거가 있을 것193)의 기준이 충족된 경우에 적절한 검증이 이루어진 것으로 본다.

(3) 발행인의 면책

일본법과 미국법은 다른 자들의 면책은 인정하면서도 발행인에 대해서는 무과실책임을 규정하고 있으나 우리 법은 발행인의 경우에도 법문상 면책을 인정한다. 해석상 발행인의 경우에는 '**상당한 주의**'를 엄격히 해석함으로써 발행인이 면책될 수 있는 경우를 제한할 필요가 있다.

(4) 투자매매업자 등의 불건전영업행위

자본시장법은 투자매매업자 및 투자중개업자의 증권인수업무 또는 발행주선업무와 관련한 불건전영업행위의 하나로 "발행인이 증권신고서(정정신고서와 첨부서류를 포함)와 투자설명서(예비투자설명서 및 간이투자설명서를 포함) 중 중요사항에 관하여 거짓의 기재 또는 표시를 하거나 중요사항을 기재 또는 표시하지 아니하는 것을 방지하는 데 필요한 적절한 주의를 기울이지 아니하는 행위"를 들고 있다(71조 7호; 령 68조 5항 4호 가목).194) 자본시장법 제71조에 위반한 행위로서 투자매매업 또는 투자중개업과 집합투자업을 함께 영위함에 따라 발생하는 이해상충과 관련된 경우에 대해서는 '**상당한 주의**'를 다하였거나 투자자의 악의에 관한 증명책임을 전환하는 규정이 별도로 마련되어 있다(64조 1항 단서). 제125조의 '**상당한 주의**'와 제71조의 '**적절한 주의**'는 취지상 같은 의미로 해석해야 한다.195)

6) 악의의 항변

증권취득자가 취득청약시점에 부실기재 사실을 안 때에는 손해배상책임이 성립하지 않는다(125조 1항 단서). 법문상 증명책임을 누가 부담하는지 반드시 분명지는 않다. 그러나 통설과 판례는 손해배상의무자가 취득자의 악의를 증명할 책임을 진다고 본다(대법원 2008. 11. 27. 선고 2008다31751 판결).196) 이는 제125조가 투자자구제를 위한 특칙인 점, 증명책임분배의 일반이론에 따르더라도 권리장애규정인 단서규정은 이를 주장하는 자가 증명할 책임이 있는 점에서 옳다.

---

193) 외부감사인의 감사나 검토를 받지 않은 재무제표(분기재무제표 등)는 비전문정보에 해당되므로 발행인의 외부감사인으로부터 당해 비감사 재무제표 및 최근 회사의 재무상황에 대한 의견을 듣는 등의 방법으로 이에 대한 검증을 실시(필요시 comfort letter 확보).
194) 앞서 언급한 금감원 기준은 바로 이 경우의 "적절한 주의"의 판단을 돕기 위한 기준이라고 할 수 있다.
195) 허유경, 앞의 석사논문, 113면. 금감원은 증권의 인수업무 또는 발행주선업무와 관련하여 금융투자업자가 '적절한 주의'를 기울이는 데 있어 준수해야 할 절차와 내용을 모범규준으로 정하고 있다. 금감원, 금융투자회사의 기업실사(Due Diligence) 모범규준, 2011. 12.
196) 같은 취지: 대법원 2010. 8. 19. 선고 2008다92336 판결; 신영무, 239면.

7) 부실표시와 거래와의 인과관계

(1) 의   의

인과관계는 "취득자가 거래한 것이 부실한 공시서류 때문이었는지"(거래인과관계, trans-action causation)와 "취득자의 손해가 그러한 부실공시에서 발생하였는지"(손해인과관계, loss causation)의 2가지로 구분한다.197) 후자는 손해배상액에 관한 문제로 살펴보고, 여기서는 전자만 설명한다.198)

자본시장법상 거래인과관계를 요구하는가? 긍정설은 법문상 거래인과관계를 요구하는 것으로 보는 견해이다.199) 부정설은 역시 법문상 거래인과관계를 명시적으로 규정하고 있지 않으므로 증명할 필요가 없다고 한다.200) 판례는 거래인과관계를 사실상 추정한다(대법원 2007. 10. 25. 선고 2006다16758, 16765 판결).201) 위반행위자 스스로 부실기재를 바로 잡아 거래인과관계를 차단할 수 있다는 하급심 사례도 있다.202)

그러나 자본시장법 제125조의 손해배상규정은 민법 제750조에 대한 특칙으로서 별도 규정이 없는 경우에는 민법상 일반원칙이 적용된다. 따라서 자본시장법상 문언만을 근거로 거래인과관계를 요구하지 않는다는 부정설은 자본시장법과 민법 사이의 체계적 해석에 반하여 찬성할 수 없다. 그러나 일반원칙에 따라 증권거래에도 거래인과관계의 엄격한 증명을 요할 경우에는 사실상 투자자의 손해배상청구가 인정되기 어려울 것이다. 자본시장법은 이러한 사정을 고려하여 거래인과관계를 요구하면서 사실상 추정하는 방식을 채택하였다. 이를 미국의 시장사기이론(fraud on market theory)으로 설명하는 견해203)도 있다. 시장사기이론의 단점은 효율적 시장의 존재를 전제로 하므로 발행시장거래에는 적용하기 어렵다는 것이다. 이를 고

---

197) 전자는 손해배상책임의 성립에 관한 인과관계의 문제에 상응하고, 후자는 손해배상의 범위에 관한 인과관계에 상응하는 개념이다.

198) 국내 학설에 대해서는 임재연, 587-591면.

199) 김병연외, 269면.

200) 김정수, 448면; 임재연, 591면.

201) "주식거래에서 대상 기업의 재무상태는 주가를 형성하는 가장 중요한 요인 중의 하나이고, 대상 기업의 사업보고서의 재무제표에 대한 외부감사인의 회계감사를 거쳐 작성된 감사보고서는 대상 기업의 재무상태를 드러내는 가장 객관적인 자료로서 일반 투자자에게 제공·공표되어 그 주가형성에 결정적인 영향을 미치는 것이어서, 주식투자를 하는 일반 투자자로서는 그 대상 기업의 재무상태를 가장 잘 나타내는 사업보고서의 재무제표와 이에 대한 감사보고서가 정당하게 작성되어 공표된 것으로 믿고 주가가 당연히 그에 바탕을 두고 형성되었으리라는 생각 아래 대상 기업의 주식을 거래한 것으로 보아야 한다." 같은 취지: 대법원 1997. 9. 12. 선고 96다41991 판결; 대법원 2016. 12. 15. 선고 2016다206932 판결; 대법원 2020. 4. 29. 선고 2014다11895 판결.

202) 서울고법 2016. 8. 19. 선고 2014나57824, 2014나57831(독립당사자참가의소) 판결("피고 A회계법인, C가 스스로 위 피고들이 참여한 감사보고서에 대한 부실 기재를 바로 잡아 인과관계를 차단하였다는 등의 특별한 사정이 없는 한, 분식회계 사실이 일반에 공표되기 전까지는 감사보고서 부실 기재에 대한 책임을 지는 것이므로, 위 피고들의 위 주장은 이유 없다"). 대법원 2019. 5. 30. 선고 2016다41289·41296(독립당사자참가의소) 판결로 확정.

203) 장근영, "시장사기이론과 거래인과 관계의 재평가", 『비교사법』 제23권 제3호, 2016, 751-796면.

려하여 사기에 의한 시장형성이론(fraud created the market theory)이 주장되기도 한다.[204]

　요컨대 자본시장법상 부실공시와 거래인과관계가 추정되는 증권거래에 대해서만 손해배상책임이 인정된다.[205] 거래인과관계는 청구권자의 범위를 확정하는 기능을 한다. 중요한 것은 거래인과관계에 관한 증명책임의 실제를 확인하는 것이다.

(2) 증명책임의 실제

가. 문제의 범위

증명책임과 관련하여 거래인과관계는 다음과 같이 경우를 나누어 볼 필요가 있다.

　(1) 취득자가 신고서의 부실기재를 안 경우
　(2) 취득자가 신고서의 부실기재를 알지 못한 경우

(2)는 다시 2가지로 나눌 수 있다.

　(2-1) 취득자가 신고서를 본 경우
　(2-2) 취득자가 신고서를 보지 않은 경우

　위에서 법문이 분명히 규정한 경우는 (1)이다. 앞서 본 바와 같이 배상의무자가 취득자의 악의를 증명한 경우에는 책임을 면할 수 있다.

나. 취득자가 신고서를 본 경우

　(2-1)의 경우에는 당연히 거래인과관계가 인정된다. 문제는 취득자가 그것을 증명할 책임을 부담하는지 여부이다. 만약 취득자가 증명책임을 진다고 해석한다면 취득자가 승소하기는 극히 어려울 것이다. 취득자가 증권신고서를 보고서 투자를 결정하는 경우는 별로 없을 것이기 때문이다. 나아가 그러한 해석은 취득자의 악의를 증명할 책임을 배상의무자에게 지우는 것과 조화될 수 없다. 그러한 해석은 취득자에게 자신의 선의를 증명할 책임을 지우는 것과 마찬가지이기 때문이다. 결론적으로 취득자가 신고서를 보았음을 증명할 필요는 없다.

다. 취득자가 신고서를 보지 않은 경우

　그렇다면 배상의무자가 취득자가 신고서를 보지도 않았음을 증명함으로써 거래인과관계를 부정할 수 있는가? 답은 취득자가 보지 않은 경우에도 부실한 신고서가 그의 거래에 영향을 미쳤다고 볼 수 있는지 여부에 달려있다. 투자자는 자기책임의 원칙에 따라 투자하지만 투자자가 항상 모든 정보를 직접 고려하여 투자판단을 내리는 것은 아니다. 투자자들은 흔히 공

---

204) 김연미, "사기에 의한 시장형성이론", 『증권법연구』 제20권 제3호, 2019, 123-152면.

205) 서울고법 2008. 9. 26. 선고 2007나107783 · 107790 판결(확정)("① 이 사건 감사보고서의 허위공시로 인한 손해는 제27기 감사보고서가 공시된 1998. 2. 28.부터(피고 1 회계법인에 대한 청구), ② 이 사건 사업보고서의 허위공시로 인한 손해는 제27기 사업보고서가 공시된 1998. 3. 31.부터(대우전자의 이사인 피고 김우중, 피고 3에 대한 청구) 각 1999. 11. 3. 사이에 취득한 주식 거래로 인한 손해로 한정함이 상당하다"). 위 대법원 2007. 10. 25. 선고 2006다16758 · 16765 판결의 파기환송심 판결이다.

시서류를 보지도 않고 막연히 금융투자업자 직원의 권유만 믿고 증권을 취득하기도 한다. 공시서류를 볼 것인가 보지 않을 것인가는 투자자들의 선택에 맡겨져 있다. 만약 공시서류를 보지 않았다고 해서 손해배상청구를 부정한다면 투자자는 공시서류를 참조할 것을 강요당하는 셈이다.

과연 투자자가 공시서류를 보지 않고 투자하는 것이 그처럼 바람직하지 않은 것일까. 그렇지는 않을 것이다. 어차피 공시서류를 보더라도 그 의미를 제대로 이해할 수 있는 투자자는 많지 않다. 또한 투자자가 금융투자업자 직원의 도움을 받는 경우 어차피 그 직원은 공시서류에 기재된 정보에 근거하여 투자권유를 할 것이므로 투자자의 투자결정과 부실한 공시서류 사이의 인과관계를 부정할 수만은 없다. 결론적으로 배상의무자가 면책되기 위해서는 취득자가 신고서를 보지 않았다는 점을 증명하는 것으로는 부족하고 취득자가 부실기재를 알았다는 점을 증명해야 한다.

8) 손해배상액의 추정: 제126조

(1) 의 의

일반 불법행위로 인한 재산상 손해는 이른바 차액설에 따라 산정한다. 부실표시로 인한 손해를 차액설에 따라 산정한다면 부실표시가 없었더라면 지급하였을 증권의 가격, 즉 **정상가격**과 부실표시로 인하여 현실적으로 지급한 가격, 즉 **취득가액**의 차액을 손해배상액으로 볼 것이다. 일반 불법행위원칙에 따르면 손해배상액은 피해자인 투자자가 증명해야 하는데 정상가격의 증명이 어렵기 때문에 손해배상액의 증명은 현실적으로 쉽지 않다. 따라서 자본시장법은 손해배상액에 관한 원고의 증명을 돕기 위하여 특별한 규정을 두고 있다. 그에 따르면 손해배상액은 투자자가 당해 증권을 취득함에 있어서 실제로 지급한 액, 즉 취득가액에서 손해배상을 청구하는 소송의 변론종결시의 시장가격(시장가격이 없는 경우에는 추정처분가격)을 공제하고, 만약 손해배상을 청구하는 소송의 변론종결 전에 당해 증권을 처분한 경우에는 그 처분가격을 공제하여 정한 금액으로 추정하고 있다(126조 1항). 말하자면 자본시장법은 부실표시가 없었다면 그 증권이 가졌을 가치, 즉 정상가격이 증명하기 어렵다는 점을 고려하여 그것을 시장가격과 처분가격으로 대체한 것이다.[206] 이에 대해서는 2가지 논의가 있다.

첫째, 공제가격산정의 기준시점이다. 일반 민법상의 불법행위책임에서 손해액 산정의 기준시기는 불법행위 당시라는 것이 통설, 판례이다. 그러나 자본시장법은 취득가격에서 공제하는 가격산정의 기준시점을 "손해배상을 청구하는 소송의 변론이 종결될 때"로 정하고 있다. 이에 대해서는 제소시로 하자는 입법론도 있다. 그 근거로는 소송기간이 장기화됨에 따른

---

[206] 헌재는 자본시장법이 손해배상액을 추정하고 있는 이유를 다양한 요인에 의하여 결정되는 주가의 등락분 중 부실공시로 인한 하락분을 가려내어 그 인과관계를 증명한다는 것이 투자자의 입장에서 용이하지 않기 때문이라고 하고 있다(헌법재판소 1996. 10. 4. 선고 94헌가8 결정).

우연적인 주가변동이 손해액에 과도한 영향을 주는 것을 막을 필요가 있다는 점을 든다.[207] 물론 배상책임자가 손해액의 전부 또는 일부가 부실기재 등으로 인해 발생한 것이 아님을 증명하는 경우에는 면책이 가능하다. 그러나 주가의 변동이 다양한 요인의 복합적 작용으로 인한 것인 점을 감안할 때 이러한 면책의 증명은 쉽지 않을 수 있다.[208]

둘째, 손해배상액 법정조항의 법적 성격을 추정규정 또는 간주규정으로 볼 것인지에 관한 것이다. 자본시장법상 피고가 원고가 입은 손해액의 전부 또는 일부가 공시서류의 부실기재로 인하여 발생한 것이 아님을 증명하면 그 부분에 대하여 배상책임을 지지 않는다(126조 2항). 이 규정은 1997년 증권법 개정으로 신설된 것이다. 그전에는 피고가 위와 같은 사항을 증명하더라도 과연 위와 같은 법정된 손해배상액을 전부 지급해야 하는지에 관하여 의문이 있었다. 1997년 개정전 증권법 제15조(자본시장법 제126조에 해당)에 대해서는 위헌 여부가 논의되기도 했다. 헌법재판소는 "제15조를 문면 그대로 간주규정으로 보아 손해액의 일부가 부실기재로 인하여 발생한 것이 아닌 경우에까지 배상의무자가 손해배상책임을 면하지 못한다면 자기책임의 원칙에 반하는 것으로 위헌이지만, 그것을 추정규정으로 보아 배상의무자의 반증을 허용한다면 위헌이 아니"라고 판단하였다(헌법재판소 1996. 10. 4. 선고 94헌가8 결정).[209] 자본시장법은 이를 반영하여 추정규정임을 명시하였다.[210]

(2) 손해인과관계의 부존재 사실의 증명

실제 유통시장에서의 부실공시로 인한 손해배상책임을 구하는 소송에서는 피고가 이 규정에 근거하여 부실공시와 손해 사이의 인과관계를 부정하려고 시도하기도 한다. 이러한 시도는 "직접적으로 문제된 당해 허위공시 등 위법행위가 손해 발생에 아무런 영향을 미치지 아니하였다는 사실이나 부분적 영향을 미쳤다는 사실을 증명하는 방법 또는 간접적으로 문제된 당해 허위공시 등 위법행위 이외의 다른 요인에 의하여 손해의 전부 또는 일부가 발생하였다는 사실을 증명하는 방법"으로 할 수 있다(대법원 2010. 8. 19. 선고 2008다92336 판결; 대법원 2007. 10. 25. 선고 2006다16758·16765 판결).

이 경우에는 부실공시가 시장에 알려지기 이전의 자료를 기초로 하여 그것이 공표되지

---

207) 권종호 외, 앞의 보고서, 70면. 제소 후 주가가 상승한 경우에는 원고의 손해액이 감소할 것이다. 권종호 외, 위의 보고서, 72면.

208) 이를 고려하여 자본시장법의 입법예고안과 국회제출안에서는 손해배상 청구시점을 기준으로 하는 안을 제시하였다(입법예고안 119조 1항; 국회제출안 126조 1항). 그러나 궁극적으로는 증권법과 마찬가지로 손해배상을 청구하는 소송의 변론종결시점을 기준으로 채택하였다(126조 1항).

209) 위헌 여부가 문제된 것은 종전 법 제15조를 준용하고 있던 제197조 제2항이었다.

210) 자본시장법은 그 입법예고안에서는 "… 어느 하나에 해당하는 액을 공제한 금액으로 한다"라고 하여 당시의 법과 동일한 규정을 유지하고 있었지만(입법예고안 119조 1항), 그 후 국회제출안에서는 "… 어느 하나에 해당하는 액을 뺀 금액으로 추정한다"라고 하여 현재의 조문으로 변경되어 확정되었다(126조 1항, 국회제출안 126조 1항).

않았다고 가정하였을 경우 예상할 수 있는 기대수익률 및 정상주가를 추정하고 그 기대수익률과 시장에서 관측된 실제 수익률의 차이인 초과수익률의 추정치를 이용하여 그 위법행위의 공표가 주가에 미친 영향이 통계적으로 유의한 수준인지 여부를 분석하는 사건연구(event study) 방법을 사용할 수도 있다. 그러나 손해액 추정조항의 입법취지에 비추어 볼 때 부실공시 후에 매수한 주식의 가격이 하락하여 손실이 발생하였는데 그 가격하락의 원인이 부실공시 때문인지 여부가 불분명하다는 정도의 증명만으로는 인과관계를 부정할 수 없다(대법원 2007. 10. 25. 선고 2006다16758·16765 판결).

일단 증권신고서의 부실기재 사실이 밝혀지고 그 사실이 시장에 확산되어 주가가 정상적인 주가로 하향조정된 이후의 주가변화는 손해배상액에 영향을 주지 않는다. 대법원은 "일반적으로 분식회계 및 부실감사 사실이 밝혀진 후 그로 인한 충격이 가라앉고 그와 같은 허위정보로 인하여 부풀려진 부분이 모두 제거되어 일단 정상적인 주가가 형성되면 그와 같은 정상주가의 형성일 이후의 주가변동은 달리 특별한 사정이 없는 한 분식회계 및 부실감사와 아무런 인과관계가 없다"고 판단하였다(대법원 2007. 10. 25. 선고 2006다16758·16765 판결). 이러한 정상주가 형성일 이후에 주가가 변동한 부분에 대하여는 인과관계 부존재의 증명이 있는 것으로 보고 손해액은 매수가격에서 정상주가를 공제한 금액으로 본다(대법원 2007. 10. 25. 선고 2006다16758·16765 판결).

9) 과실상계

증권신고서 등의 부실기재로 인한 손해배상책임의 경우에도 과실상계 또는 공평의 원칙에 기하여 책임을 제한할 수 있는가? 대법원은 이 경우에도 손해의 공평한 부담이라는 손해배상법의 기본이념이 적용된다는 점에는 아무런 차이가 없으므로, 과실상계를 하거나 공평의 원칙에 기한 책임제한이 여전히 가능하다고 보고 있다(대법원 2007. 10. 25. 선고 2006다16758·16765 판결; 대법원 2020. 2. 27. 선고 2019다223747 판결).[211]

발행인이 투자자의 부주의를 이용하기 위하여 고의로 부실공시를 한 경우에도 과실상계나 공평의 원칙에 기한 책임의 제한을 허용할 것인가? 피해자의 부주의를 이용하여 고의로 불법행위를 저지른 자가 바로 그 피해자의 부주의를 이유로 책임을 감경받는다면 공평의 이념이나 신의칙에 반한다. 따라서 대법원은 고의에 의한 불법행위의 경우에는 그러한 결과가 초래되지 않는 경우에 한하여 과실상계나 공평의 원칙에 기한 책임의 제한을 인정할 수 있다고 한다(대법원 2007. 10. 25. 선고 2006다16758·16765 판결).

---

211) 주가변동요인은 매우 다양하고 복합적이어서 특정 요인으로 인한 손해액을 일일이 증명하는 것이 극히 곤란한 경우가 있다. 대법원은 이러한 경우 손해분담의 공평이라는 손해배상제도의 이념에 비추어 그러한 사정을 이유로 손해배상액을 제한할 수 있다고 본다. 그러나 사안별로 과실상계비율이 지나치게 다양하여 문제라는 지적도 있다. 김주영, "증권투자자소송에 있어서의 과실상계 및 책임제한", 『BFL』 25호, 2007, 61-82면. 특히 증권분쟁조정에서는 일정한 기준이 필요하다는 논의도 있다.

부실공시사실이 밝혀진 후 투자자가 매도를 지체하여 손해가 확대되었다는 사정이 과실상계 사유가 될 수 있는가? 이는 투자자에게 일종의 손실최소화의무를 인정할 것인지 여부의 문제라고 할 수 있다. 대법원은 "재무상태가 공시내용과 다르다는 사실이 밝혀진 후 정상주가를 형성하기 전까지 주가가 계속 하락하였음에도 그 중간의 적당한 때에 증권을 처분하지 아니하고 매도를 늦추어 매도가격이 낮아졌다는 사정은 장래 시세변동의 방향과 폭을 예측하기 곤란한 주식거래의 특성에 비추어 특별한 사정이 없는 한 과실상계의 사유가 될 수 없다"고 판시하였다(대법원 2007. 10. 25. 선고 2006다16758 · 16765 판결). 가격변동을 예측하기 어려운 증권거래의 특성을 고려한 적절한 판단이다.

10) 제척기간

제125조의 손해배상책임은 "그 청구권자가 해당 사실을 안 날로부터 1년 이내 또는 해당 증권에 관하여 증권신고서의 효력이 발생한 날로부터 3년 이내"에 청구권을 행사하지 않으면 소멸한다(127조). 이 제소기간이 시효기간인가 제척기간인가? 법문상 "시효로 소멸한다"는 표현이 없는 이상 다소 의문이 있으나 제척기간으로 본다.[212] 또한 이 기간은 재판상 청구를 위한 출소기간이 아니라 재판상 또는 재판외의 권리행사기간을 의미한다(헌법재판소 2017. 6. 29. 선고 2015헌바376 결정).[213] '안 날'의 의미와 관련해서는 의문이 있다. 민법 제766조 제1항의 단기소멸시효의 기산점인 손해를 '안 날'에 대해서 법원은 "단순히 손해의 발생사실을 아는 것으로는 부족하고 가해행위가 불법행위로서 이를 원인으로 하여 손해배상을 소구할 수 있다는 사실까지를 아는 것을 의미한다"고 본다(대법원 1996. 8. 23. 선고 95다33450 판결 등).

만약 '안 날'의 의미를 이처럼 엄격하게 새기고 증명할 것을 요구하면 제척기간의 기산점은 훨씬 뒤로 미루어지게 될 것이다. 그러나 대법원도 자본시장법상 손해배상책임에 대해서는 반드시 그렇게 엄격한 태도를 취하지는 않는다. 그리고 대법원은 피해자가 위반행위가 있었음은 인식해야 하나 반드시 그 행위가 불법행위로서 손해배상의 대상이 된다는 점까지 인식해야 하는 것은 아니고 단지 일반인이라면 그것이 불법행위라는 점을 인식할 수 있는 정도면 족하다고 보고 있다.[214] 나아가 대법원은 피고의 증명부담을 한층 완화하여 원고의 '**현실적인 인식**'이 필요하기는 하나 그것을 반드시 피고가 직접 증명해야 하는 것은 아니고 일반 주식투자자가 인식할 수 있었던 사정을 증명한다면 원고도 현실적으로 인식하였던 것으로 추

---

212) 신영무, 241면.

213) cf. 대법원 2012. 1. 12. 선고 2011다80203 판결(단기매매차익의 반환청구권의 행사에 관한 2년의 제척기간을 재판상 또는 재판외의 권리행사기간으로 해석).

214) 시세조종 등 불공정거래행위로 인한 손해배상청구권의 소멸시효기간의 기산점에 대해서 대법원은 '위반행위가 있었던 사실을 안 때'라 함은 「문언 그대로 피해자가 같은 법 제105조 소정의 불공정거래행위(자본시장법 176조에 해당)가 있었다는 사실을 현실적으로 인식한 때라고 볼 것이고, 그 인식의 정도는 일반인이라면 불공정행위의 존재를 인식할 수 있는 정도면 족하다」고 판시한 바 있다. 대법원 1993. 12. 21. 선고 93다30402 판결.

정할 수 있다는 취지로 판단하였다(대법원 1997. 9. 12. 선고 96다41991 판결).215) 안 날의 의미
는 자본시장법상 다른 경우(117조의12 3항, 142조 5항, 162조 5항)와 같다.

위에서 신고서의 효력발생일로부터 3년이라는 기간은 일반불법행위의 소멸시효기간(10
년)에 비하여 너무 짧다. 실제로 증권신고서의 부실표시는 금융당국의 조사를 거친 후에야 드
러나기 때문에 오랜 기간이 소요되는 것이 보통이다. 투자자의 권리구제를 고려하여 효력발
생일로부터 5년 정도로 연장하자는 입법론도 존재한다.216)

11) 책임주체 사이의 관계

위에서 살펴본 바와 같이 제125조의 손해배상책임은 다양한 주체에게 동시에 부과될 수
있다. 피해구제의 실효성을 확보한다는 관점에서 이 주체들의 책임은 부진정연대채무라고 할
것이다.217)

이들 중 한 사람이 손해액의 전부를 배상한 때에는 다른 주체에게 구상권을 행사할 수
있다.218) 다만 부실표시에 대해서 직접적인 책임이 있는 자는 그렇지 않은 자에 대하여 구상
할 수 없다.219) 책임이 있는 자들 사이에서는 과실의 정도에 따라 부담부분을 정해야 한다.

일단 피고로 지목되어 손해배상청구를 받은 책임주체는 나중에 구상권을 행사할 수 있을
지언정 원고의 손해액 전부를 배상해야 한다.220) 사외이사나 공인회계사와 같이 부실표시를
직접 한 것이 아니라 적발하지 못한 잘못밖에 없는 자가 손해의 전부를 배상하는 것은 가혹한
면이 있다. 이를 고려하여 미국에서는 책임주체가 고의가 없는 한 손해 전부에 대해 책임을
지우는 대신 과실비율에 상응하여 책임을 부과시키는 이른바 비례책임제도를 도입하고 있
다.221) 증권집단소송이 도입된 현실을 고려하면 이들 주체에게 과실 정도에 비례한 배상책임

---

215) 이 판결은 외감법상 감사인의 책임에 관한 것이다. 상세한 것은 김건식, "외부감사인의 부실감사로 인한 손해
배상책임", 『상사판례연구(iv)』, 2000, 247면 이하. 같은 취지: 대법원 2007. 10. 25. 선고 2006다16758·
16765 판결; 대법원 2008. 7. 10. 선고 2006다79674 판결.
216) 권종호 외, 앞의 보고서, 45면.
217) 신영무, 241면. 서울지법 2000. 6. 30. 선고 98가합114034 판결은 증권신고서에 인수의 방법, 시장조성 여부,
발행인에 관한 요약재무정보, 감사인의 감사의견 등과 관련하여 허위의 기재 또는 표시가 있거나 중요한 사
항의 기재 또는 표시되지 아니한 점을 이유로 발행인이자 신고인인 A, 신고인의 이사인 B, 발행인과 당해 주
식의 인수계약을 체결한 C증권의 손해배상책임을 인정한 후, 이들의 배상책임은 부진정연대채무관계에 있다
고 판시하였다(서울고법 2000나41549로 진행중 2001. 6. 25. 강제조정으로 확정). cf. 대법원 2022. 11. 30. 선
고 2017다841·858 판결("분식회계를 한 기업과 부실감사를 한 감사인은 각자 투자자에 대하여 손해배상채무
를 부담하고 이 두 채무는 부진정연대 관계에 있으므로").
218) 미국의 1933년 증권법은 구상권을 명시적으로 인정하고 있다(11조 (f)).
219) 1933년 증권법은 이러한 취지를 명시하고 있다(11조 (f)).
220) cf. 대법원 2022. 11. 30. 선고 2017다841·858 판결("투자자가 그 주식매매와 관련하여 해당 기업이나 대주주
등으로부터 취득한 담보권을 행사하여 투자금 일부를 회수하였다고 하더라도 이는 감사인이 부담하는 채무의
사후 소멸에 영향을 미칠 뿐, 감사인의 손해배상책임이 매입대금 지급시점에 이미 성립한 것 자체에 영향을
미치는 것이 아니다").
221) 상세한 것은 노혁준, "증권투자자의 법적 구제와 그 한계"(서울대학교 석사학위논문, 1998), 47면 이하.

을 부과해야 할 것이다.222)

12) 예측정보의 특칙

예측정보는 성질상 나중에 그 예측이 잘못된 것으로 판명될 가능성이 크다. 이러한 정보 공시에 대해서도 엄격한 책임이 부과된다면 공시를 꺼리게 될 것이다. 따라서 자본시장법은 예측정보에 대해서는 특칙을 두고 있다. 즉 예측정보의 공시는 다음과 같은 조건을 충족시키는 한 손해배상책임의 대상이 되지 않는다(125조 2항).

(i) 그 기재 또는 표시가 예측정보라는 사실이 밝혀져 있을 것
(ii) 예측 또는 전망과 관련된 가정이나 판단의 근거가 밝혀져 있을 것
(iii) 그 기재 또는 표시가 합리적 근거 또는 가정에 기초하여 성실하게 행하여졌을 것
(iv) 그 기재 또는 표시에 대하여 예측치와 실제 결과치가 다를 수 있다는 주의문구가 밝혀 져 있을 것

자본시장법은 예측정보공시와 관련하여 고의 또는 중대한 과실이 있는 경우에는 예외적으로 손해배상책임을 인정하지만 그러한 경우에는 본문의 조건, 특히 제3호를 충족하였다고 보기 어려울 것이다. 그리고 이상의 특칙은 주권비상장법인이 최초로 주권을 모집 또는 매출하기 위하여 증권신고서를 제출하는 경우에는 적용이 없다(125조 3항).

4. 증권관련집단소송법

1) 서 설

2004년 「증권관련집단소송법」("집단소송법")이 제정됨([시행 2005. 1. 1.][법률 제7074호, 2004. 1. 20., 제정])에 따라 증권거래와 관련한 손해배상은 영미식 집단소송(class action)을 이용할 수 있게 되었다. 집단소송법은 기본적으로 증권거래와 관련된 일부 손해배상청구에서 「민사소송법」의 특례를 규정한 절차법에 속한다. 집단소송법의 적용범위는 발행시장에서의 손해배상청구에 한정되지 않지만, 편의상 여기서 설명한다.223)

집단소송법은 증권관련집단소송을 "증권의 매매 또는 그 밖의 거래과정에서 다수인에게 피해가 발생한 경우 그 중의 1인 또는 수인(數人)이 대표당사자가 되어 수행하는 손해배상청구소송"으로 정의한다(2조 1호). 집단소송은 대체로 (i) 제소시 소송허가신청(7조 1항), (ii) 소송허가결정(15조), (iii) 구성원에 대한 소송허가결정의 고지(18조), (iv) 소송절차(30조-38조), (v) 소취하, 화해에 대한 법원의 허가(35조), (vi) 판결의 기판력(37조), (vii) 분배절차(39조-58조)의 단계로 진행된다.

---

222) 상세한 것은 권종호 외, 앞의 보고서, 35면.
223) 전반적인 소개로는 박철희, 증권집단소송과 화해, 2007, 1-57면. 상세한 사항은, BFL 제8호(2004. 11) 특집에 실린 논문 및 좌담회; 대한변호사협회 변호사연수원, 제36기 특별연수 증권관련집단소송(2005. 11).

집단소송법은 증권관련사건에 한정되어 적용되는 특별법이다. 국내에서는 집단소송을 일
반제도화하려는 시도도 이루어지고 있다. 증권관련집단소송은 피해자 집단의 범위를 확정하
기 쉬운 점에서 차별화된다.[224]

2) 적용범위

(1) 원칙과 예외

집단소송은 부실공시와 불공정거래 그리고 분식회계를 대상으로 하는 손해배상청구에 대
해서만 허용된다(집단소송법 3조 1항 1호-4호).[225] 구체적으로 증권신고서나 투자설명서의 부
실공시(125조), 사업·반기·분기보고서의 부실공시(162조),[226] 미공개중요정보이용행위나 시
세조종, 부정거래행위(175조, 177조, 179조), 회계감사인의 부실감사(170조)를 대상으로 한다.
한편 과거 관행적으로 누적된 분식으로 인한 책임에 대한 재계의 우려를 고려하여 집단소송법
은 일정한 예외를 인정하였다(부칙 4항). 최초로 소송허가결정을 받은 사례는 분기보고서에서
파생상품거래손실을 숨기고 실적을 허위로 공시한 분식회계에 대한 손해배상책임을 묻는 것
이었다.[227]

(2) 주권상장법인이 발행한 증권

집단소송법상 손해배상청구는 주권상장법인이 발행한 증권의 매매 또는 그 밖의 거래로
인한 것에 한정된다(3조 2항). 그러면 주권비상장법인의 상장을 위한 공모에도 적용될 수 있는
가? 법취지를 고려할 때 청구 당시에 주권상장법인이면 기업공개과정에서의 행위에 대해서도
적용된다.[228]

자본시장법상 연계시세조종(174조 4항)이나 부정거래행위(178조)는 요건상 대상 금융투자
상품의 상장 여부를 불문하는 경우가 있다. 이 경우에도 일단 청구권자의 손해가 '**주권상장법
인이 발행한 증권의 매매 또는 그 밖의 거래로 인한 것**'인 경우 집단소송의 대상이 될 수 있다.
여기서 '**그 밖의 거래**'에는 장내외파생상품거래나 대차거래 등도 포함된다. 자본시장법은 파생
상품에 해당하는 계약 중 매매계약이 아닌 계약의 체결은 동법을 적용할 때 매매계약의 체결
로 본다(5조 4항).

(3) 시장질서교란행위

집단소송법의 적용대상인 불공정거래는 미공개중요정보이용행위, 시세조종, 일반적 부정

---

224) 상세한 논의는, 전원열, "집단소송의 소송허가요건 및 금전배상에 관한 연구", 『저스티스』 제184호, 2021, 147-189면.
225) 자산총액 2조원 미만인 상장법인의 경우 3호를 제외한 손해배상청구에 대해서는 2007년 1월 1일 이후 최초로 이루어진 행위로 인한 것부터 집단소송법을 적용한다(부칙 3항).
226) 법 제161조의 주요사항보고서는 제외한다.
227) 한국거래소 공시자료(진성티이씨 사건).
228) 좌담회, "증권관련집단소송법", 『BFL』 제8호, 2004, 12-13면.

거래행위로 한정된다. 법취지상 자본시장법상 불공정거래행위에 추가된 시장질서교란행위도 집단소송의 대상에 포함되는 것이 옳다.

(4) 금융투자상품의 판매

금융투자상품분쟁이 증가하면서 집단소송법의 적용범위를 '**증권의 발행 및 유통과 관련한 손해배상청구**'로 확대하는 개정안이 제출되기도 했다.[229] 현재 금융투자상품의 판매규제는 대부분 금소법으로 이관되었다. 금소법상 적합성·적정성·설명의무·부당권유·광고 등 판매규제위반행위는 집단소송법의 적용범위에 포함되는 것이 옳다. 그러나 현재 실무상 금융투자상품판매에 사용되는 판매자료의 다양성 등을 고려할 때 집단소송법상 소송허가요건 중 공격방어방법의 공통성 요건(12조 1항 2호)을 갖추기가 쉽지 않을 것이다. 금융투자상품의 판매자료를 통일해야 하는 이유이다.

3) 대표당사자와 소송대리인

'**대표당사자**'는 "법원의 허가를 받아 총원을 위하여 증권관련집단소송 절차를 수행하는 1인 또는 수인의 구성원"을 말한다(11조 4호). 대표당사자는 "구성원 중 해당 증권관련집단소송으로 얻을 수 있는 경제적 이익이 가장 큰 자 등 총원의 이익을 공정하고 적절하게 대표할 수 있는 구성원"이어야 한다(11조 1항).[230] 원고측 소송대리인도 "총원의 이익을 공정하고 적절하게 대리할 수 있는 자"이어야 한다(11조 2항). 집단소송법은 전문적인 소송꾼을 막는다는 취지에서 최근 3년간 3건 이상의 집단소송에서 대표당사자나 원고측 대리인으로 관여했던 자는 원칙적으로 대표당사자나 원고측 대리인이 될 수 없게 하였다(11조 3항 본문). 이 규정은 집단소송 전문변호사의 출현을 억제할 것이라는 비판을 받고 있다. 다행히 법원이 제반 사정에 비추어 총원의 이익을 공정하고 적절히 대표 내지 대리할 수 있다고 인정하는 경우에는 예외로 할 수 있으므로(11조 3항 단서) 적어도 소송대리인에 관해서는 법원이 재량으로 예외를 폭넓게 인정해야 한다.

집단소송법상 법원이 대표당사자로 선임한 자가 요건을 갖추지 못한 사실이 밝혀지거나, 소송허가절차에서 대표당사자들이 총원범위변경신청을 하였고 대표당사자 중 일부가 변경 신청된 총원범위에 포함되지 않게 된 경우, 법원이 취해야 할 조치가 문제된다. 법원은 이 경우 특히 대표당사자 요건을 갖추지 못한 자를 제외하고 집단소송의 소를 제기한 자 및 대표당사자가 되기를 원하여 신청서를 제출한 구성원 중 요건을 갖춘 자로서 대표당사자를 구성할 수

---

229) 증권관련 집단소송법 일부개정법률안[의안번호 3630, 발의연월일: 2009. 1. 23., 발의자: 홍재형의원 외, 안 제3조(임기만료 폐기)].

230) 집단소송법상 '총원'은 "증권의 매매 또는 그 밖의 거래과정에서 다수인에게 피해가 발생한 경우 그 손해의 보전(補塡)에 관하여 공통의 이해관계를 가지는 피해자 전원"을, 그리고 '구성원'은 "총원을 구성하는 각각의 피해자"를 말한다(2조 2호·3호).

있는지 여부 및 증권관련집단소송의 소송허가 신청이 집단소송법상 요건(3조, 12조)을 갖추었
는지 여부를 심리하여, 소송허가신청이 이 요건을 갖추었다면 집단소송을 허가해야 한다.[231]
제도운용에서 법원의 적극적인 역할이 기대되는 부분이다.

4) 소송허가요건

(1) 의의와 범위

집단소송법은 집단소송으로 분쟁을 해결할 필요성을 확인하기 위해 본안소송절차에 앞서
소송허가절차를 두고 있다. 허가요건은 다음과 같다(12조 1항 1호-4호).

첫째, 구성원이 50인 이상이고, 보유증권의 합계가 피고회사의 발행증권 총수의 0.01%
이상일 것. 여기서 피고회사의 범위가 문제된다. 집단소송의 원고는 대상증권과 상호연계성
이 있는 일정한 금융투자상품을 보유한 자도 포함한다. 따라서 "입법자의 의사가 증권관련 집
단소송의 피고를 증권 발행회사만으로 한정하려는 것이라고 볼 수 없"으므로 피고회사는 "문
언에도 불구하고 **'구성원이 보유하고 있는 증권을 발행한 회사'**를 의미한다(대법원 2016. 11. 4.자
2015마4027 결정).[232] 집단소송의 대상사건은 성격상 다수인에게 영향을 미치므로 이 요건은
상대적으로 덜 부담스럽다.

둘째, 적용범위에 속하는 손해배상청구로서 법률상 또는 사실상의 중요한 쟁점이 모든
구성원에게 공통될 것("공격방어방법의 공통성"). 이 요건은 "모든 구성원의 청구원인 가운데
중요사실이 공통되면 충족되고, 각 구성원의 청구에 약간의 다른 사실이 존재한다거나 개별
구성원에 대한 항변사항이 존재한다는 사정만으로 위 요건이 흠결된다고 볼 수 없다"(대법원
2016. 11. 4.자 2015마4027 결정).

셋째, 집단소송이 총원의 권리실현이나 이익보호에 적합하고 효율적인 수단일 것. 이 요
건은 "다수 구성원들의 피해 회복을 위하여 소송경제상 집단소송이 다른 구제수단보다 경제
적일 것"을 요구하는 것이다(대법원 2016. 11. 4.자 2015마4027 결정). 집단소송법상 소송허가결
정서에 기재할 **'총원의 범위'**(15조 2항 4호)는 "증권 발행회사, 증권의 종류, 발행시기, 피해의
원인이 된 증권의 거래행위 유형, 피해기간 등을 특정하는 방법"으로 확정하되, "소송허가결

---

231) 대법원 2018. 7. 5.자 2017마5883 결정. ① 대표당사자는 복수일 필요가 없는 점(집단소송법 2조 1호), ② 법
원이 소를 제기하는 자와 대표당사자가 되기를 원하여 신청서를 제출한 구성원 중 요건을 갖춘 자를 대표당
사자로 선임할 수 있는 점(집단소송법 10조 4항), ③ 법원은 총원범위를 조정하여 집단소송을 허가할 수 있
는 점(집단소송법 15조 3항) 등을 종합적으로 고려한 것이다.
232) "증권관련 집단소송법 제3조에 정한 증권관련 집단소송의 적용 범위에 속하는 손해배상청구의 상대방이 될
수 있는 자가 반드시 증권 발행회사에 한정되지 않는 점, 증권관련 집단소송법이 토지관할을 피고의 보통재
판적 소재지를 관할하는 지방법원 본원 합의부의 전속관할로 규정하면서도(제4조) 동일한 분쟁에 관한 여러
개의 증권관련 집단소송의 소송허가신청서가 각각 다른 법원에 제출된 경우 관계 법원에 공통되는 바로 위의
상급법원이 결정으로 심리할 법원을 정하도록 규정함으로써(제14조 제2항) 동일한 분쟁에 관하여 증권 발행
회사 외에도 증권관련 집단소송법 제3조에 정한 손해배상청구의 상대방이 될 수 있는 다른 채무자를 상대로
증권관련 집단소송이 제기될 수 있음을 전제하고 있는 점 등"을 종합적으로 고려한 것이다.

정 확정 후 지체 없이 총원을 구성하는 구성원에게 소송허가결정을 고지해야 하는 점을 고려할 때 관련 자료에 의하여 특정인이 구성원에 해당하는지를 판단할 수 있을 정도로"명확해야 한다(대법원 2016. 11. 4.자 2015마4027 결정). 그 방법으로는 예컨대 선입선출법에 의하여 총원의 범위를 확정할 수 있다(대법원 2016. 11. 4.자 2015마4027 결정).

넷째, 소송허가신청서의 기재사항 및 첨부서류에 흠이 없을 것.

(2) 소송허가절차와 집단소송 본안소송절차의 분리

이러한 관점에서 특히 다음 2가지가 문제된다. 첫째, 집단소송허가를 청구한 자들이 자본시장법상 시세조종 등에 따른 손해배상청구권자(177조 · 179조)의 범위에 속하는지 여부를 소송허가결정단계에서 판단해야 하는가? 아니면 소송허가절차는 순수하게 집단소송법상 특유한 요건만을 판단하고 손해배상청구권자의 범위는 본안에서 판단할 것인가? 원심에 따르면 소송허가요건으로 법 적용범위에 속하는 손해배상청구일 것을 요구하므로 소송허가단계에서 판단할 수 있다{서울고법 2013. 5. 31.자 2012라764 · 2012라765(병합) 결정; 서울중앙지법 2012. 5. 1.자 2010카기9474 · 2012카기2082(병합) 결정}. 대법원도 같은 취지이지만 제179조의 손해배상청구권자의 범위에 관한 해석을 달리하여 원심을 파기하였다(대법원 2015. 4. 9.자 2013마1052 · 1053 결정).

둘째, 소송허가절차에서 대상사건에서 피고의 책임이 인정되는지에 관한 검토가 선행되어야 하는가? 대법원은 "증권관련 집단소송이 집단소송이라는 특수한 절차로 진행되어야 할 필요가 있는지를 판단하는 절차인 소송허가절차와 집단소송의 본안소송절차를 분리하고 있"으므로 "소송허가절차에서 대표당사자가 소명할 대상은 소송허가요건이고, 본안소송절차에서 다루어질 손해배상책임의 성립 여부 등은 원칙적으로 소송허가절차에서 심리할 대상이 아니"라고 판단하였다(대법원 2016. 11. 4.자 2015마4027 결정). 다만 공격방어방법의 공통성(집단소송법 12조 1항 2호)이라는 소송허가요건의 충족 여부 판단에 필요한 한도에서 손해배상청구의 원인이 되는 행위 등에 대하여 심리할 수 있다.233)

5) 허가결정의 고지

법원은 집단소송요건(3조[적용범위], 11조[대표당사자 및 소송대리인요건], 12조[소송허가요건])이 모두 충족되면 소송허가결정을 내린다(15조 1항). 소송허가결정이 확정되면 지체 없이 소송에 관한 기본사항을 구성원에게 고지해야 한다(18조 1항 1호-11호). 특기할 것은 제외신고에 대한 통지(18조 1항 6호-9호)가 요구되는 점이다. 제외신고는 구성원이 집단소송판결의 기

---

233) 원심은 "자본시장법 제125조 제1항 제5호에 따른 손해배상을 구하는 이 사건 본안소송 청구에 관한 주장이 그 자체로 명백하게 증권관련 집단소송법의 적용 범위에 해당되지 아니한다고 볼 수 없는 이상, 피고가 자본시장법 제125조 제1항 제5호에 따른 손해배상책임을 부담하는지 아닌지는 추후 본안소송에서 심리할 대상일 뿐 소송허가 단계에서 심리해야 할 사항이 아니"라고 판단하였다. 서울고법 2015. 2. 6.자 2013라20093 결정.

판력을 받지 않겠다는 의사를 법원에 신고하는 것을 말한다(2조 5호, 28조 참조).

6) 손해배상액의 산정

손해배상액의 산정과 관련하여 발행공시위반의 경우에는 집단소송에서도 자본시장법 제126조가 적용된다(집단소송법 34조 1항). 그러나 불공정거래, 분식회계 등 손해배상액의 산정기준이 구체적으로 규정되어 있지 않은 경우에는 증거조사를 통해서 산정할 수밖에 없다. 집단소송법은 증거조사에 의하여도 정확한 손해액산정이 곤란한 경우 "표본적·평균적·통계적 방법 그 밖의 합리적 방법"으로 정하는 것을 허용한다(34조 2항). 대표적으로 사건연구방법 등이 활용되고 있다.[234] 구성원의 개별 손해배상액을 일일이 산정하기 어려운 집단소송의 특성을 고려한 것이다.

7) 화해 및 판결

집단소송은 다수의 이해관계자가 있는 점에서 공익성이 있으므로 소의 취하·화해·청구의 포기를 하려면 법원의 허가를 얻어야 한다(35조 1항). 확정판결은 제외신고를 하지 아니한 구성원에게도 효력이 미친다(37조).

8) 분배절차

피고로부터 회수한 금전 등의 분배는 법원이 선임한 분배관리인이 담당한다(41조 1항·2항). 분배기준은 판결이유의 기재에 따른다(43조 1항). 분배할 금액이 확인된 권리의 총액에 미달하는 경우 안분비례한다(43조 2항). 분배관리인은 분배금 수령기간이 지난 후 잔여금액이 있을 때에는 지체 없이 공탁해야 한다(51조). 권리가 확인된 구성원으로서 분배금 수령기간 내에 분배금을 수령하지 않은 자 또는 신고기간이 지난 후에 권리를 신고하여 권리를 확인받은 자는 공탁금 출급청구기간(수령기간이 지난 후 6개월)까지만 공탁금출급을 청구할 수 있다(53조). 분배를 마치고 남는 잔여금은 피고에게 지급한다(55조). 제도목적상 부적절하므로 투자자 보호기금으로 활용하는 것이 옳다.[235] 분배관리인은 공탁금 출급청구기간이 끝나면 지체 없이 법원에 분배종료보고서를 제출해야 한다(54조 1항).

9) 변호사보수

소송비용과 변호사보수는 피고로부터의 회수금액에서 공제한다(44조 1항 1호). 구성원 등의 신청이 있는 경우에는 법원이 소송의 진행과정, 결과 등 여러 사정을 참작하여 변호사보수

---

234) 상세한 소개로, 박종성·위경우, "증권관련집단소송에서의 손해액 추정", 『한국경제의 분석』 제18권 제1호, 2012, 207-259면. 일반적인 논의로, 임부루·김상훈·홍동표, "다년간 분식회계로 인한 손해배상액의 산정 방법에 대한 연구", 『법경제학연구』 제16권 제1호, 2019, 71-88면.

235) 국가에 반환하게 하자는 주장으로, 이준범, "증권관련 집단소송법상 잔여금 처리방안에 관한 연구", 『증권법연구』 제22권 제2호, 131-160면; 최정식, "증권집단소송의 분배절차와 분배잔여금처리의 고찰", 『법학논총』 통권 20호, 2008, 243-266면.

를 감액할 수 있다(44조 3항). 집단소송을 사실상 주도하는 자가 대표당사자가 아니라 원고 소송대리인이며 이들의 인센티브는 보수임을 감안하면 보수감액은 신중해야 할 것이다.

제7절 발행시장에 대한 실체적 규제

I. 총 설

공시주의를 관철하려면 누구나 공시의무만 이행하면 증권을 발행하여 자금을 조달할 수 있어야 한다. 발행인자격이나 공모조건에 관하여는 아무런 간섭도 해서는 아니 된다. 자본시장법도 공시주의를 취한다. 그러나 과거 제도운영의 현실은 전혀 달랐다. 한동안 발행시장에 대해서는 단순한 공시규제를 넘는 실체적 규제가 폭넓고 다양하게 이루어졌다.

발행시장에 대한 실체적 규제는 크게 3가지로 구성되었다. 첫째, 발행인자격규제이다. 일정한 요건을 갖추지 못한 발행인은 아예 증권을 공모할 수 없게 하는 것이다. 둘째, 발행가격과 같은 증권발행조건에 대해서 간섭하는 것이다. 셋째, 공모에 참여할 수 있는 투자자의 자격을 제한하는 것이다. 현재 이러한 실체적 규제는 대부분 사라졌다.

II. 발행인의 자격에 관한 규제

1. 의 의

발행인의 자격에 관한 규제는 공모의 구체적 형태에 따라 다르다. 아래에서는 공모가 모집설립인 경우, 기업공개에 해당하는 경우, 유상증자에 해당하는 경우, 그리고 사채발행의 경우로 나누어 살펴보기로 한다.

2. 주식모집에 의한 설립

상법상 회사의 모집설립과 자본시장법상 증권의 모집은 다르다.[236] 회사는 자본시장법상 모집의 방법으로도 설립할 수 있다. 자본시장법도 설립중의 법인이 신고하는 경우를 예상하고 있다(125조 1항 1호).

그러면 어떠한 회사라도 모집의 방법으로 설립할 수 있는가? 자본시장법은 아무런 규정을 두고 있지 않다. 다만 협회가 제정한 「증권인수업무에 관한 규정」(이하 '인수규정')에[237] 의

---

[236] 상법상 발기인 이외의 자가 한 명이라도 주식을 인수하면 모집설립에 해당하는 데 비하여, 자본시장법상 모집에 해당하기 위해서는 청약의 권유의 상대방이 50인 이상이어야 한다.

[237] 과거 금감위가 제정한 「유가증권인수업무규정」으로 되어 있었으나, 2000년 한국증권업협회로 이관되어 현재는 협회에서 관할한다. 동 규정은 발행주선에도 준용된다(21조).

하면 인수인은 모집설립의 경우에는 발행인이 (ⅰ) 은행법에 따라 금융위로부터 은행신설을 위한 예비인가를 받은 경우, (ⅱ) 정부가 최대주주로서 발행주식총수의 25% 이상을 취득하기로 하여 설립중에 있는 경우, (ⅲ) 특별법에 의하여 정부로부터 영업의 인가·허가 또는 지정 등을 받아 설립중에 있는 경우, (ⅳ) 협회가 사업내용 등에 비추어 국민경제발전을 위하여 그 설립이 필요하다고 인정하는 경우가 아니면 인수할 수 없다(7조).

인수규정은 발행인이 아니라 인수나 주선을 담당하는 금융투자업자를 직접 적용대상으로 한다(동 규정 1조). 따라서 인수인이나 주선인을 통하지 않는 경우에는 위와 같은 제한은 적용되지 않는다. 그렇다면 모집에 의한 회사설립을 추진하면서 인수인이나 주선인의 도움을 받지 않을 수 있는가? 적어도 법률상으로는 가능하다. 시행령은 설립중의 법인이 인수인을 통하지 않고 직접공모(direct public offering: DPO)하는 것을 예상한 규정을 두고 있다(령 125조 1항 2호 바목). 직접공모를 통해서 설립하는 경우 인수규정에서와 같은 발행인의 제한은 적용될 여지가 없다.[238] 실제 사례로는 1997년 직접공모를 통해서 설립한 골드뱅크를 들 수 있다.

3. 기업공개: 이미 설립된 법인의 최초의 모집 또는 매출

증권관련규정이나 거래계에서는 기업공개를 기존법인의 상장을 위한 최초의 공모라고 이해한다. 앞서 본 바와 같이 기업의 공모와 상장은 반드시 함께 할 필요는 없다.[239] 그러나 실제로는 상장하지 않고 공모하는 경우는 그리 많지 않다. 종래에는 공모와 상장이 동시에 이루어지는 것을 전제로 인수규정도 상장요건과 거의 마찬가지로 설립경과연수, 재무구조, 매출액, 납입자본이익율 등에 관하여 상세한 규정을 두었다(구인수규정 20조). 그러나 1999년부터 공모와 상장이 분리되어 인수규정상 금융투자업자가 인수할 수 있는 발행회사에 대한 제한은 이제 거의 사라졌다.

4. 유상증자: 이미 설립된 법인의 주식발행

과거 「상장법인의 재무관리 등에 관한 규정」은 유상증자를 할 수 있는 상장법인을 엄격하게 제한하였다(8조).[240] 현재 이 규정은 폐지되었고 인수규정도 유상증자를 할 수 있는 발

---

238) 다만 소액공모나 모집설립의 경우로서 일정한 범주에 해당하는 경우 직접공모시에 받아야 하는 분석기관의 평가를 생략할 수 있게 하고 있을 뿐이다(령 125조 1항 2호 바목 단서; 발행공시규정 2-5조 5항).

239) 협회 인수규정은 '기업공개'를 "주권비상장법인이 거래소증권시장에 주권을 신규로 상장하기 위하여 행하는 공모 및 주권상장법인이 유가증권시장, 코스닥시장, 코넥스시장 중 해당 법인이 상장되지 않은 다른 시장에 신규로 상장하기 위하여 행하는 공모"라고(2조 3호). 그리고 '장외법인공모'를 "유가증권시장, 코스닥시장 또는 코넥스시장에 주권이 상장되지 아니한 자가 행하는 주식의 공모로서 기업공개를 제외한 공모"는 '장외법인공모'라고(2조 4호) 정의하고 있다.

240) 재무규정에 의하면 다음과 같은 요건을 갖춘 상장법인만 유상증자를 할 수 있었다.
　　(1) 3년간 주당평균배당금이 4백원 이상일 것(액면 5천원 기준)
　　(2) 일정한 배당성향 기준을 준수할 것

행인자격을 제한하지 않는다. 이제 이미 설립된 법인이 기업공개 후 유상증자를 하는 데 아무런 제한도 없다.

5. 사채발행

과거 사채발행에 관하여 다양한 규제가 있었다. 우선 물량조절규제로 금융당국은 간접적으로 기채조정협의회를 통하거나 직접적인 개입을 통해서 사채발행물량을 조절하였다. 이러한 규제는 시장원리에 반하는 것이었지만 수급불균형으로 인한 금리상승을 억제하기 위하여 상당기간 존속하였다. 현재는 그러한 물량조절을 뒷받침하는 규제는 폐지되었다.

사채발행에 대한 또 하나의 규제는 발행인자격을 제한하는 것이다. 과거 인수규정은 신용평가전문기관에서 일정 등급 이상의 평가를 받은 것을 제외하고는 무보증사채의 인수를 제한하였다(구인수규정 37조 1항 2호). 그러나 현재는 신용평가회사의 평가를 의무화하고 있을 뿐(인수규정 11조의2 1항) 일정 등급을 요구하지는 않는다. 인수규정은 무보증사채를 인수하려면 발행회사와 사채관리회사와의 사이에 표준사채관리계약서를 체결할 것을 원칙으로 하고 있다(인수규정 11조의2 2항).

6. 평   가

발행인 자격에 대한 간섭은 이제 거의 존재하지 않는다. 이러한 간섭은 결국 자본시장에 참여할 수 있는 자격을 제한하는 효과를 갖는다. 시장원리라는 관점에서 보면 이러한 간섭은 자원의 효율적 배분을 해친다는 비판을 받을 수도 있을 것이다. 자본시장의 규모가 크고 자금이 풍부한 미국에서는 자금의 배분을 순수한 시장원리에 맡긴다고 해서 그다지 문제될 것이 없을 것이다. 그러나 시장이 아직 취약하고 만성적인 자금부족현상에 시달려온 우리나라에서 자금의 흐름에 대한 간섭을 무조건 비난할 수는 없었다. 특히 불건전한 서비스업종의 기업이 증권시장에 진출하는 것을 가급적 억제하고 국가경제적 차원에서 중요도가 높은 기업을 우선시하였던 것은 원칙적으로 탓하기 어려울 것이다. 다만 그 개념이 너무 일반적이고 모호해서 금융당국의 재량이 남용되었던 사례가 없지 않았다.

Ⅲ. 발행조건에 관한 규제

순수한 공시주의를 관철한다면 금융당국이 증권의 발행조건에 대해서도 간섭해서는 아니 될 것이다. 증권의 발행조건 중에서 가장 중요한 것은 발행가액이다. 과거 금융당국은 투자자

---

(3) 최근사업연도의 재무제표에 대한 감사의견이 적정 또는 한정일 것
(4) 당해 연도에 유상증자를 한 사실이 없을 것

를 보호한다는 명목 아래 증권의 발행가액이 부당하게 높아지지 않도록 상당한 간섭을 해 왔다. 시장원리에 따라 자율적으로 이루어져야 할 가격결정에 대한 금융당국의 간섭은 그간 많은 비판을 받았다. 그리하여 현재는 발행가격에 대한 직접적 간섭은 대부분 사라졌다. 과거 간섭이 가장 심하였던 기업공개의 경우에도 이제는 가격결정을 원칙적으로 자율에 맡기고 있다. 인수규정은 기업공개시 보통주식의 인수가액은 원칙적으로 인수회사가 실시한 수요예측[241]의 결과를 고려하여 인수회사와 발행회사가 협의하여 정하도록 하고 있다(5조 1항).

Ⅳ. 공모에 참여하는 투자자의 자격

시장원리에 따르면 투자를 원하는 자는 누구나 증권공모에 참여할 수 있어야 한다. 그러나 과거 우리나라에서는 특히 기업공개의 경우 공모에 참여할 수 있는 투자자의 자격을 엄격히 제한하였다. 이러한 자격제한은 앞의 다른 실체적 규제와는 달리 전혀 투자자 보호를 위한 것이 아니었다. 오히려 기업공개에 참여하는 것을 일종의 특혜로 간주하여 참여자격을 제한한 것이다. 이러한 상황은 외국에서는 찾아보기 어려운 우리나라에 특유한 현상이다. 사실 외국에서는 기업공개시장은 투자위험이 높은 시장으로 간주되어 일반적으로 개인투자자보다는 기관투자자들만이 주로 참여하고 있다. 그러나 여태껏 우리나라에서 기업공개시장은 이와는 정반대로 운영되었다. 과거 우리나라에서 기업공개는 주로 우량대기업들에게만 허용되었고 일부 우량대기업에 대해서는 정부가 공개를 강력히 권장하던 시기도 있었다. 아울러 정부는 자본시장을 육성하고 기업성장의 열매를 널리 분배한다는 측면에서 공개주식의 발행가격을 인위적으로 낮게 억제하는 정책을 취하였다. 그리하여 투자자로서는 기업공개로 발행되는 주식에 투자함으로써 높은 투자수익을 기대할 수 있었다.

금융당국은 일정한 요건을 갖춘 투자자들에게만 그러한 투자수익을 누릴 수 있는 특권을 부여하였다. 기업공개시에 발행되는 주식은 대부분 증권금융회사의 공모주청약예치금, 증권회사의 증권저축, 은행의 공모주청약예금 등에 가입한 자에게 배정되었다. 따라서 단기차익을 노린 많은 소액투자자들이 기업공개에 참여하기 위하여 이러한 청약상품에 가입하였고 기업공개는 대부분 몇 배의 초과청약을 기록하였다. 당연히 주가상승을 기대하였던 투자자들은 주가가 하락하면 그로 인한 손실을 자기책임으로 받아들이기보다는 금융당국을 비난하는 예

---

241) '수요예측'은 "주식 또는 무보증사채를 공모함에 있어 공모가격(무보증사채의 경우 공모금리)을 결정하기 위하여 대표주관회사가 공모예정기업의 공모희망가격(무보증사채의 경우 공모희망금리)을 제시하고, 매입희망가격, 금리 및 물량 등의 수요상황을 파악하는 것"을 말한다(인수규정 2조 7호). 수요예측의 적정한 수행을 위하여 회사채 공모금리 결정기준·수요예측 참여기관 배정원칙 등을 정하는 「수요예측 모범규준」을 협회가 제정하였다. 기업공개수요예측 모범규준(2012. 2. 1); 무보증사채 수요예측 모범규준(최종개정 2013. 9. 27). 그리고 수요예측 참여자의 미청약·청약금 미납입·의무보유확약위반시 불성실 수요예측 참여자로 지정하고 일정 기간 참여를 제한하고 있다(인수규정 17조의2).

가 많았다. 왜냐하면 청약자격을 얻기 위하여 청약예금에 가입함으로써 일종의 입장료까지 지급한 셈이었기 때문이다. 그러므로 금융당국은 공개된 회사의 주가하락에 대해서는 심한 부담을 느꼈다. 이러한 주가하락을 막기 위하여 당국이 취한 조치로서 특히 중요한 것으로는 2가지를 들 수 있다. 하나는 기업공개시의 발행주가를 가능한 한 끌어내리는 것이다. 다른 하나는 주가를 떠받치기 위하여 증권시장에 개입하는 것이다. 모두 시장원리에 정면으로 배치되는 것이었다. 현재 투자자자격에 관한 제약은 거의 사라졌고 발행시장은 보다 시장원리에 충실한 방향으로 운영되고 있다.

제8절 기업공개실무

Ⅰ. 총   설

이상 설명한 발행시장규제는 증권의 공모발행을 대상으로 한다. 그러나 자본시장법상 공시규제는 공모발행의 한 측면만을 보여 줄 뿐이다. 실무상 증권공모는 증권신고 이외에도 여러 복잡한 절차를 거쳐서 진행된다. 여기에서는 실무상 절차를 포괄적으로 살펴본다.

증권이 공모로 발행되는 양태는 다양하다. 발행대상인 증권이 주식이냐, 사채냐, 전환사채와 같은 주식관련사채냐, 아니면 그도 아닌 새로운 유형의 증권인가에 따라 구체적인 절차는 차이가 있다. 또한 주식공모에서도 기업공개와 유상증자에서, 그리고 인수인을 통하는지에 따라 절차가 달라진다. 그러나 절차 중에서 가장 복잡한 것은 역시 인수인을 통해서 이루어지는 기업공개이고 유상증자나 사채발행의 절차는 훨씬 단순하다. 여기에서는 가장 복잡한 기업공개절차를 중심으로 설명하기로 한다.

Ⅱ. 기업공개에 참여하는 보조기관: 인수인과 청약취급기관

1. 인수의 필요성

공모발행은 직접발행과 간접발행으로 구분된다. 직접발행은 "발행인이 인수인의 도움을 받지 않고 직접 투자자를 상대로 증권을 공모하는 것"이다. 간접발행은 "인수인에게 공모에 수반되는 위험을 인수시키거나 그 밖의 도움을 받아 공모하는 것"을 말한다. 우리법상 직접발행은 가능한가? 자본시장법상 공모에 인수인이 강제된다고 볼 근거는 없다. 오히려 시행령은 주권비상장법인이나 설립중인 법인이 인수인의 인수 없이 지분증권을 공모하는 경우(직접공모)를 상정하고 있다(령 125조 1항 2호 바목, 2항 9호). 따라서 이론상으로는 인수인을 통하지 않고서도 공모할 수 있다.

공모는 (ⅰ) 최초의 공모, (ⅱ) 일단 공개된 기업이 하는 공모로 나눌 수 있다.[242] 직접발행이 가장 현실적으로 가능한 경우는 바로 공개기업이 기존의 주주들을 대상으로 하는 증자라고 할 수 있다. 그러나 예외적으로 특별히 신용이 두터워 투자자를 확보할 수 있다면 일반공모나 심지어 기업공개도 인수인의 도움을 받지 않고 할 수 있을 것이다. 그러나 발행인은 증권발행의 전문가가 아니라 증권시장의 동향에도 어둡고, 또한 증권을 투자자에게 널리 판매할 능력을 갖추지 못한 경우가 보통이다. 만약 발행인이 직접 공모에 나섰으나 계획과는 달리 시장에서 해당 증권이 소화되지 못할 경우 발행인의 자금조달은 차질을 빚게 된다. 따라서 특히 기업공개 시에는 발행인은 증권시장의 동향과 실무에 익숙한 인수인의 도움을 받는 것이 일반적이다.

인수인은 투자자에 대한 관계에서는 일종의 '**문지기**'(gatekeeper) 역할을 한다. 인수인은 부실공시가 있으면 손해배상책임을 질 뿐만 아니라 후에 발행된 증권의 가치가 예상보다 하락하는 경우에는 명성을 손상하게 되므로 인수대상기업이 제시하는 정보가 허황된 것인지 여부를 꼼꼼히 따져볼 인센티브가 있다.[243] 이러한 인수인의 활동은 결과적으로 투자자이익을 보호하는 기능을 한다. 그리하여 인수인은 발행기업과의 관계에서 자신의 명성으로 발행회사의 부족한 명성을 커버하는 이른바 '**명성중개인**'(reputational intermediary)의 역할을 수행한다고 알려져 있다.[244]

2. 인수의 의의 및 종류

상법상 인수는 새로이 발행되는 증권을 취득하는 행위(subscription)를 말한다. 그러나 자본시장법상 인수는 공모를 쉽게 하기 위하여 필요한 업무를 담당하거나 나아가 발행된 증권이 소화되지 않는 경우에 발행인이 부담하는 위험, 즉 미매각위험을 떠맡는 행위(under-writing)를 의미한다. 자본시장법은 인수를 증권을 모집·사모·매출하는 경우에 이루어지는 행위로서 위험부담형태에 따라 2가지로 나누고 있다(9조 11항 1호·2호).

하나는 "제3자에게 그 증권을 취득시킬 목적으로 그 증권의 전부 또는 일부를 취득하는 것"(총액인수, firm commitment underwriting)이다. 인수단이 발행증권 전량을 자기명의로 매입하여 투자자들에 분매하는 경우로 발행증권이 소화되지 못하는 위험은 인수인이 부담한다. 발행총액이 아니라 그 일부라도 확정된 금액을 인수하는 점에서 '**확정액인수**'라고 하는 것이 정확하다. 또 하나는 "그 증권의 전부 또는 일부에 대하여 이를 취득하는 자가 없는 때에 그 나머지를 취득하는 것을 내용으로 하는 계약을 체결하는 것"(잔액인수, stand-by underwriting)

---

242) 일단 공모실적이 있는 회사가 주주에게 배정하여 주식을 발행하는 경우에는 일반적으로 공모에 해당할 것이다(령 11조 1항 2호 라목).

243) 그러나 실제로 인수인이 그러한 역할을 충실히 수행하고 있는지는 의문이다.

244) John C. Coffee Jr., "The Acquiescent Gatekeeper: Reputational Intermediaries, Auditor Independence and the Governance of Accounting", Columbia Law & Economics Working Paper No. 191, 2001.

이다. 인수인은 투자자에 소화되지 않고 남은 증권을 인수할 책임을 진다. 발행인이 공모업무를 담당하고 인수인은 잔액만을 인수하기도 하지만 공모도 취급하는 경우가 많다.[245]

증권법상 인수의 한 유형으로 규정하고 있던 "수수료를 받고 발행인을 위하여 당해 유가증권의 모집 또는 매출을 주선하거나 기타 직접 또는 간접으로 유가증권의 모집 또는 매출을 분담하는 것"(2조 6항 3호)은 자본시장법상 인수의 개념에서 제외되었다. 흔히 모집주선(best efforts underwriting)이라고 불리는 이 거래에서 투자중개업자는 발행인의 위탁을 받아 그의 계산으로 단순히 발행 및 판매사무만을 맡을 뿐이며, 발행증권의 미매각위험은 발행인이 진다. 자본시장법상 인수(투자매매업)가 아니라 중개(투자중개업)에 해당한다. 그러나 업무의 본질상 인수와 같은 기능과 위험을 수반할 수 있으므로 인수에 준하는 규제가 적용된다(125조 1항 5호, 132조; 인수규정 21조).

3. 인수인의 분화와 대표주관회사의 역할

인수업무를 인가받은 금융투자업자(겸영금융투자업자 포함)만이 인수인이 될 수 있다. 증권의 발행규모가 적은 경우에는 한 인수인이 발행전량을 인수할 수도 있다. 그러나 실제로는 여러 인수인이 공동으로 참여하여 위험을 분담한다. 이들을 '**인수단**'이라고 한다. 인수단을 대표하는 것이 바로 '**대표주관회사**'(주간사인수인)이다. 대표주관계약에 포함될 내용은 협회가 정하고 있다{대표주관업무모범기준(최종 개정 2021. 7. 20.), 1부 Ⅱ.2.}. 대표주관회사 외에 '**공동주관회사**'를 두기도 한다. 대표주관회사와 주관회사들은 '**간사단**'을 구성한다.

경우에 따라 공동주관회사가 강제되기도 한다. 금융투자업자는 자신과 자신의 이해관계인이 합하여 5% 이상의 주식등을 보유하고 있는 회사의 주관회사 업무를 수행하는 경우 해당 발행회사와 이해관계인에 해당하지 않으면서 해당 발행회사의 주식등을 보유하고 있지 않은 다른 금융투자업자와 공동으로 해야 한다(인수규정 6조 1항).

실무상 인수인들이 자신들을 대표할 대표주관회사를 선정하는 것이 아니라 거꾸로 발행회사가 대표주관회사를 먼저 정하고 나머지 인수인들은 대표주관회사가 선정하는 것이 일반적이다. 이 경우 금융투자업자는 발행회사의 접근을 수동적으로 기다리기보다는 오히려 발행예상기업들을 적극적으로 찾아 나서서 발행을 권유하는 경우가 많다.

공모와 관련하여 대표주관회사는 대체로 다음과 같은 역할을 수행한다(인수규정 3조 2항 등 참조).[246]

---

245) 과거 총액인수로 명시된 계약서임에도 "배정후 잔여주식이 발생하는 경우 대표주관회사는 자기계산으로 인수한다"거나, "최종 실권금액을 기준으로 수수료를 결정한다"는 내용 등 사실상 잔액인수에 해당하는 내용을 담고 있는 등 총액인수와 잔액인수의 개념이 혼동되어 사용된 사례도 지적되었다. 금감원, 인수계약 체결 관련 유의사항(최근개정 2009. 2. 5).

246) 협회는 대표주관계약의 성실한 이행을 위한 모범규준을 정하여 권고 할 수 있다(인수규정 3조 3항). 이에 따

(i) 발행회사의 경영실적, 영업관련사항 및 재무건전성 등에 대한 확인 및 조사

(ii) 발행회사의 재무, 회계 및 세무관리에 대한 지도 및 점검

(iii) 거래소증권시장 상장요건과 관련한 협의 및 지도

(iv) 증권신고서의 기재사항 점검 등

(v) 발행회사 및 그 최대주주 등에 대한 평판 점검 등

(vi) 대안적인 자금조달방안의 모색

(vii) 발행규모·시기·수수료 등 적절한 발행조건의 제시

(viii) 발행회사와 협의를 통한 인수조건의 결정

(ix) 공동주관회사의 선정과 인수단 및 판매단의 조직

(x) 발행회사를 대신하여 금융당국을 접촉

(xi) 대금납입·증권의 교부 등과 관련된 업무수행

(xii) 발행회사와 인수단, 판매단 등 관련자 사이의 연락담당

(xiii) 발행 후 시장조성

과거에는 인수규정상 인수인이 일정기간 시장조성의무를 부담했던 적이 있었다. 즉 인수인이 공모한 주식을 일정기간 공모가로 매입할 의무를 부담하였다. 그러나 주가가 하락하는 경우에는 공모에 응하여 취득한 투자자뿐 아니라 그 밖의 모든 투자자들도 매도에 나설 것이므로 인수인에게 과중한 부담이 되었다.[247] 그리하여 1999년 인수규정을 개정하여 시장조성의무는 인수계약에서 명시한 경우에만 부담하도록 하였다. 그러자 이제는 인수인이 공모가를 과도하게 높이 결정하는 사례가 빈발하였다. 이러한 폐해를 막기 위하여 2003년 다시 인수규정을 개정하여 일반청약자에 대해서 공모주식을 일정한 조건으로 인수회사에 매도할 수 있는 권리(이른바 put-back option)를 부여하였다(구인수규정 11조). 이 규정은 인수회사의 부담으로 작용했기 때문에 2007년 다시 폐지되었다.

4. 판매단(청약사무취급단)

인수단은 발행인으로부터 증권을 인수하여 이를 일반대중에게 분산하여 매도한다. 인수인은 발행위험을 부담할 뿐 아니라 판매도 담당하는 것이 보통이다. 다만 원활한 판매를 위하여 판매만을 담당하는 기관을 참여시키기도 한다. 이러한 판매전담기관을 업계에서는 '**청약취급기관**'이라고 한다. 청약취급기관은 단순히 증권을 투자자들에게 판매하는 업무만을 담당하고 일정한 수수료를 받는 데 그칠 뿐, 그에 따른 위험을 부담하지는 않는다. 보통 청약취급기관은 투자중개업자가 맡고 있다. 주관회사와 청약취급기관은 함께 청약사무취급단을 구성한다.

라 작성된 것이 대표주관업무모범기준(최종 개정 2021. 7. 20)이다.

247) 이에 관한 분쟁의 대표적인 예로 대법원 2002. 9. 24. 선고 2001다9311·9328 판결.

5. 인수와 관련된 법률문제

1) 계약구조

증권의 인수와 관련해서는 일반적으로 (ⅰ) 발행인과 인수단과의 인수계약, (ⅱ) 인수단계약, (ⅲ) 판매단계약의 3가지 계약이 체결되고 있다.

위 (ⅰ)의 인수계약(underwriting agreement)은 발행회사와 인수단 사이에 체결된다. 발행회사는 증권을 발행하고 인수인들은 일정한 수수료를 받고 그 증권을 인수하는 것을 내용으로 한다. 위 (ⅱ)의 인수단계약과 관련하여 대표주관회사는 인수위험을 분산시키기 위하여 인수위험을 공동부담할 인수인을 모집한다. 대표주관회사는 인수인들과의 사이에 인수책임의 분담을 내용으로 하는 인수단계약을 체결한다. 인수단계약은 인수계약의 체결 전에 그 체결을 조건으로 하여 체결된다. 위 (ⅲ)의 판매단계약은 발행증권의 판매를 담당하는 판매단구성원과 대표주관회사 사이에 체결된다.

우리나라에서는 실무상 이들 3가지 계약이 별도로 체결되지 않고 '**총액인수 및 모집매출계약서**'라는 하나의 계약서에 의하여 체결되고 있다(대법원 2020. 2. 27. 선고 2016두30750 판결 참조). 이 계약서에는 발행회사와 대표주관회사뿐 아니라 인수인의 수가 많지 않은 경우에는 공동주관회사들도 당사자로 참여하고 있다. 이처럼 작성되는 계약서는 하나지만 각 당사자 사이에는 별도로 계약관계가 성립할 수 있다. 인수계약에 포함될 내용은 협회가 정하고 있다{대표주관업무모범기준(최종 개정 2021. 7. 20.), 2부 Ⅳ.2.}.

각 당사자 사이의 정확한 법률관계는 결국 구체적인 계약에 따라 정해질 것이다. 그러나 이론상 여러 가능성을 생각해 볼 수 있다. 먼저 가장 근본적으로 해결해야 할 문제는 증권이 발행인에서 투자자로 직접 넘어가는 것인지 아니면 인수단 등의 중개기관을 거쳐서 넘어가는 것인지 여부이다. 논리적으로는 중개기관을 거쳐서 투자자에게 넘어가는 형태도 여러 가지가 있을 수 있다. 가장 복잡한 형태는 증권이 발행인으로부터 공동주관회사로 넘어가고 공동주관회사에서 다시 인수단으로, 인수단에서 판매단을 거쳐서 투자자로 넘어가는 경우일 것이다.

발행인 → 공동주관회사 → 인수단 → 판매단 → 투자자

그러나 법적으로 매매거래가 이처럼 여러 단계에서 발생되는 형태는 비현실적일 것이다.[248] 따라서 극히 예외적인 경우가 아닌 한 증권은 발행인에서 투자자에게로 직접 넘어간다

---

248) 증권거래세법은 과세대상인 양도에서 잔액인수에서 인수인이 소화되지 못한 증권을 인수하는 경우를 포함한

고, 즉 발행인과 투자자 사이에 계약관계가 성립하는 것으로 보는 것이 옳다.[249] 과거 표준인수계약서도 투자자를 청약자로 보아 직접 배정하는 형식을 취하고 있었다.

2) 발행인과 인수인의 관계

발행인과 인수인 사이의 관계를 어떻게 이해할 것인가? 첫째, 발행인의 상대방을 대표주관회사(내지 공동주관회사)만으로 볼 것인가 인수단 전체로 볼 것인가가 문제이다. 전자라면 발행인에 대해서 책임을 지는 것은 대표주관회사(내지 공동 주관회사)뿐이고 인수인은 대표주관회사와의 내부관계상으로만 책임을 진다. 둘째, 발행인의 상대방이 인수단 전체라고 보는 경우에는 이들 인수인들이 발행인에 대해서 지는 책임이 연대책임인가 아니면 각자의 부담부분의 한도 내에서 지는 책임인가가 문제될 것이다.[250] 이러한 문제는 일률적으로 말하기는 어렵고 결국 구체적인 계약의 내용에 따라 판단할 수밖에 없다. 표준인수계약서에는 각 인수인이 인수부분에 한하여 개별적으로 채무를 부담하는 것으로 규정하고 있었다.

3) 인수인과 투자자의 관계

인수인과 투자자 사이의 관계는 어떻게 볼 것인가? 인수인은 자본시장의 문지기로서 인수대상 증권을 취득한 투자자에 대하여 직접 다양한 의무를 부담한다. 자본시장법은 특히 공모발행의 인수인에 대하여는 다양한 규제상 의무(125조 1항, 128조 1항, 131조 3항)를 직접 부과한다. 사모에도 인수는 있지만, 공모를 중심으로 한 자본시장법상 인수인 규제가 적용되지 않을 뿐이다. 그러면 사모발행에서의 인수인은 투자자에 대하여 아무런 의무도 부담하지 않는가? 당연히 일반적인 투자자 보호의무(37조)를 부담한다. 이러한 의무는 해당 증권의 공모발행에서 인수인이 부담하는 실사의무는 아니지만 그에 준하는 조사 또는 실사의무로 나타나게 된다{서울고법 2023. 1. 13. 선고 2021나2046187 판결(상고심 계속중)}.

제9절 주권상장법인특례[251]

Ⅰ. 총 설

자본시장법은 주권상장법인에 관한 특례규정을 두고 있다. 자본시장법 시행 전에는 증권법에서 규정하고 있었다(제9장 제3절 상장법인 등에 대한 특례등). 이에 대해서는 "주로 상법의

중개기관의 중개행위를 제외하고 있다(6조 2호).

249) 증권업계에서 '판매인'이나 '판매단'이란 용어 대신 '청약사무취급회사'나 '청약사무취급단'이란 용어를 사용하고 있는 것도 이러한 관점을 뒷받침한다.

250) 비슷한 문제는 발행인이 공동주관회사와 인수계약을 체결하는 경우에도 발생한다.

251) 이 절의 논의는 정순섭, "자본시장법에서의 상장회사 적용 법규 및 개선 과제", 『상장협연구』 제63호, 2011, 43-70면에 기초한 것이다.

유명무실화 내지 공동화를 초래한다는 점, 시장규제를 목적으로 하는 증권거래법의 성격상 회사법적 규제를 포함하는 것은 옳지 않다는 점, 주식회사에 관한 상법의 일반규정과 구증권 거래법의 특례규정 사이의 부조화에서 파생되는 문제점 등"이 지적되었다.[252] 현재는 이를 나누어 자본시장법은 재무(제3편 제3장의2 주권상장법인에 대한 특례 〈신설 2009. 2. 3.〉), 상법은 지배구조(제13절 상장회사에 대한 특례 〈신설 2009. 1. 30.〉)를 규정하고 있다. 다만 첫째, 상장법 인에 관한 현재의 이원구조가 적절한지는 의문이고, 둘째, 주식회사의 지배구조상 특례를 인 정하는 근거로는 상장보다는 공개 여부가 더 중요하다.

II. 적용범위

1. 주권상장법인

1) 의   의

자본시장법상 주권상장법인특례는 주권상장법인을 적용대상으로 한다(165조의2 1항). 주 권상장법인은 증권시장에 상장된 주권을 발행한 법인이나 주권과 관련된 증권예탁증권이 증 권시장에 상장된 경우에는 그 주권을 발행한 법인을 말한다(9조 15항 3호 가목·나목).

한편 상법상 상장회사 특례규정이 적용되는 **'상장회사'**는 "대통령령으로 정하는 증권시장 (증권의 매매를 위하여 개설된 시장을 말한다)에 상장된 주권을 발행한 주식회사"를 말한다(상 542조의2 1항). 여기서 증권시장은 자본시장법상 증권시장(9조 13항)이다(상법시행령 8조 1항). 상법상 상장회사는 자본시장법상 **'주권과 관련된 증권예탁증권이 증권시장에 상장된 경우에는 그 주권을 발행한 법인'**은 포함하지 않는다. 따라서 상법상 상장회사의 범위는 자본시장법상 주권 상장법인보다 그 범위가 좁다. 그러면 국내증권시장에 주권을 직접 상장하지 않고 그 주권과 관련된 증권예탁증권을 상장한 회사에 대하여 상법상 상장회사에 관한 특례를 적용할 것인 가? 상법상 상장회사 또는 자본시장법상 주권상장법인에 외국회사 또는 외국법인이 포함되는 지 여부와 관계된다.

2) 외국법인 또는 외국회사의 포함 여부

자본시장법상 주권상장법인특례규정은 외국법인등과 투자회사에 대해서는 적용되지 않 는다(165조의2 1항 1호 본문·2호). 첫째, **'외국법인등'**은 외국의 정부·지방자치단체·공공단체, 외국 법령에 따라 설립된 외국 기업, 조약에 따라 설립된 국제기구, 외국 법령에 따라 설정· 감독하거나 관리되고 있는 기금이나 조합, 외국의 정부·지방자치단체·공공단체 또는 조약에

---

252) 김건식·최문희, 상법특례조항의 문제점 및 개선방안, 법무부 연구용역보고서, 2007. 1. 5., 10-52면; 김건식· 최문희, "증권거래법상 상장법인 특례규정의 문제점과 개선방안", 『BFL』 제23호, 2007, 101-113면. 당시의 논의는, 정순섭, "자본시장법에서의 상장회사 적용 법규 및 개선 과제", 『상장협연구』 제63호, 2011, 43면 각주 2.

따라 설립된 국제기구에 의하여 설정·감독하거나 관리되고 있는 기금이나 조합을 말한다(9조 16항 1호-6호; 령 13조 1항, 2항 1호-3호). 다만 외국법인등에 대해서도 주권상장법인 재무관리 기준과 주권상장법인에 대한 조치에 관한 규정(165조의16, 165조의18)은 적용된다(165조의2 1항 1호 단서). 외국법인등에 대하여 자본시장법상 주권상장법인특례규정의 적용을 원칙적으로 배제한 이유는, 특별히 외인법의 적용을 받지 않는 이상 국제사법상 외국법인등은 그 설립의 준거법에 의해야 하기 때문이다(국제사법 16조).[253] 둘째, 투자회사는 집합투자기구로서 회사로서의 실체를 갖지 못한 장부상 회사임을 고려한 것이다. 외국 투자회사도 같다. 상법상 상장회사특례규정은 외국회사에 적용되지 않는다.[254]

2. 상법과 자본시장법의 관계

증권법상 주권상장법인 특례규정과 상법상 일반규정의 적용순서에 대해서는 증권법을 상법의 특별법으로 보아 항상 상법의 규정에 우선하여 적용된다고 보는 증권법 적용설과 증권법의 규정은 투자자 보호를 위한 규정으로서 투자자에 유리한 경우에는 상법과 증권법을 선택적으로 적용하는 것이 가능하다는 선택적 적용설이 가능하였다. 법원은 대체로 선택적 적용설을 채택하고 있었다{대법원 2004. 12. 10. 선고 2003다41715 판결 (소수주주권(임시주주총회소집청구권)의 행사관련)}.[255]

상법은 상장회사 특례규정과 관련하여 "이 절은 이 장 다른 절에 우선하여 적용한다"(542조의2 2항)라고 규정하여 상법 중 주식회사에 관한 일반규정에 우선하여 적용됨을 명시하고 있다. 상법상 일반규정과 상장회사특례규정의 적용관계에 대하여 법원의 판단은 상장회사 특례규정의 우선적용을 인정하는 판례(배타적 적용설, 인천지법 2010. 3. 4.자 2010카합159 결정; 서울중앙지법 2011. 1. 13.자 2010카합3874 결정; 서울중앙지법 2015. 7. 1.자 2015카합80582 결정)와 소수주주는 소수주주권의 일반적 요건 또는 특례상 요건 중 하나를 충족하면 그 권한을 행사할 수 있다는 판례(선택적 적용설, 서울고법 2011. 4. 11.자 2011라123 결정[256]; 서울남부지법 2020. 12. 3.자 2020비합100140 결정)로 나뉜다.

자본시장법도 2013. 4. 5. 개정에서 상법과 자본시장법상 주권상장법인특례규정의 적용관계에 관하여는 "이 장은 주권상장법인에 관하여 「상법」 제3편에 우선하여 적용한다"고 규

---

253) 온주 자본시장과금융투자업에관한법률 제165조의2 / 집필위원: 노혁준·윤법렬 / 출판일: 2019. 12. 26. 대법원 2018. 8. 1. 선고 2017다246739 판결("국제사법 제16조 본문은 '법인 또는 단체는 그 설립의 준거법에 의한다'라고 하여 법인의 준거법은 원칙적으로 설립 준거법을 기준으로 정하고 있다. 이 조항이 적용되는 사항을 제한하는 규정이 없는데, 그 적용 범위는 법인의 설립과 소멸, 조직과 내부관계, 기관과 구성원의 권리와 의무, 행위능력 등 법인에 관한 문제 전반을 포함한다고 보아야 한다").

254) 김건식·노혁준·천경훈, 1006면.

255) 김건식·최문희, 앞의 보고서, 11면.

256) 이 결정에 대한 특별항고는 기각되었다. 대법원 2011. 8. 19.자 2011그114 결정.

정하였다(165조의2 2항). 이에 대해서도 선택적 적용설이 주장되고 있다.257) 상법상 주식회사에 관한 일반규정과 상장회사특례규정의 관계에서 본 것과 마찬가지로 일의적으로 판단할 수는 없으며 각 규정의 취지를 고려하여 적용관계를 판단할 수밖에 없고, 자본시장법상 상장법인특례규정의 취지가 상법상 규제를 강화하는 내용인 때에는 자본시장법이 상법에 우선하여 적용되어야 한다는 것이다. 자본시장법상 주권상장법인특례규정은 상법에 대한 특칙으로서 우선적용된다고 해석하는 것이 형식적으로는 정확하다. 그러나 자본시장법이 상법의 규제를 완화하는 것인 경우에는 당사자들이 적용법규를 선택할 수 있다고 해석하는 것이 입법취지에 부합한다.258)

Ⅲ. 주식발행 등

1. 자기주식 취득 및 처분의 특례

1) 상   법

(1) 의의와 취지

상법은 주식회사의 자기주식 취득을 (ⅰ) 배당가능이익의 범위 내의 취득과 (ⅱ) 특정목적에 의한 취득으로 나누어 규정한다. (ⅰ)은 원칙적으로 허용하면서 방법과 한도를 제한한다(상 341조 1항-4항). (ⅱ)에는 이러한 제한도 적용되지 않는다. 이하 (ⅰ)의 경우를 살펴본다.

(2) 취득방법

상법은 자기주식의 취득 방법을 (ⅰ) 거래소에서 취득하는 방법(거래소에서 시세가 있는 주식의 경우)과 (ⅱ) 상환주식(상 345조 1항)을 제외하고 각 주주가 가진 주식 수에 따라 균등한 조건으로 취득하는 것으로서 상법시행령으로 정하는 방법으로 한정한다(상 341조 1항 1호·2호). 위 (ⅰ)의 거래소는 정확하게는 거래소증권시장(8조의2 4항 1호)을 말한다. 외국거래소도 포함된다는 견해에 따르면 한국회사가 외국거래소가 개설한 증권시장에 상장된 자사 주식의 예탁증권을 그 시장에서 매입할 수도 있다.259) 위 (ⅱ)의 균등조건취득방법으로서 상법시행령은 회사가 모든 주주에게 자기주식 취득의 통지 또는 공고를 하여 주식을 취득하는 방법과 자본시장법상 공개매수(133조-146조)의 방법을 규정하고 있다(상 시행령 9조 1항 1호·2호). 공개매수제도는 상장회사를 전제로 한다.

---

257) 최문희, "자본시장법상 주권상장법인 특례규정의 존재 의의와 개선 과제", 『BFL』 61호, 2013, 92면. 같은 취지: 온주 자본시장과금융투자업에관한법률 제165조의2 / 집필위원: 노혁준·윤법렬 / 출판일: 2019. 12. 26.
258) 2020. 12. 29. 상법 개정은 상장회사의 주주는 상장회사 특례규정에 따른 소수주주권 행사요건과 일반규정에 따른 소수주주권 행사요건을 선택적으로 주장할 수 있도록 하는 제542조의6 제10항을 신설하였는바, 같은 취지에서 개정이 이루어진 것으로 이해할 수 있다.
259) 김건식·노혁준·천경훈, 685면.

자기주식을 취득한 회사는 지체 없이 취득내용을 적은 자기주식 취득내역서를 본점에 6개월간 갖추어 두어야 한다(상 시행령 9조 2항 전단). 주주와 회사채권자는 영업시간 내에 언제든지 그 취득내역서를 열람할 수 있으며, 회사가 정한 비용을 지급하고 그 서류의 등본(이나 사본)의 교부를 청구할 수 있다(상 시행령 9조 2항 후단). 자기주식 취득사유를 정관으로 추가할 수 있는가? 상법과 자본시장법은 그 사유를 엄격히 제한하고 있으므로, 주권상장법인이 정관으로 추가할 수 없다고 해석해야 한다.[260]

(3) 취득한도

상법은 취득가액 총액을 직전 결산기의 배당가능금액(상 462조 1항)으로 제한한다(상 341조 1항 단서). 구체적인 재원은 제한이 없다(대법원 2021. 7. 29. 선고 2017두63337 판결). 회사는 해당 영업연도의 결산기에 배당가능이익이 부족할 우려가 있는 경우에는 자기주식을 취득할 수 없다(상 341조 3항). 해당 영업연도의 결산기에 배당가능이익이 부족하게 되는 경우에도 회사가 자기주식을 취득한 경우 이사는 회사에 대하여 연대하여 배당가능이익 초과액을 배상할 책임이 있다(상 341조 4항 본문). 다만, 이사가 무과실을 증명한 경우 책임이 없다(상 341조 4항 단서).

(4) 주주총회 결의

자기주식을 취득하려는 회사는 미리 주주총회 결의로 (ⅰ) 취득할 수 있는 주식의 종류 및 수, (ⅱ) 취득가액의 총액한도, (ⅲ) 1년을 초과하지 않는 범위에서 자기주식 취득기간을 정해야 한다(341조 2항 본문). 배당가능이익의 범위 내이면 취득주식 수에는 제한이 없다. 다만 정관상 이사회 결의로 이익배당을 할 수 있는 경우에는 이사회의 결의로써 주주총회 결의를 갈음할 수 있다(341조 2항 단서).

2) 자본시장법
(1) 의의와 취지

자기주식취득을 제한하는 논거로는 첫째, 주주평등원칙 위배, 둘째, 회사의 재무건전성 저해, 셋째, 불공정거래 가능성의 3가지가 주로 제기되어 왔다.[261] 첫째 문제는 취득한도를 배당가능이익으로 하여 배당수단으로서의 남용을 방지함으로써, 둘째 문제는 자기주식의 취득방법을 증권시장에서의 취득이나 공개매수로 한정하여 특정인과의 거래를 불가능하게 함으로써, 그리고 셋째 문제는 불공정거래규제(174조 · 176조 · 178조)로 어느 정도 극복할 수 있는 것으로 평가된다.

260) 대법원 2007. 5. 10. 선고 2005다60147 판결("법정사유 이외에는 자기주식의 취득을 금지하는 상법 제341조의 규정에 위반").
261) 금감원공시안내, 61면. 자기주식취득제한의 근거로 채권자보호, 주주평등, 주식거래의 공정, 회사지배의 공정을 들면서 취득 자체의 금지 근거로는 적절하지 않다는 견해로, 김건식 · 노혁준 · 천경훈, 682-683면.

(2) 취득·처분의 방법과 절차

주권상장법인은 (ⅰ) 거래소에서 취득하는 방법(상 341조 1항)이나 (ⅱ) 신탁계약에 따라 자기주식을 취득한 신탁업자로부터 신탁계약이 해지·종료된 때 반환받는 방법으로 자기주식을 취득할 수 있다(165조의3 1항 1호·2호). (ⅱ)도 신탁업자가 그 주권상장법인의 자기주식을 거래소에서 취득하는 방법으로 취득한 경우에 한정된다. 취득가액 총액은 배당가능이익(상 462조 1항)을 한도로 한다(165조의3 2항).

주권상장법인은 자기주식을 취득하는 경우 법정결의사항에 관한 이사회 결의를 요한다 (165조의3 3항·4항; 령 176조의2 1항 본문 1호·2호). 법정결의사항은 (ⅰ) 거래소에서 자기주식을 취득·처분하려는 경우(165조의3 1항 1호)에는 취득·처분의 목적·금액 및 방법, 주식의 종류 및 수, 그 밖에 금융위가 고시하는 사항을, (ⅱ) 신탁계약을 체결·해지하려는 경우(165조의3 1항 2호)에는 체결·해지의 목적·금액, 계약기간, 그 밖에 금융위가 고시하는 사항이다. 여기에는 자기주식의 취득 또는 처분기간도 포함된다(발행공시규정 5-1조 1호 바목, 2호 바목). 다만, 주식매수선택권 행사에 따라 자기주식을 교부하는 경우와 신탁계약기간이 종료한 경우는 제외한다(165조의3 4항; 령 176조의2 1항 단서).

주권상장법인이 자본시장법에 따라 자기주식을 취득하려는 경우에는 이사회 결의사실이 공시된 날의 다음 날부터 3개월 이내에 증권시장에서 자기주식을 취득해야 한다(165조의3 4항; 령 176조의2 3항). 구체적인 방법은 발행공시규정에서 정한다(발행공시규정 5장 1절).

주권상장법인은 자기주식의 취득(자기주식의 취득을 목적으로 하는 신탁계약의 체결을 포함) 또는 처분(자기주식의 취득을 목적으로 하는 신탁계약의 해지를 포함)을 결의한 때는 그 결의일의 다음 날까지 주요사항보고서를 제출해야 한다(161조 1항 8호).[262) 주요사항보고서에 기재된 취득기간과 방법·수량을 변경할 수 있는가? 금감원은 투자자의 혼란과 불공정거래 가능성 등을 이유로 변경을 허용하지 않는다.[263) 취득·처분을 완료하거나 취득·처분기간이 만료한 때는 그 날로부터 5일 이내에 취득·처분결과보고서(발행공시규정 5-8조 1항, 5-9조 1항·3항)를, 신탁계약 체결 후 3개월이 경과한 때에는 신탁계약에 의한 취득상황보고서(발행공시규정 5-10조 1항)를, 신탁계약을 해지하거나 신탁계약기간이 기간만료로 종료한 날로부터 5일 이내에 신탁계약해지결과보고서(발행공시규정 5-10조 2항)를 금융위에 제출해야 한다.

(3) 자기주식 취득·처분 등의 제한

주권상장법인은 법정제한기간[264)에는 자본시장법에 따른 자기주식의 취득·처분이나 신

---

262) 상법상 특정목적에 의한 자기주식 취득(341조의2)에는 별도 결의가 있다고 보기 어렵고 다른 행위에 자기주식취득이 수반되는 것에 불과하므로 취득에 대한 주요사항보고서 제출의무는 없다. 그 주식을 처분하는 경우에는 주요사항보고서를 제출해야 한다. 금감원공시안내, 60면.

263) 금감원공시안내, 166면(Q&A 1-32).

264) 다음 기간을 말한다.

탁계약의 체결·해지를 할 수 없다(165조의3 4항; 령 176조의2 2항 1호-6호). 불공정거래와 이해상
충가능성을 우려한 것이다. 주권상장법인이 금전신탁계약에 따라 신탁업자에게 자기주식을 취
득하게 한 경우 위 법정제한기간 중 일부(령 176조의2 2항 1호-5호)가 개시되는 때에는 지체 없이
그 신탁업자에게 그 기간의 개시사실을 통보해야 한다(165조의3 4항; 령 176조의2 5항). 실무상 법
정제한기간의 기산점이 문제된다. 예컨대 취득 또는 처분이 제한되는 처분 후 3개월간 또는 취
득 후 6개월간(령 176조의2 2항 6호)의 기산점은 매수결제일과 매도결제일을 기준으로 한다.[265]

     상법이나 자본시장법상 자기주식의 처분방법에는 제한이 없다. 발행공시규정도 장내처분
의 방법만 제한하고 있으므로(5-9조 5항) 장외처분도 가능하다. 금감원은 장내매도에 가격제
한을 둔 취지(발행공시규정 5-9조)를 고려하여 그에 상응하는 합리적 가격이어야 한다는 의견
이다.[266] 그러나 자본시장법상 불공정거래규제 등 일반규정에 따르면 된다.

    다만 주권상장법인이 주식매수청구권 행사에 따라 매수한 주식은 그 주식을 매수한 날부
터 5년 이내에 처분해야 한다(165조의5 4항; 령 176조의7 4항). 주권상장법인이 상법상 소유하
고 있는 상장증권 중 자기주식을 교환대상으로 하거나 자기주식으로 상환하는 사채권(469조
2항 2호)을 발행한 경우에는 그 사채권을 발행하는 때에 자기주식을 처분한 것으로 본다(165조

---

    (1) 다른 법인과의 합병에 관한 이사회 결의일부터 과거 1개월간
    (2) 유상증자 신주배정기준일(일반공모증자의 청약일) 1개월 전부터 청약일까지의 기간
    (3) 준비금의 자본전입에 관한 이사회 결의일부터 신주배정기준일까지의 기간
    (4) 시장조성(령 205조 1항 5호)을 할 기간
    (5) 미공개중요정보(174조 1항)가 있는 경우 그 정보가 공개되기 전까지의 기간
    (6) 처분(신탁계약의 해지를 포함) 후 3개월간 또는 취득(신탁계약의 체결을 포함) 후 6개월간. 다만, 다음
경우에는 할 수 있다.
      가. 임직원에 대한 상여금으로 자기주식을 교부하는 경우
      나. 주식매수선택권의 행사에 따라 자기주식을 교부하는 경우
      다. 취득한도(165조의3 2항)를 초과하는 자기주식을 처분하는 경우
      라. 임직원에 대한 퇴직금·공로금 또는 장려금 등으로 자기주식을 지급(근로복지기본법상 사내근로복지
기금에 출연하는 경우를 포함)하는 경우
      마. 우리사주조합(근로복지기본법 2조 4호)에 처분하는 경우
      바. 법령 또는 채무이행 등에 따라 불가피하게 자기주식을 처분하는 경우
      사. 공기업의 경영구조개선 및 민영화에 관한 법률의 적용을 받는 기업이 민영화를 위하여 그 기업의 주
식과의 교환을 청구할 수 있는 교환사채권을 발행하는 경우
      아. 국가 또는 예금보험공사로부터 자기주식을 취득한 기업이 그 주식과 교환을 청구할 수 있는 교환사
채권을 발행하는 경우(아래 자의 경우는 제외). 이 경우 교환의 대상이 되는 자기주식의 취득일부터 6개월이
지난 후에 교환을 청구할 수 있는 교환사채권만 해당한다.
      자. 위 아에 따른 기업이 교환사채권을 해외에서 발행하는 경우로서 자기주식을 갈음하여 발행하는 증권
예탁증권과 교환을 청구할 수 있는 교환사채권을 발행하는 경우
      차. 자기주식의 취득일부터 금융위원회가 정하여 고시하는 기간이 경과한 후 자기주식을 기초로 하는 증
권예탁증권을 해외에서 발행하기 위하여 자기주식을 처분하는 경우
      카. 신탁업자를 통하여 자기주식을 취득하는 경우(165조의3 1항 2호)
 265) 금감원공시안내, 169면.
 266) 금감원공시안내, 67면, 167면(Q&A 1-33). 찬성: 주석 I , 831면.

의3 4항; 령 176조의2 4항).

주식회사의 자기주식의 처분에 신주발행절차를 준용할 것인지에 대해서는 특히 자기주식을 회사의 자산으로 볼 것인지와 관련하여 논의가 있다(부정: 대법원 2010. 10. 28. 선고 2010다51413 판결). 그 밖에 자기주식의 법적 지위도 상법상 일반적인 논의에 따른다.

(4) 자기주식 취득규제 위반의 효과

자본시장법상 자기주식 취득규제에 위반한 행위의 사법상 효과에 대해서는 유효설과 무효설, 상대적 무효설이 있다.[267] 대법원은 무효로 본다.[268] 그러나 자기주식의 취득을 허용한 입법취지와 현실적으로 위반분을 특정할 수 없다는 한계를 고려할 때 유효로 볼 수밖에 없다.

2. 주식의 발행 및 배정 등에 관한 특례

1) 원   칙

자본시장법은 신주배정방법에 관한 특례를 두고 있다. 주권상장법인이 신주를 배정하는 경우 주주배정, 제3자배정, 일반공모증자의 방식에 따른다(165조의6 1항 1호-3호).[269] 일반공모증자의 경우에 신주는 이미 발행한 주식을 포함한다. 일반공모증자의 방식으로 신주를 배정하는 경우에는 정관으로 정하는 바에 따라 이사회의 결의로 (ⅰ) 신주인수의 청약을 할 기회를 부여하는 자의 유형을 분류하지 않고 불특정 다수의 청약자에게 신주를 배정하는 방식, (ⅱ) 우리사주조합원(165조의7)에 대하여 신주를 배정하고 청약되지 않은 주식까지 포함하여 불특정 다수인에게 신주인수의 청약을 할 기회를 부여하는 방식, (ⅲ) 주주에 대하여 우선적으로 신주인수의 청약을 할 수 있는 기회를 부여하고 청약되지 않은 주식이 있는 경우 이를 불특정 다수인에게 신주를 배정받을 기회를 부여하는 방식, (ⅳ) 투자매매업자 또는 투자중개업자가 인수인 또는 주선인으로서 마련한 수요예측에 따라 특정 유형의 자에게 신주인수의 청약기회를 부여하는 경우로서 금융위가 인정하는 방식으로 신주를 배정해야 한다(165조의6 4항 전단 1호-4호; 령 176조의8 5항). 이 경우 주주의 신주인수권 및 제3자배정의 조건에 관한 규정(상 418조 1항, 2항 단서)을 적용하지 않는다(165조의6 4항 후단).

267) 각 견해의 소개는 온주 자본시장과 금융투자업에 관한 법률 제165조의3 / 집필위원: 허준석 / 출판일: 2019. 10. 31, [10]; 주석Ⅰ, 825-826면.
268) 대법원 1964. 11. 12.자 64마719 결정; 대법원 2003. 5. 16. 선고 2001다44109 판결.
269) 주주배정은 주주에게 그가 가진 주식 수에 따라서 신주를 배정하기 위하여 신주인수의 청약을 할 기회를 부여하는 방식이다. 제3자배정은 신기술의 도입, 재무구조의 개선 등 회사의 경영상 목적을 달성하기 위하여 필요한 경우 주주배정 외의 방법으로 특정한 자(해당 주권상장법인의 주식을 소유한 자를 포함한다)에게 신주를 배정하기 위하여 신주인수의 청약을 할 기회를 부여하는 방식이다. 일반공모증자는 주주배정 외의 방법으로 불특정 다수인(해당 주권상장법인의 주식을 소유한 자를 포함)에게 신주인수의 청약을 할 기회를 부여하고 이에 따라 청약을 한 자에 대하여 신주를 배정하는 방식을 말한다.

2) 실권주의 처리

자본시장법은 에버랜드사건(대법원 2009. 5. 29. 선고 2007도4949 전원합의체 판결) 이후 실권주 규제를 강화하였다. 실권주는 "신주를 배정하는 경우 그 기일까지 신주인수의 청약을 하지 않거나 그 가액을 납입하지 않은 주식"을 말한다. 주권상장법인은 "금융위가 고시하는 방법에 따라 산정한 가격"270) 이상으로 신주를 발행하는 경우로서 실권주가 발생하는 경우 '**계열회사의 관계**'(령 176조의8 1항)에 있지 않은 투자매매업자가 인수인으로서 그 실권주 전부를 취득하는 계약을 해당 주권상장법인과 체결하는 경우, 주주배정의 경우 신주인수청약 당시에 해당 주권상장법인과 주주 간의 별도 합의에 따라 실권주가 발생하는 때에는 초과청약(신주인수의 청약에 따라 배정받을 주식수를 초과하는 내용의 청약)을 하여 그 초과청약을 한 주주에게 우선적으로 그 실권주를 배정하기로 하는 경우,271) 그 밖에 소규모공모(130조 1항), 주권상장법인이 우리사주조합원에 대하여 신주를 배정하지 않는 경우로서 실권주를 우리사주조합원에게 배정하는 경우(령 165조의6 2항 3호; 령 176조의8 1호·2호)를 제외하고 실권주에 대하여 발행을 철회해야 한다(165조의6 2항 1호-3호; 령 176조의9).

3) 주주배정과 신주인수권의 발행 및 유통

주권상장법인은 주주배정방식으로 신주를 배정하는 경우 발행조건에 관한 이사회 결의(상 416조 5호·6호)에 불구하고 주주에게 신주인수권증서를 발행하고(165조의6 3항 전단), 그 유통도 가능하게 해야 한다(165조의6 3항 후단). 유통방법은 증권시장에 상장하는 방법과 둘 이상의 금융투자업자(주권상장법인과 계열회사의 관계에 있지 않은 투자매매업자 또는 투자중개업자)를 통하여 신주인수권증서의 매매 또는 그 중개·주선이나 대리업무가 이루어지게 하는 방법을 말한다(165조의6 3항 후단; 령 176조의8 4항 1호·2호). 발행인의 부담을 우려하여 신주인수권의 유통을 발행인이 선택할 수 있게 한 상법 원칙에 대한 예외를 인정한 것이다. 그럼에도 신주인수권증서를 발행하지 않은 경우에도 양도는 가능하며, 지명채권양도의 방법과 효력에 따른다(대법원 1995. 5. 23. 선고 94다36421 판결).

3. 우리사주조합원에 대한 주식의 배정 등에 관한 특례

유가증권시장의 주권상장법인 또는 주권을 유가증권시장에 상장하려는 법인이 주식을 공모하는 경우 주주의 신주인수권(상 418조)에도 불구하고 해당 법인의 우리사주조합원에 대하

---

270) "청약일전 과거 제3거래일부터 제5거래일까지의 가중산술평균주가(그 기간 동안 증권시장에서 거래된 해당 종목의 총 거래금액을 총 거래량으로 나눈 가격)에서 일정한 할인율을 적용하여 산정한 가격"을 말한다(발행 공시규정 5-15조의2).
271) 이 경우 "신주인수의 청약에 따라 배정받을 주식수에 20%를 곱한 주식수"를 초과할 수 없다(165조의6 2항 2호 후단; 령 176조의8 2항).

여 공모하는 주식총수의 20%를 배정해야 한다(165조의7 1항 본문; 령 176조의9 1항·2항). 다만 매출은 이미 발행된 주식을 분산매도하는 경우이므로 주주의 신주인수권이 제한되는 것은 모집에 한정된다.[272] 주주배정(165조의6 1항 1호)으로 신주를 발행하는 경우 우리사주조합원에 대한 배정분에 대하여는 상법상 신주인수권자에 대한 최고 규정(상 419조 1항-3항)을 적용하지 않는다(165조의7 3항). 과거 우리사주조합원 우선배정분 중에서 실권주가 발생하면 주주에게 추가배정하기 위해 우리사주조합원의 우선청약을 받은 후 약 20여일 후 주주에 대한 청약을 실시함으로써 우리사주조합원은 발행가액 확정 전에 청약을 하는 문제를 해결하기 위한 것이다.[273] 금융위는 우리사주조합원에 대한 주식배정과 그 주식처분 등에 필요한 기준을 고시할 수 있다(165조의7 4항). 우리사주조합원이 우선배정받을 수 있는 주식 수를 계산할 때 모집은 물론 매출하는 주식 수도 합산하여 정한다.[274]

그러나, 첫째, 외국인투자촉진법상 외국인투자기업의 주식발행, 그 밖에 해당 법인이 우리사주조합원에 대하여 우선배정을 하기 어려운 경우로서 시행령으로 정하는 경우는 제외한다(165조의7 1항 단서; 령 176조의9 3항 1호·2호). 둘째, 우리사주조합원이 소유하는 주식수가 신규로 발행되는 주식과 이미 발행된 주식의 총수의 20%를 초과하는 경우도 제외한다(165조의7 2항). 셋째, 우리사주조합원에 대한 우선배정은 신주가 아닌 신주인수권부사채에는 적용되지 않는다(대법원 2014. 8. 28. 선고 2013다18684 판결).

4. 액면미달발행의 특례

상법상 액면미달가액의 신주발행은 성립 후 2년의 경과, 주주총회의 특별결의, 법원인가 등 요건을 충족하는 경우에만 허용된다(상 417조 1항). 자본시장법상 특칙은 3가지로 구성된다. 첫째, 자본시장법은 특히 부실회사의 자본조달을 위하여 주권상장법인에 대해서는 법원인가를 면제하고 주주총회결의만으로 신주의 액면미달발행을 허용한다(165조의8 1항 본문). 주권상장법인은 주주총회에서 다르게 정하는 경우를 제외하고는 액면미달 가액의 주식을 주주총회의 결의일부터 1개월 이내에 발행해야 한다(165조의8 3항). 둘째, 주권상장법인은 그 액면미달금액의 총액에 대하여 상각이 이루어지지 않으면 새로이 액면미달발행을 할 수 없다(165조의8 1항 단서). 셋째, 그 최저발행가액은 시행령으로 정하는 방법에 따라 산정한 가격 이상으로 주주총회결의에서 정해야 한다(165조의8 2항). 주식의 액면미달발행 시 최저발행가격은 시행령으로 정하는 가격{(ⅰ) 주식의 액면미달가액 발행을 위한 주주총회소집을 위한 이사회 결의일 전일부터 과거 1개월간 공표된 매일의 증권시장에서 거래된 최종시세가격의 평균액, (ⅱ) 주주총회소집

---

272) 김건식·노혁준·천경훈, 657면.
273) 주석 Ⅰ, 878-879면.
274) 김건식·노혁준·천경훈, 657면.

을 위한 이사회 결의일 전일부터 과거 1주일간 공표된 매일의 증권시장에서 거래된 최종시세가격의 평
균액, (iii) 주주총회소집을 위한 이사회 결의일 전일의 증권시장에서 거래된 최종시세가격 } 중 높은
가격의 70%를 말한다(165조의8 2항; 령 176조의10 1호-3호). 그러나 첫째, 주주총회 특별결의는
여전히 요구되고(상 417조 2항), 둘째, 저액면주식이나 무액면주식을 발행하면 액면미달발행문
제는 없는 점에서 특칙의 실효성에 대해서는 의문이 있다.275)

5. 주주에 대한 통지 또는 공고의 특례

주권상장법인이 자본시장법상 특례나 상법상 제3자배정에 따라 신주를 배정할 때(165조
의6, 상 418조 2항) 금융위에 제출한 주요사항보고서(161조 1항 5호)가 금융위와 거래소에 그 납
입기일의 1주 전까지 공시된 경우(163조)에는 상법상 제3자배정의 경우의 주주 통지·공고(상
418조 4항)를 적용하지 않는다(165조의9). 주요사항보고서 공시로 상법상 주주에게의 통지·공
고(418조 4항)를 갈음하되, 공시기간을 납입기일의 1주 전276)으로 하여 주주권리를 보호하는
것이다. 과거 자본시장법상 특례에 따라 일부 상장법인이 납입기일 직전에 주요사항보고서를
공시함에 따라 기존 주주들이 신주발행유지청구권 등 주주권을 사실상 행사하기 어렵게 된
사례를 고려한 것이다.277)

6. 의결권 없는 주식등의 특례

상법상 의결권이 없거나 제한되는 주식(무의결권주식이나 제한의결권주식)의 총수는 발행주
식총수의 25%를 초과하지 못한다(상 344조의2 2항 전단). 의결권제한주식이 이 발행한도를 초
과하여 발행된 경우 회사는 지체 없이 그 초과분의 해소조치를 취해야 한다(상 344조의2 2항
후단). 따라서 발행회사입장에서 특정 증권이 위 발행한도에 포함되는지는 중요하다.

자본시장법은 위 발행한도를 적용할 때 일정한 법인이 발행하는 증권을 제외한다. 구체
적으로 주권상장법인(주권을 신규로 상장하기 위하여 주권을 모집하거나 매출하는 법인을 포함)이
(i) 시행령으로 정하는 방법278)에 따라 외국에서 주식을 발행하거나, 외국에서 발행한 주권
관련사채권, 그 밖에 주식과 관련된 증권의 권리행사로 주식을 발행하는 경우, (ii) "국가기간
산업 등 국민경제상 중요한 산업을 경영하는 법인 중 시행령으로 정하는 기준에 해당하는 법

---

275) 김건식·노혁준·천경훈, 649면.
276) 개정안은 당초 납입기일 2주전으로 되어 있었지만, 주가 급등락에 따라 신속한 자금조달에 어려움이 있을 수
    있다는 금융위 의견을 감안하여 1주전으로 수정되었다. 국회 정무위원회, 자본시장과 금융투자업에 관한 법률
    일부개정법률안 심사보고서, 2017. 9., 7면(의안번호 6044 발의연월일 2017. 3. 8. 박용진의원 대표발의안).
277) 위의 심사보고서, 6면.
278) "시행령으로 정하는 방법"은 "주권상장법인과 주식을 신규로 상장하기 위하여 주식을 모집 또는 매출하는 법
    인이 금융위가 고시하는 바에 따라 해외증권을 의결권 없는 주식으로 발행하는 것"을 말한다(165조의15 1항
    1호; 령 176조의16 1항).

인"279)으로서 금융위가 의결권 없는 주식의 발행이 필요하다고 인정하는 법인이 주식을 발행하는 경우에 발행하는 의결권 없는 주식은 그 한도를 계산할 때 산입하지 않는다(165조의15 1항 1호·2호). '해외증권발행의 촉진'과 '기업의 공공성'을 위한 것으로서, 외국인 주주 및 공공기업 민간주주의 의결권을 배제·제한하면서 자기자본 방식으로 자금조달을 하려는 경우에 그 한도를 넓혀 준 것이다.280)

자본시장법상 특례에 해당하는 의결권 없는 주식(165조의15 1항 1호·2호)과 상법상 의결권제한주식(344조의3 1항)을 합한 의결권 없는 주식의 총수는 발행주식총수의 50%를 초과할 수 없다(165조의15 2항). 그러나 비자발적 발행까지 제한하는 것은 기업재무관리상 부적절하다. 따라서 의결권제한주식총수의 발행주식총수에 대한 비율이 25%를 초과하는 주권상장법인은 발행주식총수의 50% 이내에서 시행령으로 정하는 방법281)에 따라 신주인수권의 행사, 준비금의 자본전입 또는 주식배당 등의 방법으로 의결권 없는 주식을 발행할 수 있다(165조의15 3항).

Ⅳ. 사채발행 등

1. 사채의 발행 및 배정 등에 관한 특례

주권상장법인이 주권 관련 사채권을 발행하는 경우에는 주식의 발행 및 배정 등에 관한 특례(165조의6 1항·2항·4항) 및 주주에 대한 통지·공고의 특례(165조의9)를 준용한다(165조의10 1항). 여기서 주권 관련 사채권은 전환형 조건부자본증권(165조의11 1항), 상법상 교환사채와 상환사채(469조 2항 2호), 전환사채(513조) 및 신주인수권부사채(516조의2)를 말한다. 그러나 주권 관련 사채권의 경우에는 상법 제516조가 상법 제418조 제4항을 준용하고 있지 않아 상법 제418조 제4항에 따른 주주에 대한 통지·공고 의무가 적용되지 않는다. 따라서 위 특례의 의미는 분명하지 않다.282)

주권상장법인이 신주인수권부사채를 발행할 때 신주인수권만을 양도할 수 있는 것에 관한 사항(상 516조의2 2항 4호)의 정함에 불구하고 사채권자가 신주인수권증권만을 양도할 수

---

279) "시행령으로 정하는 기준에 해당하는 법인"은 (ⅰ) 정부(한국은행·산업은행 및 공공기관의 운영에 관한 법률에 따른 공공기관을 포함)가 주식(또는 지분)의 15% 이상을 소유하고 있는 법인과 (ⅱ) 다른 법률에 따라 주식취득 또는 지분참여가 제한되는 사업을 하고 있는 법인을 말한다(165조의15 1항 1호; 령 176조의16 2항 1호·2호). "다른 법률에 따라 주식취득 또는 지분참여가 제한되는 사업"은 방송법상 방송사업(8조 2항) 등을 말한다.

280) 온주 자본시장과 금융투자업에 관한 법률 제165조의15 / 집필위원: 천경훈 / 출판일: 2019. 12. 16.

281) "시행령으로 정하는 방법"은 주주 또는 사채권자에 의한 신주인수권·전환권 등의 권리행사, 준비금의 자본전입, 주식배당, 주식매수선택권의 행사를 말한다(165조의15 1항 1호; 령 176조의16 3항 1호-4호).

282) 온주 자본시장과 금융투자업에 관한 법률 제165조의10 / 집필위원: 노혁준·윤법렬 / 출판일: 2019. 12. 26.

있는 분리형 신주인수권부사채는 사모의 방법으로 발행할 수 없다(165조의10 2항). 과거 주권
상장법인의 분리형 신주인수권부사채의 발행을 지배주주의 남용방지를 위하여 금지했던 것을
2015. 7. 24. 자본시장법 개정에서 사모발행금지로 변경한 것이다.283)

2. 조건부자본증권의 발행 등

주권상장법인은 정관으로 정하는 바에 따라 이사회의 결의로 조건부자본증권을 발행할
수 있다(165조의11 1항). 여기서 조건부자본증권은 "상법상 교환사채나 상환사채, 전환사채 및
신주인수권부사채(상 469조 2항, 513조, 516조의2)와 다른 종류의 사채로서 해당 사채의 발행
당시 객관적이고 합리적인 기준에 따라 미리 정하는 사유가 발생하는 경우 주식으로 전환되
거나 그 사채의 상환과 이자지급 의무가 감면된다는 조건이 붙은 사채, 그 밖에 시행령으로
정하는 사채"를 말한다. 조건부자본증권은 자기자본비율의 하락 등 사전에 약정한 사유가 발
생할 경우 보통주로 전환(전환형 조건부자본증권)하거나 원금이 상각(상각형 조건부자본증권)되
는 사채를 말한다.284) 발행인인 주권상장법인에서는 은행법 등에 따라 조건부자본증권을 발
행할 수 있는 은행이나 금융지주회사 및 보험회사는 제외한다(은행법 33조 1항 2호·3호, 금융지
주회사법 15조의2 1항 2호·3호, 보험업법 114조의21항 1호·2호).285) 조건부자본증권의 내용, 발행
사항 및 유통 등의 방법, 조건의 세부내용 등 필요한 사항은 전환형과 상각형으로 나누어 시
행령으로 정한다{165조의11 2항; 령 176조의12 (전환형), 176조의13(상각형)}.286)

V. 합병 등

1. 적용범위

주식회사의 합병 등 조직변경은 상법에 따라 이루어진다. 그러나 주권상장법인은 자본시
장법상 기준도 따라야 한다(165조의4 1항). 여기서 합병 등은 "다른 법인과의 합병, 주식의 포
괄적 교환 또는 이전, 그리고 분할 또는 분할합병, 시행령으로 정하는 중요한 영업·자산의
양수도287)"를 말한다(165조의4 1항 1호-4호). 소규모 영업·자산의 양수도는 적용대상에서 제
외되어 있지만, 소규모합병 등도 배제하는 것이 입법론으로는 옳다.288) 자본시장법상 특례는

---

283) 국회정무위원회 수석전문위원 진정구, 자본시장과 금융투자업에 관한 법률 일부개정법률안【의안번호 12569,
박대동의원 대표발의】검토보고서, 2015. 3., 3-7면.

284) 정순섭, "조건부자본증권에 대한 법적 연구",『상사법연구』제30권 제3호, 2011, 9-45면.

285) 정순섭, 은행, 177-179면.

286) 상세한 사항은, 온주 자본시장과 금융투자업에 관한 법률 제165조의11 / 집필위원: 천경훈 / 출판일: 2019.
12. 13.

287) 주요사항보고서의 제출대상인 일정 규모 이상의 중요한 영업·자산의 양수도를 말한다(165조의4 1항 2호; 령
176조의6 1항, 171조 2항 1호-5호).

288) 온주 자본시장과 금융투자업에 관한 법률 제165조의4 / 집필위원: 노혁준 / 출판일: 2019. 11. 28., [2].

(ⅰ) 합병가액 평가기준(령 176조의5 1항-3항, 176조의6 2항), (ⅱ) 우회상장 규제(령 176조의5 4
항·5항), (ⅲ) 외부평가기관의 평가(165조의4 2항-4항; 령 176조의5 7항-12항, 176조의6 3항)로 구
성된다.289) 조직변경의 공정성과 적정성을 확보하여 주주와 채권자의 이익을 보호하고 일부
대주주의 사익추구수단으로 남용되는 것을 방지하기 위한 것이다.290)

2. 합   병

1) 합병가액 평가기준

(1) 산정기준

가. 기본방향

합병가액의 평가는 합병당사회사의 주주 등 이해관계자에게 중요하다. 자본시장법은 주
권상장법인이 합병할 때 채택할 합병가액 산정기준을 3가지로 나누어 규제한다(령 176조의5
1항). 합병당사회사가 모두 주권비상장법인인 경우에는 자본시장법은 적용되지 않고 상법에
따른다.

나. 주권상장법인 간 합병

이 경우 [일정한 산식에 따른 시장가액]("제1호 가격")을 기준으로 한다(령 176조의5 1항 1
호). 기산일은 합병을 위한 이사회 결의일과 합병계약을 체결한 날 중 앞서는 날의 전일이다
(령 176조의5 1항 1호). 기준시가는 (ⅰ) 최근 1개월간 평균종가, (ⅱ) 최근 1주일간 평균종가,
(ⅲ) 최근일의 종가(증권시장에서 성립된 최종가격)를 산술평균한 가액다. (ⅰ)의 평균종가는 산
정대상기간 중에 배당락 또는 권리락이 있는 경우로서 배당락 또는 권리락이 있은 날부터 기
산일까지의 기간이 7일 이상인 경우 그 기간의 평균종가로 한다. (ⅱ)와 (ⅲ)의 평균종가는 종
가를 거래량으로 가중산술평균하여 산정한다. [제1호가격]은 기준시가에 30%(계열회사 간 합
병의 경우 10%)의 범위에서 할인 또는 할증한 가액이 된다. 주권상장법인이 시장가액(령 176조
의5 1항 1호 또는 2호 가목 본문)을 산정할 수 없는 경우 자산가치와 수익가치를 가중산술평균
한 가액으로 한다(령 176조의5 1항 후단, 1항 2호 나목). 매매거래정지된 주권상장법인의 주권은
시장가액을 산정할 수 없다.

다. 주권상장법인과 주권비상장법인 간 합병

주권상장법인(코넥스시장 주권상장법인은 제외)과 주권비상장법인 간 합병의 경우에는 주권
상장법인에 대해서는 앞서 언급한 [제1호 가격]에 따르고 주권비상장법인에 대해서는 [자산
가치와 수익가치를 가중산술평균한 가액]에 의한다(령 176조의5 1항 2호 가목·나목). 다만 주권
상장법인의 경우 [제1호가격]이 자산가치에 미달하는 경우 자산가치로 할 수 있다(령 176조의

---

289) 온주 자본시장과 금융투자업에 관한 법률 제165조의4 / 집필위원: 노혁준 / 출판일: 2019. 11. 28., [1].
290) 주석Ⅰ, 840면.

5 1항 2호 가목 단서). 주권비상장법인이 [자산가치와 수익가치를 가중산술평균한 가액]에 의하는 경우에는 상대가치를 비교하여 공시해야 하며, 자산가치·수익가치 및 그 가중산술평균방법과 상대가치의 공시방법은 금융위가 고시한다(령 176조의5 2항). 상대가치는 "금융위가 고시하는 방법에 따라 산정한 유사한 업종을 영위하는 법인의 가치"로서 다양한 가치평가에 기초한 가액산정의 객관성을 투자자가 비교하는 수단이 된다.

라. 주권상장법인인 기업인수목적회사가 다른 법인과 합병하여 주권상장법인이 되려는 경우

금융위가 고시하는 요건(발행공시규정 5-13조 4항 1호-3호)을 갖추면 (i) 주권상장법인인 기업인수목적회사의 경우 [제1호가격], (ii) 기업인수목적회사와 합병하는 다른 법인이 주권상장법인인 경우 [제1호가격],291) (iii) 다른 법인이 주권비상장법인인 경우 기업인수목적회사와 협의하여 정하는 가액으로 합병가액을 산정할 수 있다(령 176조의5 3항 1호·2호).292)

(2) 법적 구속력

이렇게 결정된 합병가액은 법적 구속력을 가지는가? 이러한 기준은 합병비율이 소수주주에게 불리하게 결정되는 것을 막는 역할을 할 것으로 기대된다. 첫째, 자본시장법상 합병비율을 준수하면 상법상 이사의 의무를 다한 것으로 볼 것인가? 현행법상 적정한 것으로 인정될 것이다.293) 둘째, 합병당사회사들이 진지한 교섭을 통해서 시행령의 기준과 다른 합병비율을 정할 수 없는가? 시행령의 기준에 위반한 합병도 합리적인 근거가 있는 한 그것만으로 무효인 것은 아니다.294) 합병가액의 결정은 당사회사의 협의에 의할 사항이다. 이 문제는 이사의 의무에 관한 일반법에 맡기고 합병가액에 관한 자본시장법 규정은 폐지해야 한다.295) 현행 제도가 오히려 이사의 의무를 중심으로 한 법리의 탄력적 운용과 엄격한 이사의 책임추궁을 가로막을 수도 있다.

---

291) 이를 산정할 수 없는 경우에는 자산가치와 수익가치를 가중산술평균한 가액으로 한다.

292) 이 경우에 복잡한 주권비상장법인의 가액산정방식이 적용되지 않는 것은 기업인수목적회사와의 합병이 사업체간 통합이 아니라 비상장법인의 상장을 목표로 하는 점을 고려한 것이다. 온주 자본시장과 금융투자업에 관한 법률 제165조의4 / 집필위원: 노혁준 / 출판일: 2019. 11. 28., [14].

293) 온주 자본시장과 금융투자업에 관한 법률 제165조의4 / 집필위원: 노혁준 / 출판일: 2019. 11. 28., [5]. 같은 취지로 대법원 2008. 1. 10. 선고 2007다64136 판결(합병당사자 회사의 전부 또는 일부가 주권상장회사인 경우 증권거래법과 그 시행령 등 관련 법령이 정한 요건과 방법 및 절차 등에 기하여 합병가액을 산정하고 그에 따라 합병비율을 정하였다면 ① 그 합병가액 산정이 허위자료에 의한 것이라거나 ② 터무니없는 예상 수치에 근거한 것이라는 등의 특별한 사정이 없는 한, 그 합병비율이 현저하게 불공정하여 합병계약이 무효로 된다고 볼 수 없을 것").

294) 같은 취지: 서울지법 남부지원 1999. 8. 18. 선고 97가합12113 판결. 반대: 온주 자본시장과 금융투자업에 관한 법률 제165조의4 / 집필위원: 노혁준 / 출판일: 2019. 11. 28., [4]("⑤ 마지막으로 합병비율에 관한 자본시장법령은 반드시 준수해야 하는 강제적 조항이다(본조 제1항은 "… 요건, 방법 등의 기준에 따라야 한다"고 규정함)". 다만 이 입장에서도 "법정비율과 실제 공정한 비율에 괴리가 발생하는 경우 이사는 합병을 추진하지 말아야 한다"고 해석한다.

295) 같은 취지: 온주 자본시장과 금융투자업에 관한 법률 제165조의4 / 집필위원: 노혁준 / 출판일: 2019. 11. 28., [1]("적어도 독립당사자간 거래(arm's length transaction)인 경우 위 ①의 규제를 폐지해야 할 것이다").

(3) 적용면제

'**법률의 규정에 따른 합병**'에 관하여는 이상의 합병기준(령 176조의5 1항-5항, 7항-12항)을 적용하지 않는다(령 176조의5 13항 본문). 합병가액의 적정성 확보 등을 통한 투자자 보호라는 자본시장법상 합병규제의 취지를 고려하면 여기서 '**법률의 규정에 따른 합병**'은 "법률의 규정에 따라 이루어지는 합병으로서 합병가액의 산정 등에 관한 심사가 이루어지고 있는 경우"를 의미한다. 따라서 상법에 따른 일반적인 합병은 여기에 포함되지 않는다. 금융위의 심사를 전제로 한 인가를 요구(동법 4조 3항)하는 금산법상 합병이 여기에 해당한다. 과거 증권법은 "정부의 문서에 의한 승인·지도·권고 등에 따른 합병"에 대해서도 적용면제규정을 두었지만, 자본시장법에서는 폐지되었다. 다만, 합병당사법인이 계열회사의 관계에 있고 합병가액을 시장가액에 따라 산정하지 않은 경우 합병가액의 적정성에 대한 외부평가기관 평가를 받아야 한다(령 176조의5 13항 단서).

2) 우회상장의 규제

자본시장법상 우회상장규제는 3가지로 구성된다. 첫째, 위에서 본 자본시장법상 주권상장법인과 주권비상장법인의 합병에 대한 합병가액규제는 우회상장규제의 효과도 가진다. 둘째, 주권상장법인이 자산총계, 자본금, 매출액 중 2가지 이상에서 자기보다 규모가 큰 주권비상장법인과 합병하는 경우 당해 비상장법인은 상장규정상 일정 요건을 갖추어야 한다(령 176조의5 4항 2호 가목·나목). 그 요건은 자기자본이익률 등의 재무적인 수치는 물론이고 감사의 견이나 소송계류와 같이 공정한 합병에 필요한 사항을 담고 있다. 셋째, 위 둘째의 규제는 유가증권시장 주권상장법인이 코스닥시장 주권상장법인과 합병하여 유가증권시장 상장법인 또는 코스닥시장 상장법인이 되는 경우에도 같다(령 176조의5 5항). 이 경우에도 '**주권상장법인**'은 "합병에도 불구하고 같은 증권시장에 상장되는 법인"으로, '**주권비상장법인**'은 "합병에 따라 다른 증권시장에 상장되는 법인"으로 본다.

3) 외부평가기관에 의한 평가

(1) 원   칙

주권상장법인은 합병을 하는 경우 투자자 보호 및 건전한 거래질서를 위하여 외부평가기관으로부터 합병가액, 그 밖에 시행령으로 정하는 사항에 관한 평가를 받아야 한다(165조의4 2항).

(2) 외부평가를 받는 경우

자본시장법은 합병가액의 적정성에 대하여 외부평가기관 평가를 받아야 하는 경우로 합병가액이 기준시가를 기준으로 산정되지 않거나 주권비상장법인이 되는 경우와 같이 합병조건이 불공정하게 결정되거나 투자자 피해가 발생할 가능성이 높다고 판단되는 3가지를 규정한다.

첫째, 주권상장법인(기업인수목적회사는 제외)과 주권상장법인 간의 합병으로서 주권상장법인이 시장가액(령 176조의5 1항 1호)에 따라 합병가액을 산정하면서 기준시가의 10%를 초과하여 할인·할증된 가액으로 산정하는 경우, 주권상장법인이 시가가 아닌 [자산가치와 수익가치를 가중산술평균한 가액](령 176조의5 1항 2호 나목)에 따라 산정된 합병가액에 따르는 경우, 주권상장법인이 주권상장법인과 합병하여 주권비상장법인이 되는 경우[296](령 176조의5 7항 1호 가목-다목)이다.

둘째, 주권상장법인(기업인수목적회사는 제외)이 주권비상장법인과 합병하는 경우로서 주권상장법인이 시장가액이 아닌 가액(령 176조의5 1항 2호 나목)에 따라 산정된 합병가액에 따르는 경우, 주권상장법인이 주권비상장법인과 합병하여 주권상장법인이 되는 경우(령 176조의5 4항),[297] 주권상장법인(코넥스시장 주권상장법인은 제외)이 주권비상장법인과 합병하여 주권비상장법인이 되는 경우[298](령 176조의5 7항 2호 가목-다목)이다.

셋째, 기업인수목적회사가 다른 주권상장법인과 합병하는 경우로서 그 주권상장법인이 시장가액이 아닌 가액(령 176조의5 1항 2호 나목)에 따라 산정된 합병가액에 따르는 경우이다(령 176조의5 7항 3호).

(3) 외부평가기관의 규제

외부평가기관의 범위, 평가업무 제한의 방법 등에 대해서는 시행령으로 정한다(165조의4 4항).

첫째, 외부평가기관이 될 수 있는 자는 인수업무 및 발행주선업무(령 68조 2항 1호·2호)를 인가받은 금융투자업자, 신용평가회사 또는 회계법인이다(령 176조의5 8항 1호-3호). 외부평가기관에 대해서는 이해상충방지와 건전한 평가 등을 위하여 일정한 규제가 부과된다(령 176조의5 9항-11항).

둘째, 외부평가기관은 금융위로부터 주식의 인수업무 참여제한조치를 받은 경우에는 그 제한기간, 신용평가회사가 신용평가업무와 관련하여 금융위로부터 신용평가업무 정지처분을 받은 경우에는 그 업무정지기간, 공인회계사가 외감법상 업무정지조치를 받은 경우에는 그 업무정지기간, 공인회계사가 외감법상 특정회사 감사업무의 제한조치를 받은 경우에는 그 제한기간 동안 평가업무를 할 수 없다(령 176조의5 9항 본문 1호-4). 다만, 공인회계사의 특정회

---

296) 다만 시장가액(령 176조의5 1항 1호)에 따라 산정된 합병가액에 따르는 경우 또는 다른 회사의 발행주식 총수를 소유하고 있는 회사가 그 다른 회사를 합병하면서 신주를 발행하지 않는 경우는 제외한다(령 176조의5 7항 1호 다목 단서).

297) 다만, 다른 회사의 발행주식 총수를 소유하고 있는 회사가 그 다른 회사를 합병하면서 신주를 발행하지 않는 경우는 제외한다(령 176조의5 7항 2호 나목 단서).

298) 다만, 합병의 당사자가 모두 시장가액(령 176조의5 1항 1호)에 따라 산정된 합병가액에 따르는 경우 또는 다른 회사의 발행주식 총수를 소유하고 있는 회사가 그 다른 회사를 합병하면서 신주를 발행하지 않는 경우는 제외한다(령 176조의5 7항 2호 다목 단서).

사감사업무제한의 경우에는 해당 특정회사에 대한 평가 업무만 할 수 없다(령 176조의5 9항 단서). 외부평가기관이 평가대상회사와 일정 비율 이상의 출자 등 금융위가 고시하는 특수관계에 있는 경우에는 합병에 대한 평가를 할 수 없다(령 176조의5 10항; 발행공시규정 5-14조).

셋째, 금융위는 외부평가기관이 이러한 업무규제(령 176조의5 9항·10항)를 위반한 경우, 그 임직원이 평가와 관련하여 알게 된 비밀을 누설하거나 업무 외의 목적으로 사용한 경우, 그 임직원이 합병 등에 관한 평가와 관련하여 금융위가 고시하는 기준을 위반하여 직접 또는 간접으로 재산상 이익을 제공받은 경우, 그 밖에 투자자 보호와 외부평가기관 평가의 공정성·독립성을 해칠 우려가 있는 경우로서 금융위가 고시하는 경우에는 3년의 범위에서 기간을 정하여 평가업무의 전부 또는 일부를 제한할 수 있다(165조의4 3항; 령 176조의5 11항 1호-4호·12항).

넷째, 이러한 외부평가기관 평가를 받지 않은 경우 금융위는 주권상장법인에 대하여 이유를 제시한 후 그 사실을 공고하고 정정을 명할 수 있으며, 필요하면 그 법인의 주주총회에 대한 임원해임권고, 일정기간 증권발행제한, 그 밖에 시행령으로 정하는 조치를 할 수 있다(165조의18 4호). 그 조치에 필요한 절차 및 조치기준은 시행규칙으로 정한다.

3. 영업양도 등

1) 합병가액 평가기준

주식의 포괄적 교환·이전(165조의4 1항 3호)과 분할합병(165조의4 1항 4호)에 관하여는 합병가액 평가기준을 준용한다(령 176조의6 2항 본문, 176조의5 1항). 이 경우 분할되는 법인의 합병대상이 되는 부분의 합병가액 산정에 관하여는 별도의 시가가 없으므로 [자산가치와 수익가치를 가중산술평균한 가액](령 176조의5 1항 2호 나목)을 준용한다. 다만, 주식의 포괄적 이전으로서 그 주권상장법인이 단독으로 완전자회사가 되는 경우에는 가액규제의 필요성이 없는 경우로서 합병가액 평가기준을 준용하지 않는다(령 176조의6 2항 단서). 그리고 합병가액 규제는 중요한 영업 또는 자산의 양수·양도나 단순분할에는 준용되지 않는다. 중요한 영업 또는 자산의 양수·양도에서는 신주가발행되지 않는 점을, 그리고 단순분할에서는 기존 주주나 분할회사에게 분할신주를 배정하므로 특별히 문제가 없다고 본 것이다.[299]

2) 우회상장 규제

우회상장 규제(령 176조의5 4항·5항)는 거래소규정에 맡기고 영업양수도 등에는 준용되지 않는다.

---

299) 온주 자본시장과 금융투자업에 관한 법률 제165조의4 / 집필위원: 노혁준 / 출판일: 2019. 11. 28., [23].

3) 외부평가기관의 평가

중요한 영업·자산의 양수도(165조의4 1항 2호), 주식의 포괄적 교환·이전(165조의4 1항 3호) 또는 분할합병(165조의4 1항 4호)을 하려는 경우에는 각각 영업·자산의 양수도가액, 주식의 포괄적 교환비율과 이전비율 또는 분할합병비율의 적정성에 대하여 외부평가기관[300] 평가를 받아야 한다(령 176조의6 3항 본문). 다음의 경우를 예외로 한다.

첫째, 주식의 포괄적 교환·이전(165조의4 1항 3호)은 완전자회사(상 360조의2, 360조의15)가 되는 법인 중 주권비상장법인이 포함되거나 완전모회사가 주권비상장법인으로 되는 경우만 해당한다(령 176조의6 3항 본문). 전자는 우회상장 가능성을, 후자는 비상장법인 주식을 취득하는 기존 주주보호를 위한 것이다.[301] 둘째, 중요한 자산의 양수도 중 증권시장을 통한 증권의 매매, 자산의 경매 등 외부평가기관의 평가 필요성이 적은 자산의 양수도로서 금융위가 고시하는 경우에는 외부평가기관 평가를 생략할 수 있다(령 176조의6 3항 단서 1호). 시장매매나 경매와 같이 가액평가의 공정성을 확보할 수 있는 경우를 제외한 것이다.[302] 셋째, 코넥스시장상장법인과 주권비상장법인 간의 중요한 영업·자산의 양수도, 주식의 포괄적 교환·이전 또는 분할합병의 경우에도 외부평가기관 평가를 생략할 수 있다(령 176조의6 3항 단서 2호)

중요한 영업·자산의 양수도, 주식의 포괄적 교환·이전 및 분할·분할합병(165조의4 1항 2호-4호)에 관하여는 외부평가기관의 업무규제(령 176조의5 11항-13항)를 준용한다(령 176조의6 4항).

4. 주식매수청구권의 특례

1) 의   의

상법상 합병과 같은 중대한 조직변경행위는 주주총회의 결의를 요한다. 이러한 결의에 반대하는 주주는 주주총회 결의일로부터 일정 기간 내에 주식의 매수를 회사에 청구할 수 있는 주식매수청구권을 가진다. 회사의 조직변경과 같은 중대한 변동에 반대하는 주주의 자본회수기회를 보장하는 수단이다. 주식매수청구권은 형성권이다(대법원 2011. 4. 28. 선고 2009다72667 판결; 대법원 2011. 4. 28. 선고 2010다94953 판결).

상법은 물론 자본시장법도 주권상장법인의 경우에도 주식매수청구권을 인정한다. 주권상장법인의 반대주주는 증권시장에서 주식을 매도함으로써 같은 목적을 달성할 수 있으므로 인정 여부가 다투어진다.[303] 그러나 시장가격이 반드시 적정한 것은 아니고, 주식매수청구권 발

---

300) 합병에 대한 평가를 할 수 없는 외부평가기관(령 176조의5 9항·10항)은 제외한다.
301) 온주 자본시장과 금융투자업에 관한 법률 제165조의4 / 집필위원: 노혁준 / 출판일: 2019. 11. 28., [24].
302) 온주 자본시장과 금융투자업에 관한 법률 제165조의4 / 집필위원: 노혁준 / 출판일: 2019. 11. 28., [24].
303) 미국의 모범회사법과 일부 주의 회사법은 상장주식의 경우 주식매수선택권을 인정하지 않는다(§ 13.02(b) 시
장예외조항). 미국에서의 논쟁은, Jeff Goetz, "A Dissent Dampened by Timing: How the Stock Market

동사유가 발표되어 주가에 부정적 영향을 미친 경우에는 시장에서의 처분만으로 주주를 보호하기 어렵다는 점에서 현행법의 태도가 옳다.[304] 자본시장법상 주식매수청구권도 상법상 주식매수청구권과 같지만, 첫째, 이사회 결의사실 공시 전에 취득하였음을 증명한 주식이어야 하는 점, 둘째, 가격산정방식에 주주-회사 협의와 법원의 결정 이외에 거래가격에 기초한 방식을 인정하는 점, 셋째, 매수주식의 처분을 강제하는 점에 특징이 있다.[305]

2) 발동사유

자본시장법상 주식매수청구권의 발동사유는 상법상 발동사유와 같지만 주식양도제한(상 335조의6)은 주권상장법인으로서의 본질상 적용될 수 없다. 자본시장법상 주식매수청구권의 발동사유는 주권상장법인의 주식교환(상 360조의3)·간이주식교환(상 360조의9)·주식이전(상 360조의16)·영업양수도와 임대등(상 374조)·합병(상 522조)·간이합병(상 527조의2) 및 분할과 분할합병(상 530조의3)에 관한 이사회 결의에 반대하는 경우이다(165조의5 1항). 다만 분할과 분할합병은 상법상 분할합병 및 분할(상 530조의2) 중에서 (ⅰ) 물적 분할(상 530조의12)이 아닌 분할의 경우로서 분할에 의하여 설립되는 법인이 발행하는 주권이 증권시장에 상장되지 않거나 거래소의 상장예비심사결과 그 법인이 발행할 주권이 상장기준에 부적합하다는 확인을 받은 경우와 (ⅱ) 분할합병을 제외한 물적 분할(상 530조의12)의 경우를 말한다(165조의5 1항; 령 176조의7 1항 1호·2호).

주식매수청구권의 발동사유를 정관으로 추가할 수 있는가? 상법과 자본시장법은 그 사유를 엄격히 제한하고 있으므로, 주권상장법인이 정관으로 추가할 수 없다고 해석해야 한다.[306]

3) 행사요건

주식매수청구권의 주체는 위 발동사유에서 관한 이사회 결의에 반대하는 주주이다(165조의5 1항). 의결권이 없거나 제한되는 종류주식(상 344조의3 1항)의 주주도 포함한다(165조의5 1항). 주권상장법인은 위 발동사유에 관한 주주총회 소집통지 또는 공고 등(상 363조, 360조의9 2항, 527조의2 2항)을 하는 경우 주식매수청구권의 내용 및 행사방법을 명시해야 한다(165조의5 5항 전단). 이 경우 의결권이 없거나 제한되는 종류주식의 주주에게도 그 사항을 통지하거나 공고해야 한다(165조의5 5항 후단).

주식매수청구권을 행사하기 위해서는 주주총회 전에 해당 법인에 대하여 서면으로 그 결

Exception Systematically Deprives Public Shareholders of Fair Value", Fordham Journal of Corporate & Financial Law Vol. 15, 2010, pp771-806; Barry M. Wertheimer, "The Shareholders' Appraisal Remedy and How Courts Determine Fair Value", Duke Law Journal Vol. 47, 1998, pp613-716.

304) 김건식·노혁준·천경훈, 864면.

305) 상법과 자본시장법 외에도 기업 활력 제고를 위한 특별법(20조), 벤처기업육성에 관한 특별조치법(15조의3 4항-6항), 중소기업 사업전환 촉진에 관한 특별법(13조), 금산법(12조 7항-9항)은 각각 주식매수청구권 관련 특례를 규정한다.

306) 온주 자본시장과 금융투자업에 관한 법률 제165조의5 / 집필위원: 노혁준 / 출판일: 2019. 11. 28, [5].

의에 반대하는 의사를 통지했어야 한다(165조의5 1항). 이 경우 완전자회사(상 360조의9)가 되는 회사의 주주와 소멸회사(상 527조의2)의 주주의 경우에는 주주총회 승인없이 주식교환이나 합병을 한다는 취지의 공고 또는 통지(상 360조의9 2항, 527조의2 2항)를 한 날부터 2주 이내에 반대의사를 통지해야 한다. 이 기간은 취지상 단축할 수 없다.[307] 하급심 중에는 회사가 주식매수청구권의 내용 및 행사방법에 관한 통지를 하지 않은 경우 반대통지가 없어도 주식매수청구권을 행사할 수 있다고 본 사례가 있다.[308] 서면으로 반대 의사를 통지한 이상 주주총회 출석은 요건이 아니다.[309]

주식매수청구권의 대상이 되는 주식은 반대주주의 소유주식 중에서 반대의사를 통지한 주주가 이사회 결의사실의 공시(상 391조) 이전에 취득했음을 증명한 주식과 이사회 결의 사실이 공시된 이후에 취득했지만 이사회결의 사실이 공시된 날의 다음 영업일까지 해당 주식에 관한 매매계약 체결, 해당 주식의 소비대차계약 해지, 그 밖에 해당 주식의 취득에 관한 법률행위가 있는 경우에 해당함을 증명한 주식만을 대상으로 한다(165조의5 1항; 령 176조의7 2항 1호-4호). 합병 등 계획의 공시 이후 주가변동에 따른 차익을 추구하는 투기적 거래를 방지하기 위한 것으로서 이사회 결의공시 후에 매매계약 등을 한 경우도 포함한 것은 주지기간을 고려한 것이다.[310] 반대주주는 해당 주주총회를 위한 기준일로부터 서면 반대통지 시점 및 매수청구권 행사시점에 모두 주주명부에 명의개서된 상태여야 주식매수청구권을 행사할 수 있다.[311]

주식매수청구권은 해당 법인에 대하여 주주총회결의일부터 20일 이내에 주식의 종류와 수를 기재한 서면으로 청구할 수 있다(165조의5 1항). 이 경우 완전자회사(상 360조의9)가 되는 회사의 주주와 소멸회사(상 527조의2)의 주주는 주주총회 승인없이 주식교환이나 합병을 한다는 취지의 공고 또는 통지(상 360조의9 2항, 527조의2 2항)를 한 날부터 2주가 경과한 날부터 20일 이내에 청구해야 한다.

4) 매수기한과 가격결정

반대주주로부터 주식매수청구를 받으면 해당 법인은 매수청구기간이 종료하는 날부터 1

---

307) 온주 자본시장과 금융투자업에 관한 법률 제165조의5 / 집필위원: 노혁준 / 출판일: 2019. 11. 28, [10].

308) 서울고법 2011. 12. 9.자 2011라1303 결정("甲 회사가 상법 제374조 제2항에 따른 주식매수청구권의 내용과 행사방법에 관한 통지를 하지 않은 이상, 丙은 총회 전 서면으로 합병결의에 반대하는 의사를 통지하지 않았고 총회에서도 합병에 반대하는 의사를 명백히 표시하지 않은 채 기권을 하였다 하더라도 주식매수청구권을 행사할 수 있다")(심리불속행으로 대법원 확정).

309) 온주 자본시장과 금융투자업에 관한 법률 제165조의5 / 집필위원: 노혁준 / 출판일: 2019. 11. 28, [9].

310) 온주 자본시장과 금융투자업에 관한 법률 제165조의5 / 집필위원: 노혁준 / 출판일: 2019. 11. 28., [13].

311) 온주 자본시장과 금융투자업에 관한 법률 제165조의5 / 집필위원: 노혁준 / 출판일: 2019. 11. 28., [8]("간이합병의 소멸회사 등 주주총회가 개최되지 않으나 반대주주의 주식매수청구권이 행사될 수 있는 경우 (주주총회 개최를 위한 기준일은 불필요하나) 별도의 기준일을 설정할 필요가 있을 것").

개월 이내에 해당 주식을 매수해야 한다(165조의5 2항). 상법상으로는 2개월이다(상 374조의2 2항 등).

이 경우 주식의 매수가격은 3단계로 결정된다. (ⅰ) 원칙적으로 '**주주와 해당 법인 간의 협의로 결정한 가격**'으로 하되(165조의5 3항 본문), (ⅱ) 협의가 이루어지지 않는 경우의 매수가격은 '**이사회 결의일 이전에 증권시장에서 거래된 해당 주식의 거래가격을 기준으로 하여 시행령으로 정하는 방법에 따라 산정된 금액**'으로 하며, (ⅲ) 해당 법인이나 매수청구주주가 그 매수가격에 대하여도 반대하면 법원에 매수가격의 결정을 청구할 수 있다(165조의5 3항 단서). (ⅱ)의 매수가격은 자본시장법에 있는 특칙으로서 [이사회 결의일 전일부터 과거 2개월(같은 기간 중 배당락 또는 권리락으로 인하여 매매기준가격의 조정이 있는 경우로서 배당락 또는 권리락이 있은 날부터 이사회 결의일 전일까지의 기간이 7일 이상인 경우에는 그 기간)간 공표된 매일의 증권시장에서 거래된 최종시세가격을 실물거래에 의한 거래량을 가중치로 하여 가중산술평균한 가격], [이사회 결의일 전일부터 과거 1개월(같은 기간 중 배당락 또는 권리락으로 인하여 매매기준가격의 조정이 있는 경우로서 배당락 또는 권리락이 있은 날부터 이사회 결의일 전일까지의 기간이 7일 이상인 경우에는 그 기간)간 공표된 매일의 증권시장에서 거래된 최종시세가격을 실물거래에 의한 거래량을 가중치로 하여 가중산술평균한 가격], [이사회 결의일 전일부터 과거 1주일간 공표된 매일의 증권시장에서 거래된 최종시세가격을 실물거래에 의한 거래량을 가중치로 하여 가중산술평균한 가격]의 산술평균가격이다(165조의5 3항 단서; 령 176조의7 가목-다목). 이러한 매수가격의 산정방식은 구속력을 가지는가? 대법원은 "시장주가에 기초하여 매수가격을 산정하는 경우라고 하여 법원이 반드시 자본시장법 시행령 제176조의7 제3항 제1호에서 정한 산정 방법에 따라서만 매수가격을 산정하여야 하는 것은 아니"라고 판단하였다(대법원 2022. 4. 14.자 2016마5394·5395·5396 결정).

5) 매수주식의 처분

주권상장법인이 주식매수청구권 행사에 따라 매수한 주식은 해당 주식을 매수일부터 5년 이내에 처분해야 한다(165조의5 4항; 령 176조의7 4항). 상법상 주식매수청구권의 행사로 인한 주식취득(상 374조의2 등)이나 특정목적 자기주식의 취득의 경우(상 341조의2)와 달리 자본시장법상 주권상장법인의 주식매수청구권에 따른 자기주식 취득에만 처분의무를 부과한 것에 대하여 형평상 의문을 표시하는 견해도 있다.312)

---

312) 온주 자본시장과 금융투자업에 관한 법률 제165조의5 / 집필위원: 노혁준 / 출판일: 2019. 11. 28., [26].

Ⅵ. 배   당

1. 이익배당의 특례

1) 의의와 취지

상법상 배당은 사업연도말을 기준으로 하는 정기배당(상 462조)을 원칙으로, 연 1회 중간배당(상 462조의3)을 허용하고 있다. 자본시장법은 투자자의 배당투자 유도와 결산기 현금수요의 집중 완화라는 기업재무정책의 자율성을 위하여 중간배당과 함께 주권상장법인의 분기배당을 허용하고 있다.313) 연 1회의 결산기를 정한 주권상장법인은 정관으로 정하는 바에 따라 사업연도 중 그 사업연도 개시일부터 3월, 6월 및 9월 말일 당시의 주주에게 이사회 결의로써 금전으로 이익배당을 할 수 있다(165조의12 1항).

자본시장법상 분기배당은 중간배당의 하나라고 할 수 있고, 그 법적 성질에 대해서도 전기의 재무상태를 기준으로 한다는 전기이익후급설과 당기의 배당가능이익을 고려한다는 당기이익선급설이 대립된다.314) 그러나 전기이익과 당기이익의 제한을 모두 받는다는 설명이 정확하다.315) 분기배당은 해당 사업연도의 손익확정 전에 직전 결산기의 미처분이익을 한도로 이사회결의만으로 배당이 이루어짐으로써 과다배당으로 회사의 자본충실을 해할 우려가 있지만, 당기의 배당가능이익을 고려한 이사의 책임을 통하여 균형을 도모하고 있다.

상법은 중간배당이 이익확정전에 이사회결의만으로 배당하는 점에서 정기배당과 다르지만 이익배당으로 간주한다(상 462조의3 5항). 자본시장법도 분기배당을 이익배당으로 보아 상법을 준용한다(165조의12 7항).316)

양자는 첫째, 분기배당은 연 3회 가능하지만, 중간배당은 연 1회만 가능한 점, 둘째, 분기배당의 기준일은 사업연도 개시일부터 3월, 6월 및 9월 말일로 되어 있지만, 중간배당의 기준

---

313) 온주 자본시장과 금융투자업에 관한 법률 제165조의12 / 집필위원: 천경훈 / 출판일: 2019. 12. 13, [1]; 주석 Ⅰ, 907면.

314) 온주 자본시장과 금융투자업에 관한 법률 제165조의12 / 집필위원: 천경훈 / 출판일: 2019. 12. 13, [2]; 주석 Ⅰ, 907-908면.

315) 온주 자본시장과 금융투자업에 관한 법률 제165조의12 / 집필위원: 천경훈 / 출판일: 2019. 12. 13., [2]. cf. 김건식·노혁준·천경훈, 612면("실제로 상법규정의 구체적인 해석에 영향을 주는 것은 아니다").

316) 상법 제340조 제1항, 제344조 제1항, 제354조 제1항, 제370조 제1항, 제457조 제2항, 제458조, 제464조 및 제625조 제3호의 적용에 관하여는 분기배당을 같은 법 제462조 제1항에 따른 이익의 배당으로 보고, 같은 법 제635조 제1항 제22호의2의 적용에 관하여는 제3항의 기간을 같은 법 제464조의2 제1항의 기간으로 본다. 그러나 상법 제354조 제1항(주주명부의 폐쇄 및 기준일)은 준용될 수 없고, 둘째, 상법 제370조 제1항(의결권 없는 주식), 제457조 제2항(건설이자의 계산)은 2011년 상법개정으로 삭제되었으며, 셋째, 제516조의9는 제516조의10으로 변경되었고, "제635조 제1항 제22호의2"는 "제635조 제1항 제27호"로 변경되었다. 상세한 설명은 온주 자본시장과 금융투자업에 관한 법률 제165조의12 / 집필위원: 천경훈 / 출판일: 2019. 12. 13., [8].

일은 정관에 근거가 있으면 이사회 결의로 정할 수 있는 점, 셋째, 분기배당은 금전으로만 할 수 있지만, 중간배당은 현물로도 할 수 있는 점에서 차이가 있다.[317]

2) 배당의 요건과 절차

첫째, 분기배당은 연 1회 결산기를 정한 주권상장법인만이 할 수 있다(165조의12 1항). 연 2회의 결산기를 정한 회사는 6개월 주기로 배당이 이루어지므로 별도의 분기배당의 필요가 적기 때문이라고 한다.[318] 연 2회의 결산기를 정한 주권상장법인도 1회의 결산기에 2회의 분기배당을 할 수 있으므로 자본시장법상 분기배당 규정을 유추적용할 수 있다는 견해[319]도 있지만, 명문의 규정에 반한다.

둘째, 분기배당의 결정은 분기별 말일부터 45일 이내에 이사회 결의로 해야 한다(165조의12 2항). 정관에 정함이 있는 경우에만 할 수 있으므로 주주총회의 승인은 요하지 않는다. 다만 주권상장법인이 이사회의 결의로 이익배당을 정한 경우(상 462조 2항 단서) 이사는 배당액의 산정근거, 직전 회계연도와 비교하여 당기순이익 대비 배당액의 비율이 현저히 변동한 경우 변동 내역 및 사유, 그 밖에 이익배당에 관한 주주의 권익을 보호하기 위한 것으로서 금융위가 고시하는 사항을 주주총회에 보고해야 한다(165조의12 9항; 령 176조의14 1항 1호-3호). 이 경우 보고의무의 주체는 대표이사로 해석되어야 한다.[320]

셋째, 분기배당의 기준일은 사업연도 개시일부터 3월, 6월 및 9월 말일로서(165조의12 1항), 정관에 근거가 있으면 이사회 결의로 정할 수 있는 중간배당의 기준일과 다르다. 분기배당은 그 사업연도 개시일부터 3월, 6월 및 9월 말일 당시의 주주를 대상으로 한다. 따라서 배당을 받을 자를 정하기 위한 주주명부 폐쇄 및 기준일에 관한 상법 제354조 제1항은 분기배당에는 준용될 수 없다(165조의12 7항).

넷째, 분기배당은 현물로도 할 수 있는 중간배당과 달리 금전으로만 할 수 있다(165조의12 1항). 양자 모두 주식배당은 할 수 없다(상 462조의2). 분기배당금의 지급은 상법상 주주총회나 이사회 결의일로부터 1개월 내에 이루어져야 하는 이익배당이나 중간배당(상 464조의2 1항 본문)과 달리 이를 단축하여 이사회 결의일부터 20일 이내에 이루어져야 한다(165조의12 3항 본문). 정관에서 따로 그 지급시기를 정할 수 있는 것은 모두 같다(165조의12 3항 단서; 상 464조의2 1항 단서).

3) 배당액의 기준

분기배당은 직전 결산기의 미처분이익을 한도로 한다. 직전 결산기의 미처분이익은 "직

---

317) 온주 자본시장과 금융투자업에 관한 법률 제165조의12 / 집필위원: 천경훈 / 출판일: 2019. 12. 13, [2].
318) 임재연, 848면.
319) 주석3, 344면.
320) 온주 자본시장과 금융투자업에 관한 법률 제165조의12 / 집필위원: 천경훈 / 출판일: 2019. 12. 13, [9].

전 결산기의 재무상태표상의 순자산액에서 직전 결산기의 자본의 액, 직전 결산기까지 적립된 자본준비금과 이익준비금의 합계액, 직전 결산기의 정기총회에서 이익배당을 하기로 정한 금액, 분기배당에 따라 해당 결산기에 적립해야 할 이익준비금의 합계액을 뺀 금액"을 말한다(165조의12 4항 1호-4호).321)

자본시장법은 과다배당을 통한 자본충실의 침해 가능성에 대한 우려를 반영하여 분기배당에서는 당기말의 배당가능이익을 고려하게 하고 있다. 따라서 해당 결산기의 재무상태표상의 순자산액이 자본금의 액, 그 결산기까지 적립된 자본준비금과 이익준비금의 합계액, 그 결산기에 적립하여야 할 이익준비금의 액, 일정한 범위의 미실현이익(상 462조 1항 1호-4호; 동 시행령 19조 1항)의 합계액에 미치지 못할 우려가 있으면 분기배당을 할 수 없다(165조의12 5항). 이사는 분기배당을 위한 이사회결의시점을 기준으로 회사의 당기실적전망을 포함한 재무상황을 종합적으로 고려할 의무를 부담한다.322)

4) 이사의 책임

분기배당을 한 주권상장법인이 해당 결산기에 배당가능이익이 없게 된 경우 분기배당을 한다는 이사회 결의에 찬성한 이사는 해당 법인에 대하여 연대하여 그 차액을 배상할 책임이 있다(165조의12 6항 본문). 분기배당액의 합계액이 그 차액보다 적을 경우 분기배당액의 합계액을 배상해야 한다. 다만, 그 이사가 상당한 주의를 하였음에도 불구하고 배당가능이익이 없을 우려(165조의12 5항)가 있다는 것을 알 수 없었음을 증명하면 배상할 책임이 없다(165조의12 6항 단서). 상당한 주의는 이사가 분기배당을 위한 이사회결의시점을 기준으로 회사의 당기실적전망을 포함한 재무상황을 종합적으로 고려하기 위한 주의의무를 다하였음을 의미한다.

이에 위반하여 이익을 배당한 때 회사채권자는 이를 회사로 반환청구할 수 있고, 그 반환청구의 소는 본점소재지의 지방법원 관할에 전속한다(165조의12 8항, 상 462조 3항·4항, 186조).323) 이사가 연대책임을 지는 경우 이사회 결의에 참가한 이사로서 이의를 한 기재가 의사록에 없는 자는 그 결의에 찬성한 것으로 추정하고(상 399조 3항), 이사의 회사에 대한 책임감면규정(상 400조)도 준용한다(165조의12 8항).

---

321) 미실현이익의 공제 여부에 대해서는 논의가 있지만, 상법의 취지에 따라 이를 공제하도록 입법적 명확화가 필요하다. 온주 자본시장과 금융투자업에 관한 법률 제165조의12 / 집필위원: 천경훈 / 출판일: 2019. 12. 13., [5].; 주석Ⅰ, 910-911면.

322) 온주 자본시장과 금융투자업에 관한 법률 제165조의12 / 집필위원: 천경훈 / 출판일: 2019. 12. 13, [6].; 주석Ⅰ, 911면.

323) 이와 관련하여 현행 자본시장법은 "「상법」제462조 제2항 및 제3항"을 준용한다(165조의12 8항). 그러나 "「상법」제462조 제2항 및 제3항"은 2011. 4. 14., 상법 개정으로 현재는 제3항과 제4항으로 변경되었다. 입법이 필요하다. 온주 자본시장과 금융투자업에 관한 법률 제165조의12 / 집필위원: 천경훈 / 출판일: 2019. 12. 13., [5], 주 11.

2. 주식배당의 특례

상법상 주식배당은 이익배당총액의 2분의 1에 상당하는 금액을 초과하지 못한다(상 462 조의2 1항 단서). 그러나 주권상장법인은 이익배당총액에 상당하는 금액까지는 신주로 이익배 당을 할 수 있다(165조의13 1항 본문). 회사가 보유한 자기주식으로 주식배당을 하는 것은 현물 배당에 해당하므로[324] 이 특례는 적용되지 않는다.

주권상장법인이 주식배당을 할 경우 먼저 이익배당액을 금전으로 확정하고 그 금액에 해 당하는 만큼 새로이 주식을 발행하여 배당하게 된다. 이 경우 그 배당은 주식의 권면액으로 한다(상 462조의2 2항). 다만, 해당 주식의 시가가 액면액에 미치지 못하면 주식배당은 이익배 당총액의 2분의 1에 상당하는 금액을 초과하지 못한다(165조의13 1항 단서; 상 462조의2 1항 단 서). 이 경우 기준이 되는 주식의 시가가 중요하다. 시행령은 [주식배당을 결의한 주주총회일 의 직전일부터 소급하여 그 주주총회일이 속하는 사업연도의 개시일까지 사이에 공표된 매일 의 증권시장에서 거래된 최종시세가격의 평균액]과 [그 주주총회일의 직전일의 증권시장에서 거래된 최종시세가격] 중 낮은 가액으로 한다(165조의13 2항; 령 176조의14 2항).

3. 공공적 법인의 배당 등의 특례

1) 의의와 취지

상법상 이익배당이나 준비금의 자본전입(무상증자)은 주주평등원칙에 따라야 한다(상 464 조, 461조 2항). 그러나 자본시장법상 공공적 법인에 대하여는 이를 배제하는 특례를 두고 있 다(165조의 14). 그 내용은 일정한 요건을 갖춘 주주에게 **'정부에 지급할 배당금의 전부 또는 일 부'** 또는 **'정부에 대하여 발행할 주식의 전부 또는 일부'**를 지급하거나 발행하는 것이다. 공공적 법인이 이윤극대화 이외의 목적을 추구할 경우 민간주주들의 불만을 정부의 이익을 분배함으 로써 해소하겠다는 취지로 설명되고 있다.[325] 그러나 주식소유요건으로 실천적 의미는 제한 적이라고 설명되고 있지만,[326] 상법상 원칙에 대한 중대한 예외인 점이 고려되어야 한다.

공공적 법인은 "국가기간산업 등 국민경제상 중요한 산업을 영위하는 상장법인"으로서 "(ⅰ) 경영기반이 정착되고 계속적인 발전가능성이 있는 법인일 것, (ⅱ) 재무구조가 건실하고 높은 수익이 예상되는 법인일 것, (ⅲ) 해당 법인의 주식을 국민이 광범위하게 분산 보유할 수 있을 정도로 자본금 규모가 큰 법인일 것의 요건을 모두 충족하는 법인 중에서 금융위가 관계 부처장관과의 협의와 국무회의에의 보고를 거쳐 지정하는 법인"을 말한다(152조 3항; 령

324) 주석Ⅰ, 914면 각주 2 법무부 민원회신(2013. 2. 15., 상사법무과-271).
325) 온주 자본시장과금융투자업에관한법률 제165조의14 / 집필위원: 천경훈 / 출판일: 2019. 12. 16., [1].
326) 주석Ⅰ, 916면.

162조 1호-3호). 한국전력공사가 지정되어 있다.

2) 이익배당

공공적 법인은 이익이나 이자를 배당할 때 정부에 지급할 배당금의 전부 또는 일부를 적격수취인에게 지급할 수 있다(165조의14 1항). 적격수취인은 해당 법인의 주주 중 해당 주식을 발행한 법인의 우리사주조합원과 연간소득수준 및 소유재산규모 등을 고려하여 시행령으로 정하는 기준에 해당하는 자를 말한다(165조의14 1항 1호·2호). 시행령은 근로자(한국주택금융공사법 시행령 2조 1항), 농어민(농어가 목돈마련저축에 관한 법률 시행령 2조 1항), 연간소득금액이 720만원 이하인 자를 적격수취인으로 규정하고 있다(165조의14 1항 2호; 령 176조의15 2항 1호-3호). 공공적 법인은 이러한 이익배당이 필요한 경우 적격수취인이 정부(한국은행, 산업은행, 그 밖에 공공기관의 운영에 관한 법률에 따른 공공기관 중 금융위가 지정하는 기관이 그 소유하는 공공적 법인의 발행주식을 매각한 경우에는 그 기관을 포함)로부터 직접 매수하여 계속 소유하는 주식 수에 따라 배당한다(령 176조의15 1항). 이러한 특례는 이익배당에서 주주평등원칙을 규정한 상법 제464조에 우선하여 적용된다.

3) 준비금의 자본전입

공공적 법인은 준비금의 전부 또는 일부를 자본에 전입할 때에는 정부에 대하여 발행할 주식의 전부 또는 일부를 일정한 기준 및 방법에 따라 공공적 법인의 발행주식을 일정 기간 소유하는 주주에게 발행할 수 있다(165조의14 2항). 공공적 법인은 무상증자가 필요한 경우에는 적격수취인이 정부로부터 직접 매수하여 계속 소유하는 주식 수에 따라 배정한다(165조의14 2항; 령 176조의15 3항). 이에 따라 주식을 취득한 자는 금융위가 고시하는 바에 따라 취득일부터 5년간 그 주식을 보유해야 한다(165조의14 2항; 령 176조의15 4항). 이러한 특례는 무상증자에서 주주평등원칙을 규정한 상법 제461조 제2항에 우선하여 적용된다.

Ⅶ. 지배구조

1. 사외이사 및 상근감사에 관한 특례

자본시장법은 코넥스시장 상장법인에 대하여 사외이사 및 상근감사에 관한 상법상 상장회사 특례를 면제하고 있다(165조의19). 여기서 "「중소기업기본법」제2조에 따른 중소기업이 발행한 주권을 매매하는 대통령령으로 정하는 증권시장"은 코넥스시장이다(령 176조의19). 코넥스시장 상장법인은 일반적으로 규모가 매우 작은 점을 고려한 것이다. 면제되는 규정은 사외이사 및 상근감사에 관한 규정(상 542조의8, 542조의10)이다. 그러나 사외이사에 대해서도 사외이사 총수에 관한 예외와 사외이사 후보추천위원회에 관한 규정(상 542조의8 1항 단서, 4항·

5항)은 적용된다(165조의19).

2. 이사회의 성별 구성

일정 규모 이상인 주권상장법인은 이사 전원을 특정 성(性)의 이사로 구성할 수 없다(165 조의20). 적용대상은 최근 사업연도말 현재 자산총액 또는 자본금 중 큰 금액이 2조원 이상인 주권상장법인이다. 다만 금융·보험업을 영위하는 회사인 경우에는 자본총액(재무상태표상의 자산총액에서 부채총액을 뺀 금액)을 기준으로 한다. 이사회의 다양성을 위한 것이다.

3. 주식매수선택권 부여신고 등

1) 주식매수선택권 부여신고

주식매수선택권(상 340조의2 또는 542조의3)을 부여한 주권상장법인은 주주총회 또는 이사 회에서 주식매수선택권을 부여하기로 결의한 경우 금융위와 거래소에 주주총회 의사록 또는 이사회 의사록을 첨부하여 그 사실을 신고해야 하며, 금융위와 거래소는 신고일부터 주식매 수선택권의 존속기한까지 그 사실에 대한 기록을 갖추어 두고, 인터넷 홈페이지 등을 이용하 여 그 사실을 공시해야 한다(165조의17 1항; 령 176조의18). 주식매수선택권은 미공개중요정보 이용 등 불공정거래와 기존 주주의 이익침해 가능성이 있어 금융당국의 지속적인 감시를 위 하여 도입하였다.[327]

2) 상법상 사외이사 의제

공기업의 경영구조개선 및 민영화에 관한 법률, 지배구조법, 그 밖의 법률에 따라 선임된 주권상장법인의 비상임이사 또는 사외이사는 상법상 요건 및 절차 등에 따라 선임된 사외이 사로 본다(165조의17 2항). 주권상장법인은 상법에 따라 사외이사를 선임해야 한다(상 542조의 8). 특별법상 요건과 절차에 따라 선임한 사외이사도 상법상 요건과 절차에 따라 선임된 사외 이사로 간주함으로써 절차의 반복을 방지하기 위한 것이다.

3) 사외이사의 선임등의 신고

주권상장법인은 사외이사를 선·해임하거나 사외이사가 임기만료 외의 사유로 퇴임한 경 우 그 내용을 선·해임 또는 퇴임일의 다음 날까지 금융위와 거래소에 신고해야 한다(165조의 17 3항). 지배구조상 중요한 변화임을 고려한 것이다.[328]

---

327) 변제호외, 571면.
328) 변제호외, 571면; 주석 I , 930면.

Ⅷ. 재무관리 등

1. 주권상장법인 재무관리기준

금융위는 투자자 보호와 공정거래질서 확립을 위하여 주권상장법인 재무관리기준을 고시하거나 그 밖에 필요한 권고를 할 수 있다(165조의16 1항 본문). 다만, 주권과 관련된 증권예탁증권이 증권시장에 상장된 경우 그 주권을 발행한 법인(9조 15항 3호 나목)에 대하여는 기준을 달리 정할 수 있다(165조의16 1항 단서). 주권상장법인 재무관리기준은 유상증자, 주권관련사채권의 발행, 배당, 주권상장법인이 해외에서 발행하는 주권, 주권관련사채권, 이익참가부사채권, 증권예탁증권, 그 밖에 이와 비슷한 증권의 발행, 이익참가부사채권의 발행, 결손금, 계산서류 및 재무에 관한 사항의 신고 및 공시방법에 관한 사항을 대상으로 한다(165조의16 1항 1호-4호; 령 176조의17 1항, 2항 1호-3호; 발행공시규정 제5장 주권상장법인에 대한 특례 제3절 주권상장법인의 재무관리기준 5-15조-5-25조).329) 주권상장법인은 이러한 재무관리기준에 따라야 한다(165조의16 2항). 이 조항은 상장법인에 대한 감독규정으로서 회사법의 특칙인 전형적인 주권상장법인특례와는 다르다.330)

2. 주권상장법인에 대한 조치

1) 의의와 취지

자본시장법은 주권상장법인 특례규정에 대한 실효성 확보수단으로 일정한 조치권을 규정하고 있다. 금융위는 일정한 대상행위를 한 주권상장법인에 대하여 이유를 제시한 후 그 사실을 공고하고 정정을 명할 수 있으며, 필요하면 그 법인의 주주총회에 대한 임원해임권고, 일정 기간 증권발행제한, 자본시장법을 위반한 경우에는 고발 또는 수사기관통보, 다른 법률을 위반한 경우에는 관련기관이나 수사기관통보, 경고 또는 주의를 할 수 있다(165조의18 전단; 령 176조의18 2항, 138조 3호-5호).

2) 대상행위

(1) 자기주식의 취득·처분 관련

첫째, 자기주식의 취득가액의 총액은 상법상 배당가능이익 한도 이내이어야 한다는 규제(165조의3 2항)에 위반한 경우와 둘째, 주권상장법인은 자기주식을 취득하거나 이에 따라 취득한 자기주식을 처분하는 경우에는 시행령으로 정하는 기준에 따라야 한다는 규제(165조의3 4

---

329) 상세한 설명은, 온주 자본시장과금융투자업에관한법률 제165조의16 / 집필위원: 천경훈 / 출판일: 2019. 12. 16., [2]-[10].
330) 온주 자본시장과금융투자업에관한법률 제165조의16 / 집필위원: 천경훈 / 출판일: 2019. 12. 16., [1].

항)에 위반한 경우를 말한다(165조의18 1호·2호).

(2) 합병 등 관련

첫째, 주권상장법인은 합병 등을 하려면 시행령으로 정하는 기준에 따라야 한다는 규제 (165조의4 1항)에 위반한 경우, 둘째, 주권상장법인은 합병 등을 하는 경우 외부평가기관의 평가를 받아야 한다는 규제(165조의4 2항)에 위반한 경우를 말한다(165조의18 3호·4호).

(3) 주식매수청구권 관련

첫째, 주식매수청구를 받은 주권상장법인은 매수청구기간이 종료하는 날부터 1개월 이내에 해당 주식을 매수해야 한다는 규제(165조의5 2항)에 위반한 경우, 둘째, 주권상장법인이 주식매수청구권 행사에 따라 매수한 주식은 취득일로부터 5년 이내에 처분해야 한다는 규제(165조의5 4항)에 위반한 경우, 셋째, 주권상장법인은 상법상 주식교환등에 관한 규정에서 정하는 결의사항에 관한 주주총회 소집의 통지·공고를 하거나 간이주식교환이나 간이합병에 따른 통지·공고를 하는 경우에는 주식매수청구권의 내용 및 행사방법을 명시해야 하고, 의결권이 없거나 제한되는 종류주식의 주주에게도 그 사항을 통지하거나 공고해야 한다는 규제 (165조의5 5항)에 위반한 경우를 말한다(165조의18 5호-7호).

(4) 주식의 발행 및 배정 관련

첫째, 주권상장법인은 실권주에 대하여 발행을 철회해야 한다는 규제(165조의6 2항)에 위반한 경우, 둘째, 주권상장법인은 주주배정방식으로 신주를 발행하는 경우 신주인수권증서를 발행하여 유통될 수 있게 해야 한다는 규제(165조의6 3항)에 위반한 경우, 셋째, 주권상장법인이 일반공모증자방식으로 신주를 발행하는 경우 그 발행방식에 관한 규제(165조의6 4항)를 위반한 경우를 말한다(165조의18 8호-10호).

(5) 우리사주조합원 주식배정 관련

우리사주조합원에 대한 주식배정 등에 관한 특례(165조의7)를 위반하여 우리사주조합원에 대하여 주식을 배정한 경우를 말한다(165조의18 11호).

(6) 액면미달발행 관련

첫째, 주권상장법인이 그 액면미달금액 총액에 대하여 상각을 완료하지 않으면 액면미달발행을 할 수 없다는 규제(165조의8 1항 단서)를 위반한 경우, 둘째, 주권상장법인이 액면미달발행을 하면서 최저발행가액을 정하지 않거나 산정방법(165조의8 2항)에 위반한 경우, 셋째, 주권상장법인은 액면미달발행의 경우 주식을 주주총회 결의일부터 1개월 이내에 발행해야 한다는 규제(165조의8 3항)에 위반한 경우를 말한다(165조의18 12호-14호).

(7) 사채의 발행 및 배정 관련

주권상장법인이 주권관련사채권과 신주인수권부사채권의 발행방법에 관한 규제(165조의 10)에 위반한 경우를 말한다(165조의18 15호).

(8) 조건부 자본증권 관련

주권상장법인이 조건부자본증권의 발행방법(165조의11)에 위반한 경우를 말한다(165조의 18 16호).

(9) 이익배당 관련

첫째, 주권상장법인이 분기배당에 관한 규제(165조의12 1항·2항)에 위반한 경우, 둘째, 주권상장법인이 분기배당금의 지급방법(165조의12 3항)에 위반한 경우, 셋째, 주권상장법인은 해당 결산기의 배당가능금액이 없을 우려가 있으면 분기배당을 할 수 없다는 규제(165조의12 5항)에 위반한 경우를 말한다(165조의18 17호-19호).

(10) 주식배당 관련

첫째, 주권상장법인은 해당 주식의 시가가 액면액에 미치지 못하는 경우를 제외하고, 이익배당총액에 상당하는 금액까지는 새로 발행하는 주식으로 이익배당을 할 수 있다는 규제(165조의13 1항)에 위반한 경우, 둘째, 주권상장법인이 주식배당과 관련하여 주식의 시가산정방법(165조의13 2항; 령 176조의14 2항)을 위반한 경우를 말한다(165조의18 20호·21호).

(11) 의결권 없는 주식 관련

자본시장법상 특례에 해당하는 의결권 없는 주식과 상법상 의결권이 없거나 제한되는 주식(344조의3 1항)을 합한 의결권 없는 주식의 총수는 발행주식총수의 50%를 초과할 수 없다는 규제(165조의15 2항)에 위반한 경우를 말한다(165조의18 22호).

(12) 재무관리기준 관련

주권상장법인이 자본시장법상 재무관리기준(165조의16 2항)에 위반한 경우를 말한다(165조의18 23호).

(13) 주식매수선택권 부여신고 관련

첫째, 상법상 주식매수선택권을 부여한 주권상장법인은 주주총회 또는 이사회에서 주식매수선택권을 부여하기로 결의한 경우 금융위와 거래소에 그 사실을 신고해야 한다는 규제(165조의17 1항)에 위반한 경우, 둘째, 주권상장법인은 사외이사를 선·해임하거나 사외이사가 임기만료 외의 사유로 퇴임한 경우 그 내용을 다음 날까지 금융위와 거래소에 신고해야 한다는 규제(165조의17 3항)에 위반한 경우를 말한다(165조의18 24호·25호).

<table>
<tr><td>제6장</td><td>유통시장과 공시</td></tr>
</table>

제1절 서 언

자본시장법의 규제목적인 투자자 보호가 가장 일반적으로 문제되는 상황은 유통시장에서의 매매이다. 자본시장법상 발행공시가 증권의 발행시점을 기준으로 한 과거의 정보를 공시하는 시스템이라면 유통공시는 증권의 발행 이후에 발생한 새로운 정보를 지속적으로 공시하는 구조이다. 발행공시와 유통공시는 동일한 목적을 가진 공시규제의 구성요소로서 동일한 법원칙의 적용을 받게 된다.

발행공시에서와 마찬가지로 유통공시에서도 공시규제의 준수를 위한 규제비용과 그에 따른 투자자 보호의 편익의 균형에 대해서는 의문이 제기되고 있다. 특히 대부분의 투자자가 공시내용을 확인하지 않는다는 근본적인 한계도 발행공시와 동일하다. 그럼에도 유통공시내용은 발행공시내용과 함께 발행인 및 그 발행증권의 가치평가의 기초자료로서 부실공시에 대한 책임의 근거가 된다는 점에서 여전히 중요하다. 유통공시는 발행공시와 달리 그 빈도를 어떻게 설정할 것인지도 규제의 비용과 편익의 균형이라는 관점에서 항상 문제된다. 투자자관점에서는 보다 많은 정보를 보다 자주 공시하면 유리하다고 생각할 수 있다. 그러나 실제 투자자의 관점에서는 정보에 대한 이해가능성도 중요한 요소가 된다.

제2절 유통시장공시의 논리와 구조에서는 유통시장공시의 필요성을 정리하고 정기공시와 수시공시, 공정공시로 이루어지는 구성요소를 살펴본다. 제3절 정기공시에서는 사업보고서와 반기 및 분기보고서의 법적 의미를 분석한다. 제4절 수시공시에서는 주요사항보고서와 거래소 수시공시를 중심으로 계속공시의 법적 의의를 살펴본다. 제5절 공정공시에서는 현재 거래소규정에 맡겨져 있는 공정공시제도의 규제방향을 검토한다.

제2절 유통시장공시의 논리와 구조

Ⅰ. 유통시장공시의 필요성

자본시장법은 증권을 공모하는 발행회사에게 투자자의 투자판단에 필요한 정보를 공시하도록 강제하고 있다. 그러한 정보공시는 공모 당시는 물론 공모 후에도 계속 필요하다. 발행시장에서와 같은 판매압력은 존재하지 않지만 유통시장에서도 투자자들이 매매를 결정하기 위해서는 정보가 필요하기 때문이다. 유통시장에서의 정보공시는 투자자 보호에 기여할 뿐 아니라 유통시장에서의 자원의 효율적 배분을 촉진한다.

유통시장에서 거래되는 증권의 가치에 영향을 주는 정보는 세계경기전망, 금리, 국내정세 등 그야말로 다양하다. 그러나 역시 가장 중요한 것은 회사의 재산상태 및 경영성적과 같은 회사정보와 시장의 수급요소 등 시장정보이다. 회사정보를 가장 잘 아는 것은 역시 당해 회사이다. 따라서 자본시장법은 공모 후에도 발행회사에 대해서 일정한 정보의 공시를 강제하고 있다. 이러한 강제공시에 대해서는 발행시장공시에서와 마찬가지로 반대론이 없지 않다. 즉 앞으로 증권시장에서 자금조달을 원하는 기업은 자발적으로 회사관련정보를 공시할 것이므로 구태여 법으로 강제할 필요가 없다는 주장이 그것이다. 그러나 정보공시를 기업의 임의에 맡긴다면 기업은 불리한 정보의 공시를 미루거나 유리한 정보도 자신이 거래하고 난 뒤로 미룰 가능성이 없지 않다. 또한 제공되는 정보의 양이나 형식도 기업에 따라 들쭉날쭉할 가능성이 크다. 그리하여 자본시장법은 공시할 정보의 최소한도와 형식 등을 규제하고 있다.

Ⅱ. 유통시장공시의 종류

유통시장공시는 정기공시, 수시공시, 특수공시, 공정공시의 4가지로 나눌 수 있다. 정기공시는 회사의 사업과 재무상황 및 경영실적 등 기업내용의 전반적인 사항을 정기적으로 공시하는 것을 말한다. 수시공시(또는 적시공시)는 경영활동과 관련한 주요사항이 발생할 때마다 수시로 행하는 공시를 말한다. 자본시장법상 수시공시는 공적규제(주요사항보고서 제도)와 자율규제(거래소 수시공시)로 이원화되어 있다. 공정공시는 투자자들 사이의 불공정한 정보비대칭을 방지하기 위한 것이다. 끝으로 특수공시는 공개매수, 의결권대리행사권유 등의 특수한 거래와 관련하여 이루어지는 공시를 일컫는다. 특수공시에 대해서는 해당 거래를 설명하면서 언급하고[1] 여기서는 유통시장공시의 큰 줄기를 이루는 정기공시 및 수시공시와 공정공시를

---

1) 특수공시에 대해서는, 금감원, 『합병 등 특수공시 관련 실무 안내서』, 2017.

설명한다. 정기공시와 수시공시는 통틀어 계속공시라고 한다. 국내 유통시장공시의 일반적인 체계는 [그림 6-1]에서 보는 바와 같다.

┃그림 6-1   유통시장공시의 일반적 체계

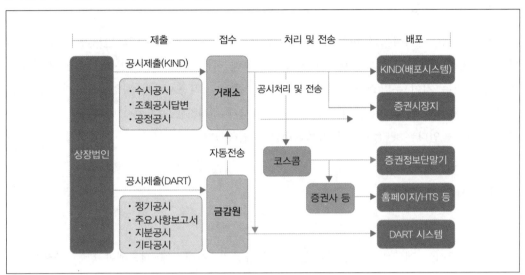

자료: 한국거래소,『코스닥시장 상장·공시관리 해설』(2022), 15면.

Ⅲ. 유통시장공시에 관한 규정

　유통시장공시에 관한 규제는 크게 자본시장법령, 법의 위임에 따른 금융위규정, 자율규제기관의 규정 등 세 단계로 이루진다. 유통시장공시에 관한 기본규정은 대체로 자본시장법과 시행령에 있다. 과거 증권법에서는 수시공시와 관련하여 상세한 규정을 두고 있었으나 자본시장법은 이를 대폭 정리하였다. 자본시장법의 위임에 따라 금융위가 제정한 발행공시규정은 유통시장공시에 관해서도 비교적 상세한 규정을 두고 있다. 거래소도 별도로 공시규정을 두고 있다.

Ⅳ. 전자공시

　금융위 등 금융당국이나 거래소, 협회 등에 신고서 등 공시서류를 제출하는 경우에는 전자문서를 이용할 수 있다(436조; 령 385조). 이러한 전자공시는 발행시장공시와 유통시장공시에 모두 가능하지만 신속한 공시가 절실한 유통시장의 공시에서 더 의미가 있다.

제3절 정기공시

I. 총 설

정기공시는 정기적으로 하는 공시를 말한다. 투자자관점에서는 그 빈도가 높을수록 좋다. 그러나 공시하는 회사입장에서는 정보의 작성에 적잖은 시간과 비용이 소요되기 때문에 빈도를 늘리는 것이 부담스러운 것이 사실이다. 종래 정기공시로는 사업연도마다 제출하는 사업보고서와 반년에 한 번씩 제출하는 반기보고서가 존재하였으나 1997년 외환위기 후에 경영투명성을 높인다는 관점에서 분기보고서를 도입하였다.

II. 사업보고서

1. 의 의

사업보고서는 제출의무자가 매사업연도에 금융위·거래소에 제출해야 하는 공시서류이다(159조 1항 본문). 거래소는 상장법인인 사업보고서 제출대상법인이 그 증권을 상장한 거래소를 말한다. 복수상장의 경우 상장된 모든 거래소이다. 상장법인이 아닌 사업보고서 제출대상법인의 제출처를 거래소로 한 것은 거래소 허가제와 맞지 않는다. 한국거래소만 거래소로 존재할 경우에는 실무상 문제는 없겠지만, 법체계상 금융위가 지정하는 지정거래소(78조 3항)를 제출처로 해야 한다.

2. 제출의무자

제출의무자는 주권상장법인 및 그 밖의 제출대상법인이다(159조 1항). 시행령은 (ⅰ) 주권 이외의 일정한 증권[2]을 상장한 발행인('**제1호 발행인**'), (ⅱ) 주권과 일정한 증권[3]을 공모[4]한

---

[2] 다음의 증권을 말한다(령 167조 1항 1호 가목-바목).
　　가. 주권 외의 지분증권[집합투자증권과 자산유동화계획에 따른 유동화전문회사등(자산유동화법 3조)이 발행하는 출자지분은 제외]
　　나. 무보증사채권(담보부사채권과 보증사채권(령 362조 8항)을 제외한 사채권)
　　다. 전환사채권·신주인수권부사채권·이익참가부사채권 또는 교환사채권
　　라. 신주인수권이 표시된 것
　　마. 증권예탁증권(주권 또는 가목부터 라목까지의 증권과 관련된 증권예탁증권만 해당)
　　바. 파생결합증권
[3] 위 주 1)에 열거한 것과 같은 증권이다. 제2호 발행인은 주권상장법인 또는 제1호 발행인으로서 해당 증권의 상장이 폐지된 발행인을 포함한다.
[4] 온라인소액투자중개의 방법에 따른 모집(117조의10 1항)과 소규모공모(130조 1항 본문)는 제외한다.

발행인('**제2호 발행인**'), (ⅲ) 위 (ⅱ)의 증권종류별로 그 소유자수5)가 500인 이상인 외감법상
외부감사대상법인('**제3호 발행인**')6)을 제출대상법인으로 추가하고 있다(령 167조 1항). 그러나
파산이나 해산사유발생 등으로 사업보고서 제출이 사실상 불가능하거나 실효성이 없는 경
우7)에는 제출이 면제된다(159조 1항 단서; 령 167조 2항). 그리고 제2호 발행인은 소유자가 25
인 이상인 한 제출의무를 부담한다. 이처럼 소수의 투자자를 보호하기 위하여 공시를 강제하
는 것이 과연 합리적인가? 공모 후에도 소유자가 일정 수(예컨대 300인) 미만으로 줄면 제출의
무를 면제해야 할 것이다.8) 끝으로 실제 사업보고서 제출의무는 금융위와 거래소에 제출할
당시 사업보고서 제출대상법인의 대표이사나 제출업무를 담당하는 이사가 부담한다(대법원
2012. 8. 23. 선고 2011도14045 판결).

3. 기재사항

1) 범   위

사업보고서에는 회사의 목적, 상호, 사업내용, 임원보수, 임원 개인별 보수와 그 구체적
인 산정기준 및 방법, 보수총액 기준 상위 5명의 개인별 보수와 그 구체적인 산정기준 및 방
법, 재무에 관한 사항, 회사의 개요 등9)을 기재한다(159조 2항; 령 168조 3항 2호-9호).

임원보수는 상법 그 밖의 법률에 따른 주식매수선택권을 포함하되, 임원 모두에게 지급
된 그 사업연도의 보수총액을 말한다(령 168조 1항). 임원 및 보수총액 기준 상위 5명의 개인
별 보수 및 그 구체적인 산정기준 및 방법은 개인에게 지급된 보수가 5억원 이상인 경우에
한한다(159조 2항 3호·3호의2; 령 168조 2항). 보수총액 기준 상위 5명을 포함한 것은 종래 미등
기임원의 보수는 공개되지 않아서 일부 등기임원을 미등기임원으로 전환하여 공시를 회피하
는 문제를 해결하기 위한 것이다.10)

---

5) 금융위가 고시하는 방법에 따라 계산한 수를 말한다(령 167조 1항 3호). 증권소유자의 수가 500인 이상이었
   다가 500인 미만으로 된 경우로서 300인 이상인 경우에는 제출의무가 있다.
6) 해당 사업연도에 처음 외부감사대상이 된 법인은 제외한다.
7) (ⅰ) 파산한 경우, (ⅱ) 상법 제517조, 그 밖의 법률에 따라 해산사유가 발생한 경우, (ⅲ) 주권상장법인 또는
   위 '제1호 발행인'의 경우에는 상장폐지요건에 해당하는 발행인으로서 해당 법인에게 책임 없는 사유로 사업
   보고서 제출이 불가능하다고 금융위 확인을 받은 경우, (ⅳ) 제2호 발행인의 경우에는 각각의 증권마다 소유
   자 수가 모두 25인 미만인 경우로서 금융위가 인정한 경우(그 소유자의 수가 25인 미만으로 감소된 날이 속
   하는 사업연도의 사업보고서는 제출해야 함), (ⅴ) 제3호 발행인의 경우에는 각각의 증권마다 소유자의 수가
   모두 300인 미만인 경우(그 소유자의 수가 300인 미만으로 감소된 날이 속하는 사업연도의 사업보고서는 제
   출해야 함).
8) 黑沼悅郞, 「デイスクロ一ジャ一に關する一省察」, 企業法の理論(江頭憲治郞 還曆記念), 2007, 613-614면.
9) (ⅰ) 회사의 개요 (ⅱ) 이사회 등 회사의 기관 및 계열회사에 관한 사항 (ⅲ) 주주에 관한 사항 (ⅳ) 임직원
   에 관한 사항 (ⅴ) 회사의 대주주 또는 임직원과의 거래내용 (ⅵ) 재무에 관한 사항과 그 부속명세 (ⅶ) 회계
   감사인의 감사의견 (ⅷ) 위 사항 외에 투자자에게 알릴 필요가 있는 사항으로서 금융위가 고시하는 사항(발
   행공시규정 4-2조 이하)을 말한다.
10) 자본시장과 금융투자업에 관한 법률 일부개정법률안(대안), 의안번호 18628, 제안연월일: 2016. 3., 제안자: 정

사업보고서도 증권신고서와 같이 예측정보를 표시할 수 있다. 예측정보에 대해서는 증권신고서와 같은 방법이 적용된다(159조 6항, 125조 2항 1호·2호·4호). 손해배상책임을 면하기 위하여 충족해야 할 요건도 증권신고서의 경우와 같다(162조 2항 1호-4호).

2) 대표이사 등의 확인·검토·서명의무

증권신고서등과 같이 사업보고서에서도 대표이사(집행임원 설치회사의 경우 대표집행임원) 등이 일정사항에 대해 확인·검토·서명의무를 부담한다(159조 7항; 령 169조 1호-4호). 그 내용은 증권신고서 등의 경우와 같다.

4. 세그먼트 공시[11]

하나의 기업이 여러 법인으로 구성되기도 하지만 거꾸로 하나의 회사가 동시에 여러 사업부문이나 지역사업본부를 운영하는 예도 적지 않다. 이러한 경우 주주 및 투자자들은 사업부문별 또는 지역본부별로 영업성적을 알 필요가 있다. 그러나 기업으로서는 이러한 정보를 공시하는 것은 비용도 부담스럽지만 기업기밀과 관련되기 때문에 전혀 달가운 일이 아니다. 종래 우리 법은 사업보고서 작성을 "업종별·사업부문별로 정하여 고시하는 기재방법 및 서식에 따라야 한다"고 하여 '세그먼트 공시'를 강제하고 있었다(개정 전 159조 4항; 령 168조 3항). 그러나 자본시장법은 2009. 2. 3. 개정으로 이를 폐지하여 회계기준에 따라 작성하게 하고 있다(159조 4항).

5. 첨부서류

사업보고서에는 회계감사인의 감사보고서(그 법인의 재무제표에 대한 감사보고서와 연결재무제표에 대한 감사보고서), 감사의 감사보고서(상 447조의4), 법인의 내부감시장치[12]의 가동현황에 대한 감사의 평가의견서, 영업보고서, 정관, 내부회계관리제도 운영실태보고서 등 서류를 첨부해야 한다(령 168조 6항 본문 1호-3호, 5호; 발행공시규정 4-3조 4항; 외부감사 및 회계 등에 관한 규정 7조). 연결재무제표에 대한 감사보고서는 "최근 사업연도말 현재 자산총액이 2조원 미만인 법인 중 한국채택국제회계기준을 적용하지 않는 법인"(령 168조 5항 전단)에 대해서는 제출기한의 특례가 적용된다(령 168조 6항 단서).

무위원장, 대안의 제안이유.

11) 일반적인 설명으로, 허훈, "세그먼트 정보공시제도에 관한 고찰", 『증권조사월보』 제157호, 1990. 5, 8면 이하.

12) 이사회의 이사직무집행의 감독권과 감사 또는 감사위원회의 권한 그 밖에 법인의 내부감시장치를 말한다(령 168조 6항 3호).

6. 연결재무제표와 결합재무제표

1) 기업집단과 공시

오늘날 기업, 특히 대기업은 독립적으로 운영되기보다는 다른 기업과 더불어 하나의 기업집단을 구성하는 경우가 많다. 이러한 경우 법률상으로는 각 기업이 별개의 법인이지만 경제적으로는 기업집단 전체가 마치 하나의 기업과 같이 운영된다. 따라서 이러한 기업실상을 제대로 파악하기 위해서는 개별기업의 재무제표만으로는 부족하고 관련기업의 재무제표까지 함께 살펴볼 필요가 있다. 이 문제는 재벌의 투명성제고라는 차원에서 특히 주목의 대상이 되었다.

이는 원래 기업회계의 문제로서 외감법에서 규율하고 있고, 그 규제는 대폭 강화되어 왔다. 외감법상 종속회사가 있는 법인은 연결재무제표를 작성할 의무가 있다(2조 3호). 과거 외감법상의 지배·종속관계는 형식적 판단이어서 복잡한 상호보유관계로 얽혀 있는 우리나라 기업집단의 현실을 제대로 규율할 수 없는 한계가 지적되었지만 개정되었다.

2) 연결재무제표

종속회사가 있는 법인은 그 법인의 개별재무제표만으로는 투자자가 재무상황을 정확히 알기 어렵다. 따라서 그러한 법인이 사업보고서를 제출하는 경우에는 재무에 관한 사항과 그 부속명세 그 밖에 금융위가 고시하는 사항은 연결재무제표를 기준으로 기재하되 그 법인의 재무제표를 포함하게 하고 있다(령 168조 4항).[13] 회계감사인의 감사의견도 연결재무제표와 개별재무제표 모두를 대상으로 해야 한다. 연결재무제표는 법적으로 독립된 2 이상의 회사가 경제적으로 단일기업인 경우 이들 사이의 내부거래를 무시하고 각 회사의 재무제표를 결합하여 작성한 재무제표이다.[14]

지배·종속관계는 외감법상 기준에 따라 판단한다(외감법 2조 3호; 동 시행령 3조 1항). 그에 의하면 지배·종속관계는 "회사가 경제 활동에서 효용과 이익을 얻기 위하여 다른 회사(조합 등 법인격이 없는 기업을 포함한다)의 재무정책과 영업정책을 결정할 수 있는 능력을 가지는 경우로서 […] 그 회사(지배회사)와 그 다른 회사(종속회사)의 관계"를 말하며 한국채택국제회

---

13) 최근 사업연도말 현재 자산총액이 2조원 미만인 법인 중 한국채택국제회계기준을 적용하지 않는 법인은 그 법인의 재무제표를 기준으로 재무사항과 그 부속명세, 그 밖에 금융위가 고시하는 사항을 기재하고, 그 법인의 재무제표에 대한 회계감사인의 감사의견을 기재한 사업보고서를 제출할 수 있다(령 168조 5항 전단). 이 경우 그 사업연도 종료 후 90일이 지난 날부터 30일 이내에 연결재무제표를 기준으로 한 재무에 관한 사항과 그 부속명세, 그 밖에 금융위가 고시하는 사항과 연결재무제표에 대한 회계감사인의 감사의견을 보완하여 제출해야 한다(령 168조 5항 후단).

14) '연결재무제표'는 2 이상의 회사가 시행령이 정하는 지배·종속의 관계에 있는 경우 지배회사가 작성하는 연결재무상태표, 연결손익계산서 또는 연결포괄손익계산서, 연결자본변동표, 연결현금흐름표, 주석을 말한다(외감법 2조 3호; 동 시행령 3조 2항 1호-3호).

계기준 또는 그 밖의 회계처리기준에 따라 판단해야 한다. 종래의 규정중심규제를 원칙중심 규제로 전환한 것이다. 연결재무제표 제출의무를 위반한 경우에도 형벌(3년 이하의 징역 또는 3천만원 이하의 벌금)이 부과된다(외감법 42조 1항). 다만 원칙중심규제에서 실효성 확보수단으로서 형벌의 채택에 대해서는 죄형법정주의의 관점에서는 신중한 검토가 필요하다.

3) 결합재무제표

개정 전 외감법은 사업보고서 제출대상법인이 외감법상 기업집단결합재무제표를 작성해야 하는 기업집단에 속하는 경우 기업집단 결합재무제표를 사업연도 종료 후 6월 이내에 금융위와 거래소에 제출하게 했다(개정 전 159조 5항).[15] 또한 결합재무제표의 작성대상을 원칙적으로 자산총액 2조원 이상인 기업집단과 그 소속회사로 하고 있었다(1조의3 1항; 외감법 시행령 1조의4 1항). 2009. 2. 3. 외감법 개정으로 기업집단 결합재무제표 작성의무는 2013. 1. 1.부터 폐지되었다.

7. 종속회사 관련 사항의 기재와 자료요구권

연결재무제표 작성대상법인 중 사업보고서 제출대상법인은 사업보고서등[16]에 종속회사 관련 사항을 기재할 필요가 있을 수 있다. 이 경우 종속회사의 원활한 협조를 위하여 필요한 범위에서 종속회사에게 관련자료의 제출을 요구할 수 있는 근거를 신설하였다(161조의2 1항).[17] 연결재무제표 작성대상법인 중 사업보고서 제출대상법인은 사업보고서등의 작성을 위하여 필요한 자료를 입수할 수 없거나 종속회사가 제출한 자료의 내용을 확인할 필요가 있는 때에는 종속회사의 업무와 재산상태를 조사할 수 있다(161조의2 2항). 정당한 이유없이 이러한 요구 및 조사를 거부·방해·기피한 자는 1년 이하의 징역 또는 3천만원 이하의 벌금에 처한다(446조 19호의8). 입법취지는 이해하지만 자료협조를 위하여 법적 근거가 필요하고 그 위반에 대한 제재규정을 두어 강제할 정도의 관계를 외감법상 실질적 개념인 '**지배·종속관계**'로 보는 것이 적절한지 의문이다.[18]

8. 제출기한

사업보고서 제출시한은 원칙적으로 사업연도 경과 후 90일 내이다(159조 1항 본문). 그러나 2가지 예외가 있다.

---

15) '기업집단결합재무제표'는 기업집단(공정거래법 2조 2호)이 소속회사의 재무제표를 결합하여 작성하는 기업집단결합대차대조표·기업집단결합손익계산서 기타 시행령이 정하는 서류를 말한다(개정 전 외감법 1조의2 3호).

16) 제161조의2의 자료제출요구권의 대상서류는 '제162조 제1항에 따른 사업보고서 등'으로서 바로 다음 조항에서 정의하고 있다. 해석상 문제가 없다고 해도 체계상 개정은 필요하다.

17) 증권신고서의 제출에 관한 제119조의2와 같은 취지의 규정이다.

18) 증권신고서에 관하여 제5장 제4절 Ⅱ. 4. 종속회사 관련 사항의 기재와 자료요구권.

첫째, 최초로 사업보고서를 제출해야 하는 법인은 사업보고서 제출대상법인에 해당하게 된 날부터 5일(사업보고서의 제출기간 중인 경우에는 그 제출기한) 이내에 그 직전 사업연도의 사업보고서를 금융위와 거래소에 제출해야 한다(159조 3항 본문). 다만, 그 법인이 증권신고서 등을 통하여 이미 직전 사업연도의 사업보고서에 준하는 사항을 공시한 경우에는 직전 사업연도의 사업보고서를 제출하지 않을 수 있다(159조 3항 단서).

둘째, 제출기한을 연장할 수도 있다. 사업보고서 제출대상법인은 회계감사인과 감사보고서 작성을 위하여 부득이 사업보고서등의 제출기한연장이 필요하다고 미리 합의하고, 그 제출기한 만료 7일 전까지 금융위와 거래소에 기한연장사유를 기재하여 신고한 경우, 연 1회에 한정하여 제출기한을 5영업일 이내에서 연장할 수 있다(165조 3항, 159조, 160조).[19]

9. 금융위의 조치

금융위는 증권신고서(132조)와 마찬가지로 사업보고서에 대해서도 각종 조치를 취할 수 있다(164조 2항 전단). 첫째, 사업보고서를 제출하지 않거나 사업보고서 중요사항에 관한 허위기재나 중요사항의 기재누락이 있는 경우에는 정정보고서의 제출을 명할 수 있고, 필요한 경우에는 증권발행정지 등의 조치를 취할 수 있다(164조 2항 전단). 둘째, 금융위는 사업보고서 제출대상법인 등의 보고와 금감원장의 조사를 명할 수 있다(164조 1항). 증선위는 천재지변 등의 사유로 사업보고서를 제출하지 못한 제출대상법인에 대해 조치를 면제할 수도 있다.[20] 금융위와 거래소는 사업보고서를 3년간 일정한 장소에 갖추어 두고, 인터넷 홈페이지 등을 이용하여 공시해야 한다(163조 전단).[21]

10. 사업보고서 제출에 대한 특례

1) 외국법인등에 대한 특례

자본시장의 국제화에 따라 외국법인등이 사업보고서 제출의무를 부담할 경우도 있다. 본국에서의 공시에 추가하여 의무를 부담하는 외국법인등의 편의를 위하여 제출기한·방법에 관해 특례를 인정한다.

---

19) 기한연장신고는 금융위가 고시하는 기재방법 및 서식에 따라야 하고, 회계감사인이 기재하여 서명날인한 기한연장사유서를 첨부해야 한다(165조 4항).

20) 최근 증선위는 코로나19에 따라 사업보고서 등을 기한 내 제출하기 어려운 회사 63개사와 감사인 36개사에 대하여 ① 감사전 재무제표 미제출시 감사인 지정 등, ② 감사보고서 미제출시 감사업무 제한 등, ③ 사업보고서 미제출시 과징금 등의 행정제재를 면제했다. 금융위·금감원/한공회, 보도자료: 코로나19에 따른 사업보고서 등 제출지연 관련 제재면제, 2020. 3. 25.

21) 증권신고서와 마찬가지로 기업경영 등 비밀유지와 투자자 보호의 형평 등을 고려하여 군사기밀에 해당하는 사항이나 사업보고서 제출대상법인 또는 그 종속법인의 업무나 영업에 관한 것으로서 금융위의 확인을 받은 사항을 제외하고 비치 및 공시할 수 있다(163조 후단; 령 174조).

첫째, 제출면제외국법인등(외국 정부, 외국 지방자치단체, 일정한 요건을 갖춘 외국 공공단체, 법률에서 정하는 국제금융기구 등)에 대하여 사업보고서 제출의무(159조-161조)를 면제한다(165조; 령 176조 1항). 둘째, 제출면제외국법인등을 제외한 외국법인등의 사업보고서나 분·반기보고서 제출기한을 연장(30일 또는 15일)해 주거나(령 176조 2항), 본국에서 사업보고서등을 제출한 후 10일 이내에 사업보고서등을 제출하거나 한글요약문을 첨부한 원문서류를 제출할 수 있다(령 176조 3항). 셋째, 연결재무제표를 제출한 외국법인등의 개별재무제표는 생략해도 되고, 사업보고서나 분·반기보고서에 일정 내용의 기재를 생략할 수 있다(령 176조 4항). 넷째, 증권시장에 지분증권을 상장한 외국법인등의 사업보고서에 기재·첨부하는 재무제표(또는 연결재무제표)는 한국채택국제회계기준, 국제회계기준위원회가 제정한 국제회계기준, 미국 내에서 일반적으로 인정되는 회계처리기준 중 하나에 따르면 된다(령 176조 6항).

금융위는 외국법인등의 종류·성격, 외국 법령 등을 고려하여 외국법인등의 사업보고서 등의 구체적인 기재내용, 첨부서류 및 서식 등을 달리 정하여 고시한다(령 176조 7항; 발행공시규정 4-7조 이하).

2) 중소기업에 대한 특례

코넥스시장 주권상장법인의 경우에는 반기·분기보고서의 제출의무를 면제한다(165조 2항, 160조; 령 176조 8항·9항).

Ⅲ. 반기보고서와 분기보고서

1. 의의와 취지

사업보고서 제출대상법인은 사업연도 개시일부터 6개월간의 사업보고서(반기보고서)와 3·9개월간의 사업보고서(분기보고서)를 각각 그 기간경과 후 45일 내에 금융위와 거래소에 제출해야 한다(160조).[22]

2. 기재사항과 방법

이들 서류의 기재사항과 방법은 사업보고서를 준용한다(160조 후단, 령 170조 1항). 다만 임원의 보수와 보수총액기준 상위 5인에 대한 공시는 분기보고서에는 적용하지 않는다(160조 후단, 159조 2항 3호·3호의2). 한국채택국제회계기준을 적용하는 연결재무제표 작성 대상 법인

---

22) 다만 국제회계기준 도입으로 연결재무제표를 기준으로 반기·분기보고서를 작성해야 하므로, 사업보고서 제출대상법인이 재무관련 사항 등을 연결재무제표를 기준으로 작성하여 반기·분기보고서를 금융위와 거래소에 제출하는 경우에는 그 최초의 사업연도와 그 다음의 사업연도에 한하여 해당 반기·분기 종료 후 60일 이내에 제출할 수 있게 하였다(160조).

은 연결재무제표기준의 분·반기보고서를 제출해야 한다(령 170조 1항, 168조 4항). 그러나 재무사항의 부속명세는 생략할 수 있고, 회계감사인의 감사의견은 반기보고서의 경우에는 회계감사인의 확인 및 의견표시로 갈음할 수 있고, 분기보고서의 경우에는 기재를 생략할 수 있다(령 170조 1항 1호·2호).[23]

사업보고서 기재사항을 준용하는 경우(령 170조 1항, 168조 3항), 재무에 관한 사항과 그 부속명세(령 168조 7호) 중 부속명세를 기재하지 않을 수 있고, 분기보고서에는 금융위가 고시하는 기준에 따라 일정한 사항(령 168조 2호-7호)을 기재하지 않을 수 있다(령 170조 2항). 회계감사인의 감사의견(령 168조 8호)은 반기보고서인 경우 한국채택국제회계기준을 적용하는 연결재무제표 작성대상법인에 대해서는 그 법인의 재무제표에 대한 회계감사인의 확인 및 의견표시와 연결재무제표에 대한 회계감사인의 확인 및 의견표시로, 그 이외의 법인에 대해서는 그 법인의 재무제표에 대한 회계감사인의 확인 및 의견표시로 갈음할 수 있다(령 170조 2항 1호·2호).[24]

3. 첨부서류

반기보고서에는 회계감사인의 반기감사보고서나 반기검토보고서를, 그리고 금융기관 또는 최근 사업연도말 현재의 자산총액이 5천억원 이상인 주권상장법인의 분기보고서에는 회계감사인의 분기감사보고서나 분기검토보고서를 첨부해야 한다(령 170조 3항 1호 본문·2호 본문). 다만, 한국채택국제회계기준을 적용하는 연결재무제표 작성대상법인인 경우에는 회계감사인의 연결재무제표에 대한 이상의 보고서를 함께 제출해야 한다(령 170조 3항 1호 단서·2호 단서). 반기보고서와 분기보고서는 사업보고서와 마찬가지로 취급된다(160조).

Ⅳ. 공시의무위반에 대한 제재

1. 행정제재

사업보고서등 정기공시서류를 제출하지 않거나 허위기재나 기재누락을 하는 경우에 대한 행정제재는 제출대상법인과 금융투자업자 및 그 임직원을 대상으로 한다. 제출대상법인은 작성 및 제출의무를 부담하는 자로서 당연한 책임이다. 그러나 금융투자업자는 사업보고서등의 작성 및 제출에 직접 의무를 부담하지는 않는다. 증권발행의 경우의 인수인이나 주선인과 달리 사업보고서등의 내용을 직접 확인할 의무도 부담하지 않는다. 따라서 그 책임은 금융투자

---

23) 분기보고서의 경우 금융회사나 자산총액 5천억원 이상인 주권상장법인이 아니라면 회계감사인의 확인·의견표시도 불필요하다(령 170조 1항 2호 단서).

24) 분기보고서의 경우 금융회사나 자산총액 5천억원 이상인 주권상장법인이 아니라면 회계감사인의 확인·의견표시마저도 불필요하다(령 170조 2항 2호 단서).

업자 자신이 제출하는 사업보고서등과 같이 작성과 제출에 직접 관여한 경우에 한정되는 것
으로 해석된다.[25]

2. 형사제재

사업보고서등을 제출하지 않은 자는 1년 이하의 징역 또는 3천만원 이하의 벌금에 처한
다(446조 28호). 실제 사업보고서 제출의무는 금융위와 거래소에 제출할 당시 대표이사나 제출
업무를 담당하는 이사가 부담한다. 이에 해당하지 않는 자는 이 죄의 주체가 될 수 없고, 대
표이사나 제출업무를 담당하는 이사가 아닌 자는 고의 없는 대표이사나 제출업무를 담당하는
이사를 이용하여 간접정범의 형태로 위 죄를 범할 수도 없다(대법원 2012. 8. 23. 선고 2011도
14045 판결).

중요사항에 대해서 허위기재나 기재누락한 자나 그 사실을 알고도 확인·서명한 자, 그리
고 그 사실을 알고도 이를 진실 또는 정확하다고 증명하여 그 뜻을 기재한 공인회계사·감정
인 또는 신용평가를 전문으로 하는 자는 5년 이하의 징역 또는 2억원 이하의 벌금에 처한다
(444조 13호 라목·마목·사목).

3. 민사제재

1) 개   요

먼저 손해배상청구권자는 취득자 또는 처분자로 제한된다. 따라서 비관적인 거짓 기재로
인한 주가하락의 경우 처분하지 않은 기존 주주는 제162조에 의한 책임을 물을 수 없다.

손해배상책임자는 다음과 같이 발행시장공시에서의 책임의 주체와 유사하다(162조 1항).

(i) 그 사업보고서등의 제출인과 제출당시의 그 사업보고서 제출대상법인의 이사
(ii)「상법」제401조의2 제1항 각 호의 어느 하나에 해당하는 자로서 그 사업보고서등의 작
성을 지시하거나 집행한 자
(iii) 그 사업보고서등의 기재사항 및 그 첨부서류가 진실 또는 정확하다고 증명하여 서명한
공인회계사·감정인 또는 신용평가를 전문으로 하는 자 등(그 소속단체를 포함한다) 대
통령령으로 정하는 자
(iv) 그 사업보고서등의 기재사항 및 그 첨부서류에 자기의 평가·분석·확인 의견이 기재되
는 것에 대하여 동의하고 그 기재내용을 확인한 자

유통시장의 특성상 인수인이나 주선인, 투자설명서의 작성자나 교부자, 매출인 등이 포

---

25) 과징금은 직전 사업연도 중에 증권시장(다자간매매체결회사에서의 거래 포함)에서 형성된 그 법인이 발행한
주식(그 주식과 관련된 증권예탁증권 포함)의 일일평균거래금액의 10%(20억원을 초과하거나 그 법인이 발행
한 주식이 증권시장에서 거래되지 않은 경우에는 20억원)을 한도로 한다(429조 3항).

함되고 있지 않다는 점이 발행시장의 경우와 다르다.

부실기재의 대상이 되는 서류는 "사업보고서·반기보고서·분기보고서·주요사항보고서[26] 및 그 첨부서류"이다. 자본시장법은 회계감사인의 감사보고서를 첨부서류에서 제외함과 아울러 선의의 투자자가 사업보고서등에 첨부된 감사보고서를 신뢰하여 손해를 입은 경우에는 외감법규정(31조 2항부터 9항)을 준용한다(170조).

제162조에 따른 손해배상을 청구하려면 사업보고서등의 '**중요사항**'에 관한 '**부실기재**'를 증명해야 한다. 중요사항과 관련하여 법원은 피고 회사의 "제59기 3분기보고서부터 제60기 3분기보고서까지 재무제표에 이 사건 채권에 대한 대손충당금을 정상적으로 반영·작성하면서도, 이를 과소 설정한 피고 회사의 기존 제58기 재무제표를 정정하지 않은 채 그대로 인용한 부분"은 '**중요사항**'의 거짓 기재에 해당하지 않는다고 판단하였다(대법원 2022. 9. 7. 선고 2022다228056 판결). 또한 부실기재와 관련하여 대법원은 상장법인이 사업보고서 등의 대차대조표에 기업회계기준이 허용하는 합리적·객관적 범위를 넘어 매도가능증권 등 자산을 과대계상한 것을 증권법에서 정한 '**허위 기재**'가 있는 경우라고 판단하였다(대법원 2012. 10. 11. 선고 2010다86709 판결).

그 밖의 손해배상책임요건에 관해서는 이하에서 개별적으로 설명한다.

2) 거래인과관계

(1) 개   요

발행시장의 경우와 마찬가지로 유통시장의 부실공시에 대한 손해배상책임을 묻는 경우에도 부실공시와 원고의 거래사이에는 인과관계, 즉 거래인과관계를 증명할 필요가 있다. 유통시장의 경우에 적용되는 거래인과관계의 법리는 발행시장의 경우와 동일하다. 원고는 자신이 부실공시를 신뢰하였음을 증명할 필요는 없고 배상의무자가 원고의 악의를 증명함으로써 책임을 면할 수 있을 뿐이다. 또한 재무제표와 같은 중요정보에 거짓이 있는 경우에는 원고가 그것을 보지 않은 경우에도 그 정보가 시장에 영향을 주었을 것이라는 점에서 원고의 투자판단에 영향을 미쳤고 따라서 거래인과관계가 존재한다고 볼 수 있다. 다음의 사례는 이러한 법리를 잘 보여준다.

(2) 사   례

피고 회사가 1차로 허위공시를 하였으나 2차로 정상 공시를 한 후에 분식회계 사실이 공표되는 과정에서 주가가 하락하자 허위공시 이후 피고 회사의 주식을 취득하여 보유하거나 처분한 원고들이 피고 회사 및 피고 회사 임원들, 피고 회사에 대하여 회계감사를 한 회계법인에 대하여 손해배상을 청구한 사건에서 분식재무제표 공시(A), 그 후 분식회계사실의 공표

---

26) 이들을 "사업보고서등"이라 한다.

없이 정상재무제표의 공시(B), 그 후의 분식회계사실의 공표(C)가 각각 투자자의 투자판단에 미친 영향이 문제된다.

┃그림 6-2 재무제표의 수정공시와 거래인과관계

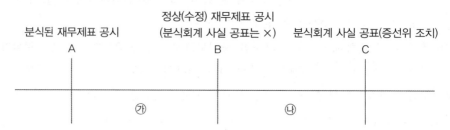

자본시장법상 거래인과관계는 효율적인 자본시장을 전제로 일반적·추상적으로 판단한다. 위 사안에서 분식된 재무제표에 기초하여 투자판단을 한 투자자(위 그림의 ㉮ 구간)는 "대상 기업의 재무상태를 가장 잘 나타내는 사업보고서의 재무제표와 이에 대한 감사보고서가 정당하게 작성되어 공표된 것으로 믿고 주가가 당연히 그에 바탕을 두고 형성되었으리라는 생각 아래 대상 기업의 주식을 거래한 것"이므로(대법원 2016. 12. 15. 선고 2015다243163 판결) 거래인과관계를 인정할 수 있다. 반면에 분식회계사실의 공표 없이 재무제표가 수정된 시점 이후에 해당 증권을 매수한 투자자(위 그림의 ㉯ 구간)는 분식된 재무제표를 믿고 거래하였다고 볼 수 없으므로 거래인과관계를 인정할 수 없다. 법원은 위 사안과 같이 수정공시 후에 이루어진 주식 취득의 경우에는 "피고 회사의 제59기 3분기보고서가 중요사항에 거짓 기재 없이 공시된 이상 그 이후의 이 사건 주식 취득 행위는 주로 거기 수록된 재무제표 등에 기초한 것"으로 볼 수 있으므로, "이와 달리 위 재무제표 등에 수록된 내용이 올바른 시장가치 형성에 필요한 정보를 담고 있지 않다거나 중요사항에 거짓 기재가 있는 과거의 재무제표만을 온전히 신뢰하여 거래하였다는 등의 특별한 사정이 없는 한 위 공시 시점 이후의 주식 거래분에 대하여 자본시장법상 거래 인과관계가 인정된다고 단정할 수 없다"(대법원 2022. 9. 7. 선고 2022다228056 판결)고 판시하였다.

3) 손해배상액의 산정

(1) 제162조의 공식

손해배상액의 산정방법에 관해서도 발행시장에 관한 제126조와 같은 방법을 규정하고 있으므로 취득가격에서 계속 보유시에는 변론종결시의 시장가격을, 변론종결 전 처분시에는 처분가격을 공제한다(162조 3항 1호·2호).

그러나 자본시장법상 공식에 따라 산정한 금액은 추정금액에 불과하므로 배상책임을 질 피고가 가격변동과 허위공시 사이의 인과관계의 부존재를 증명하면 손해배상액을 감액할 수

있다.27)

이 경우 사건연구(event study) 방법을 사용할 수도 있다(대법원 2016. 12. 15. 선고 2015다 243163 판결). 그러나 그 증명의 정도는 엄격하게 판단되어야 한다. "자본시장법이 투자자 보호의 측면에서 손해액 추정조항을 둔 입법 취지"에 비추어 "예컨대 거짓 기재가 포함된 사업보고서 등이나 감사보고서가 공시된 이후 매수한 주식의 가격이 하락하여 손실이 발생하였는데 사업보고서 등이나 감사보고서의 공시 이후의 주식 가격 형성이나 사업보고서 등이나 감사보고서의 거짓 기재가 공표된 이후의 주식 가격 하락이 문제된 사업보고서 등이나 감사보고서의 거짓 기재 때문인지가 불분명하다는 정도의 증명만으로는 손해액의 추정이 깨진다고 볼 수 없다"고 보는 것이 옳다(대법원 2016. 12. 15. 선고 2015다243163 판결).

일반적으로는 허위공시 사실이 밝혀진 이후 그로 인한 충격이 가라앉고 그와 같은 허위정보로 인하여 부양된 부분이 모두 제거되어 일단 정상적인 주가가 형성되면 그와 같은 정상주가 형성일 이후의 주가변동은 달리 특별한 사정이 없는 한 허위공시와 아무런 인과관계가 없는 것으로 본다(대법원 2016. 12. 15. 선고 2015다243163 판결; 대법원 2016. 10. 27. 선고 2015다 218099 판결; 대법원 2007. 10. 25. 선고 2006다16758,16765 판결).28)

정상주가의 형성시점과 관련하여 분식회계사실 공표 없이 재무제표가 수정된 시점과 증선위조치로 분식회계사실이 공표된 시점 중 언제를 기준으로 할 것인지가 문제된다. 손해액의 산정에서 공제가격은 사실심변론종결시를 원칙으로 하되 정상주가형성시를 극히 예외적으로 고려할 수 있다는 점에서 정상주가로의 회복을 투자자의 관점에서 구체적ㆍ객관적으로 확인할 수 있는 증선위조치시점을 기준으로 판단하는 것이 옳다.

대법원은 "증권선물위원회ㆍ한국거래소의 피고 회사에 대한 분식회계 적발 발표 및 주식거래정지 등의 조치를 통하여 피고 회사의 분식회계 사실이 아직 공표되지 않은 상황 하에서는, 피고 회사가 대손충당금의 적립 여부 및 그에 따른 재무상태의 악화 사실을 공시하였다는

---

27) 실제로 원고가 주식을 처분한 시점은 허위공시의 공표 후인 경우가 많겠지만 공표 전에 처분하는 경우도 존재한다. 그 경우에는 주가의 하락은 허위공시와 무관한 것이라는 주장도 가능하다. 그러나 대법원은 "[허위공시 공표 전에] 투자자가 매수한 주식을 허위공시 등의 위법행위로 말미암아 부양된 상태의 주가에 모두 처분하였다고 하더라도 그 공표일 이전에 [허위공시가 있었다는] 정보가 미리 시장에 알려진 경우에는 주가가 이로 인한 영향을 받았을 가능성을 배제할 수 없다. 이러한 정보가 미리 시장에 알려지지 않았다는 사정을 증명하거나 다른 요인이 주가에 미친 영향의 정도를 증명하거나 또는 매수시점과 매도시점에서 … 정상적인 주가까지 증명하는 등의 사정이 없는 한, 공표 전 매각분이라는 사실의 증명만으로 인과관계 부존재가 증명되었다고 할 수는 없다"고 판시함으로써(대법원 2022. 7. 28. 선고 2019다202146 판결) 허위공시 공표 전의 처분의 경우에도 투자자를 두텁게 보호하고 있다.

28) 대법원은 정상주가 형성일 이후에 당해 주식을 매도하였거나 변론종결일까지 계속 보유중인 사실이 확인되는 경우 증권법 제15조 제1항(자본시장법 162조 3항에 해당)이 정하는 손해액 중 위 정상주가와 실제 처분가격 (또는 변론종결일의 시장가격)과의 차액 부분에 대하여는 인과관계 부존재의 증명이 있다고 보고, 손해액을 계산상 매수가격에서 위 정상주가 형성일의 주가를 공제한 금액이라고 판시하고 있다(대법원 2012. 10. 11. 선고 2010다86709 판결 등).

사정만으로 그 직후에 곧바로 피고 회사의 전반적 신뢰성에 대한 시장의 평가가 이 사건 주식 가격에 온전히 반영되었다고 볼 수 없음은 물론, 자본시장법 제162조 제3항 및 제170조 제2 항에 따른 손해액의 추정이 깨진다고 볼 수도 없다"고 판단하였다(대법원 2022. 9. 7. 선고 2022 다228056 판결).

(2) 제162조의 문제점

한편 자본시장법이 이처럼 유통시장의 부실공시에 대해서도 발행시장에서의 손해배상액 산정방식을 그대로 적용하는 것에 대해서는 비판이 있다.[29] 실제로 이러한 산정방식은 공시 전후에 증권을 매수하고 그 일부를 변론종결 전에 처분한 경우에 혼란을 발생시킨다.

▌표 6-1 유통시장 거래 가상사례

일자 및 주가	2.1/1만원	2.15/1만원	2.18/1만2천원	3.1/1만2천원	3.10/8천원
거래	100주 매입	부실공시	100주 매입	부실사실발각	100주 매도

예컨대 갑이 을회사 주식을 [표 6-1]과 같이 거래하였다고 하자. 이 경우 갑이 2. 1. 매입한 주식(1차 매입주식)에 대해서는 원칙적으로 손해배상청구권이 발생하지 않고 2. 18. 매입한 주식(2차 매입주식)에 대해서만 손해배상청구권이 발생할 수 있다. 문제는 3. 10. 매도한 100 주가 1차 매입주식에서 나온 것인지 아니면 2차 매입주식에서 나온 것인지를 확정할 수 없다는 점이다. 만약 변론종결시의 가격이 처분가격과 다르다면 처분주식을 언제 매수한 주식으로 간주하는가에 따라서 손해배상액이 다르게 결정될 것이다. 실제로 이 점이 소송에서 문제 되어 위헌법률심판이 제청된 바 있다. 헌법재판소는 이 문제가 손해배상대상증권의 취득시점을 증명하기 어렵다는 것에서 발생하는 문제로 손해배상액 산정규정인 증권법 제15조(자본시장법 126조 1항·2항에 해당)와 무관한 것이라는 이유로 증권법 제15조를 준용하는 증권법 제186조의5(자본시장법 162조 3항·4항에 해당)는 위헌이 아니라고 판단하였다(헌법재판소 2003. 12. 18. 선고 2002헌가23 결정). 입법론적으로는 안분비례의 방식을 취하여 50주는 1차 매입주식에서, 나머지 50주는 2차 매입주식에서 나온 것으로 보는 것이 합리적일 것이다.

(3) 손해배상액의 감경

자본시장법 제162조, 제170조가 적용되는 손해배상청구소송의 경우에도 손해의 공평한 부담이라는 손해배상법의 기본 이념이 적용되어야 하므로, 피해자에게 손해의 발생 및 확대에 기여한 과실이 있는 사정을 들어 과실상계를 하거나 공평의 원칙에 기하여 책임을 제한할

---

29) 통상 발행회사가 거래당사자가 되는 발행공시의 경우와는 달리 유통공시의 경우에는 발행회사가 거래로부터 얻는 직접적인 이익이 없다는 점을 근거로 든다.

수 있다(대법원 2016. 12. 15. 선고 2015다243163 판결; 대법원 2022. 11. 30. 선고 2017다841·858 판결). 특히 주식거래의 경우에는 가격에 영향을 미치는 요소가 매우 다양하므로 중요하다.[30] 그러나 재무상태에 문제가 있는 회사의 주식을 취득하였다는 사정은 투자자의 과실로 볼 수 없고 주가하락에도 불구하고 처분을 미룸으로써 매도가격이 낮아졌다는 사정은 과실상계의 사유가 될 수 없다(대법원 2007. 10. 25. 선고 2006다16758·16765 판결).

4) 증명책임의 전환 — 상당한 주의와 취득자의 악의

배상책임을 질 자가 상당한 주의를 하였음에도 불구하고 이를 알 수 없었음을 증명하거나 그 증권의 취득자 또는 처분자가 그 취득 또는 처분을 할 때에 그 사실을 안 경우에는 배상의 책임을 지지 않는다(162조 1항 단서). 발행공시의 경우와 마찬가지로 투자자 보호를 위해서 특별히 증명책임을 전환한 것이다. 상당한 주의의 정도는 배상의무자의 유형에 따라 차이가 있다. 대표이사의 경우 상당한 주의를 한다는 것은 대표이사의 지위에서 재무제표 작성과 공시업무와 관련하여 선량한 관리자로서 갖는 주의의무나 감시의무를 제대로 수행하는 것을 가리키고 "'상당한 주의를 하였음에도 불구하고 이를 알 수 없었음'을 증명한다는 것은 '대표이사로서 위와 같은 주의의무나 감시의무를 제대로 수행한 후 허위기재 등이 없다고 믿을 만한 합리적인 근거가 있었고 또한 실제로 그렇게 믿었음'을 증명하는 것을 뜻한다"(대법원 2022. 7. 28. 선고 2019다202146 판결 등).

5) 제척기간

사업보고서나 분·반기보고서의 부실기재에 따른 손해배상책임은 "그 청구권자가 해당 사실을 안 날부터 1년 이내 또는 해당 제출일부터 3년 이내"에 청구권을 행사하지 않으면 소멸한다(162조 5항). 증권신고서등의 부실기재에 따른 손해배상청구권의 제척기간(127조)에 대한 설명이 그대로 적용될 수 있다.

6) 감사인의 손해배상책임

(1) 이해관계인의 손해를 방지해야 할 주의의무

사업보고서등의 부실기재에 대한 손해배상책임을 규정한 제162조는 책임대상서류에서 회계감사인의 감사보고서를 제외하고 있다. 감사보고서의 부실기재와 관련해서는 대신 제170조 제1항이 규정한다. 그에 의하면 "선의의 투자자가 사업보고서등에 첨부된 회계감사인의

---

30) "특히 주식 가격의 변동요인은 매우 다양하고 여러 요인이 동시에 복합적으로 영향을 미치므로 어느 특정 요인이 언제 어느 정도의 영향력을 발휘한 것인지를 가늠하기가 극히 어려운 사정을 감안할 때, 사업보고서 등이나 감사보고서의 거짓 기재 외에도 매수한 때부터 손실이 발생할 때까지의 기간 동안의 해당 기업이나 주식시장의 전반적인 상황 변화 등도 손해 발생에 영향을 미쳤을 것으로 인정되나 성질상 다른 사정에 의하여 생긴 손해액을 일일이 증명하는 것이 극히 곤란한 경우가 있을 수 있고, 이와 같은 경우 손해분담의 공평이라는 손해배상제도의 이념에 비추어 그러한 사정을 들어 손해배상액을 제한할 수 있다"(대법원 2016. 12. 15. 선고 2015다243163 판결).

감사보고서를 신뢰하여 손해를 입은 경우"에는 외감법규정(31조 2항부터 9항)에 따라 회계감사인의 손해배상책임을 물을 수 있다. 이러한 회계감사인의 손해배상책임은 감사인이 고의나 과실로 중요사항에 관하여 감사보고서에 기재하지 않거나 거짓으로 기재한 경우에 인정된다(대법원 2016. 12. 15. 선고 2015다243163 판결).

이러한 손해배상책임의 이론적 근거는 감사인이 부담하는 "투자자 등 이해관계인의 손해를 방지해야 할 주의의무"이다. 감사인은 외감법상 감사업무를 수행할 때 "'일반적으로 공정 · 타당하다고 인정되는 회계감사기준'에 따라 감사를 실시함으로써 피감사회사의 재무제표에 대한 적정한 의견을 표명하지 못함으로 인한 이해관계인의 손해를 방지해야 할 주의의무"(외감법 1조, 5조 1항)를 진다(대법원 2017. 3. 30. 선고 2014두13195 판결). 한국공인회계사회가 정한 회계감사기준(외감법 5조 2항)은 특별한 사정이 없는 한 일반적으로 공정 · 타당하다고 인정되는 것으로서 감사인의 위 주의의무 위반 여부에 대한 판단의 주요한 기준이 된다(대법원 2011. 1. 13. 선고 2008다36930 판결; 대법원 2017. 3. 30. 선고 2014두13195 판결; 대법원 2022. 7. 28. 선고 2019다202146 판결; 대법원 2022. 11. 30. 선고 2017다841, 858 판결).

(2) 투자자가 감사보고서를 신뢰하여 손해를 입은 경우

자본시장법 제170조 제1항에 따라 투자자나 제3자가 감사인에 대하여 감사보고서의 거짓 기재 등으로 인한 손해배상을 청구하기 위하여는 감사보고서를 믿고 이용하였어야 한다(대법원 2016. 12. 15. 선고 2015다243163 판결). 그런데 "주식거래에서 대상 기업의 재무상태는 주가를 형성하는 가장 중요한 요인 중의 하나이고, 대상 기업의 사업보고서의 재무제표에 대한 외부감사인의 회계감사를 거쳐 작성된 감사보고서는 대상 기업의 재무상태를 드러내는 가장 객관적인 자료로서 투자자에게 제공 · 공표되어 주가형성에 결정적인 영향을 미치는 것"이므로, 투자자는 "감사보고서가 정당하게 작성되어 공표된 것으로 믿고 주가가 당연히 그에 바탕을 두고 형성되었으리라는 생각 아래 대상 기업의 주식을 거래한 것"으로 본다(대법원 2016. 12. 15. 선고 2015다243163 판결).

제4절 수시공시

I. 총   설

기업가치에 영향을 주는 정보는 신제품 발명이나 기업인수합병 등과 같이 수시로 발생한다. 사업보고서나 반 · 분기보고서로도 그러한 정보를 신속하게 투자자에게 전달하는 데 한계가 있다. 따라서 투자자의 투자판단에 영향을 줄 정보가 발생하면 바로 공시할 필요에 따라 생겨난 것이 '**수시공시**' 또는 '**적시공시**'(timely disclosure)이다. 수시공시가 제대로 이루어지면 증권시장에서의 정보비대칭이 크게 개선되어 자본시장의 효율성도 높아질 것이다. 또한 중요 정보가 즉시 공시되면 그 정보를 이용하여 부당이득을 취할 기회가 그만큼 줄어들어 미공개 중요정보이용행위도 줄어든다.

공시비용을 감안할 때 수시공시를 무한정 강화할 수는 없다. 공시담당자의 인건비나 정보를 챙겨서 적절히 공시하는 비용도 문제지만 보다 심각한 비용은 공시과정에서 회사이익이 침해되는 것이다. 인수합병의 교섭상황이나 신제품의 개발상황 등은 투자판단에 중요지만 그런 정보까지 모두 공시해야 한다면 회사는 물론, 투자자에게도 결코 이익이 될 수 없을 것이다. 수시공시는 이러한 상반된 이익을 충분히 고려해야 한다.

미국이나 일본에서는 법에서 수시공시에 관하여 규정하지 않음에도 증권법은 비교적 상세한 규정을 두었다(186조; 동법 시행령 83조). 한편 발행공시규정은 법령에서 정한 사항을 거의 그대로 반복하고 있었다. 또한 거래소도 거래소공시규정으로 상장법인의 수시공시의무를 상세히 규정하고 있었다.

그러나 자본시장법은 종래 수시공시사항 중 공적 성격이 강한 것을 대상으로 주요사항보고서 제도를 신설하면서 수시공시의 관할을 거래소로 일원화하였다. 그리고 공시유보제도를 통하여 기업의 영업비밀과 정보공시의 균형을 도모하고 있다.

Ⅱ. 자본시장법상 주요사항보고서 제도

1. 의의와 취지

제출대상법인은 일정한 주요사항이 발생하면 그 내용을 기재한 주요사항보고서(current report)를 금융위에 제출해야 한다(161조 1항 전단 1호-9호). 주요사항보고서는 사업보고서 심사와 불공정거래 적발 등 시장감독에 필요한 중요사항을 대상으로 하고, 그 밖의 사항은 거래소 수시공시사항으로 공시한다.[31] 제출대상법인은 사업보고서 제출대상법인과 같다.

2. 기재사항과 방법

주요사항보고서 기재사항은 어음·수표부도나 은행당좌거래정지·금지, 영업활동의 전부 또는 중요한 일부 정지 또는 그 정지에 관한 이사회 등의 결정, 회생절차개시 신청, 법률상 해산사유 발생, 자본의 증가·감소, 조건부자본증권 발행에 따른 부채 증가,[32] 포괄적 주식교

---

31) 금감원공시안내, 30면.
32) 다만, 해당 자본 또는 부채의 변동이 증권 공모에 따른 것으로서 증권신고서를 제출하는 경우와 주식매수선택권(상 340조의2 또는 542조의3) 행사에 따른 자본 변동 등 투자자 보호 및 건전한 거래질서를 해칠 염려가 없는 경우로서 금융위가 정하여 고시하는 경우는 제외한다(령 171조 1항 단서).

환·이전, 합병 등, 중요한 영업·자산의 양수도 결의,33) 자기주식의 취득(자기주식 취득목적 신
탁계약 체결 포함) 또는 처분(자기주식 취득목적 신탁계약해지 포함)의 결의, 그 밖에 그 법인의
경영·재산 등에 관하여 중대한 영향을 미치는 사항으로서 시행령으로 정하는 사실의 발생34)
(161조; 령 171조; 발행공시규정 4-4조)을 말한다. 증권시장에 지분증권을 상장한 외국법인등에
대해서는 지분증권의 양도제한이나 국유화 등 주요사항보고서 제출사항을 추가로 규정하고
있다(령 176조 5항 1호-4호).

주요사항보고서에도 예측정보를 기재할 수 있다. 예측정보에 대해서는 증권신고서와 같
은 방법이 적용된다(161조 1항 후단, 159조 6항, 125조 2항 1호·2호·4호). 또한 주요사항보고서
를 제출하는 경우에도 대표이사 등이 확인·검토할 의무가 있다(161조 1항 후단, 159조 7항). 주
요사항보고서에는 사유별로 시행령으로 정하는 서류를 첨부해야 한다(161조 2항; 령 171조 4
항). 또한 금융위가 정하는 기재방법 및 서식에 따라야 한다(161조 3항).

주요사항보고서는 기재사항이 발생한 날의 다음 날까지 제출하는 것이 원칙이지만, 포괄
적 주식교환·이전, 합병, 분할과 분할합병의 경우에는 그 사실이 발생한 날부터 3일 이내에
하면 된다(161조 1항).

---

33) 시행령에서는 다음과 같은 경우를 규정하고 있다(령 171조 2항).
　　(1) 양수·양도대상 영업부문의 자산액(장부가액과 거래금액 중 큰 금액)이 최근 사업연도말 현재 자산총
액(한국채택국제회계기준을 적용하는 연결재무제표 작성대상법인인 경우 연결재무제표의 자산총액)의 10%
이상인 양수·양도
　　(2) 양수·양도대상 영업부문의 매출액이 최근 사업연도말 현재 매출액(한국채택국제회계기준을 적용하는
연결재무제표 작성대상법인인 경우 연결재무제표의 매출액)의 10% 이상인 양수·양도
　　(3) 영업양수로 인하여 인수할 부채액이 최근 사업연도말 현재 부채총액(한국채택국제회계기준을 적용하는
연결재무제표 작성대상법인인 경우 연결재무제표의 부채총액)의 10% 이상인 양수
　　(5) 양수·양도대상 자산(장부가액과 거래금액 중 큰 금액)이 최근 사업연도말 현재 자산총액(한국채택
국제회계기준을 적용하는 연결재무제표 작성대상법인인 경우 연결재무제표의 자산총액)의 10% 이상인 양
수·양도. 다만, 일상적인 영업활동으로서 상품·제품·원재료를 매매하는 행위 등 금융위가 정하여 고시하는
자산의 양수·양도는 제외한다.
34) 시행령에서는 다음과 같은 경우를 규정하고 있다(령 171조 3항).
　　(1) 기촉법상 관리절차 개시(5조 2항) 또는 공동관리절차 중단(19조)
　　(2) 증권(167조 1항 2호 가목·나목)에 관하여 중대한 영향을 미칠 소송의 제기
　　(3) 해외 증권시장에의 주권상장 또는 상장폐지 결정, 상장 또는 상장폐지 및 외국금융투자감독기관 또는
외국거래소 등으로부터 주권의 상장폐지, 매매거래정지, 그 밖의 조치
　　(4) 전환사채권, 신주인수권부사채권 또는 교환사채권의 발행에 관한 결정(해당 주권관련사채권의 발행이
증권의 공모에 따른 것으로서 증권신고서를 제출하는 경우는 제외)
　　(5) 다른 법인의 지분증권이나 그 밖의 자산("지분증권등")을 양수하는 자에 대하여 미리 정한 가액으로
그 지분증권등을 양도(령 171조 2항1호·5호에 해당하는 양수·양도)할 수 있는 권리를 부여하는 계약 또는
이에 상당하는 계약체결 결정
　　(6) 조건부자본증권의 주식전환이나 상환·이자지급의무 감면사유의 발생
　　(7) 그 밖에 그 법인의 경영·재산 등에 관하여 중대한 영향을 미치는 사항으로서 금융위가 고시하는 사실
의 발생

3. 정보의 교환 등

금융위는 제출된 주요사항보고서가 투자자의 투자판단에 중대한 영향을 미칠 우려가 있어 그 내용을 신속하게 알릴 필요가 있는 경우에는 행정기관, 어음교환소 그 밖의 관계기관에 대하여 필요한 정보의 제공 또는 교환을 요청할 수 있다(161조 4항; 령 172조). 이 경우 요청을 받은 기관은 특별한 사유가 없는 한 이에 협조해야 한다. 금융위는 주요사항보고서가 제출된 경우 이를 거래소에 지체없이 송부해야 한다(161조 5항). 실무상 주요사항보고서와 거래소 수시공시의 제출일 중 빠른 날에 제출해야 양 공시의무를 이행할 수 있다.[35]

4. 공시의무위반에 대한 제재

1) 행정제재

주요사항보고서의 미제출이나 중요사항에 대한 허위기재나 기재누락을 하는 경우 금융위는 제출대상법인(429조 3항, 164조; 령 175조)이나 금융투자업자(420조 3항, [별표 1] 139호, 140호) 및 그 임직원(422조 3항)에 대하여 사업보고서의 경우와 같은 행정제재를 부과할 수 있다.

2) 형사제재

주요사항보고서를 제출하지 않은 자에 대해서는 1년 이하의 징역 또는 3천만원 이하의 벌금에 처한다(446조 28호). 중요사항에 대해서 허위기재나 기재누락한 자나 그 사실을 알고도 확인·서명한 자, 그리고 그 사실을 알고도 이를 진실 또는 정확하다고 증명하여 그 뜻을 기재한 공인회계사·감정인 또는 신용평가를 전문으로 하는 자의 경우에는 5년 이하의 징역 또는 2억원 이하의 벌금에 처한다(444조 13호 바목).

3) 민사제재

주요사항보고서에 대해서도 사업보고서와 같은 규정이 적용된다. 주요사항보고서의 부실기재에 대해서는 그 작성에 관여한 자들이 손해배상책임을 진다. 손해배상액의 산정방법과 손해배상책임을 면하기 위하여 충족해야 할 요건도 같다(162조 1항·2항).

Ⅲ. 거래소 수시공시

1. 개 관

수시공시는 거래소의 일원적인 규율에 속한다(409조 2항, 391조; 법 부칙 23조). 상세한 사항은 거래소의 공시규정에서 정한다. 거래소는 수시공시 결과를 지체없이 금융위에 송부해야

---

35) 금감원공시안내, 30면.

한다(392조 3항).

자본시장법은 종래 주권상장법인에 한정되었던 수시공시의 대상법인을 주권 이외에 사채권, 파생결합증권, 증권예탁증권 그 밖에 거래소공시규정에서 정하는 증권을 상장한 법인을 포함하는 주권등상장법인으로 확대하였다(391조 1항; 령 360조). 따라서 채권상장법인도 수시공시의무를 부담한다. 거래소공시규정에는 수시공시와 조회공시, 공시유보에 관한 사항이 규정된다(391조 2항). 이하에서는 한국거래소의 유가증권시장공시규정('**공시규정**')을 중심으로 그 내용을 살펴본다.36)

2. 의무공시와 자율공시

공시규정은 의무공시사항과 자율공시사항을 구분한다.

첫째, 공시규정은 제7조 제1항 제4호에서 "주권상장법인의 영업·생산활동, 재무구조 또는 기업경영활동 등에 관한 사항으로서 주가 또는 투자자의 투자판단에 중대한 영향을 미치거나 미칠 수 있는 사실 또는 결정이 있은 때"를 의무공시사항으로 포괄적으로 정하면서도, 동조항 제1호 내지 제3호에서는 경형활동의 유형과 성격에 따라 구분하고 있다. 공시규정 동조항 제1호 내지 제3호는 의무공시사항을 (ⅰ) 상장법인의 영업 및 생산활동, (ⅱ) 재무구조 변경, (ⅲ) 기업경영활동에 관한 항목으로 구분한 후, 항목별로 구체적인 사유를 규정한다. 공시사항은 당일공시사항(사유발생일 당일에 신고)과 익일공시사항(사유발생일 다음 날까지 신고)으로 구분된다(거래소 공시규정 7조 1항). 여기서 사유발생은 이사회결의 또는 대표이사 그 밖에 권한있는 임원·주요주주 등의 결정을 포함한다. 거래소 공시시항은 원칙적으로 당일공시사항이다.

둘째, 거래소는 의무공시사항을 줄이는 한편 자율공시항목을 확충함으로써 상장법인이 필요에 따라 스스로 공시할 수 있는 길을 넓히고 있다. 주권상장법인은 의무공시사항 이외에 "투자자의 투자판단에 중대한 영향을 미칠 수 있거나 투자자에게 알릴 필요가 있다고 판단되는 사항"으로서 세칙에서 규정하는 사항을 거래소에 신고할 수 있다(공시규정 28조). 자율공시사항은 익일공시사항이다.

3. 조회공시

이상의 수시공시는 공시의무자측의 주도로 행해지는 것임에 비하여 거래소가 공시가 필요하다고 판단하는 경우에는 주권등상장법인에 공시를 요구할 수도 있다(391조 2항 3호). 그러한 경우는 2가지이다. 첫째, 주권등상장법인에 관한 풍문이나 보도의 사실 여부의 확인이 필

---

36) 한국거래소 코스닥시장 공시규정도 유사한 내용을 규정한다. 한국거래소, 『코스닥시장 상장·공시관리 해설』, 2022.

요한 경우이다. 그러한 경우에는 사실 여부의 확인을 요구할 수 있다. 둘째, 당해 주권등상장
법인이 발행한 증권의 가격이나 거래량의 현저한 변동의 원인의 확인이 필요한 경우이다. 이
처럼 비정상적인 시장동향이 있는 경우에는 내부자거래에 해당하는 미공개정보가 있는지에
대한 공시를 요구할 수 있다. 이 경우 주권등상장법인은 다른 법령·천재지변 기타 이에 준하
는 사유로 공시하기가 곤란한 경우 외에는 응답할 의무가 있다(397조 2항). 이처럼 공시보류가
허용되지만 그 사유가 법령·천재지변 기타 이에 준하는 사유로 제한되고 있다. 따라서 기업
비밀보호를 위하여 필요하다는 정도로는 공시보류가 허용되지 않는다고 할 것이다. 한편 공
시규정에서도 거래소의 조회공시요구권을 명시하고 있다(12조 1항).

4. 공시의 유보

자본시장법은 경영상 비밀유지와 투자자 보호와의 형평 등을 고려하여 주권등상장법인의
공시유보제도를 도입하고 있다(391조 2항 4호). 구체적인 운영은 공시규정에 반영하여 거래소
가 담당한다.

첫째, 거래소는 공시내용이 군사기밀, 관계법규 위반, 근거사실 미확인, 신고내용이 투자
자의 투자판단에 혼란을 초래하거나 건전한 거래질서를 해할 우려가 있는 경우 등에는 자체
적으로 판단하여 공시를 유보할 수 있다(공시규정 43조).

둘째, 공시유보를 원하는 주권상장법인은 거래소에 사전협의 후 공시유보의 신청을 할
수 있다(공시규정 43조의2 1항). 거래소는 유보의 필요성이 인정되는 경우 이를 승인할 수 있다
(공시규정 43조의2 2항). 거래소는 공시의 유보를 승인할 때 비밀준수의무, 유보기간 및 유보조
건 등을 명시해야 한다. 상장법인은 유보기간이 경과하거나 유보조건이 해제되는 경우에는
그 다음날까지 해당 사항에 대한 공시의무를 이행해야 한다(공시규정 43조의2 3항).

5. 불성실공시에 대한 제재

1) 불성실공시

불성실공시는 거래소 수시공시의무를 위반한 경우를 말한다. 자본시장법은 주로 공시불
이행에 초점을 맞추고 있지만, 거래소 공시규정은 공시번복과 공시변경을 포함하고 있다(거래
소 공시규정 2조 5항). 공시불이행은 신고기한까지 공시하지 않는 것과 거짓으로 공시하는 것,
공시번복은 이미 공시한 내용의 전면취소, 부인 또는 이에 준하는 내용을 공시한 때 등을, 그
리고 공시변경은 이미 공시한 사항을 사후에 중요하게 변경한 경우를 말한다(거래소 공시규정
29-31조).

2) 공시불이행에 대한 제재

거래소는 불성실공시에 대해 예고절차를 거친 후 당해 법인을 불성실공시법인으로 지정하고 벌점을 부과할 수 있다(거래소 공시규정 35조). 불성실공시법인지정사실은 공시매체에 공표한다(거래소 공시규정 36조). 종래 거래소는 수시공시 위반에 따른 불성실공시법인지정사실을 금융위에 통보했으나(개정 전 한국거래소 공시규정 37조), 수시공시가 거래소로 일원화되면서 폐지되었다.

불성실공시법인으로 지정되거나 조회공시에 불응한 경우 거래소는 매매거래를 정지할 수 있다(거래소 공시규정 40조 1항). 과거 공시위반벌점이 누적되면 자동으로 상장폐지되어 가혹하다는 비판이 많았다. 현재는 먼저 관리종목으로 지정하고, 관리종목 지정 후 1년이내 불성실공시법인 지정 등으로 인한 누계벌점이 15점 이상이 되거나 기업경영에 중대한 영향을 미칠 수 있는 사항에 대하여 고의나 중과실로 공시의무를 위반하여 불성실공시법인으로 지정된 경우 상장적격성 실질심사대상이 된다(거래소 상장규정 47조 1항 12호; 48조 2항 4호).

또한 거래소는 불성실공시법인으로 지정하는 경우 벌점부과 이외에 10억원 이내에서 공시위반제재금을 부과할 수 있다(거래소 공시규정 35조의2). 증권법은 수시공시의무 불이행에 대해서 형사처벌(5백만원 이하의 벌금)을 규정하고 있었지만(211조 2호), 자본시장법상 거래소 수시공시위반에 대한 형사처벌은 불가능하다.

제5절 공정공시

I. 총 설

공정공시(fair disclosure)는 주권상장법인이 중요정보를 애널리스트와 같은 특정인에게 선별적으로 제공하는 경우에 투자자에게도 동일한 정보를 제공하도록 하는 제도이다. 투자자에 대한 충분한 사항의 공시와 함께 투자자들 사이의 차별적인 공시를 막는 것도 중요하다. 종래 주권상장법인이 의도와 관계없이 애널리스트와 같은 일부집단에게 우선적으로 최신 영업실적과 같은 회사정보를 제공하는 일이 비일비재하였다.

이러한 선별적 공시는 회사 내부자가 미공개중요정보를 타인에게 제공하는 미공개중요정보이용행위에 해당할 가능성이 있다. 그러나 미국에서는 내부자거래가 성립하기 위해서는 정보제공자의 **'경제적인 이익'**이 필요하지만, 선별적 공시에서는 그것이 결여되는 것이 보통이다. 선별적 공시를 하는 기업측은 투자자에 대한 IR활동이나 애널리스트의 요구에 마지못해 행하는 것이 보통이기 때문이다. 미국과 EU는 'Regulation FD'와 시장남용규칙에서 규제한다.

일본도 2017년 금융상품거래법 개정으로 도입한 중요정보의 공표제도가 여기에 해당한다(동법 2장의6).

자본시장법상 선별적 공시도 미공개중요정보이용행위에 해당할 수 있다. 나아가 2002년 한국거래소의 공시규정에서 공정공시제도를 도입하였다. 따라서 적어도 거래소수준에서는 미국 등과 유사한 접근이 이루어지고 있다고 평가할 수 있다. 그러나 첫째, 대상증권과 정보의 범위를 미공개중요정보이용행위에 준하여 규정해야 하는 점과 둘째, 미국·EU·일본의 사례를 고려할 때 자본시장법상 제도로 규정되어야 한다.

Ⅱ. 규제대상자

공정공시제도의 규제대상자는 주권상장법인과 그 대리인, 임원, 그리고 대상정보에 접근이 가능한 직원이다(거래소 공시규정 15조 2항). 여기서 직원은 당해 공정공시대상 중요정보와 관련 있는 업무수행부서 및 공시업무관련부서의 직원을 말한다. 미국에서는 규칙적으로 (regularly) 그 업무를 담당하는 직원에 한정된다{17 CFR § 243.101(c)}. 따라서 애널리스트 등과 불규칙적으로 대화하는 지점장이나 고객응대직원은 포함되지 않는다는 견해도 있다.[37] 그러나 거래소규정은 그러한 요건을 두고 있지 않다. 그 외의 직원이 주체가 되는 경우 공정공시규제는 아니지만 미공개중요정보이용행위에 해당할 가능성은 있다. 임원은 제한이 없다. 미공개중요정보이용행위와의 관련성을 고려할 때 적용범위를 미공개중요정보이용행위의 대상상품으로 확대하는 것이 옳다. 상장부동산투자회사를 포함할 경우 규제대상자는 자산관리회사이다.

Ⅲ. 공정공시대상 중요정보

일반적인 중요정보는 수시공시의 대상으로 전체 투자자에게 공시될 것이기 때문에 선별공시는 주로 예측정보에 국한될 것이다. 그러한 정보에는 장래 사업계획이나 경영계획, 매출액, 영업손익, 당기순손익 등 영업실적에 대한 전망이나 예측, 정기공시서류제출 이전의 당해 정기공시서류와 관련된 매출액, 영업손익, 당기순손익 등 영업실적에 대한 전망이나 예측 등이 포함된다(거래소 공시규정 15조 1항). 미공개중요정보이용행위와의 관련성을 고려할 때 공정공시대상 중요정보의 범위는 미공개중요정보이용행위의 미공개중요정보 이상으로 확대하는 것이 옳다.

---

37) 일본 논의를 소개한 것으로, 岸田雅雄·神作裕之·弥永真生·大崎貞和(編), 注釈金融商品取引法【改訂版】〔第1巻〕定義·情報開示規制, きんざい, 2021, 1310면(大崎貞和 집필부분)(이하 "岸田외(2021)"로 인용).

Ⅳ. 공시의 상대방

공정공시의무는 모든 선별적 공시가 아니라 특정집단[38]에 대하여 공시가 이루어진 경우에만 발생한다(공시규정 15조 3항). 그리고 당연히 정보제공자의 직무로서 제공된 경우에 한정되어야 한다. 거래소규정상 공시의 상대방의 범위는 미국이나 일본에 비하여 넓다.

Ⅴ. 공시의 예외

상장법인의 원활한 업무수행을 위하여 일정한 경우는 공정공시의 예외로 규정하고 있다. 공정공시정보제공자가 보도목적의 취재에 응하여 언론기관과 그 임직원에게 공정공시대상정보를 제공하는 경우나 공정공시정보제공자가 변호사·공인회계사 등 해당 유가증권시장 주권상장법인과의 위임계약에 따른 수임업무이행과 관련하여 비밀유지의무가 있는 자, 합법적이고 일상적인 업무의 일환으로 제공된 정보에 대하여 비밀을 유지하기로 명시적으로 동의한 자, 신용평가회사, 이에 준하는 자로서 거래소가 정하는 자에게 공정공시대상정보를 제공하는 경우에는 선별적 공시가 이루어지더라도 공시의무는 발생하지 않는다(공시규정 18조). 그러나 기자간담회 등을 통하여 상장법인이 보도자료를 제공한 경우에는 예외에 해당하지 않으며 공정공시의 적용대상이 된다.[39]

여기서 비밀유지의무는 묵시적 합의나 상관습에 의한 경우도 포함하며, 증권회사의 투자은행업무부문이나 신용평가회사가 대표적이다.[40] 주권상장법인등은 이러한 비밀유지의무 대상자가 그 의무에 위반한 것을 안 때에는 공정공시대상 중요정보를 즉시 공시해야 한다.[41] 다만 이 경우에도 공시유보제도는 적용될 수 있다. 대상상품에 대하여 매매등을 해서는 안 될 의무를 부담하는 자도 예외로 추가되어야 한다.

---

38) (ⅰ) 투자매매업자, 투자중개업자, 투자회사, 집합투자업자, 투자자문업자, 투자일임업자와 그 임직원 및 이들과 위임 또는 제휴관계가 있는 자, (ⅱ) (ⅰ)외의 전문투자자 및 그 임직원, (ⅲ) 외국의 투자매매업자등 및 전문투자자와 그 임직원, (ⅳ) 방송·신문·통신 등 언론기관과 그 임직원, (ⅴ) 증권정보사이트 등의 운영자 및 그 임직원, (ⅵ) 공정공시대상정보를 기초로 증권을 매매할 것으로 예상되는 해당 증권의 소유자, (ⅶ) (ⅰ)부터 (ⅵ)까지에 준하는 자로서 거래소가 정하는 자를 말한다.

39) 한국거래소, 『코스닥시장 상장·공시관리 해설』, 2022, 135면. 자사의 홈페이지에 게재한 경우도 같다.

40) 松尾, 172면.

41) 松尾, 172면; 岸田외(2021), 1310면.

Ⅵ. 공시의무의 이행

규제대상자가 대상정보를 특정집단에 선별적으로 제공하기 위해서는 사전에 거래소에 신고해야 한다(공시규정 15조 1항·4항 본문). 경미한 과실이나 착오로 선별제공한 경우에는 당일 신고하고 선별공시사실을 모른 경우에는 알게 된 날에 신고한다(공시규정 15조 4항 단서). 여기서 선별공시사실을 모른 경우는 대상정보나 공시의 상대방이 아니라고 신뢰한 경우를 말한다.42) 공정공시를 이행했다고 해서 거래소 수시공시의무에 영향을 미치는 것은 아니다(공시규정 19조).43) 공정공시제도를 자본시장법상 중요정보공표제도로 변경할 경우에는 공시방법도 거래소 신고에 한정할 필요가 없다. 미공개중요정보이용행위규제에서 정보의 공개방법(령 201조 2항)을 적용하면 된다.

Ⅶ. 공시의무위반시의 제재

공정공시의무를 위반한 경우에는 공시불이행으로 보게 된다(거래소 공시규정 29조 1호·2호). 불성실공시법인 지정, 공시위반제재금 등 불성실공시의 제재가 규정되어 있다(거래소 공시규정 35조-39조). 공정공시의무를 위반한 경우에는 미공개중요정보이용행위에 해당할 가능성이 있다.44)

---

42) 岸田외(2021), 1309-1310면.

43) 같은 취지로 17 CFR § 243.103.

44) 같은 취지로 17 CFR § 243.102. 한국거래소 시장감시위원회는 공정공시를 전후하여 주가가 일정 수준 이상 급등락하는 경우와 같이 불공정거래와 연계된 혐의가 있는 경우 매매심리를 강화하고 있다.

| 제 7 장 | 기업인수에 대한 거래의 규제 |

제1절 서 언

　기업인수는 합병, 영업이나 자산의 양도 등 다양한 형태로 서로 다른 지배에 속하던 기업을 동일한 지배 내로 수용하는 거래를 말한다. 이러한 거래는 주식회사의 경우 주주와 채권자 등 이해관계자들에게 직접적인 영향을 미치는 중대한 조직변경으로서 그 실질과 절차의 양면에서 엄격한 규제를 받고 있다. 상법은 주주와 채권자의 관점에서 그 이해관계를 조정하는 실질적·절차적 규제를 담당하는데 비해, 자본시장법은 정보의 공시를 통한 투자자 보호를 추구한다.

　이 장에서는 기업인수거래에 대한 자본시장법 규제를 살펴본다. 그 과정에서 주주·채권자의 이해조정에 초점을 맞춘 상법과 투자자 보호를 추구하는 자본시장법 사이의 시각의 차이가 드러날 것이다. 또한 자본시장법 규제를 제대로 이해하려면 적대적 M&A 상황에서 공격자와 방어자의 유불리라는 관점에서 분석하는 것도 도움이 될 것이다.

　제2절 기업인수의 의의와 법적 구조에서는 기업인수의 개념과 다양한 법적 구조를 설명한다. 제3절 주식등의 대량보유에 관한 공시규제에서는 5%룰로 알려진 대량보유규제의 내용과 절차를 살펴본다. 제4절 공개매수제도에서는 공개매수제도의 의의와 법적 구조를 살펴본다. 특히 강제공개매수의 요건과 절차를 검토하는 것은 이론적으로는 물론 실무적으로도 중요한 의미를 가진다. 제5절 위임장권유에서는 의결권 대리행사의 권유에 관한 자본시장법상 제도를 정리한다. 제6절 합병과 영업양도에서는 자본시장법상 합병 등에 관한 규제내용을 정리한다.

제2절 기업인수의 의의와 법적 구조

Ⅰ. 기업인수의 의의

우리나라에서도 'M&A'(mergers and acquisitions)라는 용어가 널리 사용되고 있다. M&A를 직역하면 '**합병 및 인수**' 정도가 될 것이다. 이하에서는 줄여서 '**기업인수**'라고 부르기로 한다. 이러한 기업인수나 M&A는 모두 엄격한 법률상 용어는 아니고 경제계에서 일반적으로 사용하는 일상용어이다. 따라서 그 의미는 사용자에 따라 다소 차이가 있을 수 있다.

이 책에서는 기업인수를 "인수기업이 다른 기업(대상기업)을 통일적인 지배하로 끌어들이는 거래"라는 의미로 사용한다.[1] 대상기업의 지배주식을 취득하는 경우가 전형적인 예라고 할 수 있다. 위임장권유를 통해서 경영권을 탈취하는 예는 그리 많은 것은 아니지만 적대적인 기업인수의 한 유형이다. 상호관계가 없는 회사들 사이에 이루어지는 합병과 영업양수는 기업인수라고 볼 수 있지만, 이미 지배종속관계에 있는 회사들 사이에 이루어질 경우에는 위에서 말하는 기업인수라고 할 수는 없다.[2]

Ⅱ. 기업인수의 법적 형태

1. 의   의

기업인수는 여러 가지 방식으로 이루어질 수 있다. 각 방식에 따라 고려할 요소에 차이가 있고, 또한 법적인 효과도 차이가 있다. 여기에서는 기업인수를 법적 형태에 따라 분류하기로 한다.

2. 합   병

합병은 "두 개 이상의 회사가 계약에 의하여 하나의 회사로 합쳐지는 것"이다. 합병에는 합병당사회사가 소멸하고 소멸회사의 권리의무가 신설회사로 포괄적으로 이전되는 '**신설합병**'(consolidation)과 합병당사회사 중 하나만 존속하고 나머지는 소멸하고 소멸회사의 권리의

---

1) 기업인수는 반드시 회사 사이에만 이루어지는 것은 아니다. 개인이 회사를 인수하거나 거꾸로 회사가 개인 기업을 인수할 수도 있다. 그러나 여기에서는 인수기업이나 대상기업이 모두 주식회사인 경우를 전제로 설명한다.
2) 기업인수의 범위와 관련하여 회사분할도 그에 포함되는가? 회사분할은 기업인수와는 정반대의 거래이기 때문에 엄밀한 의미에서 기업인수에 포함할 수는 없다. 그러나 회사분할은 기업이 그 일부를 양도하고자 할 때 사전준비단계로서 이루어지는 경우가 많다.

무가 존속하는 회사에 포괄적으로 이전되는 '**흡수합병**'(merger)이 있다.

신설합병의 경우에는 각종의 명의를 변경해야 하는 등 불편이 많이 따르기 때문에 실제로는 거의 흡수합병만이 이루어진다. 소멸회사의 주주가 대가로 취득하는 것은 원칙적으로 존속회사의 주식이다. 합병조건이 1:1이 아닌 경우에는 조정을 위해서 일부가 금전(이른바 '**합병교부금**')으로 지급되기도 한다. 이상을 그림으로 표시하면 [그림 7-1]과 같을 것이다.

█ 그림 7-1   합   병

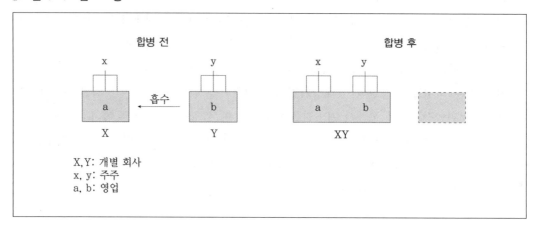

3. 영업양도

기업인수는 대상기업의 영업을 양수하는 방법으로도 할 수 있다. 인수기업측에서는 영업양수이고 대상기업측에서는 영업양도가 될 것이다. 그러나 법적으로는 주로 영업양도라는 용어가 많이 사용되므로 여기에서도 그것을 따르기로 한다. 영업양도의 대가로는 금전은 물론이고 주식, 사채 등의 증권도 이용될 수 있다. 특히 대가로 인수기업의 주식이 교부되면 합병과 비슷한 결과가 된다.

그러나 합병에서와는 달리 대상기업이 영업을 양도했다고 해서 반드시 소멸하지는 않는다. 이론상 영업의 대가로 받은 금전을 사용하여 새로운 사업을 시작할 수도 있다. 이상을 그림으로 표시하면 [그림 7-2]와 같다.

▌그림 7-2 영업양도

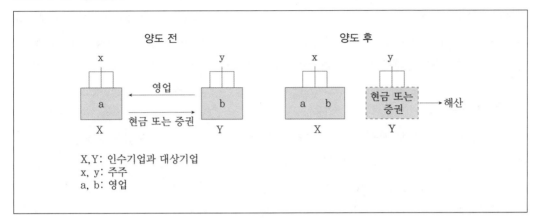

X, Y: 인수기업과 대상기업
x, y: 주주
a, b: 영업

4. 주식매수

기업인수는 대상회사의 주식을 매수하는 방법으로도 가능하다. [그림 7-3]에서 보는 바와 같이 인수회사가 대상회사의 지배주식을 취득하게 되면 대상회사는 인수회사의 자회사가 된다. 인수회사는 대상회사를 자회사로 운영할 수도 있고 그것을 합병할 수도 있다. 주식매수의 대가는 금전인 것이 보통이나 주식 등의 증권이 이용되기도 한다. 대상회사의 주식을 매수하는 방법은 다시 3가지로 나눌 수 있다.

▌그림 7-3 주식매수

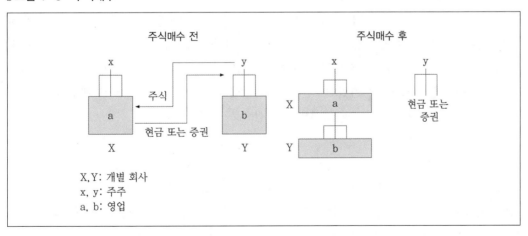

X, Y: 개별 회사
x, y: 주주
a, b: 영업

첫째, 상대거래를 통한 매수는 주주들과의 개별적인 교섭을 통해서 지배주식을 취득하는 방법이다. 매수상대방인 주주는 한두 명의 지배주주인 경우도 있지만 여러 명일 수도 있다. 이러한 상대거래를 통한 지배주식취득에 관하여는 대량주식취득금지조항이 폐지됨에 따라 뒤에 설명하는 주식등 대량보유에 관한 공시(147조), 강제공개매수(133조 3항) 등 새로운 규제가 적용되고 있다. 둘째, 시장거래를 통한 매수는 거래소가 개설한 증권시장에서 주식을 매집하는 방법이다. 이 방법으로 주식을 취득하는 경우 주식등 대량보유규제가 적용된다. 셋째, 공개매수는 증권시장 밖에서 동시에 다수의 주주로부터 주식을 대량으로 매입하는 방법이다.

5. 위임장권유

경영권은 경영진이 아닌 주주들로부터 충분한 수의 위임장을 확보하여 기존의 경영진을 주주총회에서 교체함으로써도 탈취할 수 있다. 자본시장법에서는 '**의결권 대리행사의 권유**'(152조)라고 하지만, 흔히 '**위임장권유**'(proxy solicitation)라고 불린다.

위임장권유는 기업인수수단으로서 완전하지는 않다. 왜냐하면 충분한 수의 위임장을 확보하여 경영권을 탈취했더라도 다음 주주총회에서 다시 위임장권유에 성공하지 못하면 경영권을 빼앗길 수 있기 때문이다. 또한 위임장권유에는 광고 등 주주홍보에 적지 않은 비용이 들어가지만 적어도 인수 자체를 위한 대가가 필요한 것은 아니라는 점에서 다른 기업인수방식과는 다르다. 경영권탈취를 위한 위임장권유에는 주식매수가 동반되는 것이 보통이다.

Ⅲ. 기업인수와 법

1. 개　관

기업인수도 법적 거래라는 점에서는 다른 일반적인 거래와 다를 것이 없다. 다만 기업의 경영권이 좌우되는 거래인만큼 법률상 복잡하고도 다양한 문제들이 발생한다.[3] 상법, 특히 회사법은 인수기업과 대상기업의 주주와 채권자의 이익을 조정한다는 측면에서 다수의 규정을 두고 있다. 이에 비해 자본시장법은 특히 대상기업의 주주를 비롯한 투자자를 보호한다는 관점에서 규정을 두고 있다. 기업인수는 다음과 같이 다른 여러 법 분야와도 관련을 맺고 있으나, 이 책에서는 자본시장법과 회사법을 중심으로 설명하기로 한다.

2. 계 약 법

특히 기업인수가 당사회사 사이의 합의에 의하여 우호적으로 이루어지는 경우(이른바 '**우호적 기업인수**')에는 당사자들의 복잡한 합의사항을 법적으로 실현하는 것이 중요한 과제가 된다. 그 과제수행에 가장 중요한 것은 계약법적인 검토이다.[4]

---

3) 이런 문제들을 단일법으로 처리하는 나라는 없다. 법적 규제의 구체적인 모습은 국가에 따라 다양하다. 그러나 기업인수에서 발생하는 법적 문제들은 어느 나라에서나 대체로 비슷하다.
4) 기업인수계약의 계약법상 문제에 대해서는 BFL 제47호, 2011. 5., 기업매각절차의 법적 쟁점, BFL 제20호, 2006. 11., M&A 계약의 법률문제 수록 논문 참조.

3. 세   법

기업인수는 관련기업과 주주에 중요한 과세계기가 된다. 실무상 세법적 고려가 기업인수 시행 여부와 형태의 결정요인이 되는 경우가 많다.

4. 공정거래법

기업인수가 경쟁에 미치는 효과와 관련해서는 공정거래법이 적용된다. 우리나라에서는 특히 경제력집중의 관점에서 대기업에 의한 기업인수가 억제되고 있음을 주의할 필요가 있다 (예컨대 공정거래법 9조).

5. 기   타

기업인수를 통하여 피인수기업 근로자의 지위는 크게 변화할 수 있으므로 노동법 문제도 결코 무시할 수 없다. 또한 국제적 기업인수에 대해서는 외국환거래법, 외국인투자촉진법, 국제사법 등이 적용될 수 있다.

제3절 주식등의 대량보유에 관한 공시규제

I. 총   설

1. 대량보유정보의 중요성

주식의 양도는 정관으로 제한하지 않은 한 자유롭게 인정된다(상 335조 1항). 이러한 주식양도의 결과 특정인이 특정회사의 주식을 대량보유할 수 있다. 주식회사에서는 자본다수결원칙이 적용되기 때문에 주식을 많이 보유한 주주가 경영권을 차지한다. 따라서 주식소유집중에 관한 정보는 경영권의 향방에 영향을 주는 중요한 정보라고 할 수 있다. 기존의 경영진이 그러한 정보에 관심을 가질 것은 두말할 필요도 없을 것이다. 특히 단기간에 주식을 매집하는 것은 공개매수의 사전단계인 경우가 많기 때문이다. 그러나 일반주주나 투자자에게도 주식의 집중에 관한 정보는 중요하다. 그것이 당해 주식의 시장가격에 커다란 영향을 줄 수 있기 때문이다.

대량보유보고제도는 이러한 정보를 제공함으로써 투자자에게 투자판단에 도움을 주고(정보제공기능), 경영진에게는 경영권방어의 기회를 제공하는 동시에, 잠재적인 인수기업에는 인수에 나설 시간을 부여하는 의미가 있다(경쟁촉진기능). 법원도 "주식대량보유보고제도는 유가증권시장에서의 주식매수를 투명하게 하여 일반 투자자가 급격한 가격변동에 따른 불측의 손해를 입지 않도록 하는 한편, 기존 대주주에 대하여 적대적 기업 인수합병에 대응하도록 도입된 제도"라고 하여 2가지 기능을 모두 인정하고 있다(서울중앙지법 2005. 7. 8. 선고 2005고합 108 판결).[5]

2. 공시의 필요성

이러한 주식보유상황에 관한 정보를 얻을 수 있는 일차적인 수단은 주주명부이다. 주주 명부는 주주와 회사채권자라면 언제나 열람할 수 있다(상 396조). 그러나 주주명부만으로는 실제의 주식보유상황을 정확히 알기 어렵다. 우선 주식을 양수했더라도 양수인이 반드시 주 주명부의 명의를 변경할 의무는 없다. 물론 명의개서를 하지 않고서는 양수인이 주주권을 행 사할 수 없는 것이 사실이다(상 337조 1항).[6] 그러나 권리행사에 나서기 전에 명의개서를 하면 양수인은 권리를 행사할 수 있다.

나아가 주식이 예탁결제원에 예탁되거나 전자등록기관에 전자등록된 회사의 경우에는 주 주명부로는 실제 보유상황을 전혀 알 수 없다. 그 경우 실제 보유상황은 실질주주명부(316 조)[7]나 소유자명세 · 소유자증명서 · 소유 내용의 통지(전자증권법 37조 · 39조 · 40조)를 보아야만 알 수 있다. 그러나 실질주주명부는 주주총회가 개최되는 때에만 작성되는 장부이기 때문에 (316조 1항) 그 후의 지분변동상황은 반영하지 못한다. 전자증권법상 소유자명세 · 소유자증명 서 · 소유 내용의 통지도 일정한 사유가 있는 경우에만 이용할 수 있다.

한편 상법상 회사는 다른 회사의 주식총수의 10%를 초과하여 취득한 경우 대상회사에 대해서 지체 없이 그 사실을 통지해야 한다(342조의3). 그러나 이 규정은 불완전하다. 첫째, 개인이 주식을 취득하는 경우에는 적용이 없다. 둘째, 주식취득이 한 회사 단독이 아니라 두 개 이상 회사의 공동으로 이루어진 경우에도 적용하기 어렵다. 셋째, 일단 10% 한도를 넘은 회사가 추가로 주식을 취득하는 경우 통지의무가 없다.[8]

---

5) 항소심(서울고법 2005. 10. 26. 선고 2005노1530 판결)을 거쳐 대법원 2006. 2. 9. 선고 2005도8652 판결로 확정. 같은 취지로, 서울중앙지법 2020. 3. 24.자 2020카합20509 결정; 서울중앙지법 2010. 3. 17. 2010카합 521 결정; 서울행법 2008. 9. 5. 선고 2008구합23276 판결.

6) 다만 예탁결제원에 예탁된 주식은 명의개서 없이도 주주권을 행사할 수 있다.

7) 대법원 2017. 11. 9. 선고 2015다235841 판결("자본시장법에 따라 예탁결제원에 예탁된 상장주식 등에 관하 여 작성되는 실질주주명부는 상법상 주주명부와 동일한 효력이 있으므로(자본시장법 제316조 제2항), 위와 같은 열람 · 등사청구권의 인정 여부와 필요성 판단에서 주주명부와 달리 취급할 이유가 없다. 따라서 실질주 주가 실질주주명부의 열람 또는 등사를 청구하는 경우에도 상법 제396조 제2항이 유추적용된다. 열람 또는 등사청구가 허용되는 범위도 위와 같은 유추적용에 따라 '실질주주명부상의 기재사항 전부'가 아니라 그중 실 질주주의 성명 및 주소, 실질주주별 주식의 종류 및 수와 같이 '주주명부의 기재사항'에 해당하는 것에 한정된 다. 이러한 범위 내에서 행해지는 실질주주명부의 열람 또는 등사가 개인정보의 수집 또는 제3자 제공을 제 한하고 있는 개인정보 보호법에 위반된다고 볼 수 없다").

8) 그러나 회사의 상장 여부를 묻지 않고 통지의무가 부과되기 때문에 비상장법인의 경우에는 유용성이 있을 수

3. 대량보유보고제도의 도입

이처럼 주주명부와 상법상 10% 취득통지의무만으로는 주식보유상황 정보를 얻기에 불충분하다. 주식등의 대량보유보고제도는 1968년 미국에서 기업지배권 시장의 공정성과 투명성을 확보하기 위하여 도입한 윌리엄스법을 모델로 한 것으로서, 1991. 12. 31. "상장법인의 경영권 보호와 투자자 보호의 조화를 위하여"(1991. 10.「증권거래법중 개정법률안」제안이유) 증권법을 일부 개정하는 형태로(증권법 일부개정 1991. 12. 31. 법률 제4469호) 도입되었다. 즉 주권상장법인의 주식등을 5% 이상 보유하게 된 자는 5일 이내에 보유상황을 당시의 증권관리위원회와 증권거래소에 보고하게 하였다. 이 제도는 흔히 '5% 룰'이라고 부른다. 10% 이상의 주식취득을 원칙적으로 금지하는 대량주식취득금지조항(증권법 200조)이 있던 당시에는 5% 룰의 의미는 그리 크지 않았다.

그러나 대량주식취득금지조항이 폐지된 오늘날에는 대량보유보고제도는 적대적 기업인수의 예고장치로서 중요한 의미를 갖게 되었다. 특히 그 위반에 대한 제재는 매우 엄격하다.[9] 국내 대량보유보고도 경영영향목적보고가 꾸준히 증가해 왔다. 이처럼 대량보유보고제도는 그 중요성이 부각됨에 따라 내용도 계속 강화되었다. 특히 1997년 개정은 대표적이다. 특기할 것은 내용보강이 주로 '**사실상 영향력**', '**공동보유자**', '**보유**'와 같은 실질적 개념을 도입하는 방법으로 이루어진 점이다. 대량보유보고제도는 결국 기업지배의 변동가능성에 관한 공시제도라고 할 수 있다. 여기서 지배라고 하는 개념은 어차피 형식적이 아니라 실질적인 개념이다. 그렇다면 이처럼 대량보유보고제도에 실질적 개념이 들어오는 것은 당연한 변화라고 할 수 있다.

4. 적대적 기업인수와의 관계

인수기업은 대상기업에 대한 적대적인 공개매수에 앞서 대상기업의 주식을 은밀히 매집하는 것이 보통이다. 일단 상당한 규모의 주식 확보가 성공적인 공개매수를 위해서 필요하기 때문이다. 대량보유보고제도는 바로 이러한 은밀한 주식매집행위에 쐐기를 박는 기능을 한다. 따라서 경영진의 경영권방어가 쉬워지는 만큼 적대적 기업인수는 어려워지는 것도 사실이다. 그러나 대량보유보고제도의 본래 목적이 경영권보호에 있는 것은 아니다. 대량보유보고제도는 회사지배에 관한 거래의 투명성을 위한 제도이다. 그로 인한 경영진의 이익은 부산물에 지나지 않는다. 그러나 대량보유보고제도, 특히 냉각기간 제도(150조 2항)는 경영권취득

있다.
 9) 특히 증권법상 대량주식취득금지조항(200조)을 대체하는 것으로서 기존 대주주의 지배권보호라는 목적을 강조하면서, 증권법상 대량주식취득금지조항 위반에 대한 제재규정을 대량보유보고의무위반에 대한 제재로 수용한 결과라고 설명하는 견해가 있다. 이철송, "대량보유보고제도의 엄격해석론: 제재수단을 중심으로", 『증권법연구』제12권 제2호, 2011, 184-189면.

을 목적으로 주식을 취득하는 자에게 그 사실을 미리 공시하게 함으로써 기습적인 경영권 공격행위를 막는 기능을 하는 것이 사실이다. 대량보유보고제도는 1992년 도입 이후 몇 차례 중요한 변화를 겪었다.

첫째, 2005년 주로 외국자본으로부터 국내기업의 경영권을 보호한다는 취지에 따라 한층 강화되었다.[10] 당초 증권령(86조의4)에서 대량보유보고의 보고내용 중 하나로 규정했던 보유목적을 증권법(200조의2·200조의3)에 명시적으로 규정했고, 경영권에 영향을 주기 위한 보유인지 여부를 기준으로 위와 같이 보고내용을 차등화할 수 있는 근거를 두었으며, 중요내용의 허위보고나 기재누락에 대한 형사처벌 규정을 신설하였다.

둘째, 2020년 시행령 개정으로 대량보유보고제도는 또 한번 변화를 맞이했다. 대량보유보고제도는 특히 연기금을 중심으로 한 기관투자자의 투자전략 노출 및 주주권행사의 장애요인으로 지적되기도 했다. 경영참가와 단순투자 이외에 일반투자라는 보유목적을 신설하여 스튜어드십코드 도입에 따른 기관투자자의 주주권 행사범위를 조정한 것이다.

셋째, 2022년 금융당국은 경영권 참가목적과 관련하여 기재내용이 포괄적·일회적이라는 지적을 반영하여 구체적 계획의 수립전과 수립후로 나누어 기재하도록 서식을 변경하는 운영개선방안을 발표하였다.[11]

5. 대량보유보고제도의 유형

대량보유보고제도에는 신규보고, 변동보고, 변경보고의 3가지가 있다. 신규보고는 최초로 5% 이상의 주식등을 취득하는 경우에 하는 보고를, 그리고 변동보고는 기존 보고자의 주식 등의 보유비율이 1% 이상 변동된 경우에 하는 보고를 말한다(147조 1항).

변경보고는 보유목적, 보유주식 등에 관한 주요계약내용 또는 보유형태의 변경이 있는 경우에 하는 보고를 말한다(147조 4항; 령 155조 1호-3호). 첫째, 보유목적은 경영영향목적과 단순투자 목적 그리고 일반투자목적이 상호 변경된 경우를 말한다. 경영영향목적은 '**발행인의 경영권에 영향을 주기 위한 목적**'(147조 1항 전단), 단순투자 목적은 "의결권, 신주인수권, 이익배당청구권 등(상 369조, 418조 1항 또는 462조에 따른 권리 등)과 같은 보유하는 주식등의 수와 관계없이 법률에 따라 보장되는 권리만을 행사하기 위한 것'(령 154조 3항 1호)을, 그리고 일반투자목적은 '**경영영향목적이 아니면서 단순투자 목적도 아닌 경우**'(령 154조 5항 3호)를 말한다. 단순투자 목적 여부는 발행인의 경영권에 영향을 주기 위한 것이 아닌 경우에 한정한다(령 155조 1호의2). 둘째, 주요계약내용의 변경은 보유주식등에 대한 신탁·담보계약, 그 밖의 주요계약

---

10) 실무상 문제점에 관한 논의로는 강희철 외, "주식 등의 대량보유보고의무 위반과 관련된 법적 쟁점", 『BFL』 제6호, 2004, 71면 이하.

11) 금융위·금감원, 보도자료: 대량보유 보고의무(5%룰) 운영 개선 — 경영권 영향 목적 보고 시 구체적 계획을 기재토록 하여 기업지배권에 대한 정보를 투자자에게 충분히 제공하겠습니다 —, 2022. 8. 17.

내용의 변경을, 그리고 보유형태의 변경은 '**소유**'와 '**소유 외의 보유**' 간에 변경이 있는 경우를 말한다(령 155조 2호·3호). 다만 두 경우 모두 '**해당 계약의 대상인 주식등의 수**' 또는 '**그 보유 형태가 변경되는 주식등의 수**'가 그 주식등의 총수의 1% 이상인 경우만 해당한다(령 155조 2호·3호). 주요계약내용의 변경은 단순투자목적이 아닌 경우만, 그리고 보유형태의 변경은 경영영향목적인 경우만 문제된다.

Ⅱ. 보고의무자: 대량보유자(147조 1항)

1. 대량보유자

보고의무를 부담하는 대량보유자는 "의결권 있는 주식을 5% 이상 보유하는 자"이다. 주식을 자기계산으로 실질적으로 소유하는 자는 그 명의 여하에 관계없이 보고의무를 진다(대법원 2005. 3. 24. 선고 2004도8963 판결).[12] 따라서 "피고인 1의 외국법인 명의를 이용한 주식거래의 계산주체가 피고인 1임을 전제로, 실질적 계산주체인 피고인 1"이 보고의무의 주체가 되지만, "위 거래의 계산주체도 아니고 구 증권거래법 시행령 제10조의4 제3호에 의한 주식의 보유자에도 해당하지 않는 피고인 4"는 보고의무의 주체가 될 수 없다(대법원 2010. 12. 9. 선고 2009도6411 판결).

2. 본인과 특별관계자

1) 의 의

대량보유자는 본인이 직접 보유하는 주식은 물론, '**특별관계자**'가 보유하는 주식도 합산하여 보고한다. 공개매수에서의 정의를 따르게 되어 있는 특별관계자의 자세한 내용은 시행령으로 정한다(133조 3항). 시행령은 특별관계자를 '**특수관계인**' 및 '**공동보유자**'로 나누어 규정한다(령 141조 1항). 자본시장법상 대량보유보고제도에서 특수관계인을 포함한 특별관계자의 보유주식 등을 본인과 합산하여 보고하게 하는 것은 본인과 일정한 혈연적 또는 사업적 관계를 가진 자는 본인과 같은 방향으로 의결권을 행사할 것이라는 전제에 따른 것이다. 특수관계인은 당사자 사이의 혈연적·조직적 신분관계에 기초하여 인정되는 데 비하여, 공동보유자는 당자사 사이의 계약이나 합의에 기초하여 인정된다.

2) 특수관계인

특수관계인은 지배구조법 시행령에서 규정한다(령 2조 4호; 지배구조법 시행령 3조 1항). 시행령은 특수관계인을 본인이 개인인지 아니면 법인인지에 따라 달리 정의한다. 본인이 개인

---

12) 같은 취지: 대법원 2010. 12. 9. 선고 2009도6411 판결.

인 경우에는 일정한 친족 및 관련법인이,[13] 그리고 본인이 법인 그 밖의 단체인 경우에는 임원, 계열회사, 30% 주주 등[14]이 그에 해당한다. 회사형 사모펀드도 회사의 형태를 취하므로 본인이 그 주식의 30% 이상을 취득한 경우에는 관련법인이나 계열회사로서 특수관계인에 포함될 수 있다. 주의할 것은 개인인 본인이 임원이나 30% 주주가 아니더라도 **'사실상의 영향력'**을 행사하고 있는 법인 등과 법인 등인 본인에게 사실상 영향력을 행사하고 있는 자도 특수관계인에 해당한다는 점이다(령 3조 1항 1호 아·자목. 2호 다목).[15]

이에 대해 시행령은 2가지 예외를 인정하고 있다(141조 3항). 첫째, 소유주식 등의 수가 1,000주 미만인 경우는 제외한다. 1,000주 미만의 주식보유는 순수한 투자목적으로 보는 것이다. 둘째, 특수관계인으로 기재된 자가 아래에서 설명하는 공동보유자(령 141조 2항)에 해당하지 않음을 증명하는 경우 5% 룰과의 관계에서는 특수관계인에서 벗어날 수 있다. 따라서 형식적으로 특수관계인에 해당해도 사실상 관계가 소원한 경우에는 예외를 인정받을 수 있다.

---

13) 법문에는 다음과 같이 규정되어 있다(지배구조령 3조 1항 1호).

　　가. 배우자(사실상의 혼인관계에 있는 사람을 포함) 나. 6촌 이내의 혈족 다. 4촌 이내의 인척

　　라. 양자의 생가의 직계존속 마. 양자 및 그 배우자와 양가의 직계비속

　　바. 혼인 외의 출생자의 생모

　　사. 본인의 금전이나 그 밖의 재산으로 생계를 유지하는 사람 및 생계를 함께 하는 사람

　　아. 본인이 혼자서 또는 그와 가목부터 사목까지의 관계에 있는 자와 합하여 법인이나 단체에 30% 이상을 출자하거나, 그 밖에 임원(업무집행책임자는 제외)의 임면 등 법인이나 단체의 중요한 경영사항에 대하여 사실상의 영향력을 행사하고 있는 경우에는 해당 법인 또는 단체와 그 임원(본인이 혼자서 또는 그와 가목부터 사목까지의 관계에 있는 자와 합하여 임원의 임면 등의 방법으로 그 법인 또는 단체의 중요한 경영사항에 대하여 사실상의 영향력을 행사하고 있지 않음이 본인의 확인서 등을 통하여 확인되는 경우에 그 임원은 제외)

　　자. 본인이 혼자서 또는 그와 가목부터 아목까지의 관계에 있는 자와 합하여 법인이나 단체에 30% 이상을 출자하거나, 그 밖에 임원의 임면 등 법인이나 단체의 중요한 경영사항에 대하여 사실상의 영향력을 행사하고 있는 경우에는 해당 법인 또는 단체와 그 임원(본인이 혼자서 또는 그와 가목부터 아목까지의 관계에 있는 자와 합하여 임원의 임면 등의 방법으로 그 법인 또는 단체의 중요한 경영사항에 대하여 사실상의 영향력을 행사하고 있지 않음이 본인의 확인서 등을 통하여 확인되는 경우에 그 임원은 제외)

14) 법문에는 다음과 같이 규정되어 있다(지배구조령 3조 1항 2호).

　　가. 임원 나. 공정거래법에 따른 계열회사 및 그 임원

　　다. 혼자서 또는 본인이 개인인 경우의 특수관계인(지배구조령 3조 1항 1호 가목-자목)의 관계에 있는 자와 합하여 본인에게 30% 이상을 출자하거나, 그 밖에 임원의 임면 등 본인의 중요한 경영사항에 대하여 사실상의 영향력을 행사하고 있는 개인(그와 본인이 개인인 경우의 특수관계인(지배구조령 3조 1항 1호 가목-자목)의 관계에 있는 자를 포함) 또는 법인(계열회사는 제외), 단체와 그 임원

　　라. 본인이 혼자서 또는 본인과 가목부터 다목까지의 관계에 있는 자와 합하여 다른 법인이나 단체에 30% 이상을 출자하거나, 그 밖에 임원의 임면 등 다른 법인이나 단체의 중요한 경영사항에 대하여 사실상의 영향력을 행사하고 있는 경우에는 해당 법인, 단체와 그 임원(본인이 임원의 임면 등의 방법으로 그 법인 또는 단체의 중요한 경영사항에 대하여 사실상의 영향력을 행사하고 있지 않음이 본인의 확인서 등을 통하여 확인되는 경우에 그 임원은 제외)

15) 다만 사실상의 영향력을 행사하고 있지 않다는 사실이 본인의 확인서 등을 통하여 확인되면 그 임원은 특수관계인에서 제외한다(지배구조령 3조 1항 1호 아목·자목, 2호 라목).

3) 공동보유자

(1) 의　　의

공동보유자는 "본인과 합의 또는 계약 등에 의하여 공동으로"(ⅰ) 주식등을 공동으로 취득하거나 처분하는 행위, (ⅱ) 주식등을 공동 또는 단독으로 취득한 후 그 취득한 주식을 상호 양도 또는 양수하는 행위, (ⅲ) 의결권(의결권의 행사를 지시할 수 있는 권한을 포함)을 공동으로 행사하는 행위를 할 것을 합의한 자를 말한다(령 141조 2항). (1)과 (2)의 행위는 주식 등에 대한 투자 권한(investment power)에 관한, 그리고 (3)은 의결권(voting power)에 관한 합의나 계약 등을 의미한다. 구체적으로 다음과 같은 문제가 논의되고 있다.

첫째, 최근 주목을 끌고 있는 주주행동주의와 관련하여 기관투자자들이 회사를 상대로 공동행동에 나서는 경우 공동보유에 해당할 여지가 있으나 단순한 의견이나 정보를 교환하는 단계에 머무는 경우에는 공동행위의 합의를 인정할 수 없을 것이다. 둘째, 일방이 타방의 투자를 권유하면서 행한 수익보장행위 등 단순한 금전적 이익의 공유만으로는 자본시장법상 **'공동보유'**에 해당하는 것으로 볼 수 없다. 셋째, 자본시장법상 **'공동보유자'**는 구성원 상호 간에 일방이 타방에 의한 주식등의 취득이나 처분, 의결권 행사와 관련하여 상당한 지배력을 가지는 것을 전제로 한다. 당사자 중 일방만이 이러한 지배력을 가질 경우는 공동보유자라고 할 수 없다. 넷째, 의결권 자문회사가 동일한 경우에도 공동보유자로 인정될 가능성을 지적하는 견해가 있다.[16] 현실적으로 그렇게 해석한다면 공동보유자의 범위가 걷잡을 수 없이 확대될 우려가 있다. 해석론상으로도 의결권자문회사의 의결권자문행위를 자본시장법에서 말하는 **'의결권 또는 의결권행사를 지시할 수 있는 권한을 공동으로 행사하는 행위'**에 해당한다고 볼 수 있는 경우는 많지 않을 것이다. 다섯째, 민법상 조합이 주식등을 보유하는 경우에도 조합 그 자체는 법인격이 없으므로 모든 조합원을 공동보유자로 보아 각각의 조합원이 보고의무자가 된다.[17] 여섯째, 실무상 본인의 **'보유'**로 기재해야 할 것임에도 **'공동보유자'**의 보유로 기재하는 경우가 있지만, 전체 보유 규모가 합산되어 공시되는 한 대상 기업과 시장에 잘못된 정보가 제공되는 것은 아니므로 큰 문제는 없다고 본다. 다만, 각자의 보고의무 발생 여부 및 보고물량의 합산 여부 등을 결정함에 있어서는 위 두 개념을 구분할 실익이 있다.

(2) 합의의 확인

자본시장법상 공동보유를 뒷받침하는 핵심요소는 공동보유자 간의 합의이다. 그러한 합의는 반드시 서면으로 할 필요는 없고 단순한 의사의 합치가 있으면 된다.[18] 실제로 그러한

---

16) 최문희, "기관투자자의 의결권 행사의 개선과 의결권자문회사의 활용", 『경제법연구』제7권 제1호, 2008, 158면 이하; 임재연, 684면 주 85.

17) 금감원공시안내, 481면.

18) 합의는 반드시 법적인 구속력을 가지는 것에 한정할 필요는 없고 이른바 신사협정(gentlemen's agreement)

합의를 증명하기는 어렵다. 결국 정황증거에 의하여 합의를 추정할 수밖에 없을 것이다.[19]

1997년 당시 증권관리위원회는 신성무역의 경영권분쟁사건에서 신성무역의 경영권을 노리는 사보이호텔측과 일부 개인들이 공동보유자임을 인정하였다. 증권관리위원회는 이들이 같은 증권회사 영업부를 통해서 주식을 매입한 사실, 사보이호텔측의 자금이 이들에게 입금된 사실, 이들이 평소 사업상 또는 개인적으로 친분이 있었다는 사실 등을 근거로 하였다. 그러나 장차 주식을 매집하는 측에서 주의를 기울인다면 그러한 정황증거의 확보는 쉽지 않을 것이다.

인터넷사이트에 소액주주운동을 제안하면서, 유상감자, 주식배당 등에 대한 글을 게시하였고, 주주명부열람 및 등사 청구, 주주제안서 제출, 의안 상정 가처분 등 정기주주총회까지의 구체적인 단계별 계획을 밝힌 경우, "위 계획의 최종적인 목적은 정기주주총회에서 소액주주들의 의결권을 함께 행사하여 소액주주들이 주주제안한 안건을 통과시키는 것이므로, 위 게시글을 보고 C에게 위임장을 교부한 주주들로서는 정기주주총회에 상정될 의안의 내용을 알고, 그 의안에 대한 의견을 정하여, 다른 소액주주와 의결권을 공동으로 행사할 목적으로 C에게 주주총회 의결권 행사 권한을 위임한 것으로 보인다"는 하급심 결정례(부산지법 2015. 3. 25. 선고 2015카합10128 결정)가 있다.

4) 특별관계의 해소

특별관계의 해소사유는 그 인정사유에 따라 달라진다. 당사자 사이의 혈연적·사업적 관계에 기초하여 인정되는 특수관계인은 그러한 신분관계의 해소로 특별관계가 해소된다. 당사자 사이의 계약이나 합의에 기초하여 인정되는 공동보유자는 그러한 계약이나 합의의 종료로 특별관계가 해소된다. 공동보유자의 계약이나 합의의 종료사유는 일방당사자의 해지 또는 이에 준하는 의사표시로 의결권을 공동으로 행사할 의사가 없음이 객관적으로 명백한 경우를 말할 것이다. 당사자 사이의 계약상 해지도 인정되지 않는 경우라도 채무불이행의 문제는 별론으로 하고 자본시장법상 공동보유자로서의 특별관계는 해소된 것으로 보아야 한다.[20]

특별관계의 해소에 따른 지분 감소도 보고사유에 해당하는가? 주로 변동보고가 문제될 것이다. 예컨대 A주식회사의 주식을 갑이 4%, 을이 3%를 보유하고 있는데 갑과 을은 공동보유자에 해당하는 경우 갑과 을은 각각 본인으로서 타방의 지분율을 합산하여 대량보유보고를 해야 한다. 그런데 보고 후 갑과 을의 공동보유자로서의 특별관계가 해소된 경우 각각 3%, 4%의 지분이 변동된 것으로 보아 변동보고를 해야 하는지 여부가 문제된다. 이에 대하여 "제

정도로도 충분하다고 할 것이다. Assmann/Schneider/Mülbert, Wertpapierhandelsrecht Kommentar (7. Auflage 2019), 447.

19) 그러한 합의는 직접증거가 아닌 정황증거에 의해서도 증명 가능하다는 하급심 판결로 서울지법 2003. 10. 20. 자 2003카합3224 결정.

20) 이철송, 앞의 논문, 201-202면.

147조 제1항은 … 특별관계의 해소에 의한 지분변동을 직접 언급하고 있지 않다"는 이유로 부정하는 견해가 있다.[21] 그러나 자본시장법은 "대량보유[…]하게 된 자는 […]보고해야 하며, 그 보유 주식등의 수의 합계가 그 주식등의 총수의 100분의 1 이상 변동된 경우에는 …보고해야 한다"(147조 1항)고 하여 지분변동사유를 불문하고 변동보고를 의무화하고 있다. 따라서 이 경우에도 당연히 보고의무가 발생한다(서울중앙지법 2010. 3. 17.자 2010카합521 결정). 또한 대량보유보고제도의 취지상으로도 이 경우는 대량보유정보가 변동된 것이므로 공시하는 것이 옳다.

3. 보유의 의미

자본시장법은 소유 대신에 보유라는 유연한 개념을 채택하고 있다. 보유는 '**소유 그 밖에 이에 준하는 경우로서 대통령령이 정하는 경우**'를 포함한다(133조 3항). 시행령은 소유에 준하는 경우로서 (ⅰ) 누구의 명의로든지 자기계산으로 주식등을 소유하는 경우, (ⅱ) 법률규정이나 매매, 그 밖의 계약에 따라 주식등의 인도청구권을 가지는 경우, (ⅲ) 법률규정이나 금전의 신탁계약·담보계약, 그 밖의 계약에 따라 해당 주식등의 의결권이나 의결권행사를 지시할 수 있는 권한을 가지는 경우, (ⅳ) 법률규정이나 금전의 신탁계약·담보계약·투자일임계약, 그 밖의 계약에 따라 해당 주식등의 취득·처분권한을 가지는 경우, (ⅴ) 주식등의 매매의 일방 예약을 하고 해당 매매를 완결할 권리를 취득하는 경우로서 그 권리행사에 의하여 매수인으로서의 지위를 가지는 경우, (ⅵ) 주식등을 기초자산으로 하는 옵션(5조 1항 2호)을 가지는 경우로서 그 권리행사에 의하여 매수인으로서의 지위를 가지는 경우, (ⅶ) 주식매수선택권을 부여받은 경우로서 그 권리행사에 의하여 매수인으로서의 지위를 가지는 경우를 규정하고 있다(령 142조 1호-7호). 위 (ⅰ)에서 '자기의 계산'으로 소유하고 있는 주식은 "'손익의 귀속주체'가 동일인인 경우"이지 "'자기가 실질적인 지배력을 가지고 있는' 모든 주식"을 말하는 것은 아니다{서울고법 1997. 5. 13.자 97라51·52 결정(확정)}.

금감원은 차명으로 주식을 소유하는 경우를 (ⅰ)에,[22] 매매계약을 체결하고 이행기가 미도래한 경우(대법원 2011. 7. 28. 선고 2008도5399 판결)를 (ⅱ)에, 특정금전신탁을 통하여 주식을 취득하는 경우와 투자회사 등의 집합투자업자로서 자산운용권한을 가지는 경우를 각각 (ⅳ)에, 매수에 대한 예약완결권을 가진 경우를 (ⅴ)에, 콜옵션을 가지는 경우를 (ⅵ)에, 그리고 주

---

21) 이철송, 앞의 논문, 202면(대량보유보고제도가 위헌적 요소를 가진 것으로서 "입법적인 개선을 요한다고 하겠지만, 현 상태에서 집행을 할 경우에는 집행결과의 위헌적 결과가 최소화되도록 해석에 최대의 주의를 기울여야 할 것"이라는 논리를 전제); 임재연, 685면(보고의무위반에 대하여는 형사벌칙이 적용되므로 죄형법정주의의 원칙상 명확한 규정이 없는 한 보고의무가 없다).

22) 대법원도 기업의 주식을 자기계산으로 실질적으로 소유하는 자는 그 명의 여하에 관계없이 주식의 대량보유에 따른 보유상황 및 변동상황을 보고할 의무가 있다는 점을 명백히 인정하고 있다. 대법원 2010. 12. 9. 선고 2009도641 판결; 대법원 2005. 3. 24. 선고 2004도8963 판결.

344 제 2 편 발행시장과 유통시장

식매수선택권 행사로 신주 또는 자기주식을 교부받거나 시가와 행사가격의 차이에 해당되는 자기주식을 교부받기로 한 경우를 (vii)에 해당하는 것으로 예시하고 있다.[23]

이상에 열거된 경우를 보면 주식등을 법적으로 소유하는 경우뿐 아니라 사실상 소유하는 경우도 포함한다. 그러나 아래에서 보는 공동보유자의 공동보유와는 달리 일방이 타방이 소유하는 주식등에 대한 일방적인 지배력을 행사할 수 있는 경우만을 열거하고 있는 것임을 알 수 있다.

또한 아직 주식에 대한 소유권은 없이 계약상의 인도청구권만을 갖는 경우뿐 아니라 아직 매매계약이 체결되어 있지 않지만 예약을 완결시킬 수 있는 권리를 갖는 경우도 포함된다. 주식에 대한 옵션과 주식매수선택권(이른바 **'스톡옵션'**)은 주가의 변동 여하에 따라 행사 여부가 결정되는 불확실한 권리지만 포함하고 있다. 이에 대하여 법원은 그 종국적인 권리를 행사해야만 **'보유'**로 보는 것이 아니라, "권리의 종국적 행사 이전에 그와 같은 권리의 취득 자체"를 **'보유'**로 보고 있다(대법원 2002. 7. 22. 선고 2002도1696 판결).[24]

다만 현물인도결제가 아니라 차액결제만 이루어지게 되어 있는 경우에는 법취지상 제외된다. 신탁계약이 포함됨에 따라 과거와 같이 은행의 특정금전신탁을 이용하여 경영권을 탈취하는 것은 어려워졌다. 또한 사모증권투자신탁으로 주식을 소유하는 경우도 여기에 포함될 수 있다.[25]

담보계약에 의하여 당해 주식등의 취득 또는 처분권한을 갖는 경우를 보유로 보는 것에 대해서는 비판도 있다.[26] 은행이 회사에 대출할 때 대주주의 소유주식을 담보로 취득하는 일은 금융실무상 비일비재한데 그 때마다 보고의무가 발생한다고 보는 것은 불합리하다는 것이다. 그러나 금융당국은 담보제공사실만으로 보고의무가 발생하므로 주요계약의 내용으로 보고하고, 채무자의 채무불이행과 같이 주식등의 처분권한이나 의결권 행사권한이 생기는 시점에 5% 보고의무가 발생한다고 본다.[27] 대법원도 담보권자의 보고의무를 인정하는 데 적극적이다. 사안에서 상호신용금고[28]가 대출금 담보로 주식을 받으면서 주식의 명의개서는 하지 않았으나 주권을 교부받았고 의결권을 포함한 주주로서의 모든 권리를 금고가 행사하며 대출금 변제도 담보주식의 소유권을 금고에 귀속시키거나 이를 처분하여 충당하는 방법으로 하기로 약정하였다. 이에 대해 대법원은 "형식적인 계약서의 문언에도 불구하고 주식의 소유권을 확정적으로 취득하였고, 그렇지 않다 하더라도 담보계약에 의하여 의결권을 가지는 경우로서 법에

---

24) 동 판결에 따르면 이와 같이 풀이하는 것이 장래의 권리를 규정한 다른 각 호의 규정과 비교해서도 균형이 맞는 해석이라고 한다.
25) 강희철 외, 앞의 논문, 73면.
26) 고창현·허영만, 앞의 논문, 19면.
27) 금감원공시안내, 448면.
28) 현행법상으로는 상호저축은행법에 의한 상호저축은행에 해당한다.

서 정한 증권의 **'보유'**에 해당한다"고 판단하였다(대법원 2002. 7. 22. 선고 2002도1696 판결).

　　최근 금융당국은 더 적극적이다.[29] 첫째, 보고의무자가 보유주식을 담보로 제공하는 담보대출계약을 체결한 경우 담보제공 사실을 보고(변경보고)해야 하고, 실제 채무불이행에 따른 담보주식처분 등으로 소유권이 이전되어 본인의 보유비율이 1% 이상 변동하는 경우에도 보고의무(변동보고)가 발생한다. 둘째, 담보제공주식 수량은 변함이 없으나 차입처가 변경되었거나 담보계약 기간이 갱신 또는 만료된 경우에도 변경보고의무가 발생한다. 셋째, 주식담보대출계약을 체결한 대부업자(또는 자금대여자)도 대출만기 및 담보비율 하락 등의 사유로 담보주식에 대한 처분권한을 획득하거나 주식을 처분한 경우 그 사실도 보고해야 한다.

4. 보유비율: 5%

　　대량보유보고의무가 발생하는 것은 5%를 보유하는 경우이다. 여기서 보유비율은 **'보유자의 보유주식등의 수'**를 **'당해 회사의 의결권 있는 발행주식총수에 보유주식등의 수를 합산한 수'**로 나눈 비율이다(147조 1항).

　　분자에 해당하는 **'보유자의 보유주식등의 수'**는 **'보유자'**(보고의무자 본인과 특별관계자를 포함)가 보유하는 주식등의 수를 말한다. **'보유주식등'**은 보유자가 보유하는 주식과 주식관련사채등을 포함한다. 여기에는 주식매수선택권 행사에 따라 매수할 의결권 있는 주식도 포함한다(규칙 17조 3항).

　　분모에 해당하는 '발행주식총수에 보유주식등의 수를 합산한 수'(발행주식등의 총수)는 (i) **'의결권 있는 발행주식 총수'**(자기주식 포함)와 (ii) **'대량보유를 하게 된 날에 보유자가 보유하는 주식등의 수'**를 합하여 계산한 수로 한다(규칙 17조 2항). (i)에 (ii)를 합산하는 이유는 현재 발행되어 있지는 않지만 앞으로 발행될 의결권 있는 주식을 포함하기 위해서이다. (ii)가 (i)과 이중계산되는 것을 막기 위해서 (ii)에서 주권, 교환사채권의 교환대상이 되는 주권, 파생결합증권의 기초자산이 되는 주권 및 증권예탁증권의 기초가 되는 주권은 제외한다(규칙 17조 2항). 이렇게 계산하면 **'발행주식등의 총수'**는 결국 발행주식 총수와 보유자가 보유하는 주식관련사채등만 포함하게 된다. 주식매수선택권의 행사에 따라 신주를 발행하는 경우에는 분자의 주식등의 수와 분모의 발행주식등의 총수에 발행예정주식수를 가산한다.[30]

---

29) 금융위·금감원·거래소, 보도자료: 2021. 3분기 자본시장 불공정거래 주요 제재 사례 및 투자자 유의사항을 알려드립니다, 2021. 11. 8.

30) 다만, 자기주식을 대상으로 하는 주식매수선택권의 경우에는 발행주식등의 총수에 더하지 않는다(규칙 17조 3항 단서).

▌표 7-1 대량보유 주식등의 수의 산정방법

구분		내 용		비고
(1)	주 권	그 주식의 수		규칙 17조 1항 1호
(2)	신주인수권이 표시된 것	신주인수권의 목적인 주식의 수 *신주인수권의 목적인 주식의 발행가액총액 및 발행가격이 표시되어 있는 경우에는 해당 발행가액총액을 해당 발행가격으로 나누어 얻은 수		규칙 17조 1항 2호
(3)	전환사채권	권면액을 전환에 의하여 발행할 주식의 발행가격으로 나누어 얻은 수 *이 경우 1 미만의 단수는 계산하지 아니한다.		규칙 17조 1항 3호
(4)	신주인수권부 사채권	신주인수권의 목적인 주식의 수		규칙 17조 1항 4호
(5)	교환사채권	교환대상 증권이 (1)~(4), (6) 및 (7)에 따른 증권인 경우	교환대상 증권별로 (1)~(4), (6) 및 (7)에서 정하는 수	규칙 17조 1항 5호 가목
		교환대상 증권이 교환사채권인 경우	교환대상이 되는 교환사채권을 기준으로 하여 교환대상 증권별로 (1)~(4), (6) 및 (7)에서 정하는 수	규칙 17조 1항5호 나목
(6)	파생결합증권	기초자산이 되는 증권이 (1)~(5) 및 (7)에 따른 증권인 경우	기초자산이 되는 증권별로 (1)~(5) 및 (7)에서 정하는 수	규칙 17조 1항 6호 가목
		기초자산이 되는 증권이 파생결합증권인 경우	기초자산이 되는 파생결합증권을 기준으로 하여 기초자산이 되는 증권별로 (1)~(5) 및 (7)에서 정하는 수	규칙 17조 1항 6호 나목
(7)	증권예탁증권	그 기초가 되는 증권별로 (1)~(6)에서 정하는 수		규칙 17조 1항 7호

Ⅲ. 대상증권

1. 의의와 취지

보고의무가 적용되는 대상증권은 '**주권상장법인의 주식등**'이다. 주권비상장법인의 주식등은 주권상장법인이 발행한 증권 등과 관련된 주식예탁증권, 교환사채권, 파생결합증권을 제외하고는 대상이 아니다. 기존 경영진이 모르는 대규모의 주식매집은 주식소유가 분산된 주권상장법인에서만 가능할 것이다. 또한 적대적 M&A와 무관한 상장지수집합투자기구(234조 1항)인 투자회사의 주식도 제외된다. 보고의무는 결국 경영권의 향방과 관련된 것이므로 대상증권은 의결권 있는 주식을 중심으로 한다. 자본시장법상 '**주식등**'은 의결권 있는 주식 외에 의결권 있는 주식과 관계된 다양한 잠재적 주식으로서 주권상장법인이 발행한 것과 그렇지 않은 것을 포함한다(133조 1항; 령 139조).

2. 주권상장법인이 발행한 증권

주권상장법인이 발행한 증권은 (ⅰ) 주권, (ⅱ) 신주인수권이 표시된 것, (ⅲ) 전환사채권, (ⅳ) 신주인수권부사채권, (ⅴ) 교환사채권, (ⅵ) 파생결합증권을 포함한다(령 139조 1호 가목-바목).

위 (ⅰ)의 주권과 관련하여 법문상 '**의결권 있는 주식**'이라고 했으므로 무의결권우선주는 제외된다. 그러면 우선배당을 하지 못해 의결권이 부활된 우선주(상 370조 1항 단서)는 '**의결권 있는 주식**'에 포함되는가? 법령의 취지상 당연히 포함된다.[31] 시행령은 '**주권**'이라는 표현을 쓰고 있으나 주식과 같은 의미로 보아야 한다.

위 (ⅱ)의 신주인수권과 관련하여 증권령에서는 '**신주인수권을 표시하는 증서**'(증권령 10조 2호)라고 규정하고 있어서 상법상 신주인수권증서(420조의2) 이외에 분리형 신주인수권부사채에서 분리된 '**신주인수권증권**'도 포함되는지에 대한 논의가 있었다. 그러나 시행령에서는 '**신주인수권이 표시된 것**'이라고 규정하고 있어 문제가 없다.

위 (ⅲ)의 전환사채권도 당연히 위 (ⅰ)의 주권을 전환대상으로 하는 것만을 의미한다. 위 (ⅳ)의 신주인수권부사채권에는 인수 대상이 위 (ⅰ)의 주권인 것만을 포함하며, 신주인수권이 분리된 후의 사채권은 당연히 제외된다. 위 (ⅴ)의 교환사채권은 주권·신주인수권이 표시된 것, 전환사채권, 신주인수권부사채권과 교환을 청구할 수 있는 교환사채에 한한다. 이미 발행된 주식을 대상으로 하는 것인지 여부는 불문한다.

위 (ⅵ)의 파생결합증권은 주권·신주인수권이 표시된 것, 전환사채권, 신주인수권부사채권, 이들 증권과 교환을 청구할 수 있는 교환사채를 기초자산으로 하는 파생결합증권으로서 권리의 행사로 그 기초자산을 취득할 수 있는 것에 한한다. 현물인도결제가 이루어지는 것만을 포함하며, 차액결제되는 것은 제외한다.

3. 주권상장법인 외의 자가 발행한 증권

주권상장법인 외의 자가 발행한 증권은 (ⅰ) 주권상장법인이 발행한 위 2.의 증권과 관련된 증권예탁증권, (ⅱ) 교환사채권, (ⅲ) 파생결합증권을 포함한다(령 139조 2호 가목-다목).

위 (ⅰ)의 증권예탁증권은 증권령에서는 대상증권으로 명시되지 않아 '**주식의 인도청구권을 갖는 경우**'(증권령 10조의4 2호)로서 소유에 준하는 보유에 해당하는 것으로 해석하고 있었다.[32] 그러나 자본시장법은 이를 대상증권으로 명시하고 있으므로 그렇게 해석할 필요가 없다. 위 (ⅱ)의 교환사채권은 (ⅰ) 주권상장법인이 발행한 위 2.의 증권이나 (ⅱ) 주권상장법인

---

31) 고창현·허영만, 앞의 논문, 19면.
32) 김건식, 205면.

이 발행한 위 2.의 증권과 관련된 증권예탁증권과 교환을 청구할 수 있는 교환사채에 한한다. 위 (iii)의 파생결합증권은 (ⅰ) 주권상장법인이 발행한 위 2.의 증권, (ⅱ) 주권상장법인이 발행한 위 2.의 증권과 관련된 증권예탁증권, (iii) (ⅰ) 또는 (ⅱ)의 증권과 교환을 청구할 수 있는 교환사채를 기초자산으로 하는 파생결합증권으로서 권리의 행사로 그 기초자산을 취득할 수 있는 것에 한한다. 현물인도결제가 이루어지는 것만 포함하며, 차액결제되는 것은 제외한다.

요컨대, (ⅰ) 주권상장법인이 발행한 주권 이외에도 (ⅱ) 이를 직접 대상으로 하거나 기초자산으로 하는 교환사채 및 (iii) 이들 증권을 기초자산으로 하는 파생결합증권 등은 물론, (ⅳ) 이들 증권을 대상으로 하거나 기초자산으로 하는 증권예탁증권과 교환사채, 그리고 (ⅴ) 이 모든 증권을 기초자산으로 하는 파생결합증권 등 직접적 또는 간접적으로 해당 주권상장법인의 주권을 취득할 수 있는 권리를 포함하고 있으면 모두 포함된다.

┃표 7-2 대량보유보고 대상증권

근거	발행인	증권의 종류	
령139(ⅱ) (2호증권)	주권 상장법인 이외의 자	1호증권, ⑤,⑥의 증권을 기초자산으로 하는 파생결합증권	⑦
		1호증권, ⑤의 증권과 교환을 청구할 수 있는 교환사채	⑥
		1호증권과 관련된 증권예탁증권	⑤
령139(ⅰ) (1호증권)	주권 상장법인	①,②,③의 증권을 기초자산으로 하는 파생결합증권	④
		①,②의 증권과 교환을 청구할 수 있는 교환사채	③
		신주인수권이 표시된 것, 전환사채권, 신주인수권부사채권	②
		주권	①

4. 입법론: 파생상품의 추가

자본시장법은 대량보유보고의무의 대상증권의 범위를 옵션 개념을 이용하여 넓게 정의하고 있다. 그러나 최근에는 장외파생상품을 이용하는 방법 등으로 의결권의 보유형태가 다양화되고 있다. 자본시장법은 대량보유보고의 대상증권의 범위를 '**증권**'에 한정함으로써 장외파생상품을 이용하는 경우는 포함하지 못한다. 예컨대 A와 B가 갑회사가 발행한 의결권 있는 주식 10만주에 대한 총수익률스왑계약을 체결하고 있다고 하자. 이때 보장매도자인 B는 스스로의 위험관리를 위하여 대상주식을 취득하였고, 그 주식에 대한 의결권을 보장매수자인 A를 위하여 행사할 의무를 부담하고 있다고 하자. 이때 A는 사실상 갑회사의 주식에 대한 의결권을 행사할 수 있는 지위에 있지만 자본시장법상 대량보유보고의무를 부담하는지는 불확실하다. 현물인도결제방식을 취할 경우 A는 "주식 등의 일방적인 매매예약완결권을 가지고 그 권리의 행사에 의하여 매수인이 될 수 있는 경우"나 "주식 등의 매매거래에 관한 옵션을 가지고 있는 경우로서 그 권리의 행사에 의하여 매수인이 될 수 있는 경우"에 해당할 수 있다.[33] 법원은 그 종국적인 권리를 행사해야만 '**보유**'로 본다는 것이 아니고, 권리의 종국적 행사 이전에 그와 같은 권리의 취득 자체를 '**보유**'로 규정한 것으로 해석[34]하고 있는 점도 그러한 해석의 근거가 될 수 있다.

　입법론으로는 첫째, 대량보유보고대상인 '**주식등**'의 정의를 공개매수의 대상인 주식등과 분리하고, 둘째, 이를 법률상 "의결권 있는 주식, 그 밖에 대통령령으로 정하는 금융투자상품(이하 "주식등"이라 한다)"(147조 1항)이라고 정의한 후, 셋째, 시행령 제139조 2호 다목의 "제1호에 따른 증권이나 가목·나목의 증권을 기초자산으로 하는 파생결합증권(권리의 행사로 그 기초자산을 취득할 수 있는 것만 해당한다)"에 해당하는 것을 "제1호에 따른 증권이나 가목·나목의 증권을 기초자산으로 하는 금융투자상품(권리의 행사로 그 기초자산을 취득할 수 있는 것만 해당한다)"으로 개정하면 된다.

Ⅳ. 보고의무의 내용

1. 보고의 주체

　특별관계자가 있으면 본인과 특별관계자가 함께 보고해야 한다. 이 경우 보유주식등의 수가 가장 많은 자를 대표자로 선정하여 연명으로 보고할 수 있다(147조 1항; 령 153조 4항). A, B, C가 상호 특별관계자에 해당하고 그 합산 보유비율이 발행주식등의 총수의 5% 이상인 경우 A(3%), B(1%), C(1%)는 모두 본인의 입장에서 보고의무자에 해당한다.[35] 이때 최다보유자인 A가 다른 보고의무자의 위임장을 받아 대표자로서 연명 보고할 수 있다. A가 연명 보고한 경우 B와 C는 별도 보고의무가 없다. 자본시장법은 증권법상 보고의무가 면제되던 국가, 지방자치단체, 정부 기금 등에 대해서도 보고의무를 부과한다(147조 1항 후단; 령 154조 2항).

---

33) 영국은 2009. 6. 1. 개정을 통하여 "금융상품의 직접적 또는 간접적인 보유를 통하여 일정 비율 이상의 의결권을 보유하고 있거나 보유하고 있는 것으로 간주되는 자"에 대하여 대량보유보고의무를 부과하였다(DTR 5.1.2R, DTR 5.3.1R(1)). 여기서 말하는 '금융상품'에는 보유자의 일방적인 의사만으로 의결권 있는 주식을 취득할 수 있는 양도가능증권과 옵션, 선물, 스왑, 선도 그 밖의 파생상품이 포함된다(DTR 5.3.2R(1)). 미국에서도 유사한 사안에서 대량보유보고의 대상이 될 수 있다는 판결이 있다. CSX Corporation v. The Children's Investment Fund Management (UK) LLP, 292 Fed.Appx. 133, 2008 WL 4222848 (C.A.2(N.Y)). 독일에서는 역시 유사한 사안에서 대량보유보고의 대상이 될 수 없다고 본 금융당국의 결정이 있다. Dirk Zetzsche, "Hidden Ownership in Europe: BAFin's Decision in Schaeffler v. Continental", European Business Organization Law Review Vol. 10, 2009, pp115-147.
34) 대법원 2002. 7. 22. 선고 2002도1696 판결. 동 판결에 따르면 이와 같이 풀이하는 것이 장래의 권리를 규정한 다른 각 호의 규정과 비교하여서도 균형이 맞는 해석이라고 한다.
35) 금감원공시안내, 385면.

대량보유보고의무 위반으로 인한 자본시장법 위반죄는 "그 규정 형식과 취지에 비추어보면" 구성요건이 부작위에 의해서만 실현될 수 있는 진정부작위범에 해당하므로 "그 공동정범은 그 의무가 수인에게 공통으로 부여되어 있는데도 수인이 공모하여 전원이 그 의무를 이행하지 않았을 때 성립"할 수 있다(대법원 2022. 1. 13. 선고 2021도11110 판결).

2. 상 대 방

보고의 상대방은 금융위와 거래소이다(147조 1항). 여기서 거래소는 보고대상인 주식등이 상장되어 있는 거래소를 말한다. 복수상장된 경우에는 모든 거래소가 상대방이다. 금융위와 거래소는 그 보고서를 3년간 갖추어 두고, 인터넷 홈페이지 등을 이용하여 공시해야 한다(149조).

증권법은 상법상 10% 초과 주식취득 통지의무(342조의3)와는 달리 대상회사에 직접 통지할 것을 요구하지는 않았다. 그러나 자본시장법은 대량보유자는 금융위 등에 보고한 후 지체없이 발행인에게도 대량보유보고서를 송부하여야 한다(148조). 사본을 송부하지 않거나 허위사본을 송부한 경우에는 1억원 이하의 과태료를 부과할 수 있다(449조 37호·38호).

자본시장법은 주권상장법인 이외의 자가 발행하는 증권도 대상증권으로 포함한다. 이 경우 보고서의 송부대상은 누구인가? 시행령은 교환사채권(교환대상이 되는 주식 등의 발행인), 파생결합증권(그 기초자산이 되는 주식 등의 발행인), 증권예탁증권(그 기초자산이 되는 주식 등의 발행인)으로 나누어 각각 경영권의 변화가능성이 있는 주체를 상대방으로 규정한다(령 156조 1호-3호).

3. 보유목적

1) 3가지 구분

2005년 국내기업에 대한 외국인의 경영권 위협에 대처하기 위해 경영권관련공시가 강화되었다. 특히 주목할 것은 '**보유목적**'이다. 이는 '**발행인의 경영권에 영향을 주기 위한 목적**'(경영영향목적)이 있는지 여부를 말한다(147조 1항 전단). 자본시장법은 보유목적을 경영영향목적과 비경영영향목적으로 나누고, 비경영영향목적을 다시 단순투자목적과 일반투자목적(비경영영향목적/비단순투자목적)으로 나누어, 경영영향목적과 단순투자목적, 일반투자목적의 3가지로 나누고 있다.

2) 경영영향목적

자본시장법은 경영영향목적을 넓게 정의한다. 즉 시행령으로 정하는 경영관련사항을 위하여 회사나 임원에 사실상 영향력을 행사하거나 소수주주의 주주제안권(상 363조의2)이나 주주총회소집청구권(상 366조)을 행사하거나 제3자로 하여금 행사하게 하는 것과 의결권 대리행사를 권유하는 것을 포함하며, 단순히 의견을 전달하거나 대외적으로 의사를 표시하는 것은 제외한다(147조 1항 후단; 령 154조 1항 1호-10호).

경영관련사항은 (ⅰ) 임원 선임·해임 또는 직무정지, (ⅱ) 이사회 등 상법상 회사 기관과 관련된 정관변경, (ⅲ) 회사의 자본금변경, (ⅳ) 회사의 합병·분할·분할합병, (ⅴ) 주식의 포괄적 교환·이전, (ⅵ) 영업전부의 양수도 또는 금융위가 고시하는 중요한 일부의 양수도, (ⅶ) 자산 전부의 처분 또는 금융위가 고시하는 중요한 일부의 처분, (ⅷ) 영업전부의 임대·경영위임, 타인과 영업손익 전부를 같이하는 계약, 그 밖에 이에 준하는 계약의 체결·변경·해약, (ⅸ) 회사 해산을 말한다(령 154조 1항 1호-10호).

그러나 주주가 상법상 보장된 권리를 행사하거나 스튜어드십 코드에 따라 주주권을 행사하는 경우는 적극적인 주주권 행사를 보장하기 위해 경영관련사항에서 제외하고 있다. 위 (ⅰ)은 상법상 주주의 이사해임청구권(385조 2항, 415조)이나 위법행위유지청구권(402조)을 행사하는 경우에는 적용하지 않는다. 위 (ⅱ)는 보고적용특례 전문투자자(령 154조 2항 1호-4호) 또는 그 밖에 금융위가 정하여 고시하는 자가 투자대상기업 전체의 지배구조 개선을 위해 사전에 공개한 원칙에 따르는 경우에는 적용하지 않는다. 위 (ⅲ)도 다만 상법상 주주의 신주발행유지청구권(424조)을 행사하는 경우에는 적용하지 않는다. 같은 취지에서 배당관련사항은 2020. 1. 29. 시행령 개정으로 삭제되었다.

법원은 경영영향목적은 "그 목적이 확정적인 경우만을 의미한다고 할 수 없고, 적어도 향후 거래실정에 따라 경영영향목적의 행위를 하겠다는 의사를 가지고 단순투자목적과 대등한 정도의 경영영향목적을 가지고 주식을 취득하게 되는 경우도 포함된다"고 하여(서울행법 2008. 9. 5. 선고 2008구합23276 판결) 유연하게 해석한다. 형벌의 구성요건요소인 주관적 목적을 이렇게 넓게 해석하는 것이 죄형법정주의의 요청상 가능한지 의문이 제기될 수 있다. 그러나 법원은 경영참여목적으로 기재한 것이 법위반이라는 주장을 배척한 사례에서도 같은 기준을 적용하여 무죄로 판단하였다.[36]

3) 단순투자목적과 일반투자목적

단순투자목적은 의결권, 신주인수권, 이익배당청구권 등(상 369조, 418조 1항 또는 462조에 따른 권리 등)과 같은 보유하는 주식등의 수와 관계없이 법률에 따라 보장되는 권리만을 행사하기 위한 것을 말한다(령 154조 3항 1호). 일반투자목적은 스튜어드십 코드를 채택한 기관투자자가 경영영향목적에 해당하는 것으로 간주될 우려를 불식하기 위하여 2020년 새로 도입된 범주로 경영영향목적이 아니면서 단순투자목적도 아닌 경우를 말한다(령 154조 5항 3호). 일반

---

36) 서울남부지법 2020. 12. 10. 선고 2019노2745 판결(대법원 2021. 3. 11. 선고 2020도18208 판결로 확정). 1심은 서울남부지법 2019. 12. 9. 선고 2018고단6647 판결.

투자목적은 경영영향목적은 없지만 배당을 위한 주주제안을 하거나 이사의 위법행위에 대해서 주주대표소송을 제기하는 등의 적극적인 주주활동을 하는 경우가 이에 해당하며 단순투자목적의 경우보다는 강한 공시의무가 부과된다. 일반투자목적의 신설에 대해서는 종전에는 단순투자목적으로 평가되던 투자자의 활동이 일반투자목적으로 평가됨에 따라 오히려 보고부담이 증가할 우려가 있다는 비판이 존재한다.[37]

4. 보고시기

1) 원   칙

보고는 5% 이상의 주식을 보유하게 된 날로부터 5일 이내에 하되, 공휴일, 근로자의 날, 토요일은 산입하지 않는다(147조 1항 전단; 령 153조 1항 1호-3호). 그 후 보유주식이 주식등의 총수의 1% 이상 변동되면 그 날부터 5일 이내에 보고서를 제출해야 한다. 일단 5% 취득이나 1% 이상 변동으로 보고의무가 발생했으나 아직 보고서를 제출하기 전에 추가로 1% 이상을 취득하게 되면 당초의 보고서에 변동내용도 포함해야 한다(147조 3항). 변경보고는 변경이 있은 날로부터 5일 이내에 해야 한다(147조 4항).

보고의무 발생일, 즉 보고기준일에 대해서는 시행령에 별도 규정이 있다(령 153조 3항). 증권시장에서 주식 등을 매매한 경우의 기준일은 **'계약체결일'**이다(령 153조 3항 3호). 변경보고의 경우에는 보고사유발생일을 기준일로 한다.

▌표 7-3 대량보유보고 기준일

구 분		기 준 일	비 고
주권비상장법인이 발행한 주권이 증권시장에 상장된 경우		그 상장일	령 153조 3항 1호
합병	흡수합병인 경우	합병을 한 날(합병등기일)	령 153조 3항 2호
	신설합병인 경우	그 상장일	
증권시장(다자간매매체결회사 포함)에서 주식 등을 매매한 경우		그 계약체결일	령 153조 3항 3호
증권시장 외에서 주식 등을 취득하는 경우		그 계약체결일	령 153조 3항 4호
증권시장 외에서 주식 등을 처분하는 경우		대금수령일과 주식등의 인도일 중 먼저 도래하는 날	령 153조 3항 5호
유상증자로 배정되는 신주를 취득하는 경우		주금납입일의 다음날	령 153조 3항 6호
주식 등 대차	차입하는 경우	차입계약체결일	령 153조 3항 7호
	상환하는 경우	해당 주식등의 인도일	

---

37) 장윤제·원종현, 대량보유보고제도상 일반투자 요건의 문제점과 개선방안, 법제논단 2020. 9, 247면.

주식 등 증여	증여받는 경우	민법상 효력발생일	령 153조 3항 8호
	증여하는 경우	해당 주식등의 인도일	
주식 등 상속	상속인이 1인	단순승인이나 한정승인에 따라 상속이 확정되는 날	령 153조 3항 9호
	상속인이 2인	그 주식 등과 관계되는 재산분할이 종료되는 날	
기 타		「민법」·「상법」등 관련 법률에 따라 해당 법률행위 등의 효력이 발생하는 날	령 153조 3항 10호

2) 특 례

첫째, 보고특례적용 전문투자자 중 국가, 지방자치단체, 한국은행의 신규보고 및 변동보고는 보유·변동이 있었던 분기의 다음 달 10일까지 보고할 수 있다(147조 1항 후단; 령 154조 4항 1호·2호, 2항 1호-3호). 경영참여 가능성이 낮은 전문투자자의 부담을 줄이려는 것이다.

둘째, 그 밖의 보고특례적용 전문투자자[38)]는 보유목적에 따라 (ⅰ) 경영영향목적인 경우에는 주식등의 보유·변동이 있었던 날부터 5일 이내에, (ⅱ) 경영영향목적이 아닌 경우로서 단순투자목적인 경우에는 주식등의 보유·변동이 있었던 분기의 마지막 달의 다음 달 10일까지, (ⅲ) 경영영향목적이 아닌 경우로서 단순투자목적이 아닌 경우에는 주식등의 보유·변동이 있었던 달의 다음 달 10일까지 보고할 수 있다(147조 1항 후단; 령 154조 5항 1호-3호, 2항 4호).

셋째, 보고특례적용 전문투자자가 아닌 자의 보유목적이 경영영향목적이 아닌 경우에는 보유목적에 따라 (ⅰ) 단순투자목적인 경우에는 그 보유상황에 변동이 있는 경우에는 그 변동이 있었던 달의 다음 달 10일까지, (ⅱ) 단순투자목적이 아닌 경우에는 그 보유 상황에 변동이 있는 경우에는 그 변동이 있었던 날부터 10일 이내에 보고할 수 있다(147조 1항 후단; 령 154조 3항 1호-3호, 2항 4호). 이 경우 신규보고는 원칙에 따라 보고의무 발생일로부터 5일 이내에 해야 한다. 2009. 7. 1. 시행령 개정 전에는 단순투자목적의 신규보고에 대해서도 전문투자자의 경우와 같은 보고기한을 적용했다. 그러나 경영영향목적이 없는 신규보고라도 사후에 보유목적을 변경하여 경영권을 위협할 수 있음에도 보고기한이 지나치게 길어 신속한 공시가 어려운 점을 고려하여 보고기준일로부터 5일 이내로 단축되었다.

5. 보고내용

1) 원 칙

자본시장법은 보고내용으로서 보유상황과 보유목적, 보유주식등에 관한 주요계약내용을

---

38) 다음의 자를 말한다(발행공시규정 3-14조; 령 10조 2항 9호, 3항 1호-8호, 10호-13호).
　　(1) 증권금융회사, (2) 예금보험공사 및 정리금융회사, (3) 자산관리공사, (4) 주택금융공사, (5) 투자공사, (6) 협회, (7) 예탁결제원, (8) 전자등록기관, (9) 거래소, (10) 금감원, (11) 신용보증기금, (12) 기술신용보증기금, (13) 법률에 따라 설립된 기금 및 기금관리운용법인, (14) 법률에 따라 공제사업을 경영하는 법인

규정하고, 구체적인 사항은 시행령에 위임하고 있다(147조 1항 전단; 령 153조 2항). 보고서 서식 그 밖의 상세한 사항은 금융위가 정한다(령 153조 6항). 보고내용은 기업경영권 보호 특히 외국자본에 의한 경영권 위협에 대처한다는 관점에서 대폭 강화되었다.

경영영향목적인 경우 보고사항은 (ⅰ) 보유상황, (ⅱ) 보유목적, (ⅲ) 보유주식등에 관한 주요계약내용, (ⅳ) 대량보유자와 특별관계자, (ⅴ) 보유주식등의 발행인, (ⅵ) 변동사유, (ⅶ) 취득 또는 처분일자, 가격 및 방법, (ⅷ) 보유형태, (ⅸ) 취득자금 또는 교환대상물건의 조성내역, 차입처(차입의 경우)이다(147조 1항 전단; 령 153조 2항; 발행공시규정 3-10조).

(ⅰ) 보유상황은 소유와 보유 등 보유형태에 관한 사항을, 보유목적은 발행인의 경영권에 영향을 주기 위한 목적 여부를 말한다(147조 1항). (ⅲ)의 '**주요계약**'은 주식등과 관련하여 체결된 담보계약, 신탁계약, 대차계약, 장외매매계약, 콜옵션계약, 환매조건부계약 등을 포함한다.[39] 주요계약의 판단기준은 보유주식등의 변동을 초래할 수 있는지 여부이다.[40] 예컨대 단순한 보호예수계약은 주요계약에 해당하지 않는다. 담보제공자는 담보제공사실만으로 보유주식등에 대한 주요계약으로서 보고의무가 발생하고, 실제 채무불이행 등으로 담보주식이 처분되어 본인 보유비율이 1% 이상 변동되면 변동보고의 대상이 된다.[41] 담보권자는 피담보채권의 변제기 도과 등으로 주식등의 처분권한이나 의결권이 생기는 경우에 5% 보고의무가 발생한다.[42]

(ⅲ)과 (ⅸ)는 대량보유자의 진정한 보유목적과 향후의 행동을 짐작하게 해 주고 그 재정상황과 배후의 주체를 밝혀주는 점에서 중요한 의미를 가진다.[43] 특히 취득자금이 본인자금인지 차입금인지 여부는 그 공시 등의 진정성, 추가 주식 취득의 가능성, 경영권 분쟁의 발생이나 M&A의 성공 가능성과 그 후의 투자 적정성 등을 판단하는 기본적이고 중요한 자료가 되는 점에서 중요사항에 해당한다고 본다(대법원 2006. 2. 9. 선고 2005도8652 판결).[44] 취득자금은 최종귀속주체에 따라 자기자금 기타 자금과 차입금을 구분한다.[45] (ⅳ)와 관련해서 대량보유자 등이 법인이나 단체인 경우에는 그 법적 성격(회사의 형태, 조합인지 여부), 임원(회사가 아닌 경우 구성원), 의사결정기구 및 최대주주(회사가 아닌 경우 최다출자자)에 관한 사항도 기재해야 한다(발행공시규정 3-10조 1항). 또한 대량보유자등이 집합투자기구인 경우 해당 집합투자기구와 집합투자업자도 기재해야 한다(발행공시규정 3-10조 2항).

자본시장법은 위 사항의 변경에 대해 보고할 의무를 두고 있다('**변경보고**', 147조 4항).

---

39) 금감원공시안내, 447면.
40) 금감원공시안내, 376면.
41) 금감원공시안내, 448면.
42) 금감원공시안내, 448면.
43) 이러한 신용관련정보의 공개는 과도하다는 비판도 있다. 고창현·허영만, 앞의 논문, 20면.
44) 증권법 제188조의4 제4항 제2호(자본시장법 제178조 제1항 제2호에 해당)의 중요한 사항에 관한 판단이다.
45) 금감원공시안내, 479-480면.

2) 특   례

자본시장법은 투자자 유형과 보유목적에 따라 보고내용도 구분한다.

첫째, 보고특례적용 전문투자자 중 국가, 지방자치단체, 한국은행의 신규·변동보고는 보고사유발생일의 보유상황 및 변동내용, 대량보유자와 그 특별관계자에 관한 사항과 보유주식 등의 발행인에 관한 사항을 기재한 보고서로 보고한다(147조 1항 후단; 령 154조 4항 1호·2호, 2항 1호-3호).

둘째, 그 밖의 보고특례적용 전문투자자는 보유목적에 따라 (ⅰ) 경영영향목적인 경우 보유상황, 보유목적, 대량보유자와 그 특별관계자, 보유주식등의 발행인, 취득·처분일자·가격·방법을 기재한 보고서로, (ⅱ) 단순투자목적인 경우 보고사유발생일의 보유상황 및 변동내용, 대량보유자와 그 특별관계자, 보유주식등의 발행인, 보유목적, 주식등의 보유기간 동안 주식등의 수와 관계없이 보장되는 권리의 행사 외의 행위를 하지 않겠다는 확인을 기재한 보고서로, (ⅲ) 일반투자목적인 경우 보고사유발생일의 보유상황 및 변동내용, 대량보유자와 그 특별관계자, 보유주식등의 발행인, 보유목적을 기재한 보고서로 보고한다(147조 1항 후단; 령 154조 5항 1호-3호, 2항 4호).

셋째, 보고특례적용 전문투자자가 아닌 자의 보유목적이 경영영향목적이 아닌 경우에는 (ⅰ) 단순투자목적인 경우에는 보유상황, 보유목적, 대량보유자와 그 특별관계자, 보유주식등의 발행인, 취득·처분일자·가격·방법, 주식등의 보유기간 동안 주식등의 수와 관계없이 보장되는 권리의 행사 외의 행위를 하지 않겠다는 확인을 기재한 보고서로, (ⅱ) 일반투자목적인 경우에는 보유상황, 보유목적, 대량보유자와 그 특별관계자, 보유주식등의 발행인, 취득·처분일자·가격·방법, 취득에 필요한 자금이나 교환대상물건의 조성내역(차입인 경우에는 차입처 포함), 보유주식등에 관한 주요계약내용을 기재한 보고서로 보고해야 한다(147조 1항 후단; 령 154조 3항 1호·2호, 2항 1호-4호).

6. 냉각기간

1) 의의와 취지

경영영향목적이 없는 투자자가 그 목적을 갖게 된 경우에는 5일 이내에 보고해야 한다 (147조 4항; 령 155조 1호·1호의2). 이러한 변경보고를 하는 자는 '**사유가 발생한 날부터 보고한 날 이후 5일**'간 의결권이 제한되며 주식의 추가취득도 금지된다(150조 2항). 신규보고의 경우도 마찬가지다. 이를 냉각기간이라고 한다. 냉각기간제도의 취지는 경영권취득을 목적으로 주식등을 취득하는 자는 그 사실을 미리 공시하여 기습적인 경영권 공격행위를 방지하고 일정 기간 동안 방어준비의 여유를 주기 위한 것이다. 자본시장법은 냉각기간 기산일을 종래 보고일에서 보고사유발생일로 변경하였다. 이러한 금지규정에 위반하여 주식등을 추가로 취득한 자는 그 추가취득분에 대한 의결권 행사가 제한되며, 금융위는 6개월 이내의 기간을 정하여 그 추가취득분의 처분명령을 내릴 수 있다(150조 3항).

2) 변동보고에의 적용 여부

냉각기간이 신규보고나 변경보고에 적용되는 것은 당연하다. 변동보고에도 적용되는가? 긍정설도 있지만,[46] 부정하는 것이 옳다.[47] 그 근거는 3가지이다. 첫째, 입법취지상 이미 경영영향목적을 선언한 자에 대해서는 기존 경영진이 충분히 방어기회를 가질 수 있으므로 구태여 다시 냉각기간을 적용할 필요가 없다. 둘째, 자본시장법 제150조 제2항의 문언도 그 적용대상을 "제147조 제1항…에 따라 주식 등의 보유목적을 발행인의 경영권에 영향을 주기 위한 것으로 보고하는 자"라고 한 것은 '**새로이 경영영향목적을 보고하는 자**'를 의미하는 것으로 보아야 한다. 셋째, 변동보고에도 냉각기간이 적용된다고 해석하면 기존 대주주가 1% 이상 추가취득해도 냉각기간이 적용되어 적용범위가 입법취지에서 벗어나 과도하게 확대된다. 금감원도 냉각기간은 변동보고에는 적용되지 않는다고 본다.[48]

V. 보고의무의 면제

1. 보고의무면제자

대량보유보고제도는 경영권분쟁 가능성을 기존 경영진에게 예고하는 기능 이외에 대량매매정보를 제공하여 투자자의 투자판단을 돕는 기능도 함께 가진다. 국가, 지방자치단체, 주식의 발행인 등의 경우 경영권분쟁과는 관련이 없지만 시장에 정보를 제공할 의무까지 면제할 필요는 없다. 대신 국가등의 보고부담을 완화하기 위해 경영영향목적이 없는 경우의 보고시기와 내용을 간소화하고 있다(147조 1항 후단; 령 154조 3항·4항).

2. 변동보고의무의 면제

보유주식비율이 1% 이상 변동했더라도 보유주식등의 수에 증감이 없는 경우 등에는 변동보고의무가 면제된다(147조 1항 전단; 령 153조 5항). 시행령은 (ⅰ) 주주가 가진 주식수에 따라 배정하는 방법으로 신주를 발행하는 경우로서 그 배정된 주식만을 취득하는 경우, (ⅱ) 주주가 가진 주식수에 따라 배정받는 신주인수권에 의하여 발행된 신주인수권증서를 취득하는 것만으로 보유주식등의 수가 증가하는 경우, (ⅲ) 자본감소로 보유주식등의 비율이 변동된 경

---

46) 이상복 공시, 286면; 김정수, 749면; 주석 I, 645-646면(유석호 집필부분).
47) 같은 취지: 이철송, 앞의 논문, 203-206면; 임재연, 699면.
48) 금감원공시안내, 390면; 한국거래소, 『증권시장의 불공정거래 금지 및 지분공시제도 해설』(2009), 86면. 같은 입장을 채택한 하급심 결정으로는 서울중앙지법 2010. 3. 17.자 2010카합521 결정.

우, (ⅳ) 신주인수권이 표시된 것(신주인수권증서는 제외), 신주인수권부사채권·전환사채권 또는 교환사채권에 주어진 권리행사로 발행 또는 교환되는 주식등의 발행가격 또는 교환가격 조정만으로 보유주식등의 수가 증가하는 경우에 변동보고의무가 면제된다고 규정하고 있다(령 153조 5항 1호·2호, 4호·5호).

이상은 실제 보유주식등의 수가 변동되지 않거나 보유비율에 변동이 없는 경우로서 변동보고의 필요가 없는 경우이다. 이러한 사유 외에도 보유주식등의 수가 변동되지 않는 경우에도 변동보고의무는 면제된다. 예컨대 제3자 배정 유상증자 등으로 본인의 보유주식등의 수는 변동이 없으나 발행주식등총수의 변동으로 보유비율이 1% 이상 변동되는 경우이다.[49] 다만 변동보고의무 면제사유에 해당해도 신규보고의무는 면제되지 않는다. 예컨대 전환사채의 가격조정으로 4.9%에서 5.1%가 되는 경우 신규보고의무는 발생한다.[50]

한편 보유비율 변동이 면제사유에 해당하는 경우라도 그 후의 변동보고의무 발생 여부는 직전보고서상 보유비율을 기준으로 판단한다.[51] 예컨대 직전 5.1% 보유비율을 보고한 보유자가 (ⅰ) 2.28 장내매수로 0.5% 증가, (ⅱ) 3.18 면제사유로 0.7% 증가, (ⅲ) 4.3 장내매수로 0.6% 증가하여 보유비율이 6.9%로 증가한 경우 2.28과 3.18에는 변동보고의무가 없고, 4.3에는 면제사유 해당분 0.7%를 제외한 변동분이 1.1%(0.5+0.6=1.1)로서 1% 이상이므로 변동보고의무가 발생하는 것이다. 당초 보고의무가 면제되지만 5.1%를 기준으로 1% 이상 변동되는 시점에는 변동보고의무가 생긴다.

Ⅵ. 보고의무위반에 대한 제재

1. 의의와 취지

의무위반에 대한 실효성 확보수단으로 민사상 손해배상책임, 형벌(444조 20호) 외에 다양한 행정제재가 있다. 자본시장법상 금융투자업자에 대한 인가나 등록취소, 임원해임권고, 고발 또는 수사기관통보, 경고 또는 주의 등(420조 1항 6호, 2항, [별표1] 140호 자목, 163호, 422조 1항·2항; 령 373조 1항 14호·17호), 조사(151조 1항)나 정정명령과 거래정지·금지(151조 2항), 과징금(429조 4항) 등 일반제재는 물론이고 의결권제한·주식처분명령(150조; 령 157조·158조)과 같은 특별제재도 있다. 특히 중요한 것은 의결권제한과 처분명령이다.[52] 이하 의결권행사

---

49) 금감원공시안내, 377면.
50) 금감원공시안내, 377면.
51) 금감원공시안내, 378면.
52) 미국에서는 법원이 실제로 의결권제한이나 주식의 처분을 명하는 경우는 거의 없다. 이에 관한 대표적인 판결은 연방대법원의 Rondeau v. Mosinee Paper Corp, 422 U.S. 49(1975)이다. 이 판결의 사안은, 갑이 을회사 주식의 5%를 초과하여 취득하였음에도 부주의로 인하여 보고서를 3개월 이상 제출하지 않은 것을 근거로, 을이 의결권제한을 구한 경우이다. 원심인 제7항소법원은 을의 청구를 받아들여 보고서제출의무를 위반한 시점

제한과 주식처분명령을 중심으로 설명한다.

2. 의무위반의 유형

의무위반을 유형화해 볼 필요가 있다. 위반유형은 크게 보고내용이 부정확한 경우('**부실보고형**')와 보고기한을 어기는 경우('**기한위반형**')로 나눌 수 있다. 의결권제한이나 주식처분명령이 문제되는 것은 주로 기한위반형이다. 그러나 예컨대 10%를 보유하고도 6%라고 보고하는 경우는 부실보고에 해당하지만, 4%에 대해서는 기한을 위반한 것으로 볼 수도 있다.

기한위반형도 다시 2가지로 나눌 수 있다. 첫째는 예컨대 갑이 을회사 주식 7%를 취득하고 5일 이내에 보고하지 않은 경우와 같이 보고기한을 지키지 못한 경우로 '**단순위반형**'으로 부를 수 있다. 둘째는 예컨대 갑이 을회사 주식 6%를 취득하고 보고하지 않은 채 5일이 지난 후에 추가로 1%를 취득한 경우와 같이 단순위반형에 추가취득이 더해진 경우로 이를 '**추가위반형**'으로 부르기로 한다.[53]

이처럼 대량보유보고의무의 위반이 다양한 형태로 발생할 수 있고 그 폐해는 각 형태에 따라 차이가 있을 수 있다. 따라서 대량보유보고의무위반에 대한 제재는 그 위반유형에 따라 적절하게 이루어질 필요가 있다. 그러나 자본시장법상 제재규정은 위반유형과는 무관하게 규정되어 있다.

3. 의결권행사 제한

1) 의   의

보고의무를 이행하지 않거나 시행령에서 규정하는 중요한 사항을 허위보고하거나 기재누락한 자는 일정 기간 동안 의결권 있는 발행주식총수의 5%를 초과하는 부분 중 위반분에 대해서 그 의결권을 행사할 수 없다(150조 1항). 여기서 '**시행령에서 규정하는 중요한 사항**'은 대량보유자와 그 특별관계자, 보유목적, 보유·변동주식등의 종류와 수, 취득·처분일자, 보유주식등에 관한 신탁·담보계약, 그 밖의 주요계약내용을 말한다(령 157조 1호-5호). 증권법상 '**중요한 사항**'에 대한 명시적인 정의가 없던 것을 자본시장법에서 새로이 규정한 것이다.[54]

부터 현실적으로 제출한 시점까지 사이에 취득한 주식에 대해서 5년간 의결권행사를 금지했다{500 F. 2d 1011 (7th Cir., 1974)}. 그러나 연방대법원은 이와 같은 'injunction'을 얻는 데 필요한 '회복할 수 없는 손해'(irreparable harm)의 증명을 을이 하지 못했다는 이유로 원심판결을 파기하였다. 이 판결은 부주의로 인한 보고의무위반과 의결권제한이 문제된 사안이지만, 일반적으로 하급심에서는 대량보유보고의무위반에 대한 구제수단으로 의결권제한이나 주식처분은 허용되지 않는 것으로 이해하고 있다. John C. Coffee Jr. and Joel Seligman, Securities Regulation 9th ed., 2003, p778.

53) 갑이 을회사 주식을 6% 취득하고 5일이 경과하기 전에 다시 추가로 1% 취득한 경우에는 보고할 때 추가취득한 1%까지 함께 보고할 의무가 있기 때문에(147조 4항), 관념상 추가위반형은 단순위반형과 다를 바가 없다.

54) 증권법상으로도 법원은 법령상 경영영향목적과 단순투자목적에 대하여 보고내용 및 시기 등을 달리 정하고 있는 점, '경영영향목적'의 주식취득이 있으면 일반 투자자들의 투자의사결정이 영향을 받는다는 점 등을 근

2) 위 반 분

(1) 의   의

'**위반분**'은 다음에 설명하는 처분명령의 대상이기도 하므로(150조 3항) 그 해석은 중요하다. 이하 앞에서 든 예를 중심으로 위반분을 계산해 본다. 단순위반형에서는 보유주식 7%에서 5%를 공제한 2%가 될 것이다. 추가취득형에서도 최초취득주식 6%와 추가취득주식 1%를 더한 7%에서 5%를 공제한 2%가 될 것이다. 그러나 이처럼 위반유형과 관계없이 제재기준으로서 위반분이라는 같은 개념을 이용하는 데는 의문이 있다. 왜냐하면 폐해가 유형에 따라 다르면 제재도 유형별로 달라야 하기 때문이다.

(2) 단순위반형

단순위반형에서는 뒤늦게라도 보고가 이루어지면 위반의 폐해는 대부분 시정된다. 앞의 예에서 문제는 갑이 7%를 취득한 행위 자체가 아니라 단지 그에 대한 보고를 하지 않은 것이다. 그 폐해는 보고를 명함으로써 시정할 수 있다. 경영진으로서는 그때부터 경영권방어에 나선다고 해서 큰 문제는 없을 것이다. 다만 보고 전에 저가로 보유주식을 처분한 투자자 병의 경우에는 손해가 있는 것으로 볼 수도 있다. 이 경우 갑의 의결권을 제한한다고 해서 저가로 주식을 처분한 병의 손해가 전보되는 것은 아니다. 을의 경영진 정은 갑의 의결권제한으로 이익을 보겠지만[55] 과연 갑의 단순한 보고의무 지연으로 특별히 손해를 본 것이 없는 정에게 이처럼 특별한 이익을 안겨야 할 이유가 있는지 의문이다.

(3) 추가위반형

반면 추가위반형에서는 사후보고로 문제가 해소되지 않는다. 앞에서와 같이 보고 전에 주식을 처분한 병은 사후보고가 이루어져도 손해는 전보되지 않는다. 또한 추가위반형에서는 경영진 정도 보고지연으로 손해를 본다. 만약 보고가 제대로 이루어졌다면 갑이 추가로 1%를 취득하기 전에 정이 경영권방어에 나설 수 있었을 것이다. 그러나 갑의 보고지연으로 정의 경영권방어는 그만큼 어렵게 되었다. 따라서 추가위반형에서는 정의 이익을 보호하기 위해서 의결권행사 제한이나 주식처분을 고려할 수 있다.

그러나 그 경우에도 앞서 본 것처럼 위반분 2%를 전부 제재대상으로 하는 것에는 의문이 있다. 왜냐하면 단순위반형에서 살펴본대로 추가위반형에서도 문제는 처음의 위반분 1%를 제외한, 추가취득된 1%라고 할 것이기 때문이다. 일단 1%에 대해서만 의결권행사 제한이나 처분명령을 하면 갑과 정 사이에는 공정경쟁조건이 갖추어진 것으로 볼 수 있다. 그러나 '**위반분**'이란 법문의 해석으로 이러한 결과를 도출할 수는 없으므로 입법적으로 해결해야 한다.

거로 대량보유(변동)보고서에 기재하는 '보유목적'은 '중요한 사항'에 해당한다고 판시하였다. 서울행법 2008. 9. 5. 선고 2008구합23276 판결.

55) 의결권제한이 사후에 보고가 이루어진 이후에도 계속되는 경우를 전제한다.

3) 제한기간

(1) 원   칙

의결권제한기간은 사유에 따라 2가지로 구분된다. 첫째, 고의나 중과실로 보고의무를 위반한 경우에는 '주식등의 매수등을 한 날부터 보고(정정보고 포함)를 한 후 6개월이 되는 날까지'이다(령 158조 1호).[56] 둘째, 경과실로 인한 위반의 경우인 법령에 따라 이미 대량보유상황이 금융위와 거래소에 신고되었거나 정부의 승인·지도·권고에 따라 주식 등을 취득·처분한 사실로 인한 '착오' 때문에 보고의무를 위반한 경우에는 '보고를 한 날'까지 의결권을 제한하고 있다(령 158조 2호). 후자는 의무자의 착오가 비난가능성이 적은 경우이다. 보고의무를 전혀 모르고 위반한 경우는 후자에 해당하지 않는다. 보고의무에 대해서 몰랐다는 것이 중과실에 해당하면 전자에 해당하므로 문제는 없다. 그러나 현재와 같이 규정내용이 복잡해진 상황에서 보고의무의 존재를 몰랐다는 것만으로 바로 중과실을 인정하는 것은 의문이다. 이와 관련하여 2가지에 대한 추가고려가 필요하다.

(2) '법령에 따라 이미 대량보유상황이 금융위와 거래소에 신고된 경우'의 범위

이 경우는 법령상 다른 신고·보고의무에 따라 금융위와 거래소에 신고하여 이미 대량보유보고의무를 다한 것으로 오인한 자를 보호하기 위한 것이므로 유연한 해석이 필요하다. 첫째, '법령'은 자본시장법령, 그 밖의 다른 법령을 말한다. 이 예외의 적용을 위해서는 최소한 법령에 근거가 있는 의무에 따라 대량보유상황을 신고해야 한다. 둘째, 대상증권에 대한 '대량보유상황'이 신고되어야 하지만 착오보호라는 취지에서 볼 때 반드시 대량보유보고제도에서 요구하는 것과 같은 수준의 정보제공을 요하는 것은 아니다. 셋째, '금융위와 거래소'에 신고되어야 하므로 그중 일방에만 신고된 경우는 제외된다. 넷째, '신고' 이외에 '보고 그 밖의 방법'으로 금융위와 거래소에 정보가 제공된 경우도 포함된다. 예컨대 대량보유보고자가 임원등의 소유상황보고(173조)에 따라 보고한 경우도 포함된다.

(3) '정부의 승인·지도·권고에 따라 주식 등을 취득 또는 처분한 경우'의 범위

정부의 승인·지도·권고는 당연히 법령상 근거가 있는 것이어야 한다. 단기매매차익반환의 예외로서 규정되어 있는 "정부의 허가·인가·승인 등이나 문서에 의한 지도·권고에 따라 매수하거나 매도하는 경우"(령 198조 2호)와 같이 비자발적인 주식등의 취득·처분에 한정할 것인가? 정부관여가 있었으므로 별도의 의무가 없을 것으로 오인한 자를 보호하기 위한 규정이므로 그렇게 해석할 것은 아니다. 예컨대 금산법상 금융회사의 다른 회사주식취득(동법 24조)이나 은행법상 동일인의 은행주식취득(동법 15조 3항)에 대한 금융위 승인 등이 여기에 해당할 수 있다.

---

56) 증권법에서는 고의만을 규정하고 있었다(증권령 86조의10 1호).

4) 효과의 발생

의결권행사 제한이란 효과는 금융위 처분을 기다릴 것 없이 자동으로 발생한다. 실무상 의결권행사 제한 여부가 불분명한 경우에는 사전에 주주나 회사측에서 의결권행사 허용이나 금지가처분을 구하기도 한다.

4. 처분명령

1) 의   의

금융위는 위반분에 대해서 처분을 명할 수 있다(150조 1항). 자동으로 효과가 발생하는 의결권행사 제한과는 달리 처분명령은 금융위 재량이다. 위반분에 대한 의결권행사 제한과 처분명령의 관계는 어떻게 보아야 하는가? 대량보유보고의무위반으로 인한 6개월의 의결권행사 제한기간을 경과한 주식에 대하여도 처분명령을 내릴 수 있는가? 법원은 "법령상 일정한 기간을 정하여 당연히 의결권 행사를 제한하는 규정과 달리, 주식처분명령에 관하여는 그 대상을 한정하거나 그 행사기간을 제한하는 규정을 두고 있지 아니한 점에 비추어 보면, 주식처분명령의 대상은 의결권 있는 발행주식(발행외국 주식 포함)의 총수의 5%를 초과하는 부분 중 '**위반분**'을 의미하는 것으로, 6개월의 기간 동안 의결권 행사가 제한되는 주식에 한정된다고 볼 수는 없다"고 판시하였다(서울행법 2008. 9. 5. 선고 2008구합23276 판결).

2) 처분명령과 재취득금지

대량보유보고의무위반에 대한 처분명령이 재취득금지도 포함하는가? 찬성론[57]과 반대론[58]이 있지만, 실무도 처분명령에 재취득금지를 포함한 사례와 그렇지 않은 사례가 존재한다. 2004년 당시 금감위는 KCC가 현대엘리베이터주식을 취득하면서 대량보유보고의무를 위반했다는 이유로 처분명령을 내렸다.[59] 당시 금감위는 거래소에서 처분하도록 명하면서 신고대량매매 등 특정인과 약속에 의하여 매매하는 방법은 금지함으로써 KCC가 매수의 상대방이 되는 여지를 막았지만 그 주식을 다시 취득하는 것까지 금지하지는 않았다. 이에 비해 1997년 신성무역 사례에서는 처분명령 이행완료시까지 매수, 교환, 입찰 기타 유상양수 금지 및 진행중이던 공개매수활동 정지를 요구하였다.[60] 문언상 처분명령의 범위에 재취득금지까지 포함되어 있다고 해석하기는 어려울 것이다.

---

57) 강희철 외, 앞의 논문, 83면. 처분명령제도의 취지가 법위반 이전상태로의 복구에 있음을 근거로 한다.
58) 이철송, 앞의 논문, 206-207면; 임재연, 703면.
59) 금감원, 보도자료: (주)금강고려화학등의 대량보유(변동)보고 위반등에 대한 조치, 2004. 2. 11. 이 건을 포함하여 금융위의 처분명령은 2013. 7. 1. 현재 8건이 있었다.
60) 정완주, "증관위 "신성무역주 공매중지 명령" 의미", 서울경제 1997. 5. 28.

3) 제한적 운용의 필요성

처분명령은 취득자와 경영자 사이의 경쟁관계에 결정적 영향을 줄 수도 있는 엄격한 제재이므로 신중하게 운용해야 한다.[61] 단순위반형에서는 처분을 명하는 것이 어느 경우에든 적절하지 않을 것이다. 앞서 설명한 바와 같이 경영자는 별로 손해 본 것이 없을 뿐 아니라 주주들도 처분명령으로 이익을 볼 여지가 없기 때문이다. 추가위반형에서는 앞서 언급한 바와 같이 추가취득한 부분에 한해서 처분을 명하는 것을 고려할 수 있을 것이다. 금융위도 처분명령사유를 제한적으로 열거하고 있다.[62]

(ⅰ) 주식의 대량보유 등의 보고의무 위반사실이 적발된 사실을 인지하였음에도 지체없이 동 보고를 하지 않은 경우

(ⅱ) 공공적 법인(령 162조)이 발행한 주식의 소유제한규정(167조)에 위반된 주식으로서 대량보유 등의 보고의무 위반으로 적발된 경우

(ⅲ) 대량보유 등의 보고의무를 위반한 주식수를 포함한 보유주식수가 기존 대주주의 보유주식수를 초과한 사실이 적발된 경우

(ⅳ) 조사결과 주식의 대량보유 등의 보고의무 위반사실이 적발되어 보고를 한 날 또는 시정명령을 받은 날부터 2년 이내에 재차 대량보유 등의 보고를 하지 않은 사실이 적발된 경우

(ⅴ) 그 외에 대량보유 등의 보고의무 위반사실로 인하여 경영권 분쟁 가능성이 있고 거래의 투명성 확보가 저해되는 등 대량보유 등의 보고제도의 취지에 현저히 반한다고 인정되는 경우

하급심 판례 중에는 대량보유자가 **'경영영향목적'**으로 주식을 취득했음에도 보유목적을 **'단순투자목적'**으로 보고한 사안에서 허위보고를 이유로 한 처분명령의 효력을 인정한 예가 있다(서울행법 2008. 9. 5. 선고 2008구합23276 판결). 주식처분명령이 재량권을 일탈하였다는 주장에 대하여, 법원은 "보유목적에 대한 보고를 별도로 규정하여 경영영향목적의 경우 보고사항을 가중하여 보고하도록 한 법의 입법 취지, 원고들의 소외 회사 주식취득 경위, 그 방법 및 기간 등 이 사건 처분에 관한 제반 사정을 고려하면, 이 사건 처분으로 침해되는 원고들의 손해보다 이 사건 처분으로 달성하려는 주식거래의 투명성 확보, 주식 발행회사에 대한 경영

---

61) 입법례를 보더라도 일본법에는 처분명령이 인정되고 있지 않고 미국에서도 판례법상 처분명령은 거의 인정되지 않고 있다. 대표적인 판결은 Liberty National Insurance Holding Co. v. Charter Co., 734 F. 2d 545 (1984). 사안에서 발행회사는 자신의 주식을 7% 보유한 주주를 상대로 주식취득이 사기적인 보고서에 기하여 이루어진 것을 근거로 보유주식의 처분을 구하고 처분 전까지는 의결권제한을 청구하였다. 연방 제11항소법원은 대량보유보고의무를 규정한 1934년법 제13조 (d)항에 의하면 발행회사가 주주의 주식매각을 강제할 권리는 없다고 판시하였다. 법원은 제13조 (d)항은 순전히 정보제공을 위한 규정이기 때문에 부정확한 보고에 대한 구제수단은 올바른 보고라고 하여 보고서의 수정을 요구하는 데 그쳤다. 즉 주식의 강제매각은 주가의 하락을 초래할 것인데 그러한 결과는 다른 주주들에게 불리할 것이며 제도의 취지에 반한다고 판시하였다.

62) 「자본시장조사 업무규정」(제정 2009. 2. 4. 금융위고시 제2009-15호) [별표 제3호] 증권·선물조사결과 조치기준 7. 대량보유 등 보고의무 위반주식의 처분명령.

권 방어기회 보장 등의 공익이 훨씬 크다고 할 것이므로, 이 사건 처분이 재량권의 한계를 일탈하였다거나 그 행사를 남용한 것이라고 볼 수는 없다"고 판시하였다(서울행법 2008. 9. 5. 선고 2008구합23276 판결). 이러한 판단은 처분명령이 법문상 요건에도 불구하고 매우 제한적으로 운용되어야 한다는 판단을 깔고 있는 것으로 보인다.

5. 금융위의 조치

금융위는 투자자 보호를 위하여 필요한 경우에는 보고서를 제출한 자 그 밖의 관계인에 대하여 참고가 될 보고 또는 자료제출을 명하거나 금감원장으로 하여금 장부 · 서류 그 밖의 물건을 조사하게 할 수 있다(151조 1항). 금융위는 보고서의 형식불비, 중요사항의 허위기재나 기재누락이 있는 경우에는 보고서를 제출한 자 그 밖의 관계인에 대하여 정정명령, 거래정지 또는 금지, 임원해임권고와 고발 또는 수사기관 통보와 같은 조치를 취할 수 있다(151조 2항; 령 159조 1호-4호).

6. 형   벌

보고의무를 이행하지 아니한 자는 3년 이하의 징역 또는 1억원 이하의 벌금에 처하며(445조 20호), 처분명령(150조 1항 · 3항)에 위반한 자는 1년 이하의 징역 또는 3천만원 이하의 벌금에 처한다(446조 26호). 중요한 사항에 대한 허위기재나 기재누락한 자는 5년 이하의 징역 또는 2억원 이하의 벌금에 처한다(444조 18호).

제4절 공개매수제도

I. 총   설

1. 공개매수의 의의

일반적으로 공개매수는 "신문 등을 통해서 대상기업의 주주들을 상대로 일정한 매수가액을 제시하고 그에 응하여 매도의사를 표시한 주주들의 주식을 장외에서 매수함으로써 단기간 내에 대상기업의 경영권을 장악하는 일련의 행위"를 말한다. 입법례에 따라서는 이러한 일상적인 정의에 만족하지 않고 법에서 명문의 정의규정을 두는 예도 적지 않다.[63] 우리나라도 정의규정을 두고 있다(133조 1항).

---

63) 미국 1934년 증권거래소법은 공개매수에 대한 정의를 두고 있지 않다. 미국법에 대한 간단한 설명은 김건식 · 송옥렬, 259-292면. 일본 금융상품거래법은 우리 법과 비슷한 정의규정을 두고 있다(27조의2 6항).

2. 규제의 필요: 매도의 압력

공개매수규제는 왜 필요한가? 규제가 없으면 어떤 문제가 있는가? 그것은 "대상회사의 주주가 충분한 정보를 갖지 못한 상태에서 조급하게 매도를 결정하게 될 위험"이다.[64] 인수기업이 대상기업의 주식 전부를 취득해야만 경영권을 얻는 것은 아니다. 주식이 고루 분산 소유되고 있는 회사라면 20-30% 정도의 주식으로도 충분히 경영권을 장악할 수 있다. 인수기업이 지배주주가 되면 나머지 주주들은 소수주주가 된다.

지배주주가 발행주식의 과반수를 차지하는 회사의 소수주주들은 2가지 점에서 특히 불리한 처지에 놓인다. 첫째, 경영권을 확보한 지배주주가 자기 이익만을 위하여 회사를 경영하는 경우 이를 억제하는 것이 현실적으로 극히 어렵다.[65] 둘째, 시장에서 거래되는 유동주식수가 감소하여 시장성이 떨어지기 때문에 소수주주가 보유주식을 처분하고자 해도 처분하기 어렵다. 따라서 공개매수의 대상회사의 주주들은 우물쭈물하는 사이에 다른 주주들이 매도하여 자신들만 소수주주로 회사에 남는 사태를 우려하게 된다. 그리하여 주주들은 충분한 정보도 갖지 못한 상태에서 '울며 겨자 먹기'로 성급하게 매도를 결정할 가능성이 높다.

이처럼 주주가 느끼는 매도의 압력은 자본시장법이 규정한 전형적인 공개매수에서 가장 두드러진다. 그러나 인수기업이 대상기업의 주식을 증권시장에서 대량으로 매집하거나(open market purchase) 일부 주주들과의 상대거래를 통해서 직접 매수하는 경우에도 그러한 매도압력은 어느 정도 존재한다. 증권시장에서 매집하는 경우는 공개매수에 해당하지 않는다. 그러나 일부 주주로부터 직접 매입한 때에는 일정 요건을 충족하면 공개매수로 보게 되므로 이제 과거와 같은 규제의 공백은 없다.

3. 공개매수자[66]와 대상회사의 경영자

공개매수는 경영권 확보를 목적으로 하는 것이 보통이다.[67] 따라서 대상회사의 경영진은 공개매수에 대해서 민감하게 반응할 수밖에 없다. 공개매수가 성공하면 자신의 지위가 위태롭기 때문이다. 공개매수는 대상회사 경영진의 양해 아래 이루어지는 경우(우호적 공개매수; friendly tender offer)도 있지만 경영진의 반대를 무릅쓰고 하는 적대적 공개매수(hostile tender offer)도 적지 않다. 사실 대상회사 경영진의 의사와 관계없이 감행할 수 있다는 것이 공개매수의 장점이기도 하다. 적대적 공개매수에서는 공개매수를 시도하는 자와 대상회사 경영진의

---

64) 정동윤·송종준·이문성(이하 정동윤 외), 적대적 M&A와 법적 대응(전국경제인연합회, 1996), 92면.
65) 지배주주는 주인의식을 갖고 경영하기 때문에 오히려 주주들에게 유리하다는 주장도 있다.
66) 법은 공개매수자를 '공개매수공고를 한 자'(134조 2항), 공개매수예정자를 '공개매수를 하려는 자'(174조 2항 단서)라고 하여 구분하고 있다.
67) 기존의 지배주주가 경영권을 강화하려는 의도에서 할 수도 있다. 그 밖에 우리나라에서는 대주주가 위장분산 된 주식 명의를 합법적으로 변경하기 위한 수단으로 이용되었다는 설명도 있다.

이익은 첨예하게 대립한다. 공개매수규제를 어떻게 구성하는가에 따라서 양자 사이의 힘의 균형이 크게 흔들릴 수 있다.

바꾸어 말하면 공개매수, 특히 적대적 공개매수를 입법자가 어떻게 수용하는지가 규제내용에 영향을 줄 수도 있다. 적대적 공개매수의 공과에 대해서는 아직 의견이 분분하다.[68] 그러나 학계, 특히 경제학 및 경영학계에서는 대상회사 주주들의 이익에는 부합한다고 보는 것이 다수설로 이해된다. 다만 그것이 국민경제차원에서도 적절한지에 대해서는 다툼이 있다. 이러한 상황에서 일단 공개매수규제, 특히 자본시장법상 규제는 공개매수를 시도하는 자와 대상회사의 경영진 사이에서 중립을 유지하면서 대상회사의 주주이익을 보호하는 방향으로 구성하는 것이 옳을 것이다.

4. 규제의 내용: 정보공시와 주주 사이의 평등

공개매수는 증권 매출[69]과 반대방향의 거래이다. 투자자의 관점에서 증권 매출에서는 '매수'를, 공개매수에서는 '매도'를 하는 점만 다르다. 따라서 공개매수도 매출과 같은 이유에서 정보공시가 요구된다. 매도 여부를 결정하기 위해서도 정보가 필요하기 때문이다. 그러나 매출과는 달리 공개매수에서는 정보공시만으로는 투자자를 충분히 보호할 수 없다.

공개매수에서 대상회사의 주주는 자신이 다른 주주들보다 불리한 대우를 받게 될지 모른다는 불안감을 갖게 된다. 이러한 심리적 불안으로 말미암아 조급하게 매도결정을 내릴 수 있는 것이다. 그러므로 주주의 불안을 제거하기 위해서는 어느 정도 주주들 사이에 평등한 대우를 보장할 필요가 있다. 상법에 명문의 규정은 없으나 회사법상 주주평등원칙이 적용된다는 점에 대해서는 전혀 다툼이 없다. 그러나 회사법상 주주평등원칙만으로는 공개매수에서의 주주평등을 확보할 수 없다. 회사가 공개매수의 주체인 경우(자기주식공개매수, self tender)에는 달리 규정이 없어도 회사법상 주주평등원칙에 따라 주주들 사이의 평등이 확보될 것이다. 그러나 회사가 아닌 제3자가 공개매수를 하는 경우에는 적어도 회사법상의 주주평등원칙은 적용될 여지가 없다. 그러나 뒤에 보는 바와 같이 자본시장법은 상당한 범위에서 주주간 평등을 도모하고 있다.

요컨대 공개매수규제는 첫째, 투자자가 매수의 청약에 응할 것인지의 판단에 필요한 정보의 공시, 둘째, 매도기회의 확보를 포함한 투자자의 평등한 취급을 목적으로 한다.[70]

---

68) 미국에서의 논의에 대한 비교적 상세한 소개로는 유영일, "주식공개매수에 관한 연구"(서울대 박사학위논문, 1994), 8-31면.

69) "50인 이상의 투자자에게 이미 발행된 증권의 매도의 청약을 하거나 매수의 청약을 권유하는 것"을 말한다(9조 9항). 엄격히 말해서 모집에서는 투자자가 '매수'가 아닌 '인수'를 하는 것이지만 유상으로 취득한다는 점에서는 매수와 크게 다르지 않다.

70) 결과적으로 인수회사와 대상회사의 대주주 사이의 상대거래였다면 대주주가 독점했을 경영권 이전에 수반되는 경영권 프리미엄을 투자자 사이에 공평하게 분배하는 효과도 있다. 長島외, 482-483면.

5. 공개매수의 종류

1) 문제의 범위

공개매수는 여러 관점에서 분류할 수 있다. 그러나 공개매수의 종류에 따라 적용되는 법규제가 달라지는 점은 별로 없다.

2) 대가: 현금공개매수(cash offer)와 교환공개매수(exchange offer)

대상회사의 주주에게 지급되는 주식의 대가(현금인지 또는 증권인지)에 따른 구별이다. 대상회사 주주에게 현금과 증권 중에서 선택하게 하는 경우도 공개매수에 해당한다.[71] 교환공개매수에서는 공개매수자의 증권양도가 수반되므로 동시에 자본시장법상 모집·매출에도 해당하여 증권신고서에 의한 공시가 필요한 경우도 있다.

3) 경영진의 반대 여부: 우호적 공개매수와 적대적 공개매수

경영진의 반대 여부에 따라 우호적 공개매수와 적대적 공개매수로 나뉜다. 실제로는 우호적 공개매수가 더 많다. 적대적 공개매수에서는 별개의 공개매수가 경쟁적으로 이루어질 가능성이 높다.

4) 주   체

주체에 따라 회사 자체에 의한 공개매수와 제3자에 의한 공개매수로 나눌 수 있다. 회사의 공개매수는 자기주식취득에 해당한다. 대상회사 자신에 의한 것도 아니고 제3자에 의한 것으로 보기도 어려운 경우로 대상회사의 대주주나 경영자에 의한 공개매수가 있다. 대주주에 의한 공개매수가 이루어지면 회사는 폐쇄회사가 되므로 '**폐쇄회사화**'(going private)라고 한다. 미국에서는 특히 경영자에 의한 공개매수가 있다(management buy-out: MBO). 이 경우 경영자는 부족한 자금을 외부에서 차입하고 그 담보로 회사재산을 제공하는 것이 일반적이다. 이처럼 회사재산을 담보로 조달한 자금으로 회사주식을 매입하는 거래를 '**차입매수**'(leveraged buy-out: LBO)라고 한다.[72]

6. 규제의 연혁

공개매수는 대상회사는 물론 인수회사에 대해서도 중대한 영향을 주는 사건이다. 그러나 상법 회사편에서는 이에 대해서 특별한 규정을 두고 있지 않다.[73] 공개매수에 대한 규정은

---

71) 같은 취지: 위성승, "우리나라의 기업합병·매수(M&A)규제에 관한 고찰", 『증권조사월보』제218호, 1995, 13면.
72) LBO에 관해서는 BFL 제24호, 2007. 7의 특집을 참조. 특히 우리나라에서는 LBO가 형법상 배임죄에 해당하는지 여부가 주로 문제되고 있다.
73) 공개매수는 결과적으로 다른 회사의 영업전부를 양수한 것과 비슷한 효과를 가져올 수 있으나 상법상 주주총회의 특별결의사항에 포함되어 있지 않다.

자본시장법에 있다. 공개매수가 주식이 어느 정도 분산된 회사에서만 가능한 점을 고려하면 그러한 입법태도도 이해할 수 없는 것은 아니다.

　　공개매수규정의 원류는 미국의 연방법인 윌리엄스법74)에서 찾을 수 있다. 그러나 그 직접적 모델은 1992년 개정 전의 일본 증권거래법이다. 일본에서 공개매수규제가 도입된 것은 1971년이다. 우리의 공개매수규제는 1976년 개정에서 주식대량취득제한규정(200조)과 아울러 경영권보호장치의 일환으로 도입되었다. 종전법에 대해서는 경영진측에 유리하다는 평가가 일반적이었다. 종전법상 공개매수규제가 적용될 수 있는 범위는 좁았지만 주식대량소유제한규정이 있어서 편법적인 기업인수시도에 대처할 수 있었다. 그러나 주식대량취득제한규정이 1997년부터 폐지됨에 따라 제도를 정비할 필요성이 커졌다. 그리하여 1996년 미국·일본의 입법례와 EU지침안을 참작하여 대폭 수정·보완하였고 자본시장법으로 이관하면서 다시 일부 수정하였다.

7. 공개매수의 현황

　　1993년에 이르기까지 우리나라에서 증권법상 공개매수가 시도된 사례는 없었다. 그러나 1994년 들어 최초의 공개매수가 발생한 이래 비록 소수지만 꾸준히 행해지고 있다. 비교적 최근 자료에 의하면 2010년부터 2018년까지 9년간 규제당국에 접수된 공개매수신고서 건수는 총 117건에 이른다.75) 이들 건수를 공개매수 목적에 따라 구분하면 다음과 같다.

▎표 7-4 **공개매수의 현황**76)

지주회사 요건충족	64건(54.70%)
상장폐지	32건(27.35%)
자기주식취득	11건(9.40%)
경영권안정	5건(4.27%)
경영권확보(적대적)	1건(0.85%)
경영권확보(우호적)	3건(2.56%)
합병	1건(0.85%)
합계	117건

　　[표 7-4]는 우리나라에서 공개매수가 경영권유지나 탈취의 수단으로 사용되는 사례는 아직 많지 않고 특히 적대적 공개매수의 사례는 극히 드물다는 점을 보여준다.

---

74) 1934년 증권거래소법에 제13조 (d)·(e)항, 제14조 (e)·(f)·(g)항을 추가하는 내용이다.
75) 강정민, 적대적 공개매수 위협 과연 어느 정도인가? ERRI 이슈&분석 2019-01호(2019), 3면.
76) Id. 5면.

Ⅱ. 공개매수의 정의

1. 의   의

자본시장법은 공개매수를 명시적으로 정의하고 있다(133조 1항). 그에 의하면 공개매수는 "불특정 다수인에 대하여 주식등의 매수(다른 증권과의 교환을 포함한다)의 청약을 하거나 매도의 청약을 권유하고 증권시장 및 다자간매매체결회사 그 밖에 이와 유사한 것으로서 해외에 있는 시장 밖에서 그 주식등을 매수하는 것"을 말한다. 여기서 주식등은 의결권 있는 주식, 그 밖에 시행령으로 정하는 증권을 말한다. 그리고 매수나 매도는 다른 증권과의 교환을 포함하고, 증권시장 및 다자간매매체결회사에는 이와 유사한 시장으로서 해외에 있는 시장이 포함된다. 종전에는 공개매수의 범위가 협소해지면 규제의 실효성이 상실될 우려가 있었으므로 가급적 유연하게 해석할 필요가 있었다. 그러나 자본시장법에서는 일정한 경우 공개매수가 강제되므로 공개매수의 정의가 갖는 중요성은 크게 줄어들었다.

2. 불특정 다수인

과거에는 강제공개매수제도가 없었기 때문에 이 요건이 중요한 의미를 지녔다. 불특정 다수인에 대한 청약이 아니면 자본시장법상 공개매수에 해당하지 않아서 규제대상에서 벗어날 수 있었기 때문이다. 그러나 현재는 뒤에 보는 바와 같이 '6개월 사이에 10인 이상의 주주로부터 주식을 매수등 유상취득하여 보유주식의 5%를 넘게 되는 경우'에는 공개매수가 강제되므로 (133조 3항) 불특정 다수인의 요건은 중요성을 크게 상실하였다.

법문상 불특정 다수인이어야 하는 것은 '매수의 상대방'이 아니라 '청약(또는 매도청약의 권유)의 상대방'이다. 청약의 상대방은 불특정일 뿐만 아니라 다수일 것이 요구된다. 종래 '다수'의 의미에 대하여 관심이 집중되었다. 과거 공개매수에서의 '다수'를 모집·매출의 경우와 마찬가지로 50명 이상으로 보자는 견해가 있었다.[77] 그러나 그에 의하면 20-30명을 상대로 권유하는 경우에는 공개매수에 해당하지 않아 공개매수규제를 적용할 수 없다는 문제점이 있었다. 이러한 결과가 정보제공의 관점에서나 주주평등의 관점에서 불합리한 것은 물론이다. 현행법상으로는 이 경우에도 매수 후의 보유주식수가 5%에 달하는 경우에는 공개매수가 강제되기 때문에 이 문제는 상당 부분 해소되었다.

3. 매수의 대상: 주식등

매수의 대상은 '주식등'이다. 주식 등은 앞서 설명한 대량보유보고의무의 경우와 마찬가

---

77) 위성승, 앞의 논문, 14면.

지로 "의결권 있는 주식, 그 밖에 대통령령으로 정하는 증권"을 말한다(133조 1항). 그 의의는 앞서 설명한 대량보유보고의무의 대상증권(제3절 Ⅲ. 대상증권)과 같으므로 반복하지 않는다.

4. 매수의 청약 내지는 매도의 청약의 권유

1) 교환과 새로운 주식의 제공

'매수의 청약'은 물론 '매도의 청약의 권유'를 통한 매수도 공개매수에 해당한다. 여기서 '매수' 또는 '매도'에는 다른 증권과의 교환도 포함된다(133조 1항). 교환은 "이미 발행된 증권을 대가로 교부하면서 주식을 취득하는 것"이 전형적이다. 그러면 주식취득의 대가로 신규증권을 발행하여 제공할 수 있는가? 문리해석으로는 의문이 있지만 신규발행증권을 대가로 대상회사의 주식을 취득하는 것도 공개매수에 해당하는 것으로 본다.[78]

시행령은 교환공개매수의 경우 교환대가로 인도할 증권의 보유증명서류를 공개매수신고서에 첨부하게 하면서, 예외적으로 지주회사전환을 위한 공개매수의 경우 첨부서류에 신주발행 증명서류를 포함하게 하여 신주발행교환매수가 가능함을 전제하고 있다(령 146조 4항 5호 단서). 해석에 따라서는 지주회사전환 이외의 경우에는 신규발행증권을 대가로 한 교환매수는 불가능하다는 견해도 있을 수 있다. 그러나 자본시장법 제133조 제1항의 교환은 신규발행증권을 대가로 하는 경우를 포함하든지 제외하든지 택일할 것이지 지주회사전환의 경우만을 포함한다고 해석할 수는 없다.[79] 금감원은 교환공개매수 중 공모증권을 대상으로 하는 경우로서 증권신고서를 제출한 때에는 "그 신고서에 기재할 사항의 내용과 동일한 내용을 기재한 서류"를 첨부하게 한다.[80]

2) 주주의 응모의 법적 성질: 승낙

매수의 청약을 하는 경우 이론상 주주의 응모를 승낙으로 파악하는 구성을 취할 수밖에 없다. 그러나 그러한 개념구성이 이론상 전혀 불가능한 것은 아니지만 공개매수의 실제를 설명하기에는 다소 불편한 점이 있다. 첫째, 공개매수자는 응모주식을 공개매수기간이 종료한 날의 다음 날 이후에 지체없이 매수할 의무를 부담하는데(141조 1항), 이것은 주주의 응모를 승낙으로 파악해서는 원만하게 설명하기 어렵다. 이는 공개매수에 따른 주식등의 매매계약시점을 규정한 것으로 보는 것이 옳다. 둘째, 자본시장법상 응모한 주주는 공개매수기간 중 응모를 취소할 수 있는데(139조 4항 전단) 응모의 의미를 '매수의 청약에 대한 승낙'으로 새긴다면 계약성립 후에 승낙을 취소한다는 어색한 결과가 발생한다. 셋째, 실무상 주주의 응모를 매도

---

78) 그 경우에는 새로 발행하는 증권의 공모에 해당할 뿐 아니라 새로 발행하는 증권이 주식인 경우 현물출자에 해당하게 된다. 상세한 것은, 노혁준·은성욱, "주식의 교환매수에 관한 연구", 『BFL』 제2호, 2003, 31-35면.
79) 입법론으로는 일본법에서처럼 '유상양수'라는 표현을 사용함으로써(일본 금융상품거래법 27조의2 6항) 해석상 이와 같은 의문의 여지를 원천적으로 제거하는 것이 좋을 것이다.
80) 금감원공시안내, 432면.

청약으로 파악하는 것이 일반적인 것으로 생각된다. 예컨대 발행공시규정은 응모주주의 행위를 '**청약**'으로 표시한다(3-2조 1항 10호 다목, 3-6조 1항).[81]

3) 매도의 청약의 권유와 승낙으로 구성

자본시장법상 공개매수의 방법으로 규정되어 있는 매수의 청약과 매도의 청약의 권유 중에서 매수의 청약은 법체계상 그리고 실무상 유명무실화한 것이라고 할 수 있다. 공개매수자는 '**매도의 청약의 권유**'를 할 뿐이고 주주의 응모행위를 '**매도청약**'으로 파악하는 편이 보다 자연스러울 것이다. 그 경우에는 주주의 응모행위만으로 바로 매매계약이 성립하는 것이 아니라 그에 대한 공개매수자의 승낙이 필요하게 된다. 그렇다고 해서 공개매수자가 승낙 여부를 자유롭게 결정할 수 있다고 해서는 곤란하다. 공개매수자는 사전에 명시한 조건에 따라 승낙할 의무가 있는 것으로 보아야 할 것이다. 자본시장법 제141조 제1항 단서는 바로 이러한 내용을 규정한 것이다. 이하의 설명에서도 기본적으로 주주의 응모를 매도의 청약으로 파악하는 견해를 따르기로 한다.[82]

5. 증권시장 및 다자간매매체결회사 밖에서 매수

증권시장등(증권시장 및 다자간매매체결회사 그리고 이와 유사한 시장)을 통해서 매입하는 것은 공개매수에 해당하지 않는다. 증권시장등에서의 매집을 공개매수로 보지 않는 이유는 동 시장에는 누구나 참여할 수 있으므로 주주 사이에 평등이 보장되고 또한 거래수량과 가격이 공표되며 경쟁매매에 의하여 공정하게 체결되기 때문이다.

다만 시간외 매매는 그러한 경쟁매매의 성격을 갖지 않기 때문에 증권시장에서의 매수로 보지 않는다(133조 4항; 령 144조). 시간외 매매는 "매도와 매수 쌍방당사자 간의 계약, 그 밖의 합의에 따라 종목, 가격과 수량 등을 결정하고, 그 매매의 체결과 결제를 증권시장을 통하는 방법으로 하는 주식 등의 매수"를 말한다(133조 4항; 령 144조). 여기서 증권시장은 취지상 다자간매매체결회사와 유사한 시장으로서 해외에 있는 시장을 포함한다.

6. 주식등의 수량

자본시장법상 공개매수의 정의규정(133조 1항)에는 아무런 수량기준도 없다. 따라서 1%라도 불특정다수인에게 매도청약을 권유하여 매수하는 것이라면 공개매수에 해당하므로 공개매수의 규제를 따라야 할 것이다. 물론 실제로 그 정도의 주식을 매수하면서 굳이 절차가 복

---

81) 주주들의 응모주식이 공개매수예정주식을 초과하는 경우에 안분비례배정할 것을 규정하면서, '응모'주식(141조 1항)이라는 표현 대신에 '청약'주식(발행공시규정 3-6조 1항)이라고 하고 있다.

82) 공개매수의 공고를 매수청약으로 보고 주주의 응모를 승낙으로 보아 응모시점에 매매계약이 성립하고, 응모주주는 매매계약이 성립한 후에도 공개매수기간 중에는 응모를 취소할 수 있으며, 응모는 취소에 의하여 소급적으로 무효가 된다고 설명하는 견해도 있다. 임재연, 666면.

잡하여 시간과 비용이 많이 드는 공개매수방식을 취하는 경우는 거의 없을 것이다.

Ⅲ. 공개매수의 강제

1. 의   의

자본시장법은 증권법과 같이 주식 매수가 일정 규모에 달하는 경우 공개매수를 강제하고 있다. 1998년 이전에는 공개매수가 강제되는 경우는 5% 이상의 주식매수와 25% 이상의 주식매수('**의무공개매수**')의 2가지가 있었다. 그러나 후자는 기업구조조정에 방해가 된다는 비판 때문에 1998년 증권법 개정으로 폐지되었다.[83] 최근 주식양수도방식의 경영권변경시 일반투자자 보호라는 관점에서 이를 다시 도입하려는 논의가 있다.[84]

자본시장법은 증권시장 밖에서 일정기간 동안 일정 수 이상의 자로부터 주식을 유상취득하고자 하는 자는 반드시 공개매수의 방식으로 매수할 것을 요구하고 있다(133조 3항). 이처럼 증권시장 외에서의 일정규모 이상의 거래를 원칙적으로 공개매수에 의하도록 한 것은 거래가 보다 투명하게 이루어지도록 하고 주주들에게 공평한 매각기회를 주어 경영권 프리미엄을 균점하게 하기 위한 것으로 볼 수 있다. 이를 위반하면 형사처벌을 받는다(445조 19호). 이하에서는 공개매수방식을 취해야만 하는 거래의 요건을 차례로 설명한다.

2. 공개매수강제의 요건

1) 대상증권: 주식등

대상증권인 '**주식등**'의 의미는 앞서 대량보유보고의무제도에서 설명한 것과 같다(제3절 Ⅲ. 대상증권).

2) 매수기간: 대통령령이 정하는 기간 동안

당해 매수 등을 하는 날부터 과거 6개월로 정해져 있다(133조 3항; 령 140조 1항). 따라서 매수 등이 6개월을 넘는 기간에 걸쳐서 이루어지는 경우에는 공개매수의 방식을 취하지 않아도 무방할 것이다.

3) 매수장소: 증권시장 밖에서

주식등의 매수가 증권시장에서 이루어지는 경우 5%가 넘어도 법문상 공개매수의 강제가

83) 비판으로 이준섭, "공개매수법에 관한 고찰", 『상사법연구』 제18권 제2호, 1999, 349-352면.
84) 금융위, 보도자료: 「주식양수도 방식의 경영권 변경시 일반투자자 보호방안 세미나」개최 및 방안 발표 — 경영권 변경시 일반주주 권익 제고를 위해 의무공개매수제도 도입을 추진하겠습니다, 2022. 12. 21. 국내 논의로는, 정준혁, "의무공개매수 제도의 기능과 도입 가능성에 대한 검토", 『증권법연구』 제20권 제2호, 2019, 79-123면.

적용되지 않는다. 그리고 자본시장법은 매매의 체결과 결제가 증권시장을 통하여 이루어지더라도 경쟁매매를 통하지 않은 일정한 경우에는 증권시장 밖에서 행해진 것으로 보고 있다. 시행령에 의하면 그러한 경우는 매수와 매도 쌍방당사자가 증권시장 밖에서 실제로 매매에 관한 합의를 한 후에 그 매매의 체결과 결제는 증권시장 및 다자간매매체결회사를 통하는 방법의 거래를 말한다(133조 4항; 령 144조).

문제는 제133조 제1항의 공개매수 정의와는 달리 단순히 '**증권시장 밖에서**'라고 할 뿐 '**다자간매매체결회사 및 이와 유사한 시장으로서 해외에 있는 시장**'에 대한 언급이 없다는 점이다. 그러나 강제공개매수에서의 공개매수 정의가 일반적인 공개매수 정의와 다를 수 없다는 점에서 해석상 당연히 '**다자간매매체결회사 및 이와 유사한 시장으로서 해외에 있는 시장에서의 매수**'도 제외된다.

4) 매수상대방: 시행령이 정하는 수 이상의 자로부터

매수상대방은 10인 이상이어야 한다(령 140조 2항). 매수상대방의 수를 산정할 때에는 당해 거래로부터 과거 6개월 동안 매수한 상대방의 수도 합산해야 한다. 매수상대방이 10인 미만인 경우에는 상대거래로 볼 수 있기 때문에 구태여 공개매수를 강제함으로써 주주들을 보호할 필요가 없다고 판단한 것이다. 따라서 10인 미만의 자로부터 매수하는 한 5%가 넘더라도 공개매수절차를 밟을 필요는 없다.

5) 취득방법: 매수등

법문상 주식의 취득은 '**매수**'는 물론 '**교환·입찰 그 밖의 유상취득**'("매수등")을 포함한다(133조 2항). 매수등은 신주발행에서의 주식인수도 포함하는가? 주주들에게 동등한 조건으로 주식을 매각하여 출자를 회수할 기회를 부여한다는 강제공개매수의 취지를 고려할 때 포함되지 않는다.[85] 신주발행은 특정 주주가 보유주식을 양도하는 것이 아니므로 공개매수를 강제할 상황이 아니다.

6) 보유주식이 5%에 달할 것

(1) 보유주체

본인과 그 특별관계자의 보유주식이 5%에 달하는지는 매수주체인 본인뿐만 아니라 그 '**특별관계자**'의 보유주식도 합산하여 결정한다. 특별관계자의 의미는 앞서 대량보유보고제도에서의 설명과 같다.

(2) 당해 주식등의 총수의 5% 이상 보유하게 되는 경우

5%에 미달하면 회사의 지배권에 영향이 없을 것이기 때문에 공개매수의 강제대상에서 제외하고 있다. 공개매수는 매수의 청약이나 매도의 청약의 권유이지만 5% 요건은 '**매수를 시**

---

85) 黑沼悦郎, 金融商品取引法, 有斐閣, 2020, 277면.

도한 대상주식의 규모'가 아니라 '**매수결과 보유하게 된 지분비율**'을 기준으로 적용한다. 주식등의 공개매수 여부를 판단할 때 '**주식등의 총수**'는 (i) 의결권 있는 발행주식 총수(자기주식을 포함)와 (ii) 해당 매수등을 한 후에 본인과 그 특별관계자가 보유하는 주식등의 수를 합하여 계산한 수로 한다(규칙 14조 2항). 자기주식의 수량 파악에 따르는 부담을 완화하기 위하여 자기주식을 의결권 있는 발행주식 등의 총수에 포함하였다. (i)에 (ii)를 합산하는 이유는 현재 발행되어 있지는 않지만 앞으로 발행될 의결권 있는 주식을 포함하기 위해서이다. (ii)가 (i)과 이중계산되는 것을 막기 위해서 (ii)에서 주권, 교환사채권의 교환대상이 되는 주권, 파생결합증권의 기초자산이 되는 주권 및 증권예탁증권의 기초가 되는 주권은 제외한다(규칙 14조 2항). 이렇게 계산하면 '**발행주식등의 총수**'는 결국 발행주식 총수와 본인과 특별관계자 보유 주식관련사채등만 포함하게 된다. 주식매수선택권의 행사에 따라 신주를 발행하는 경우에는 분자의 주식등의 수와 분모의 발행주식등의 총수에 발행예정주식수를 가산한다(규칙 14조 3항).[86] 분모가 되는 '**그 주식등의 총수**'를 산정하는 기준은 무엇인가? 대상증권의 종류별로 아래 [표 7-5] 공개매수대상 주식 등의 수의 산정방법과 같이 규정하고 있다(규칙 14조 1항). 보유의 의미는 앞서 대량보유보고제도에서의 설명과 같다.

┃표 7-5 공개매수대상 주식등의 수의 산정방법

구분	종 류	산정방법
1호	주권	그 주식의 수
2호	신주인수권이 표시된 것	신주인수권의 목적인 주식의 수 다만, 신주인수권의 목적인 주식의 발행가액총액 및 발행가격이 표시되어 있는 경우에는 해당 발행가액총액을 해당 발행가격으로 나누어 얻은 수를 말한다.
3호	전환사채권	전환사채의 권면액을 전환에 의하여 발행할 주식의 발행가격으로 나누어 얻은 수. 이 경우 1 미만의 단수는 계산하지 아니한다.
4호	신주인수권부사채권	신주인수권의 목적인 주식의 수
5호	교환사채권	다음 각 목의 어느 하나에 해당하는 수 가. 교환대상증권이 제1호부터 제4호까지, 제6호 및 제7호에 따른 증권인 경우에는 교환대상 증권별로 제1호부터 제4호까지, 제6호 및 제7호에서 정하는 수 나. 교환대상증권이 교환사채권인 경우에는 교환대상이 되는 교환사채권을 기준으로 하여 교환대상 증권별로 제1호부터 제4호까지, 제6호 및 제7호에서 정하는 수
6호	파생결합증권	다음 각 목의 어느 하나에 해당하는 수

---

86) 다만, 자기주식을 대상으로 하는 주식매수선택권의 경우에는 주식등의 총수에 더하지 않는다(규칙 14조 3항 단서).

		가. 기초자산이 되는 증권이 제1호부터 제5호까지 및 제7호에 따른 증권인 경우에는 기초자산이 되는 증권별로 제1호부터 제5호까지 및 제7호에서 정하는 수 나. 기초자산이 되는 증권이 파생결합증권인 경우에는 기초자산이 되는 파생결합증권을 기준으로 하여 기초자산이 되는 증권별로 제1호부터 제5호까지 및 제7호에서 정하는 수
7호	증권예탁증권	그 기초가 되는 증권별로 제1호부터 제6호까지에서 정하는 수

7) 5% 이상의 주주가 추가로 행하는 매수

자본시장법은 이미 5% 이상의 주식등을 보유하는 자가 추가로 "그 주식 등의 매수 등을 하는 경우"에도 공개매수로 할 것을 강제한다(133조 3항 본문). 그러나 이 문언의 의미는 반드시 분명한 것은 아니다. 이 문언은 가장 넓게는 5% 주주가 장외이건 장내이건 간에 주식을 1주라도 매입하는 경우도 포함하는 것으로 읽을 수도 있다. 그러나 이러한 해석은 너무도 불합리하여 받아들이기 어렵다. 적어도 장내에서 매수하는 것은 자유라고 보아야 할 것이다. 그렇다면 장외에서 매수하는 것은 1주라도 공개매수의 방식을 취해야만 하는가? 장외에서 매수하는 경우에도 6개월 내에 10인 미만의 자로부터 매수하는 것은 자유라고 해석하는 것이 합리적이다. 즉 5% 주주의 추가매수의 경우에도 원래의 강제공개매수의 요건이 그대로 적용된다. 그런데 6개월 사이에 10인 이상으로부터 주식을 매수하는 경우, 극단적으로 각 1주씩 10주를 매수하는 경우에도 공개매수의 방식에 의해야 한다는 결론이 나온다. 입법론으로는 일정 수 이하의 주식매수는 제외하는 예외조항을 두는 것이 옳다.

8) 예 외

자본시장법은 시행령으로 일정한 매수등을 "목적, 유형, 그 밖에 다른 주주의 권익침해 가능성 등을 고려하여" 공개매수의 강제대상에서 제외할 수 있다(133조 3항 단서). 시행령은 (ⅰ) 소각을 목적으로 하는 주식 등의 매수등, (ⅱ) 주식매수청구에 응한 주식의 매수, (ⅲ) 신주인수권이 표시된 것, 전환사채권, 신주인수권부사채권 또는 교환사채권의 권리행사에 따른 주식 등의 매수등, (ⅳ) 파생결합증권의 권리행사에 따른 주식 등의 매수등, (ⅴ) 특수관계인으로부터의 주식 등의 매수등, (ⅵ) 위의 사항 외에 다른 투자자의 이익침해염려가 없는 것으로서 금융위가 고시하는 주식등의 매수등(발행공시규정 3-1조)을 예외로 정하고 있다(령 143조).

(ⅰ) 소각을 위한 매수는 지배권취득을 위한 것이 아니라고 보아 제외하였다. 그러나 주주평등의 관점에서는 강제대상으로 하는 것이 옳다.[87] (ⅱ) 주식매수청구에 응한 매수는 회사가 아니라 매도주주가 주도권을 행사하므로 대상으로 하지 않았다. (ⅴ) 특수관계인으로부터의 매수를 제외한 것은 친족이나 계열기업등으로부터의 인수는 결국 본인이 지배하는 주식의

---

87) 반대: 임재연, 645면; 김정수, 774면 각주 81.

수에 영향을 미치지 않기 때문에 규제필요가 없다는 취지이다. (iii)과 (iv)의 신주인수권등이나 파생결합증권의 권리행사에 의한 매수를 제외한 것은 신주인수권등이나 파생결합증권의 권리의 부여 자체를 규제하면 되지 그 행사로 인한 주식취득을 다시 규제할 필요는 없다는 취지이다.

Ⅳ. 공개매수의 절차적 규제

1. 의의와 취지

공개매수 절차에 관해서는 주로 자본시장법이 규정하지만, 상법도 고려해야 한다. 또한 상세한 내용은 시행령과 시행규칙 그리고 발행공시규정(3-1조-3-9조)에 위임되어 있다. 따라서 공개매수 절차에 관해서는 이들 법규를 검토해야 한다. 이하 시간적 순서에 따라 필요한 절차를 언급한다.

2. 이사회결의

공개매수는 인수기업의 경영에 중대한 영향을 주는 거래인 것이 보통이다. 따라서 공개매수의 실행 여부는 정관에 명시적 규정이 없어도 인수기업의 이사회가 결정해야 할 것이다(상 393조 1항).

3. 주주총회결의의 필요 여부

상법은 공개매수를 주주총회 결의사항으로 하고 있지 않다. 그러나 공개매수를 통하여 다른 회사의 주식전부(또는 대부분)를 취득하면 실질적으로 영업의 양수와 유사하다. 상법상 회사의 영업에 중대한 영향을 미치는 다른 회사의 영업전부 또는 일부를 양수하는 경우에는 주주총회의 특별결의를 얻게 하고 있다(374조 1항 3호). 그러나 상법 해석상으로는 공개매수를 영업양수와 같이 보기는 어려울 것이다. 현실적으로도 만약 공개매수에 주주총회 결의를 요한다고 하면 사전비밀유지가 어려워 적대적 공개매수는 극히 어려워질 것이다.

4. 공개매수의 공고 및 신고

1) 사전신고제 폐지

공개매수를 하고자 하는 자는 공개매수자, 공개매수대상회사, 공개매수의 목적, 공개매수할 주식 등의 종류와 수, 공개매수기간·가격·결제일 등 공개매수 조건, 매수자금의 명세 그 밖에 시행령이 정하는 일정 사항을 일간신문에 공고해야 한다(134조 1항; 령 145조 1항).[88] 공

---

88) 시행령은 다음 사항을 공고사항으로 추가하고 있다(145조 4항 1호-7호).

개매수자는 "공개매수의 공고를 한 자"(134조 2항)를, 그리고 공개매수대상회사는 "공개매수 대상 주식 등의 발행인"(령 145조 4항)을 말한다.[89] 공개매수사무취급자는 공개매수를 하고자 하는 자를 대리하여 매수등을 할 주식등의 보관, 공개매수에 필요한 자금 또는 교환대상 증권 의 지급, 그 밖의 공개매수 관련 사무를 취급하는 자를 말한다(133조 2항).

1997년 증권법 개정 이전에는 공개매수자는 원칙적으로 공개매수신청서를 금융당국에 제출하고 그 신고의 효력이 발생하기 전에는 주식을 매수하는 것은 물론이고 매수의 청약이 나 매도의 청약의 권유도 할 수 없었다(구법 21조 1항). 이러한 사전신고제는 대상회사의 경영 진이 방어수단을 강구할 시간적 여유를 제공하기 때문에 결과적으로 인수기업에 불리하게 작 용할 수 있었다. 따라서 미국·일본에서와 같이 공개매수의 실행과 동시에 신고하는 이른바 동시신고제로 전환하자는 주장이 유력했다.[90]

사전신고제가 위법한 공개매수를 저지하는 데 보다 효과적인 것은 사실이다. 그러나 위 법한 공개매수를 저지하는 것은 사전신고제를 취하지 않아도 가능하다. 뒤에서 설명하는 바 와 같이 공개매수기간 내라면 정정명령(136조 1항) 등을 통해서 저지할 수 있기 때문이다. 또 한 1997년 증권법 개정 이전의 구법은 금감위의 '**수리**'라는 표현을 쓰고 있어(구법 21조 3항) 금감위가 실질적인 승인권을 갖는 것이 아닌가 하는 우려가 있었다.

자본시장법은 공개매수를 하고자 하는 자에게 공고의무를 부과하면서 동시에 공개매수자 에게 금융위에 공개매수신고서를 제출하게 한다(134조 1항·2항 본문). 따라서 금융위가 승인 권을 갖지 않는 점은 분명하다.

2) 공개매수신고서

공개매수자는 공개매수공고일에 공개매수신고서(이하 '**신고서**')를 금융위와 거래소에 제출 해야 한다(134조 2항).[91] 신고서에는 공개매수자 및 그 특별관계자, 공개매수대상회사, 공개매

(ⅰ) 공개매수자와 그 특별관계자의 현황 (ⅱ) 공개매수사무취급자에 관한 사항 (ⅲ) 공개매수의 방법 (ⅳ) 공개매수대상회사의 임원이나 최대주주와 사전협의가 있었는지와 사전협의가 있는 경우에는 그 협의내 용 (ⅴ) 공개매수가 끝난 후 공개매수대상회사에 관한 장래 계획 (ⅵ) 공개매수공고 전에 해당 주식등의 매 수등의 계약을 체결하고 있는 경우에는 그 계약사실 및 내용 (ⅶ) 공개매수신고서와 공개매수설명서의 열람 장소

89) 공개매수대상 증권 중에서 증권예탁증권, 교환사채권, 파생결합증권의 경우 발행인은 대량보유보고 대상 주식 등의 발행인과 동일하다(령 145조 2항·3항, 156조).

90) 송종준, "유가증권의 공개매수에 관한 연구", 고려대 박사학위논문, 1990, 170면. 사전심사제는 미국에서도 입 법과정에서 검토되었으나 사전신고사실이 알려지는 경우에는 공개매수자에 불리하다는 근거로 채택되지 않았 다. 일본에서도 당초에는 사전신고제를 취하였으나 같은 이유로 1990년 동시신고제로 전환하였다(일본 금융 상품거래법 27조의3 1항·2항).

91) 공개매수공고일이 공휴일 등일 경우에는 그 다음 날에 제출할 수 있다(134조 2항). 거래소는 공개매수 대상인 주식등이 상장되어 있는 거래소를 말한다. 주식등이 여러 거래소에 상장되어 있는 경우에는 모든 거래소에 제출해야 한다. 공개매수신고서 이외에 정정신고서, 공개매수설명서, 공개매수결과보고서, 공개매수철회신고 서도 같다.

수의 목적, 매수자금내역, 매수기간·가격·결제일 등 매수조건 그 밖에 시행령이 정하는 사항을 기재해야 한다(134조 2항; 령 146조).[92] 가장 중요한 것은 매수가격이다. 매수가격의 산출근거에 대해서는 법에서 아무런 간섭도 하고 있지 않다. 그러나 금감원의 공개매수신고서 작성기준에서 공개매수조건 중 하나로 '**공개매수가격 또는 교환비율의 산정근거**'를 기재하게 하고 있다.[93]

신고서에는 공개매수공고에 기재된 내용과 다른 내용을 표시하거나 그 기재사항을 누락할 수 없다(령 146조 1항). 공개매수자는 공개매수신고서에 공개매수대상회사의 예측정보를 기재 또는 표시할 수 있다(134조 4항, 125조 2항 1호·2호·4호). 신고서 외에 공개매수자는 공개매수와 관련된 계약서, 예금잔고증명서 등을 첨부해야 한다(134조 5항; 령 146조 4항 1호-10호).

3) 공개매수신고서의 공시

신고서를 제출한 공개매수자는 신고서사본을 지체없이 공개매수대상회사에 송부해야 한다(135조). 이는 공개매수대상회사의 경영진에게 공개매수에 신속하게 대처할 수 있는 기회를 주기 위한 것이다. 금융위와 거래소는 제출받은 신고서 등을 그 접수일부터 3년간 갖추어 두고 인터넷 홈페이지 등을 이용하여 공시해야 한다(144조).

4) 신고서의 심사와 금융위의 처분

공개매수자가 제출한 공개매수신고서는 금융위의 심사를 받는다. 금융위는 심사에서 공익 또는 투자자 보호를 위해 필요하다고 인정하는 때에는 공개매수자 및 그 관계인에 대해서 참고가 될 보고 또는 자료제출을 명하거나, 금감원장에게 그 장부 등을 조사하게 할 수 있다(146조 1항, 131조 2항).

금융위는 심사결과 신고서의 형식불비, 중요사항의 허위기재나 기재누락이 있는 경우 공개매수기간이 종료하는 날까지 이유를 제시하고 정정신고서의 제출을 요구할 수 있다(136조

---

92) 시행령은 다음 사항을 기재사항으로 추가하고 있다(146조 2항 1호-9호).
　　(i) 공개매수사무취급자에 관한 사항, (ii) 공개매수대상회사 현황, (iii) 공개매수 방법 (iv) 공개매수에 필요한 자금이나 교환대상증권의 조성내역(차입인 경우 차입처를 포함), (v) 공개매수자와 그 특별관계자의 최근 1년간 공개매수대상회사의 주식등의 보유상황과 거래상황, (vi) 공개매수대상회사의 임원이나 최대주주와 사전협의가 있었는지와 사전협의가 있는 경우에는 그 협의내용, (vii) 공개매수가 끝난 후 공개매수대상회사에 관한 장래계획, (viii) 공개매수의 중개인이나 주선인이 있는 경우에는 그에 관한 사항, (ix) 공개매수신고서와 공개매수설명서의 열람장소
93) 금감원, 「기업공시서식 작성기준」(2023. 2. 20. 시행), 240-241면.
　　제15-4-2조(공개매수의 조건) 공개매수의 조건에 관하여 다음의 사항을 포함하여 기재한다.
　　　 2. 공개매수가격 또는 교환비율의 산정근거
　　ii. 제2호는 다음의 사항을 참고하여 기재한다.
　　가. 현물출자 등에 해당하여 법원의 인가를 받은 경우에는 그 내용
　　나. 상장폐지를 위한 공개매수의 경우에는 매수가격이 현재 시장가격, 역사적 시장가격, 순장부가치, 계속기업가치, 청산가치 등과 비교하여 공정한 가치를 형성하고 있는지 여부를 포함
　　다. 외부평가기관의 평가나 자문을 받은 경우에는 평가기관의 명칭과 그 내용.

1항). 정정신고서의 제출명령은 공개매수가 개시된 후에도 할 수 있다. 이러한 요구가 있는 때에는 그 요구일로부터 신고서가 제출되지 않은 것으로 본다(136조 2항). 또한 공개매수자는 명령이 없더라도 공개매수조건 그 밖에 신고서 기재사항을 정정하고자 하는 경우 또는 투자자 보호를 위하여 기재내용을 정정할 필요가 있는 경우94)에는 공개매수기간이 종료하는 날까지 금융위와 거래소에 정정신고서를 제출해야 한다(136조 3항). 정정신고서가 공개매수기간 종료일 전 10일 이내에 제출된 경우에는 종료일은 제출일로부터 10일이 경과한 날로 연장된다(136조 4항 1호). 공개매수자가 정정신고서를 제출한 경우에는 지체없이 신고서 제출사실과 정정내용 중 공개매수공고에 포함된 내용을 공개매수공고와 같은 방법으로 공고해야 한다(136조 5항, 134조 1항).

금융위는 "신고서 중 중요사항에 관하여 거짓의 기재 또는 표시가 있거나 중요사항이 기재 또는 표시되지 아니한 경우"에는 그 이유를 제시하고 정정을 명할 수 있고, 필요한 때에는 공개매수정지·금지 그 밖에 시행령에서 정하는 조치를 할 수 있다(146조 2항 3호; 령 152조 1호-6호).

5. 공개매수설명서

공개매수자(공개매수사무취급자 포함)는 공개매수를 하고자 할 때 공개매수설명서를 작성하여 공개매수공고일에 금융위와 거래소에 제출하고, 일정 장소95)에 갖추어 두고 일반인이 열람할 수 있게 해야 한다(137조 1항 전단). 공개매수신고서는 모집매출에서의 증권신고서에, 그리고 공개매수설명서는 투자설명서에 상응하는 것이다. 즉 공개매수에 응하는 투자자에게 투자판단에 필요한 정보를 직접 제공하려는 취지에서 인정된 것이다. 공개매수설명서의 기재사항은 대체로 공개매수신고서의 기재사항(134조 2항 1호-7호)과 같다(령 148조). 공개매수설명서에는 공개매수신고서의 기재내용과 다른 내용을 기재하거나 그 기재사항을 누락할 수 없다(137조 2항).

증권법상 공개매수설명서도 사업설명서(현재 투자설명서)와 같이 증권보유자의 요구가 있는 때에만 교부하게 했다(24조 2항, 13조 1항). 그러나 자본시장법은 공개매수자가 공개매수대상 주식등을 매도하려는 자에게 공개매수설명서를 미리 교부하지 않으면 그 주식등을 매수할 수 없게(137조 3항) 하여 투자설명서와 같이 교부를 의무화하였다. 공개매수설명서가 전자문서이면 투자설명서와 같은 조건을 충족해야 한다(137조 3항 1호-4호).

투자설명서와 마찬가지로 공개매수설명서도 넓게 해석할 필요가 있다. 명칭에 구애됨이

---

94) (ⅰ) 신고서의 기재나 표시내용이 불분명하여 그 공개매수신고서를 이용하는 자가 중대한 오해를 일으킬 수 있는 내용이 있는 경우와 (ⅱ) 공개매수자에게 불리한 정보를 생략하거나 유리한 정보만을 강조하는 등 과장되게 표현된 경우를 말한다(규칙 15조).
95) 공개매수사무취급자의 본지점 그 밖의 영업소, 금융위, 거래소이다(시행규칙 16조 1호-3호).

제7장 기업인수에 대한 거래의 규제 379

없이 사실상 공개매수설명서의 기능을 하는 문서는 모두 공개매수설명서로 간주해야 할 것이다. 공개매수설명서의 작성의무, 교부의무, 사용의무 등을 위반한 경우에도 금융위는 공개매수자에게 정정을 명하고 그 밖에 공개매수를 정지 또는 금지시키는 등 처분권을 행사할 수 있다(146조 2항 6호). 금융위는 임원해임권고, 증권발행제한, 법위반의 경우 고발 또는 수사기관통보, 경고, 주의 등의 조치를 취할 수 있다(령 152조 1호-6호). 또한 공개매수설명서에 관한 의무를 위반하는 경우 과징금이나(429조 2항 1호·2호), 형벌의 대상이 된다(444조 15호 다목, 446조 21호·25호).

6. 대상회사의 의견표명

1) 의의와 취지

대상회사의 주주는 공개매수에 응할 것인지를 결정할 때 공개매수설명서를 참고할 수 있다. 그러나 공개매수설명서는 공개매수자가 일방적으로 작성한 것이므로 대상회사에 대해서 가장 잘 아는 경영진의 의견이 크게 참고가 될 것이다. 이와 관련하여 자본시장법상 주식등의 **'발행인'**은 시행령이 정하는 바에 따라 의견표명을 할 수 있다(138조). 여기서 의견표명의 내용은 이사회가 정한다. 법이 대상회사에 의견표명을 요구하는 것은 아니므로 이사회가 침묵을 지킬 수도 있다.[96] 다만 의견을 표명하는 경우 그 내용을 기재한 문서를 지체 없이 금융위와 거래소에 제출해야 한다(138조 2항). 금융위와 거래소는 의견표명서류를 그 접수일부터 3년간 갖추어 두고, 인터넷 홈페이지 등을 이용해 공시해야 한다(144조). 입법론상 투자자 판단을 돕는다는 관점에서 의견표시를 의무화하는 것이 옳다.[97]

2) 내   용

의견표명의 내용은 공개매수에 대한 발행인의 찬성·반대 또는 중립의 의견에 관한 입장과 그 이유가 포함되어야 하고, 의견표명 이후에 그 의견에 중대한 변경이 있는 경우에는 지체 없이 광고·서신(전자우편 포함) 그 밖의 문서에 의한 방법으로 그 사실을 알려야 한다(령 149조 2항). 입법론으로는 의견표명에서 공시할 내용을 보다 구체적으로 규정할 필요가 있다. 예컨대 의견의 근거 이외에 의견표명에 대한 이사회의 의사내용, 이사가 소유하는 주식수, 공개매수자가 이사에 특별이익을 약속한 경우에는 그 이익의 내용 등은 공시하게 해야 할 것이

---

96) 상법상 이사가 부담하는 선관주의의무에 따라 이사회가 그러한 의견표시를 할 의무를 부담한다고 보는 견해도 있다. 松井勝, 「改正証取法下の株式公開買付手続」, 『商事法務』 1246号, 8면; 정동윤 외, 173면은 해석론상의 견해인지는 불분명하나 이사에게 태도를 밝힐 의무를 부과하는 데 찬성하고 있다. 그러나 이사가 주주에 대해서 직접 선관주의의무나 충실의무를 부담해도 과연 주주의 매매결정을 돕기 위하여 의견을 표시할 의무까지 있다고 보아야 할 것인지는 의문이다. 일본은 이를 의무화하고 있다(금융상품거래법 27조의10 1항; 동 시행령 13조의2 1항).

97) 이상복 공시, 235면.

다.[98] 공개매수상황에서 대상회사의 경영진과 주주의 이익은 상충될 수 있으므로 이러한 내용의 공시가 특히 필요하다. 나아가 부실의견표명을 금지하는 규정도 요구된다.[99]

3) 방 법

의견표명은 광고·서신(전자우편 포함) 그 밖의 문서에 의한 방법으로 해야 한다(령 149조 1항). 시행령이 정하는 것과 다른 방법의 의견표시(예컨대 광고가 아닌 구두의 의사표시)를 할 수 있는가? 법문상 불가능한 것처럼 보이기도 한다. 그러나 사적으로 의견을 표시하는 것이 전혀 허용되지 않는다고 보는 것은 비현실적이다. 따라서 그러한 의견표시는 가능하다. 다만 시행령에 따른 의견표시가 아닌 경우에는 법문상 금융위에 내용을 신고할 의무도 없다(138조 2항). 따라서 이러한 결점을 보완하기 위해서는 문서에 의한 의견표시를 가능한 한 넓게 해석해야 한다. 나아가 공개매수의 대상회사가 자본시장법에서 정하지 않는 방법으로 의견표명을 한 경우 그 내용은 거래소 수시공시사항에 포함되어야 한다. 공개매수와 관련한 의견표명에 허위사실을 포함하거나 중요사항을 누락한 경우에는 별도의 처벌규정을 두어야 할 것이다. 현재는 부정거래행위(178조)에 해당할 수 있다.

7. 공개매수의 종료

자본시장법은 공개매수의 종료에 대해서는 상세히 규정하고 있지 않다. 다만 공개매수자는 그 공개매수의 결과에 관한 공개매수결과보고서를 금융위와 거래소에 제출하게 하고 있다(143조). 또한 응모주주에게도 매수상황, 매수예정주식등(또는 반환주식등) 그 밖에 결제등에 필요한 사항을 기재한 '**공개매수통지서**'를 송부하게 하고 있다(발행공시규정 3-7조).

V. 공개매수의 실질적 규제

1. 총 설

과거 공개매수의 조건과 방법 등 실체적인 사항에 대해서는 아무런 규정도 두고 있지 않았던 시기도 있었다. 당시에도 공개매수자가 그러한 사항을 임의로 정할 수 있었던 것은 아니다. 증권법상 금감위는 공개매수의 조건과 방법에 관하여 포괄적인 명령권을 갖고 있었다(구법 23조 3항). 그러나 재량의 남용을 막고 예측가능성을 높이기 위해서는 객관적이고 구체적인 기준을 사전에 마련해 둘 필요가 있다.[100] 이러한 고려에 따라 현행법에서는 비교적 상세한

---

98) 일본 금융상품거래법 제27조의10 제1항 및 그에 근거한 공개매수부령(發行者以外の者による株券等の公開買付けの開示に關する內閣府令)(1990년 11월 26일 대장성령 제38호) 제25조 제2항.
99) 이상복 공시, 236면.
100) 같은 취지: 위성승, 앞의 논문, 20면.

규정을 마련하고 있다.

2. 매수기간

자본시장법은 공개매수기간을 시행령에서 제한하고 있다(134조 3항; 령 146조 3항). 시행령은 매수기간을 공개매수공고일부터 20일 이상 60일 이내로 규정하고 있다(령 146조 3항). 최단기간은 주주가 공개매수에 응할 것인지를 숙고할 수 있는 기간을 충분히 확보하기 위한 것이다. 한편 최장기간은 공개매수에 응한 주주가 장기간 불안한 지위에 놓이는 것을 방지하고 당해 주식등의 원활한 유통과 공정한 가격형성의 저해요인을 신속하게 제거하는 기능을 한다.[101] 다만 당해 공개매수기간 중에 그 공개매수에 대항하는 공개매수(대항공개매수, 139조 1항 단서)가 있는 경우에는 대항공개매수기간의 종료일까지 그 기간을 연장할 수 있다(령 147조 3호 다목). 이는 최초의 공개매수자가 대항조치를 취할 수 있게 하기 위한 것이다.

3. 매수조건

1) 균 일 성

과거에는 법률상 매수조건의 균일성을 명시적으로 요구하지 않았다. 따라서 금융위가 명령권을 행사하지 않는 한 균일한 조건에 의하지 않는 공개매수도 가능하다는 해석의 여지도 있었다.[102] 매수조건의 균일성은 주주 사이의 평등을 확보하는 기능을 한다. 그렇지만 회사가 공개매수의 주체가 아닌 한 회사법상 주주평등원칙이 공개매수에 적용되는 것은 아니다. 그러나 공개매수에서 주주를 차별할 수 있다면 주주이익이 부당하게 침해될 수 있다. 예컨대 입찰식 공개매수에서 주주는 가격을 인하할 압력을 받게 될 것이다.[103] 또한 예컨대 응모시기가 앞설수록 높은 가격에 매도할 수 있게 차이를 둔다면 주주가 조급하게 매도하게 될 것이다. 자본시장법은 매수가격에 대해서만 균일성을 명시하고 있다(141조 2항). 그러나 균일성은 매수기간, 결제일 등 그 밖의 조건에 대해서도 요구된다. 금전 이외의 것을 매수대가로 하는 경우에는 교환비율이나 차금에 대해서도 응모주주에 균일하게 적용되어야 한다.[104] 다만 매수조건의 균일성을 위반한 경우의 금융위 조치권은 매수가격에 대해서만 적용된다(146조 2항 9호).

2) 매수조건의 변경

공개매수신고서를 제출한 후 매수가격이나 매수예정주식수 등 기재사항을 변경할 필요가 생길 수 있다. 1997. 1. 개정 전 증권법에서는 공개매수기간 개시 후에는 매수조건을 변경할

---

101) 神崎외, 492면; 長島외, 573-574면.
102) 일부 학설은 매수조건의 균일성이 투자자 간의 공평과 증권시장에 대한 신뢰의 확보를 위하여 법에 명문규정이 없이도 요청되는 것이라고 보고 있는 것 같다. 정동윤 외, 앞의 책, 95면.
103) 반면 공개매수자측에서 보면 매수자금을 줄여주기 때문에 공개매수가 촉진되는 효과가 있다.
104) 神崎외, 490면 주 1); 長島외, 560면.

수 없었다(21조 4항, 11조 3항). 따라서 공개매수기간 개시 후에 대항공개매수가 있으면 매수가격등 매수조건을 변경하여 경쟁할 수가 없었다. 그런 경우에는 공개매수자가 기존의 공개매수를 철회하고 변경된 조건에 따라 새로운 공개매수를 시도할 수밖에 없었다. 이러한 결과가 부당함은 물론이다. 이에 따라 1997. 1. 증권법 개정으로 공개매수기간의 종료일까지 정정신고서를 제출할 수 있게 되었고, 자본시장법도 그 태도를 유지하고 있다. 정정신고서는 '**공개매수조건, 그 밖에 공개매수신고서의 기재사항을 정정하고자 하는 경우**'와 투자자 보호를 위하여 필요성이 있다고 시행규칙으로 정하는 경우에 제출할 수 있다(136조 3항). 시행규칙은 첫째, 공개매수신고서의 기재나 표시내용이 불분명하여 그 신고서를 이용하는 자에게 중대한 오해를 일으킬 수 있는 내용이 있는 경우와 둘째, 공개매수자에게 불리한 정보를 생략하거나 유리한 정보만을 강조하는 등 과장되게 표현된 경우를 규정하고 있다(규칙 15조 1호·2호).

정정신고서를 제출하는 경우에도 매수가격 인하, 매수예정주식등의 수 감소, 매수대금지급기간 연장, 그 밖에 시행령이 정하는 매수조건은 변경할 수 없다(136조 3항 단서). 시행령상 (ⅰ) 공개매수기간 단축, (ⅱ) 응모주주에게 줄 대가의 종류 변경,[105] (ⅲ) 공개매수 대금지급기간 연장을 초래하는 공개매수조건의 변경은 할 수 없다(령 147조 1호-3호). 다만 대금지급기간의 연장을 초래하더라도 (ⅰ) 시가(정정신고서 제출일 전 3일의 기간 중 해당 주식등의 증권시장에서 성립한 최종가격의 산술평균가격)가 공개매수가격의 90% 이상이거나 대항공개매수가 있는 경우의 매수가격 인상, (ⅱ) 공개매수공고 후 주식총수에 변경이 있거나 대항공개매수가 있는 경우의 매수예정주식수 증가, (ⅲ) 대항공개매수가 있는 경우의 공개매수기간 연장의 경우에는 변경할 수 있다(령 147조 3호 가목-다목).

명시적인 규정은 없지만 매수조건이 변경된 경우에는 그 이전에 응모한 주주에 대해서도 당연히 변경된 조건이 적용된다.

4. 공개매수자의 철회

공개매수자가 공개매수를 철회할 수 있는지 여부는 민법의 일반원칙으로는 적절히 해결하기 어렵다.[106] 철회를 쉽게 인정하면 공개매수를 구실로 시세조종을 노릴 가능성이 크지만, 이를 금지하면 공개매수자가 난처해 질 우려가 있다. 자본시장법은 공개매수의 철회를 시기별로 구별하고 있다.

먼저 공개매수공고일 이후에는 공개매수를 철회할 수 없다(139조 1항). 다만 대항공개매수가 있거나, 공개매수자의 사망·해산 또는 파산 그 밖에 투자자 보호를 해할 우려가 없는

---

105) 응모주주가 선택할 수 있는 대가의 종류를 추가하는 것은 가능하다(령 147조 2호 단서).
106) 민법의 일반원칙을 적용하면 공개매수가 매수청약의 형식을 취한 경우에는 원칙적으로 철회할 수 없다(민 527조). 다만 미리 철회할 수 있는 조건을 명시해 둔 경우에는 철회할 수 있다. 한편 '매도청약의 권유'라는 형식을 취한 경우에는 철회할 수 있다. 이처럼 법적 형식에 따라 결론이 달라지는 것은 불합리하다.

제 7 장 기업인수에 대한 거래의 규제 383

경우로서 시행령이 정하는 경우에는 공개매수기간의 말일까지 철회할 수 있다(139조 1항 단서). 시행령은 이를 공개매수자에게 발생한 사유와 공개매수대상회사에게 발생한 사유로 나누어 규정한다(령 150조). 전자는 공개매수자가 발행한 공개매수자가 발행한 어음·수표의 부도나 은행과의 당좌거래정지 또는 금지로 좁게 규정되어 있다(령 150조 1호), 반면 후자에는 합병, 분할, 분할합병, 주식의 포괄적 이전·교환, 중요한 영업·자산의 양수도(령 171조 2항 1호 -3호, 5호), 해산, 파산, 발행 어음·수표의 부도, 은행과의 당좌거래정지 또는 금지, 주식등의 상장폐지, 천재지변·전시·사변·화재, 그 밖의 재해 등으로 인하여 최근 사업연도 자산총액의 10% 이상의 손해가 발생한 경우 등 다양한 사유가 포함된다(령 150조 2호 가목-아목). 다만 후자의 사유는 공개매수철회조건으로 공개매수공고와 공개매수신고서에 규정되어 있는 경우에만 인정된다.

따라서 공개매수와 그 철회에 따르는 주가변동을 노린 불공정거래의 소지는 그다지 크지 않다. 공개매수를 철회하고자 하는 경우에는 철회신고서를 금융위와 거래소에 제출하고, 공개매수공고의 방법으로 그 내용을 공고해야 한다(139조 2항, 134조 1항). 공개매수자는 지체없이 공개매수철회신고서의 사본을 공개매수대상회사에 송부해야 한다(139조 3항).

5. 주주의 철회

일단 공개매수자의 매수의 청약(또는 매도청약의 권유)에 응하여 주주가 '**승낙**'(또는 매도의 청약)을 하는 것을 현행법은 '**응모**'라고 부른다(139조 4항). 일단 응모한 주주가 공개매수기간 중에 응모를 철회할 수 있는가? 과거에는 이에 관하여 명시적인 규정을 두지 않았다. 민법상의 일반원칙에 의하면 일단 매수의 청약에 대해서 승낙을 한 주주가 승낙을 철회할 수 없는 것은 물론이고 매도청약을 한 주주라도 매수기간 중에는 철회가 불가능하다. 그렇다면 일단 공개매수에 응모한 주주는 제3자가 보다 유리한 공개매수를 행하는 경우에도 그에 응모할 수 없게 된다. 또한 도중에 자신의 판단이 바뀐 경우에도 어쩔 수 없이 당초의 결정을 고수할 수밖에 없다. 이러한 상황에서는 주주가 공개매수에 응할 것인지의 결정을 매수기간의 종료 직전까지 미루게 될 것이다. 그리하여 현행법은 응모주주가 공개매수기간 중에는 언제든지 응모를 취소할 수 있으며, 공개매수자가 손해배상이나 위약금을 청구할 수 없음을 명시하고 있다(139조 4항).

6. 공개매수자의 매수의무

공개매수자는 반드시 대상회사의 주식 전부를 매수해야만 하는 것은 아니다. 예컨대 발행주식총수의 30%를 매수하는 것 같은 '**부분공개매수**'도 허용된다. 그렇지만 공개매수자는 예외적인 경우를 제외하고는 응모한 주식의 전부를 매수기간종료 후 지체없이 매수해야 한다

(141조 1항 본문).

예외적으로 공개매수자가 응모주식의 전부를 매수할 의무를 면하기 위해서는 일정한 조건을 갖춰야 한다(141조 1항 단서). 즉 공개매수자는 (i) 응모주식등의 총수가 공개매수예정주식등의 수에 미달한 경우 응모주식 등의 전부를 매수하지 않는다는 조건 또는 (ii) 응모주식등의 총수가 공개매수예정주식등의 수를 초과할 때에는 공개매수예정주식등의 수의 범위 안에서 비례배분하여 매수하고 그 초과부분의 전부 또는 일부를 매수하지 않는다는 조건을 공개매수공고에 게재하고 신고서에 기재해야 한다.

7. 공개매수와 관련한 행위규제

1) 별도매매의 금지

공개매수자는 '공개매수공고일로부터 매수기간이 종료하는 날까지'는 원칙적으로 공개매수에 의하지 않고 주식등에 대한 매수등을 할 수 없다(140조 본문). 이는 일반적으로 시가보다 높게 책정되는 공개매수가격의 혜택을 모든 주주들이 누릴 수 있게 하여 주주 사이의 평등을 확보하려는 규정이다. 이러한 취지를 고려하면 타인 명의라도 공개매수자의 계산으로 매수하는 것은 금지된다. 이를 위반하면 형사처벌을 받는다(445조 19호).[107] 이러한 취지를 살리기 위해서 공개매수자의 특별관계자나 공개매수사무취급자가 매수하는 것도 제한된다(140조 본문).

예외적으로 공개매수에 의하지 않는 주식매수가 허용되는 경우로는 (i) 해당 주식등의 매수등의 계약을 공개매수공고 전에 체결하고 있는 경우로서 그 계약체결 당시 공개매수의 적용대상에 해당하지 않고 공개매수공고와 공개매수신고서에 그 계약사실과 내용이 기재되어 있는 경우, (ii) 공개매수사무취급자가 공개매수자와 그 특별관계자 외의 자로부터 해당 주식등의 매수등의 위탁을 받는 경우가 있다(령 151조 1호·2호). 모두 공개매수에 응하려는 다른 주주들의 이익을 침해할 염려가 없는 경우이다.

2) 발행인의 행위규제 폐지

2005. 1. 개정 전 증권법상 공개매수대상인 주식등의 발행인은 공개매수가 가능한 날부터 매수기간이 종료하는 날까지 의결권 있는 주식 수의 변동을 초래할 수 있는 일정한 행위를 할 수 없었다(23조 4항). 그러나 경영권방어를 돕는다는 취지에서 이 제한은 폐지되었다. 이제는 공개매수기간 중에도 발행인이 경영권방어를 위해 지분변동을 초래하는 증권발행을 시도할 수 있다. 다만 회사법상 이사의 의무에 위반되지 않아야 한다.

---

107) 자본시장법은 민사책임을 두고 있지 않다. 그러나 일본 금융상품거래법상 응모주주는 공개매수자에 대해서 별도매수한 금액에서 매수가액을 공제한 차액을 청구할 수 있다(27조의17 2항).

VI. 공개매수규제의 위반에 관한 제재

1. 민사책임

공개매수는 다수의 투자자를 상대로 한 증권매매인 점에서 공모발행과 유사하다. 자본시장법은 공개매수에도 공모발행에서의 부실공시에 대한 손해배상책임과 같은 내용의 민사책임 규정을 두고 있다(142조).

책임주체는 (i) 공개매수신고서(정정신고서) 신고인(신고인의 특별관계자를 포함하고 신고인이 법인인 경우 그 이사 포함)과 그 대리인, (ii) 공개매수설명서 작성자와 그 대리인이다(142조 1항).

책임대상은 공개매수신고서 및 그 첨부서류와 그 공고, 정정신고서 및 그 첨부서류와 그 공고, 공개매수설명서 중 중요사항에 관한 허위표시와 기재누락 등 부실표시로 인하여 응모주주에게 끼친 손해이다. 다만 배상의 책임을 질 자가 상당한 주의를 하였음에도 불구하고 알 수 없었음을 증명하거나 응모주주가 응모할 때 그 사실을 안 경우에는 면책된다(142조 4항). **'상당한 주의'**와 응모주주의 악의의 의의와 정도, 그리고 각각에 대한 증명책임은 자본시장법 제125조 발행공시위반에 대한 손해배상책임에 관하여 논의한 것과 같다.

예측정보 기재에 대해서도 발행공시위반에 대한 손해배상책임과 같은 요건을 충족할 경우 책임을 지지 않는다는 특칙을 두고 있다(142조 2항).

손해배상금액은 손해배상을 청구하는 소송의 변론종결시의 그 주식등의 시장가격(또는 시장가격이 없는 경우에는 추정처분가격)에서 응모대가로 실제로 받은 금액을 공제한 금액으로 추정한다(142조 3항). 그러나 배상책임을 질 자는 응모주주의 손해가 공개매수신고서 등의 부실기재로 인하여 발생한 것이 아님을 증명하면 배상책임을 면할 수 있다(142조 4항).

제142조의 손해배상책임도 "응모주주가 해당 사실을 안 날로부터 1년 이내 또는 해당 공개매수공고일로부터 3년 이내에 청구권을 행사하지 아니한 경우"에는 소멸한다(142조 5항). 이 기간도 제척기간이다. 또한 이 기간은 재판상 청구를 위한 출소기간이 아니라 재판상 또는 재판외의 권리행사기간을 의미한다. **'안 날'**의 의미나 책임주체 사이의 관계 등도 부실공시에 대한 손해배상책임의 경우(제5장 제6절 IV. 3.)와 같다.

2. 행정책임

금융위는 공개매수신고서·설명서, 그 밖의 제출서류 또는 공고의 부실기재나 공개매수신고서·설명서, 그 밖의 제출서류 미제출의 경우 배상책임을 질 자(142조 1항 1호·2호)에 대하여 20억원을 초과하지 않는 범위에서 공개매수예정총액의 3%까지 과징금을 부과할 수 있다(429조 2항 1호·2호). 공개매수·정정·철회신고서의 사본을 발행인에게 송부하지 않거나 그 사본에 신고서 기재내용과 다른 내용을 표시하거나 그 내용을 누락하여 송부한 자에 대해서는 5천만원 이하의 과태료(449조 1항 37호·38호)를, 공개매수결과보고서를 제출하지 않거나 거짓으로 작성하여 제출한 자 또는 금융위의 공개매수자 등 관계인에 대한 보고 또는 자료제출명령 등에 불응한 자에 대해서는 1천만원 이하의 과태료(449조 3항 7호·8호)를 부과할 수 있다.

공개매수신고서·설명서·결과보고서 또는 공고, 정정신고서·공고의 부실기재나 미제출 등의 행위주체가 금융투자업자인 경우에는 금융위가 업무정지 등의 조치를 취할 수 있다(420조 3항; [별표 1] 139호 마목-아목, 153호-161호). 또한 금융투자업자의 임직원이 이런 행위를 한 경우 금융위가 각각 해임요구등이나 면직등의 조치를 요구할 수 있다(422조 1항·2항; [별표 1] 139호 마목-아목, 153호-161호).

3. 형사책임

(ⅰ) 공개매수 강제규정(133조 3항) 위반이나 (ⅱ) 별도매매의 금지규정(140조) 위반에 대해서는 3년 이하의 징역 또는 1억원 이하의 벌금에 처한다(445조 19호). 그 밖에 공개매수공고 또는 공개매수신고서, 정정신고서 또는 공고, 공개매수설명서 중 중요사항에 관하여 거짓의 기재 또는 표시를 하거나 중요사항을 기재 또는 표시하지 않은 자, 공개매수·정정공고를 하지 않은 자, 공개매수신고서를 미제출한 자도 형벌에 처한다(444조 15호-17호). 한편 공개매수 설명서의 사용의무위반도 형사처벌한다(446조 21호).

4. 의결권제한 등

공개매수의 강제(133조 3항)나 공개매수공고 및 신고서제출의무(134조 1항·2항)를 위반하여 주식등을 매수한 경우 그 행위의 사법상 효력에는 영향이 없다. 그러나 '그 주식 및 그 주식 등과 관련된 권리 행사 등으로 취득한 주식'에 대한 의결권은 당해 주식등의 매수등을 한 날부터 행사할 수 없다(145조 전단). 예컨대 위 법규정에 위반하여 신주인수권증권을 공개매수의 방법으로 취득한 경우에는 이를 행사하여 취득한 주식에 대한 의결권 행사도 금지된다. 또한 금융위는 6개월 이내의 기간을 정하여 '그 주식등과 그 주식등과 관련된 권리행사 등으로 취득한 주식 등'의 처분을 명할 수 있다(145조 후단). 주의할 것은 법문상 의결권제한과 처분명령의 대상이 다르다는 점이다. 당해 주식과 일정한 관련성을 가지는 증권예탁증권이나 교환사채권 또는 파생결합증권은 그 자체로는 의결권을 행사할 수 없으므로 의결권은 제한되지 않는다. 그러나 처분명령은 가능하다.

의결권이 제한되거나 처분명령의 대상이 되는 주식등의 범위는 법문상 반드시 명확하지는 않으나 위반행위로 인하여 취득한 주식 전부라고 새겨야 한다. 대량보유보고위반의 경우에는 '**위반분**'이라는 용어를 사용하고 있지만(150조 1항), 여기서는 '**그 주식 및 그 주식 등과 관련된 권리 행사 등으로 취득한 주식**'이나 '**그 주식 등 및 그 주식 등과 관련된 권리 행사 등으로 취득한 주식 등**'이라는 표현을 사용하므로 대량보유보고의무위반의 경우와 같이 5%를 초과하는 부분만을 적용대상으로 할 수 없다.

5. 금융위의 처분권

법은 공개매수에서도 증권공모의 공시의무를 위반한 발행인에 대한 경우와 마찬가지로 금융위의 조사 및 처분권을 규정하고 있다(146조). 따라서 금융위는 투자자 보호를 위하여 필요한 경우에는 공개매수자와 그 특별관계자, 공개매수사무취급자, 그 밖의 관계인에 대하여 참고가 될 보고 또는 자료제출을 명하거나 금감원장에게 그 장부 등을 조사하게 할 수 있다(146조 1항, 131조 2항).

그리고 일정한 경우에는 공개매수공고와 신고서 및 설명서 등의 정정을 명하거나 공개매수를 정지 또는 금지, 1년의 범위에서 공개매수의 제한 및 공개매수사무취급업무의 제한, 임원의 해임권고, 고발 및 수사기관에의 통보, 경고나 주의 등의 조치를 할 수 있다(146조 2항; 령 152조 1호-6호). 처분 상대방은 발행인이 아니라 공개매수자와 그 특별관계자, 공개매수사무취급자, 그 밖의 관계인이다. 처분권 행사사유는 법정하고 있다(146조 2항 1호-10호).[108]

제5절 위임장권유

I. 총   설

주주총회에서 의사결정이 제대로 이루어지려면 2가지 조건이 필요하다. 첫째, 주주들이 안건에 관한 충분한 정보를 가져야 한다. 둘째, 주주의사를 정확히 반영할 수 있는 장치를 갖추어야 한다. 이러한 정보공시나 의사반영장치에 관하여 상법은 별로 규정하고 있지 않다. 정

---

108) 그 사유는 다음과 같다(146조 2항)
　　(i) 공개매수공고 또는 정정신고공고의 불이행
　　(ii) 공개매수·정정신고서 또는 공개매수결과보고서의 미제출
　　(iii) 공개매수공고, 공개매수·정정신고서, 정정신고공고 또는 공개매수결과보고서 중 중요사항에 관하여 거짓의 기재 또는 표시가 있거나 중요사항이 불기재 또는 불표시
　　(iv) 공개매수·정정·철회신고서 사본의 발행인에 대한 미송부
　　(v) 공개매수·정정·철회신고서 사본에 신고서에 기재된 내용과 다른 내용을 표시하거나 그 내용을 누락하여 송부한 경우
　　(vi) 공개매수설명서 작성·공시의무 위반 (vii) 공개매수 철회관련 준수사항 위반
　　(viii) 공개매수에 의하지 않는 매수등 (ix) 공개매수의 조건과 방법에 위반한 공개매수
　　(x) 의결권 제한 등에 위반한 의결권 행사나 처분명령 위반

보공시와 관련하여 상법상 주주총회에서 회사가 주주에게 공시할 정보는 극히 제한된다. 또한 의결권행사와 관련해서는 의결권 대리행사와 불통일행사가 가능하다는 규정(상 368조 3항, 368조의2 1항)이 있을 뿐 상세한 규정은 없다.

자본시장법에도 주주의 의사형성과 의사반영을 돕는 일반규정은 없다. 다만 주주에게 의결권 대리행사를 권유하는 경우(위임장권유)에 일정한 공시의무와 위임장용지의 형식을 규정하고 있을 뿐이다. 자본시장법은 상장주권이나 그 상장주권과 관련된 증권예탁증권의 위임장권유를 하고자 하는 의결권권유자에게 위임장용지와 참고서류의 작성·제공의무를 부과하고 있다(152조 1항). 참고서류의 기재내용은 시행령에서 정한다(령 163조).

미국에서는 위임장권유가 주식소유가 분산된 기업에서 의결정족수를 충족하기 위한 목적으로 이루지는 것이 일반적이다. 그러나 위임장권유는 제3자가 회사의 경영권을 취득하기 위한 목적으로도 행해질 수 있다. 경영권을 취득하기 위해서는 반드시 그 주식을 취득해야만 하는 것은 아니다. 주주총회에서 주주들로부터 충분한 지지만 받을 수 있다면 기존의 경영진을 몰아내고 경영권을 차지할 수 있다. 이 방법으로는 경영권을 안정적으로 확보할 수 없지만 주식매입비용은 들지 않는다는 장점이 있다. 제3자가 기존 경영진 축출을 위하여 위임장권유를 감행하는 경우에는 기존 경영진도 경영권을 방어하기 위하여 위임장권유에 나서는 것이 보통이다. 이러한 경우에는 위임장을 더 많이 확보하기 위한 이른바 **'위임장경쟁'**(proxy contest or fight)이 벌어지게 된다. 과거 우리나라에서는 이러한 위임장권유의 예는 거의 찾아볼 수 없었으나 [표 7-6]이 보여주는 바와 같이 최근에는 그 수가 대폭 증가하고 있다.[109]

┃표 7-6   의결권 대리행사 권유 현황

	계	이사회 측	반대 측	기타
2010	258	228	28	2
2011	245	222	20	3
2012	226	213	11	2
2013	249	229	17	3
2014	261	247	11	3
2015	681	658	18	5
2016	882	857	18	7
2017	1,149	1,119	27	3
2018	945	910	28	7
계	4,896	4,683(95.6%)	178(3.6%%)	35

109) 이승희, 위임장대결을 통한 이사회장악 위험, 과연 어느 정도인가? ERRI 이슈&분석 2019-02호(2019), 3면.

II. 위임장권유의 의의

1. 의   의

자본시장법상 위임장권유제도는 "다수의 의결권을 확보할 목적으로 의결권 행사를 위임받고자 하는 경우 피권유자인 주주에게 의결권 대리행사에 필요한 정보가 정확하게 제공되도록 권유절차 방법 등을 규정하고, 권유문서 등의 내용을 공시하도록 한 제도"를 말한다.[110] 위임장권유제도는 상법상 서면투표제도와 구별할 필요가 있다. 서면투표제도는 "주주가 정관이 정한 바에 따라 총회에 출석하지 않고 서면에 의하여 의결권을 행사할 수 있는 제도"를 말한다(상 368조의3 1항). 이 경우 주식회사는 총회의 소집통지서에 주주가 의결권을 행사하는 데 필요한 서면과 참고자료를 첨부해야 한다(상 368조의3 2항). 그러나 의결권 대리행사를 권유하지 않고 하는 상법상 서면투표에는 자본시장법상 위임장권유규제는 적용되지 않는다.[111]

2. 권 유 자

자본시장법은 의결권권유자를 제한하지 않는다. 따라서 회사의 경영진과 주주, 채권자 등이 권유자가 될 수 있음은 물론이다. 회사와 아무런 이해관계가 없는 제3자도 권유자가 될 수 있는가? 반대의견[112]도 있지만 제한적으로 해석할 법적 근거를 찾기 어렵다.[113] 제3자가 권유자가 되는 경우에는 위임장경쟁이 일어날 가능성이 높다.

회사 자체가 권유자가 될 수 있는가? 일반적으로 긍정하고 있다.[114] 자본시장법은 '**발행인이 의결권 대리행사의 권유를 하는 경우**'(152조의2 1항)라고 하여 이를 명문으로 규정하고 있다. 또한 공공적 법인에 대해서는 "당해 공공적 법인만이 위임장권유를 할 수 있다"(152조 3항)고 하여 회사 자체도 권유자가 될 수 있는 것처럼 규정하고 있다. 그리고 시행령도 그 상장주권의 발행인을 권유주체로 보고 있음을 전제로 규정하고 있다(령 161조 1호). 그러나 회사가 직접 자기를 대리인으로 하여 위임장권유를 하는 것은 허용되지 않는다. 자기의 의사결정과정에 자기가 참여한다는 것은 논리적으로 모순되기 때문이다.[115] 그렇다면 회사가 이사와 같은 자연인을 대리인으로 지정하여 위임장을 권유할 수도 없다고 할 것이다. 실제로 이루어지

---

110) 금감원공시안내, 413면.
111) 長島외, 468면.
112) 안문택, 211면.
113) 금감원공시안내, 414면("해당 주주총회의 목적사항과 특별한 이해관계를 가지는 자는 누구든지 권유자가 될 수 있다").
114) 안문택, 211면; 김정수, 851-852면. 임재연, 708면 주 133)은 자연인을 대리인으로 권유하는 것은 가능하다고 본다.
115) 임재연, 708면 주 133).

는 회사명의의 위임장권유는 법률상으로는(그리고 실질적으로도) 경영진에 의한 위임장권유로 보아야 한다. 따라서 원칙적으로는 경영자가 비용을 부담해야 할 것이지만 대부분의 경우 그것이 회사이익에도 부합하는 것으로 보아 회사의 비용부담을 정당화할 수 있을 것이다.

신탁 그 밖의 법률관계에 의하여 타인의 명의로 주식을 소유하는 자가 그 타인에 대해서 그 주식의 의결권의 대리행사를 권유하는 경우에는 공시규제의 적용대상에서 제외된다(령 161조 2호).

3. 상장주식

상장주권 및 그 상장주권과 관련된 증권예탁증권을 제외한 주권의 위임장권유에 대해서는 자본시장법이 적용되지 않는다. 비상장주권은 소유가 분산되고 있지 않을 것이므로 구태여 위임장권유를 시도할 필요성도 별로 없을 것이다. 그러나 주주에 대한 공시를 강화한다는 측면을 강조한다면 입법론적으로는 굳이 상장주권에만 적용을 한정할 이유는 없다.[116)]

4. 피권유자

피권유자는 그 주주총회에서 의결권을 가지는 주주이므로 의결권 없는 주주는 피권유자에 포함되지 않는다. 법은 피권유자의 수에 대해서는 제한을 두고 있지 않다. 따라서 주주 1인에 대한 권유도 위임장권유에 해당하므로 자본시장법의 적용을 받는다. 그러나 시행령은 '해당 상장주권의 발행인(그 특별관계자를 포함)과 그 임원(그 특별관계자를 포함) 외의 자'가 10인 미만의 의결권피권유자에게 그 주식의 의결권 대리행사의 권유를 하는 경우를 적용제외하고 있다(령 161조 1호). 이와 관련하여 일부 주주만을 상대로 권유할 수 있는가? 즉 위임장권유는 반드시 주주 전원을 상대로 해야 하는가의 문제가 있다. 이 문제는 권유자가 회사인 경우와 제3자인 경우를 나누어 논하는 것이 일반적이다. 제3자가 일부 주주만을 상대로 권유하는 것은 금지되지 않는다. 제3자는 주주평등원칙의 제약을 받지 않기 때문이다.[117)] 회사가 권유하는 경우에는 주주들을 차별하여 일부 주주에게만 권유하는 것은 주주평등원칙상 허용되지 않는다고 보는 견해가 유력하다.[118)]

예탁제도에 따라 실질주주와 명의주주가 일치하지 않는 경우에는 의결권은 실질주주가 행사하게 되어 있으므로(315조 1항) 위임장권유도 실질주주를 상대로 해야 한다.

---

116) 다만 자본시장법에서 상장법인이 아닌 회사의 위임장권유에 대해서 규정하는 것은 법체계상 문제가 없지 않다.

117) 실제로는 비용절감을 위해서 위임장권유의 대상을 법인·기관투자자 1,000주 이상 보유주주 등으로 제한하는 예가 많다.

118) 권기범, 기업구조조정법, 삼지원, 1998, 167면. 일본에서는 회사법상 의결권을 행사할 수 있는 주주의 수가 1,000명 이상인 회사는 서면투표(회사법 311조)를 채용하거나 의결권을 행사할 수 있는 주주 전원을 대상으로 위임장권유규제에 따른 의결권의 대리행사권유를 의무화하고 있다(회사법 298조 2항 단서; 회사법 시행규칙 64조).

5. 권   유

자본시장법은 증권법과는 달리 '**의결권 대리행사의 권유**'에 대한 정의를 두고 있다. 위임장권유는 "자기 또는 제3자에게 의결권의 행사를 대리시키도록 권유하는 행위, 의결권의 행사 또는 불행사를 요구하거나 의결권 위임의 철회를 요구하는 행위, 의결권의 확보 또는 그 취소 등을 목적으로 주주에게 위임장 용지를 송부하거나, 그 밖의 방법으로 의견을 제시하는 행위"라고 폭넓게 정의되고 있다(152조 2항).

첫째, 위임장경쟁이 진행 중인 상황에서 회사에 의한 회사측 제안에 찬성하는 서면투표를 촉구하는 요청문의 송부는 의결권의 행사 또는 불행사를 요구하는 행위로서, 그리고 타인의 위임장권유에 응하지 않을 것을 요청하는 행위, 의안관련 의견표명, 설명회개최, 신문광고, 보도자료 배포 등도 의결권의 확보 또는 그 취소 등을 목적으로 하는 경우에는 위임장권유에 포함될 수 있다.[119]

둘째, 회사가 주주총회를 소집할 때 하는 위임장용지의 송부도 '**권유**'에 해당하는가? 과거 실무계에서는 특정인을 대리인으로 지정할 것을 권유하는 것이 아니라 단순히 주주의 편의를 위한 것이므로 위임장권유에 해당하지 않는다고 보았다. 그러나 미국에서는 주주로부터 대리권의 수여를 합리적으로 기대할 수 있는 상황에서 위임장용지를 교부하는 행위는 권유로 보고 있다{SEC Rule 14a-1(1)}. 자본시장법은 의결권의 확보 또는 그 취소 등을 목적으로 주주에게 위임장 용지를 송부하는 행위를 위임장 권유에 포함하였다(152조 2항 3호). 따라서 백지위임장을 동봉하거나 소집통지서의 뒷면에 위임장양식을 인쇄한 경우도 모두 권유에 해당한다.[120]

셋째, 자본시장법은 다툼을 막기 위해서 (i) 그 상장주권의 발행인과 그 임원 및 그 특별관계자 외의 자가 10인 미만의 피권유자에게 그 주식의 의결권 대리행사를 권유하는 경우, (ii) 신탁, 그 밖의 법률관계에 의하여 타인의 명의로 주식을 소유하는 자가 그 타인에게 해당 주식의 의결권 대리행사를 권유하는 경우, (iii) 신문·방송·잡지 등 불특정 다수인에 대한 광고를 통하여 의결권 대리행사의 권유(152조 2항 1호-3호)에 해당하는 행위를 하는 경우로서 그 광고내용에 그 상장주권의 발행인의 명칭, 광고의 이유, 주주총회의 목적사항과 위임장 용지, 참고서류를 제공하는 장소만을 표시하는 경우를[121] 권유로 볼 수 없는 경우로 명시하고 있다

---

119) 일본에서 논의되는 사례를 참고한 것이다. 長島외, 468-470면.

120) 같은 취지: 권기범, 위의 책, 166면.

121) 이 예외는 악용의 우려가 있다는 이유에서 1997년 개정으로 삭제하였던 것을 자본시장법 시행령에서 다시 규정한 것이다. 1997. 3. 22. 개정(대통령령 제15312호) 전 시행령은 "신문광고를 통하여 발행회사의 명칭, 광고이유, 주주총회의 목적사항 및 참고서류, 위임장용지 기타 서류를 제공하는 장소만을 표시하여 권유하는 경우"에는 공시규제의 적용을 배제하였다(85조 7항 2호).

(152조 2항 단서; 령 161조 1호-3호).

넷째, 주주총회의 목적사항 중 일부에 대하여 의결권을 대리행사하도록 위임하는 것도 가능하다(령 163조 1항 7호).

Ⅲ. 위임장권유의 법적 성질

이에 대해서는 의결권대리행사를 위한 위임계약의 청약으로 보는 견해(제1설)와 투표유인행위로 보는 견해(제2설)가 대립하고 있다.[122) 제1설은 위임장송부에 의한 대리행사권유를 권유자가 주주의 의결권을 대리행사하는 대리인이 되거나 대리인을 선정해 줄 것을 청약하는 행위이고, 주주의 위임장반송은 그러한 청약에 대한 승낙으로 본다. 제2설은 위임장권유는 주주총회의안에 대해서 주주의 찬부를 묻는 투표유인행위이고 위임장반송 자체는 투표행위로 본다. 위임장반송을 상법상 서면투표(상 368조의3)와 같이 볼 수 없고, 제2설은 주주총회에서 수정동의가 있는 경우 그에 응할 수 없다는 단점이 있기 때문에 제1설에 찬성한다.[123)

주주로부터 의결권 행사를 위임받은 대리인은 특별한 사정이 없는 한 그 의결권 행사의 취지에 따라 제3자에게 그 의결권 대리행사를 재위임할 수 있다(대법원 2009. 4. 23. 선고 2005다22701·22718 판결; 대법원 2014. 1. 23. 선고 2013다56839 판결). 위임장권유를 통하여 의결권대리행사의 위임을 받은 자도 재위임할 수 있는가? 일반원칙에 따를 문제이다.

Ⅳ. 위임장용지 및 참고서류에 의한 공시

1. 위임장용지 및 참고서류의 교부와 비치

권유자는 위임장용지와 참고서류를 주주에게 교부해야 한다(152조 1항). 교부시점은 권유 이전이나 권유와 동시이다(령 160조). 교부방법은 직접교부, 우편·팩스, 전자우편, 주주총회 소집통지와 함께 보내는 방법, 인터넷 홈페이지를 이용하는 방법(전자위임장)에 따라야 한다(령 160조 1호-4호). 전자우편은 의결권피권유자가 전자우편을 통하여 위임장용지 및 참고서류를 받는다는 의사표시를 한 경우만 해당하고, 주주총회 소집통지와 함께 보내는 방법은 의결권권유자가 해당 상장주권(그 상장주권과 관련된 증권예탁증권을 포함)의 발행인인 경우만 해당한다.

전자위임장제도는 "의결권 대리행사 권유의 한 방법으로 위임장 권유자가 인터넷 홈페이지에 위임장 용지 및 참고서류를 게시하고, 피권유자인 주주는 해당 홈페이지를 통해 전자적

---

122) 상세한 것은 신영무, 401-402면.
123) 같은 취지: 김정수, 850면; 임재연, 711면.

인 방식으로 위임장을 수여하는 제도"를 말한다(령 160조 5호).[124] 그런데 위임장용지와 참고서류를 전자적으로 교부하는 것은 자본시장법 시행령으로 가능해진다. 그러나 주주가 대리인에게 위임장을 전자적으로 교부하는 것도 가능한가? 상법 제368조 제3항의 "대리권을 증명하는 서면은 위조나 변조 여부를 쉽게 식별할 수 있는 원본이어야 하고, 특별한 사정이 없는 한 사본은 그 서면에 해당하지 아니한다".[125] 주주가 전자적 방식으로 수여한 전자위임장은 그 자체 전자문서로서 원본에 해당한다.[126]

권유자는 위임장용지와 참고서류를 금융위와 거래소에 제출한 후 일반인이 열람할 수 있게 발행인의 본지점 등에 갖추어 두어야 한다(153조; 규칙 18조 1호-4호). 제출시점은 "권유자가 피권유자에게 제공하는 날 2일 이전까지(공휴일등을 제외)"이다(153조; 령 164조, 153조 1항).[127] 여기서 제공하는 날은 교부방법에 따라 다르다. 금융당국은 우편에 의한 경우에는 발송시점으로 본다.[128] 금융위와 거래소는 위임장용지등을 접수일로부터 3년간 갖추어 두고, 인터넷 홈페이지 등을 이용하여 공시해야 한다(157조).

과거 자본시장법은 위임장용지와 참고서류의 제출일자를 권유자가 피권유자에게 제공하는 날 5일 전까지로 하고 있어 시간부족이라는 현실적 장애가 지적되었다.[129] 회사는 주주총회 2주 전에 주주총회의안 등을 통지해야 한다(상 363호 1항). 권유자가 그것을 보고 참고서류를 작성하여 금융위에 제출해도 5일의 유예기간이 있으므로 위임장권유를 할 수 있는 기간은 주총까지 약 7일 정도밖에 없었다. 특히 해외에 거주하는 외국인 주주의 경우에는 의결권을 상임대리인을 통해서 행사하는데 외국인주주가 의사를 결정하여 상임대리인에게 전달하는 데 시간이 많이 소요되어 의결권행사를 포기하는 경우가 많았다. 그러나 현행 자본시장법은 이 기간을 2일로 단축하여 난점을 상당 부분 개선하였다.

2. 위임장용지 및 참고서류의 기재사항

1) 의의와 취지

시행령은 모든 권유에 기재할 일반적 기재사항과 주주총회 목적사항 등 특별한 기재사항

---

124) 한국예탁결제원, 전자투표·전자위임장 업무 안내, 2021, 12면. 미국의 'E-Proxy Rule'(SEC Rule 14a-16)에 의한 '통지 및 접근모델'(Notice and Access)을 참고한 것이다.
125) 대법원 1995. 2. 28. 선고 94다34579 판결; 대법원 2004. 4. 27. 선고 2003다29616 판결("팩스를 통하여 출력된 팩스본 위임장"을 사본으로 판단).
126) 김순석, "주주총회 의결권 행사의 활성화 방안 — 전자위임장 권유제도 및 전자투표를 중심으로", 『기업법연구』 제28권 제4호, 2013, 214면("위임장 용지 및 참고서류를 전자적 방법으로 교부한 경우, 그 위임장 용지에 찬반의 표시를 하고 서명한 위임장을 전자적 방법으로 발행회사에 반송하면 그 전자위임장은 상법 제368조 제2항의 대리권을 증명하는 '서면'으로 본다는 규정을 '자본시장법'에서 특칙으로 규정하여야 한다").
127) 금융위에 전자신고하면 서류는 자동으로 거래소등에 송부되지만 피권유자에게는 직접 송부해야 한다.
128) 금융위, 유권해석: 의결권 대리행사 권유시 위임장용지 및 참고서류의 금융위 제출시한 문의, 2009. 4. 8.
129) 이 책의 제2판, 293면.

으로 나누어 규정하고 있다(152조 6항; 령 163조 1항·2항).

2) 위임장용지

위임장용지에는 의결권대리행사를 위임한다는 내용, 권유자등 의결권을 위임받는 자, 피권유자가 소유하는 의결권 있는 주식 수, 위임할 주식 수, 주주총회의 각 목적사항과 목적사항별 찬반 여부, 주주총회 회의에서 새로 상정된 안건이나 변경 또는 수정 안건에 대한 의결권 행사 위임 여부와 내용, 위임일자와 위임시간, 위임인의 성명과 주민등록번호(법인은 명칭과 사업자등록번호)가 기재되어야 한다(령 163조 1항). 위임일자와 위임시간은 주주총회의 목적사항 중 일부에 대하여 우선 의결권을 대리행사하도록 위임하는 경우에는 그 위임일자와 위임시간을 말한다(령 163조 1항 7호).

위임장용지에 피권유자가 기명날인하여 반송하면 위임장이 된다. 피권유자에게 제공하는 위임장용지는 주주총회의 목적사항의 각 항목에 대하여 피권유자가 찬부를 명기할 수 있는 것이어야 한다(152조 4항). 위임장용지가 총회 목적사항 전체가 아니라 개별항목에 대해서 찬부를 표기하게 한 것은 주주의 의사를 보다 정확하게 반영하기 위해서이다. 수임할 대리인을 표시할 수도 있지만 대리인란을 백지로 할 수도 있다.

3) 참고서류

참고서류의 기재사항은 모든 권유에서 기재할 일반적 기재사항과 주주총회 목적사항 등 특별한 기재사항으로 나누어 규정하고 있다(령 163조 2항). 첫째, 일반적 기재사항으로서 의결권대리행사의 권유에 관한 권유자의 성명이나 명칭, 권유자 및 그 특별관계자가 소유하고 있는 주식의 종류 및 수, 권유자의 대리인의 성명, 그 대리인이 소유하고 있는 주식의 종류 및 수, 권유자 및 그 대리인과 해당 주권상장법인과의 관계 등을 기재해야 한다.[130] 둘째, 특별한 기재사항으로서 주주총회의 목적사항과 의결권 대리행사의 권유를 하는 취지를 기재해야 한다.

3. 부실기재의 금지

의결권권유자는 위임장용지 및 참고서류 중 피권유자의 의결권 위임 여부 판단에 중대한 영향을 미칠 수 있는 사항에 관하여 거짓의 기재 또는 표시를 하거나 의결권 위임 관련 중요사항의 기재 또는 표시를 누락해서는 안 된다(154조). 이에 위반하는 자는 5년 이하의 징역 또는 2억원 이하의 벌금에 처한다(444조 19호).

4. 참고서류의 정정 등

금융위는 투자자 보호를 위해 필요한 경우에는 권유자, 그 밖의 관계인에 대하여 참고가

---

130) 대리인의 기재는 대리인이 있는 경우에 한정될 것이다.

될 보고 또는 자료제출을 명하거나, 금감원장에게 그 장부등을 조사하게 할 수 있다(158조 1항).

위임장용지 및 참고서류의 미교부(152조 1항), 공공적 법인이 아닌 자의 의결권 대리행사 권유(152조 3항), 위임장용지 및 참고서류에 관하여 비치열람 및 정당한 위임장용지등의 사용 의무 위반(153조·154조), 위임장용지 및 참고서류 중 의결권 위임 관련 중요사항에 관한 거짓의 기재등(153조 또는 156조 1항·3항), 정정서류의 미제출(156조 3항 후단)에 대하여 금융위는 정정명령, 의결권 대리행사 권유 금지 등 조치를 취할 수 있다(158조 2항 1호-4호). 따라서 사전에 참고서류등에 관하여 금융당국과 협의를 거친 후에 제출하는 것이 안전할 것이다. 과거에는 동시에 제출하게 하여 사전심사가 불가능했으나 이제는 사전제출을 의무화함으로써 금융위가 위법한 권유를 막는 것이 가능해졌다.

그리고 참고서류의 기재사항에 대한 정정은 그 권유와 관련된 주주총회 7일 전(공휴일등을 제외)까지 할 수 있다(156조 3항 전단; 령 165조, 153조 1항). 또한 기재나 표시사항이 불분명하여 의결권피권유자로 하여금 중대한 오해를 일으킬 수 있는 경우나 의결권권유자에게 불리한 정보를 생략하거나 유리한 정보만을 강조하는 등 과장되게 표현된 경우에는 반드시 정정해야 한다(156조 3항 후단; 령 165조 3항 1호·2호).

V. 발행인과 의결권 권유자의 관계

1. 발행인의 협력의무와 의견표명

발행인과 그 이외의 자가 동시에 의결권 대리행사의 권유를 하는 경우는 일반적으로 경영권다툼이 발생한 상황일 것이다. 이때 발행인이 아닌 의결권권유자는 발행인이 의결권 대리행사의 권유를 하는 경우에는 그 발행인에 대하여 발행인이 아닌 의결권권유자에 의한 주주명부의 열람·등사를 허용하는 행위와 발행인이 아닌 의결권권유자를 위하여 위임장용지 및 참고서류를 주주에게 송부하는 행위를 요구할 수 있다(152조의2 1항 1호·2호). 이 경우 발행인은 그 요구를 받은 날부터 2일(공휴일 등 제외) 이내에 이에 응해야 한다(152조의2 2항; 령 163조의2, 153조 1항). 발행인인 회사가 이에 위반하여 발행인이 아닌 의결권권유자의 요구에 응하지 않을 경우 3,000만원 이하의 과태료에 처한다(449조 3항 8호의2).

의결권 대리행사의 권유대상이 되는 상장주권의 발행인은 의결권 대리행사의 권유에 대하여 의견을 표명한 경우 그 내용을 기재한 서면을 지체 없이 금융위와 거래소에 제출해야 한다(155조). 금융위와 거래소는 의견을 표명한 경우 그 내용을 기재한 서면(155조)을 그 접수일부터 3년간 비치하고, 인터넷 홈페이지 등을 이용하여 공시해야 한다(157조). 공개매수에서의 대상회사의 의견표명 및 공시(138조, 144조 3호)와 같은 취지이다.

2. 위임장 권유와 비용

위임장권유에는 참고서류 및 위임장용지의 작성·인쇄·송부에 상당한 비용이 든다. 위임장경쟁이 벌어지는 경우 그 비용은 훨씬 더 증가할 것이다. 그러나 위임장권유의 비용에 관해서는 아무런 규정이 없다. 원칙적으로 위임장권유를 시도하는 자가 부담해야 한다. 그러나 주식의 소유가 분산된 회사에서 의결정족수를 채우기 위하여 경영진이 하는 위임장권유는 회사의 이익을 위한 것으로 볼 수 있기 때문에 회사에 비용을 부담시키더라도 별문제는 없을 것이다. 그러나 회사가 아니라 권유하는 경영자 개인을 위한 것임이 분명한 경우에는 회사에 비용을 부담시킬 수 없다.

경영자가 아닌 주주가 경영진의 교체를 비롯한 특정의안의 통과를 위해서 위임장권유를 하는 경우 그 비용은 누가 부담할 것인가? 만약 회사에 비용을 부담시킬 수 있다면 위임장권유가 남용될 소지가 크다. 반면에 주주가 모두 비용을 부담해야 한다면 경영진에 대한 통제행위가 억제될 것이다. 이러한 딜레마를 해결하기 위하여 여러 가지 제안이 나오고 있다. 주주가 위임장권유를 통하여 경영권을 탈취하는 데 성공한 경우 그 비용을 회사에 부담시킬 수 있어야 한다거나 주주가 위임장권유를 통해서 얻은 표수에 비례하여 회사가 부분적으로 비용을 부담함으로써 주주의 권리행사를 도와주어야 한다는 견해 등이 그것이다.131) 그러나 입법론으로는 몰라도 적어도 해석론으로는 그러한 비용부담의 근거를 찾기 어려웠다. 현행 자본시장법은 발행인이 아닌 의결권권유자는 발행인인 회사에 대하여 발행인이 아닌 의결권권유자를 위하여 그 의결권권유자의 비용으로 위임장 용지 및 참고서류를 주주에게 송부하는 행위를 요구할 수 있도록 명시했다(152조의2 1항 2호).

VI. 위법한 위임장권유에 대한 제재

1. 민사제재

법령에 위반한 위임장권유는 그 권유에 의해 통과된 주주총회결의의 취소사유라고 할 수 있는가에 대해서는 학설이 나뉘고 있다. 위임장권유는 법률상 반드시 요구되는 절차는 아니지만 주주의 의사형성에 영향을 주는 절차라는 점에서는 법률상 절차인 소집이나 결의방법과 차이가 없으므로 결의취소사유로 보는 것이 옳다.132) 다만 위반이 경미한 경우에는 재량기각사유가 있는지 여부를 따져 보아야 할 것이다.

권유자가 위임장용지에 나타난 피권유자의 의사에 반하여 의결권을 행사하는 경우도 결

---

131) 상세한 것은 權鍾浩, 「經營者監視メカニズムとしての委任狀勸誘制度」(東京大 박사학위논문, 1997), 358-368면.
132) 위반사유를 구분하여 판단해야 한다는 견해로 임재연, 571-572면; 김정수, 723면.

의취소사유에 해당한다.[133] 위임장권유의 법적 성질을 위임계약의 청약으로 보는 견해를 취한다 해도 결의결과에는 영향이 없고 단순히 권유자와 피권유자 사이의 계약위반의 문제에 그친다고 볼 것은 아니다. 위임장권유는 단순히 사법상 거래에 불과한 것이 아니라 자본시장법의 규제를 받는 중요한 지배구조상 제도이기 때문이다. 자본시장법이 권유자에게 의결권의 행사에서 위임장용지에 나타난 피권유자의 의사를 따를 것을 명시하고 있는 것(152조 5항)도 위의 결론을 뒷받침한다.[134]

자본시장법상 규제를 위반한 위임장권유에 의하여 손해를 입은 자는 민법상 불법행위책임규정에 의하여 손해배상을 청구할 수 있다.

2. 행정제재

금융위는 금융투자업자의 자본시장법에 위반한 위임장권유, 발행인의 협력의무 위반, 정당한 위임장 용지를 사용의무 위반(152조, 152조의2, 154조)에는 업무정지등의 조치를 취할 수 있다(420조 3항; [별표 1] 165호·165호의2·166호). 금융위는 또한 금융투자업자의 임원이나 직원이 이러한 행위를 한 경우에는 각각 해임요구등 또는 면직 등의 조치를 요구할 수 있다(422조 1항·2항; [별표 1] 165호·165호의2·166호).

3. 형사제재

위임장권유에서 참고서류와 위임장용지를 주주에게 제공하지 않거나 금융위에 제출하지 않거나 공공적 법인에서 공공적 법인이 아닌 자가 권유한 경우(152조 1항·3항)에는 3년 이하의 징역 또는 1억원 이하의 벌금에 처한다(445조 21호). 위임장용지 및 참고서류 또는 정정서류에 부실표시등을 한 경우(154조·156조)도 5년 이하의 징역 또는 2억원 이하의 벌금에 처한다(444조 19호).

제6절   합병과 영업양도

I. 총   설

자본시장법은 공개매수와 달리 합병과 영업양도에 대해서 별로 규정하고 있지 않다. 합병과 영업양도는 주로 상법에 의하여 규율되지만 이들 거래가 당사자 회사에 투자한 투자자에게 중대한 영향을 미치는 점을 고려하여 자본시장법에도 일부 규정을 두고 있다. 자본시장

---

133) 같은 취지: 황동욱, 기업통치와 이사의 책임, 동현출판사, 1999, 139면, 반대: 주석 2, 203면.
134) 이는 증권령(85조 6항)에 있던 것을 자본시장법에서 법률로 상향하여 규정한 것이다.

법상 합병규제의 취지는 주로 합병가액 산정의 적정성 확보 등을 통한 투자자 보호이다.

II. 간접적인 기업공개의 규제: 공개법인과 비공개법인의 합병

주식회사의 합병은 주주총회의 결의사항이다(상 522조). 자본시장법은 주권상장법인이 다른 법인과의 합병, 중요한 영업·자산의 양수도, 주식의 포괄적 교환·이전, 분할 또는 분할합병('**합병 등**')을 하고자 할 경우에는 시행령으로 정하는 요건·방법 등에 따르게 한다(165조의4). 이에 대해서는 주권상장법인특례에 관한 논의(제5장 제9절 IV. 합병 등)에서 살펴보았다.

III. 합병 등의 신고

증권법은 주권상장법인이 다른 법인과 합병하는 경우 금융위와 거래소에 신고할 의무를 부과하고 있었다. 이러한 신고의무는 합병 외에 분할, 분할합병, 중요한 영업·자산의 양수도, 주식의 포괄적 이전·교환의 경우에도 부과되고 있었다. 그러나 자본시장법은 이러한 신고의무를 폐지하는 대신, 증권신고서제도로 통합하였다.

신주발행에 의한 합병의 경우 그 증권신고서에 합병에 관한 주요사항을 기재해야 한다(발행공시규정 2-9조). 이 증권신고서에는 합병 개요와 당사회사에 관한 사항을 기재해야 한다. 합병 개요에는 합병에 관한 일반사항, 합병가액 및 산출근거, 합병의 요령 등이 포함된다. 당사회사에 관한 사항에서 당사회사는 신설합병의 경우 소멸회사를 말한다.

중요한 영업·자산의 양수도, 주식의 포괄적 교환·이전, 분할 및 분할합병의 경우에도 합병의 경우에 준하여 증권신고서 기재사항과 첨부서류가 규정되어 있다(발행공시규정 2-10조).

합병 등의 경우 증권신고서 제출의무자는 누구인가? 합병에 따라 신주를 발행하는 것은 존속회사나 신설회사이므로 증권신고서 제출의무자도 존속회사나 신설회사로 볼 수밖에 없을 것이다. 그러나 합병과 같은 조직변경행위에 공모의 개념을 유추하는 것은 의문이 있다. 합병에 고유한 신고사항을 주요사항보고서에 포함하는 방식으로 처리하는 것이 옳다.

IV. 합병 등에 관한 공시

합병 등은 당사회사의 주가에 큰 영향을 미치는 중요한 거래이다. 따라서 투자자에게 조기에 공시되어야 한다. 자본시장법상 합병 등에 관한 사실은 주요사항보고서의 보고사항으로서 금융위에 신고해야 한다(161조 1항 6호·7호). 신고의무가 발생하는 것은 합병계약체결이나 주주총회승인결의를 한 때가 아니라 합병을 하기로 하는 이사회결의가 있은 때이다.

제 3 편

불공정거래규제

제8장　미공개중요정보이용행위

제1절　서　　언

　　자본시장법을 처음 공부하는 이들에게 그나마 흥미를 불러일으키는 부분은 불공정거래이다. 불공정거래는 자본시장이라는 역동적인 환경변화 속에서 경제적 이익을 추구하는 다양한 행태가 복합적으로 작용하는 행위유형이다. 자본시장법은 다양한 행위를 불공정거래로 규제하고 있지만 그 출발점은 미공개중요정보이용행위이다.

　　자본시장에서의 증권의 매매 그 밖의 거래는 증권가치에 영향을 미치는 다양한 요소를 고려하면서 이루어진다. 그러한 정보를 일반적인 투자자에 비하여 훨씬 많이 보유하고 있는 발행인의 내부자나 그로부터 정보를 받은 정보수령자들이 그 정보를 이용하여 증권 매매 그 밖의 거래를 하게 되면 당연히 증권거래를 통한 자원배분의 효율성을 왜곡하거나 그 증권시장에 대한 투자자의 신뢰를 심하게 해치게 된다.

　　제2절 불공정거래규제체계 개관에서는 미공개중요정보이용행위·시세조종·부정거래행위와 시장질서교란행위로 구성되는 현행체계를 개관한다. 제3절 미공개중요정보이용행위 규제의 의의와 연혁에서는 현행법상 규제를 형성하는 기본개념과 구조를 살펴본다. 제4절 미공개중요정보이용행위의 요건에서는 주체·정보·행위로 나누어 요건을 정리한다. 제5절과 제6절에서는 원칙적으로 회사정보를 대상으로 하는 현행법상 공개매수나 대량취득처분의 실시 또는 중단이라는 시장정보를 대상으로 하는 행위유형을 분석한다. 제7절 제재에서는 민사제재와 행정제재 그리고 형사제재로 나누어 실효성 확보수단을 정리한다. 제8절 입법론에서는 미공개중요정보이용행위의 규제모델을 회사관계형, 정보이용형, 정보보유형으로 나누어 우리법의 나아갈 방향을 진단한다. 제9절 미공개중요정보이용행위와 관련된 기타의 규정에서는 단기매매차익반환제도와 임원등 주식소유상황보고제도, 그리고 장내파생상품관련규제를 정리한다.

제2절   불공정거래규제체계와 개관

자본시장 규제의 양대 지주는 '**공시규제**'와 '**불공정거래규제**'이다. 양자는 모두 자본시장의
원활하고 정상적인 작동을 위하여 필요한 제도이다. 공시규제는 발행시장과 유통시장에서 정
보의 공시를 강제함으로써 거래당사자 사이의 정보비대칭을 해소하는 것을 목적으로 한다.
불공정거래규제는 시장의 가격형성기능과 시장에 대한 신뢰를 해치고 투자자에게 손해를 입
히는 다양한 유형의 부정행위를 금지함으로써 자본시장에 대한 투자자 일반의 신뢰를 확보하
는 것을 목적으로 한다.

불공정거래는 한편으로 시장기능을 해치면서 다른 한편으로는 투자자의 올바른 판단을
저해하여 부당한 손해를 입히는 양면적인 특성이 있다. 이러한 불공정거래에 대해서는 민법
의 불법행위(750조)나 형법의 사기죄 등도 적용될 수 있다. 그러나 특수성을 고려하여 자본시
장법은 불공정거래의 양축인 미공개중요정보이용행위와 시세조종행위를 특별히 규제하고 있
다. 이들 불공정거래 관련규정은 기본적으로 형사상 처벌규정이고 부수적으로 행정책임과 민
사책임을 규정하고 있다. 우리나라에서는 형법상 죄형법정주의가 비교적 엄격하게 요구되고
있기 때문에 일반적인 조항으로 불공정거래에 대처하기는 곤란한 면이 있다. 따라서 불공정
거래의 구성요건이 미국에서보다는 구체화되고 있다.

불공정거래의 효과적인 규제를 위해서는 금융당국이 충분한 권한을 갖는 것도 중요하지
만 불공정거래를 근절하려는 의지를 갖는 것이 절대적으로 중요하다. 또한 불공정거래에 대
한 행정제재는 물론 형사처벌도 수사기관의 범죄수사가 아니라 금융당국의 행정조사로부터
비롯되는 것이 일반적이다. 또한 금융당국이 조사결과를 발표한 후에야 비로소 투자자들이
그것을 바탕으로 손해배상청구에 나서게 된다. 따라서 불공정거래에 관하여 비슷한 법규정을
가진 나라 사이에도 시장에서 불공정거래가 발생하는 빈도에는 커다란 차이가 있다. 이와 함
께 금융당국의 행정조사에 대한 조직적 및 절차적 정당성의 확보가 중요한 과제가 된다.

어느 나라나 불공정거래는 미공개중요정보이용행위와 시세조종을 양축으로 한다. 추가적
으로 일반적인 부정거래행위금지조항을 두는 입법례도 있다. 자본시장법에서는 지나치게 구
체적인 행위유형을 복잡하게 열거하고 있는 미공개중요정보이용행위나 시세조종에 비하여 포
괄적인 행위유형이 추가된 부정거래행위금지조항의 역할이 더욱 커지고 있다. '지나치게 구
체적인 행위유형을 복잡하게 열거하고 있는 미공개중요정보이용행위나 시세조종'으로는 자본
시장에서 새로이 등장하는 행위유형을 처벌할 수 없기 때문이다. 불공정거래행위에 대한 과
징금 도입 논의의 결과 형벌이 아닌 과징금대상인 시장질서교란행위도 도입되었다.

현재의 체계는 첫째, 지나치게 구체적인 행위유형의 복잡한 열거와 포괄적인 행위유형이

혼재되어 있고, 둘째, 동일한 위험을 가진 것으로 평가되는 행위유형에 대하여 형벌과 과징금이라는 전혀 다른 실효성 확보수단이 부과되는 등 법체계적으로는 매우 혼란스럽다. 입법론상 불공정거래규제는 첫째, 미공개중요정보이용행위와 시세조종을 포괄적으로 규정하여 현행법상 일반적 부정거래행위와 시장질서교란행위를 포함하고, 둘째, 실효성 확보수단으로 형벌과 과징금을 모두 인정하되, 부정성의 정도를 기준으로 그 적용기준을 명시하는 것이 필요하다. 과징금은 죄형법정주의에 따라 요구되는 행위유형의 구체성과 명확성을 비형사 제재를 통하여 극복하고 형벌로 제재할 정도가 아닌 가벼운 행위도 빠짐없이 제재하기 위한 수단으로 이해되는 것이 옳다. 행위유형을 달리 할 문제가 아니다.

이하에서는 미공개중요정보이용행위, 시세조종행위, 일반적 부정거래행위와 시장질서교란행위를 차례로 설명한다.[1]

제3절　미공개중요정보이용행위 규제의 의의와 연혁

I. 의　의

1. 개　념

미공개중요정보이용행위는 일반적으로 '**내부자거래**'라고 한다. '**내부자거래**'는 글자 그대로 이사와 같은 회사의 '**내부자**'가 그 지위를 통하여 얻은 미공개중요정보('**내부정보**')를 이용하여 회사의 증권 또는 이를 기초로 한 일정한 금융투자상품('**특정증권등**')을 거래하는 행위를 말한다.[2]

미공개중요정보이용행위규제도 결국 거래자 사이의 정보의 비대칭을 막기 위한 것이다. 일반거래에서도 당사자 사이에 어느 정도 정보비대칭이 있기 마련이다. 그러나 정보의존도가 큰 자본시장에서는 정보비대칭이 심화되면 시장에 대한 신뢰가 무너질 수 있다. 따라서 자본시장법은 발행시장과 유통시장에서의 정보비대칭을 해소하기 위해 발행인에 대하여 넓은 공시의무를 부과하고 있다. 미공개중요정보이용행위규제는 이러한 강제공시에서 더 나아가 금융투자상품의 거래자 사이에서 정보비대칭이 미공개중요정보에 근거한 경우에는 거래 자체를

1) 자본시장법상 불공정거래규제에 대해서는 정규윤, "증권시장의 신종 불공정거래행위 — 규제와 감독", 『BFL』 제25호, 2007, 6-23면(이하 '정규윤, 앞의 논문(2007)'로 인용); 박삼철, "유가증권불공정거래규제에 관한 비교법적 고찰", 『증권조사월보』 제212호, 1994, 3면 이하(이하 "박삼철, 앞의 논문(1994)"으로 인용). 불공정거래행위를 논의한 것으로, 김정수, 내부자거래와 시장질서 교란행위, 서울파이낸스앤로그룹, 2016; 이상복, 자본시장법상 내부자거래, 박영사, 2010; 임재연, 자본시장과 불공정거래: 내부자거래·시세조종·부정거래행위·시장질서 교란행위 3판, 박영사, 2021(이하 "임재연(불공정거래)"로 인용).
2) 계열사간 내부거래(inter-company dealing)를 '내부자거래'라고 하기도 한다(공정거래법 26조 1항).

금지함으로써 거래상대방을 보호하고 자본시장에 대한 투자자의 신뢰를 유지하는 것을 목적으로 한다.

〈참고판례〉

1. 대법원 1994. 4. 26. 선고 93도695 판결

"상장법인의 내부자가 당해 법인의 업무 등과 관련하여 접근이 허용되었던 법인의 공개되지 아니한 내부정보중 유가증권의 투자판단에 영향을 미칠 수 있는 중요한 정보를 이용하여 유가증권의 거래에 관여할 경우에는, 그 내부자에게 부당한 이익을 용이하게 취득하게 하고 그로 인하여 유가증권시장에서의 거래당사자의 평등을 해치게 되어 유가증권거래의 공정성과 유가증권시장의 건전성에 대한 일반투자자들의 신뢰를 손상시킴으로써 유가증권시장이 국민자금을 효율적으로 배분하는 기능을 저해하는 결과를 초래하게 되는 것이므로, 유가증권시장이 그 기능을 다하여 국민경제의 발전에 적절하게 기여하도록 하기 위하여는 이와 같은 내부자거래에 대한 엄격한 규제가 필요불가결하기 때문에 "법"이 위와 같이 내부자의 거래를 금지하고 있는 것으로 이해된다."

2. 헌법재판소 2002. 12. 18. 선고 99헌바105, 2001헌바48(병합) 전원재판부 결정

"내부자거래에 대한 규제의 목적은 증권매매에 있어 정보면에서의 평등성, 즉, 공정한 입장에서 자유로운 경쟁에 의하여 증권거래를 하게 함으로써 증권시장의 거래에 참여하는 자로 하여금 가능한 동등한 입장과 동일한 가능성 위에서 증권거래를 할 수 있도록 투자자를 보호하고 증권시장의 공정성을 확립하여 투자자에게 그 신뢰감을 갖게 하려는 데에 있는 것이다."

2. 내부자: 범위의 확대와 외부자거래

미공개중요정보이용행위의 규제근거는 정보비대칭을 막는 것이다. 정보비대칭이 발생하는 전형적인 경우는 회사의 내부자와 투자자가 거래하는 경우이다. 그러나 정보비대칭은 반드시 '**내부자**'에 의한 거래에 한정되는 것은 아니다. 예컨대 부도임박사실을 알게 된 자회사의 내부자가 모회사의 주식을 매도한 경우 과연 자회사의 내부자를 거래대상주식의 발행인인 모회사의 '**내부자**'로 볼 수 있는지 의문을 제기할 수 있다. 더욱 심각한 문제를 제기하는 것은 어느 모로 보나 내부자라고 보기 어려운 외부자에 의한 거래(outsider trading)이다. 예컨대 특정 회사증권에 대한 대량매수주문을 받은 투자중개업자의 직원이 그 증권을 미리 매입하는 거래에도 정보비대칭이 존재한다. 증권법에 비하여 자본시장법은 계열회사정보나 대량매매정보의 이용행위 등 외부자의 거래를 한층 폭넓게 규제하고 있다. 내부자거래라는 용어는 이제 이러한 다양한 행위유형을 모두 포섭하기에 적합지 않으므로 이 책에서는 대신 '**미공개중요정보이용행위**'라는 용어를 사용하기로 한다. 이제 내부자도 엄밀한 의미에서의 회사의 내부와 외부의 구분이 아니라 정보에 대한 접근성을 가지는 자를 가리키는 용어로 이해되어야 한다.

3. 이용행위: 거래와 정보제공 등

미공개중요정보이용행위는 상대방과 직접 거래하는 경우('**상대거래**')와 거래소나 다자간매매체결회사가 개설한 증권시장에서 이루어지는 경우('**시장거래**') 어느 경우에나 성립할 수 있다. 나아가 미공개중요정보이용행위에서 문제되는 미공개정보의 '**이용**'에는 '**거래**'는 물론이고 단순한 정보의 제공 등 다른 행위도 포함될 수 있음을 주의할 필요가 있다.

미공개중요정보이용행위는 정보의 가치에 따라 행태적으로 달라진다. 회사의 '**유리한 정보**'('**좋은 정보**' 또는 '**호재성 정보**')를 이용할 경우에는 특정증권등을 매수하는 형태('**유리정보거래**': 'good news' insider trading)로 나타난다. 반면 '**불리한 정보**'('**나쁜 정보**' 또는 '**악재성 정보**')를 이용할 때는 특정증권등을 매도하는 형태('**불리정보거래**': 'bad news' insider trading)로 진행된다.

4. 발행시장

미공개중요정보이용행위규제는 주로 유통시장거래를 대상으로 한다. 그러나 미공개중요정보의 이용행위는 발행시장에서도 일어날 수 있다. 예컨대 미공개중요정보가 공개되기 전에 당해 법인이 유상증자(공모 또는 사모)를 실시하는 과정에서 중요정보를 알게 된 투자자가 증자에 참여하여 주식을 취득한 경우 회사관계자와 투자자를 미공개중요정보이용행위규제 위반으로 처벌할 수 있는지 여부가 문제될 수 있다. 뒤에 설명하는 바와 같이 자본시장법은 6개월 이내에 상장하는 법인에 관한 미공개중요정보이용행위도 명시적으로 처벌하고 있다(174조 1항). 이러한 발행시장의 미공개중요정보이용행위에서는 거래당사자인 법인과 투자자 사이에는 정보비대칭이 존재하지 않는다. 정보비대칭은 유상증자에 참여한 투자자와 그렇지 않은 투자자 사이에서 존재한다. 이러한 정보비대칭도 시장에 대한 투자자들의 신뢰를 저해한다는 점에는 차이가 없으므로 발행시장에서의 미공개중요정보이용행위까지 처벌하는 자본시장법의 태도는 옳다.

Ⅱ. 입법연혁

미공개중요정보이용행위는 시세조종과 함께 자본시장에 대한 신뢰를 위협하는 불공정거래의 대표적 유형이다. 과거에는 미국에서도 내부정보에 근거한 거래를 범죄로 처벌하지 않았다. 그러나 최근에는 미공개중요정보이용행위를 법으로 규제하는 나라가 늘고 있다.[3]

---

3) 결정적 기여는 무엇보다도 SEC의 규칙 10b-5이다. John P. Anderson, Insider Trading: Law, Ethics, and Reform, Cambridge University Press, 2018; Timeline: A History of Insider Trading, New York Times, December 6, 2016. EU는 Susanne Kalss, Martin Oppitz, Ulrich Torggler and Martin Winner(eds), EU Market Abuse Regulation: A Commentary on Regulation (EU) No 596/2014, Edward Elgar Publishing,

국내에 미공개중요정보이용행위규제가 정식으로 도입된 것은 비교적 최근이다. 제정 당시인 1962년 증권법에는 미공개중요정보이용행위에 관한 규정이 없었다. 미공개중요정보이용행위규제는 1976년 개정 후 '**내부자**'의 단기매매차익반환과 공매도금지에 관한 규정이 도입된 때부터 시작되었다. 1982년에는 상장법인의 주요주주와 임원에 대해서 주식소유상황보고의무를 부과하였다. 그러나 이들은 미공개중요정보이용행위의 예방을 위한 것으로 본격적인 미공개중요정보이용행위규제라고 할 수는 없다.

국내에서 미공개중요정보이용행위규제가 본격적으로 도입된 것은 1987. 11. 개정이다. 정부는 일반사기금지조항(105조 4항)에 미공개정보이용금지규정을 신설하였다. 이 규정은 1991. 12. 증권법 개정에서 단기매매차익반환규정(188조)의 다음(188조의2)으로 이전되었다. 그 후 개정에서 내부자와 내부정보의 범위가 구체화되고 손해배상책임이 명시되었다. 자본시장법은 이러한 기본적인 체계를 유지하면서 규제대상인 내부자의 범위와 대상금융투자상품 및 거래의 범위를 크게 확대하고 있다.[4]

Ⅲ. 미공개중요정보이용행위규제의 찬반론[5]

현재 미국은 물론이고 독일, 일본 등 다수의 국가가 미공개중요정보이용행위를 금지하고 있다. 그럼에도 불구하고 특히 미국에서는 미공개중요정보이용행위규제에 대한 반대론이 끈질기게 주장되고 있다.[6] 반대론자들은 미공개중요정보이용행위는 시장에서 정보 확산에 기여하며, 그로 인하여 손해를 보는 자는 없고, 내부자가 거래로 인하여 얻는 이익은 일종의 보수로 보아야 한다는 등의 주장을 하고 있다.

그러나 대체로 다음과 같은 이유로 미공개중요정보이용행위의 규제론이 널리 수용되고 있다. 첫째, 내부자는 정보공시에 앞서서 금융투자상품을 매매하고자 할 것이기 때문에 정보공시가 지연될 수 있다. 둘째, 회사의 업적이 나빠진 때에 내부자가 보유주식을 매도함으로써 손실을 회피하는 것은 보수로서 정당화하기 어렵다. 셋째, 무엇보다 미공개중요정보이용행위는 일반인의 정의관념에 반할 뿐 아니라 자본시장에 대한 투자자의 신뢰를 해침으로써 시장

2021.

4) 간단한 소개로, 노태악, "최근 판례에 나타난 내부자거래 규제의 법리 ―「자본시장과 금융투자업에 관한 법률」의 제정에 덧붙여", 『BFL』 제25호, 2007, 24-37면.

5) 상세한 것은 김건식, "내부자거래규제의 이론적 기초", 『증권학회지』 제28집, 2001, 151-157면.

6) 선구적인 주장으로, Henry G. Manne, "Insider Trading and the Law Professors", Vander-bilt Law Review Vol. 23, 1970, pp547-590. 미국에서의 논의를 파악하기에 편리한 자료로, Stephen Bainbridge, Insider Trading Law and Policy (Concepts and Insights), Foundation Press, 2014; Paula J. Dalley, "From Horse Trading to Insider Trading: The Historical Antecedents of the Insider Trading Debate", William & Mary Law Review Vol. 39, 1998, pp1289-1353; Michael A. Perino, "The Lost History of Insider Trading", University of Illinois Law Review Vol. 2019, 2019, pp951-1004.

의 건전한 발전을 저해한다. 넷째, 미공개중요정보이용행위규제를 정보에 대한 소유권의 관점에서 정당화하는 견해도 존재한다. 그에 의하면 전통적인 미공개중요정보이용행위에서 내부정보는 회사의 소유물이고 그것을 내부자가 임의로 이용해서 이익을 얻는 것은 마치 절도나 횡령과 다름이 없다는 것이다.

Ⅳ. 공시의무: 미공개중요정보이용행위의 규제근거[7]

1. 문제의 의의

일반 사법상 거래에서는 자신이 가진 정보를 상대방에게 적극적으로 공시할 의무는 원칙적으로 없다('매수인위험부담의 원칙'). 이 원칙을 금융투자상품거래에 그대로 적용한다면 내부자가 미공개중요정보를 이용한 거래를 통하여 이익을 얻는 것을 막을 수 없다. 이처럼 정보비대칭을 이용한 사익추구가 무제한 허용된다면 미공개중요정보에 접근할 수 없는 투자자들은 자본시장에 참여하는 것을 꺼리게 될 것이다. 자본시장에 대한 신뢰를 확보하기 위해서는 내부정보를 이용한 거래를 적절히 규제할 필요가 있다.

미공개중요정보이용행위를 구체적으로 어느 범위까지 규제할 것인가는 결국 그 규제근거에 달렸다. 규제의 필요성에는 대체로 견해가 일치되고 있지만 그 이론적 근거에 대해서는 아직도 견해가 엇갈리고 있다. 이하에서는 미국에서 논의되는 대표적인 3가지 이론을 소개한다.[8] 미국에서는 미공개중요정보이용행위를 기본적으로 사기로 이론구성하고 있기 때문에 이들 이론은 주로 행위자의 행위를 '기망'으로 볼 수 있는 근거를 중심으로 전개된다. 따라서 이들 이론은 미공개중요정보이용행위에 관하여 상세한 규정을 두고 있는 우리나라에서는 입법론적인 의미를 갖는 데 불과하다. 그러나 문제의 본질을 이해하는 데는 매우 유용하다.

2. 정보평등이론(the Equal Access or Parity of Information Theory)

이 견해는 내부정보의 공시의무를 '미공개중요정보의 보유사실 그 자체'에서 도출한다.[9] 다른 투자자들에게는 허용되지 않는 미공개중요정보를 이용한 거래는 '내재적으로 불공정' (inherently unfair)하다는 것이다. 이 견해에서는 정보를 어떻게 취득하였는지는 문제되지 않는다. 정보평등이론은 SEC의 Cady, Roberts & Co. 결정[10]에서 유래한 것이다.

---

7) 상세한 것은 김건식, 앞의 논문, 157-168면.

8) 상세한 것은 Reinier Kraakman, "The Legal Theory of Insider Trading Regulation in the United States" in Klaus J. Hopt and Eddy Wymeersch, European Insider Dealing: Law and Practice, 1991, pp40-47.

9) 회사에 대해서 내부정보의 공시의무를 부과한 EU의 시장남용규정(Market Abuse Regulation: MAR)(17조 1항)은 정보평등이론에 입각한 것으로 볼 수 있다.

10) In re Cady, Roberts & Co., 40 S.E.C. 907(1961). 이 결정은 거래소에서 이루어진 미공개중요정보이용행위에 대해서 사기금지조항을 적용한 최초의 사례이다. Donald Langevoort, "Reading Cady, Roberts: The

사안은 다음과 같다. 증권사의 간부사원이 다른 회사의 이사로부터 그 회사가 이사회에서 배당감축을 결의하였다는 사실을 듣고서 바로 자기의 고객계좌에 있는 당해 회사의 주식을 매도하는 주문을 냈다. 그 주문은 배당감축의 소식이 알려지기 전에 평균 40달러 정도에 집행되었다. 그 소식이 시장에 알려지자 주가는 36달러로 하락하였다. SEC는 이 행위가 사기금지조항인 규칙 10b-5 위반이라고 결정하였다. SEC는 이 결정에서 내부정보를 가진 자는 그것을 공시하지 않고는 거래해서는 안 된다는, '공시 또는 포기'(disclose or abstain) 원칙을 채택하였다. 이 원칙의 요건으로는 다음 2가지를 제시했다. (ⅰ) 누군가의 개인적인 이익을 위한 것이 아니라 회사목적을 위해서만 이용할 정보에 직접 또는 간접으로 접근할 수 있는 '관계'의 존재, (ⅱ) 자신의 거래상대방은 그 정보를 알지 못하는 사실을 알면서 그 정보를 이용하는 '행위의 내재적 불공정성'(inherent unfairness)이다. 정보평등이론은 이 2가지 요건에서 근거를 찾는다.

이 이론도 당사자들 사이에서 정보의 절대적 평등을 요구하는 것은 아니다. 일방당사자가 내재적으로 불공정한 정보우위를 누릴 경우에만 공시의무를 발생시킨다. 따라서 증권분석가가 시장에서 공개된 정보들을 토대로 독자적인 연구조사를 통해서 얻은 정보라면 공시하지 않고도 얼마든지 자유롭게 이용할 수 있다. 또한 이 이론에 의하면 미공개정보인지만 중요하고 정보취득방법이나 행위자가 내부자인지는 중요하지 않다.11)

3. 신인의무이론(The Fiduciary Duty Theory)12)

신인의무이론은 거래당사자가 단순히 상대방이 갖지 못한 정보를 갖고 있다는 점만이 아니라 정보를 갖지 못한 상대방과의 사이에 전부터 존재하는 '믿음과 신뢰의 관계'(relationship of trust and confidence), 즉 '신인관계'(fiduciary relationship)가 있다는 점에서 공시의무의 근거를 찾는다. 이러한 견해는 1980년 미국 연방대법원이 Chiarella 판결13)에서 채택하였다.

형사사건인 이 판결의 사안은 다음과 같다. 공개매수에 관한 서류를 인쇄하는 회사의 직원인 Chiarella는 그 서류에 대상회사의 명칭이 공란으로 되어 있었음에도 불구하고 다른 정보로 미루어 어느 회사인지 알게 되었다. 그는 그 정보를 이용하여 대상회사의 주식을 거래함

Ideology and Practice of Insider Trading Regulation", Columbia Law Review Vol. 99, 1999, pp1319-1343.
11) 정보평등이론은 연방 제2항소법원이 채택하였으나 연방대법원은 Chiarella v. United States, 445 U.S. 222 (1980)에서 이 견해를 부정하고 뒤에 설명하는 '신인의무이론'을 채택하였다.
12) 국내에서 영미법상 'fiduciary duty'는 신인의무, 신임의무 등으로, 그리고 'fiduciary relationship'은 '신인관계', '신뢰관계', '신임관계' 등으로 번역된다. 이 책에서는 '신인의무'와 '신인관계'라는 용어를 사용한다. 정순섭, 신탁, 7면 주 27. 신인의무는 미국에서는 주의의무(duty of care)와 충실의무(duty of loyalty)를, 영국에서는 충실의무(duty of loyalty)를 각각 의미한다.
13) Chiarella v. United States, 445 U.S. 222(1980). 최근 논의로는, Donna M. Nagy, "Chiarella v. United States and its Indelible Impact on Insider Trading Law", Tennessee Journal of Law and Policy Vol. 15, 2020, pp6-47.

으로써 약 3만달러의 이익을 얻었다. 그는 대상회사의 내부자도 아니고 내부자로부터 정보를 수령한 자도 아닌 순수한 외부자(outsider)였음에도 불구하고 미공개중요정보이용행위로 기소되었다. 원심(제2항소법원)은 피고인인 Chiarella의 유죄를 인정했다. 그러나 연방대법원은 피고인이 공시의무가 없다는 이유로 무죄를 선고했다. 공시의무는 '**믿음과 신뢰의 관계**'에서 비롯되는데, 이 사안에서는 그러한 신인관계가 없다는 것이다.[14]

신인의무이론에 의하면 미공개중요정보이용행위가 성립하기 위해서는 행위자의 신인의무위반이 있어야 한다. 따라서 외부자의 거래는 내부자가 신인의무에 위반하여 정보를 제공하는 것을 알면서 내부정보를 수령한 경우가 아닌 한 미공개중요정보이용행위로서 처벌할 수 없다. 그러나 위 사건에서 Chiarella의 행위의 가벌성이 높은 것임은 물론이다.[15] 미공개중요정보이용행위의 적용범위를 극히 좁히는 신인의무이론의 이러한 난점[16]을 해결하기 위하여 개발된 이론이 다음에 소개하는 부정유용이론이다.

4. **부정유용이론**(The Misappropriation Theory)

부정유용이론은 주로 회사의 외부자에 의한 거래에 적용하기 위한 이론으로, 중점을 '**거래상대방에 대한 기망**'이 아니라 '**미공개정보에 대한 권리를 가진 자, 즉 정보원천**(information source)**에 대한 기망**'에 둔다. 이에 의하면 미공개정보를 보유한 자가 거래상대방에 대해서 신인의무관계에 서지 않고 뒤에서 설명하는 정보수령자에 해당하지 않더라도 정보원천으로부터 정보를 유용한 경우에는 미공개중요정보이용행위가 성립할 수 있다. 이 이론은 신인의무이론을 배제하는 것이 아니라 그 한계를 보완하기 위하여 이용가능한 이론이다. 전통적인 신인의무이론이 신인의무의 상대방으로 거래상대방을 상정하는 것에 반하여 부정유용이론이란 정보원천을 상대방으로 상정하는 점이 다를 뿐이다. 부정유용이론에 대해서는 미국 법원도 대립하고 있었으나 1997년 O'Hagan 사건에서 연방대법원이 정식으로 채택했다.[17]

---

14) 미국 연방대법원은 정보수령자(tippee)의 거래에 관한 1983년의 Dirks v. SEC 판결{463 U.S. 646(1983)}에서 신인의무이론을 한층 더 분명히 하였다. 사안은 회사의 부정행위를 발견한 종업원이 그것을 고발하기 위하여 그 정보를 증권분석가인 피고인에게 제공하였다. 피고인은 그 정보가 공개되기 전에 자신의 고객들에게 알렸다. 연방대법원은 정보수령자의 거래를 정보제공자(tipper)의 간접적인 미공개중요정보이용행위로 파악하였다. 정보제공자는 정보수령자에게 정보를 제공할 뿐 직접 거래를 한 것은 아니었다. 그러나 정보제공자가 정보제공의 대가로 개인적인 이익을 얻는 경우에는 스스로 거래를 한 것과 마찬가지의 효과를 얻는다. 정보수령자는 그러한 불법적인 정보수령의 경우에 공시의무를 부담하게 된다. 사안에서 종업원이 정보를 제공한 것은 개인적 이익을 위해서가 아니라 회사의 부정을 막기 위한 것이었으므로 신인의무에 위반하는 정보제공으로 볼 수 없다. 연방대법원은 정보제공자가 신인의무를 위반하지 않았으므로 정보수령자의 공시의무위반도 없다고 판단하였다.
15) 이러한 불합리는 SEC가 후에 규칙 14e-3을 제정함으로써 해결되었다. 이는 자본시장법 제174조 제2항에 해당한다.
16) 신인의무론의 한계를 지적한 것으로, Nagy, 앞의 논문, pp1315-1379.
17) Chiarella 판결에서 Burger 대법원장은 바로 이 이론에 따라 인쇄공인 피고인은 적어도 회사재산을 유용한 것

사건개요는 다음과 같다. 런던에 본사를 둔 Grand Metropolitan PLC("G")가 미국회사인 Pillsbury Company("P")에 대해서 공개매수를 감행하고자 법률사무소를 선임하였다. 피고인 O'Hagan은 법률사무소의 파트너로서 그 사건에는 관여하지 않았지만 공개매수정보를 알고 서 P의 주식과 옵션을 취득하였다. 공개매수의 발표 후 P주가가 급등하자 O'Hagan은 주식과 옵션을 처분하여 430만 달러 이상의 이익을 얻었다. SEC의 조사 후 정부는 무려 57가지 죄목 으로 O'Hagan을 기소하였다. 그 중 하나가 그가 자신의 법률사무소 고객인 G에 대해서 중요 한 미공개정보를 부정유용함으로써 기망했다는 것이었다. 지방법원에서는 유죄판결을 내렸으 나 연방항소법원에서는 무죄를 선고했다. 연방대법원은 6 대 3으로 항소심의 판결을 파기하고 부정유용이론에 따라 O'Hagan의 유죄를 확정했다. 이 사건에서는 여러 쟁점이 있으나 여기 서의 논의와 관련하여 중요한 것은 과연 정보원천에 대한 의무에 위반하여 미공개정보를 부 정유용하여 행한 증권거래가 1934년 증권거래소법 제10(b)조, 규칙 10b-5에 위반되는가 하는 것이었다. 연방대법원은 그것을 긍정하였다.

앞서 밝힌 것처럼 위 조항은 모두 '기망'을 요소로 하는 것이었다. 전통적인 미공개중요 정보이용행위이론에 의하면 기망은 '거래의 상대방'에 대해서 하는 것으로 파악하였다. 그러나 부정유용이론에서 기망은 '정보원천'에 대해서 하는 것이다. 정보원천은 유용자에게 그 정보 에 접근을 허용했는데 그가 그러한 신뢰를 저버리고 정보를 유용한 것이 기망에 해당한다는 것이다. 정보원천으로부터 미공개정보를 부정유용한 때에 기망이 성립하여 그 조항위반이 된 다는 것이다.

5. 미공개중요정보이용행위와 정보격차의 공정성

1) 정보격차의 의의와 규제 필요성

이상 살펴본 바와 같이 미공개중요정보이용행위에 관한 미국의 규제이론은 다소 혼란스 러운 것이 사실이다. 그것은 무엇보다도 규제대상인 미공개중요정보이용행위를 법적으로 명

으로 보아 유죄로 볼 수 있다는 소수의견을 발표하였다. 다수의견은 이 이론을 채택하지는 않았지만 명시적 으로 부정하지도 않았다. 그 후 SEC나 법무부는 이 이론에 따라 소송을 제기하였고 그것을 채택한 항소법원 판결도 있다. United States v. Newman, 664 F. 2d 12(Cir, 1981), cert. denied, 464 U.S. 863 (1984). 그러나 1987년 연방대법원은 Carpenter v. United States 판결{484 U.S. 19 (1987)}에서 4 대 4로 의견이 나뉘어 동 이론을 채택하지는 못하였다. 사안에서 문제된 것은 유명한 월스트리트저널의 기자가 증권시장에서 영향력 있는 컬럼에 기재될 특정주식의 투자전망을 미리 공모자에게 알려줌으로써 이익을 얻은 행위였다. 원심은 부 정유용이론을 적용하여 그 행위를 미공개중요정보이용행위로 파악하였다. 연방대법원은 부정유용이론의 채택 여부에 대해서는 의견이 갈렸기 때문에 연방우편전신사기법위반으로 피고인의 유죄를 유지하였다. 1988년 제 정된 미공개중요정보이용행위 및 증권사기규제법(the Insider Trading and Securities Fraud Enforcement Act)은 부정유용의 피해자들에게 소권을 인정함으로써 부정유용이론을 채택하였다. 마침내 1997년 연방대법 원은 유명한 O'Hagan 판결에서 부정유용이론을 정식으로 수용하였다. United States v. O'Hagan, 521 U. S. 642 (1997).

확하게 정의하지 않고 일반적인 사기금지조항으로 대처하는 미국의 고유한 사정 때문이다. 미공개중요정보이용행위가 어떻게 해서 기망에 해당할 수 있는가 하는 문제에 집착하다 보니 도대체 이를 왜 규제하는가 하는 근본적인 물음에서는 멀어진 감이 있다. 미공개중요정보이용 행위를 규제하는 이유가 과연 신인의무위반이나 정보의 부정유용 때문인가? 그것은 아닐 것이다. 앞서 살펴본 바와 같이 미공개중요정보이용행위의 규제이유에 대해서도 여러 가지 견해가 존재한다. 그러나 핵심규제근거는 합리적인 근거가 없는 부당한 정보비대칭의 제거를 통한 자본시장의 공정성에 대한 투자자의 신뢰보호이다(헌법재판소 1997. 3. 27. 선고 94헌바24 결정).

자본시장에서의 정보비대칭이 낳는 폐해에 대처하는 방안으로는 크게 2가지를 생각할 수 있다. 먼저, 정보의 원천에 대해서 정보비대칭이 발생할 여지를 최소화하는 것이다. 이와 관련해서는 주가에 영향을 미칠 수 있는 중요정보가 시장에서 신속히 공시될 수 있게 하여 미공개중요정보이용행위를 통한 이익의 여지는 감소시키는 것이다. 특히 앞서 설명한 수시공시(timely disclosure)가 중요하다. 자본시장법은 미국과는 달리 주권상장법인에 광범한 수시공시 의무를 부과하고 있다(391조; 거래소공시규정 7조 이하). 설명한 공정공시제도를 통하여 이른바 **'선택적 공시'**(selective disclosure)를 적절히 규제하는 것도 필요하다. 그러나 아무리 수시공시를 강화하고 선택적 공시를 억제한다 해도 자본시장에 존재하는 정보격차를 완전히 제거할 수는 없다. 그러므로 아울러 요구되는 것이 미공개중요정보이용행위의 규제이다. 시장에서 다소의 정보격차는 피할 수 없다고 해도 그것을 이용한 거래만 막을 수 있다면 자본시장에 대한 신뢰는 유지될 수 있다.

2) 불공정한 정보격차의 규제

그렇다면 정보격차에 근거한 거래는 모두 금지해야 하는가? 아무리 미공개중요정보이용 행위규제를 강력히 지지하는 자도 그처럼 규제범위를 확대할 것을 주장하는 경우는 찾기 어렵다. 수시공시를 아무리 강화해도 모든 투자자들의 완전한 정보평등을 구현할 수는 없다. 투자자들도 이를 요구하는 것은 아니다. 시장불신을 초래하는 것은 정보격차 그 자체가 아니라 정보격차가 **'불공정'**하기 때문일 것이다.

그렇다면 어떠한 경우의 정보격차가 **'불공정'**한 것인가? 직무상 미공개정보를 접하는 이사와 같은 내부자와 투자자 사이에 존재하는 정보격차를 공정한 것으로 볼 수는 없다. 또한 Chiarella 사건에서 인쇄공인 Chiarella와 투자자 사이에 존재하는 정보격차도 공정한 것이라고 하기 어렵다. 앞서 살펴본 신인의무이론이나 부정유용이론은 모두 다소간 정보격차의 공정성을 가려주는 기능을 수행하는 것이 사실이다. 그러나 두 이론은 앞서 본 바와 같이 **'기망'**을 뒷받침하기 위하여 개발된 이론이기 때문에 근본적으로 정보격차의 공정성을 판별하는 도구로는 한계가 있다.

무릇 '**공정**'이란 개념은 불가피하게 어느 정도 주관적인 요소를 포함한다. 자본시장에 참여하는 투자자들이 다양한 모습으로 등장하는 정보비대칭을 어떻게 받아들이고 있는가를 완전히 무시할 수는 없다. 그렇다고 해서 공정성의 판단을 투자자들의 정서에만 맡겨둘 수도 없는 노릇이다. 만약 투자자들의 주관적인 감정이 합리성을 결하고 있다면 그것을 그대로 수용하기보다는 제도를 통해서 개선해 나갈 여지도 없지 않을 것이다.[18]

그렇다면 공정성을 판단하는 보다 객관적이고 합리적인 기준은 어디에서 찾아야 할 것인가? 이 물음에 관한 본격적인 논의는 그다지 눈에 띄지 않는다. 일부 학설에 의하면 정보격차가 "부지런한 연구나 비슷한 노력에 의한 것이 아니라 부정한 방법으로" 생겨난 것인 경우에는 그것을 금융투자상품거래에 이용하는 것이 불공정한 것으로 볼 수 있다.[19]

자본시장에 참여하는 투자자는 모두 남들보다 정보의 우위에 서기 위해 노력한다. 이러한 노력 중에는 시장발전을 위하여 바람직한 것이 있고 그렇지 않은 것이 있을 것이다. 보다 정확한 판단을 위하여 이미 공시된 무수한 정보를 면밀하게 검토하는 노력은 시장에서 보다 정확한 가격형성을 촉진한다는 점에서 적절한 노력이라고 할 것이다. 따라서 그러한 노력의 결과로 생겨난 정보격차를 이용하는 것은 불공정하다고 할 수 없다. 반면에 내부자가 직무상 알게 된 미공개정보를 이용하여 거래하는 것은 설사 그것이 정확한 주가형성에 기여한다 하더라도 외부의 투자자들에게는 공정한 것으로 비쳐지기 어렵다. 그러한 정보격차는 누구나 노력하면 달성할 수 있는 것이 아니기 때문이다. 이하에서는 대강 이러한 관점에서 현행의 미공개중요정보이용행위규제에 대해서 검토해 보기로 한다.

제4절   미공개중요정보이용행위의 요건

I. 주   체

1. 의의와 취지

과거에는 법문에서 '**누구든지**'라고 하여 미공개중요정보이용행위의 주체를 제한하지 않았다. 그러나 1991년 증권법 개정에서 주체를 구체적으로 열거하기 시작했다. 이들 행위자의 유

---

18) 사실 어느 나라에서도 미공개중요정보이용행위는 자본시장에 만연한 관행 같은 것이었고 그에 대한 사회적인 비난도 그다지 심하지 않았다. 미공개중요정보이용행위가 반사회적인 행위라는 인식은 오히려 그에 대한 제한이 법제화되고 나서 널리 확산된 것으로 볼 수 있다.

19) Roberta S. Karmel, "Outsider Trading on Confidential Information — A Breach in Search of a Duty", Cardozo Law Review Vol. 20, 1998, p132. 비슷한 맥락의 주장으로, 박삼철, "증권거래법상의 내부자거래규제에 관한 연구", 고려대 법학석사학위논문, 1998, 44면(이하 '박삼철, 앞의 논문(1998)'으로 인용).

형은 크게 상장법인의 내부자(준내부자를 포함)와 정보수령자로 나눌 수 있다.

2. 내 부 자

1) 의의와 취지

자본시장법은 일정한 범위의 정보접근성을 가지는 자를 미공개중요정보이용행위의 주체로 규정하고 있다(174조 1항). 자본시장법은 과거와 같이 단순히 기업의 내부자와 외부자를 구분하여 전자는 주체가 된다는 식의 형식적 접근이 아니라 정보접근가능성이 있는 자는 내외부를 불문하고 주체에 포함하고 있다. 따라서 앞서 본 바와 같이 내부자라는 용어 자체가 정확하다고 하기 어렵다.

2) 그 법인과 그 계열회사 및 그 법인의 임직원·대리인으로서 그 직무와 관련하여 미공개중요정보를 알게 된 자

(1) 그 법인과 그 계열회사

이는 전통적인 내부자에 속한다. 여기서 법인은 상장법인 또는 6개월 이내에 상장하는 법인 또는 상장예정법인등에 한한다. 상장과정에 있는 법인도 포함함으로써 발행시장에서의 미공개중요정보이용행위도 처벌대상이 된다. 법인이 내부자로서 처벌될 수 있는 경우는 자사주를 거래하는 경우이다.[20] 자본시장법은 증권법에서 '**당해 법인**'으로 한정했던 것을 '**계열회사**'로 확대했기 때문에 계열회사도 내부자에 포함될 뿐만 아니라 계열회사의 임원·직원·대리인도 적용대상이 된다. 계열회사를 추가한 것은 계열회사의 내부자가 파악한 회사정보도 대상회사의 증권가격에 영향을 미칠 수 있기 때문이다. 여기서 '**계열회사**'는 공정거래법상 계열회사를 말한다(폐지 전 25조 5항 4호). 예컨대 비상장법인인 자회사의 임직원들이 상장법인인 지주회사의 주식을 매매하는 경우는 이 유형에 해당한다.

(2) 임원과 직원

자본시장법은 임원을 '**이사 또는 감사**'로 정의하고 있다(9조 2항). 실무에서는 이사가 아닌 전무·상무 등도 임원이라고 한다. 그러나 법문에서는 직원도 아울러 명시되어 있으므로 전무·상무 등이 임원에 해당하는가를 논의할 실익은 크지 않다. 직원에는 정규직원뿐만 아니라 임시직원·시간제직원도 포함된다. 예컨대 이사가 직원에게 미공개중요정보를 전하는 경우와 같이 내부자 사이에 직무상 정보의 전달이 이루어지는 경우 정보를 수령한 직원을 뒤에서 말하는 정보수령자가 아니라 내부자로 본다.

---

20) 자사주거래는 실제로는 임직원이 수행한다. 임직원이 미공개정보를 이용하여 자사주를 거래하는 경우 그것이 당해 법인, 즉 타인의 이익을 위하여 타인의 계산으로 하는 경우에도 임직원도 형사처벌의 대상이 된다(대법원 2002. 4. 12. 선고 2000도3350 판결; 대법원 2017. 5. 17. 선고 2017도1616 판결). 이미 제448조의 양벌규정에 의하여 법인에 대한 처벌이 가능한 상황에서 구태여 법인을 추가할 필요가 있었는지는 의문이다.

(3) 직무관련성

이러한 자격에 해당해도 직무관련성이 있어야 내부자에 해당된다. 구내식당에서 전해 들은 경우{수원지법 2007. 8. 10. 선고 2007고단2168 판결(적극)}, 사무실에서 우연히 알게 된 경우 {서울지법 2002. 1. 23. 선고 2001고단10894 판결(적극): 수원지법 2008. 7. 30. 선고 2008노1134 판결 (무죄판결)}가 문제되었다.

3) 그 법인과 그 계열회사의 주요주주로서 그 권리를 행사하는 과정에서 미공개중요정보를 알게 된 자

(1) 주요주주의 개념

주요주주는 따로 정의되어 있지 않다. 이 경우에도 자본시장법이 원용하는 지배구조법상 정의를 적용해야 한다. 따라서 첫째, 누구의 명의로 하든지 자기의 계산으로 발행인의 의결권 있는 발행주식 총수의 10% 이상의 주식 및 그 주식과 관련된 증권예탁증권을 소유한 자, 또는 임원(업무집행책임자는 제외)의 임면 등의 방법으로 당해 법인과 그 계열회사의 중요한 경영사항에 대하여 사실상의 영향력을 행사하는 주주로서 시행령으로 정하는 자[21]를 말한다{9조 1항; 지배구조법 2조 6호 나목 1), 2)}.

여기서 "중요한 경영사항에 대하여 사실상의 영향력을 행사"한다는 요건에 관하여 지배구조법으로 이관되기 전 자본시장법(9조 1항 2호 나목; 령 9조 2호, 구 금융투자업규정 1-6조)상 "'경영전략 등 주요 의사결정이나 업무집행에 지배적인 영향력을 행사'한다는 것"은 "주주가 경영전략 등 주요 의사결정이나 업무집행에 관하여 사실상 구속력 있는 결정이나 지시를 할 수 있는 지배의 근거를 갖추고 그에 따른 지배적인 영향력을 계속적으로 행사하는 것"을 의미하고, 현실적으로 이러한 영향력을 행사하지 못하는 주주는 주요주주라고 할 수 없다는 해석이 있다(대법원 2021. 3. 25. 선고 2016도14165 판결).[22]

---

21) 시행령은 다음의 자를 열거하고 있다(지배구조령 4조).
    1. 혼자서 또는 다른 주주와의 합의 · 계약등에 따라 대표이사 또는 이사의 과반수를 선임한 주주
    2. 다음 구분에 따른 주주
    가. 금융회사가 금융투자업자(겸영금융투자업자는 제외)인 경우: 다음 구분에 따른 주주
      1) 금융투자업자가 투자자자문업, 투자일임업, 집합투자업, 집합투자증권에 한정된 투자매매업 · 투자중개업 또는 온라인소액투자중개업 외의 다른 금융투자업을 겸영하지 않는 경우: 임원(사실상의 이사를 포함)인 주주로서 의결권 있는 발행주식 총수의 5% 이상을 소유하는 사람
      2) 금융투자업자가 투자자자문업, 투자일임업, 집합투자업, 집합투자증권에 한정된 투자매매업 · 투자중개업 또는 온라인소액투자중개업 외의 다른 금융투자업을 영위하는 경우: 임원인 주주로서 의결권 있는 발행주식 총수의 1% 이상을 소유하는 사람
    나. 금융회사가 금융투자업자가 아닌 경우: 금융회사(금융지주회사인 경우 그 금융지주회사의 금융지주회사법상 자회사 및 손자회사를 포함)의 경영전략 · 조직변경 등 주요 의사결정이나 업무집행에 지배적인 영향력을 행사한다고 인정되는 자로서 금융위가 고시하는 주주
22) 특히 투자자가 기존 지배주주 등과의 투자계약이나 주주 간 계약 등을 통하여 1차적으로 발행주식총수의 100분의 1 이상의 주식을 인수한 다음 지배적인 영향력을 행사하는 데 필요한 추가 투자의 기반을 마련하기 위

(2) 그 권리를 행사하는 과정에서

주요주주도 내부정보에 접근할 수 있는 점에서는 전형적인 내부자이다. 다만 증권법은 주요주주도 "그 직무와 관련하여 미공개중요정보를 취득할 것"을 요건으로 했지만, 자본시장법은 "그 권리를 행사하는 과정에서 미공개중요정보를 취득할 것"으로 변경하였다. 주요주주라는 지위가 반드시 직무를 수반하는 것이 아님을 반영한 것이다. 여기서 말하는 **'권리'**는 의결권이나 정보열람권과 같은 구체적인 권리로 파악하기보다는 주주로서의 일반적인 지위 또는 자격을 의미하는 주주권으로 보는 것이 옳다.23) 주로 주주가 아니면 접근할 수 없는 정보인지가 문제될 것이다. 한편 여기서 '주주의 권리'는 회사에 대한 계약상의 특수한 권리는 포함하지 않는다(대법원 2017. 1. 12. 선고 2015다68355 · 68362 판결).

(3) 장래 취득할 수 있는 주식의 산입 여부

주주의 소유지분을 계산할 때 주주의 전환권이나 신주인수권의 행사로 인하여 장래 취득할 수 있는 주식을 산입해야 한다는 견해24)가 있다. 그러나 주요주주의 판단을 위한 양적기준으로서의 10% 지분율은 임의로 획정한 것임을 고려하면 구태여 명시적인 근거도 없이 장래 취득할 수 있는 주식을 포함할 필요는 없다.25) 또한 소유지분 계산에서 특수관계인의 지분은 산입하지 않지만,26) 특수관계인의 지분을 합쳐서 10% 이상을 소유하는 주주는 사실상 영향력을 행사하는 주주에 해당할 가능성이 높다.

(4) 법인인 주요주주와 계열회사

주요주주에는 자연인은 물론이고 법인도 포함된다. 따라서 예컨대 갑회사는 자회사 을은 물론이고 자신이 주요주주로 있는 계열회사 병의 주식을 거래하는 경우에도 각각 을과 병의 내부자에 해당한다. 또한 아래 6)에 의하여 갑의 임직원도 마찬가지로 을 · 병의 내부자에 해당한다. 그리고 자본시장법은 "계열회사의 주요주주로서 그 권리를 행사하는 과정에서 미공개중요정보를 알게 된 자"도 내부자에 포함하므로(174조 1항 2호) 거꾸로 을 · 병의 다른 주요주주도 갑회사의 주식을 거래하는 경우에도 갑의 내부자에 해당하게 된다.27)

한 회사 내 여건 조성 등을 기존지배주주 등에게 요구하였다고 하더라도, 기존 지배주주 등이 경영전략 등 주요 의사결정이나 업무집행에 관하여 그 요구나 지시를 따르지 않으면 안 될 사실상 구속력을 인정하기 어렵거나, 오히려 기존 지배주주 등이 지배적인 영향력을 계속 보유 · 행사하면서 투자자와 대립하거나 투자자의 추가 투자 등을 통한 지배 근거 확보를 견제하고 있는 상황이라면 그 투자자를 가리켜 (나)목 주요주주 중 제2호 주요주주에 해당한다고 볼 수 없다.

23) 안현수, 자본시장불공정거래: 규제이론과 실무, 박영사, 2022("안현수(2022)"로 인용).

24) 신영무, 453면.

25) 김정수, 990면.

26) 김병태, "관계회사와 관련된 내부자거래규정 적용상의 문제점", 『증권법연구』 제3권 제2호, 2002, 228면.

27) 증권법은 "계열회사의 주요주주"를 내부자에 포함하고 있지 않았으므로 이러한 경우 미공개중요정보이용행위에 해당할 수 없었다. 종속회사 임직원이 지배회사의 내부자가 될 수 없는 증권법의 문제점에 대해서는 김병태, 앞의 논문, 231면 이하.

(5) 주요주주와 그 주식취득계약을 체결하였으나 아직 결제가 이루어지지 않은 자

이러한 주식취득자가 대량처분·취득의 실시 또는 중지에 관한 정보를 이용하면 대량취득자로서 처벌할 수 있다(174조 3항). 그러나 대량취득자가 다른 정보를 이용하면 여전히 처벌할 수 없다. 법문상 명백히 '**주주**'라고 하고 있고 '**주주로서의 권리**'를 행사하는 과정에서 취득한 정보만을 문제삼는 현행법상 이들을 주요주주로 보아 처벌하는 것은 어렵기 때문이다.

4) 그 법인에 대하여 법령에 따른 허가·인가·지도·감독, 그 밖의 권한을 가지는 자로서 그 권한을 행사하는 과정에서 미공개중요정보를 알게 된 자

법령상의 권한행사와 관련하여 정보를 얻을 수 있는 지위에 있는 자도 회사의 내부자는 아니지만 준내부자로서 내부자와 마찬가지로 취급한다. 예컨대 회사에 대한 규제감독권을 갖는 공무원이 이에 해당한다. 그 범위는 매우 넓다. 권한의 내용과 정보의 내용이 일치할 필요는 없다.[28] 법문상 입법부나 사법부의 공무원은 포함되기 어렵다.

5) 그 법인과 계약을 체결하고 있거나 체결을 교섭하고 있는 자로서 그 계약을 체결·교섭 또는 이행하는 과정에서 미공개중요정보를 알게 된 자

(1) 계약의 효력과의 관계

그 법인과 계약의 체결 및 이행과 관련하여 정보를 얻을 위치에 있는 자가 이에 포함된다. 예컨대 회사의 외부감사인인 회계법인, 주거래은행, 대표주관회사(주간사인수인), 보증기관, 법률고문이 이에 해당한다. 그러면 여기서 말하는 '**계약**'은 사법상 유효한 것이어야 하는가? 법원은 "죄형법정주의이념에 따라 형벌법규는 엄격하게 해석해야 하므로 … '**당해 법인과 계약을 체결하고 있는 자**'는 '**유효하게 성립한 계약을 체결하고 있는 자**'를 의미하는 것으로 해석"해야 한다고 하여 주주총회에서 신주발행결의가 이루어지기 전에 체결된 주식인수계약을 체결하고 있는 자를 준내부자로 인정하지 않았다(서울중앙지법 2007. 7. 20. 선고 2007고합159 판결).[29] 그러나 준내부자를 정하는 기준은 정보에 대한 접근가능성에 있기 때문에 당해 계약이 사법상 효력이 없더라도 정보에 관한 접근가능성이 있는 한 준내부자로 볼 수 있다. 대법원도 같은 사건의 상고심에서 "법인과 계약을 체결함으로써 그 법인의 미공개 중요정보에 용이하게 접근하여 이를 이용할 수 있는 지위에 있다고 인정되는 자는 비록 위 계약이 그 효력을 발생하기 위한 절차적 요건을 갖추지 아니하였다고 하더라도 '**당해 법인과 계약을 체결하고 있는 자**'에 해당한다"고 판시하여 유연한 해석을 취하였다(대법원 2010. 5. 13. 선고 2007도9769 판결).[30] 구두계약도 포함된다(대법원 2014. 2. 27. 선고 2011도9457 판결).

---

28) 안현수(2022), 34면.

29) 다만 이 판결의 항소심에서는 '정보의 중요성' 자체가 인정되지 않았으므로 '계약을 체결하고 있는 자'에서 '계약'의 의의와 범위에 대해서는 별도의 판시가 이루어지지 않았다. 서울고법 2007. 10. 26. 선고 2007노1733 판결.

30) 대법원의 결론은 "'당해 법인과 계약을 체결하고 있는 자'를 내부거래의 규제 범위에 포함시킨 취지는 법인과

"법적 구속력이 없이 도덕적 책임만이 따르는 양해각서나 언제든지 바뀔 수 있는 잠정적인 구두합의와 같은 경우"는 '**계약 체결을 교섭하고 있는**' 단계로서 위 '**계약**'에 포함되지 않지만, 아래의 '**계약을 체결교섭중인 자**'에는 해당한다(서울고등법원 2011. 7. 8. 선고 2011노441 판결).[31]

(2) 계약을 체결교섭중인 자의 포함

증권법 하에서는 '**계약을 체결하고 있는 자**'라고 하고 있었기 때문에 '**체결교섭중인 자**'는 이에 해당하지 않고[32] 뒤에 말하는 정보수령자가 될 수 있을 뿐이었다. 자본시장법은 "당해 법인과 계약…체결을 교섭하고 있는 자로서 그 계약을 …교섭…하는 과정에서 미공개중요정보를 알게 된 자"를 추가하여 문제를 명확히 정리하였다. 체결교섭중인 자를 준내부자로 취급하는 이유는 회사와의 교섭과정에서 미공개정보에 접근할 수 있기 때문이다. 예컨대 갑회사와 합병을 교섭중인 을회사의 임원 병이 교섭과정에서 알게 된 갑의 미공개정보를 이용하여 갑회사주식을 거래하면 미공개중요정보이용행위가 성립한다.

(3) 정보를 생성한 자의 포함 여부

갑회사와 계약체결을 교섭 중에 있는 을은 그 과정에서 갑회사의 내부정보에 접근할 가능성이 있다. 또한 을은 당해 계약의 체결이라는 갑회사의 내부정보를 가장 먼저 알 수 있는 지위에 있다. 이처럼 내부정보의 생성에 참여한 을도 준내부자로 볼 수 있는가? 회사와 최대주주변경을 위한 유상증자 참여 협상 중 회사주식을 매수한 사안에서 대법원은 그것을 긍정한 바 있다. 자본잠식으로 기업회생을 기대하기 어려운 상황에 이른 상장법인 A회사가 피고인 Y와 제3자배정 유상증자를 통한 경영권 매각을 추진하게 되었다. Y는 A회사측과 "A회사가 추진하는 50억원 규모의 유상증자에 참여하여 A회사의 경영권을 인수한 다음 A회사가 C회사의 지분을 인수하여 C회사가 추진하는 스마트그리드 사업을 A회사를 통하여 추진하는 방법"을 협상하였다. Y는 먼저 A회사 주식을 매수한 후 이어서 A회사가 Y를 상대로 유상증자를 실시하였다. 원심은 피고인은 "이 사건 주식을 매수하기 전부터 … 회사와 경영권 인수에 관한 계약의 체결을 교섭하고 있었고, 그 과정에서 이 사건 정보의 생성에 관여함으로써 이 사건 정보를 알게 되었다고 봄이 상당하다"고 하고, 제174조 제1항 제4호의 "그 법인과 계약을 체결하고 있거나 체결을 교섭하고 있는 자로서 그 계약을 체결·교섭 또는 이행하는

계약을 체결하고 있는 자는 그 법인의 미공개 중요정보에 쉽게 접근할 수 있어 이를 이용하는 행위를 제한하지 아니할 경우 거래의 공정성 내지 증권시장의 건전성을 해할 위험성이 많으므로 이를 방지하고자 하는 데 있다"는 것을 전제로 하고 있다. 같은 취지: 대법원 2014. 2. 27. 선고 2011도9457 판결.

31) 대법원 2014. 2. 27. 선고 2011도9457 판결로 확정.

32) 주 28)의 1심 판결은 이에 대해서도 "죄형법정주의 이념에 따라 형벌법규는 엄격하게 해석해야 하므로 위 '당해 법인과 계약을 체결하고 있는 자'는 '유효하게 성립한 계약을 체결하고 있는 자'를 의미하는 것으로 해석해야 하고, 단지 계약의 교섭단계에 있는 것에 불과한 경우에는 가사 앞으로 계약이 체결될 것이라는 고도의 개연성이 있었다고 하더라도 이에 해당하지 않는 것으로 해석함이 타당하다"라고 판시하였다. 서울중앙지법 2007. 7. 20. 선고 2007고합159 판결.

과정에서 미공개중요정보를 알게 된 자"에 해당한다고 판단하였고 대법원은 원심을 그대로 수용하였다(대법원 2017. 1. 25. 선고 2014도11775 판결).[33] 여기서 피고인 Y는 회사와 계약체결 교섭중이었으므로 주요주주와 계약체결을 한 화승강업사건과는 다르다.

(4) 직무관련성

계약체결자의 직무관련성과 관련하여 그 계약과 직접 관련성 없는 경우에도 직무관련성을 인정했다(수원지법 2003. 7. 25. 선고 2003고단1044·1999 판결). 그리고 상장법인과 기술이전 계약을 체결한 외부연구소의 교육연수사업실장이 자체전산망으로 정보를 취득한 경우에 대해 "위 피고인이 O 교육연수사업실 실장으로 근무하여 나노 이미지센서 개발 및 홍보업무에직접 관여하지 않았다 하더라도, 일반투자자에는 접근이 허용되지 아니하는 O 업무회의를 통해서 이 사건 정보를 취득하였으므로" 직무관련성을 인정하였다(서울고법 2009. 5. 15. 선고 2008노3397 판결).[34]

6) 위 3)부터 5)까지에 해당하는 자의 대리인·사용인, 그 밖의 종업원으로서 그 직무와 관련하여 미공개중요정보를 알게 된 자

위 3)부터 5)까지에 해당하는 자의 대리인이 법인인 경우에는 그 임원·직원 및 대리인, 그리고 위 3)부터 5)까지에 해당하는 자가 법인인 경우에는 그 임원·직원 및 대리인도 준내부자에 해당한다. 현실적으로는 이들이 문제되는 경우가 더 많을 것이다.

7) 이상의 내부자 지위를 상실한 지 1년이 지나지 않은 자

이들을 원내부자라고 한다. 일반적으로 내부자의 지위를 상실한 후 1년 동안에는 정보에 대한 접근가능성이 여전히 유지되고 있을 가능성이 높거나 그 지위에 있는 동안 취득한 정보가 가치를 가지는 기간을 1년으로 본 것이다.

8) 직무관련성

내부자가 정보를 알게 된 것이 자신의 직무와 관련성이 있어야 한다. 자본시장법은 이러한 직무관련성 요건을 내부자 및 준내부자에 따라서 각각 구체화하여 규정하고 있다. 주요주주의 경우에는 "그 권리를 행사하는 과정에서", 허가·인가·지도·감독 그 밖의 권한을 가지는 자의 경우에는 "그 권한을 행사하는 과정에서" 그리고 계약체결자 또는 교섭자의 경우에는 "그 계약을 체결·교섭 또는 이행하는 과정에서" 각각 미공개중요정보를 알게 될 것을 요건으로 명시하고 있다. 따라서 직무와 아무런 관련성 없이 정보를 알게 된 경우에는 미공개중요정보이용행위가 성립되지 않는다. 내부자라도 직무와 무관하게 우연히 또는 도청과 같은

---

33) 1심(서울남부지법 2014. 2. 18. 선고 2013고정3033 판결)은 Y의 미공개정보이용행위금지 위반에 대하여 무죄를 선고하였으나 항소심(서울남부지법 2014. 8. 22. 선고 2014노462 판결)은 유죄로 판단하였고, 대법원은 Y의 상고를 기각하였다.

34) 1심은 서울중앙지법 2008. 11. 27. 선고 2008고합236 판결. 대법원 2010. 2. 25. 선고 2009도4662 판결.

위법한 방법으로 내부정보를 알게 된 경우에는 직무관련성이 부정되어 미공개중요정보이용행위가 성립하지 않는다.[35] 예컨대 특정 회사에서 문제되는 미공개정보와 직접 관련이 없는 직무를 담당하는 부서의 직원이 우연한 기회에 그 정보를 듣게 된 경우나 그 회사의 직원이 아닌 음식점 배달부가 그 배달과정에서 역시 우연히 그 정보를 듣게 된 경우가 그에 해당할 것이다.

이처럼 직무관련성을 미공개중요정보이용행위의 요건으로 유지하는 것에 대해서는 검토의 여지가 있다.

3. 내부자로부터 정보를 받은 자: 정보수령자

1) 의   의

자본시장법상 정보수령자(tippee)도 미공개중요정보이용행위의 주체가 될 수 있다(174조 1항 6호). 정보수령자는 앞서 설명한 내부자(준내부자와 원내부자를 포함)인 정보제공자(tipper)로부터 정보를 받은 자를 말한다. 내부자의 정보우위가 불공정하다면 그것이 제3자에게 이전된 경우에도 불공정하다는 점에서 정보수령자의 이용행위를 금지하는 것은 당연하다. 내부자의 직접 거래만을 금지할 경우 "그 내부자가 그와 같은 금지를 회피하여 탈법적으로 미공개정보를 이용하여 거래를 하는 것을 막을 수 없으므로, 내부자로부터 미공개정보를 알게 되어 이를 이용하여 특정증권 등의 매매, 그 밖의 거래를 하는 것도 금지"하기 위한 것이다(대법원 2017. 10. 31. 선고 2015도8342 판결).

정보수령자가 정보제공자로부터 정보를 전달받았다고 하기 위해서는 "단순히 정보의 이동이 있었다는 객관적 사실만으로는 불충분하"고, 정보제공자가 "직무와 관련하여 알게 된 미공개정보를 전달한다는 점에 관한 인식"이 있어야 한다(대법원 2017. 10. 31. 선고 2015도8342 판결). 미국법상으로는 정보수령자가 "정보제공자가 개인적 이익을 위하여 정보를 제공하는 것을 알면서" 그 정보에 기하여 거래한 경우에 미공개중요정보이용행위의 책임을 진다. 여기서 '개인적 이익'(personal benefit)은 광범하게 해석되고 있다.[36]

2) 대가의 유무

그러나 자본시장법은 단순히 내부자로부터 '**미공개중요정보를 받은 자**'라고 규정하고 있으므로(174조 1항 6호) 내부자로부터 정보를 취득한 경우에는 모두 정보수령자가 될 수 있다. 따라서 내부자가 정보를 제공하는 목적이 불법적이거나 대가를 수령할 필요가 없다.

---

35) 김병태, 앞의 논문, 229면.
36) Dirks v. SEC, 463 U.S. 646(1983).

3) 고의에 의한 정보제공

내부자의 정보제공이 불법일 필요는 없지만 '**정보를 받은**'이라는 표현상 고의에 의한 정보제공행위임을 요한다. 따라서 예컨대 내부자가 다른 사람과 하는 대화를 우연히 엿들은 경우나 내부자의 컴퓨터에서 우연히 정보를 알게 된 경우 또는 이를 해킹, 절취, 기망, 협박 등을 통하여 알게 된 경우 등에는 '**정보를 받은**' 것으로 볼 수 없으므로 정보수령자에 해당하지 않는다. 자본시장법은 "해킹, 절취, 기망, 협박, 그 밖의 부정한 방법으로 정보를 알게 된 자"를 시장질서교란행위의 주체로 규정하여 과징금을 부과하고 있다(178조의2 1항 1호 다목).

내부자로부터 정보를 받지 않아도 위와 같은 정보격차는 공정하다고 하기 어렵다. 그러나 그렇다고 해서 입법정책상 그러한 정보격차의 이용행위를 반드시 처벌해야만 하는 것은 아니다. 특히 내부정보를 우연히 얻게 된 제3자의 정보우위는 시장에 대한 투자자의 불신을 가져올 정도로 구조적이고 지속적인 것은 아니기 때문에 구태여 처벌할 필요가 없다는 주장도 성립할 수 있다. 그러나 내부자로부터의 제공행위나 아니면 의도적인 정보획득행위가 있어야 미공개중요정보이용행위로 처벌할 수 있다고 한다면 실무상 증명이 어렵기 때문에 그 처벌이 곤란할 것이다.

4) 정보생산자

A회사의 주요주주 갑과 주식인수계약을 체결한 을은 정보수령자에 해당하는가? 법원은 을은 내부자(갑)로부터 '**정보를 받은**' 것이 아니라 함께 '**주요주주의 변동**'이라는 '**정보를 생산**'한 자이므로 정보수령자에 해당하지 않는다고 판시했다(대법원 2003. 11. 14. 선고 2003도686 판결). 을은 증권법상 A회사의 임직원도, A회사와 '**계약을 체결하고 있는 자**'도 아니므로 정보수령자에 해당하는지를 따진 사안이다. 을로부터 정보를 전달받아 대상주식을 거래한 병이나 직무와 관련하여 그 정보를 알고 대상주식을 매매한 을의 임직원도 같은 이유로 처벌할 수 없다. 이러한 경우에 대처하기 위하여 주식등의 대량취득·처분에 관한 특칙을 도입했다(174조 3항). 다만 을이 회사와의 계약교섭과정에서 대상정보를 얻은 경우에는 내부자에 해당한다(대법원 2017. 1. 25. 선고 2014도11775 판결).

5) 제2차 정보수령자

(1) 의의와 취지

법문상 정보수령자는 정보를 내부자로부터 받을 것을 요하므로 제1차 정보수령자만이 적용대상이고 그로부터 다시 정보를 수령한 제2차 정보수령자와 그 이후의 정보수령자는 적용대상이 아니다(대법원 2002. 1. 25. 선고 2000도90 판결).[37] 법원의 논거는 법문상 엄격한 제한과 정보의 변질가능성의 2가지이다.

---

37) 같은 취지: 대법원 2019. 7. 11. 선고 2017도9087 판결.

같은 이유에서 제2차 정보수령자 이후의 사람이 증권의 매매 그 밖의 거래와 관련하여 다른 사람으로 하여금 그 정보를 이용하게 하는 행위도 금지되지 않는다(대법원 2019. 7. 11. 선고 2017도9087 판결).[38]

그러나 내부자가 어느 조직에 속하는 개인에게 정보를 제공했으나 실제로는 그 '**개인**'이 아니라 그 '**조직**'을 상대로 정보를 제공할 의도였던 경우 그 조직의 모든 구성원을 제1차 정보수령자로 본다. 예컨대 회사의 대표이사가 신제품발명을 홍보할 목적으로 신문사 기자에게 제보한 경우 그 기자뿐만 아니라 그 신문사의 다른 구성원들도 모두 정보수령자로 본다.

(2) 제2차 정보수령자의 공범처벌 가부

제2차 정보수령자 이후의 정보수령자를 제1차 정보수령자의 공범으로 처벌할 수 있는가? 법원은 이를 제2차 정보수령자의 행위태양과 가담정도에 따라 판단한다. 첫째, 제1차 정보수령자가 "다른 사람에게 증권의 매매 기타 거래와 관련하여 당해 정보를 이용하게" 하였고 제2차 정보수령자가 이를 이용하여 증권매매를 한 경우에는 공범 성립을 부정한다(대법원 2002. 1. 25. 선고 2000도90 판결).[39] 둘째, 제1차 정보수령자가 "1차로 정보를 받은 단계에서 그 정보를 거래에 막바로 이용하는 행위에 제2차 정보수령자가 가담한 경우" 그 2차 정보수령자를 1차 정보수령자의 공범으로 처벌할 수 있다(대법원 2009. 12. 10. 선고 2008도6953 판결).[40]

(3) 제2차 정보수령자와 시장질서교란행위

자본시장법은 처벌할 수 있는 정보수령자의 범위를 확대했다. (ⅰ) 내부자로부터 나온 미공개중요정보 또는 미공개정보인 정을 알면서 이를 받거나 전득한 자, (ⅱ) 정보생산자나 해킹 등을 통하여 정보를 알게 된 자로부터 나온 정보인 정을 알면서 이를 받거나 전득한 자를 시장질서교란행위로서 과징금을 부과하고 있다(178조의 2 1항 1호 가목·라목). 앞에서 본 바와 같이 미공개중요정보이용행위로 처벌할 수 없는 내부자나 정보생산자로부터 나온 정보를 수령한 자와 함께 제2차 정보수령자와 그 이후의 다차 정보수령자를 과징금 부과 대상으로 규정한 것이다.

---

38) 제1차 정보수령자로부터 1차 정보수령과는 다른 기회에 미공개 내부정보를 다시 전달받은 제2차 정보수령자 이후의 사람을 대상으로 한 사안이다.

39) 제1차 정보수령자가 다른 사람에게 정보를 이용하게 하는 행위는 제2차 정보수령자의 정보이용행위가 당연히 예상되므로 제2차 정보수령자의 그와 같은 관여행위를 처벌하는 규정이 없는 이상 그 입법 취지에 비추어 제2차 정보수령자가 제1차 정보수령자로부터 제1차 정보수령 후에 미공개중요정보를 이용한 행위를 제1차 정보수령자의 공범으로서 처벌할 수는 없다는 것이다. 이러한 결론은 일반적인 형법 총칙상 공모, 교사, 방조에 해당되어도 마찬가지라고 한다. 같은 취지: 대법원 2019. 7. 11. 선고 2017도9087 판결. 2인 이상의 서로 대향된 행위의 존재를 필요로 하는 대향범에 대하여 공범에 관한 형법 총칙 규정이 적용될 수 없다(대법원 2004. 10. 28. 선고 2004도3994 판결 등).

40) 같은 취지: 대법원 2019. 7. 11. 선고 2017도9087 판결.

Ⅱ. 내부정보

1. 자본시장법상의 미공개중요정보

자본시장법은 '**내부정보**'라는 표현 대신 "상장법인(상장예정법인 등)의 업무 등과 관련된 미공개중요정보"라는 구체적인 표현을 사용한다(174조 1항). 이 책에서는 편의상 내부정보라는 거래계의 용어를 그 법인의 '**업무 등**'과 관련된 미공개중요정보를 가리키는 의미로 함께 사용한다. 자본시장법은 미공개중요정보를 다시 "투자자의 투자판단에 중대한 영향을 미칠 수 있는 정보로서 시행령으로 정하는 방법에 따라 불특정 다수인이 알 수 있도록 공개되기 전의 것"으로 정의하고 있다(174조 1항). 이하 미공개중요정보의 구성요소를 차례로 설명한다.

2. 상장법인의 업무 등에 관한 정보

1) 상장법인에 관한 정보

(1) 상장법인과 상장예정법인등

상장법인에 관한 정보라고 하고 있으므로 비상장법인의 증권을 거래하는 것은 규제대상이 아니다. 다만 여기서 말하는 '**상장법인**'은 '**6개월 이내에 상장하는 법인**'(상장예정법인)을 포함한다. 기존 상장법인과의 합병을 통하여 실질적으로 상장효과를 누리는 이른바 '**우회상장**'도 포함되는가? 해석론상 형벌법규인 제174조의 성격상 대상법인을 그렇게 넓히는 해석은 받아들이기 어렵다고 보는 것이 일반적이었다. 그러나 실제 우회상장과정에서의 미공개중요정보 이용행위의 가능성은 항상 존재한다. 자본시장법은 2013. 5. 28. 개정에서 "6개월 이내에 상장법인과의 합병, 주식의 포괄적 교환, 그 밖에 대통령령으로 정하는 기업결합 방법에 따라 상장되는 효과가 있는 비상장법인"(우회상장예정법인)도 대상으로 포함했다.[41] 상장예정법인과 우회상장예정법인을 합쳐서 '**상장예정법인등**'이라고 한다. 6개월은 미공개중요정보의 정보로서의 가치를 고려한 기간이다.

(2) 계열회사에 관한 정보

대상정보는 내부자가 위에서 설명한 관계가 있는 '**그 법인**'의 업무등에 관한 정보이다. 따

---

41) 시행령은 우회상장을 다음 3가지의 주식등 교부의 결과 비상장법인의 대주주 또는 그의 특수관계인('대주주등')이 상장법인의 최대주주가 되는 방법이라고 규정한다(령 201조 1항).

첫째, 상장법인이 비상장법인으로부터 중요한 영업을 양수(161조 1항 7호)하고 그 대가로 해당 상장법인이 발행한 주식등을 교부하는 경우

둘째, 상장법인이 비상장법인의 대주주등으로부터 중요한 자산을 양수(161조 1항 7호)하고 그 대가로 해당 상장법인이 발행한 주식등을 교부하는 경우

셋째, 비상장법인의 대주주등이 상장법인에 현물출자(상 422조)를 하고 그 대가로 해당 상장법인이 발행한 주식등을 교부받는 경우

라서 자신이 관계하는 회사의 계열회사에 관한 정보는 그 자체만으로는 내부정보가 될 수 없다. 그러나 자본시장법은 "계열회사 및 그 임직원·대리인으로서 그 직무와 관련하여 미공개중요정보를 알게 된 자"를 내부자에 포함하고 있으므로(174조 1항 1호) 상황은 조금 복잡해졌다. 먼저 계열회사에 관한 정보에 따라 계열회사가 발행한 증권을 거래하는 경우, 예컨대 갑회사의 이사 A가 그 직무와 관련하여 계열회사 을의 부도가 임박하였다는 사실을 알고서 을의 주식을 거래한 경우는 미공개중요정보이용행위에 해당한다. 자본시장법상 A가 을의 내부자에도 포함되기 때문이다. A가 을회사주식 대신에 갑회사주식을 거래한 경우는 어떠한가? 이 경우에는 계열회사인 을의 부도가 갑회사의 '**업무 등과 관련된**' 미공개중요정보라고 볼 수 있는지에 따라 결론이 좌우될 것이다. 갑의 을에 대한 보유지분규모, 영업상 관계 등을 고려하여 판단할 사항이다.

2) 당해 법인의 업무 등과의 관련성

문제의 정보가 당해 법인의 '**업무 등과 관련된**' 정보여야 한다. 이러한 정보는 회사내부에서 생성된 경우가 많기 때문에 흔히 내부정보 또는 회사정보라고 불린다. 그러나 회사의 '**업무 등**'은 상당히 막연한 개념으로 내부정보와 그렇지 않은 정보를 구분하는 것은 쉽지 않다. 회사의 주가에 영향을 주는 요소는 너무도 다양하다. 공장의 화재와 같은 내부적 요소는 물론이고 원자재가격의 변동과 같은 외부적 요소도 주가에 큰 영향을 준다. 그러나 회사의 내부자라고 해서 모든 요소에 관하여 정보의 우위를 누리는 것은 아니다. 자본시장법에서 말하는 당해 법인의 '**업무 등**'과 관련된 정보란 내부자가 그 지위상 우월적으로 접근할 수 있는 정보를 의미한다고 볼 것이다. 원자재가격변동과 같이 완전히 회사외부에서 결정되는 사항에 관해서 내부자가 다른 투자자에 비하여 우월적 지위에 서는 것은 아니다. 따라서 원자재가격변동은 당해 법인의 '**업무 등**'에 관한 정보가 아니므로 그것을 이용한 거래는 미공개중요정보이용행위에 해당하지 않는다.

앞에서 언급한 계열회사 을의 부도는 갑 회사의 '**업무 등**'과 관련성이 있는 정보라고 할 수 있는가? 을의 부도가 갑의 재산상태나 영업성적에 직접 영향을 미칠 정도로 갑과 을의 관계가 밀접하다면 을에 대한 경영관리가 갑의 업무에 속한다고 볼 수 있으므로 업무관련성을 인정할 수 있다.

법인의 업무등과 관련하여 법인 내부에서 생성된 것이면 "일부 외부적 요인이나 시장정보가 결합되어도" 미공개중요정보에 해당한다(대법원 2017. 1. 25. 선고 2014도11775 판결).[42] 유상증자라는 정보에 대하여 "피고인과 공소외 2 회사가 유상증자에 참여할지 여부를 결정하는 내심의 의사뿐 아니라 신주발행의 주체인 공소외 1 회사가 상대방인 피고인과 교섭하는 과정

---

42) 같은 취지: 대법원 2017. 10. 31. 선고 2015도5251 판결.

에서 생성된 정보로서, 공소외 1 회사의 경영, 즉 업무와 관련된 것임은 물론 공소외 1 회사 내부의 의사결정 과정을 거쳐 최종적으로 확정된다는 점에서 공소외 1 회사의 내부정보"라는 것이다(대법원 2017. 1. 25. 선고 2014도11775 판결).

3) 시장정보

(1) 문제의 의의

회사의 외부에서 생성되는 외부정보 중에도 주가에 영향을 주는 경우로 '**시장정보**'(market information)가 존재한다. 시장정보는 "회사정보 외에 증권시장에서 당해 회사가 발행한 증권의 수급에 영향을 줄 수 있는 사건이나 상황에 관한 정보"를 말한다. 공개매수의 대상이 되었다는 사실, 경영권에 영향을 미칠 수 있는 주식등의 대량처분·취득, 기관투자자가 그 회사의 주식에 대해서 대규모의 매수주문을 냈다는 사실 등이 시장정보의 예이다. 정부의 환율이나 금리에 대한 결정 등에 관한 이른바 '**정책정보**'도 크게 보면 시장정보에 포함할 수 있을 것이다. 자본시장법은 공개매수정보와 주식등의 대량처분·취득정보를 이용한 거래에 대해서는 별도의 규정에서 미공개중요정보이용행위로 보고 있다(174조 2항·3항). 그러나 그 밖의 시장정보는 특정회사의 업무 등과 관련성이 없으므로 내부정보에 해당하지 않는 것으로 본다. 이러한 정보에 관한 비대칭은 비밀유지의무나 정보제공금지를 규정한 다른 법률에 의하여 규제된다.[43] 그러나 시장정보나 회사정보 모두 불공정한 정보격차를 이용한 증권거래를 막아야 할 필요는 마찬가지로 인정된다. 여기에서는 시장정보가 문제되는 몇 가지 경우만 언급하고자 한다.

(2) 프런트러닝

먼저 이른바 '**프런트러닝**'(front running)이라고 불리는 선행매매이다. 예컨대 시장에서 갑회사의 주식에 대해서 대규모 매수주문이 있는 경우에 그 정보는 갑회사의 회사정보는 아니지만 갑회사주식의 시세에 커다란 영향을 준다. 선행매매는 그처럼 매매주문정보를 이용한 거래를 가리킨다. 예컨대 투자자로부터 대량의 매도주문을 받은 투자중개업자가 그 주문을 이행하기 전에 자기계정의 보유주식을 먼저 매도하는 행위가 그에 해당한다. 이러한 행위가 먼저 주문을 낸 투자자에 대한 계약상의 의무를 위반하는 것은 물론이다. 이러한 거래도 미공개중요정보이용행위로 규제해야 할 것인가? 입법론으로는 역시 미공개중요정보이용행위로 규제해야 할 것이다.[44] 투자중개업자가 직무수행과정에서 얻은 그러한 정보를 이용하는 것은

---

43) 예컨대 거래소 직원의 정보누설과 도용을 금지하는 규정(383조 1항), 금융투자업자 임·직원의 금융투자상품 매매를 제한하는 규정(63조), 금융투자업자의 직무관련정보의 누설을 금지하는 규정(54조) 등이 그러한 정보 비대칭을 해소하는 기능을 한다.

44) 이러한 주문정보를 자신이 이용하는 것뿐 아니라 타인에게 이용하게 하는 것도 허용해서는 안 될 것이다. 자본시장법은 주문정보를 타인에게 누설하는 것을 금하고 있기 때문에(54조) 적어도 정보제공행위는 금지되고 있다.

정당화하기 어렵기 때문이다. EU의 2014년 「부정거래행위규칙」(Market Abuse Regulation)[45]에 서는 선행매매도 고객주문관련정보를 내부정보로 규정하는 방식으로 미공개중요정보이용행 위으로 규정하고 있다{Art.7(1)(d)}.[46]

(3) 스 캘 핑

선행매매와 유사한 것으로 '**스캘핑**'(scalping)이 있다. 증권시장에서 영향력 있는 증권분석 가의 의견은 증권시세에 큰 영향을 줄 수 있다. 그러한 전문가가 "의견을 공표하기 전에 미리 증권을 매수하고 공표 후 다시 매도함으로써 차익을 얻는 행위"를 스캘핑이라고 한다.[47] 스 캘핑도 다른 미공개중요정보이용행위와 마찬가지로 정보격차를 이용한 거래이다. 여기서 문 제되는 것은 그 전문가가 보유한 '**특정주식**'에 관한 정보가 아니라 '**특정주식에 관해서 공표하는 의견**'에 관한 정보이다. 그러한 정보에 대해서 전문가가 갖는 정보우위는 다른 시장참여자들 은 아무리 노력해도 극복하기 어려운 것이기 때문에 그것을 이용하여 증권을 거래하는 것은 불공정한 것이다.[48] 따라서 스캘핑도 이론적으로는 미공개중요정보이용행위와 유사한 측면이 있다. 입법론으로는 미공개중요정보의 범위를 확대하여 이러한 정보도 포함하는 것이 옳다.

그러나 제한적인 미공개중요정보의 범위를 고려할 때 제178조의 부정거래행위로 처벌할 수밖에 없다. 법원은 "투자자문업자 등이 추천하는 증권을 자신이 선행매수하여 보유하고 있 고 추천 후에 이를 매도할 수도 있다는 그 증권에 관한 자신의 이해관계를 표시하지 않은 채 그 증권의 매수를 추천하는 행위"는 자본시장법상 부정한 수단·계획·기교(178조 1항 1호)에 해당하는 한편, "투자자들의 오해를 초래하지 않기 위하여 필요한 중요사항인 개인적인 이해 관계의 표시를 누락함으로써 투자자들에게 객관적인 동기에서 그 증권을 추천한다는 인상을 주어 거래를 유인하려는 행위"로서 위계(178조 2항)에도 해당한다고 판단하였다(대법원 2017. 3. 30. 선고 2014도6910 판결).[49]

---

45) REGULATION (EU) No 596/2014 OF THE EUROPEAN PARLIAMENT AND OF THE COUNCIL of 16 April 2014 on market abuse (market abuse regulation) and repealing Directive 2003/6/EC of the European Parliament and of the Council and Commission Directives 2003/124/EC, 2003/125/EC and 2004/72/EC.

46) Niamh Moloney, EC Securities Regulation, 2008, pp958-959[Niamh Moloney, EU Securities and Financial Markets Regulation, 4th ed, Oxford University Press, 2023]. 영국도 프런트러닝를 규제하고 있다{MAR 1. 3. 2(2)}. 실제 영국에서는 고객이 당일 오후 프로그램매매를 통하여 대상 주식을 매수할 계획임을 고객으로부 터 알고서 그 거래정보를 이용하여 주식을 거래한 회사에 대하여 19만 파운드의 벌금이 부과된 사례가 있다. Andrew Henderson, "Financial Services Authority v. Morgan Grenfell in Light of the Market Abuse Directive", Journal of International Banking Law and Regulation Vol. 19, 2004, pp310-312.

47) 주가에 영향을 미칠 시장정보가 공시되기 앞서 거래한다는 점에서는 선행매매와 같지만, 그 시장정보(예컨대 추천의견)가 자신이 만들어낸 것이라는 점에서 차이가 있다. 그러나 실제 용어례에서 양자의 차이는 반드시 분명한 것은 아니다.

48) 그러한 정보격차의 이용을 허용하는 것은 별다른 효용을 가져오지 않는 반면, 전문가의 의견에 대한 전반적인 불신을 초래하는 등 폐해가 크다.

49) 피고인은 증권방송 프로그램에 출연하여 유망 종목을 추천하는 업무를 담당하던 중 특정 증권을 장기투자로

법원은 첫째, "명백하게 거짓인 정보를 시장에 흘리는 방법으로 그 특정 증권을 추천"한 경우는 "정상적인 자본의 흐름을 왜곡시켜 자본시장의 공정성과 효율성을 해"치는 것이고, 둘째, "정보는 거짓이 아니어서 자본의 흐름을 왜곡시키는 것은 아"닌 경우라도, "자본시장에서의 공정한 경쟁에 대한 시장참여자들의 신뢰가 훼손되고 시장 내의 각종 투자 관련 조언행위가 평가절하됨으로써, 양질의 정보를 생산하고 소비하려는 유인이 감소하여 자본시장에서의 자원배분의 효율성을 해치고 투자자들이 자본시장으로부터 이탈하는 결과"를 초래한다고 본다(대법원 2017. 3. 30. 선고 2014도6910 판결).

부정한 수단·계획·기교의 사용과 위계의 사용의 구분은 "행위자의 지위, 행위자가 특정 진술이나 표시를 하게 된 동기와 경위, 진술 등이 미래의 재무상태나 영업실적 등에 대한 예측이나 전망에 관한 사항일 때에는 합리적인 근거에 기초하여 성실하게 한 것인지, 진술 등의 내용이 거래 상대방이나 불특정 투자자에게 오인·착각을 유발할 위험이 있는지, 행위자가 진술 등을 한 후 취한 행동과 주가의 동향, 행위 전후의 여러 사정 등을 종합하여 객관적인 기준에 따라" 판단한다(대법원 2022. 5. 26. 선고 2018도13864 판결).

3. 정보의 중요성

1) 포괄주의

내부정보는 '**미공개중요정보**'라고 규정되어 있으므로 중요성을 갖춰야 한다(174조 1항). 법률이 미공개중요정보를 규정하는 방법에는 "규제의 대상이 되는 정보를 구체적으로 열거하여 그 열거된 정보만을 규제대상으로 삼는 제한적 열거주의의 방법"과 "중요한 정보의 개념만을 정의하여 두고(또는 이와 병행하여 중요한 정보의 사례를 예시하고) 구체적인 사건에 당하여 법원으로 하여금 중요성의 해당 여부를 가리게 하는 포괄주의의 방법"의 2가지가 있을 수 있다(대법원 1995. 6. 29. 선고 95도467 판결).[50]

증권법은 중요한 정보를 수시공시사항에 관한 정보 중 '**투자자의 투자판단에 중대한 영향을 미칠 수 있는 것**'으로 정의하여 중요성을 수시공시사항에 결부시켰다(188조의2 2항). 이에 따라 위의 제한적 열거주의를 채택한 것인지가 문제되었다. 수시공시사항은 회사가 적극적으로 나서서 공시할 의무가 있기 때문에 비중있고 확실한 사항에 한정될 수밖에 없다. 예컨대 합병추진상황, 부도가능성, 추정영업실적 등은 모두 확실성이 부족하므로 수시공시대상에서

추천하기 직전에 자신의 계산으로 그 증권을 매수한 다음, 추천 후 그 증권의 시장가격이 상승할 때에 즉시 차익을 남기고 매도하는 이른바 스캘핑(scalping) 행위를 하였고, 검사가 자본시장법 제178조 제1항 제1호의 부정한 수단, 계획, 기교를 사용한 행위 및 제178조 제2항의 위계를 사용한 행위에 해당한다고 기소한 사안이다. 같은 취지: 대법원 2017. 4. 7. 선고 2015도760 판결; 대법원 2017. 7. 18. 선고 2016도4217 판결; 대법원 2022. 5. 26. 선고 2018도13864 판결.

50) 자본시장법상 '중요정보'(174조 1항)는 '중요한 사실'(176조 2항 3호) 그리고 '중요사항'(178조 1항 2호)은 같은 의미이다. 대법원 2018. 4. 12. 선고 2013도6962 판결; 대법원 2018. 12. 13. 선고 2018도13689 판결.

는 제외된다. 그러나 이러한 정보가 모두 주가에 중대한 영향을 미칠 수 있는 정보임은 물론
이다. 따라서 증권법과 같이 내부정보의 중요성과 수시공시사항을 결부시키면 미공개중요정
보이용행위의 규제범위가 너무 좁아진다. 이러한 사정을 고려하여 대법원은 수시공시사항에
해당해야 한다는 문구를 예시적인 것으로 해석하였다(대법원 2000. 11. 24. 선고 2000도2827 판
결).51) 자본시장법은 미공개중요정보를 "투자자의 투자판단에 중대한 영향을 미칠 수 있는 정
보"라고 하여 수시공시사항과의 관계를 단절하였다(174조 1항). 중요성 판단이 수시공시사항
으로부터 해방된 현재로서는 법령상 공시 또는 공개의무와 무관하게 정보의 중대성과 사실이
발생할 개연성을 함께 고려하여 중요성을 판단해야 할 것이다.

2) 중대성과 개연성

법원은 중요성의 판단기준으로 중대성과 개연성을 사용한다. "법인 경영에 관하여 중대
한 영향을 미칠 사실"들 가운데, "합리적인 투자자라면 그 정보의 중대성과 사실이 발생할 개
연성을 비교 평가하여 판단할 경우 유가증권의 거래에 관한 의사를 결정함에 있어서 중요한
가치를 지닌다고 생각하는 정보"를 말한다(대법원 1994. 4. 26. 선고 93도695 판결).52)

법원은 증권법상 같은 문구를 "합리적인 투자자라면 그 정보의 중대성과 사실이 발생할
개연성을 비교·평가하여 판단할 경우 유가증권의 거래에 관한 의사를 결정함에 있어서 중요
한 가치를 지닌다고 생각하는 정보"(대법원 1994. 4. 26. 선고 93도695 판결) 또는 "합리적인 투
자자가 당해 유가증권을 매수 또는 계속 보유할 것인가 아니면 처분할 것인가를 결정하는 데
있어서 중요한 가치가 있는 정보, 바꾸어 말하면 일반투자자들이 일반적으로 안다고 가정하
는 경우에 당해 유가증권의 가격에 중대한 영향을 미칠 수 있는 사실"(대법원 1995. 6. 29. 선고
95도467 판결) 등으로 해석하였다. 이러한 기준에 따라 법원은 "회계장부상으로는 흑자가 발생
하고 있는 것으로 되어 있으나 실제로는 누적된 적자와 대규모공장의 신축으로 인한 자금의
수요 등 때문에 어음 수표가 부도로 될 정도로 극심한 자금난에 시달리고 있다는 사정"(대법
원 1994. 4. 26. 선고 93도695 판결), 자본금이 101억여원인 회사의 자회사에서 화재가 발생하여
약 20억원의 손실을 입은 것을 비롯하여 연도 말 결산결과 약 35억원의 적자가 발생한 것(대
법원 1995. 6. 30. 선고 94도2792 판결), "상장법인 등이 발행한 어음 또는 수표가 부도처리되었
을 때뿐만 아니라, 은행이 부도처리하기 전에 도저히 자금조달이 어려워 부도처리될 것이 거
의 확실시되는 사정"(대법원 2000. 11. 24. 선고 2000도2827 판결), "새롬기술의 다이얼패드사에

---

51) 같은 취지: 대법원 2010. 5. 13. 선고 2007도9769 판결. 대법원은 대폭 호전된 추정영업실적은 수시공시대상
   은 아니지만, 시세에 중대한 영향을 미칠 것임이 분명하므로 내부정보에 해당한다고 판시하였다. 대법원
   1995. 6. 29. 선고 95다467 판결.
52) 같은 취지: 대법원 1995. 6. 30. 선고 94도2792 판결; 대법원 2008. 11. 27. 선고 2008도6219 판결; 대법원
   2010. 2. 25. 선고 2009도4662 판결; 대법원 2017. 1. 25. 선고 2014도11775 판결; 대법원 2017. 10. 31. 선고
   2015도5251 판결.

대한 인수포기결정"(대법원 2003. 9. 5. 선고 2003도3238 판결), "자사주 취득과 해외신주인수권부사채의 발행"(대법원 2004. 3. 26. 선고 2003도7112 판결), "무상감자결정"(대법원 2007. 7. 26. 선고 2007도4716 판결), "회사의 우발채무가 80억원을 넘는다는 사실"(대법원 2010. 4. 15. 선고 2009도11265 판결), "갑 제약회사가 자기자본금의 3.07%를 출자하여 국내 최초의 바이오 장기개발 전문회사인 을회사의 신주를 인수함으로써 을회사의 출자지분 10.24%를 보유하게 된다는 내용"(대법원 2010. 5. 13. 선고 2007도9769 판결)도 '**중요한 정보**'에 해당한다고 보았다.

한편 법원은 시세영향기준을 사용하기도 한다. 이에 따르면 중요정보는 "일반투자자들이 일반적으로 안다고 가정할 경우에 당해 유가증권의 가격에 중대한 영향을 미칠 수 있는 사실"(대법원 1995. 6. 29. 선고 95도467 판결)을 말한다. "상장회사의 추정 영업실적이 전년도에 비하여 대폭으로 호전되었다는 사실"은 "그 회사의 유가증권의 가격에 중대한 영향을 미칠 것임이 분명하므로, 그에 관한 매출액, 순이익 등의 추정 결산실적 등의 정보는 중요정보에 해당한다고 보았다(대법원 1995. 6. 29. 선고 95도467 판결). 그러나 시세영향기준은 중대성과 개연성 기준에서 말하는 '**정보의 중대성**'을 판단하는 기준으로 이해할 수 있다.

요컨대 정보의 중요성에 관하여는 중대성과 개연성이 인정되면 충분하고, "그 정보가 반드시 객관적으로 명확하고 확실할 것까지 필요로 하지는 아니한다"고 보고 있다(대법원 1994. 4. 26. 선고 93도695 판결). 법원은 나아가 정보에 일부 허위 또는 과장된 부분이 포함되어 있다 하더라도 그것을 이유로 정보의 중요성 자체를 부정할 수는 없다고 본다(대법원 2010. 2. 25. 선고 2009도4662 판결).

3) 중요성 요건과 죄형법정주의

그러면 '**객관적으로 명확하고 확실한 것이 아닌 미공개정보**'의 이용행위를 처벌하는 것이 죄형법정주의에 위반된다고 볼 것인가?[53] 입법취지상 투자자의 관점에서 중대성과 개연성이 인정되는 정보는 공개된 이후에 거래해야 한다는 것은 자본시장에 참여하는 모든 투자자가 알고 있는 공지의 사실이라고 할 수 있으므로 죄형법정주의 위반이라고 볼 것은 아니다.

4) 정보의 생성시점

또 한 가지 주목할 것은 정보의 생성시점이다. 실무적으로 가장 판단하기 어렵고 소송에서도 가장 많은 다툼이 이루어지는 것은 정보의 생성시점이다. 정보의 생성시점을 위반행위자는 문제되는 증권거래 이후로, 그리고 검찰이나 금융당국은 문제되는 증권거래 이전으로 주장하려고 하기 때문이다. 더욱이 정보의 생성시점 자체가 결정하기 매우 어렵다.

정보의 생성시점에 대한 판단은 다음의 예에서 보는 바와 같이 쉽지 않다. 예컨대 갑회사

---

53) 박준, "자본시장과 금융투자업에 관한 법률상 불공정거래의 규제", 2010년도 증권거래와 기업금융의 이해 법관연수 자료(2010, 사법연수원), 9-10면.

와 을회사가 합병하는 경우를 생각해 보자. 합병이 진행되는 과정에서 두 회사의 접촉, MOU 의 체결, 기업의 실사, 합병계약의 체결, 이사회 결의, 주주총회 결의, 합병등기 등 여러 단계 를 거친다. 초기단계의 정보일수록 개연성이 낮기 때문에 정보의 가치도 낮다. 그러나 합병규 모가 클수록 정보의 가치는 높을 것이다. 대법원도 "일반적으로 법인 내부에서 생성되는 중요 정보란 갑자기 완성되는 것이 아니라 여러 단계를 거치는 과정에서 구체화되는 것으로서, 중 요정보의 생성시기는 반드시 그러한 정보가 객관적으로 명확하고 확실하게 완성된 경우를 말 하는 것이 아니라, 합리적인 투자자의 입장에서 그 정보의 중대성과 사실이 발생할 개연성을 비교 평가하여 유가증권의 거래에 관한 의사결정에서 중요한 가치를 지닌다고 생각할 정도로 구체화되면 그 정보가 생성된 것"이라고 판시하였다(대법원 2008. 11. 27. 선고 2008도6219 판 결).[54] 나아가 "법인 내부의 의사결정 절차가 종료되지 않아 아직 실현 여부가 확정되지 않은 정보라도 합리적인 투자자가 정보의 중대성과 현실화될 개연성을 평가하여 투자에 관한 의사 결정에 중요한 가치를 지닌다고 받아들일 수 있을 정도로 구체화된 것이면 중요정보로 생성 된 것"이다(대법원 2017. 1. 25. 선고 2014도11775 판결).

4. 미공개정보: 정보의 공개시점

정보의 생성시점에 비하여 정보의 공개시점은 객관적 기준이 있다. 미공개정보는 "대통 령령으로 정하는 방법에 따라 불특정 다수인이 알 수 있도록 공개되기 전의 것"을 말한다(174 조 1항).[55] 이와 관련하여 공개방법과 공개방법별 주지기간, 공개주체가 문제될 수 있다.

첫째, 공개방법에 대해서 자본시장법은 금융위나 거래소에 대한 신고, 신문게재, 방송, 통신, 금융위나 거래소의 전자전달매체를 통한 공개 등으로 한정하고 있다(령 201조 2항 1호-6 호). 자본시장법상 공개방법 이외의 방법으로 정보가 공개된 경우를 어떻게 볼 것인가?[56] 예 컨대 발행인의 인터넷 홈페이지 등을 통하여 정보가 공개된 경우 자본시장법에서 요구하는 수준의 정보공개효과가 실질적으로 발생한 것으로 볼 수도 있다. 그러나 공개방법 자체가 법

---

54) 자사주에 대한 주가부양방법으로서 '자사주 취득 후 이익소각 방안'을 검토하고 있다는 내용의 정보를 제3자 에게 제공한 사안에서 법원은 "2004년 1월 이미 정보가 현실화될 개연성이 충분히 있었다"는 판단을 전제로, 어느 회사에서 주가부양이 필요하다는 막연한 사실에 관한 주식시장의 인식과 회사 내부에서 실제로 그 방안 을 구체적으로 검토하고 있다는 사실의 확인은 정보로서의 가치가 다르다고 할 것이므로, 합리적인 투자자라 면 발행회사 내부에서 주가부양방법으로 '자사주 취득 후 이익소각'의 방안이 확정되지는 않았지만 구체적으 로 검토되고 있다는 이 사건 정보를 발행회사 주식의 거래에 관한 의사결정의 판단자료로 삼기에 충분하다고 하여 정보생성을 인정했다. 대법원 2009. 11. 26. 선고 2008도9623 판결.
55) 증권법(188조의2 2항)의 위임에 따라 정보공개에 관한 재무부령이 제정되지 않았음에도 위 법 부칙 제1조에 서 내부자거래의 처벌규정인 위 법 제208조 제6호를 법 공포일로부터 시행하도록 한 것이 헌법에 위반되는지 여부에 대해 합헌으로 결정하였다. 헌법재판소 1997. 3. 27. 선고 94헌바24 결정.
56) 박준, "자본시장과 금융투자업에 관한 법률상 불공정거래의 규제", 2010년도 증권거래와 기업금융의 이해 법 관연수 자료(2010, 사법연수원), 13면.

상 제한되어 있는 이상 투자자들도 이러한 공개방법을 신뢰할 수밖에 없는 점 등을 고려할 때 자본시장법상 공개방법 이외의 방법을 이용하여 정보공개가 이루어진 경우에는 여전히 미공개정보라고 볼 수밖에 없다(대법원 1995. 6. 29. 선고 95도467 판결).[57] 자국거래소와 외국거래소에 복수상장되어 있는 증권의 발행인이 외국거래소에만 공시하고 자국거래소에 공시하지 않은 경우 여전히 미공개정보라고 볼 것인가? 공개방법을 제한하고 있는 자본시장법 취지상 역시 미공개정보라고 볼 수밖에 없다. 다만 시장에 정보가 널리 공개된 상태인 경우에는 앞서 언급한 중요성 요건을 충족하지 못한다고 볼 여지가 있을 것이다.[58]

둘째, 주지기간과 관련하여 과거 시행령에서는 공개방법의 종류에 따라 1일(방송은 12시간)의 주지기간을 부과하고 있었다(개정 전 201조 1항 1호-4호). 그러나 오늘날의 발전된 통신수단을 고려할 때 1일 또는 12시간의 주지기간은 오히려 역차별을 발생시킬 수 있다. 이에 따라 현재는 주지기간을 금융위나 거래소에 신고하여 갖추어 둔 경우(1일), 신문·방송·통신(6시간), 금융위나 거래소가 설치·운영하는 전자전달매체(3시간) 등 공개방법에 따라 차별화하고 있다(령 201조 2항 1호-5호).

셋째, 공개주체는 그 법인과 그 법인으로부터 공개권한을 위임받은 자, 그 법인의 자회사(상 342조의2 1항)와 그 자회사로부터 공개권한을 위임받은 자를 포함한다(령 201조 2항). 유사한 내용이 이미 신문에 보도된 경우에도 회사가 직접 공개하거나 그 정보공개를 위임하지 않은 경우에는 미공개중요정보이용행위가 성립할 수 있다(대법원 1995. 6. 29. 선고 95도467 판결).[59] 공개주체가 익명을 요구하여 보도기관이 정보원을 공개하지 않은 경우도 공개라고 볼 수 없다.[60]

Ⅲ. 대상증권

1. 의의와 취지

자본시장법은 상장법인이 발행한 증권은 물론 그 법인 이외의 자가 그 법인과 관련된 증권을 기초로 발행한 신종증권도 포함하고 있다. 자본시장법은 단기매매차익반환대상증권으로 정의되어 있는 다음 금융투자상품을 '**특정증권등**'이라 하여 미공개중요정보이용행위의 대상증권으로 규정하고 있다(174조 1항, 172조 1항 1호-4호). 여기에는 상장예정법인등이 발행한 특

---

57) 같은 취지: 대법원 2000. 11. 24. 선고 2000도2827 판결; 대법원 2006. 5. 12. 선고 2004도491 판결; 대법원 2017. 10. 31. 선고 2015도3707 판결; 대법원 2018. 1. 25. 선고 2017도17303 판결.

58) 일본에서는 행위자가 그 정보가 미공개라는 점을 인식하지 못한 경우에는 고의의 결여를 이유로 처벌하지 않는다고 한다. 黑沼悅郎, 金融商品取引法, 有斐閣, 2020, 452면.

59) 같은 취지: 대법원 2000. 11. 24. 선고 2000도2827 판결; 대법원 2006. 5. 12. 선고 2004도491 판결; 대법원 2017. 10. 31. 선고 2015도3707 판결; 대법원 2018. 1. 25. 선고 2017도17303 판결.

60) 임재연(불공정거래), 275면.

정증권 등도 포함된다(174조 1항).

2. 그 법인이 발행한 증권(172조 1항 1호)

그 법인이 발행한 증권을 모두 포함하되, 시행령에서 채무증권, 수익증권, 아래 5.에 해당하지 않는 파생결합증권을 제외하고 있다(령 196조 1호-3호). 다만 채무증권 중에서 전환사채권·신주인수권부사채권·이익참가부사채권, 그 법인이 발행한 지분증권 및 이와 관련된 증권예탁증권 또는 전환사채권·신주인수권부사채권·이익참가부사채권 및 이와 관련된 증권예탁증권과 교환을 청구할 수 있는 교환사채는 대상증권에 포함하고 있다. 결론적으로 채무증권 중에서 일반사채만을 미공개중요정보이용행위의 적용대상에서 제외한 것이다.

그러나 일반사채를 미공개중요정보이용행위의 대상증권에서 제외하는 것은 옳지 않다. 일반사채를 이용한 미공개중요정보이용행위도 충분히 예상할 수 있기 때문이다. 이러한 결과가 빚어진 것은 미공개중요정보이용행위의 대상증권으로 단기매매차익반환대상증권을 정하는 기준인 **'특정증권등'** 개념을 원용하기 때문이다. 일반사채를 단기매매차익반환대상증권에서 제외하는 것은 가능하지만 미공개중요정보이용행위의 대상증권에는 포함하여야 한다.[61] 신규발행증권도 마찬가지다.[62]

3. 위 2.의 증권과 관련된 증권예탁증권(172조 1항 2호)

정보비대칭성이라는 관점에서는 증권예탁증권과 그 기초가 되는 관련증권은 동일하므로 자본시장법이 대상증권에 포함한 것은 옳다.

---

61) 이와 관련하여 외국에서 흥미로운 사건이 발생하였다. Rorech는 DBSI사에 고용된 신용부도스왑(credit default swap: CDS) 세일즈맨이었는데, 업무 중에 VNU사가 부채구조를 조정하기 위해, 채권을 발행할 것이라는 정보를 취득하였다. 그리고 VNU사의 채권 발행은 이를 준거자산으로 하는 CDS의 가격을 상승시킬 것으로 예상되었다. 이에 Rorech는 Millenium사가 관리하는 헤지펀드 관리인인 Negrin에게 이 정보를 제공하였다. Negrin은 이 정보에 따라 CDS를 매수하여 US$120만의 이익을 보았다. 이에 대하여 SEC는 벌금과 이익반환을 구하는 소송을 제기하였다. SEC v. Jon-Paul Rorech, et. al., Civiel Action No 09 CV 4329(SDNY). 만일 동일한 사안이 국내에서 발생한 경우 미공개중요정보이용행위로 처벌할 수 있는가? Rorech가 자본시장법상 '계약을 체결한 자'로서 내부자의 요건을 충족하고, 채권발행관련정보를 이용한 CDS 거래행위를 미공개중요정보를 이용하게 하는 행위 및 이용행위의 요건을 갖춘 것으로 볼 수 있다면 자본시장법상 미공개중요정보이용행위로 처벌할 수 있다. 그러나 이 사안에서 문제된 대상상품은 '상장법인이 발행한 일반채권에 기초한 신용파생상품'으로서 자본시장법 제174조 제1항의 미공개중요정보이용행위 대상 금융투자상품인 '특정증권등'에 포함되어 있지 않다. 따라서 이 사안에서 문제된 '상장법인이 발행한 일반채무증권만에 기초한 신용파생상품'에 대해서는 자본시장법 제174조는 적용할 수 없다.

62) 임재연(불공정거래), 236면.

4. 그 법인 외의 자가 발행한 것으로서 위 2.나 3.의 증권과 교환을 청구할 수 있는 교환사채권(172조 1항 3호)

교환사채권도 대상증권에 포함된다. 정보비대칭성의 관점에서는 교환사채권도 교환대상
인 증권과 동일하므로 대상증권에 포함한 것은 옳다.

5. 위 2.에서 4.까지의 증권만을 기초자산으로 하는 금융투자상품(172조 1항 4호)

위 2.에서 4.의 증권을 기초로 만든 파생결합증권이나 파생상품을 거래해도 경제적으로
는 비슷하다. 자본시장법이 이들 금융투자상품까지 포함시킨 것은 타당하다. 그러나 기초자
산을 위 2.에서 4.까지의 증권에만 한정시킨 것은 문제가 있다. '주로' 그러한 증권을 기초로
만든 금융투자상품도 내부정보를 이용하여 거래하는 것은 규제할 필요가 있기 때문이다. 예
컨대, 갑 주식이 포함된 주식들의 지수를 기초자산으로 한 파생결합증권의 거래도 갑 주식이
그 지수에서 차지하는 비중이 크면 갑 주식의 거래와 경제적으로 접근한다. 따라서 입법론으
로는 그러한 증권을 '주된' 기초자산으로 하는 금융투자상품으로 규정하는 것이 옳다.

Ⅳ. 금지행위: 내부정보의 이용[63]

1. 의   의

금지되는 행위는 "특정증권등의 매매, 그 밖의 거래에 이용하거나 타인에게 이용하게"
하는 행위이다. '매매'는 보통 거래소증권시장이나 다자간매매체결회사에서 이루어지는 시장
거래이겠지만, 장외상대거래도 포함된다. '그 밖의 거래'는 발행시장에서의 증권취득도 포함한
다(서울지법 1998. 3. 26. 선고 98고단955 판결).[64] 정보공개를 전후하여 주식의 매매한 사실이
있는 경우도 이용행위에 해당할 수 있다(서울고법 2009. 5. 15. 선고 2008노3397 판결).[65]

---

63) 상세한 논의는, 김건식, "내부자거래와 내부정보의 이용", 상법연구의 향기(정희철교수정년 20년기념논문집,
   2004), 173면 이하.
64) 항소심(서울지법 1998. 8. 27. 선고 98노1312 판결)과 상고심(대법원 1999. 6. 11. 선고 98도3097 판결)은 각
   면소 및 상고기각. K증권이 등록법인인 C주식회사로부터 의뢰받은 협회중개시장등록(장외시장등록) 및 전환
   사채에 대한 지급보증과 발행주선업무를 추진하던 중 이와 관련하여 알게 된 미공개중요정보를 이용하여 C주
   식회사가 발행한 전환사채를 청약하여 배정받은 사안에서 "C주식회사가 1996. 11. 9. 현재 장외시장등록을
   추진하고 있어 장래 2개월쯤 뒤에는 장외시장등록이 가능하다"는 내용의 미공개중요정보를 이용한 것으로 보
   아 유죄를 선고하였다. 같은 취지: 한국증권법학회편, 『자본시장법 주석서』(2009), 872면(노태악 집필부분).
65) 1심은 서울중앙지법 2008. 11. 27. 선고 2008고합236 판결. 대법원 2010. 2. 25. 선고 2009도4662 판결.

2. 이용하는 행위

1) 의   의

미공개중요정보의 '**이용**'을 인정하려면 "정보가 매매 등 거래 여부와 거래량, 거래가격 등 거래조건을 결정하는 데 영향을 미친 것으로 인정되어야 하고, 이는 피고인이 정보를 취득한 경위 및 정보에 대한 인식의 정도, 정보가 거래에 관한 판단과 결정에 미친 영향 내지 기여도, 피고인의 경제적 상황, 거래를 한 시기, 거래의 형태나 방식, 거래 대상이 된 증권 등의 가격 및 거래량의 변동 추이 등 여러 사정을 종합적으로 살펴서 판단"해야 한다(대법원 2017. 1. 25. 선고 2014도11775 판결).

2) 다른 거래 동기와 정보이용

(1) 하나의 요인

'**이용**'했다고 하기 위해서는 "정보보유자의 거래가 전적으로 내부정보 때문에 이루어진 것"을 증명할 필요는 없고, "단지 내부정보가 거래를 하게 된 '**하나의 요인**'(a factor)이었음"을 증명하면 된다. 따라서 내부자가 "미공개중요정보를 인식한 상태에서 특정증권 등의 매매나 그 밖의 거래를 한 경우에 거래가 전적으로 미공개중요정보 때문에 이루어지지는 않았더라도 미공개중요정보가 거래를 하게 된 요인의 하나임이 인정된다면 특별한 사정이 없는 한 미공개중요정보를 이용하여 거래를 한 것"으로 볼 수 있다(대법원 2017. 1. 12. 선고 2016도10313 판결).[66]

(2) 다른 동기의 존재

다른 동기가 있었단 경우에는 어떻게 볼 것인가? "미공개중요정보를 알기 전에 이미 거래가 예정되어 있었다거나 미공개중요정보를 알게 된 자에게 거래를 할 수밖에 없는 불가피한 사정이 있었다는 등 미공개중요정보와 관계없이 다른 동기에 의하여 거래를 하였다고 인정되는 때"에는 미공개중요정보를 이용한 것이라고 할 수 없다(대법원 2017. 1. 12. 선고 2016도10313 판결). 예컨대 "△△주식회사 지분 인수라는 정보는 피고인들이 공소외 회사의 워런트(warrant)를 행사하여 받은 대금 등으로 △△인수대금을 조달하겠다는 계획과 동시에 구체화되었고", "위 피고인들이 △△인수대금 조달계획에 따라 워런트를 행사한 것은 △△지분 인수라는 정보생성 당시 성립된 계약에 따라 그 이행을 한 것에 불과한 경우" "피고인들이 △△지분 인수라는 정보를 보유하고 있었지만, 그 정보를 이용한 것으로 보기는 어렵다"는 것이다(대법원 2017. 1. 12. 선고 2016도10313 판결).

(3) 특별한 사정

내부자가 내부정보를 알고 있는 경우에도 자신이 그 내부정보를 이용하지 않은 특별한

---

66) 같은 취지: 대법원 2017. 9. 21. 선고 2017도7843 판결.

사정을 반증할 수도 있다. 그러한 특별한 사정으로는 2가지를 생각할 수 있다. 하나는 내부자가 내부정보를 취득하기 전에 이미 거래를 결심한 경우이고, 다른 하나는 내부자가 피치 못할 사정으로 거래를 할 수밖에 없는 경우이다.

거래의 결심은 내심의 사정이므로 내부자가 그것을 만연히 주장하기는 어렵다. 현실적으로는 내부자가 내부정보 취득 전에 매매를 대리인에게 지시한 경우와 같이 거래의 결심이 외부로 표시된 경우에야 그러한 반증이 가능할 것이다. 그러면 내부자가 매매지시를 한 후 내부정보를 취득한 경우 이미 한 매매지시를 철회할 의무가 있는가? 매매지시를 철회하지 않은 것을 '이용'으로 보기는 어려우므로 그러한 의무는 부정해야 한다.[67]

내부자가 매매를 할 수밖에 없는 경우로는 정보보유자가 자신의 채무변제를 위하여 유일한 재산인 주식을 매도하는 경우를 들 수 있다. 그러나 다른 자금원이 있음에도 불구하고 담보주식의 매도를 방치한 경우에는 매도의 불가피성을 인정할 수 없을 것이다.[68] 실무상 채권자인 은행이 담보로 보유하는 채무자 발행 주식을 처분하는 경우도 이와 관련하여 문제될 수 있다. 채권자 지위에서 새로운 경영부실이나 부도사실을 알게 된 경우에는 비록 여신계약상 담보주식을 처분할 권리가 있다고 해도 그 사실을 공개하기 전에 처분하는 것은 미공개정보이용에 해당할 것이다.

3) 정보이용과 정보보유의 구별

'매매 그 밖의 거래' 자체가 아니라 '정보이용행위'가 금지되는 것이므로 정보보유상태에서 매매해도 정보를 이용하지 않은 경우, 즉 내부정보가 거래의 '요인'이 아닌 경우에는 미공개중요정보이용행위에 해당하지 않는다. 정보보유자가 거래에 나선 경우에는 정보를 이용한 것으로 추정할 수 있다. 이러한 추정은 M&A나 인수와 같이 내부정보와 관련 있는 업무와 자기매매업무를 동시에 수행하는 금융투자업자에게는 큰 부담이다. 이들 업무 사이에 정보차단장치를 두면 그러한 추정을 피할 수 있다.

4) 상대거래와 정보이용

정보이용이 가능하기 위해서는 거래당사자 간에 정보격차가 있어야 한다. 특히 문제되는 것은 장외에서의 '상대거래'이다. 상대거래에서 아직 정보가 미공개상태라고 해도 거래상대방이 이를 알고 있는 경우에는 정보격차가 없으므로 정보를 이용하였다고 볼 수 없다.[69] M&A

---

67) 대법원은 미공개중요정보를 취득하기 전부터 증권회사와 일임매매에 관한 협의를 하여 일임매매약정을 체결한 다음 대상주식 전량의 매도를 진행하고 있던 중에 미공개정보를 취득한 경우에는 미공개중요정보를 이용하였다고 볼 수 없다고 판시하였다. 대법원 2008. 11. 27. 선고 2008도6219 판결.
68) 임재연, 997면.
69) 대법원도 방론으로 그 취지를 선언한 바 있다. 대법원 2006. 5. 11. 선고 2003도4320 판결("거래의 당사자가 거래의 목적인 유가증권 관련 내부정보에 대하여 전해 들어 이를 잘 알고 있는 상태에서 거래에 이르게 되었음이 인정되는 경우에는 공개되지 아니한 중요한 정보를 이용한 것으로 볼 수 없다 할 것"). 같은 취지: 대법

와 관련해서도 미공개정보의 이용이 문제될 수 있다. 예컨대 갑회사가 을회사의 주식을 인수
하는 경우를 생각해 보자. 갑회사는 을회사의 실사과정에서 미공개정보를 알게 될 수도 있다.
이 경우 갑회사가 을회사 주식을 인수하는 것을 미공개중요정보이용행위라고 볼 수 있는가?
이 경우 갑은 물론이고 주식을 매도하는 을회사의 지배주주도 미공개정보를 알고 있는 것이
보통이다. 이처럼 거래당사자 사이에 정보비대칭이 존재하지 않는 경우 미공개정보의 '이용'
을 부정해야 할 것이다. 다만 거래당사자인 법인의 담당직원이 거래상대방으로부터 전해 들
은 내부정보를 "정식으로 법인의 의사결정권자에게 보고하거나 그에 관한 지시를 받지 아니
한 채 거래의 상대방으로부터 거래의 성사를 위한 부정한 청탁금을 받고서 법인에 대한 배임
적 의사로 거래가 이루어지도록 한 경우"에는 거래당사자에 대하여 위 내부정보의 완전한 공
개가 이루어졌다고 볼 수 없다(대법원 2006. 5. 11. 선고 2003도4320 판결).

3. 타인에게 이용하게 하는 행위

1) 타인의 범위

타인은 내부자나 제1차 정보수령자에 한정되는가? '**타인에게 미공개중요정보를 특정증권
등의 매매, 그 밖의 거래에 이용하게 하는 행위**'는 "타인이 미공개중요정보를 당해 특정증권등의
매매, 그 밖의 거래에 이용하려 한다는 정을 알면서 그에게 당해 정보를 제공하거나 당해 정
보가 제공되도록 하여 위 정보를 특정증권등의 매매, 그 밖의 거래에 이용하게 하는 것"을 말
한다(대법원 2020. 10. 29. 선고 2017도18164 판결). 이러한 취지를 고려할 때 타인은 "반드시 수
범자로부터 정보를 직접 수령한 자"로 한정할 수 없다(대법원 2020. 10. 29. 선고 2017도18164
판결).[70] 따라서 "정보의 직접 수령자가 당해 정보를 거래에 이용하게 하는 경우뿐만 아니라
위 직접 수령자를 통하여 정보전달이 이루어져 당해 정보를 제공받은 자가 위 정보를 거래에
이용하게 하는 경우도 위 금지행위에 포함된다"고 보아야 한다(대법원 2020. 10. 29. 선고 2017
도18164 판결).[71]

원 2003. 6. 24. 선고 2003도1456 판결.

70) 증권발행회사의 기업홍보팀 직원들이 3분기 실적 공시를 1개월 앞두고 실적 가마감결과 영업이익이 급락하여
시장기대치의 절반에 미치지 못한다는 악재성 정보를 알게 되자, 위 회사담당 증권회사 애널리스트들을 선별
적으로 접촉하여 위 미공개정보를 선제공하였고 위 정보는 수분 내 기관투자자들인 자산운용사의 펀드매니저
들에게 전달되어 대량 주식매도주문 및 공매도로 이어져 결과적으로 기관투자자들은 약 106만 주를 매도하여
손실을 회피하였으나 위 정보를 알지 못한 개인 등 일반투자자들은 약 104만주를 매수한 사안에서, 자본시장
법 제174조 제1항의 '타인에게 이용하게 하는 행위'에 있어 '타인'을 수범자로부터 정보를 직접 수령한 자에
한정된다고 제한해석할 수 없다고 판단하여, 이와 달리 본 원심판결을 파기환송한 사안이다.

71) 대법원은 타인의 범위를 이렇게 넓게 보는 이유를 4가지로 정리하였다. 첫째, 형벌법규도 "문언의 논리적 의
미를 분명히 밝히는 체계적 해석을 하는 것은 죄형법정주의의 원칙에 어긋나지 않는" 점, 둘째, 자본시장법에
서 '타인'의 개념을 달리 정의하고 있지 않고, 동법 제174조 제1항에서 타인에 관한 제한 또는 예외규정을 두
거나 타인과 정보전달자의 관계를 요건으로 정하고 있지도 않은 점, 셋째, 자본시장법 제174조 제1항에서 처
벌대상인 정보제공자를 제1호부터 제6호까지 제한적으로 열거하면서 제6호에서 제1차 정보수령자를 '내부자

타인의 범위를 내부자로부터 직접 정보를 수령한 자 이외의 자로 확대해석하는 것에 대해 정보수령자의 범위를 제1차정보수령자로 한정한 근거인 '정보전달과정에서의 변질가능성'에 근거한 반대론도 있을 수 있다. 그러나 법원은 첫째, 입법자가 제한하지 않은 '타인'의 개념을 문언보다 제한해석해야 한다고 볼 수 없고, 둘째, 정보전달과정에서의 변질가능성은 중요정보 해당성 요건 판단 등에서 고려되어야 할 것이며, 셋째, 위 개념을 '정보제공자로부터 직접 정보를 수령받은 자'로 제한하지 않는다고 하여 죄형법정주의위반으로 볼 수 없다고 판단했다 (대법원 2020. 10. 29. 선고 2017도18164 판결).

자본시장법 제174조 제1항은 수범자인 내부자나 제1차 정보수령자가 스스로 이용하거나 수범자 이외의 자에게 이용하게 하는 행위를 처벌하는 것이다. 타인은 당연히 내부자나 제1차 정보수령자 이외의 자를 말한다.

2) 정보제공행위와 정보이용행위 사이의 인과관계

한편 수범자의 정보제공행위와 정보수령자의 정보이용행위 사이에는 인과관계가 존재해야 한다(대법원 2020. 10. 29. 선고 2017도18164 판결).

3) 정보제공자의 이용행위에 대한 인식

정보제공자는 정보수령자가 그 정보를 이용하여 특정증권등의 매매 그 밖의 거래를 하는 점을 인식하면서 정보제공해야 한다(대법원 2020. 10. 29. 선고 2017도18164 판결). 수범자의 인식은 "반드시 확정적일 필요는 없고 미필적인 정도로도 충분"하다(대법원 2020. 10. 29. 선고 2017도18164 판결). 그 인식 여부는 구체적 증거를 통한 증명이 불가능할 것이다. 오히려 "제공 대상인 정보의 내용과 성격, 정보 제공의 목적과 동기, 정보제공행위 당시의 상황과 행위의 태양, 정보의 직접 수령자와 전달자 또는 이용자 사이의 관계와 이에 관한 정보제공자의 인식, 정보제공시점과 이용시점 사이의 시간적 간격 및 정보이용행위의 태양 등 제반 사정을 종합적으로 고려하여" 이루어져야 한다(대법원 2020. 10. 29. 선고 2017도18164 판결).

4) 이용하게 하는 행위

자본시장법은 내부자가 직접 정보를 이용하는 행위뿐 아니라 타인에게 이용하게 하는 행위도 금지하고 있다. 예컨대 "A가 회사가 추정한 1992년의 사업연도 결산실적을 이용하여 위 회사의 주식을 거래하려 한다는 정을 알면서도 회사가 직접 집계한 추정결산실적에 관한 정

로부터 미공개중요정보를 받은 자'로 규정하고 있으나, 이는 수범자의 범위에 관한 규정이지 금지행위의 태양 중 '타인'의 개념에 관한 규정이 아닌 점, 넷째, 자본시장법이 미공개중요정보이용행위를 금지하는 이유는, 내부자의 경우 상장법인의 주가에 영향을 미칠만한 중요한 정보를 미리 알게 될 기회가 많으므로 증권거래에 있어 일반투자자보다 훨씬 유리한 입장에 있는 반면, 일반투자자로서는 손해를 보게 될 가능성이 크기 때문이다. 미공개중요정보이용행위로 인한 상대방의 손실은 능력의 부족이나 부주의로 정보를 몰랐기 때문에 발생하게 되는 것이 아니라, 내부자 등 수범자가 자신의 이득을 위하여 상장법인의 미공개내부정보를 이용하였기 때문에 발생한다고 볼 수 있다.

보를 A에게 알려준 경우"에는 "그 정보를 다른 사람으로 하여금 이용하게 하는 행위"에 해당한다(대법원 1995. 6. 29. 선고 95도467 판결). 따라서 다른 사람이 정보를 이용하여 증권을 거래할 가능성이 있음을 인식하면서 정보를 제공한 경우는 미공개중요정보이용행위에 해당한다.

다만 정보수령자가 실제로 증권거래를 실행하지 않은 경우에는 결국 '**이용하게**' 한 것으로 볼 수 없으므로 미공개중요정보이용행위로 처벌할 수 없다.[72] 타인의 이용에 대한 고의가 필요하기 때문에 내부자가 타인에게 이용시킬 의사 없이 정보를 제공하는 행위, 예컨대 내부자가 자기의 친지에게 비밀을 당부하며 내부정보를 알려준 행위는 자본시장법상 정보를 '**이용하게 하(는)**' 행위로 볼 수 없으므로 처벌할 수 없을 것이다.

그러한 행위가 정보격차의 불공정한 이용이라고 할 수는 없다. 그러나 내부자의 정보제공행위는 내부정보보유자의 수를 증가시킴으로써 결과적으로 정보격차가 불공정하게 이용될 가능성을 증가시킨다. 그러므로 정당한 권한 없이 내부정보를 타인에게 제공하는 행위는 설사 그에게 미공개중요정보이용행위를 시킬 의도가 없었다 하더라도 규제할 필요가 있을 것이다. 또한 실제로 내부자의 정보제공이 정보수령자의 증권거래에 이용될 것을 전제로 이루어진 것인지 여부를 가리기는 어려울 것이다. 이러한 의미에서 내부자가 고용, 공무, 직업상 적정한 기능의 수행을 위한 경우를 제외하고 정보를 제공하는 행위 자체를 금지하는 EU의 2014년 「부정거래행위규칙」의 태도가 합리적이라고 판단된다{Art.10(1)}.[73]

5) 선택적 공시

내부자의 정보제공과 관련하여 특히 문제되는 것은 앞서 본 선택적 공시이다. 내부자가 일부 증권분석가나 기관투자자에 대해서 미공개중요정보를 제공하는 행위는 증권시장의 공정성에 대한 투자자의 신뢰를 해친다. 미국과 일본 등 많은 나라에서 선택적 공시는 금지되고 있다. 그러나 '**타인의 이용에 대한 고의**'를 요하는 자본시장법에서는 미공개중요정보이용행위를 구성하는 경우는 그렇게 많지 않을 것이다.[74] 앞서 설명한 바와 같이 공정공시제도는 선택적 공시로 인한 폐해를 막기 위한 제도이다.

6) 매매 이외의 정보이용행위

법문이 금지하는 것은 '**정보의 이용행위**'이다. 그렇다면 매매를 하지 않고 순수하게 정보

---

72) 임재연, 1006면.
73) 영국도 같은 입장이다. Criminal Justice Act 1993 section52(2)(b). 다만 비난가능성에는 차이가 있으므로 정보수령자에 의한 이용가능성을 인식하지 못한 단순한 정보제공의 경우에는 형량을 경감할 필요가 있을 것이다.
74) 미국법상으로는 내부자의 정보제공행위가 신인의무위반에 해당할 것을 요하기 때문에 선택적 공시는 일반적으로 미공개중요정보이용행위에 해당하지 않는다. 그러한 사정 때문에 앞서 설명한 바와 같이 2000년 8월 선택적 공시를 제한하는 규칙(Regulation FD)을 채택한 것이다(1933년 증권법 Release No. 7881). 그러나 이 규칙에 의하면 선택적 공시를 한 개인에게 형사제재를 가할 수는 없고 SEC가 행정상의 정지명령을 발하거나 민사상의 제재를 가할 수 있을 뿐이다.

를 이용할 뿐인 경우에도 미공개중요정보이용행위가 성립할 수 있는가? 예컨대, 상장법인인 갑회사의 대주주 A가 회사채무를 담보하기 위하여 자기 보유주식을 을은행에 담보로 맡겼다. 갑의 부도로 을이 담보주식을 처분하려 하자 A는 갑이 머지않아 해외전환사채를 발행할 예정인데 그 경우 회사가 정상화될 것이라고 하면서 담보주식의 처분연기를 요청하였다. A의 요청에 따라 을은 담보주식의 처분을 연기하였다. 이 경우 A와 을의 행위가 미공개중요정보이용행위에 해당하는가?

이들의 행위가 정보이용행위에 해당하는 것은 분명하다. 문제는 그것이 '**매매 그 밖의 거래**'에 이용한 행위인가 여부이다. A의 행위는 을의 '**매매**'를 연기시킨 것이므로 매매와의 관련성이 인정되는 것처럼 보이기도 한다. 그러나 결론적으로 이러한 경우에는 미공개중요정보이용행위의 성립을 부정해야 한다. 미공개중요정보이용행위가 존재하기 위해서는 매매당사자 사이에 정보비대칭이 존재해야 한다. 이 경우 매매당사자들은 모두 해외자금유치계획을 모른 채 거래에 참여하였기 때문에 정보비대칭은 없다.

4. 이익의 실현

미공개정보이용행위는 구체적인 결과 발생을 요하지 않는다. 따라서 대상주식을 취득한 이상 그 주식의 매도 여부를 불문한다(서울중앙지법 2013. 9. 27. 선고 2013노2064 판결).[75] 또한 "미공개정보를 그 주식 등의 매매 등의 거래에 이용'하면 성립하는 것이므로 반드시 미공개정보를 이용하여 취득한 주식을 매도하여 이익을 실현하는 것을 요하지 않는다"(서울중앙지법 2013. 9. 27. 선고 2013노2064 판결). 이 판결은 제174조 제3항을 대상으로 한 것이지만 제1항과 제2항의 경우에도 같다.

V. 인식: 귀책사유

미국법에서는 규칙 10b-5에 따라 미공개중요정보이용행위의 책임이 성립하기 위해서는 '**인식**'(scienter)요건을 충족해야 한다.[76] 우리법상으로도 내부자나 정보수령자는 정보의 중요성·미공개성에 대한 고의가 있는 경우에만 미공개중요정보이용행위에 해당할 것이다.

---

75) 대법원 2014. 3. 13. 선고 2013도12440 판결로 확정.
76) 'scienter'의 의미에 대해서는 김건식·송옥렬, 324면 이하 참조.

제5절   공개매수에 관한 특칙

I. 서   설

공개매수는 주가에 중대한 영향을 미치는 거래이기 때문에 그 정보를 이용한 증권거래가 이루어질 가능성이 높다. 그러나 '**공개매수의 실시나 중지에 관한 정보**'는 대상회사의 외부에서 생겨난 외부정보이다. 자본시장법은 '공개매수를 하려는 자("공개매수예정자")의 내부자가 대상회사 증권을 거래하는 경우도 미공개중요정보이용행위로 보기 위해서 특칙을 두고 있다(174조 2항). 원래 통상의 미공개중요정보이용행위에서 대상증권의 발행회사는 상장법인에 한하지만(174조 1항) 공개매수와 관련된 미공개중요정보이용행위에서는 공개매수자까지 상장법인일 필요는 없다(174조 2항).

II. 주   체

공개매수에 관한 특칙에서 미공개중요정보이용행위의 주체는 일반적인 미공개중요정보이용행위의 경우와 같다. 다만 일반적인 미공개중요정보이용행위의 경우에는 내부자가 '**그 법인**'에 관련된 자인 데 반하여 공개매수의 경우에는 '**공개매수예정자**'에 관련된 자라는 점이 다르다. 공개매수예정자는 공개매수를 하려는 자를 말하며, 일반적인 미공개중요정보이용행위의 경우와는 달리 상장법인에 한하지 않는다.

그리고 공개매수예정자 자신도 내부자에 속한다(174조 2항 1호). 그러나 공개매수예정자가 공개매수공고 이후에도 상당한 기간 동안 주식 등을 보유하는 등 주식 등에 대한 공개매수의 실시 또는 중지에 관한 미공개정보를 그 주식 등과 관련된 특정증권 등의 매매, 그 밖의 거래에 이용할 의사가 없다고 인정되는 경우에는 내부자에 포함되지 않는다(174조 2항 단서). 이는 공개매수예정자가 공개매수의 신고와 공고를 하기 전에 공개매수를 목적으로 대상회사 증권을 거래하는 경우로서 미공개중요정보의 이용목적이 없는 경우를 제외하기 위한 것이다. 따라서 공개매수를 하고자 하는 자가 공개매수의 신고나 공고 전에 미리 공개매수의 준비를 위하여 행하는 이른바 '**발판매수**'는 허용되는 것으로 본다. 이 경우 문제는 "상당한 기간 동안 주식 등을 보유하는 등 주식 등에 대한 공개매수의 실시 또는 중지에 관한 미공개정보를 그 주식 등과 관련된 특정증권 등의 매매, 그 밖의 거래에 이용할 의사가 없다고 인정되는 경우"를 판단하는 기준이 될 것이다. 최소한 공개매수의 종료일까지는 보유해야 할 것이다. 공개매수의 실시 또는 중단이라는 정보는 공개매수가 종료된 시점부터 중요성을 상실한다고 보아야 할 것이기 때문이다. 자본시장법은 공개매수의 종료에 관하여 구체적으로 규정하고 있지 않다. 그리고 공개매수의 종료일을 객관적으로 확인하는 것은 쉽지 않을 것이다. 그러므로 공개매수의 종료일 후 공개매수자가 그 공개매수의 결과에 관한 공개매수결과보고서를 금융위와 거래소에 제출하는 시점까지는 보유해야 할 것으로 본다(143조).

그러나 현재의 조문체계상 다른 투자자가 공개매수예정자로부터 공개매수의 실시 또는 중지에 관한 정보를 듣고 공개매수예정자에게 다시 매도할 목적으로 우호지분을 미리 취득하는 '**응원매수**'는 여전히 금지된다. 물론 그러나 응원매수가 공동매수와 비슷한 효과를 갖는다는 점에서 응원매수를 금지하는 것이 옳은지에 대해서도 논란은 있을 수 있다.[77)]

Ⅲ. 내부정보

첫째, 공개매수에 관한 내부정보는 '**주식등에 대한 공개매수의 실시 또는 중지에 관한**' 정보에 한한다. 여기서 공개매수는 자본시장법 제133조 제1항의 공개매수를, 그리고 '**주식등**'은 공개매수대상증권을 말한다(령 139조). 매수가격의 인상이나 매수기간의 연장에 관한 정보는 공개매수의 실시에 관한 정보에 해당하지 않는다.[78)] 정보는 공개매수정보에 해당하기만 하면 중요성에 대한 별도의 판단은 요하지 않는다. 둘째, 공개매수에 관한 정보의 생성시점 이전에 이루어진 행위에 대해서는 미공개중요정보이용행위 자체가 문제되지 않는다. 셋째, 공개매수에 관한 내부정보는 '**일반인에게 공개되지 아니한 정보**'에 한한다. 여기서 일반인에게 공개되지 않았다는 것은 "시행령으로 정하는 방법에 따라 불특정 다수인이 알 수 있도록 공개되기 전의 것"(174조 2항)임을 말한다. 공개방법은 일반적인 미공개중요정보이용행위의 경우와 동일하게 규정하고 있다(령 201조 3항, 2항). 시행령은 공개의 주체를 공개매수자(그로부터 공개권한을 위임받은 자를 포함)로 정하고 있다(령 201조 3항). 그러나 공개의 주체를 공개매수의 공고를 한 자를 의미하는 공개매수자에 한정한다면 공개는 공개매수의 공고 이후에만 이루어질 수 있다는 점에서 불합리하다. 공개의 주체인 공개매수자에는 공개매수예정자도 포함된다고 볼 것이다.

Ⅳ. 대상증권

공개매수에 관한 특칙에서 대상증권은 공개매수의 대상인 '**주식등**'과 관련된 특정증권등

---

77) 일본의 금융상품거래법은 응원매수뿐 아니라 대상회사의 요청에 따른 대항매수도 규제의 적용제외거래로 명시한다(167조 5항 4호, 5호).
78) 黒沼悦郎, 金融商品取引法, 有斐閣, 2020, 472면.

을 말한다(174조 2항). '**주식등**'은 공개매수의 대상증권을 말하므로(133조 1항; 령 139조) 주권상장법인의 주식과 무관한 증권은 배제된다. 여기서 '**관련된**'은 어떤 의미를 가지는가? 자본시장법상 증권의 정의에 '**관련된**'이라는 표현이 사용되는 것은 '**그 예탁받은 증권에 관련된 권리가 표시된 것**'(4조 8항), '**증권과 관련된 증권예탁증권**'(162조 1항, 170조 2항, 172조 1항 2호, 184조 1항), '**그 주식등과 관련된 증권예탁증권**'(315조 5항) 등과 같이 주로 증권예탁증권의 경우에 예탁대상증권을 나타내기 위한 경우이다. 그러면 '**주식등과 관련된 특정증권 등**'을 주식 등을 대상으로 하는 예탁증권으로 한정하여 해석할 것인가? 공개매수정보를 이용한 미공개중요정보이용행위를 방지하려는 제174조 제2항의 취지를 고려할 때 이와 같이 한정적으로 해석하는 것은 옳지 않다.

공개매수의 경우의 미공개중요정보이용행위의 특칙의 적용대상인 특정증권등은 (ⅰ) 공개매수의 대상인 주식등, (ⅱ) 그 주식등을 예탁대상으로 하는 증권예탁증권, (ⅲ) (ⅰ)·(ⅱ)의 증권과 교환을 청구할 수 있는 교환사채권, 그리고 (ⅳ) (ⅰ)·(ⅱ)·(ⅲ)의 증권을 기초자산으로 하는 금융투자상품을 모두 포함하는 의미로 넓게 해석해야 할 것이다.

공개매수는 의결권 있는 주식을 대상으로 추진된다. 그러면 공개매수에 관한 미공개중요정보이용행위규제도 의결권 있는 주식만을 대상으로 해야 하는가? 공개매수의 규제목적과 공개매수에 관한 미공개중요정보이용행위특칙의 규제목적은 명백히 구별된다. 의결권 없는 주식의 경우에도 정도의 차이는 있겠지만 공개매수와 관련된 미공개중요정보이용행위의 폐해가 발생할 수 있다. 따라서 미공개중요정보이용행위에 관한 공개매수특칙의 적용대상인 주식에는 의결권 있는 주식은 물론 의결권 없는 주식도 포함된다.

V. 금지행위: 내부정보의 이용

금지되는 행위는 "그 주식 등과 관련된 특정증권 등의 매매, 그 밖의 거래에 이용하거나 타인에게 이용하게" 하는 행위이다. 대상증권에 제한이 있는 것을 제외하고는 일반적인 미공개중요정보이용행위의 경우와 동일하다.

제6절 대량취득·처분에 관한 특칙

I. 서   설

주식등의 대량취득·처분은 주가에 중대한 영향을 미치는 거래이기 때문에 그 정보를 이용한 미공개중요정보이용행위가 이루어질 가능성이 높다. 그러나 주식등의 대량취득·처분의 실시나 중지에 관한 정보는 대상회사의 외부에서 생겨난 외부정보이다. 따라서 대량취득·처분을 하는 자의 내부자가 대상회사증권을 거래하는 경우에는 미공개중요정보이용행위가 성립하지 않는다. 자본시장법은 이러한 거래도 미공개중요정보이용행위로 보기 위해서 주식등의 대량취득·처분에 관한 특칙을 두고 있다(174조 3항). 원래 통상의 미공개중요정보이용행위에서 대상증권의 발행회사는 상장법인에 한하지만(174조 1항) 대량취득·처분과 관련된 미공개중요정보이용행위에서는 대량취득·처분을 하려는 자까지 상장법인일 필요는 없다(174조 3항).

Ⅱ. 주   체

1. 대량취득·처분을 하려는 자

1) 의의와 취지

대량취득·처분에 관한 특칙에서 미공개중요정보이용행위의 주체는 공개매수의 경우와 동일하다. 일반적인 미공개중요정보이용행위의 내부자는 상장법인에 관련된 자인 데 반하여 대량취득·처분의 경우에는 대량취득·처분을 하려는 자와 관련있는 자이다.

대량취득·처분을 하려는 자는 '**주식등의 대량취득·처분**'을 하려는 자를 말한다. '**주식등의 대량취득·처분**'은 경영권에 영향을 줄 가능성이 있는 대량취득·처분으로서 시행령이 정하는 것을 말한다(174조 3항). 그 요건은 보유목적이 발행인의 경영권에 영향을 주기 위한 취득일 것, 10% 또는 최대주주 변동을 초래할 비율 중 낮은 비율 이상의 대량취득·처분일 것, 대량보유보고대상에 해당하는 취득·처분일 것의 3가지이다(령 201조 4항 1호-3호; 자본시장조사 업무규정 54조 1항).

대량취득·처분을 하려는 자는 그 계열회사를 포함하고, 상장법인에 한정되지 않는다. 그리고 대량취득·처분을 하려는 자 자신도 내부자에 속한다(174조 3항 1호).

2) 예   외

그러나 대량취득·처분을 하려는 자가 대량보유보고서의 공시(149조) 이후에도 상당한 기간 동안 주식 등을 보유하는 등 주식 등에 대한 대량취득·처분의 실시 또는 중지에 관한 미공개정보를 그 주식 등과 관련된 특정증권 등의 매매, 그 밖의 거래에 이용할 의사가 없다고 인정되는 경우에는 제외된다(174조 3항 단서). 이는 공개매수의 경우에 규정된 것과 마찬가지의 예외이다. 여기서 자본시장법 제174조 제3항 단서가 미공개정보 이용행위 금지의무에 예외를 둔 것은 '**대량취득·처분을 하는 자**'가 대량취득·처분을 목적으로 거래한 경우는 본래 목적의 실현이지 이를 이용하는 행위로 볼 수 없기 때문이다(서울중앙지법 2013. 9. 27. 선고 2013

노2064 판결).[79] 따라서 그 거래를 대량취득·처분을 하는 자가 한 거래로 볼 수 없다면 자본시장법 제174조 제3항 단서에 해당하지 않는다.

그러면 '**대량취득·처분을 하는 자**'가 차명계좌나 타인명의로 주식을 취득한 것은 그 대량취득·처분을 하는 자가 거래한 것으로 볼 수 있는가? "자본시장법 제174조 제3항 단서는 오직 대량취득·처분을 하는 자가 한 거래만을 이용행위에서 배제하고 있는데, 대량취득·처분을 하는 자의 요청이 있다는 사유 등에 의하여 그 배제 범위가 확대된다면 실질적으로 대량취득·처분을 하는 자와 통모하여 거래하는 경우를 처벌하지 못하게 됨으로써 사실상 미공개정보 이용행위 금지규정의 실효성이 상실될 우려"가 있다(서울중앙지법 2013. 9. 27. 선고 2013노2064 판결). 따라서 "거래의 목적이 대량취득·처분을 하는 자의 요청에 의한 것이라고 할지라도 그와 같은 목적에 따라 미공개정보의 이용 여부가 좌우된다고 볼 수 없"으므로 타인 차명계좌나 타인명의를 이용하여 주식을 취득하는 행위 자체로 미공개정보이용행위에 해당한다(서울중앙지법 2013. 9. 27. 선고 2013노2064 판결).

나아가 절차가 법률상 엄격히 제한되는 공개매수와는 달리 대량취득·처분은 다양한 방식으로 이루어질 수 있기 때문에 예외의 범위를 정하기 어려운 측면이 있다. 예컨대 대주주를 상대로 대량취득협상을 진행 중인 자가 그와 무관하게 장내에서 동일한 주식을 취득하는 것은 금지된다.

2. 대량취득·처분의 실시 또는 중지에 관한 미공개정보를 알게 된 자

자본시장법은 주식 등의 대량취득·처분을 하는 자 및 그 관련자로부터 대량취득·처분의 실시 또는 중지에 관한 미공개정보를 '**알게 된 자**'도 주체에 포함하고 있다(174조 3항 6호). 여기서 '**알게 된 자**'는 "대량취득·처분을 하는 자 또는 그 관련자로부터 당해 정보를 전달받은 자"를 말한다(대법원 2017. 10. 31. 선고 2015도8342 판결). 법원은 첫째, 이 규정은 정보수령자규제(174조 1항 6호, 2항 6호)와 입법취지[80)]가 같은 점, 둘째, 자본시장법 제174조의 조문 체계나 규정 형식, 문언 등으로 보아 제174조 제1항 제6호와 제2항 제6호의 미공개중요정보 또는 미공개정보를 '**받은 자**'와 제174조 제3항 제6호의 미공개정보를 '**알게 된 자**'를 다르게 볼 이유가 없는 점, 셋째, 주식 등의 대량취득·처분과 관련된 내부자로부터 미공개정보를 알게 된 모든 경우가 자본시장법 제174조 제3항 제6호에 해당한다고 보게 되면, 처벌범위가 명확하지 않거

79) 노혁준, "주식대량취득, 처분정보와 미공개정보이용행위: 대법원 2014. 3. 13. 선고 2013도12440", 민사판례연구 39권, 2017, 895-938면; 박임출, "대량취득·처분 정보를 이용한 내부자거래: 대법원 2014. 3. 13. 선고 2013도12440 판결을 중심으로", 기업법연구 제29권 제1호, 2015, 229-252면.

80) 내부자의 직접 거래만을 금지할 경우 "그 내부자가 그와 같은 금지를 회피하여 탈법적으로 미공개정보를 이용하여 거래를 하는 것을 막을 수 없으므로, 내부자로부터 미공개정보를 알게 되어 이를 이용하여 특정증권 등의 매매, 그 밖의 거래를 하는 것도 금지"하기 위한 것이다(대법원 2017. 10. 31. 선고 2015도8342 판결).

나 지나치게 넓어지고 법적 안정성을 침해하게 되어 죄형법정주의에 반하므로, 이를 제한하여 해석할 필요가 있는 점을 근거로 제시하고 있다(대법원 2017. 10. 31. 선고 2015도8342 판결).

Ⅲ. 내부정보

대량취득·처분에 관한 내부정보는 '**주식등의 대량취득·처분의 실시 또는 중지에 관한**' 정보에 한한다. 정보의 중요성은 필요없다. 대량취득·처분에 관한 내부정보는 "시행령으로 정하는 방법에 따라 불특정 다수인이 알 수 있도록 공개되기 전의"(174조 3항) '**일반인에게 공개되지 아니한 정보**'에 한한다. 공개방법은 일반적인 미공개중요정보이용행위의 경우와 동일하다(201조 5항). 공개의 주체는 대량취득·처분을 할 자와 그로부터 공개권한을 위임받은 자를 말한다(201조 5항). 법상 '**대량취득·처분을 하려는 자**'와 시행령상 '**대량취득·처분을 할 자**'는 같은 의미이다.

Ⅳ. 대상증권

대상증권은 대량취득·처분의 대상인 '**주식등**'과 관련된 특정증권등을 말한다(174조 3항). 여기서 말하는 '**주식등**'은 결국 공개매수에서 말하는 주식등의 의미와 같다(174조 3항; 령 201조 4항 3호, 법 147조 1항, 133조 1항; 령 139조). 따라서 주권상장법인의 주식과 무관한 증권은 배제된다. 다만 앞서 공개매수특칙에 관련하여 설명한 것과 같은 이유에서 의결권 있는 주식인지는 불문한다.

'**관련된**'의 의미도 공개매수에 관한 미공개중요정보이용행위의 특칙에서와 같다. (ⅰ) 대량취득·처분의 대상인 주식등, (ⅱ) 그 주식 등을 예탁대상으로 하는 증권예탁증권, (ⅲ) (ⅰ)·(ⅱ)의 증권과 교환을 청구할 수 있는 교환사채권, 그리고 (ⅳ) (ⅰ)·(ⅱ)·(ⅲ)의 증권을 기초자산으로 하는 금융투자상품을 모두 포함하는 의미로 해석해야 할 것이다.

Ⅴ. 금지행위: 내부정보의 이용

금지행위는 "그 주식 등과 관련된 특정증권 등의 매매, 그 밖의 거래에 이용하거나 타인에게 이용하게" 하는 행위이다. 대상증권에 제한이 있는 것을 제외하고는 일반적인 미공개중요정보이용행위의 경우와 같다. 예컨대 갑회사의 주요주주 A와 주식인수계약을 체결한 을회사나 그 임직원이 따로 갑 주식을 취득하는 경우가 문제된다. 종래 대법원은 이 경우 을은 A로부터 '**정보를 받은**' 자가 아니라 함께 '**주요 주주의 변동**'이라는 '**정보를 생산**'한 자로서 정보수령자에 해당하지 않는다고 판시하였다(대법원 2003. 11. 14. 선고 2003도686 판결). 이제 주식 등의 대량취득·처분에 해당하면 을의 임직원이나 을로부터 정보를 수령한 자가 갑 주식을 거래하는 행위는 미공개중요정보이용행위에 해당한다(174조 3항). 을 자신도 대량주식취득·처분을 위한 것으로서 상당한 기간 동안의 보유 등 요건을 충족하지 못하면 처벌될 수 있다.

자본시장법 제174조 제3항이 규정한 미공개정보이용행위도 "주식의 대량취득에 관한 미공개정보를 그 주식등의 매매 등의 거래에 이용"하면 성립하는 것이므로 반드시 미공개정보를 이용하여 취득한 주식을 매도하여 이익을 실현하는 것을 요하지 않는다(서울중앙지법 2013. 9. 27. 선고 2013노2064 판결).

제7절 제   재

I. 형사책임

1. 원   칙

1) 징역과 벌금

미공개중요정보이용행위자는 1년 이상의 유기징역 또는 그 위반행위로 얻은 이익 또는 회피한 손실액("부당이득액")의 3배 이상 5배 이하에 상당하는 벌금에 처한다(443조 1항 1호-3호). 부당이득액이 없거나 산정하기 곤란한 경우 또는 그 부당이득액의 5배에 해당하는 금액이 5억원 이하인 경우 벌금의 상한액을 5억원으로 한다(443조 1항 단서). 2018년 3월 개정 전 **'10년 이하의 징역'**과 **'2배 이상 5배 이하에 상당하는 벌금'**[81](443조 1항 본문) 그리고 **'부당이득액의 3배에 해당하는 금액이 5억원 이하인 경우에는 벌금의 상한액을 5억원'**(443조 1항 단서)으로 규정한 것을 수정한 것이다.[82][83] 그리고 2002년부터 부당이득액이 5억원 이상, 50억원 미만인

---

81) 벌금형은 2017. 4. 18. 개정(2017. 4. 18. 시행)으로 '1배 이상 3배 이하'를 '2배 이상 5배 이하'로 변경한 것을 2018. 3. 27. 개정(2018. 9. 28. 시행)으로 다시 '3배 이상 5배 이하'로 수정한 것이다. 자본시장법과 같은 기본법에 규정되어 있는 법정형을 매년 개정하는 것을 보면 일정한 입법원칙 아래 검토가 진행되고 있는 것인지 대단히 의문스럽다.

82) 과거 부당이득액의 3배까지의 벌금을 부과한 것은 미국법상 민사제재금(civil penalty)제도와 유사하다. 이를 미국의 민사제재금제도를 벌금형식으로 수용한 것으로 설명하는 견해도 있었다. 김정수, 1033면. Cf. 임재연, 1134면 각주 45("실제 운용 및 기능면에서 큰 차이가 있음을 지적"). 미국에서는 1984년 「내부자거래제재법」(the Insider Trading Sanctions Act)을 제정하였다. 이 법의 가장 중요한 내용은 SEC에 미공개중요정보이용행위를 한 자에 대하여 민사제재금(civil penalty)을 청구할 수 있는 권한을 부여하였다는 점이다. 1984년 이 법 제정 이후 미공개중요정보이용행위의 스캔들은 오히려 증가하였다. 그리하여 1988년 연방의회는 다시 「내부자거래 및 증권사기규제법」(the Insider Trading and Securities Fraud Enforcement Act)을 제정하여 민사제재금의 금액을 내부자의 이익의 3배까지 확대하였다.

83) "포괄일죄로 되는 개개의 범죄행위가 법 개정의 전후에 걸쳐서 행하여진 경우에는 신·구법의 법정형에 대한

때에는 3년 이상의 유기징역, 그리고 50억원 이상인 때에는 무기징역 또는 5년 이상의 징역으로 가중처벌한다(443조 2항). 부당이득의 형벌연동제에 관하여는 제9장 제4절에서 설명한다. 징역에 처하는 경우 벌금형을 병과하고(447조 1항), 10년 이하의 자격정지를 병과할 수 있다(443조 3항).

2) 필요적 몰수

미공개중요행위규제위반자가 그 행위를 하여 취득한 재산은 몰수하며, 몰수할 수 없는 경우 그 가액을 추징한다(447조의2 1항). 필요적 몰수로 규정함으로써 규제의 실효성을 높이려는 것이다.

2. 양벌규정

법인의 대표자, 법인 또는 개인의 대리인·사용인 그 밖의 종업원이 업무에 관하여 미공개중요정보이용행위를 한 경우 행위자를 벌하는 외에 그 법인이나 개인에 대해서도 같은 벌금을 부과한다(448조 본문). 다만 그 법인이나 개인이 그 위반행위를 방지하기 위해 그 업무에 대하여 상당한 주의와 감독을 게을리하지 않은 경우 처벌받지 않는다(448조 단서).[84] 양벌규정을 둔 취지는 "법인은 기관을 통하여 행위하므로, 법인이 대표자를 선임한 이상 그의 행위로 인한 법률효과와 이익은 법인에게 귀속되어야 하고, 법인 대표자의 범죄행위에 대하여는 법인 자신이 책임을 져야 하는데, 법인 대표자의 법규위반행위에 대한 법인의 책임은 법인 자신의 법규위반행위로 평가될 수 있는 행위에 대한 법인의 직접책임이기 때문"(대법원 2018. 4. 12. 선고 2013도6962 판결)[85]이다.

'**법인의 대표자**'는 명칭 여하를 불문하고 당해 법인을 실질적으로 경영하면서 사실상 대표하고 있는 자 등을 말한다(대법원 1997. 6. 13. 선고 96도1703 판결).[86] 주식회사의 이사들이 이사회를 통하여 회사의 주요 경영사항을 결정한다고 하여 그 이사들을 하나로 묶어 사실상의 대표자로 인정하는 것을 전제로 법인에 대한 양벌규정을 적용한 사안에서 법원은 "회사의 의사결정기능을 수행할 뿐인 이사회의 행위를 대외적인 업무집행행위인 대표행위로 의제하는 것으로서 적절치 않은 점 등에 비추어 이사들은 법인의 대표자라고 볼 수 없다"고 판단했다

경중을 비교하여 볼 필요도 없이 범죄실행 종료시의 법이라고 할 수 있는 신법을 적용하여 포괄일죄로 처단하여야 한다(대법원 2009. 4. 9. 선고 2009도321 판결 등 참조)"(서울고등법원 2021. 8. 10. 선고 2021노345 판결). 대법원 2022. 1. 13. 선고 2021도11110 판결로 확정.

84) 법인이나 개인의 귀책사유를 불문하고, 양벌규정을 적용하는 것이 형사법상 책임주의에 반한다는 지적을 고려한 것이다. 이러한 단서규정이 없던 증권법 제215조에 대한 위헌결정으로, 헌법재판소 2011. 4. 28. 선고 2010헌가66 결정.

85) 헌법재판소 2010. 7. 29. 선고 2009헌가25·29·36, 2010헌가6·25(병합) 결정을 인용. "1인회사의 경우에도 … 양벌규정에 따른 책임에 관하여 달리 볼 수 없다". 대법원 2018. 4. 12. 선고 2013도6962 판결.

86) 같은 취지: 대법원 2012. 2. 9. 선고 2011도14248 판결 등.

(대법원 2012. 2. 9. 선고 2011도14248 판결).[87] '**법인의 종업원**'(증권법 215조 2항, 자본시장법 448조에 해당)에는 "법인과 정식의 고용계약이 체결되어 근무하는 자뿐만 아니라 법인의 대리인, 사용인 등이 자기의 보조자로서 사용하고 있으면서 직접 또는 간접으로 법인의 통제·감독하에 있는 자"도 포함된다(대법원 1993. 5. 14. 선고 93도344 판결).[88] 법인의 사용인 그 밖의 종업원에는 임원도 포함된다.[89]

Ⅱ. 행정제재

금융투자업자가 미공개중요정보이용행위에 관여한 경우 금융위는 금융투자업 인가나 등록을 취소할 수 있다(420조 1항 6호; 령 373조 1항 19호, 법[별표 1] 174호). 또한 그러한 금융투자업자에 대해서는 6개월 이내의 업무의 전부 또는 일부의 정지, 계약의 인계명령, 위법행위의 시정명령 또는 중지명령, 위법행위로 인한 조치를 받았다는 사실의 공표명령 또는 게시명령, 기관경고, 기관주의, 그 밖에 위법행위를 시정하거나 방지하기 위하여 필요한 조치로서 시행령으로 정하는 조치를 취할 수 있다(420조 3항 1호-7호, 법[별표 1] 174호). 그리고 금융투자업자의 임직원이 미공개중요정보이용행위에 관여한 경우 각각 해임요구 등 또는 면직 요구 등의 조치를 취할 수 있다(422조 1항·2항). 금융투자업자의 임직원에 대하여 조치를 취할 경우 금융위는 그 임직원에 대하여 관리·감독의 책임이 있는 임직원에 대한 조치를 함께 하거나 이를 요구할 수 있다(422조 3항 본문). 다만 관리·감독의 책임이 있는 자가 그 임직원의 관리·감독에 상당한 주의를 다한 경우에는 조치를 감면할 수 있다(422조 3항 단서). 자본시장법은 최근 개정으로 미공개중요정보이용행위(174조)에 대하여도 부당이득액의 2배까지 과징금을 부과할 수 있게 하였다(429조의2 1항).

Ⅲ. 민사제재

1. 문제의 의의

미공개중요정보이용행위자는 엄격한 형벌과 행정제재를 받을 수 있다. 특히 자본시장법

---

87) 대법원 2011. 3. 10. 선고 2008도6335 판결에서 파기환송하고, 파기환송 후 원심은 서울고법 2011. 10. 6. 선고 2011노806 판결이다. 그에 대한 재상고심이 대법원 2012. 2. 9. 선고 2011도14248 판결이다.
88) 피고인 X 회사의 대리 A가 위 지점의 업무가 폭주하자 위 지점에 상시 출입하는 고객이었던 B로 하여금 위 지점의 업무인 투자상담·주식매도·매수주문수령·전화받기, 그 밖의 심부름 등을 하게 하여 위 지점의 업무를 보조하게 하였다. B는 위 안동지점의 지점장 이하 직원들의 통제·감독 하에 보조업무를 수행하여 왔으나, 그러던 중 위탁고객의 결정이 없었음에도 불구하고 주식의 종류, 종목을 임의로 결정하여 주식을 사들이게 되면서 일임매매에 관한 규정위반이 문제되었다.
89) 이상복 공시, 199면.

상 미공개중요정보이용행위에 대해서 부당이득액의 3배 이상 5배 이하에 달하는 벌금을 부과할 수 있다. 그럼에도 불구하고 자본시장법은 규제의 실효성을 강화하기 위하여 그로 인하여 손해를 입은 투자자에게 특별히 손해배상청구권을 인정하고 있다. 즉 내부자는 그 특정증권 등의 매매 그 밖의 거래를 한 자가 그 매매 그 밖의 거래와 관련하여 입은 손해를 배상할 책임이 있다(175조 1항).

2. 배상청구권자

1) 거래를 한 자

법문은 손해배상청구권자를 "해당 특정증권등의 매매, 그 밖의 거래를 한 자"로 한정하고 있다. 분명한 것은 거래하지 않은 자는 거래기회를 놓친 것을 이유로 손해배상을 청구할 수는 없다는 점이다. 이 문제는 '**해당 특정증권등**'의 범위와도 관련된다. 증권법은 '**당해 유가증권**'이란 표현을 사용했다.

2) 해당 특정증권등과 손해배상청구권자의 확정

(1) 문제의 의의

미공개중요정보이용행위에 따른 손해배상청구권자의 확정과 관련하여 첫째, 특정한 미공개중요정보이용행위의 대상인 증권등을 거래한 자의 범위와 둘째, 특정한 미공개중요정보이용행위의 대상인 증권등과 다른 증권등을 거래한 자의 범위가 문제된다.

(2) 특정한 미공개중요정보이용행위의 대상인 증권 등을 거래한 자

이에 대해서는 3가지 가능성이 있었다. 첫째, '**미공개중요정보이용행위의 직접 상대방**'에 한정하는 것이다. 거래가 뜸할 경우 그러한 해석도 별 문제가 없을 것이다. 그러나 거래량이 많은 금융투자상품거래에서는 누가 상대방이 되는가는 우연하게 결정된다. 따라서 그러한 우연한 사정에 의하여 당사자적격이 인정된다는 약점이 있다. 둘째, '**내부자가 거래한 시점부터 내부정보가 공개된 시점 사이에 거래한 자**'들을 모두 포함하는 것이다. 이에 따르면 내부자는 이익에 비해서 너무나도 과중한 손해배상책임을 지게 된다. 셋째, 위 두 방법을 절충한 것으로 '**미공개중요정보이용행위와 같은 시기에 거래한 자**'를 포함하는 것이다.[90]

---

90) 미국에서는 과거 미공개중요정보이용행위에도 일종의 '계약관계'(privity)가 필요한 것으로 보아 첫째 방법을 취하였다. 그러나 1974년 Shapiro v. Merrill Lynch 판결에서 제2항소법원은 종래의 견해를 수정하였다. Shapiro v. Merrill Lynch, 495 F. 2d 228(2d Cir., 1974). 법원은 규칙 10b-5의 소송에서는 계약관계가 불필요하다고 전제하고 대체로 셋째 방법에 따라 내부자가 주식을 매도한 것과 같은 시기에 주식을 매수한 모든 투자자를 위하여 집단소송을 제기하는 것을 허용하였다. 또한 제2항소법원은 1980년의 Elkind v. Liggett & Meyers, Inc. 판결{635 F. 2d 156(2d Cir., 1980)}에서 배상액의 산정에 관하여 셋째 방식을 취하면서 배상액을 내부자의 이익에 한정하였다(disgorgement). 이러한 '이익반환방식'에 의하면 투자자는 자신이 거래한 가격과 정보가 충분히 반영된 후의 시장가격과의 차액에 대한 배상을 구할 수 있으나 내부자의 책임은 미공개중요정보이용행위로 인한 이익에 한정된다.

증권법상 하급심 판결로 셋째 해석을 취한 판결이 있다. 동 판결은 증권법 제188조의3 제1항의 "당해 유가증권의 매매 기타 거래를 한 자"란 "내부자가 거래한 것과 같은 종목의 유가증권을 동시기에 내부자와는 반대방향으로 매매한 자"를 의미한다고 판시했다(서울지법 남부지원 1994. 5. 6. 선고 92가합11689). 자본시장법은 증권 앞에 '특정'이란 수식어를 붙이고 있어 혹시 손해배상청구권자가 미공개중요정보이용행위의 직접 상대방이라는 첫째 해석을 취한 것이 아닌가 하는 의문이 들 수도 있다. 그러나 '특정증권등'은 이미 단기매매차익반환규정에서 정의된 용어로(172조 1항) 첫째 해석을 뒷받침한다고 볼 근거는 없다. 결국 위의 하급심 판결과 마찬가지로 세 번째 해석을 취하는 것이 옳을 것이다. 여기서 '동시기' 또는 '같은 시기'는 정확하게 '내부자가 거래한 것과 같은 시기'를 의미하는 것이 아니라, '내부자의 매도 또는 매수호가가 영향을 미치고 있는 시기'라는 의미로 넓게 해석해야 할 것이다.

(3) 특정한 미공개중요정보이용행위의 대상인 증권등과 다른 증권등을 거래한 자

내부자가 그 법인이 발행한 증권등을 매도·매수한 같은 시기에 그 대상증권등이 아닌 특정증권등을 매수·매도한 자도 손해배상청구권자에 포함되는가? 위의 하급심 판결은 손해배상청구권자를 "내부자가 거래한 것과 같은 종목의 유가증권"을 매매한 자로 보았다. 자본시장법상 특정증권등은 제3자가 발행한 것이라도 당해 법인이 발행한 증권과 일정한 관련성을 가지는 금융투자상품은 모두 포함하도록 넓게 정의되고 있다(172조 1항). 자본시장법하에서 만약 다른 종목의 금융투자상품을 거래한 자에게까지 손해배상청구를 인정한다면 실무상 감당하기 어려운 문제가 발생할 것이다. 따라서 자본시장법하에서도 위의 하급심 판결에서와 마찬가지로 손해배상청구권자는 내부자가 거래한 것과 같은 종목의 금융투자상품을 매매한 자에 한정해야 한다. 자본시장법도 손해배상청구권자를 '해당 특정증권등의 매매, 그 밖의 거래를 한 자가 그 매매, 그 밖의 거래와 관련하여 입은 손해'라고 하여 이러한 의미를 명백히 했다.

3. 회사의 청구

미국에서는 미공개중요정보이용행위를 회사이익을 위하여 사용해야 할 회사정보를 사익을 위하여 이용했다는 점에서 회사의 소유권을 침해한 것으로 보는 시각도 있다. 그러한 관점에서라면 내부자가 미공개중요정보이용행위로 얻은 이익을 회사가 손해배상청구나 부당이득반환청구에 의하여 빼앗을 수 있어야 할 것이다. 자본시장법은 회사의 청구에 대하여는 아무런 규정도 두고 있지 않다.[91] 그렇다면 회사의 손해배상 여부는 회사법원리에 따라서 결정할 것이다. 미국회사법상으로는 이사가 신인의무를 위반한 경우 회사가 손해가 없는 경우에도 이사가 얻은 이익의 반환을 청구할 수 있다. 그러나 우리 회사법상으로는 회사에 손해가 없는

---

91) 단기매매차익반환(172조)에 해당하는 경우에는 예외이다.

한 이사가 얻은 이익의 반환을 회사가 청구할 수 있는 근거는 없다.[92] 미공개중요정보이용행위를 회사나 투자자에 대한 의무를 위반한 행위라기보다 정보격차의 불공정한 이용행위라는 관점에서 파악한다면 회사의 손해배상청구를 정당화하기 어렵다.[93]

4. 배 상 액

배상액에 대해서는 "매매 그 밖의 거래와 관련하여 입은 손해"라고 하고 있을 뿐 아무런 제한이 없다. 따라서 원칙적으로 배상청구권자가 입은 손해액 전액을 배상해야 한다. 배상액의 산정과 관련해서는 발행시장에서의 손해배상액에 관한 규정인 자본시장법 제126조 제1항을 준용할 것인지 여부가 다투어지고 있다. 일부 하급심판결 중에는 그 조항에 해당하는 증권법 제15조를 준용하여 매매가격과 변론종결 당시의 시가의 차액을 손해배상액으로 인정한 예도 있다.[94] 그러나 명시적인 준용규정이 없음에도 불구하고 그 조항을 준용하는 것에 대해서는 비판적인 견해가 우세하다. 원칙적으로 '**원고가 취득한 가격**'과 '**미공개중요정보이용행위가 없었다면 형성되었을 정상가격**'과의 차액을 기초로 산정해야 할 것이다.[95] 단, 실제로 그러한 정상가격을 확정하기는 어려울 것이다.[96] 손해배상청구가 집단소송으로 제기된 경우에는 법원이 제반사정을 고려하여 표본적 · 평균적 · 통계적 방법 등의 합리적 방법으로 손해액을 정할 수 있다(집단소송법 34조 2항).

5. 소멸시효

손해배상청구권은 미공개중요정보이용행위가 있었던 사실을 안 때부터 2년 또는 그 행위가 있었던 때부터 5년간 행사하지 않으면 시효로 인하여 소멸한다(175조 2항). 미공개중요정보이용행위의 사실은 금융당국의 조사결과나 법원 판결이 발표되는 때 비로소 투자자들이 인식하는 것이 보통이다. 종래 안 날로부터 1년 또는 그 행위가 있었던 날부터 3년이던 것을 조사나 재판절차에 상당한 시간이 소요되는 것을 감안하여 연장한 것이다.

6. 증권관련집단소송

미공개중요정보이용행위에 따르는 민사책임은 그간 별로 문제되지 않았다. 왜냐하면 손해를 입은 투자자들이 아무리 많아도 개별 손해액이 소송을 할 만큼 크지 않으면 손해배상청

---

92) 역시 이사의 거래가 제172조의 단기매매에 해당하는 경우에는 예외이다.

93) 따라서 독일과 같이 투자자에게 손해배상청구권을 인정하지 않는 입법례도 있을 수 있다.

94) 서울지법 남부지원 1994. 5. 6. 선고 92가합11689 판결.

95) 김정수, 1042면. 원고의 손해기준과 피고의 이익기준에 관한 논의도 있다. 임재연, 1112-1113면.

96) 미국(Private Securities Litigation Reform Act 1995)에서는 실제 매매가격과 시정조치가 있은 후 90일간의 평균거래가격의 차이가 손해배상청구의 최대한도이다.

구가 실제로 이루어지기 어려웠기 때문이다. 그러나 증권관련집단소송법은 미공개중요정보이용행위로 인한 손해배상청구도 집단소송의 형태로 제기할 수 있게 했다(3조 1항 3호).

제8절 입 법 론

전세계로 확산되고 있는 미공개중요정보이용행위규제에 대해서는 효율면에서 비판론이 끈질기게 주장되고 있지만 널리 지지받지는 못하고 있다. 반면 미공개중요정보이용행위는 내부정보에서 소외된 투자자에게는 직관적으로 불공정한 것으로 받아들여지고 있다. 증권시장 육성에 힘을 기울이고 있는 선진국들은 증권시장에 대한 투자자신뢰를 확보하기 위해 저마다 미공개중요정보이용행위규제에 나서고 있다. 미공개중요정보이용행위를 문제삼는 이유는 정보격차를 불공정하게 이용하는 행위이기 때문이다. 이사와 같은 내부자가 내부정보를 이용하여 증권을 매매하는 것은 그 대표적인 예라고 할 수 있다.

그러나 정보비대칭의 문제가 '**내부자**'의 거래라는 형태로 부각된 것은 문제의 올바른 파악을 다소 방해한 측면도 있다. 내부자에 의한 거래를 중심으로 규제를 설계하다 보니 앞서 지적한 바와 같이 정보격차가 문제되는 경우를 포괄적으로 포섭하지 못하게 된 것이다. 이 점은 자본시장법에서 다소 개선되었다. 자본시장법은 공개매수에 이어서 대량취득·처분에 관한 미공개정보이용도 규제대상으로 하고 있다. 정보비대칭의 관점에서는 '**내부자**'란 회사의 '**내부**'에 속하는 자라는 의미가 아니라 미공개정보를 접하는 지위에 있는 자라는 의미로, 그리고 내부자거래는 '**미공개정보를 이용한 거래**'로 이해해야 할 것이다.[97] 이러한 정보격차의 불공정한 이용에 대한 규제를 한 곳에서 포괄적으로 처리할 것인지 아니면 문제되는 경우마다 개별적으로 처리할 것인가?[98] 선뜻 결정하기 어려운 문제이지만 현실적인 입법의 어려움을 고려하면 전자의 방식이 나을 것이다.[99] 결국 앞으로는 발행회사와의 관계중심으로 구성된 현재의 규제를 정보보유중심으로 전환하는 방향으로 나아가야 할 것이다.

---

97) 박삼철, 앞의 논문(1998), 12면.
98) EU나 영국의 시장남용행위지침은 포괄적인 입법을 채택하고 있는 데 반하여, 우리나라, 미국, 일본의 입법은 포괄적이지 못하다.
99) 김건식, 앞의 논문, 27면.

제9절   미공개중요정보이용행위와 관련된 기타의 규정

Ⅰ. 단기매매차익의 반환[100]

1. 의   의

미공개중요정보이용행위를 증명하는 것은 결코 쉽지 않다. 증권시장에서 소문이나 의혹은 무성하지만 실제로 조사를 거쳐 형사처벌이나 손해배상에 이른 예는 그다지 많지 않다. 단기매매차익반환규정(172조)은 바로 이러한 미공개중요정보이용행위규제의 어려움을 덜기 위한 규정이다. 이는 미국 1934년 증권거래소법 제16(b)조를 모델로 한 것으로서 회사의 내부자가 회사증권을 6개월내에 매매하여 얻은 이익은 내부정보를 이용한 것인지와 관계없이 무조건 회사에 반환하게 하는 것이다.[101] 이 규정은 내부자의 거래가 그러한 단기매매에 해당하기만 하면 내부정보를 이용한 것임을 증명할 필요 없이 바로 그로 인한 이익을 박탈할 수 있는 점에서 미공개중요정보이용행위를 억제하는 상당히 편리한 수단이 될 수 있다.[102]

반면 이러한 금지규정을 모른 채 내부정보와 무관하게 증권을 거래한 내부자에게는 예측하지 못한 타격을 가하게 된다. 이 규정이 '내부정보 이용'을 요건으로 하지 않은 것에 대해서는 위헌시비가 있었으나, 헌법재판소는 합헌을 선언했다{헌법재판소 2002. 12. 18. 선고 99헌바105, 2001헌바48(병합) 결정}. 다만 정보접근가능성이 전혀 없는 자에게 단기매매차익반환을 요구하는 것이 부당하다는 점을 고려하여 자본시장법은 정보접근가능성이 있는 직원만을 규제대상으로 삼고 있다. 단기매매차익반환제도에서는 미공개중요정보이용행위의 규제라는 규제목적과 함께 수범자의 권리보호도 함께 고려되어야 한다.

---

100) 고창현, "증권거래법상 단기매매차익반환의무", 『인권과 정의』 제277호, 1999, 62면 이하; 김상철, "단기매매차익 반환청구의 이론과 실무", 『BFL』 86호, 2017, 24-49면("김상철, 앞의 논문(2017)"으로 인용); 김상철, "자본시장법상 단기매매차익 반환제도의 매매 개념과 적용예외 사유에 관한 연구", 『사법논집』 제48집, 2009, 143-256면. 상세한 논의로, 김상철, "단기매매차익반환청구의 성립요건에 관한 연구 — 자본시장과 금융투자업에 관한 법률 시행에 따른 내용을 중심으로"(서울대 법학석사 학위논문, 2009. 2).

101) 자본시장법 제175조의 손해배상책임과는 요건 및 효과가 모두 다르기 때문에 양자가 모두 성립할 수 있다는 데 다툼이 없다. 고창현, 앞의 논문, 78면; 임재연, 913면.

102) 대법원도 단기매매차익반환제도의 취지를 "내부자가 실제로 미공개 내부정보를 이용하였는지 여부나 내부자에게 미공개 내부정보를 이용하여 이득을 취하려는 의사가 있었는지 여부를 묻지 않고 내부자로 하여금 그 거래로 얻은 이익을 법인에 반환하도록 하는 엄격한 책임을 인정함으로써 내부자가 미공개 내부정보를 이용하여 법인의 주식 등을 거래하는 행위를 간접적으로 규제하려는 제도"라고 설명하고 있다. 대법원 2016. 8. 24. 선고 2016다222453 판결; 대법원 2012. 1. 12. 선고 2011다80203 판결; 대법원 2011. 3. 10. 선고 2010다84420 판결; 대법원 2008. 3. 13. 선고 2006다73218 판결; 대법원 2007. 11. 30. 선고 2007다24459 판결; 대법원 2004. 5. 28. 선고 2003다60396 판결; 대법원 2004. 2. 13. 선고 2001다36580 판결 등.

2. 대상인 내부자

단기매매차익반환의무의 부과대상은 "주권상장법인의 임원·직원 또는 주요주주"에 한정된다. 그 의의는 미공개중요정보이용행위의 주체에서 설명한 바와 같다. 다만 단기매매차익 반환제도의 취지와 법조항의 규정 내용 등에 비추어 볼 때 "그 내부자로 하여금 그 단기매매차익을 반환할 의무를 부담하도록 하기 위하여서는 그 내부자가 그러한 주식거래의 직접적인 주체이거나, 그 주체가 아닌 경우에는 그 주체의 행위를 그 내부자의 행위와 동일시할 수 있는 경우"여야 한다(대법원 2007. 11. 30. 선고 2007다24459 판결).

임원에는 상법상 업무집행관여자(401조의2 1항 1호-3호)도 포함된다. 그러나 이들은 대부분 직원이나 주요주주에 해당할 것이므로 따로 포함할 실익은 그리 크지 않다. 직원은 내부정보에 접근할 가능성이 극히 희박한 자를 제외한다. 자본시장법은 그 법인에서 주요사항보고서(161조 1항) 제출사항의 수립·변경·추진·공시, 그 밖에 이에 관련된 업무에 종사하고 있는 직원과 그 법인의 재무·회계·기획·연구개발·공시 담당부서에 근무하는 직원으로 한정하고 있다(령 194조 1호·2호; 단기매매차익 반환 및 불공정거래 조사·신고 등에 관한 규정 5조). 지방공장의 야간경비나 환경미화에 종사하는 직원과 같이 정보접근가능성이 전혀 없는 직원이 이익을 반환하는 사례가 발생했던 사례를 고려한 것이다. 정보접근가능성 판단의 어려움과 재산권 침해 우려 등을 근거로 직원을 제외하자는 논의[103]도 있지만, 제도가 존재하는 한 정보접근가능성이 명백한 직원을 제외할 수는 없다.

주요주주는 누구의 명의로 하든지 자기계산으로 발행인의 의결권 있는 발행주식 총수의 10% 이상의 주식 및 그 주식과 관련된 증권예탁증권을 소유한 자, 또는 임원(업무집행책임자는 제외)의 임면 등의 방법으로 당해 법인과 그 계열회사의 중요한 경영사항에 대하여 사실상의 영향력을 행사하는 주주로서 시행령으로 정하는 자를 말한다{9조 1항; 지배구조법 2조 6호 나목 1), 2)}. 명의를 불문하므로 '**본인명의 계좌 1개와 차명계좌 19개로 A회사의 발행주식총수의 10.73 퍼센트의 주식을 소유한 갑**'은 주요주주에 해당한다(서울고법 2007. 11. 29. 선고 2006나101207 판결).[104] 또한 B회사가 자회사인 A회사의 대표이사로 선임한 갑을 통하여 A회사의 중요한 경영사항에 지배적인 영향력을 행사하고 그러한 영향력을 이용하여 A회사 주식을 거래한 경우 B회사에 대하여 사실상 지배주주로서의 단기매매차익반환을 인정했다{서울고법 2012. 7. 12. 선고 2011나8012 판결(확정)}.

---

103) 김상철, 앞의 논문(2009), 154면 및 주 23의 문헌; 김홍기, "자본시장법상 단기매매차익 반환제도와 향후 운용방향에 대한 검토 — 대법원 2010. 8. 19. 선고 2007다66002 판결의 평석을 겸하여 —", 『상사법연구』 제30권 제4호, 2012, 191면 및 주 14의 문헌.
104) 대법원 2008. 4. 24. 선고 2008다5714 판결(심리불속행 확정).

주권상장법인이 발행하는 특정증권등을 인수한 투자매매업자도 대상이다(172조 7항).[105] 한편 회사가 자기주식을 거래하여 이익을 얻은 경우는 대상에서 제외되므로 단기매매차익을 반환할 의무가 없다.

적용대상 내부자로서의 지위는 매도와 매수시점에 모두 존재해야 하는가? 주요주주는 양 시점에 모두 그 지위를 보유해야 한다(172조 6항).[106] 주요주주가 주식을 매도하여 주요주주의 지위를 상실하는 경우에도 "자본시장법 제172조 제6항의 '**매도한 시기**'는 '**매도를 할 당시**'라는 의미로 해석되므로" 그 매도분은 단기매매차익반환대상이다.[107] 반대로 매수에 의하여 주요주주 지위를 취득한 자가 6월 내에 매도하는 경우에는 단기매매차익반환의무를 적용하기 어렵다.[108] 그러나 입법론상 내부정보를 이용할 가능성이 높으므로 이러한 주주도 적용대상으로 삼는 것이 옳다.[109] 임직원은 달리 정함이 없으므로 매도와 매수 중 한 시점에 그 지위에 있으면 적용대상이 된다(대법원 2008. 3. 13. 선고 2006다73218 판결).[110] 이와 관련하여 "해당 법인의 임직원으로의 취임을 전혀 예상하지 못한 경우까지 일률적으로 적용함은 무리"라는 지적도 있다.[111] 그러나 임직원의 경우 정보접근가능성을 고려할 때 "어느 한 시점에서만 그러한 지위요건을 충족하는 경우에도 그 지위를 이용하여 내부자거래를 할 개연성이 높은" 점[112]을 반영한 것이다.

3. 대상증권 등

단기매매차익반환의 대상이 되는 금융투자상품은 미공개중요정보이용행위규제의 대상이 되는 특정증권등과 동일하다(172조 1항 각 호). 정확하게는 단기매매차익반환의 대상이 되는 금융투자상품을 '**특정증권등**'이라고 정의한 후 그 정의를 미공개중요정보이용행위에 관하여 사용하는 체계이다.[113] 그러나 단기매매차익반환의 대상이 되는 금융투자상품과 미공개중요정보이용행위규제의 대상이 되는 금융투자상품을 완전히 동일하게 규정한 것은 검토의 여지가 있다(위 제4절 Ⅲ).

---

105) 다만 인수계약체결일로부터 3개월 이내에 매수(매도)하여 그로부터 6개월 이내에 매도(매수)하는 경우에 한한다(령 199조).

106) 미국법상으로도 10% 주주의 경우에는 매도시와 매수시에 모두 그 지위를 유지해야 한다. 연방대법원은 매수시에 10% 주주가 아니었던 자는 6개월 내에 그 주식을 매도한 경우에 제16(b)조의 적용을 받지 않는다고 판시했다. Foremost-McKesson v. Provident, 423 U.S. 232(1976).

107) 김상철, 앞의 논문(2017), 27면.

108) 같은 취지: 김상철, 앞의 논문(2017), 27면.

109) 증권법의 해석론으로 그러한 주장을 펴는 견해도 있다. 고창현, 앞의 논문, 68면, 주 24의 인용논문 참조.

110) 고창현, 앞의 논문, 65면.

111) 노태악, "내부자거래 등 관련행위의 규제", 증권거래에 관한 제 문제(상), 법원도서관, 2001, 466면.

112) 김건식·송옥렬, 379면; 김상철, 앞의 논문(2009), 160면.

113) 증권법상 반환대상증권은 미공개중요정보이용행위의 경우보다 좁았다. 김건식, 281면.

4. 단기매매행위

1) 6개월 이내의 매도 후 매수 또는 매수 후 매도

적용대상인 단기매매행위는 특정증권등을 "매수 […] 한 후 6개월 이내에 매도[…] 하거나 […] 매도한 후 6개월 이내에 매수하여 이익을 얻은 경우"이다(172조 1항). 단기매매행위는 **'선행거래'**(매수 또는 매도)와 그에 상응하는 **'후행거래'**(매도 또는 매수)로 구성된다. 후행거래가 차익실현거래이다{부산고법 2019. 12. 12. 선고 2018나58762 판결(상고중)}. 내부정보를 이용했는지는 불문한다.

거래소증권시장에서의 매매에 한정되지 않고, 장외매도도 적용대상이다. 내부자 계산으로 하는 한 명의는 불문한다. 동일인이 차명계좌 보유주식을 실명계좌로 매도한 경우 매도가격과 매수가격이 정확히 일치하는 수량에 관한 한 매매에 해당하지 않는다(대법원 2005. 3. 25. 선고 2004다30040 판결).

여기서 6개월은 미공개중요정보가 정보로서의 가치를 가지는 기간으로 볼 수 있다.[114] 6개월의 산정기준은 매매의 결제일이 아니라 체결일이다(대법원 2011. 3. 10. 선고 2010다84420 판결).[115] 내부정보이용과 관련하여 중요한 것은 매매의사를 표시하는 시점이기 때문이다. 증권법상 코스닥상장법인의 대표이사가 제3자로부터 매수한 그 법인의 주식을 양도하기로 하는 내용의 합의각서를 체결하고 약 6개월의 기간이 경과한 후 주식매매계약서를 작성한 사안에서, "위 합의각서는 추후 별도의 확정적인 매매계약 성립을 전제로 작성된 것으로 보이므로, 주식 매도는 위 주식매매계약서를 작성한 날에 이루어졌다"고 판단했다(대법원 2011. 3. 10. 선고 2010다84420 판결). 초일은 산입한다(령 195조 1항).[116]

2) 교환의 포함 여부

법문상 매도·매수같은 용어를 사용하지만 규정취지상 교환도 포함된다. "내부자 정보의 남용이라는 측면에서 똑같은 위험성이 있음에도 불구하고 거래 방식이 매매계약이 아닌 교환계약이나 대물변제 등에 의하였다는 점만으로 이를 "매수"의 범위에서 제외하게 된다면, 내부자거래의 규제를 위하여 모처럼 마련한 단기매매차익반환 규정의 실효성을 크게 해하게 될

---

114) 김상철, 앞의 논문(2017), 29면; 이철송, "유가증권의 단기매매차익 반환과 정보이용의 요건성", 『증권법연구』 제5권 제1호, 2004, 175-176면.

115) 대법원은 내부정보 이용가능성이 높은 단기매매를 6월이라는 기간요건 하에 간접적으로 규제하고자 하는 제도 취지와 민법상 매매의 효력발생시기에 관한 민법 제563조를 근거로 들고 있다. 같은 취지: 대법원 2012. 1. 12. 선고 2011다80203 판결. 고창현, 앞의 논문, 72면.

116) 서울중앙지법 2007. 6. 1. 선고 2006가합92511 판결("A회사 발행주식 매수계약 체결일인 2005년 10월 28일로부터 기산하여 역(歷)에 의하여 6개월이 되는 날인 2006년 4월 27일까지가 '주식을 매수한 지 6개월 이내'의 기간임이 명백하므로, 그다음 날인 2006년 4월 28일 비로소 내부자 甲이 위 주식을 매도한 것은 단기매매차익 반환의 대상이 되는 거래라 할 수 없다").

것"이기 때문이다.117) 한편, 상속이나 증여, 또는 주식배당이나 무상증자에 의하여 취득하는 경우는 비자발적 거래로서 내부자의 의사에 기한 것이 아니고 매매와 유사성도 없으므로 단기매매차익반환규정이 적용될 여지가 없다. 완전모회사가 완전자회사로부터 주식을 매수한 것(대법원 2019. 9. 2. 선고 2019다234976 판결)도 단기매매차익반환의 대상인 매수에 해당한다.

자본시장법은 발행시장에서의 취득, 전환사채의 전환권 등 옵션의 행사에 의한 취득도 모두 매수에 해당하는 것을 전제로 단기매매차익 반환의 예외로 규정하고 있다(단기매매차익반환규정 8조 1호·4호). 법원도 상법상 제3자 신주인수에 의한 주식의 취득을 매수로 본다(서울고법 2001. 5. 18. 선고 2000나22272 판결).

3) 옵션의 포함 여부

자본시장법은 옵션을 대상으로 할 경우 매매의 개념을 분명히 하고 있다. 매매의 대상인 옵션의 경제적 특징을 반영한 것이지 "매매를 옵션을 포함하는 취지로 정의"한 것과는 다르다. 즉 매수는 "권리행사의 상대방이 되는 경우로서 매수자의 지위를 가지게 되는 특정증권등의 매도"를 포함하고, 매도는 "권리를 행사할 수 있는 경우로서 매도자의 지위를 가지게 되는 특정증권등의 매수"를 포함하고 있다(172조 1항). "권리행사의 상대방이 되는 경우로서 매수자의 지위를 가지게 되는 특정증권등의 매도"는 매도선택권(put option)과 그것을 포함한 파생결합증권의 매도를 의미한다. 한편 "권리를 행사할 수 있는 경우로서 매도자의 지위를 가지게 되는 특정증권등의 매수"는 매도선택권과 그것을 포함한 파생결합증권의 매수를 의미한다. 주의할 것은 매수선택권(call option)은 이 정의에 포함되지 않는다는 점이다. 매수선택권의 매수나 매도는 그 자체를 특정증권등의 매수나 매도로 처리하는 것이 옳기 때문이다.

내부자가 개별 주식선물·옵션을 매도하고, 6개월 이내에 옵션을 포기하거나 만기청산되는 경우도 매수로 볼 것인가? 이를 명시하는 "SEC Rule 16b-6(d)와 같은 규정이 없는 이상 만기로 자동청산되는 것까지 단기매매의 매수·매도 개념에 포함된다고 볼 수는 없다"는 견해가 있다.118) 그러나 내부자의 예측가능성과 자발적 의사가 인정되는 한 매수에 포함된다.

신주인수권부사채의 신주인수권이나 전환사채의 전환권 행사로 주식을 취득한 경우도 매수에 해당하는가? **'전환사채의 전환권행사에 의한 주식의 취득'**은 내부자의 의사에 따라 이루어지는 유상거래인 점에서 매매와 유사하나, 전환권은 내부정보가 아닌 시가와 전환가격의 차이에 의하여 행사 여부가 결정되므로 유형적으로 내부정보의 이용가능성이 없는 경우에 해당할 것이다.119) 증선위는 "이미 소유하고 있는 특정증권등의 권리행사로 인한 주식의 취득"을

---

117) 서울고법 2001. 5. 18. 선고 2000나22272 판결. 대법원 2003. 7. 25. 선고 2001다42684 판결(상고각하)로 확정. 1심은 서울지방법원 2000. 4. 18. 선고 98가합114133 판결.
118) 김상철, 앞의 논문(2017), 33면.
119) 장상균, "지배주식의 매도에 대한 증권거래법상 단기매매차익 반환조항의 적용", 『BFL』 5호, 2004, 94면 주 22.

매수에 해당하는 것을 전제로 단기매매차익 반환의 예외로 규정하고 있다(단기매매차익반환규정 8조 4호).

4) 매도와 매수의 대상증권의 동일하지 않은 경우

단기매매가 매도와 매수의 대상증권이 같은 때만 성립하는 것은 아니다. 종류가 다른 특정증권 등의 매매도 대상이 되는가? 예컨대 주식을 매도하고 전환사채를 매수하는 경우도 단기매매차익반환규정의 적용을 받는가? 내부정보의 이용가능성이란 면에서는 반드시 대상이 같을 필요는 없다. 시행령은 "매수 특정증권등과 매도 특정증권등의 종류가 다른 경우의 이익산정에 관하여 지분증권 외의 특정증권등의 가격과 수량은 금융위가 고시하는 방법에 따라 지분증권으로 환산하여 계산한 가격으로 한다"고 하여 이를 긍정한다(령 195조 2항 2호, 3항).[120] 피고가 2013. 3. 8. 상장법인(원고)이 발행한 신주인수권부사채권(854,700주)을 매수한 후, 2013. 3. 28. D에게 원고의 경영권과 함께 보통주(900만주)를 양도한 대가(63억7,200만원)를 받은 사안에서 단기매매차익반환을 인정했다(서울동부지법 2016. 9. 22. 선고 2015가합3059 판결).[121]

종류가 다른 특정증권등의 가격이나 수량산정에는 기준이 필요하다. 종류가 다른 특정증권등의 가격은 "당해 특정증권등의 매매일의 당해 특정증권등의 권리행사의 대상이 되는 지분증권의 종가"(령 195조 2항 2호; 단기매매차익반환규정 6조 1항)를 말한다. 종류가 다른 특정증권등의 수량은 "당해 특정증권등의 매매일에 당해 특정증권등의 권리행사가 이루어진다면 취득할 수 있는 것으로 환산되는 지분증권의 수량"으로 한다(령 195조 3항; 단기매매차익반환규정 6조 2항 본문). 이 경우 환산되는 지분증권의 수량 중 1주 미만의 수량은 절사한다(령 195조 3항; 단기매매차익반환규정 6조 2항 단서).

5. 이   익

1) 구체적 · 현실적 개념

이익은 매매차익으로서 실제로 발생한 구체적 · 현실적 이익을 말한다. 불공정거래의 형벌에 연동되는 규범적 개념으로서의 부당이득(얻은 이익 또는 회피한 손실액)과는 다르다. 따라서 대상증권에 대한 배당, 회피한 손실액이나 미실현이익은 포함되지 않는다.[122]

2) 산정기준

반환이익의 산정기준은 시행령으로 정한다(172조 1항 후단). 이익산출방법에는 평균법, 선

---

120) 미국에서는 종류가 다른 증권을 매매한 경우에도 적용을 긍정하고 있다(Rule 16b-6; Chemical Fund v. Xerox, 377 F.2d 107{2d Cir., 1967}).

121) 항소심은 제척기간 도과로 판단. 서울고법 2017. 8. 18. 선고 2016나208954 판결; 대법원 2017. 11. 23. 선고 2017다37591 판결(심리불속행기각)로 확정.

122) 김홍기, 앞의 논문(2012), 206-207면.

입선출법, 최저가와 최고가를 대비하는 방식(대비방식)123) 등이 있다. 기본적으로 선입선출법을 채택하고 있다(령 195조 1항).

매수증권과 매도증권이 종류는 같으나 종목이 다른 경우(예컨대 보통주를 매도하고 우선주를 매수한 경우)에는 선거래의 대상증권 등의 후거래에서의 최종가격을 기준으로 차익을 결정한다(령 195조 2항 1호).124) 여기서 같은 종류인지는 자본시장법 제4조의 분류가 아니라 증권의 실질을 고려한 성질결정이 필요하다.125) 예컨대 신주인수권과 보통주는 다른 증권이다. 구체적인 계산기준이나 방법 등은 단기매매규정에서 정한다(령 195조 6항). 주의할 것은 선입선출법에 따라 단기매매차익을 계산하면서 이익이 발생한 경우 이를 합산할 뿐이고 그 손해액은 전혀 고려하지 않는다는 것이다(령 195조 1항 1호).126)

단기매매차익의 산정기준일을 계약체결일과 계약결제일 중 언제로 할 것인가? 체약일과 결제일에 각각 환율이 다른 사안에서 법원은 계약체결일을 기준일로 판단했다(대법원 2010. 8. 19. 선고 2007다66002 판결).127) 그 근거로는 단기매매차익 반환의무의 대상거래는 내부자가 매매계약의 의사를 대외적으로 표시하는 매매계약체결일을 기준으로 해야 하는 점, 매매거래의 시기를 매매계약체결일로 보는 이상 반환할 매매차익의 범위도 실제 대금의 수령일이 아닌 매매계약체결일을 기준으로 산정하여야 비용공제 등 반환 의무의 범위를 정함에 있어서도 통일된 기준이 될 수 있는 점, 매매계약의 당사자는 매매계약에서 정한 매매대금을 기준으로 하여 경제적 손익 내지 매매차익의 실현 여부를 가늠하여 매매계약을 체결하였을 것이라는 점

---

123) 미국에서 채택되고 있는 대비방식에 의하면 다음과 같은 결과가 된다. 예컨대 매수사실이 있고 그 6개월 전이나 6개월 후 사이에 보다 높은 가격의 매도사실이 있으면 그 차액을 이익으로 본다. 6개월 내에 매매가 아주 많이 이루어진 경우에는 가장 높은 가격의 매도와 가장 낮은 가격의 매수부터 대응시키는 방법으로 이익을 산정한다. 따라서 전체적으로는 손해를 본 경우에도 단기매매차익의 계산상으로는 이익을 거둔 것으로 간주될 수 있다.

124) 즉 매수 후 매도하여 이익을 얻은 경우에는 매도한 날의 매수 특정증권 등의 최종가격을 매도 특정증권 등의 매도가격으로 하고, 매도 후 매수하여 이익을 얻은 경우에는 매수한 날의 매도 특정증권 등의 최종가격을 매수 특정증권 등의 매수가격으로 한다.

125) 서울고법 2016. 10. 6. 선고 2016나2022194 판결("단기매매차익 산정방법과 관련한 시행령 제195조 제2항 제2호의 지분증권의 개념은, 자본시장법 제4조 제4항이 정한 증권의 분류에도 불구하고, '종가가 있으면서 증권 그 자체에 출자지분이 표시된 증권'으로 해석하여, 신주인수권과 같이 '증권에 출자지분을 취득할 권리가 표시된 증권'의 경우에는 위와 같은 의미의 지분증권에 해당하지 않는다"). 같은 취지: 서울고법 2016. 9. 22. 선고 2016나2022033 판결; 서울고법 2016. 10. 6. 선고 2016나2022194 판결.

126) 이에 대해 대법원은 재산권보장에 관한 헌법 제23조나 포괄위임금지원칙을 선언한 헌법 제75조에 위반되는 무효의 규정이라고 할 수 없다고 판시하였다. 대법원 2005. 3. 25. 선고 2004다30040 판결. 이 판결은 증권령 제83조의5 제2항 제1호에 대한 것이지만, 자본시장법 시행령 제195조 제1항 제1호의 해석에도 그대로 적용될 수 있을 것이다.

127) 주식을 장내에서 매수한 최대주주가 매수일로부터 6월 내인 2004. 11. 29. US$를 매매대금으로 전부 매도하고, 매매대금의 80%는 2005. 2. 2., 나머지 20%는 2006. 2. 6. 각각 수령했다. US$ 기준환율은 2004. 11. 29. (본건 계약체결일) 1,048.90원, 2005. 2. 2.(매매대금의 80% 수령일) 1,027.50원, 2006. 2. 6.(매매대금의 20% 수령일) 970.60원이었다.

등을 들고 있다. 같은 이유에서 외화로 거래한 경우에는 매매계약체결일의 기준환율에 따른 원화환산금액으로 확정된 것으로 보아야 한다(대법원 2010. 8. 19. 선고 2007다66002 판결).

3) 공제항목

단기매매차익에 경영권 프리미엄을 포함할 것인가? 대법원은 "주식의 양도와 함께 경영권의 양도가 이루어지는 경우에 경영권의 양도는 주식의 양도에 따르는 부수적인 효과에 불과하고 그 양도대금은 경영권을 행사할 수 있는 정도의 수에 이르는 주식 자체에 대한 대가"이므로, 내부자가 주식과 함께 경영권을 양도하면서 경영권 프리미엄을 취득한 후 6월 이내에 주식을 매수하여 이익을 얻은 경우 그 단기매매차익에서 경영권프리미엄을 제외해야 한다고 볼 수 없다고 판시하였다(대법원 2004. 2. 12. 선고 2002다69327 판결).[128]

그러면 단기매매차익에서 주식매도로 납부한 양도소득세는 공제해야 하는가? 법원은 단기매매에 따른 양도소득세를 납부하더라도 반환할 단기매매차익을 산정할 때에 양도소득세를 공제해야 한다고 볼 수 없다고 판시하였다(대법원 2016. 3. 24. 선고 2013다210374 판결).[129] 그 근거로는 자본시장법령 및 단기매매차익반환규정에 단기매매차익산정시 양도소득세공제에 관하여 아무런 정함이 없는 점, 단기매매차익반환제도의 입법목적, 양도소득세는 양도차익에 과세되는 직접세로서 단기매매차익을 반환해야 하는 모든 주식등의 거래에서 필연적으로 발생하거나 수반하는 거래세 내지 거래비용으로 볼 수 없는 점, 내부자가 단기매매차익을 모두 반환함으로써 납부한 양도소득세상당의 손실을 입게 되더라도 이는 단기매매차익반환제도에 기인한 것이 아니라 양도소득세관련법령이 적용된 결과인 점 등을 제시하고 있다.

6. 단기매매차익반환의 예외

1) 의의와 취지

단기매매차익반환규정은 내부정보이용사실을 증명하기 어려운 현실을 고려하여 내부정보이용을 요건으로 하지 않는다. 그러나 그렇다고 해서 내부정보의 이용개연성이 전혀 없는 경우에까지 매매차익반환을 요구하는 것은 적절하지 않을 것이다. 그리하여 자본시장법은 매도 또는 매수의 성격 그 밖의 사정상 내부정보를 이용한 개연성이 아주 적다고 판단되는 일정한 경우를 적용대상에서 배제하고 있다(172조 6항; 령 198조 1호-13호).[130]

(i) 법령에 따라 불가피하게 매수하거나 매도하는 경우

---

128) 같은 취지: 대법원 2016. 3. 24. 선고 2013다210374 판결; 대법원 2004. 2. 13. 선고 2001다36580 판결.
129) 나아가 대법원은 "양도소득세의 공제를 규정하지 않은 자본시장법시행령 제195조 제1항이 자본시장법 제172조 제1항의 위임범위를 넘어선 것이거나 기본권의 제한에 관한 과잉금지의 원칙에 반하여 헌법 제23조가 보장하는 재산권을 침해하는 것이라고 볼 수도 없다"고 명시하였다(대법원 2016. 3. 24. 선고 2013다210374 판결).
130) 구체적인 적용사례는, 김상철, 앞의 논문(2017), 37-40면.

(ii) 정부의 허가·인가·승인 등이나 문서에 의한 지도·권고에 따라 매수하거나 매도하는 경우

(iii) 안정조작이나 시장조성을 위하여 매수·매도 또는 매도·매수하는 경우

(iv) 모집·사모·매출하는 특정증권등의 인수에 따라 취득하거나 인수한 특정증권등을 처분하는 경우

(v) 주식매수선택권의 행사에 따라 주식을 취득하는 경우

(vi) 이미 소유하고 있는 지분증권, 신주인수권이 표시된 것, 전환사채권 또는 신주인수권부사채권의 권리행사에 따라 주식을 취득하는 경우

(vii) 증권예탁증권의 예탁계약해지에 따라 증권을 취득하는 경우

(viii) 교환사채권의 권리행사에 따라 증권을 취득하는 경우

(ix) 모집·매출하는 특정증권 등의 청약에 따라 취득하는 경우

(x) 「근로복지기본법」에 따라 우리사주조합원이 우리사주조합을 통하여 회사의 주식을 취득하는 경우(그 취득주식을 수탁기관을 통해서 보유하는 경우만 해당)

(xi) 주식매수청구권의 행사에 따라 주식을 처분하는 경우

(xii) 공개매수에 응모함에 따라 주식 등을 처분하는 경우

(xiii) 그 밖에 미공개중요정보를 이용할 염려가 없는 경우로서 증선위가 인정하는 경우(단기매매차익반환규정 8조 1호-7호)

적용 제외사유를 시행령에 위임한 것(증권법 제188조 제8항; 자본시장법 172조 6항에 해당)에 대해서 헌법재판소는 첫째, 증권시장의 다양한 거래형태와 빠른 환경변화를 고려할 때 법률에서 예외를 구체적으로 정하기가 곤란한 점, 둘째, 대통령령에 의하여 규정될 내용은 '불공정하다고 볼 수 없거나 미공개정보를 이용하지 않은 매매인 경우'인 것으로 그 내용의 대강을 미리 예측할 수 있다는 점을 근거로 포괄위임입법금지원칙에 반하지 않는다고 판단했다{헌법재판소 2002. 12. 18. 선고 99헌바105, 2001헌바48(병합) 결정}.

2) 한정규정

이상의 예외사유는 예시적인 것인가? 법원은 예외사유가 한정적이라고 하면서도 미공개중요정보이용행위가 아님이 명백한 경우, 즉 거래의 유형상 애당초 "내부정보의 이용가능성이 객관적으로 없는 경우"[131])에는 단기매매차익반환규정의 적용이 없다고 한다(대법원 2016. 3. 24. 선고 2013다210374 판결 등).[132]) 그러나 법원은 "자본시장법 시행령에서 한정적으로 열거

---

131) "단기매매차익반환제도의 입법목적, 자본시장법시행령 198조에 정해진 예외사유의 성격 그리고 헌법 제23호가 정하는 재산권보장의 취지를 고려하면, 자본시장법시행령 제198조에서 정한 예외사유에 해당하지 않더라도 객관적으로 볼 때 내부정보를 부당하게 이용할 가능성이 전혀 없는 유형의 거래."

132) 같은 취지: 대법원 2008. 3. 13. 선고 2006다73218 판결; 대법원 2007. 11. 30. 선고 2007다24459 판결; 대법원 2004. 5. 28. 선고 2003다60396 판결; 대법원 2004. 2. 13. 선고 2001다36580 판결; 대법원 2004. 2. 12. 선고 2002다69327 판결. 비슷한 판시는 헌법재판소 2002. 12. 18. 선고 99헌바105, 2001헌바48(병합) 결정에서도 등장한다.

한 반환책임의 예외사유 자체는 가급적 엄격하게 해석"해야한다고 본다{부산고법 2019. 12. 12. 선고 2018나58762 판결(상고중)}. 그리하여 자본시장법 시행령 제198조 제1호에서 정한 '**법령에 따라 불가피하게 매수하거나 매도하는 경우**'는 "특정한 법령에서 직접 거래를 명하거나 거래의 의무를 부과하는 경우 내지 그에 준하는 경우"를 말한다고 엄격하게 해석한다{부산고법 2019. 12. 12. 선고 2018나58762 판결(상고중)}.

3) 내부정보의 부당한 이용가능성: 객관적 판단

내부정보의 부당한 이용가능성은 평균인의 관점에서 객관적으로 판단되어야 한다. 내부자에 의한 거래의 임의성과 내부정보에 대한 접근가능성을 고려해야 하고, 비자발적인 유형의 거래가 아니거나 내부정보에의 접근가능성을 완전히 배제할 수 없는 유형의 거래인 경우 내부정보에 대한 부당한 이용가능성이 인정되어야 한다(대법원 2008. 3. 13. 선고 2006다73218 판결).[133]

대표적으로 본인은 횡령·배임혐의로 불구속기소되고, 그 회사 주식은 거래소에 의한 매매거래정지와 상장폐지실질심사대상이 되자 대표이사를 사임하고 회장지위만 유지하던 중 거래정지가 해제되자 곧바로 자기 보유주식을 매도했다가 5개월 후 매수한 사안(대법원 2016. 3. 24. 선고 2013다210374 판결), 법인 내부자가 정직처분을 받아 신분 및 임무수행상의 제한을 받는 상태에서 그 법인의 주식을 매수한 사안(대법원 2008. 3. 13. 선고 2006다73218 판결), 적대적 기업인수를 시도하던 자가 주요주주가 된 후에 대상회사 경영진의 저항에 부딪혀 인수를 단념하고 대량으로 취득한 주식을 공개시장에서 처분한 사안(대법원 2004. 5. 28. 선고 2003다60396 판결), 회사의 주가하락 및 회사에 대한 적대적 인수합병에 대한 방어책으로서 주식을 매수했으나, 경영악화로 인하여 부득이 타회사에 회사의 경영권을 양도하기 위한 수단으로 주식을 매도한 것이라고 주장한 사안(대법원 2004. 2. 13. 선고 2001다36580 판결), 모회사가 완전자회사를 매각하는 과정에서 매수인과의 합의에 따라 자회사가 보유하던 주식을 매수한 사안(대법원 2019. 9. 2. 선고 2019다234976 판결)에서 내부정보의 이용가능성이 전혀 없다고 할 수 없다고 판시하였다.

그동안 실제로 해석에 의한 적용제외사유가 인정된 사례는 찾을 수 없다. 그러나 최근 해석에 의한 적용제외사유를 인정한 주목할만한 하급심판결이 나왔다. 법원은 워크아웃 중 주채권은행인 한국산업은행이 상장폐지를 막기 위해 회사의 요청에 따라 기촉법상 채권금융기관협의회의 결의에 따라 출자전환하여 주요주주가 된 후 6개월 이내에 일부 주식을 매도한 사안에서 "이 사건 출자전환이 자본시장법 시행령 제198조에서 한정적으로 열거된 예외사유에 해당하지는 않지만," "객관적으로 볼 때 내부정보의 이용가능성이 없는 유형의 거래에 해

---

133) 같은 취지: 대법원 2016. 3. 24. 선고 2013다210374 판결.

당"되므로 "자본시장법 제172조 제1항의 '**매수**'에 해당하지 않는 유형의 거래로 해석되어 그 적용이 배제된다"고 판단했다{부산고법 2019. 12. 12. 선고 2018나58762 판결(상고중)}.134)

4) 선행거래와 후행거래

단기매매의 선행거래와 후행거래 중 일방만 적용 예외사유에 해당하는 경우 단기매매차 익반환규정이 적용되는가? 이러한 경우는 (ⅰ) 선행거래가 단기매매차익반환규정이 적용되는 일반적인 거래이고 그에 대응하는 후행거래가 적용 예외사유에 해당하는 거래인 경우와 (ⅱ) 후행거래가 단기매매차익반환규정이 적용되는 일반적인 거래이고 선행거래가 적용 예외사유 에 해당하는 거래로 구분할 수 있다. (ⅰ)과 (ⅱ)의 거래로 얻은 이익에 대하여는 단기매매차 익반환규정이 적용되지 않는다{부산고법 2019. 12. 12. 선고 2018나58762 판결(상고중)}. (ⅱ)의 경우에 단기매매차익 반환의무가 발생한다고 해석하면, ① 단기매매차익 반환이 성립되기 위 해서는 서로 대응하는 선행거래와 후행거래가 있어야 하는데, 단기매매차익 반환규정의 예외 사유에 해당하는 거래가 선행거래이냐 후행거래이냐에 따라서 단기매매차익 반환규정의 적용 여부가 달라지게 되어, 수회의 거래가 이루어지는 경우에 내부자로서는 법률상 명시된 예외 사유에 해당하는 거래를 하면서도 그 거래가 단기매매차익을 산정할 때에 단기매매차익 반환 에서의 선행거래가 될지 후행거래가 될지 예측하기가 어려운 점, ② 선행거래가 예외사유에 해당하는 거래인 경우에 해석상 단기매매차익 반환의무를 인정하는 것은 명백한 규정 없이 내부자에 대하여 불리하게 단기매매차익 반환규제를 확대하는 것인 점, ③ 예외사유에 해당 하는 거래가 선행거래인지 후행거래인지 여부에 따라 단기매매차익 반환규정의 적용 여부가 달라진다는 것은 내부자거래에 대한 사전 예방적 · 간접적 규제로서 객관적 요건에 해당되면 기계적 · 획일적으로 적용되는 단기매매차익 반환제도의 본래의 기능에도 반한다는 점 등에 비추어 부당하기 때문이다{부산고법 2019. 12. 12. 선고 2018나58762 판결(상고중)}.135)

7. 반환청구권자

단기매매차익의 반환청구권자는 그 법인이다(172조 1항). 그 법인의 이사가 회사를 대표

---

134) 법원은 "구 기촉법의 입법 취지와 채권금융기관 공동관리절차의 공익성, 협의회 의결의 조직법적 · 단체법적 성격을 함께 고려하면, 결국 부실징후기업의 구조조정 내지 이를 통한 경영정상화를 목적으로 협의회의 심 의 · 의결에 따라 해당 기업에 대한 채권재조정으로서 대출금의 출자전환이 이루어졌다면, 그에 따른 주식의 취득은 객관적으로 볼 때 내부정보의 이용가능성이 없는 유형의 거래에 해당한다고 해석함이 타당하"고, "구 기촉법상 기업구조 개선작업에 따른 대출금의 출자전환에 대하여까지 단기매매차익 반환규정을 일괄적으로 적용하는 것보다는 이를 반환의 예외사유로 해석하되, 미공개 중요정보의 이용금지제도(자본시장법 제174조) 를 통하여 내부정보를 거래 요인으로 삼은 불법적인 이익의 취득을 개별적으로 규제하는 것이 자본시장법상 내부자거래에 대한 규제 체계에 부합한다"고 정리했다. 적용예외사유에 관한 실질적 판단가능성을 확대함과 동시에 미공개중요정보이용행위와 단기매매차익반환 사이의 관계에 대해서도 옳은 접근으로 평가된다.

135) 상세한 논의는 김상철, 앞의 논문(2009), 247-248면.

하여 피고를 상대로 단기매매차익반환 소송을 제기하고 또 제1심에서 승소하고도 그 항소심 판결 선고 직전에 피고와 사이에 회사에 아무런 이득 없이 일방적으로 그 반환채무를 면제하는 약정을 한 것은 상법상 이사의 충실의무(382조의3)에 위배되는 행위이다(대법원 2016. 8. 24. 선고 2016다222453 판결).

이 경우 그 법인이 자발적으로 청구하지 않으면 그 법인의 주주가 그 법인에게 문제의 임직원이나 주주에 대해서 차익반환을 청구할 것을 요구할 수 있다(172조 2항). 만약 그러한 요구에도 불구하고 법인이 2개월 내에 청구에 나서지 않는 때에는 주주(주권 외의 지분증권 또는 증권예탁증권 소유자 포함)가 법인을 대위해 청구할 수 있다(172조 2항). 그 법인이 2개월 내에 청구에 나섰으나 반환이 이루어지지 않는 경우 주주가 대위청구할 수는 없을 것이다. 주주 대위소송은 상법상 대표소송과는 달리 단 1주를 보유한 주주도 제기할 수 있다. 또한 그 매매 후에 주주가 된 자도 청구할 수 있다.[136] 주주가 승소한 때에는 회사에 대해서 소송비용과 소송수행에 필요한 실비액을 청구할 수 있다(172조 4항). 이러한 비용보전만으로 실제 소송에 나설 주주는 많지 않을 것이다.

주주가 승소한 경우에 단기매매차익을 반환받는 자도 그 법인이다. 왜 법인이 반환을 받아야 하는가? 미국법에서는 내부자가 회사에 대한 일종의 신인의무자(fiduciary)로서 신인의무(fiduciary duty)를 위반한 행위로 이익을 얻은 경우에는 그 이익을 회사에 반환해야 한다는 원칙이 확립되어 있기 때문에 크게 이상한 것은 아니다. 내부자의 정보 취득은 결국 법인이 비용을 부담한 것이고, 그 내부자거래로 인한 법인의 대외적 신용의 손상에 대한 보상의 의미를 가지기 때문이라는 설명도 있다.[137] 그러나 우리 법상으로는 단기매매의 억제라는 정책상 이유와 함께 부당한 정보비대칭에 의한 손해는 모든 주주가 입은 것이고, 그로 인한 위반행위자의 이익을 회사에 반환하게 함으로써 모든 주주의 손해가 전보되는 효과가 발생하는 것으로 볼 수 있다.

증권법은 증선위에 법인을 대위하여 단기매매차익반환을 청구할 수 있는 권한을 부여하고 있었다(188조 3항). 그러나 자본시장법은 국가가 사인 간의 법률관계에 직접 개입하는 것의 문제점을 고려하여 이를 삭제하였다. 이에 대해서는 단기매매차익반환조항의 실효성을 사실상 제거할 것이라는 우려도 존재한다. 이러한 문제를 보완하기 위하여 다음에 설명하는 증선위의 통보와 단기매매차익의 공시제도를 도입하였다.

---

136) 고창현, 앞의 논문, 75면.
137) 고창현, 앞의 논문, 각주 54.

8. 증선위의 단기매매차익 발생사실 통보와 공시

1) 증선위의 단기매매차익 발생사실 통보

증선위는 단기매매차익의 발생사실을 알게 된 때 그 법인에 그 사실을 통보해야 한다 (172조 3항 전단). 이 경우 그 법인은 통보내용을 인터넷 홈페이지 등을 이용해 (i) 단기매매차익을 반환해야 할 자의 지위(임원, 직원 또는 주요주주), (ii) 단기매매차익 금액(임원별·직원별 또는 주요주주별로 합산한 금액), (iii) 증선위로부터 단기매매차익 발생사실을 통보받은 날, (iv) 그 법인의 단기매매차익 반환 청구 계획, (v) 그 법인의 주주(주권 외의 지분증권이나 증권예탁증권을 소유한 자를 포함)는 그 법인에게 단기매매차익을 얻은 자에게 단기매매차익의 반환 청구를 하도록 요구할 수 있으며, 그 법인이 요구를 받은 날부터 2개월 이내에 그 청구를 하지 않으면 그 주주는 그 법인을 대위하여 청구할 수 있다는 뜻을 공시해야 한다(172조 3항 후단; 령 197조 1호-5호).

증선위의 단기매매차익 발생사실 통보의 법적 성질과 관련하여 "주권상장법인 등이 단기매매차익을 취득한 자를 상대로 반환청구권을 행사할 수 있도록 자료를 제공하는 것일 뿐, 단기매매차익 반환청구권을 발생시키거나 확정짓는 효력은 없"지만, "항고소송의 대상이 되는 처분에 해당한다"고 보고 있다(대법원 2022. 8. 19. 선고 2020두44930 판결). 그 이유는 첫째, 단기매매차익 발생사실 통보는 주권상장법인의 공시의무를 발생시키는 효력을 가져 상대방의 법적 지위에 직접적인 영향을 주고, 둘째, 주권상장법인의 공시의무는 **'단기매매차익 발생이라는 객관적 사실'**이 아니라, '단기매매차익 발생사실을 인식한 행정청의 통보'에 의하여 발생하므로 공시의무를 다투고자 하는 주권상장법인 등은 그 통보의 효력을 다투는 방법 외에는 다른 사법적 구제수단이 없기 때문이다.

2) 단기매매차익반환관련 공시의무의 이행

증선위의 대위청구권을 폐지하는 대신에 그 법인에 단기매매차익에 관한 공시의무를 부과함으로써 반환청구가 이루어지도록 유도한 것이다. 자본시장법상 금융당국이 주권상장법인의 공시의무 이행을 강제할 직접적인 수단은 없다(대법원 2022. 8. 19. 선고 2020두44930 판결). 다만 증선위는 단기매매차익반환에 관한 자본시장법 또는 동법에 따른 명령·처분을 위반한 사항이 있거나 투자자 보호 또는 건전한 거래질서를 위하여 필요하다고 인정되는 경우에는 위반행위의 혐의가 있는 자, 그 밖의 관계자에게 참고가 될 보고 또는 자료제출을 명하거나 금감원장에게 장부·서류, 그 밖의 물건을 조사하게 할 수 있다(426조 1항). 그 법인이 이 조치에 위반하거나 공시의무를 불이행하는 경우 증선위는 주의·경고 등 조치를 취할 수 있다(426조 5항; [별표 15] 12호; [별표 1] 172호; 령 376조 1항 11호).

9. 청구기간

법인(또는 주주)의 이익반환청구권은 이익의 취득이 있는 날로부터 2년 내에 행사하지 않으면 소멸한다(172조 5항). 이 기간은 제척기간으로서 재판상 또는 재판외의 권리행사기간이며 재판상 청구를 위한 출소기간은 아니다(대법원 2012. 1. 12. 선고 2011다80203 판결). 물론 2년이 경과된 후 제기된 단기매매차익반환의 소는 당연히 부적법하다{서울지법 서부지원 2003. 5. 23. 선고 2002가단5500 판결(확정)}.

단기매매차익반환청구권의 행사기간을 제한한 이 규정에 해당하는 증권법 제188조 제5항 중 제2항에 관한 부분이 헌법에 위배되는지 여부가 다투어졌다. 먼저 당해 법인의 재산권을 침해하는지에 대해 헌재는 "내부자의 법적 불안정성을 신속하게 제거하여 법적 안정성을 도모하면서 내부자와 당해 법인의 이익을 합리적으로 조정하려는 목적으로" 권리행사기간을 제한한 것으로서, "입법자의 재량범위 내에서 규정하였다고 할 것이므로" 당해 법인의 재산권을 침해하였다고 볼 수 없다고 판단하였다(헌법재판소 2012. 5. 31. 선고 2011헌바102 결정). 다음으로 이 사건 법률조항이 평등원칙에 위배되는지에 대해서도 첫째, "공시제도가 작동하는 이상 단기간 내에 법인이 그 청구권의 존재를 인식하는 것이 그리 어렵지 않고 청구권의 행사 여부를 결정할 수 있는 기간 또한 그리 짧지 아니하므로, 실제로 당해 법인이 청구권 발생사실을 인식한 시점을 제척기간의 기산점으로 정할 실익이 그다지 크지 않"은 점과 둘째, "법인의 단기매매차익에 관한 인식 여부만을 기준으로 기산점을 규정한다면 오히려 법인의 청구권 보호에 지나치게 치우쳐 내부자와 법인을 조화롭게 보호하고자 하는 입법목적을 제대로 달성하기도 어렵다"는 점을 근거로 평등권에 위배되지 않는다고 판단하였다(헌법재판소 2012. 5. 31. 선고 2011헌바102 결정).

10. 투자매매업자에 대한 준용

단기매매차익반환규정은 주권상장법인이 발행(모집·사모·매출)하는 특정증권 등을 인수한 투자매매업자의 매매행위에 준용된다(172조 7항; 령 199조). 그러나 그 기간은 인수인으로서의 정보접근가능성을 고려하여 제한된다. 투자매매업자가 인수계약을 체결한 날부터 3개월 이내에 매수 또는 매도하여 그 날부터 6개월 이내에 매도 또는 매수하는 경우에 준용한다(172조 7항; 령 199조 본문). 이 경우 모집·사모·매출하는 특정증권등의 인수에 따라 취득하거나 인수한 특정증권등을 처분하는 경우(172조 6항; 령 198조 4호)는 제외한다. 당초 정해진 계약에 따른 취득이나 처분이기 때문이다. 다만, 투자매매업자가 안정조작이나 시장조성을 위하여 매매하는 경우에는 해당 안정조작이나 시장조성기간 내에 매수 또는 매도하여 그 날부터 6개월 이내에 매도 또는 매수하는 경우에 준용한다(172조 7항; 령 199조 단서). 안정조작이나 시장조성을 위하여 매수·매도 또는 매도·매수하는 경우는 제외한다(172조 6항; 령 198조 3호). 역시 당초 정해진 계약에 따른 취득이나 처분이기 때문이다.

Ⅱ. 임원·주요주주의 특정증권 등 소유상황 보고의무

1. 보고의무의 의의

주권상장법인의 임원 또는 주요주주("보고의무자")는 특정증권 등의 소유상황을 증선위와 거래소에 보고해야 한다(173조 1항 전단; 령 200조).[138] 보고의무자는 그 보고서에 보고자, 그 주권상장법인, 특정증권 등의 종류별 소유현황 및 그 변동에 관한 사항을 기재해야 한다(령 200조 2항 1호-3호). 경영권변동에 관한 정보제공이 아니라 미공개중요정보이용행위의 예방을 위한 것이므로 대상증권 등에는 의결권 없는 주식도 포함된다.

증선위와 거래소는 특정증권등소유상황보고서를 3년간 갖추어 두고 인터넷 홈페이지 등을 통하여 공시해야 한다(173조 2항). 이 의무는 미공개중요정보이용행위규제의 실효성을 위한 것이다. 그 밖에 보고서의 서식과 작성방법 등에 관하여 필요한 사항은 증선위가 고시한다(령 200조 10항).

2. 보고의무의 주체

보고의무자는 임원 또는 주요주주이다. 임원은 상법상 업무집행관여자(401조의2 1항)를 포함한다(172조 1항). 다만 상법상 업무집행관여자의 개념을 사전에 확정할 수 있는지에 대해서는 의문이 있다. 실무상으로는 적용대상으로 포함될 수 있는 자를 모두 포함하여 공시하고 있다. 누구의 명의로 하든지 자기의 계산으로 소유하는 특정증권 등은 모두 소유 특정증권등에 포함된다. 다만 시행령으로 정하는 경미한 소유상황의 변동은 제외한다(173조 1항; 령 200조 5항; 단기매매차익반환규정 9조의2).[139] 미공개중요정보이용행위규제가 직원에게도 적용되는 현실에서는 직원에게도 이 의무를 부과하는 것이 옳다는 주장도 있다.[140]

3. 보고의무의 기준일

임원 또는 주요주주는 그 지위를 취득한 날로부터 5일 이내에 특정증권 등의 소유상황을

---

138) 여기서 거래소는 주권상장법인의 주권이 상장되어 있는 거래소를 말한다. 주식이 여러 거래소에 상장되어 있는 경우에는 모든 거래소에 보고해야 한다.

139) 증선위가 고시하는 바에 따라 산정된 특정증권등의 변동 수량이 1천주 미만이고 그 취득 또는 처분금액이 1천만원 미만인 경우를 말한다. 다만, 직전 보고일 이후 증선위가 고시하는 바에 따라 산정된 특정증권등의 변동 수량의 합계가 1천주 이상이거나 그 취득 또는 처분금액의 합계액이 1천만원 이상인 경우는 제외한다. 이는 금감원 조사실무상 양정기준으로서의 조치면제사유를 고려한 것이다.

140) 고창현, 앞의 논문, 66면.

증선위와 거래소에 보고해야 한다(173조 1항; 령 200조). 소유 특정증권 등의 수에 변동이 있는 경우에는 변동이 있는 날로부터 5일까지 그 내용을 보고해야 한다. 여기서 보고기한을 의미하는 취득일과 변동일로부터 5일은 공휴일과 토요일 등 비영업일을 제외한 순수한 영업일을 말한다(173조 1항; 령 200조 1항, 153조 1항). 보고기한을 증권법상의 취득일로부터 10일과 변동일 다음 달의 10일까지로 했던 것을 단축하면서 비영업일을 제외했다.

임원 또는 주요주주의 보고의무발생의 기준일은 주권상장법인의 임원이 아니었던 자가 그 주주총회에서 임원으로 선임된 경우에는 그 선임일, 상법상 업무집행관여자(401조의2 1항)인 경우에는 그 지위를 갖게 된 날, 주권상장법인이 발행한 주식의 취득 등으로 그 법인의 주요주주가 된 경우에는 그 취득 등을 한 날, 주권비상장법인이 발행한 주권이 증권시장에 상장된 경우에는 그 상장일, 그리고 주권비상장법인의 임원 또는 주요주주가 합병, 분할합병 또는 주식의 포괄적 교환·이전으로 주권상장법인의 임원이나 주요주주가 된 경우에는 그 합병, 분할합병 또는 주식의 포괄적 교환·이전으로 인하여 발행된 주식의 상장일을 말한다(령 200조 3항 1호-5호).

임원 또는 주요주주가 그 특정증권 등의 소유상황의 변동을 보고해야 하는 변동일은 첫째, 매매장소에 따라 거래소가 개설한 증권시장이나 다자간매매체결회사 또는 파생상품인 경우에는 결제일, 장외시장인 경우에는 대금과 증권의 어느 쪽이든 먼저 결제되는 날, 둘째, 유상증자로 배정되는 신주를 취득하는 경우에는 주금납입일의 다음날, 셋째, 특정증권등을 차입하는 경우에는 그 특정증권등을 인도받는 날, 상환하는 경우에는 그 특정증권등을 인도하는 날, 넷째, 특정증권등을 증여받는 경우에는 그 특정증권등을 인도받는 날, 증여하는 경우에는 그 특정증권등을 인도하는 날, 다섯째, 상속으로 특정증권등을 취득하는 경우로서 상속인이 1인인 경우에는 단순승인이나 한정승인에 따라 상속이 확정되는 날, 상속인이 2인 이상인 경우에는 그 특정증권등과 관계되는 재산분할이 종료되는 날, 여섯째, 그 밖의 경우에는 민법·상법 등 관련 법률에 따라 해당 법률행위 등의 효력이 발생하는 날이다(령 200조 4항 1호-8호).

4. 보고의무의 완화

'시행령으로 정하는 부득이한 사유'에 따라 특정증권등의 소유상황에 변동이 있는 경우와 '전문투자자 중 시행령으로 정하는 자'에 대하여는 그 보고 내용 및 시기를 달리 정할 수 있다(173조 1항 후단; 령 200조 6항-9항).

'시행령으로 정하는 부득이한 사유'는 주식배당, 준비금자본전입, 주식의 분할·병합, 자본감소를 말하고, 그 사유에 따른 특정증권 등의 소유상황변동은 그 변동이 있었던 달의 다음 달 10일까지 보고할 수 있다(령 200조 6항 1호-4호). 회사기관의 의사결정의 효과로 소유주식

등의 수가 증감하는 경우로서 개별적인 청약이 수반되지 않는 비자발적 변동을 말한다.

'**전문투자자 중 시행령으로 정하는 자**'는 국가나 한국은행(령 10조 1항 1호·2호) 또는 예금보험공사, 예탁결제원, 전자등록기관, 거래소, 금감원, 지방자치단체 등(령 10조 3항 1호-4호, 6호-12호, 14호)으로서 특정증권등의 보유를 통하여 경영영향목적이 없는 자를 말한다(령 200조 7항 1호·2호, 154조 1항). 이 경우 그 임원 또는 주요주주는 특정증권등의 소유상황에 변동이 있었던 분기의 다음 달 10일까지 그 내용을 보고할 수 있다(령 200조 8항). 그리고 위 '**전문투자자 중 시행령으로 정하는 자**'는 특정증권 등의 소유상황에 변동이 있는 경우 그 변동이 있었던 분기의 마지막 달의 다음 달 10일(단순투자 목적인 경우)이나 그 변동이 있었던 달의 다음 달 10일(단순투자 목적이 아닌 경우)까지 그 변동내용을 보고해야 한다(령 220조 9항 1호·2호).

5. 보고의무위반에 대한 제재

이 의무를 위반한 자에 대해서는 1년 이하의 징역 또는 3천만원 이하의 벌금에 처한다(446조 31호). 이러한 처벌규정에도 불구하고 실제로 이 의무는 제대로 잘 지켜지지 않는 경우가 많다.

Ⅲ. 장내파생상품의 불공정거래특칙

1. 의   의

종래 미공개중요정보이용행위규제는 주로 회사정보를 그 대상으로 해서 대상회사와 일정한 관계를 가진 자에 대해서만 규제가 이루어지고 있다("회사관계형"). 자본시장법은 2009. 2. 3. 개정에서 장내파생상품과 관련하여 장내파생상품의 대량보유보고제도와 장내파생상품관련 중요정보이용행위금지제도를 도입했다. 이 제도는 정보를 시장정보까지, 그리고 주체를 회사관계형에서 정보보유형으로 확대한 점에서 우리나라 미공개중요정보이용행위제도가 발전해 나갈 방향을 제시하고 있다.

2. 장내파생상품의 대량보유보고

1) 의의와 취지

장내파생상품을 대량보유하는 자가 시장지배력을 이용하여 장내파생상품에 대한 불공정거래를 시도하는 것을 방지할 필요가 있다. 기초자산이 무형물(지수 등)보다는 유형물(돈육)등일 경우에 가능성이 더욱 커지므로 보고대상을 주로 일반상품을 기초자산으로 하는 경우로 규정했다. 이에 위반한 자는 3천만원 이하의 과태료를 부과한다(449조 3항 8호의3).

2) 신규보고

장내파생상품 대량보유자는 보고대상 장내파생상품을 일정 규모 이상 보유하게 된 날부터 5일 이내에 보유상황, 대량보유자 및 그 위탁을 받은 금융투자업자, 그 장내파생상품거래의 품목·종목, 보유시점과 가격·수량 기타 금융위가 고시하는 사항을 금융위와 거래소에 보고해야 한다(173조의2 1항; 령 200조의2 2항). 거래소는 그 장내파생상품이 거래되는 파생상품시장을 개설한 거래소를 말한다.

보고의무자는 장내파생상품 대량보유자이다. 여기서 대량보유자는 "금융위원회가 정하여 고시하는 수량 이상 보유하게 된 자"를 말하며 누구의 명의로든지 자기계산으로 소유하는 경우를 포함한다(173조의2 1항; 규정 6-29조 2항 1호-3호). 금융투자업규정은 금·돈육·코스피200을 대상으로 하는 장내파생상품의 경우로 나누어 품목별 미결제약정 수량을 기준으로 정하고 있다(규정 6-29조 2항 1호-3호). 미결제약정 수량은 "장 종료시점을 기준으로 최종거래일까지 소멸하지 아니한 장내파생상품거래약정"이다.

보유의 의미는 누구의 명의로든지 자기계산으로 소유하는 경우를 포함하고 있어서 주식 등 대량보유보고제도의 대상이 되는 보유와 같은 의미로 이해된다. 보고의무자가 위탁자인 경우에는 금융투자업자로 하여금 대신 보고하게 할 수 있다(령 200조의2 4항).

보고대상 장내파생상품은 일반상품(4조 10항 3호)이나 코스피200[141]을 기초자산으로 하는 것이다(173조의2 1항; 령 200조의2 1항; 규정 6-29조 1항).

3) 변동보고

장내파생상품 대량보유자는 보유수량이 금융위가 고시하는 수량 이상으로 변동된 경우에는 그 변동일부터 5일 이내에 그 변동내용을 금융위와 거래소에 보고해야 한다(173조의2 1항 후단). 금융투자업규정은 금·돈육·코스피200을 기초자산으로 하는 장내파생상품을 나누어 각각 품목별 미결제약정 수량을 기준으로 정하고 있다(규정 6-29조 3항 1호-3호). 이 경우의 거래소도 그 장내파생상품이 거래되는 장내파생상품시장을 개설한 거래소를 말한다. 대량보유상황이나 그 변동내용을 보고하는 날 전날까지 새로운 보고대상 변동내용이 발생한 경우에는 당초의 대량보유상황보고나 변동내용보고시에 함께 보고해야 한다(령 200조의2 4항). 보고방법과 절차 등 필요한 사항은 금융위에서 정한다(령 200조의2 5항).

---

141) 한국거래소의 유가증권시장에 상장된 주권 중 200종목에 대하여 기준일인 1990년 1월 3일의 지수를 100포인트로 하여 한국거래소가 산출하는 시가총액방식의 주가지수를 말한다.

3. 장내파생상품관련 중요정보의 이용금지

1) 의의와 취지

장내파생상품 시세에 영향을 미칠 수 있는 중요정보를 업무상 취득한 자가 이를 이용하여 장내파생상품을 거래할 경우 전통적으로 미공개중요정보이용행위에서 우려하는 문제가 발생할 수 있다. 자본시장법은 파생상품시장에서의 시세에 영향을 미칠 수 있는 정보를 업무와 관련하여 알게 된 자와 그 자로부터 그 정보를 전달받은 자가 그 정보를 누설하거나, 장내파생상품 대량보유보고의 대상인 장내파생상품 및 그 기초자산의 매매나 그 밖의 거래에 이용하거나, 타인으로 하여금 이용하게 하는 행위를 금지하고 있다(173조의2 2항). 이 규제에 위반한 자는 3년 이하의 징역 또는 1억원 이하의 벌금에 처한다(445조 22호의2). 자본시장법은 최근 개정으로 장내파생상품관련 중요정보이용행위(173조의2)에 대하여도 부당이득액의 2배까지 과징금을 부과할 수 있게 하였다(429조의2 1항).

2) 행위주체 · 대상상품 · 대상정보 · 금지행위

첫째, 규제대상 행위주체는 정보보유자와 정보수령자이다. 정보보유자는 "장내파생상품의 시세에 영향을 미칠 수 있는 정책을 입안 · 수립 또는 집행하는 자, 장내파생상품의 시세에 영향을 미칠 수 있는 정보를 생성 · 관리하는 자, 장내파생상품의 기초자산의 중개 · 유통 또는 검사와 관련된 업무에 종사하는 자"로서 파생상품시장에서의 시세에 영향을 미칠 수 있는 정보를 자신의 업무와 관련하여 알게 된 자를 말한다(173조의2 2항 1호-3호). 업무의 범위는 장내파생상품의 시세에 영향을 미칠 수 있는 정책의 입안 · 수립 또는 집행업무, 장내파생상품의 시세에 영향을 미칠 수 있는 정보의 생성 · 관리업무, 장내파생상품의 기초자산의 중개 · 유통 또는 검사업무로서 한정적이다. 업무관련성은 제174조의 직무관련성과 같은 의미이다. 정보수령자는 "정보보유자로부터 그 정보를 전달받은 자"를 말한다. 법문상 '**정보보유자로부터 그 정보를 전달받은 자**'라고 하고 있어 1차 정보수령자에 한정된다.

둘째, 대상상품은 장내파생상품에 한정된다. 다른 제한은 없다.

셋째, 규제대상 정보는 "파생상품시장에서의 시세에 영향을 미칠 수 있는 정보"를 말한다. 파생상품시장에서의 시세에 영향을 미칠 수 있는 정보에는 적용대상 기초자산인 일반상품 등의 수요 · 공급에 영향을 미칠 수 있는 다양한 정보가 포함될 수 있다. 특정 기업의 내부정보가 아니라 시장정보를 모두 포함하며, 다양한 형태의 정책정보도 포함된다. 그 한계를 정하는 기준은 파생상품의 시세에 영향을 미칠 수 있는지 여부이다.

넷째, 규제대상 행위는 위 정보의 누설, 위 보고대상 장내파생상품거래 및 그 기초자산의 매매 그 밖의 거래에의 이용, 타인으로 하여금 이용하게 하는 행위가 모두 포함된다. 장내파

생상품거래 및 그 기초자산의 매매 그 밖의 거래에는 반드시 매매에 한정되지 않고 파생상품
거래나 그 밖에 경제적 이익을 추구하는 다양한 형태의 유무상거래가 모두 포함된다.

Ⅳ. 기   타

1. 금융투자업자 임직원 등의 금융투자상품거래 제한

금융투자업자의 임·직원의 금융투자상품거래제한규정(63조)도 간접적으로 미공개중요정
보이용행위를 막기 위한 규정으로 볼 수 있다. 종래 증권법에서 증권회사의 임·직원의 주식
거래를 금지하던 것을 거래내역을 회사에 신고하는 등의 의무를 부과하면서 허용하는 방식으
로 전환한 것이다. 이 규정은 협회, 예탁결제원, 청산회사, 증권금융회사, 신용평가회사(신용
평가담당 임직원에 한정), 명의개서대행회사(증권의 명의개서를 대행하는 업무를 담당하는 임직원에
한정), 거래소, 금융당국(금융위원 및 소속 공무원, 증선위원, 금감원의 원장·부원장·부원장보·감사
및 소속 직원)에도 준용된다(289조, 304조, 323조의17, 328조, 335조의14, 367조, 383조 3항, 441조
1호-3호). 이 규정은 겸영금융투자업자의 임직원에게도 적용될 수 있다. 겸영금융투자업자인
보험회사에서 퇴직연금 영업업무를 수행하는 임직원이 개인적으로 주식 등 금융투자상품 거
래를 하는 경우, 임직원의 금융투자상품 매매 조항(63조 1항)이 적용된다.[142] 이를 위반하여
법에 규정된 방법에 따르지 않고 금융투자상품을 매매한 자는 3년 이하의 징역 또는 1억원
이하의 벌금에 처한다(445조, 12호).

2. 직무관련 정보의 이용금지

1) 의의와 취지

자본시장법은 금융투자업자가 "직무상 알게 된 정보로서 외부에 공개되지 아니한 정보를
정당한 사유 없이 자기 또는 제삼자의 이익을 위하여 이용하는 행위"와 금융투자업자 및 그
임직원이 "정보교류 차단의 대상이 되는 정보를 정당한 사유 없이 본인이 이용하거나 제삼자
에게 이용하게 하는 행위"를 금지하고 있다(54조 1항·2항). "금융투자업자는 그 업무의 특성
상 고객의 정보를 비롯한 비공개된 여러 가지 정보를 취급하게 되고, 이러한 과정에서 외부에
공개되지 않은 정보를 자기 또는 제3자의 이익을 위하여 부당하게 유용하게 될 유인이 발생
하게 되므로 이를 금지하고자 하는 것"이다{서울남부지법 2016. 9. 9. 선고 2015고합324, 2015고
합419(병합) 판결}.[143] 동시에 이 규정은 금융투자업자의 직무상 정보는 가격에 영향을 미칠

---

142) 금융규제민원포털, 자본시장법 제63조 적용 관련 유권해석 질의 요청, 2016. 12. 16.

143) 비슷한 취지의 금융지주회사법 제48조 제2항에 대하여 헌법재판소는 "금융지주회사의 영업 관련 정보 및 자
　　료에 대한 배타적 권리를 보호하고, 정확한 정보의 공개를 보장함으로써, 금융지주회사의 경영 및 재무 건전
　　성과, 금융 산업의 공정성 및 안정성 확보를 도모하기 위한 것"이라고 하고 있다(헌법재판소 2017. 8. 31. 선

가능성이 높으므로 특히 미공개중요정보이용행위에 해당할 수 없는 경우의 보완적 규제라고
할 수 있다.

이 규정은 협회, 예탁결제원, 증권금융회사, 명의개서대행회사, 금융투자업자로부터 업무
를 위탁받은 자가 그 위탁받은 업무를 영위하는 경우, 투자권유대행인이 투자권유를 대행하
는 경우, 투자회사의 감독이사, 일반사무관리회사, 집합투자기구평가회사, 채권평가회사에도
준용된다(289조, 304조, 328조, 367조, 42조 10항, 52조 6항, 199조 5항, 255조, 260조, 265조).

이에 대해서는 2가지 특칙이 있다. 첫째, 거래소의 임직원 및 임직원이었던 자에 대해
"그 직무에 관하여 알게 된 비밀을 누설 또는 이용하는 행위"를 금지하는 것이다(383조 1항).
이는 다자간매매체결회사와 금융당국(금융위원 등)에 준용된다(78조 6항, 441조 1호-3호). 금융
투자상품거래청산회사에는 금융투자업자에 관한 제54조와 거래소에 관한 제383조 제1항이
모두 준용된다(323조의17). 신용평가회사의 임직원이나 임직원이었던 자에 대하여 직무상 알
게 된 요청인의 비밀을 누설하거나 이용하는 행위를 금지하는 것이다(335조의11 6항 본문). 다
만, 요청인이 제공·이용에 동의한 목적으로 이용하는 경우, 법원의 제출명령 또는 법관이 발
부한 영장에 따라 제공되는 경우, 그리고 그 밖에 법률에 따라 제공되는 경우는 제외한다(335
조의11 6항 단서 1호-3호). 이 2가지 특칙은 (i) 제3자에게 이용하게 하는 행위가 아니라 단순
히 누설하는 행위도 처벌하고, (ii) **'이용하는 행위'**는 자기는 물론 3자의 이익을 위한 행위도
포함한다.

2) 금융지주회사법 제48조 제2항과의 비교

금융지주회사법은 금융지주회사의 임직원 또는 임직원이었던 자는 "업무상 알게 된 공개
되지 아니한 정보 또는 자료"를 다른 사람(금융지주회사의 대주주·주요출자자 또는 해당 대주주·
주요출자자의 특수관계인을 포함)에게 누설하거나 업무외의 목적으로 이용하는 행위를 금지한다
(48조의3 2항). 이는 "금융지주회사 임·직원을 통하지 아니하고는 입수할 수 없는 정보 또는
자료를, 금융지주회사 임·직원이 회사 내부 절차를 통하지 않고 임의로 제공하는 행위를 처
벌대상으로 규정하고 있고, 금융지주회사가 업무상 생성하는 모든 정보 또는 자료 일체를 규
율하고 있"다(헌법재판소 2017. 8. 31. 선고 2016헌가11 결정). 이에 위반하는 경우 10년 이하의
징역 또는 5억 원 이하의 벌금에 처한다(금융지주회사법 70조 1항 8호).

이 조항의 위헌성에 대해 헌법재판소는 첫째, 수범자인 "금융지주회사의 임·직원은 금
지되는 행위의 의미를 충분히 알고 자신의 행위를 결정할 수 있"으므로 죄형법정주의의 명확
성원칙에 위배되지 않고, 둘째, "업무상 생성된 정보 및 자료에 대하여 일차적 처분권을 가지
는 금융지주회사에게, 정보 공개와 관련한 일정한 통제권한을 부여하는 것이 지나치다고 보

고 2016헌가11 결정).

기 어"려우므로 표현의 자유를 침해하지 않는다고 판단했다(헌법재판소 2017. 8. 31. 선고 2016 헌가11 결정). 자본시장법 제54조에도 같이 볼 수 있을 것이다.

3) 정보이용행위

(1) 제54조 제1항

자본시장법은 "직무상 알게 된 정보로서 외부에 공개되지 아니한 정보"를 "정당한 사유 없이 자기 또는 제삼자의 이익을 위하여 이용하는 행위"를 금지한다(54조 1항).

첫째, 정보는 "직무상 알게 된 것으로 외부에 공개되지 아니한 것으로 구체적인 사실과 관련한 것이면 충분하고 위 법 174조에서 규정하는 '**미공개중요정보**' 등과 같이 그 정보 가치 의 중요성에 제한이 없다"고 해석했다{서울남부지법 2016. 9. 9. 선고 2015고합324 · 419(병합) 판 결}. 법원은 (i) 펀드운용, 거래종목 등에 대한 정보는 일종의 영업비밀이므로 불특정 다수에 게 공개되거나 해당 자산운용사 외부로 공개되는 경우는 극히 드물 것으로 보이는 점, (ii) G자산운용의 해당 종목별 대량매매는 통상적으로 발생하는 것이 아니라, 운용상 필요에 따라 드물게만 실행되었던 것으로 보이고, 대량매매가 실행되면 상당 부분 주가변동이 뒤이을 것 으로 누구나 예상할 수 있었던 것으로 보이는 점 등을 종합적으로 고려하여, G자산운용이 해 당 종목 주식을 대량 매매한다는 정보는 피고인이 G자산운용의 자산운용부 팀원의 지위에 있 지 않았더라면 알 수 없었을 내용으로 정보로서의 가치도 있다고 인정되므로, 자본시장법 54 조가 규정하고 있는 '**정보**'에 해당한다"고 판단했다{서울남부지법 2016. 9. 9. 선고 2015고합324 · 419(병합) 판결}. 이와 관련하여 "G자산운용이 해당 종목 주식을 대량매매한다는 것은 주가에 관하여 확정적인 이익 내지 손실회피를 보장하는 것이 아니어서 위 법 제54조가 규정하고 있 는 '**정보**'가 아니라"는 주장에 대하여 "확정적인 이익 등이 보장되지 않는 것은 주식시장의 투기적 성격 등에 따른 것일 뿐"이라고 판단했다.

법원은 (i) 자산운용사의 주식운용부 애널리스트인 피고인이 주식운용팀 회의를 통하여 알게 된 "G 자산운용의 주식 매매 종목, 수량 등에 관한 정보{서울남부지법 2016. 9. 9. 선고 2015고합324 · 419(병합) 판결},144) (ii) 자산운용사의 운용역이 자신이 운용하는 투자일임계좌

---

144) "피고인은 2011. 3.경 G 자산운용 주식운용부 내부 회의, 주식운용부원이나 주식 트레이더 등과 업무상 주고 받는 이메일, 메신저 등을 통해 주식운용부에서 펀드 및 투자일임계정 운용과 관련하여 주식회사 AB 주식을 매수(2011. 3. 8.경부터 2011. 3. 14.경까지 합계 54530주 대금 2,891,645,600원 매수)할 예정인 것을 알고, 2011. 3. 8.경 G 자산운용에서 증권사에 매수 주문 접수하기 약 50분 전부터 처 N 명의 Q투자증권 계좌를 통해 주식회사 AB 주식을 3,071주 대금 161,250,300원 상당 매수한 뒤 2011. 3. 17.경 매도하여 시세차익 1,679,300원을 취득하는 등, 2011. 3. 8.경부터 2012. 11. 13.경까지 사이에 별지 범죄일람표 62) 기재와 같이 직무상 알게 된 G 자산운용의 펀드 및 투자일임 계정을 구성하는 주식 종목, 주식 매매 결정 및 시기, 매매량 등에 대한 정보를 자신이 사용하는 제3자 명의 계좌 5개(처 N 명의 O증권, Q투자증권, S 증권, 사촌 U 명의 V증권, 형 AC 명의 AD투자증권 계좌)를 통해 주식 매매하는 데 이용함으로써 직무상 알게 된 정보를 자기 또는 제3자의 이익을 위하여 이용하였다."

의 매수주문내역(서울고법 2016. 11. 29. 선고 2016노1769 판결),145) (ⅲ) 기업의 증권발행업무를
취급하는 "양 증권사의 협상 과정에서 생성되어 외부에 공개되지 아니한" CP1-2의 할인율
등 관련정보(서울고등법원 2015. 1. 21. 선고 2014누52697 판결)146)가 모두 자본시장법 제54조의
정보에 해당한다고 판단했다.

둘째, 이 정보는 "불특정 다수인이 알 수 있도록 공개되기 전의 정보"여야 한다{서울남부
지법 2016. 9. 9. 선고 2015고합324·419(병합) 판결}.147) 공개방법에 관한 규정은 없다. 그러나
법원은 "G 자산운용이 위 종목 주식에 대한 매수 주문을 한 후 피고인의 매수 주문이 이루어
진 사실"은 인정되지만, (ⅰ) 주식시장에 매수주문이 제출되면 즉시 그 가격·수량 등의 주문
정보가 전산상 공개되지만 주문자정보는 공개되지 않고, 둘째, G자산운용이 매수주문을 내고
피고인이 매수주문을 내기까지의 시간은 길어야 약 3시간 이내에 불과하여 위 정보가 불특정
다수인이 인식할 수 있을 만큼 충분한 시간이 경과했다고 볼 수 없는 점 등을 근거로 "피고인
이 직무상 알게 된 G 자산운용의 해당 종목의 매매 시기, 매매량 등에 관한 정보가 외부에
공개되기 전에" 이용한 것으로 판단했다{서울남부지법 2016. 9. 9. 선고 2015고합324·419(병합)
판결}.

셋째, 정보의 생성시점도 문제된다. 이에 대해 법원은 "일반적으로 법인 내부에서 생성되
는 이러한 정보란 갑자기 완성되는 것이 아니라 여러 단계를 거치는 과정에서 구체화되는 것
으로서 정보의 생성 시기는 반드시 그러한 정보가 객관적으로 명확하고 확실하게 완성된 때
를 말하는 것이 아니라 할 것"이라고 판단했다{서울남부지법 2016. 9. 9. 선고 2015고합324·419

145) "피고인은 템○○에서 펀드매니저로 근무하면서 2012. 9. 6.~ 9. 7.경 자신이 운용하는 지방행정공제 8, 9, 10, 12호 투자일임계좌에서 ○○○○○ 주식 총 16,910주에 대하여 매수 주문을 넣거나 넣을 예정이면서, 그 사실이 외부에 공개되기 전인 2012. 9. 6.경 위 유○○ 명의 키♤증권 계좌를 통해 ○○ ○○○ 주식 총 1,150 주를 56,302,500원에 매수한 뒤 2012. 9. 10. 7,012,500원에 250주를 매도하여 시세차익 390,000원을 취득한 것을 비롯하여 2012. 3. 6.부터 2015. 4. 13.까지 별지4 범죄일람표2 기재와 같이 자신이 직접 투자일 임계좌를 운용하는 과정 에서 직무상 알게 된 거래주식 종목, 주식 매매 결정 및 시기, 매매량 등에 대한 정보를 위 유○○ 명의 증권계 좌를 통해 주식을 매매하는데 이용함으로써 직무상 알게 된 정보를 자기 또는 제3자의 이익을 위하여 이용하였다." "피고인은 위와 같이 신○ 주식운용본부 주식운용 4팀에서 펀드매니저로 근무하면서 2014. 12. 26. 10:23:09경 자신이 운용하는 ○○○○○○○○자 적립식1호(주식혼합) 펀드에서 주식회사 이♡♡@닉스 주식총 7,427주에 대해 매수주문을 넣으면서, 그 사실이 외부에 공개되기 전인 같은 날 10:44:26경 위 김○○ 명의의 ○○○투자증권 계좌를 통해 주식회사 이♡♡@닉스 주식 230주를 25,691,000원에 매수한 뒤 2015. 1. 7. 29,187,000원에 매도하여 시세차익 3,496,000원을 취득한 것을 비롯하여 2014. 12. 26.부터 2015. 11. 9.까지 별지5 범죄일람표2 기재와 같이 자신이 직접 펀드를 운용하는 과정에서 직무상 알게 된 정보인 거래주식 종목, 주식 매매결정 및 시기, 매매량 등에 대한 정보를 위 김춘재 명의 증권계좌를 통해 주식을 매매하는데 이용함으로써 직무상 알게 된 정보를 자기 또는 제3자의 이익을 위하여 이용하였다." 대법원 2017. 3. 16. 선고 2016도21226 판결로 확정.
146) 대법원 2014. 5. 15. 선고 2015두37068 판결(심리불속행기각). 제1심은 서울행법 2014. 5. 15. 선고 2013구합 16388 판결.
147) 서울고법 2017. 1. 13. 선고 2016노3040 판결(원심파기. 미공개 직무상 정보를 이용하였다는 점 입증 부족으로 이 부분 파기); 대법원 2017. 6. 15. 선고 2017도1788 판결(상고기각).

(병합) 판결}. "피고인 등 주식운용부 팀장 및 팀원이 위와 같은 주식운용부 회의에서 투자할 종목, 펀드 등에 편입할 비중을 결정함으로 정보가 생성되어 확정되었다고 할 것"이고, "그 이후 PC팀에 통지 등의 후속 단계는 정보의 생성 이후의 집행절차로 후속 단계에서 그 결정이 번복되지는 않으므로, 위 결정 당시에 G 자산운용이 투자할 종목 등에 관한 정보가 구체화 되었다고 볼 것"이라는 것이다. "피고인이 이 단계에서 G 자산운용이 투자할 종목의 정확한 수량을 알 수 없을 것으로 보이나, 펀드 등에 편입할 비중이 이 단계에서 결정되므로, 피고인은 G 자산운용이 투자할 종목의 대략적인 매매 수량을 알 수 있었을 것으로" 판단하였다.

넷째, 이 조항에서 금지하는 것은 직무상 알게 된 미공개 정보를 단순히 '**누설**'하는 것이 아니라 이를 '**이용**'한 것이다. ELW사건에서 대법원은 "피고인 3이 공소외 6 증권주식회사가 발행한 일부 ELW 종목의 호가제시 정보를 피고인 4에게 제공한 것은 직무상 알게 된 미공개 정보를 '**누설**'한 데 불과할 뿐 '**이용**'하였다고 인정하기에 부족하다"고 하여 양자를 구별한다 (대법원 2014. 1. 16. 선고 2013도9933 판결).

(2) 제54조 제2항

금융투자업자 및 그 임직원이 "제45조 제1항 또는 제2항에 따라 정보교류 차단의 대상이 되는 정보"를 정당한 사유 없이 본인이 이용하거나 제삼자에게 이용하게 하는 행위를 금지하고 있다(54조 2항). 2020. 5. 29. 개정으로 자본시장법상 정보교류차단장치 규제를 완화하면서, 임직원이 정보교류 차단대상정보를 정당한 사유 없이 이용하거나 제3자에게 이용하게 하는 행위를 별도의 행위유형으로 규정한 것이다.

4) 제   재
(1) 행정제재

금융위는 금융투자업자 및 그 임직원이 자본시장법상 정보교류차단 대상 정보를 정당한 사유없이 본인이 이용하거나 제3자에게 제공한 경우에는 그 금융투자업자, 임직원 및 정보교류차단 대상 정보를 제공받아 이용한 자에게 과징금을 부과할 수 있다(428조 4항, 54조 2항). 과징금은 "그 위반행위와 관련된 거래로 얻은 이익(미실현 이익을 포함) 또는 이로 인하여 회피한 손실액"의 1.5배에 상당하는 금액 이하를 한도로 한다. 자본시장법 제54조 제2항이 준용되는 경우(42조 10항, 52조 6항, 199조 5항, 255조, 260조, 265조, 289조, 304조, 323조의17, 328조 또는 367조)도 같다.

직무상 정보이용금지 위반(428조)에 대한 과징금 부과는 과징금부과대상자에게 그 위반행위에 대하여 고의 또는 중대한 과실이 있는 경우에 한한다(430조 1항). 이 경우 금융위는 시행령으로 정하는 기준에 따라 위반행위의 내용 및 정도, 기간 및 횟수, 위반행위로 인하여 취득한 이익의 규모, 업무정지기간{업무정지에 갈음하는 과징금의 경우(428조 3항)에 한정}을 고려해야 한다(430조 2항 1호-4호). 상세한 내용은 시행령과 금융위규정으로 정한다(령 379조; 자본시장조사 업무규정 [별표 제2호]).

금융위는 자본시장법을 위반한 법인이 합병하는 경우 그 법인의 위반행위는 합병 후 존속법인이나 신설법인의 행위로 보아 과징금을 부과·징수할 수 있다(430조 3항). 확인적 규정이다. 금융위는 금융투자업자에 대하여 업무정지처분(420조 3항)을 부과할 수 있는 경우 업무정지기간의 이익범위에서 업무정지에 갈음하는 과징금을 부과할 수 있다(428조 3항).

(2) 형사책임

금융투자업자 및 그 임직원이 자본시장법상 정보교류차단 대상 정보를 정당한 사유없이 본인이 이용하거나 제3자에게 제공한 경우 정보교류차단 대상 정보를 정당한 사유 없이 본인이 이용하거나 제3자에게 이용하게 한 자와 정보교류 차단의 대상이 되는 정보를 제공받아 이용한 자는 5년 이하의 징역 또는 2억원 이하의 벌금에 처한다(444조 6호의2, 54조의2). 자본시장법 제54조 제2항이 준용되는 경우(42조 10항, 52조 6항, 199조 5항, 255조, 260조, 265조, 289조, 304조, 323조의17, 328조 또는 367조)도 같다.

금융투자업자 및 그 임직원 등으로서 정당한 사유없이 직무상 알게 된 정보로서 외부에 공개되지 않은 정보를 자기 또는 제3자의 이익을 위하여 이용한 자(54조, 42조 10항, 52조 6항, 199조 5항, 255조, 260조, 265조, 289조, 304조, 328조 또는 367조), 신용평가회사의 신용평가업무를 담당하는 임직원으로서 직무상 알게 된 요청인의 비밀을 누설하거나 이용한 자(335조의11 6항), 거래소의 임직원 등으로서 비밀을 누설하거나 이용한 자(383조 1항, 78조 6항, 323조의17 및 441조)는 3년 이하의 징역 또는 1억원 이하의 벌금에 처한다(445조 9호, 37호의2, 42호).

제9장　시세조종행위

제1절　서　　언

　　미공개중요정보이용행위가 정보보유자에 의한 정보이용형의 불공정거래를 대표한다면 시세조종행위는 보다 적극적으로 가격 자체에 영향을 미치는 불공정거래유형을 말한다. 시세조종행위도 직접적인 거래를 통한 거래형과 간접적인 허위정보의 유포 등을 통한 정보형으로 구성된다.

　　불공정거래행위로서의 시세조종행위를 논의할 때 가장 어려운 점은 그 의미를 확정하는 것이다. 시세조종행위는 시세를 조종하는 것이다. 다른 말로 하면 결국 수요공급의 법칙에 따른 시장의 가격결정기능을 방해하는 일체의 행위를 처벌하려는 것이다. 그러나 증권거래 특히 대규모 매매는 증권의 가격에 영향을 미칠 수밖에 없는 점에서 시세조종행위로 처벌할 대상과 그렇지 않은 대상을 구분하는 것은 결코 쉽지 않다.

　　자본시장법은 이러한 구분을 구체적이거나 추상적인 행위유형과 함께 유인목적과 같은 주관적 요소에 의존하는 구조를 취한다. 따라서 시세조종행위에 관한 법적 논의는 대부분 주관적 요소에 집중될 수밖에 없다. 법원은 이러한 주관적 요소를 인정하는 데 매우 유연한 입장이다. 행위유형이 구체적일 경우에는 이러한 유연한 입장이 충분히 설득력을 가진다. 그러나 그 행위유형 자체가 추상화되어 있는 경우에는 주관적 요소의 인정은 엄격하게 이루어지는 것이 옳다.

　　제2절 시세조종행위의 의의와 논리에서는 이러한 관점에서 시세조종행위의 규제논리를 정리한다. 제3절 시세조종행위의 유형에서는 거래형과 정보형을 중심으로 한 유형분류와 죄형법정주의의 요청에 따라 구체화되어 있는 행위유형의 문제점도 살펴본다. 제4절 시세조종행위에 대한 제재에서는 민사제재와 행정제재 그리고 형사제재를 검토한다.

제2절   시세조종행위의 의의와 논리

Ⅰ. 의   의

다른 상품과 마찬가지로 금융투자상품의 가격도 시장에서의 수요와 공급에 따라 결정된다. 시세조종은 "시장에서 특정금융투자상품에 대한 수요와 공급을 인위적으로 조작함으로써 가격을 조종하려는 행위"를 말한다.[1] '**시장**'에서의 거래에 한정되므로 시세조종의 대상이 되는 금융투자상품은 상장증권과 장내파생상품을 말하며, 비상장증권과 장외파생상품은 포함하지 않는다. 금융투자상품이 다양해짐에 따라 시세조종의 대상이 되는 금융투자상품과 시세조종의 효과가 발생하는 금융투자상품이 서로 다른, 이른바 연계거래에 의한 시세조종도 가능하게 되었다. 연계시세조종의 경우에는 어느 한쪽의 시장이라도 상장증권과 장내파생상품을 거래하고 있는 시장이면 시세조종규제의 대상이 된다.[2] 시세조종행위는 금융투자상품시장에서의 공정한 가격형성을 저해함으로써 투자자에게 손해를 입히고, 그 결과 시장에 대한 투자자의 신뢰를 해친다.

시세조종행위는 일종의 사기에 해당하므로 민형사상 사기도 될 수 있다. 그러나 자본시장법상 불공정거래행위규제가 자본시장의 공정성·신뢰성·효율성이라는 사회적·경제적 법익을 보호법익으로 하는 데 비하여, 사기죄는 개인의 재산적 법익에 대한 범죄라는 점에서 근본적인 차이가 있다.[3] 나아가 민형사상 사기규정만으로는 적절한 규제가 어려우므로 자본시장법은 따로 형사처벌과 민사책임을 규정하고 있다(176조·177조). 다만 안정조작과 시장조성과 같은 일정한 예외를 인정하고 있다.

자본시장법은 적극적으로 거짓의 시세를 만들어내는 행위와 그렇게 만들어진 거짓의 시세를 이용하는 행위를 구분하여 규제한다. 전자는 시세조종행위(176조)로, 후자는 부정거래행위(178조 1항 3호)로 규제하고 있다. 일본 금융상품거래법도 시세조종행위(159조)와 거짓의 시세 이용행위(157조 3호)를 구분하여 규제하고 있다.

Ⅱ. 규 제 론

시세조종을 규제하는 것에 대해서 외국에서는 반론도 존재한다.[4] 우리나라에서는 시세

---

1) 일반적으로는 시세조종 대신 주가조작이라는 표현이 많이 사용되고 있다.

2) 자본시장법은 연계시세조종행위의 범위를 장내외 상품을 포함하도록 확대하였다(176조 4항).

3) 이상돈, 증권형법, 법문사, 10-11면; 대법원 2011. 10. 27. 선고 2011도8109 판결("시세조종행위와 부정거래행위 등의 금지를 규정하고 있는 자본시장법 제176조와 제178조의 보호법익은 주식 등 거래의 공정성 및 유통의 원활성 확보라는 사회적 법익이고 주식 소유자 등 개개인의 재산적 법익은 직접적인 보호법익이 아니므로, […]").

4) 대표적인 글로 Daniel R. Fischel and David J. Ross, "Should the Law Prohibit 'Manipulation' in Financial

조종이 금융투자상품시장에서 공정한 가격형성을 저해하여 시장에 대한 투자자의 신뢰를 해 친다는 점에서 시세조종의 규제 자체에 대해서 반대하는 견해는 거의 발견되지 않는다.

불공정거래행위로서의 시세조종행위를 논의할 때 가장 어려운 점은 그 의미를 확정하는 것이다. 시세조종행위는 수요공급의 법칙에 따른 시장의 가격결정기능을 방해하는 일체의 행 위, 사회적 비용을 발생시키는 근거 없는 가격압력의 행사, 가격정확성과 유동성을 감소시키 는 행위 등으로 정의되고 있다.[5] 그러나 증권거래 특히 대규모 매매는 증권의 가격에 영향을 미칠 수밖에 없는 점에서 시세조종행위로 처벌할 대상과 그렇지 않은 대상을 구분하는 것은 결코 쉽지 않다. "수요공급의 법칙에 따른 시장의 가격결정기능" 등의 개념 자체가 객관적으 로 확인하기 어렵다.

따라서 자본시장법은 이러한 판단을 구체적이거나 추상적인 행위유형과 함께 유인목적과 같은 주관적 요소에 의존하는 구조를 취한다. 따라서 시세조종행위의 법적 정의는 **'객관적'**일 수 없고 **'주관적'**일 수밖에 없다.[6] 그 결과 시세조종행위에 관한 법적 판단도 대부분 주관적 요소에 집중될 수밖에 없다. 법원은 이러한 주관적 요소를 다양한 정황증거를 활용하여 매우 유연하게 인정하고 있다. 행위유형이 구체적일 경우 이러한 유연한 입장이 충분히 설득력을 가진다. 그러나 그 행위유형 자체가 추상적인 경우 주관적 요소의 인정은 엄격해야 한다. 현 재 우리나라의 시세조종행위에 관한 법적 논의는 그러한 관점에서 살펴볼 필요가 있다.

시세조종을 규제한다고 해도 실제로 그것을 제대로 집행하기는 쉽지 않다. 금융투자상품 거래는 다소간 시장의 가격에 영향을 미칠 수밖에 없으므로 적법한 거래와 시세조종을 구분 하는 것은 쉽지 않다. 또한 시세조종은 단기적으로 시장의 거래량을 증가시켜 가격상승을 가 져오기 때문에 특히 시장 침체기에는 혐의가 있어도 시세조종 규제에 나서기 쉽지 않다.

아래 [표 9-1]에서 보는 바와 같이 우리나라에서는 실제로 시세조종이 널리 이루어지고 있다. 한편으로 작전세력에 의하여 은밀히 이루어지지만,[7] 다른 한편으로 기업들도 이른바 **'주가관리'**란 이름 아래 공공연히 시세조종을 감행하는 일이 없지 않다.[8] 또한 과거에는 정부

Market", Harvard Law Review Vol. 105, 1991, pp503-553(시세조종 개념의 폐기를 주장). 최근의 논의로, Merritt B. Fox, Lawrence R. Glosten and Gabriel V. Rauterberg, "Stock Market Manipulation and Its Regulation", Yale Journal on Regulation Vol. 35, 2018, pp67-126(공정성이 아니라 효율성에 기초하여 시세 조종이 정의되어야 한다고 주장).

5) Fox, Glosten and Rauterberg, 앞의 논문, pp69-70 n. 11에 소개된 문헌.

6) Fischel and Ross, 앞의 논문, p510. 또한, Fox, Glosten and Rauterberg, 앞의 논문, p70("manipulation may be the most controversial concept in securities law").

7) 최근 주목을 끈 차액결제거래(CFD)를 이용한 주가조작 스캔들은 그 대표적인 사례라고 할 수 있다.

8) 우리나라에서는 시세조종을 기관투자자나 금융투자업자 직원이 주도하거나 방조 내지 묵인하는 경우도 없지 않았다. 거래주문은 금융투자업자를 통하게 되어 있으므로 금융투자업자 직원은 자신이 직접 가담하지 않아 도 비정상적인 거래를 가장 알기 쉬운 처지에 있다. 자본시장법상 금융투자업자와 그 임직원의 불건전영업행 위의 금지(71조; 령 68조)와 시세조종행위의 수탁금지(176조 1항 4호)는 이러한 우려에 대응하기 위한 것이다.

가 증권시장에 개입하는 사례도 적지 않았다. 예컨대 시장 침체기에 정부가 기관투자자에게 이른바 '**순매수원칙**'[9])을 지키라는 식의 압력을 가하는 경우도 없지 않았다. 그러나 시장에 대한 인위적인 간섭은 마약과 같은 것이기 때문에 시장이 궤멸할 우려가 있는 경우와 같이 극히 예외적인 경우에 한정되어야 한다.[10]) 최근 알고리즘거래 등 거래기법의 발전으로 시세조종에 관한 논의는 새로운 국면을 맞이하고 있다.[11])

┃ 표 9-1 불공정거래행위 유형별 처리현황[12])

위반유형	2015	2016	2017	2018	2019	계	비율
부정거래	10	15	14	16	16	71	22.8%
시세조종	23	22	13	12	13	83	26.7%
미공개정보이용	32	34	33	32	26	157	50.5%
합 계	65	71	60	60	55	311	100.0%

주 1. 증선위에 상정되어 의결된 사건의 유형별 통계임
　 2. 동일 안건에 복수의 불공정거래 유형 중복 시 부정거래 → 시세조종 → 미공개정보이용 순으로 통계산정
(자료: 금융위)

제3절 시세조종행위의 유형[13])

I. 서 설

자본시장법 제176조는 (ⅰ) 가장·통정매매 등 위장거래에 의한 시세조종(1항), (ⅱ) 현실거래에 의한 시세조종(2항 1호), (ⅲ) 표시에 의한 시세조종(2항 2호·3호), (ⅳ) 불법한 시세의 고정이나 안정행위(3항), (ⅴ) 연계거래에 의한 시세조종(4항)을 규정하고 있다. 미국에서 시세조종을 2가지로 나누어 위장거래(fictitious trade)형 시세조종은 사기조항으로 흡수하고, 현실

---

9) 전체적으로 매도하는 양보다 많은 양을 매수하는 것을 의미한다.

10) 시세조종과 관련하여 주목할 것은 자기주식취득이다. 최근 우리나라에서도 자사주취득이 널리 인정되고 있다. 그 이유 중 하나는 주가상승에 기여한다는 기대 때문이라고 할 수 있다. 그러나 주가조종목적으로 자기주식을 취득하는 것은 극히 위험하다.

11) 대표적으로 금융위·금감원, 보도자료: 해외 소재 A 증권사의 고빈도 알고리즘 매매 관련 시장질서 교란행위 혐의에 대한 과징금 조치 증선위 의결, 2023. 1. 26.

12) 국회 정무위원회 수석전문위원 이용준, 자본시장과 금융투자업에 관한 법률 일부개정법률안 검토보고 〈불공정거래행위에 대한 과징금 도입〉 ■ 윤관석의원대표발의(의안번호 제2103921호) ■ 박용진의원대표발의(의안번호 제2104121호), 2020. 11, 10면.

13) 시세조종의 실제 사례에 관하여는 박임출, "시세조종의 구성요건인 '변동거래'와 '유인목적'", 『증권법연구』 제12권 제2호, 2011, 211면 이하(이하 '박임출, 앞의 논문(2011)'으로 인용); 박삼철, "우리나라의 시세조종행위 규제에 관한 고찰", 『증권조사월보』 제216호(1995. 4)(이하 '박삼철, 앞의 논문(1995)'으로 인용) 12면 이하; 김정수, "시세조종규제의 이론과 실제", 『주식』 제395호(2001. 7), 3면 이하 참조.

거래(actual trade)형 시세조종은 행위자의 의사와 무관하게 폐지하자는 주장이 있다.14)

▌표 9-2 시세조종행위의 유형

구분			행위 요건	행위유형	주관적요건	근거
〈1〉	위장거래형	위장거래	통정매매	구체적	오인목적	176조 1항 1·2·3·4호
			가장매매			
			위탁이나 수탁			
〈2〉		표시등	유포행위	구체적	유인목적	176조 2항 2·3호
			허위표시			
〈3〉	현실거래형	현실거래	매매성황오인	추상적	유인목적	176조 2항 1호
			시세변동			
			위탁이나 수탁			
〈4〉		시세고정/안정	일련의 매매	구체적	고정/안정목적	176조 3항
			위탁이나 수탁			
〈5〉		연계시세조종	이익목적시장과 시세조종 시장의 분리	구체적	이익목적	176조 4항

Ⅱ. 위장거래에 의한 시세조종

1. 목적(주관적 요소)

위장거래에 의한 시세조종이 성립하기 위해서는 행위자가 "그 매매가 성황을 이루고 있는 듯이 잘못 알게 하거나 그 밖에 타인에게 그릇된 판단을 하게 할 목적"(오인목적)을 가져야 한다.15) 뒤에 설명할 '**현실거래에 의한 시세조종**'과는 달리 '**매매를 유인할 목적**'(유인목적)까지 요구하는 것은 아니다. 여기서 오인목적의 거래는 "공개경쟁시장에서의 자연적인 수요공급에 따른 거래가 아닌 통정매매 또는 가장매매로 인한 거래량 또는 가격의 변화가 자유로운 공개경쟁시장에서의 자율적인 수요공급에 따른 정상적인 것인 양 타인을 오도하여 현실적인 시세조종을 용이하게 하는" 거래이다(대법원 2001. 11. 27. 선고 2001도3567 판결). 오인목적은 "인위적인 통정매매에 의하여 거래가 일어났음에도 불구하고, 투자자들에게는 유가증권시장에서 자연스러운 거래가 일어난 것처럼 오인하게 할 의사"를 말한다(대법원 2002. 7. 22. 선고 2002도1696 판결). 오인목적이 있는 한 다른 목적과의 공존 여부나 어느 목적이 주된 목적인지는 문제되지 않고 시세조종이 성립한다(대법원 2001. 11. 27. 선고 2001도3567 판결).16) 그 목적에 대

---

14) Fischel and Ross, 앞의 논문, p507.

15) 증권법은 오인목적을 요구하지 않았지만(31조 1항 1호-3호), 자본시장법은 오인목적을 요구하고 있다.

16) 박삼철, 앞의 논문(1995), 21면. 같은 취지: 대법원 2009. 4. 9. 선고 2009도675 판결; 대법원 2005. 11. 10. 선

한 인식의 정도는 "적극적 의욕이나 확정적 인식임을 요하지 아니하고 미필적 인식이 있으면 족하며", "투자자의 오해를 실제로 유발하였는지 여부나 타인에게 손해가 발생하였는지 여부 등도 문제가 되지 아니"한다(대법원 2001. 11. 27. 선고 2001도3567 판결).[17]

주관적인 목적의 증명을 엄격히 요구한다면 시세조종을 통제하기가 어려울 것이다. 그러나 위장거래라고 하는 것은 성질상 다른 목적으로 하는 경우를 생각하기 어렵다. 따라서 일단 위장거래의 객관적 요건이 충족된 경우에는 오인목적이 추정된다고 할 것이다. 법원도 오인목적은 당사자가 "자백하지 않더라도 그 유가증권의 성격과 발행된 유가증권의 총수, 매매거래의 동기와 태양(순차적 가격상승주문 또는 가장매매, 시장관여율[18]의 정도, 지속적인 종가관여 등), 그 유가증권의 가격 및 거래량의 동향, 전후의 거래상황, 거래의 경제적 합리성 및 공정성 등의 간접사실을 종합적으로 고려하여 판단할 수 있다"고 하여 같은 견해를 취하고 있다(대법원 2001. 11. 27. 선고 2001도3567 판결). 위장거래에 의한 시세조종은 "일종의 행위에 의한 사기"(a form of fraud by conduct)로서 사기의 개념에 매우 근접하므로[19] 행위에 대한 유형적 평가를 통하여 주관적 요소를 충분히 증명할 수 있다.

2. 대   상

상장증권 또는 장내파생상품의 매매만이 대상이 된다. 종래 상장증권에 대해서는 증권법에서, 장내파생상품에 대해서는 선물법에서 규정하고 있던 것을 함께 규제하고 있다. 비상장증권이나 장외파생상품 매매의 경우에는 위장거래에 의한 시세조종이 성립할 수 없다.

3. 행위유형

1) 통정매매("서로 짠 후 매매")

통정매매(matched orders)는 "매도인과 매수인이 미리 통정한 후 동일 증권이나 장내파생상품에 대해서 같은 시기에 같은 가격이나 약정수치로 매수 또는 매도하는 거래"이다(176조 1항 1호·2호). 그 타인과의 '통정'은 묵시적으로 이루어질 수도 있다. 여기서 '타인'은 "유가증권의 매매로 인한 손익이 달리 귀속되는 자"를 뜻하는 것으로서, "동일인이 서로 다른 손익의

고 2004도1164 판결; 대법원 2004. 3. 26. 선고 2003도7112 판결 등.

17) 같은 취지: 대법원 2007. 11. 29. 선고 2007도7471 판결; 대법원 2005. 11. 10. 선고 2004도1164 판결 등. 증권법 제188조의4 제1항에 대한 해석이지만 자본시장법 제176조 제1항의 해석에도 그대로 적용될 수 있을 것이다.

18) 여기서 시장관여율은 호가관여율을 말하는 것으로 보인다. 호가관여율은 "전체 주문 중에서 시세조종 주문 등이 차지하는 비율(시세조종주문 주식수/전체 주문 주식수)"을 말한다. 호가관여율은 금융당국이 시세조종행위를 조치할 때 조치내용을 판단하는 하나의 기준으로 사용되고 있다. 금감원, 자본시장 불공정거래 및 기업공시 판례 분석, 2019. 12, 443면; 조두영, 증권범죄의 이론과 실무, 박영사, 2018, 190-191면("조두영(2018)"으로 인용).

19) Fischel and Ross, 앞의 논문, pp510-511.

귀속 주체들로부터 각 계좌의 관리를 위임받아 함께 관리하면서 거래가 성황을 이루고 있는 듯이 잘못 알게 하거나 기타 타인으로 하여금 그릇된 판단을 하게 할 목적으로 각 계좌 상호간에 같은 시기에 같은 가격으로 매매가 이루어지도록 하는 행위"도 통정매매에 해당된다(대법원 2013. 7. 11. 선고 2011도15056 판결). 또한 통정매매는 반드시 매도인과 매수인 사이에 직접적인 협의가 이루어져야 하는 것은 아니고 그 중간에 매도인과 매수인을 지배·장악하는 주체가 있어 그가 양자 사이의 거래가 체결되도록 주도적으로 기획·조종한 결과 실제 매매가 체결되는 경우도 포함한다(대법원 2013. 9. 26. 선고 2013도5214 판결).

같은 시기와 같은 가격 그리고 주문 수량의 일치 여부가 문제된다. 이에 대한 판례와 해석론은 매우 유연하다.[20] 법원은 다음과 같이 판단하고 있다(서울고법 2015. 11. 4. 선고 2015노1846 판결).[21] 첫째, '같은 시기'란 반드시 동시가 아니더라도 쌍방의 주문이 거래시장에서 대응하여 성립할 가능성이 있는 정도의 시기이면 족하다. 둘째, '같은 가격'도 쌍방의 주문이 대응하여 거래가 성립할 가능성이 있는 범위 내의 가격이면 충분하다. 셋째, 매수주문과 매도주문의 수량이 반드시 일치할 필요는 없으며, 이미 시장에 내어져 있는 주문에 대해서 통정한 다음 대응하는 주문을 내어 매매를 성립시키는 것도 모두 시세 및 거래량을 인위적으로 변동시킬 가능성이 있는 거래로서 통정매매에 해당하고, 매도주문량과 실제 매매체결량의 차이가 있는 경우도 통정매매에 해당할 수 있다.

통정이 있다고 해서 바로 시세조종이 성립하는 것은 아니다. 그러나 반대방향의 거래를 반복하는 경우에는 적은 비용으로 거래량을 부풀려 가장매매와 같은 효과를 거둘 수 있다.

2) 가장매매("거짓으로 꾸민 매매")

가장매매(wash sales)는 "형식적으로는 매매의 외관을 갖추고 있으나 실질적으로는 권리의 이전을 목적으로 하지 않는 매매"를 말한다(176조 1항 3호). 가장매매는 매도와 매수의 주문을 낸 실질적인 이해관계자가 동일인이거나 매매 후 바로 반대매매를 하여 권리이전의 효과를 상쇄시키는 경우이다. 가장매매는 매수계좌와 매도계좌가 동일한 경우 또는 그 계좌가 다르더라도 계산 주체가 동일한 경우를 의미하는 것으로서, "통정매매와 가장매매는 증권매매로 인한 손익의 귀속 주체가 동일인인지 여부에 따라 행위 태양의 차이가 있을 뿐"이다(대법원 2013. 7. 11. 선고 2011도15056 판결). 예컨대 투자중개업자가 투자자의 담보주식을 처분하는 경우 그 투자자가 그 주식을 매수해도 실질적인 처분권자가 교체되므로 가장매매는 성립하지 않는다.[22]

---

20) 같은 취지: 안문택, 증권거래법체계, 육법사, 1985, 251면; 김정수, 앞의 논문, 13면.

21) 대법원 2016. 10. 13. 선고 2015도17877 판결로 확정. 같은 취지: 서울고법 2009. 1. 6. 선고 2008노1506 판결(대법원 2009. 4. 9. 선고 2009도675 판결로 확정); 서울고법 2010. 4. 8. 선고 2009노2641 판결(대법원 2012. 6. 28. 선고 2010도4604 판결로 확정).

22) 박삼철, 앞의 논문(1995), 22면.

3) 위탁 및 수탁의 금지

위장거래는 성립된 경우뿐만 아니라 투자중개업자에게 위탁하는 행위도 처벌한다(176조 1항 4호). 증권시장에서는 거래는 물론 주문사실도 투자자판단에 영향을 줄 수 있기 때문이다.[23] 또한 위탁하는 투자자뿐만 아니라 수탁하는 금융투자업자 직원도 처벌된다. 다만 그 직원에게 오인목적이 없으면 시세조종행위로는 처벌할 수 없다. 그 경우에는 금융위는 "투자자가 법…제176조…를 위반하여 매매, 그 밖의 거래를 하려는 것을 알고 그 매매, 그 밖의 거래를 위탁받는 행위"(령 68조 5항 6호)로서 직원의 면직요구 등 불이익처분을 할 수 있다(420조 3항 법[별표 1] 79호).

Ⅲ. 현실거래에 의한 시세조종

1. 규제이유

자본시장법상 "매매가 성황을 이루고 있는 듯이 잘못 알게 하거나 시세를 변동시키는 현실거래"도 시세조종이 될 수 있다(176조 2항 1호). 금융투자상품매매는 규모나 시점에 따라 다소간 시세에 영향을 줄 수 있다. 특히 대량의 매매주문은 시장수급의 불균형을 초래할 뿐만 아니라 호재나 악재의 존재를 추정하게 함으로써 시세에 영향을 미친다. 따라서 시세에 영향을 주는 것만을 이유로 금융투자상품매매를 모두 규제할 수는 없다.

현실거래에 의한 시세조종은 실제로 가장 사례가 많다.[24] 앞서 살펴본 위장거래에 의한 시세조종도 통상 현실거래와 연계하여 이루어진다. 시세조종이 현실거래에 의할 경우에는 정당한 거래와 구별하기 어렵다. 그리하여 미국에서는 현실거래에 의한 시세조종규제를 폐지하자는 견해도 있다.[25] 그 근거로는 시세조종이 실제로 성공하기가 극히 어려운 점, 정상적인 거래와의 구별이 어려운 점, 적법한 거래도 위축시킬 수 있는 점 등을 들고 있다. 그러나 증권시장과 장내파생상품시장의 수요공급에 의한 가격발견기능에 대한 신뢰보호를 위해서는 현실거래형 시세조종도 방치할 수 없으므로 그러한 주장에는 동의할 수 없다. 다만 현실거래형 시세조종에 대한 규제는 보다 신중할 필요가 있으므로 양자에 대한 규제는 차이를 둘 필요가 있다.

---

23) 현재 주문상황도 전산망을 통해서 투자자들에게 즉시 제공되고 있다.
24) 현실거래에 의한 시세조종금지규정은 국내시장에서 이른바 작전세력에 의한 주가조작을 처벌하는 핵심적인 역할을 담당해온 것으로 평가되고 있다. 박임출, 앞의 논문(2011), 213면.
25) Fischel and Ross, 앞의 논문, p507, pp512-523.

2. 행위주체

법문은 '**누구든지**'라고 하여 주체를 제한하지 않는다. 매매거래의 주체는 원칙적으로 '그 매매거래의 효과가 귀속되는 자'이나 경우에 따라 '그 매매거래를 실행한 자'일 수도 있다.[26] 우리나라에는 비서실 직원이 사장의 자금을 관리하는 경우와 같이 '**계좌명의자**'와 '**실제 매매를 주관하는 자**'가 다른 경우가 많다. 이런 경우 계좌명의자가 시세조종을 지시한 것이 아니라 계좌관리자가 임의로 시세조종에 나선 것이라면 명의자에게 시세조종의 책임을 묻기는 어려운 것으로 판단된다. 그러한 행위는 타인과 공모하는 경우가 많겠지만 단독으로 해도 시세조종이 성립할 수 있다.

3. 유인목적

1) 시세의 변동과 유인목적

현실거래에 의한 시세조종은 "상장증권 또는 장내파생상품의 매매를 유인할 목적"(유인목적)을 요한다. '**유인목적**'의 정확한 의미에 관해서는 해석상 상당한 혼란이 있다. "단순히 거래로 인하여 시세가 변동할 수 있다는 가능성을 인식한 것"만으로는 유인목적을 인정할 수 없다. 그렇다면 시세를 인위적으로 변동시킬 목적으로 거래한 경우에는 유인목적을 인정할 수 있을까. 시세를 변동시킬 목적 자체를 유인목적과 같이 볼 수는 없다. 이 점은 주가를 상승시킬 목적으로 자기주식에 대해서 대량의 매수주문을 내는 경우의 예에서 뚜렷이 드러난다. 대량의 자기주식취득은 주가에 영향을 주지만 그러한 거래 자체를 금지할 수는 없다. 일단 대량의 매매거래를 허용한다면 주가상승목적의 거래와 그렇지 않은 거래를 구분하는 것은 사실상 불가능하다.

2) 인위적 조작과 유인목적

이런 관점에서 유인목적은 시세의 인위적 조작목적과는 반드시 일치하지 않는다. 유인목적은 글자 그대로 투자자의 매매거래를 유인할 목적이다. 투자자를 유인하는 것이 문제되는 이유는 투자자의 오인을 유발하기 때문이다. 즉 '**매매거래를 유인할 목적**'은 "인위적인 조작을 가하여 시세를 변동시킴에도 불구하고, 투자자에게는 그 시세가 유가증권시장에서의 자연적인 수요·공급의 원칙에 의하여 형성된 것으로 오인시켜 유가증권의 매매에 끌어들이려는 목적"을 말한다(대법원 2001. 6. 26. 선고 99도2282 판결).[27]

---

26) 박삼철, 앞의 논문(1995), 23면. 같은 취지의 판결로 서울지법 2001. 1. 17. 선고 99노11300 판결.

27) 같은 취지: 대법원 2009. 4. 9. 선고 2009도675 판결; 대법원 2007. 11. 29. 선고 2007도7471 판결; 대법원 2006. 5. 11. 선고 2003도4320 판결; 대법원 2005. 11. 10. 선고 2004도1164 판결; 대법원 2004. 3. 26. 선고 2003도7112 판결; 대법원 2002. 7. 22. 선고 2002도1696 판결; 대법원 2003. 12. 12. 선고 2001도606 판결 등. 증권법 제188조의4 제2항의 '매매거래를 유인할 목적'에 대한 해석이지만 자본시장법 제176조 제2항의 '매매

3) 상황증거에 의한 추정

유인목적을 어떻게 보든 그러한 주관적 상태의 증명을 엄격히 요구하면 시세조종책임을 묻는 것은 극히 어렵다. 행위자의 자백 없이는 주관적 상태를 증명하기 어렵고 자백은 기대하기 어렵기 때문이다. 따라서 객관적인 상황증거에 의하여 일단 유인목적을 추정하고, 행위자가 유인목적이 없었음을 증명하게 해야 할 것이다. 그러한 상황증거에는 어떤 것들이 있을까. 대법원은 "그 유가증권의 성격과 발행된 유가증권의 총수, 가격 및 거래량의 동향, 전후의 거래상황, 거래의 경제적 합리성과 공정성, 가장 혹은 허위매매 여부, 시장관여율의 정도, 지속적인 종가관리 등 거래의 동기와 태양 등의 간접사실을 종합적으로 고려"할 수 있다고 한다 (대법원 2007. 11. 29. 선고 2007도7471 판결).[28]

상황증거 중에는 거래의 동기, 전후의 거래상황, 거래의 태양 등이 중요할 것이다. 첫째, '**거래의 동기**'에서 중요한 것은 행위자가 시세조종에 금전적인 이해관계를 갖는지 여부일 것이다.[29] 예컨대 담보로 제공한 증권의 가격이 하락하여 담보추가의 요구를 받고 있는 채무자, 대량의 증권을 보유하고 있는 투자중개업자, 전환사채의 전환이 가능하도록 시장가격을 상승시키고자 하는 회사 등은 시세조종의 동기가 있다고 인정될 수 있을 것이다.[30] 둘째, '**전후의 거래상황**'으로는 행위자가 주가 상승 후에 바로 매수한 주식을 처분하였는지 여부 등이 고려될 수 있을 것이다. 그러나 취득한 주식을 처분한 경우에만 시세조종이 성립되는 것은 아니다. 셋째, '**거래의 태양**'에서는 경제적 합리성에 반하는지 여부가 중요하다. 이와 관련해서는 뒤에 행위요건에 관한 설명으로 미룬다.

4) 다른 목적이 존재하는 경우

실제로 투자자가 유인될 필요는 없다. 유인목적 외에 다른 목적이 있는지 여부나 어느 목적이 주된 것인지는 문제되지 않고, 목적에 대한 인식의 정도도 미필적 인식으로 충분하다(대법원 2003. 12. 12. 선고 2001도606 판결).[31] 그러나 행위자가 그 거래를 할 수밖에 없는 사정이

를 유인할 목적'의 해석에도 그대로 적용될 수 있을 것이다. 대법원 2008. 12. 11. 선고 2006도2718은 선물시장에서의 시세조종을 증권시장에서와 달리 해석할 이유는 없다고 하여 같은 취지의 판시를 하였다. 일본의 법원도 같은 태도를 취한다(最高裁 1994. 7. 20. 『判例時報』 第1507號, 51면) 등.

28) 같은 취지: 대법원 2013. 4. 11. 선고 2012도14446 판결; 대법원 2013. 2. 28. 선고 2011도15060 판결; 대법원 2010. 6. 24. 선고 2007도9051 판결; 대법원 2008. 12. 11. 선고 2006도2718 판결(선물법 31조 1항 4호에 대하여 같은 취지).

29) 미국에서는 유인목적을 추정하는 요소로서 행위자의 금전적인 이해관계를 든다. 예컨대 시세조종에 '중대하고 직접적인 금전적 이해관계'(substantial, direct pecuniary interest)를 가진 자가 시가에 영향을 미치는 행위를 적극적으로 수행한 경우에는 일단 유인목적이 있는 것으로 추정한다. 예컨대 Crane Co. v. Westinghouse Air Brake Co., 419 F. 2d 787(2d Cir., 1969), cert. denied, 400 U.S. 822(1970).

30) 이와 관련하여 유인목적은 시세조종자의 의도적인 변동거래를 추상적으로 표현한 것이므로 유인이라는 문언에 지나치게 집착할 필요가 없고, 시세조종자의 시세조종목적과 시세변동에 따른 금전적 이해관계가 결합된 경우 유인목적이 존재하는 것으로 보아야 한다는 견해도 있다. 박임출, 앞의 논문(2011), 237면.

31) 같은 취지: 대법원 2015. 12. 23. 선고 2015도15699 판결; 대법원 2011. 10. 27. 선고 2011도8109 판결; 대법

있는 경우에도 유인목적을 인정할 것인지는 쉽지 않은 문제이다. 유인목적의 존재 여부가 주로 문제되는 경우는 예컨대 일련의 거래 후 즉시 처분하지 않고 장기간 주식을 보유하거나 공개매수 등 경영권 다툼 과정에서 공격 또는 방어목적으로 주식을 매도하거나 매수하여 가격을 변동시키는 경우, 헤지거래를 위하여 보유하고 있던 증권을 헤지수요가 종료된 시점에 일시 대량 매도한 경우 등이다.

유인목적을 강조하여 엄격한 해석기준을 적용하거나 세부적인 증명을 요하게 되면 사실상 현실거래에 의한 시세조종으로 처벌하기 어렵다는 것은 사실이다. 대법원에서 유인목적의 증명과 관련하여 완화된 입장을 취해 온 것은 이러한 고려에 입각한 것으로 생각된다. 그러나 대부분의 증권거래는 수요공급의 법칙에 따라 증권가격의 형성에 영향을 미칠 수밖에 없고, 대량일 경우에는 특히 중대한 영향을 미치게 된다. 따라서 현실거래에 의한 시세조종을 규제할 때에도 유인목적이라는 주관적 요건보다는 다음에 설명하는 행위요건에 주목할 필요가 있다.

5) 동시호가 시간대 직전과 장 종료 직전의 매수주문행위

피고인 A가 동시호가 시간대 직전과 동시호가 시간대의 장 종료 직전에 매수주문을 한 것도 현실거래에 의한 시세조종행위의 유인목적을 갖춘 것으로 볼 수 있는가? 대법원은 "일련의 과정에 비추어 볼 때, 인위적인 조작을 가하여 H은행의 주가를 이 사건 옵션계약의 녹아웃가격 이상인 1만 5,800원으로 변동시키려는 것임에도 불구하고 다른 투자자들에게는 그것이 시장에서의 자연적인 수요·공급의 원칙에 의하여 형성된 것으로 오인시켜 동시호가 시간대에 그 가격을 중심으로 매도·매수주문을 유인함으로써 종가를 녹아웃가격 이상으로 결정되도록 하려는 목적에서 이루어진 것"이고, "그와 같이 변동된 시세가 종가 결정 후에도 다른 투자자들의 매수세를 유인할 수 있는 것"이라고 하여 피고인 A의 위와 같은 행위가 '**매매거래를 유인할 목적의 시세변동행위**'에 해당한다고 판시했다(대법원 2012. 11. 29. 선고 2012도1745 판결).[32]

원 2007. 11. 29. 선고 2007도7471 판결; 대법원 2006. 5. 11. 선고 2003도4320 판결.

32) 증권법 제188조의4 제2항 제1호 소정의 유인목적에 대한 해석이다. 다만 동일한 사실관계에 대하여 원고 T회사가 피고 D은행과 D증권에 대하여 피고들의 불법행위 내지 D은행의 채무불이행으로 인해 T회사가 콜옵션을 행사할 수 있는 기회를 상실하게 되었다고 하여 손해배상을 청구하였으나 제1심과 항소심에서 원고청구가 기각되었다(서울고법 2014. 9. 19. 선고 2013나7433 판결(확정); 서울중앙지법 2012. 12. 21. 선고 2010가합 125715 판결). 법원은 이러한 콜옵션행사조건에 비추어 '시세조종행위로 인해 2004. 2. 19. H은행 주식의 종가가 한 번 녹아웃가격 이상으로 형성된 것만 갖고는 T회사가 2004. 2. 19.에 그 즉시 콜옵션을 상실하게 되는 손해를 입었다고 보기는 어려우며 2004. 2. 19. 이후의 H은행 주식의 종가가 계속하여 녹아웃가격 미만으로 형성되었을 때 비로소 이 사건 시세조종행위로 인해 T회사가 콜옵션을 상실하게 되는 최종적인 손해를 입었다고 평가할 수 있을 것'이라고 판시하였다. 나아가 법원은 이 건 시세조종행위가 있던 다음 날인 2004. 2. 20.자 H은행 주식의 종가도 녹아웃가격이상인 1만 5,800원으로 마감되었고 이 사건 시세조종행위가 2004. 2. 20.자 H은행 주식의 종가 형성에도 직접적인 영향을 미쳤다는 등의 특별한 사정이 인정되지 않는 이상, T회

4. 행위요건

1) 개   요

현실거래에 의한 시세조종을 구성하는 행위는 "매매가 성황을 이루고 있는 듯이 잘못 알게 하거나 그 시세를 변동시키는 매매 또는 그 위탁이나 수탁을 하는 행위"이다. 미국이나 일본과는 달리 자본시장법은 '**일련의 거래**'를 요구하지는 않는다.33) 대법원도 "일련의 행위가 이어진 경우에는 전체적으로 그 행위로 인하여 시세를 변동시킬 가능성이 있으면 충분"(대법원 2006. 5. 11. 선고 2003도4320 판결)34)하다고 하여 일련의 행위가 필수요소는 아니라는 전제에서 있다. 그러나 사실상 일련의 거래로 이루어지지 않는 경우는 별로 없을 것이다.35) 또한 이익의 실현 여부는 구성요건과 무관하므로 "시세조종이 이루어진 기간 전체로 볼 때 실제로는 오히려 손해가 발생하여도" 범죄의 성립에 지장이 없다(대법원 2008. 12. 11. 선고 2006도2718 판결).

행위요건은 '**거래규모를 과장하여 오인**'시키거나 '**시세를 변동**'시키는 행위의 2가지로 구성된다. 그러나 실제로 전자는 후자를 동반하는 것이 보통이다. 따라서 일반적으로는 문제의 행위가 시세를 변동시키는 변동거래에 해당하는지 여부에 초점을 맞추어 왔다.36) 그러나 거래규모 과장행위와 시세변동거래는 별개의 구성요건이므로 이하 따로 살펴본다.

2) 거래규모 과장행위와 허수주문

증권매매의 경우 매매가 성황을 이루고 있는 듯이 오인시키는지 여부는 그 증권의 성격, 발행주식의 총수, 종전 및 당시의 거래상황, 증권시장의 상황 등을 종합적으로 고려하여 판단한다. 대법원은 "총발행주식수 184만주 중 740주의 매수주문을 내고 체결된 것이 540주에 불과한 경우라면 유가증권의 매매거래가 성황을 이루고 있는 듯이 오인하게 한 행위로 보기 어렵다"고 판시했다(대법원 1994. 10. 22. 선고 93도2516 판결).

매매의 현황을 오인시키는 행위로서 현재 가장 중요한 것은 이른바 '**허수주문 내지 허수호가**'37)의 문제이다.38) 허수주문은 진정한 매매거래의 의사 없이 주문을 내는 행위를 말한다.

사로서는 이 건 시세조종행위가 없었더라도 어차피 2004. 2. 20.경 콜옵션을 상실하였을 것이므로 T회사가 이 건 시세조종행위로 인해 그 즉시 콜옵션행사 기회를 상실하게 되는 최종적인 손해를 입었다고 볼 수는 없다고 판시하였다.

33) 일련의 거래행위를 전제한 것으로 보는 견해로, 김용재, 642-643면 주 10).
34) 같은 취지: 대법원 2009. 4. 9. 선고 2009도675 판결.
35) 하급심 판례 중에는 짧은 시간 동안 이루어진 1-2회의 주문에 대하여 변동거래는 물론 유인목적이 있는 시세조종으로 인정한 사례가 있다. 서울중앙지법 2011. 1. 28. 선고 2010고합11 판결.
36) 미국에서도 전자가 후자를 동반하지 않은 경우는 없다고 보아 해석론상으로는 주로 후자만이 부각되었다.
37) 투자자가 투자중개업자에 구체적인 매매거래를 위탁하는 행위를 '주문'이라고 하고 투자중개업자가 그 주문을 실행하기 위하여 거래소에 전달하는 행위를 '호가'라고 한다. 최근에는 인터넷거래의 확산으로 투자자의 주문이 투자중개업자의 전산망을 통하여 바로 거래소에 전달되기 때문에 주문과 호가 사이의 구분은 모호해졌다. 김정수, 앞의 논문, 21면, 주 52.
38) 허수주문이 야기하는 문제점에 관하여 보다 상세한 것은 김정수, 앞의 논문, 21-25면.

허수주문인지 여부는 내심의 의사에 좌우되는 것이지만 실제로는 변칙적인 거래의 일부로서 이루어지고 있으므로 판별이 그렇게 어려운 것은 아니다. 예컨대 보유주식을 매도하고자 하는 자가 매수의사 없이 시가보다 낮은 가격에 대량의 매수주문을 냄으로써 그 주식에 대한 시장의 관심이 높은 것처럼 꾸며 놓고 보유주식을 처분한 후 슬그머니 매수주문을 취소하는 경우에는 저가의 대량매수주문(과 그 취소)에 대해서 허수주문이 아니라고 부정하기는 어려울 것이다.[39]

허수주문이 과연 '**매매**'의 성황을 가장하는 경우에 해당하는가? 법문을 문리적으로 해석하면 의문이 있을 수도 있다. 법문에서 말하는 '**매매**'가 매매가 체결된 상황을 가리키는 것으로 볼 여지가 있으므로 애당초 매매체결의 의도가 없는 허수주문은 그에 해당할 여지가 없을 것이기 때문이다. 그러나 법문상 '**매매**'를 그렇게 좁게 해석할 이유는 전혀 없다. 만약 '**매매**'를 그렇게 엄격히 새긴다면 이 범주에 해당하는 시세조종은 거의 생각하기 어려울 것이다. 또한 시장에서의 수요 · 공급은 체결된 매매만이 아니라 실제 매매주문의 현황에 의해서도 영향을 받는다는 점, 그리고 매매주문의 현황은 투자자에게 장차의 '**매매**'의 상황을 짐작하게 한다는 점 등을 고려하면 허수주문을 이 범주의 시세조종으로 보아 처벌하는 것이 옳을 것이다.[40] 실제로 국채선물시장에서 시장지배력과 정보력 · 자금력을 갖춘 투자회사가 시장 참여자들에게 그 거래 내역이 공개되는 범위인 현재가의 아래 위 5단계 내의 호가에 대량의 허수주문과 취소를 지속적으로 반복한 행위는 수요와 공급상황에 관하여 시장에 잘못된 정보를 제공하는 행위로 볼 수 있다(대법원 2008. 12. 11. 선고 2006도2718 판결). 또한 허수주문이 상당한 정도의 시장지배력과 정보력 · 자금력을 동시에 갖춘 투자 주체만 가능한 것이라면, 대부분의 경우 해당 주문이 허수주문인지 아닌지는 허수주문을 한 해당 주체만 알 수 있고 나머지 대부분의 투자 주체들은 그것이 허수주문인지 아닌지를 그때마다 판단하여 거래에 임할 수밖에 없다는 점에서 정보의 불균형을 초래하는 측면도 있다(대법원 2008. 12. 11. 선고 2006도2718 판결). 대법원은 "단지 매수주문량이 많은 것처럼 보이기 위하여 매수의사 없이 하는 허수매

---

39) 허수주문이 수급에 영향을 줄 수 있는 것은 거래소가 체결되지 않은 호가의 잔량을 공개하고 있기 때문이다. 현재 한국거래소의 호가정보공개범위는 첫째, 단일가 매매를 위한 호가접수시간중에는 예상체결가격 및 체결수량, 매도 · 매수별 예상최우선호가의 가격을 포함하는 연속 3개의 예상우선호가의 가격 및 수량이다. 다만, 호가가 체결이 불가능한 상황인 경우에는 최우선매도 · 매수호가의 가격 및 수량정보만을 공개한다. 단일가매매를 위한 호가접수시간중에 실시간으로 공표하되, 시가결정을 위한 호가접수시간중에는 호가접수 개시시점부터 10분이 경과한 때부터 공표하고, 신규상장 및 재상장종목은 매매개시일, 기업분할 및 주식병합 후 추가(변경)상장종목은 추가(변경)상장일, 정리매매종목은 정리매매개시일에도 호가접수 개시시점부터 10분이 경과한 때부터 예상체결정보를 공표한다. 둘째, 접속매매시간중에는 매도 · 매수별 최우선호가의 가격을 포함하는 연속 10개의 우선호가의 가격, 매도 · 매수별 연속 10개의 우선호가에서의 호가수량, 매도 · 매수별 연속 10개의 우선호가 누적수량을 공개한다. 셋째, 시간외매매시간중에는 매도 또는 매수별 총호가잔량을 공개한다. 〈http://regulation.krx.co.kr/contents/RGL/03/03020305/RGL03020305.jsp〉

40) 같은 취지: 김정수, 앞의 논문, 25면.

수주문"도 현실거래에 의한 시세조종행위에 속한다고 판시하고 있다(대법원 2002. 6. 14. 선고 2002도1256 판결).

3) 시세변동거래

시세를 변동시키는 매매, 즉 '**시세변동거래**'는 "증권시장에서 수요공급의 원칙에 의하여 형성된 증권의 가격을 인위적으로 상승 또는 하락시키는 등의 조작을 가하는 매매거래"를 말한다. 여기서 시세는 증권시장 또는 파생상품시장에서 형성된 시세, 다자간매매체결회사가 상장주권의 매매를 중개함에 있어서 형성된 시세, 그 밖에 시행령으로 정하는 시세를 말한다(176조 2항 1호; 령 202호). 시세가 아직 없는 경우에는 시세조종이 성립될 수 없다. 따라서 최초로 상장되는 주식의 경우에는 이미 형성된 주식가격이 없으므로 비록 상장 당일 매매거래의 가격제한 폭의 적용기준인 상장기준가에 영향을 미치는 매매거래라 할지라도 이에 해당할 수 없다는 것이 종래의 입장이었다(대법원 1994. 10. 22. 선고 93도2516 판결). 그러나 자본시장법은 '**시세**'에 상장되는 증권에 대하여 증권시장에서 최초로 형성되는 시세를 포함하므로(령 202조) 상장 당일 매매거래의 가격제한 폭의 적용기준인 상장기준가에 영향을 미치는 매매거래도 현실거래에 의한 시세조종행위가 될 수 있다.

'**시세를 변동시키는 매매**'라고 하지만 반드시 시세를 변동시키는 결과가 발생해야만 하는 것은 아니고 시세를 변동시킬 가능성이 있는 매매거래도 포함된다(대법원 2007. 11. 29. 선고 2007도7471 판결).[41] 또한 위탁이나 수탁도 포함하므로 실제로 거래가 이루어지지 않고 위탁에 그친 경우에도 시세조종이 성립할 수 있다.

대량 주문이 있는 경우에는 수급에 영향을 주기 때문에 가격이 변동되기 쉽다. 그렇지만 투자자의 오인을 유발함이 없이 단지 대량주문을 한 것만으로는 시세조종에 해당한다고 보기 어렵다.

4) 인위적 조작과 거래의 경제적 합리성

판례에 의하면 인위적 조작은 유인목적의 출발점이자 시세조종 행위요건의 핵심으로 보고 있다. 따라서 인위적 조작의 존부는 시세조종의 성립 여부를 판단하는 데 결정적인 요소이다. 인위적 조작에 해당하는지 여부는 판례에서도 언급된 "거래의 경제적 합리성과 공정성"(경제적 합리성)을 기준으로 삼는 것이 가장 적절할 것이다.

경제적 합리성이 있는지 여부는 행위자의 거래가 전체적으로 보아 (i) 시세의 이상등락을 발생시켰는지 여부, (ii) 거래가 통상의 거래관념상 부자연스럽다고 인정할 수 있는지 여부, (iii) 투자자의 판단을 흐리게 할 가능성이 있는지 여부 등을 토대로 판단할 수 있을 것이

---

41) 같은 취지: 대법원 2008. 12. 11. 선고 2006도2718 판결(선물법 31조 1항 4호); 대법원 2006. 5. 11. 선고 2003도4320 판결; 대법원 2015. 8. 27. 선고 2015도6976 판결. 日最裁 1994. 7. 20. 判決 『判例時報』 第1507 號, 51면(이른바 '協同飼料事件')도 같은 취지.

다.42) 실제로 시세조종거래에서는 다음과 같은 행위유형들이 자주 등장하는바 이들은 모두 경제적 합리성을 인정할 수 없을 것이다.

  (i) 시초가 결정시 전일종가 대비 고가매수주문
  (ii) 직전가 또는 상대호가 대비 고가매수주문
  (iii) 종가결정시 직전가 대비 고가매수주문
  (iv) 단지 매수주문량이 많은 것처럼 보이기 위하여 매수의사 없이 하는 저가주문
  (v) 일부러 주문을 여러 차례에 걸쳐 분할하여 내는 행위
  (vi) 주문을 점차적으로 높은 가격에 내는 행위

Ⅳ. 표시 등에 의한 시세조종

1. 의   의

표시 등에 의한 시세조종에 해당하는 행위유형은 2가지이다. 하나는 금융투자상품의 시세가 자기 또는 타인의 시장조작에 의하여 변동한다는 말을 유포하는 행위('**조작사실 유포행위**')(176조 2항 2호)이고, 또 하나는 금융투자상품 매매에서 중요한 사실에 관하여 고의로 허위표시를 하는 행위('**허위표시**')(176조 2항 3호)이다. 양자는 모두 '**유인목적**'이 필요하다.

2. 조작사실의 유포행위

유포행위에서 '**시세가 자기 또는 타인의 시장 조작에 의하여 변동한다는 말**'은 "정상적인 수요・공급에 따라 자유경쟁시장에서 형성될 시세 및 거래량을 시장요인에 의하지 아니한 다른 요인으로 인위적으로 변동시킬 수 있다는 말"을, 그리고 '**매매를 함에 있어서 중요한 사실**'이란 "당해 법인의 재산・경영에 관하여 중대한 영향을 미치거나 상장증권 등의 공정거래와 투자자 보호를 위하여 필요한 사항으로서 투자자의 투자판단에 영향을 미칠 수 있는 사항"을 말한다(대법원 2018. 4. 12. 선고 2013도6962 판결). 유포행위는 소위 작전세력에 의한 것이 보통이지만 투자중개업자 직원이 투자자에게 특정종목을 추천하면서 이루어지기도 한다. 유포행위는 반드시 증권매매에 수반될 것을 요하지 않는다. 또한 자기 또는 타인이 시장조작을 할 의도가 실제로 있었던 것을 요하지도 않는다. 또한 유포행위 후 그러한 시장조작이 실행될 것을 요하지도 않는다.

최근 인터넷 증권사이트나 각종 SNS 채널의 위력이 크게 우려되고 있다. 대표적으로 유사투자자문업자 신고를 한 피고인 A회사 및 그 대표이사인 피고인 B가 그를 따르는 갑 연구

---

42) 박삼철, 앞의 논문(1995), 25면.

소 인터넷 회원들에게 을 회사의 주가가 폭등할 것이니 매수하라고 단정적으로 추천하면서, "주식을 매입만 하고 팔지 않는 이른바 '**물량잠그기**'를 하면, 무조건 주가가 상승하여 3만 원 대까지 갈 수 있다는 등의 글"을 인터넷 증시게시판과 포털사이트 등에 지속적으로 게시한 행위가 문제되었다. 법원은 "유사투자자문업자라 하더라도 상장증권 등에 대한 투자판단 또는 상장증권 등의 가치에 관하여 조언을 하면서 제176조 제2항 제2호, 제3호 소정의 시장오도행위를 하는 것은 사회통념상 허용되는 투자조언을 넘는 것으로서 허용될 수 없다"고 하여 유사투자자문업자의 시장오도행위를 인정하였다(대법원 2018. 4. 12. 선고 2013도6962 판결).

3. 허위표시

허위표시는 상장증권이나 장내파생상품의 매매에 수반되는 것이 요건이다. 허위표시는 반드시 매매의 상대방에게 행할 것을 요하지 않는다. 예컨대 유상증자를 검토한 사실이 없음에도 불구하고 있는 것처럼 발표하여 주가를 상승시키고 자신이 보유한 주식을 매도하여 시세차익을 취하는 경우에는 허위표시에 의한 시세조종이 성립할 것이다.[43] 허위표시도 인터넷의 보급으로 그 빈도와 위험성이 크게 증가하고 있다. 역외펀드나 가공회사를 이용한 허위표시도 크게 우려되고 있다.[44]

V. 시세의 고정·안정행위의 금지

1. 의   의

자본시장법은 원칙적으로 상장증권이나 장내파생상품의 시세를 고정시키거나 안정시킬 목적으로 그 증권 또는 장내파생상품에 관한 일련의 매매 또는 그 위탁이나 수탁을 하는 행위, 즉 '**광의의 안정조작**'을 금하고 있다(176조 3항). 안정조작은 "적극적으로 시세를 변동시키는 것이 아니라 소극적으로 현시세를 유지하는 것"인 점에서 일반적인 시세조종과 다르다. 그러나 안정조작도 정상적인 수요와 공급에 의하여 형성되어야 할 시세에 영향을 주는 행위라는 점에서는 시세조종과 차이가 없다. 그럼에도 불구하고 안정조작의 경우에는 현실거래에 의한 시세조종과는 달리 시세의 고정이나 안정목적만을 요구할 뿐 유인목적까지는 요구하지 않고 있다. 자본시장법은 "대통령령에 정하는 바에 위반하여 행하여지는 유가증권의 시세고정·안정 목적의 매매거래 등"을 금지하던 증권법(188조의4 3항)이 명확성원칙에 위배되고 위임입법의 한계를 일탈했다는 결정에 따라 허용되는 행위유형을 법률 자체에서 규정하고 있다(헌법재판소 2005. 5. 26. 선고 2003헌가17 결정).

---

43) 박삼철, 앞의 논문(1995), 33면.
44) 대법원 2002. 10. 8. 선고 2002도2888 판결(허위표시를 부정).

2. 일정가격 이하로 주가를 하락시키고자 의도한 경우

일정한 가격으로 시세를 유지하려는 것이 아니라 일정가격 이하로 주가를 하락시키고자 의도한 경우도 '시세고정' 목적으로 볼 수 있는가? 시세고정이나 안정은 적극적 변동을 의도한 것이 아니라 일정한 가격 또는 그 가격 이상 또는 이하의 가격으로 유지하려고 하는 경우도 포함할 수 있다. 일정한 기준가격 미만으로 가격이 유지되기만 하면 이익을 보는 자가 그 가격 이하로 유지하고자 일정한 행위를 한 경우가 문제될 수 있다. 대법원은 ELS의 상환기준가격을 결정하는 기준일에 기초자산인 "A주식의 종가를 이 사건 ELS의 상환기준가격인 96,000원 미만으로 인위적으로 형성 및 고정시킬 목적으로 … 장 마감 직전에 단일가매매[45] 시간대 전체 A주식 거래량의 80%가 넘는 87,000주에 대하여 상환기준가격보다 낮은 가격으로 집중적인 매도주문을" 한 경우에 대하여 시세고정행위라고 판단했다(대법원 2015. 6. 11. 선고 2014도 11280 판결).[46]

3. 목   적

'증권 등의 시세를 고정시킬 목적'은 "본래 정상적인 수요·공급에 따라 자유경쟁시장에서 형성될 증권 등의 시세에 시장요인에 의하지 아니한 다른 요인으로 인위적인 조작을 가하여 시세를 형성 및 고정시키거나 이미 형성된 시세를 고정시킬 목적을 말하는 것"이다(대법원 2015. 6. 11. 선고 2014도11280 판결).[47] 오인목적이나 유인목적과 마찬가지로 "다른 목적이 동시에 존재하는지 및 그중 어느 목적이 주된 것인지는 문제 되지 않고, 목적에 대한 인식은 미필적 인식으로 충분하며, 시세고정목적이 있는지 여부는 그 증권 등의 성격과 발행된 증권 등의 총수, 가격 및 거래량의 동향, 전후의 거래상황, 거래의 경제적 합리성과 공정성, 시장관여율의 정도, 지속적인 종가관리 등 거래의 동기와 태양 등의 간접사실을 종합적으로 고려하여" 판단해야 한다"(대법원 2015. 6. 11. 선고 2014도11280 판결).[48]

4. 일련의 행위

시세의 고정·안정과 관련하여 일련의 행위를 요건으로 할 것인가? 행위자가 그러한 목적을 가지고 매매거래를 한 것이라면, 그 매매거래가 일정한 기간 계속 반복적으로 이루어져

---

45) 단일가매매는 30분간 접수한 주문을 모아서 가장 많은 거래가 체결될 수 있는 가격으로 일시에 체결시키는 방식을 말한다.
46) 동 판결에서는 비록 델타헤지를 위하여 위와 같은 수량의 주식을 매도할 필요가 있었다고 하더라도 그러한 사정의 존재가 피고인에 대한 시세고정목적의 인정에 방해가 되지는 않는다고 판시하였다.
47) 같은 취지: 대법원 2016. 3. 24. 선고 2013다2740 판결.
48) 같은 취지: 대법원 2016. 3. 24. 선고 2013다2740 판결.

야 하는 것이 아니라 한 번의 매매거래도 시세조정이나 안정조작의 구성요건을 충족한다(대법원 2004. 10. 28. 선고 2002도3131 판결). 예컨대 사채업자에게 시세안정을 위한 주식매매를 위하여 금전이 지급된 경우와 같이 수탁자가 반드시 금융투자업자 또는 그 임직원이 아니라도 시세안정의 위탁이나 수탁을 하는 행위에 해당한다(대법원 2012. 7. 12. 선고 2012도1751 판결).

5. 예   외

시세를 소극적으로 유지하려는 안정조작을 시세의 적극적인 변화를 노리는 현실거래에 의한 시세조종보다 엄격히 규제하는 태도가 합리적인 것인지에 대해서는 의문이 있다. 자본시장법은 증권의 공모와 관련해서 안정조작이 행해질 수 있는 2가지 예외로 안정조작('**협의의 안정조작**')과 시장조성을 인정하고 있다(176조 3항 각 호).

협의의 안정조작은 증권의 공모를 원활하게 하기 위하여 공모전 일정기간 동안 시장에 개입하여 가격의 안정을 기하는 것이다. 시장조성은 공모한 증권의 수요공급을 상장 후 일정기간 조성하는 것이다. 이러한 안정조작이나 시장조성은 시세에 대한 인위적인 간섭이라는 점에서는 일반적인 시세조종, 특히 현실거래에 의한 시세조종에 속하지만 공모로 인한 시장의 충격을 완화시킨다는 점에서 합법화한 것이다.

즉 안정조작은 증권을 공모하기 전에 기존 거래증권의 가격안정을 통하여 새로이 발행되는 증권을 원활하게 소화시키기 위하여, 그리고 시장조성은 공모발행으로 대량의 물량이 시장에 공급됨에 따라 가격이 하락할 우려를 막기 위하여 각각 허용되고 있다. 그러나 안정조작과 시장조성은 시장에 대한 인위적인 간섭으로 투자자의 오해를 야기할 위험이 크므로 행위주체, 공시, 가격제한 등 상세한 규제를 가하고 있다(령 203조-206조).

VI. 연계 시세조종행위의 금지

1. 의   의

일반적으로 '**현선연계에 의한 시세조종**'은 파생상품과 그 기초자산 사이의 관련을 이용하여 한쪽의 거래에서 부당한 이익을 얻을 목적으로 다른 한쪽을 거래하는 경우를 가리킨다(176조 4항).[49] 연계 시세조종행위는 "금융투자상품시장에서의 공정한 가격형성을 저해함으로써 투자자에게 손해를 입히고 그 결과 시장에 대한 투자자의 신뢰를 해치는 행위여서 위법"하다(대법원 2016. 3. 10. 선고 2013다7264 판결). 자본시장법은 [파생상품과 기초자산] 사이는 물론

---

49) '현선연계'란 과거 파생상품을 '선물' 그리고 그 기초자산을 '현물'이라고 부르던 데서 기인한 용어로서 자본시장법상 정확한 용어라고 할 수 없다. 자본시장법상으로는 '파생상품'과 그 '기초자산'이라고 하는 것이 정확하다. 이 책에서는 '연계시세조종행위'라는 용어를 사용한다.

이고 [증권과 증권], [증권과 증권의 기초자산] 그리고 [파생상품과 그 파생상품과 기초자산이 동일 또는 유사한 파생상품] 사이의 연계에 의한 시세조종행위도 규제대상으로 포함하고 있다(176조 4항 3호-5호). 그 행위유형은 다음 5가지로 구분할 수 있다([표 9-3] 연계시세조종규제).50)

2. 주   체

자본시장법은 연계 시세조종행위의 주체를 '**누구든지**'라고 하여 특별한 제한을 두지 않는다. 미공개중요정보이용행위의 주체가 여전히 회사와 일정한 관계를 가지는 자를 기초로 하는 점과 다르다.

3. 대상 금융투자상품

종래 자본시장법은 연계 시세조종행위의 요건으로 "상장증권 또는 장내파생상품의 매매와 관련하여"라고 규정하여 대상상품이 반드시 거래소가 개설한 증권시장이나 파생상품시장에 상장되어 있어야 한다고 해석되었다.51) 2013. 5. 28. 개정에서 자본시장법은 이를 "증권, 파생상품 또는 그 증권·파생상품의 기초자산 중 어느 하나가 거래소에 상장되거나 그 밖에 이에 준하는 경우로서 시행령으로 정하는 경우에는 그 증권 또는 파생상품에 관한 매매, 그 밖의 거래('**매매등**')와 관련하여"라고 하여 장내외를 불문하는 것으로 확대하였다(176조 4항). '**그 밖에 이에 준하는 경우로서 시행령으로 정하는 경우**'는 거래소가 장내파생상품 매매의 유형 및 품목의 결정에 관한 업무에 따라 그 파생상품을 장내파생상품으로 품목의 결정을 하는 경우를 말한다(176조 4항, 377조 1항 6호; 령 206조의2). 따라서 현행법상 연계시세조종행위 규제의 이익목적시장과 시세조종시장은 모두 상장증권시장이나 장내파생상품시장일 필요가 없다.

4. 대상 행위유형

1) 기   준

자본시장법에서 금지하는 연계 시세조종행위의 유형은 [표 9-3] 연계 시세조종행위 규제에서 보는 5가지이다.

---

50) 이하 연계 시세조종행위에 대해서는 정순섭, "불공정거래법제의 현황과 해석론적 과제", 『BFL』 제43호, 2010, 6면 이하.

51) 이 책에서는 이익목적시장과 시세조종시장 중 하나가 거래소가 개설한 증권시장이나 파생상품시장에 해당하면 동조의 적용대상이 된다고 해석하였다. 이 책의 제2판, 368-369면.

▌표 9-3 연계 시세조종행위 규제

구분	이익목적시장	시세조종시장	비고
제1유형	파생상품	파생상품의 기초자산	176조 4항 1호
제2유형	파생상품의 기초자산	파생상품	176조 4항 2호
제3유형	증권	연계증권 또는 그 기초자산	176조 4항 3호
제4유형	증권의 기초자산	증권	176조 4항 4호
제5유형	파생상품	그 파생상품과 기초자산이 동일 또는 유사한 파생상품	176조 4항 5호

2) 제1유형

파생상품 매매등에서 부당한 이익을 얻거나 제3자에게 부당한 이익을 얻게 할 목적으로 그 파생상품의 기초자산의 시세를 변동 또는 고정시키는 행위이다(176조 4항 1호). 2013. 5. 28. 개정에서 대상을 장내파생상품에서 파생상품으로 확대하였으므로 이제는 장외파생상품 매매 등의 기초자산의 시세를 조종하는 행위도 금지된다. '**부당한 이익**'은 순수한 재무적 이익을 말하며, 손실의 회피도 포함하고 그 이익의 귀속주체는 거래자 본인과 제3자를 불문한다. '**시세를 변동 또는 고정시키는 행위**'는 "본래 정상적인 수요·공급에 따라 자유경쟁시장에서 형성될 시세 및 거래량을 시장요인에 의하지 아니한 다른 요인으로 인위적으로 변동시킬 가능성이 있는 거래"를 말한다(대법원 2016. 3. 10. 선고 2013다7264 판결). 이에 해당하는지 여부의 판단은 일반 시세조종행위와 마찬가지로 "파생상품이나 그와 연계된 증권의 성격, 체결된 계약이나 발행된 증권의 수량, 가격 및 거래량의 동향, 전후의 거래상황, 거래의 경제적 합리성과 공정성, 가장 혹은 허위매매 여부, 시장관여율의 정도, 지속적인 종가관리 등 거래의 동기와 태양 등의 간접사실을 종합적으로 고려하여" 이루어진다(대법원 2016. 3. 10. 선고 2013다7264 판결).

예컨대 장내파생상품거래에서 부당한 이익을 얻을 목적으로 그 기초자산인 증권거래에서 KOSPI 200 지수의 주요종목을 시세조종하여 장내파생상품거래의 기초자산인 KOSPI 200 지수를 인위적으로 상승시키는 경우를 들 수 있다.[52] "금융투자업자가 파생상품거래에 따른 위험을 관리하기 위하여 시장에서 주식 등 그 기초자산을 매매하는 방식으로 수행하는"(대법원 2016. 3. 10. 선고 2013다7264 판결) 헤지거래도 연계시세조종행위가 될 수 있는가? 헤지거래가 시세조종행위가 되지 않으려면 경제적 합리성과 거래의 공정성을 갖추어야 한다. 첫째, "헤지

---

52) 일반적으로 KOSPI 200 지수를 변동시키기 위해서는 막대한 자금이 동원되어야 하므로 이를 통한 불공정거래는 불가능한 것으로 인식되어 왔다. 그러나 시가총액이 큰 종목 중 대주주 지분이 많거나 보호예수 물량이 많아 실제 거래되는 주식수가 적은 종목의 경우에는 거대한 자금이 아니라도 KOSPI 200 지수를 변동시킬 수 있어 현선연계 시세조종한 사례가 있다. 정규윤, 앞의 논문(2007), 12면. 그리고 단기간 동안의 집중매매를 통한 시세조종은 그 가능성이 더욱 높다.

(hedge)거래가 시기, 수량 및 방법 등의 면에서 헤지 목적에 부합한다면 이는 경제적 합리성이 인정되는 행위라고 할 것"이고, 둘째, "헤지거래로 인하여 기초자산의 시세에 영향을 주었더라도 파생상품의 계약 조건에 영향을 줄 목적으로 인위적으로 가격을 조작하는 등 거래의 공정성이 훼손되었다고 볼만한 특별한 사정이 없"어야 한다(대법원 2016. 3. 10. 선고 2013다7264 판결).

3) 제2유형

파생상품의 기초자산의 매매등에서 부당한 이익을 얻거나 제3자에게 부당한 이익을 얻게 할 목적으로 그 파생상품의 시세를 변동 또는 고정시키는 행위이다(176조 4항 2호). 예컨대 증권에서 이익을 얻기 위하여 그 증권을 기초자산으로 하는 장내 또는 장외파생상품의 시세를 조종하는 유형이다. 제1유형과 반대방향의 거래로서 제1유형과 마찬가지로 이제는 장내외를 불문한다.

4) 제3유형

증권의 매매등에서 부당한 이익을 얻거나 제3자에게 부당한 이익을 얻게 할 목적으로 그 증권과 연계된 증권으로서 시행령으로 정하는 증권(연계증권) 또는 그 증권의 기초자산의 시세를 변동 또는 고정시키는 행위이다(176조 4항 3호). 예컨대 다른 회사가 발행한 두 종류의 증권을 기초자산으로 하는 파생결합증권의 경우 그 기초자산인 증권의 규모가 작기 때문에 비교적 적은 자금으로도 불공정거래가 가능하다. 연계증권의 종류는 당사자의 목적에 따라 시행령에서 매우 상세하게 규정하고 있다(령 207조 1호-5호)([표 9-4] 증권연계시세조종행위의 규제대상 증권의 범위).

최근 주가연계증권 발행인과 헤지계약을 체결한 외국은행이 상환평가 기준가격 결정일에 당해 주가연계증권의 기초자산인 증권을 대량 매매한 것이 시세조종에 해당하는지 여부가 문제되었다. 이와 관련해서 발행인과 외국은행이 체결한 헤지계약이 **'파생결합증권'**에 해당하는지 아니면 **'장외파생상품'**에 해당하는지 여부가 쟁점이 되었다. 개정법상으로는 그 헤지거래가 증권의 정의에 해당하지 않는다 해도 장외파생상품을 대상으로 명시한 제1유형에 해당하는 것으로 볼 수 있다.[53]

5) 제4유형

증권의 기초자산의 매매등에서 부당한 이익을 얻거나 제3자에게 부당한 이익을 얻게 할 목적으로 그 증권 시세를 변동 또는 고정시키는 행위(176조 4항 4호)로 제3유형과 반대방향으

[53] 이 책의 2판에서는 개정 전 제176조 제4항 제3호에서 연계대상거래를 '증권'으로 한정한 것은 장외파생상품에도 시세조종이라는 관념을 인정할 수 있는지 여부에 대한 우려에 따른 것으로 추측된다고 하고, 탈법행위를 방지하기 위해서 입법론적으로는 증권 이외에 장외파생상품을 연계대상거래로 추가하는 것이 바람직할 것으로 생각된다는 의견을 밝힌 바 있다. 369면 각주 43.

로 이루어지는 행위유형이다. 증권 대 증권간 연계시세조종행위는 제3유형에서 규정한 것과 같으므로 증권의 기초자산 대 증권간 연계시세조종행위만 별도 유형으로 규정한 것이다.

6) 제5유형

파생상품의 매매등에서 부당한 이익을 얻거나 제3자에게 부당한 이익을 얻게 할 목적으로 그 파생상품과 기초자산이 동일하거나 유사한 파생상품의 시세를 변동 또는 고정시키는 행위이다(176조 4항 5호). 이 경우에는 기초자산의 동일성 또는 유사성의 판단이 관건이 된다. 예컨대 특정 회사의 주식을 기초자산으로 하는 파생상품과 그 회사의 주식을 기초자산으로 하는 파생결합증권을 기초자산으로 하는 파생상품은 **'기초자산이 동일하거나 유사한'** 경우에 해당할 것이다.

┃ 표 9-4   증권연계시세조종행위의 규제대상 증권의 범위

이익목적시장	시세조종시장	비고
전환사채권/ 신주인수권부 사채권	그 전환사채권이나 신주인수권부사채권과 연계된 가. 그 전환사채권이나 신주인수권부사채권과 교환을 청구할 수 있는 교환사채권 나. 지분증권 다. 그 전환사채권이나 신주인수권부사채권을 기초자산으로 하는 파생결합증권 라. 그 전환사채권이나 신주인수권부사채권과 관련된 증권예탁증권	령 207조 1호
교환사채권	그 교환사채권의 교환대상이 되는 가. 전환사채권이나 신주인수권부사채권 나. 지분증권 다. 파생결합증권 라. 증권예탁증권	령 207조 2호
지분증권	그 지분증권과 연계된 가. 전환사채권이나 신주인수권부사채권 나. 그 지분증권과 교환을 청구할 수 있는 교환사채권 다. 그 지분증권을 기초자산으로 하는 파생결합증권 라. 그 지분증권과 관련된 증권예탁증권	령 207조 3호
파생결합증권	그 파생결합증권의 기초자산으로 되는 가. 전환사채권이나 신주인수권부사채권 나. 교환사채권(가목, 다목 또는 라목과 교환을 청구할 수 있는 것만 해당) 다. 지분증권 라. 증권예탁증권	령 207조 4호
증권예탁증권	그 증권예탁증권의 기초로 되는 가. 전환사채권이나 신주인수권부사채권 나. 교환사채권(가목, 다목 또는 라목과 교환을 청구할 수 있는 것만 해당) 다. 지분증권 라. 파생결합증권	령 207조 5호

제4절 시세조종행위에 대한 제재

Ⅰ. 형사책임

시세조종행위에 대해서는 미공개중요정보이용행위의 경우와 마찬가지로 1년 이상의 유기징역 또는 부당이득액의 3배 이상 5배 이하에 상당하는 벌금에 처한다(443조 1항 4호-7호). 그러나 부당이득액이 없거나 산정하기 곤란한 경우 또는 그 부당이득액의 5배에 해당하는 금액이 5억원 이하인 경우에는 벌금의 상한액을 5억원으로 한다(443조 1항 단서). 이에 관한 설명은 미공개중요정보이용행위에서와 동일하다. 양벌규정(448조)에 대한 설명도 미공개중요정보이용행위에서와 같다.

시세조종행위에 대해서는 필요적 몰수의 특칙이 있다. 먼저 시세조종행위자가 그 행위를 하여 취득한 재산은 몰수하며, 몰수할 수 없는 경우에는 그 가액을 추징한다(447조의2 1항). 나아가 시세조종행위자(443조 1항 4호-7호)가 그 행위를 위하여 제공하였거나 제공하려 한 재산은 몰수하며, 몰수할 수 없는 경우 그 가액을 추징한다(447조의2 2항). 시세조종을 위하여 동원된 금액이나 주문금액을 모두 필요적 몰수대상으로 규정한 것이다.

Ⅱ. 민사책임

1. 청구권자와 손해유형의 다양화

1) 문제의 의의

자본시장법은 시세조종행위자의 손해배상책임을 청구권자와 손해의 범위에 따라 3가지 유형으로 구분한다(177조 1항). 개정 전 자본시장법이 주가연계증권 시세조종 사건에서 실제 손해를 입었다고 주장하는 다양한 투자자의 배상수요를 충족하지 못했다는 문제제기를 반영한 것이다. 자본시장법에 따른 손해배상책임은 민법상 불법행위책임과는 별도로 인정되는 법정책임이므로 시세조종행위로 피해를 입은 투자자는 위반행위자들에 대하여 자본시장법상 손해배상책임과 민법상 손해배상책임을 함께 물을 수 있다(서울고법 2018. 2. 9. 선고 2017나 2023996 판결).[54] 시세조종행위자의 사용자에 대하여 민법 756조에 따른 사용자책임도 구할 수 있다(대법원 2000. 3. 28. 선고 98다48934 판결).

---

54) 대법원 1999. 10. 22. 선고 97다26555 판결 참조.

2) 제1호 손해

제1호 손해는 "시세조종행위로 인하여 형성된 가격에 의하여 해당 증권 또는 파생상품에 관한 매매 등을 하거나 그 위탁을 한 자"가 "그 매매등 또는 위탁으로 인하여 입은 손해"를 말한다. 이는 종래부터 인정되어 오던 손해유형이다. 제1호 손해는 (i) 시세조종의 대상이 된 해당 증권이나 파생상품에 관하여 (ii) 시세조종행위로 인하여 형성된 가격으로 매매등을 하여 (iii) 손해를 입은 자의 손해를 대상으로 한다. 제1호 손해는 제2호 손해와 제3호 손해를 제외한, 해당 증권이나 파생상품 자체를 매매 등의 대상으로 하는 경우의 손해를 말한다.

3) 제2호 손해

특히 연계시세조종행위의 경우 시세조종의 대상이 된 해당 증권이나 파생상품은 아니지만, 그 시세조종행위로 영향을 받은 다른 증권, 파생상품 또는 그 증권·파생상품의 기초자산에 대한 매매등을 하여 입은 손해가 있을 수 있다. 제1호 손해는 이러한 손해를 포함하지 않는다. 제2호 손해는 이 경우에 대한 것으로서 "연계시세조종행위(176조 4항 1호-5호)로 인하여 가격에 영향을 받은 다른 증권, 파생상품 또는 그 증권·파생상품의 기초자산에 대한 매매등을 하거나 그 위탁을 한 자"가 "그 매매 등 또는 위탁으로 인하여 입은 손해"를 말한다. 예컨대 주가연계증권의 기초자산인 특정 회사의 주식에 대한 시세조종이 이루어진 경우에 그로 인하여 지급구조를 결정하는 기준가격에 영향을 받은 주가연계증권에 대한 매매 등을 한 자의 손해가 여기에 해당한다.

4) 제3호 손해

연계시세조종의 경우 '시세조종의 대상이 된 해당 증권이나 파생상품' 또는 "연계시세조종행위로 영향을 받은 다른 증권, 파생상품 또는 그 증권·파생상품의 기초자산"에 대한 매매 등을 하지는 않고 단순히 보유하고 있었지만, 그 연계시세조종행위로 형성된 가격 또는 수치에 따라 권리행사 또는 조건성취 여부가 결정되거나 금전 등이 결제됨으로써 입은 손해도 존재한다. 그러나 제1호 손해와 제2호 손해는 이러한 손해를 포함할 수 없다. 제3호 손해는 바로 이러한 손해를 대상으로 하는 것으로서 "연계시세조종행위(176조 4항 1호-5호)로 인하여 특정시점의 가격 또는 수치에 따라 권리행사 또는 조건성취 여부가 결정되거나 금전 등이 결제되는 증권 또는 파생상품과 관련하여 그 증권 또는 파생상품을 보유한 자"가 "그 연계시세조종행위로 형성된 가격 또는 수치에 따라 결정되거나 결제됨으로써 입은 손해"를 말한다. 예컨대 주가연계증권의 기초자산인 특정 회사의 주식에 대한 시세조종이 이루어진 경우에 그 주가연계증권의 지급구조를 결정하는 기준가격에 영향을 받았지만 그 주가연계증권을 단순히 보유하고 있던 자의 손해가 여기에 해당한다.

2. 시세조종행위의 증명

1) 문제의 의의

손해배상청구를 하는 자는 (ⅰ) 시세조종행위, (ⅱ) 시세조종행위로 형성된 가격으로 거래 또는 위탁을 한 사실, 그리고 (ⅲ) 손해를 증명해야 한다. 중요한 것은 손해의 증명, 특히 사건연구방식의 활용이다.

2) 시세조종행위

시세조종행위 자체를 증명하는 것은 쉽지 않다. 그 증명을 위해서는 증권시장의 거래에 관한 매매정보가 필수적이다. 이러한 매매정보는 투자자로서 구하기 어려울 뿐 아니라 설사 애써 취득한 경우에도 증명에 필요한 정보를 골라내는 것이 쉽지 않다. 그러므로 현실적으로 시세조종에 관한 사실 확정은 금감원의 조사나 검찰의 수사를 거쳐 최종적으로 법원에서 이루어질 수밖에 없다. 투자자의 손해배상청구는 금융당국의 조사결과가 발표된 후에 그 자료에 근거하여 시도하는 것이 현실적이다.

3) 시세조종행위로 형성된 가격으로 거래 또는 위탁을 한 사실

제1호 손해의 경우 법문상 "시세조종행위로 형성된 가격에 의하여" 매매나 위탁을 한 사실만 증명하면 되고 반드시 부실표시 등을 신뢰하였을 필요는 없다. 즉 거래인과관계는 필요치 않다. 그러나 원고가 시세조종행위가 있다는 점을 알면서 거래에 가담한 경우까지 원고를 보호할 필요는 없을 것이다. 이 조항은 "시세조종행위자들에게 그와 무관하게 시세조종행위로 인하여 형성된 가격으로 주식을 거래한 일반투자자들에 대하여 손해배상책임을 인정하는 것"이므로 "시세조종행위에 관여한 거래자들"의 손해배상청구권을 인정하는 것은 아니다{수원지법 2009. 7. 23. 선고 2007가합25424 판결(확정)}.

제2호 손해의 경우 "연계시세조종행위로 인하여 가격에 영향을 받은" 것인지 여부의 증명이, 그리고 제3호 손해의 경우 "그 연계시세조종행위로 형성된 가격 또는 수치에 따라 권리행사 또는 조건성취 여부가 결정되거나 금전 등이 결제"되는 것인지 여부의 증명이 관건이 될 것이다.

4) 손해의 증명

(1) 차 액 설

어려운 것은 손해의 증명이다. 자본시장법은 손해배상액의 산정에 대해서 규정하지 않고 있다. 다수설은 일반 민사상의 손해배상액산정방식에 따라 손해를 시세조종으로 형성된 가격(조작주가)과 시세조종이 없었다면 있었을 가격(정상주가)과의 차액으로 보고 있다. 하급심 판례는 증권법 제15조를 유추적용하여 원고의 매수가격에서 매도가격을 공제한 금액의 배상을 인정한 것이 있는가 하면(서울지법 2000. 6. 30. 선고 98가합114034 판결) 다수설과 같이 정상주
가와 조작주가와의 차액을 손해로 인정한 것도 있다(서울고법 2000. 12. 5. 선고 2000나22456 판
결[55])). 이에 대하여 대법원은 "그와 같은 시세조종행위가 없었더라면 매수 당시 형성되었으리
라고 인정되는 주가(정상주가)와 시세조종행위로 인하여 형성된 주가로서 그 투자자가 실제로
매수한 주가(조작주가)와의 차액 상당" 또는 "만약 정상주가 이상의 가격으로 실제 매도한 경
우에는 조작주가와 그 매도주가와의 차액 상당"을 손해로 볼 수 있다고 하여 다수설과 같은
입장이다(대법원 2004. 5. 28. 선고 2003다69607·69614 판결; 대법원 2015. 5. 14. 선고 2013다
11621 판결).

(2) 사건연구방식의 활용

증권가격은 발행회사의 영업성적·재산상태는 물론, 시장수급상황·금리 등 국내외 경제
상황과 같이 다양한 요소들로부터 영향을 받으므로 정상가격을 증명하는 것은 상당히 곤란할
것이다. 법원의 유연한 태도가 없이는 손해배상책임조항이 실효를 거두기 어렵다.[56] 대법원
은 정상주가의 산정방법에 대해서 상당히 유연한 입장이다(대법원 2004. 5. 28. 선고 2003다
69607·69614 판결; 대법원 2015. 5. 14. 선고 2013다11621 판결).

> "전문가의 감정을 통하여 그와 같은 시세조종행위가 발생하여 그 영향을 받은 기간(사건기
> 간)중의 주가동향을 비교한 다음 그 차이가 통계적으로 의미가 있는 경우 시세조종행위의 영향
> 으로 주가가 변동되었다고 보고, 사건기간 이전이나 이후의 일정 기간의 종합주가지수·업종지
> 수 및 동종업체의 주가 등 공개된 지표 중 가장 적절한 것을 바탕으로 도출한 회귀방정식을 이
> 용하여 사건기간 동안의 정상수익률을 산출한 다음 이를 기초로 사건기간중의 정상주가를 추정
> 하는 금융경제학적 방식 등의 합리적인 방법에 의할 수 있다."

이와 관련하여 사건연구방식의 분석을 활용하는 경우 사건기간과 추정기간의 설정방법이
중요하다(대법원 2007. 11. 30. 선고 2006다58578 판결).

> "특정 회사의 주식에 대한 시세조종행위라는 위법행위와 그 주식의 매매거래 또는 위탁을 한
> 자가 입은 손해의 발생과 사이에 상당인과관계가 존재하는지 여부를 판단하기 위하여 이른바
> 사건연구방식의 분석을 활용하는 경우, 시세조종행위가 발생한 기간(이른바 사건기간) 이전의
> 일정 기간(이른바 추정기간)의 종합주가지수, 업종지수 및 동종업체의 주가 등 공개된 지표 중
> 가장 적절한 것을 바탕으로 도출한 회귀방정식을 이용하여 사건기간 동안의 정상수익률을 산출

---

55) 이 사건에서는 대법원도 손해의 개념에 대해서는 원심을 수용했으나, 정상주가의 산정방법에 관한 부분을 파
기하였다. 대법원 2004. 6. 11. 선고 2000다72916 판결. 사건연구방식에서 사건기간과 추정기간의 설정방법에
관한 파기 후 원심(서울고법 2006. 7. 20. 선고 2004나46436 판결)의 판단을 수용한 것이 아래 대법원 2007.
11. 30. 선고 2006다58578 판결이다.
56) 박준, "시세조종행위의 규제", 『인권과 정의』 제230호, 1995, 85면.

한 다음 이를 기초로 추정한 '사건기간 중의 일자별 정상주가', '사건기간 중의 일자별 실제주가'를 비교하여 그 차이가 통계적으로 의미가 있는 경우에 한하여 시세조종행위의 영향으로 인하여 주가가 변동되었다고 보아 상당인과관계가 존재한다는 판단을 하게 되는 것이므로 사건기간과 추정기간을 정확히 설정하는 것이 무엇보다 중요하다 할 것"

"사건기간의 설정과 관련하여서는 달리 특별한 사정이 없는 한 시세조종행위가 시작된 날을 사건기간의 개시일로 삼음이 상당하고, 다른 한편 사건기간 이전의 특정 기간을 추정기간으로 설정함에 있어서는 정상주가의 산정을 위한 회귀방정식의 신뢰도에 결정적인 문제가 생길 정도로 사건기간으로부터 멀리 떨어진 기간을 추정기간으로 설정하거나 주가의 기대수익률에 큰 영향을 미칠 수 있는 구조적 변화가 일어나기 이전의 기간까지 추정기간에 포함해서는 아니 될 것이다."

3. 소멸시효

손해배상청구권은 시세조종행위를 안 때로부터 2년, 그 행위가 있었던 때부터 5년간 이를 행사하지 않으면 시효로 인하여 소멸한다(177조 2항). 소멸시효기간을 단기로 한 취지는 유가증권거래로 인한 분쟁을 빨리 끝냄으로써 유가증권시장의 안정을 도모하는 데 있다(대법원 1993. 12. 21. 선고 93다30402 판결).

여기서 '시세조종행위를 안 때'는 불공정행위의 존재를 인식할 수 있는 정도로 충분하다고 본다(대법원 1993. 12. 21. 선고 93다30402 판결). '안 때'가 위반자에 대한 유죄판결이 선고되거나 확정된 때를 말하는 것은 아니다(대법원 2002. 12. 26. 선고 2000다23440 판결).[57] '시세조종행위를 안 때'의 의미와 관련하여 법원은 원고들이 "금융위원회 등의 조사결과 발표, 검찰의 기소, 언론보도 등이 이루어진 2011. 2. 23. 내지 2011. 8. 19. 무렵"에 "위법한 가해행위의 존재, 가해행위와 손해의 발생 사이에 상당인과관계가 있다는 사실이나 사용관계 등 불법행위의 요건사실을 현실적·구체적으로 인식하였다고 볼 수 없다"고 판단했다(대법원 2018. 9. 13. 선고 2018다241403 판결).[58] 그러나 전문투자자인 금융투자업자에 대해서는 원고는 늦어도 위 금융위원회 및 금융감독원의 공식발표 시점에 피고들이 구자본시장법 제176조 위반행위를 하였음을 알았다고 봄이 상당하다고 판단하였다(서울고법 2018. 2. 9. 선고 2017나2023996 판결).

이러한 점을 고려할 때 시효기간은 종래의 1년·3년에서 2년·5년으로 연장한 조치는 근거가 있다.[59] 시세조종으로 인한 손해배상청구는 집단소송의 대상이다(증권관련집단소송법 3조

---

57) 증권법 제188조의4, 5에 따른 손해배상청구권에 대한 1년의 소멸시효를 대상으로 한 판단이다.
58) 원심은 원고들은 "피고들의 직원과 피고 D증권에 대한 증권선물위원회의 징계 요구 및 영업정지 등의 제재조치가 있었던 2011. 2. 23. 무렵에는 피고들의 불법행위로 인한 손해를 현실적이고도 구체적으로 인식하였다고 봄이 타당"하고, "늦어도 피고 D증권에 대한 금융위원회의 영업정지 처분이 확정된 2011. 5. 31.경에는 피고들의 불법행위로 인한 손해를 현실적이고도 구체적으로 인식하였다고 보아야 한다"고 판단하였다(서울고법 2018. 5. 10. 선고 2017나2037841 판결).

1항 3호).

Ⅲ. 행정제재

시세조종은 금융투자업자의 임직원이 관여하는 경우가 많다. 이러한 경우를 효과적으로 봉쇄하기 위하여 금융투자업자가 시세조종에 관여한 경우 인가나 등록을 취소하거나(420조 1 항 6호; 령 373조 1항 20호), 영업의 전부나 일부의 정지 등 불이익처분을 할 수 있는 권한을 금융위에 부여하고 있다(420조 3항 1호-7호, 법[별표1] 175호). 금융투자업자의 임원이나 직원이 그러한 행위에 가담한 경우에는 각각 해임요구 등이나 면직요구 등의 조치를 취할 수 있다 (422조 1항·2항). 금융투자업자의 임직원에 대한 조치를 취할 경우 금융위는 그 임직원에 대하여 관리·감독의 책임이 있는 임직원에 대한 조치를 함께 하거나 이를 요구할 수 있다(422 조 3항). 다만 관리·감독의 책임이 있는 자가 그 임직원의 관리·감독에 상당한 주의를 다한 경우에는 조치를 감면할 수 있다(422조 3항 단서). 자본시장법은 최근 개정으로 시세조종행위 (176조)에 대하여도 부당이득액의 2배까지 과징금을 부과할 수 있게 하였다(429조의2 1항).

---

59) cf. 박준, 앞의 논문, 85면.

제10장 | 부정거래행위 등

제1절 서 언

자본시장법은 증권법상 사기적 부정거래의 개념을 확대하여 일반적·포괄적 행위유형을 도입했다. 자본시장법상 불공정거래행위에 대한 규제는 죄형법정주의의 관점에서 엄격한 해석론이 유지되어 왔다. 새로이 등장하는 불공정거래행위의 유형에 대응하기 위하여 증권법은 물론 자본시장법도 지속적으로 새로운 불공정거래행위유형을 추가하고 있다.

현재 자본시장법상 불공정거래행위의 유형이 외국입법례에 비하여 지나치게 많고 구체화되어 있는 것은 이러한 이유에 따른 것이다. 이러한 문제를 해결하기 위하여 자본시장법은 제178조에서 부정거래행위를 도입했다. 자본시장법상 부정거래행위 조항의 위헌성을 우려하는 견해가 있는 것도 사실이다. 그러나 이미 제178조를 적용한 판결례가 상당히 축적되어 있는 점도 함께 고려되어야 한다. 이제는 제178조를 단독으로 적용하는 판례도 다수 나오기 시작했다.

부정거래행위를 논의할 때는 비슷한 관점에서의 문제해결을 위하여 도입된 제178조의2의 시장질서교란행위와의 관계도 고려해야 한다. 입법론으로는 제178조의2의 규제대상행위를 미공개중요정보이용행위와 시세조종에 추가하는 구조로 포괄적인 불공정거래행위규제를 설계하고 새로운 행위유형은 제178조로 대응하는 것이 옳을 것이다. 실효성 확보수단은 형벌과 과징금을 모두 규정하되 그 구분기준을 명시하는 것이 필요하다.

제2절 부정거래행위에서는 제178조를 유형별로 분석한다. 제3절 공매도의 제한에서는 국내에서 많은 논란의 중심에 있는 공매도제도의 최근 변화를 살펴본다. 제4절 불공정거래에 대한 형벌의 부당이득연동제에서는 자본시장법상 불공정거래행위에 대한 형벌을 부당이득 규모에 연동시키는 제도의 구조와 타당성을 정리한다.

제2절 부정거래행위

I. 의   의

자본시장법은 미공개중요정보이용행위와 시세조종행위와는 별도로 일반적인 부정거래행위를 규정하고 있다(178조). 종래 미공개중요정보이용행위와 시세조종행위에 대해서는 새로운 유형의 불공정거래에 대처하기 어렵고, 대상상품이 한정적으로 열거되어 적용범위에 제한이 있으며, 주관적 요건을 충족하기 어렵다는 지적이 있었다. 이를 고려하여 자본시장법은 불공정거래규제의 대상상품을 금융투자상품으로 확대하는 한편, 일반적·포괄적 유형의 부정거래행위를 새로이 도입했다(178조 1항 1호).

제178조는 제1항에서 매매 등의 거래와 관련된 부정행위를, 제2항에서는 매매 등의 거래나 시세변동을 목적으로 하는 부정행위를 규정하고 있다. 제178조는 '**부정거래행위 등**'이란 표제를 사용하여 부정거래행위 이외의 행위도 포함하는 것 같은 태도를 취한다. 그러나 넓은 의미에서는 제178조에 열거된 모든 행위가 부정거래행위에 해당한다.

구성요건의 내용을 중심으로 제1항은 제1호의 부정한 수단 등의 사용, 제2호의 허위표시, 제3호의 거짓시세이용으로, 제2항은 풍문유포, 위계사용, 폭행 또는 협박으로 나눌 수 있다.[1] 제2항은 금융투자상품의 매매 또는 시세변동의 목적이라는 주관적 요건이 부과되어 있다. 제1항도 제3호에는 "금융투자상품의 매매 그 밖의 거래를 유인할 목적", 그리고 제2호에도 "재산상 이익을 얻고자 하는 행위"라고 하여 주관적 요건이 포함되어 있다. 따라서 객관적 요건만으로 구성된 행위유형은 제1항 제1호의 부정한 수단 등의 사용뿐이다.

각 유형의 구성요건은 구체성의 정도에서 차이가 있다. 허위표시(1항 2호), 거짓시세이용(1항 3호), 풍문유포(2항), 폭행협박(2항)은 구체적이지만, 부정한 수단 등의 사용(1항 1호)이나 위계사용(2항)은 추상적이다. 이상 살펴본 바에 의하면 주관적 요건이 없고 구성요건이 추상적이라는 점에서 제1항 제1호의 부정한 수단 등의 사용이 가장 적용범위가 넓다.[2]

---

1) 증권법과의 관계도 분명히 할 필요가 있다. 증권법 제188조의4 제4항 제1호(허위사실유포)와 제2호(부실표시)가 자본시장법 제178조 제1항 제2호(허위표시)에, 증권법 제188조의4 제4항 제1호(풍설유포, 위계)는 자본시장법 제178조 제2항(풍설유포, 위계)에 수용되었다. 온주 자본시장과 금융투자업에 관한 법률 제178조 / 집필위원: 임재연 / 출판일: 2019. 12. 17, [29] 주66.

2) 상세한 것은 정순섭, "각국의 부정거래행위 적용실태와 우리나라에 적합한 적용기준 정립방안 연구"(금융법센터 연구보고서, 2009. 9); 정순섭, "불공정거래법제의 현황과 해석론적 과제", 『BFL』 제43호, 2010, 6-20면.

Ⅱ. 매매 등의 거래와 관련한 부정행위의 금지

1. 적용범위

1) 금융투자상품의 매매 그 밖의 거래

자본시장법은 우선 금융투자상품의 매매 그 밖의 거래와 관련하여 일정한 부정행위를 금지하고 있다(178조 1항).

첫째, 이 규정의 적용대상은 그냥 "금융투자상품의 매매 그 밖의 거래"로 되어 있어서 상장 여부를 불문하고 증권의 공모와 사모를 포함한다(178조 1항). 비상장증권도 적용대상이 되고(대법원 2006. 4. 14. 선고 2003도6759 판결),[3] 장외시장에서의 직접·대면거래에도 적용된다(대법원 2002. 11. 26. 선고 2002도4561 판결).[4] 당연히 유통시장거래에도 적용된다. 예컨대 주식회사의 대표이사가 분식결산을 통해서 얻은 허위의 재무정보를 기재한 사업보고서를 거래소 등에 제출하고 불확실한 사업전망을 유포함으로써 주가를 상승시킨 후 보유주식을 매도하여 이득을 얻은 경우에도 적용될 수 있다(대법원 2001. 1. 19. 선고 2000도4444 판결).

둘째, "매매 그 밖의 거래"라고 하고 있으므로 매매는 물론이고 담보제공도 포함된다. 합병에 대하여 "그 경제적 실질은 존속회사가 소멸회사의 자산을 이전받고 그 대가로 소멸회사의 주주들에게 존속회사의 신주를 발행하는 것"이므로 합병계약도 그 밖의 거래에 포함된다(서울중앙지법 2008. 2. 1. 선고 2007고합71 판결).[5] 사모 방식의 신주발행(대법원 2020. 2. 6. 선고 2019도15510 판결)도 마찬가지이다.

셋째, '관련하여'에 대해서 법원은 "그 행위자의 지위, 발행회사의 경영상태와 그 주가의 동향, 그 행위 전후의 제반 사정 등을 종합적으로 고려하여 객관적인 기준에 의하여" 판단한다(대법원 2001. 1. 19. 선고 2000도4444 판결).[6] 그러면 무효인 주식을 대상으로 한 매매도 제178조의 적용대상에 포함되는가? 핵심은 '관련하여'의 해석이므로 상품의 유효성은 문제되지 않는다. 증권회사 착오주식배당으로 입고된 주식을 직원들이 매도한 사안[7]에서 법원은 피고인들이 본인들 명의의 주식거래계좌에서 한 매도주문은 금융투자상품인 '갑 회사 주식'을 매도하겠다는 것으로서 금융투자상품거래와 관련된 행위임이 분명하다고 판단했다(서울남부지법 2019. 4. 10. 선고 2018고단3255 판결).[8] 여기서 '거래와 관련하여'(178조 1항)는 '거래를 할 목적'

---

3) 같은 취지: 박준, 앞의 논문, 84면.
4) 같은 취지: 대법원 2006. 4. 14. 선고 2003도6759 판결.
5) 대법원 2011. 3. 10. 선고 2008도6335 판결로 확정.
6) 같은 취지: 대법원 2002. 7. 22. 선고 2002도1696 판결; 대법원 2003. 11. 14. 선고 2003도686 판결 등.
7) 담당 직원의 과실로 우리사주 1주당 1,000원의 현금 배당 대신 1주당 1,000주의 주식을 입고하는 배당사고가 발생하자, 위 주식에 대한 매도주문을 제출하여 매매계약이 체결되게 한 사안이다.
8) 항소심(서울남부지법 2020. 8. 13. 선고 2019노753 판결)을 거쳐 대법원 2022. 3. 31. 선고 2020도11566 판결

(178조 2항)보다는 넓은 개념이다.9)

2) 주   체

주체에 대한 제한도 없으므로 상장증권의 경우 장내거래는 물론이고 장외에서 행해지는
사인 간의 거래에도 적용이 있다.

2. 부정수단 등의 사용

1) 의   의

제1호에서는 "부정한 수단·계획 또는 기교를 사용하는 행위"를 금지한다(178조 1항 1호).
이 규정은 미국의 1933년 증권법 17조 a항 및 1934년 증권거래소법 SEC규칙 10b-5의 de-
vice, scheme 및 artifice를 도입한 일본 금융상품거래법 제157조 제1호를 모델로 한 것이다.
부정한 '수단'·'계획' 또는 '기교'에 대해서는 명시적 정의도, 주관적 요건도 없다. 결국
그 개념은 법원의 해석으로 확정될 수밖에 없다. 자본시장법상 영업행위규제 위반행위도 부
정거래행위에 해당할 수 있는가? 특히 자본시장법 제71조(투자매매업자 및 투자중개업자), 제85
조(집합투자업자), 제98조(투자자문업자 및 투자일임업자), 제108조(신탁업자)에서 규정하고 있는
불건전영업행위의 금지에 위반한 경우가 문제된다. 최근 법원은 아래에서 보는 바와 같이 적
극적으로 해석하기 시작했다.

2) 부정성의 의미

'부정성'에 관해서 일본에서는 사기적 행위로 보는 견해10)와 사회통념상 부정하다고 인정
되는 모든 수단을 의미하는 것으로 보는 견해11)가 나뉜다. 자본시장법 해석론으로는 부정성
을 사기에 한정되지 않고 사회통념에 반하는 일반적 부정을 포함한다고 보아야 한다. 증권법
상 위계는 "거래 상대방이나 불특정 투자자를 기망하여 일정한 행위를 유인할 목적의 수단,
계획, 기교 등"으로 이해되어 왔다(대법원 2008. 5. 15. 선고 2007도11145 판결). 자본시장법이 종
래의 위계개념을 유지하면서 추가로 부정한 수단 등을 금지한 것은 단순한 사기적 행위가 아
니라 사회통념에 반하는 부정행위를 폭넓게 금지하려는 취지라고 보는 것이 옳다.
같은 관점에서 법원도 "사회통념상 부정하다고 인정되는 일체의 수단, 계획 또는 기교"
를 일반적, 포괄적으로 금지한 것이라고 보면서(대법원 2011. 10. 27. 선고 2011도8109 판결),12)

로 확정.

9) 長島외, 1285면. 같은 취지의 미국 판결로, SEC v. Zandford, 535 U.S. 813 (2002).

10) 神崎외, 1195면; 長島외, 1307면; 龍田節, 「証券取引法58条1号にいう『不正の手段』の意義」, 『新証券·商品取
引判例百選』, 1988, 145면. cf. 松尾, 593면(사기적 또는 기만적인 태양의 행위로 한정하는 견해가 유력).

11) 최고재판소도 1965. 5. 25에 선고한 판결(昭和38(あ)2225)에서 '부정한 수단'은 "유가증권의 거래에 한정하여
그에 관하여 사회통념상 부정하다고 인정되는 모든 수단"을 말한다고 판시하였다.

12) 같은 취지: 대법원 2014. 1. 16. 선고 2013도8700 판결; 대법원 2014. 1. 16. 선고 2013도9933 판결; 대법원
2015. 4. 9.자 2013마1052 결정; 대법원 2017. 12. 22. 선고 2017도12649 판결; 대법원 2018. 4. 12. 선고

"어떠한 행위를 부정하다고 할지는 그 행위가 법령 등에서 금지된 것인지, 다른 투자자들로 하여금 잘못된 판단을 하게 함으로써 공정한 경쟁을 해치고 선의의 투자자에게 손해를 전가하여 자본시장의 공정성, 신뢰성 및 효율성을 해칠 위험이 있는지를 고려"하여 판단한다(대법원 2011. 10. 27. 선고 2011도8109 판결).[13] 개별적인 참작기준으로, ① 해당 행위의 효과나 영향이 거래당사자에게 한정되는지 아니면 시장에 직·간접적으로 영향을 미치는지 여부, ② 해당 행위가 자본시장에 미친 영향이 자본시장 고유의 가격결정 기능을 훼손하거나 정보비대칭성을 이용한 거래의 불공정을 야기하는 데 이르렀는지 여부, ③ 자본시장법을 비롯한 현행법령상 의무위반 내지 위법행위가 개재되었는지 여부 등을 생각할 수 있다(서울고법 2022. 2. 25. 선고 2021노1732 판결).[14]

이에 해당하는 사례로는 특정시점의 기초자산가격 또는 그와 관련된 수치에 따라 권리행사 또는 조건성취의 여부가 결정되거나 금전 등이 결제되는 구조로 되어 있는 금융투자상품의 경우에 그 권리행사나 조건성취에 영향을 주는 행위를 한 경우(대법원 2015. 4. 9.자 2013마1052 결정), A회사의 대표이사등이 분식된 재무제표 등을 금융기관에 대출심사자료로 제출하여 재무상태 등에 대해 착오에 빠진 금융기관으로부터 거액의 자금대출 등을 받은 행위(대법원 2017. 12. 22. 선고 2017도12649 판결), A회사의 제3자 배정 유상증자를 실시하면서 피고인이 실질적으로 지배하고 있는 법인들로 하여금 A회사 주식 합계 2,932,000주를 1년간 보호예수를 조건으로 배정받도록 하면서도, 한편으로 B회사가 소유하고 있던 A회사 주식 2,932,000주를 위 각 법인에 1년 후 반환조건으로 대여하여 유상증자대금을 즉시 회수하도록 함으로써 마치 위 각 법인이 유상증자 참여에 따른 투자위험을 부담하는 듯한 외관을 작출한 행위(대법원 2018. 12. 13. 선고 2018도13689 판결), 제3자배정 유상증자 결정 공시와 후속 공시를 통해 주식회사 A와 주식회사 B가 공동사업을 추진한다는 외관을 창출한 것(대법원 2020. 4. 9. 선고 2019도15735 판결) 등이 있다.

"어떠한 공시 내용이 계약의 내용을 그대로 반영하여 기재 자체만으로는 허위로 보기 어려우나 다른 수단이나 거래의 내용, 목적, 방식 등과 결부되어 사회통념상 부정하다고 볼 수 있는 경우"도 여기에 해당된다(대법원 2018. 4. 26. 선고 2017도19019 판결). 예컨대 "실제로는

2013도6962 판결; 대법원 2018. 12. 13. 선고 2018도13689 판결; 대법원 2019. 3. 28. 선고 2019도96 판결; 대법원 2022. 5. 26. 선고 2018도13864 판결.

13) 같은 취지: 대법원 2018. 4. 12. 선고 2013도6962 판결, 제178조 제1항 제1호 위반을 이유로 한 손해배상사건에서도 부정행위에 해당하는지 여부는 "해당 금융투자상품의 구조와 거래방식 및 거래경위, 그 금융투자상품이 거래되는 시장의 특성, 그 금융투자상품으로부터 발생하는 투자자의 권리·의무 및 그 종료 시기, 투자자와 행위자의 관계, 행위 전후의 제반 사정 등을 종합적으로 고려하여 판단하여야 한다"고 보았다. 대법원 2015. 4. 9.자 2013마1052 결정. 같은 취지: 대법원 2018. 9. 28. 선고 2015다69853 판결.

14) 다른 사유로 대법원 2022. 6. 30. 선고 2022도3784 판결로 파기환송된 후 원심판결은 서울고법 2022. 12. 8. 선고 2022노1772 판결.

자금력이 없는 피고인 개인이 사채를 동원하여 주식과 경영권을 인수하는 것임에도 마치 자금력이 풍부한 외국계 회사가 이를 인수하는 것처럼 공시를 하고 그와 같은 기사가 보도되도록 한 것"과 같은 사례이다(대법원 2018. 4. 26. 선고 2017도19019 판결).

3) 죄형법정주의 위반 여부

부정한 수단을 사용한 부정거래행위의 규제에 대해서는 그 구성요건이 지나치게 포괄적이어서 죄형법정주의에 반한다는 주장이 제기될 수 있다.[15] 그러나 부정거래행위 규정은 '**자본시장의 신뢰성 및 효율성 확보**'와 '**투자자의 보호**'라는 규제목적에 따라 도입된 것으로서 시장참여자들이 어느 정도 예측가능한 정도로 구체성과 명확성을 갖추고 있다고 볼 것이다.[16]

하급심 판례 중에는 죄형법정주의와 충돌할 우려가 있으므로 "자본시장법 제178조 제1항 제1호를 적용함에 있어서는, 자본시장법의 목적(1조)에 유념하면서, 같은 항 제2호, 제3호 및 같은 조 제2항을 통하여 보다 구체화된 부정거래행위의 내용, 그 밖에 당해 행위의 불법성 정도가 다른 규정을 통하여 처벌하더라도 자본시장법의 목적 달성에 지장을 초래하지 않는지 등을 종합적으로 고려하여 죄형법정주의와 최대한 조화를 이룰 수 있도록 신중을 기함이 옳다"고 판시한 것이 있다(서울고법 2011. 6. 9. 선고 2010노3160 판결).[17]

3. 허위표시의 사용

1) 의 의

제2호는 첫째, 적극적 행위유형으로서 중요사항에 관하여 거짓의 기재 또는 표시를 하거나 둘째, 소극적 행위유형으로서 타인에게 오해를 유발시키지 않기 위해 필요한 중요사항의 기재 또는 표시가 누락된 문서, 그 밖의 기재 또는 표시를 사용하여 금전, 그 밖의 재산상의 이익을 얻고자 하는 행위를 금지한다(178조 1항 2호). 이는 "거래에 참가하는 개개 투자자의 이익을 보호함과 함께 자본시장의 공정성과 신뢰성을 높이기 위한 것"이다(대법원 2001. 1. 19. 선고 2000도4444 판결).[18] 표시에 의한 시세조종행위(176조 2항 3호)와는 규제대상 금융투자상품, 거래장소, 목적의 요부에서 차이가 있다.[19]

---

15) 부정거래행위의 유형에 대해서는 아래 [표 10-1] 자본시장법상 부정거래행위 개념도 참조.
16) 주석 I, 1149-1150면("자본시장법의 제정목적 범위 내에서 일정한 요건을 갖춘 행위에만 … 제한적으로 적용하는 경우에는 그 존재의의가 충분"). 부정거래행위의 입법모델인 일본 증권법 58조 1호의 '부정한 수단·계획·기교'에 대해서 일본 최고재판소는 "'부정한 수단'이란 유가증권의 거래에 한정하여, 그에 관하여 사회통념상 부정하다고 인정되는 모든 수단을 말하는 것이고, 문리상 그 의미는 명확하며 그 자체로서 범죄의 구성요건을 명백히 하고 있다고 인정된"다고 판시한 바 있다(最高裁 1965. 5. 25. 제3小法廷 決定).
17) 대법원 2011. 10. 27. 선고 2011도8109 판결로 확정. 같은 취지: 서울고법 2019. 10. 8. 선고 2018노752 판결(대법원 2020. 4. 9. 선고 2019도15735 판결로 확정).
18) 같은 취지: 대법원 2018. 9. 28. 선고 2015다69853 판결.
19) 주석 I, 1158면.

2) 중요사항에 관한 허위표시 등

'중요사항'은 "제174조 제1항에서 정한 '미공개중요정보'와 같은 취지로서, 당해 법인의 재산·경영에 관하여 중대한 영향을 미치거나 특정증권 등의 공정거래와 투자자 보호를 위하여 필요한 사항으로서 투자자의 투자판단에 영향을 미칠 수 있는 사항"을 의미한다(대법원 2018. 7. 12. 선고 2016도2922 판결).[20] 따라서 '허위 또는 합리적 근거가 없는 사실'이라도 "그것이 유포됨으로써 주식 시세의 변동을 일으킬 수 있을 정도로 시장에서 중요성을 가진 사실일 것을 요한다"(서울고법 2020. 6. 9. 선고 2019노2478 판결).[21] 피고인이 허위사실을 유포하거나 허위표시를 했는지는 '공시내용 자체가 허위인지 여부'에 의하여 판단할 것이지 '실제로 공시내용을 실현할 의사와 능력이 있었는지 여부'에 의하여 판단할 것은 아니다(대법원 2003. 11. 14. 선고 2003도686 판결).[22]

예컨대 "해외전환사채를 발행하면서 사실은 미리 해외전환사채를 인수할 해외금융기관을 정하여 놓고, 그 해외금융기관으로부터 갑은행이 전환사채를 전부 인수하도록 한 다음 피고인이 갑은행으로부터 이를 다시 인수하기로 약정하였음에도 불구하고 피고인이 마치 해외전환사채를 발행하고 유로시장에서 공모를 통하여 외자를 유치한 것처럼 신문이나 공시 등을 통하여 알"린 행위(대법원 2003. 6. 24. 선고 2003도1456 판결)나 대량보유보고서에 경영참여의사가 없음에도 보유목적란에 경영참여라고 기재한 행위와 취득자금의 조성내역을 허위로 기재한 행위(대법원 2006. 2. 9. 선고 2005도8652 판결)[23]는 중요사항의 허위표시에 해당한다.

허위표시에 해당하는 한 실제로 투자자의 오해가 유발되었을 필요도 없다(대법원 2016. 8. 29. 선고 2016도6297 판결).[24] 공시의무사항인지도 불문한다.

이와 관련하여 금융투자업자인 "피고인과 B C센터 직원들이 고객들을 상대로, 펀드의 투자비중과 관련하여 '담보금융 90%, 전환사채 10%' 또는 '담보금융 100%' 등의 표현, 펀드의 담보대출비율과 관련하여 'LTV 50% 이하' 등의 표현, 펀드의 수익률과 관련하여 '연 8% 이상의 준확정금리' 등의 표현, 펀드의 위험성과 관련하여 '발생 가능한 위험을 0%에 가깝게 조정'하였다는 등의 표현을 사용한 것"에 대해 법원은 자본시장법상 부당권유행위인 거짓의 내용을 알리는 행위와 단정적 판단의 제공행위(49조 1호·2호)와 함께 자본시장법상 부정거래행위인

---

20) 같은 취지: 대법원 2018. 12. 13. 선고 2018도13689 판결.
21) 대법원 2021. 6. 24. 선고 2020도8077 판결로 확정.
22) "따라서 주주총회의 결의를 거쳐 회사의 사업목적을 추가하는 정관변경을 한 다음 그 사실을 공시하거나 기사화한 것이 허위사실을 유포하거나 허위의 표시를 한 것으로 볼 수는 없다."
23) 증권법 제188조의4 제4항 제2호의 중요한 사항에 관한 판단이다.
24) "허위·부실 표시 문서 이용행위와 타인의 오해 사이의 인과관계 여부는 위 죄의 성립에 아무런 영향을 미치지 않는다". 대법원 2002. 7. 22. 선고 2002도1696 판결; 대법원 2006. 2. 9. 선고 2005도8652 판결; 대법원 2006. 4. 14. 선고 2003도6759 판결; 대법원 2009. 7. 9. 선고 2009도1374 판결; 대법원 2011. 7. 28. 선고 2008도5399 판결 등.

'거짓의 기재 또는 표시'(178조 1항 2호)에도 해당한다고 판단했다{서울고법 2021. 5. 27. 선고 2020노2251 판결(확정)}. 이러한 결론은 "구 자본시장법 제49조 제2호의 부당권유행위가 성립 하기 위한 대상이 되는 '불확실한 사항'은 '투자자의 합리적인 투자판단 또는 해당 금융투자 상품의 가치에 영향을 미칠 수 있는 사항'으로 한정되고, 여기서 '투자자의 합리적인 투자판 단에 영향을 미칠 있는 사항'은 현행 자본시장법 제178조 제1항 제2호의 '중요사항'에서 가 리키는 '투자자의 투자판단에 영향을 미칠 수 있는 사항'과 동일한 의미"라는 결론에 기초한 것이다{서울고법 2022. 11. 16. 선고 2022노437 판결(상고심계속중)}. 부당권유규제위반과 부정 거래행위를 동시에 인정한 것으로서 부정거래행위의 적용범위에 관하여 큰 의미가 있는 판 결이다.

3) 금전 그 밖의 재산상 이익

금전, 그 밖의 재산상 이익을 얻고자 했는지 여부는 "행위자의 지위, 발행회사의 경영상 태와 그 주가의 동향, 그 행위 전후의 여러 사정 등을 종합적으로 고려하여 객관적 기준"에 의하여 판단한다(대법원 2001. 1. 19. 선고 2000도4444 판결).[25] 재산상 이익을 반드시 현실적으 로 얻었을 필요는 없다(대법원 2006. 4. 14. 선고 2003도6759 판결).

또한 증권법 제188조의4 제4항 제2호의 "부당한 이득을 얻기 위하여 고의로 허위의 시세 또는 허위의 사실 기타 풍설을 유포하거나 위계를 쓰는 행위"에서 **부당한 이득**은 "유가증권 의 처분으로 인한 행위자의 개인적이고 유형적인 경제적 이익에 한정되지 않고, 기업의 경영 권 획득, 지배권 확보, 회사 내에서의 지위상승 등 무형적 이익 및 적극적 이득뿐 아니라 손 실을 회피하는 경우와 같은 소극적 이득, 아직 현실화되지 않는 장래의 이득도 모두 포함하는 포괄적인 개념"이라고 하여 넓게 해석하고 있었다(대법원 2002. 7. 22. 선고 2002도1696 판 결).[26] 불공정거래행위에 대한 형벌가중요소인 부당이득이 순수한 재산적 이익인 것과 비교 된다. 그러나 자본시장법은 부정거래행위와 관련하여 **부당한**이라는 요건을 삭제하였다. 그 리고 자본시장법에서는 법문상 **금전, 그 밖의 재산상 이익**에 한정된다.

이익의 주체는 죄형법정주의 이념에 비추어 원칙적으로 자기의 이익만을 의미하는 것으 로 해석해야 하지만, "법인의 대표자, 법인 또는 개인의 대리인·사용인 기타 종업원이 그 법 인 또는 개인의 업무에 관하여 증권거래법 제188조의4 제4항 위반행위를 한 경우에는 그 법 인 또는 개인의 이익도 이에 포함"된다(대법원 2003. 12. 12. 선고 2001도606 판결).

4) 문서, 그 밖의 기재 또는 표시의 사용

증권법상 허위표시사용에 해당하기 위해서는 **문서의 이용**(188조의4 4항 2호)이라는 요건

---

25) 같은 취지: 대법원 2018. 12. 13. 선고 2018도13689 판결; 대법원 2009. 7. 9. 선고 2009도1374 판결; 대법원 2003. 11. 14. 선고 2003도686 판결; 대법원 2002. 7. 22. 선고 2002도1696 판결.
26) 같은 취지: 대법원 2003. 11. 14. 선고 2003도686 판결; 대법원 2010. 5. 13. 선고 2010도2541 판결.

을 충족해야 했다(대법원 2009. 7. 9. 선고 2009도1374 판결).27) 그러나 자본시장법은 '**문서, 그 밖의 기재 또는 표시**'(178조 1항 2호)라고 규정하여 강연회나 TV · 라디오 방송, 광고, 인터넷상 표시 등을 포함한다.28)

증권법상 '**문서의 이용**'이나 자본시장법상 '**문서, 그 밖의 기재 또는 표시의 사용**'은 위반행위자의 적극적 행위를 요구한다. 문서의 이용은 "중요사항에 관하여 거짓의 기재 또는 표시를 한 문서를 관계 기관을 통해 공시한 상태에서 이를 단순히 시정하지 않고 방치하는 데 그치는 것이 아니라, 구체적인 상황에서 그 문서가 투자자의 투자판단에 영향을 미칠 수 있는 사항에 관하여 오해를 유발할 수 있는 상황임을 알면서도, 이를 금전 기타 재산상의 이익을 얻는 기회로 삼기 위해서 유사한 취지의 문서를 계속 관계 기관에 보고하는 등의 방법으로 적극적으로 활용하는 행위"를 포함한다(대법원 2018. 7. 12. 선고 2016도2922 판결).29) 증권법상 갑과 을이 외국법인 명의로 병회사 주식을 대량 매매하고도 대량보유보고 및 소유주식상황변동보고를 하지 않는 방법으로 일반투자자들에게 외국인들의 정상적인 투자나 지분변동이 있는 것과 같은 오해를 유발하였다는 내용으로 기소된 사안에서, 위 행위가 문서의 이용에 관한 것이라 할 수 없다고 판단했다(대법원 2010. 12. 9. 선고 2009도6411 판결). 예컨대 내부자 등이 그 법인의 주식을 매수한 후 신사업진출 등 호재성 재료를 허위로 발표하여 주가를 상승시킨 후 매도하여 부당이득을 취하는 경우와 같이 적극적인 표시와 소극적인 누락을 모두 포함하지만, 보고의무 자체의 불이행과 같은 부작위는 여기에 해당할 수 없다.30)

증권법 제188조의4 제4항 제1호(허위의 시세 또는 허위의 사실 기타 풍설을 유포하거나 위계를 쓰는 행위)가 적용된 사례로는 대표이사가 회사재무에 관하여 허위사항을 기재한 사업보고서 등을 거래소 등에 제출하고, 불확실한 사업전망을 마치 확정되었거나 곧 착수할 것처럼 공표하여 주가가 상승하자 자신이 지배하는 주식을 매도하여 상당한 경제적 이득을 얻었고, 그에 앞서 미리 사모전환사채를 인수하는 방법으로 주식매도에 대비하였다가 주식매도 후 그 전환사채를 주식으로 전환하여 그 회사에 대한 자신의 지분율을 유지한 경우(대법원 2001. 1. 19. 선고 2000도4444 판결), 대상 회사에 외국자본이 들어오는 것처럼 가장하기 위해 페이퍼컴퍼니(스위스민간은행컨소시엄)가 대상회사를 인수한다고 언론에 발표한 경우(대법원 2002. 7. 22. 선고 2002도1696 판결), 대량보유보고서에 최대주주 또는 주요주주에 관한 사항을 허위로 표시한 것(대법원 2003. 11. 14. 선고 2003도686 판결) 등이 있다. 그리고 증권법 제188조의4 제4항 제2호(오해를 유발하는 행위)가 적용된 사례로는 투자유치를 위하여 매출액과 당기순이익을 허위기

---

27) 같은 취지: 대법원 2010. 12. 9. 선고 2009도6411 판결.

28) 온주 자본시장과 금융투자업에 관한 법률 제178조 / 집필위원: 임재연 / 출판일: 2019. 12. 17., [29]; 주석Ⅰ, 1159면.

29) 같은 취지: 대법원 2018. 12. 13. 선고 2018도13689 판결.

30) 주석Ⅰ, 1157-1158면("적극적인 부실표시(misrepresentation)와 소극적인 누락 혹은 불공시(omission or non-disclosure)의 경우를 모두 규제대상에 포함").

재한 서류를 제공하고 영업실적에 관하여 예상치에 불과한 것을 마치 결과치인 것처럼 기재한 사업계획서를 제출한 경우(대법원 2006. 4. 14. 선고 2003도6759 판결), 대주주가 주식 및 신주인수권부사채 취득자금을 '**차용금**'이 아니라 '**자기자금**'으로 공시한 사례(대법원 2010. 12. 9. 선고 2009도6411 판결)가 있다.

자본시장법상으로도 부실표시된 재무제표의 적극적 활용(대법원 2016. 8. 29. 선고 2016도6297 판결), Y1이 Y2 회사의 직원 A로 하여금 Y2 회사의 이라크 바지안 광구 석유자원 개발사업에 관한 허위 내용의 보도자료를 작성·배포하게 한 행위(대법원 2018. 6. 28. 선고 2018도2475 판결), A회사가 유상증자를 실시하는 과정에서 지분 40.48%를 보유하고 있는 인도네시아 법인에 대한 파산신청 사실을 공시해야 한다는 것을 미필적으로나마 인식할 수 있음에도 이를 누락한 경우(대법원 2018. 12. 13. 선고 2018도13689 판결)를 제178조 제1항 제2호에 해당하는 것으로 판단되었다.

5) 발행공시의 경우

금감원에서는 증권공모에서의 허위표시와 관련해서도 이 규정을 적용해 왔다. 즉 공모에서의 증권신고서에 허위기재가 있는 경우에는 증권법 제207조의3 제2호(증권신고서등 제출의무위반)에 의하여 처벌하고, 증권신고서 기재사항과 별도의 공시사항이 허위로 드러난 경우에는 증권법상 일반사기금지의 위반을 이유로 처벌했다(207조의2 1항 2호). 그러나 증권신고서의 허위기재보다 일반사기금지의 위반의 형벌이 훨씬 더 엄격한 것에 비추어 볼 때, 그처럼 발행시장에서의 부실공시에 대해서 특별한 근거 없이 일반사기금지규정을 적용하는 금감원의 태도에는 의문이 있었다. 자본시장법은 부정거래행위의 범위에 증권의 공모와 사모를 명시함으로써(178조 1항) 이 규정이 발행시장공시에도 적용됨을 분명히 하고 있다.

4. 허위시세의 이용

제3호는 금융투자상품의 매매, 그 밖의 거래를 유인할 목적으로 거짓의 시세를 이용하는 행위를 금지하고 있다(178조 1항 3호). 시세조종행위가 적극적으로 거짓의 시세를 만들어내는 행위라면, 여기서 문제되는 것은 그러한 거짓의 시세를 이용하는 행위이다.

여기서 '**시세**'는 "금융투자상품에 대한 수요와 공급에 기초하여 형성된 시세"를, '**거짓의 시세**'는 "인위적인 조작에 의해 왜곡된, 즉 시세조종과 같은 위법행위로 인해 정상적으로 시세의 형성이 되지 못한 상태"를 말한다.[31] "모든 금융투자상품을 그 적용대상으로 하고 있기 때문에 장외에서 형성된 시세도 여기에 해당한다"는 의견도 있다.[32] 그러나 자본시장법상 시

---

31) 서울고법 2020. 7. 10. 선고 2020노152 판결(대법원 2020. 11. 26. 선고 2020도10693 판결로 확정). 같은 취지: 주석 I, 1160-1161면.

32) 주석 I, 1160면.

세는 "증권시장 또는 파생상품시장에서 형성된 시세, 다자간매매체결회사가 상장주권의 매매를 중개함에 있어서 형성된 시세, 그 밖에 대통령령으로 정하는 시세"라고 정의되어 있다(176조 2항 1호; 령 202조).

대법원은 고가매수 주문 15회, 시가형성 관여 주문 6회, 종가형성 관여 주문 2회 합계 총 23회의 시세조종 주문을 통하여 신주청약을 유인하기 위한 거짓의 시세를 형성한 다음 이를 이용하였다고 본 사실심의 판단을 수긍한 바 있다(대법원 2017. 1. 12. 선고 2016도16351 판결).

Ⅲ. 매매 등의 거래나 시세변동을 목적으로 하는 부정행위

1. 적용범위

누구든지 금융투자상품의 매매, 그 밖의 거래를 할 목적이나 그 시세의 변동을 도모할 목적으로 풍문의 유포, 위계의 사용, 폭행 또는 협박을 하여서는 아니 된다(178조 2항). 이 규정은 미국법이 아니라 1914년 일본의 거래소법 개정에서 유래한[33] 일본 금융상품거래법 제158조와 동일하다. 이 규정의 적용대상도 **'금융투자상품의 매매, 그 밖의 거래'** 또는 **'그 시세의 변동'**으로서 매우 넓다. 자본시장법 제178조 제2항은 사기적 부정거래가 다수인에게 영향을 미치고, 증권시장 전체를 불건전하게 할 수 있기 때문에, 상장증권 등의 거래에 참가하는 개개 투자자의 이익을 보호함과 함께 투자자 일반의 증권시장에 대한 신뢰를 보호하여, 증권시장이 국민경제의 발전에 기여할 수 있도록 하는 데 목적이 있다(대법원 2018. 4. 12. 선고 2013도6962 판결).

2. 목적요건

위계등에 의한 부정거래는 "금융투자상품의 매매, 그 밖의 거래를 할 목적이나 그 시세의 변동을 도모할 목적으로" 이루어진 경우만 금지된다. **'거래를 할 목적'**은 '거래와 관련하여'(178조 1항)보다는 좁은 개념으로서 "거래를 자기 또는 제3자가 유리하게 하기 위하여 또는 타인의 거래를 불리하게 하기 위하여"[34] **'적극적으로 거래를 형성할 목적'**[35]이다. **'시세의 변동을 도모할 목적'**에는 소극적 의미의 변동이라는 관점에서 시세고정목적도 포함된다.[36] 실제 거래나 시세변동과 같은 결과발생은 필요 없다.

이러한 주관적 요건은 "행위자의 지위, 행위자가 특정 진술이나 표시를 하게 된 동기와 경위, 그 진술 등이 미래의 재무상태나 영업실적 등에 대한 예측 또는 전망에 관한 사항일 때에는 합리적인 근거에 기초하여 성실하게 행하여진 것인지 여부, 그 진술 등의 내용이 거래

---

33) 松尾, 595면.
34) 長島외, 1285면.
35) 주석Ⅰ, 1168면.
36) 長島외, 1285면. cf. 주석Ⅰ, 1168면("하락추세에 있는 시세를 인위적으로 떠받칠 의도 있는 행위"도 포함).

상대방이나 불특정 투자자들에게 오인·착각을 유발할 위험이 있는지 여부, 행위자가 그 진술 등을 한 후 취한 행동과 주가의 동향, 그 행위 전후의 제반 사정 등을 종합적·전체적으로 고려하여 객관적인 기준에 의하여" 판단해야 한다(대법원 2011. 3. 10. 선고 2008도6335 판결).[37]

3. 행위요건

1) 풍문의 유포

(1) 풍 문

'풍문'은 "시장에 알려짐으로써 주식 등 시세의 변동을 일으킬 수 있을 정도의 사실로서 합리적 근거가 없는 것"을 의미한다{서울고법 2013. 1. 17. 선고 2012노3290 판결(확정)}. 반드시 허위의 사실에 한정되지 않고,[38] "그 진실 여부가 증명되지 않아 객관적으로 명백하지 않"은 경우도 포함한다.[39] 풍문은 사실을 의미하므로 유포자의 예측이나 개인적 의견은 포함되지 않는다{서울고법 2013. 1. 17. 선고 2012노3290 판결(확정)}.

허위인지 여부는 '공시내용 자체가 허위인지 여부'를 기준으로 판단하고, '실제로 공시내용을 실현할 의사와 능력이 있었는지 여부'는 문제삼지 않는다(대법원 2003. 11. 14. 선고 2003도686 판결). 따라서 "공간(公刊)된 자료나 기업의 공시자료, 관련 신문기사의 내용을 그대로 전재(全載)하는 것은 해당 자료의 허위성을 명백히 인식하고서 그에 편승하기 위한 것이라는 등의 특단의 사정이 없는 한" 풍문에 해당하지 않는다{서울고법 2013. 1. 17. 선고 2012노3290 판결(확정)}. 또한 주주총회 결의를 거쳐 회사의 사업목적을 추가하는 정관변경을 한 다음 그 사실을 공시하거나 기사화하는 경우에는 허위사실을 유포하거나 허위표시를 한 것으로 볼 수 없다.[40] 나아가 실제 사업수행의사는 없으면서 이사회 결의를 요하지 않는 사안에 대해 대표이사가, 그리고 이사회결의를 요하는 사안에 대해 이사회가 각각 그 사업수행에 관한 결정이나 결의를 하고 이를 공시한 경우는 허위사실에 해당하는지 여부가 문제될 수 있다. 결정 내지 결의내용과 공시내용의 구체성을 고려하여 판단해야 한다. 스스로 허위사실을 작출한 경우도 포함된다. 풍문에 해당하는지는 유포시점을 기준으로 판단한다.[41]

(2) 유 포

'유포'는 불특정다수인에게 전파할 목적으로 하는 것을 의미하지만, 기자회견 등과 같이 특정소수인에게 전달하는 경우라도 불특정다수인에게 전달될 것을 예상할 수 있는 경우나 인

---

37) 증권법상 "유가증권의 매매 등 거래와 관련한 행위인지 여부나 … 부당한 이득 또는 경제적 이익의 취득 도모 여부 등"에 관한 판단이다. 같은 취지: 대법원 2018. 4. 12. 선고 2013도6962 판결.

38) 長島외, 1284면.

39) 주석 I, 1161면.

40) 위 판결.

41) 주석 I, 1162면.

터넷상의 게시판과 같이 누구든지 접근할 수 있는 형태로 정보를 제공하는 경우는 모두 포함한다.[42] 그 방법으로는 이메일, 보도자료, 홈페이지 게재, 문자 메시지 발송, 방송 출연 인터뷰 등을 모두 포함한다.[43] 예컨대 회사 사장이 전환사채의 전환을 유도하기 위해 기자회견을 열어서 합리적 근거 없이 허위로 신제품의 개발이나 해외자본의 유치를 공표하는 경우는 풍문의 유포에 해당한다.

언론을 통하여 기업의 사업추진현황이나 전망 등에 관한 인터뷰 기사 등이 보도되도록 한 경우 단순히 사업과 관련된 의견 또는 평가 내지 단순한 홍보성 발언에 불과한 것이 아니라 허위의 사실을 유포하는 행위에 해당하는지는 "위 금지 조항의 취지를 염두에 두고 행위자의 지위, 해당 기업의 경영 상태와 그 주가의 동향, 인터뷰 및 보도 내용의 구체적인 표현과 전체적인 취지, 보도의 계기와 그 계속·반복성 여부, 보도 내용과 관련된 기업의 여러 실제 사정 등을 전체적·종합적으로 고려하여 객관적인 기준에 의하여" 판단해야 한다(대법원 2009. 7. 9. 선고 2009도1374 판결).[44]

유포는 부작위로도 가능하다.[45] 다만 '**유포**'라는 용어에서 보듯이 통상 증권시장에서 거래되는 증권에만 적용될 수 있을 것이다.

2) 위   계

증권법상 위계(188조의4 1항)에 관하여 대법원은 "거래 상대방이나 불특정 투자자를 기망하여 일정한 행위를 유인할 목적의 수단, 계획, 기교 등"으로(대법원 2008. 5. 15. 선고 2007도11145 판결), 그리고 '**기망**'은 "객관적 사실과 다른 내용의 허위사실을 내세우는 등의 방법으로 타인을 속이는 것"이라고(대법원 2010. 12. 9. 선고 2009도6411 판결) 해석하였다. 위계도 부작위에 의한 방법으로도 가능하다. 위계의 상대방은 거래의 상대방일 필요가 없고 불특정다수인이라도 무방하다.[46]

위계는 "주주의 지위 및 증권시장에서의 주가 변동에 직접적이고 중대한 영향을 미칠" 수 있는 사항에 관한 것이어야 한다(대법원 2011. 3. 10. 선고 2008도6335 판결). 예컨대 투자자문업자의 프런트 러닝은 위계에 해당할 것이다.

외국계 투자목적법인의 펀드매니저가 특정 기업의 주식매도에 앞서 위 기업에 대한 M&A 가능성을 언급하는 기자인터뷰를 한 사안에서 "이미 언론에 보도된 내용과 크게 다르지 아니한 정도의 가정적·원론적 발언을 한 것에 불과"하다는 등의 이유로 위계를 부정하였다(대법원 2008. 5. 15. 선고 2007도11145 판결). 또한 갑, 을이 주가상승을 통한 시세차익을 얻기로

---

42) 長島외, 1284면.
43) 주석 I , 1162면.
44) 같은 취지: 대법원 2018. 6. 28. 선고 2018도2475 판결.
45) 주석 I , 1163면.
46) 박삼철, 앞의 논문(1995), 35면.

공모한 후 을의 자금을 이용하여 외국법인 명의 계좌로 A회사의 주식을 매수하거나 제3자배
정 유상증자에 을 소유의 외국 페이퍼컴퍼니 명의로 참여하여 A회사의 주식을 인수함으로써,
마치 해외기관투자자나 다수의 해외펀드 투자를 유치한 듯한 외양을 갖추는 위계를 사용했다
고 기소된 사안에서, 외국인인 을이 자기자금을 가지고 그의 계산으로 실재하는 외국법인 명
의 혹은 계좌를 이용하여 주식시장에서 A회사 주식을 매수한 행위는 객관적 측면에서 모두
사실에 부합하는 것으로서 허위내용이 없어 기망행위로 볼 수 없으므로, 특별한 사정이 없는
이상, 위계 사용에 해당한다고 단정할 수 없다고 판시했다(대법원 2010. 12. 9. 선고 2009도6411
판결). 그러나 상장법인등이 감자등을 할 법적·경제적 여건을 객관적으로 갖추고 있지 않거
나, 그 임직원이 진지하고 성실하게 검토·추진하려는 의사를 갖고 있지 않음에도 감자등의
검토계획을 공표한 것은 위계 사용에 해당한다(대법원 2011. 3. 10. 선고 2008도6335 판결).

위계도 상황증거로 판단할 수밖에 없다. 구체적으로 "행위자의 지위, 행위자가 특정 진술
이나 표시를 하게 된 동기와 경위, 그 진술 등이 미래의 재무상태나 영업실적 등에 대한 예측
또는 전망에 관한 사항일 때에는 합리적인 근거에 기초하여 성실하게 행하여진 것인지 여부,
그 진술 등의 내용이 거래 상대방이나 불특정 투자자들에게 오인·착각을 유발할 위험이 있
는지 여부, 행위자가 그 진술 등을 한 후 취한 행동과 주가의 동향, 그 행위 전후의 제반 사정
등을 종합적·전체적으로 고려하여 객관적인 기준에 의하여" 판단해야 한다(대법원 2011. 3.
10. 선고 2008도6335 판결).[47]

3) 폭행이나 협박

'**폭행**'이나 '**협박**'의 의미에 대해서는 특별한 설명을 요하지 않을 것이다. 자본시장법상
'**폭행**'이나 '**협박**'은 형법상 폭행죄나 협박죄에 대한 특별관계의 규정이다.[48] 그러나 법체계상
필요한 규정인지 검토할 필요가 있다.

Ⅳ. 부정거래행위에 대한 제재

1. 개   관

부정거래행위에 대해서도 미공개중요정보이용행위나 시세조종행위와 같은 민사책임과
형사책임(179조, 443조 1항 8호·9호), 행정제재가 부과된다(420조 1항 6호; 령 373조 1항 21호;
420조 3항, [별표 1] 176호). 부당이득의 형벌연동제에 관하여는 아래 제4절에서 논의한다. 양벌
규정(448조)과 필요적 몰수(447조의2 1항)도 미공개중요정보이용행위에서 설명한 것과 같다.

시세조종행위와 부정거래행위 등의 금지규제(176조·178조)의 보호법익은 동일하므로, 시

---

47) 같은 취지: 대법원 2018. 4. 12. 선고 2013도6962 판결.
48) 주석 I, 1167면.

세조종 등의 목적으로 동조에 해당하는 수개의 행위를 단일하고 계속된 범의 아래 일정기간 계속하여 반복한 경우, 자본시장법상 시세조종행위 및 부정거래행위 금지 위반의 포괄일죄가 성립한다(대법원 2011. 10. 27. 선고 2011도8109 판결). 그러나 허위 작성·공시된 재무제표를 이용한 부정거래로 인한 자본시장법 위반죄는 허위 재무제표 작성·공시로 인한 외감법 위반죄와는 구성요건적 행위의 내용이나 보호법익이 전혀 다르므로, 이들 죄가 상상적 경합관계에 있다거나 전자가 후자의 불가벌적 사후행위에 해당한다고 볼 수 없다(대법원 2013. 1. 24. 선고 2012도10629 판결).

2. 손해배상

1) 손해배상책임을 질 자

여기서 금융투자상품의 거래와 관련하여 입은 손해를 배상할 책임을 지는 부정거래행위자에는 "그 금융투자상품의 거래에 관여한 발행인이나 판매인"뿐 아니라, "발행인과 스와프계약 등 그 금융투자상품과 연계된 다른 금융투자상품을 거래하여 권리행사나 조건성취와 관련하여 투자자와 대립되는 이해관계를 가지게 된 자"도 포함된다(대법원 2016. 3. 24. 선고 2013다2740 판결).

2) 손해배상청구권자

부정거래행위 등의 배상책임에서 손해배상청구권자는 "금융투자상품의 매매, 그 밖의 거래를 한 자"이다(179조 1항). 문제는 제179조 제1항이 (ⅰ) 그 위반행위로 인하여 (ⅱ) 금융투자상품의 매매, 그 밖의 거래를 한 자가 (ⅲ) 그 매매, 그 밖의 거래와 관련하여 입은 손해를 배상할 책임을 진다고 하고 있는 점이다. 여기서 손해배상청구권자의 범위와 관련하여 조문상 (ⅰ) **'위반행위'**와 (ⅱ) '금융투자상품의 매매, 그 밖의 거래"가 이루어진 시간적 전후관계를 기준으로 〈제1설〉 위반행위 이후에 이루어진 거래에 대하여 그 거래로 인하여 입은 손해를 청구할 수 있다고 보는 견해와 〈제2설〉 위반행위 전후를 불문하고 이루어진 거래에 대하여 위반행위로 인하여 입은 손해를 청구할 수 있다고 보는 견해의 2가지가 있을 수 있다. 법문언에 충실하면 〈제1설〉로 해석할 여지도 있다.

그러나 대법원은 "특정 시점의 기초자산 가격 또는 그와 관련된 수치에 따라 권리행사 또는 조건성취의 여부가 결정되거나 금전 등이 결제되는 구조로 되어 있는 금융투자상품의 경우에 사회통념상 부정하다고 인정되는 수단이나 기교 등을 사용하여 그 금융투자상품에서 정한 권리행사나 조건성취에 영향을 주는 행위를 하였다면, 이는 그 금융투자상품의 거래와 관련하여 부정행위를 한 것으로서 자본시장법 제178조 제1항 제1호를 위반한 행위에 해당하고, 그 위반행위로 인하여 그 금융투자상품의 투자자의 권리·의무의 내용이 변경되거나 결제되는 금액이 달라져 투자자가 손해를 입었다면 그 투자자는 그 부정거래행위자에 대하여 자본시장법 제179조 제1항에 따라 손해배상을 청구할 수 있다고 하여 〈제2설〉을 채택하였다(대법원 2015. 4. 9.자 2013마1052 결정). 대법원은 "이 사건 주가연계증권은 투자자에게 상환될 금액이 기초자산의 상환기준일 종가에 따라 결정되는 구조로 되어 있으므로, 상대방이 자본시장법 제178조 제1항 제1호를 위반하여 기초자산인 A 보통주의 주가를 인위적으로 하락시킴으로써 이 사건 주가연계증권의 상환조건 성취가 무산되었고 그로 인하여 이 사건 주가연계증권을 보유한 투자자들이 만기에 투자금 중 일부만 상환받아 손해를 입었다고 주장하며 손해배상을 구하는 재항고인들의 청구는 자본시장법 제179조 제1항에 따른 손해배상청구에 해당한다고 할 것"이라고 하고, "원심은, 재항고인들이 2008. 4. 25. 이 사건 주가연계증권을 취득한 이후 만기까지 소극적·수동적으로 보유하고 있었을 뿐 상대방이 2009. 4. 22. 그 기초자산인 A 보통주를 대량으로 매도한 행위로 인하여 이 사건 주가연계증권을 매매·교환하거나 담보로 제공하는 등 적극적으로 거래한 사실이 없다는 이유로, 재항고인들은 자본시장법 제179조에 따른 손해배상청구권을 행사할 수 없고 그 결과 이 사건 소송허가신청은 증권관련 집단소송법 제3조가 정한 요건을 갖추지 못하였다고 판단하였는바, 이는 자본시장법 제179조 제1항이 정한 손해배상청구권자의 범위에 관한 법리를 오해하여 판단을 그르친 것"이라고 판시하였다(대법원 2015. 4. 9.자 2013마1052 결정).

손해배상청구권자와 배상할 손해의 범위가 크게 확대되는 점에서 투자자 보호라는 관점에서 〈제2설〉을 채택한다. 다만 이러한 취지를 분명히 하기 위해서는 제179조 제1항을 (ⅰ) 금융투자상품의 매매, 그 밖의 거래를 한 자가 (ⅱ) 그 위반행위로 인하여 (ⅲ) 그 매매, 그 밖의 거래와 관련하여 입은 손해를 배상할 책임을 진다고 변경하는 것이 필요하다.

3) 소멸시효

부정거래행위에 따른 손해배상청구권은 청구권자가 부정거래행위가 있었던 사실을 안 때부터 2년간 또는 그 행위가 있었던 때부터 5년간 행사하지 않은 경우에는 시효로 인하여 소멸한다(179조 2항). 미공개중요정보이용행위나 시세조종의 경우와 같은 취지에서 기간을 연장한 것이다.

3. 과 징 금

자본시장법은 최근 개정으로 부정거래행위(178조)에 대하여도 부당이득액의 2배까지 과징금을 부과할 수 있게 하였다(429조의2 1항).

V. 적용관계

1. 문제의 의의

자본시장법 제178조의 적용과 관련해서는 2가지 문제가 있다. 하나는 미공개중요정보이용행위 및 시세조종과의 관계이고, 다른 하나는 제178조의 부정거래행위유형간의 관계이다. 후자에서 문제되는 것은 주로 제178조 제1항 제1호의 부정한 수단·계획·기교의 사용과 제178조 제2항의 위계의 2가지가 될 것이다. 자본시장법 제178조 제1항 제1호와 제2호 그리고 제3호는 전혀 다른 행위유형으로서 법조경합 관계(특별관계)가 아니며,[49] 특별히 문제되지 않는다.

2. 제174조 및 제176조와 제178조의 관계

미공개중요정보이용행위 및 시세조종과 부정거래행위의 관계는 조문구조상 이를 독자적으로 적용되는 병렬적인 관계로 보는 견해[50]가 있을 수 있다. 그러나 일본과 달리 우리나라는 제174조, 제176조, 제178조의 위반에 대한 법정형이 동일하다는 점에 주의할 필요가 있다. 따라서 행위유형상 명백히 구분되는 미공개중요정보이용행위와 시세조종에 관한 규정이 우선 적용되고, 이들 조항을 적용할 수 없는 경우에 비로소 제178조의 일반적 부정거래행위에 관한 규정이 적용된다.[51] 제176조 제2항 제1호와 제178조 제1항 제1호의 관계에 대해 고가매수 등에 의한 주가조작사건에서 제1심{서울중앙지법 2010. 10. 29. 선고 2010고합305·412(병합) 판결}은 상상적 경합을, 원심(서울고법 2011. 6. 9. 선고 2010노3160 판결)은 법조경합(특별관계)을 인정했고, 대법원은 원심을 수용했다(대법원 2011. 10. 27. 선고 2011도8109 판결).

3. 제178조 제1항과 제2항의 관계

제178조 제1항 제1호(부정한 수단·계획·기교)와 제2항(위계)의 관계에 대해서는 동일한 행위에 대하여 두 법조항의 동시 적용을 인정하는 대법원판결이 있다.[52][53] 그러나 부정한 수단·계획·기교에 비하여 위계는 주관적 요건으로서의 기망도 요한다. 따라서 동일한 행위에 대해서는 논리적으로는 위계에 관한 규정의 적용이 불가능한 경우에 한하여 부정한 수단·계

---

49) 제178조 제1항 제1호와 제2호는 법조경합관계라고 할 수 없다. 서울고법 2011. 6. 9. 선고 2010노3160 판결.
50) 안수현, "불공정거래 규제법제의 현황과 과제 — 2011년 자본시장법개정안의 평가를 포함하여", 『BFL』 제50호, 2011, 37면.
51) 정순섭, 앞의 논문(2010), 16-17면. 같은 취지: 임재연, 1048면; 주석 I, 1157면.
52) 대법원 2011. 7. 14. 선고 2011도3180 판결.
53) 대법원 2018. 4. 12. 선고 2013도6962 판결.

획·기교에 관한 제178조 제1항 제1호가 적용된다고 보는 것이 옳다.54)

▌표 10-1　자본시장법상 부정거래행위 개념도

	부정거래행위					
유 형	주관적 부정행위					객관적 부정행위
세부유형	위계사용	풍문유포	폭행 또는 협박	부실기재 등	허위시세 이용	부정한 수단·계획·기교
목적요건	– 금융투자상품거래목적 – 시세변동목적			– 재산상 　이익목적	– 금융투자 　상품 거래 　유인 목적	없음
행위유형	추상적	구체적				추상적
행위내용	– 위계 　의 사용*	– 풍문의 　유포	– 폭행 　협박	– 허위 기재 　또는 표시 – 기재 또는 　표시 누락 – 기타 기재 　또는 표시	– 허위의 　시세 이용	– 부정한 수단** – 부정한 계획** 　부정한 기교**
유 형	추상적 부정행위	구체적 부정행위				추상적 부정행위
	*위계: "거래 상대방이나 불특정 투자자를 기망하여 일정한 행위를 유인 할 목적의 수단, 계획, 기교 등"(대법원 2008. 5. 15. 2007도11145 판결)					** "기망의 요소가 없 는 일반적인 사회통 념위반 행위"

제3절　공매도의 제한

I. 의　의

공매도는 "소유하지 않은 상장증권의 매도나 차입한 상장증권으로 결제하고자 하는 매도"를 말한다(180조 1항 1호·2호). 전자를 무차입공매도, 후자를 차입공매도라고 한다. 공매도는 거래소가 개설한 증권시장이나 다자간매매체결회사에서 이루어지는 매도에 국한된다.

공매도규제의 대상은 상장되어 있는 전환사채권, 신주인수권부사채권, 이익참가부사채권 또는 교환사채권, 지분증권, 수익증권, 파생결합증권, 그리고 이러한 증권과 관련된 증권예탁증권이다(령 208조 1항 1호-5호). 시가총액이나 개인투자자 비중 등을 기준으로 종목 자체를 제한하려는 입법시도도 있었으나, "종목 간 형평성, 기준의 적정성 등 새로운 논란이 확산될

---

54) 주석 I, 1169면.

우려가 있고, 공매도 제한종목(소형주)에 대한 부정적 정보반영이 지연되어 추후 가격 정상화 과정에서 투자위험이 가중될 우려"가 지적되어 도입되지 않았다.

공매도 당사자는 결제일까지 그 증권을 취득하여 인도해야 하므로 규제의 핵심은 결제위험이다. 따라서 개념상 공매도에 해당해도 (ⅰ) 증권시장에서 매수계약이 체결된 상장증권을 그 수량 범위에서 결제일 전에 매도하는 경우, (ⅱ) 전환사채·교환사채·신주인수권부사채 등의 권리행사, 유·무상증자, 주식배당 등으로 취득할 주식을 매도하는 경우로서 결제일까지 그 주식이 상장되어 결제할 수 있는 경우, (ⅲ) 그 밖에 결제불이행 우려가 없는 경우로서 시행령으로 정하는 경우[55]와 같이 결제위험이 없는 경우는 공매도로 보지 않는다(180조 2항; 령 208조 3항).

증권법상 공매도규제는 단기매매차익반환의무의 주체인 내부자만을 대상으로 하고(343조), 그 외의 경우는 거래소 규정으로 규제했다. 그러나 자본시장법은 공매도를 부정거래행위로 보아 규제범위를 확대하였다.

Ⅱ. 원칙적 금지와 예외적 허용

1. 원칙적 금지

공매도는 투자자에게 증권에 대한 부정적인 정보나 판단에 근거하여 이익을 얻을 수 있는 길을 열어주는 한편, 그러한 정보가 보다 빨리 증권가격에 반영될 수 있게 한다. 반면 공매도는 결제위험을 수반할 뿐만 아니라 시장이 불안한 경우에는 가격폭락을 초래할 우려도 있다. 특히 회사내부자가 자기회사에 대한 불리한 미공개정보를 이용할 우려도 없지 않다.[56] 우리나라에서는 특히 개인투자자를 중심으로 공매도가 가격하락을 부추기는 투기적 거래기법이라는 강력한 비판이 존재한다. 그리하여 자본시장법은 일정한 예외를 제외하고 공매도 자

---

55) 시행령은 다음 매도로서 결제일까지 결제가 가능한 경우를 규정한다(령 208조 3항 1호-8호).
  (ⅰ) 매도주문을 위탁받는 투자중개업자 외의 다른 보관기관에 보관하고 있거나, 그 밖의 방법으로 소유하고 있는 사실이 확인된 상장증권의 매도
  (ⅱ) 상장된 집합투자증권의 추가발행에 따라 받게 될 집합투자증권의 매도
  (ⅲ) 상장지수집합투자기구의 집합투자증권의 환매청구에 따라 받게 될 상장증권의 매도
  (ⅳ) 증권예탁증권에 대한 예탁계약의 해지로 취득할 상장증권의 매도
  (ⅴ) 대여 중인 상장증권 중 반환이 확정된 증권의 매도
  (ⅵ) 증권시장 외에서의 매매에 의하여 인도받을 상장증권의 매도
  (ⅶ) 전환사채권, 신주인수권부사채권, 이익참가부사채권 또는 교환사채권, 지분증권, 수익증권, 파생결합증권을 예탁하고 취득할 증권예탁증권의 매도
  (ⅷ) 그 밖에 계약, 약정 또는 권리 행사에 의하여 인도받을 상장증권을 매도하는 경우로서 증권시장업무규정으로 정하는 경우
56) 설사 미공개중요정보이용행위에 해당하지 않는다고 해도 회사 임직원이 자기가 소속된 회사에 대한 부정적 판단을 이용하여 이익을 추구하는 것은 윤리적인 측면에서 비난받아 마땅하다.

체를 금지한다(180조 1항).

2. 예외적 허용

1) 예외의 범위

자본시장법은 "증권시장의 안정성 및 공정한 가격형성을 위하여 시행령으로 정하는 방법에 따라 거래소의 증권시장업무규정에서 정하는 가격으로 거래하는" 차입공매도(180조 1항 2호)는 예외적으로 허용한다(180조 1항 단서; 령 208조 2항). 그 방법은 공시와 결제가능성 확인을 중심으로 거래당사자에 따라 다음 2가지로 구성된다.

첫째, 거래소 회원이 아닌 투자매매업자나 투자중개업자를 포함한 투자자가 거래소 회원인 투자중개업자에게 매도주문을 위탁하는 경우 다음 방법으로 해야 한다(령 208조 2항 1호 가목-라목).

(ⅰ) 증권 매도를 위탁하는 투자자는 그 매도가 공매도인지를 투자중개업자에게 알릴 것(투자자가 그 상장법인의 임직원이면 임직원임을 함께 알릴 것).

(ⅱ) 투자중개업자는 투자자로부터 증권 매도를 위탁받으면 증권시장업무규정으로 정하는 방법에 따라 그 매도가 공매도인지와 결제가능성을 확인할 것.

(ⅲ) 투자중개업자는 공매도에 따른 결제를 불이행할 염려가 있는 경우 공매도위탁을 받거나 증권시장(다자간매매체결회사에서의 증권의 매매거래를 포함)에 공매도주문을 하지 않을 것.

(ⅳ) 투자중개업자는 투자자로부터 공매도를 위탁받으면 그 매도가 공매도임을 거래소에 알릴 것.

둘째, 거래소 회원인 투자매매업자나 투자중개업자가 매도 청약이나 주문을 내는 경우 그 매도가 공매도임을 거래소에 알려야 한다(령 208조 2항 2호).

2) 긴급제한권

예외적으로 허용된 공매도에 대해서도 금융위는 증권시장의 안정성 및 공정한 가격형성을 저해할 우려가 있는 경우에는 거래소의 요청에 따라 상장증권의 범위, 매매거래의 유형 및 기한 등을 정하여 차입공매도를 제한할 수 있다(180조 3항). 특히 시장불안을 부추기는 공매도를 규제하기 위한 조치이다. 과거 시행령에 규정되어 있던 내용을 2021. 1. 5. 개정에서 법률로 상향한 것이다.

Ⅲ. 순보유잔고의 보고

1. 보고의무

1) 보고의무자

공매도 보고의무는 '**순보유잔고**' 개념을 기초로 한다. '**순보유잔고**'는 상장증권 종목별로 '**기준시점**'의 '**보유총잔고**'에서 '**차입총잔고**'를 차감하여 산정한다(령 208조의2 3항 1호·2호).[57] '**순보유잔고 비율**'은 그 증권의 종목별 발행총수(기준시점에 증권시장에 상장되어 있는 수량으로 한정)에 대한 일별 순보유잔고의 비율을 말한다. 순보유잔고가 음(-)의 값을 갖는 것은 "매도자가 보유한 양보다 더 많은 양을 매도하였다는 사실"을 의미하고, "당해 매도로 인해 순보유잔고가 양(+)에서 음(-)으로 변하거나, 음(-)의 절댓값이 증가하게 되는 매도거래"는 공매도로 보고 있다.[58]

보고의무자는 상장증권을 차입공매도한 매도자(180조 1항 단서) 중에서 첫째, 순보유잔고 비율이 음수로서 그 절댓값이 0.01% 이상인 자(금융위 고시 방법에 따라 산정한 일별 순보유잔고의 평가액이 1억원 미만인 자는 제외)와 둘째, 그 증권의 순보유잔고 비율이 음수인 경우로서 금융위가 고시하는 방법에 따라 산정한 일별 순보유잔고의 평가액이 10억원 이상인 자이다(180조의2 4항; 령 208조의2 4항 1호·2호).

다만 (ⅰ) 상장주권이 아닌 증권의 거래, (ⅱ) 증권시장업무규정 및 파생상품시장업무규정(393조 2항)에서 정한 유동성공급 및 시장조성을 위한 상장주권의 거래, (ⅲ) 위 (ⅱ)에 따른 유동성공급 및 시장조성으로 인하여 미래에 발생할 수 있는 경제적 손실을 부분적 또는 전체적으로 줄이기 위한 상장주권의 거래, (ⅳ) 그 밖에 증권시장의 원활한 운영을 위하여 불가피하고 증권시장에 미치는 영향이 경미한 경우로서 금융위가 고시하는 상장주권의 거래에 따라 증권을 차입공매도한 자는 제외한다(180조의2 4항; 령 208조의2 1항 1호-4호). 공매도규제의 취지를 고려하여 결제위험이 없거나 비자발적 거래인 경우 등을 제외한 것이다.

---

57) 기준시점은 매 영업일 24시이지만, 매도자가 그 청약·주문이 공매도인지 여부를 판단하는 경우에는 그 청약·주문을 내기 직전을 말한다(령 208조의2 3항 1호; 규정 6-30조 4항). 보유총잔고는 "매도자가 기준시점에 보유하고 있는 누구의 명의이든 자기계산으로 소유하는 증권(법률규정이나 금전신탁계약·투자일임계약, 그 밖의 계약 등에 따라 그 증권의 취득·처분에 대한 권한을 타인이 행사하는 경우는 제외)의 수량, 법률규정이나 계약에 따라 타인에게 대여 중인 증권의 수량, 법률규정이나 금전신탁계약·투자일임계약, 그 밖의 계약 등에 따라 타인을 위하여 그 증권의 취득·처분의 권한을 가지는 경우 그에 상응하는 증권의 수량을 합한 수량, 그 밖에 법률규정이나 계약 등에 따라 인도받을 증권의 수량을 합한 수량"을 말한다(령 208조의2 3항 1호 가목-라목). 차입총잔고는 "매도자가 기준시점에 인도의무가 있는 기준시점 전에 차입하고 기준시점에 그 차입증권을 상환하지 않은 증권의 수량, 그 밖에 법률규정이나 계약 등에 따라 인도의무가 있는 증권의 수량을 합한 수량"을 말한다(180조의2 4항; 령 208조의2 3항 2호 가목·나목).

58) 국회 정무위원회 검토보고서(2020. 11), 64-65면.

2) 보고사항과 방법

보고의무자는 매도자의 순보유잔고에 관한 사항 그 밖에 필요한 사항을 기재한 순보유잔
고보고서를 금융위와 거래소에 보고해야 한다(180조의2 1항). 거래소는 그 증권이 상장된 거래
소를 말한다(180조의2 4항; 령 208조의2 4항 1호·2호). 전문투자자로서 순보유잔고보고의무가
있는 자는 5년 동안 순보유잔고 산정자료를 보관해야 하며, 금융위가 요구하는 경우 이를 지
체 없이 제출해야 한다(180조의2 3항; 령 208조의2 2항). 금융위는 순보유잔고보고서에 거짓 기
재 또는 표시가 있거나 기재사항이 누락된 경우 그 이유를 제시하고 보고서의 정정을 명할
수 있다(180조의2 2항). 사후적으로 공매도 해당 여부의 판단 등을 위한 것이다.

2. 공   시

상장주권의 종목별 발행총수 대비 매도자의 해당 증권에 대한 종목별 순보유잔고의 비율
이 법정기준에 해당하는 경우 매도자는 매도자에 관한 사항, 순보유잔고에 관한 사항을 공시
해야 한다(180조의3 1항; 령 208조의3 1항). 법정기준은 일별 순보유잔고 비율이 음수로서 그 절
댓값이 0.5% 이상인 경우를 말한다(령 208조의3 2항). 공시절차 및 방법 등은 금융위가 고시한
다(180조의3 2항). 공시사항은 시행령으로 추가할 수 있다.

3. 유상증자계획 공시 후 신주가격 결정 전 공매도 금지

누구든지 법정제한기간 중에는 모집·매출 대상주식과 같은 종목에 대하여 증권시장에서
공매도를 하거나 공매도 주문을 위탁한 경우 그 모집·매출에 따른 주식을 취득할 수 없다
(180조의4 본문; 령 208조의4 1항). 법정제한기간은 "상장주식에 대한 모집·매출계획이 처음 공
시된 날의 다음 날부터 해당 공시 또는 변경공시에 따른 모집가액 또는 매출가액이 결정되는
날까지의 기간까지"를 말하고, **처음 공시된 날**은 "증권신고서, 투자설명서, 소규모공모서류,
거래소공시(123조, 129조, 130조 및 391조)에 따라 공시된 날 중 가장 빨리 공시된 날"이다(180
조의4 본문; 령 208조의4 1항). 2016년 일부 기업의 유상증자발표 후 공매도가 집중된 이후 전
환사채(CB) 발행 등으로 주가가 급락하면서 공매도 거래자들이 과도한 차익을 얻음으로써 '**유
상증자 시 공매도를 활용한 전략**'이 문제된 것을 고려한 것이다.[59]

다만, (ⅰ) 위 법정제한기간 이내에 전체 공매도 주문수량보다 많은 수량의 주식을 가격

---

[59] 국회 정무위원회 검토보고서(2020. 11), 28면. 공모가격 확정 전 일정 기간 동안 공매도를 한 자의 증자참여
를 제한하고 ① 선의의 취득, ② 별도의 독립된 거래단위를 통한 취득, ③ 자산운용사의 복수 펀드 등에 대하
여 예외를 인정하는 미국(SEC Rule 105 of Regulation M)과 유상증자계획 공시 후 신주가격이 확정될 때까
지 공매도를 한 자의 증자로 받은 신주에 의한 공매도 결제를 금지하는 일본(금융상품거래법 시행령 제26조
의6 1항)의 사례를 참조한 것이다(위 보고서, 30면).

경쟁에 의한 거래방식으로 매수한 경우,[60] (ii) 금융위 고시에 따라 그 주식에 대한 유동성을 공급하기 위해 공매도를 하거나 공매도 주문을 위탁한 경우, 그 밖에 (i)과 (ii)에 준하는 경우로서 증권시장의 원활한 거래를 위해 금융위가 고시하는 사유에 해당하는 경우에는 취득제한이 적용되지 않는다(180조의4 단서; 령 208조의4 2항 1호-3호). 모집가액 또는 매출가액의 공정한 가격형성을 저해하지 않는 경우이기 때문이다.

4. 차입공매도를 위한 대차거래정보 보관 등

공매도와의 관련성을 고려하여 대차거래정보 보관의무를 부과한다. 보관의무자인 '**차입공매도를 목적으로 상장증권의 대차거래계약을 체결한 자**'는 대차거래정보를 5년간 보관해야 한다(180조의5 1항). 보관정보는 계약체결일시, 계약상대방의 성명(법인이면 법인명), 계약종목·수량, 결제일, 상장증권의 대차기간·수수료율, 그 밖에 이에 준하는 것으로서 금융위가 고시하는 거래정보이다(180조의5 1항; 령 208조의5 1항 1호-6호). 보관정보는 정보통신처리장치를 통해 전자적으로 보관하고, 위·변조·훼손방지설비·시스템을 갖추어, 정보의 불법접근 방지 절차·기준을 마련하고, 그 밖에 이에 준하는 것으로서 정보의 효율적 보관을 위해 금융위가 고시하는 요건을 갖추어 보관해야 한다(180조의5 1항; 령 208조의5 2항 1호-4호). 보관의무자는 금융위 및 거래소가 요구하면 그 자료를 지체 없이 제출해야 한다(180조의5 2항). 거래소는 대차거래 대상증권이 상장된 거래소를 말한다.

Ⅳ. 공매도 규제의 위반과 제재

1. 행정제재

1) 과 징 금

금융위는 위법한 공매도를 하거나 그 주문을 위탁 또는 수탁한 자에 대하여 공매도 주문금액 범위 내에서 과징금을 부과할 수 있으며, 같은 위반행위로 벌금을 부과받은 경우에는 과징금을 취소하거나 벌금에 상당하는 금액의 전부 또는 일부를 과징금에서 제외할 수 있다(429조의3 1항·3항).[61] 이 경우 문제는 주문금액의 산정방법이다. 책임주의의 원칙상 공매도 행위

---

60) 거래소 증권시장업무규정에 따른 정규시장의 매매거래시간에 매수한 경우로 한정하고, 그 매수시점은 매매계약 체결일을 기준으로 한다.

61) 최근 증선위는 무상증자로 발행 예정인 갑회사 주식을 펀드가치 평가를 위해 내부시스템에 미리 입고 처리하고, 이를 매도가능 주식으로 인식하여, 2021.○.○.~○.○. 기간 중 펀드가 소유하지 않은 갑회사 보통주 210,744주(251.4억원)에 대한 매도주문을 제출한 A사와 잔고관리 시스템에 갑 종목명과 유사한 을 종목의 차입내역을 착오로 입력함에 따라, 과대표시된 잔고를 기초로, 2021.○.○. 본인이 소유하지 않은 보통주 27,374주(73.29억원)에 대한 매도주문을 제출한 B사에 대하여 무차입 공매도규제(180조 1항)위반으로 각각 38.7억원 및 21.8억원의 과징금을 부과하였다. 금융위·금감원, 보도참고자료: 공매도 규제 위반행위에 대한 '과징금'

자의 의사에 따른 주문금액만을 산정하여 과징금의 기준으로 삼아야 할 것이다.

유상증자 관련 공매도 규제를 위반한 경우 5억원 이하의 과징금을 부과한다(429조의3 2항 본문). 다만, 그 위반행위와 관련된 거래로 얻은 이익(미실현이익 포함) 또는 이로 인하여 회피한 손실액의 1.5배에 해당하는 금액이 5억원을 초과하는 경우 그 이익 또는 회피한 손실액의 1.5배에 상당하는 금액 이하의 과징금을 부과할 수 있다(429조의3 2항 단서).

법에 위반한 공매도 주문수탁(429조의3 1항 2호, 180조)에 대한 과징금 부과는 과징금부과 대상자에게 그 위반행위에 대하여 고의 또는 중대한 과실이 있는 경우에 한한다(430조 1항). 이 경우 금융위는 시행령으로 정하는 기준에 따라 위반행위의 내용 및 정도, 기간 및 횟수, 위반행위로 인하여 취득한 이익의 규모를 고려해야 한다(430조 2항 1호-3호). 상세한 내용은 시행령과 금융위규정으로 정한다(령 379조; 자본시장조사 업무규정 [별표 제2호]),

금융위는 자본시장법을 위반한 법인이 합병을 하는 경우 그 법인의 위반행위는 합병 후 존속법인이나 신설법인의 행위로 보아 과징금을 부과·징수할 수 있다(430조 3항). 확인적 규정이다.

2) 업무정지 등

공매도 규제를 위반한 상장증권을 공매도하거나 그 위탁 또는 수탁을 한 경우에는 6개월 이내의 업무정지 등 행정제재가 부과된다(420조 3항 [별표 1] 177호, 177호의2-4). 다만 위법한 공매도에 대한 형벌과 과징금 근거를 신설했으므로 과태료 근거는 삭제했다(449조 1항 39호 삭제).

2. 형사책임

허용되지 않는 방법으로 공매도를 하거나 그 위탁 또는 수탁을 받은 자는 1년 이상의 유기징역 또는 부당이득액의 3배 이상 5배 이하에 상당하는 벌금에 처한다(443조 1항 10호). 다만 아래 제4절에서 살펴볼 부당이득연동제는 적용하지 않는다(443조 2항, 443조 1항 10호). 징역과 벌금을 병과할 수 있고(447조 2항, 443조 1항 10호), 징역에 처하는 경우 10년 이하의 자격정지를 병과할 수 있다(443조 3항, 1항 10호).

최초 부과, 2023. 3. 8.

제4절 불공정거래에 대한 형벌의 부당이득연동제[62]

Ⅰ. 의 의

자본시장법상 부당이득 형벌연동제는 "불공정거래행위에 대한 벌금과 징역형을 그 행위로 얻은 이익 또는 회피한 손실액에 연동하는 제도"를 말한다. 불공정거래행위로 얻은 이익 또는 회피한 손실액을 부당이득이라고 한다. 부당이득의 규모가 불공정거래행위의 부정성의 정도를 반영한 것이라는 발상에 기초한 것이다. 이에 대해서는 첫째, 헌법에 위반되는지 여부, 둘째, 제도적 필요성, 셋째, 부당이득의 산정가능성에 관하여 논의가 있다. 먼저 연혁을 살펴본 후, 첫째와 둘째는 Ⅱ에서, 셋째는 Ⅲ에서 정리한다.

이 제도는 1991년 미공개중요정보이용행위에 도입한 것을 시세조종행위와 부정거래행위로 확대한 것이다. 횡령·배임죄 등 기업범죄를 이득액("그 범죄행위로 인하여 취득하거나 제3자로 하여금 취득하게 한 재물 또는 재산상 이익의 가액")에 따라 가중처벌하는 「특정경제범죄 가중처벌등에 관한 법률」("특정경제범죄법")과 같은 방식이다.[63]

Ⅱ. 위헌성 논의

1. 문제의 범위

부당이득 형벌연동제에 대해서는 우선 죄형법정주의의 파생원칙인 명확성의 원칙과 과잉처벌금지의 원칙에 위반되는지 여부가 문제되었다. 헌법재판소는 이 문제에 관하여 2차례에 걸쳐 판단했다.

2. 헌법재판소 2003. 9. 25. 선고 2002헌바69, 2003헌바41(병합) 결정

2003년 헌법재판소는 시세조종행위에 대한 형벌을 부당이득에 연동하고 있던 증권법 제207조의2 단서에 대하여 명확성원칙과 과잉처벌금지원칙에 위반되지 않는다고 결정하였다{헌법재판소 2003. 9. 25. 선고 2002헌바69, 2003헌바41(병합) 결정}. 첫째, "'**위반행위**', '**얻은**', '**이익**' 등의 개념 자체는 애매하거나 모호한 점이 없으며, … 건전한 상식과 통상의 법감정을 가진 일반인의 입장에서 '**위반행위로 얻은 이익**'을 위반행위가 개입된 거래에서 얻은 총수입에서 총

---

62) 이하 논의는 정순섭, 앞의 논문(2012), 113-167면을 기초로 한 것이다. 동 논문은 시세조종행위를 대상으로 하지만, 미공개중요정보이용행위나 부정거래행위에도 적용될 수 있다.

63) 제정 당시부터 특정경제가중처벌등에 관한 법률([시행 1984. 1. 1.] [법률 제3693호, 1983. 12. 31., 제정])은 횡령죄와 배임죄를 이득액에 따라 가중처벌하고 있다(3조).

비용을 공제한 액수(시세차익)로 파악하는 데 별다른 어려움이 없으므로" 명확성 원칙에 위배되지 않는다고 판단했다. 둘째, "위반행위가 개입된 거래에서 얻은 시세차익을 기준으로 벌금형의 상한이 가중되도록 한 이 사건 법률조항은 그 정당성을 수긍할 수 있으므로, 형벌체계의 균형을 상실하였거나 책임원칙에 반하는 과잉처벌이라고 할 수 없다"고 판단했다.

3. 헌법재판소 2011. 2. 24. 선고 2009헌바29 결정

2011년 헌법재판소는 증권법상 사기적 부정거래에 대한 형벌을 부당이득에 연동하고 있던 조항에 대해서도 합헌결정을 하면서 그 근거를 보다 세밀하게 정리하였다(헌법재판소 2011. 2. 24. 선고 2009헌바29 결정).

첫째, "'**위반행위로 얻은 이익**'이라는 문언 자체의 의미뿐만 아니라 입법목적이나 입법취지, 입법연혁, 그리고 법규범의 체계적 구조 등을 종합적으로 고려하는 해석방법에 의할 때, 건전한 상식과 통상적인 법감정을 가진 일반인이라면 어렵지 않게 '**위반행위로 얻은 이익**'은 '**위반행위가 원인이 되어 그 결과로서 발생한 이익**'을 의미하는 것으로 해석할 수 있"고, "이러한 해석에 의할 때, 사기적 부정거래행위를 한 자가 이 사건 법률조항들에 의하여 **자신의 행위와 인과관계 없는 부분**, 즉 주식시장에서의 정상적인 변동요인에 의한 주가상승분이나 행위자와 무관한 **제3자가 야기한 변동요인에 의한 주가상승분**에 기한 **형사책임까지 지게 될 여지는 없다**"고 판단했다.

둘째, "사기적 부정거래행위에 대한 종래의 처벌규정이 그 해악의 중대성에 비하여 미약하다는 판단 하에 이러한 범죄를 근절하고자 하는 목적에서 이 사건 법률조항들을 신설하게 된 것인 점, 가중처벌의 기준금액을 5억원 또는 50억원으로 정하여 보호법익에 심대한 피해를 야기하여 중하게 처벌할 필요성이 있는 극소수의 중대범죄만으로 엄격하게 규율대상을 한정하고 있는 점, 사기적 부정거래행위는 조직성과 전문성, 지능성을 갖춘 영리범이라서 쉽게 근절하기 어렵고, 불특정 다수의 투자자들에게 미칠 수 있는 손해와 주식시장의 신뢰성 상실로 국가경제에 야기할 수 있는 폐해가 크다는 점 등을 종합하여 고려해 보면, 이 사건 법률조항들이 형벌 본래의 목적과 기능을 달성함에 있어 필요한 정도를 일탈하였다고 할 수 없다"고 판단했다.

4. 평   가

2011년 헌재결정은 위반행위와 인과관계가 없는 외부적 요소에 의한 가격변동분을 제외하는 것을 전제로 이익 개념을 이해한다. 법원도 위반행위와 인과관계가 인정되는 이익만을 구분하여 산정해야 하고, 증명책임은 검사가 부담한다고 판시했다(대법원 2013. 7. 11. 선고 2011도15056 판결).[64]

---

64) 같은 취지: 대법원 2021. 11. 25. 선고 2021도7962 판결.

5. 검   토

부당이득 형벌연동제와 높은 법정형에 대해서는 부당이득액이 일정 금액을 초과하면 그 일정 배수까지 벌금을 부과할 수 있게 한 것도 '**심각한 문제**'이고, "과도한 형벌규정은 오히려 법집행력을 떨어뜨릴 뿐만 아니라 형벌의 적정성 원칙에도 위반된다"는 비판이 있다.[65] 가능한 지적이지만, 다음과 같은 평가가 가능하다.

첫째, 부당이득 형벌연동제는 부당이득을 불공정거래규제의 보호법익('**자본시장의 공정성·신뢰성 및 효율성**')에 대한 침해의 정도를 나타낸다고 보아 그 규모를 형벌에 연동시킨 것이다. 경제범죄인 불공정거래의 처벌을 이익 규모에 연동하는 것은 범죄동기 자체를 제압하기 위한 적절한 수단으로 생각된다. 다만 '**결과 개념**'으로서 산정하기 어려운[66] 부당이득의 객관적 지표로서의 적정성에 대해서는 의문도 있다. 그러나 ① 귀속주체론과 인과관계론에 의한 범위 통제가 가능하고, ② 외부적 요소에 의한 가격변동분을 부당이득에서 공제하고, ③ 검사가 부당이득을 증명하지 못할 경우 기본형만이 부과되는 요건을 충족하면 큰 문제는 없을 것이다. 둘째, 자본시장법상 법정형만 낮추면 오히려 형법상 사기죄나 횡령·배임죄보다 불법의 정도가 가볍다는 입법판단으로 오인할 우려가 있다.

한편 법원의 불공정거래행위에 대한 선고형량 자체는 법관의 양심과 양형원칙에 따라 이루어진 것으로서 존중되어야 하지만, 실제 선고형량은 여전히 매우 낮다.[67] 그동안 국내에서는 국회를 중심으로 이를 해결하기 위해 법정형을 지속적으로 강화해 왔다. 그러나 이러한 입법태도가 오히려 법정형의 이론적 근거에 대한 신뢰와 제도 수용성을 떨어뜨린 측면도 있다. 중요한 것은 기존 제도를 적극적으로 운용함으로써 실효성을 찾으려는 노력이다. 불공정거래에 대한 실효성 확보수단으로서의 형벌에 한계가 있다면 보완적 제재로서 과징금에 대한 논의가 불가피하다.

입법론으로는 첫째, 법률에 부당이득산정방법을 명시하여 증명부담을 줄이고, 둘째, 불공정거래 '**행위를 위하여 제공하였거나 제공하려 한 재산**'(447조의2 2항)을 자본시장법상 선택적 또는 병존적인 형벌가중요소로 명시하고, 셋째, 형벌의 보완적 제재로서 과징금을 도입할 필요

---

65) 최인섭 외, 한국의 금융범죄 실태와 사회적 대응방안, 한국형사정책연구원, 2002, 723-724면.

66) 미국처럼 단지 민사적 차원의 문제가 아니라 무기징역까지 가능한 형사적 처벌의 기준이 되고 있기 때문에 부당이득의 산정방법문제는 강화된 제재 규정이 실질적으로 작동하기 어려운 상황으로 몰고 갈 우려가 있다고 보는 견해도 있다. 김정수, 1033면.

67) 2010년 대법원 양형위원회의 조사에 따르면 1심 선고형 기준 미공개중요정보이용행위는 징역 6개월 이상 1년 이하가 81.4%, 징역 1년6개월 이상 2년 이하가 14.8%, 집행유예가 32건 중 30건으로 93.8%, 시세조종행위의 경우 징역 6개월 이상 1년 이하가 59.1%, 징역 1년 6개월 이상 2년 이하가 14.8%, 집행유예가 149건 중 129건으로 86.6%에 달하고 있어 제재의 실효성에 의문이 있다. 정준화, "증권·금융범죄 양형기준안 설명자료", 대법원 양형위원회, 양형기준안에 관한 제5차 공청회 자료집, 2012. 3. 12., 61-63면.

가 있다. 국회는 첫째 문제에 대하여 차액설에 기초하여 부당이득산정방법을 각 유형별로 시행령에 위임하는 입법을 하였다(442조의2). 셋째 문제와 관련하여 자본시장법을 개정하여 불공정거래행위(174조, 176조, 178조, 173조의2 2항)에 대하여도 부당이득액의 2배까지 과징금을 부과할 수 있게 하였다(429조의2 1항). 그러나 시장질서교란행위(178조의2)에 대해서는 과징금만을 부과하는 체계를 그대로 유지하고 있다.

Ⅲ. 부당이득의 의의와 산정

1. 부당이득의 의의

1) 재산상 이익

부당이득은 "그 위반행위와 관련된 거래로 인한 이익 또는 회피한 손실액을 말하는 것으로서 위반행위로 인하여 발생한 위험과 인과관계가 인정되는 것"을 의미한다(대법원 2012. 1. 27. 선고 2011도14247 판결). '**위반행위로 얻은 이익**'은 "당해 위반행위로 인하여 행위자가 얻은 이득, 즉 그 거래로 인한 총수입에서 그 거래를 위한 총비용을 공제한 차액"(대법원 2002. 6. 14. 선고 2002도1256 판결).[68] 그리고 '**위반행위로 회피한 손실액**'은 "위반행위와 관련된 거래로 회피한 손실액으로서 위반행위로 인하여 발생한 위험과 인과관계 있는 것"을 뜻한다(대법원 2012. 1. 27. 선고 2011도14247 판결).[69] '**회피한 손실액**'은 '**위반행위로 얻은 이익**'에 반대되는 개념으로서 정보공개 전에 주식 등을 매도하여 회피한 손실액을 말한다(대법원 2002. 6. 14. 선고 2002도1256 판결).[70] 미공개중요정보이용행위에서 위반행위로 얻은 이익과 회피한 손실액은 미공개정보가 호재성인지 악재성인지에 따라 나타나는 매도거래와 매수거래에 따른 결과이다. 2011년 헌재결정도 위반행위와 인과관계 없는 외부적 요소에 의한 가격변동분을 제외하는 것을 전제로 이익 개념을 정의하고 있다.

부당이득은 재산상 이익에 한정되는가? 부당이득은 매도(또는 매수)금액과 매수(또는 매도)금액의 차액을 기초로 하는 순수한 재산상 이익이다. 따라서 부당이득에는 기업의 경영권 획득, 지배권 확보, 회사 내에서의 지위상승 등 무형적 이익은 포함되지 않는다.[71] 다만 소극

---

68) 같은 취지: 대법원 2006. 5. 12. 선고 2004도491 판결; 대법원 2011. 7. 14. 선고 2011도3180 판결; 대법원 2017. 12. 22. 선고 2017도12649 판결; 대법원 2021. 11. 25. 선고 2021도7962 판결 등.

69) 같은 취지: 대법원 2021. 10. 14. 선고 2017도19859 판결; 대법원 2021. 11. 25. 선고 2021도2241 판결; 대법원 2021. 11. 25. 선고 2020도8575 판결 등.

70) 같은 취지: 대법원 2003. 12. 12. 선고 2001도606 판결; 대법원 2004. 5. 28. 선고 2004도1465 판결; 대법원 2007. 11. 15. 선고 2007도6336 판결; 대법원 2009. 4. 9. 선고 2009도675 판결; 대법원 2011. 7. 14. 선고 2011도3180 판결; 대법원 2017. 12. 22. 선고 2017도12649 판결.

71) cf. 증권법상 "유가증권의 매매 기타 거래와 관련하여 부당한 이득을 얻기 위하여 고의로 허위의 시세 또는 허위의 사실 기타 풍설을 유포하거나 위계를 쓰는 행위"(188조의4 4항 1호)의 '부당한 이득'은 "유가증권의 처분으로 인한 행위자의 개인적이고 유형적인 경제적 이익에 한정되지 않고, 기업의 경영권 획득, 지배권 확

적 이득은 회피한 손실액으로서 부당이득에 포함된다. '**아직 현실화되지 않는 장래의 이득**'도 미실현이익 또는 평가이익으로서 포함된다. 미실현이익에 대해서는 아래 3. 2) 미실현이익의 포함 여부에서 살펴본다.

부당이득액은 법정형을 정하기 위한 기준으로서 규범적 개념에 불과하므로 반드시 실제의 이득액과 일치할 필요는 없다. 다만 사전에 예측가능한 기준이 제시되어 있으면 충분하다.[72]

2) 규범적 개념

불공정거래규제의 보호법익에 대한 이해에 따라 부당이득의 판단기준도 달라질 수 있다. 부당이득은 실현되어 위반행위자에게 귀속된 '**현실적 이득**'이 아니라 자본시장질서의 유지라는 사회적 법익에 대한 침해의 정도를 나타내는 '**규범적 개념**'이다.[73] 다만 부당이득의 규모는 벌금형의 상한뿐만 아니라 징역형의 상하한을 정하는 점에서 객관적 기준이 요구된다.

부당이득은 실손해의 전보를 이념으로 하는 민법상 손해배상제도의 '**손해**'와는 개념적 관련성이 적다.[74] 그러면 과징금과 같은 금전제재의 기준으로서의 부당이득과 같은 개념으로 보아야 하는가? 자본시장법 제178조의2는 시장질서교란행위에 대한 과징금의 기준으로서 동일한 개념("그 위반행위와 관련된 거래로 얻은 이익(미실현 이익을 포함한다. 이하 이 조에서 같다) 또는 이로 인하여 회피한 손실액")을 사용하고 있다(429조의2 단서). 다만 시장질서교란행위에 대한 과징금을 순수한 이익환수적 제재라고 할 수 없다.

그러면 불공정거래행위자가 그 행위의 종료 이후에 그 이익을 포기하면 어떻게 되는가? 자본시장법상 부당이득은 현실적으로 취득한 이익이 아니라 규범적으로 평가된 이익으로서, 범죄 종료 후에 받은 이익을 포기한 것에 불과하므로 고려대상이 될 수 없다.[75]

보, 회사 내에서의 지위상승 등 무형적 이익 및 적극적 이득뿐 아니라 손실을 회피하는 경우와 같은 소극적 이득, 아직 현실화되지 않는 장래의 이득도 모두 포함하는 포괄적인 개념"으로 해석되었다. 대법원 2002. 7. 22. 선고 2002도1696 판결; 대법원 2003. 11. 14. 선고 2003도686 판결; 대법원 2010. 5. 13. 선고 2010도2541 판결.

72) 시세조종에 관한 증권법 제207조의2(자본시장법 443조 1항·2항에 해당)와 관련하여 "이익액을 산출해 낼 합리적 해석기준이 분명하여 처벌규정으로서의 명확성을 지니는 것이어서 헌법 제12조의 죄형법정주의에 위반되지 않는다"고 판시했다. 대법원 2002. 7. 26. 선고 2002도1855 판결.

73) 하급심 판결 중에는 대상 전환사채를 담보로 제공하는 등 경제적으로 활용한 점을 들어 "자본시장법 제443조 제1항 단서 및 제2항에서 정한 '위반행위로 얻은 이익'은 … 법률적 판단이 아닌 경제적 관점에서 파악함이 타당하다"고 한 것이 있다. 서울남부지법 2020. 11. 19. 선고 2019고합423 판결. 그러나 해당 판결의 항소심과 상고심은 다른 입장을 취하였다. 서울고법 2021. 6. 11. 선고 2020노2164 판결; 대법원 2021. 11. 25. 선고 2021도7962 판결.

74) "증권거래법상의 이익액은 가해자가 얻은 이득이며, 이것이 피해자들의 손해총액과 반드시 일치해야 한다고 말할 수는 없는 것이다." 임채웅, "주가조작 관련 범죄에 관한 법리의 연구 — 죄수론, 이익 및 손실개념의 지위 그리고 그 액수의 산정방식을 중심으로", 『인권과 정의』 제343호, 2005, 91면. 일부 외부 투자자들이 불공정거래행위로 이득을 보면 그 행위로 손해를 보는 자들은 그 위반행위자가 얻은 이득 보다 더 큰 손해를 입게 된다. 조재연·조인호, 앞의 논문, 343면.

75) 대법원은 시세조종대상인 주식을 매수하는 매매계약을 체결하였으나 미공개중요정보이용행위가 적발되어 아

3) 보유연계자산의 취급

불공정거래행위자가 대상인 특정 증권 등과 연계되어 있는 다른 증권 등을 보유하는 경우, 예컨대 주식을 대상으로 시세조종을 하면서 그 주식은 물론 그 주식으로 전환할 수 있는 전환사채를 보유하는 사안에서 전환사채의 가격상승분도 부당이득에 포함할 것인가?

자본시장법상 부당이득은 '**그 위반행위로 얻은 이익**'으로서 행위를 기준으로 범위가 정해지므로 직접적인 대상 증권과 상호연계성이 있는 경우는 모두 포함하는 것이 옳다. 따라서 주식을 대상으로 시세조종하면서 그 주식에 대한 전환사채나 신주인수권증권을 보유하는 경우 그 전환사채나 신주인수권증권의 가격상승분도 당연히 부당이득에 포함된다. 대법원은 현대전자 시세조종사건에서 주식에 대한 시세조종이 이루어진 경우 시세조종행위자가 보유하던 주식발행회사의 전환사채에 대한 평가이익도 부당이득에 포함했다(대법원 2003. 12. 12. 선고 2001도606 판결).[76] 이에 대해서는 "전환권의 행사가능성 또는 전환사채의 즉각적인 처분가능성이 전제되지 않은 상태에서 당해 전환사채의 보유만을 이유로 주식가격의 상승에 따른 평가이익을 산정하는 것은 부당하다"고 보는 견해가 있다.[77] 그러나 첫째, 불공정거래의 대상인 주식가격 상승분이 반영된 상태에서 전환사채 자체를 매도할 수도 있으므로 사채원리금 상환을 통한 투자금 회수의 선택기회를 이유로 한 평가의 부당성을 주장하는 것은 부적절하고, 둘째, 시세조종을 시도할 정도의 전문성을 가진 행위자에게 이러한 이익가능성은 공지의 사실로서 당연히 예상했을 것으로 보는 것이 상식이다.

그러나 이러한 상호연계성은 무한히 확대될 수 있으므로 한정할 기준이 필요하다. 상당인과관계를 적용하되 특정증권등(174조 1항)의 개념도 활용할 수 있다.[78] 다만 불공정거래와

직 이전받지 못한 20만 주를 피고인이 원심에 이르러 위 20만 주를 포기한다는 내용의 확약서를 제출하였으나, 이는 범죄 종료 후에 받은 이익을 포기한 것에 불과하므로, 이 사건 이익액의 산정에 있어서 고려해야 할 사정은 아니라고 판단하였다. 대법원 2006. 5. 12. 선고 2004도491 판결.

76) 같은 취지: 대법원 2018. 10. 12. 선고 2018도8438 판결(신주인수권증권의 평가이익을 포함).

77) 김병태, 앞의 논문, 85면.

78) 따라서 예컨대 그 법인이 발행한 증권을 대상으로 시세조종하는 경우 그 행위자가 그 증권(A)과 관련된 증권예탁증권(B), 그 법인 외의 자가 발행한 것으로서 A증권 및 B증권예탁증권과 교환을 청구할 수 있는 교환사채권(C), A증권 및 B증권예탁증권과 C교환사채권만을 기초자산으로 하는 증권이나 파생상품을 보유하고 있는 경우 A증권 및 B증권예탁증권과 C교환사채권, 그리고 A증권 및 B증권예탁증권과 C교환사채권을 기초자산으로 하는 증권인 전환사채나 신주인수권부사채, 신주인수권을 표시하는 것이나 주식매수선택권 그리고 A증권 및 B증권예탁증권과 C교환사채권을 기초자산으로 하는 파생상품인 스왑계약이나 옵션계약을 보유하고 있는 경우 그로부터 얻은 이익이나 회피한 손실액은 모두 포함해야 한다. 자본시장법 제174조 제1항의 특정증권등의 개념에서는 "A증권 및 B증권예탁증권과 C교환사채권'만'을 기초자산으로 하는 금융투자상품"이라고 하여 그 기초자산을 A증권 및 B증권예탁증권과 C교환사채권에만 한정하고 있다. 그러나 '주로' 그러한 증권을 기초로 만든 금융투자상품은 모두 포함하여 해석하는 것이 옳을 것이다. 미공개중요정보이용행위의 요건인 특정증권등의 개념을 정의하면서 '만'이라는 제한적인 표현을 사용한 것은 어느 정도의 연계성을 가진 금융투자상품까지 포함할 것인지에 대한 불확실성을 제거하기 위하여 100%의 연계성을 요구한 것이다. 그러나 부당이득 산정에서는 반드시 100% 연계성을 가진 경우로 한정할 필요는 없다.

무관하게 경영권 유지나 인수합병과 같은 경영목적으로 매수하여 계속 보유하는 연계자산은 제외하는 것이 당연하다.[79] 그리고 연계자산의 부당이득은 주로 미실현이익 또는 평가이익이 문제된다. 이에 대해서는 별도로 논의한다.

2. 부당이득의 법적 지위: 구성요건요소

자본시장법은 부당이득을 범죄구성요건의 일부로 삼아 그 가액에 따라 그 죄에 대한 형벌을 매우 가중하고 있으므로 부당이득의 존부와 그 금액은 검사가 증명책임을 진다(대법원 2009. 4. 9. 선고 2009도675 판결).[80] 따라서 구체적인 부당이득의 규모를 증명하지 못할 경우 가중 처벌이 아닌 기본형만이 부과된다.

3. 부당이득의 산정방식[81]

1) 차액방식

(1) 원   칙

부당이득은 위반행위 전 총매수금액에서 위반행위 후 총매도금액의 차액임을 원칙으로 한다(대법원 2002. 6. 14. 선고 2002도1256 판결).[82] 차액은 '**거래로 인한 총수입에서 그 거래를 위한 총비용을 공제한 차액**'을 말하므로 현실거래로 인한 시세조종행위로 얻은 이익은 그 시세조종행위와 관련된 유가증권 거래의 총매도금액에서 총매수금액 외에 그 거래를 위한 매수수수료, 매도수수료, 증권거래세(증권거래소의 경우 농어촌특별세를 포함) 등의 거래비용을 공제한 나머지 순매매이익을 의미한다(대법원 2002. 6. 14. 선고 2002도1256 판결). 여기서 양도소득세(대법원 2003. 11. 14. 선고 2003도686 판결), 시세조종행위를 위해 외부청약 과정에서 청약자들에게 지급하기로 한 청약환불금 등의 비용(대법원 2004. 5. 28. 선고 2004도1465 판결), 대출금 이자(대법원 2004. 12. 9. 선고 2005도5569 판결) 등은 공제대상 거래비용에 포함되지 않는다.[83]

다만 부당이득은 총매도금액과 총매수금액의 차액을 기초로 하지만, 미실현이익을 포함하고, 인과관계론과 귀속주체론에 의한 객관적 및 주관적인 범위의 제한을 받으며, 외부적 요

---

79) 같은 취지: 서울중앙지법 2006. 1. 12. 선고 2005고합420 판결(확정).

80) 같은 취지: 대법원 2009. 7. 9. 선고 2009도1374 판결; 대법원 2010. 12. 9. 선고 2009도6411 판결; 대법원 2011. 10. 27. 선고 2011도8109 판결; 대법원 2021. 11. 25. 선고 2021도7962 판결 등. 학계 논의로, 정순섭, 앞의 논문 2012, 7면; 조재연·조인호, "자본시장법 제443조에서의 내부자거래규제 위반행위로 얻은 이익 또는 회피한 손실액 산정방법에 관한 소고", 『한양법학』 제32집, 2010, 340면.

81) 이하 사례 정리는 금감원, 『자본시장 불공정거래 및 기업공시 판례분석(불공정거래편) 2019. 12』, 2019, 352-415면을 참조한 것이다.

82) 같은 취지: 대법원 2002. 7. 26. 선고 2002도1855 판결; 대법원 2003. 11. 14. 선고 2003도686 판결; 대법원 2003. 12. 12. 선고 2001도606 판결; 대법원 2004. 3. 11. 선고 2002도6390 판결; 대법원 2004. 5. 28. 선고 2004도1465 판결; 대법원 2009. 4. 9. 선고 2009도675 판결; 대법원 2010. 4. 15. 선고 2009도13890 판결 등.

83) 부당이득산정방식으로 차액방식과 관여율방식을 비교한 것으로 임채웅, 앞의 논문, 91-92면.

소에 의한 가격변동분을 제외해야 하므로 순수한 시세차익을 의미하는 것은 아니다.

(2) 금감원 실무와 법원의 해석

법문상 부당이득의 산정방법에 대한 언급이 없으나 금감원 실무는 다음과 같다.[84) 우선 계산시점은 내부정보에 기하여 매수한 경우에는 정보생성 후 최초의 거래시점이고, 매도한 경우에는 정보공개 후 형성된 일일종가 중 최저가가 최초로 형성된 시점이다.

매수 후 매매로 인한 실현이득 = (가중평균매도단가−가중평균매수단가) × 매매일치수량

매수 후 보유로 인한 미실현이득 = (최초형성최고가−가중평균매수단가) × 잔여수량

매도로 인하여 회피한 손실액 = (가중평균매도단가−최초형성최저가) × 매매일치수량

법원은 시세조종행위로 인한 부당이득의 계산방식을 다음과 같이 판단하였다.[85) 첫째, 시세조종행위로 주가를 상승시킨 경우 그에 따른 실현이익은 '**매도단가와 매수단가의 차액에 매매일치수량(매수수량과 매도수량 중 더 적은 수량)을 곱하여 계산한 금액**'에서 '**주식을 처분할 때 든 거래비용**'을 공제하여 산정된다. 둘째, 시세조종행위로 이익을 얻기 위해 주식을 취득하였다면 실제 매수가액을 매수수량으로 가중평균한 단가를 매수단가로 적용하고, 신주인수권증권을 취득한 뒤 이를 행사하여 주식을 발행받아 처분하였다면 신주인수권 행사가격에 신주인수권증권 매입가액을 더한 금액('**신주인수권 매수가격**')을 매수수량으로 가중평균한 단가를 매수단가로 보아야 한다. 그러나 시세조종행위로 이익을 얻기 위해 주식이나 신주인수권증권을 취득한 것이 아니라면, 시세조종기간 전일 주식의 종가를 매수단가로 보아야 한다. 기존에 보유하고 있던 주식 또는 신주인수권 매수가격은 시세조종행위와 무관하기 때문이다. 결국 시세조종기간 전일의 종가가 정상적인 주가변동이나 위반행위자와 무관한 변동요인으로 말미암아 기존에 보유하고 있던 주식 또는 신주인수권 매수가격보다 높다면, 그 차액만큼의 이익은 시세조종행위와 관계없이 얻은 것이어서 '**위반행위로 얻은 이익**'으로 볼 수 없다. 반면 시세조종기간 전일 종가가 주식 또는 신주인수권 매수가격보다 낮았는데 시세조종행위로 주가가 주식 또는 신주인수권 매수가격보다 상승하였다면, 주식 또는 신주인수권 매수가격과 시세조종기간 전일의 종가의 차액만큼의 이익도 시세조종행위로 형성된 것이므로 '**위반행위로 얻은 이익**'에 해당한다. 셋째, 시세조종기간에 주식이 매도된 경우 매도단가는 실제 매도가액을 매도수

---

84) 권종호 외,『증권손해배상책임의 실체법적 정비』(증권법학회 보고서, 2003. 11), 111면.

85) 시세조종행위로 얻은 이익은 피고인들이 시세조종행위로 이익을 얻기 위하여 신주인수권증권을 보유하였는지에 따라 시세조종기간 전일 주식의 종가 또는 신주인수권 매수가격을 매수수량으로 가중평균하여 매수단가를 산정해야 한다는 이유로, 신주인수권 행사가격을 매수단가로 적용하여 시세조종으로 얻은 이익을 산정한 원심을 파기한 사례이다. 대법원 2018. 10. 12. 선고 2018도8438 판결.

량으로 가중평균하는 방식으로 정해야 한다.

2) 미실현이익의 포함 여부

(1) 원 칙

'위반행위로 얻은 이익'은 "위반행위로 행위자가 얻은 인과관계에 있는 이익의 전부"를 뜻하므로, "시세조종행위 기간 중에 한 구체적 거래로 인하여 이미 발생한 이익"(실현이익)과 "시세조종행위 종료 시점 당시 보유 중인 시세조종 대상 주식 또는 신주인수권증권의 평가이익"(미실현이익)이 모두 포함된다(대법원 2018. 10. 12. 선고 2018도8438 판결).[86] 미실현이익 산정시 거래비용을 공제 할 것인가? 미실현이익은 "처분을 전제로 하지 않고 보유하고 있는 주식의 가치를 평가하여 위반행위로 인하여 발생한 위험과 인과관계가 인정되는 이익을 산정하는 것이므로, 실현이익을 산정하는 경우 실제 처분 시 소요된 거래비용 등을 공제해야 하는 것과 달리 장래 처분 시 예상되는 거래비용 등을 공제하여 산정할 것은 아니"다(대법원 2013. 7. 11. 선고 2011도15056 판결).[87] 이익실현 가능성 등에 대한 명확하고 합리적인 판단기준의 부재와 미실현이익의 산정방식의 부당성을 근거로 '**무조건적으로**' 미실현이익 또는 평가이익을 포함시키는 것에 반대하는 견해도 있다.[88]

그러나 부당이득 규모를 형벌에 연동한 것은 그 귀속주체를 기준으로 하는 것이지 실현여부는 기준이 될 수 없다. 비록 위반행위자가 시세조종행위의 종료시점에 주식을 매도하지 않았기 때문에 명목상 금액에 불과할지라도 시세조종행위로 얻은 이익을 완전히 제외하는 것은 자본시장법의 입법취지에 정면으로 반한다. 구체적으로 시세조종행위의 효과가 반영되었다고 볼 수 있는 합리적인 기간범위 내에서 미실현이익은 당연히 부당이득에 포함되어야 한다. 미실현이익이 있을 수 있다는 것은 자본시장참여자, 특히 시세조종을 시도할 정도의 전문가에게는 공지의 사실이다.

(2) 사후적 손실결과의 반영

같은 이유에서 시세조종행위 종료 후 위반행위자가 보유주식을 매도하여 손실을 본 경우에도 그 손실을 제외할 수는 없다(서울고법 2010. 4. 1. 선고 2010노215 판결).[89] 시세조종행위와 무관하게 이루어진 위반행위자의 투자판단에 따른 주식의 매도나 매수를 특별히 고려할 필요가 없기 때문이다. 마찬가지로 시세조종과는 무관하게 인수합병과 같은 일정한 경영목적으로 매수하여 계속 보유하고 있는 주식의 평가이익은 제외해야 한다{서울중앙지법 2006. 1. 12. 선고

---

86) 같은 취지: 대법원 2003. 12. 12. 선고 2001도606 판결; 대법원 2005. 11. 10. 선고 2005도6523 판결; 대법원 2012. 1. 27. 선고 2010도7406 판결; 대법원 2013. 7. 11. 선고 2011도15056 판결; 대법원 2021. 9. 30. 선고 2021도1143 판결.
87) 입법론상 명확히 규정해야 한다는 견해로 김용재, 669-670면.
88) 김병태, 앞의 논문, 84-88면.
89) 대법원 2010. 6. 24. 선고 2010도4453 판결로 확정.

2005고합420 판결(확정)}.

(3) 기보유증권 평가이익의 반영

시세조종행위로 주가를 상승시킨 경우 기존에 보유하고 있던 주식 또는 신주인수권 매수 가격과 시세조종기간 전일의 종가와의 차액만큼의 이익이 '**위반행위로 얻은 이익**'에 해당하는 지 여부가 문제된 사건이 있다. 법원은 '위반행위로 얻은 이익'은 위반행위로 행위자가 얻은 인과 관계에 있는 이익의 전부를 뜻하므로, 시세조종행위 기간 중에 한 구체적 거래로 인하여 이미 발생한 이익('실현이익')과 시세조종행위 종료 시점 당시 보유 중인 시세조종 대상 주식 또는 신주인 수권증권의 평가이익('미실현이익')이 모두 포함된다고 판단하였다(대법원 2018. 10. 12. 선고 2018도8438 판결).

(4) 연계증권의 평가이익 반영

불공정거래행위자가 시세조종의 대상으로 하고 있는 특정 증권과 연계되어 있는 다른 증권을 보유하고 있는 경우에는 시세조종대상인 증권과 일정한 범위의 연계성을 가지는 연계자산으로부터 발생한 미실현이익은 당연히 시세조종행위자의 부당이득에 포함해야 할 것이다.

법원은 피고인이 미공개중요정보가 공개되기 이전에 시세조종의 대상이 된 주식을 매수하기로 하고 매매계약을 체결하였으나 미공개중요정보이용행위가 적발됨으로써 주식을 이전받지 못한 사안에서 피고인이 당해 주식의 소유권을 취득하여 현실적으로 이익을 실현하지 못하였음에도 불구하고 주식양도를 목적으로 하는 채권의 가액도 부당이득의 산정에 포함된다고 판단했다(대법원 2006. 5. 12. 선고 2004도491 판결).[90]

(5) 매매시점과 결제시점의 차이 고려 여부

미실현이익을 포함하는 것의 부당함을 증명하는 근거로서 시세조종행위자가 시세조종 기간의 개시 이전에 보유하던 주식을 확정된 가격으로 매각하기 위하여 주식양수도계약을 체결하였으나 시세조종 기간의 종료 이후에 주식의 소유권을 이전한 경우 시세조종으로 인한 이익의 진정한 귀속주체는 그 매수인임에도 소유권이전시기라는 '**우연한 사정**'에 의하여 부당이득의 액수에 큰 차이가 발생하는 것을 드는 견해가 있다.[91] 이 문제는 시세조종행위자의 예측가능성을 기준으로 판단할 때 특히 부당하다고 할 수 없고, 오히려 엄격한 귀속주체론을 완화하기 위해 제3자에게 부당이득을 얻게 하는 경우를 입법상 포함하도록 명시해야 할 것이다.

---

90) 동 판결에서는 아직 이전받지 못한 20만 주를 그 약정이행기간 동안의 가장 낮은 주가를 기준으로 평가한 190,000,000원으로 평가하였다.
91) 김병태, 앞의 논문, 86면.

(6) 미실현이익의 산정방법

가. 얻은 이익

내부자거래에서 보유 중인 주식에 대한 '**미실현이익**'은 "정보의 공개로 인한 효과가 주가에 전부 반영된 시점의 주가와 실제 매수단가의 차액에 그 당시 보유 중인 미공개중요정보 이용행위 대상 주식의 수를 곱하여 계산한 금액"으로 산정한다(대법원 2021. 9. 30. 선고 2021도1143 판결). 이는 정보의 공개로 인한 효과가 주가에 모두 반영된 시점 당시 보유 중인 미공개중요정보 이용행위 대상 주식이 그 시점 이후에 실제 매도된 경우에도 마찬가지로 적용된다.

여기서 '**정보 공개로 인한 효과가 주가에 전부 반영된 시점의 주가**'의 산출방법이 문제된다. 이에 대해서는 "시세조종행위의 개시 이후 그 효과가 반영되기에 충분한 합리적 시점"[92] 또는 "정보 공개 이후 해당 정보가 증권 등 가격에 전부 반영된 시점"[93]으로 보는 견해가 있다. 서울고법은 호재성 미공개중요정보 이용행위로 얻은 부당이득 중 미실현이익 산정 시점을 "당해 정보공개로 인한 효과가 주가에 직접 반영되는 기간의 종기"라는 취지로 판단하였다.[94] 대법원은 '**정보의 공개로 인한 효과가 주가에 전부 반영된 시점의 주가**'에 대하여 "그 정보 공개 이후 주가와 거래량의 변동 추세, 그러한 변동 추세가 지속된 기간 등의 여러 사정을 종합하여 객관적으로 엄격하고 신중하게 결정되어야 한다"는 기준을 제시하면서, "통상적으로는 호재성 정보가 공개된 이후 상승세에 있던 주가 흐름이 멈추거나 하락세로 돌아서는 시점의 주가"로 볼 수 있다고 한다(대법원 2021. 9. 30. 선고 2021도1143 판결).

나. 회피한 손실액

동일한 문제가 회피한 손실액에 대해서도 발생한다. '**위반행위로 회피한 손실액**'은 "위반행위와 관련된 거래로 회피한 손실액으로서 위반행위로 인하여 발생한 위험과 인과관계 있는 것"을 뜻하고, "특별한 사정이 없는 한 악재성 미공개중요정보의 공개로 인한 효과가 전부 반영된 시점의 주가와 그 정보 이용행위의 대상인 주식을 실제 매도한 단가의 차액에 그 주식 수를 곱하여 계산한 금액에서 실제 매도 시 소요된 거래비용 등을 공제한 금액"으로 산정될 수 있다(대법원 2021. 10. 14. 선고 2017도19859 판결).[95]

여기서 '**정보 공개로 인한 효과가 전부 반영된 시점의 주가**'는 ① 그 정보 공개 이후 주가와 거래량의 변동 추세, 그러한 변동 추세가 지속된 기간 등의 여러 사정을 종합하여 객관적으로 엄격하고 신중하게 결정되어야 하고, ② 통상은 "악재성 정보가 공개된 이후 하락세에 있던 흐름이 멈추거나 상승세로 돌아서는 시점의 주가"를 '**정보 공개로 인한 효과가 주가에 전부 반**

---

92) 정순섭, 앞의 논문(2012), 161면.
93) 노혁준, "자본시장법상 불공정거래로 인한 부당이득의 법적 문제", 증권법연구』 제19권 제1호, 2018, 246면.
94) 서울고법 2014. 7. 24. 선고 2014노1034 판결. 대법원 2015. 2. 12. 선고 2014도10191 판결로 확정.
95) 같은 취지: 대법원 2021. 11. 25. 선고 2021도2241 판결; 대법원 2021. 11. 25. 선고 2020도8575 판결.

영된 시점의 주가'로 볼 수 있으나, ③ 다만 그 악재성 정보 공개 직후 시장참여자들이 지나치게 민감하게 반응하여 야기된 주가하락이 존재하는 등으로 구체적인 사안에서 위와 같은 방법으로 결정하는 것이 부당하다고 볼 만한 사정이 있는 경우에는 그런 사정이 배제된 시점의 주가 등을 '정보 공개로 인한 효과가 전부 반영된 시점의 주가'로 보아야 한다(대법원 2021. 10. 14. 선고 2017도19859 판결).96)

3) 부당이득과 인과관계

(1) '위반행위로 얻은 이익'의 의의

불공정거래행위에 대한 벌금형의 한도를 정하는 기준으로서의 '위반행위로 얻은 이익 또는 회피한 손실액'(443조 1항 단서)과 징역형을 가중하는 기준으로서의 '위반행위로 얻은 이익 또는 회피한 손실액'(443조 2항)은 같은 기준에 따라 산출되는 부당이득 개념으로 보아야 한다. 부당이득의 산출을 위해서는 먼저 위반행위와 '그 위반행위로 얻은 이익 또는 회피한 손실액', 즉 부당이득액 사이에 인과관계를 요하는지가 문제된다. 구체적으로는 첫째, 위반행위와 부당이득 사이의 인과관계를 요하는지 여부와 둘째, 인과관계를 요한다고 할 경우 인과관계의 인정범위가 문제된다.

(2) 인과관계의 요부

범죄행위와 인과관계가 없는 결과는 형사처벌의 근거가 될 수 없다는 형법의 대원칙상 위반행위와 부당이득액 사이에는 인과관계가 있어야 한다. 법원도 (ⅰ) 형법 제17조가 범죄행위와 인과관계가 인정되지 않는 결과는 형사처벌의 근거가 될 수 없음을 분명히 하는 점, (ⅱ) '위반행위로 얻은 이익'을 범죄구성요건의 일부로 삼아 그 가액에 따라 그 죄에 대한 형벌을 매우 가중하고 있으므로, 이를 적용할 때에는 위반행위로 얻은 이익의 가액을 엄격하고 신중하게 산정함으로써 죄형균형 원칙이나 책임주의 원칙이 훼손되지 않도록 유의해야 하는 점을 근거로 증권법 제207조의2와 제214조에서 정한 '위반행위로 얻은 이익'은 '그 위반행위와 관련된 거래로 인한 이익'을 말하는 것으로서 '위반행위로 인하여 발생한 위험과 인과관계가 인정되는 것'을 의미한다고 보고 있다(대법원 2009. 7. 9. 선고 2009도1374 판결).

이와 관련하여 위반행위와 부당이득 사이의 인과관계가 '직접적인 인과관계'를 의미하는 것인지 여부가 다투어지기도 한다. 위 대법원판결의 원심은 "증권거래법 제207조의2 조항은 형사처벌을 위한 법정형에 관한 조항이지, 손해배상책임의 범위를 정하기 위한 조항이거나 위반행위와 직접적인 인과관계가 있는 이익액을 박탈하려는 조항"이 아니므로, "'위반행위로 얻은 이익'이라 함은 그 위반행위와 관련된 거래로 인한 이익을 말하는 것으로서, 반드시 그 위반행위와 직접적인 인과관계가 있는 것만을 의미하는 것은 아니고, 그 위반행위가 개입된

---

96) 같은 취지: 대법원 2021. 11. 25. 선고 2021도2241 판결; 대법원 2021. 11. 25. 선고 2020도8575 판결.

거래로 인하여 얻은 이익에 해당하는 것이면 이에 해당한다"고 판시하여 '**직접적인 인과관계**'가 불필요하다고 판시하였다(서울고법 2009. 1. 23. 선고 2008노2564 판결).

다만 위 대법원판결의 원심이 인용한 대법원 2004. 9. 3. 선고 2004도1628 판결[97]이나 대법원 2005. 4. 15. 선고 2005도632 판결[98]의 판시도 '**위반행위로 얻은 이익**'은 위반행위와 직접적인 관련이 있는 이익에만 한정되는 것이 아니라는 취지를 선언한 것일 뿐, '**위반행위로 얻은 이익**'의 위반행위와 이익 사이에 인과관계가 필요하지 않다는 의미는 아니다. 따라서 종전 대법원판결도 인과관계가 불필요하다는 취지로 판시하여 부당이득 범위를 넓게 인정해왔다는 설명[99]은 옳지 않다. 이러한 맥락에서 위 대법원판결의 파기환송심은 위반행위와 부당이득 사이에 직접적 인과관계를 요구하는 것은 이 조항을 사문화할 것이므로 그 인과관계는 상당인과관계를 의미하는 것이라고 판시하였다(서울고법 2009. 11. 26. 선고 2009노1838 판결).

(3) 인과관계의 인정범위
가. 원 칙

인과관계가 인정되는 부당이득의 범위와 관련하여 대법원판결은 2가지로 나누어 정리하고 있다(대법원 2010. 12. 9. 선고 2009도6411 판결). 첫째, 통상적인 경우 위반행위와 관련된 거래로 인한 총수입에서 그 거래를 위한 총비용을 공제한 차액을 산정하는 방법으로 인과관계가 인정되는 이익을 산출하는 것이다. 둘째, '**구체적인 사안에서 위반행위로 얻은 이익의 가액을 위와 같은 방법으로 인정하는 것이 부당하다고 볼 만한 사정이 있는 경우**'에는 사기적 부정거래행위를 근절하려는 증권거래법 제207조의2와 제214조의 입법취지와 형사법의 대원칙인 책임주의를 염두에 두고 위반행위의 동기·경위·태양·기간·제3자의 개입여부, 증권시장 상황 및 그 밖에 주가에 중대한 영향을 미칠 수 있는 제반 요소들을 전체적·종합적으로 고려하여 인과관계가 인정되는 이익을 산정해야 한다. '**구체적인 사안에서 위반행위로 얻은 이익의 가액을 위와 같은 방법으로 인정하는 것이 부당하다고 볼 만한 사정이 있는 경우**'는 차액법으로 부당이득을 산출하는 것이 불가능한 경우를 의미한다.

따라서 대법원은 위반행위로 인한 가격 상승이 있은 후에 제3자의 행위[100]에 의하여 대

---

97) 2002. 4. 27. 법률 제6695호로 증권거래법이 개정되어 제207조의2 제2항의 징역형 가중처벌 조항이 신설되기 전의 사안에 대한 것으로서 공소사실에 기재된 피고인의 여러 허위사실 유포행위 중 일부가 무죄로 판단된 상황에서 공소사실 기재와 같은 이익액을 그대로 인정할 수 있는지가 쟁점이 된 사안이다.
98) 일부 계좌들만 시세조정행위에 제공되고 다른 계좌들은 이에 제공된 바 없다고 하더라도 다른 계좌들을 이용한 거래로 얻은 이익을 위반행위로 인한 이익에 해당된다고 볼 수 있는지가 쟁점이 된 사안이다.
99) 인과관계의 요부에 관한 논의로는, 김병태, 앞의 논문, 94면("부당이득은 반드시 시세조종과 직접적인 인과관계 또는 민법상의 손해배상책임에 있어서 요구되는 상당인과관계까지는 필요하지 않다고 하여도 최소한 시세조종과 부당이득을 합리적으로 연관시킬 수 있는 정도의 인과관계는 필요하다"); 조재연·조인호, 앞의 논문("죄형균형의 원칙과 책임주의 원칙을 고려해 볼 때 긍정설이 부정설보다 더 설득력이 있다").
100) 2009. 6. 2. 이명박 대통령이 한-아세안 특별정상회의 행사장에서 수소연료전지 자동차 기술에 대하여 "This

상 주식을 포함한 수소에너지 관련주들의 거래량과 주가가 급증하였고, 대상 주식의 거래량과 주가도 모두 급격하게 변동된 경우 위반행위자가 대상 주식을 처분한 2009. 6. 4.과 2009. 6. 5.의 대상 주식 주가상승분에는 위 제3자의 발언으로 인한 상승분도 포함되어 있으므로 부당이득액을 산정하기 위해서는 이를 분리하여 제외해야 하고, 만일 2009. 6. 4.과 2009. 6. 5. 당시 대상 주식의 주가 중 위반행위자의 위반행위와 인과관계가 인정되는 부분만을 분리하여 그 이익액을 산정할 수 없다면 부당이득액을 산정할 수 없다고 판단하였다(대법원 2011. 7. 27. 선고 2011도8109 판결).

다만 "인과관계가 인정되기 위하여 반드시 위반행위가 이익 발생의 유일한 원인이거나 직접적인 원인이어야만 하는 것은 아니고, 다른 원인이 개재되어 그것이 이익 발생의 원인이 되었다고 하더라도 그것이 통상 예견할 수 있는 것에 지나지 않는다면 위반행위와 이익 사이의 인과관계를 인정할 수 있다"(대법원 2017. 5. 17. 선고 2017도1616 판결).

나. 포괄일죄의 경우

법원은 포괄일죄를 구성하는 각각의 위반행위와 관련하여 검사가 포괄일죄의 관계에 있는 각각의 자본시장법 위반행위로 인하여 위반행위자가 취득한 이익액을 증명해야 하고, 만약 그 일부 범행으로 인한 이익액을 산정할 수 없는 경우에는 적어도 손실을 입지는 않았다는 점을 증명해야 하며, 이를 증명하지 못한 경우에는 위반행위로 인한 전체 이익액을 산정할 수 없다고 보아야 한다고 판단하였다(대법원 2011. 7. 27. 선고 2011도8109 판결).

다. 원인행위와 그 객체인 증권의 구별

부당이득의 원인행위(허위 전환사채 발행사실의 공시)와 그 행위의 객체인 증권(허위발행된 전환사채)은 구별해야 한다. 예컨대 인수대금이 정상납입되지 않은 전환사채를 발행하고, 그 발행사실을 공시한 부정거래행위위반 사건에서 전환사채는 "그 발행사실을 공시한 부정거래행위(위반행위)의 대상이나 내용일 뿐"이므로, "피고인들이 보유하는 W 주식의 매도 차익이나 주가 하락 방지 내지 주가 상승분을 위반행위와 관련된 거래로 인한 이익이나 위반행위로 인하여 발생한 위험과 인과관계가 있는 이익으로 볼 수 있어도 이 사건 각 전환사채 자체는 위반행위로 인하여 발생한 위험과 인과관계가 있는 이익이라고 볼 수 없다"고 판단하였다(대법원 2021. 11. 25. 선고 2021도7962 판결).

4) 부당이득과 귀속주체

(1) 원 칙

부당이득 형벌연동제는 부당이득 규모가 불공정거래행위에 의하여 침해된 보호법익의 정도를 반영한다고 본 것이다. 만일 위반행위자와 그로 인한 부당이득의 귀속주체가 다른 경우

---

is our dream."이라고 설명했다는 소식.

원칙적으로 위반행위자에게 귀속되는 부당이득만을 포함하는 것이 입법목적에 맞다(대법원 2013. 7. 11. 선고 2011도15056 판결).

(2) 실질적 귀속주체

부당이득의 귀속주체는 실질적 귀속주체를 의미한다. 예컨대 미성년 자녀 명의로 불공정거래를 한 경우 그 부당이득액은 행위자인 부모의 부당이득으로 보아야 한다. 그러나 그 자녀가 독립적인 경제활동을 하는 경우에는 공범 여부나 자금관계 등 사실관계의 확인이 필요하다. 피고인(갑주식회사 대표이사)이 미공개정보를 이용하여 자신과 을의 각 자녀들 명의 계좌로 병주식회사 주식을 매수했다고 하여 증권법 위반으로 기소된 사안에서, "위 자녀들이 피고인과 공범 관계에 있다거나 피고인에게 계좌 명의만을 빌려주었다고 보기 어렵고, 병 회사 주식 매수에 사용된 돈은 피고인과 을이 서로 상대방 자녀들 명의 계좌에 교차대여 형식으로 입금한 돈으로서 그 돈은 자녀들의 돈일 가능성이 크므로," "위 자녀들 명의 계좌를 통해 병 회사 주식을 매수함으로 인하여 발생한 이익을 피고인이 얻은 이익이라고 단정하기 어렵다"고 판단했다(대법원 2014. 5. 29. 선고 2011도11233 판결).

(3) 제3자에게 부당이득을 취득하게 할 목적으로 한 경우

위반행위자가 제3자에게 부당이득을 취득하게 할 목적으로 위반행위를 한 경우 그 제3자가 취득한 부당이득은 '계산의 주체를 불문하고' 위반행위자의 부당이득으로 보아야 하는가? 자본시장법상 부당이득형벌연동제의 모델인 특정경제범죄법 제3조는 이득액을 '그 범죄행위로 인하여 취득하거나 제3자로 하여금 취득하게 한 재물 또는 재산상 이익의 가액'이라고 하여 위반행위자의 행위로 인하여 제3자에게 발생한 이득액도 포함한다. 그러나 자본시장법은 '위반행위로 얻은 이익과 회피한 손실'이라고 하여 '위반행위로 제3자로 하여금 취득하게 한' 부당이득에 대해서는 명시적으로 규정하고 있지 않다. 법원도 범행에 가담하지 않은 제3자에게 귀속되는 이익은 부당이득에 포함되지 않고 있다(대법원 2011. 4. 28. 선고 2010도7622 판결).[101]

이와 관련하여 자본시장법상 '위반행위'(174조·176조·178조)에는 제3자의 부당이득을 위한 경우가 당연히 포함되므로 제3자의 부당이득도 '그 위반행위로 얻은 이익 또는 회피한 손실액'과 '제1항 각 호의 위반행위로 얻은 이익 또는 회피한 손실액'(443조 1항·2항)에 포함된다는 해석론을 생각할 수 있다.[102] 자본시장법상 불공정거래행위는 이득의 발생 여부와 귀속주체를 불문하는 점에서 위반행위와 인과관계가 있는 부당이득을 모두 가중요소로 삼아야 한다는 것이다. 이 견해에 따르면 부당이득의 산정기준으로서 귀속주체론은 무의미하고 오로지 인과관계론만 의미를 가진다. 그러나 특정경제범죄법 제3조는 가중 전 형법상 구성요건에서 이미

---

101) 같은 취지: 대법원 2011. 7. 14. 선고 2011도3180 판결; 대법원 2011. 7. 27. 선고 2011도8109 판결; 대법원 2014. 5. 29. 선고 2011도11233 판결; 대법원 2017. 12. 22. 선고 2017도12649 판결.
102) cf. 한국증권법학회(편), 자본시장법[주석서 II], 박영사, 2009, 969면.

제3자의 이득을 위한 경우를 규정[103]하고 있음에도 제3자의 이득액을 다시 명시하는 점에서 자본시장법 제443조와는 조문체계가 다르다.

　　제3자의 부당이득에 대한 명시적 규정이 없는 상황에서 제3자의 부당이득을 일반적으로 위반행위자의 가중처벌근거로 삼는 것은 책임주의의 원칙상 적절하지 않다. 구성요건 해당성을 따질 때는 이득의 발생 여부와 귀속주체를 불문하지만, 형벌가중기준으로서의 부당이득은 타인의 이익으로 귀속되는 부분을 제외하고 엄격히 위반행위자에게 귀속되는 경우로 한정해야 한다(서울고법 2008. 11. 26. 선고 2008노1251 판결).[104]

(4) 일임매매약정

　　투자자와의 포괄적인 일임매매약정에 의하여 투자자의 계좌를 관리하는 투자중개업자의 직원이 그 계좌를 이용하여 결과적으로 투자자에게 이익이 귀속된 경우[105]에도 투자중개업자의 직원의 부당이득으로 취급해야 한다는 견해[106]가 있다. 이러한 견해가 입법취지에 비추어 옳다. 일반론으로는 타인을 대리·대표·대행·수탁하여 불공정거래행위를 한 경우, 이익은 행위자뿐 아니라 그 효과가 귀속되는 본인의 이익을 합산하는 것이 옳다. 무엇보다 대리·대표·대행·수탁의 법률효과는 그 행위의 성질상 본인에게 귀속되고, '**위반행위로 얻은 이익**'은 위반행위의 법률효과가 귀속되는 주체가 얻은 이익을 의미한다고 보는 것이 옳기 때문이다.

　　그러나 귀속주체론을 부당이득의 범위를 통제하는 도구로 사용하는 현행법 해석론상 그러한 해석이 어느 정도까지 가능한지는 검토를 요한다. 미공개중요정보이용행위에서 타인에게 정보를 이용하게 한 경우 부당이득의 계산. 특히 정보이용자가 얻은 이익 또는 회피한 손실액을 정보를 이용하게 한 자의 부당이득으로 볼 수 있는가? 부당이득형벌연동제의 입법취지상 포함하는 것이 옳다. 다만 입법론으로는 특정경제범죄법 제3조와 같이 제3자의 부당이득액을 위반행위자의 가중처벌요건으로서의 부당이득에 포함하는 것이 옳은 방향이다. 그러면 이러한 논리를 법인의 대표자가 법인의 명의로 불공정거래를 하여 법인에게 발생한 부당이득에 대해서도 동일하게 적용할 것인가? 항을 바꾸어 논의한다.

(5) 불공정거래 사용계좌와 부당이득발생계좌의 구분

　　부당이득의 산정 대상인 이익은 반드시 시세조종에 사용된 계좌에서 발생한 것에 한정되고, 시세조종에 사용되지 않은 계좌에서 발생한 이익은 제외할 것인가? 부당이득 제도의 취지는 위반행위자의 시세조종행위로부터 발생한 모든 부당이득을 형벌에 연동하는 것이지 시

---

103) 형법 제347조(사기) ② 전항의 방법으로 제삼자로 하여금 재물의 교부를 받게 하거나 재산상의 이익을 취득하게 한 때에도 전항의 형과 같다.
104) 대법원 2010. 6. 24. 선고 2010도4453 판결로 확정됨.
105) 투자중개업자의 일임매매는 투자일임업 등록을 한 자를 제외하고는 일정한 긴급성 또는 불가피성 요건을 충족하는 예외적인 경우에만 허용된다(7조 4항; 령 7조 2항).
106) 김용재, 671면. cf. 임재연, 1160면("법문상 명확하지 않아 논란의 여지").

세조종에 이용된 계좌로부터 발생한 이익만을 대상으로 하는 것은 아니다. 대법원은 시세조종에 사용된 계좌를 통한 거래에서는 손실이 발생하였고 다른 계좌들은 불공정거래에 제공된 바 없다고 하더라도 다른 계좌에서의 거래로 얻은 이익이 시세조종행위 등이 개입된 거래로 인하여 얻은 이익으로 평가되는 이상 위반행위로 인한 이익에 해당된다고 판시하였다(대법원 2005. 4. 15. 선고 2005도632 판결). 오히려 문제는 '다른 계좌에서의 거래로 얻은 이익을 위반행위로 얻은 이익으로 평가"하는 기준이다. 부당이득에 관한 일반론에 따라야 한다.

(6) 법인의 대표자와 법인의 부당이득

가. 법인 대표자의 위반행위로 취득한 법인의 부당이득을 법인 대표자의 부당이득으로 볼 수 있는지 여부

법인 대표자가 법인 명의로 불공정거래를 하여 법인에게 발생한 부당이득은 법인 대표자의 부당이득으로 볼 수 있는지 아니면 귀속주체가 다른 경우로서 위반행위자의 부당이득에는 포함하지 않을 것인지가 문제된다. 엄밀한 의미에서 귀속주체는 위반행위자와 다르므로 법인에 귀속되는 부당이득을 법인 대표자의 부당이득으로 볼 수 없다는 주장도 가능하다.

그러나 이 경우에는 위반행위자와 귀속주체가 다른 경우 위반행위자의 부당이득에 포함하지 않는다는 원칙을 그대로 적용할 수 없다. 법인 대표자의 위반행위로 취득한 법인의 부당이득은 위반행위자의 부당이득으로 보아야 한다. 위반행위자의 위반행위로 인한 부당이득의 귀속주체인 법인은 독립적인 행위능력이 전혀 없고, 그 대표자인 위반행위자가 귀속주체를 대표 또는 대리하게 되고, 위반행위자도 귀속주체의 부당이득으로 인하여 간접적인 형태로 재산상 이익을 취할 수 있기 때문이다. 요컨대 "법인의 대표자가 법인의 기관으로서 그 법인의 업무에 관하여 시세조종행위 등을 한 경우에는 그 위반행위로 인하여 법인이 얻은 이익은 그 법인의 이익이 됨과 아울러 실제행위자인 대표자가 그 위반행위로 얻은 이익에도 포함된다"는 것이다(대법원 2013. 7. 11. 선고 2011도15056 판결).

여타 관련 판례로는 갑회사의 실질적 경영자와 대표이사인 피고인들이 공모하여 갑회사가 실시할 유상증자 관련 증권신고서 등을 작성하면서 실제와 다른 자금사용계획을 기재하여 자본시장법 위반죄가 인정된 사안에서, 증권신고서 등의 거짓 기재로 피고인들이 얻은 이익에는 갑회사가 유상증자로 납입받은 대금도 포함된다고 한 사례(대법원 2011. 12. 22. 선고 2011도12041 판결), 갑회사의 대표이사, 을회사 및 병회사의 사실상 대표자인 A가 B, C와 공모하여 시세조종행위를 한 결과 생긴 이익 중 상당 부분이 갑회사, 을회사 및 병회사에 귀속되어도 그 이익은 A 및 A와 공동정범관계에 있는 B가 얻은 이익으로 볼 수 있다는 사례(대법원 2013. 7. 11. 선고 2011도15056 판결), A등이 공모하여 피고인 갑회사 주식의 매매거래에 관하여 시세조종을 한 경우 갑회사가 취득한 자기주식에서 발생한 이익도 갑회사의 대표이사와 이사인 A등의 부당이득에 포함된다고 본 사례(대법원 2014. 5. 16. 선고 2012도11971 판결), 허위로 작성·공시된 재무제표가 첨부된 2012 회계연도 사업보고서 등 회사채 신용평가자료들을 평가회사에 제출하여 갑회사가 5,000억 원 상당의 무보증사채를 발행·매매한 경우 사기적 부정거래로 인한 이익인 그 발행대금은 전액 갑회사에 귀속되었고, 대표이사가 개인적으로 취한 이익은 전혀 없다는 원심판단을 부정한 사례(대법원 2017. 12. 22. 선고 2017도12649 판결)가 있다.

나. 양벌규정 적용에 의하여 법인을 처벌하는 경우 법인이 취득한 부당이득의 산정

자본시장법은 증권법과 마찬가지로 법인의 대표자, 법인 또는 개인의 대리인·사용인 기타 종업원이 그 법인 또는 개인의 업무에 관하여 불공정거래를 한 때에는 행위자를 벌하는 외에 그 법인 또는 개인에 대하여도 벌금형을 과하는 양벌규정을 두고 있다(448조). 이 경우 법인에 대한 벌금형은 "그 법인이 대표자의 위반행위로 인하여 얻은 이익 또는 회피한 손실액"을 기준으로 상한이 정해진다(대법원 2003. 12. 12. 선고 2001도606 판결 등).[107] 이 경우에도 위 가.에서 검토한 근거에서 '대표자가 개인적으로 얻은 부당이득'과 '법인이 얻은 부당이득'을 합산하여 벌금형의 상한을 정하는 것이 옳다.

(7) 공범자의 이익

부당이득은 공범자의 이익도 포함한다. 이 경우 공범이 개별적으로 분배받은 이득액에 국한되지 않고 공범 전체의 이익을 포함하고(대법원 2005. 8. 16. 선고 2005도2710 판결),[108] 공범 중 일부에게 손실이 발생해도 전체적으로 이익을 산정한다(대법원 2008. 6. 26. 선고 2007도10721 판결). 여러 사람이 공동으로 시세조종 등 불공정거래의 범행을 저지른 경우 그 부당이득은 '범행에 가담한 공범 전체가 취득한 이익'을 말하는 것이고, '범행에 가담하지 않은 제3자에게 귀속되는 이익'은 포함하지 않는다(대법원 2011. 4. 28. 선고 2010도7622 판결).[109] 다만 공범관계가 성립 이전부터 일부 공범이 보유한 주식에 대하여 인정되는 미실현이익을 다른 공범의 부당이득에 포함하는 것에 대해서는 의문을 표시하는 견해[110]도 있다.

5) 외부적 요소에 의한 가격변동분의 반영

위반행위자의 불공정거래행위 이외의 요소, 즉 외부적 요소에 의한 가격변동분을 부당이득에 포함할 것인가? 외부적 요소 중 위반행위자 이외의 제3자의 행위로 인한 부당이득은 위반행위자의 시세조종행위와 인과관계가 없는 것으로서 당연히 제외되어야 한다(대법원 2009. 7. 9. 선고 2009도1374 판결). 그러면 위반행위자나 제3자의 행위가 없었더라도 일반적인 시장

107) 특히 미실현이익에 대해 명료한 기준이 필요하다는 견해가 있다. 김병태, 앞의 논문, 88면.
108) 같은 취지: 대법원 2005. 12. 9. 선고 2005도5569 판결; 대법원 2011. 2. 24. 선고 2010도7404 판결; 대법원 2011. 7. 14. 선고 2011도3180 판결; 대법원 2015. 2. 26. 선고 2014도16973 판결; 대법원 2017. 1. 12. 선고 2016도16351 판결.
109) 같은 취지: 대법원 2011. 7. 14. 선고 2011도3180 판결; 대법원 2011. 7. 27. 선고 2011도8109 판결; 대법원 2014. 5. 29. 선고 2011도11233 판결; 대법원 2017. 12. 22. 선고 2017도12649 판결.
110) 김병태, 앞의 논문, 88면.

요인에 의하여 발생하였을 부당이득도 제외해야 하는가? 현재 금감원 실무는 이를 별도로 분리하지 않고 있는 것으로 파악된다.[111] 그러나 이러한 접근이 인과관계론에 입각한 형사책임주의에 부합하는지에 대해서는 논란의 여지가 있다.

이에 대하여 2003년 헌재결정은 "'**위반행위로 얻은 이익**'이란 그 위반행위가 개입된 거래에서 위반행위자가 얻은 모든 이익(시세차익)을 의미하는 바, 주식을 비롯한 유가증권의 시장가격은 어느 특정 요인에 의해 형성되는 것이 아니고 매우 다양한 요인에 의해 영향을 받는다는 점을 고려하면 유가증권의 시세를 인위적으로 조종하는 행위를 하여 이익을 얻은 경우 이것이 모두 그 시세조종행위에 의한 것이라고 말할 수는 없지만, 형사책임이란 측면에서 볼 때 위반행위로 얻은 시세차익의 많고 적음이 그러한 위반행위를 한 자에 대한 형사책임의 경중을 결정하는 중요한 요소가 될 수 있으며, 또 이 사건 법률조항은 형사처벌의 법정형에 관한 조항이지, 손해배상책임의 범위를 정하기 위한 조항이거나 위반행위와 직접적인 인과관계가 있는 이익액을 박탈하려는 조항이 아니기 때문에 위반행위와 직접적인 인과관계가 있는 이익액만을 벌금형 상한변동의 요건으로 삼아야 할 필연성이 인정되지 않는다."고 하여 외부적 시장 요소에 의한 가격변동분도 부당이득의 범위에 포함할 수 있다는 입장을 취하고 있다{헌법재판소 2003. 9. 25. 선고 2002헌바69, 2003헌바41(병합) 결정}. 홍콩에서도 첫째, 위반행위자는 신뢰와 신임의 지위를 남용하여 거래한 자이고, 둘째, 시장붕괴는 일반적인 투자자로서도 수용할 수밖에 없는 통상적인 사유에 불과하므로 얻은 이익이나 회피한 손실의 산정에서 외부적인 사유에 의한 가격 변동을 특별히 고려할 필요는 없다는 견해[112]가 있다.

그러나 2003년 헌재결정의 이러한 입장은 부당이득이 법정형의 상한을 정하는 기준으로서의 의의만 가지던 법제를 전제로 한 것이므로 현행 자본시장법(443조 1항 8호·9호, 2항, 447조)과 같이 부당이득이 법정형의 상하한을 정하는 기준이 되는 법제에서는 그대로 유지될 수 없다. 헌법재판소는 최근 부정거래에 대해서 합헌결정을 하면서 "'**위반행위로 얻은 이익**'은 '**위반행위가 원인이 되어 그 결과로서 발생한 이익**'을 의미하는 것"으로 해석할 수 있고, "이러한 해석에 의할 때, 사기적 부정거래행위를 한 자가 이 사건 법률조항들에 의하여 자신의 행위와 인과관계 없는 부분, 즉 주식시장에서의 정상적인 변동요인에 의한 주가상승분이나 행위자와 무관한 제3자가 야기한 변동요인에 의한 주가상승분에 기한 형사책임까지 지게 될 여지는 없다"[113]고 하여 외부적 요소에 의한 가격변동분인 '**주식시장에서의 정상적인 변동요인에 의한 주**

---

111) 자본시장법상 미공개중요정보이용행위에 따른 부당이득에 관한 금감원과 검찰 실무상 계산방식을 소개한 조재연·조인호, 앞의 논문, 349면에 따르면 유상증자 등 권리락, 배당락으로 인한 시세변동분과 종합지수상승률, 업종지수상승률 등에 의한 시세변동분은 고려하지 않는다고 한다.

112) Anna Y. M., Financial Orders under Subsections 23(1) (B) and (C) of the Securities (Insider Dealing) Ordinance Insider Dealing Tribunal v. Shek Meiling. Available at SSRN: http://ssrn.com/abstract=925194.

113) 헌법재판소 2011. 2. 24. 선고 2009헌바29 결정.

가상승분이나 행위자와 무관한 제3자가 야기한 변동요인에 의한 주가상승분'을 부당이득산정에서
제외해야 한다는 입장을 밝히고 있다(헌법재판소 2011. 2. 24. 선고 2009헌바29 결정).

    구체적으로 외부적 요소에 의한 가격변동분의 평가와 공제방법이 문제된다. 시세조종에
관한 손해배상청구에 대해서는 사건연구방식[114]을 적용하여 외부적 요소에 의한 부당이득을
분리하고 있다(대법원 2004. 5. 27. 선고 2003다55486 판결).[115] 자본시장법상 부당이득의 계산에
민사재판에서 활용되는 사건연구방식을 도입하는 방안에 대해서는 찬반론이 있다.[116] 구체적
인 모델의 설정과 그 가정 및 전제에 따라 결과에 차이가 발생할 수밖에 없는 사건연구방식을
형사법상 인과관계론에 적용할 수는 없다.[117]

6) 부당이득의 산정시점과 기준가격

(1) 시점과 기준가격

    부당이득의 산정시점의 확정이 문제된다. 우선 그 시점을 '위반행위의 개시시점'으로 보는

---

114) "사건연구방법이란, 재무학에서 기업의 고유사건(firm-specific event)이 해당 주가에 미치는 영향을 추정하는
   방법으로, 주가에 영향을 주었다고 생각되는 시세조종 행위나 허위공시 등 문제행위(event)로 인하여 주가가
   영향을 받았을 것으로 생각되는 기간을 사건기간(event window), 정상주가 추정을 위해 비교대상으로 이용
   되는 기간을 추정기간(estimation period)으로 정한 다음, 추정기간 동안 시장모형에 따라 산출한 추정결과를
   사건기간에 적용함으로써, 사건기간 중의 실제수익률에서 위 시장모형 하의 정상수익률 및 양자의 차액에 해
   당하는 초과수익률을 산출하고, 그 차이가 통계적으로 유의미한지 검증하여 고유사건이 기업의 주가수익률에
   영향을 주었는지 판단한다. 나아가 그 영향력이 인정될 경우에는, 기준주가에 정상수익률을 누적적으로 적용
   하여 정상주가를 산출한 다음, 사건기간 중의 실제주가에서 정상주가를 차감하여 비정상주가, 즉 시세조종 행
   위로 인한 부당이득액을 산출한다. 이러한 사건연구방법은 이론적으로는 주식시장에 참여한 투자자들이 합리
   적으로 판단, 행동하고, 주식시장은 모든 관련 정보가 주가에 즉시 그리고 완전히 반영되는 효율적 시장이라
   고 간주하는 효율적 시장가설(efficient market hypothesis)에 근거하는 한편, 고유사건이 주가에 미친 영향을
   분석하는 통계적 도구로 회귀분석을 이용하는데, 회귀분석은 고유사건과 무관한 독립변수(= 설명변수)들이
   서로 상관관계 없이 독립적이고, 오차항은 각 회차의 데이터 별로 독립적이며 그 평균이 0인 정규분포를 따
   른다는 이론적 가정에 근거하고 있다." 서울고법 2017. 2. 2. 선고 2014노3376 판결(미상고확정).
115) 같은 취지: 대법원 2004. 5. 28. 선고 2003다69607 판결; 대법원 2007. 11. 30. 선고 2006다58578 판결.
116) 김병태, 앞의 논문, 95-97면(찬성); 임채웅, 앞의 논문, 91-92면(반대).
117) "이러한 사건연구방법에 따른 범죄의 증명 및 (가중)처벌은 ① 그 방법론 자체가 내포하는 이론적 한계에 비추
   어 엄격한 형사증명책임을 원칙으로 하는 형사재판의 영역에 있어서는 별도의 입법적 조치 내지 추가적인 증
   명 없이 위 방법으로 산출한 부당이득액을 주된 근거로 범죄구성요건 내지 가중처벌요건에 대한 증명이 있다
   고 볼 수 없다는 점(방법 자체의 형사법상 한계), ② 위 방법론에 따른 부당이득액 산출방법의 적정성에 관해
   서도, 위 방법론의 최근의 연구결과 및 우리 주식시장에 대한 각 검토, 검증 없이 외국 주식시장에서의 오래
   전의 모델(1969년 시장모형)을 토대로 삼았을 뿐만 아니라 그 산출의 전제가 되는 독립변수 및 검증기간(추정
   기간) 등 요소들의 선정과 평가에 있어 연구자의 개인적 주관이 배제된 가운데 절차적으로 이론의 여지가 없
   이 최대한 객관적인 방법으로 이루어진 데 대한 보장이 없다는 점(방법의 이론적 한계 및 연구자 주관의 개입
   가능성), (그 나아가 위 독립변수 및 검증기간 등의 선정과 평가의 전제가 되는 이 사건 시세조종 행위와 관련
   한 구체적 사실관계의 확정에 있어서도 연구자가 관련 증거 일체를 확보, 검토한 결과에 따른 것이 아니라 의
   뢰기관(소추기관)이 제시한 논란의 여지가 많은 사실관계를 토대로 한 것이어서 이 사건 구체적 사실관계와의
   정합성도 문제된다는 점(방법에 이용된 자료의 내재적 한계) 등의 여러 사정들에 비추어, BF 분석보고서에 기
   초한 사건연구방법의 추정결과만으로는 예비적 공소사실에서 산정한 부당이득액이 피고인의 이 사건 2차 시세
   조종 행위로 인한 것으로, 구 자본시장법 제443조 제2항 제2호의 범죄구성요건을 충족한다는 점에 대하여 합
   리적 의심의 여지없는 증명이 있다고 보기 어렵다"다. 서울고법 2017. 2. 2. 선고 2014노3376 판결(미상고확정).

데 이견이 없을 것이다. 시세조종행위의 경우 '**시세조종행위 개시시점**'의 기준가격은 대상 금융투자상품을 그 시점 또는 그 이전에 매수한 경우 그 매수시점의 매수가격이다.

(2) 종점과 가격

가. 문제의 의의

그 종점에 대해서는 첫째, 위반행위의 종료시점과 일치해야 하는지 여부와 둘째, 부당이득의 계산종점인 '**불공정거래행위의 개시 이후 그 효과가 반영되기에 충분한 합리적 시점**'이 문제된다.

나. 위반행위 종료시점과의 일치 여부

다음 2가지 이유에서 시세조종행위에 따른 부당이득 산정의 종점이 반드시 위반행위의 종료시점과 일치할 필요는 없다. 첫째, 부당이득은 구성요건 요소이기는 하지만 범죄의 종료 여부에 관한 판단과 무관한 형벌기준에의 해당 여부에 대한 판단이다. 둘째, 부당이득은 위반행위와 인과관계가 존재하면 되는 것이지 반드시 위반행위의 종료시점과 시기적으로 일치할 필요는 없다. 오히려 부당이득의 규모는 시세조종행위규제의 보호법익인 사회적 법익에 대한 침해의 정도를 반영하는 규범적 지표로서의 의미를 가지므로 시세조종행위에 따른 부당이득 산정의 종점은 '**시세조종행위의 개시 이후 그 효과가 반영되기에 충분한 합리적 시점**'을 기준으로 하는 것이 옳다.

다. 불공정거래행위의 개시 이후 그 효과가 반영되기에 충분한 합리적 시점의 확정

① **최고가 또는 최저가 형성시점**

부당이득의 산정종점인 '**불공정거래행위의 개시 이후 그 효과가 반영되기에 충분한 합리적 시점**'은 언제인가? 시세조종행위의 경우 그 행위 이후 최고가 형성시점이라고 보는 것이 옳다.118) 이와 관련하여 법원은 특별한 사정이 없는 한 아직 보유 중인 주식의 가액은 그와 동종의 마지막 처분행위시를 기준으로 하였다(대법원 2006. 5. 12. 선고 2004도491 판결). 그러나 '**시세조종행위의 개시 이후 그 효과가 반영되기에 충분한 합리적 시점**'은 시세조종의 효과가 최대로 반영된 시점, 즉 시세조종 이후 최고가 형성시점으로 보는 것이 합리적이다. 다만 그 이전에 대상 금융투자상품이 처분된 경우에는 처분시점이 기준이다.

부당이득이 얻은 이익의 경우의 미실현이익의 평가와 관련하여 '**정보의 공개로 인한 효과가 주가에 전부 반영된 시점의 주가**'에 대하여 법원은 "통상적으로는 호재성 정보가 공개된 이후 상승세에 있던 주가 흐름이 멈추거나 하락세로 돌아서는 시점의 주가"라고 판단하였다(대법원 2021. 9. 30. 선고 2021도1143 판결). 같은 취지에서 부당이득이 얻은 회피한 손실액인 경우의 미실현이익의 평가에 대해서도 '**정보 공개로 인한 효과가 전부 반영된 시점의 주가**'는 통상은

---

118) 조재연·조인호, 앞의 논문, 347-348면도 결론에서는 동일하다.

"악재성 정보가 공개된 이후 하락세에 있던 흐름이 멈추거나 상승세로 돌아서는 시점의 주가"라고 판단하였다(대법원 2021. 10. 14. 선고 2017도19859 판결).

② 매도단가 또는 매수단가

부당이득이 얻은 이익인 경우의 산정종점인 '**시세조종행위의 개시 이후 그 효과가 반영되기에 충분한 합리적 시점**'의 가격은 당해 시점이 속하는 일자의 매도단가를 기준으로 해야 한다. 다만 그 이전에 대상 금융투자상품을 처분한 경우에는 처분가격이 기준이 되어야 한다. 차액설에 따를 때 실제 시세조종행위 이후 대상 금융투자상품의 처분이 이루어진 경우에는 그 처분시점의 가격을 기준으로 하는 것이 논리적이기 때문이다. 비상장 금융투자상품인 경우에는 그에 대한 평가기준이 적용되어야 한다. 부당이득이 회피한 손실액인 경우에는 당해 시점이 속하는 일자의 매수단가가 기준이 되어야 한다. 다만 그 이전에 대상 금융투자상품을 매수한 경우에는 매수가격이 기준이 되어야 한다.

7) 부당이득과 몰수 대상 범죄수익

불공정거래행위에 대해서는 자본시장법상 벌금과 필요적 몰수 이외에 「범죄수익은닉의 규제 및 처벌에 관한 법률」("범죄수익은닉규제법")상 몰수도 가능하다. 동법상 불공정거래행위로 인한 범죄수익, 범죄수익에서 유래한 재산, 그리고 이들 재산과 그 외의 재산이 합쳐진 재산에 대하여 몰수할 수 있고(동법 2조 1호 가목, 8조), 그에 관하여 가장·은닉행위를 한 자는 5년 이하의 징역 또는 3천만원 이하의 벌금에 처한다(동법 3조 1호-3호).

여기서 범죄수익은 "중대범죄에 해당하는 범죄행위에 의하여 생긴 재산 또는 그 범죄행위의 보수(報酬)로 얻은 재산"을, 그리고 '**범죄수익에서 유래한 재산**'은 "범죄수익의 과실(果實)로 얻은 재산, 범죄수익의 대가(對價)로 얻은 재산 및 이들 재산의 대가로 얻은 재산, 그 밖에 범죄수익의 보유 또는 처분에 의하여 얻은 재산"을 말한다(동법 2조 2호 가목, 3호). 종래 범죄수익은닉규제법은 환수대상이 되는 '**중대범죄**'를 '**나열식**'으로 규정하여 범죄수익이라도 열거된 범죄가 아니면 환수할 수 없어 신종범죄에 대한 실효적 대처가 곤란한 한계가 지적되었다. 2022. 1. 4. 개정 범죄수익은닉규제법([시행 2022. 1. 4.][법률 제18672호, 2022. 1. 4., 일부개정])은 이러한 공백을 최소화하기 위하여 일정한 법정형 이상의 범죄를 중대범죄로 규정하고, 이에 해당하지 않으나 범죄수익의 환수가 필요한 죄를 별표에 열거하는 '**혼합식**' 규정 방식을 도입하였다. 개정법상 중대범죄는 사형, 무기 또는 장기 3년 이상의 징역이나 금고에 해당하는 죄와 별표에 규정된 죄로 정의되어 있다(2조 1호 가목·나목).[119]

자본시장법상 필요적 몰수와 범죄수익은닉규제법상 몰수와의 관계가 문제된다. 범죄수익

---

119) 개정 전 범죄수익은닉규제법 [별표] 중대범죄(제2조 제1호 관련) 제10호는 자본시장법 제443조(불공정거래 및 공매도) 및 제445조 제42호(직무상 정보이용행위)의 죄를 열거하고 있었다. 현행 범죄수익은닉규제법 별표에서 사형, 무기 또는 장기 3년 이상의 징역이나 금고에 해당하는 죄를 삭제하였다.

은닉규제법은 임의적 몰수를 규정하고 있어 자본시장법상 필요적 몰수 규정이 우선 적용된다. 그러나 범죄수익에서 유래한 재산, 그리고 이들 재산과 그 외의 재산이 합쳐진 재산에 대해서는 자본시장법이 아니라 범죄수익은닉규제법에 따라 몰수할 수 있고, 기소 전 몰수추징보전 등 집행의 특례(동법 10조의2)가 있으므로 범죄수익은닉규제법도 적용될 수 있다.

문제는 자본시장법 제443조의 범죄로 인한 범죄수익에 문언상 '**위반행위로 얻은 이익**'이 포함되는 것은 명백하지만 '**회피한 손실액**'도 포함되는가? 법원은 "구 증권거래법 제207조의2의 범죄행위에 의하여 생긴 재산인 불법수익 역시 … 구 증권거래법 제207조의2의 위반행위와 관련된 거래로 인한 이익 또는 회피한 손실액으로서 위반행위로 인하여 발생한 위험과 인과관계가 인정되는 것을 의미한다"고 판시하였다(대법원 2009. 7. 9. 선고 2009도1374 판결).[120] 회피한 손실액도 당연히 몰수 대상 범죄수익에 포함된다.

---

120) 대법원은 그 인과관계가 인정되는 이익이라고 하더라도 여러 사정을 고려하여 재량에 따라 그 불법수익의 몰수 또는 추징 여부를 최종 결정하면 된다고 한다. 같은 취지: 대법원 2012. 1. 27. 선고 2011도14247 판결; 대법원 2014. 5. 29. 선고 2011도11233 판결. cf. 대법원 2010. 4. 15. 선고 2009도13890 판결(얻은 이익에 대한 판단).

제11장 시장질서교란행위

제1절 서 언

　시장질서교란행위는 자본시장법상 불공정거래행위 중 과징금 부과대상으로 특화된 행위유형이다. 미공개중요정보이용행위나 시세조종행위 그리고 부정거래행위와 동일한 보호법익에 대한 침해를 그 내용으로 하면서도 실효성 확보수단이 과징금이라는 금전적 제재라는 점에 특징이 있다.

　기본적인 접근은 형벌을 실효성 확보수단으로 하는 미공개중요정보이용행위나 시세조종행위 그리고 부정거래행위로 처벌할 수 없는 행위유형에 대한 보완을 추구하면서 금전적 제재를 활용하는 체계를 구상한 것이다. 그러나 근본적으로 동일한 보호법익에 대한 동일한 위험을 발생시키는 행위에 대하여 실효성 확보수단을 달리하는 것은 법체계상 이해하기 힘든 접근방식이다. 나아가 시장질서교란행위의 조문 구성 자체가 정치하다는 평가를 받지 못하고 있으므로 금융당국은 물론 법원의 신중한 법해석이 필요한 분야라고 할 수 있다. 나아가 불공정거래에 대한 과징금 체계 개편 논의에서는 형벌을 실효성 확보수단으로 하는 미공개중요정보이용행위나 시세조종행위 그리고 부정거래행위와 과징금을 실효성 확보수단으로 하는 시장질서교란행위의 관계를 중심으로 국내법상 불공정거래행위에 대한 금전적 제재의 도입 가능성과 구체적인 방안이 논의되어야 한다.

　제2절 의의와 법적 지위에서는 시장질서교란행위의 의의와 다른 불공정거래규제와의 관계를 중심으로 그 법적 지위를 확인한다. 제3절 유형에서는 정보이용형과 시세관여형으로 구분되는 행위유형을 세부적으로 분석한다. 제4절 제재에서는 불공정거래행위에 대한 실효성 확보수단으로서의 과징금의 기준과 적용사례를 살펴본다. 제6절 불공정거래에 대한 예방 및 규제에서는 금융당국과 수사기관 그리고 법원을 포함한 법집행체계의 관점에서 불공정거래에 대한 규제의 조직적 및 절차적 정당성과 과징금 체계 등 실효성을 확보할 수 있는 방안을 살펴본다.

제2절 의의와 법적 지위

I. 의 의

자본시장법은 불공정거래규제위반에 대한 실효성 확보수단을 형벌로 한정하고 있어 죄형법정주의의 요청에 따라 유연하고 포괄적인 구성요건을 설정할 수 없는 한계가 존재한다. 이에 따라 자본시장법은 죄형법정주의의 요청을 준수하면서 불공정거래규제의 실효성을 높이기 위해 과징금을 제재수단으로 하는 새로운 유형의 규제단위를 신설하였다.[1] 그 결과 포괄적인 구성요건을 설정할 수 있게 되었다고 평가할 수 있다. 법원도 "기존에 자본시장법 제172조 내지 제178조에서 규정한 불공정거래행위에 비하여 위법성의 정도는 낮으나 시장의 건전성을 훼손하는 '시장질서 교란행위'에 대한 규제를 신설하고 그 행위에 대해서는 과징금을 부과하도록 함으로써 불공정거래 규제의 사각지대를 해소하고 투자자를 보호하려는 것을 목적"이라고 하여 같은 취지로 이해한다(서울행법 2021. 4. 15. 선고 2019구합81346 판결).[2]

II. 다른 불공정거래규제와의 관계

1. 규 정

일반적인 불공정거래행위와 시장질서교란행위의 관계가 문제된다. 자본시장법은 시장질서교란행위를 규제하면서 "그 행위가 제173조의2 제2항, 제174조 또는 제178조에 해당하는 경우"와 "그 행위가 제176조 또는 제178조에 해당하는 경우"는 제외하고 있다(178조의2 1항 단서·2항 단서). 그 결과 형벌 대상인 전통적인 불공정거래행위(173조의2 2항·174조·176조·178조)와 과징금대상인 시장질서교란행위(178조의2)의 집행상 구분이라는 난제를 제공하게 되었다. 시장질서교란행위에 대해서는 체계상 3가지가 문제된다.

2. 같은 위험과 다른 제재

동일한 보호법익에 대한 침해행위를 형벌과 과징금이라는 전혀 다른 제재의 대상으로 하는 논리적 근거가 불충분한 점은 근본적인 한계이다. 일반적인 불공정거래행위와 시장질서교란행위는 자본시장의 공정성·효율성·신뢰성이라는 보호법익에 대한 침해를 내용으로 하는

---

1) [시행 2014. 12. 30.][법률 제12947호, 2014. 12. 30., 일부개정].
2) 서울고법 2021. 11. 5. 선고 2021누42650 판결(1심수용); 대법원 2022. 3. 17. 선고 2021두58455 판결(심리불속행기각). 같은 취지: 서울고법 2022. 5. 13. 선고 2020누53226 판결(확정).

점에서 전혀 차이가 없다. 그리고 불공정거래행위에 대한 제재로서 형벌과 과징금을 병존적으로 규정할 경우 그 의미는 형벌로 제재할 정도의 시장영향력과 부정성을 갖추지 못한 경우에도 최소한의 제재는 가능해야 한다는 데서 찾아야 한다. 따라서 일반적인 불공정거래행위와 시장질서교란행위를 전자는 형벌, 후자는 과징금으로 구분하여 처벌하는 것은 입법정책적 이유는 물론 법리적 근거도 전혀 찾을 수 없다.

3. 일반 불공정거래와 시장질서교란행위의 구별

자본시장법상 "그 행위가 제173조의2 제2항, 제174조 또는 제178조에 해당하는 경우"(178조의2 1항 단서)와 "그 행위가 제176조 또는 제178조에 해당하는 경우"(178조의2 2항 단서)의 의미도 불명확하다. 아래(제3절 I. 의의)에서 살펴보는 바와 같이 자본시장법 제178조의2는 제173조의2, 제174조, 제176조, 제178조가 적용될 수 없는 경우에 보완적인 적용을 위한 것이므로 "어떠한 행위가 제176조 또는 제178조의 불공정거래행위와 제178조의2의 시장질서 교란행위의 요건을 동시에 충족하는 경우"(서울행법 2021. 4. 15. 선고 2019구합81346 판결)는 있을 수 없다. "어떠한 행위가 제173조의2 제2항, 제174조 또는 제178조와 제178조의2의 시장질서 교란행위의 요건을 동시에 충족하는 경우"도 마찬가지로 있을 수 없다. 특히 제178조의 부정거래행위는 그 자체 포괄적 행위유형으로서 개념상 시장질서교란행위를 모두 포함할 수 있다. 따라서 "어떠한 행위가 제176조 또는 제178조의 불공정거래행위와 제178조의2의 시장질서 교란행위의 요건을 동시에 충족하는 경우"에는 다른 고려 없이 제176조 또는 제178조를 절대적·무조건적으로 적용해야 한다.

4. 판단주체의 불명확성

"그 행위가 제173조의2 제2항, 제174조 또는 제178조에 해당하는 경우"(178조의2 1항 단서)인지와 "그 행위가 제176조 또는 제178조에 해당하는 경우"(178조의2 2항 단서)인지의 판단주체를 법원, 검찰, 금융 중 누가 할 것인지도 불명확하다. (ⅰ) 이 판단은 형벌과 과징금을 구분하는 기준으로서의 역할을 수행하는 점과 (ⅱ) 검찰이나 금융당국의 판단에 따른다고 보면 검찰과 금융당국 중 누가 먼저 조치하는지에 따라 적용법조가 달라질 수 있는 점을 고려할 때 법체계상으로는 법원이 판단하는 구조가 옳다. 그러나 실무적으로는 검찰과 금융당국이 협의하여 결정하고 최종적으로 법원이 판단하는 구조를 취할 수밖에 없을 것이다.

실제 문제될 수 있는 사례로는 2가지를 가정할 수 있다. 첫째, S증권 주식배당사건에서의 매매라는 동일한 위반행위에 대하여 일부는 자본시장법 제178조를 적용하여 기소하고(A유형), 일부는 같은 법조에 대하여 기소유예처분을 하며(B유형), 나머지 일부는 형사상 입건도 하지 않는 경우(C유형)로 나눈 후, B유형과 C유형에 대하여 자본시장법 제178조의2를 적용하여 과징금을 부과하는 경우이다. 둘째, 미공개중요정보이용행위에서 정보제공자인 내부자와 제1차 정보수령자는 자본시장법 제174조를 적용하여 기소하고, 제2차 정보수령자 이후의 정보수령자는 제178조의2를 적용하여 과징금을 부과하는 경우이다.

첫째 사안에서 B유형의 기소유예처분을 받은 위반행위자에 대한 금융위의 과징금처분의 효력에 대하여 법원은 "어떠한 행위가 제176조 또는 제178조의 불공정거래행위와 제178조의2의 시장질서 교란행위의 요건을 동시에 충족하는 경우에는 불공정거래행위 금지규정만을 적용하여 형사처벌로 규제하겠다는 의미로 해석되는바, 하나의 행위가 불공정거래행위로서 형사처벌의 대상이 되는 동시에 시장질서 교란행위로서 과징금 부과대상이 될 수는 없다"고 판단하였다(서울행법 2021. 4. 15. 선고 2019구합81346 판결). 검찰의 판단만으로도 제178조의2의 과징금처분은 불가능하다는 의미이다.[3] C유형에 대해서는 제178조의 적용대상이 아니라는 검찰의 판단에 따라 과징금처분은 가능하다는 결과가 된다. 법원도 이 문제를 정확히 지적하고 있지만, 법문상 다른 해석이 어렵다는 것이다.[4] 둘째 사안에서 만일 기소된 위반행위자는 무죄판결이 확정되고, 과징금처분은 유효한 것으로 확정되는 경우를 논리적으로 설명할 수 없게 된다.

5. 평 가

이상 살펴본 바와 같이 자본시장법상 시장질서교란행위규제는 입법방식으로는 매우 불완전하며 체계적 해석이 어렵다. 이를 보완하기 위해 첫째, 제174조와 제176조의 구성요건을 제178조의2에서 규정하고 있는 행위유형을 포함할 수 있게 확대하고, 둘째, 제174조, 제176조 그리고 제178조에 대하여 형벌과 과징금이 모두 가능하게 하며, 셋째, 제178조의2는 삭제하는 방향으로의 체계적 정비가 긴급히 필요하다.

---

3) "자본시장법 제178조 제1항 제1호에서 금지하고 있는 부정거래행위에 해당하는 이상, 검사의 기소유예 불기소 처분이라는 우연한 사정에 의하여 자본시장법 제178조의2 제2항의 적용 여부가 달라진다고 볼 수는 없다". 서울고법 2022. 4. 13. 선고 2020누63940 판결(확정). 그러나 같은 주식배당사건에 대한 행정심판에서는 "검찰조사에서 청구인의 자본시장법 위반 등의 피의사실이 인정되어 기소유예 처분을 받"은 사안에 대해 과징금 부과처분이 위법부당하지 않다고 판단하였다. 중앙행정심판위원회, 2018-19583 재결일자 2019. 06. 04.

4) "이와 같이 해석하게 되면, 예컨대 자본시장법 제178조의2 제2항 위반행위자에 대하여 자본시장법 제176조 또는 제178조 위반으로 기소유예 불기소처분이 이루어진 경우에 실질적인 형벌이 부과되지 않았음에도 과징금 부과처분까지 피하게 되어 형평에 부합하지 않는 결과가 초래된다고 볼 여지가 있다. 입법자 역시 과징금 제외 대상에 기소유예 불기소 처분까지 포함할 의도가 있었다고는 보이지 않는다. 그러나 자본시장법 제178조의2 제2항 단서는 '그 행위가 제176조 또는 제178조에 해당하는 경우는 제외한다.'라고만 되어 있다. 위 단서조항이 정하고 있는 과징금 제외대상을 제176조 또는 제178조 위반의 점에 관하여 형벌이 부과된 경우로 한정하는 것은 그 문언의 가능한 의미를 벗어나 부자연스럽다." 서울고법 2022. 4. 13. 선고 2020누63940 판결(확정).

제3절 유 형

I. 의 의

시장질서교란행위는 정보이용형과 시세관여형으로 구분된다. 간략히 비교하면 다음과 같다. 전자는 장내파생상품의 정보이용행위(173조의2 2항)나 미공개중요정보이용행위(174조)와 같은 근거에 따른 것으로서 부당한 정보비대칭의 남용을 교정하기 위한 것이다. 장내파생상품의 정보이용행위(173조의2 2항)와는 행위주체를 발행인과 일정한 관계를 가지는 내부자에 한정하지 않는 정보보유형인 점에서 같지만, 정보수령자는 제1차 정보수령자에 한정하지 않는 점에서 다르다. 미공개중요정보이용행위와는 첫째, 제2차 정보수령자 이후의 다차정보수령자를 포함하고, 둘째, 정보를 보유하게 된 원인과 사유를 회사와의 일정한 관계로 한정하는 회사관계형이 아닌 점에서 다르다. 후자는 시세조종행위와 같은 근거에 따른 행위유형으로서 수요공급의 법칙에 따른 시장의 가격결정기능에 대한 침해를 방지하기 위한 것이다. 차이점은 첫째, 유인목적 등의 주관적 요건을 요구하지 않고, 둘째, 행위유형을 일반화·추상화하고 있는 것이다.

II. 제1유형: 정보이용형

1. 주 체

1) 의의와 취지

정보이용형의 주체는 '회사와의 관계에 기초한 정보접근성을 기준으로 하는' 내부자가 아니라 대상정보를 보유한 정보보유자로서 보유하게 된 원인은 크게 확대하였다(178조의2 1항 1호 가목-라목). 제1차 정보수령자가 아닌 제2차 정보수령자 이후의 정보수령자, 정보생산자와 직무관련 정보보유자, 부정한 방법으로 정보를 알게 된 자, 이들로부터의 정보수령자를 포함한다.

2) 제2차 정보수령자 이후의 정보수령자

이 유형은 미공개중요정보이용행위의 주체(174조 1항-3항)로부터 나온 미공개중요정보 또는 미공개정보인 정을 알면서 이를 받거나 전득한 자이다(178조의2 1항 1호 가목). '미공개중요정보'는 전통적인 정보(174조 1항)를, '미공개정보'는 주식등에 대한 공개매수의 실시 또는 중지에 관한 정보와 주식등의 대량취득·처분의 실시 또는 중지에 관한 정보를 말한다(령 207조의2 1호; 법 174조 2항·3항).

　　이 유형은 제2차 이후의 다차정보수령자를 제174조로 처벌할 수 없는 한계를 극복하려는 것이다. 따라서 제2차 정보수령자 이후의 전득자도 포함한다. 전득자의 범위와 관련하여 "본인이 제5차 정보수령자에 불과하여 자본시장법 제178조의2에서 말하는 전득자에 해당하지 아니한다"는 주장에 대하여, 위 '전득한 자'에는 "내부자로부터 미공개중요정보를 받은 사람으로부터 직접 전해들은 사람뿐만 아니라 그 사람으로부터 순차 전해들은 사람도 포함된다"고 판단하였다{서울고법 2019. 1. 31. 선고 2018누57980 판결(확정)}.

　　이 유형에 해당하는 자로는 대상정보가 (i) 상장법인의 내부자(아들) → 제1차 정보수령자(모) → 제2차 정보수령자(부) → 제3차 정보수령자(위반행위자)로 전달된 구조에서 제3차 정보수령자,[5] ㈜갑에 대한 독일 B사의 항암신약권리반납이라는 미공개중요정보를 ㈜갑의 계약업무담당자 B로부터 C, D를 거쳐 전득한 E(제3차 정보수령자),[6] A사의 거래업체 B사 대표이사 을(1차 수령자)로부터 'A사 세무조사 결과 A사가 안 좋아질 것이니까 A사 주식을 정리하는 게 좋겠다'는 정보를 들은 B사의 감사인 갑,[7] A사의 유상증자결정 정보가 A사 내부자로부터 나온 정보임을 알면서 배우자인 을(1차 정보수령자)로부터 전달받은 갑,[8] A사 본사 근무자인 병으로부터 유선연락 등을 통하여 대상 정보를 알게 된 A사 소속 지방공장에서 근무하는 갑,[9] 동생의 배우자인 을로부터 을의 지인이 A사를 인수한다는 미공개정보를 전득한 갑(현재 A사 사내이사),[10] 친구인 병(1차 수령자)으로부터 본건 정보를 전달받은 갑,[11] 모친인 병(1차 수령자)으로부터 대상 정보를 전달받은 갑[12]을 들 수 있다.

3) 정보생산자와 직무관련 정보보유자

　　이 유형은 자신의 직무와 관련하여 대상정보를 생산한 자나 '자신의 직무와 관련하여 대상정보를 알게 된 자'이다(178조의2 1항 1호 나목).

　　첫째, '자신의 직무와 관련하여 대상정보를 생산한 자'는 정보생산자법리를 극복하기 위한 것이다. 정보생산자법리는 회사가 아닌 주요주주와 주식인수계약을 체결한 자는 '그 법인과 계약을 체결하고 있거나 체결을 교섭하고 있는 자'(174조 1항 4호)도 아니고, 내부자로부터 정보를 수령한 자도 아닌 정보생산자이므로 제174조로 처벌할 수 없다는 것이다(대법원 2003. 11. 14. 선고 2003도686 판결).

---

5) 증선위 심의·의결 안건번호 2016-305호, 2016. 12. 21.
6) 증선위 심의·의결 안건번호 2017-125호, 2017. 5. 24.
7) 증선위 심의·의결 안건번호 2018-118호, 2018. 4. 25.
8) 증선위 심의·의결 안건번호 2020-3호, 2020. 1. 8.
9) 증선위 심의·의결 안건번호 2020-88, 2020. 4. 22.
10) 증선위 심의·의결 안건번호 2020-202호, 2020. 7. 15.
11) 증선위 심의·의결 안건번호 2021-105호, 2021. 4. 21.
12) 증선위 심의·의결 안건번호 2021-142호, 2021. 6. 16.

둘째, '자신의 직무와 관련하여 대상정보를 알게 된 자'는 제174조가 직무와 관련하여 정보를 알게 된 자도 임직원등 회사와 관계가 있는 자만을 처벌대상으로 하고, 정보수령자도 내부자로부터 직접 정보를 받은 자로 한정하는 한계를 해소하기 위한 것이다. 따라서 '자신의 직무와 관련하여 대상정보를 알게 된 자'는 회사와의 관계를 불문하고 자신의 직무와 관련하여 정보를 알게 되 자를 포함하며, 직무의 종류는 불문한다. 국회나 법원 또는 정부의 공무원은 물론 금융당국, 거래소나 협회 또는 금융회사의 임직원 등을 모두 포함한다. 2대 주주인 B사의 A사 주식대량매각정보를 A사 주식 블록딜 주관회사인 C사로부터 블록딜 수요예측과정에서 알게 된 C가 대표적이다.[13] B사 소속으로 팀 회의 및 제품판매 관련 메일 등을 통해 대상정보를 직무와 관련하여 알게 된 갑, B사에 식품관련제품을 납품하던 중, B사의 불상의 관계자로부터 대상정보를 전달받아 알게 된 을, B사 소속으로 2017. 7. 20.경 B사의 다른 팀에 근무하는 정으로부터 대상정보를 전달받은 병, B사 소속 팀장으로 근무하면서 본 건 정보를 직무와 관련하여 알게 된 정, B사 소속으로 근무하면서 B사의 타 팀 팀원이자 제품런칭 담당자로부터 대상정보를 전달받은 무, B사 소속으로 근무하면서 QA업무보고를 받으며 대상정보를 직무와 관련하여 알게 된 기, B사 소속으로 근무하면서 B사 노사협의회 비정기미팅에 참석하여 대상정보를 직무와 관련하여 알게 된 경, B사 소속으로 근무하면서 제품판매 관련 메일 등을 통해 대상정보를 직무와 관련하여 알게 된 신, 갑의 팀원으로 팀 회의 및 판매관련 메일 등을 통해 대상정보를 자신의 직무와 관련하여 알게 된 임도[14] 이 유형에 해당한다. B사의 수석운용역으로서 계열 운용사인 C사가 설정·운용하는 펀드의 자산을 배분받아 운용하는 중에 D사가 보유한 A사 주식의 블록딜 매각주관사인 E사로부터 블록딜 수요예측 등에 응하는 과정에서 A사 주식 블록딜에 대한 미공개 중요 시장정보를 알게 된 갑도 여기에 해당한다.[15]

4) 부정한 방법으로 정보를 알게 된 자

이 유형은 해킹, 절취, 기망, 협박, 그 밖의 부정한 방법으로 정보를 알게 된 자이다(178조의2 1항 1호 다목). 자본시장법상 "해킹, 절취, 기망, 협박 그 밖의 부정한 방법으로 정보를 알게 된 경우"는 내부자나 정보수령자에 해당하지 않는 한계를 극복하기 위한 것이다. '부정한 방법'에는 '정보를 엿들은 경우'나 '우연히 사무실을 지나다가 들은 경우'도 포함되는가? '부정한 방법'은 최소한 '해킹, 절취, 기망, 협박'에 준하는 정도의 부정성을 가진 경우에 한정되는 것으로 해석해야 한다. 따라서 '정보를 엿들은 경우'나 '우연히 사무실을 지나다가 들은 경우'는 아래 넷째 유형에 해당할 수 있다.

---

13) 증선위 심의·의결 안건번호 2017-243호, 2017. 9. 27. 미공개중요정보에 해당하는지 여부와 과징금 산정에 관한 재량의 일탈과 남용이 다투어졌으나 법원에서 그 효력이 인정되었다.

14) 증선위 심의·의결 안건번호 2019-272호, 2019. 9. 25.

15) 증선위 심의·의결 안건번호 2019-308호, 2019. 11. 13. 다만 법원에서는 미공개중요정보에 해당하지 않는다는 이유로 과징금 부과처분을 위법하다고 보았다. 서울고법 2021. 11. 11. 선고 2021누46195 판결(확정).

5) 위 3)이나 4)로부터의 정보수령자

이 유형은 3)이나 4) 유형의 주체에 해당하는 자로부터 나온 정보인 정을 알면서 이를 받거나 전득한 자이다(178조의2 1항 1호 라목). 제2차 정보수령자 이후의 정보수령자로서 내부자로부터 직접 받은 경우는 물론 전득한 자도 포함한다. 여기서 위 나목(3)에 해당하는 자가 정확히 누구인지 명시되지 않았더라도 정보의 제공자가 '자신의 직무와 관련하여 정보를 생산하거나 알게 된 자'임을 알 수 있을 정도로만 특정되면 충분하다{서울행법 2020. 9. 4. 선고 2019구합85935 판결(확정)}. **'정보를 의도적으로 엿들은 경우'나 '우연히 사무실을 지나다가 들은 경우'** 는 위 3) 유형의 자로부터 나온 정보인 정을 알면서 전득한 자로 볼 수 있다.

2. 대상상품

정보이용형의 대상상품은 상장증권, 장내파생상품, 이를 기초자산으로 하는 파생상품을 포함하는 지정금융투자상품이다. 여기서 상장증권은 상장예정법인등(174조 1항)이 발행한 증권을 포함한다. 파생상품은 상장증권이나 장내파생상품을 기초자산으로 하는 것을 모두 포함하며 장내외를 불문한다. 상장증권이나 장내파생상품을 기초자산으로 할 때 그 비중에 대하여 명확한 기준이 없다. 제174조의 적용대상인 특정증권등은 "제1호부터 제3호까지의 증권만을 기초자산으로 하는 금융투자상품"(172조 1항 4호)이라고 하여 기초자산이 **'제1호부터 제3호까지의 증권만'** 으로 구성될 것을 요구하여 해석의 여지를 없애고 있다. 그러나 회사관계형이 아니라 시세영향형을 채택한 정보제공형에서 그러한 제한은 의미가 없다.

3. 대상정보

대상정보는 첫째, 그 정보가 지정금융투자상품의 매매등 여부 또는 매매등의 조건에 중대한 영향을 줄 가능성이 있을 것, 둘째, 그 정보가 투자자들이 알지 못하는 사실에 관한 정보로서 불특정 다수인이 알 수 있도록 공개되기 전일 것의 요건을 충족해야 한다(178조의2 1항 2호 가목·나목).

첫째, 정보는 지정금융투자상품의 매매등 여부 또는 매매등의 조건에 중대한 영향을 줄 가능성이 있는 것을 말한다. 법은 미공개중요정보와 미공개정보와 그 이외의 정보를 모두 포함한다. 그러나 정보 자체에 대해서는 따로 정의가 없고 동일한 보호법익에 대한 침해행위인 점을 고려할 때 **'중대한 영향'** 도 미공개중요정보이용행위에서의 정보의 중대성과 개연성을 기준으로 해석해야 한다. 다만 형벌이 아닌 과징금을 제재수단으로 하므로 제174조보다 완화된 해석이 가능하다는 의견도 있을 수 있다. 그러나 정보이용형 시장질서교란행위는 제174조의 행위와 본질상 차이가 없는데 제도적 한계로 인하여 처벌할 수 없었던 행위를 규제하려는 것이므로 달리 해석할 이유는 없다. 제173조의2의 정보와의 관계도 마찬가지이다.

둘째, 정보는 물론 반드시 발행인의 내부정보에 한정되지 않는다. 지정금융투자상품의 매매등 여부 또는 매매등의 조건에 중대한 영향을 줄 가능성이 있는 정보이면 "회사의 업무와 관련하여 내부에서 생성된 정보뿐만 아니라 회사의 업무와 무관하게 전적으로 외부에서 생성된 정보를 불문한다{서울행법 2019. 1. 10. 선고 2017구합89377 판결(확정)}.

셋째, 정보의 생성시점도 마찬가지 이유에서 제174조에서 미공개중요정보의 중대성과 개연성 요소를 고려하여 판단해야 할 것이다.

넷째, 정보의 공개시점과 관련하여 핵심은 공개방법이다. 하급심 중에는 "자본시장법 제174조와 같은 법 제178조의2는 모두 불특정 다수인이 알 수 없는 상장법인의 내부 정보를 부정하게 이용하는 것을 방지하기 위해 마련된 것으로 그 입법취지가 같"으므로, 미공개의 요건 역시 "같은 법 제174조 제1항, 같은 법 시행령 제201조 제2항에서 규정한 방법에 의해 공개되기 전일 것을 의미한다"는 판결이 있다{서울행법 2018. 7. 13. 선고 2017구합77398 판결(확정)}. 그러나 명문규정이 없고 정보범위에 외부정보도 포함되는 상황에서 이러한 해석이 가능한지는 의문이다. 유사한 내용이 이미 신문에 보도된 경우에도 회사가 직접 공개하거나 그 정보공개를 위임하지 않은 경우는 공개된 정보인가? 법률상 공개방법이 특정되어 있지 않기 때문에 **'투자자들이 알지 못하는'**의 의미가 불명확해지고, **'불특정 다수인이 알 수 있도록 공개'**된 시점을 확정할 수 없다. 결국 "그 정보가 투자자들이 알지 못하는 사실에 관한 정보로서 불특정 다수인이 알 수 있도록 공개되기 전일 것"에 해당하는지 여부는 평균적인 투자자를 기준으로 규범적으로 판단할 수밖에 없다. 따라서 유사한 내용이 이미 신문에 보도된 경우에는 대상정보에 해당할 수 없다.16)

4. 금지행위

1) 의   의

금지되는 행위는 지정금융투자상품의 매매, 그 밖의 거래("매매등")에 이용하거나 타인에게 이용하게 하는 행위이다. 정보이용형은 대상정보가 미공개중요정보이용행위와 마찬가지로 "매도거래를 하게 된 유일한 요인이어야만 성립하는 것이 아니라 이 사건 매도거래를 하게 된 요인 중 하나인 것만으로도 충분히 성립 가능"하다{서울행법 2021. 6. 18. 선고 2020구합60079 판결(확정)}.17)

---

16) "이 사건 제품은 2015. 4. 23. 한국소비자원의 '백수오 추출물 제품 독성물질 검출' 사실 발표 등으로 홈쇼핑 판매가 중단되었는데, C 매출의 50~60%를 차지하는 이 사건 제품의 방송 판매 재개라는 … 이 사건 정보가 2017. 7. 26. 비로소 언론 보도를 통해 대중에 공개된 점 등에 비추어 이 사건 정보는 이 사건 규정 제1항 제2호의 '정보'에 해당한다." 서울행법 2020. 9. 4. 선고 2019구합85935 판결(확정).

17) 항소심도 원심 판단을 수긍하였다. 서울고법 2022. 1. 21. 선고 2021누51418 판결(확정). 같은 취지: 서울행법

2) 적용제외

(1) 의의와 취지

자본시장법은 투자자 보호 및 건전한 시장질서를 해할 우려가 없는 행위와 일반적인 불공정거래행위의 2가지를 정보이용형의 적용대상에서 제외하고 있다. 전자는 부당한 정보비대칭성의 남용가능성이 없는 점을, 그리고 후자는 오로지 일반적인 불공정거래행위규제의 적용대상으로 하기 위한 입법정책적 고려의 산물이다.

(2) 투자자 보호 및 건전한 시장질서를 해할 우려가 없는 행위로서 시행령으로 정하는 경우(178 조의2 1항; 령 207조의2)

시행령은 (ⅰ) 정보이용형의 주체 중 첫째 유형에 해당하는 자(178조의2 1항 1호 가목)가 미공개중요정보 또는 미공개정보를 알게 되기 전에 구속성거래(지정금융투자상품에 관한 계약을 체결하는 행위, 투자매매업자 또는 투자중개업자에게 지정 금융투자상품의 매매등에 관한 청약·주문을 제출하는 행위, 이에 준하는 행위로서 금융위가 고시하는 행위)를 함으로써 그에 따른 권리를 행사하거나 의무를 이행하기 위해 지정금융투자상품의 매매등을 하는 경우(178조의2 1항; 령 207조의2 1호 가목-다목), (ⅱ) 정보이용형의 주체 중 둘째·셋째·넷째 유형에 해당하는 자(178조의2 1항 1호 나목-라목)가 대상정보(178조의2 1항 2호 가목·나목)를 생산하거나 그러한 정보를 알게 되기 전에 위 구속성거래(령 207조의2 1호 가목-다목)에 해당하는 행위를 함으로써 그에 따른 권리를 행사하거나 의무를 이행하기 위해 지정 금융투자상품의 매매등을 하는 경우, (ⅲ) 법령 또는 정부의 시정명령·중지명령 등에 따라 불가피하게 지정 금융투자상품의 매매등을 하는 경우, (ⅳ) 그 밖에 투자자 보호 및 건전한 거래질서를 저해할 우려가 없는 경우로서 금융위가 고시하는 경우를 한정적으로 열거하고 있다.

(3) 그 행위가 제173조의2 제2항, 제174조 또는 제178조에 해당하는 경우

같은 행위가 장내파생상품의 정보이용행위(173조의2 2항), 미공개중요정보이용행위(174조) 또는 부정거래행위(178조)에 해당하는 경우에는 시장질서교란행위에 해당할 수 없는 점을 고려한 것이다.

Ⅲ. 제2유형: 시세관여형

1. 주 체

시세관여형의 주체에 대하여는 특별한 제한이 없다(178조의2 2항). 일정한 정보보유를 요건을 하는 정보이용형과는 달리 시세관여형에서 시세에 영향을 미치는 것은 누구든지 할 수

2020. 9. 4. 선고 2019구합85935 판결(확정).

있기 때문이다.

2. 대상상품

대상상품은 상장증권 또는 장내파생상품이다(178조의2 2항). 그러나 연계시세조종행위에서 살펴본 바와 같이 시세관여행위가 이루어진 시장과 그로부터 이익을 얻거나 손실을 회피하고자 하는 시장이 다른 경우도 있을 수 있다. 자본시장법상 "상장증권 또는 장내파생상품에 관한 매매등과 관련하여"라고 하여 시세관여시장과 이익목적시장 중 한쪽만 자본시장법상 상장증권 또는 장내파생상품을 거래하는 금융투자상품시장이면 된다.

3. 금지행위

1) 의   의

(1) 개   관

금지행위는 시세조종행위와 유형적으로 비슷하지만, 유인목적 등 주관적 요건을 요구하지 않는 점에서 차이가 있다. 자본시장법은 금지되는 시세관여형으로서 다음 4가지를 규정하고 있다(178조의2 2항 1호-4호).

(2) 허수성 호가

거래 성립 가능성이 희박한 호가를 대량으로 제출하거나 호가를 제출한 후 해당 호가를 반복적으로 정정·취소하여 시세에 부당한 영향을 주거나 줄 우려가 있는 행위이다(178조의2 2항 1호). 이 행위는 시세조종행위에 해당하는 '**허수주문 또는 호가**'와 구별하여 '**허수성 주문 또는 호가**'라고 한다. 거래 성립 가능성, 대량, 반복적, 시세에 부당한 영향 등은 시장실무에 비추어 유형적으로 해석해야 한다. 다만 주문과 호가를 구분하는 제도상 '**호가**'보다는 '**주문이나 호가**'라고 규정하는 것이 옳다.

A가 본인의 개별주식 선물포지션을 유리한 가격에 구축 및 청산함으로써 높은 단기시세차익을 위해 배우자명의 계좌를 이용하여 갑 등의 종목 99,418계약을 매매하는 과정에서 총 2,537회에 걸쳐 268,931계약의 허수성 호가를 제출한 후 그 호가를 지속·반복적으로 취소한 사례,[18] A가 갑 우선주가 당시 '**우선주테마주**'로 인식되어 주가변동폭이 크다는 점을 이용하여 형 명의 계좌를 이용하여 갑 주식을 매수·매도하는 과정에서 단일가매매 시간에 대량의 고가매수주문을 제출하여 예상체결가를 상승시킨 후 이를 반복적으로 취소(5회 167,479주)하고, 장중거래성립 가능성이 희박한 호가를 반복적으로 제출(8회 20,733주)한 사례,[19] 갑은 ㈜A 주식 282,465주를 매수하고 243,201주를 매도하는 과정에서 허수성 매수주문 등을 한 사례

---

18) 증선위 심의·의결 안건번호 2021-4호, 2021. 1. 6.
19) 증선위 심의·의결 안건번호 2021-63호, 2021. 3. 10.

가[20] 대표적이다. 다만 ELW와 관련하여 상장주식에 대한 시장조성자로서 시장조성 대상종목(합계 693개)을 매매하는 과정에서 알고리즘을 이용하여 호가를 제출한 후 시장변화에 따른 거래체결을 회피하기 위해 호가를 반복적으로 정정·취소한 것이 문제된 사건에서 첫째, 시장조성자의 의무이행에 수반되는 리스크관리 등을 위해서는 시세변동에 대응한 호가의 정정·취소가 불가피한 측면이 있으며, 둘째, 국내 주식시장 시장조성자의 호가정정·취소율이 외국에 비해 높은 수준이라고 보기 어렵고, 셋째, 금융당국이 승인한 제도 하에서 시장조성자의 특정행위유형이 교란행위에 해당할 수 있다는 사전가이드라인이 없었다는 점을 고려하여 과징금 부과대상이 아니라고 본 사례가 있다.[21]

유동성공급자나 시장조성자의 경우 가격변동에 따른 호가의 취소나 정정이 수반될 수밖에 없다는 점에서 허수성 호가로 보기 어렵다는 견해[22]가 있다. 그러나 자본시장법상 시장질서교란행위는 특정 주체의 행위를 유형적으로 배제하기 어려운 구조로서 개별적 판단을 요한다.[23]

(3) 가장성 매매

권리 이전을 목적으로 하지 않음에도 거짓으로 꾸민 매매를 하여 시세에 부당한 영향을 주거나 줄 우려가 있는 행위이다(178조의2 2항 2호). 오인목적을 요구하는 시세조종행위의 '**가장매매**'와 구별하여 '**가장성 매매**'라고 한다. A가 증권회사 ETF 거래이벤트 등에서 상금을 목적으로 본인과 가족 등 9인 명의 39개 계좌를 이용하여 갑 ETF 등 22개 종목을 매매하면서 총 44,348회, 종목별 일평균 54회의 가장성 매매를 한 사례가[24] 있다.

(4) 통정매매

손익이전 또는 조세회피 목적으로 자기가 매매하는 것과 같은 시기에 그와 같은 가격 또는 약정수치로 타인이 그 상장증권 또는 장내파생상품을 매수할 것을 사전에 그 자와 서로 짠 후 매매를 하여 시세에 부당한 영향을 주거나 영향을 줄 우려가 있는 행위이다(178조의2 2항 3호). 시세조종행위의 통정매매에 해당한다.

채무자 병으로부터 을 명의 계좌를 담보형식으로 맡아 을 명의 계좌의 A사 주식 매도권한을 보유한 갑이 그 계좌에서 총 17회 매도주문을 내고, 같은 시기 및 가격에 본인이 관리하는 타인 명의 5개 계좌에서 같은 주식에 대한 매수주문을 낸 사례,[25] 갑이 일정 기간 을 명의 계좌에서 보유하던 A 주식의 매도과정에서 자신이 운용하는 병 등 총 5개 명의 계좌에서 매

---

20) 증선위 심의·의결 안건번호 2022-175호, 2022. 10. 4.
21) 증선위 심의·의결 안건번호 2022-130호, 2022. 7. 29
22) 안현수(2022), 242면.
23) 조두영(2018), 462-463면.
24) 증선위 심의·의결 안건번호 2021-34호, 2021. 2. 3.
25) 증선위 심의·의결 안건번호 2022-47호, 2022. 3. 23.

수주문을 넣어 매매를 체결시킨 사례,26) A사의 최대주주인 을의 특수관계인인 갑이 2015. 11. 10. 14:15:27 을 명의 계좌에서 A사 주식 50,000주를 14,500원에 매수하는 주문이 제출되자 1초 뒤인 14:15:28 갑 명의 계좌에서 A사 주식 50,000주를 14,500원에 매도하는 주문이 제출된 사례,27) 갑이 ELW 매매과정에서 을 계좌 자산을 갑 계좌로 이전할 목적으로 갑 계좌에서 시장가 대비 높은 금액에 매도주문한 후 을 계좌에서 고가매수하는 통정매매(1회)로 을의 자산을 편취한 사례가28) 대표적이다.

(5) 풍문 유포나 거짓 계책을 꾸미는 행위 등

풍문을 유포하거나 거짓으로 계책을 꾸미는 등으로 상장증권 또는 장내파생상품의 수요·공급 상황이나 그 가격에 대하여 타인에게 잘못된 판단이나 오해를 유발하거나 상장증권 또는 장내파생상품의 가격을 왜곡할 우려가 있는 행위이다(178조의2 2항 4호). 시세조종에 해당하는 풍문유포나 위계사용 등에 해당한다. '**계책**'은 위계와의 구별을 위하여 사용된 용어로 보인다.

제178조의2 제2항 제4호는 풍문을 유포하거나 거짓으로 계책을 꾸미는 '등'의 행위를 규제하고 있으므로 '**풍문 유포**'와 '**거짓 계책**'은 시장질서 교란행위의 예시적 규정이므로, "'**풍문 유포**'와 '**거짓 계책**' 등에 준하는 행위는 통상 허용되지 아니하는 방법으로 시장의 건전성을 훼손하는 행위 일반"을 의미하고, "반드시 사전에 계획을 수립하거나 다른 사람을 적극적으로 기망하는 행동일 것 등이 요구된다고 볼 수 없다"(서울행법 2020. 8. 13. 선고 2019구합80428 판결).

전업투자자인 갑이 A사 등 2개사 주식을 매수·매도하는 과정에서 10거래일 중 평균 2-3분 정도의 짧은 시간 동안 1주 또는 10주의 고가매수주문을 수백회 반복한 사례,29) 갑은 A회사에서 근무하는 직원으로서 본인 명의의 A계좌에 발행되지 않은 A주식 527,000주가 배당된 것으로 잘못 표시된 것을 알고, 자신 소유의 휴대전화 증권거래 프로그램(MTS) 매도수량란에 보유하고 있지 않은 허위주식수를 입력하고 매도주문(2회)하여 10,000주를 체결되도록 한 사례,30) 자신이 경영하는 회사 명의로 A사 주식 664,751주를 보유한 갑이 약 2개월의 기간동안 B사 법인 및 처 을 명의의 계좌를 동원하여 A사 주식을 매수하고 매도하는 과정에

---

26) 증선위 심의·의결 안건번호 2022-47호, 2022. 3. 23.

27) 증선위 심의·의결 안건번호 2021-252호, 2022. 5. 31.

28) 증선위 심의·의결 안건번호 2022-239호, 2022. 12. 14.

29) 증선위 심의·의결 안건번호 2019-163호, 2019. 6. 19. 법원도 "이러한 '선매수'와 '단주 매수'는 주식투자에 사용되는 홈트레이딩시스템(HTS) 화면에 모두 공개되므로 일반 투자자로서는 이 사건 주식의 거래가 활발하게 이루어지는 것으로 오해할 여지가 상당하다"고 하여 대상행위가 시장질서교란행위에 해당한다고 판단하였다. 그러나 과징금 기준금액에 대해서는 일부 판단이 다르다. 서울행법 2018. 8. 2. 선고 2017구합76432 판결 (대법원 2019두30942로 심리불속행 확정).

30) 증선위 심의·의결 안건번호 2018-187호, 2018. 7. 18.

서 2,732회 단주매매 주문을 제출하여 2,689회 체결한 사례가[31] 여기에 해당한다.

2) 적용제외

그 행위가 시세조종행위(176조)나 부정거래행위(178조)에 해당하는 경우에는 시세관여형 시장질서교란행위규제를 적용하지 않는다. 같은 행위가 시세조종행위나 부정거래행위에 해당하는 경우 시장질서교란행위에 해당할 수 없는 점을 고려한 것이다. 법원은 "이 사건 단서규정이 자본시장법 제176조 또는 제178조의 구성요건에 해당하는 행위에 관하여 자본시장법 제178조의2 제2항 본문의 적용을 배제한다고 해석함이 타당하다는 이유로, 자본시장법 제178조 제1항 제1호의 구성요건에 해당하는 원고의 이 사건 행위에 대하여 자본시장법 제178조의2 제2항을 적용하여 과징금을 부과한 이 사건 처분은 그 처분사유가 존재하지 아니하여 위법하다"고 판단하였다(대법원 2022. 2. 11. 선고 2021두50215 판결).[32] 상세한 논의는 위 제2절 Ⅱ.3. 일반 불공정거래와 시장질서교란행위의 구별에서 이루어진다.

제4절 제　　재

Ⅰ. 민사책임과 형사책임

자본시장법은 시장질서교란행위에 대한 손해배상특칙을 규정하고 있지 않다. 민법상 불법행위책임을 묻는 것은 가능하다. 그 결과 시장질서교란행위에 대한 손해배상청구는 증권관련집단소송의 대상도 될 수 없다. 그리고 시장질서교란행위에 대한 형사제재는 없다. 입법적으로 형벌 대신에 과징금을 부과하기로 한 것이다. 이 경우의 과징금은 형벌대체적이다.

Ⅱ. 과 징 금

금융위는 시장질서교란행위규제위반자에 대해 기본적으로 5억원 이하의 과징금을 부과할 수 있다(429조의2 본문). 그 "위반행위와 관련된 거래로 얻은 이익(미실현 이익을 포함) 또는 이로 인하여 회피한 손실액"(부당이득)의 1.5배에 해당하는 금액이 5억원을 초과하는 경우에는 그 부당이득액의 1.5배에 상당하는 금액 이하의 과징금을 부과할 수 있다(429조의2 단서).

금융위는 시장질서교란행위규제위반에 대한 과징금을 부과하는 경우 위반행위의 내용·정도, 기간·횟수, 위반행위로 인하여 취득한 이익의 규모를 고려해야 한다(430조 2항 1호-3호;

---

31) 증선위 심의·의결 안건번호 2021-253호, 2021. 12. 1.
32) 법문상 "제외한다"는 것은 "그 행위"에 대하여 자본시장법 제178조의2 제2항 본문의 적용을 배제한다는 것을 의미한다. 서울고법 2022. 5. 13. 선고 2020누53226 판결(확정).

령 379조). 구체적인 기준은 자본시장조사 업무규정에서 정하고 있다. 주의할 것은 첫째, 부당
이득액을 객관적으로 산출하기 곤란하거나 시세관여형 중 일부유형(178조의2 2항 1호, 2호, 4
호)과 관련하여 부당이득이 3천만원 이하인 경우 3천만원으로 하고{자본시장조사 업무규정 [별
표 제2호] 3.바.(1) 단서}, 둘째, 부당이득액이 2천만원 미만인 경우 과징금을 면제할 수 있는
점이다{자본시장조사 업무규정 [별표 제2호] 2.나.(7)}. 부당이득을 산출불능 등으로 3천만원으로
간주하는 경우와 2천만원 미만인 경우 사이의 형평성 문제는 설명하기 어렵다.

　　금융위는 자본시장법을 위반한 법인이 합병을 하면 그 법인의 위반행위는 합병 후 존속
법인이나 신설법인의 행위로 보아 과징금을 부과·징수할 수 있다(430조 3항). 확인적 규정
이다.

제5절　불공정거래에 대한 예방 및 규제

Ⅰ. 총　설

　　제8장과 제9장, 제10장과 이 장에서 불공정거래에 관한 자본시장법 규정을 살펴보았다.
불공정거래를 효과적으로 규제하기 위해서는 실체적인 규정을 적절하게 마련하는 것과 함께
그것을 제대로 집행하는 것이 중요하다. 일반적으로 전자보다는 후자가 더 어려운 것으로 알
려져 있다. 우리나라에서 불공정거래규제가 본격적으로 이루어지기 시작한 것은 1988년 당시
증권감독원에 조사업무 전담부서가 신설된 때부터이다. 이 절에서는 불공정거래규제의 '집
행'(enforcement)에 대해서 설명한다.[33]

　　최근 5년간(2017-2021) 자본시장법상 불공정거래행위 적발 건수는 총 274건으로, 매년
약 50여 건이 적발되고 있다. 이 가운데 미공개정보이용행위가 119건, 시세조종행위 64건, 부
정거래행위 81건, 시장질서교란행위 10건으로 나타나고 있다.

▌표 11-1　최근 5년간('17~'21) 불공정거래 사건 처리현황: 위반행위별

구분	3대			시장질서 교란	합계
	미공개정보	시세조종	부정거래		
건수 (비중)	119(43.4%)	64(23.4%)	81(29.6%)	10(3.6%)	274(100%)

※ 동일사건에 복수유형 중복 시, 부정거래→시세조종→미공개정보이용→시장질서교란 순 분류 (자료: 금융위)

---

33) 상세한 것은 박삼철, 앞의 논문(1994), 46-49면.

Ⅱ. 금융투자업자의 내부통제

불공정거래, 특히 미공개중요정보이용행위는 적발하기 어렵다. 불공정거래의 효과적 방지에는 금융투자업자의 역할이 절대적으로 중요하다. 우선 금융투자업자는 미공개정보를 가장 많이 접하기 때문에 스스로 미공개중요정보이용행위를 유발할 가능성이 높다. 따라서 금융투자업자는 정보교류차단 장치와 같이 미공개중요정보이용행위를 미연에 방지할 수 있는 체제를 갖출 필요가 있다. 또한 금융투자업자의 직원은 투자자가 미공개중요정보이용행위나 시세조종행위를 시도하는지를 가장 먼저 눈치챌 수 있는 지위에 있다. 최근 모바일거래의 확산으로 투자자가 금융투자업자 직원의 도움 없이도 직접 주문할 수 있게 되어 과거에 비해서 투자자의 불공정거래를 알 수 있는 기회가 줄어든 것은 사실이다.

자본시장법상 투자매매업자나 투자중개업자에 대하여 투자자의 주문이 불공정거래에 해당하는지를 확인할 의무를 부과하고 있다. 투자매매업자나 투자중개업자의 첫째, 통정매매나 가장매매를 수탁하는 행위(176조 1항 4호), 둘째, 고객이 불공정거래를 하려는 것을 알면서도 거래를 위탁받는 행위(71조 7호; 령 68조 5항 6호), 셋째, 금융투자상품의 매매, 그 밖의 거래와 관련하여 투자자의 위법거래를 감추어 주기 위하여 부정한 방법을 사용하는 행위(71조 7호; 령 68조 5항 7호)는 모두 금지된다. 첫째 규제에 위반하면 그 자체 시세조종행위가 되고, 둘째와 셋째 규제에 위반한 자에 대하여는 1억원 이하의 과태료를 부과한다(449조 1항 19호). 둘째 규제는 문언상 '**알고**'라고 하고 있어 단순히 불공정거래의 의심이 있는 것에 불과한 경우에는 적용되지 않는다. 그러나 이러한 해석이 투자매매업자나 투자중개업자에 대하여 투자자의 주문이 불공정거래에 해당하는지를 확인할 의무를 부정하는 근거는 될 수 없다.

입법론으로는 이러한 의무를 명확히 하기 위하여 금융투자업자에 불공정거래 통제장치를 갖추기 위하여 노력할 의무를 부과하고 객관적으로 불공정거래의 의심이 있는 거래가 있으면 내부담당부서(준법감시인)를 통해서 금융당국에 신고하는 체제를 갖추게 해야 한다.

Ⅲ. 제보행위의 유도

불공정거래행위는 보통 은밀히 이루어지므로 관련자의 신고나 제보 없이는 파악하기 어렵다. 자본시장법은 불공정거래행위 등 법위반행위에 대한 신고 · 제보를 유도하는 제도를 도입하고 있다. 첫째, 불공정거래행위 등을 증선위에 신고 · 제보한 자는 신분의 비밀보장뿐 아니라 신고자의 소속조직이 신고자에게 불이익 조치를 취하는 것을 금지한다(435조 4항 · 5항). 둘째, 증선위는 금감원장이 신고자에게 20억원 범위 내에서 포상금을 지급할 수 있게 하고 있다(435조 7항; 령 384조 8항). 다만 신고자 등이 신고내용이 거짓임을 알았거나 알 수 있었음에도 신고한 경우 자본시장법상 보호를 받지 못한다(435조 6항).

신고나 포상금 등에 관한 사항은 「단기매매차익 반환 및 불공정거래 조사·신고 등에 관한 규정」("단기매매규정")[34]에서 정한다. 동 규정상 포상금은 "불공정거래행위를 신고한 자로서 혐의 입증에 필요한 증거자료(주가변동, 공시자료, 언론보도 등 일반에 공개된 자료는 제외한다)를 제출한 자"에게 지급한다(37조 1항). 포상금을 받기 위해서는 신고·제보내용이 "불공정거래행위 등을 비교적 용이하게 발견하고 특정할 수 있어야" 하지만, "불공정거래행위 등의 요건에 맞게 완결성 또는 자족성을 갖출 필요는 없고 특정인의 불공정거래행위 등과 관련이 있고 조사의 단서가 되는 사실을 알리는 것으로 충분"하다(대법원 2017. 7. 18. 선고 2014두9820 판결). 금감원장이 부정행위 신고인에 대하여 포상금을 지급하지 않기로 한 처분은 항고소송의 대상이 된다{서울고법 2010. 7. 13. 선고 2010누933 판결(확정)}.

Ⅳ. 자율규제기관의 역할

1. 기능과 관계

효과적인 불공정거래규제를 위해서는 주문단계부터 금융투자업자의 불공정거래방지체제와 거래소의 의심거래적발장치가 요구된다. 이를 위해 거래소 시장감시위원회("시감위")는 고도의 시장감시체제를 갖추고 있다.

시감위는 자율규제기관으로서 심리·감리·제재를 일차적으로 담당하고 투자자의 위법행위는 금감원으로 넘긴다. 시감위는 이상거래심리와 회원감리의 결과 불공정거래혐의를 발견하면 금융위에 통보해야 한다(426조 6항). 이러한 분업체제의 효율성은 중요하다. 그러나 이들 기관 사이에 경쟁적인 관계가 있는 것도 사실이다. 특히 공적규제기관과 자율규제기관 사이의 관계는 같은 기능을 정책적으로 분리했기 때문에 당연한 현상이다.

2. 시감위의 이상거래 심리와 감리

1) 이상거래의 정의

자본시장법은 시감위의 이상거래심리 및 회원감리권을 명시하고 있다(377조 8호; 령 355조). 심리와 감리는 금감원의 조사와 검사에 해당하는 용어이다(437조 5항). 이는 독립적 기관으로서 시감위의 권한이다(402조 1항 1호).[35]

---

34) 종전 「단기매매차익 반환 등에 관한 규정」, 「증권범죄조사 사무처리 규정」 및 「불공정거래 신고 및 포상 등에 관한 규정」을 통합한 것으로 2011. 11. 7.부터 시행하였다(부칙 〈제2011-01호, 2011. 11. 4.〉 2조 1항, 1조).

35) 이하 심리감리업무의 주체는 법문상 거래소라고 되어 있지만, 독립적 기관으로서의 시감위의 권한이다(402조 1항 1호). 입법적으로 명확히 해야 한다.

이상거래의 개념은 자율규제기관과 공적규제기관 사이의 관할기준이다. 이상거래는 "다자간매매체결회사에서의 증권의 매매거래를 포함한 증권시장이나 파생상품시장에서 불공정거래행위규제(174조·176조·178조·178조의2, 180조)를 위반할 염려가 있는 거래 또는 행위로서 증권 또는 장내파생상품 매매품목의 가격이나 거래량에 뚜렷한 변동이 있는 경우, 증권 또는 장내파생상품 매매품목의 가격 등에 영향을 미칠 수 있는 공시·풍문 또는 보도 등이 있는 경우, 그 밖에 증권시장 또는 파생상품시장에서의 공정한 거래질서를 해칠 염려가 있는 경우"를 말한다(377조 8호; 령 355조 1항 전단). 이상거래의 심리 또는 회원감리 중에 발견된 대량보유보고나 단기매매차익반환, 주식등 소유상황보고, 장내파생상품관련 정보이용행위규제(147조·172조·173조, 173조의2 2항)를 위반할 염려가 있는 거래 또는 행위는 이상거래로 본다(377조 8호; 령 355조 1항 후단). 매우 세심하게 정의된 것을 알 수 있다. 이상거래는 그 자체 아직 불공정거래행위에는 해당하지 않지만 해당할 가능성이 있는 행위유형을 모두 포함한 것이다. 취지상 열거할 수 없고 포괄적이어야 한다.

2) 심리와 감리업무

거래소는 거래소시장에서 이상거래혐의가 인정되는 그 증권종목 또는 장내파생상품 매매품목의 거래상황 파악, 회원의 거래소 업무관련규정 준수 여부 확인, 회원의 시장질서교란행위규제 위반 여부 확인을 위한 경우 증권·장내파생상품을 대상으로 금융투자업을 영위하는 투자매매업자 또는 투자중개업자에게 그 사유를 밝힌 서면으로 관련자료제출을 요청하거나, 회원에 대하여 그와 관련된 업무·재산상황·장부·서류, 그 밖의 물건을 감리할 수 있다(404조 1항 1호-3호). 거래소는 심리·감리를 위해 필요한 경우 회원에 대해 이상거래 또는 업무관련규정 위반혐의와 관련된 보고, 자료제출 또는 관계자 출석·진술을 요청할 수 있다(404조 2항). 거래소는 이 요청을 거부하거나 감리에 협조하지 않으면 시장감시규정에 따라 회원자격정지나 증권·장내파생상품 매매거래제한조치를 할 수 있다(404조 3항).

3) 복수거래소와 다자간매매체결회사의 경우

복수거래소와 다자간매매체결회사가 있는 경우 심리감리는 지정거래소 시감위가 담당한다. 이를 위해 지정거래소는 다른 거래소 또는 다자간매매체결회사에 대하여 이상거래의 심리감리와 관련한 정보제공·교환을 요구할 수 있다(404조 2항). 그 요구를 거부하거나 감리에 협조하지 않는 경우 지정거래소는 다른 거래소 또는 다자간매매체결회사에 회원 또는 거래참가자의 자격정지나 거래제한조치를 요구할 수 있다(404조 3항).

V. 증선위의 조사 및 조치

1. 의   의

자본시장법 위반행위에 대한 조사권은 원칙적으로 금융위에 속하지만 불공정거래행위에 대해서는 증선위가 조사권을 갖는다(426조 1항). 그러나 실제 조사업무는 금감원장에게 위임하고 있다. 이에 관하여는 「자본시장조사업무규정」과 「단기매매규정」이 상세히 정하고 있다. 논의에 앞서 현재의 불공정거래조사의 법적 성질을 명확히 할 필요가 있다. 금감원의 조사는 어디까지나 '**금융회사등에 대한 감독·검사를 위하여**' 이루어지는 행정조사이므로 형사소추목적의 범죄수사와는 엄격히 구분되어야 한다.[36]

2. 조사의 단서

불공정거래 조사는 주로 거래소 통보로 시작된다. 물론 투자자 제보나 기획조사의 결과 불공정거래를 적발하는 경우도 있으나 인력부족 등으로 거래소 통보사실을 추적하는 것이 조사의 큰 줄기를 이루어왔다. 금융당국은 시장환경변화에 맞추어 거래소의 사이버 시장감시인프라 구축·운영, 새로운 주문식별정보 확보수단을 통한 모바일 기기 등을 이용한 지능형 불공정거래에 적극 대응, 불공정거래에 대한 제보 포상금 한도를 금감원, 거래소 모두 20억원으로 인상하여 사회적 감시망을 강화하는 등의 조치를 취하였다.[37]

3. 예비조사

불공정거래에 대한 증거가 불충분한 경우에는 혐의자에 대한 본격적인 조사 전에 불공정거래혐의 계좌의 추출, 자금 및 증권의 입출현황 파악 및 분류, 자금 및 증권의 이동상황 추적을 통한 계좌주의 실체파악 등 예비조사를 하는 것이 보통이다.[38] 금감원이 이와 같은 광범위한 계좌추적을 할 수 있는 것은 실명법상 계좌명의인의 동의 없이 금융거래정보를 확인할 수 있는 예외에 따른 것이다.

증선위와 금감원장은 금융회사등에 대한 감독·검사를 위하여 필요로 하는 거래정보등의

---

36) 서울중앙지법 2011. 1. 28. 선고 2010고합11 판결(서울고법 2012. 1. 13. 선고 2011노433 판결; 2012. 11. 29. 선고 2012도1745 판결)과 서울중앙지법 2013. 12. 5. 선고 2013고단3067 판결을 비교할 필요가 있다. 구승모, "자본시장법상 불공정거래행위 수사 현황 및 개선방안: 불공정거래행위에 대한 과징금 도입논의와 관련하여", 『법조』제61권 제7호, 2012, 54-109면; 이정수, "금융감독원 증권불공정거래 조사절차의 형사소송법적 검토: 서울중앙지방법원 2013. 12. 5. 선고 2013고단 3067 판결과 같은 법원 2011. 1. 28. 선고 2010고합11 판결의 비교분석을 중심으로", 『법학평론』제5권, 2015, 288-313면.

37) 금융위외, 주가조작 등 불공정거래 근절 종합대책, 2013. 4. 18.

38) 박삼철, 앞의 논문(1994), 47-48면.

제공으로서 내부자거래 및 불공정거래행위 등의 조사에 필요한 경우에는 계좌명의인의 동의나 법원의 영장을 요하지 않는다(실명법 4조 1항 4호 가목). 그러나 이 경우에도 그 사용 목적에 필요한 최소한의 범위에서 거래정보등을 제공하거나 그 제공을 요구해야 한다는 필요최소성의 원칙을 준수해야 한다(실명법 4조 1항 단서). 헌법상 영장주의에 대한 중대한 예외이므로 이 경우의 필요최소성의 원칙은 극히 제한적으로 해석되어야 한다. 금감원의 불공정거래조사자료에 포함된 개인 계좌정보를 검찰에 제공할 경우에도 실명법상 예외가 그대로 적용되는가? 취지상 적용될 수 없다.

4. 본 조 사

예비조사 결과 불공정거래의 혐의가 확인되면 증선위는 위반행위혐의자 그 밖의 관계자에게 조사사항에 관한 사실과 상황에 대한 진술서의 제출, 조사사항에 관한 진술을 위한 출석, 조사에 필요한 장부·서류, 그 밖의 물건의 제출을 요구할 수 있다(426조 2항 1호-3호). 이러한 요구에 불응하는 자는 3년 이하의 징역 또는 1억원 이하의 벌금에 처한다(445조 48호). 이러한 처벌은 불공정거래 자체에 대한 처벌보다는 훨씬 약하기 때문에 출석이나 자료제출을 끝내 거부하는 경우도 없지 않다. 과거에는 거부하는 경우에 그것을 강제할 방법이 없기 때문에 불공정거래의 조사는 기본적으로 임의수사에 의존할 수밖에 없었다. 그러나 2002년 증권법 개정시에 보다 실효성 있는 조사를 위하여 증선위에 각종 권한을 부여하였다. 증선위는 조사에 필요한 경우 장부·서류 등의 영치, 관계자의 사무소 등을 출입하여 장부·서류 등을 조사할 수 있다(426조 3항). 또한 증선위는 금융위소속 공무원(조사공무원)으로 하여금 위반혐의자를 심문하거나 압수·수색영장을 발부받아 물건을 압수 또는 사업장 등을 수색하게 할 수 있다(427조). 증선위는 조사에 필요하다고 인정되는 경우 금융투자업자와 금융투자업관계기관 및 거래소에 대하여 사용목적과 조사대상 금융투자업자와 거래기간 등을 기재한 서면으로 조사에 필요한 자료의 제출을 요구할 수 있다(426조 4항; 령 375조).

조사절차와 관련해서도 중요한 변화가 이루어지고 있다.[39] 첫째, 금융위 내 조사전담부서를 신설하여 조사기능을 강화하고 긴급조치제도(fast track)도 운영하고 있다. 이 제도는 거래소에서 적출된 사건을 조사전담부서에서 우선 분석하여 검찰수사가 즉시 필요한 '**긴급사건**'으로 판단되면 증선위 의결을 거치지 않고 증선위원장이 검찰에 바로 통보하여 처리하는 것을 말한다. 둘째, 조사공무원과 일부 금감원 직원을 특별사법경찰로 지명하여 통신사실조회, 출국금지 등 효율적 조사가 가능하게 하고 있다.[40]

---

39) 금융위 외, 주가조작 등 불공정거래 근절 종합대책, 2013. 4. 18.
40) 금융위·금감원의 특별사법경찰은 2022. 3. 31.부터 ① 증선위의 검찰 고발·통보사건, ② 증선위원장 긴급조치사건 중 검사지휘를 거쳐 특사경에 배정된 사건을 우선적으로 수사하고, ③ 거래소 심리결과통보에 따른 조사 또는 금융위·금감원 공동조사를 통해 일정 수준 조사가 이뤄진 사건 중 수사전환 필요성이 인정된 사

5. 조   치

증선위는 조사결과 불공정거래를 적발하면 검찰에 고발하고 행정조사의 한계로 증거를
확보하지 못하면 수사기관통보 등의 조치를 취한다. 위반사실이 경미하면 시정명령이나 법위
반으로 조치받은 사실의 공표에 그치기도 한다(426조 5항 [별표15] 12호, [별표1] 173호-177호,
177호의2-177호의4; 령 376조 1항 1호 등). 한편 금융투자업자 등 금융투자업관계기관 및 그 임
직원에 대해서는 지점 기타 영업소 폐쇄, 영업정지, 경고, 면직이나 감봉요구, 변상 또는 시정
요구, 법위반으로 조치받은 사실의 공표 등 다양한 제재조치를 할 수 있다(426조 5항; 령 376조
1항 1호; 법 420조·422조). 그러나 실제로 증선위 제재는 너무 가볍다는 비판도 없지 않다. 그
러나 현행법상 불공정거래에 대한 제재가 형벌중심으로 되어 있는 점을 고려하면 최근 5년간
별도 행정조치 없이 고발·수사기관통보만 한 경우가 대부분(93.6%)임을 고려하면 가벼운 제
재라고 할 수 없다.[41]

▌표 11-2 최근 5년간('17~'21) 불공정거래 사건 처리현황: 조치별

위반행위	미공개정보·시세조종·부정거래		시장질서교란	합계
조치	고발·통보	고발·통보+행정조치*	행정조치(과징금)	
혐의자수(인)	1,006	22	47	1,075
비중(%)	93.6	2.0	4.4	100.0

* 금융투자업자 제재(직무정지, 해임요구, 기관경고 등), 과태료 등
(자료) 금융위

그러나 검찰기소사안에 대한 처벌도 그렇게 엄격하지는 않다. 자본시장법상 불공정거래
에 대한 2010년 1심 선고내역을 보면 집행유예 선고비율은 86.9%를 기록하고 있다.[42] 이를
고려하여 대법원 양형위원회는 증권·금융범죄에 대한 양형기준을 대폭 강화했다.[43] 그러나
증권·금융범죄 양형기준 미준수율은 30.6%로 전체 양형기준(평균 미준수율 7.8%) 중에서 가장
높다.[44] 동 기간 중 자본시장의 공정성 침해 범죄 총 39건 중 24건 61.5%에 대하여 집행유예
가 선고되었다.[45] 또한 벌금한도도 지속적으로 높여 부당이득액의 최소 1배에서 2배를 거쳐

건도 수사할 수 있다. ④ 특사경 자체 인지사건은 수사업무의 특수성, 국민 법감정 등을 고려하여 금융위 소
속 특사경만 수행한다. 금융위, 보도자료: 금융위 자본시장특사경 출범, 2022. 3. 30.
41) 2006년 당시에도 같은 평가가 있었다. 정규윤, 앞의 논문(2007), 8면.
42) 정준화, 앞의 설명자료, 73면.
43) 대법원 양형위원회, 증권·금융범죄 양형기준(2012. 6. 18. 의결, 2012. 7. 1. 시행).
44) 대법원 양형위원회, 연간보고서 2021. 4. 27.~2022. 4. 26., 242면.
45) 위의 보고서, 369면.

현재는 3배 이상으로 강화했다(443조 1항 1호). 그러나 벌금 강화는 위반행위자의 책임재산을 줄여 오히려 투자자들의 손해배상청구를 어렵게 하기도 한다. 부당이득을 환수하여 미국의 공정기금(fair fund)과 같은 피해자구제기금제도를 도입하는 것이 필요하다.

최근 금융당국은 불공정거래규제위반자를 '**거래제한 대상자**'로 지정하여 금융투자상품 신규 거래 및 계좌개설을 최장 10년간 제한하는 거래제한제, 증선위가 불공정거래규제위반자를 상장법인의 임원선임제한 대상자로 최장 10년간 지정하는 임원선임제한제, 부당이득 법제화 및 과징금 도입 등을 추진하였다.[46] 이중 부당이득 법제화 및 과징금 도입은 최근 자본시장법 개정으로 실현되었다.

---

46) 금융위, 「자본시장 불공정거래 대응역량 강화방안」 마련, 2022. 9. 23.

제 4 편
자본시장의 기초

제12장   금융투자상품시장

제1절 서   언

　자본시장에서 금융투자상품시장은 핵심요소이다. 유동성공급 등 다양한 기능을 수행하지만 가장 중요한 것은 가격발견이다. 자본시장거래의 출발점은 공정한 가격형성과 그 가격에 기초한 효율적인 자본시장에 대한 신뢰이다. 우리나라의 금융투자상품시장은 규모나 품질의 양면에서 손색이 없으나 다음 4가지를 추가적으로 고민해야 한다.

　첫째, 자본시장법은 증권과 파생상품에 관한 규제법으로서 증권시장과 장내파생상품시장을 모두 규율한다. 규제목적상 이 두 시장을 포괄하는 개념이 금융투자상품시장이다. 둘째, 자본시장법상 법적 개념으로서 시장의 핵심요소는 경쟁매매에 의한 가격결정기능이다. 이러한 기능을 수행하면 자본시장법상 시장이다. 금융투자상품시장은 거래소와 다자간매매체결회사제도를 모두 포함하므로 규제개념으로서의 시장도 이들 두 유형을 모두 포함할 수 있어야 한다. 셋째, 거래소제도는 법률상 허가제를 기초로 하면서 사실상 독점구조를 유지하고 있고, 주식회사화되어 IPO와 자시장상장 등을 시도해야 한다. 따라서 거래소의 영리기업으로서의 사기업성과 상장·공시·시장감시와 같은 공적 기능의 수행주체로서의 공공성을 조화롭게 발전시킬 방안을 논의할 단계가 되었다. 넷째, 매매체결·청산·결제로 구성되는 자본시장인프라기능의 설계도 청산기능의 안전성 확보와 금융안정의 관점에서 재편되어야 한다.

　제2절 의의와 구조에서는 현행법상 증권시장과 장내파생상품시장으로 구성되는 금융투자상품시장의 구조를 살펴본다. 제3절 금융투자상품시장에 관한 규제에서는 시장규제의 기본요소를 분석한다. 제4절 거래소와 제5절 다자간매매체결회사에서는 시장개설주체로서의 거래소와 다자간매매체결회사를 정리한다. 제6절 장외시장에서는 호가중개시장과 장외증권거래규제를 중심으로 장외증권시장을 검토한다.

제2절 의의와 구조

Ⅰ. 금융투자상품거래와 금융투자상품시장

금융투자상품이 유통되는 시장은 거래장소에 따라 장내시장과 장외시장으로 구분한다. 장내시장은 거래대상(증권 또는 파생상품)에 따라 증권시장과 파생상품시장으로 나뉜다. 장외시장에서는 당사자의 위험선호에 따른 '**맞춤형 상품**'(customization)이 주로 상대계약의 형태로 일반 사법에 의하여 규율되지만, 장내시장에서는 '**표준화된 상품**'(standarization)이 대량적, 반복적인 거래의 효율을 위하여 시장개설주체가 미리 만든 규정에 편입되는 형식으로 계약이 체결되고 폭넓은 규제를 받는다. 여기에서는 장내시장을 중심으로 설명한다. 장외시장은 실무상 용어를 그대로 사용하는 것일뿐 법률상 시장은 아니다.

미국과 같이 증권시장과 파생상품시장의 개설주체를 분리하는 체제도 있지만 자본시장법은 동일한 개설주체가 양시장을 개설하는 것을 허용한다. 종래 우리나라에서는 장내시장인 증권시장이나 파생상품시장의 개설주체를 한국거래소로 한정하는 제도를 유지해 와서 거래소와 거래소가 개설한 증권시장이나 파생상품시장를 구분하지 않았다. 그러나 2013. 5. 28. 개정 자본시장법은 거래소 허가제를 도입하고 다자간매매체결회사에 의한 증권시장 개설을 허용하게 되었다. 이에 따라 종래의 증권시장과 파생상품시장의 상위개념으로서 금융투자상품시장 개념을 신설하였다(8조의2 1항). 거래소가 개설하는 금융투자상품시장을 특히 거래소시장이라고 하고(8조의2 3항), 다시 증권시장과 파생상품시장으로 구분한다(8조의2 4항). 따라서 이 책에서도 일반적인 의미의 증권시장이나 파생상품시장과 개설주체가 거래소인 거래소시장을 말하는 증권시장과 파생상품시장을 구별하여 사용한다. 또한 시장개설주체인 거래소나 다자간매매체결회사도 구분하여 기술한다. 이하 증권시장 분야에서 주요한 거래체결시스템을 차례로 살펴본다.

Ⅱ. 증권거래와 거래체결시스템

1. 서 언

증권시장은 기업이 발행한 증권을 투자자가 최초로 취득하는 발행시장과 투자자들이 보유증권을 거래하는 유통시장으로 나눌 수 있다. 기업이 사업자금을 조달하는 곳은 발행시장이다. 그러나 유통시장이 성숙되지 않은 상태에서는 발행시장도 제대로 성장할 수 없다. 투자자가 취득한 증권을 후일 유통시장에서 쉽게 처분할 수 없다면 애당초 공모에 응하기를 주저

할 것이기 때문이다. 한마디로 유통시장이라고는 하지만 유통시장에서 증권이 거래되는 모습은 극히 다양하다. 이들 거래체결시스템('거래시스템')은 규제의 산물이라기보다는 자생적으로 출현한 것이다. 이처럼 다양한 거래시스템이 공존하는 것은 시장수요의 다양성 때문이라고 할 수 있다. 즉 시장의 수요에 따라 각각의 거래시스템은 상이한 서비스를 제공하는 것으로 볼 수 있다.

자본주의시장경제의 핵심기구인 주식회사제도가 발전하기 위해서는 일반공중으로부터의 대규모 자금조달이 가능해져야 한다. 이를 위해 현대적인 기업금융법제는 첫째, 주식을 소액으로 분할하여 일반공중의 편리한 투자를 가능하게 하고, 둘째, 증권시장을 개설하여 투하자본의 회수를 원하는 투자자에게는 언제든지 주식을 매도할 수 있는 기회를 제공하며, 셋째, 발행인에 의한 정보공시를 강제하여 시장의 가격결정기능에 기반한 효율적인 자본시장과 특히 가격에 대한 신뢰를 확보하고, 넷째, 기업지배구조나 도산절차에 대한 엄격한 규제를 통하여 주주 사이 또는 주주와 채권자 사이의 정립된 이익조정 또는 자산분배규칙으로 소액투자자를 보호하는 것이다. 그중에서 자본시장법은 특히 금융투자상품시장규제를 통하여 둘째의, 그리고 공시규제와 불공정거래규제를 통하여 셋째의 제도적 기능을 담당한다. 첫째와 셋째 기능은 상법과 도산법이 주로 담당한다.

2. 직접거래

다른 재화와 마찬가지로 증권도 기본적인 거래방식은 매도를 원하는 자와 매수를 원하는 자가 직접 계약을 체결하는 것이다. 거래조건은 당사자 사이의 교섭으로 결정된다. 이러한 직접거래방식은 투자자가 자신의 수요와 정확히 반대되는 수요를 가진 상대방을 찾을 수 있는 경우에만 실현될 수 있다. 이처럼 우연에 의존하는 한계는 2가지 방식으로 극복할 수 있다. 첫째, 발행회사가 자신이 발행한 증권을 거래할 수 있는 장을 제공할 수도 있을 것이다. 자금조달비용 절감을 위하여 발행회사는 발행증권의 유동성을 높이는 데 이해관계가 있다. 둘째, 중개인의 도움을 받는 것이다. 증권거래를 원하는 투자자가 늘면 점차 중개를 업으로 하는 전문가들이 출현하게 될 것이다. 어느 경우이든 서비스에 대한 수수료를 받을 경우 자본시장법상 투자중개업자나 투자권유대행인에 해당할 수 있다.

3. 투자중개업자(브로커)와 증권시장

중개업자는 사실상의 중개에서 나아가 투자자를 위해서 자신이 당사자인 것처럼 타인을 상대로 증권을 거래할 수도 있다. 이 거래형태는 위탁매매, 그리고 이러한 중개업자는 위탁매매인에 해당한다(상 101조 이하). 일반적으로 '브로커'(broker)라고 하지만, 자본시장법상 '투자중개업자'이다.

투자자의 매매위탁을 받은 브로커가 반드시 반대수요를 가진 투자자나 그러한 투자자의 브로커를 찾아 나서야 하는 것은 아니다. 만약 브로커가 뒤에서 말하는 딜러를 겸한 경우라면 매도를 위탁받은 증권을 스스로 매수하거나 보유하는 증권을 고객에 매도할 수도 있다.1) 또한 브로커가 우연히 반대의 위탁도 받은 경우에는 쌍방의 위탁을 연결시켜 거래를 체결할 수도 있다(내부주문집행업무; systematic internalization).2) 실제로 브로커의 규모가 커서 많은 위탁을 받으면 그처럼 반대되는 위탁 사이의 체결가능성도 높아질 것이다. 브로커의 내부주문집행비중이 높아지면 차츰 거래소에 접근한다.3)

이러한 예외적인 경우를 제외하면 브로커는 원칙적으로 반대의 수요를 가진 투자자나 그러한 투자자의 브로커를 찾아 나서야 한다. 이들 브로커는 최종이용자인 투자자에 비해서 훨씬 수가 적을 것이기 때문에 상호간의 교섭도 훨씬 쉽게 이루어질 수 있다. 과거 브로커들은 카페와 같이 모이기 쉬운 장소에서 정기적으로 모여 거래를 하였다. 이것이 거래소의 기원이다. 역사적으로 거래소는 정부의 주도가 아니라 이러한 카페 등에서 자연발생적으로 생겨났다.4)

4. 투자매매업자(딜러)

브로커는 투자자의 계산으로 거래하므로 투자위험은 지지 않는다. 증권시장의 발전에 따라 브로커와는 달리 스스로 가격변동위험을 부담하는 업자, 즉 타인의 계산이 아니라 자기의 계산으로 증권거래를 하는 업자도 출현하게 된다. 이러한 업자를 '딜러'(dealer)라고 한다. 자본시장법에서는 투자매매업자이다. 딜러는 투자자를 위한 중개업자가 아니라 투자자의 상대방이라고 할 수 있다. 딜러는 브로커를 겸하는 경우가 많지만 딜러업무만을 수행하기도 한다. 양자를 겸하는 경우 이해상충의 소지가 크다.

딜러가 특정종목을 오래 거래하면 그 가격에 대해서 나름의 예측능력을 갖게 된다. 그리하여 특히 특정종목에 대해서 전문적으로 자신의 '매수가격'(bid)과 '매도가격'(ask), 즉 '호가'

---

1) 자본시장법은 일정한 예외적인 경우를 제외하고는 위탁매매인이 이처럼 매매거래의 본인이 되는 것을 금지한다(67조).
2) 종래 자본시장법은 거래소에서의 거래를 위탁받은 경우에는 반드시 거래소에서 체결하도록 하고 있었다(68조). 그러나 거래소 허가제(373조의2)와 함께 다자간매매체결회사의 증권시장 개설을 허용(8조의2 5항)하면서 이 규정은 투자자의 청약이나 주문을 최선의 거래조건으로 집행하기 위한 기준에 따라 집행할 최선집행의무로 변경되었다(68조).
3) 자본기장법개정안 입법예고안(공고 제2012-99호, 2012. 5. 11) 제77조의3 제4항 제2호는 내부주문집행업무를 "증권시장에 상장되지 아니한 주권, 그 밖에 대통령령으로 정하는 금융투자상품에 관하여 동시에 다수의 자를 거래상대방 또는 각 당사자로 하는 장외매매 또는 그 중개·주선이나 대리 업무"라고 하여 종합금융투자사업자의 업무로 규정하고 있었지만, 국회제출안에서는 삭제되었다. 상세한 논의는, 엄경식·장병훈, 미국주식시장의 재개편: Regulation NMS의 도입 및 시사점 (연구보고서 [07-01], 한국증권연구원, 2007. 3. 13).
4) 물론 후진국에서는 거래소가 정부의 주도로 설립된 예가 더 많다.

(quote)를 제시하는 딜러도 등장한다. 이러한 딜러를 '**시장조성자**'(market maker)라고 한다. 딜러와 시장조성자의 상대방은 최종투자자이거나 브로커이다. 시장조성자의 수입원은 매수가격과 매도가격의 '**차액**'(spread)이다. 딜러도 증권유동성을 높이지만 특히 시장조성자는 자신이 거래하는 증권에 관해서는 유통시장의 역할을 수행한다.

과거 장외거래는 딜러를 통하였다. 비상장증권의 경우 그 증권을 전문적으로 거래하는 시장조성자가 없으면 유동성은 확보할 수 없었다. 비상장증권의 매매위탁을 받은 브로커는 통상 그 증권을 거래하는 딜러에게 전화하여 거래를 체결했다. 나스닥(NASDAQ)은 바로 이러한 딜러들의 호가제시시스템으로 출발한 것이다. 시장조성자의 호가정보뿐 아니라 실거래정보가 전산망을 통해서 투자자에게 제공되자 주문이 집중되고 유동성은 획기적으로 높아졌다. 거래의 공정성 확보는 자율규제에 맡겨졌다.

5. 주문중심시장과 호가중심시장

거래소에서의 거래는 통상 투자자들의 매수주문과 매도주문을 미리 정해진 거래체결규칙에 따라 결합시키는 경매방식으로 이루어진다. 이 경우에는 투자자들의 주문이 주도하는 점에서 '**주문중심시장**'(order-driven market)이라고 한다. 우리 거래소시장은 주문중심시장이다. 그러나 영미의 거래소 중에는 딜러의 호가에 투자자가 응하는 방식으로 거래가 이루어지기도 한다. 이러한 경우는 딜러의 호가가 주도한다는 점에서 '**호가중심시장**'(quote-driven market)이라고 한다. 나스닥시장이 대표적이다.[5] 호가중심시장의 장점은 투자자들의 주문이 부족하여 유동성이 떨어지는 경우 딜러의 호가로 유동성을 보완할 수 있고 그에 따라 가격의 급격한 변동도 막을 수 있는 점이다.

6. 정보처리기술의 발전과 새로운 거래시스템

과거 금융투자상품시장의 거래시스템은 거래소가 대종을 이루었다. 그러나 정보통신기술의 발달로 과거에는 상상할 수 없었던 시장대체물이 등장하고 있다. 과거 거래체결을 위해서는 누군가가 직접 플로어(floor)에 참여하는 수밖에 없었다. 전화 발명 후에도 일대일의 의사교환이 필요했다. 그러나 전자통신기술이 발전한 오늘날에는 거래체결이 훨씬 간편하게 이루어질 수 있다. 실제로 미국에서는 증권업자가 거래체결시스템을 개발하여 일반 거래소와 차이없는 거래체결서비스를 제공하기도 한다. 대표적으로 다자간매매체결회사를 들 수 있다.

당초 이러한 전산시스템은 공적 성격이 강한 거래소와 달리 특정업자의 소유라는 의미에

---

5) 1997년 SEC의 '주문처리규정(Order Handling Rule)'은 시장조성자에게 자기 호가보다 유리한 고객의 지정가 주문이 있는 경우 바로 자기 호가를 고객주문으로 바꾸도록 했다(지정가공시원칙; SEC Rule 11Ac1-4). 따라서 나스닥은 기능과 규제의 양면에서 거래소와 차이가 거의 없다.

서 '**사설거래시스템**'(Proprietary Trading System: PTS)이라고 불렀다. '**전자증권거래네트워크**' (Electronic Communication Network: ECN)나 '**대체거래시스템**'(Alternative Trading System: ATS)이 라고도 한다. EU는 다자간거래시스템(multilateral trading facility: MTF)이라고 한다. 자본시장법 상 다자간매매체결회사(8조의2 5항)는 MTF를 번역한 것이다. 따라서 실무상 ATS라고 하는 경 우가 많지만, 이 책에서는 MTF를 사용한다.

MTF가 이처럼 부상한 것은 대규모로 거래하는 기관투자자의 수요에 부합했기 때문이다. 기관투자자의 대규모 주문은 시장가격에 영향을 줄 가능성이 크다. 대규모 주문을 받은 브로 커나 딜러는 그 정보를 이용하여 자신의 이익을 추구하는 예가 많았다. 그러므로 기관투자자 는 주문정보의 노출로 인한 손해를 막기 위해서 익명성이 보장되는 MTF를 찾게 되었다. 또한 브로커의 수수료나 딜러의 스프레드에 불만이 있는 기관투자자는 더 낮은 가격에 거래를 체 결해 주는 MTF를 선호하게 되었다. 2013. 5. 28. 개정 자본시장법은 다자간매매체결회사에 경쟁매매에 의한 거래체결을 허용함으로써 거래소 이외의 시장개설주체를 최초로 인정하였다 (8조의2 5항).

금융투자상품시장에 대한 규제체계의 설계방식은 거래체결시스템의 발전에 따라 다양하 다. 우리나라는 여전히 개설주체에 주목하여 거래소와 다자간매매체결회사를 정의하고 이들 이 개설하는 시장을 금융투자상품시장으로 규제하는 방식을 채택하고 있다. 그러나 거래체결 시스템의 발전이 계속될 경우 호주나 EU와 같이 시장 자체를 규제단위로 하는 방식으로 발전 할 것으로 본다.

▌그림 12-1 자본시장법상 '시장' 개념의 변화

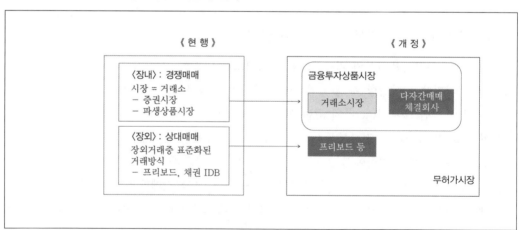

■ 금융투자상품시장: 증권 또는 장내파생상품의 매매를 하는 시장
■ 거래소시장: 거래소가 개설하는 금융투자상품시장
(자료) 금융위

제3절 금융투자상품시장에 관한 규제

I. 총 설

1. 규제의 필요성

앞서 본 바와 같이 유통시장 활성화는 경제발전에 긴요한 조건이다. 각국은 그런 관점에서 유통시장, 특히 증권거래시스템을 규제하고 있다.

유통시장의 기능은 다음 2가지로 나눌 수 있다. 첫째, 증권의 유동성을 높인다. 증권에 대한 투자촉진을 위해서는 유동성을 높일 필요가 있다. 거래체결시간 단축, 가격의 공정성 확보, 거래비용 최소화 등은 모두 유동성을 높이기 위한 조건이다. 둘째, 유통시장은 증권가격을 발견하는 기능을 한다. 증권가격은 비단 거래에 참여하는 당사자들에게만 중요한 것이 아니라 투자자의 투자결정을 돕고 나아가 자원배분에 영향을 준다.

이처럼 유동성공급과 가격발견이라는 거래시스템의 기능은 투자자이익은 물론이고 경제전반에 큰 영향을 미친다. 이처럼 중대한 외부효과를 갖는 유통시장을 전적으로 사적 경제주체의 자율적인 운영에 맡길 수는 없다. 물론 정부가 유통시장을 직접 운영할 수도 있다. 실제 그러한 사례도 많다. 정부가 주도한다고 해서 반드시 정부가 운영해야 하는 것은 아니다. 정부는 스스로 앞장서기보다는 필요한 여건 마련에 그치는 것이 적절하다.[6]

이와 관련해서는 미국의회가 유통시장에 관하여 SEC에 제시한 5가지 정책목표인 (i) 증권거래의 효율적인 체결, (ii) 공정경쟁, (iii) 투명성, (iv) 최고의 시장에 대한 투자자의 접근, (v) 딜러를 거치지 않고 투자자의 주문을 체결할 수 있는 기회가 참고가 될 것이다. (i)에서 (iii)이 효율성과 관련된 것이라면 (iv)와 (v)는 투자자 보호규정으로 볼 수 있다. 유통시장규제는 이러한 목표에 비추어 음미할 필요가 있다.

2. 경쟁과 독점

거래체결시스템 규제에는 2가지 상반된 요구가 작용한다. 하나는 경쟁의 요구이다. 거래시스템 간 경쟁은 운영주체의 창의와 노력을 촉진하여 비용절감 등 효율을 높인다. 반면 경쟁을 허용하면 같은 종목의 증권이 동시에 다른 시장에서 거래될 수도 있다. 이처럼 시장이 '분할'(fragmentation)되면 시장에 따라 가격 차이가 발생하여 가격발견기능이 저해된다. 거꾸로

---

6) 이는 미국 의회가 SEC에 전국시장시스템(National Market System)의 발전을 "촉진하되 설계해서는 아니된다"고 명한 점과 일맥상통한다. Jonathan R. Macey and Maureen O'Hara, "Regulating Exchanges and Alternative Trading Systems: A Law and Economics Perspective", Journal of Legal Studies Vol. 28, 1999, p28.

가격발견기능을 중시하여 시장을 통합하면 독점의 폐해가 발생한다. 관련규제를 마련할 때는
이 2가지 요구를 동시에 고려해야 한다.

　　미국에서는 원칙적으로 거래시스템의 자유로운 형성과 경쟁을 인정하는 한편, 가격발견
기능을 높이기 위해서 이들 거래시스템간의 연결을 제도화하여 실질적으로 시장통합과 같은
결과를 거두려고 노력하고 있다. 뉴욕증권거래소와 나스닥이 압도적이지만 각 지역마다 거래
소가 있다. 또한 앞서 본 바와 같이 다양한 MTF가 거래소와 경쟁하고 있다.

　　종래 우리나라는 정반대의 태도를 취했다. 증권법은 거래소로 한국증권거래소만 명시하
고 유사시설금지원칙을 통하여 경쟁을 원천봉쇄하였다(2004. 1. 개정 전 법 76조 본문).7) 2004.
1. 제정된 「한국증권선물거래소법」(이하 '**거래소법**')에서는 종래 다소나마 경쟁관계에 있던 한
국증권거래소와 코스닥증권시장마저 통합함으로써 경쟁여지를 철저히 제거하였다. 자본시장
법도 같은 입장에서 거래소로서 한국거래소만을 규정하여(373조) 독점을 인정하면서 유사시
설금지원칙을 고수하여(386조 2항) MTF와의 경쟁여지도 봉쇄하였다.

　　이러한 태도는 시장발전의 초기단계에서는 시장육성이라는 차원에서 긍정적인 측면이 많
았지만 계속 유지하는 것에 대해서는 의문이 있었다. 2013. 5. 28. 자본시장법 개정에서는 거
래소 허가제(373조의2)와 함께 다자간매매체결회사의 시장개설을 허용(8조의2 5항)하고 거래소
유사시설 개설금지 조항을 무허가 시장개설금지 조항으로 대체(373조)함으로써 한국거래소의
법률상 독점체제를 폐지하였다.

3. 규제의 구조

　　종래 거래시스템 규제는 거래소만을 대상으로 하였다. 거래소 이외의 거래시스템은 기술
적인 측면에서도 생각하기 어려웠다. 그러나 MTF의 등장은 이러한 거래소 중심의 일원적 규
제에 도전이 되고 있다. 거래소 규제방식으로는 법에서 특정거래소를 법률로 직접 설립하는
특정설립방식과 누구든지 인가를 받으면 설립을 허용하는 일반설립방식으로 나눌 수 있다.
종래 우리나라에서는 거래소로 한국거래소만을 인정함으로써 특정설립방식을 취했다(개정 전
373조). 다만 증권법상 MTF와 관련해서는 증권업 허가만 받으면 설립할 수 있다고 보아 일반
설립방식을 택하고 있었다(2조 8항 8호). 그러나 2013. 5. 28. 개정 자본시장법은 이를 변경하
여 거래소 허가제를 도입하고(373조의2) 다자간매매체결회사에 일정 범위의 경쟁매매에 의한
거래체결을 허용함으로써(8조의2 5항) 매매체결기능의 독점을 폐지하였다.

　　자본시장법은 거래체결시스템에 대하여 1단계로 금융투자상품시장을 정의하고, 2단계로
금융투자상품시장을 개설하는 거래소를, 3단계로 다자간매매체결회사를 정의하는 체제를 취
하고 있다. '**금융투자상품시장**'은 '**증권 또는 장내파생상품의 매매를 하는 시장**'을 말한다(8조의2

---

　7) 다만 협회중개시장은 예외로 하였다(구법 76조 단서).

1항). 주목할 것은 시장의 개념요소로서 거래소와 같은 개설주체를 포함하지 않은 점이다.[8] **'거래소'**는 "증권 및 장내파생상품의 공정한 가격 형성과 그 매매, 그 밖의 거래의 안정성 및 효율성을 도모하기 위하여 금융위의 허가를 받아 금융투자상품시장을 개설하는 자"라고 규정하여 종래의 특정설립제도를 허가제에 의한 일반설립제도로 전환하였다(8조의2 2항). "거래소가 개설하는 금융투자상품시장"을 **'거래소시장'**이라고 정의하고(8조의2 3항) 이를 다시 "증권의 매매를 위하여 거래소가 개설하는 시장"인 증권시장과 "장내파생상품의 매매를 위하여 거래소가 개설하는 시장"인 파생상품시장으로 구분하고 있다(8조의2 4항). 따라서 자본시장법상 법률용어로서의 증권시장과 파생상품시장은 거래소가 개설한 시장만을 의미한다.

한편 다자간매매체결회사는 "정보통신망이나 전자정보처리장치를 이용하여 동시에 다수의 자를 거래상대방 또는 각 당사자로 하여 경쟁매매 등의 매매가격의 결정방법으로 증권시장에 상장된 주권, 그 밖의 매매체결대상상품의 매매 또는 그 중개·주선이나 대리 업무를 하는 투자매매업자 또는 투자중개업자"를 말한다(8조의2 5항). 주목할 것은 "동시에 다수의 자를 거래상대방 또는 각 당사자로 하여" 경쟁매매의 방법에 의한 거래체결이 가능하게 된 점이다. 자본시장법상 경쟁매매는 가격발견기능을 나타내는 것으로서 시장의 기능을 형식적 기준으로 표현한 것이다.

Ⅱ. 거래소에 대한 규제

1. 거래소의 일반적 정의

금융투자상품에 대한 거래시스템 중에서 가장 복합적인 서비스를 제공하는 것은 거래소이다. 처음부터 거래소는 전문적인 브로커들이 모이는 장소와 불가분의 관계에 있었다. 통신기술이 발달하지 못하여 한 장소에 모이지 않고는 거래할 수 없던 시대에는 거래소를 **'장소적 개념'**으로 파악할 수밖에 없었다. 물리적으로 제한된 공간에 참여할 수 있는 브로커의 수가 한정될 수밖에 없는 상황에서 회원개념이 생겨난 것도 자연스러웠다. 거래의 원활을 위해서는 상대방을 신뢰할 수 있어야 한다는 고려도 회원제와 부합된다. 또한 **'거래대상으로 적합한 종목을 선별하는 절차'**로서 상장이란 개념도 생겨났다. 이처럼 기본적으로 거래소는 역사적인 우연의 산물이다. 각자의 환경요인에 따라 자생적으로 발전된 거래소를 한마디로 정의하기는 어렵다. 초기에는 "정부의 감독하에 실시되는 상인들의 회동"이라는 식으로 외형상 특징에 초점을 맞춘 정의도 있었다.[9]

---

8) 폐지 전 증권법은 '유가증권시장'을 "「한국증권선물거래소법」에 의하여 설립된 한국증권선물거래소(이하 '거래소'라 한다)가 개설하는 시장으로서 동법 제2조 제1항의 규정에 의한 유가증권시장"이라고 정의하여 개설주체를 시장의 개념요소로 포함하고 있었다(2조 12항).

9) 1807년 프랑스 상법상의 정의였다(71조). Johannes Köndgen, "Ownership and Corporate Governance of

미국은 1934년법에서 거래소를 "증권의 매도인과 매수인을 결집시켜 통상적으로 이해되는 증권거래소가 행하는 기능을 수행하는 시설"{§3(a)(1)}이라고 정의한다. '**통상적으로 이해되는 증권거래소의 기능**'이 애매하다. 그러나 일반적으로 거래소는 뉴욕증권거래소(NYSE) 같은 것을 의미하였고 달리 그러한 기능을 수행하는 수단도 없던 시대에는 특별히 정의가 문제되지는 않았다. 정의가 어렵기 때문에 기능상 정의에 만족하기도 한다. 일부 학자들은 거래소를 다음 3가지의 기능상 요소로 정의하고 있다.[10]

첫째, 거래소는 증권의 유통거래를 위한 조직화된 시장이다. 이에 따라 단순히 주가정보를 전달하는 데 그치는 시스템은 거래소에서 배제된다. 둘째, 거래소는 적정한 유동성, 정보효율성, 최소의 거래비용이란 특징을 지닌 시장에서 증권의 매매가 공정한 가격으로 이루어지도록 촉진하기 위하여 고안된 것이다. 셋째, 거래소는 그 시장의 참여자뿐 아니라 다른 시장의 참여자를 위해서도 가격정보를 산출한다. 이러한 기능상 정의에 의하면 흔히 거래소의 특징으로 지적되는 거래체결의 보장, 중개인의 개입, 이용의 제한 등은 본질적 요소가 아니라 우연히 수반되는 것에 불과하다.

법에서 거래소를 정의하는 이유는 결국 규제대상을 명확히 하기 위해서이다. 원론적으로 거래소는 법적 규제가 필요한 거래시스템을 전부, 그리고 그것만을 포섭하도록 정의해야 할 것이다. 거래소를 제대로 정의하기 위해서는 먼저 거래소의 기능에 대해서 살펴볼 필요가 있다.

2. 거래소의 기능

일부 학자는 거래소가 수행하는 기능은 다음 4가지로 정리하고 있다.[11] (i) 증권거래가 일어나는 장을 제공함으로써 유동성을 높인다. (ii) 증권거래가 공정하게 일어날 수 있도록 시장을 감시한다. (iii) 표준적인 거래규정을 마련하여 투자자의 거래비용을 감소시킨다. (iv) 어느 정도 수준에 도달한 기업만을 상장시킴으로써 다른 기업과 상장기업을 구분하는 시그널 기능을 수행한다. 거래소에서 가장 중요한 기능은 (ii) 유동성의 제공이라고 할 것이다. 나머지 기능도 모두 유동성과 다소간 관계가 있다. 특히 (iii) 거래의 표준화는 유동성을 높이기 위해서 불가피한 조건이기 때문에 거래소가 자발적으로 추구할 수 있다. (ii)의 공정성 감시 기능도 유동성과 밀접한 관련이 있다. 거래의 공정이 확보되지 않으면 투자자가 시장에 대한 신뢰를 잃어 거래가 위축될 것이다. 거래량에 따라 수입을 얻는 거래소로서는 시장의 위축은 결국 장기적으로 손해이기 때문에 자발적으로 감독에 나설 인센티브가 있다. 반면 거래소는 자칫 단기적인 시장활성화에 치중한 나머지 공정성을 위한 감시활동을 소홀히 할 인센티브도

Stock Exchanges", Journal of Institutional and Theoretical Economics Vol. 154, 1998, p225.
10) Köndgen, 앞의 논문, p227.
11) Macey and O'Hara, 앞의 논문, p38.

적지 않다. 이 점은 거래소에 대한 공적 규제의 근거가 될 수 있다. 끝으로 (iv)의 시그널기능도 거래소의 이익과 부합하기 때문에 스스로 엄격한 상장기준을 적용할 인센티브가 있는 것이 사실이다. 반면 단기적인 수수료 증대만을 노린 나머지 문호를 너무 크게 개방할 여지도 없지 않다. 또한 위에 제시한 기능 중에는 앞서 언급한 가격발견기능이 빠져 있다. 가격발견기능도 거래소에 대한 규제를 정당화하는 요소로 작용할 수 있다.

3. 거래소의 법적 정의

거래소 규제가 유동성제공 및 가격발견기능에 의하여 정당화되는 것이라면 그러한 규제의 필요성이 있는 거래소는 어느 정도의 규모에 달하는 것에 한정되어야 한다. 그러나 거래소에 대해서 처음부터 규모의 제한은 둘 필요가 없고 일단 일반적인 기준으로 거래소를 정하고 일정 규모에 미달하는 것은 MTF로 규제하는 것이 적절할 것이다. 그런 관점에서 거래소는 "다수의 매도인과 매수인이 모여서 사전에 정해진 원칙에 따라 거래를 체결하는 시스템 중에서 가격발견기능이 있는 것"을 가리킨다. 자본시장법은 '**거래소**'를 "증권 및 장내파생상품의 공정한 가격 형성과 그 매매, 그 밖의 거래의 안정성 및 효율성을 도모하기 위하여 금융위의 허가를 받아 금융투자상품시장을 개설하는 자"라고 하여 가격형성기능을 거래소의 본질적 요소로 정의하고 있다(8조의2 2항).

4. 일반설립방식과 거래소 규제

자본시장법은 한국거래소를 직접 설립하는 특정설립방식(설립법주의)을 허가제로 설립될 복수 거래소와 인가제의 대상인 다자간매매체결회사에 모두 허용하는 일반설립방식(사업법주의)으로 변경하였다. 유통시장 내 경쟁촉진을 통한 효율성 제고와 불법 장외거래에 대한 규제 강화 근거를 마련하기 위한 것이다.[12] 거래소의 법적 형태는 주식회사이지만(373조의2 2항 1호) 회원제조직도 금지할 이유는 없다. 한편 거래소는 주식회사라도 공적 성격이 있으므로 이 사회에 회원·주주는 물론 공적 시각도 포함되어야 한다.

거래소는 거래에 적합한 증권만 상장하고('**상장심사**') 거래의 공정성을 담보할('**시장감시**') 필요가 있다. 이러한 과제를 소홀히 하면 투자자이익이 침해되는 것은 물론 시장불신이 초래될 수 있으므로 자율규제가 제대로 이루어지도록 적절히 감독할 필요가 있다. 투자자이익을 효율적으로 보호하기 위해 간단한 분쟁처리절차도 필요하다. 또한 거래소에서 결정되는 가격은 투자자를 포함한 여러 경제주체에도 영향을 준다. 이러한 가격발견기능의 외부효과를 폭넓게 파급시키고 가격왜곡을 막기 위해서 거래소에는 가격 및 거래정보를 공시할 의무를 부

12) 금융위, 자본시장과 금융투자업에 관한 법률 일부개정법률안 입법예고(공고 제2012-99호, 2012. 5. 11) 별첨 자본시장법 개정안의 주요내용.

과해야 할 것이다.

Ⅲ. 유통시장의 구조

1. 기본구조

유통시장은 장내시장과 장외시장으로 나눌 수 있다. 장내시장이 정규시장이라면 장외시장은 비정규시장이다. 2013. 5. 28. 자본시장법 개정으로 유통시장규제에 큰 변화가 생겼다. 특히 법률상 유가증권시장과 코스닥시장의 구분을 폐지하고, 다자간매매체결회사를 도입하였다.

2. 장내시장

개정 자본시장법은 그간 법상 시장의 종류로 규정되어 있던 유가증권시장과 코스닥시장을 폐지하고 거래소가 시장의 효율적 관리를 위하여 필요한 경우 둘 이상의 시장을 둘 수 있게 하였다(386조).[13] 특히 코스닥시장은 이른바 벤처붐이 있었던 1999년부터 급속히 성장하여 한 때는 거래소의 독점적 지위를 위협하기도 했다. 유가증권시장과 코스닥시장은 거래체결방식이나 자율규제내용에서는 거의 차이가 없었다. 그러나 코스닥시장이 추구하는 혁신기업에 대한 상장기능이 성숙기업을 대상으로 유가증권시장의 경우와 같을 수는 없다.

여기에 창업 초기 중소기업의 원활한 자금조달과 회수 및 재투자 여건 등을 조성하기 위하여 코넥스시장을 신설하였다. 코넥스시장은 "한국거래소가 「중소기업기본법」 제2조에 따른 중소기업이 발행한 주권 등을 매매하기 위하여 개설한 증권시장"이다(령 11조 2항; 규정 2-2조의3 1항). 코넥스시장도 증권 매매를 위하여 거래소가 개설한 시장이므로 자본시장법상 증권시장이다.[14] 코넥스시장의 특징은 지정자문인제도에 있다. 지정자문인은 거래소와 상장적격성심사를 분담하고 상장기업에 대한 정보생성기능을 수행한다. 코넥스시장의 발전은 지정자문인의 역할에 크게 의존하고 있다.

3. 장외시장

비정규시장인 장외시장은 투자매매업자나 투자중개업자 창구를 통해서 거래가 이루어지

---

13) 코스닥시장은 한국증권업협회의 협회중개시장을 모체로 한다. 거래소시장을 보완하는 장외시장으로 출발하였으나 점차 발전하여 거래소시장과 함께 당당히 정규시장으로 자리잡았다. 1987년 유망 중소기업과 벤처기업의 용이한 자금조달을 위하여 증권업협회 내에 비상장주식의 거래를 위한 주식장외시장을 최초로 개설하였다. 1996년 미국과 일본의 예에 따라 코스닥증권시장주식회사가 설립되었다. 이에 따라 과거 상대매매로 이루어지던 거래가 가격·시간원칙에 따른 경쟁매매방식으로 전환되었다. 코스닥시장은 1997년 협회중개시장으로 법제화되었다.

14) 금융위·금감원, 유권해석: 자본시장법상 증권시장에 코넥스도 포함되는지 여부, 2014. 3. 16.

는 이른바 '**점두시장**'(over-the-counter market: OTC market)과 투자매매업자나 투자중개업자를 통하지 않고 당사자 사이에 직접거래가 이루어지는 직접거래시장으로 나눌 수 있다. 투자매매업자나 투자중개업자를 통하지 않는 직접거래시장은 그다지 비중이 크지 않으므로 장외시장은 주로 투자매매업자나 투자중개업자의 개입이 일어나는 시장만을 가리킨다. 종래 자본시장법은 장외시장의 형태에 대해서 비교적 엄격히 규제해 왔다. 원칙적으로 거래소가 아닌 자는 증권시장 또는 이와 유사한 시설을 개설하거나, 유사시설을 이용하여 증권 또는 장내파생상품의 매매거래를 하지 못하도록 하고 있었다(유사시설금지원칙, 386조 2항). 그러나 2013. 5. 28. 개정 자본시장법은 유사시설금지원칙을 폐지하고 무허가 시장개설금지규정으로 변경하였다(373조). [표 12-1]은 이러한 다양한 유통시장의 특징을 잘 보여 주고 있다.

▌표 12-1 유통시장의 종류와 특징

구 분	금융투자상품시장				장외시장
	거래소시장			MTF	프리보드
	유가증권시장	코스닥시장	코넥스시장		
운영주체	거래소	거래소	거래소	다자간 매매체결회사	협회
시장성격	장내시장	장내시장	장내시장	장내시장	장외시장
시장참가자	제한없음	제한없음	제한(전문투자자 등)	제한없음	제한없음
불공정거래 규제	적용	적용	적용	적용	178조만
상장대상	제한없음	제한없음(신성장기업 선호)	제한(국내중소기업)	매매체결대상상품	제한없음
진입·퇴출 요건	양적·질적 요건	좌동	코스닥에 비해 완화	상장증권: 거래소시장과 동일 비상장증권: 별도	코스닥에 비해 완화
공시 및 지배구조규제	적용	적용	코스닥에 비해 완화	상동	공시: 완화 지배구조: 미적용
지정자문인	없음	없음	선임(상장 및 상장유지관리)	없음	없음
매매체결방식	경쟁매매(접속매매원칙)	경쟁매매(접속매매원칙)	경쟁매매(단일가 매매원칙)	경쟁매매 등	상대매매
발행회사 관리	거래소	거래소	지정자문인과 거래소가 분담	상장증권: 거래소 비상장증권: 다자간 매매체결회사	없음

제4절 거 래 소

I. 총   설

자본시장법은 종래 특정설립주의에 따라 한국거래소의 법률상 독점을 보장하였다. 그러나 2013. 5. 28. 개정으로 거래소 허가제를 도입하고, 다자간매매체결회사에 경쟁매매를 허용함으로써 거래체결시스템에 대한 경쟁체제로 전환할 수 있는 법적 기반을 갖추게 되었다. 앞으로의 과제는 이러한 경쟁체제의 도입이라는 기본정신을, 청산과 결제 그리고 자율규제와 같은 시장인프라 전반에 걸쳐 충실히 반영하고 운용하는 것이다.

그러나 2013. 5. 28. 개정 자본시장법은 청산의 수행주체를 금융투자상품거래청산회사로 규정하면서(323조의2, 323조의3), 증권시장과 파생상품시장 및 다자간매매체결회사에서의 청산업무는 금융위가 지정한 거래소인 지정거래소가 수행하도록 규정하고 있다(378조 1항·2항). 그리고 부칙에서 한국거래소를 증권시장과 파생상품시장 및 다자간매매체결회사에서의 청산기관과 파생상품시장에서의 결제기관으로 지정한 것으로 간주하는 규정을 두고 있다(부칙 15조 3항). 따라서 자본시장법상 금융투자상품거래청산회사는 '**증권시장 및 파생상품시장에서의 매매거래 및 다자간매매체결회사에서의 거래**'를 제외한 거래, 즉 장외거래를 대상으로 하는 청산만을 담당할 수 있다. 이런 관점에서 별도의 거래소가 지정거래소로 지정되기 전에는 한국거래소의 독점적 지위는 사실상 종전과 같이 유지되고 있다.

결국 자본시장법에 거래소허가제의 근거가 도입되었다 해도 시장현실은 변한 것이 없다. 국내 자본시장에서 거래소와 같은 자본시장 인프라의 독점을 논의할 때는 매매체결기능이 아니라 청산기능이 더 중요하다.

II. 거래소의 허가

1. 무허가 시장개설 금지

금융투자상품시장을 개설하거나 운영하려는 자는 시행령으로 정하는 시장개설 단위의 전부나 일부를 선택하여 금융위로부터 하나의 거래소허가를 받아야 한다(373조의2 1항). 종래의 '**유사시설금지원칙**'(386조 2항)은 거래소 허가를 받지 않고 하는 시장개설금지, 즉 무허가 시장개설 금지규정으로 변경되었다(373조). 예외는 다자간매매체결회사(78조), 협회호가시장(286조 1항 5호) 그 밖에 시행령으로 정하는 경우이다(373조 1호-3호; 령 354조의2 1호-4호).[15] 시행령

---

15) 개정 자본시장법 시행 당시(2013. 8. 29) 이미 설립된 한국거래소는 시장개설단위의 전부에 대하여 허가를 받

은 투자매매업자 또는 투자중개업자가 신주인수권증서를 매매 또는 그 중개·주선이나 대리업무를 하는 경우(176조의8 4항 2호), 채권중개전문회사가 증권시장 외에서 채무증권 매매의 중개업무를 하는 경우(179조), 종합금융투자사업자가 금융투자상품의 장외매매 또는 그 중개·주선이나 대리업무를 하는 경우(77조의6 1항 1호), 협회가 주권을 제외한 지분증권의 장외매매거래에 관한 업무를 하는 경우(307조 2항 5호의2)를 예외로 추가하고 있다(령 354조의2 1호-4호).

2. 거래소 허가단위

거래소 허가는 매매대상 금융투자상품과 회원이 되는 자의 범위로 구성되는 시장개설단위에 따라 이루어진다(373조의2 1항 1호·2호). 금융투자상품의 범위는 증권과 장내파생상품을 말하지만, 채무증권, 주권을 제외한 지분증권, 수익증권, 파생결합증권, 증권예탁증권의 구분을 포함한다(373조의2 1항; 령 354조의3 2항). 다만 투자계약증권은 증권성의 제한(4조 1항 단서)으로 포함되어 있지 않다. 회원은 거래소시장에서의 거래에 참가할 수 있는 자로서 거래소 회원관리규정(387조 1항)에 따른 거래소 결제회원과 매매전문회원을 말한다(령 [별표 17의2] 비고 1; 법 387조 2항). 다만 회원제 거래소에서 회원은 거래자격의 소지자이면서 거래소의 소유자였지만, 이제는 거래자격의 소지자만을 의미한다.[16] 시행령은 시장개설단위를 매매대상 금융투자상품의 범위를 기준으로 규정하고 있다{령 [별표 17의2] 시장개설 단위 및 최저자기자본(354조의3 3항 관련)}.

▌표 12-2 거래소 허가단위

시장개설 단위	금융투자상품의 범위
1e-1	주권, 증권예탁증권, 채무증권, 수익증권, 파생결합증권
1e-11	주권, 증권예탁증권
1e-12	채무증권, 수익증권, 파생결합증권
2e-1	장내파생상품

3. 허가요건

1) 기본요건

자본시장법은 거래소허가를 받으려는 자의 허가요건으로 법적 형태와 자기자본, 인적물적설비, 임원과 대주주자격 등을 규정하고 있다(373조의2 2항). 세부사항은 시행령으로 정한다

은 것으로 본다(부칙 15조 1항).

16) '회원'이라는 용어는 거래소가 회원제조직에서 주식회사로 전환한 것과 무관하다.

(373조의2 3항; 령 354조의3 9항).

2) 법적 형태

거래소허가를 받기 위해서는 주식회사 형태를 갖추어야 한다(373조의2 2항 1호). 과거 거
래소는 회원제조직이었으나 이제는 대부분 주식회사로 전환되었다('demutualization'). 따라서
허가제와 주식회사 형태를 고려할 때 증권법상 증권거래소를 '**공법적 단체**'로 본 판결(대법원
2004. 1. 16.자 2003마1499 결정)은 그대로 유지되기 어렵다. 회원제에 대해서는 운영이 투자자
보다 회원의 이익에 치우칠 우려가 있으며, 신속한 의사결정이나 대규모 자금조달, 그리고 다
른 거래소와의 제휴가 어렵다는 비판이 있었다. 그러나 자본시장법상으로도 거래소의 시장감
시기능 등으로 인하여 여전히 공공적 성격은 유지되고 있다.

3) 최저자기자본

거래소의 재무적 건전성을 확인하는 요건으로 개정 전 한국거래소에 대해서는 1천억원
이상의 자본금을 규정했던 것을 최저자기자본으로 변경하였다(373조의2 2항 2호). 자기자본이
자본금보다 특정 법인의 재무적 건전성을 더 정확하게 반영하기 때문이다. 금액은 시장개설
단위별로 1천억원 이상으로서 시행령으로 정한다(령 354조의3 3항, [별표 17의2]).[17] 여기도 투
자계약증권은 빠져 있다.

▌표 12-3   거래소 허가단위별 최저자기자본요건

시장개설 단위	금융투자상품의 범위	최저자기자본
1e-1	주권, 증권예탁증권, 채무증권, 수익증권, 파생결합증권	2,000억원
1e-11	주권, 증권예탁증권	1,000억원
1e-12	채무증권, 수익증권, 파생결합증권	1,000억원
2e-1	장내파생상품	3,000억원

4) 사업계획의 타당성과 건전성

거래소허가를 받기 위해서는 그 사업계획이 타당하고 건전해야 한다(373조의2 2항 3호).
이를 판단하기 위하여 첫째, 금융투자상품의 공정한 가격형성 및 그 거래의 안정성·효율성을
도모하기에 적합할 것, 둘째, 위험관리와 금융사고 예방 등을 위한 적절한 내부통제장치가 마
련되어 있을 것, 셋째, 투자자 보호에 적절한 업무방법을 갖출 것, 넷째, 법령을 위반하지 않
고 건전한 금융거래질서를 해칠 염려가 없을 것, 다섯째, 영위하려는 업무나 영업소의 소재지
등이 「금융중심지의 조성과 발전에 관한 법률」에 따른 금융중심지의 조성과 발전에 관한 기

---

17) 자기자본을 산정하는 경우에는 최근 사업연도말일 이후 거래소허가신청일까지의 자본금의 증감분을 포함하여
계산한다(령 [별표 17의2] 비고 2).

본계획 등에 부합할 것 등의 요소를 확인해야 한다(령 354조의3 4항). 사업계획의 타당성과 건전성은 이른바 적격성심사(fit and proper test)의 하나로서 금융위의 판단에 맡긴 것이다.

5) 인적·물적 설비

거래소는 투자자 보호가 가능하고 금융투자상품시장을 개설·운영하기에 충분한 인력과 전산설비, 그 밖의 물적 설비를 갖추어야 한다(373조의2 2항 4호). 시행령은 이 요건을 첫째, 인력요건으로서 영위하려는 거래소업무에 관한 전문성 및 건전성을 갖춘 인력과 전산요원 등 필요인력을 적절하게 갖출 것(령 354조의3 5항 1호)과 둘째, 물적 설비요건으로서 영위하려는 거래소업무를 수행하기에 필요한 전산설비와 통신수단, 사무실 등 충분한 업무공간과 사무장비, 전산설비 등의 물적 설비를 안전하게 보호할 수 있는 보안설비, 정전·화재 등의 사고가 발생할 경우에 업무연속성을 유지하기 위해 필요한 보완설비 등을 갖출 것(령 354조의3 5항 2호 가목-라목)으로 구체화하고 있다.

6) 정관등의 적법성 등

거래소는 정관등 규정체계를 구축해야 한다(373조의2 2항 5호). '**정관등**'은 정관, 회원관리·시장업무·상장·공시·시장감시·분쟁조정, 그 밖의 업무에 관한 규정을 말한다. 거래소 규정체계는 법령에 적합하고, 증권 및 장내파생상품의 공정한 가격형성과 매매 그 밖의 거래의 안정성 및 효율성을 도모하며 투자자 보호를 위하여 충분한 것이어야 한다.

7) 임원 결격사유

거래소허가를 위해서는 그 임원이 결격사유에 해당하지 않아야 한다(373조의2 2항 6호). 임원은 이사와 감사를 말한다(9조 2항). 임원 결격사유는 지배구조법 제5조에서 규정하고 있다.

8) 대주주의 자격 등

거래소의 대주주는 충분한 출자능력, 건전한 재무상태 및 사회적 신용을 갖추어야 한다(373조의2 2항 7호). 대주주는 금융투자업 인가 신청인이 상법상 주식회사인 경우의 대주주(12조 2항 6호 가목)와 같고, 그 요건은 금융투자업자의 경우와 같다(령 354조의3 6항, [별표 2]).

9) 사회적 신용

거래소는 사회적 신용을 갖추어야 한다(373조의2 2항 8호). 대주주자격에서 확인하는 사회적 신용은 대주주 자체에 대한 것이고, 여기서 말하는 것은 거래소 자체의 사회적 신용이다. 요건은 금융투자업자의 경우와 같다(령 354조의3 6항, 16조 8항 2호).

10) 이해상충방지체계

거래소는 이해상충방지체계를 구축해야 한다(373조의2 2항 9호). 이러한 체계는 첫째, 거래소와 거래소의 회원 간, 거래소가 영위하는 업무 간의 이해상충을 방지하기 위해 이해상충 발생가능성을 파악·평가하고, 이를 적절히 관리할 수 있는 내부통제기준을 마련할 것(령 354 조의3 8항 1호), 둘째, [시장감시업무등] 및 [청산 및 결제업무]와 [그 밖에 거래소시장의 매매 체결 관련 업무] 간에 정보제공, 임원겸직 및 전산설비 이용 등에 관하여 금융위가 고시하는 기준과 방법에 따른 정보교류차단체계를 갖출 것 등의 요건을 충족해야 한다(령 354조의3 8항 2호 가목-다목).

여기서 시장감시업무 등은 시감위 업무 중 시장감시(연계감시 포함)·심리·감리 및 이에 따른 징계업무(402조 1항 1호-3호)를 말하며, 지정거래소[18]가 수행하는 거래소간 또는 거래소 와 다자간매매체결회사간 연계감시업무나(402조 1항 2호, 404조 2항·3항), 다자간매매체결회사 에 대한 같은 업무(402조 1항 1호, 78조 3항·4항)를 포함한다. 청산·결제업무는 거래소가 수행 하는 증권시장 및 파생상품시장에 대한 청산기관업무를 말한다(378조 1항).

자율규제업무는 공공성을 가지는 업무로서, 거래소의 주식회사화에 따라, 그리고 청산업 무는 스스로 거래체결시스템을 운영하는 조직으로서 다른 매매체결기능 특히 다자간매매체결 회사에 대한 청산업무를 수행(378조 1항)함으로써 이해상충가능성이 문제될 수밖에 없다. 자 본시장법상 이해상충방지체계요건은 이러한 이해상충가능성에 대비한 것이다. 자본시장법의 이러한 접근은 거래소가 수행하는 [자율규제업무] 및 [청산 및 결제업무]와 [그 밖에 거래소 시장의 매매체결 관련 업무] 간에 이해상충가능성이 있음을 입법적으로 확인한 점에서 진일 보한 입법이라고 평가된다.

4. 허가절차

1) 허가신청 및 심사

거래소허가를 받으려는 자는 허가신청서를 금융위에 제출해야 한다(373조의3 1항; 령 354 조의4). 금융위는 허가신청서를 접수한 때 그 내용을 심사하여 3개월 이내에 허가 여부를 결 정하고, 그 결과와 이유를 지체없이 신청인에게 문서로 통지해야 한다(373조의3 2항 전단).[19] 허가신청서의 기재사항과 첨부서류, 심사방법과 절차는 금융투자업자 인가의 경우와 거의 동 일하게 규정되어 있다(령 354조의4). 금융위는 허가요건 구비 여부에 대한 형식적 심사권은 물 론 그 내용에 대한 실질적 심사권도 가진다.

---

18) 지정거래소는 금융위가 지정한 거래소이며, 부칙에서 다자간매매체결회사에서의 시장감시등과 관련해서는 한 국거래소를 지정거래소로 간주한다(부칙 〈법률 제11845호, 2013. 5. 28.〉 15조 3항).
19) 허가신청서에 흠결이 있는 경우 보완을 요구할 수 있다(373조의3 2항 후단). 허가심사기간을 산정할 때 흠결 보완기간 등은 산입하지 않는다(373조의3 3항; 규칙 40조 1호-3호).

2) 예비허가

자본시장법은 거래소 본허가를 받기 전에 허가를 받을 수 있는지를 사전적으로 확인하는 절차로서 예비허가제도를 두고 있다. 그 취지는 금융투자업의 예비인가와 같다. 이에 따라 거래소 본허가를 받으려는 자는 미리 금융위에 예비허가를 신청할 수 있다(373조의4 1항). 금융위는 예비허가를 신청받은 경우 2개월 이내에 본허가요건을 갖출 수 있는지를 심사하여 예비허가 여부를 결정하고, 그 결과와 이유를 지체없이 신청인에게 문서로 통지해야 한다(373조의4 2항 전단).[20]

금융위는 예비허가를 할 때 증권 및 장내파생상품의 공정한 가격 형성과 그 매매, 그 밖의 거래의 안정성 및 효율성 도모, 회사 경영의 건전성 확보 및 투자자 보호에 필요한 조건을 붙일 수 있다(373조의4 4항). 금융위는 예비허가를 받은 자가 본허가를 신청하는 경우 예비허가조건의 이행 여부와 본허가요건의 구비 여부를 확인한 후 본허가 여부를 결정해야 한다(373조의4 5항).[21] 예비허가를 받은 자는 예비허가일로부터 6개월 이내에 예비허가 내용 및 조건을 이행한 후 본허가를 신청해야 한다(령 354조의5 4항 본문).[22]

3) 본 허 가

금융위는 거래소허가를 하는 경우 증권 및 장내파생상품의 공정한 가격형성과 그 매매, 그 밖의 거래의 안정성 및 효율성 도모, 회사경영의 건전성 확보 및 투자자 보호에 필요한 조건을 붙일 수 있다(373조의3 4항). 조건의 내용에 관하여 자본시장법은 별도의 규정을 두고 있지 않다. 금융위의 재량에 속한다. 그러나 거래소허가제의 본질적 내용을 침해하는 내용을 조건으로 붙이는 것은 허용되지 않는다. 금융위는 거래소허가에 조건을 붙인 경우 그 이행 여부를 확인해야 한다(령 354조의4 11항).

조건부 허가를 받은 자는 사정변경 그 밖에 정당한 사유가 있는 경우 금융위에 조건의 취소 또는 변경을 요청할 수 있다(373조의3 5항 전단). 이 경우 금융위는 2개월 이내에 취소 또는 변경 여부를 결정하고, 그 결과를 지체없이 신청인에게 문서로 통지해야 한다(373조의3 5항 후단).

금융위는 거래소허가를 한 경우 허가내용, 조건부 허가의 경우에는 그 조건, 조건부 허가의 조건을 취소하거나 변경한 경우 그 내용을 관보 및 인터넷 홈페이지 등에 공고해야 한다(373조의3 6항).

---

20) 예비허가신청에 흠결이 있는 때에는 보완을 요구할 수 있다(373조의4 2항 후단). 예비허가신청과 관련된 흠결보완기간 등은 심사기간에 산입하지 않는다(373조의4 3항; 규칙 41조 1호-3호).
21) 예비허가신청서, 그 기재사항·첨부서류 등 예비허가신청에 관한 사항과 심사방법·절차, 그 밖에 예비허가에 관하여 필요한 사항은 시행령으로 정한다(373조의4 6항; 령 354조의4).
22) 다만, 금융위가 예비허가 당시 본허가 신청기한을 따로 정하였거나, 예비허가 후 예비허가를 받은 자의 신청을 받아 본허가 신청기한을 연장한 경우에는 그 기한 이내에 본허가를 신청할 수 있다(령 354조의5 4항 단서).

4) 영업개시 등

거래소는 그 허가를 받은 날부터 6개월 이내에 영업을 시작해야 한다(령 354조의4 10항 본문).23) 이러한 영업개시의무 위반은 허가 취소사유이다(411조 1항 8호; 령 367조 4항 1호). 거래소는 거래소업무를 시작한 후 정당한 사유 없이 허가받은 업무를 중단할 수 없다. 이러한 업무지속의무 위반도 허가취소사유이다(411조 1항 8호; 령 367조 4항 1호).

이 경우 영업개시의무의 '영업'과 업무지속의무의 '업무'의 의미가 문제된다. 거래소허가의 대상인 거래소의 시장개설업무를 의미한다. 그러면 시장을 개설하였으나 상장실적이 전혀 없는 경우도 영업개시의무나 업무지속의무를 위반한 것으로 볼 것인가? 시장개설에는 시장운영도 당연히 포함되는 것으로 보아 시장을 개설하였으나 상장실적이 전혀 없는 경우는 영업개시의무나 업무지속의무에 위반한 것으로 볼 수 있다.

5. 허가요건의 유지의무

거래소허가를 받아 시장을 개설·운영하는 거래소는 허가요건을 유지해야 한다(373조의5). 유지의무는 계속적 규제에 해당한다. 다만 사회적 신용요건의 유지의무는 면제한다(373조의5, 373조의2 2항 8호). 자본시장인프라로서 거래소의 특수한 지위와 실제 사회적 신용요건으로 문제될 가능성이 매우 낮은 점 등이 고려되었다. 유지의무에 위반되면 허가를 취소할 수 있다(411조 1항 3호).

6. 허가의 변경 등

1) 허가의 변경 등

거래소는 허가받은 시장개설단위 외에 다른 시장개설단위를 추가하여 금융투자상품시장을 개설·운영하려는 경우 금융위의 변경허가를 받아야 한다(373조의6 전단, 373조의2, 373조의3). 예비변경허가도 가능하다(373조의6 후단, 373조의4). 허가의 일부취소도 금융투자업자의 인가취소와 동일하게 보아야 한다. 요컨대 거래소허가는 단일한 것이며 시장개설단위가 다수 존재할 뿐이다.

2) 조직변경 등

거래소는 영업양도, 합병, 분할, 분할합병 또는 주식의 포괄적 교환·이전을 하려는 경우 금융위 승인을 받아야 한다(408조). 영업양도의 경우 금융투자업자에 대해서는 영업 일부인지 전부인지에 따라 승인과 보고사항을 구분하지만(417조 1항 4호, 418조 6호), 거래소의 경우에는

---

23) 다만, 금융위가 그 기한을 따로 정하거나 거래소허가를 받은 자의 신청을 받아 그 기간을 연장한 경우에는 그 기한 이내에 그 허가받은 영업을 시작할 수 있다(령 354조의4 10항 단서).

이를 구분하지 않는다. 이러한 조직변경절차를 통하여 주주의 거래소 주식소유비율에 변경이
발생하면 주식소유한도를 준수하기 위한 절차가 필요하다.

Ⅲ. 지배구조와 주식소유한도

1. 지배구조

거래소는 주식회사 형태를 취하므로(373조의2 2항 1호) 자본시장법에서 특별히 규정하는
경우를 제외하고는 주식회사의 기관에 관한 상법의 규정이 적용된다(374조). 이사회는 15인
이내의 이사로 구성하되 사외이사가 과반수여야 한다(380조 1항, 381조 1항 후단). 이사장, 사외
이사와 상임이사인 감사위원은 이사후보추천위원회의 추천을 받아 주주총회에서 선임한다
(380조 3항·5항). 이사장 선임에 대하여 금융위가 과거와 같이 승인권을 갖지는 않지만, 이사
장이 직무수행능력·전문성·경력 등을 종합적으로 고려하여 적격성을 검토한 결과 그 직무
를 수행하는 데에 부적합하다고 인정되는 경우 해임을 요구할 수 있다(380조 4항; 령 356조 2
항). 후보추천위원회는 사외이사 5인 이외에 협회 등 외부기관이 추천하는 인사들로 구성된다
(385조 2항). 감사 대신에 감사위원회를 두어야 한다(384조). 이사회는 이사회 위임사항을 심
의·의결하는 이사회 내 위원회를 각 시장별로 설치한다(381조 2항).

거래소 상근임직원은 비밀유지의무를 지고 금융투자업자 등과 특별한 이해관계를 갖는
것이 금지된다(383조 1항·2항). 여기서 **특별한 이해관계**는 채무보증, 담보제공, 정상적인 거
래활동을 수행하는 과정에서 필요한 행위에 해당하는 것으로 볼 수 없는 이해관계를 의미한
다(령 357조 1호-3호). 정상적인 거래활동은 거래상대방의 사업내용과 관련되거나 사업목적 달
성에 수반되는 행위로서 거래조건 등에 비추어 사회통념상 일반적인 거래활동으로 인정될 수
있는 경우를 말한다. 금융투자업자 임직원의 금융투자상품 매매제한규정은 거래소 임직원에
게 준용된다(383조 3항, 63조).

2. 주식소유한도

1) 의의와 취지

자본시장인프라로서 거래소의 독립성과 공공성을 유지하기 위해 특별한 경우를 제외하고
주식소유상한을 5%로 제한한다(406조 1항). 다만 이러한 취지에 위반할 가능성이 낮은 경우는
예외로 한다(406조 1항 1호-4호; 령 366조 1항). 시행령은 (ⅰ) 공모집합투자기구가 소유하는 경
우, (ⅱ) 외국거래소와의 제휴를 위해 필요한 경우로서 금융위가 구체적인 보유한도를 정하여
승인한 경우, (ⅲ) 정부가 소유하는 경우, (ⅳ) 거래소 주주인 법인이 거래소 주주인 다른 법
인을 합병하거나 합병할 목적으로 인수하는 경우로서 거래소 발행주식총수의 5%를 초과한

주식에 대하여 의결권을 행사하지 않을 것을 조건으로 금융위가 인정하는 경우를 예외로 규정한다. (ⅰ)·(ⅲ)·(ⅳ)의 예외는 거래소를 지배할 수 없는 경우이다. 오히려 중요한 것은 위 (ⅱ)이다. 거래소 주식회사화의 본래 취지대로 거래소의 인수합병과 같은 중대한 조직변경을 금융위의 승인 아래 허용하려는 것이다. 이 경우 금융위는 첫째, "자본시장의 효율성과 건전성에 기여할 가능성, 해당 거래소 주주의 보유지분 분포 등을 고려하여" 둘째, 구체적인 보유한도를 정하여 승인해야 한다. 따라서 주식소유한도규제의 기본취지는 유지할 수 있다.

2) 주식소유

'**주식소유**'는 신탁계약, 그 밖의 계약 또는 법률규정에 따라 그 주식에 대한 의결권행사권한 또는 그 의결권행사지시권을 가지는 경우, 특수관계인과 공동보유자(령 141조 2항·3항)가 주식을 소유하는 경우, 그 밖에 이에 준하는 경우로서 시행령으로 정하는 경우를 포함하여 소유의 개념을 실질화하고 있다(406조 2항; 령 366조 2항). '**시행령으로 정하는 경우**'는 대량보유보고에서의 '**소유에 준하는 보유**'(령 142조)를 말한다.

3) 한도위반

주식소유한도를 위반한 경우 그 초과분에 대하여는 의결권 행사가 제한되며, 이에 위반하여 주식을 소유한 자는 지체없이 주식소유한도에 적합하도록 조치해야 한다(406조 3항). 금융위는 이를 준수하지 않은 자에게 6개월 이내의 기한을 정하여 그 한도초과주식을 처분할 것을 명할 수 있다(406조 4항). 금융위는 주식처분명령을 받은 후 그 기한 이내에 그 주식처분명령을 이행하지 않은 자에 대하여는 다시 상당한 이행기한을 정하여 그 주식처분명령을 하고, 그 기한까지 주식처분명령을 이행하지 않는 경우 그 처분해야 하는 주식의 취득가액의 5%를 초과하지 않는 범위에서 이행강제금을 부과한다(407조 1항). 금융위는 주식처분명령을 한 날을 기준으로 1년에 2회 이내의 범위에서 그 주식처분명령이 이행될 때까지 반복하여 이행강제금을 부과·징수할 수 있다(407조 4항). 주식처분명령을 받은 자가 그 명령을 이행한 경우 새로운 이행강제금 부과를 중지하되, 이미 부과된 이행강제금은 징수해야 한다(407조 5항). 의결권행사제한과 주식처분명령 등에 대해서는 대량보유보고의무위반의 경우와 같이 해석할 수 있다. 거래소 주식소유한도 위반에는 이행강제금이 부과되는 점이 다르다.

Ⅳ. 업　무

1. 문제의 범위

자본시장법상 거래소의 업무로는 시장개설 이외에 상장, 공시, 이상거래심리 및 회원감리, 분쟁자율조정에 관한 업무 등이 열거되어 있다(377조). 금융위가 지정한 거래소는 청산 및 결제업무도 수행한다(377조 3호·4호). 이하 시장개설과 시장감시 등에 관한 업무만 설명하고 상장에 대해서는 별도로 설명한다. 공시는 제2편 제6장에서 그리고 청산·결제는 제4편 제14장에서 설명한다. 우리나라와 같이 거래소가 시장개설 이외에 시장감시와 청산·결제업무도 본체에서 수행하기도 하지만, 국제적으로는 예외에 속한다.

2. 시장의 개설

거래소의 고유 업무는 시장개설업무이다(377조 1항 1호). 자본시장법은 거래소가 개설하는 시장을 증권시장과 파생상품시장으로 구분하고 있다(8조의3 4항). 종래의 유가증권시장과 코스닥시장의 구분은 한국거래소에 고유한 명칭으로서 거래소 허가제에 따라 앞으로 설립될 모든 거래소에 적용될 수는 없다. 이에 자본시장법은 종래의 유가증권시장과 코스닥시장의 구분에 관한 조항을, 거래소가 시장의 효율적 관리를 위하여 증권시장 또는 파생상품시장별로 둘 이상의 금융투자상품시장을 개설·운영할 수 있는 근거규정으로 변경했다(386조). 현재 한국거래소는 증권시장으로서 유가증권시장, 코스닥시장, 코넥스시장, 그리고 파생상품시장을 개설·운영하고 있다.

3. 시장감시 등

거래소는 이상거래심리와 회원감리업무를 수행한다(377조 1항 8호). 이상거래심리 및 회원감리를 위하여 거래소에 시감위를 둔다(402조 1항). 시감위는 시장감시, 이상거래심리 및 회원감리, 증권시장과 파생상품시장 사이의 연계감시업무를 수행한다. 여기서 심리·감리업무는 지정거래소가 다자간매매체결회사에 대하여 하는 감시, 이상거래심리 또는 거래참가자감리를 포함한다(78조 3항·4항). 연계감시업무는 지정거래소가 행하는 거래소시장과 다른 거래소시장 사이 및 거래소시장과 다자간매매체결회사 사이의 연계감시를 포함한다(404조 2항·3항).

거래소가 주식회사로 전환하면 주식회사의 영리성과 시장감시의 공공성이 충돌한다는 우려가 있었다. 이에 대해서는 시장감시를 거래소가 아니라 거래소 밖의 독립적인 기관에 맡겨야 한다는 목소리도 높았다. 자본시장법은 종래의 거래소법과 마찬가지로 거래소에 속하지만 집행조직과는 분리된 시감위를 설치하였다. 이사인(380조 1항 3호) 시장감시위원장을 제외한 나머지 위원들은 금융위원장 등 외부기관이 추천한 외부인사로 구성된다(402조 2항). 시감위는 시장감시규정을 제정하여 업무를 수행한다(403조).

거래소는 이상거래혐의가 인정되는 경우 금융투자업자에 대해서 자료제출을 명하거나 회원에 대해서 보고·자료제출·관계자출석 등을 요청할 수 있다(404조 1항·2항). 이 경우 거래소 권한이 미치는 금융투자업자는 증권 또는 장내파생상품을 대상으로 금융투자업을 영

위하는 투자매매업자 또는 투자중개업자를 말한다(404조 1항). 시감위는 분쟁조정도 담당한다
(405조).

V. 시장참여자: 회원

1. 거래소시장에서의 거래와 회원제

거래가 대량으로 빈번하게 이루어지는 거래소시장에서 당사자가 증권인도의무나 대금지
급의무와 같은 계약상 의무를 이행하지 못하는 경우에는 그 영향이 다른 거래에까지 파급되
어 시장 전체에 큰 혼란을 야기할 수 있다. 따라서 일반적으로 거래소에서는 어느 정도 신용
을 갖추었다고 판단되는 회원에게만 거래에 참가할 수 있게 하고 있다. 회원제조직에서 주식
회사로 전환된 거래소시장에서도 시장참여는 원칙적으로 회원에 한정된다(388조 1항). 회원이
될 수 있는 것은 증권 또는 장내파생상품을 대상으로 하는 투자매매업자나 투자중개업자에
한한다. 따라서 상장증권이나 장내파생상품을 거래하려는 자는 상법상 위탁매매구조를 이용
하여 투자매매업자나 투자중개업자를 통해서 거래할 수밖에 없다. 회원이 아닌 금융투자업자
는 회원을 통해서만 거래소시장에서 거래할 수 있다.

2. 회원자격

회원자격 등은 회원관리규정으로 정한다(387조 1항). 금융위 승인을 받아서 제정하는(412
조) 회원관리규정은 회원자격, 가입 및 탈퇴, 권리와 의무 등을 규정한다(387조 3항). 회원의
종류는 거래소 결제회원과 매매전문회원 그 밖에 시행령으로 정하는 회원으로 구분된다(387
조 2항). 시행령에서는 거래소 회원의 종류로 증권회원, 파생상품회원, 증권시장 내의 일부 시
장이나 일부 종목에 대하여 결제나 매매에 참가하는 회원, 파생상품시장 내의 일부 시장이나
일부 종목에 대하여 결제나 매매에 참가하는 회원 등을 회원의 종류로 추가하고 있다(령 359
조 1호-5호). 투자매매업자나 투자중개업자가 취급하는 금융투자상품의 종류별로, 그리고 장
내파생상품의 경우에는 기초자산의 종류별로 회원 구성을 다양화하기 위한 조치이다.

3. 거래소와 회원의 관계에 관한 제399조 제1항의 해석

거래소와 회원의 관계와 관련하여 자본시장법 제399조 제1항은 "거래소는 회원의 증권시
장 또는 파생상품시장에서의 매매거래의 위약(違約)으로 인하여 발생하는 손해에 관하여 배상
의 책임을 진다"고 규정하고 있다. 일반적으로 이 규정은 거래소는 회원이 계약상 의무를 이
행하지 못하는 경우 거래소가 대신 책임진다는 의미로 해석되어 왔다.[24] 그러나 이 규정은

---

24) 이 책의 2판, 407면.

과거 증권시장과 파생상품시장에서 청산 또는 청산기관의 개념이 불명확할 때 거래소가 모든 책임을 진다는 의미로 포함되었다. 그러나 청산기관에 의한 청산구조가 명확하게 정비된 현재 이 조항은 오히려 혼동을 초래한다. 청산기관에 의한 청산이 이루어지는 상황에서 "회원의 증권시장 또는 파생상품시장에서의 매매거래의 위약(違約)으로 인하여 발생하는 손해"는 있을 수 없다. 모든 회원의 거래상대방은 청산기관이 되기 때문이다. 자본시장법상 청산에 관한 사항은 금융투자상품거래청산회사에 관한 규정(특히 323조의14)으로 일원화하고 혼동을 초래할 뿐인 제399조는 삭제해야 한다.

VI. 거래대상의 제한: 상장

1. 의 의

거래소시장에서는 일정 자격을 갖춘 증권만이 매매되도록 거래대상을 제한하고 있다. 거래소시장의 거래대상으로 삼는 것이 '**상장**'(listing)이다.[25] 상장은 기업이 발행한 증권이 증권시장에서 거래될 수 있는 자격을 부여하는 행위이다. 그러한 증권을 상장증권, 상장증권의 발행인을 상장법인 또는 상장회사라고 한다. 투자자는 유통성 증대를, 그리고 기업은 투자자 유치를 위하여 증권의 상장을 선호하게 된다. 상장법인이라고 해서 반드시 주식가치가 높지는 않다. 그러나 상장에는 엄격한 심사가 따르므로 상장법인은 자본시장이나 은행거래, 직원채용 등에서 유리한 지위를 누린다. 반면 기업은 증권이 상장되면 상장수수료와 공시의무 등을 부담한다.

2. 상장규정의 제정

거래소는 상장상품이 많을수록 수입이 늘어난다. 그렇다고 불량상품을 상장할 수는 없으므로 거래소는 상장요건을 정하여 심사한다. 과거 공개단계에서 금감위가 상장요건을 실질적으로 심사하고 거래소의 상장심사는 형식적이었다. 그러나 공모와 상장이 제도적으로 분리되면서 거래소가 상장심사를 전담하게 되었다.

거래소는 상장기준과 심사 그리고 상장증권관리를 위해서 「증권상장규정」('**상장규정**')을 제정해야 한다(390조 1항·2항).[26] 이를 포함한 것은 "상장법인의 영업, 재무상황이나 기업지배구조 등 기업투명성이 부실하게 된 경우 그 기업의 상장을 폐지하여 시장건전성을 제고하고 잠재적인 다수의 투자자를 보호하기 위한" 것이다(대법원 2019. 12. 12. 선고 2016다243405

---

25) 파생상품시장에서 파생상품거래 또는 옵션거래의 품목(결제월 포함)이 거래될 수 있도록 하는 행위도 상장이라고 한다. 이 품목은 거래대상별로 구분되는 파생상품거래 또는 옵션거래를 말하며, 현재 일반상품인 금, 금융상품인 통화와 채권, 그리고 지수가 거래대상으로 지정되어 있다.

26) 거래소가 개설·운영하는 2 이상의 증권시장에 대하여 별도의 상장규정을 정할 수 있다.

판결). 상장절차는 발행인의 신청으로 진행되지만, 상장대상에 따라 차이가 있다. 주권 상장은 신규상장,[27] 신주상장,[28] 변경상장,[29] 재상장[30]으로 구분할 수 있다.

▌표 12-4 상장 주식 총괄

구분	2018. 12	2019. 12	2020. 12	2021. 12	2022. 12	2023. 01
회사수(사)	2,264	2,355	2,411	2,487	2,569	2,575
종목수(종목)	2,380	2,475	2,531	2,610	2,690	2,697
상장주식수(백만주)	89,332	95,583	100,850	109,421	113,226	113,584
상장자본금(십억원)	127,970	132,084	135,965	141,465	144,510	144,930
상장주식 시가총액 (십억원)	1,578,461	1,722,586	2,371,736	2,654,830	2,086,644	2,268,437

(자료) 국가통계포털

3. 상장절차[31]

1) 의   의

상장절차는 발행인의 상장신청, 거래소의 상장심사와 상장실시의 3단계로 이루어진다. 과거 재무부장관이 공익이나 투자자 보호를 위하여 상장을 명령할 수 있었다(명령상장 구법 90조). 또한 발행인의 신청이 있는 경우에도 금융당국의 승인이 필요했다(감독기관승인권 구법 88조1항). 이 제도는 1997. 1. 개정으로 삭제되었다. 구체적인 절차는 상장 종류에 따라 다르다.

상장폐지는 증권시장 거래대상으로서의 자격을 상실한 상장법인을 거래대상에서 배제하는 조치이다. 상장법인의 신청으로도 가능하지만, 거래소가 상장법인 의사와 관계없이 할 수도 있다.[32] 상장폐지는 상장법인에 대한 조치이지만 실제 증권의 유통성 상실로 피해를 입는 것은 투자자이다. 따라서 신중한 절차를 요구한다. 거래소는 증권유형별로 상장폐지기준을 정한다. 보통주의 경우 형식적 상장폐지사유(당연폐지사유)와 실질적 상장폐지사유(상장적격성 실질심사사유 또는 구상장폐지실질심사)로 구분한다(상장규정 48조).

---

27) 거래소에 상장되어 있지 않은 주권의 발행인이 공모 후 처음으로 상장하는 것.
28) 이미 상장된 주권의 발행인이 추가로 새로이 발행한 주권을 상장하는 것.
29) 이미 상장된 후 발행회사가 증권의 종목(상호), 종류(우선주, 보통주), 액면금액, 수량 등을 변경한 후 기존발행주권의 교체를 위하여 발행된 새로운 주권을 상장하는 것.
30) 상장폐지 후 일정기간(5년) 내에 발행인이 자구노력으로 정상을 회복한 후에 당해 주권을 다시 상장하는 것, 상장법인의 분할이나 분할합병 또는 상장법인간 합병에 의하여 설립된 법인이 발행한 주권을 상장시키는 것 등.
31) 한국거래소, 『2023 유가증권시장 상장심사 가이드북』, 2022. 12; 『코스닥시장 공시·상장관리 해설』, 2023. 1.
32) 과거 재무부장관이 공익 또는 투자자 보호를 위하여 상장폐지명령과 거래정지명령을 할 수 있었으나(구법 91조) 1994년 규제완화차원에서 거래소 자율에 맡기게 되었다.

정기보고서 미제출, 감사인 의견 미달, 자본잠식 등 당연상장폐지 사유가 발생할 경우 즉시 매매거래가 정지되며 상장위원회[33]를 개최하여 개선여지가 있다고 판단될 경우 개선기간이 부여되고, 여지가 없다고 판단될 경우 최종적으로 상장폐지결정 및 정리매매가 이루어진다. 공시의무위반 등 상장적격성실질심사사유가 발생할 경우 즉시 매매거래가 정지되며 상장적격성실질심사 대상 여부를 검토한다. 검토 결과 대상이 아니라고 판단될 경우 매매거래를 재개하고, 대상으로 판단될 경우 기업심사위원회(구상장폐지실질심사위원회)에 부의하여 기업의 계속성, 재무건전성, 지배구조의 투명성 등 상장기업으로서의 적격 여부를 심사한다. 그 결과 상장기업으로서의 적격을 갖추고 있다고 판단될 경우 상장유지결정 및 매매거래재개가 이루어지지만, 상장폐지결정시 매매거래정지가 유지된다. 다만 대상기업의 이의신청이 있는 경우 상장위원회에 부의하여 상장기업으로서의 적격을 갖추고 있다고 판단될 경우 매매거래를 재개하고, 개선의 여지가 있다고 판단될 경우 개선기간을 부여하고 여지가 없다고 판단될 경우 최종적으로 상장폐지 결정 및 정리매매가 이루어지게 된다.

거래소 규정상 당연폐지사유와 상장적격성실질심사사유는 "서로 별개의 상장폐지사유이므로 전자의 상장폐지사유에 관하여 상장규정에 따라 개선기간을 부여한 사정이 후자의 상장폐지사유에 기하여 상장폐지를 결정하는 데 어떠한 장애가 된다고 할 수는 없다"(서울남부지법 2009. 8. 24.자 2009카합877 결정).[34]

2) 상장계약 및 상장폐지결정

(1) 법적 성질

상장계약은 "유가증권시장에 유가증권의 상장을 희망하는 발행회사와 시장개설주체로서 상장심사를 담당하는 거래소 사이에 체결되는 사법상의 계약"이고, 상장폐지는 "그러한 사법상의 계약관계를 해소하려는 거래소의 일방적인 의사표시"이다(대법원 2007. 11. 15. 선고 2007다1753 판결).[35] 따라서 거래소의 상장폐지는 헌법소원의 대상이 되는 공권력 행사에 해당하지 않는다(헌법재판소 2005. 2. 24. 선고 2004헌마442 전원재판부 결정).

(2) 상장폐지결정의 무효확인

상장폐지결정은 증권의 유통성에 치명적이므로 법원에서 이를 다투는 예가 늘고 있다. 상장폐지결정이 내려지면 무효확인의 소를 제기하고 효력정지나 매매거래재개가처분을 신청하기도 한다. 가처분신청이 인용되면 거래소는 결정에 기재된 시점까지 상장폐지를 보류한 상태로 매매거래를 계속한다.

---

33) 한국거래소의 유가증권시장상장공시위원회와 코스닥시장상장위원회가 여기에 해당한다.
34) 항고심은 서울고법 2009. 11. 25.자 2009라1754 결정.
35) 같은 취지로, 헌법재판소 2005. 2. 24. 선고 2004헌마442 전원재판부 결정; 대법원 2007. 11. 15. 선고 2007다34678 판결.

상장폐지된 상장법인의 주주들에게 그 효력정지가처분의 신청적격이 있는가? 법원은 "상장폐지결정으로 인해 주주로서의 각종 권리가 침해되거나 주식을 보유함으로써 갖는 권리를 상실할 위험이 있으므로 자본시장법 및 그 위임에 의한 상장규정이 보장하는 이익은 법적 이익으로 보는 것이 상당"하다고 하여 주주들은 신청적격을 인정했다(서울남부지법 2021. 8. 18. 자 2021카합20258 결정).[36]

감사의견거절에 따른 상장폐지결정의 무효확인소송에서 법원은 "원고가 상장폐지사유를 해소하지 못한 사유나 경위, 그 해소가능성 등을 고려하여 개선기간이 종료된 후 상장폐지결정을 하기에 앞서 기업심사위원회 개최 여부 및 그 시기, 심의 및 의결 여부 등을 달리 정할 만한 특별한 사유가 있는지 여부 등을 검토하여야 함에도 시행세칙에서 특별한 사유가 없는 한 개선기간을 6개월을 초과하여 부여할 수 없다고 규정하고 있고 추가 개선기간 부여에 관한 명문 규정이 없다는 등의 이유로 위 형식적 상장폐지사유 발생일인 2018. 3. 22.부터 6개월 되는 2018. 9. 21.을 최종 개선기한으로 정하여 그 기한 내에 감사의견이 변경되지 않았다는 사정만으로 이 사건 상장폐지결정을 한 것"으로서 **'상장규정 및 시행세칙이 부여한 재량권을 일탈 · 남용'**하여 무효라고 판단하였다(서울남부지법 2019. 8. 16. 선고 2019가합102469 판결).[37]

이러한 판단은 "주권이 상장폐지되면 원고는 회사의 존립이 위태롭게 될 위험"이 있는 반면, "피고가 원고에 대한 상장폐지 여부에 대한 최종 결정시기를 보류한다 하더라도 종전에 한 원고 발행주권에 대한 매매거래정지 조치를 그대로 유지하는 등의 방법으로 코스닥시장의 잠재적 투자자들에 대한 불측의 손해를 충분히 예방할 수 있었던 것"이라는 인식에 따른 것이다(서울남부지법 2019. 8. 16. 선고 2019가합102469 판결). 그러나 상장폐지와 같은 시장조치에 너무 많은 재량을 주면 전체 투자자 보호관점에서는 오히려 부적절할 수 있다.

(3) 상장폐지결정의 무효확인과 거래소의 손해배상책임

일단 상장폐지결정과 그에 따른 정리매매까지 종결된 상황에서 법원에 의하여 그 결정의 무효가 확인된 경우 투자자들이 거래소를 상대로 제기한 손해배상청구사건에서 청구가 거부된 사례가 있다{서울고법 2023. 2. 3. 선고 2022나2011034 판결(상고중)}.[38] 그 근거는 첫째, 상장폐지결정에 대한 무효확인판결은 상장폐지결정의 효력이 없다는 취지에 불과하며 상장폐지결정 이전에 이뤄진 거래정지가 위법하다고 볼 수 없는 점, 둘째, 상장폐지결정에 대한 무효확인판결로부터 상장폐지결정이 거래소의 고의 또는 과실로 인한 것으로서 불법행위를 구성한다고 단정할 수는 없으며 거래소의 직원들이 객관적 주의의무를 위반하였다거나, 이 사건 상

---

36) 항고되었으나(서울고법 2021라20920) 2021. 12. 13. 항고취하로 확정.
37) 항소심(서울고법 2020. 3. 25. 선고 2019나2038695 판결)에서 유지된 후 대법원 2020. 8. 13. 선고 2020다 225565 판결로 확정.
38) 1심은 서울중앙지법 2022. 2. 10. 선고 2020가합589868 판결.

장폐지결정이 객관적 정당성을 상실하였다고 보기는 어려움 점, 셋째, 상장계약의 당사자는 상장법인과 한국거래소로 상장법인의 주주인 원고들은 상장계약이나 상장폐지의 당사자가 아니므로 상장폐지결정이 당사자가 아닌 주주들에 대한 불법행위에 해당할 수는 없는 점, 넷째, 정리매매기간 동안 주주들의 보유주식매도는 자유로운 의사에 따라 한 것으로 주주들마다 매도가액이 다르고, 주주들이 주장하는 차액 전부를 거래소의 불법행위와 인과관계 있는 손해액이라고 볼 수 없는 점을 제시했다.

3) 상장규정의 법적 성질

거래소 상장규정은 규범적인 성격도 있으나,[39] 자치규정으로서 약관에 해당한다. 법원은 "행정기관이 제정하는 일반적, 추상적인 규정으로서 법령의 위임에 따라 그 규정의 내용을 보충하는 기능을 가지면서 그와 결합하여 대외적인 구속력을 가지는 법규명령"이라고 볼 수는 없고, "증권법이 자치적인 사항을 스스로 정하도록 위임함으로써 제정된 갑 거래소의 자치 규정"으로서,[40] "상장계약과 관련하여서는 계약의 일방 당사자인 거래소가 다수의 상장신청법인과 상장계약을 체결하기 위하여 일정한 형식에 의하여 미리 마련한 계약의 내용, 즉 약관의 성질을 갖는다"고 본다(대법원 2007. 11. 15. 선고 2007다1753 판결).[41] 상장규정의 위임에 근거한 상장규정시행세칙도 같다. 약관으로 볼 경우 약관규제법상 고객은 **'상장법인'**이지 **'상장법인이 발행한 주권을 매수한 투자자'**가 아니다(서울고법 2019. 9. 18.자 2019라20295 결정).[42]

상장규정의 특정 조항이 "비례의 원칙이나 형평의 원칙에 현저히 어긋남으로써 정의관념에 반한다거나 다른 법률이 보장하는 상장법인의 권리를 지나치게 제약함으로써 그 법률의 입법 목적이나 취지에 반하는 내용을 담고 있다면" 위법·무효라고 보아야 한다(대법원 2007. 11. 15. 선고 2007다1753 판결).[43] 그 근거로 첫째, 법률에 근거를 두고 상장법인등에게 적용되는 규정으로서 **'실질적으로 규범적인 성격'**을 가지고 있어 관련 법률의 취지에 부합하지 않는 사항을 그 내용으로 할 수 없는 점과 둘째, 거래소는 고도의 공익적 성격을 가지고 있는 점을

---

39) 대법원 2007. 11. 15. 선고 2007다1753 판결("법률의 규정에 근거를 두고 상장법인 내지 상장신청법인 모두에게 당연히 적용되는 규정으로서 실질적으로 규범적인 성격을 가지고 있음"). 같은 취지: 대법원 2007. 11. 15. 선고 2007다34678 판결; 대법원 2019. 12. 12. 선고 2016다243405 판결.

40) 같은 취지: 헌법재판소 2021. 5. 27. 선고 2019헌바332 전원재판부 결정.

41) 같은 취지: 대법원 2007. 11. 15. 선고 2007다34678 판결; 대법원 2017. 2. 9. 선고 2015다8797 판결; 대법원 2019. 12. 12. 선고 2016다243405 판결.

42) 대법원 2020. 1. 10.자 2019마6355 결정(심리불속행기각)으로 확정.

43) 같은 취지: 대법원 2007. 11. 15. 선고 2007다34678 판결; 대법원 2019. 12. 12. 선고 2016다243405 판결. 같은 취지이지만, 한국거래소의 우월적 지위를 강조한 것으로 서울남부지법 2007. 7. 20.자 2007카합1744 결정(확정)("피신청인(거래소)과 상장법인 사이의 관계는 상장계약이라는 사법상의 계약을 통하여 맺어지는 것이기는 하나, 그 상장계약의 내용이 되는 유가증권시장 상장규정은 사실상 피신청인이 일방적으로 마련한 규정을 상장법인이 그대로 따르는 형태로서 피신청인이 상장법인에 대하여 절대적으로 우월한 지위에 있게 되는 점도 고려해야 한다").

들고 있다.

4) 상장유예 또는 폐지결정의 효력

상장유예결정 또는 상장폐지결정이 무효라는 근거로 주로 주장되는 것은 거래소에 대한 상장규정의 위임이 포괄위임금지원칙에 위반된다거나 상장폐지기준이 법상 위임범위를 일탈했거나 불공정한 약관이라는 점이다. 아래에서는 이에 관한 헌법재판소 결정례를 살펴본다.

① 상장규정에 대해서는 포괄적 위임입법금지(헌법 75조, 95조)가 원칙적으로 적용되지 않고, "상장규정은 고도로 전문적이고 기술적인 내용에 관한 것으로서 제도나 환경의 변화에 따른 탄력성이 요구되므로, 위 제3항[자본시장법 390조 2항에 해당]이 상장규정에 정할 사항의 하나로 '유가증권의 상장기준·상장심사 및 상장폐지에 관한 사항'이라고만 규정하였다고 하여" 포괄적 위임입법금지의 원칙에 위반된다고 볼 수 없다고 판단한 사례가 있다(대법원 2004. 1. 16.자 2003마1499 결정). 또한 헌재는 위 "심판대상조항은 거래소의 상장규정에 포함시켜야 하는 **'내용을 제시'**한 것으로서, 헌법상의 위임규정에서 말하는 **'위임'**이 될 수는 없어" 포괄위임금지원칙이 원칙적으로 적용되지 않는다고 판시했다(헌법재판소 2021. 5. 27. 선고 2019헌바332 전원재판부 결정). 또한 상장폐지기준 중 하나인 **'최근 2사업연도 계속 부적정 또는 의견거절인 때'**를 **'최근 사업연도에 부적정 또는 의견거절인 때'**로 더욱 엄격하게 개정한 것에 대하여, 법원은 증권법의 위임범위를 일탈하였다거나 불공정한 약관으로 볼 수 없다고 판단했다(대법원 2004. 1. 16.자 2003마1499 결정).

② 헌재는 자본시장법 제390조 제2항에 대하여 "상장폐지는 기업의 규모와 형태, 증권거래의 양태, 경제상황 등 다양한 요소를 고려하여 결정되어야 하고, 상장폐지의 구체적인 내용·절차 등은 탄력적으로 시장의 상황을 반영해야 하는 세부적·기술적 사항으로, 반드시 의회가 정하여야 할 사항이라고 볼 수 없"으므로 법률유보원칙에 위반되지 않는다고 판단했다(헌법재판소 2021. 5. 27. 선고 2019헌바332 전원재판부 결정).

③ 회사정리절차 개시신청만을 이유로 기업의 구체적인 재무상태나 회생가능성 등을 심사하지 않은 채 상장폐지결정을 하게 한 구 유가증권상장규정에 대하여 법원은 사실상 구 회사정리법상 보장된 회사정리절차를 밟을 권리를 현저히 제약하는 것이어서, 구 회사정리법의 입법목적과 취지에 반한다고 하여 무효로 판단하였다(대법원 2007. 11. 15. 선고 2007다1753 판결).[44] 이와 함께 개시신청만으로 상장폐지할 경우 그 상장법인과 기존 주주들이 상실할 이익을 비교할 때 비례의 원칙에 반하고 기촉법에 따른 공동관리절차를 선택한 기업에 비하여 합리적인 근거없이 차별하고 있어 형평의 원칙에도 반한다고 판단하였다(대법원 2007. 11. 15. 선고 2007다1753 판결).[45]

---

44) 같은 취지: 대법원 2007. 11. 15. 선고 2007다34678 판결.
45) 같은 취지: 대법원 2007. 11. 15. 선고 2007다34678 판결.

④ '신주발행의 효력과 관련하여 소송이 제기된 경우' 상장유예를 규정한 상장규정이 비례의 원칙이나 형평의 원칙에 현저히 어긋남으로써 정의관념에 반하거나 다른 법률이 보장하는 상장법인의 권리를 지나치게 제약하여 상장신청법인에게 부당하게 불리하고 신의성실의 원칙에 반하여 공정성을 잃은 조항으로서 약관규제법 제6조 제1항, 제2항 제1호에 따라 무효라고 판단하였다(서울남부지법 2011. 3. 8.자 2011카합113 결정).

⑤ 일정 규모 이상의 횡령·배임혐의가 공시 등으로 확인되면 기업계속성 등을 고려하여 상장적격성 실질심사 대상기업을 정하게 하는 **코스닥시장 상장규정**'에 따른 실질심사 결과 상장폐지결정을 받은 회사가 위 규정의 심사항목이 구체적이지 않고 대상법인의 절차참여권을 충분하게 보장하지 않았다고 주장하며 상장폐지결정의 무효확인을 구한 사안에서, "위 규정에 이를 무효로 삼아야 할 정도의 위법이 있다고 보기 어려울 뿐만 아니라, 상장적격성 실질심사 대상 법인을 선정하는 단계에서 대상 법인의 의견진술권 등 절차참여권을 보장하지 않은 것을 절차적 위법이라고 볼 수 없다"고 판단하였다(대법원 2019. 12. 12. 선고 2016다243405 판결).[46]

⑥ 상장폐지회사와 달리 2년의 개선기간이 부여되었다거나, 형식적 상장폐지사유에 대한 개선기간 종료 이후에서야 실질적 상장폐지사유를 이유로 한 상장폐지가 이루어진 사례가 존재한다는 사정만으로 상장폐지결정이 형평의 원칙에 반한다고 볼 수 없다(서울남부지법 2021. 1. 29자 2021카합20009 결정).[47]

⑦ 개정 상장규정을 적용하여 기존 상장규정에 의하면 상장이 유지되었을 기업을 상장폐지 실질심사에 회부한 경우 소급입법금지의 원칙에 위반되는지가 문제된 사안에서 "상장폐지 여부를 결정하는 단계서는 기업의 계속성, 경영의 투명성 등에 관한 과거의 자료는 물론이고 앞으로의 개선계획까지도 아울러 종합적으로 고려한 다음 **현재의 시점에서**' 상장폐지가 필요한지 여부를 판단하는 것이므로 진정소급입법에 해당하지 않는다고 판단하였다{서울남부지법 2009. 4. 14.자 2009카합367 결정(확정)}.[48]

⑧ 애초에 상장규정의 위헌성이 재판의 전제성이 있는지에 관하여 "상장계약이나 상장폐지결정 및 상장규정에 관련된 법률관계는 기본적으로 사법관계(私法關係)에 속하기 때문에, 그 각 효력은 사법적(私法的) 규율과 해석원칙에 따라 법원이 개별 사건에서 판단하여야 할 문제"이므로 "심판대상조항의 위헌 여부에 따라 당해 사건 재판의 주문이 달라지거나 그 내용과 효력에 관한 법률적 의미가 달라진다고 보기 어려우므로, 심판대상조항에 대한 심판청

46) 평석으로, 김유성, "코스닥시장 상장규정의 상장적격성 실질심사 규정이 구체성을 결여하였거나 상장법인의 절차적 권리를 제대로 보장하지 않아 무효인지 여부(2019. 12. 12. 선고 2016다243405 판결: 공2020상, 235)", 『대법원판례해설』 제121호(2019 하), 219-248면.
47) 서울고법 2021. 11. 17.자 2021라20115 결정(항고기각)(확정).
48) 서울남부지법 2010. 11. 22.자 2010카합723 결정(확정); 서울고등법원 2012. 3. 23.자 2011라1748 결정(확정).

구는 재판의 전제성 요건을 결여한 것으로서 부적법하다"는 반대의견이 있다{헌법재판소 2021. 5. 27. 선고 2019헌바332 전원재판부 결정(재판관 이선애, 재판관 이은애의 적법요건에 관한 반대의견)}.

5) 거래소의 상장 등 행위와 행정법원리의 적용

주의할 것은 거래소 상장규정 등의 법적 성질을 계약으로 보면서도, 그에 따른 행위에 대해서는 행정법원리에 기초한 판단이 이루어지고 있다. 하급심 중에는 거래소는 "높은 정도의 공익적 성격을 갖고 있어 신청인과 피신청인의 법률관계에는 실질적으로 행정상 법률관계의 성격이 있다"고 전제하고. 거래소의 '이 사건 선행 안내'(형식적 상장 폐지 사유가 발생함에 따라 위 상장 폐지 사유가 해소된 이후 시장위원회 심의·의결 등 실질적 상장 폐지 절차를 다시 진행할 예정임을 알려 드린다'는 등)와 달리 '이 사건 후행 안내'(실질적 상장 폐지 절차에서 개선기간 종료일 이후에 형식적 상장 폐지 사유가 발생하면 형식적 상장 폐지 절차를 우선해서 거치지 않는다는 취지)와 상장폐지결정은 신뢰보호원칙에 위배되어 위법하다고 판단한 사례(서울남부지법 2019. 10. 23. 자 2019카합20217 결정)가 있다.

Ⅶ. 거래체결방법의 표준화

거래의 원활한 체결을 위해서는 표준화 내지 정형화가 필요하다. 이를 위해 거래소가 제정한 규범이 「유가증권시장 업무규정」이다. 업무규정에 따른 거래체결의 구체적 모습은 뒤에서 설명한다.

Ⅷ. 거래소의 자기상장과 책무

1. 거래소의 상장

1) 의의와 문제점

거래소의 주식회사화는 국제적인 거래소 간 경쟁이 심화되는 상황에서 국제경쟁력 강화를 위한 전략적 제휴나 조직변경 등의 신속한 의사결정을 가능하게 하고, 필요한 대규모 자금조달의 효율성을 높이기 위한 것이었다. 이러한 취지를 관철하기 위해서는 거래소 증권도 상장할 필요가 있다. 일반적으로 거래소는 자신이 발행한 증권을 자신이 개설한 증권시장에 상장('자기상장', self-listing)한다. 거래소의 자기상장은 다음과 같은 쟁점을 발생시킨다.

첫째, 자기상장은 시장의 개설·운영주체로서의 거래소 지위와 관련하여 '시장의 개설·운영주체로서의 거래소' 대 '상장법인으로서의 거래소' 사이에 심각한 이해상충가능성을 발생시킨다. 특히 거래소가 시장감시 등 자율규제기관 역할을 스스로 수행할 경우 그러한 우려는 더욱 커진다. 거래소의 상장법인관리기능을 고려할 때 '시장의 개설·운영주체로서의 거래소'가 '상장

법인으로서의 거래소' 자신을 관리하기 때문이다. 둘째, 거래소가 상장법인이 될 경우 거래소와 경업관계에 있는 다른 기업 예컨대 다른 거래소나 다자간매매체결회사가 상장할 경우 거래소의 상장법인관리기능을 고려할 때 역시 이해상충가능성을 우려하지 않을 수 없다. 더욱이 지정거래소가 다자간매매체결회사에 대한 시장감시 등과 함께, 청산기능도 수행하는 상황에서 이러한 문제는 관리할 수 없는 수준의 이해상충을 발생시킬 수밖에 없다.

2) 거래소의 자율규제

이런 우려에도 불구하고 자본시장법은 거래소 증권의 자기상장과 관련하여 그 상장·상장폐지업무는 거래소가 수행하되, 금융위 승인을 받게 하였다(409조 1항). 그리고 거래소는 그 증권을 자기상장한 경우 이상거래심리, 회원감리, 수시공시, 그 밖의 상장관리 등을 자체적으로 수행하되 결과를 금융위에 보고해야 한다(409조 2항). 현재 이러한 입법례는 우리나라 외에는 찾기 어렵다.

2. 거래소의 책무

거래소허가제를 통한 복수거래소 허용, 다자간매매체결회사를 통한 경쟁체제 도입 등으로 자본시장에서 거래소의 책무는 더욱 중요해졌다. 그러나 거래소는 이미 주식회사로서 영리성과 공공성의 충돌 내지 이해상충가능성은 더욱 높아질 수밖에 없다. 이에 자본시장법은 거래소의 책무를 한층 더 강조하고 있다. 이러한 책무는 자본시장법상 시장개설주체 중 거래소에만 부과되는 것으로서 거래소와 다자간매매체결회사를 구분하는 기준이다. 이런 상황은 거래소 주식을 자기상장하면 더욱 심화될 것이다.

거래소는 다양한 업무 중에서 "특히 공공성이 강조되는 업무"를 수행할 때 "법 또는 정관 등에 따라 거래소시장에서 투자자를 보호하고 증권 및 장내파생상품의 매매를 공정하게 수행할 책무"를 진다(373조의7). 그러한 업무는 증권상장·상장폐지업무, 시장감시등업무, 주권상장법인의 신고·공시업무이다(373조의7 1호-3호, 402조 1항 1호-3호; 령 354조의6, 377조 1항 7호). 이들 업무는 넓은 의미의 자율규제업무에 속한다. 거래소 주식의 자기상장이 실현되면 이들 업무에 관한 거래소의 책무를 더욱 명확히 하기 위한 입법적 보장이 필요할 것이다.

IX. 거래소에 대한 감독

1. 감독수단

1) 검사와 승인

거래소는 유동성부여와 가격발견기능 등 국가경제에서 차지하는 비중이 크므로 폭넓은 규제의 적용을 받는다. 거래소에 대해서 일반적인 감독권을 행사하는 것은 금융위이다. 금융위는 거래소에 대해서 업무·재산에 관한 보고나 자료제출을 명할 수 있고 금감원장에게 업무·재산상황 등을 검사하게 할 수 있다(410조 1항). 금융위는 거래소규정(업무규정·상장규정·공시규정·회원관리규정·시장감시규정 등)의 제정·변경·폐지에 대한 승인권을 갖는다(412조 1항). 이 규정 승인권으로 상장 금융투자상품의 구조를 포함한 거래소 운영을 감독할 수 있다.

2) 비상조치권

금융위는 천재지변, 전시, 사변, 경제사정의 급격한 변동, 그 밖에 이에 준하는 사태의 발생으로 인하여 매매거래가 정상적으로 이루어질 수 없다고 인정되는 경우에는 거래소에 대하여 개장시간변경, 거래중단 또는 시장휴장을 명하거나, 그 밖에 필요한 조치를 할 수 있다(413조). 여기서 "매매거래가 정상적으로 이루어질 수 없다고 인정되는" 경우는 통상적인 조치로는 회복할 수 없는 극히 예외적으로 발생하는 비상상황을 말한다.

3) 시장효율성 심의

증권시장 및 파생상품시장의 거래비용 절감과 관련한 사항에 대한 심의를 위하여 금융위에 시장효율화위원회를 설치한다(414조 1항). 심의대상기관이 수수료 등을 변경하거나 기준금액 이상으로 전산투자를 하려는 경우에는 시장효율화위원회의 심의를 거쳐야 한다(414조 2항; 령 368조 1항·2항). 심의대상기관은 자본시장법에 따라 설립된 기관, 그 밖에 시행령으로 정하는 기관이다. '**자본시장법에 따라 설립된 기관**'은 예탁결제원과 같이 특정설립주의에 따라 설립된 기관을 말한다. '**시행령으로 정하는 기관**'은 한국거래소, 코스콤, 전자등록기관을 말한다(령 368조 1항 1호-3호). 기준금액 이상으로 전산투자를 하는 경우는 시장운영이나 시장하부구조를 개선하기 위하여 소프트웨어, 하드웨어 등 전산시스템과 그 부대설비의 개발에 소요되는 비용이 100억원 이상인 투자를 하고자 하는 경우를 말한다(414조 2항; 령 368조 2항). 매매체결기능과 청산기능을 수행하는 거래소와 결제기능을 수행하는 예탁결제원 그리고 자본시장 전산시스템의 개설·운영자인 코스콤 등이 법률상 또는 사실상 독점상태인 점을 고려하여 수수료나 전산투자 등에 대한 시장관점에서의 효율성을 점검하기 위한 장치로 이해된다.

2. 행정제재

금융위는 거래소가 거짓, 그 밖의 부정한 방법으로 허가를 받은 경우, 허가조건을 위반한 경우, 허가요건 유지의무를 위반한 경우, 업무정지기간 중에 업무를 한 경우, 금융위의 시정명령 또는 중지명령을 이행하지 않은 경우, [별표 14]에 해당하는 경우로서 시행령으로 정하는 경우(령 367조 1항), 금융관련 법령 등(령 373조 2항)을 위반한 경우로서 시행령으로 정하는 경우(령 367조 3항, 373조 3항), 그 밖에 투자자의 이익을 현저히 해할 우려가 있거나 해당 업무를 영위하기 곤란하다고 인정되는 경우로서 시행령으로 정하는 경우(령 367조 4항)에는 허가를 취소할 수 있다(411조 1항).

또한 위와 같은 경우[49] 금융위는 거래소에 대하여 업무정지·계약인계명령·시정 또는 중지명령 등의 조치를 취할 수 있다(411조 2항). 그리고 거래소의 임직원이 자본시장법 등 법령이나 행정관청의 처분을 위반한 경우 금융위는 임원에 대해서는 해임요구나 직무정지 등의 조치를(411조 3항), 그리고 직원에 대해서는 면직이나 정직 등의 조치를 취할 수 있다(411조 4항).

금융위는 거래소 임직원에 대하여 조치를 하거나 이를 요구하는 경우 그 임직원에 대하여 관리·감독의 책임이 있는 임직원에 대한 조치를 함께 하거나 이를 요구할 수 있다(414조 5항, 422조 3항). 다만, 관리·감독의 책임이 있는 자가 그 임직원의 관리·감독에 상당한 주의를 다한 경우에는 조치를 감면할 수 있다. 금융투자업자의 임직원에 대한 조치와 관련한 청문, 처분등의 기록유지 및 퇴임·퇴직 임직원에 대한 통보, 이의신청 등의 규정은 거래소 임직원에 대해서도 준용된다(411조 5항, 423조 2호-9호, 424조 1항, 3항-5항, 425조).

이외에도 금융위는 정관변경의 승인권(376조 2항), 이사장해임의 요구권(380조 4항) 등을 통하여 거래소에 대한 영향력을 행사할 수 있다.

3. 벌 칙

거래소허가(변경허가 포함)를 받지 않고 금융투자상품시장을 개설하거나 운영한 자나 거짓, 그 밖의 부정한 방법으로 거래소허가(변경허가 포함)를 받은 자에 대해서는 5년 이하의 징역 또는 2억원 이하의 벌금에 처한다(444조 27호·27호의2). 거래소 임직원의 정보이용금지(383조 1항)를 위반하여 비밀을 누설하거나 이용한 자, 공동기금(394조 1항)을 적립하지 않은 자, 시감위 위원의 비밀유지의무(402조 7항)를 위반하여 비밀을 누설하거나 이용한 자는 3년 이하의 징역 또는 1억원 이하의 벌금에 처한다(445조 42호-44호). 이 경우 해당하는 죄를 범한 자에게는 징역과 벌금을 병과할 수 있다(447조 2항). 양벌규정도 적용된다(448조).

---

49) 다만 "별표 14 각 호의 어느 하나에 해당하는 경우로서 대통령령으로 정하는 경우"가 아니라 '별표 14 각 호의 어느 하나에 해당하는 경우'로 확대되어 있다.

제5절 다자간매매체결회사

I. 의 의

1. 개 념

다자간매매체결회사는 "정보통신망이나 전자정보처리장치를 이용하여 동시에 다수의 자를 거래상대방 또는 각 당사자로 하여 일정한 매매가격결정방법으로 증권시장에 상장된 주권, 그 밖에 시행령으로 정하는 증권('**매매체결대상상품**')의 매매 또는 그 중개·주선이나 대리업무('**다자매매체결업무**')를 하는 투자매매업자 또는 투자중개업자"를 말한다(8조의2 5항).

다자간매매체결회사는 매매가격결정방법에 따라 가격발견기능을 수행하는 것과 그렇지 않은 것으로 분류할 수 있다. 첫째, 경쟁매매에 의한 매매가격결정방법(8조의2 5항 1호)을 이용하는 다자간매매체결회사는 사실상 거래소에 준하는 시장개설주체가 된다. 둘째, 이 방법을 사용하지 않는 다자간매매체결회사는 단순한 투자매매업자나 투자중개업자와 차이가 없다. 자본시장법은 명시하는 경우를 제외하고는 경쟁매매에 의한 매매가격결정방법을 이용하는 다자간매매체결회사를 전제로 규제체계를 구축하고 있다.

자본시장법상 다자간매매체결회사 규제는 안전성장치(시장감시나 가격제한폭, 매매거래정지 등)와 효율성수단(매매수량단위, 최소호가 단위, 거래시간 등)으로 나누어, 전자는 거래소와 동일하게 규제하고, 후자는 시장 자율에 맡기는 것이다.

2. 연 혁

종래 자본시장법에서 규정하던 전자증권중개회사는 MTF의 일종이라고 할 수 있지만, 경쟁매매에 의한 매매를 허용하지 않는 등 매매체결방법에 대한 엄격한 제한이 이루어졌다(개정 전 78조). 실제 2001년 28개 증권회사의 출자로 한국ECN증권주식회사가 출범하였으나 2005년 해산되었다. 2013. 5. 28. 개정 자본시장법은 경쟁매매에 의한 매매체결을 허용하는 등 실효적인 MTF를 도입하기 위한 입법을 완료하였다. MTF 도입은 무엇보다도 투자자들의 다양한 거래수요를 충족할 수 있는 거래체결시스템의 제공을 위한 경쟁 제고에 그 목적이 있다.

3. 외국입법례

외국입법례상 MTF의 규제에는 (i) 시장의 개념을 광범하게 정의하고 MTF를 그 한 유형으로 규제하는 방법(호주),50) (ii) MTF 자체를 시장 및 금융투자업자와 구별되는 별도의 유형

---

50) 개설주체를 불문하고 시장을 개설하려는 자는 호주금융시장인가(Australian market license)를 취득해야 한다

으로 규제하는 방법(EU,[51] 싱가포르[52] 등), (ⅲ) MTF를 금융투자업자의 한 유형으로 규제하면서 시장적 특징을 고려한 특수한 규제를 인정하는 방법(미국, 영국, 일본)의 3가지가 있다. 우리나라는 그 중 (ⅲ)의 유형을 채택하고 있다.

Ⅱ. 인　　가

1. 인가요건

다자간매매체결회사는 매매체결대상상품의 다자간매매체결업무를 하는 투자매매업자 또는 투자중개업자로서 인가를 취득해야 한다. 인가요건 그 밖의 인가에 관한 사항은 원칙적으로 투자매매업자 및 투자중개업자의 그것을 따른다. 다만 업무인가단위와 소유한도에 대해서는 주의를 요한다.

첫째, 다자간매매체결회사의 업무인가단위는 [표 12-5]와 같이 투자매매업과 투자중개업으로 구분된다(령 [별표 1]). 둘째, 다자간매매체결회사의 주식소유한도는 일정한 예외[53]를 제외하고는 의결권 있는 발행주식총수의 15%를 초과할 수 없다(78조 5항 전단). 소유주식수의 산정과 위반시의 조치에 대해서는 거래소의 주식소유한도에 관한 규정을 준용한다(78조 5항 후단, 406조 2항-4항, 407조). 주식소유한도를 위반하는 경우 그 초과분에 대하여는 의결권 행사가 제한되고, 소유자는 지체없이 한도에 적합하도록 해야 한다. 금융위는 6개월 이내의 기한을 정하여 그 한도를 초과하는 주식에 대한 처분명령을 내릴 수 있다. 그에 불응할 경우에는 이행강제금을 부과한다.

(Corporations Act 2001, sec 795A 이하).

51) 거래체결시스템 제공자를 정규시장(regulated market), 다자간매매체결회사('Multilateral trading facility, MTF), 조직적매매체결회사(Organised Trading Facility: OTF), 주문집행업자(systematic internaliser)의 4가지로 구분하여 규제한다. Directive 2014/65/EU of the European Parliament and of the Council of 15 May 2014 on markets in financial instruments and amending Directive 2002/92/EC and Directive 2011/61/EU (recast), OJ L 173, 12. 6. 2014, pp349-496.

52) 승인시장운영자(recognised market operator: RMO)라고 한다{Securities and Futures Act 2001, sec 9(1)(b) and (2)}.

53) 집합투자기구가 소유하는 경우(사모펀드가 소유하는 경우는 제외), 정부가 소유하는 경우, 그 밖에 금융위 승인을 받아 소유하는 경우를 말한다. 시행령상 승인대상은 다음 3가지 경우이다(령 78조 6항 1호-3호).
　(ⅰ) 외국다자간매매체결회사(외국법령에 따라 외국에서 다자간매매체결회사에 상당하는 업무를 하는 자)가 다자간매매체결회사와의 제휴를 위해 소유하는 경우.
　(ⅱ) 다자간매매체결회사의 공정한 운영을 해칠 우려가 없는 경우로서 적격금융기관(규칙 8조 1호-3호), 금융투자업관계기관 또는 외국다자간매매체결회사가 다자간매매체결회사의 의결권 있는 발행주식총수의 30%까지 주식을 소유하는 경우
　(ⅲ) 적격금융기관이 공동으로 주식을 소유하는 경우로서 외국인(외국인투자촉진법 2조 1항 1호)이나 비금융회사(금융위가 고시하는 금융업이 아닌 업종을 영위하는 회사)의 다자간매매체결회사에 대한 주식보유비율을 초과하여 주식을 소유하는 경우

▌표 12-5   다자간매매체결회사의 업무인가단위(단위: 억원)

코드	금융투자업	금융투자상품	투자자	자기자본
1a-1-2	투자매매업	매매체결대상상품(8조의2 5항; 령 7조의2 1항)	전문투자자	300
2a-1-2	투자중개업	매매체결대상상품(8조의2 5항; 령 7조의2 1항)	전문투자자	200

2. 업무범위

다자간매매체결회사의 업무범위는 다자간매매체결업무에 엄격히 제한되며 투자매매업자나 투자중개업자에게 적용되는 일부 업무규정이 적용되지 않는다(78조 2항). 금융투자업자의 부수업무(40조), 투자매매업자 또는 투자중개업자의 신용공여(72조), 금융투자상품 매매가 체결된 경우 투자매매업자 또는 투자중개업자의 투자자에 대한 명세통지의무(73조), 그리고 한국은행의 금융투자업자에 대한 검사(419조 2항-4항) 등은 다자간매매체결회사에게 적용되지 않는다.

Ⅲ. 운   영

1. 매매체결대상상품

매매체결대상상품이란 '**상장주권 그 밖에 시행령으로 정하는 증권**'이다(8조의2 5항). '**시행령으로 정하는 증권**'은 "주권과 관련된 증권예탁증권으로서 증권시장에 상장된 것(1호), 그 밖에 공정한 가격 형성 및 거래의 효율성 등을 고려하여 시행규칙으로 정하는 증권(2호)"을 말한다(령 7조의3 1항). 현재 시행규칙은 따로 규정하고 있지 않다. 다만 거래소가 상장규정에 따라 관리종목 또는 이에 준하는 종목으로 지정한 매매체결대상상품, 의결권이 없는 상장주권, 그 밖에 매매거래계약 체결실적이 낮은 매매체결대상상품 등 투자자 보호와 거래의 특성 등을 고려하여 금융위가 고시하는 매매체결대상상품은 제외한다(78조 1항: 령 78조 1항 1호 가목-다목).[54] 전통적으로 MTF는 이미 증권시장에 상장되어 있는 상품을 대상으로 별도의 상장 및

---

54) 금융투자업규정은 다음 상품을 제외하고 있다(4-48조의2 1항 1호-5호).
  (i) 해당 매매체결대상상품을 상장한 거래소가 상장을 폐지하기로 결정한 증권
  (ii) 코넥스시장에 상장된 증권
  (iii) 상장 또는 자본감소 등에 따라 해당 매매체결대상상품을 상장한 거래소가 증권시장업무규정에 따라 단일가격에 의한 개별경쟁매매의 방법으로 그 매매체결대상상품의 최초 가격을 결정하는 경우로서 그 날을 포함하여 1일이 경과하지 않은 증권
  (iv) 상장주식수가 5만주 미만인 주식 또는 발행인과 금융투자업자 간의 계약에 따라 특정 증권을 상장한 거래소시장에서 그 증권에 대한 유동성공급 및 시장조성을 하기로 한 경우 해당 증권
  (v) 해당 매매체결대상상품을 상장한 거래소가 법 제393조 및 제403조에 의한 거래소 규정에 따라 단기과열종목, 투자경고종목, 투자위험종목 또는 투자주의 환기종목 등 투자자 보호와 거래의 안정성 등을 감안하여 별도의 관리대상으로 지정한 증권

공시비용의 부담 없이 효율적으로 거래할 수 있다는 것이 최대의 장점이다. 그리고 역시 장내
파생상품도 당연히 거래할 수 있어야 하지만 자본시장법에서는 매매체결대상상품을 증권으로
한정하는 매우 제한적인 입법을 하고 있다.

2. 업무기준

1) 업무기준의 준수

다자간매매체결회사는 시행령으로 정하는 업무기준을 준수해야 한다(78조 1항: 령 78조 1
항). 업무기준은 (ⅰ) 매매체결대상상품 및 거래참가자(1호·2호), (ⅱ) 매매체결대상상품의 매
매정지 및 그 해제(3호), (ⅲ) 매매확인 등 매매계약체결 및 청산·결제(4호-6호), (ⅳ) 증거금
등 거래참가자의 매매수탁(7호), (ⅴ) 매매결과의 공표·보고(8호), (ⅵ) 다자간매매체결업무의
개폐·정지·중단(9호), (ⅶ) 그 밖에 다자간매매체결업무의 수행과 관련하여 필요한 사항(10
호)을 포함한다. (ⅰ)의 거래참가자는 거래소의 회원에 상응하는 용어이다. 다자간매매체결회
사에서의 거래참가자는 매매체결대상상품에 관한 투자매매업자 또는 투자중개업자로 한정한
다(령 78조 1항 2호). (ⅴ)의 종목별 가격공표는 투자매매업자 또는 투자중개업자의 최선집행의
무(68조)의 기초가 된다.

또한 다자간매매체결회사가 경쟁매매방법을 사용할 경우 매매체결대상상품의 평균거래
량이 거래규모기준(령 7조의2 2항)에 적합하도록 업무기준과 방법을 정할 것(령 78조 1항 11호),
그 밖에 투자자 보호 및 다자간매매체결업무의 공정성 확보 등을 위하여 금융위가 고시하는
사항을 준수할 것(령 78조 1항 12호) 등을 규정하고 있다. 그 밖에 업무방법 및 절차, 그 밖에
공정한 매매가격 형성과 매매체결의 안정성 및 효율성 등의 확보를 위하여 필요한 사항은 시
행령으로 정한다(78조 8항; 령 78조).

매매체결대상상품의 발행인 등의 신고·공시에 대해서는 별도로 규정하고 있지 않다. 주
로 상장증권을 대상으로 하는 것을 가정할 경우 특별히 다자간매매체결회사에서 고려할 사항
은 아닐 것이다. 그러나 매매대상상품이 상장증권이 아닌 경우 그 발행인 등의 신고·공시에
관한 사항은 다자간매매체결회사가 스스로 구축해야 한다.

2) 업무규정의 작성 등

다자간매매체결회사는 위의 사항이 포함된 업무규정을 마련해야 하며(령 78조 2항), 이를
정하거나 변경한 때에는 금융위에 지체없이 보고하고 인터넷 홈페이지 등을 이용하여 공시해
야 한다(령 78조 3항). 이 경우 금융위는 시장의 공정한 가격형성 및 투자자 보호 등을 위하여
필요한 경우 다자간매매체결회사에 대하여 업무규정의 변경을 요구할 수 있다(령 78조 4항).

3. 매매가격 결정방법

1) 의의와 취지

다자간매매체결회사의 매매체결대상상품에 대한 매매가격의 결정방법으로는 (ⅰ) 경쟁매매의 방법, (ⅱ) 매매체결대상상품이 상장증권인 경우 해당 거래소가 개설하는 증권시장에서 형성된 매매가격을 이용하는 방법, (ⅲ) 매매체결대상상품의 종목별로 매도자와 매수자 간의 호가가 일치하는 경우 그 가격으로 매매거래를 체결시키는 방법의 3가지를 규정하고 있다(8조의2 5항; 령 7조의3 3항). (ⅲ)은 다자간 상대매매라고 한다.

2) 경쟁매매의 방법

경쟁매매는 거래소시장에서 이루어지는 매매체결방법을 말하는 것으로서 다수의 매도인과 다수의 매수인을 경쟁시켜 매매를 성립시키는 방법이다. 결국 매도인과 매수인, 매도인들, 매수인들이 상호간에 경쟁하여 약정가격을 결정하는 것이다. 경쟁매매와 상대매매의 차이는 상대매매는 특정인을 선정하여 매매하는 것이지만, 경쟁매매는 특정 매도인 또는 매수인의 집단으로부터 자기의 상대방을 찾아내는 데 있다.[55]

경쟁매매는 가격발견기능을 나타내는 것으로서 시장의 형식적 요소에 해당한다. 경쟁매매가 이루어지면 가격발견기능이 있는 것이고 가격발견기능이 있으면 자본시장법상 시장이다. 다만 자본시장법은 거래소가 개설한 증권시장에 비하여 다자간매매체결회사는 대규모 거래에 적합하지 않다는 인식에 기초하여 그 거래는 거래량이 일정 기준을 넘지 않는 경우로 한정한다. 시행령은 그 기준을 다음 요건을 모두 충족하는 경우로 규정하고 있다(령 7조의3 2항 1호·2호).

(ⅰ) 매월 말일을 기준으로 증권구분별(4조 2항)로 과거 6개월간 해당 다자간매매체결회사의 경쟁매매의 방법을 통한 매매체결대상상품의 평균거래량이 같은 기간 중 증권시장에서의 매매체결대상상품의 평균거래량의 15% 이하일 것(평균거래량은 매매가 체결된 매매체결대상상품의 총수량을 매매가 이루어진 일수로 나눈 것을 말한다).

(ⅱ) 매월 말일을 기준으로 과거 6개월간 해당 다자간매매체결회사의 경쟁매매의 방법을 통한 종목별 매매체결대상상품의 평균거래량이 같은 기간 중 증권시장에서의 그 종목별 매매체결대상상품의 평균거래량의 30% 이하일 것.

이 기준을 초과하는 경우 다자간매매체결회사에 관한 특칙이 적용될 수 없으므로 그 회사는 거래소로 전환해야 한다(8조의2 5항 1호). 다만 자본시장법상 거래소와 다자간매매체결회사로 이원화된 시장구조에 대한 규제를 기능에 주목하여 재검토할 필요가 있다. 특히 다자간

---

55) 長島외, 319면.

매매체결회사를 시장기능을 가진 금융투자업자로 규제하는 것의 타당성에 대해서는 EU와 호주 그리고 싱가포르 등의 입법례를 참고하여 지속적인 논의가 이루어져야 할 것으로 본다.

4. 시장감시 등

다자간매매체결회사도 증권시장을 개설하므로 시장감시를 비롯한 자율규제가 필요하다. 그러나 현재와 같이 자본시장법상 '규모가 작은' 시장개설주체를 전제하고 있는 다자간매매체결회사에 대하여 시감위와 같은 조직을 강제하는 것은 비현실적이다. 자본시장법은 금융위가 지정하는 지정거래소에 이 업무를 맡기고 있다. 지정거래소는 다자간매매체결회사에서의 투자자 보호 및 건전한 거래질서를 위하여 ① 매매체결대상상품의 매매에 관한 청약·주문이나 거래참가자가 다자간매매체결회사에 제출하는 호가의 상황, ② 매매체결대상상품에 관련된 풍문·제보나 보도, ③ 매매체결대상상품의 발행인 등에 관한 신고 또는 공시, ④ '시행령으로 정하는 것'이란 매매가격·거래량 및 매매체결의 시간 등 매매체결대상상품의 매매체결에 관한 정보를 감시할 수 있다(78조 3항 1호-4호; 령 78조 3항). 시행령으로 "그 밖에 매매체결대상상품의 가격 형성이나 거래량에 영향을 미치는 상황 또는 요인"을 추가할 수 있다(78조 3항 4호; 령 78조 3항).

지정거래소는 이상거래혐의가 인정되는 매매체결대상상품의 종목 또는 매매품목의 거래상황파악이나 거래참가자의 다자간매매체결회사 업무기준 준수 여부의 확인을 위한 경우 거래참가자에게 사유를 밝힌 서면으로 관련자료제출을 요청하거나, 거래참가자에 대하여 그와 관련된 업무·재산상황·장부·서류, 그 밖의 물건을 감리할 수 있다(78조 4항). 지정거래소는 다자간매매체결회사에 대하여 이상거래심리·감리와 관련한 정보제공·교환, 거래참가자의 자격정지·거래제한을 요구할 수 있다(78조 4항, 404조 2항·3항).

거래소와 경쟁하기 위하여 도입된 다자간매매체결회사의 거래에 대한 시장감시 등을 거래소에 맡기는 것은 합리적 근거를 찾기 어렵다. 이 업무는 거래소와 분리된 독립적 자율규제기관을 구성하거나 그것이 곤란하다면 공적감독기관에 맡기는 것이 적절할 것이다.

5. 청산·결제

다자간매매체결회사에서의 거래를 위한 청산업무는 금융위가 지정하는 지정거래소가 수행한다(378조 1항). 지정거래소는 금융위가 지정한 거래소를 말하며, 부칙에서 한국거래소를 청산기관으로 지정한 것으로 간주하고 있다(부칙 〈법률 제11845호, 2013. 5. 28.〉 15조 3항). 다자간매매체결회사에서의 거래를 위한 결제업무는 당연히 증권시장의 결제기관인 예탁결제원이 수행한다(297조).

Ⅳ. 거래규모와 규제차별화

다자간매매체결회사는 매매체결대상상품의 거래량이 시행령으로 정하는 기준을 넘는 경우에는 투자자 보호 및 매매체결의 안정성 확보 등을 위하여 시행령으로 정하는 조치를 해야 한다(78조 7항). 여기서 '**시행령으로 정하는 조치**'는 다자간매매체결회사의 사업계획 및 이해상충방지체계 등이 투자자 보호와 거래의 공정성 확보에 적합하도록 조치하거나, 다자간매매체결업무를 안정적으로 영위하기 위하여 필요한 인력, 전산설비 등 물적 설비를 갖추도록 조치하는 2가지를 말한다(령 78조 8항). 경쟁매매의 방법(8조의2 5항 1호)에 따라 매매가격을 결정하는 다자간매매체결회사는 제외한다.

경쟁매매의 방법에 따라 매매가격을 결정하는 다자간매매체결회사는 사실상 자본시장법상 금융투자상품시장에 해당한다. 다만 자본시장법은 거래소가 개설한 정규시장에 비하여 다자간매매체결회사의 거래시스템은 대규모 거래에 적합하지 않으므로 다자간매매체결회사에서의 거래는 매매체결대상상품의 거래량이 시행령으로 정하는 기준(령 7조의2 2항)을 넘지 않는 경우로 한정한다. 그러면 이 기준을 충족할 수 없는 경우, 즉 거래규모가 시행령으로 정하는 기준을 초과하는 경우에는 어떻게 할 것인가? 더 이상 자본시장법상 다자간매매체결회사가 될 수 없으므로 거래소 허가를 받거나 업무를 중단해야 한다. 자본시장법은 매매대상이 되는 금융투자상품의 범위에 따라 다양한 거래소 허가단위를 두어 특정 종류의 증권만 취급하는 다자간매매체결회사도 손쉽게 거래소 허가를 취득할 수 있게 하였다(373조의2 1항).

Ⅴ. 감   독

다자간매매체결회사는 투자매매업자 또는 투자중개업자로서 금융투자업자에 대한 감독체계가 그대로 적용된다. 인가취소 등 금융투자업자에 대한 조치와 금융투자업자의 임직원에 대한 조치도 동일하게 적용된다(420조 1항·3항, 422조 1항·2항). 다만 시장으로서의 특수한 지위를 고려하여 거래소 임직원의 정보이용금지와 금융투자업자등과의 일정한 거래관계 금지, 영업양도 등에 관한 금융위의 승인, 긴급사태시의 금융위의 거래소에 대한 처분에 관한 규정은 다자간매매체결회사에 준용한다(78조 6항, 383조 1항·2항, 408조, 413조). 벌칙도 금융투자업자에 대한 것과 기본적으로 동일하게 적용된다. 다만 임직원의 정보이용금지와 금융투자업자등과의 일정한 거래관계 금지에 위반한 자는 3년 이하의 징역 또는 1억원 이하의 벌금에 처한다(445조 36호·42호).

제6절 장외시장

Ⅰ. 총 설

자본시장법은 거래소시장 및 다자간매매체결회사 외에서의 금융투자상품의 매매거래를 장외거래라고 부르고 있다(166조). 장외거래가 이루어지는 시장을 장외시장이라고 부른다. 장내파생상품은 장외거래에서 제외되므로 결국 장외시장은 장외증권시장과 장외파생상품시장으로 구분할 수 있다. 장외파생상품에 대해서는 제22장 파생상품에서 상세히 논의하므로 이 절에서는 장외증권시장에 대해서만 알아보기로 한다.

장외시장은 이론상 금융투자업자의 창구를 통해서 매매가 이루어지는 이른바 점두시장 56)과 금융투자업자를 통하지 않고 매매당사자 사이에 직접거래가 이루어지는 직접거래시장으로 나눌 수 있다.57)

자본시장법상 장외시장에서의 거래와 결제의 방법 등은 시행령으로 정한다(166조). 시행령은 상대매매의 원칙을 선언하고 주로 금융투자업자가 관여하는 경우에 관해서 몇 가지 규정을 두고 있을 뿐 나머지 사항은 다시 금융위에 위임하고 있다(령 177조).58)

Ⅱ. 장외거래중개업

1. 의의와 취지

협회와 종합금융투자사업자는 주권등의 장외거래중개업무를 할 수 있다. 협회 또는 종합금융투자업자 이외의 자는 증권시장 및 다자간매매체결회사 외에서 주권에 관하여 이 업무를 할 수 없다(령 178조 2항). 이 업무는 종합금융투자사업자의 내부주문집행업무, 협회 등의 호가중개시스템과 전문투자자 등 간의 장외거래로 구성된다. 경쟁매매가 불가능한 점에서 시장이라고 할 수 없으나 매매체결기능을 제공한다.

---

56) 업계에서 사용되지 않는 일본식 용어이지만 적절한 용어가 없어 잠정적으로 사용한다.

57) 종래 점두시장에서 주로 거래되는 것은 상장주식을 제외한 주식과 채권이었다. 특히 채권이 점두시장거래의 대부분을 차지하였다. 채권은 주로 일반투자자가 아닌 기관투자자나 법인이 대량으로 거래하고 있기 때문에 거래소시장에서 거래하기 어려운 점이 있다. 점두시장에서는 거래조건이 표준화되어 있지 않고 매매당사자의 협의에 따라 자유롭게 결정할 수 있다.

58) 금융위는 규정 제5편 장외거래(5-1조-5-51조)에서 매우 상세하게 규정하고 있다.

2. 내부주문집행업무

종합금융투자사업자는 "상장주권이나 비상장주권[59])에 관하여 동시에 다수의 자를 거래 상대방 또는 각 당사자로 하는 장외매매 또는 그 중개·주선이나 대리업무"를 할 수 있다(77 조의6 1항 1호). 이 업무는 첫째, 상장주권인 경우 매매주문금액이 1억원 이상이고, 비상장주권 인 경우 매매주문금액이 1원 이상일 것, 둘째, 상장주권인 경우 그 주권이 상장된 거래소에서 형성된 매매가격에 근거하여 매매가격을 결정할 것이라는 기준에 적합해야 한다(77조의6 1항 1호 가목·나목; 규정 4-102조의5 1호·2호).

상장주식에 대해서는 거래소 이외의 매매체결플랫폼이 없는 점을 고려하여 다수의 대량 주문을 접수하고 증권시장에서의 가격을 이용해 체결시키는 제한적인 비경쟁매매시장 개설을 허용하였다.[60]) 협의대량매매로 처리되는 주문의 경우 거래상대방 탐색 등으로 소요되는 거래 비용을 절감할 수 있을 것으로 기대되고 있다. 비상장주식도 협회 호가중개시장 이외의 다자 간거래플랫폼이 없어서 비상장 중소·벤처기업의 직접금융시장 이용을 제약하는 요인으로 작 용한다는 평가에 따라 내부주문집행업무를 허용하였다. 종합금융투자사업자는 비상장주식을 고객과 매매하거나, 내부시스템을 통해 매수·매도자를 중개하는 형태가 모두 가능하다.[61]) 비 상장주권에 관하여는 아래 3. 2) 업무기준도 준수해야 한다.

▌그림 12-2   내부주문집행(Internalization) 업무 흐름도

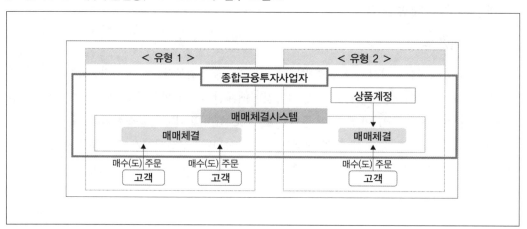

(자료) 금융위

---

59) 그 밖에 금융위가 정하여 고시하는 금융투자상품을 거래할 수 있다.
60) 금융위·금감원·협회, 별첨: 금융투자업 경쟁력 강화 방안, 2015. 10. 13., 12면.
61) 위의 보도자료, 12면.

3. 호가중개시스템

1) 의의와 범위

호가중개시스템은 "불특정 다수인을 대상으로 협회(286조 1항 5호)나 종합금융투자사업자(77조의6 1항 1호)가 비상장주권의 장외매매거래업무를 수행하는 것"을 말한다(령 178조 1항 1호). 상장요건을 충족하지 못하여 증권시장에서 거래되지 못하거나 상장폐지된 주식을 거래하는 시스템이다. 협회는 비상장주권의 장외매매거래업무를 할 수 있다(286조 1항 5호). 협회호가중개시장은 2000. 3. 새로이 개설되었으며,[62] 거래소 증권시장이나 다자간매매체결회사 이외에서 거래되는 일종의 점두시장이다. 이 경우 문제는 매출규제의 적용이다. 현재 발행공시규정은 협회에 한하여 소액매출규제의 예외를 인정하고 있다(령 137조 3항 3호; 발행공시규정 2-18조 1항 1호·2호). 공시에 따른 비용 대비 편익을 고려한 것이다.[63] 그러나 이와 같은 논리는 내부주문집행업무나 NTF와 같은 다른 장외거래시스템에도 동일하게 적용될 수 있다.

2) 업무기준

협회 또는 종합금융투자사업자는 불특정다수인을 상대방으로 비상장주권에 관하여 이 업무를 수행할 때 (i) 동시에 다수의 자를 각 당사자로 하여 당사자가 매매하기 위해 제시하는 주권의 종목, 매수호가 또는 매도호가와 그 수량을 공표할 것, (ii) 주권종목별로 금융위가 정하여 고시하는 단일가격[64] 또는 당사자 간의 매도호가와 매수호가가 일치하는 경우에는 그 가격으로 매매거래를 체결시킬 것, (iii) 매매거래대상 주권의 지정·해제 기준, 매매거래방법, 결제방법 등에 관한 업무기준을 정하여 금융위에 보고하고, 일반인이 알 수 있도록 공표할 것, (iv) 재무상태·영업실적 또는 자본변동 등 발행인현황을 공시할 것의 요건을 갖추어야 한다(령 178조 1항 1호 가목-라목; 규정 5-2조).

4. 전문투자자 등 간의 장외거래

전문투자자 등(령 11조 2항 1호-5호)만을 대상으로 협회가 비상장지분증권(주권 제외)의 장외매매거래에 관한 업무(286조 1항 10호; 령 307조 2항 5호의2)를 수행하는 것을 말한다. 협회는 이 업무를 수행할 때 다음 요건을 갖추어야 한다. (i) 매매거래방법 등에 관한 업무기준을 정하여 비상장법인 및 전문투자자 등(령 11조 2항 1호-5호)이 알 수 있도록 공표할 것, (ii) 그 밖에 금융위가 고시하는 방법으로 업무를 수행할 것의 기준에 따라야 한다(령 178조 1항 2호 가목·나목; 규정 5-2조의2 2항). 규정에서는 전문투자자 등 간의 장외매매거래에 관한 업무만

---

62) OTC BB(Bulletin Board)라는 이름으로 불린다.
63) 이상복 공시, 106면.
64) 현재 따로 규정하고 있지 않다.

을 수행할 것, 장외매매거래에 관한 정보를 거래당사자의 동의 또는 정당한 사유 없이 제3자에게 제공하거나 누설하지 않을 것(령 178조 1항 2호 나목; 규정 5-2조의2 1항 1호·2호)을 기준으로 추가하고 있다. 그 밖에 장외매매거래에 관한 절차·방법 등에 관하여는 협회가 세부사항을 정할 수 있다(령 178조 1항 2호; 규정 5-2조의2 2항).

제13장 | 금융투자상품거래의 법률관계

제1절 서 언

금융투자상품거래도 금융투자업자와 투자자라는 당사자 사이의 계약관계에서 출발한다. 먼저 금융투자상품시장에서 이루어지는 거래는 다자간매매의 특징을 고려하여 시장개설주체인 거래소나 다자간매매체결회사가 정해둔 다양한 규정에 따라 당사자들 간의 법률관계가 확정된다. 따라서 당사자들 간의 법률관계가 전통적인 계약이 아니라 규정의 해석과 집행이라는 형태로 이루어진다. 반면 장외에서 이루어지는 금융투자상품거래는 당사자들 간의 상대거래로서 전통적인 계약의 해석과 집행이라는 형식으로 법률관계가 형성된다.

금융투자상품거래의 법률관계에는 금융규제와 일반사법이 동시에 적용되는 특징을 나타낸다. 금융투자상품거래에 대해서도 민법을 중심으로 하는 사법법리가 적용되는 것이 원칙이다. 그러나 금융투자상품거래에 대해서는 투자자 보호의 요청에 따라 일반사법상 원칙이 금융규제법화되는 현상이 명백히 나타난다. 일반사법과 금융규제법의 관계도 유의하여 살펴볼 필요가 있다.

제2절 의의와 구조에서는 상대거래와 시장거래의 구분을 중심으로 금융투자상품거래의 법적 구조를 정리하고 매매의 진행단계별로 규제의 법원을 확인한다. 제3절 거래소 증권시장에서의 증권매매거래에서는 매매거래의 종류와 체결방법을 정리한다. 제4절 증권위탁매매의 법률관계에서는 (ⅰ) 매매거래계좌설정계약의 체결, (ⅱ) 증권 또는 대금의 예탁, (ⅲ) 매매주문의 3가지 행위를 살펴본다. 제5절 금융투자업자의 계약상 의무에서는 투자자주문의 불이행, 예탁주식의 임의매매, 반대매매시의 의무를 중심으로 금융투자업자의 의무를 검토한다. 제6절 신용거래에서는 신용거래의 의의와 구조를 확인한다. 제7절 특수한 장외증권거래에서는 환매조건부증권매매와 증권대차의 법적 구조를 정리한다.

제2절   의의와 구조

Ⅰ. 상대거래와 시장거래

투자자는 증권을 매수함으로써 투자하고 증권을 매도함으로써 자금을 회수한다. 이러한 증권의 매매는 투자자가 직접 할 수도 있지만 금융투자업자를 통하는 것이 보통이다. 금융투자업자는 증권의 매매거래에서 투자자의 상대방이 될 수도 있지만("투자매매업자"), 일반적으로는 투자자의 위탁을 받아 위탁매매인으로서 매매에 관여한다("투자중개업자").

금융투자상품 매매는 상대거래와 시장거래로 나눌 수 있다. 첫째, 투자자 사이의 직접매매는 물론이고 금융투자업자의 위탁매매도 당사자의 직접교섭을 통한 상대거래로 이루어질 수 있다. 상대거래는 사법상의 일반매매로서 민법과 상법의 규정이 적용된다. 둘째는 거래소시장에서 불특정 상대방과의 사이에서 시장거래로 이루어지는 경우이다. 투자자는 이러한 시장거래에 직접 참여하지 못하고 금융투자업자를 통하게 된다.

시장거래도 민법과 상법의 적용을 받는 일반사법상 거래라는 점에서는 상대거래와 차이가 없다. 그러나 시장거래의 경우에는 거래의 대량성·신속성·반복성·안전성을 뒷받침하기 위하여 거래를 표준화하고 각종 위험을 최소화하기 위하여 여러 가지 규제를 가하고 있다. 이하 거래소에서의 시장거래를 중심으로 사법상의 법률관계와 각종 규제를 설명하기로 한다.

Ⅱ. 매매의 진행단계

다른 거래와 마찬가지로 증권이나 장내파생상품의 매매도 크게 계약체결과 이행의 2단계로 진행된다.[1] 금융투자상품거래에서 계약이행은 보통 결제(settlement)라고 불린다. 시장거래의 경우에는 계약의 체결과 결제 사이에는 청산이라는 별개의 단계가 개재하는 것이 보통이다. 청산(clearing)은 결제의 대상인 증권과 대금을 확정하는 절차이다. 증권 결제는 증권 교부가 수반되지 않는 전자등록부상 대체결제로 이루어지는 것이 보통이다. 대체결제를 위한 전제로는 증권의 권면을 발행하지 않는 무권화(증권의 전자등록)나 부동화가 필요하다. 우리나

---

1) 자본시장인프라로서의 매매체결, 청산, 결제에 대해서는 Jens-Hinrich Binder and Paolo Saguato(eds), Financial Market Infrastructures: Law and Regulation, Oxford University Press, 2022; Michael Blair, George Walker and Stuart Willey(eds), Financial Markets and Exchanges Law 3rd ed, Oxford University Press, 2021; Dick Fraser and Helen Parry(eds), Special Report: Exchanges and Alternative Trading Systems, Sweet & Maxwell, 2002; Christos Nifadopoulos, Dealing in Securities: The Law and Regulation of Sales and Trading in Europe, Bloomsbury Publishing, 2021.

라도 2019년 전자증권법 시행으로 주식과 사채를 포함한 모든 증권에 대한 무권화가 이루어 졌다.[2]

■ 그림 13-1 **거래소시장에서의 매매체결과 청산 및 결제**

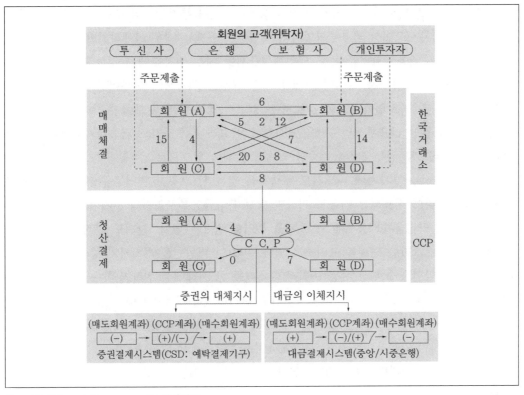

주: • CCP(Central Counterparty): 청산기구
    • CSD(Central Securities Depository): 예탁결제기구
자료: 거래소의 내부자료를 다소 수정하였음.

Ⅲ. 규제의 법원

금융투자상품의 매매도 일반사법상 거래이므로 민법과 상법의 규정과 법리가 적용된다. 자본시장법은 금융투자상품의 매매, 특히 거래소 증권시장에서 이루어지는 시장거래의 특징 인 대량성·반복성·신속성·안전성을 고려하여 거래소의 '**증권시장업무규정**'과 '**파생상품시장 업무규정**'으로 특칙을 정하도록 하고 있다(393조 1항·2항). 과거 증권거래의 위탁에 관해서는 업무규정과 별도로 수탁계약준칙이라는 규정이 있었다. 그러나 1998년 수탁계약준칙이 업무

---

2) 상법은 주식과 사채의 전자등록 근거를 두고 있고(상 356조의2, 420조의4, 478조 3항, 516조의7), 「전자단기 사채 등의 발행 및 유통에 관한 법률」은 폐지되어 전자증권법으로 포함되었다.

규정에 흡수됨에 따라 이제 증권의 매매에 관해서는 거래소의 업무규정이 중요한 법원이 되고 있다. 자본시장법에서는 장내파생상품에 대한 수탁계약준칙에 대해서도 같은 조치를 취하였다. 증권시장업무규정과 파생상품시장업무규정에서는 매매의 종류와 계약의 체결 및 이행을 포함한 시장 운영에 관한 상세한 사항을 정하게 되어 있다(393조 1항·2항).

투자자 보호를 위해서는 투자자와 직접 상대하는 금융투자업자의 행동을 적절히 규제할 필요가 있다. 자본시장법상 금융투자업자의 영업행위 규제는 매우 상세하지만(제4장 영업행위 규칙), 금융위의 「금융투자업규정」도 영업행위규제를 매우 상세하게 규정하고 있다.

투자자와 금융투자업자 사이의 거래가 이들 규정을 위반하여 이루어진 경우 그 사법적 효력은 어떻게 되는가? 일률적으로 논할 수는 없고 규정별로 따져 보아야 한다. 거래소 업무규정은 원래 회원인 금융투자업자만을 구속한다.[3] 그러나 투자자도 금융투자업자와 체결한 계약에서 간접적으로 업무규정의 준수를 약속하게 되어 있으므로(업무규정 77조 2항 2호, 78조 1항 1호) 업무규정은 투자자에 대해서도 구속력을 갖는다. 그렇지만 업무규정이 결국 당사자의 의사에 기초하여 적용되는 점을 고려하면 당사자인 금융투자업자와 투자자가 명시적인 의사로 그와 다른 약정을 한 경우에 그 효력을 부인할 필요가 없다. 판례도 일찍부터 수탁계약준칙과 관련하여 그러한 견해를 표시하고 있다. 1981년 대법원은 투자자가 증권회사직원에게 보관증을 받고 금전을 교부하는 등 변칙적인 거래를 한 사례에서 위탁계약이 수탁계약준칙을 위반하였다고 해서 무효가 되는 것은 아니라고 판시하였다(대법원 1981. 9. 22. 선고 81다570·571 판결). 업무규정 위반도 같이 보아야 한다. 또한 대법원은 위탁자의 기명날인이 없는 매수주문표를 이용하여 거래가 이루어진 사안에서 수탁계약준칙에 의하면 위탁자가 매수주문표에 기명날인하게 되어 있지만, 그에 위반하였다고 해서 그 거래를 무효로 볼 수는 없다고 판시하였다(대법원 1993. 12. 28. 선고 93다26632·26649 판결).

제3절 거래소 증권시장에서의 증권매매거래[4]

I. 개 요

거래소시장에서는 회원인 금융투자업자만 매매거래를 할 수 있다(388조 1항).[5] 따라서 매매를 원하는 투자자는 금융투자업자에 위탁해야 한다. 투자자가 금융투자업자에 거래를 위탁

---

3) 거래소 증권시장업무규정에는 유가증권시장업무규정과 코스닥시장업무규정, 코넥스시장업무규정의 3가지가 있다. 이하 별도의 표시가 없는 한 '업무규정'은 유가증권시장 업무규정을, 그리고 '업무규정시행세칙'은 유가증권시장업무규정시행세칙을 말한다.

4) 한국거래소, 『2021 주식시장 매매제도의 이해』, 2021.

5) 다자간매매체결회사에서의 거래는 거래참가자에 한정된다(78조 1항 1호).

하기 위해서는 먼저 금융투자업자와 증권 또는 장내파생상품 매매거래계좌 설정계약을 체결해야 한다. 계약체결시 투자자가 금융투자업자에게 금전이나 증권을 예탁하는 것이 보통이다. 금융투자업자는 결제이행담보로서 투자자로부터 위탁증거금을 징수하므로 고객이 매매주문을 낼 때는 신용거래가 아닌 한 금전이나 증권을 금융투자업자에 예탁해야 한다.6)

금융투자업자는 투자자로부터 받은 주문을 전산프로그램을 통해 거래소 전산시스템에 접수시킨다.7) 매매계약은 경쟁매매원칙에 따라 체결된다. 매매거래가 체결되면 거래소는 그 내용을 금융투자업자에 즉시 통지해야 한다(업무규정 시행세칙 136조 1항). 금융투자업자는 다시 매매체결내용(매매유형, 종목·품목, 수량, 가격, 수수료 등 모든 비용, 그 밖의 거래내용)을 서면·전화·전신·팩스·전자우편 등의 방법으로 매매체결 후 지체 없이 투자자에게 통지한다(73조; 령 70조 1항 1호). 거래소는 결제내역(확정된 결제증권 및 결제대금의 내역)을 회원(금융투자업자), 예탁결제원 및 한국은행에 통지한다(업무규정 75조 1항). 예탁결제원이 결제자료를 통보하면 각 금융투자업자는 결제를 하고, 투자자에게는 그에 따른 결제(대체결제이므로 매수주문인 경우의 입금) 및 수탁수수료를 청구한다. 예탁결제원의 계좌관리기관계좌부와 금융투자업자가 작성한 고객계좌부(22조 2항)의 기재사항이 변경됨으로써 결제가 완료된다.

Ⅱ. 매매거래의 종류와 시간

거래소 증권매매거래는 계약체결일과 결제일 사이의 간격에 따라 당일결제거래, 익일결제거래 및 보통거래(T+2)의 3가지가 있다(업무규정 7조 1항 1호-3호). 상장증권 매매거래는 원칙적으로 보통거래로 한다(업무규정 7조 4항). 한편 거래소시장은 과거 매매시간에 따라 오전시장(전장)과 오후시장(후장)으로 구분되었으나, 현재 정규시장은 9시부터 15시30분까지 개장한다(업무규정 4조 3항 1호). 다만 주식시장 및 상장지수펀드시장과 상장지수증권시장에는 정규시장 외에 시간외시장을 둔다(업무규정 4조 2항).

---

6) 거래소시장에서의 매매거래는 증권매매거래와 장내파생상품매매거래로 나눌 수 있다. 이하 주로 증권매매를 살펴본다. 장내파생상품매매도 일부 상품특징에 따른 차이를 제외하고는 기본적으로 동일하다. 상세한 내용은 한국거래소, 『KRX 파생상품시장의 이해』, 2009.

7) 과거에는 금융투자업자가 투자자로부터 매매주문을 받으면 이를 거래소에 있는 회사의 시장대리인에게 전달하고, 시장대리인이 거래소의 지정포스트의 전산단말기에 이를 접수하게 되어 있었다. 지정포스트의 담당직원은 접수된 주문을 정리하여 조건이 맞는 주문끼리 거래를 성립시켜 다시 주문과 반대의 순서로 거래결과를 통보하는 과정을 거쳤다. 현재는 각 금융투자업자가 직접 거래소의 단말기와 연결된 각각의 단말기를 통해 주문을 접수시키고 매매는 전산처리에 의해 체결되고 있다. 최근에는 투자자의 주문이 바로 금융투자업자의 시스템을 거쳐서 거래소의 전산시스템으로 연결되는 구조를 취하고 있다. 거래소는 1997. 9. 수작업매매를 전면폐지했다.

628 제 4 편 자본시장의 기초

Ⅲ. 호   가

투자자의 위탁을 받은 금융투자업자는 투자자주문에 따라 증권의 종목·가격·수량 등을 정하여 거래소에 청약을 한다.[8] 이 청약의 내용 또는 청약행위를 호가라고 한다. 매도시의 호가를 매도호가, 매수시의 호가를 매수호가라고 한다. 호가는 호가접수시간에 거래소의 전산시스템에 입력하는 방식으로 행한다(업무규정 9조 1항·10조 1항). 호가 종류는 증권 종류별로 다르다.

거래소는 증권가격의 급격한 변동에 따른 투자자 피해를 막기 위해 가격제한폭, 즉 하루에 변동할 수 있는 증권가격의 폭을 둔다(업무규정 20조). 호가는 이러한 상하의 가격제한폭을 벗어날 수 없다(업무규정 20조 1항 본문).

호가는 호가접수 당일의 접수시간[9] 내에서 접수한 때부터 매매거래가 성립될 때까지 효력을 지닌다(업무규정 12조 1항). 호가의 취소 및 정정은 매매거래가 성립되지 않은 수량에 한한다(업무규정 13조 1항).

Ⅳ. 매매수량의 단위

매매수량의 단위(매매단위)는 증권을 매매할 수 있는 최저단위의 수량을 말한다. 주문된 증권 수량이 제각각이면 거래소에서 거래가 원활하게 이루어질 수 없을 것이다. 따라서 거래소는 거래가 일정한 단위별로 이루어지도록 매매수량의 단위를 규정한다. 현재 매매단위는 주권 1주, 주식워런트증권 10주, 수익증권 1좌이다(업무규정시행세칙 33조 1항 1호·5호의2·6호). 단위 미만의 증권을 보유하는 투자자는 금융투자업자를 통해서 거래할 수 있을 것이다.

Ⅴ. 매매체결방법

1. 경쟁매매시장과 딜러시장

금융투자업자가 거래소시장에서 매매거래를 하기 위해서는 거래소가 업무규정으로 정한 방법을 따라야 한다. 증권시장은 매매체결방식에 따라 경쟁매매시장과 딜러시장으로 나눌 수 있다. 딜러시장(dealer market)은 시장조성업무를 담당하는 딜러가 자신이 담당하는 특정 종목에 대하여 매도호가와 매수호가를 지속적으로 제시하여 투자자들과 거래를 체결함으로써 당

---

8) 주문과 호가의 개념은 제4절 Ⅲ. 2. 주문의 의의와 방법.
9) 정규시장은 매매거래시간개시("장개시") 30분전부터 장종료시까지이다(업무규정 10조; 시행세칙 11조 1항 1호).

해 종목의 시장성이 확보되는 시장을 말한다. 딜러는 매도가격과 매수가격의 차액(spread)을 수입으로 얻게 된다. 딜러의 호가, 즉 제시가격(quote)이 주도하는 시장이라는 의미에서 '**호가중심시장**'(quote-driven market)이라고 한다.

이에 비하여 경쟁매매시장(auction market)은 시장조성업무를 담당하는 딜러 없이 매도인의 매도주문과 매수인의 매수주문을 경쟁적으로 대응시켜 거래를 성립시키는 시장을 말한다. 투자자의 주문(order)이 주도하는 시장이라는 의미에서 '**주문중심시장**'(order-driven market)이라고도 한다. 한국거래소는 초기부터 경쟁매매방식을 채택하고 있다. 매매계약체결은 과거에는 거래원의 입회하에 수작업으로 이루어졌으나 점차 전산시스템이 도입되어 현재는 전부 전산시스템을 통해서 이루어지고 있다.

2. 개별경쟁매매

경쟁매매에도 개별방식과 집단방식[10]이 있으나 현재는 개별방식만 이루어진다(업무규정 22조 1항·46조 1항). 개별방식에서는 가장 유리한 조건의 호가가 우선 처리된다(업무규정 22조 1항·46조 2항). 개별방식은 다시 단일가격방식과 복수가격방식으로 구분된다(업무규정 22조 1항·46조 1항). 전자는 일정 시간 동안 접수한 매도호가와 매수호가가 일치하는 가격으로 매매가 체결되는 방식이다. 후자는 장중에 계속 매도호가와 매수호가를 대응시켜 가격과 수량이 합치될 때마다 매매를 성립시키는 방식이다('**접속매매**'). 전자는 최초가격을 정하는 경우 등 동시호가 처리에 적용된다(업무규정 23조 1항·47조 1항). 그 밖에는 복수가격방식에 의한다(업무규정 24조 1항·48조 1항).

3. 경쟁매매의 원칙

개별경쟁매매에서 호가의 우선순위는 다음과 같은 원칙을 따른다. 첫째, 가격우선의 원칙이다. 매도호가는 저가가 고가에 우선하고 매수호가는 고가가 저가에 우선한다. 시장가호가는 지정가호가에 가격적으로 우선한다(업무규정 22조 2항 1호). 둘째, 시간우선의 원칙이다. 동일한 가격호가 간에는 호가가 이루어진 시간이 앞선 호가가 우선한다(업무규정 22조 2항 2호). 셋째, 수량우선의 원칙이다. 동시의 위탁(또는 자기)매매호가 간의 순위는 복잡한 방식으로 정해지고 있으나 대체로 수량이 많은 호가가 적은 호가에 우선하는 것이 원칙이다(업무규정 시행세칙 34조 1항). 동시호가 간에는 위탁매매가 자기매매에 우선한다는 수탁매매우선의 원칙은 폐지되었다(업무규정 시행세칙 개정 전 34조 1항).

---

10) 집단경쟁매매는 다수의 호가와 다수의 수량으로 구성된 매도인과 매수인집단을 경합시켜서 단일가격으로 매매를 성립시키는 방법이다.

VI. 위탁수수료

거래소 증권시장에 상장된 증권의 매매를 금융투자업자에 위탁하여 매매가 성립되면 위탁수수료를 지급해야 한다. 과거에는 위탁수수료의 요율은 수탁계약준칙에서 정하였다. 현재는 위탁수수료율은 자율화되었다(업무규정 100조 1항). 과거 대부분 국가에서 위탁수수료율이 고정되어 있었다. 과당경쟁방지와 소액투자자 보호를 근거로 들었지만, 공정거래법에 위반된다는 지적이 없지 않았다. 우리나라에서는 1997년부터 위탁수수료율이 자율화되었다.

VII. 위탁증거금

금융투자업자는 투자자로부터 증권매매의 위탁을 받은 때에는 매수의 경우에는 현금 또는 대용증권으로, 매도의 경우에는 해당 매도증권, 현금 또는 대용증권으로 위탁증거금을 징수할 수 있다(업무규정 87조 1항). 위탁증거금은 채무이행 담보기능과 과당투기 억제기능도 수행한다. 과거에는 특히 후자를 중시하여 금융당국이 위탁증거금율을 조정했다. 현재는 자율화되었다(업무규정 87조 2항). 현금에 갈음하여 증권으로 징수할 수 있고(88조) 이 증권을 대용증권이라고 한다.

VIII. 특수한 매매

특수한 매매로는 대량매매, 자전거래, 자기주식매매가 중요하다. 첫째, 호가의 수량이 시장규모에 비하여 과다한 경우에는 통상의 매매방법으로는 처리하기 어려울 뿐만 아니라 시장에서 수급불균형으로 인한 급격한 가격변동을 발생시킬 우려가 있다. 그리하여 거래소의 업무규정은 이러한 대량매매에 대해서는 특별한 매매계약체결방식을 정하고 있다(31조). 둘째, 자전거래(cross trading)는 같은 거래회원이 같은 조건의 매수호가와 매도호가를 내서 매매를 성립시키는 거래를 말한다. 특히 기관투자자가 보유주식의 장부가격 현실화를 위해 많이 사용된다. 과거 직전가격으로 매매하면 다른 호가에 우선하여 매매를 성립시켜 주기도 했다. 그러나 경쟁매매원칙에 반하고 주가조작위험이 있어서 채무증권(업무규정 54조)을 제외하고는 폐지되었다(채무증권의 신고매매). 셋째, 자본시장법은 주권상장법인이 거래소에서 자기주식을 취득하는 것을 일정한 범위에서 허용한다(165조의3). 그러나 자기주식을 거래소에서 취득하면 시장수급에 영향을 주고 미공개정보를 이용할 수도 있으므로 그 매매방법을 규제한다(업무규정 39조 1항; 동 시행세칙 57조 1항 1호-3호).

Ⅸ. 매매거래의 정지 및 중단

1. 의의와 취지

매매거래의 정지 및 중단은 주가안정과 투자자 보호를 위하여 거래소시장에서 일정 요건 아래 특정종목의 거래를 정지하거나 주식시장등의 매매거래를 중단할 수 있는 제도이다. 여기서 중단은 "취소호가를 제외한 호가접수를 중단하는 것"을 말한다(업무규정 25조 1항 본문). 매매거래를 중단·정지 또는 재개한 경우에는 즉시 그 사실을 공표한다(업무규정 시행세칙 41조 1항).

2. 종목별 거래정지제도

종목별 거래정지제도는 거래소에서 특정종목 매매가 폭주하거나 풍문과 관련하여 주가나 거래량이 급변하는 경우 매매를 일시적으로 정지하는 것이다. 대상종목은 (ⅰ) 매매거래가 폭주하여 신속하게 매매거래를 성립시킬 수 없다고 인정되는 종목, (ⅱ) 일정 기준에 해당하는 투자유의종목, (ⅲ) 그 밖에 시장관리상 필요하다고 인정되는 종목이다(업무규정 26조 1항 2호·2호의3·3호). (ⅱ)는 다음 매매거래일, (ⅰ)과 (ⅲ)은 따로 정하는 날이 매매재개시기이다(업무규정 시행세칙 40조 2항).

3. 매매거래중단제도

1999년부터 거래소는 특정종목이 아니라 전체종목의 매매거래중단제도('circuit breaker')를 도입하였다. 거래소는 1단계로 종합주가지수의 수치가 직전 매매거래일의 최종수치보다 8% 이상 하락하여 1분간 지속되면 1단계 매매중단조치를 취한다. 1단계 조치에 따라 매매거래를 중단·재개한 후에도 직전 매매거래일의 최종수치보다 15% 이상 하락하여 1분간 지속되면 2단계 매매중단조치를 취한다. 2단계 조치에 따라 매매거래를 중단·재개한 후에도 직전 매매거래일의 최종수치보다 20% 이상 하락하여 1분간 지속되는 경우에는 3단계로 매매거래중단 후 즉시 당일매매거래종결조치를 취한다(업무규정 25조 1항 1호-3호).[11]

이와 구별되는 프로그램매매 호가효력 일시정지제도(Sidecar)는 "시장상황이 급변할 경우 프로그램매매의 호가효력을 일시적으로 제한함으로써 프로그램매매가 주식시장에 미치는 충격을 완화하고자 하는 제도"이다.[12]

---

11) 거래소는 종합주가지수 수치의 변동폭, 변동방향 등을 감안하여 매매거래를 중단하지 않을 수도 있다(업무규정시행세칙 39조 1항 1호·2호).

12) 〈http://regulation.krx.co.kr/contents/RGL/03/03010404/RGL03010404.jsp〉

632 제 4 편 자본시장의 기초

제4절 증권위탁매매의 법률관계

I. 3가지 행위의 법적 성격

1. 문제의 의의

증권매매에서 금융투자업자와 투자자 사이에는 크게 (i) 매매거래계좌 설정계약의 체결, (ii) 증권 또는 대금의 예탁, (iii) 매매주문의 3가지 행위가 이루어진다. 이들 행위는 동시에 또는 순차적으로 이루어질 수 있다. 이하 이들 행위의 성격에 대해서 차례로 살펴본다.

2. 매매거래계좌 설정계약

금융투자업자를 통해서 증권을 매매하려는 투자자는 매매거래계좌 설정약정서에 의하여 매매거래계좌 설정계약을 체결해야 한다(업무규정 77조 1항·2항).[13] 동 약정서에는 계좌설정과 매매거래수탁에 관한 약관을 승인한다는 취지를 기재해야 한다. 약관은 금융투자업자가 작성하여 거래소에 통보해야 한다(업무규정 78조 1항·3항). 약관에는 위탁관련 사항 외에 대규모착오매매, 임의매매금지(70조). 알고리즘거래자등록의무 등도 기재된다(업무규정 78조 1항). 금융투자업자는 투자자에게 약관의 중요내용을 설명하고 요청이 있으면 약관을 교부해야 한다(업무규정 78조 2항).

매매거래계좌 설정계약은 "고객이 증권회사와 체결하는 매매거래계좌설정계약은 고객과 증권회사 간의 계속적인 거래관계에 적용될 기본계약"('**기본계약**')에 불과하다(대법원 1993. 12. 28. 선고 93다26632·26649 판결). 기본계약은 장차 거래할 때 일정한 조건을 따를 의무를 부과할 뿐, 그 자체만으로 투자자와 금융투자업자에 아무런 급부의무도 발생시키지 않는다. 이 내용만으로 법률상 계약이라고 할 수 있는가? 당사자 사이의 권리의무는 원칙적으로 기본계약이 체결되고 금전이나 증권이 금융투자업자에 예탁된 시점부터 발생한다.

3. 금전이나 증권을 예탁하는 계약의 성질

1) 문제의 의의

투자자는 매매거래계좌설정약정과 동시에 금전이나 증권을 금융투자업자에 예탁한다. 금융투자업규정에 의하면 신용거래의 경우에는 현금이나 대용증권으로 보증금을 예탁해야 한다(4-25조 2항). 신용거래의 실행으로 매수한 증권이 있는 경우 그 증권을 금융투자업자가 담보

---

13) 이러한 매매계좌설정계약이 체결되지 않았다고 해서 반드시 투자자와 금융투자업자 간의 위탁계약 성립이 부정되는 것은 아니다.

로 징구하게 된다(규정 4-24조 2항). 이하 일반거래에서 투자자가 예탁하였거나 위탁실행 결과 취득한 증권을 보관하는 법률관계와 금융투자업자가 신용거래에서 투자자에 대한 채권의 담보로 보유하는 증권을 보관하는 법률관계에 대해서 살펴본다. 예탁제도와 전자증권제도로 나누어 살펴보아야 한다.

2) 일반거래의 경우

(1) 예탁제도

예탁제도에서는 투자자가 예탁한 금전이나 증권(또는 매매위탁의 실행 결과 취득한 금전이나 증권)을 금융투자업자가 보관하는 법률관계를 임치(민 693조 이하)라고 본다.[14] 민법상 소비임치의 수치인은 임치물을 용익·처분할 수 있고 계약종료시 동종·동량의 물건을 반환하면 된다(민 702조). 따라서 소비임치는 금전 그 밖의 대체물만 가능하다. 금전과 주식은 대체물이지만 기본계약상 금융투자업자는 예탁금만 소비할 수 있으므로 투자자가 금융투자업자에 금전을 예탁하는 계약은 소비임치이다. 그러나 투자자가 금융투자업자에 증권을 예탁하는 계약은 소비임치가 아니라(대법원 1994. 9. 9. 선고 93다40256 판결) 혼장임치에 해당하므로 임치인(고객)은 수치인(금융투자업자)에 대하여 예탁증권반환청구권을, 그리고 혼장임치된 증권 전부에 대하여 공유지분을 갖는다(대법원 2008. 11. 27. 선고 2008다17212 판결). 혼장임치에서 투자자의 예탁증권반환청구권은 종류채권이다(대법원 1991. 5. 24. 선고 90다14416 판결).

(2) 전자증권제도

예탁대상이 금전인 경우에는 소비임치로서의 성격이 달라지지 않는다. 전자증권제도에서는 투자자가 전자증권 자체를 소유하는 것이므로 증권의 분실이나 도난 위험을 고려한 소유증권의 금융투자업자에 대한 예탁의무는 적용되지 않는다. 이와 별도로 전자증권이 임치의 대상이 될 수 있는지는 따져 보아야 한다. 민법상 임치계약은 '금전이나 유가증권 기타 물건'을 대상으로 한다(민 693조). 첫째, 전자증권은 증서를 요건으로 하지 않고 유가증권으로 간주하는 특칙도 없으므로 상법상 유가증권으로 볼 수 없다.[15] 둘째, 전자증권은 "물리적인 실체

---

14) 고객이 증권회사에 증권 등을 예탁하는 계약의 성질이 임치라고 보는 견해는 판결에서 널리 받아들여지고 있다. 예컨대 서울민사지법 1991. 6. 7. 선고 91가합280 판결. 고객이 처음부터 증권을 예탁한 것이 아니라 매수위탁의 실행에 의해 증권을 매입한 경우에 증권회사가 그 증권을 보관하는 것은 임치계약에 의한 것이 아니라 위탁매매계약에 의한 것으로도 볼 수 있다. 최기원, 상법학신론(상)(제11신정판)(박영사, 2000), 300면. 위탁매매계약에 의하더라도 위탁매매인이 위탁매매로 인하여 취득한 유가증권은 위탁자와 위탁매매인 또는 위탁매매인의 채권자 간의 관계에서는 위탁자의 소유로 보고(상 103조), 위임에 관한 규정을 준용하고 있기 때문에(상 112조) 실제로 별 차이는 없다.

15) 손진화, "주식 등의 전자등록제도의 도입방안,"『상사법연구』제22권 제3호, 2003, 83면("전자등록부상 권리가 등록된 계좌는 유가증권법정주의에 의한 유가증권인가를 검토할 필요없이 유가증권성이 인정되지 않는다"); 정경영, "전자증권의 법적 성질과 전자등록제도에 관한 고찰,"『상사법연구』제22권 제3호, 2003, 121-178면("종이문서증권이나 전자문서증권의 발행이 없다는 점에서 유가증권의 개념을 일탈하고 있다").

없이 증권을 전자등록하여 전자적으로 이전, 저장 및 거래가 가능하도록 한 디지털 정보"에 해당하므로, 물건이라고 볼 수도 없다.[16] 따라서 전자증권을 금융투자업자에게 예탁하는 법률관계는 '임치'가 아니라[17] '**임치계약의 성질을 가지는 비전형계약**'이다.[18] 또한 투자자는 증권 자체를 전자적으로 가지는 것이지 전자등록기관에 혼장임치된 증권에 대한 공유지분을 가지는 것은 아니다.

3) 신용거래의 경우

(1) 학 설

금융투자업자가 대용증권(또는 신용거래의 결과 취득한 증권)을 보관하는 법률관계의 성질에 대해서는 3가지 학설이 있다.[19] 첫째, 소비임치설은 금융투자업자는 증권 소유권을, 투자자는 소비임치상 반환청구권을 갖는다고 본다. 따라서 금융투자업자가 파산하면 투자자는 환취권을 갖지 않고 금융투자업자가 그 증권을 임의처분해도 채무불이행이 성립하지 않는다. 둘째, 근질권설은 금융투자업자가 대용증권에 대해서 소유권이 아니라 질권을 갖는다고 본다. 투자자가 증권 소유권을 가지므로 금융투자업자가 파산해도 투자자 권리는 보장된다. 금융투자업자는 특정물인 대용증권을 담보목적에 맞게 보관할 의무를 진다.[20] 셋째, 양도담보설은 증권을 대외적으로는 금융투자업자가, 대내적으로는 투자자가 소유하는 것으로 본다.

(2) 판 례

대법원은 1994년 대용증권보관의 법적 성질에 관해서 판시했다. 원고가 증권회사에 맡긴 대용주식을 직원이 임의처분한 사안에서 원고는 금전배상을, 피고는 주권반환을 주장하였다. 대법원은 소비임치설에 따라 원고의 청구를 기각한 원심판결을 파기하며 다음과 같이 판시하였다.

"원고가 피고에게 위 각 증권을 예탁 또는 담보로 제공한 법률관계가 소비임치계약이라면 원

---

16) 서울고법 2021. 12. 8. 선고 2021나2010775 판결("비트코인은 물리적인 실체 없이 경제적 가치를 디지털로 표상하여 전자적으로 이전, 저장 및 거래가 가능하도록 한 가상화폐의 일종으로서 디지털 정보에 해당하므로, 현행법상 물건이라고 볼 수는 없다"). cf. 대법원 2002. 7. 12. 선고 2002도745 판결("컴퓨터에 저장되어 있는 '정보' 그 자체는 유체물이라고 볼 수도 없고, 물질성을 가진 동력도 아니므로 재물이 될 수 없다 할 것").
17) 박준·노혁준·임정하·정성구, 보호예수 제도 발전 방안에 관한 연구, 서울대학교 금융법센터 연구보고서, 2015. 8, 144면("전자증권제도하에서는 증권의 점유를 상정할 수 없으므로 더 이상 보호예수를 민법상의 "임치"의 개념으로 설명할 수 없게 될 것").
18) 서울고법 2021. 12. 8. 선고 2021나2010775 판결("비트코인 보관에 관한 법률관계를 민법상의 임치계약관계 그 자체로 볼 수는 없고, 원고와 피고 사이의 계약은 유상임치계약의 성질을 가지는 비전형계약이라고 봄이 상당하다").
19) 상세한 소개는, 권순일, "증권회사 담보유가증권 보관·처분의 법률관계", 『상사판례연구(Ⅲ)』, 1996, 445-450면.
20) 그러나 투자자와 금융투자업자 사이에 체결하는 '신용거래계좌설정약정'에는 대용증권을 동종의 다른 증권으로 반환할 수 있다는 취지의 규정을 두고 있다.

고가 위 각 증권을 임의로 처분하였다고 하여도 피고에 대하여 채무불이행책임을 지지 않는다고 보아야 할 것임은 원심이 판시한 바와 같으나, 위 법률관계가 소비임치계약이라고 볼 수 있으려면 위 각 증권이 피고에게 예탁 또는 담보로 제공됨으로써 그 소유권이 피고에게 귀속되어 피고가 이를 임의로 소비하거나 처분할 수 있다고 볼 수 있어야 할 것인바, 원심이 인정한 위 사실만으로는 위 각 증권의 소유권이 피고에게 귀속되어 피고가 이를 임의로 소비하거나 처분할 수 있다고 볼 수 없다. 즉 원고가 피고에게 예탁한 증권이나 담보로 제공한 유가증권의 반환을 청구할 경우 피고가 그것과 종목과 권리가 동일한 증권으로 반환할 수 있다는 약정의 취지는 피고가 원고에게 위 증권을 반환해야 할 경우에 예탁 또는 담보로 제공받은 증권과 종목 및 권리가 동일한 증권을 반환할 수 있다는 취지이지, 예탁 또는 담보로 제공받은 증권의 소유권을 피고에게 귀속시키기로 한다거나 피고가 그 증권을 임의로 소비 또는 처분할 수 있다는 취지라고 볼 수 없고, 또 피고가 원고로부터 담보로 제공받은 증권을 다른 예탁자가 예탁한 동일종목의 증권과 혼합보관할 수 있다고 약정하였다고 하여 원고가 피고에게 예탁 또는 담보로 제공한 증권의 소유권이 피고에게 귀속되어 피고가 이를 임의로 소비하거나 처분할 수 있게 되는 것이라고 볼 수도 없다.

오히려 이 사건 신용거래계좌설정약정서에서 규정하고 있는 바와 같이 피고는 교부받은 증권을 담보목적으로만 보관할 수 있고 오로지 담보권을 행사할 수 있는 요건이 발생한 경우에만 이를 처분할 수 있게 되어 있는 점, 증권법 제45조 단서는 증권회사가 고객에 대한 채권담보로 점유하고 있는 유가증권은 그 고객으로부터 문서에 의한 동의를 받아 당해 채권액을 초과하지 아니하는 범위 안에서 채무의 담보로 제공할 수 있다고 규정하고 있는 점 등에 비추어 보면, 원고가 피고에게 담보로 제공한 증권의 소유권은 반환시까지 여전히 원고에게 있고 피고는 위 증권을 담보목적에 어긋나지 않게 보관할 의무가 있는 것으로서, 만약 이에 위배하여 위 증권을 처분한 경우에는 원고에 대하여 채무불이행책임을 진다고 할 것이고, 또한 이로 인하여 원고가 손해를 입었다면 특별한 사정이 없는 한 그 손해를 금전으로 배상할 의무가 있다고 할 것이다. 피고가 원고로부터 담보로 제공받은 증권을 다른 고객이 예탁 또는 담보로 제공한 증권과 혼합보관하였다고 하여 위와 달리 볼 수 있는 것은 아니다."(대법원 1994. 9. 9. 선고 93다40256 판결).

대법원이 소비임치설을 배척한 것은 분명하지만, 양도담보설과 근질권설 중 어느 것을 택하였는지는 불분명하다. 그러나 대용증권의 소유권이 투자자에게 있다고 한 것으로 보아 근질권설을 취한 것으로 보인다.

(3) 전자증권제도에서의 논의

위 판결은 예탁제도에 따라 발행된 증권을 대상으로 한 것이다. 전자증권제도에서도 소비임치를 "임치계약의 성질을 가지는 비전형계약"으로 보아야 하는 점을 제외하고는 동일한 논리가 적용될 것으로 생각된다.

4. 매매주문

금전이나 증권예탁과 동시에 투자자와 금융투자업자 간에 상법상의 위탁매매계약(상 101조 이하)이 성립하는 것은 아니다. 위탁매매계약은 투자자가 금융투자업자에 매매주문을 낼 때 비로소 성립하고 개개의 매매주문에 대해서 각각 별개의 계약이 성립한다. 판례도 "고객이 증권회사와 체결하는 매매거래계좌설정계약은 고객과 증권회사 간의 계속적인 거래관계에 적용될 기본계약에 불과하므로 특별한 사정이 없는 한 그에 의하여 바로 매매거래에 관한 위탁계약이 체결되는 것은 아니고, 매매거래계좌설정계약을 토대로 하여 고객이 매수주문을 할 때 비로소 매매거래에 관한 위탁이 이루어지는 것"이라고 하여 같은 입장이다(대법원 1993. 12. 28. 선고 93다26632·26649 판결).[21]

Ⅱ. 위탁계약의 성립

1. 위탁계약의 성립요건

위에서 본 바와 같이 실제 위탁계약에 해당하는 것은 투자자의 구체적인 매매주문[22]이다. 그러나 증권과 금전의 예탁계약을 위탁계약으로 부르기도 한다. 판례 중에도 "증권매매거래의 위탁계약의 성립시기는 위탁금이나 위탁증권을 받을 직무상 권한이 있는 직원이 증권매매거래를 위탁한다는 의사로 이를 위탁하는 고객으로부터 금원이나 주식을 수령하면 곧바로 위탁계약이 성립한다"(대법원 1994. 4. 29. 선고 94다2688 판결)고 하여 예탁계약을 위탁계약으로 표시한 예도 있다. 예탁계약도 결국 위탁계약을 위한 것이므로 위탁계약을 예탁계약까지 포함하는 의미로 사용할 수도 있다. 그러면 예탁계약의 의미인 위탁계약의 성립요건은 무엇인가? 위 판결은 (i) 직무상 권한이 있는 직원과의 거래, (ii) 금융투자업자에 증권거래를 위탁한다는 고객 의사, (iii) 금원이나 주식의 수령을 요건으로 든다.

2. 직무상 권한 있는 직원

투자자는 온라인거래를 제외하고는 금융투자업자의 창구직원을 통해서 주문을 낸다. 이들 직원이 '**직무상 권한 있는 직원**'인 것은 물론이다. 지점장(대법원 1994. 4. 29. 선고 94다2688 판결), 영업부장 겸 지배인(대법원 1980. 5. 27. 선고 80다418 판결), 영업담당상무(서울고법 1994. 10. 18. 선고 93나48207 판결) 등도 직무상 권한 있는 직원에 속한다.

증권법상 종종 다투어진 것은 투자상담사(자본시장법상 투자권유대행인에 해당)의 지위였

---

21) 같은 취지: 대법원 1995. 11. 21. 선고 94도1598 판결.
22) 금융투자업자는 명시적인 승낙이 없어도 주문 수령시에 당연히 승낙한 것으로 본다.

다. 투자상담사는 금융투자업자를 위하여 위탁계약을 체결할 수 있는 대리권이 없을 뿐 아니라 투자상담이라는 사실상 행위를 할 뿐 아무런 대리권도 갖고 있지 않았으므로 표현대리도 성립될 수 없었다(대법원 1992. 5. 26. 선고 91다32190 판결). 투자상담사가 투자자의 금전을 입금하지 않고 횡령하면 표현대리도 성립하지 않으므로 금융투자업자는 예탁금반환의무를 지지 않는다. 대신 금융투자업자가 사용자책임을 지되 과실상계가 인정되었다.

자본시장법상 투자권유대행인도 기본적으로 동일하다. 투자권유대행인은 투자권유의 위탁을 받은 자로서 그 행위는 상법상 중개에 해당하며 위탁한 금융투자업자와 투자자의 계약 체결을 대리할 권한은 없다. 투자권유대행인이 투자권유를 대행하면서 투자자에게 손해를 끼친 경우 금융투자업자가 책임을 진다(금소법 45조 1항).

3. 금융투자업자에 위탁한다는 의사

투자자가 자신이 접촉하는 직원 개인이 아니라 금융투자업자를 상대방으로 한다는 의사를 가져야 하는 것은 물론이다. 문제는 주로 투자자와 직원 사이에 특별한 관계가 인정되는 경우이다. 실무상 투자자가 잘 아는 직원에게 자금을 맡기고 증권거래를 부탁하는 일이 많다. 과거에는 일임매매약정과 이익보증약정이 동시에 체결되거나 직원이 보관증을 작성·교부하고 인장 등을 보관하기도 했다. 판례는 투자자 의사를 중시하지만 결국 구체적 사정에 의존할 수밖에 없다.

투자자의 상대방이 금융투자업자인가 직원인가의 문제는 은행예금거래에서는 거의 발생하지 않는[23] 증권거래에 특유한 문제이다. 직원의 서비스에 거의 차이가 없는 은행거래와 달리 증권거래에서는 전반적인 투자상담을 하게 된다. 이처럼 투자자와 직원이 밀접한 관계를 갖게 되면 투자자의 상대방이 불분명해진다.[24] 그러나 이러한 직원이 관리하던 계좌의 증권을 임의처분하는 등의 사고를 저지른 경우 아직까지는 투자자 보호의 관점에서 금융투자업자에 책임을 지우는 예가 많았다.

4. 증권 또는 대금의 수령

직원이 일단 예탁금을 수령한 이상 그 후의 처리는 위탁계약 성립에 영향을 주지 않는다. 직원이 예탁금을 수령한 후에는 그 예탁금을 유용한 경우뿐만 아니라 직원이 처음부터 예탁금을 임의로 유용할 목적으로 수령한 경우에도 위탁계약 성립에는 영향이 없다(대법원 1994. 4. 29. 선고 94다2688 판결).[25]

---

23) 과거 은행직원이 사채자금을 중개하다가 분쟁이 발생하면 은행이 당사자가 아니라는 주장을 한 경우가 없지 않으나 받아들여진 경우는 별로 없다.
24) 투자자와 직원의 관계가 밀접해지면 직원을 투자자의 대리인으로 볼 수도 있을 것이다.
25) 같은 취지: 대법원 1997. 2. 14. 선고 95다19140 판결; 대법원 2004. 2. 27. 선고 2001다38067 판결.

5. 변칙적인 거래

증권법상 증권회사는 영업소 밖에서 수탁할 수 없었다(구법 109조 1항). 현재 그 제약은 없지만 금전예탁이 영업소 밖에서 이루어지면 거래상대방이 직원 개인이라고 볼 가능성이 높다. 그러나 그 이유만으로 금융투자업자가 책임을 면할 수는 없을 것이다.

과거 투자자와 금융투자업자 사이에 위탁계약이 체결되면 금융투자업자는 투자자에게 증권카드를 발급하고, 매수대금을 입금하면 입금확인서를 교부했다. 증권카드와 입금확인서는 예금통장과 비슷하다.[26] 법원은 증권거래에서는 은행거래보다 유연하게 계약성립을 인정했다. 통장이 사용되던 시절의 판례에서 대법원은 투자자가 생질인 증권회사 영업부장 사무실에서 위탁증거금으로 금전을 지급하고 통장 대신 영업부장 명의의 보관증을 받은 경우 주식매매위탁계약성립을 인정했다(대법원 1980. 12. 23. 선고 80다360 판결).[27]

그러나 이러한 해석은 현재 실무와는 맞지 않는다. 증권회사와 기본계약을 체결한 고객이 증권회사 지점 차장에게 입금확인서 대신 개인명의의 현금보관증이나 차용증을 받은 사안에서 "주식매수대금예치의 증표로서 그 직원명의의 현금보관증 등이 교부되는 것은 극히 예외적인 경우에 한하여 예상할 수 있는 일시적·잠정적 거래방식이라 할 것이므로 피고회사가 위 입금확인서를 작성·교부할 수 없는 부득이한 사정이 있었다는 점을 증명하지 않는 한 직원개인명의의 현금보관증 등이 교부되었다는 점만으로는 예탁계약의 성립을 인정하기에 부족하다"(서울고법 1993. 11. 9. 선고 93다3990 판결)고 본 것은 정당하다. 은행법상 예금계약의 체결에 관한 판단과도 일치한다.

그러나 대부분 온라인으로 거래되는 상황에서 이러한 논의는 큰 의미가 없을 수도 있다. 실제 증권통장이 증권카드로 대체된 후 최근에는 바이오인증이 이용되고 있다. 계좌개설계약 후 형식을 불문하고 '증서'의 교부 관행은 거의 사라졌다. 그리고 대부분 증권회사의 약관이나 내부규정상으로도 형식을 불문하고 증서의 교부를 정하는 내용도 없다. 그러나 드물기는 하지만 현금을 직원에게 교부하고 증서가 관여되어 문제되는 사례가 발생하는 점을 고려하면 이러한 논의는 여전히 필요하다.

---

26) 예금계약에서 예금증서나 예금통장이 예금계약의 성립요건은 아니다. 단순한 보관증이 교부된 경우 예금통장을 교부할 수 없었던 불가피한 사정이 있는 경우가 아닌 한 예금계약의 성립을 인정하기 어렵다. 상세한 논의는, 정순섭, 은행, 312-313면.

27) 대한증권업협회, 『증권관계법원판결집』, 1984, 47면 이하. 금전 수령 당시 영업부장이 직원을 불러 회사에 입금을 지시한 후 투자자에게는 당시 증권시장이 폐장 중이라 연초에 증시가 개장하면 유망주를 살 것이며 통장 등의 서류는 그때 작성해 주겠다고 말하였다. 대법원 1980. 11. 11. 선고 80다135 판결도 같은 취지이다.

Ⅲ. 매매주문

1. 의의 및 성질

투자자와 금융투자업자 사이에 매매거래계좌 설정계약이 체결되고 금전 또는 증권의 예탁계약이 체결되어도 투자자주문이 없으면 매매거래의 위탁계약은 성립되지 않는다. 위탁매매계약도 투자자의 청약('**위탁**', 투자자주문)과 금융투자업자의 승낙('**수탁**')으로 성립된다. 금융투자업자는 보통 승낙의사를 표시하지 않지만, 위탁매매계약이 투자자주문만으로 성립되는 것은 아니다. 거래소 업무규정은 시장질서유지와 공매도 및 알고리즘거래와 관련한 일정한 경우 금융투자업자가 수탁을 거부하게 한다(84조). 이 예외를 제외하고 금융투자업자는 수탁을 거부할 수 없다. 금융투자업자가 승낙의사를 표시하지 않아도 상인의 낙부통지의무(상 53조)[28]에 따라 위탁매매계약은 성립된다.

2. 주문의 의의와 방법

'**주문**'은 "위탁자가 매매거래를 하기 위한 매도 또는 매수의 의사표시"(업무규정 2조 5항)를 말한다.[29] 한편 호가는 "회원이 시장에서 매매거래를 하기 위한 매도 또는 매수의 의사표시"(업무규정 2조 4항)를 말한다. 다만 호가도 투자자 주문에 따른 것이므로 내용은 상당 부분 중복된다.

증권시세는 계속 변한다. 따라서 매매주문은 시세변동에 따라 신속하게 이루어져야 한다. 그리하여 투자자는 문서 이외에 전화, 팩스 등은 물론 전자통신의 방법으로도 할 수 있다(업무규정 82조 1항). 주문기록과 매매명세 등 거래관련자료는 10년간 보관해야 한다(령 62조 1항 1호 나목).

투자자는 주문 후에 주문을 철회할 수 있다. 투자자가 주문을 철회하면 금융투자업자는 호가를 취소해야 한다. 호가의 취소나 정정은 매매거래가 성립되지 않은 수량에 한하여 가능하다.

---

28) 매매거래계좌를 설정한 투자자는 상법 제53조의 '상시거래관계에 있는 자'라고 볼 수 있다.
29) 투자자주문에서 중요요소는 매도·매수의 구별, 종목, 수량, 가격이다. 주문은 가장 중요한 요소인 가격을 정하는 방법에 따라 지정가주문, 시장가주문, 조건부지정가주문, 최유리지정가주문, 최우선지정가주문, 목표가주문, 경쟁대량매매주문으로 나눌 수 있다(업무규정 2조 5항).

제5절 금융투자업자의 계약상 의무

Ⅰ. 투자자주문의 불이행

위탁계약이 성립하면 금융투자업자는 투자자주문 실행의무를 진다. 투자중개업자가 투자자주문실행의무를 불이행하면 채무불이행이나 불법행위가 성립한다{대법원 2002. 12. 16. 선고 2000다56952 판결(불법행위)}. 다만 금융투자업자가 이 의무를 불이행하면 투자자가 금융투자업자에 주문이 실행된 것과 같은 결과를 주장할 수는 없다{부산고법 1994. 12. 30. 선고 93나9408 판결(확정)}.30) 그러나 "전산·통신설비의 장애로 인하여 투자자의 매매주문이 처리되지 않는 사태가 발생하지 않도록 이에 대한 합리적인 대책을 수립하고 장애가 발생하는 경우 이에 대한 적절한 처리방안을 수립·운영할" 의무(규정 2-26조 10호)에 위반하지 않는 한 거래소 시스템의 정지나 오작동에 따른 주문불이행에 대해서는 책임지지 않는다.31)

Ⅱ. 고객주식의 임의매매

1. 금지규정

실제 분쟁이 많았던 경우는 금융투자업자 직원이 관리하는 계좌의 주식을 투자자주문 없이 처분하는 '임의매매'였다. 임의매매는 업무상 배임죄(형법 356조)가 될 수 있다(대법원 1995. 11. 21. 선고 94도1598 판결). 그러나 배임이 성립하기 위해서는 직원에게 자기 행위가 임무에 반하며 타인에게 손해를 가한다는 고의가 있고, 배임행위와 투자자 손해 사이에 인과관계가 있어야 한다. 그 증명의 어려움을 고려하여 임의매매를 금지한다(70조, 444조 7호).

2. 일임매매와 임의매매

증권법상 일임매매계약에 따라 담당직원이 고객의 구체적인 사전동의 없이 매매하는 것은 임의매매는 아니므로 불법행위를 구성하지 않았다. 다만 일임매매와 손실보장약정을 맺은 행위는 불법행위가 될 수 있다.32) 불법행위는 "거래의 방법, 고객의 투자상황, 거래의 위험도

---

30) 다만 고객은 증권회사에 주식을 매수하여 인도할 의무에 갈음하는 전보배상을 청구할 수 있으며 특별한 사정이 없는 한 그 배상액은 변론종결 당시의 그 주식가액이라고 판시하였다. 또한 원고의 과실에 대해서 과실상계 10%가 인정되었다.
31) 서울고법 2008. 3. 5. 선고 2007나119915 판결(거래량의 폭증을 견뎌낼 만한 시스템을 구축하는 것은 기술적·경제적 관점에서 사회적 상당성을 결여하고 있으므로, 피고에게 위법성이나 귀책사유가 없어 이 사건 계약위반에 따른 책임이 없다는 주장을 배척하고 책임을 인정).
32) 따라서 일임매매와 임의매매의 구별이 중요했고, 임의매매에 관한 증명책임은 투자자가 부담했다. 대법원

및 그에 대한 설명의 정도 등을 종합적으로 고려하여 결국 고객에 대한 보호의무를 저버려 위법성을 띤 행위로 평가될 수 있는 경우"에만 성립한다{서울고법 1994. 8. 26. 선고 93다45826 판결(확정)}. 그러나 자본시장법은 일임매매제도를 폐지하였다. 따라서 일임매매를 하려는 금융투자업자는 투자일임업 등록을 해야 한다.

3. 임의매매의 추인

담당직원이 고객계좌의 주식을 임의로 처분한 후 투자자가 그 거래를 추인할 수 있다(대법원 2001. 4. 13. 선고 2001다635 판결).[33] 임의매매의 추인은 묵시적으로도 할 수 있다. 임의매매를 사후에 추인한 것으로 보게 되면 그 법률효과는 모두 고객에게 귀속되고 그 임의매매행위가 불법행위를 구성하지 않게 되어 임의매매로 인한 손해배상청구도 할 수 없게 되므로, 임의매매의 추인, 특히 묵시적 추인을 인정하려면, 고객이 임의매매 사실을 알고도 이의를 제기하지 않고 방치하였는지 여부, 임의매수에 대해 항의하면서 곧바로 매도를 요구하였는지 아니면 직원의 설득을 받아들이는 등으로 주가가 상승하기를 기다렸는지, 임의매도로 계좌에 입금된 그 증권의 매도대금을 인출하였는지 또는 신용으로 임의매수한 경우 그에 따른 그 미수금을 이의 없이 변제하거나, 미수금 변제독촉에 이의를 제기하지 않았는지 여부 등의 사정을 종합적으로 검토하여 신중하게 판단해야 한다(대법원 2002. 10. 11. 선고 2001다59217 판결).[34]

직원의 임의매수사실에 대해서 항의했을 뿐 직원의 기다려 보자는 설득에 따른 경우는 추인이 있었다고 본 것이 있다(서울고법 1993. 6. 22. 선고 92나61760 판결). 거래내역서를 받아보고 바로 이의제기를 하지 않거나 방치하였다는 단순한 사정만으로는 묵시적 추인이 있었다고 할 수 없다(대법원 2001. 4. 13. 선고 2001다635 판결).[35] 그리고 "투자자가 임의매매 결과물인 증권 또는 예탁금을 이용하여 새로운 증권거래를 계속하되 임의매매 결과로 발생한 손해에 대해서는 보전을 받겠다는 의사를 표시하는 것"도 추인이 아니다.[36]

투자자가 임의매매를 추인하지 않는 경우 그 사법상 효력은 어떻게 되는가? 증권회사 직원이 고객의 주식을 임의매매한 경우, 이는 위탁자인 고객의 의사에 기하지 않은 거래이기 때문에 그 법률효과를 고객에게 귀속시킬 수 없는 것이므로, 고객은 증권회사와의 증권거래 위탁계약을 해지하고 증권회사를 상대로 원물 즉, 임의매매하기 이전의 예탁금 및 주식의 반환을 청구할 수 있다{대법원 2005. 5. 27. 선고 2004다33261·33278(병합) 판결}.

2001. 5. 29. 선고 2000다19656 판결; 대법원 2001. 11. 27. 선고 2000다67983 판결.
33) 김홍기, 162면.
34) 같은 취지: 대법원 2003. 12. 26. 선고 2003다49542 판결; 대법원 2008. 5. 15. 선고 2006다25172 판결.
35) 같은 취지: 대법원 2003. 8. 22. 선고 2002다60269 판결; 대법원 2003. 12. 26. 선고 2003다41623 판결.
36) '임의매매 결과물의 인수'라고 한다. 사법연수원, 『증권재판실무편람』, 2022, 95면. 서울고법 2005. 2. 4. 선고 2004나34235 판결; 서울고법 2009. 11. 6. 선고 2009나11817 판결.

4. 투자자의 구제: 손해배상과 주식반환[37)

1) 금전배상

투자자를 어떻게 구제할 것인가? 앞서 본 바와 같이 판례는 금융투자업자가 투자자를 위하여 증권을 보관하는 관계가 소비임치가 아니라고 본다(대법원 1994. 9. 9. 선고 93다40256 판결). 따라서 금융투자업자가 투자자의 증권을 임의로 처분하면 채무불이행이나 불법행위 또는 양자가 모두 성립할 수 있다. 판례 중에는 채무불이행을 인정한 것(대법원 1994. 9. 9. 선고 93다40256 판결)(신용거래시의 담보주식의 임의처분이 문제된 사안)과 불법행위를 인정한 것(대법원 1993. 9. 28. 선고 93다26618 판결)이 있다. 민법은 채무불이행의 경우 다른 의사표시가 없으면 금전배상을 규정하고 있으며(394조), 이는 불법행위에도 준용된다(763조). 따라서 어느 쪽이든 금전배상을 구할 수 있다.

2) 손해배상의 범위와 기준시점

첫째, 손해배상의 범위와 관련하여 임의매매의 불법행위로 인한 재산상 손해는 임의매매 이전에 가지고 있던 고객의 주식 및 예탁금 등의 잔고와 그 이후 고객의 지시에 반하여 임의매매를 해 버린 상태, 즉 고객이 위 임의매매 사실을 알고 문제를 제기할 당시에 가지게 된 주식 및 예탁금의 잔고의 차이라고 보아야 할 것이다(대법원 2000. 11. 10. 선고 98다39633 판결).[38)

둘째, 손해배상의 기준시점과 관련하여 임의매매에 관한 판례도 처분시점의 시가를 기준으로 하되 처분 후의 주가상승으로 인한 손해는 특별손해로 보고 있다(대법원 1993. 9. 28. 선고 93다26618 판결).[39) 투자자가 그러한 특별손해를 배상받을 수 있는 것은 "증권회사가 주식처분시에 그와 같은 특별한 사정을 알았거나 알 수 있었고, 또 고객이 주가가 올랐을 때 주식을 매도하여 그로 인한 이익을 확실히 취득할 수 있었던 경우"에 한한다. 투자자는 특별손해를 거의 배상받을 수 없을 것이다.

주가지수 선물·옵션상품의 임의매매로 인한 재산상 손해도 "그 포지션(선물이나 옵션의 매도 혹은 매수의 결과로 생긴 미결제 약정의 보유상태)의 평가액이 각 상품별 시장가에 의하여 산정될 수 있는 이상" 같다(대법원 2006. 2. 10. 선고 2005다57707 판결).

---

37) 상세한 논의로, 권순일, "증권회사 담보유가증권 보관·처분의 법률관계", 『상사판례연구(III)』, 1996, 439면 이하.
38) 같은 취지: 대법원 2001. 5. 29. 선고 2000다19656 판결; 대법원 2002. 10. 11. 선고 2001다71590 판결; 대법원 2003. 12. 26. 선고 2003다49542 판결; 대법원 2006. 1. 26. 선고 2002다12659 판결; 대법원 2006. 2. 10. 선고 2005다57707 판결.
39) 같은 취지: 대법원 1995. 10. 12. 선고 94다16786 판결; 대법원 2000. 11. 24. 선고 2000다1327 판결; 대법원 2006. 1. 26. 선고 2002다12659 판결.

3) 증권반환청구의 가부

첫째, 임의매매 후 주가가 상승하면 투자자가 손해배상책임을 구하는 대신 동종·동량의 증권을 반환받고자 할 것이다. 판례는 예탁주식의 임의매매사건에서 투자자의 주권반환청구를 인용하였다(대법원 1992. 3. 27. 선고 92다1698 판결).[40] 대용주식을 임의매매한 경우에도 이를 다룬 판례는 없지만 예탁주식과 달리 취급하는 것은 불합리할 것이다.[41] 금융투자업자가 투자자의 주식을 보관하는 경우라는 점에서는 차이가 없기 때문이다.

둘째, 투자자가 금전배상을 구함에도 불구하고 거꾸로 금융투자업자 쪽에서 증권을 반환할 수 있는가? 이러한 경우는 주로 주가가 하락한 때에 나타날 것이다. 판례는 이를 부정하는 것으로 보이나(대법원 1994. 9. 9. 선고 93다40256 판결) 오히려 허용되어야 할 것이다.[42]

결론적으로 임의매매시에 투자자가 증권반환을 청구할 수 있음은 물론 투자자가 금전배상을 청구한 경우에도 금융투자업자가 증권을 반환할 수 있다고 볼 것이다. 또한 이러한 결론은 그것이 예탁증권이든 대용증권이든 같다. 이러한 사견에 의하면 투자자가 금융투자업자에 대해서 갖는 증권반환채권은 어느 경우에나 종류채권에 해당하고 증권에 대한 투자자의 소유권은 별다른 의미를 갖지 않게 된다. 이는 증권이 지니는 고도의 대체성을 고려하면 오히려 당연한 결과라고 할 것이다.

III. 반대매매시의 의무

1. 문제의 의의

신용거래를 하는 경우 위탁할 때 신용거래보증금(또는 대용증권)을 납부해야 한다(규정 4-25조 2항). 금융투자업자는 신용거래 결과 취득한 증권이나 대금을 투자자에게 인도하지 않고 담보로 보유할 수 있으며, 담보가액총액이 담보유지비율에 미달하면 지체없이 추가담보를 받아야 한다(규정 4-25조 1항·3항). 금융투자업자는 투자자의 추가담보 미납부, 상환기일 내에 신용거래융자금 미상환, 신용공여와 관련한 이자·매매수수료 및 제세금 등의 미납입의 경우에는 그 다음 영업일에 투자자계좌에 예탁된 현금을 투자자의 채무변제에 우선 충당하고, 담보증권, 그 밖의 증권의 순서로 필요한 수량만큼 임의처분하여 투자자의 채무변제에 충당할 수 있다(규정 4-28조 1항). 신용거래가 아닌 일반거래에서 투자자가 매수대금을 미납입하는 경우, 즉 미수금이 발생하는 때에도 같은 문제가 있다.

---

40) 원심은 서울고법 1991. 12. 10. 선고 91나21062 판결.

41) 권순일, 앞의 논문, 457면.

42) 같은 취지: 권순일, 앞의 논문, 458면. 일본의 판례도 긍정한다. 예컨대 東京地判 1993. 2. 25, 민사 제5부 판결, 『金融法務事情』第1373號, 39면. 반대: 김홍기, 161면("손해를 고객에게 부담시키는 것").

과거에는 담보가액이 담보유지비율에 미달하는 경우에도 여러 이유로 금융투자업자가 처분을 늦추는 경우가 많았다. 그러한 경우 주가가 계속 하락하여 금융투자업자와 투자자 간에 분쟁이 발생하는 예가 많았다. 금융투자업자가 규정에 따라 반대매매를 하였다면 투자자의 손실이 줄어들 수도 있었기 때문이다. 이러한 경우 투자자는 금융투자업자의 대여금반환청구에 대해서 금융투자업자의 책임을 이유로 거부하는 예가 없지 않았다.

2. 반대매매를 실행할 의무

1) 의 의

금융투자업자에 반대매매를 실행할 의무가 있는가? 고객이 신용거래융자금을 상환기간 내에 상환하지 못한 경우 금융투자업자가 담보증권을 임의처분하여 채무변제에 충당할 수 있다(규정 4-28조 1항). 원칙적으로 채권자가 변제기 후에 담보물을 처분하여 채무변제에 충당하는 것은 '**권리**'이지 '**의무**'는 아니다. 법원도 "주식신용거래의 당사자 사이에 특별히 다른 약정이 이루어진 것이 아닌 한, 위 규정내용(「증권회사의 신용공여에 관한 규정」을 말함)만을 그 근거로 삼아 증권회사가 고객에 대한 관계에서 담보부족발생의 경우 추가담보의 납부이행을 최고하고, 그 불이행의 경우 즉시 담보물처분에 의한 신용거래의 청산결제조치를 마쳐야 할 의무를 직접 부담하는 것이라고 볼 수는 없다"고 판시했다{대법원 1992. 7. 10. 선고 92다6242·6259(반소) 판결}.43) 증권회사가 감독상 규제를 받는 것은 별론으로 하고 고객과의 관계에서 매수유가증권을 지체 없이 처분할 의무를 지는 것은 아니라는 것이다(대법원 1993. 2. 23. 선고 92다35004 판결).44)

2) 투자자 손실 최소화의무와 반대매매

금융투자업자는 선량한 관리자로서의 주의를 다하여 투자자 손실을 최소한도에 그치도록 조치할 일반거래상 의무를 진다{대법원 1992. 7. 10. 선고 92다6242·6259(반소) 판결}.45) 그러나 그 의무가 특별히 부담스러운 것은 아니다. 원래 주식시세는 예측이 어렵기 때문에 어느 시점에 반대매매를 해야 투자자에게 유리한지 판단하기도 어렵다. 법원은 그러한 이유를 들어 특별히 투자자의 위탁이 없는데도 금융투자업자가 적극적으로 나서서 독자적인 판단에 따라 반대매매를 체결할 의무까지 지는 것은 아니라고 판시했다{대법원 1992. 7. 10. 선고 92다6242·6259(반소) 판결}.46)

---

43) 같은 취지: 대법원 1993. 2. 23. 선고 92다35004 판결; 대법원 1994. 1. 28. 선고 93다49703 판결; 대법원 2001. 10. 23. 선고 2000다26371 판결; 대법원 2002. 12. 26. 선고 2001다26835 판결. 평석으로는 민병훈, "증권회사의 고객에 대한 주의의무", 『상사판례연구(Ⅲ)』, 1996, 165-180면.

44) 같은 취지: 대법원 1994. 1. 28. 선고 93다49703 판결; 대법원 2001. 10. 23. 선고 2000다26371 판결.

45) 같은 취지: 대법원 1994. 1. 14. 선고 93다30150 판결; 대법원 1994. 1. 28. 선고 93다49703 판결; 대법원 2001. 10. 23. 선고 2000다26371 판결; 대법원 2002. 12. 26. 선고 2000다56952 판결.

46) 같은 취지: 대법원 1992. 7. 14. 선고 92다14946 판결; 대법원 2002. 12. 26. 선고 2000다56952 판결 등.

3) 처분할 수 있는 최초시점에 처분할 의무

증권회사가 매수주식을 처분한 대금을 신용융자금이나 미수대금에 충당하는 경우 매수주식을 처분할 수 있었던 최초시점에 처분할 의무를 지는가? 대법원은 증권회사에 신의칙상 고객 손실 최소화의무가 있다고 해도, "당시 주식가격이 하락하는 경향이 뚜렷하여 가격상승을 기대할 수 없는 특별한 사정이 인정된다면 모르되 그렇지 않는 한 그 시점에 처분하는 것이 반드시 고객의 손실을 최소화하는 것이라고 단정할 수 없는 것이므로, 증권회사가 미리 고객으로부터 위와 같은 시점에 매수주식을 처분하여 줄 것을 위임받았다는 등 특별한 사정이 없는 한 증권회사가 위와 같은 시점에 매수주식을 지체 없이 처분하지 않았다고 하여 주의의무를 위반하였다고는 볼 수 없다"고 판단했다(대법원 1994. 1. 14. 선고 93다30150 판결).[47] 다만 "당시 주식가격이 하락하는 경향이 뚜렷하여 가격상승을 기대할 수 없는 특별한 사정이 인정된다면 모르되"라고 하여 의무 발생 여지는 남기고 있다.

4) 특정일 반대매매를 통지한 경우

증권회사가 특정일에 반대매매를 할 것임을 통지한 경우에는 어떠한가? 법원은 이 경우에는 반대매매를 실행할 의무가 있다고 한다. 법원은 미수금이 문제된 사안에서 "증권회사가 고객에 대하여 일정한 기한을 지정하여 매수대금을 납부하도록 최고하고 그 기한까지 매수대금을 납부하지 않을 경우에 매수주식을 처분하겠다는 뜻을 통지하였다고 하여도 증권회사는 특별한 사정이 없는 한 위 기한이 도과된 후에 지체없이 매수주식을 처분할 의무를 부담하는 것은 아니라고 볼 것"이지만 "증권회사가 고객에게 매수주식을 처분한 날을 특정하여 위와 같은 통지를 한 경우에는 그 날에 매수주식을 처분할 의무가 있으므로 이를 이행하지 않음으로써 고객이 손해를 입었다면 그 손해를 배상할 의무가 있"다고 한다(대법원 1993. 2. 23. 선고 92다35004 판결). 이러한 판시에 비추어 보면 일정한 기간을 주고 그 기간까지 주식매수대금을 납부하지 않으면 담보물을 처분하겠다는 정도의 최고로는 부족하고 적어도 처분시점을 특정할 것을 요하는 것처럼 보인다.

판례는 위탁매매업무 등에 관한 규정의 미수금에 관한 규정도 증권회사가 고객과의 관계에서 매수유가증권을 지체 없이 처분할 의무를 부담하는 것은 아니라고 한다(대법원 2002. 12. 26. 선고 2000다44980 판결). 그러나 증권의 신용거래에서 증권회사가 특정시기를 정하여 반대매매를 시행할 것을 고지했다가 신용거래고객의 유예요청을 받아들여 그 후 주가가 더욱 하락한 시점에 예탁주식을 처분한 경우 증권전문가인 증권회사의 입장에서도 수시로 변동하는 주식시세를 정확히 예견하여 최적의 매도처분시점을 선택한다는 것이 어렵고 반대매매가 늦

---

47) 같은 취지: 대법원 1994. 1. 28. 선고 93다49703 판결; 대법원 2001. 10. 23. 선고 2000다26371 판결; 대법원 2002. 12. 26. 선고 2001다26835 판결; 대법원 2003. 1. 10. 선고 2000다50312 판결.

어진 것이 고객의 유예요청에 의한 것이라면 증권회사에게 과실이 있다고 할 수 없다(대법원 1992. 12. 8. 선고 92다1308 판결).

제6절 신용거래

I. 의   의

신용거래는 "증권시장에서 매매거래를 함에 있어 투자자가 금융투자업자로부터 매수시에는 매매대금을 융자받고(신용거래융자) 매도시에는 대주를 받아(신용거래대주) 결제하는 거래"를 말한다(령 69조 1항; 규정 4-21조 2호). 금융투자업자로부터 대금이나 주식을 받는 점을 제외하고 일반 매매와 같다. 신용거래는 증권시장의 수급을 증가시킴으로써 유동성을 높이지만, 투기에 이용될 가능성도 있다.

II. 신용공여의 방법

1. 원   칙

투자매매업자 또는 투자중개업자는 증권과 관련하여 금전융자 또는 증권대여의 방법으로 투자자에게 신용을 공여할 수 있다(72조 1항). 다만, 투자매매업자는 증권 인수일부터 3개월 이내에 그 증권을 매수하게 하기 위해 투자자에게 금전융자 그 밖의 신용공여를 할 수 없다(72조 1항 단서). 신용공여의 방법은 증권매매거래계좌를 개설하고 있는 자에 대해 증권매매를 위한 매수대금을 융자하거나 매도하려는 증권을 대여하는 방법과 그 투자매매업자 또는 투자중개업자에게 계좌를 개설하여 전자등록주식등을 보유하고 있거나 증권을 예탁하고 있는 자에 대하여 그 전자등록주식등 또는 증권을 담보로 금전을 융자하는 방법으로 한정된다(72조 1항; 령 69조 1항). 금융투자업자의 신용공여는 은행업은 물론 2008년 금융위기 이후 금융규제상 중요한 문제가 되는 그림자금융(shadow banking)과 관련하여 논란이 있다. 자본시장법은 이를 고려하여 신용공여의 방법을 극히 제한하고 있다.

2. 예   외

그러나 이러한 원칙에 대해서는 2가지 예외가 존재한다. 첫째, 종합금융투자사업자는 기업에 대한 신용공여업무를 할 수 있다(77조의3 3항 1호). 대형증권회사에 한정하여 일반대출업무를 허용하는 것으로서 역시 많은 논란의 대상이 되었다. 제17장에서 상세히 검토한다. 둘째, 일반사모펀드에 대한 신용공여이다. 즉 종합금융투자사업자가 전담중개업무를 제공하는 경우에는 증권매매를 위한 매수대금을 융자하거나 매도하려는 증권을 대여하는 방법, 전담중개업무로서 보관·관리하는 투자자재산인 증권을 담보로 금전을 융자하는 방법으로 그 전담중개업무를 제공받는 일반사모펀드에 대하여 신용을 공여할 수 있다(령 69조 2항).

Ⅲ. 신용거래의 규제

금융투자업자가 신용거래를 할 수 있는 종목(신용거래종목)은 상장주권과 그에 관련된 증권예탁증권 및 상장지수집합투자증권에 한한다(규정 4-30조 1항). 금융위는 신용거래상황의 급격한 변동 그 밖에 필요하다고 인정되는 경우 신용거래종목에 대해서 신규 신용거래를 중지시킬 수 있다(규정 4-33조 2항). 신용거래에도 이자가 부과된다. 이자율 및 연체이자율 등은 신용공여 방법별로 투자매매업자 또는 투자중개업자가 정한다(규정 4-31조 1항). 이자율은 일반원칙에 따라 금융투자업자의 조달금리 등을 고려하여 산정되어야 하지만 시장과열을 억제하는 기능도 있다.

제7절 특수한 장외증권거래

Ⅰ. 환매조건부증권매매

1. 의 의

환매조건부증권매매(리포거래, repurchase agreement, repo; 이하 '**RP 증권매매**')는 "증권을 매매하면서 일정기간 후에 동일한 증권을 매도당사자(seller)가 사전에 결정된 가격으로 매수당사자(buyer)로부터 재매입할 것을 조건으로 이루어지는 증권의 매매거래"를 말한다.[48] RP 증권매매는 매입단계와 환매단계의 2단계로 구성된다. 1차적으로 매입단계에서는 매도당사자가 매수당사자에게 증권을 매도하고 매입가격을 수취한다. 2차적으로 환매단계에서는 매도당사자가 매수당사자로부터 증권을 다시 매입하고 환매가격을 지급한다. RP증권매매에서의 자금과 증권의 이전은 이처럼 일시적이라는 데 특징이 있다.

우리나라의 RP증권매매는 주로 채권을 대상으로 해왔기 때문에 '**환매조건부채권매매**'라고 하지만, 채권 이외의 증권도 대상으로 할 수 있다. 이론상 증권 이외의 자산도 대상으로 할 수 있지만, 전통적으로 증권을 대상으로 하는 경우로 한정되어 왔다. 국제표준계약서들은 리

---

48) 정순섭, 은행, 517-530면; 정순섭, "국제증권금융거래에 관한 법적 고찰 — 리포거래를 중심으로", 『경영법률』 제14집 제2호, 2004, 187-198면.

포거래의 1단계인 매매거래의 당사자를 지칭하는 매도당사자와 매수당사자라는 명칭을 리포거래 전반에 사용하고 있다.49) '逆리포(reverse repo)'는 RP증권매매를 매수당사자 입장에서 정의한 것이다.

자본시장법은 RP 증권매매를 일정한 범위의 전문가들(령 7조 3항 3호) 간에 이루어지는 기관간 RP 증권매매와 대고객 RP 증권매매로 구분한 후 전자는 투자매매업에서 배제하고, 후자는 투자매매업으로 규제한다. 다만 기관간 RP 증권매매를 중개하는 행위는 투자중개업으로 규제한다.50) 이하 대고객 RP 증권매매를 중심으로 살펴본다.

2. 대상증권

대고객 RP 증권매매는 대상증권의 종류를 제한한다(령 181조 1항 1호; 규정 5-18조). 대상증권에는 국채증권, 지방채증권, 특수채증권, 보증사채권, 공모무보증사채권·공공기관채권·유동화수익증권·주택저당증권·학자금대출증권 등이 포함된다. 상대방이 일반투자자임을 고려하여 대상을 위험이 적은 우량증권만으로 제한한 것이다.

3. 매매방법

자본시장법은 또한 일반투자자 등의 보호를 위하여 대고객 RP 증권매매의 매매가격, 매매거래의 통지, 매도증권의 보관·관리 등도 규제하고 있다.

첫째, 매매가격은 금융위가 고시하는 매매가격에 의해야 한다(령 181조 1항 2호; 규정 5-19조). '금융위가 고시하는 매매가격'은 매매대상증권을 공정한 시세로 평가한 시장가액에서 환매수나 환매도의 이행담보를 위하여 제공하거나 제공받는 추가담보상당가액을 차감한 가액을 말한다. RP 증권매매에서 매도되는 증권은 그 대가로 지급되는 현금에 비하여 소정의 증거금비율만큼 낮게 평가된다. 이는 매도당사자의 채무불이행시 당해 증권의 청산에 따르는 시장위험을 보전하기 위한 것이다.

둘째, 투자매매업자는 RP 증권매매가 성립된 때에는 매매가액·환매일자·환매가액 및 결정방법·대상증권의 내용 등을 포함한 매매거래성립내용을 지체없이 투자자에게 통지해야 한다(령 181조 1항 2호·3호; 규정 5-20조).

셋째, 투자매매업자가 RP 증권매매와 관련하여 거래상대방의 위탁이나 요구에 따라 매도증권을 보관할 경우 그 증권을 예탁결제원에 예탁해야 한다(령 181조 1항 4호; 규정 5-21조). 이 경우 환매수에 지장을 주지 않는 범위에서 보관중인 증권을 다른 증권으로 교체할 수 있다

---

49) 매도당사자를 리포매도자(repo seller) 혹은 증권제공자(securities provider), 매수당사자를 리포매수자(repo buyer) 혹은 현금제공자(cash provider)라고 부르는 경우도 있다.

50) 금융투자업으로서의 RP 증권매매에 대해서는 제3장 제2절 II. 4. 기관간 RP증권매매를 할 경우에도 대금과 증권의 결제방법은 금융위에서 정하는 방식을 따른다(령 181조 3항; 규정 5-23조).

(규정 5-22조 1항).

4. 결제방법

기관간 RP 증권매매의 대상인 일정한 범위의 전문가(령 7조 3항 3호)는 상호간에 투자중개업자를 통하여 환매조건부매매를 한 경우나 투자매매업자를 상대방으로 환매조건부매매를 한 경우(신탁업자가 신탁재산으로 환매조건부매매를 한 경우는 제외)에는 그 대상증권과 대금을 동시에 결제해야 한다(령 181조 3항; 규정 5-23조, 5-4조 3항). 다만, 금융위가 고시하는 경우에는 그 대상증권과 대금을 동시에 결제하지 않을 수 있다.

Ⅱ. 증권대차

1. 의   의

증권대차(securities lending)는 "담보와 교환으로 이루어지는 증권의 일시적인 대차거래"를 말한다.[51] 특히 담보의 제공이 현금의 형태를 취하는 경우 증권대차는 RP 증권매매와 매우 유사해진다. 이에 따라 RP 증권매매와 증권대차를 넓은 의미의 증권대차에 속하는 것으로 취급하기도 한다. 그러나 증권대차는 대상증권의 '**매매와 환매**'라는 요소가 전혀 개입되지 않기 때문에 전형적인 RP 증권매매와는 엄격히 구분된다.[52]

증권대차의 대주의 수익은 거래기간 중 금리의 지급이 아니라 차주의 증권사용에 대한 대가로서의 수수료라는 형태로 지급된다. 이 경우의 수수료는 대상증권의 시장가치에 대한 비율로 표시된다. 증권대차의 차주는 대주에게 다른 증권이나 현금과 같은 담보를 제공하는 것이 일반적이다.

증권대차거래 또는 그 중개·주선·대리업무를 영위할 수 있는 자는 투자매매업자와 투자중개업자, 예탁결제원과 증권금융회사이다(규정 5-25조 1항). 투자매매업자와 투자중개업자(40조 5호; 령 43조 5항 5호) 및 증권금융회사(326조 2항 1호 라목)는 겸영업무로서 증권대차업무를 영위할 수 있다.

2. 거래방법 등

이러한 담보의 징구와 담보비율 및 그 관리, 대차거래의 공시방법 등에 투자매매업자 등이 하는 증권대차거래의 방법에 관하여 시행령과 규정에서 상세한 규정을 두고 있다(령 182조

---

51) 박철영, "증권대차거래에 관한 법적 고찰", 『증권법연구』 제10권 제2호, 2009, 183-217면.
52) 리포거래와 증권대차의 구분에 대해서는 Claude Brown, "How to Spot the Difference between Repos and Stock Loans", International Financial Law Review 15(6), 1996, p51 참조.

3항; 규정 5-25조 이하).

첫째, 투자매매업자등 차입자로부터 담보를 받아야 한다(령 182조 1항 1호; 규정 5-25조).[53] 증권대차거래의 담보로 활용될 수 있는 것은 증권과 현금이다. 양도성 예금증서와 예탁결제원이 정하는 외국통화도 포함된다.

둘째, 증권대차거래의 결제와 관련하여 그 대상증권의 인도와 담보의 제공이 동시에 이행되어야 한다(령 182조 1항 2호; 규정 5-26조). 다만 외국인 간의 대차거래의 경우에는 그러하지 아니하다. 대차거래의 결제에 관하여 상세한 사항은 예탁결제원에서 정한다(령 182조 1항 2호; 규정 5-26조 2항).

셋째, 투자매매업자 등은 증권의 대여현황과 체결된 대차거래증권의 종목, 수량 등의 증권대차거래내역을 협회를 통하여 공시해야 한다(령 182조 1항 3호; 규정 5-27조). 협회는 매월말 대차거래내역을 종합하여 금감원장에게 보고해야 한다.

넷째, 투자매매업자 등은 대차중개의 방법으로 대차거래 형식의 중개를 할 수 있다(령 182조 2항). 여기서 **'대차거래 형식의 중개'**란 투자매매업자 등이 자기계산으로 특정 당사자로부터 증권을 차입하여 다른 당사자에게 대여하는 형식으로 중개하는 것을 말한다(규정 5-27조).

다섯째, 투자매매업자 및 투자중개업자 외의 자로서 법에 따라 설립되거나 인가를 받은 자가 증권의 대차거래 또는 그 중개·주선 또는 대리업무를 하는 경우에는 이상의 방법을 준용한다(령 182조 4항). 증권금융회사와 예탁결제원이 여기에 해당할 것이다.

---

53) 다만 증권대차거래의 당사자가 미리 거래조건을 합의하고 투자매매업자나 투자중개업자는 단순 중개만을 하는 경우에는 담보징구를 면제할 수 있다(령 182조 1항 1호 단서). 이 경우에는 투자매매업자나 투자중개업자가 담보를 징구할 필요성이 없는 점을 고려한 것이다.

제14장   금융투자상품의 청산·결제

제1절 서   언

금융투자상품은 매매체결이 된 후 청산과 결제를 거쳐 최종적으로 투자자들에게 증권이나 대금을 인도하거나 지급함으로써 거래가 종결된다. 이러한 과정을 금융투자상품의 청산·결제라고 한다. 국내에서 청산과 결제는 사실 많은 학문적 논의의 대상이 되어 오지 않았고 극히 소수의 실무가들이 연구해온 분야이다. 그러나 청산과 결제에 대한 정확한 이해 없이는 금융투자상품거래의 전체상과 위험구조를 파악할 수 없다.

어느 나라를 불문하고 이 문제는 누가 청산기능을 수행할 것인지라는 극히 현실적인 문제로 등장하였다. 국내에서는 거래소 통합과정에서 거래소와 예탁결제원 간의 논쟁으로 나타났다. 자본시장의 구성과 관련하여 이 문제도 무척 중요하다. 그러나 특히 2008년 글로벌 금융위기 이후 국제적으로 특히 장외파생상품거래 등의 위험을 청산기관을 통한 청산을 강제함으로써 관리하려는 시도가 이어지고 있다. 우리나라도 마찬가지이다. 이러한 청산기관의 위험관리기능과 관련하여 청산기관 자체의 도산 등 위험관리가 새로이 문제되고 있다. 결제에서도 실물증권의 존재를 전제로 하지 않는 전자증권제도나 최근의 분산원장을 이용한 증권발행은 새로운 법률문제를 제기하고 있다. 특히 분산원장기술을 증권결제에 활용할 경우의 위험과 제도적 수용가능성은 현재 가장 중요한 쟁점 중의 하나이다.

제2절 의의와 구조에서는 청산과 결제의 개념을 정리한다. 선물법에서 처음 규정된 후 자본시장법에도 정의규정을 두고 있다. 제3절 자본시장법상 청산과 결제제도에서는 장내증권과 장내파생상품거래에 관한 지정거래소와 장외파생상품 등에 대한 청산회사로 이원화되어 있는 청산과 전자증권제도를 중심으로 한 결제를 정리한다. 제4절 청산의 법적 구조에서는 면책적 채무인수구조를 분석한다. 제5절 결제의 법적 구조에서는 전자증권제도를 예탁제도와 비교하여 살펴본다.

제2절 의의와 구조

I. 자본시장법과 청산·결제

금융투자상품거래는 장내거래와 장외거래로 구분된다. 다자간 매매체결시스템인 '금융투자상품시장'을 통하여 이루어지는 장내거래는 (i) 거래약정(trade execution)으로부터 (ii) 거래확인(confirmation or matching)과 청산(clearing)을 거쳐 (iii) 증권의 인수도(delivery)와 대금의 지급(payment)을 통하여 결제(settlement)되는 단계를 거쳐 종결된다. 금융투자상품의 장외거래는 거래약정으로부터 거래의 확인과 청산이 양당사자 간 계약에 의하여 이루어지며, 증권의 인수도와 대금의 지급을 통하여 결제됨으로써 종결된다. 일부 장외파생상품에 대해서는 의무청산제도가 도입되었다.[1]

청산과 결제는 각국의 시장환경에 따라 다양한 모습을 취하고 있다. 청산과 결제를 담당하는 기관의 형태도 국가별로 다르다. 종래 실무적으로는 몰라도 학문적으로 청산과 결제는 크게 주목받지 못한 것이 사실이다. 증권법은 청산에 대해서 아무런 규정을 두지 않았다. 그러나 증권시장과 파생상품시장의 통합, 자본시장의 국제화 등으로 청산과 결제의 중요성이 부각되었다. 아울러 청산업무와 결제업무의 수행주체를 둘러싼 기관 간 마찰이 빚어지면서 청산과 결제제도를 정비할 필요성이 높아졌다.

자본시장법은 청산업무와 결제업무에 관한 정의를 도입하여 시장의 혼란을 종식시켰다. 이러한 제도정비는 2006년 거래소와 예탁결제원 사이에 이루어진 청산업무와 결제업무의 분리에 관한 합의에 기초한 것이다. 그리고 2008년 글로벌 금융위기 이후 일부 장외파생상품에 대한 청산을 의무화하는 입법이 이루어지면서 청산에 대한 법적 논의가 새로운 차원을 맞이하게 되었다.[2]

---

1) 의무청산제도 도입 전에도 런던 등에서는 장외파생상품에 대한 청산이 이루어지고 있었다.

2) 정순섭, "자본시장 인프라에 관한 법적 연구 — 장외파생상품 청산의무화를 중심으로 —", 『증권법연구』 제12권 제3호, 2011, 57-114면("정순섭, 앞의 논문(2011)"로 인용); 정순섭·엄경식, 장외파생상품 인프라 도입방안, 서울대학교 금융법센터 연구보고서, 2010. 7.

Ⅱ. 청산·결제의 의의[3]

1. 청산과 결제

청산은 거래약정과 결제 사이에서 결제 대상인 증권과 대금을 확정하는 절차이다. 청산은 다시 '**거래확인**'과 '**네팅**(netting)'[4]의 두 단계로 구성된다. 첫째, '**거래확인**'은 거래당사자 사이에 종목·가격·수량·결제일·거래상대방 등과 같은 거래조건을 확인하는 과정이다. 둘째, '**네팅**'은 다수의 거래주체 사이에 발생하는 채권채무를 차감을 통해서 단순화하는 최종결제의무의 확정과정이다. 청산은 결제도 포함하여 사용되기도 한다(광의의 청산).[5] 이 책에서는 거래확인과 네팅을 가리키는 의미로 사용한다(협의의 청산).

결제는 당사자가 거래상 부담하는 채무를 이행하는 절차로서 인도와 지급의 2가지 요소로 구성된다. 증권이나 현물상품이 실제로 인도되는 것은 현물인도(physical delivery)에 의한 결제를 요구하는 경우에 한한다. 파생상품거래는 대부분 차액결제 또는 차금수수에 의한 결제(cash settlement)방식으로 결제되므로 기초자산의 인도는 별로 없다. 결제라는 용어에 대해서도 혼란이 있다. 때로는 매매체결 후의 과정인 거래확인·청산·결제를 모두 포함하는 의미로 사용된다(광의의 결제). 그러나 이 책에서는 증권의 인도와 대금의 지급이라는 좁은 의미로 사용한다(협의의 결제).

2. 양자간 청산과 다자간 청산

청산은 청산절차에 참가하는 당사자의 수에 따라 양자간 청산(bilateral clearing)과 다자간 청산(multilateral clearing)으로 구분할 수 있다.

양자간 청산은 가장 기본적인 형태로서 금융거래의 양당사자 간에 이루어지는 청산방식이

---

3) 청산·결제에 대해서는, Jens-Hinrich Binder and Paolo Saguato(eds), Financial Market Infrastructures: Law and Regulation, Oxford University Press, 2022; Michael Blair, George Walker and Stuart Willey(eds), Financial Markets and Exchanges Law 3rd Edition, Oxford University Press, 2021; Richard Heffner, 'The Regulation of Multilateral Clearing in the United Kingdom and United States' in Dick Fraser and Helen Parry(eds), Special Report: Exchanges and Alternative Trading Systems, Sweet & Maxwell, 2002, pp97-129; Agnes Foy, 'Clearing and Settlement of Electronically Traded Commodities-Competition Issues' in Dick Fraser and Helen Parry (eds), Special Report: Exchanges and Alternative Trading Systems, Sweet & Maxwell, 2002, pp131-145; 中島眞志·宿輪純一, 證券決濟システムのすべて (東洋經濟新報社, 2013). 이하 설명은 주로 Richard Heffner, 'The Regulation of Multilateral Clearing in the United Kingdom and United States' in Dick Fraser and Helen Parry(eds), Special Report: Exchanges and Alternative Trading Systems, Sweet & Maxwell, 2002, pp97-129를 참조하였다. 한국거래소의 청산업무에 대한 소개로는, 한국거래소, 『KRX 청산결제의 이해』, 2021.
4) '차감'이라고도 하지만 이 책에서는 '네팅'이라고 한다.
5) 미국의 증권청산기구(clearing agency)나 영국의 승인청산소(recognised clearing house)와 같이 광의의 청산 개념을 법률용어로 사용하기도 한다.

다. 구체적으로 양 거래당사자의 후선부서(back office) 간에 확인서(confirmations)를 교환하고, 직접 증권의 인수도와 최종적인 지급을 처리하는 방식으로서 주로 장외거래에서 사용된다. 이를 위해 거래자들은 거래한도·담보·네팅·채무불이행 등을 규율하는 기본계약서(master agreement)를 사용하여 거래구조와 청산관계를 표준화하는 것이 보통이다. 장외거래에서 가장 대표적인 것은 ISDA 표준계약서이다.

　　다자간 청산은 다수의 당사자 간에 일정한 범위의 금융상품거래의 청산을 동시에 실행하는 청산형태를 말한다. 일반적으로 다자간 청산은 모든 거래당사자에 대한 청산절차를 청산소(clearing house), 청산대리인(clearing agency) 또는 청산기구(clearing organization)라고 불리는 전문기구에 집중시키는 형태로 이루어진다. 다자간 청산은 대체성이 있는 금융상품에 대하여 일정한 규모와 유동성을 갖춘 시장을 전제로 하며, 일반적으로 증권거래소나 선물거래소에 의하여 이용되어 왔다. 규제의 필요성은 중앙청산기관(central counterparty: CCP)[6]과 다자간 네팅을 요소로 하는 다자간 청산에서 두드러진다.

3. 대리인 청산과 CCP 청산

　　다자간 청산은 법적 구조에 따라 대리인 청산(agency clearing)과 CCP 청산(central counterparty clearing)으로 구분할 수 있다.

　　대리인 청산의 경우 청산기관은 그의 회원들을 위하여 확인서의 발급, 결제자금의 추심과 배분, 대상증권이나 상품의 인수도의 감시 등의 방법으로 청산절차를 운영한다. 그러나 청산기구는 회원의 채무불이행 시에 거래상대방위험을 전혀 부담하지 않는 점에서 회원을 위한 대리인으로 기능할 뿐이다. 대부분의 청산기구는 CCP 청산방식을 채택하고 있다.

　　CCP 청산에서 청산기구는 스스로 거래의 당사자로서 원 거래당사자들의 거래관계에 개입(interpose)함으로써 거래의 이행을 '**보증**'한다. CCP는 경개나 면책적 채무인수 등의 방식으로 직접 거래의 상대방이 됨으로써 계약의 이행을 담보하는 것으로 민법상 보증인이 되는 것은 아니다.

Ⅲ. 청산의 절차

1. 거래확인

　　거래확인은 "거래당사자 사이에 체결된 거래의 종목·가격·수량·결제일, 거래상대방 등과 같은 기본적인 거래조건을 확인하는 과정"을 말한다. 확인과정에서 거래조건의 오류가 발

---

6) CCP에 대해서 국내에서는 집중거래상대방 혹은 중앙거래당사자 등의 번역이 사용되고 있지만, 이 장에서는 '중앙청산기관'이라고 부른다.

견되면 수정하거나 거래를 취소해야 한다. 구체적인 거래확인과정은 거래의 유형에 따라 다르다. 예컨대 금융투자업자의 자기계산으로 하는 매매는 당사자인 금융투자업자가 거래를 확인함으로써 완료된다. 그러나 금융투자업자가 투자자의 위탁에 따라 체결하는 위탁매매는 금융투자업자와 투자자 간에도 체결통지·배분지시·거래확인·승인의 절차를 밟아야 한다. 거래소거래에서 이처럼 복잡한 과정을 거쳐야 한다면 원활한 거래가 불가능할 것이다. 따라서 거래소거래에서는 매매체결시점에 거래를 자동적으로 확인하여 조회가 완료된 것으로 처리하는 '**체결시점매매확인 시스템**'(locked-in-system)을 취하고 있다.

2. 최종결제의무의 확정

1) 총량결제

총량결제는 거래 건별로 증권 총량을 인도하고 대금 총액을 지급한다. 번거롭지만 결제위험이 그 대가인 급부에 한정되므로 시스템위험을 줄인다. 또한 결제가 일정 시점을 기다리지 않고 즉시 일어나므로 위험최소화가 가능하다. 총량결제는 거래건수가 적고 자금규모가 큰 시장에 적합하다.

2) 차감결제

차감결제는 "복수의 당사자 사이에 존재하는 복수의 채권·채무를 차감함으로써 결제에 필요한 증권과 자금의 규모를 최소화하여 결제하는 것"을 말한다. 차감결제는 결제에 소요되는 총금액과 결제회수로 구성되는 결제위험을 최소화하지만, 일정기간의 결제수요를 일정시점 이후로 이연결제한다.

차감결제는 2가지로 나눈다. '**양자간 네팅**(bilateral netting)'은 두 당사자 사이에 발생한 채권·채무만을, 그리고 '**다자간 네팅**(multilateral netting)'은 셋 이상의 당사자 사이의 다수의 채권·채무를 한꺼번에 차감한다. 후자가 결제사무의 단순화와 위험감축이라는 면에서 우월하다. 특히 거래소거래와 같이 다수당사자들 사이에 다수의 채권·채무가 발생하는 경우에 장점이 있다. 그러나 양자간 네팅과는 달리 다자간 네팅은 결제의 완결성(finality)에 의문이 있다. 즉 다자간 네팅 결과 발생한 최종결제의무 중 어느 하나라도 이행되지 못하면 네팅구조에 포함된 모든 채권·채무가 미결제상태가 될 수 있기 때문이다. 채무자회생법은 완결성에 관한 특칙을 두고 있다(120조 2항).

3) 중앙청산기관

다자간 네팅의 가장 큰 법적 문제점은 다수당사자 간의 채권채무를 대상으로 하면서 민법상 상계요건인 상호성을 갖출 수 없는 점이다.[7] 이러한 법적 불확실성을 피하기 위해 고안

---

7) 항공사간의 요금정산을 위한 일종의 다자간네팅구조를 실현하기 위하여 항공사로 이루어진 조직체인 IATA에

된 것이 바로 중앙청산기관(central counter party: CCP)이다. CCP는 금융투자상품거래에서 투자자의 상대방이 되는 자로서, 매도인에 대해서는 매수인의 지위에, 그리고 매수인에 대해서는 매도인의 지위에 서는 자를 말한다. CCP가 도입되면 모든 금융투자상품거래는 일반당사자와 CCP 사이의 양자간 거래로 전환되기 때문에(demutualization) 상계요건으로서의 상호성을 갖출 수 있어 양자간 네팅이 가능해진다. 개념상 CCP는 청산의 한 방법이지만 청산과 동일시하기도 한다. 개념상 계약체결 당시부터 당사자의 지위에 서는 것도 생각할 수 있다. 이를 '**독립당사자방식**'(open offer)이라고 한다. 그러나 통상 경개나 면책적 채무인수와 같이 일단 투자자 사이에 거래가 체결된 후에 당사자의 지위를 떠맡는 방식을 취하고 있다.

제3절 자본시장법상 청산과 결제제도

I. 의 의

한국거래소와 예탁결제원은 2006년 청산·결제기능의 개편에 관하여 합의한 바 있다.[8] 이 합의[9]에 기초하여 자본시장법은 청산기관업무를 "증권시장 및 파생상품시장에서의 매매거래에 따른 매매확인, 채무인수, 차감, 결제증권·결제품목·결제금액의 확정, 결제이행보증, 결제불이행에 따른 처리 및 결제지시업무"로 정의하고 있다(378조 1항).[10]

그러나 이 정의는 유관기관 간의 타협 결과를 반영한 것으로서 청산의 일반적인 정의라고 보기 어렵다. 자본시장법은 2013. 5. 28. 개정에서 '**금융투자상품거래청산업**'(이하 '**청산업**')을 "청산대상업자를 상대방으로 하여 청산대상업자가 청산대상거래를 함에 따라 발생하는 채무를 채무인수, 경개(更改), 그 밖의 방법으로 부담하는 것을 영업으로 하는 것"으로 정의하였다 (9조 25항). 제378조 제1항의 청산의 정의는 일반적 정의에 포함되는 업무의 종류를 구체적으로 열거한 것이다.

결제업무에 대해서는 시장의 종류에 따라 증권시장의 결제기관과 파생상품시장의 결제기관을 구분하여 각각 규정하고 있다. 증권시장의 결제업무는 "증권시장에서의 매매거래에 따

서 이루어진 일종의 대리인청산을 대상으로, 원고의 파산관재인이 동 청산구조에서 청산이 이루어지기 이전의 금액을 청구한 것에 대하여 당시 영국의 최고법원은 상계요건으로서의 상호성의 부재를 이유로 동 청산구조의 무효를 선언하고, 파산관재인의 청구를 인용하였다. British Eagle International Airlines Ltd v Air France [1975] 1 WLR 756 (HL). 동 판결은 다자간 네팅에 크게 의존하고 있던 당시의 금융거래계에 큰 충격을 주었으며, CCP구조가 본격적으로 도입되는 법적 계기를 제공한 것으로 평가된다.

8) 한국증권선물거래소/증권예탁결제원간 합의문 2006. 8. 31.
9) 합의문에서 청산업무는 "증권 및 파생상품의 거래에 따른 매매확인, 채무인수, 차감, 결제증권 및 결제금액의 확정, 결제이행보증, 결제불이행처리 및 결제청구"로, 결제업무는 "증권의 거래에 따른 증권인도와 대금지급 및 결제이행과 불이행결과의 통지"로 각각 정의하고 있다.
10) 합의문상 '결제청구'가 '결제지시'로 변경되었을 뿐이다.

른 증권인도 및 대금지급 업무"로 정의되어 있다(297조). 파생상품시장의 결제업무는 "파생상품시장에서의 품목인도 및 대금지급 업무"로 정의되어 있다(378조 2항).

Ⅱ. 청산의 수행주체

1. 의   의

청산의 수행주체는 금융투자상품거래청산회사(이하 '**청산회사**')이다(323조의2·323조의3). 금융투자상품거래청산회사는 청산업 인가를 받은 자이다. 그러나 증권시장 및 다자간매매체결회사에서의 청산업무와 파생상품시장에서의 결제업무는 금융위가 지정한 거래소인 지정거래소가 수행한다(378조 1항·2항). 자본시장법은 한국거래소를 증권시장 및 파생상품시장과 다자간매매체결회사에서의 청산기관과 파생상품시장에서의 결제기관으로 지정된 것으로 간주하고 있다(부칙〈법률 제11845호, 2013. 5. 28.〉15조 3항). 따라서 청산회사는 '**증권시장 및 파생상품시장에서의 매매거래 및 다자간매매체결회사에서의 거래**'를 제외한 장외거래를 대상한다. 이런 관점에서 별도 거래소가 지정거래소로 지정되기 전에는 한국거래소의 법률상 독점적 지위는 종전과 같이 유지되고 있다.

같은 이유에서 거래소의 기능도 종래와 달리 설명되어야 한다. 자본시장법상 설립될 모든 거래소가 매매체결기능과 함께 청산과 결제기능을 수행하는 것은 아니기 때문이다. 따라서 자본시장법상 거래소는 원칙적으로 매매체결기관이고, 금융위의 지정을 받은 지정거래소만 청산 및 결제기관으로서의 지위를 가지게 된다.

2. 청산규제에 관한 입법론

현재 청산기관 규제는 증권시장과 파생상품시장에서의 청산기관인 지정거래소와 그 이외의 시장에서의 청산기관인 청산회사로 이원화되어 있다. 청산에 관한 규정을 두면서 거래소 증권시장에 대해서만 특칙을 두는 것은 이례적이다. 이러한 이원적 규제를 설명할 수 있는 합리적인 근거는 찾기 어렵다. 오히려 청산업의 범위(9조 25항)가 제한적이고, 부당한 차별의 금지(323조의12), 청산대상업자와의 관계 규제(323조의9) 등 청산기관에 특유한 규제가 청산기관인 지정거래소에는 적용되지 않는 문제가 발생할 뿐이다.[11] 입법론으로는 청산에 관한 규정을 청산회사에 관한 제6편 제2장의2에서 일괄적으로 규정하고 거래소에 관한 제7편에서는 청산관련 규정을 삭제하는 것이 옳다. 청산기관으로 지정된 거래소도 청산회사에 관한 규정의 적용대상으로 하되 그 인가를 받은 것으로 간주하면 될 것이다. 다만 청산회사의 지배구조규

---

11) 이 문제를 해소하기 위하여 청산회사에 관한 규정을 일일이 청산기관인 지정거래소에 준용하는 규정을 둘 수도 있겠지만 그렇게 해서까지 청산기관에 대한 이원적인 규제체계를 유지할 이유는 전혀 없다.

제는 거래소에 대한 지배구조규제를 고려하여 면제하면 된다.

증권시장과 다자간매매체결회사에서의 결제기관은 전자등록기관이다(297조). 전자등록기관은 증권시장과 다자간매매체결회사에서의 증권의 매매거래에 따른 증권인도 및 대금지급 업무를 수행한다(297조 전단). 이 경우 전자등록기관은 대금지급 업무를 금융위가 따로 지정하는 전자등록기관에 위탁할 수 있다(297조 후단).[12] 제294조는 "증권등의 집중예탁과 계좌 간 대체, 매매거래에 따른 결제업무"를 예탁결제원의 설립목적으로 명시함으로써 결제기관으로서의 예탁결제원의 법적 지위를 규정하였다.[13] 예탁제도가 그대로 남아 있음을 고려한 규정이다.

3. 금융투자상품거래청산회사[14]

1) 의   의

(1) 개   념

청산회사는 자본시장법상 청산업 인가를 받은 자(9조 17항 2호의2, 323조의3)를 말한다. 청산업은 '**청산대상업자를 상대방으로 하여 청산대상업자가 청산대상거래를 함에 따라 발생하는 채무를 채무인수, 경개(更改), 그 밖의 방법으로 부담하는 것을 영업으로 하는 것**'을 말한다(9조 25항). 청산업은 '**청산대상업자**'와 '**청산대상거래**' 그리고 '**채무부담행위**'를 개념 요소로 하고 있다. 자본시장법상 청산회사는 금융투자업관계기관의 하나이다.

(2) 청산대상업자

가. 의   의

'**청산대상업자**'를 금융투자업자로 한정할 것인가? 자본시장법은 금융투자업자 이외에 국가, 한국은행, 은행 등 겸영금융투자업자와 전문거래자,[15] 외국정부, 조약에 따라 설립된 국제기구, 외국중앙은행, 외국금융투자업자, 그 밖에 금융투자상품 거래에 따른 결제위험 및 시장상황 등을 고려하여 시행규칙[16]으로 정하는 자를 포함하고 있다(령 14조의2 1항). 여기에 포함되지 않아도 원할 경우 청산참가자를 통하여 청산을 할 수 있다.

청산대상업자는 모두 청산회원이 될 수 있는가? 자본시장법은 청산업무규정에 규정될 사항으로 청산대상업자의 요건, 청산대상업자의 채무의 이행 확보, 청산대상업자가 아닌 자가

---

12) 전자증권법 공포 후 6개월이 경과한 날 당시 예탁결제원은 전자등록기관의 허가를 받은 것으로 본다(전자증권법 부칙 8조 1항).

13) 또한 예탁결제원에 의한 결제업무의 원활한 수행을 위하여 결제업무규정을 둘 수 있는 법적 근거를 마련하였다.

14) 청산회사의 도입방안에 대해서는 정순섭, 앞의 논문(2011), 57-114면; 정순섭 · 엄경식, 앞의 보고서.

15) 한국산업은행, 중소기업은행, 한국수출입은행, 농협중앙회 및 농협은행, 수협중앙회, 보험회사, 증권금융회사, 예금보험공사 및 정리금융기관, 한국자산관리공사, 신용보증기금, 기술신용보증기금, 법률에 따라 설립된 기금 및 그 기금관리 · 운용법인이 포함된다.

16) 현재 시행규칙에서는 별도로 정하고 있지 않다.

청산대상업자를 통하여 청산회사로 하여금 청산대상거래의 채무를 부담하게 하는 경우 등의 표현(323조의11 3항 2호·4호·6호)을 통하여 청산대상업자를 청산회원과 같은 의미로 사용하고 있다. 그러므로 금융투자업자 이외의 자도 청산회원인 청산대상업자가 되는 구조이다. 그러나 국가나 한국은행 등을 청산대상업자라고 부르는 것은 어색하다.[17]

나. 청산대상업자와 청산회사에 대한 현행 규제체계의 문제

청산회원에 해당하는 청산대상업자는 장외파생상품거래의 투자매매업자인 금융투자업자로 한정하고 그 이외의 자는 투자중개업자인 청산대상업자의 청산위탁매매를 통하여 청산할 수 있도록 하는 것이 체계적으로 적절하다. 현재의 증권시장에서 이루어지는 매매전문회원과 결제회원의 구분과 같은 방식을 염두에 두고 있는 것으로 생각되지만 이는 '**매매는 장외에서 이루어지고 청산은 청산기관에서 이루어지는**' 장외파생상품거래의 기본상식을 무시한 접근이다. 이와 관련하여 청산대상업자가 아닌 자가 청산대상업자를 통하여 청산회사로 하여금 청산대상거래의 채무를 부담하게 하는 경우를 자본시장법상 금융투자업자의 업무가 아닌 청산업무 규정에서 정하는 사항으로 규정한 것도 쉽게 이해되지 않는다(323조의11 3항 6호). 청산에 관한 준위탁매매로서 당연히 투자중개업의 하나로 규정되어 엄격한 업자규제의 대상이 되어야 한다(일본 금융상품거래법 2조 27호 유가증권 등 청산주선).

(3) 청산대상거래

'**청산대상거래**'는 장외파생상품의 거래, 증권의 장외거래 중 환매조건부매매, 증권의 대차 거래, 채무증권의 거래(환매조건부매매 및 증권대차거래는 제외), 수탁자인 투자중개업자와 위탁자인 금융투자업자 등 청산대상업자 간의 상장증권(채무증권은 제외)의 위탁매매거래를 말한다(령 14조의2 2항). 청산대상거래의 범위를 특별히 제한할 필요는 없지만, 청산의 경제적 기능을 고려해야 한다.

(4) 채무부담행위

채무부담행위는 청산대상업자를 상대방으로 하여 청산대상업자가 청산대상거래를 함에 따라 발생하는 채무를 채무인수, 경개(更改), 그 밖의 방법으로 부담하는 것을 말한다. 종래와 달리 청산의 법적 구조를 채무인수 외에 경개와 그 밖의 방법까지 포함시킨 점에 특색이 있다.

(5) 청산업 정의의 한계

이와 같이 청산업은 '**청산대상업자**'와 '**청산대상거래**' 그리고 '**채무부담행위**'를 개념 요소로 하고 있다. 그 결과 청산대상업자 이외의 자를 상대방으로 하여 청산대상업자 이외의 자가 '**증권시장과 파생상품시장에서의 매매거래나 다자간매매체결회사에서의 거래를 제외**'한 모든 금융

---

17) 윤태한·정성구·박병권, "개정 자본시장법에 도입된 장외파생상품 청산제도", 『BFL』 제60호, 2013, 73면(이하 "윤태한외, 앞의 논문(2013)"으로 인용).

투자상품거래를 함에 따라 발생하는 "채무를 채무인수, 경개(更改), 그 밖의 방법으로 부담하는 것을 영업으로 하는 것"[1유형]이나 '**청산대상업자**'를 상대방으로 하여 청산대상업자가 '**증권시장과 파생상품시장에서의 매매거래나 다자간매매체결회사에서의 거래와 청산대상거래를 제외한 모든 금융투자상품거래**'를 함에 따라 발생하는 "채무를 채무인수, 경개(更改), 그 밖의 방법으로 부담하는 것을 영업으로 하는 것"[2유형]은 청산업에 속하지 않고 인가도 요구되지 않는다. [2유형]의 사례는 드물겠지만 [1유형]은 충분히 문제될 수 있다.18)

이 문제도 역시 청산에 대한 규제체계 이원화의 결과이다. 현행법은 청산대상거래를 정의하면서 "증권시장과 파생상품시장에서의 매매거래나 다자간매매체결회사에서의 거래"를 제외하기 위하여 청산대상거래를 장외거래로 한정하였다. 청산대상거래의 정의를 전제로 청산대상업자를 정의하다 보니 주로 장외파생상품거래를 하는 자만을 포함하게 된 것이다. 입법론으로는 청산업을 금융투자상품을 대상으로 하는 금융투자업자의 모든 거래를 대상으로 정의해야 한다.

2) 인　　가

(1) 무인가 행위의 금지

누구든지 자본시장법상 청산업 인가(변경인가 포함)를 받지 않고 청산업을 영위할 수 없다(323조의2). 이에 위반한 자는 5년 이하의 징역 또는 2억원 이하의 벌금에 처한다(444조 21호의2). 다만 지정거래소가 증권시장 및 파생상품시장에서의 매매거래 및 다자간매매체결회사에서의 거래에 따른 청산업무를 수행하는 경우 별도 인가를 요하지 않는다(378조 1항). 청산회사가 아닌 자는 '**금융투자상품거래청산**', '**금융투자상품청산**', '**증권거래청산**', '**증권청산**', '**파생상품거래청산**', '**파생상품청산**' 또는 이와 유사한 명칭을 사용할 수 없다(323조의8). 이에 위반하여 명칭을 사용한 자에 대하여는 1억원 이하의 과태료를 부과한다(449조 1항 44호).

(2) 인가업무단위

청산업을 영위하려는 자는 "청산대상거래 및 청산대상업자를 구성요소로 하는 청산업 인가업무 단위"의 전부나 일부를 선택하여 금융위로부터 하나의 청산업인가를 받아야 한다(323조의3 1항). 거짓, 그 밖의 부정한 방법으로 청산업인가 또는 변경인가를 받은 자는 5년 이하의 징역 또는 2억원 이하의 벌금에 처한다(444조 21호의3). 청산업 인가업무 단위는 청산대상업자를 대상으로 한 청산대상거래를 단위로 하는 것으로서 [장외파생상품의 거래], [증권의 장외거래 중 환매조건부매매, 증권의 대차거래, 채무증권의 거래(환매조건부매매 및 증권대차거래는 제외)], [수탁자인 투자중개업자와 위탁자인 금융투자업자 등 청산대상업자간의 상장증권(채무증권은 제외)의 위탁매매거래]의 구분에 따른 업무 단위를 말한다(령 318조의2, 14조의2 2항).

---

18) 윤태한외, 앞의 논문(2013), 73면.

'수탁자인 투자중개업자와 위탁자인 금융투자업자 등 청산대상업자 간의 상장증권(채무증권은 제외)의 위탁매매거래'는 예탁결제원이 수행하는 주식기관결제를 말한다. 이는 장내시장에서 기관투자자의 주식 등의 증권의 매매위탁을 받아 매매거래를 수행한 투자중개업자와 고객인 기관투자자 사이에서 해당 증권의 결제를 이행하는 것을 말한다. 예탁결제원은 이 업무를 면책적 채무인수의 방법으로 결제에 관한 당사자가 되는 방법으로 수행하고 있다(예탁결제원 상장증권 청산업무규정 24조 2항).[19]

(3) 인가요건

청산업 인가의 요건은 금융투자업자의 인가요건에 준하여 규정되어 있다(323조의3 2항 1호-9호; 령 318조의3 2호-7호). 다른 점은 다음과 같다.

첫째, 청산회사는 청산업 인가업무 단위별로 200억원 이상으로서 최저자기자본을 갖추어야 한다(323조의3 2항 2호; 령 318조의3 1항). 금액은 다음과 같다.

▌표 14-1 청산업 인가와 자기자본(단위: 억원)

구 분	자기자본
장외파생상품의 거래	1,000
증권의 장외거래 중 환매조건부매매, 증권의 대차거래, 채무증권의 거래(환매조건부매매 및 증권대차거래는 제외)	200
수탁자인 투자중개업자와 위탁자인 금융투자업자 등 청산대상업자 간의 상장증권(채무증권은 제외)의 위탁매매거래	200

둘째, 청산회사의 정관 및 청산업무규정이 법령에 적합하고 청산업을 수행하기에 충분해야 한다(323조의3 2항 5호). 청산회사는 청산업무규정을 정해야 한다(323조의11 1항 전단). 청산업무규정 요건은 청산업에 특유한 것이다. 자본시장법과 그 시행령에서는 청산업무의 구체적인 내용을 대부분 청산업무규정에 위임하고 있는 점을 고려할 때 청산업무규정은 사실상 법령으로서의 효과를 가지게 되는 점을 고려한 것이다.[20] 청산업무규정은 증권시장 결제기관인 예탁결제원의 결제업무규정(303조), 거래소의 회원관리규정(387조) 및 업무규정(393조)과 상충되어서는 안 된다(323조의11 2항 후단). 이 조항은 청산회사가 예탁결제원이나 거래소를 겸영하지 않는 경우를 염두에 둔 것이다. 자본시장인프라로서의 기능에 관한 기본규정인 청산업무규정이 또 다른 핵심 인프라기능인 매매체결기능(거래소의 회원관리규정 및 업무규정) 및 결제

---

19) 시행령은 예탁결제원에 대하여 주식기관결제를 업무 단위로 하는 청산업의 인가를 받은 것으로 본다(부칙〈대통령령 제24655호, 2013. 7. 5〉 3조 1항 본문). 다만, 시행령 시행일부터 3개월 이내에 금융투자상품거래청산기관으로서의 인가요건을 갖출 것을 요구하고 있다.

20) 윤태한외, 앞의 논문(2013), 76면.

기능(예탁결제원의 결제업무규정)에 관한 기본규정들 간의 정합성 확보를 위한 것이다. 청산회사는 정관 및 청산업무규정을 변경하려는 경우에는 금융위의 승인을 받아야 한다(323조의11 2항).

(4) 인가의 신청 및 심사

청산업 인가를 받으려는 자는 인가신청서를 금융위에 제출해야 한다(323조의4 1항). 예비인가(323조의5 1항-6항), 접수일로부터 3개월 이내의 심사시간(323조의4 2항 전단),21) 조건부인가와 그 취소 또는 변경(323조의4 4항·5항 전단),22) 인가의 내용, 조건부 인가의 경우 조건, 인가의 조건을 취소하거나 변경한 경우 그 내용의 관보 및 인터넷 홈페이지 등에의 공고(323조의4 6항) 등도 같다. 인가신청서의 기재사항·첨부서류 등 인가의 신청에 관한 사항과 인가심사의 방법·절차, 그 밖에 필요한 사항은 시행령으로 정한다(323조의4 7항). 인가요건의 유지의무도 같다(323조의6). 이 경우에도 사회적 신용요건은 유지의무 대상에서 제외한다.

(5) 인가의 변경 등

청산회사는 인가받은 청산업 인가업무 단위 외에 다른 청산업 인가업무 단위를 추가하여 청산업을 영위하려는 경우에는 금융위의 변경인가를 받아야 한다(323조의7 전단, 323조의3, 323조의4). 예비인가제도도 적용된다(323조의7 후단, 323조의5). 그 제도적 의미도 같다. 변경인가 없이 청산업을 영위하거나 거짓, 그 밖의 부정한 방법으로 청산업인가 또는 변경인가를 받은 자는 5년 이하의 징역 또는 2억원 이하의 벌금에 처한다(444조 21호의2·21호의3).

3) 업   무

(1) 청산업무

청산회사는 정관으로 정하는 바에 따라 청산업무를 수행한다(323조의10 1항 1호-5호). 청산업무는 청산대상거래의 확인업무, 청산대상거래에 따른 채무의 채무인수·경개·그 밖의 방법에 따른 채무부담업무, 청산대상거래에서 발생하는 다수의 채권 및 채무에 대한 차감업무, 결제목적물·결제금액의 확정 및 결제기관에 대한 결제지시업무, 결제불이행에 따른 처리업무를 말한다. 그 밖에 이러한 업무에 수반되는 부수업무로서 금융위로부터 승인을 받은 업무도 수행할 수 있다(323조의10 1항 6호).

(2) 타업금지

청산회사는 청산업무 외 다른 업무를 할 수 없다(323조의10 2항). 금융투자상품시장의 위험을 집중관리하는 청산기관의 특성을 고려한 것이다. 다만, 자본시장법 또는 다른 법령에서

---

21) 이 경우 인가신청서에 흠결이 있는 경우에는 보완을 요구할 수 있다(323조의4 2항 후단). 인가심사기간을 산정할 때 인가신청서 흠결의 보완기간 등 시행규칙으로 정하는 기간은 산입하지 아니한다(323조의4 3항; 시행규칙 34조의2 1호-3호).

22) 이 경우 금융위는 2개월 이내에 조건의 취소 또는 변경 여부를 결정하고, 그 결과를 지체 없이 신청인에게 문서로 통지해야 한다(323조의4 5항 후단).

청산회사의 업무로 규정한 업무를 행하는 경우와 자본시장법 또는 다른 법률에서 정하는 바에 따라 거래소, 예탁결제원과 증권금융회사가 청산업무를 하는 경우는 허용된다(323조의10 2항 1호·2호; 령 318조의7).

(3) 고려사항

거래소와 예탁결제원의 청산업무에 대해서는 다음 3가지 관점에서 검토가 필요하다.[23]

① 매매체결기능과 청산기능의 관계   매매체결기능과 청산기능의 관계를 보면 다음 3가지 관점에서의 고려가 필요하다. 첫째, 장내증권시장이나 장내파생상품시장에서의 증권이나 파생상품 매매와는 달리 장외파생상품만을 분리하여 별도의 청산기능을 설계할 때 매매체결기능과의 직접적 또는 간접적인 업무관련성은 인정하기 어렵다. 둘째, 청산의 자연독점적 경향으로 인하여 매매체결기능을 맡은 거래소가 청산기능을 독점할 경우 거래소가 새로 등장하기 어려울 수도 있다. 셋째, 거래확대를 통한 이익극대화를 추구하는 매매체결기능과 위험의 감축을 지향하는 청산기능 간에는 본질적으로 이해상충의 가능성이 존재한다.

② 예탁·결제기능과 청산기능의 관계   증권에 대한 예탁과 결제기능을 수행하는 예탁기관 및 전자등록기관은 모든 외생적 위험으로부터의 위험격리가 가능한 형태로 설계되어야 한다. 따라서 위험의 집중과 관리를 목적으로 하는 청산업무와 예탁·결제업무의 관계에 대해서는 안전성의 관점에서 검토할 필요가 있다. 예탁결제원에 예탁업무 영위 등에 대한 법률상 독점적 지위를 보장한 것(298조)은 '**예탁·결제기능의 모든 외생적 위험으로부터의 분리**'를 전제하고 있는 것이다. 특히 CCP의 파산가능성이 우려되는 상황에서는 두 기능이 결합되는 경우의 위험이 더 이상 비현실적인 공리공론이라고 하기 어렵다.

③ 자본시장인프라의 구성원리로서의 안전성과 효율성   자본시장인프라로서의 매매체결기능과 청산기능 그리고 결제기능 간의 유기적인 결합을 통한 효율성의 확보 필요성은 충분히 인정된다. 특히 비용의 관점에서 하나의 기관이 이러한 업무를 모두 수행함으로써 발생하는 비용절감효과를 무시할 수 없다. 우리나라는 이러한 인프라를 인위적으로 도입하는 상황이므로 비용을 고려하지 않을 수 없다. 그러나 자본시장인프라의 구성원리는 효율성의 확보에 앞서 안전성의 문제를 고려해야 한다.

4) 정보보고

(1) 의   의

2008년 글로벌 금융위기 이후 지적된 장외파생상품거래의 문제점 중 하나는 장외파생상품거래의 실제위험규모를 사전에 알 수 없었던 점이다.[24] 그 원인으로는 장외파생상품통계가

---

23) 정순섭·엄경식, 앞의 보고서, 제3장 장외파생상품에 대한 청산기능의 도입, 50면 이하.
24) 정순섭·엄경식, 앞의 보고서, 제4장 장외파생상품에 대한 거래정보저장소, 116면 이하.

실질적 위험규모와 거리가 있는 명목원금(notional amount)을 기준으로 작성되는 점 외에도 당사자들 간의 거래총량을 금융당국이 사전에 파악할 수 있는 장치가 없었던 점을 들 수 있다. 이에 2009. 9. 피츠버그 주요 20개국(G20) 정상회의에서 장외파생상품에 대한 거래정보저장소(trade repository) 도입을 합의하였다. 물론 이러한 지적이 모든 나라에 타당하지는 않다. 우리나라에는 상당히 완비된 장외파생상품거래정보 보고제도가 이미 있었다.25) 청산대상인 장외파생상품 거래내역은 청산기관에 저장되므로 거래의 투명성을 높일 수 있다. 자본시장법은 청산회사에 정보보관 및 보고의무를 부과하고 있다.

(2) 보관·관리 및 보고의무

청산회사는 청산대상거래에 관한 거래정보를 보관·관리해야 한다(323조의16 1항; 령 318조의9 1항). 보관기간은 10년이다(령 318조의9 2항). 청산회사는 보관·관리하는 거래정보를 금융위, 그 밖에 시행령으로 정하는 자에게 매월 보고해야 한다(323조의16 2항·3항).26) 거래정보의 보관·관리 및 보고의 요령과 방법, 그 밖에 필요한 사항은 시행령으로 정한다(323조의16 3항).

5) 이해상충방지
(1) 원   칙

청산회사의 이해상충 우려는 2가지로 정리할 수 있다. 첫째, 청산대상업자가 청산회사를 소유하는 경우 청산관련기준을 업자에게 지나치게 유리한 방향을 변경할 가능성이 있다. 둘째, 거래소와 같은 매매체결기능을 보유한 기관이 청산기능을 동시에 수행할 경우에도 다른 매매체결기능을 위한 청산업무에 차별적 기준을 적용할 우려가 있다.

이와 관련하여 자본시장법은 먼저 인가요건의 하나로서 청산회사의 이해상충방지체계의 적합성을 심사한다(323조의3 2항 9호). 이해상충방지체계는 청산업의 영위와 관련하여 청산회사와 청산대상업자 간의 이해상충이 발생할 가능성을 파악·평가하고, 청산회사의 내부통제기준으로 정하는 방법 및 절차에 따라 이를 적절히 관리하는 체계여야 한다(령 318조의3 6항).

---

25) 금감원은 파생상품 종합정보시스템을 2009. 12.부터 가동하고 있다. 그리고 한국은행 외환전산망도 외환정보집중기관이 파생상품을 포함한 외환정보를 집중할 수 있는 체계로 1999. 4. 구축되었다(외국환거래법 25조; 동 시행령 39조).

26) 금융위에 보고하는 사항은 다음과 같다(령 318조의9 3항 1호-4호).
   (ⅰ) 청산대상거래 및 그 거래대상이 되는 금융투자상품에 관한 사항
   (ⅱ) 청산대상업자의 채무의 이행 등에 관한 사항
   (ⅲ) 청산증거금 및 손해배상공동기금의 관리·운용 현황
   (ⅳ) 그 밖에 국제적으로 인정되는 감독기준 등을 고려하여 시행규칙으로 정하는 사항
   그러나 청산회사는 손해배상공동기금으로 손해를 보전하거나 그 밖에 청산대상업자의 결제위험과 관련된 사항으로서 시행규칙으로 정하는 사항이 발생한 경우에는 지체없이 금융위에 보고해야 한다(령 318조의9 4항; 시행규칙 34조의4 1호-4호).

다음으로 구체적인 이해상충상황에 대비하여 규정을 두고 있다.

(2) 부당한 차별적 취급의 금지

청산기능의 공공적 성질과 자연독점적 경향을 고려할 때 청산회사는 특정한 청산참가자에 대하여 부당한 차별적 취급을 할 수 없다. 청산회사는 정당한 사유 없이 특정한 청산대상업자를 차별적으로 대우해서는 안 된다(323조의12). 거래규모나 신용을 고려하여 이루어지는 증거금 규모의 차이 등을 제외하고는 차별적 취급을 허용할 정당한 사유는 없을 것이다. 특히 매매체결기능을 수행하는 거래소가 청산기능을 겸영할 경우 다른 매매체결기능의 등장을 저지하는 방향으로 업무를 수행할 위험을 부정할 수 없다. 예컨대 다자간매매체결회사에서의 거래의 청산에 대한 차별적 취급의 가능성이 대표적인 사례이다.[27)]

문제는 부당한 차별의 금지를 규정하고 있는 제323조의12가 증권시장과 파생상품시장에서의 매매거래 및 다자간매매체결회사에서의 거래를 위한 청산기관인 지정거래소에 대해서는 적용되지 않는다는 점이다. 이는 청산업무에 대한 규제체계를 지정거래소와 금융투자상품청산회사로 이원화하면서 발생한 혼란이다. 입법론으로 부당한 차별의 금지를 규정하고 있는 제323조의12가 청산업무를 수행하는 지정거래소에도 당연히 적용되어야 한다.

(3) 임직원의 자격과 행동기준

자본시장법은 청산대상업자와의 관계에서 이해상충이 발생할 가능성을 고려하여 임직원의 자격과 행동기준을 정하고 있다. 첫째, 청산회사의 상근임원은 청산대상업자의 임직원 외의 사람이어야 한다(323조의9 1항). 둘째, 청산회사의 임원의 자격에 관하여는 지배구조법상 임원자격(5조)를 준용한다(323조의9 1항). 셋째, 청산회사의 상근 임직원은 청산대상업자 및 금융투자업관계기관(그 상근 임직원이 소속된 청산회사는 제외)과 자금공여, 손익분배, 그 밖에 영업에 관하여 시행령으로 정하는 특별한 이해관계를 가져서는 안 된다(323조의9 3항). 여기서 **'특별한 이해관계'**는 채무보증, 담보제공, 정상적인 거래활동을 수행하는 과정에서 필요한 행위에 해당하는 것으로 볼 수 없는 이해관계를 포함한다(령 318조의6). **'정상적인 거래활동'**은 거래상대방의 사업내용과 관련되거나 사업목적 달성에 수반되는 행위로서 거래조건 등에 비추어 사회통념상 일반적인 거래활동으로 인정될 수 있는 경우를 말한다.

청산회사의 임직원의 자격과 행동기준을 정하는 이 규정은 지정거래소가 청산기관인 경우에는 적용되지 않는다. 다만 거래소의 상근임직원에 대해서는 비밀유지의무가 부과되고 금융투자업자 등과 특별한 이해관계를 갖는 것이 금지된다(383조 1항·2항; 령 357조 1호-3호). 그러나 청산대상업자와의 관계를 고려한 조항은 없다. 이 문제도 청산기관에 대한 이원적 규제의 결과이다.

---

27) 실제 브라질에서는 청산기능을 수행하는 거래소가 ATS에 대한 청산업무수행을 거부한 바 있다.

(4) 비밀유지의무 등

청산회사는 "직무상 알게 된 정보로서 외부에 공개되지 아니한 정보를 정당한 사유 없이 자기 또는 제삼자의 이익을 위하여 이용하는 행위"와 청산회사 및 그 임직원이 "정보교류 차단의 대상이 되는 정보를 정당한 사유 없이 본인이 이용하거나 제삼자에게 이용하게 하는 행위"를 금지하고 있다(323조의17, 54조 1항·2항). 청산회사의 임직원 및 임직원이었던 자는 그 직무에 관하여 알게 된 비밀을 누설 또는 이용할 수 없다(323조의17, 383조 1항). 청산회사의 임직원의 금융투자상품 매매도 금융투자업자의 경우와 동일한 제한을 받는다(323조의17, 63조). 또한 실명법 제4조도 청산회사에 준용된다(323조의17).

6) 소유규제

누구든지 의결권 있는 발행주식총수의 20%를 초과하여 청산회사가 발행한 주식을 소유할 수 없다(323조의18 전단). 이 경우 거래소 주식소유한도에 관한 주식 소유 개념의 실질화와 의결권제한, 한도준수조치 및 주식처분명령에 관한 조항(406조 2항-4항) 및 주식처분명령 위반시의 이행강제금에 관한 조항(407조)을 준용한다(323조의18 후단). 다만 정부가 소유하는 경우와 시행령으로 정하는 바에 따라 금융위의 승인을 받은 경우에는 그렇지 않다(323조의18 1호·2호). 시행령은 금융위의 승인을 받아 청산회사의 의결권 있는 발행주식총수의 20%를 초과하여 청산회사가 발행한 주식을 소유할 수 있는 경우를 (ⅰ) 공모집합투자기구가 소유하는 경우, (ⅱ) 외국청산회사가 청산회사와의 제휴를 위하여 소유하는 경우, (ⅲ) 거래소가 소유하는 경우, (ⅳ) 청산회사의 공정한 운영을 해칠 우려가 없는 경우로서 예탁결제원과 증권금융회사가 소유하는 경우(시행규칙 34조의5 1호·2호), (ⅴ) 시행규칙으로 정하는 금융기관이[28] 공동으로 주식을 소유하는 경우로서 외국인(외국인투자촉진법 2조 1항 1호)이나 비금융회사(금융위가 고시하는 금융업이 아닌 업종을 영위하는 회사)의 청산회사에 대한 주식보유비율을 초과하여 주식을 소유하는 경우를 말한다.[29] 청산회사의 공정한 운영을 해칠 우려가 없는 경우를 열거한 것이다.

7) 감독 등

(1) 승인 등

청산회사는 정관 및 청산업무규정을 변경하려는 경우에는 금융위의 승인을 받아야 한다(323조의11 2항). 청산회사가 영업양도, 합병, 분할, 분할합병 또는 주식의 포괄적 교환·이전

---

28) 시행령은 '제4호에 따른 금융기관'이라고 하지만 제4호는 '총리령으로 정하는 금융기관 또는 금융투자관계기관'이라고 규정하고 시행규칙은 '총리령으로 정하는 금융기관 또는 금융투자업관계기관'으로 예탁결제원과 증권금융회사를 규정하고 있다. 현재 시행규칙은 금융기관을 정하고 있지 않다.

29) 예탁결제원의 주식기관결제업무에 대한 청산업 인가를 받은 것으로 간주하면서 예탁결제원의 의결권 있는 발행주식총수의 100분의 20을 초과하여 소유하고 있는 한국거래소에 대하여 제318조의10 제3호의 금융위 승인을 받은 것으로 본다(부칙 〈대통령령 제24655호, 2013. 7. 5〉 3조 2항).

을 하고자 하는 경우에도 금융위의 승인을 받아야 한다(323조의17, 408조). 금융위는 천재지변, 전시, 사변, 경제사정의 급격한 변동, 그 밖에 이에 준하는 사태의 발생으로 인하여 청산이 정상적으로 이루어질 수 없다고 인정되는 경우에는 청산회사에 대하여 거래소에서의 "개장시간의 변경, 거래의 중단 또는 시장의 휴장을 명하거나, 그 밖에 필요한 조치"에 상응하는 조치를 할 수 있다(323조의17, 413조). 지정거래소가 청산기관이 되는 경우에 대해서는 별도의 처분근거가 없지만 거래소에 대한 처분권을 정하고 있는 자본시장법 제413조에 따라 같은 처분을 할 수 있을 것이다.

(2) 검사 및 조치

청산회사에 대한 검사에 관하여는 금융투자업자에 대한 검사규정(419조)을 준용한다(323조의19). 다만 금융투자업자에 특유한 한국은행의 검사관련 규정(419조 2항-4항)과 거래소나 협회에의 위탁관련 규정(419조 8항)은 준용하지 않는다. 전자는 금융투자업자의 자금이체업무와 관련된 것이므로 청산회사에는 적용가능성이 없고, 후자는 청산회사규제는 자율규제기관에 맡길 수 있는 업무라고 할 수 없다. 청산회사에 대한 조치도 청산회사, 임원 그리고 직원에 대한 것으로 나누어 규정하고 있다. 그 내용은 금융투자업자에 대한 조치와 기본적으로 동일하다(323조의20).

4. 의무청산제도[30]

1) 의   의

금융투자업자는 의무청산대상인 거래상대방과 청산의무거래를 하는 경우 '**청산회사, 그 밖에 이에 준하는 자로서 시행령으로 정하는 자**'에게 청산의무거래에 따른 자기와 거래상대방의 채무를 채무인수, 경개, 그 밖의 방법으로 부담하게 해야 한다(166조의3).

청산의무거래는 그 거래에 따른 채무불이행이 국내 자본시장에 중대한 영향을 줄 우려가 있는 경우로 한정한다. 원래 청산을 할 것인지는 장외파생상품 등을 거래한 자가 결정할 사항이다. 그러나 시장영향을 고려하여 일정 범위의 거래는 청산을 의무화한 것이다.

의무청산을 통한 제도적 효과는 다음과 같이 정리할 수 있다.[31] 긍정적인 효과로는 첫째, 거래 투명성 제고와 신용위험의 감축을 통한 시스템위험의 감소, 둘째, 청산을 하지 않은 거래에 대한 자기자본과 증거금요건의 강화에 따른 비용관리, 셋째, 담보설정과 집행, 포지션

---

30) 의무청산제도의 도입방안에 대해서는 정순섭, "청산결제인프라의 국제적 발전동향과 시사점 — 장외파생상품에 대한 청산의무화를 중심으로", 『금융시장인프라(FMI): 글로벌 환경변화와 우리의 과제, 한국은행 지급결제제도 컨퍼런스 보고서』(한국은행 금융결제국, 2011. 7. 13.), 45-98면. 이를 수정 보완한 것으로 정순섭, 앞의 논문(2011), 57-114면.

31) 정순섭, 앞의 논문(2011), 62-69면.

평가 등 신용위험관리와 그에 따른 운영위험에 수반되는 비용의 감축,[32] 넷째, 국제금융환경
과의 정합성 유지, 다섯째, 국내금융시장 안정성의 유지를 들 수 있다. 국내 장외파생상품에
대한 청산을 외국기관에 의존할 경우 금융당국의 외국기관에 대한 영향력에는 한계가 있을
수밖에 없다. 그러나 장외파생상품 청산에 대해서는 첫째, 표준화를 전제로 하는 청산은 장외
파생상품에는 맞지 않은 점, 둘째, 소규모에 불과한 국내시장에서 비용효과적인 청산을 수행
하기가 매우 곤란한 점, 셋째, 청산기관의 파산가능성이 있는 점에서 근본적인 회의론이 제기
될 수 있다. 장외파생상품에 대한 위험을 청산기관에 집중함으로써 위험을 증폭시킬 가능성
을 부정할 수 없다.[33]

부정적인 측면도 없지 않지만, 위험관리와 투명성 제고 등 경제적인 측면 이외에 국제금
융환경과의 정합성 유지나 국내 금융시장 안정성에 대한 감독권한의 유지와 같은 금융정책적
고려를 종합할 때 국내에서도 의무청산제도의 도입은 불가피하다. 이 제도는 최초 늦어도
2012년 말까지 도입하기로 결의한 것이다. 자본시장법상 의무청산제도는 2014년 6월 30일부
터 시행한다.[34] 그 도입 근거가 되는 자본시장법의 시행일은 2013. 7. 6.이지만 국제적으로
도입이 늦어지는 점을 고려하여 시기를 조정한 것이다.

2) 거래상대방

의무청산대상인 거래상대방은 '**다른 금융투자업자**'와 '**외국금융투자업자**'를 말한다(166조의
3; 령 186조의3 1항). 따라서 청산의무거래는 금융투자업자가 다른 금융투자업자와 하는 거래
와 금융투자업자가 외국금융투자업자와 하는 거래로 구분된다. 외국금융투자업자 사이에서
이루어지는 거래는 청산의무거래에 해당하지 않는다. 외국금융투자업자는 외국법령에 따라
외국에서 금융투자업에 상당하는 영업을 영위하는 자를 말한다(12조 2항 1호 나목).

---

32) European Commission, Consultation Document: Possible Initiatives to Enhance the Resilience of OTC Derivatives Markets, Brussels, 3. 7. 2009 SEC(2009) 914, final, p5.
33) 파산사례로 파리(1973), 쿠알라룸푸르(1983), 홍콩(1987)이 있고, 파산에 근접했던 사례로는 미국의 CME(1987) 와 OCC(1987)를 들고 있다. 최근 논의로, Jens-Hinrich Binder, Central Counterparties' Insolvency and Resolution-The New EU Regulation on CCP Recovery and Resolution, EBI Working Paper Series, 3. 2. 2021; Committee on Payments and Market Infrastructures and Board of the International Organization of Securities Commissions, Central counterparty default management auctions—Issues for consideration, June 2020; FSB, Guidance on Central Counterparty Resolution and Resolution Planning, 5 July 2017; Manmohan Singh and Dermot Turing, Central Counterparties Resolution—An Unresolved Problem, IMF Working Paper WP/18/65, 2018. EU는 규칙을 제정했다. Regulation (EU) 2021/23 of the European Parliament and of the Council of 16 December 2020 on a framework for the recovery and resolution of central counterparties and amending Regulations (EU) No 1095/2010, (EU) No 648/2012, (EU) No 600/2014, (EU) No 806/2014 and (EU) 2015/2365 and Directives 2002/47/EC, 2004/25/EC, 2007/36/EC, 2014/59/EU and (EU) 2017/1132, OJ L 22, 22. 1. 2021, pp1-102.
34) 청산의무거래인 이자율스왑거래의 요건을 정하는 금융투자업규정 제5-50조의2의 시행일이 2014년 6월 30일 이다(규정 부칙〈2013. 7. 9.〉 단서).

3) 청산의무거래

청산의무거래는 "시행령으로 정하는 장외파생상품의 매매 및 그 밖의 장외거래"이다. 현재는 일정한 원화이자율스왑거래, 즉 "원화로 표시된 원본액에 대하여 일정한 기간 동안 고정이자와 변동이자를 장래의 특정 시점마다 원화로 교환할 것을 약정하는 거래로서 기초자산, 거래의 만기 등에 관하여 금융위가 고시하는 요건[35]을 충족하는 장외파생상품거래"를 말한다 (166조의3; 령 186조의3 2항 본문). 청산된 거래 중 만기가 도래하지 않은 원화이자율스왑거래 잔고는 2023. 2월말 현재 1,932조원으로서 2014년 말 210조원의 9.2배 수준이다.[36] 다만, 자본시장법 또는 이에 상응하는 외국법령 등에 따라 청산회사를 통한 청산이 불가능한 경우로서 금융위가 고시하는 거래는 제외한다(166조의3; 령 186조의3 2항 단서).

4) 청산회사

의무청산거래의 청산은 원칙적으로 청산회사에서 해야 한다. 그러나 필요한 경우 외국금융투자상품거래청산회사(이하 '**외국청산회사**')로서 일정한 요건을 모두 충족하는 자 중에서 금융위가 승인하는 자를 통하여 청산할 수 있다(166조의3; 령 186조의3 3항 1호-4호).[37] 외국청산회사는 외국법령에 따라 외국에서 청산업에 상당하는 업무를 하는 자를 말한다. 외국청산회사의 청산을 허용한 것은 국제거래일 경우 국제적인 청산의 필요성이 인정되기 때문이다.

Ⅲ. 결제의 수행주체

1. 의   의

금융투자상품시장의 결제기관은 파생상품시장에서는 지정거래소, 증권시장에서는 한국예탁결제원(이하 '**예탁결제원**')이다. 장외증권거래에서도 결제기관은 예탁결제원이다. 거래소에

---

35) 그 요건은 다음과 같다(규정 5-50조의5 1항).
  (ⅰ) 기초자산: 협회가 발표하는 91일 만기 양도성예금증서의 이자율
  (ⅱ) 거래만기: 30년 이내의 범위에서 청산회사의 청산업무규정으로 정하는 기간
  (ⅲ) 그 밖에 최소계약금액 등 청산회사의 청산업무규정에서 정하는 사항
36) 한국거래소, 보도자료: 거래소, 장외파생상품 CCP 청산 9주년 — 연간 청산금액 1,200조원 돌파, 2023. 3. 2.
37) 외국청산회사가 갖추어야 할 요건은 다음 4가지다.
  (ⅰ) 외국청산회사가 해당 청산업에 상당하는 업무를 하기 위하여 외국금융투자감독기관의 허가·인가 또는 승인 등을 받을 것, (ⅱ) 외국청산회사가 외국금융투자감독기관으로부터 청산업에 상당하는 업무와 관련하여 적절한 감독을 받을 것, (ⅲ) 금융위가 자본시장법 또는 이에 상응하는 외국의 법령을 위반한 외국청산회사의 행위에 대하여 자본시장법 또는 이에 상응하는 외국법령에서 정하는 방법에 따라 행하여진 조사 또는 검사자료를 상호주의 원칙에 따라 외국금융투자감독기관으로부터 제공받을 수 있는 국가의 외국청산회사일 것, (ⅳ) 금융위가 외국청산회사가 소재한 국가의 외국금융투자감독기관과 상호 정보교환 및 청산대상거래 등 금융위가 고시하는 사항에 관한 협력약정 등을 체결하고 있을 것. 금융위는 외국청산회사를 승인할 경우 경영의 건전성 및 투자자 보호에 필요한 조건을 붙일 수 있다(규정 5-50조의5 3항).

대해서는 이미 살펴보았으므로 예탁결제원에 대해서만 정리한다. 자본시장법상 예탁결제원은 특정설립주의에 따라 법률에 의하여 직접 설립된 중앙예탁기관이면서 동시에 전자증권법상 전자등록업 허가를 받은 전자등록기관으로서 이중적 지위를 가지고 증권결제업무를 수행한다. 이러한 이중적 지위는 결제기관으로서의 공적 지위에 대한 논란의 결과이다. 그러나 자본시장법상 중앙예탁기관으로서의 예탁결제원과 전자증권법상 전자등록기관으로서의 이중적 지위는 증권결제기관으로 일원화되어야 한다. 현행법상 거래소와 청산회사 그리고 전자등록기관에 관한 입법태도를 고려하면 매매체결과 청산 그리고 결제기능을 수행하는 자본시장인프라기관은 모두 경쟁체제로 정리하는 것이 국내법의 입법방향이라고 판단된다. 중앙예탁기관으로서의 업무는 전자등록기관의 겸영업무로 수용할 수 있을 것이다.

2. 업   무

1) 개   관

예탁결제원의 업무는 자본시장법상 예탁결제원으로서의 업무와 전자증권법상 전자등록기관으로서의 업무로 이원화되어 있다. 예탁결제원으로서의 업무는 예탁결제업무, 겸영업무, 부수업무로, 그리고 전자등록기관으로서의 업무도 전자등록업무, 겸영업무, 부수업무로 구분된다. 예탁결제원업무와 관련하여 가장 중요한 변화는 전자증권제도의 도입과 함께 전자등록업무도 수행하게 된 점이다. 전자등록업무는 자본시장법상으로는 예탁결제원의 겸영업무이다.

2) 예탁결제원으로서의 업무

(1) 결제업무

예탁결제원은 결제기관으로서 정관으로 정하는 바에 따라 증권등의 집중예탁업무와 계좌 간 대체업무, 증권시장 및 다자간매매체결회사에서의 결제업무, 증권시장 및 다자간매매체결회사 밖에서의 증권등의 결제업무, 외국예탁결제기관과의 계좌설정을 통한 증권등의 예탁 및 계좌 간 대체와 결제업무를 수행한다(296조 1항).

(2) 겸영업무

예탁결제원은 겸영업무로서 정관으로 정하는 바에 따라 증권의 명의개서대행업무, 증권대차의 중개·주선업무, 그 밖에 금융위 승인을 받은 업무, 자본시장법 또는 다른 법령에서 예탁결제원의 업무로 규정한 업무, 그 밖에 금융위로부터 승인을 받은 업무도 영위할 수 있다(296조 3항). 증권의 명의개서대행업무, 증권대차의 중개·주선업무, 그 밖에 금융위 승인을 받은 업무의 경우 자본시장법 또는 다른 법률에서 인가·허가·등록·신고 등이 필요한 경우 인가·허가 등을 받거나 등록·신고 등을 해야 한다.

(3) 부수업무

예탁결제원은 부수업무로서 증권등의 보호예수업무, 예탁증권등의 담보관리업무, 집합투자업자·투자일임업자와 집합투자재산을 보관·관리하는 신탁업자 등 사이에서 이루어지는 집합투자재산의 취득·처분 등에 관한 지시 등을 처리하는 업무(80조), 그 밖에 금융위로부터 승인을 받은 업무를 수행한다(296조 2항).

3) 전자등록기관으로서의 업무

(1) 전자등록업무

전자등록기관은 정관으로 정하는 바에 따라 전자등록업무를 수행한다(전자증권법 14조 1항 1호-9호). 전자등록업무는 주식등의 전자등록에 관한 업무, 발행인관리계좌, 고객관리계좌 및 계좌관리기관등 자기계좌의 개설, 폐지 및 관리에 관한 업무, 발행인관리계좌부, 고객관리계좌부 및 계좌관리기관등 자기계좌부의 작성 및 관리에 관한 업무, 외국 전자등록기관[38])과의 약정에 따라 설정한 계좌를 통하여 하는 주식등의 전자등록에 관한 업무, 소유자명세 작성에 관한 업무(전자증권법 37조), 전자등록주식등에 대한 권리행사대행에 관한 업무, 주식등의 전자등록 및 관리를 위한 정보통신망운영에 관한 업무, 전자등록주식등의 발행내용공개에 관한 업무, 그 밖에 금융위로부터 승인을 받은 업무를 말한다(전자증권법 14조 1항 1호-9호).

(2) 겸영업무

전자등록기관은 정관으로 정하는 바에 따라 겸영업무를 수행할 수 있다. 겸영업무는 주식등의 명의개서대행업무, 주식등의 대차의 중개·주선업무, 그 밖에 금융위 승인을 받은 업무, 다른 법령에서 전자등록기관의 업무로 규정한 업무, 그 밖에 금융위로부터 승인을 받은 업무를 말한다(전자증권법 14조 3항 1호-3호). 주식등의 명의개서대행업무, 주식등의 대차의 중개·주선업무, 그 밖에 금융위 승인을 받은 업무의 경우 다른 법률에서 인가·허가·등록·신고 등이 필요한 경우에는 인가·허가 등을 받거나 등록·신고 등을 하여야 한다.

(3) 부수업무

전자등록기관은 정관으로 정하는 바에 따라 부수업무를 수행한다. 부수업무는 전자등록주식등의 담보관리업무, 집합투자업자·투자일임업자와 집합투자재산을 보관·관리하는 신탁업자 등 사이에서 이루어지는 집합투자재산의 취득·처분 등에 관한 지시 등을 처리하는 업무(80조), 그 밖에 금융위로부터 승인을 받은 업무를 말한다(전자증권법 14조 2항 1호-3호).

---

38) 외국 전자등록기관은 외국 법령에 따라 외국에서 전자등록기관의 업무에 상당하는 업무를 하는 자를 말한다.

Ⅳ. 진입규제

1. 예탁결제원

예탁결제원은 자본시장법상 증권에 관한 중앙예탁기관 및 결제기관으로서 증권의 집중예탁과 대체결제 및 매매거래에 따른 결제업무를 담당하는 법인으로 설립되었다(294조 1항·2항). 예탁결제원은 1976년에 설립된 한국증권대체결제회사가 1994년 전환한 기관으로 자본시장법은 이를 증권시장에서의 결제기관으로 명시하였다(297조). 그리하여 예탁결제원이 아닌 자는 대체결제업무를 영위할 수 없다(298조 1항). 예탁결제원은 결제기관으로서의 업무 이외에 국내에서 증권예탁증권의 발행업무를 수행하며, 예탁결제원 이외의 자는 국내에서 그 업무를 영위할 수 없다(298조 2항). 예탁결제원 이외의 자는 한국예탁결제원 또는 이와 유사한 명칭을 사용할 수 없다(295조).

2. 전자등록기관

전자증권법상 전자등록기관으로서 전자등록업을 하려는 자는 전자등록업 허가업무 단위의 전부 또는 일부를 선택하여 금융위 및 법무부장관으로부터 하나의 전자등록업허가를 받아야 한다(5조 1항). 업무의 추가 및 허가의 변경도 같다(전자증권법 9조). 전자증권법은 전자등록기관이 허가제인 점을 고려하여 발행인이 전자등록기관을 변경할 수 있는 근거도 두고 있다(71조 1항). 전자등록기관은 결제기관으로서 자본시장인프라인 점과 주식회사의 증권발행을 위한 기반제도인 점을 고려하여 금융위와 법무부의 공동소관으로 정리되었다. 전자증권법상 전자등록업허가나 변경허가를 받지 않은 자는 전자등록업을 영위할 수 없다(4조).

전자등록업 허가업무 단위는 전자등록의 대상이 되는 주식등의 범위를 구성요소로 하여 대통령령으로 정하는 업무 단위를 말한다. 전자증권법은 허가요건으로 상법상 주식회사일 것, 100억원 이상의 자기자본, 사업계획의 타당성과 건전성, 권리자의 보호가 가능하고 전자등록업을 수행하기에 충분한 인력과 전산설비, 그 밖의 물적 설비의 구비, 정관 및 전자등록업무규정의 적합성과 충분성, 임원 및 대주주의 적격성, 사회적 신용과 이해상충방지체계의 구축 등을 규정하고 있다(5조 2항). 예탁결제원은 전자증권법 공포 후 6개월이 경과한 날 전자등록기관의 허가를 받은 것으로 본다(부칙〈법률 제14096호, 2016. 3. 22.〉 8조 1항). 전자등록기관이 아닌 자는 '증권등록', '등록결제' 또는 이와 유사한 명칭을 사용할 수 없다(전자증권법 10조). 취지상 이에 해당하는 외국어 명칭도 모두 금지된다.

V. 감 독

1. 예탁결제원

예탁결제원의 사장 및 상근감사는 주주총회에서 선출하되, 사장의 경우 금융위 승인을 받아야 한다(301조 2항·3항). 예탁결제원의 임직원은 금융투자업자 및 다른 금융투자업관계기관과 자금공여나 손익분배 등 특별한 이해관계를 가져서는 안 된다(301조 5항; 령 312조). 자본시장인프라로서의 공적 지위를 고려한 것이다.

금융위는 정관변경승인권(299조 2항), 긴급사태시 조치권(304조, 413조)을 가진다. 그리고 업무규정 중 일부의 제정·변경·폐지에 대한 승인(305조 1항)과 나머지 규정의 제정·변경·폐지에 대한 보고를 받는다(305조 3항). 예탁결제원이 제정하는 규정 중에서 가장 중요한 것은 증권등의 매매거래에 따른 결제업무의 수행을 위한 결제업무규정이다(303조 1항 전단). 이 경우 결제업무규정은 청산회사의 청산업무규정(323조의11), 거래소의 회원관리규정(387조) 및 업무규정(393조)과 상충되어서는 아니 된다(303조 1항 후단). 자본시장인프라로서의 매매체결기구-청산기관-결제기관 간의 업무연계를 고려한 규정이다. 결제업무규정에는 결제회원의 가입·탈퇴 및 권리·의무에 관한 사항, 결제계좌의 개설 및 관리에 관한 사항, 결제시한에 관한 사항, 증권 등의 인도 및 대금지급에 관한 사항, 증권시장에서의 증권의 매매거래에 따른 결제이행·불이행 결과의 청산기관으로서의 거래소에 대한 통지에 관한 사항, 그 밖에 결제업무 수행을 위하여 필요한 사항이 포함되어야 한다(303조 2항).

금융위는 예탁결제원이나 그 임원 또는 직원이 법령 또는 법령에 의한 행정관청의 처분 그리고 예탁결제원의 업무에 관한 규정에 위반한 경우에는 예탁결제원에 대한 업무정지, 당해 임원의 해임 요구 또는 직원의 면직 등의 조치를 취할 수 있다(307조 1항-3항, 법 [별표 8]; 령 313조 3항 령 [별표 12]).

금감원장은 금융투자업자에 대해서와 마찬가지로 예탁결제원에 대해서도 검사권을 갖는다. 즉 예탁결제원의 업무와 재산상황에 관하여 검사권을 가지며 검사상 필요한 경우에는 보고·자료제출·증인출석·증언·의견진술 등을 요구할 수 있다(306조, 419조).

2. 전자등록기관

전자증권법은 전자등록기관에 대해서는 허가제의 취지에 따라 허가요건의 유지의무를 부과하고, 영업양도 등과 전자등록업 폐지 등을 금융위 승인사항으로 규정하고 있다(전자증권법 8조·11조·12조).

전자등록기관의 대표이사는 주주총회에서 선임하지만, 상근임원은 계좌관리기관의 임직

원이 아닌 사람이어야 하고, 임원자격에 관하여는 지배구조법 제5조를 준용하며, 금융위는 대
표이사가 직무수행에 부적합하다고 인정되는 경우에는 법무부장관과 협의하여 그 선임된 날
부터 1개월 이내에 그 사유를 구체적으로 밝혀 해임을 요구할 수 있다(전자증권법 13조 1항-4
항; 동 시행령 9조). 전자등록기관의 상근임직원은 계좌관리기관 및 금융투자업관계기관(그 상
근임직원이 소속된 예탁결제원은 제외)과 자금공여, 손익분배, 채무보증, 담보제공, 정상적인 거
래활동을 수행하는 과정에서 필요한 행위에 해당하는 것으로 볼 수 없는 이해관계를 가질 수
없다(전자증권법 13조 5항; 동 시행령 10조 1호-3호). 여기서 정상적인 거래활동은 거래상대방의
사업내용과 관련되거나 사업목적 달성에 수반되는 행위로서 거래조건 등에 비추어 사회통념
상 일반적인 거래활동으로 인정될 수 있는 경우를 말한다. 금융투자업자 임직원의 금융투자
상품매매제한규정(63조)은 전자등록기관에 준용한다(전자증권법 13조 6항 전단). 자본시장인프
라로서의 공적 기능을 고려한 것이다.

    금융위는 정관변경승인권(전자증권법 16조), 업무이전명령권과 긴급사태시 조치권(전자증
권법 57조·49조)을 가진다. 전자등록기관은 주식등의 전자등록과 전자등록주식등의 관리를 위
하여 전자등록업무규정을 제정하여 금융위 승인을 받아야 한다(전자증권법 15조 1항). 그 개정
이나 폐지도 같다(전자증권법 17조). 전자등록업무규정에는 주식등의 신규전자등록 및 그 변
경·말소의 전자등록에 관한 사항, 발행인관리계좌, 고객계좌, 고객관리계좌 및 계좌관리기관
등 자기계좌의 개설 및 폐지에 관한 사항, 발행인관리계좌부, 고객계좌부, 고객관리계좌부 및
계좌관리기관등 자기계좌부의 작성 및 관리에 관한 사항, 전자등록주식등의 계좌 간 대체, 질
권의 설정·말소, 신탁재산이라는 사실의 표시·말소의 전자등록에 관한 사항, 소유자명세(전
자증권법 37조)의 작성 및 전자등록주식등의 권리행사에 관한 사항, 전자등록주식등의 금액 또
는 수량 확인에 관한 사항, 주식등의 전자등록 및 관리를 위한 정보통신망의 운영에 관한 사
항 그 밖에 전자등록주식등의 관리를 위하여 필요한 사항이 포함되어야 한다(전자증권법 15조
2항 1호-8호). 금융위의 전자등록업무규정의 제·개정이나 폐지 및 정관변경 승인, 업무이전명
령은 공동소관의 취지에 따라 미리 법무부장관과 협의해야 한다. 긴급조치권은 상황의 긴급
성을 고려하여 법무부장관에게 통지하면 된다. 다만 전자등록업무규정 외의 업무에 관한
규정을 제정·변경하거나 폐지한 경우에는 다른 법률에서 금융위의 승인을 받도록 한 경우를
제외하고는 지체 없이 금융위에 보고해야 한다(전자증권법 18조).

    금융위는 필요한 경우 전자등록기관에 보고 또는 자료제출요구나 업무상황이나 장부·서
류 또는 그 밖에 필요한 물건을 검사할 수 있다(전자증권법 51조 1항). 검사업무는 금감원장에
게 위탁할 수 있다(전자증권법 51조 2항). 금융위는 검사를 할 때에 필요한 경우 전자등록기관
에 업무 또는 재산에 관한 보고, 자료의 제출, 증인의 출석·증언 및 의견의 진술을 요구할
수 있다(전자증권법 51조 3항). 공동소관의 취지에 따라 법무부장관은 필요한 경우 전자등록기

관에 보고 또는 자료제출을 요구하거나 금융위에 전자등록기관 검사를 요청할 수 있으며 그 검사에 법무부 소속 공무원이 참여하도록 할 수 있다(전자증권법 52조 1항).

금융위는 허가취소사유 등 일정한 사유가 발생한 경우 전자등록기관의 허가취소, 영업정지 등 기관조치 외에 그 임직원에 대하여 일정한 조치를 취할 수 있다(전자증권법 53조 1항, 3항-5항). 전자등록기관 및 그 임직원에 대한 조치를 위해서는 공동소관의 취지에 따라 법무부장관과 협의하여야 한다. 금융위는 전자등록기관의 임직원에 대하여 조치하거나 조치를 요구하는 경우 그 임직원에 대하여 관리·감독의 책임이 있는 임직원에 대한 조치를 함께 하거나 이를 요구할 수 있다(전자증권법 53조 6항 본문, 4항·5항). 다만, 관리·감독의 책임이 있는 자가 그 임직원의 관리·감독에 상당한 주의를 다한 경우 조치를 감면할 수 있다(전자증권법 53조 6항 단서).

VI. 청산과 결제의 연계

청산업무와 결제업무는 상호 긴밀한 관련을 갖고 수행해야 한다. 파생상품시장의 경우에는 거래소가 청산과 결제를 맡게 되어 있으므로 청산기관과 결제기관의 연계를 별도로 논의할 실익이 없다. 이하에서는 증권시장에서의 청산과 결제의 연계를 중심으로 검토한다. 우선 결제의 당사자와 결제업무의 수행주체에 대한 개념 구분을 분명히 할 필요가 있다. 업무로서의 결제의 수행주체는 자본시장법에 명백히 규정되어 있는 바와 같이 예탁결제원이다(297조). 그러나 이미 본 바와 같이 증권시장에서의 매매거래에 따른 채권채무의 이행 및 종결절차로서의 '**결제의 당사자**'는 '**거래의 당사자**'인 청산기관이다.

제4절 청산의 법적 구조

I. 의 의

1. 개 관

CCP가 이미 금융투자상품거래 당사자간에 형성되어 있는 채권채무관계를 자신에게 집중시킬 수 있는 법적 수단으로는, 첫째 경개방식, 둘째 (면책적)채무인수방식, 셋째 거래당사자방식(open offer)의 3가지를 들 수 있다.

2. 경개방식

경개란 "기존 계약의 당사자 사이 또는 계약당사자와 제3자 사이에서 체결된 새로운 계약에 의해 기존의 계약관계를 소멸시키고 새로운 계약관계를 형성하는 계약"을 말한다. 경개가 있게 되면 계약상 채권·채무는 새로운 법적 근거에 기초하여 존속하게 된다. 경개가 성립하려면 경개계약을 체결하려는 당사자의 의사에 의해 유효한 계약이 체결되어야 한다. 다만 경개의사는 명시적으로는 물론 묵시적으로 표현될 수도 있다.[39]

3. 면책적 채무인수방식

면책적 채무인수의 법리를 원용한다면 청산회원이 부담한 채무를 CCP가 인수하고 그 대가로 청산회원에 대한 반대채권을 취득한다고 구성하게 된다. 선물법과 거래소 업무규정에서 선물시장과 유가증권시장 그리고 코스닥시장의 청산에 관하여 규정하고 있는 구조이다.

4. 거래당사자방식[40]

이 방식은 거래조회(matching) 과정에서 거래내용이 일치하면 곧 CCP와 매도인인 청산회원 또는 매수인인 청산회원 사이에 직접 2개의 거래가 체결된다고 이해한다. 이에 따르면 거래참여자들 사이에 매매계약이 체결된 적이 없기 때문에 이들 사이에 거래에 기초한 채권관계도 없다. 따라서, CCP가 각 거래참가자들과 유효한 계약을 체결할 수 없다면 어떠한 형태의 계약도 없게 된다. 반면 경개의 경우에는 어떠한 이유에서든 경개계약이 효력을 상실하면 원래의 계약이 부활하고 계약당사자들은 본래 당사자들의 신용위험에 노출되게 되는 점에서 거래당사자방식과 다르다.

II. 자본시장법

1. 증권법과 선물법

과거 청산의 법적 구조에 대해서는 증권법과 선물법을 나누어 살펴보아야 한다. 먼저 선물법 제28조는 면책적 채무인수방식을 허용하였다. 한편 유가증권시장과 코스닥시장의 경우

---

39) 영미법상 구계약 당사자와 신계약 당사자가 동일한 경우는 보통 경개(novation)라고 인정되지 않으며 적어도 1인의 새로운 당사자가 등장해야 경개라고 한다. 한편 채권자의 변경은 채권양도(assignment)에 의해 이루어질 수 있기 때문에 영미법상 경개는 보통 채무자가 변경되는 경우를 말한다. A. L. Corbin, Corbin on Contracts, Vol. 13, LexisNexis, 2002, Ch. 71, §1297.

40) 영미법계에서는 흔히 open offer방식이라고 부른다. 구속력 있는 청약(open offer)을 통해 CCP와 청산회원 사이에 직접 거래가 체결된다고 이해한다.

증권법 및 「한국증권선물거래소법」은 청산의 법적 구조를 명시하지 않았다. 그러나 선물법상 청산의 법적 구조에 관한 규정과 거래제도의 특징 등을 고려하여 업무규정에서 면책적 채무 인수방식을 규정하고 있었다.

2. 자본시장법

자본시장법은 청산의 법적 구조로서 "채무인수, 경개(更改), 그 밖의 방법"을 모두 인정한 다(9조 25항). '**그 밖의 방법**'으로는 거래당사자방식을 들 수 있다. 국제적인 청산 및 외국청산 기관과의 협력가능성을 고려한 것이다. 장외파생상품 등 장외거래 청산의 경우에는 매매가 장외에서 이루어지므로 거래당사자방식은 적용할 수 없다. 그리고 지정거래소가 수행할 청산 에 대해서도 면책적 채무인수를 규정하고 있다(398조 1항·2항). 잠재적인 매도인과 매수인인 청산회원은 청산기관과 청산서비스이용계약을 체결하는 시점에 청산의 법적 구조에 대한 포 괄적 동의를 제공한 것이다. 면책적 채무인수구조가 그 이용자인 청산회원들에게 어떠한 추 가적인 비용이나 손해를 제공할 가능성이 없기 때문에 이렇게 보더라도 문제는 없다.

제5절 결제의 법적 구조

I. 의   의

결제는 계약의 이행행위이다. 일반적으로 매매거래의 결제는 매도인의 목적물인도와 매 수인의 대금지급으로 이루어진다. 거래가 대량적·집단적·반복적으로 이루어지는 거래소시 장에서 이러한 결제방식을 따른다면 결제가 원활하게 이루어지기 어렵다. 결제의 신속과 안 전이 확보되지 않고서는 자본시장 자체의 발전이 위축될 수밖에 없다. 오늘날 금융투자상품 시장에서는 다양한 방법으로 결제의 원활을 도모하고 있다. 청산도 원활한 결제를 위한 전초 단계라고 할 수 있다. 거래소에서는 효율적인 결제를 위해서 결제방법을 표준화·정형화하고 있다. 끝으로 현물의 이동 없이 결제를 완결하는 대체결제제도도 결제의 효율을 도모하는 제 도이다. 대체결제제도에 대해서는 뒤에서 따로 살펴본다(제5절 참조).

II. 결제방식의 종류

결제는 우선 현물결제와 차금결제의 2가지로 구분된다. 현물결제는 결제증권과 결제대금 을 실제로 수수하는 결제방식인 데 반하여, 차금결제는 반대매매에 의하여 매매차금만을 수 수하는 결제방식이다. 증권거래는 원칙적으로 현물결제로 이루어지고 파생상품거래는 차금결제로 결제된다. 현물결제는 앞서 설명한 바와 같이 다시 총량결제와 차감결제로 구분된다.

Ⅲ. 수행주체

거래소 증권시장에서의 결제기관은 예탁결제원이다. 거래소 파생상품시장에서의 거래에서는 지정거래소가 청산기관과 결제기관의 역할을 수행한다. 자본시장법은 거래소에 관한 제7편에서 거래소가 거래소시장의 청산기관이나 결제기관으로서 업무를 수행하는 경우에도 '거래소'라고 한다. 그러나 이 경우의 거래소는 청산기관이나 결제기관으로 지정된 지정거래소로 해석해야 한다. 자본시장법은 거래소허가제로 전환하면서 청산기관이나 결제기관으로서의 업무를 모든 거래소가 아니라 금융위의 지정을 받은 지정거래소에 한정하여 허용하기 때문이다 (378조 1항·2항). 청산대상업자의 장외파생상품 등 청산대상거래에 따른 청산기관은 청산회사이다.

Ⅳ. 결제일과 결제시한

결제일은 매매 종류에 따라 다르다. 당일 결제거래는 매매계약을 체결한 당일, 익일 결제거래는 매매계약체결일의 다음 날, 보통거래는 계약체결일로부터 3일째 되는 날이다(업무규정 7조 1항). 결제시한은 원칙적으로 결제일의 오후 4시이다(업무규정 75조의2 1항).

Ⅴ. 결제이행의 확보

1. 의   의

자본시장법상 결제이행의 확보는 거래소시장에서의 매매거래 및 다자간매매체결회사에서의 거래에 따른 채무의 청산기관인 지정거래소와 청산대상업자의 장외파생상품 등 청산대상거래에 따른 채무의 청산기관인 청산회사로 나누어 규정되어 있다. 첫째, 지정거래소는 결제회원이 매매거래에 관하여 상대방에게 부담하는 채무를 면책적으로 인수하고, 그 대신 그 결제회원이 지정거래소에 대해서 같은 내용의 채무를 부담하는 방식으로 결제한다(업무규정 73조의2 1항).[41] 둘째, 청산회사도 채무인수 이외에 경개나 그 밖의 방법을 활용하여 같은 절

---

41) 지정거래소는 매매거래 종류별, 결제회원별로 대금과 같은 종목간 증권을 각각 차감하여 결제회원이 납부해야 할 대금과 증권을 확정한다(업무규정 74조 1항). 지정거래소는 결제증권과 결제대금의 확정내역을 결제일 이전에 결제회원과 예탁결제원 및 한국은행에 통보한다(업무규정 75조 1항). 결제회원은 매도증권과 매수대금을 결제시한 이전에 예탁결제원 결제계좌에 납부해야 하며, 예탁결제원은 결제시한 이후에 결제회원에게 그 매도대금 또는 매수증권을 지급한다(예탁결제원 증권 등 결제업무규정 16조·17조·19조).

차를 거치게 된다.

회원 또는 청산대상업자 간에 직접 차감결제가 이루어지는 시스템에서는 특정 회원 또는 청산대상업자가 결제를 불이행하면 연쇄적으로 다른 회원 또는 청산대상업자 사이의 결제에도 영향을 미치게 된다. 법적으로 CCP가 도입된다면 이러한 결제위험의 확산을 막을 수 있다. 앞서 언급한 바와 같이 거래는 회원과 회원 사이 또는 청산대상업자와 청산대상업자 사이에서 체결되지만, 청산기관이 사후에 회원 또는 청산대상업자의 채무를 면책적으로 인수하는 등의 방식으로 권리관계를 회원 또는 청산대상업자와 청산기관 사이의 관계로 치환하고 있다. 따라서 이제 특정회원 또는 청산대상업자가 결제를 불이행할 위험은 청산기관이 부담한다. 청산기관은 상당히 신용이 있는 회원 또는 청산대상업자에게만 거래를 허용함으로써 자신의 결제위험을 줄일 수 있다.

지정거래소나 청산회사는 회원이나 청산대상업자가 결제를 위하여 납부한 대금·증권 및 품목이나 결제목적물로 채무를 이행하는 것이 원칙이다. 지정거래소나 청산회사는 회원이나 청산대상업자가 결제를 위하여 납부한 대금·증권 및 품목이나 결제목적물에 관하여 다른 채권자보다 우선하여 변제를 받을 권리가 있다는 규정은 이를 명시한 것이다(400조 2항, 323조의15 2항). 이 우선권은 위탁자의 회원보증금에 대한 권리(395조 3항)보다 우선한다(400조 4항). 문제는 회원이나 청산대상업자가 결제를 위하여 대금·증권 및 품목이나 결제목적물을 납부하지 않는 회원이나 청산대상업자의 결제불이행의 경우이다.

2. 청산기관인 지정거래소의 경우

1) 원　칙

결제를 불이행한 회원이 있는 경우 청산기관인 지정거래소는 (i) 거래증거금과 회원보증금, (ii) 결제를 불이행한 회원이 납부한 손해배상공동기금, (iii) 거래소의 결제이행적립금, (iv) 결제를 불이행하지 않은 회원이 납부한 손해배상공동기금, (v) 거래소의 자본금을 사용하여 그 채무를 이행한다(397조, 399조 2항; 령 362조 2항·363조 2항).

2) 거래증거금과 회원보증금

거래소의 회원은 증권시장 또는 파생상품시장에서 매매거래를 할 때 거래소에 대하여 부담하는 채무의 이행을 보증하기 위하여 증권시장업무규정 및 파생상품시장업무규정이 정하는 바에 따라 거래소에 거래증거금을 예치해야 한다(396조 2항). 회원은 장래 증권시장 또는 파생상품시장에서의 매매거래와 관련하여 발생할 수 있는 채무이행을 보증하기 위하여 거래소에 회원보증금을 예치해야 한다(395조 1항).[42]

---

42) 지정거래소는 회원을 대신하여 채무를 이행 또는 인수함으로써 취득한 채권을 그 회원에 대한 회원보증금과 상계할 수 없다(395조 2항).

지정거래소는 회원이 지정거래소 또는 다른 회원에 대하여 증권시장 또는 파생상품시장에서의 매매거래에 관한 채무를 불이행하면 그 회원의 거래증거금과 회원보증금으로 그 채무의 변제에 충당할 수 있다(397조). 여기서도 '또는 다른 회원에 대하여' 채무를 불이행한 경우를 규정하지만 현재 청산구조에서는 이런 채무는 있을 수 없다. 회원의 채무이행 여부와 무관하게 지정거래소가 다른 회원에 대한 채무를 이행하기 때문이다.

3) 손해배상공동기금

(1) 기금적립의무

회원은 증권시장 또는 파생상품시장에서의 매매거래에 따른 채무의 불이행으로 인하여 발생하는 손해를 배상하기 위하여 지정거래소에 손해배상공동기금(이하 "공동기금")을 적립해야 한다(394조 1항 본문).[43] 지정거래소는 이러한 공동기금을 증권시장과 파생상품시장으로 구분하여 적립해야 한다(394조 2항). 공동기금의 총적립규모, 회원별 적립률 및 적립방법은 증권시장·파생상품시장별 결제위험, 회원별 결제위험, 그 밖의 상황을 고려하여 회원관리규정으로 정한다(령 362조 1항).

(2) 재원사용순서

회원의 결제불이행이 있는 경우 지정거래소에게 회원 손해에 대한 배상책임을 인정하고 있다(399조 1항). 지정거래소가 회원 채무를 면책적으로 인수하여 상대방 회원에 대한 채무자가 된 것으로 보기 때문에 회원의 결제불이행이 있는 경우 지정거래소 자체는 상대방 회원에 대하여 손해배상책임이 아닌 결제채무를 부담한다. 그러면 여기서 말하는 "회원의 증권시장 또는 파생상품시장에서의 매매거래의 위약(違約)으로 인하여 발생하는 손해"는 무엇인가? 다른 회원이 적립한 손해배상공동기금을 회원의 결제불이행으로 인한 채무의 이행에 이용한 경우에 발생하는 회원의 손해로 해석할 수 있다는 견해[44]가 있다.

지정거래소가 손해를 배상하는 경우 위의 공동기금에서 우선 충당하되 (ⅰ) 위약한 회원이 적립한 공동기금을 우선하여 사용하고, (ⅱ) 부족분이 있으면 거래소의 재산 중 회원관리규정으로 정하는 금액을 우선하여 사용하고, (ⅲ) 또 부족분이 있으면 회원관리규정에서 정하는 순서와 방법에 따라 위약한 회원 외의 회원이 적립한 공동기금과 거래소의 재산을 사용하는 순서에 따라야 한다(399조 2항; 령 362조 2항). 위약한 회원이 아닌 회원이 적립한 공동기금을 사용할 수 있는 근거는 회원이 위 기금범위 내에서는 결제불이행으로 인한 손해에 대해서 연대책임을 지기 때문이다(394조 3항).[45] 과거 청산회사에 대한 것(323조의14 1항; 령 318조의8

---

43) 다만, 증권시장 또는 파생상품시장에서의 매매거래에 대한 결제이행의 책임을 부담하지 아니하는 회원 등 거래소가 정하는 회원은 공동기금을 적립하지 아니할 수 있다(394조 1항 단서).

44) 윤태한외, 앞의 논문(2013), 79면.

45) 다만, 기금적립의무가 면제된 자는 제외한다(394조 1항 단서).

2항)과 다르게 규정하였던 것은 2015. 7. 24. 동일하게 개정한 것이다. 청산에 관한 사항은 청산회사에 관한 규정(323조의14)으로 일원화하고 제399조는 삭제하는 것이 옳다.

(3) 구상권 행사와 충당

지정거래소가 손해를 배상한 경우 결제불이행 회원에게 구상권을 갖는다(399조 3항). 지정거래소가 손해배상의 전액을 공동기금에서 충당했다면 엄격히 말해서 구상권이 없다고 볼 수도 있다. 그러나 자본시장법은 그 경우에도 지정거래소가 구상권이 있다는 전제하에 구상금을 공동기금에 보전하도록 한다(399조 3항·5항; 령 363조 1항·2항).[46] 그 순서는 위에서 본 결제불이행시의 재원사용과 반대로 (ⅰ) 위약한 회원 외의 회원이 적립한 공동기금과 거래소의 재산, (ⅱ) 거래소의 재산, (ⅲ) 위약한 회원이 적립한 공동기금 및 손해배상 등에 소요된 비용에 대하여 배분해야 한다(399조 3항·5항; 령 363조 2항 1호-3호).

4) 채무변제순위

이러한 원칙을 확인하기 위하여 자본시장법은 지정거래소의 결제를 불이행한 회원의 재산에 대한 우선변제권을 규정하고 있다. 지정거래소의 회원이 채무를 불이행하여 지정거래소 또는 다른 회원에게 손해를 끼친 경우 그 손해를 입은 지정거래소 또는 다른 회원은 그 손해를 끼친 회원의 회원보증금·거래증거금 및 공동기금 지분에 대하여 다른 채권자보다 우선하여 변제받을 권리를 가진다(400조 1항).

지정거래소는 결제완료 전에 대금·증권 및 품목이 인도된 경우에 그 회원이 그 결제를 불이행함으로써 지정거래소에 손해를 끼친 때에는 그 회원의 재산에 관하여 다른 채권자보다 우선하여 변제를 받을 권리가 있다(400조 3항).[47] 이러한 지정거래소의 우선권은 위탁자의 회원보증금에 대한 권리(395조 3항)보다 우선하는 효력을 가진다(400조 4항).

3. 청산회사의 경우

1) 원 칙

결제를 불이행한 청산대상업자가 있는 경우 청산회사는 (ⅰ) 결제불이행 청산대상업자의 청산증거금, (ⅱ) 결제불이행 청산대상업자의 손해배상공동기금 기여분, (ⅲ) 거래소의 자본금과 결제불이행하지 않은 청산대상업자의 손해배상공동기금 기여분을 청산업무규정에서 정하는 바에 따라 사용하여 그 채무를 이행한다(323조의13 2항, 323조의14 1항; 령 318조의8 2항).

---

46) 지정거래소가 결제를 불이행한 회원을 대신하여 다른 회원이 적립한 손해배상공동기금을 회원의 결제불이행으로 인한 채무의 이행에 이용한 경우에 발생하는 그 다른 회원의 손해를 그 지분에 상응하여 구상권을 대리행사하는 것으로 볼 수 있다는 견해도 있다. 윤태한외, 앞의 논문(2013), 79면.

47) 다만, 그 결제이행기한 도래 전에 설정된 전세권·질권·저당권 또는 「동산·채권 등의 담보에 관한 법률」에 따른 담보권에 의하여 담보된 채권에 대하여는 우선하여 변제를 받을 권리가 없다.

2) 청산증거금

청산대상업자는 청산회사에 대하여 부담하는 채무의 이행을 보증하기 위하여 청산업무규정으로 정하는 바에 따라 청산회사에 금전 등으로 청산증거금을 예치해야 한다(323조의13 1항 본문).[48] 청산회사는 청산대상업자가 청산회사에 대하여 청산대상거래에 따른 채무를 이행하지 않는 경우에는 그 청산대상업자의 청산증거금으로 그 채무의 변제에 충당할 수 있다(323조의13 2항). 따라서 청산대상업자가 청산회사에 대하여 청산대상거래 이외의 사유로 가지는 채무의 변제를 불이행하는 경우에도 청산회사가 청산증거금으로 우선변제충당할 수 있는지 여부는 불확실하다.[49]

3) 손해배상공동기금

(1) 기금적립의무

청산대상업자는 청산대상거래에 따른 채무의 불이행으로 인하여 발생하는 손해를 배상하기 위하여 청산업무규정으로 정하는 바에 따라 청산회사에 금전 등으로 손해배상공동기금(이하 "공동기금")을 적립해야 한다(323조의14 1항 본문).[50] 여기서 '**손해**'는 청산회사가 결제를 불이행한 청산대상업자의 채무를 대신 이행함으로써 입은 손해를 말한다. 청산회사는 공동기금을 청산대상거래의 유형별로 구분하여 적립해야 한다(323조의14 2항). 청산회사가 복수의 청산대상거래를 청산하는 경우 상품별로 기금을 적립해야 한다. 공동기금의 총적립규모, 청산대상업자별 적립률 및 적립방법 등은 청산대상거래별 결제위험, 청산대상업자별 결제위험, 그밖의 상황을 고려하여 청산업무규정으로 정한다(령 318조의8 1항).

(2) 재원사용순서

청산회사는 공동기금으로 손해를 보전하는 경우 (ⅰ) 채무를 불이행한 청산대상업자가 적립한 공동기금을 우선하여 사용해야 한다(령 318조의8 2항 전단). (ⅱ) 부족분에 대해서는 청산회사의 결제적립금과 다른 청산대상업자가 납부한 기금으로 변제에 충당하게 되는데 그 변제순서에 대해서는 청산업무규정으로 정한다(령 318조의8 2항 후단). 결제를 불이행한 청산대상업자는 물론 불이행하지 않은 청산대상업자가 적립한 공동기금을 이렇게 사용할 수 있는 근거는 청산대상업자[51]는 위 기금의 범위 내에서는 청산대상거래에 따른 채무의 불이행으로 인하여 발생하는 손해배상에 관하여 연대책임을 지기 때문이다(323조의14 3항).

---

48) 다만, 청산회사가 인정하는 청산대상거래에 대하여는 증거금예치의무를 면제한다(323조의13 1항 단서).
49) 그러나 결제이행 이후에 남는 청산증거금으로서 고객의 계산이 아닌 자기의 계산으로 예치한 청산증거금은 다른 채권을 위한 담보로도 활용할 수 있다는 의견이 있다. 윤태한외, 앞의 논문(2013), 77면.
50) 다만, 청산업무규정으로 정하는 청산대상업자에 대하여는 기금적립의무를 면제한다(323조의14 1항 단서).
51) 다만, 청산업무규정에서 기금적립의무를 면제받은 청산대상업자는 제외한다.

(3) 구상권 행사와 충당

청산회사는 공동기금으로 청산대상거래에 따른 채무의 불이행으로 인하여 발생하는 손해를 보전한 경우 손해를 끼친 청산대상업자에 대하여 그 보전금액과 소요비용에 관하여 구상권을 가진다(323조의14 4항). 이 경우에도 원칙적으로 청산회사의 손해는 공동기금을 통하여 이미 회수하였기 때문에 구상권이 존재할 수 없다. 이에 대해 청산회사가 결제를 불이행한 청산대상업자를 대신하여 다른 청산대상업자가 적립한 공동기금을 청산대상업자의 결제불이행으로 인한 채무 이행에 이용한 경우에 발생하는 청산대상업자의 손해를 그 지분에 상응하여 구상권을 대리 행사하는 것으로 볼 수 있다는 견해[52]가 있다. 그러나 결제불이행 청산대상업자가 납부한 공동기금을 사용하고 난 후 바로 결제를 불이행하지 않은 다른 청산대상업자가 납부한 공동기금을 사용하는 것이 아니라 청산회사의 결제적립금을 사용하여 문제를 해결한 경우에는 청산회사의 손해가 발생할 수 있다.

청산회사는 그렇게 추심된 금액을 공동기금에 충당한다(323조의14 5항). 그 순서는 위에서 본 결제불이행시의 재원사용순서와 반대로 (ⅰ) 다른 청산대상업자가 적립한 손해배상공동기금의 사용분을 보전하고, (ⅱ) 다음으로 손해를 끼친 청산대상업자가 적립한 공동기금의 사용금액을 보전해야 한다(령 318조의8 3항). 공동기금의 구상권 행사 등에 관하여 필요한 사항은 시행령으로 정한다(323조의14 6항; 령 318조의8 1항). 이에 관하여는 지정거래소에 관한 규정[53]을 준용한다(령 318조의8 4항, 362조 3항-8항, 363조 1항).

(4) 채무변제순위

이러한 원칙을 확인하기 위하여 자본시장법은 청산회사의 결제불이행 회원의 재산에 대한 우선변제권을 규정하고 있다. 청산대상업자가 청산대상거래에 따른 채무를 불이행하여 청산회사 또는 다른 청산대상업자에게 손해를 끼친 경우 그 손해를 입은 청산회사 또는 다른 청산대상업자는 그 손해를 끼친 청산대상업자의 청산증거금 및 공동기금 지분에 대하여 다른 채권자보다 우선하여 변제받을 권리를 가진다(323조의15 1항).

청산회사는 청산대상거래에 따른 결제완료 전에 결제목적물 또는 결제대금이 인도된 경우에 그 청산대상업자가 그 결제를 불이행함으로써 청산회사에 손해를 끼친 때에는 그 청산대상업자의 재산에 관하여 다른 채권자보다 우선하여 변제를 받을 권리가 있다(323조의15 3항 본문).[54] 이 규정은 청산기관인 지정거래소에 관한 제400조 제3항과 같은 내용이다. 그러나 장내 증권 및 파생상품거래와 달리 청산회사에서 이루어지는 청산에 따른 결제, 특히 장외파

---

52) 윤태한외, 앞의 논문(2013), 79면.
53) 이 경우 '회원'은 '청산대상업자'로, '회원관리규정'은 '청산업무규정'으로 본다.
54) 다만, 그 결제이행기한 도래 전에 설정된 전세권·질권·저당권 또는 「동산·채권 등의 담보에 관한 법률」에 따른 담보권에 의하여 담보된 채권에 대하여는 우선하여 변제를 받을 권리가 없다(323조의15 3항 단서).

생상품에 관한 결제는 지급네팅(payment netting)이 이루어진 후에 잔액만을 지급하는 형식으로 이루어진다. 따라서 이 규정은 실제 적용될 가능성이 거의 없다.[55]

Ⅵ. 결제의 법적 구조

1. 의의와 취지

증권은 권리의 유통성을 높이기 위하여 개발된 법적 수단이다. 관념적 존재에 불과한 채권·주식 등의 권리는 유체물인 증권에 표창되면 증권의 교부에 의하여 양도가 간편해진다. 그러나 증권거래가 대량으로 빈번하게 이루어지는 자본시장에서는 일일이 증권을 교부하는 것만도 상당히 번거로운 일이다. 실제로 미국에서도 1960년대 후반 증권결제업무가 계약체결 속도를 따라가지 못해 시장이 마비되는 현상(증권사무위기, 'Paperwork Crisis')이 벌어진 일도 있었다. 청산과 예탁 및 계좌 간 대체제도는 모두 증권사무위기의 산물이다.[56] 증권사무위기에 대한 대응은 크게 다자간 네팅을 통한 결제수요의 감소와 부동화(immobilization)를 통한 대체결제의 도입이라는 2가지 방향으로 발전해 왔다. 전자는 청산제도로, 그리고 후자는 예탁제도에 기초한 계좌 간 대체제도로 각각 진화해 왔다.

전자증권제도는 부동화의 다음 단계라고 할 수 있는 무권화(dematerialization)를 의미한다. 부동화가 실물증권을 예탁기구에 보관하고 장부 또는 계좌에 그 수량을 기재하여 계좌 간 대체를 통하여 결제하는 것이다. 그러나 전자등록제도는 이러한 실물증권 자체를 발행하지 않고 전자등록기관에 전자등록함으로써 발행하고 전자등록부상 계좌 간 대체를 통하여 결제하는 것이다. 현재 우리나라는 상장증권에 관한 한 전자등록단계로 이미 이행하였다. 자본시장에서는 증권의 발행 및 거래에 분산원장기술을 이용하는 토큰증권이 논의되고 있다. 우리나라도 이를 위하여 전자증권법을 개정하기로 했다.[57]

2. 예탁의 법적 구조[58]

1) 의의와 취지

증권예탁결제제도는 결제시에 증권실물을 이동하는 데 따르는 번잡과 위험을 해결하기 위하여 고안된 제도이다. 증권예탁결제제도는 증권을 중앙예탁기관에 예탁하는 예탁제도와

---

55) 윤태한외, 앞의 논문(2013), 79면.
56) 미국에서의 Paperwork Crisis와 청산결제의 발전간의 상관관계에 대해서는 Larry E. Bergmann, "The U.S. View of the Role of Regulation in Market Efficiency" (Speech at the International Securities Settlement Conference, London 10 Feb. 2004) 참조.
57) 금융위, 보도자료: 토큰 증권(Security Token) 발행·유통 규율체계 정비방안 ― 자본시장법 규율 내에서 STO를 허용하겠습니다 ―, 2022. 2. 3.
58) 상세한 것은 서민, "유가증권예탁의 민사법적 법률문제", 『비교사법』 제3권 제2호, 1996, 107면 이하.

예탁증권을 장부기재의 변경으로 결제하는 대체결제제도로 이루어진다. 증권예탁결제제도는 증권의 교부 없이 결제를 이행한다는 점에서 전통적인 증권이론의 중대한 수정이다.

현재 증권예탁결제제도의 개요는 다음과 같다. 먼저 투자자는 증권을 금융투자업자에 예탁한다(제1차 예탁). 금융투자업자(예탁자)는 이 증권을 다른 투자자의 증권과 혼합하여 스스로 관리하거나 자신의 증권과 함께 다시 중앙예탁기구인 예탁결제원59)에 예탁한다(제2차 예탁). 예탁결제원은 예탁자가 예탁한 증권을 종류별·종목별로 모아 혼합·보관한다. 금융투자업자는 투자자계좌부를 작성하고 예탁결제원은 다시 예탁자계좌부를 작성하여 이후의 권리이전은 증권의 실물을 이동함이 없이 계좌부상의 대체기재만으로 이루어진다. 또한 예탁된 증권에 관한 권리행사도 계좌부의 기재를 기초로 이루어진다. 예탁된 증권을 예탁자에게 반환하는 경우에는 증권 자체가 아니라 예탁된 증권과 동종·동량의 증권을 반환한다.

2) 증권의 예탁

(1) 예탁계약의 당사자

제1차 예탁의 당사자는 투자자와 예탁자이고 제2차 예탁의 당사자는 예탁자와 예탁결제원이다. 예탁자는 자기가 소유하거나 투자자로부터 예탁받은 증권을 예탁하기 위하여 예탁결제원에 계좌를 개설한 자를 말한다(309조 1항·2항). 예탁자의 자격에 대해서는 자본시장법에는 아무런 규정이 없으나 예탁결제원규정인 「증권등예탁업무규정」에서 금융투자업자, 은행, 보험회사, 일정한 기관투자자, 외국예탁결제기관, 외국금융기관 등을 들고 있다(10조 1항).60)

(2) 예탁대상인 증권

예탁제도가 혼합보관과 대체결제를 위한 것이라면 그 대상인 증권은 대체가능성(fungibility)이 있으면 된다. 그렇다면 예탁적격증권은 반드시 자본시장법상의 증권과 같을 필요는 없다. 이를 반영하여 자본시장법은 예탁적격증권에 대해서 '**예탁대상증권등**'이란 용어를 사용하고 있다(308조, 294조). 증권법상 '**예탁대상유가증권**'을 변경한 것이다(173조의7 1항). 따라서 여기서의 증권 등은 반드시 자본시장법상 증권에 한정되지 않는다. 시행령에서는 원화로 표시된 양도성 예금증서를(령 63조 1항 1호), 그리고 금융투자업규정에서는 기업어음증권을 제외한 어음, 그밖에 "증권과 유사하고 집중예탁과 계좌 간 대체에 적합한 것으로서 예탁결제원이 따로 정하는 것"을 예탁대상증권등에 포함하고 있다(4-15조 1항 1호·2호).61) 예탁대상증권 등

---

59) 1974년 증권예탁결제의 전담기관인 한국증권대체결제주식회사가 설립되어 1994년에 증권예탁원으로 개편되었고, 2004년 증권예탁결제원으로 명칭이 변경되었으며, 자본시장법에서는 한국예탁결제원이라는 명칭을 사용하고 있다. 예탁결제원 업무에 관한 간편한 자료로는, 한국예탁결제원, 『증권예탁결제제도』, 박영사, 2013 (이하 "예탁결제원. 앞의 책"으로 인용).

60) 2012년 12월 31일 현재 예탁자는 1,343개 법인이다.

61) 증권법상 예탁대상유가증권에 양도성예금증서가 포함되는지 여부가 문제된 사안에서 법원은 증권법 제173조의7 제1항, 제173조의8에서 정하는 예탁대상유가증권에 해당하기 위해서는 우선 증권법 제2조 제1항에 의

은 예탁결제원이 지정하도록 하고 있다(308조). 예탁결제원은 주식, 사채 등 전형적인 증권 외에 어음과 같은 사법상 유가증권도 포함하고 있다. 2021년 말 현재 증권예탁 및 전지등록현황은 [표 14-2]와 같다.

(3) 예탁의 강제

원칙적으로 예탁은 임의적인 거래이다. 그러나 금융투자업자는 위탁매매업무와 관련하여 보유하는 투자자의 증권을 지체없이 예탁결제원에 예탁해야 한다(75조 1항). 또한 투자자가 예탁한 증권을 투자자계좌부에 기재한 때에는 지체없이 이를 예탁결제원에 예탁해야 한다(310조 2항). 투자자가 예탁한 증권을 예탁하기 위해서는 투자자의 동의를 받게 되어 있다(309조 2항). 이는 증권에 대한 투자자의 단독소유권이 공유지분으로 바뀔 뿐 아니라 권리행사방식도 달라지기 때문이다. 실제로 투자자가 금융투자업자에 계좌개설시 체결하는 계좌설정약정서에는 대부분 투자자의 동의규정이 포함되고 있다. 과거에는 투자자의 반환청구에 대비하기 위하여 일정량은 자체 보관할 수 있었다. 그러나 1997년부터 투자자가 맡긴 증권은 모두 예탁결제원에 예탁하게 되어 있다. 그러나 이러한 예탁의 강제는 예탁제도에 따라 발행된 증권에 대해서만 적용되며, 전자등록방식으로 발행된 전자증권에는 적용되지 않는다.

▌표 14-2 증권예탁 및 전자등록현황(2021년 12월말 기준)

종목	단위	전자등록	예탁	합계
주식	백만주	132,041,425*	35,452,399	167,493,824
채권	10억원	2,311,850*	50,697	2,362,547
집합투자증권	백만좌	939,006,070***	0	939,006,070
단기사채	백만원	73,289,511***	0	73,289,511
양도성예금증서	백만원	19,691,010****	1,845	19,692,855
기업어음	백만원	0	212,397,711**	212,397,711
주식워런트증권(ELW)	천워런트	45,047,676***	0	45,047,676
주가연계증권(ELS)	천원	42,979,837,458***	0	42,979,837,458
기타파생결합증권(ETN)	천원	6,249,550,836***	0	6,249,550,836

* (상장) 의무전자등록 (비상장) 선택전자등록　** 어음법상 실물발행 강제
*** 의무전자등록　**** 선택전자등록
(자료) 예탁결제원

한 유가증권이어야 하는데, 양도성예금증서는 증권법 제2조 제1항이 정하는 유가증권이 아니므로 증권법 제173조의7 제1항, 제173조의8에서 말하는 예탁대상유가증권에 해당한다고 볼 수 없다고 판시하였다(대법원 2012. 10. 11. 선고 2010다42532 판결).

3) 예탁의 법적 성질

증권예탁의 법적 성질은 금융투자업자에 대한 제1차 예탁과 예탁결제원에 대한 제2차 예탁을 나누어 살펴봐야 한다. 제1차 예탁은 민법상 임치, 특히 그 중에서도 혼장임치라고 할 수 있다. 혼장임치는 대체물을 임치하면서 수치인이 임치된 물건과 동량·동질의 다른 임치물과 혼합하여 보관하고, 반환할 때에는 임치된 것과 동량을 반환하면 된다는 특약이 있는 임치를 말한다. 혼장임치는 수치인이 임치물의 소유권을 갖지 않는다는 점에서 소비임치나 신탁과 구별된다. 제2차 예탁은 혼장임치와 위임적 요소가 공존하는 계약으로 보는 것이 일반적인 견해이다.[62]

예탁결제원은 예탁증권 등을 종류·종목별로 혼합하여 보관할 수 있으므로(309조 4항), 혼장임치에 해당한다는 점에는 의문이 없다. 뒤에 설명하는 바와 같이 예탁결제원은 단순한 증권의 보관에 그치는 것이 아니라 예탁자를 위하여 각종의 관리업무를 수행하므로 제2차 예탁은 혼장임치 외에 위임적인 요소를 포함하고 있다.

4) 예탁증권의 법률관계

(1) 예탁의 효력개시

예탁의 효력은 원칙적으로 예탁결제원이 증권을 예탁자계좌부에 기재하는 시점에 발생한다. 일반예탁의 경우에는 예탁자의 청구를 받아서 예탁자계좌부에 기재한다. 공모로 새로이 발행하는 증권을 예탁결제원명의로 발행하는 경우(309조 5항)에는 성질상 예탁자의 청구가 없으므로 일정한 시점에 예탁청구가 있는 것으로 간주하고 있다(예탁업무규정 17조 4항).

(2) 의제예탁

예탁자가 예탁결제원에 아직 증권을 예탁하지 않은 경우라도 일단 예탁자의 투자자계좌부에 기재되면 그 기재시점에 예탁결제원에 예탁된 것으로 본다(310조 4항). 그러므로 예탁자의 파산이나 증권의 멸실 등의 이유로 실제로는 예탁이 이루어지지 않은 경우에도 투자자는 보호된다(313조).

(3) 예탁증권의 소유 및 점유

예탁제도의 목표는 예탁자(자기계정)와 투자자(투자자계정)가 증권에 대한 권리를 행사할 수 있게 하면서, 예탁결제원이나 예탁자의 파산위험으로부터 예탁자와 투자자의 이익을 보호하는 것이다. 이러한 목표를 달성하기 위해 자본시장법은 예탁자와 투자자가 직접 증권 소유권을 갖는 구조를 취한다.

예탁자의 투자자와 예탁자는 각각 투자자계좌부와 예탁자계좌부에 기재된 증권의 종류·종목 및 수량에 따라 예탁증권에 대한 공유지분을 가지는 것으로 추정한다(312조 1항). 즉 자

---

62) 서민, 앞의 논문, 110면.

신이 예탁한 증권에 대한 개별소유권은 상실하는 대신 혼장임치된 증권 전체에 대한 공유지분을 자기가 예탁한 수량에 비례하여 취득한다. 민법상 공유와 달리 공유물의 분할청구절차 (민 268조)를 거칠 필요 없이 공유지분에 해당하는 예탁증권의 반환을 청구할 수 있다(312조 2항).

또한 투자자와 예탁자는 각각 예탁한 증권을 '**점유**'하는 것으로 본다(311조 1항). 여기서 점유는 간접점유이고 직접점유는 예탁결제원이 한다. 예탁결제원이 증권 예탁에 따른 증권보관 및 관리행위를 하는 것은 '**소유자나 점유자의 지위**'가 아니라 '**증권에 관한 사무처리의 수임인**'으로서 위임인인 예탁자 또는 그 투자자를 위하여 위임사무를 처리하는 것이다.

(4) 예탁증권의 선의취득

가. 의의와 취지

동산의 경우에는 거래안전을 위하여 점유에 공신력을 인정하는 선의취득제도를 채택하고 있다(민 249조-251조). 한편 유통보호가 더욱 중요한 주권이나 무기명사채의 경우에는 민법상 선의취득요건을 한층 완화하여 취득자가 소지인이 무권리자임을 알지 못한 데 중과실이 없는 한 선의취득이 인정된다(상 359조; 민 514조). 증권이 예탁된 경우 점유 자체에 대한 신뢰는 있을 수 없다. 그렇다고 선의취득을 부정하면 증권 유통이 위축될 것이므로 '**계좌부기재**'의 신뢰를 '**점유**'에 대한 신뢰로 보아 선의취득을 인정하는 것이 일반적이다. 예탁증권에 관하여 선의취득이 성립하는 경우는 사안에 따라 나누어 볼 필요가 있다.[63]

나. 예탁고객이 무권리자인 경우

예탁자의 투자자 갑이 정당한 권한 없이 을의 주권을 예탁하여 예탁자의 투자자계좌부에 갑이 권리자로 기재된 경우 갑은 투자자계좌부의 기재에도 불구하고 그 주식에 해당하는 공유지분을 취득할 수 없다.[64] 이 경우 공유지분을 취득하는 것은 을이다. 그러나 갑은 투자자계좌부에 기재된 주권의 점유자로 간주된다(311조 1항). 갑이 투자자계좌부의 기재를 이용하여 선의의 병에게 공유지분을 양도하는 경우 병은 선의취득에 따라 공유지분을 취득하고 그 결과 을은 공유지분을 상실한다.

다. 예탁자의 예탁주식 수 오기로 인한 선의취득

투자자 갑이 예탁자 A를 통해서 1천주를 예탁결제원에 예탁하였는데 A의 투자자계좌부에는 갑의 계좌에 1만주가 있는 것으로 오기된 경우를 가정하자. 이 경우 갑의 보유주식이 1만주가 아니라 1천주라는 점에는 의문이 없다. 그러나 갑은 1만주를 점유하고 있는 것으로 간주된다(311조 1항). 따라서 갑이 잘못된 기재를 기화로 을에게 1만주를 양도하고 그에 상응

---

63) 예탁결제원. 앞의 책, 78-81면.
64) 자본시장법 제312조 제1항이 공유지분을 갖는 것으로 추정한다는 표현을 사용한 것은 바로 이러한 경우를 예상한 것이다.

하는 기재의 변경이 이루어진 경우 을은 1천주는 승계취득, 9천주는 선의취득하게 된다. 이 경우 예탁결제원이 보유하는 주식은 9천주가 부족하게 된다. 부족분 9천주에 대해서는 예탁결제원과 '**투자자의 예탁자**'가 연대하여 보전할 의무를 부담한다(313조 1항; 령 315조 2항). 여기서 '**투자자의 예탁자**'는 '**투자자로부터 예탁받은 증권 등을 예탁결제원에 다시 예탁하는 예탁자**'(310조 1항)를 말한다. 이 사안에서는 투자자 갑의 예탁자 A를 말한다.

라. 이른바 유령주식의 경우

발행회사가 주금 납입이 없음에도 불구하고 주식이 발행된 것으로 관계서류를 위조하여 변경등기와 예탁을 마친, 이른바 '**유령주식**'의 경우에는 위 다.의 주식수의 오기와 마찬가지로 해결할 수 있을 것이다.

(5) 예탁증권의 권리행사

가. 의의와 취지

예탁증권의 권리행사는 증권 종류에 따라서 다소 차이가 있다. 여기서는 주식만을 설명한다. 핵심은 투자자가 가지는 혼장임치된 주권에 대한 공유지분을 기초로 회사법상 권리 행사가 인정되는 실질주주제도이다.

나. 실질주주제도

상법상 주주가 회사에 대하여 권리를 행사하기 위해서는 주주명부에 기재되어야 한다(상 337조 1항). 과거 예탁주식에 대해서는 주주명부에 예탁결제원 명의로 기재되었다. 따라서 상법상 주주권을 행사하려는 실질적인 주주는 명의개서를 해야 했고, 이를 위해 예탁결제원으로부터 주권을 반환받아야 하는 불편을 겪었다. 그러나 자본시장법은 실질주주제도를 채택하여 그러한 불편을 제거하였다. 예탁결제원은 예탁증권에 대해서는 자기명의로 명의개서를 청구할 수 있다(314조 2항).[65] 회사가 주주권을 행사할 자를 정하기 위하여 주주명부를 폐쇄하거나 기준일을 정하는 경우(상 354조) 예탁결제원은 예탁자에게 주주명부폐쇄기준일의 실질주주에 관한 사항을 통보해 줄 것을 요청할 수 있고, 요청받은 예탁자는 지체없이 이를 통보해야 한다(315조 4항). 예탁결제원은 이 사항을 발행회사나 명의개서대리인에게 통지해야 한다(315조 3항). 발행회사는 통지받은 사항을 근거로 실질주주명부를 작성·비치해야 한다(316조 1항). 실질주주명부에 기재된 실질주주는 주주명부에 기재된 것과 같은 법적 효력을 인정받는다(316조 2항).

실질주주명부의 효력과 관련하여 대법원은 증권법(2002. 1. 26. 법률 제6623호로 개정되기 전의 것) 제174조의8 제2항(자본시장법 제316조 제2항에 해당)은 "예탁원에 예탁된 주권의 주식

---

65) 법문상으로는 "자기명의로 명의개서(를) 청구할 수 있다"고 하여, 마치 예탁결제원이 선택권을 갖는 것처럼 보이지만 의무사항이다. 예탁결제원명의의 명의개서를 법률적으로 어떻게 구성할 것인지에 관하여는 학설이 대립하고 있다. 실질주주제도하에서는 법률상의 권리까지 예탁결제원에 이전된 것으로 볼 수는 없으므로 위임의 관계로 파악할 수밖에 없다.

에 관한 실질주주명부에의 기재는 주주명부에의 기재와 동일한 효력을 가진다"고 규정하고 있으므로, 회사는 실질주주명부의 면책적 효력에 의하여 증권예탁원 이외에 실질주주에게 주주총회의 소집통지 등을 하면 이로써 면책된다고 하여 면책적 효력을 인정하고 있다(대법원 2009. 4. 23. 선고 2005다22701, 22718 판결). 예컨대 해외예탁기관이 국내 법인의 신규 발행주식 또는 그 발행회사가 소유하고 있는 자기주식을 원주로 하여 해외에서 발행하는 증권예탁증권의 경우, 해외예탁기관이 발행회사의 실질주주명부에 실질주주로 기재된다. 따라서 발행회사는 실질주주로 기재된 해외예탁기관에게 주주총회 소집통지 등을 하면 면책되고, 나아가 증권예탁증권의 실제 소유자를 알아내어 그에게까지 통지할 의무는 없다. [그림 14-1]은 실질주주제도의 구조를 보여 준다. 전자증권제도에서는 실질주주제도는 불필요하며, 소유자명세제도를 통하여 동일한 목적으로 달성할 수 있다.

┃그림 14-1 실질주주제도의 구조

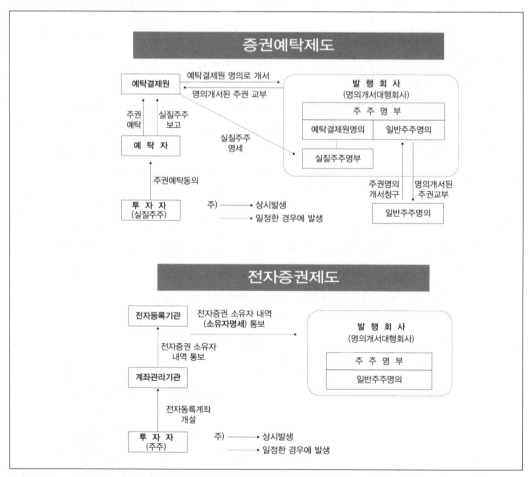

(자료) 최지웅, "전자증권제도의 시행과 주주명부제도 개선과제", 『경영법률』제28집 제4호, 2018, 85면.

다. 실질주주의 권리행사

실질주주제도에서는 배후의 투자자가 주주명부상 주주인 예탁결제원을 통해서 간접적으로 권리를 행사하는 것이 아니라 직접 주주로서 전면에 나선다. 그러나 실질주주가 반드시 직접 권리를 행사해야 하는 것은 아니다. 일반적으로 대리인을 통한 의결권 행사가 가능함은 물론이고, 주주명부상 주주인 예탁결제원을 통해서 간접적으로 행사할 수도 있다. 실질주주의 권리행사가 실질주주명부 작성이 가능한 경우에 한정되는 것이 아니다. 만약 실질주주의 권리행사가 주주총회에서의 의결권 행사나 신주인수권 행사 등과 같은 집단적 권리행사에서만 가능하고 대표소송 제기 등 소수주주권 행사와 같은 개별적 권리의 행사에서는 예탁주권을 반환받아 명의개서를 해야 한다면 불편할 것이다. 이러한 불합리를 피하기 위해 예탁자 또는 그 투자자가 예탁결제원으로부터 증권등의 예탁을 증명하는 실질주주증명서를 발급받아 회사에 제출하면 주주명부에 명의개서를 하지 않아도 회사에 대하여 주주권을 행사할 수 있도록 하였다(318조).

라. 예탁결제원의 권리행사

자본시장법상으로는 실질주주만이 법적인 주주이지만 그렇다고 해서 그가 모든 주주권을 행사할 수 있는 것은 아니다. 자본시장법은 주권불소지, 주주명부 및 주권에 관한 권리는 예탁결제원만이 행사할 수 있는 것으로 규정하고 있다(315조 2항·314조 3항). 여기서 '**주주명부 및 주권에 관한 권리**'는 주권의 병합·분할의 청구, 회사의 합병 등으로 주권의 교체가 있는 경우 그 청구, 준비금의 자본전입·주식배당·신주인수권의 행사 등에 의하여 발행하는 주권의 수령, 주권상실시의 공시최고 등에 관한 권리를 말한다. 이러한 권리행사를 예탁결제원에 맡긴 것은 실질주주의 판단이 불필요한 비교적 기계적인 업무이고, 회사의 주식사무의 혼란을 피하기 위해서이다. 결국 실질주주가 행사할 수 있는 권리는 의결권·신주인수권·주식매수청구권 등에 한정된다.

예탁결제원은 위와 같이 주권불소지, 주주명부, 주권에 관해서는 실질주주의 신청이 없는 경우에도 주주로서 권리를 행사할 수 있다(314조 3항). 그 밖의 권리에 대해서도 실질주주가 예탁자를 통해서 신청하는 경우 예탁결제원이 행사할 수 있다(314조 1항). 발행인은 이러한 예탁결제원의 권리행사를 위하여 시행령으로 정하는 사항66)을 지체없이 예탁결제원에 통지해야 한다(314조 6항).

---

66) 시행령은 다음과 같은 사항을 규정하고 있다(령 316조 1호-5호).
  (ⅰ) 증권 등의 종류 및 발행 회차
  (ⅱ) 증권 등의 권리의 종류·발생사유·내용 및 그 행사일정
  (ⅲ) 증권 등의 발행조건이 변경된 경우에는 그 내역
  (ⅳ) 주주명부상 주주와 실질주주의 주식수를 합산하는 경우(316조 3항)에는 신주인수권 등 권리의 배정명세
  (ⅴ) 원리금지급일의 변경, 그 밖에 증권 등의 권리행사와 관련하여 예탁결제원이 필요하다고 인정하여 요청하는 사항

마. 의결권행사에 관한 특칙의 폐지

예탁제도에서 가장 중요한 문제는 '의결권의 행사를 어떻게 규율하는 것인지'라고 할 수 있다. 자본시장법은 그에 관하여 이른바 섀도보팅(shadow voting)에 관한 특칙을 두고 있었다. 그에 의하면 실질주주가 주주총회 5일 전까지 예탁결제원에 직접행사, 대리행사 또는 불행사의 뜻을 표시하지 않는 경우에는 예탁결제원이 그 의결권을 행사할 수 있고(개정 전 314조 5항). 예탁결제원의 의결권행사시에는 의결내용에 영향을 주지 않도록 나머지 주식의 찬반비율에 따라 의결권을 행사하게 하였다(개정 전 령 317조 1항). 이는 주식의 분산으로 인하여 의결 정족수의 확보에 곤란을 겪는 상장법인들을 구제하기 위하여 도입된 규정이라고 설명되어 왔다.[67] 그러나 상장기업들은 서면투자나 전자투표 또는 위임장권유와 같은 주주총회의 활성화를 위한 다양한 제도를 외면하고 섀도보팅을 주로 활용하여 왔다. 2013. 5. 28. 개정 자본시장법은 섀도보팅제도를 폐지하였다.

(6) 예탁과 신탁

예탁결제원에서의 예탁의 법률관계는 수탁자에 해당하는 수치인에게 소유권이 이전되지 않는 점에서 신탁법상 신탁과는 구별된다. 그러나 예탁자와 투자자 그리고 예탁결제원의 3당사자구조가 신탁과 매우 유사하다. 자본시장법은 예탁증권등을 신탁의 방식으로 보관하는 것을 허용하는 별도 규정을 두고 있다. 예탁자계좌부 또는 투자자계좌부에 신탁재산인 뜻을 기재함으로써 제3자에게 대항할 수 있다고(311조 3항) 하여 예탁증권등에 대한 신탁설정을 위한 공시방법(신탁법 3조)의 특칙을 인정하고 있다. 이 규정은 예탁결제원의 예탁증권등의 보관방법으로 신탁을 활용할 수 있다는 취지이지 증권등에 관한 신탁적 요소가 있는 모든 계약에 적용되는 규정은 아니다(대법원 2010. 1. 28. 선고 2008다54587 판결).[68]

이 경우의 신탁에서 수탁자는 반드시 예탁결제원이 된다. 그러면 이러한 예탁결제원의 행위가 신탁업에 해당하는가? 신탁업은 신탁을 영업으로 하는 것(6조 8항)이다. 신탁을 영업으로 한다는 것은 신탁의 인수, 즉 수탁자가 되는 것을 영업으로 한다는 뜻이다. 그러나 예탁결제원이 예탁증권 등에 대한 보관방법의 하나로 신탁설정을 하는 경우를 신탁업이라고 보는 것은 입법취지에 맞지 않다.

---

67) 박철영, "섀도보팅(Shadow Voting) 폐지와 주주총회 활성화", 『BFL』 제60호, 2013, 45-54면.
68) 내국법인이 기명식 해외전환사채를 영국법을 준거법으로 하여 발행하면서 외국법인을 장래 위 사채를 취득할 사채권자를 위한 수탁자로 선임하여 사채권자 및 사채에 관한 이해관계인들의 권리의무관계에 관하여 규정하는 신탁계약(Trust Deed)을 체결하고, 그에 따라 사채 전액에 관하여 유럽포괄사채권(European Global Certificate)을 발행한 사안에서, 증권법(2007. 8. 3. 법률 제8635호 자본시장과 금융투자업에 관한 법률 부칙 제2조 제1호로 폐지) 제174조의3[자본시장법 311조에 해당]의 규정은 위 신탁계약 및 사채에 관한 권리의무 관계를 해석하는 데 적용될 여지가 없다고 한 사례.

(7) 예탁증권의 보관·관리·반환

예탁결제원은 예탁계약에 따라 예탁증권을 보관·관리해야 한다. 보관관계는 유상임치이고 관리관계는 위임이라고 볼 수 있기 때문에 예탁원은 보관·관리시에 선량한 관리자의 주의의무를 부담한다. 예탁증권이 부족하게 된 경우 예탁결제원과 투자자의 예탁자가 이를 보전해야 한다(313조 1항). 투자자는 예탁자에 대하여, 그리고 예탁자는 예탁결제원에 대하여 언제든지 공유지분에 해당하는 예탁증권의 반환을 청구할 수 있다(312조 2항). 다만 예탁자의 파산 등 사유가 있는 경우 예탁결제원은 투자자예탁분의 반환이나 계좌 간 대체를 제한할 수 있다(312조 3항; 령 314조).

예탁증권반환청구권은 예탁계약상의 청구권임과 동시에 공유지분에 기한 반환청구권의 성격을 갖는다.69) 이와 관련하여 투자자가 예탁결제원에 직접 반환을 청구하는 것이 가능한가? 투자자는 예탁계약상 예탁결제원과 아무런 관계가 없지만 예탁증권의 공유자로서 물권에 기한 반환청구권을 갖는다. 그러나 예탁결제원은 투자자예탁분은 투자자별이 아니라 총량으로만 관리하고 있으므로 투자자의 신원과 그 예탁량을 확인할 길이 없다. 따라서 투자자의 직접 반환청구는 허용되지 않는다.70) 자본시장법이 예탁자에 대한 투자자의 반환청구와 예탁결제원에 대한 예탁자의 반환청구만을 규정하고 있는 것(312조 2항)은 예탁결제원에 대한 투자자의 직접 청구를 허용하지 않는 취지로 새길 수도 있다. 다만 예탁자가 파산하거나 예탁계약이 해지 등의 사유로 종료된 경우에는 투자자가 예탁결제원에 직접 반환청구를 할 수 있다.

(8) 외국예탁결제기관 등의 예탁 등에 관한 특례

자본시장법상 예탁제도에 기초한 실질주주제도는 독특한 제도이다. 특히 실질주주의 권리의 법적 기초를 혼장임치에 기초한 공유지분에 두고 있기 때문에 외국예탁결제기관의 예탁이나 예탁증권 등의 발행인이 외국법인등인 경우에는 적용하기가 곤란하다. 자본시장법은 이를 고려하여 외국예탁결제기관 등의 예탁 등에 관한 특례를 두고 있다(320조 1항·2항).

5) 계좌 간 대체

예탁결제원에 집중예탁된 이후의 권리이전은 증권의 실물을 이동함이 없이 계좌부상의 대체기재만으로 이루어진다. 이를 위하여 자본시장법은 첫째, 투자자계좌부와 예탁자계좌부에 기재된 자는 각각 그 증권등을 점유하는 것으로 보고(311조 1항), 둘째, 투자자계좌부 또는 예탁자계좌부에 증권등의 양도를 목적으로 계좌 간 대체의 기재를 하거나 질권설정을 목적으로 질물인 뜻과 질권자를 기재한 경우에는 증권등의 교부가 있었던 것으로 본다(311조 2항). 여기서 예탁제도에서는 실물증권의 발행을 전제로 하므로 동산의 인도방법으로서의 계좌 간

---

69) 다만 민법상 공유물분할에서 요구되는 공유자의 동의는 필요치 않다. 임재연, "증권예탁제도에 관한 연구", 『법조』 제515호, 1999, 69면.

70) 같은 취지: 임재연, 앞의 논문, 70면.

대체의 법적 성질이 문제된다. 민법상 목적물반환청구권의 양도로 보는 견해와 현실의 인도로 보는 견해가 있다.[71] 목적물반환청구권의 양도로 이론구성하는 것이 옳다.

3. 전자등록의 법적 구조[72]

1) 의의와 취지

(1) 의　　의

전자증권제도는 "실물증권을 발행하지 않고 그 권리를 전자등록부에 등록하는 방식으로 발행되고, 전자등록부상 등록을 통하여 증권에 대한 권리의 이전과 행사가 가능한 제도"를 말한다. 전자증권법상 '**전자등록**'은 "주식등의 종류, 종목, 금액, 권리자 및 권리 내용 등 주식등에 관한 권리의 발생·변경·소멸에 관한 정보를 전자등록계좌부에 전자적 방식으로 기재하는 것"을 말한다(2조 2호).[73]

발행된 실물증권에 기초하는 부동화와 달리 무권화는 실물증권 자체를 발행하지 않는다. 상법은 2011. 4. 개정을 통해 주식, 사채 및 신주인수권 등의 전자등록발행의 근거를 마련했다(상 356조의2, 420조의4, 478조 3항, 516조의7). 그러나 전자등록의 법률관계는 특별법이 필요하다. 이를 위해 전자단기사채를 대상으로 「전자단기사채 등의 발행 및 유통에 관한 법률」을 제정하였다. 전자증권법[74] 시행([시행 2019. 9. 16.] [법률 제14096호, 2016. 3. 22., 제정])과 함께 전자단기사채법은 폐지되었다. 전자증권법은 증권거래질서의 건전화와 함께 그 권리에 관한 정보를 활용한 핀테크산업의 활성화에도 기여할 수 있을 것이다.[75]

(2) 주주나 사채권자의 권리

가. 발행인에 대한 개별적, 직접적 권리

전자증권법상 주주나 사채권자가 가지는 권리는 무엇인가? 전자증권법 제35조는 주주나 사채권자가 발행인에 대하여 개별적·직접적 권리를 가짐을 전제하고 있다. 전자등록계좌부상 중개기관을 통하여 주주나 사채권자가 보유하는 권리를 증권권리(securities entitlement)나

---

71) 예탁결제원, 앞의 책, 77-78면.
72) 이하 논의는 정순섭, 전자증권법 시행에 따른 상법 정비방안, 서울대학교 금융법센터 연구보고서, 2018. 12., 제2장에 기초한 것이다.
73) 전자증권의 발행방식에는 전자등록방식과 전자문서방식이 있을 수 있지만, 전자증권법은 전자등록방식을 채택한 것이다.
74) 전자증권은 전자증권법에서 규정하고 있는 '전자등록주식등'(2조 4호) 또는 '전자등록증권' 등으로 표현하는 것이 정확하다. 그러나 국내에서는 '전자증권'이라는 용어를 일반적으로 사용한다. 학계에서는 '주식등의 전자등록제도'라는 용어와 '전자증권제도'라는 용어가 함께 사용되고 있지만, 법제처의 공식약칭은 전자증권법이다.
75) 「주식·사채 등의 전자등록에 관한 법률안」(의안번호: 1918631, 제안일자: 2016. 3. 2., 제안자 정무위원장). 국회에 제출되었던 다른 전자증권법안도 같은 입법이유를 밝히고 있다. 「증권 등의 전자등록에 관한 법률안」(의안번호: 1912722, 발의연월일: 2014. 11. 27, 대표발의 이종걸의원); 「주식·사채 등의 전자등록에 관한 법률안」(의안번호: 17348, 제출연월일: 2015. 10. 23., 제출자: 정부).

신탁수익권으로 보는 미국이나 영국과 달리 증권 자체로 인식하는 일본법제를 도입한 결과이다.[76] '**실물증권을 폐기**'한다는 무권화를 하면서 '**다시 증권의 존재 자체를 법률상 의제**'하는 점에서 독특한 구조라고 할 수 있다. 그러나 국내에서는 미국의 증권권리나 영국의 신탁수익권이 법적 개념으로서는 여전히 생소함을 고려할 때 불가피한 측면이 있는 점도 부정할 수 없다.

나. 주식 등의 소유권

주식이나 사채에 대한 권리를 행사할 자를 정하는 기준은 무엇인가? 전자증권법은 '**전자등록주식등의 소유자**'(2조 5호) 또는 '**해당 주식등의 소유자**'나 '**소유자가 가진 주식등**'(37조 1항 본문)이라고 하여 전자증권에 대한 소유권을 인정한다. 실물증권이 없는 상황에서 주식이나 사채에 대한 소유권을 인정하는 것으로서 "주권이 발행되지 않는 전자증권 방식 하에서 주주가 전자등록된 주식에 대하여 (주권에 대한 소유권에 대응하는) 소유권을 갖도록 하는 것이 타당한지는 논란이 있을 수 있는 부분"[77]이다.

전자증권법상 주주나 사채권자로서 권리행사를 위해서는 전자증권에 대한 소유자로 인정되어야 한다. 발행인은 소유자명세의 통지를 받은 경우 통지받은 사항과 통지연월일을 기재하여 주주명부등을 작성·비치해야 한다(전자증권법 37조 6항). 전자증권의 소유자가 소유자증명서를 발행인이나 법원, 사채관리회사, 그 밖에 소유자증명서에 따라 전자등록주식등의 소유자로서의 권리를 행사할 필요가 있는 자로서 금융위가 고시하는 자에 대하여 소유자로서의 권리를 행사할 수 있다(전자증권법 39조 5항; 동 시행령 33조 6항 1호-3호). 전자증권의 소유자는 소유내용의 통지를 받은 경우 그 내용에 대하여 그 전자증권의 발행인등에게 소유자로서의 권리를 행사할 수 있다(전자증권법 40조 4항).

예탁제도에서는 예탁결제원에 혼장임치된 주식 등에 대한 공유지분을 보유한 자를 실질주주 등으로 보아 권리행사를 인정한다. 전자증권법상으로는 실물증권이 없으므로 개별 주주 등이 전자등록계좌부상 가지는 권리를 '**주식등에 대한 소유권**'으로 인식하고 이를 근거로 상법상 주주 등으로서의 권리행사를 위한 기준으로 삼는 것이다.

다. 상법과의 관계

전자증권법상 전자증권에 관하여 다른 법률에 특별한 규정이 있는 경우를 제외하고는 동법에서 정하는 바에 따른다(전자증권법 3조). 전자증권법은 상법상 주주 등으로서의 권리를 행사할 자를 정하는 기준을 제시한 것일 뿐이다. 전자등록주식 등의 권리자의 주주 등으로서의 권리행사의 구체적인 내용과 방법은 상법에 따른다.

---

76) 정순섭외, 전자증권제도 법제화방안 연구, 서울대학교 금융법센터 연구보고서, 2014, 24-30면.
77) 노혁준, "전자증권법의 상법상 쟁점에 관한 연구: 주식관련 법리를 중심으로," 『비교사법』 제24권 제4호, 2017, 1651면.

(3) 기명식과 무기명식의 구분

가. 원 칙

전자증권법은 주식이나 사채에 관하여 여전히 기명식과 무기명식을 구분하고 있다(37조 1항-3항, 5항·6항 단서). 전자증권법은 무기명식 주식 등에 대한 특칙을 3 가지 규정하고 있다. 첫째, 발행인은 전자등록기관으로부터 소유자명세의 통지를 받은 경우 통지받은 사항과 통지 연월일을 기재하여 주주명부등을 작성·비치해야 한다(전자증권법 37조 6항 본문). 다만, 해당 주식등이 무기명식인 경우에는 주주명부를 작성하지 않는다(전자증권법 37조 6항 단서). 둘째, 조건부자본증권의 전환 등의 경우 소유자명세의 작성이 필요한 경우가 있다. 전자증권법은 전자증권으로서 무기명식 주식등의 발행인은 자본시장법 제165조의11에 따른 조건부자본증 권이 주식으로 전환되는 경우, 상법상 상환사채(469조 2항 2호)가 다른 주식등으로 상환되는 경우, 은행법 또는 금융지주회사법에 따른 조건부자본증권에 표시되어야 할 권리가 주식으로 전환되는 경우, 그 밖에 전자등록주식등인 무기명식 주식등이 다른 주식등으로 전환되는 경 우로서 금융위가 고시하는 경우에 소유자명세의 작성이 필요하면 전자등록기관에 소유자명세 의 작성을 요청할 수 있다(전자증권법 37조 3항; 동 시행령 31조 5항 1호-3호). 셋째, 전자증권법 은 전자증권으로의 전환에 관한 특례로서 사채권, 그 밖의 무기명식 증권에 표시된 권리로서 동법 시행 당시 그 사채권등이 예탁결제원에 예탁되지 않은 금액 또는 수량에 대해서는 전자 증권으로 전환되지 않는다는 특례를 인정하고 있다(부칙 3조 2항 전단).

나. 기명식과 무기명식의 구분

전자증권제도에서 기명식과 무기명식의 구분은 유효한가? 예탁제도는 실물증권의 발행 을 전제로 하므로 기명식과 무기명식의 구분이 가능하다. 더욱이 상법은 2014. 5. 20. 개정에 서 무기명식 주권의 발행을 폐지하였다.[78] 동 개정법률 시행전에 발행된 무기명식의 주권에 관하여는 종전의 규정이 적용된다(부칙 〈법률 제12591호, 2014. 5. 20.〉 2조). 상법상 무기명사채 제도는 그대로 유지되고 있다. 그러나 전자등록제도에서는 기명식과 무기명식의 구분은 개념 상 존재할 수 없다. 전자등록제도에서는 "무기명증권도 소유자 본인명의 계좌에 증권을 등록 하여야 하므로 사실상 기명증권화"한다. 따라서 전자등록제도에서 기명식과 무기명식 증권의 구분은 의미가 없다. 사채도 전자등록발행을 할 경우 무기명사채는 있을 수 없다.

2) 구조와 적용범위

(1) 의 의

주식회사의 전자증권발행을 위해서는 첫째, 상법상 주식회사의 주식이나 채권에 관한 전 자등록방식의 발행을 허용하는 법적 근거를 두고, 둘째, 전자증권의 구체적인 법률관계를 규

---

78) 상법 일부개정법률안(의안번호: 1910349, 제안일자: 2014. 4. 28, 제안자: 법제사법위원장).

정하는 법적 근거가 필요하다. 첫째, 상법은 주식과 사채, 신주인수권과 그 밖의 유가증권에 대하여 전자등록방식에 의한 발행근거를 두고(356조의2, 420조의4 후단, 478조 3항, 65조 2항), 둘째, 전자증권의 구체적인 법률관계, 즉 전자등록의 절차·방법 및 효과, 전자등록기관에 대한 감독, 그 밖에 주식의 전자등록 등에 필요한 사항은 따로 법률로 정하도록 규정하고 있다(356조의2 4항). 여기서 "따로 법률로 정하도록 규정"한 바에 따라 제정된 법률이 전자증권법이다.

(2) 법적 근거

가. 상   법

상법은 전자증권에 대하여 기존의 유가증권법리가 적용되지 않는다는 전제 아래 주식회사의 전자등록방식에 의한 증권발행에 관한 법적 근거를 규정하고 있다. 상법은 주식, 사채, 신주인수권 그 밖의 유가증권에 대하여 발행근거(상 356조의2, 420조의4, 478조 3항, 516조의7, 65조)를 두고 있지만, 조문체계상 주식의 전자등록에 관한 상법 제356조의2가 기본이 되고 있다.

상법상 증권의 전자등록은 정관변경을 통하여 발행인 스스로 선택할 수 있는 임의적 채택방식을 규정하고 있다. 주식의 전자등록에 대하여 상법은 주식회사가 주권을 발행하는 대신 정관으로 정하는 바에 따라 전자등록기관의 전자등록부에 주식을 등록할 수 있다고 하여 발행근거를 두고 있다(상 356조의2 1항). 여기서 정관으로 전자등록방식의 주식발행을 규정할 때 특정 종류나 종목의 주식으로 한정하여 전자등록방식의 주식발행을 규정할 수 있는지 여부가 문제될 수 있다. 전자증권법상 주식을 전자등록할 때 발행인은 그 주식등의 종목별로 전자등록신청서등을 작성하여 전자등록기관에 제출해야 한다(25조 3항 전단). 따라서 법문상으로는 주식회사는 정관에서 주식의 종목별로 전자등록대상을 정할 수 있다는 해석도 가능하다. 그러나 상장회사협회에서 발간하는 2019년 개정 상장회사 표준정관[79]은 주식, 신주인수권, 사채의 전부에 대하여 전자등록방식으로 발행할 것인지 여부를 규정하는 방식을 채택하고 있다(9조, 15조의2).[80]

전자등록의 효력에 대하여는 전자등록부에 등록된 주식의 양도나 입질은 전자등록부에 등록을 효력발생요건으로 규정하고 있다(상 356조의2 2항). 상법은 전자등록부에의 등록에 대하여 권리를 적법하게 보유한 것으로 추정하는 권리추정력을 인정하고, 전자증권에 대한 선의취득을 인정한다(상 356조의2 3항). 그리고 전자등록의 절차·방법 및 효과, 전자등록기관에 대한 감독, 그 밖에 주식의 전자등록 등에 필요한 사항은 전자증권법으로 정한다(상

---

79) 한국상장회사협의회, 2019 상장회사 표준정관, 2018. 11. 2019 개정 상장회사 표준정관은 전자증권법 시행일부터 시행한다(동 부칙).

80) 상장회사 표준정관은 조건부자본증권에 대해서는 사채로 보아 별도의 규정을 두지 않아도 되지만, 조건부자본증권의 발행근거를 정관에 규정한 경우에는 해당 조문과의 균형을 고려하여 위 조문에 조건부자본증권의 전자등록에 관한 근거규정을 추가할 수 있다고 기재하고 있다.

356조의2 4항).

나. 전자증권법

전자증권법은 적용대상을 자본시장법상 증권이라고 하지 않고 '**주식등**'을 한정적으로 열거한다. 반드시 자본시장법상 증권에 해당하지 않지만 전자등록이 필요한 경우도 있고 반대의 경우도 있을 수 있기 때문이다.

주식등은 주식, 사채(신탁법상 신탁사채 및 자본시장법상 조건부자본증권 포함), 국채, 지방채, 특수채(법률에 따라 직접 설립된 법인이 발행하는 채무증권)에 표시되어야 할 권리, 신주인수권증서 또는 신주인수권증권에 표시되어야 할 권리, 신탁법상 수익자가 취득하는 수익권, 자본시장법상 투자신탁의 수익권, 이중상환청구권부 채권, 한국주택금융공사법상 주택저당증권 또는 학자금대출증권이나 자산유동화법상 유동화증권에 표시될 수 있거나 표시되어야 할 권리, 자본시장법상 파생결합증권[81]이나 증권예탁증권[82]에 표시될 수 있거나 표시되어야 할 권리로서 시행령으로 정하는 권리, 외국법인등(9조 16항 1호-6호; 령 13조 1항·2항)이 국내에서 발행하는 증권 또는 증서에 표시될 수 있거나 표시되어야 할 권리로서 이상의 증권에 해당하는 권리, 이러한 권리와 비슷한 권리로서 그 권리의 발생·변경·소멸이 전자등록계좌부에 전자등록되는 데에 적합한 것으로서 시행령으로 정하는 권리[83]를 말한다(2조 1호 가목-거목).

상법은 주식, 사채, 신주인수권 이외의 유가증권(65조)에 대하여도 전자등록발행을 허용하고 있다. 자본시장법상 증권에 해당하지 않는 것으로서 상법상 유가증권에 해당하는 것에 대해서는 전자증권법상 "가목부터 하목까지의 규정에 따른 권리와 비슷한 권리로서 그 권리의 발생·변경·소멸이 전자등록계좌부에 전자등록되는 데에 적합한 것으로서 대통령령으로 정하는 권리"로서 전자증권법시행령에 규정되어야 한다(2조 1호 거목).

전자증권법상 주식 등의 전자등록은 발행인이 전자등록기관에 전자등록을 신청하는 방식으로 이루어진다(신청주의, 24조 1항 본문). 그러나 상장증권에 대해서는 전자등록이 의무화되어 있다(의무등록). 기존의 상장증권은 전자증권법 시행과 함께 전자증권으로 전환되었다(의무전환, 부칙 〈법률 제14096호, 2016. 3. 22.〉 3조 1항). 전자등록기관은 신청대상의 전자등록 적합여부 등을 심사한다. 전자등록기관은 그 주식등이 성질상 또는 법령에 따라 양도될 수 없거나 그 양도가 제한되는 경우, 같은 종류의 주식등의 권리자 간에 그 주식등의 권리 내용이 다르거나 그 밖에 그 주식등의 대체가능성이 없는 경우, 그 밖에 주식등의 신규 전자등록이 부적

---

81) 시행령은 파생상품에서 제외되는 파생결합증권(령 4조의3 1호)에 표시된 권리, 그 밖에 이와 유사한 것으로서 금융위가 정하여 고시하는 권리를 추가하고 있다(전자증권법 2조 1호 타목; 동 시행령 2조 1항 1호·2호).

82) 전자증권법시행령은 증권예탁증권 중 국내에서 발행되는 것에 표시될 수 있거나 표시되어야 할 권리를 추가하고 있다(전자증권법 2조 1호 파목; 동 시행령 2조 2항).

83) 전자증권법시행령은 양도성 예금증서에 표시될 수 있거나 표시되어야 할 권리, 은행법 및 금융지주회사법에 따른 조건부자본증권에 표시되어야 할 권리, 그 밖에 해당 권리의 유통가능성 및 대체가능성 등을 고려하여 금융위가 고시하는 권리를 추가하고 있다(전자증권법 제2조 제1호거목; 동 시행령 2조 3항 1호-3호).

절한 경우로서 시행령으로 정하는 경우[84])에는 전자등록을 거부할 수 있다(전자증권법 25조 6항 1호 가목-다목; 령 21조 2항 1호·2호).

양도제한 주식 등도 예탁제도에서는 예탁대상으로 허용한다. 예탁결제원의 증권등예탁업무규정은 지정요건으로서 정관상 양도제한이 없을 것을 원칙으로 하면서(7조 1항 1호 본문) "양도의 제한에 기한이 있는 등 해당 증권의 예탁 및 계좌대체 등의 업무수행에 지장이 없다고 인정하는 경우"(7조 1항 1호 단서)에는 예외를 허용한다. 그러나 주식·사채 등의 전자등록업무규정은 예외를 인정하지 않는다(20조 2항 1호).

(3) 참여기관과 법적 구조

가. 전자등록기관과 계좌관리기관

전자증권법상 전자등록기관은 주식등의 전자등록에 관한 제도의 운영을 위하여 동법상 허가를 받은 자를 말한다(2조 6호). 예탁결제원은 전자증권법 공포 후 6개월이 경과한 날 전자등록기관의 허가를 받은 것으로 본다(부칙〈법률 제14096호, 2016. 3. 22.〉 8조 1항). 전자등록기관은 발행인관리계좌, 계좌관리기관등 자기계좌, 발행인관리계좌부 등의 작성 및 관리, 주식등의 전자등록, 소유자명세 작성 및 통보, 전자증권의 권리행사 대행, 발행내역공표 등, 고객관리계좌의 개설·폐지 및 관리 등의 업무를 담당한다.

전자증권법상 계좌관리기관은 은행, 보험회사, 증권에 관한 투자매매업자와 투자중개업자, 집합투자재산을 보관·관리하는 신탁업자 및 외국전자등록기관(19조 1호-8호)으로서 고객계좌를 관리하는 자를 말한다(2조 7호). 계좌관리기관은 고객계좌의 개설·관리, 고객계좌부의 작성·관리, 고객계좌부를 통한 주식등의 전자등록업무를 담당한다(20조 1항). 계좌관리기관이 아닌 자는 "전자등록기관에 고객관리계좌, 그 밖에 이와 비슷한 계좌를 개설하여 주식등의 전자등록에 관한 업무"를 할 수 없다(20조 2항).

나. 법적 구조

① 복층형·개별관리방식

전자증권제도는 전자등록기관과 투자자 사이에 중개기관의 개입단계를 기준으로 다층형과 복층형으로, 전자등록기관이 투자자들의 개별권리상황을 파악할 수 있는지 여부를 기준으로 개별관리형과 통합관리형으로 구분된다. 전자증권법은 계좌관리기관은 고객계좌부에 전자등록된 전자증권의 총수량 또는 총금액을 관리하기 위하여 전자등록기관에 고객관리계좌를 개설해야 하고, 전자등록기관은 계좌관리기관별로 고객관리계좌부를 작성해야 한다고 하여

---

84) 시행령은 다음 두 경우를 추가하고 있다(령 21조 2항 1호·2호).
 (ⅰ) 주식의 신규 전자등록을 신청하는 발행인이 명의개서대행회사를 선임하지 않은 경우
 (ⅱ) 그 밖에 주식등의 발행 및 전자등록 시에 발행인이 권리자보호에 필요한 사항이나 절차를 불이행하는 경우 등 권리자보호 및 거래질서유지를 위해 필요한 경우로서 금융위가 고시하는 경우

복층형과 개별관리방식을 규정하고 있다(22조 3항·4항). 아래 [그림 14-2]에서 보는 바와 같이 전자등록기관과 투자자 사이에 1단계의 중개기관만 존재하고(복층형), 전자등록기관이 개별투자자의 권리상황을 파악할 수 없다(개별관리방식).[85]

② 계좌와 계좌부

전자증권법상 이용되는 계좌는 전자등록계좌부, 발행인관리계좌부, 고객관리계좌부로 구성된다. 전자증권법상 전자등록계좌부는 고객계좌부(22조 2항)와 계좌관리기관등 자기계좌부(23조 2항)를 말한다(2조 3호). 전자등록기관은 발행인관리계좌부, 고객관리계좌부, 계좌관리기관등 자기계좌부를, 계좌관리기관은 고객계좌부를 각각 관리한다.

전자증권법상 전자등록계좌부는 주식등에 관한 권리의 발생·변경·소멸에 대한 정보를 전자적 방식으로 편성한 장부로서 고객계좌부(22조 2항)와 계좌관리기관등 자기계좌부(23조 2항)를 말한다(2조 3호). 전자등록계좌부에는 주식등에 관한 권리가 전자등록된다. 전자등록계좌부에는 기재사항을 '**전자등록**'하고, 아래 관리계좌부에는 '**기록**'한다고 하여 구별한다.

고객계좌는 전자등록주식등의 권리자가 되려는 자가 계좌관리기관에 개설하는 계좌를 말한다(전자증권법 22조 1항). 고객계좌가 개설된 경우 계좌관리기관은 권리자의 성명 또는 명칭 및 주소, 발행인의 명칭, 전자등록주식등의 종류, 종목 및 종목별 수량 또는 금액, 전자등록주식등에 질권이 설정된 경우에는 그 사실, 전자등록주식등이 신탁재산인 경우에는 그 사실, 전자등록주식등의 처분이 제한되는 경우에는 그에 관한 사항, 전자등록된 전자등록주식등의 수량 또는 금액이 증감하는 경우 그 증감 원인을 전자등록하여 권리자별로 고객계좌부를 작성한다(전자증권법 22조 2항 1호-7호; 동 시행령 제14조).

계좌관리기관등 자기계좌는 계좌관리기관, 법률에 따라 설립된 기금, 법률에 따라 설립된 기금을 관리·운용하는 법인, 개인, 법인 또는 단체로서 주식등의 보유 규모, 보유 목적 및 해당 주식등의 종류 등을 고려하여 금융위가 고시하는 자가 스스로 전자등록주식등의 권리자가 되려는 경우에 전자등록기관에 개설하는 계좌를 말한다(전자증권법 22조 1항; 동 시행령 16조 1호·2호).

전자증권법상 계좌관리기관등 자기계좌가 개설된 경우 전자등록기관은 계좌관리기관등의 성명 또는 명칭 및 주소, 발행인의 명칭, 전자등록주식등의 종류, 종목 및 종목별 수량 또는 금액, 전자등록주식등에 질권이 설정된 경우에는 그 사실, 전자등록주식등이 신탁재산인 경우에는 그 사실, 전자등록주식등의 처분이 제한되는 경우에는 그에 관한 사항, 계좌관리기관등 자기계좌부에 전자등록된 전자등록주식등의 수량 또는 금액이 증감하는 경우 그 증감 원인을 전자등록하여 계좌관리기관등 자기계좌부를 작성해야 한다(전자증권법 23조 2항 1호-3

---

85) 노혁준, "전자증권법의 상법상 쟁점에 관한 연구: 주식관련 법리를 중심으로," 『비교사법』 제24권 제4호, 2017, 1648-1649면.

호; 령 17조).

관리계좌부는 고객관리계좌부와 발행인관리계좌부를 말한다. 관리계좌부는 주식등에 대한 권리를 전자등록하는 것이 아니라 전자등록기관이 고객분과 발행인별 발행내역의 관리를 위하여 개설하는 것이다.

고객관리계좌는 계좌관리기관이 고객계좌부에 전자등록된 전자등록주식등의 총수량 또는 총금액을 관리하기 위하여 전자등록기관에 개설하는 계좌를 말한다(전자증권법 22조 3항). 고객관리계좌가 개설된 경우 전자등록기관은 계좌관리기관의 명칭 및 주소, 전자등록주식등의 종류, 종목 및 종목별 수량 또는 금액, 고객관리계좌부에 기록된 전자등록주식등의 수량 또는 금액이 증감하는 경우 그 증감 원인을 기록하여 계좌관리기관별로 고객관리계좌부를 작성하여야 한다(전자증권법 22조 4항 1호-3호; 동 시행령 15조).

발행인관리계좌는 발행회사 등[86]이 주식등을 전자등록방식으로 발행하기 위하여 전자등록기관에 개설하는 계좌를 말한다(21조 1항 1호-3호). 발행인관리계좌가 개설된 경우 전자등록기관은 발행인의 명칭 및 사업자등록번호, 발행인의 법인등록번호 또는 고유번호, 발행인의 본점과 지점, 그 밖의 영업소의 소재지, 발행인의 설립연월일, 업종 및 대표자의 성명, 그 밖에 이에 준하는 정보 그 밖에 발행인을 식별할 수 있는 정보로서 대통령령으로 정하는 정보, 전자등록주식등의 종류, 종목 및 종목별 수량 또는 금액, 전자등록의 사유, 전자등록주식등의 발행 일자 및 발행 방법, 단기사채등인 경우 그 발행 한도 및 미상환 발행 잔액, 그 밖에 전자등록기관이 전자등록업무규정으로 정하는 사항을 기록하여 발행인별로 발행인관리계좌부를 작성해야 한다(전자증권법 21조 2항 1호-3호; 동 시행령 12조 3항 1호-3호, 4항 1호-4호). 여기서 발행인은 발행회사 등에 해당하는 자로서 발행인관리계좌를 개설한 자를 말한다. 발행인관리계좌부에 기록된 전자등록주식등의 종목별 수량 또는 금액이 주주명부, 신탁법이나 자본시장법상 수익자명부, 국채법, 국고금 관리법 또는 한국은행 통화안정증권법상 등록부, 상법상 사채원부, 신탁법상 신탁사채원부, 지방재정법상 지방채증권원부에 기재된 주식등의 종목별 수량 또는 금액과 다른 경우에는 그 장부에 기재된 수량 또는 금액을 기준으로 한다(전자증권법

---

86) 주식등을 전자등록의 방법으로 새로 발행하려는 자, 이미 주권, 그 밖에 [대통령령으로 정하는 증권 또는 증서]가 발행된 주식등의 권리자에게 전자등록의 방법으로 주식등을 보유하게 하거나 취득하게 하려는 자, [그 밖에 제1호 및 제2호에 준하는 자로서 대통령령으로 정하는 자]를 말한다. [대통령령으로 정하는 증권 또는 증서]는 법 제2조 제1호 나목부터 마목까지 또는 카목에 해당하는 권리가 표시된 증권 또는 증서[「자본시장과 금융투자업에 관한 법률」 제8조의2 제4항 제1호에 따른 증권시장(이하 "증권시장"이라 한다)에 상장하지 않은 것에 한정하되, 종전의 「공사채 등록법」(법률 제14096호로 폐지되기 전의 것을 말한다) 제3조에 따른 등록기관에 등록하여 사채권을 발행하지 않은 것을 포함한다], 법 제2조 제1호 사목의 권리가 표시된 기명식(記名式) 증권 또는 증서(령 12조 1항 1호·2호). [그 밖에 제1호 및 제2호에 준하는 자로서 대통령령으로 정하는 자]는 국내에서 주권(株券)을 새로 발행하려는 외국법인등, 이미 국내에서 주권을 발행한 자로서 해당 주권의 권리자에게 전자등록의 방법으로 주식을 보유하게 하거나 취득하게 하려는 외국법인등을 말한다(전자증권법 2조 1호 목; 동 시행령 12조 1항 1호·2호).

21조 3항; 동 시행령 13조 1호-3호). 발행인은 발행인관리계좌의 기재사항이 변경된 경우 지체 없이 그 내용을 전자등록기관에 통지해야 하고, 전자등록기관은 그 통지내용에 따라 지체 없이 발행인관리계좌부의 기록을 변경해야 한다(전자증권법 21조 4항).

┃그림 14-2 전자증권제도의 구성

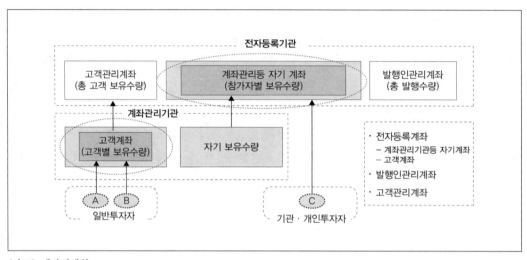

(자료) 예탁결제원

다. 선의취득

계좌관리기관이 권한 없이 고객계좌의 증권을 양도하거나 무권리자인 경우 수취계좌로부터 원계좌로의 원상회복절차가 필요하다. 그러나 다자간 청산을 거쳐 결제가 이루어지는 현재의 증권결제시스템상 원계좌로부터 수취계좌로의 증권의 흐름을 확인할 수 없으므로 그러한 원상회복절차는 기술적으로 불가능하다. 실물증권의 발행을 전제로 하는 예탁제도 하에서는 동산에 대한 선의취득과 같은 법리를 적용할 수 있다. 그러나 실물증권의 부재를 전제로 하는 전자증권제도에서는 그러한 동산에 대한 선의취득법리의 적용이나 유추적용이 원천적으로 불가능해진다.

따라서 전자증권법의 입법과정에서 전자증권에 대한 선의취득을 인정할 것인지 여부는 전자증권의 유가증권성을 인정할 것인지, 그렇지 않을 경우 선의취득법리를 인정할 수 있는 근거 등이 논의되었다.[87] 그러나 앞서 본 바와 같이 전자등록방식으로 발행된 전자증권에 유가증권개념에 기초한 법리의 적용이나 그 유추적용은 적절하다고 생각되지 않는다.

---

87) 김순석, "주식 등의 전자등록제도 도입에 따른 주주 보호방안,"『상사법연구』제22권 제3호, 2003, 282-306면; 김순석, "주식 등의 전자등록제도 도입의 필요성과 법적 검토과제,"『상사법연구』제24권 제3호, 2005, 136-137면.

상법과 전자증권법은 이 문제를 입법적으로 해결하였다. 상법은 전자등록부를 선의로, 그리고 중대한 과실 없이 신뢰하고 전자등록에 따라 권리를 취득한 자는 그 권리를 적법하게 취득한다고 규정(상 356조의2 3항)하고, 이를 신주인수권과 사채, 그 밖의 유가증권에 준용하고 있다. 전자증권법은 선의로 중대한 과실 없이 전자등록계좌부의 권리 내용을 신뢰하고 소유자 또는 질권자로 전자등록된 자는 해당 전자증권에 대한 권리를 적법하게 취득한다고 하여 일반규정을 두고 있다(35조 5항).

그러면 주식이 발행되지 않았으나 전자등록이 이루어진 경우는 전자증권법상 선의취득의 대상에 포함되는가? 전자증권법상 전자주식등의 선의취득은 "전자등록계좌부의 권리 내용을 신뢰하고 소유자 또는 질권자로 전자등록된 자"를 대상으로 하는 것이지 발행의제를 규정한 것은 아니다.[88] 다만 주식이 발행되지 않았으나 전자등록이 이루어진 경우 이 "전자등록계좌부의 권리 내용을 신뢰하고 소유자 또는 질권자로 전자등록된 자"는 전자증권법상 선의취득 조항의 보호대상이 된다. 이 경우 초과분은 발행인에 대한 권리 행사제한(전자증권법 43조)과 계좌관리기관 또는 전자등록기관의 초과분에 대한 원리금 등 지급의무와 초과분해소의무로 해결한다(전자증권법 42조).

3) 계좌 간 대체

전자등록기관에 전자등록된 증권의 권리이전은 증권의 실물이 없으므로 계좌부상의 대체 기재만으로 이루어진다. 이를 위하여 전자증권법은 전자등록증권에 관한 권리의 전자등록에 권리추정력, 권리이전의 효력발생요건, 제3자 대항요건 등의 효력을 인정한다.

첫째, 전자등록계좌부에 전자등록된 자는 해당 전자증권에 대하여 전자등록된 권리를 적법하게 가지는 것으로 추정한다(전자증권법 35조 1항). 상법도 주식에 대하여 "전자등록부에 주식을 등록한 자는 그 등록된 주식에 대한 권리를 적법하게 보유한 것으로 추정"하는 규정(356조의2 3항)을 두고 신주인수권과 사채, 그 밖의 유가증권에 준용하고 있다.

둘째, 전자증권을 양도하거나 질권의 목적으로 하는 경우에는 전자등록계좌부에 전자등록해야 효력이 발생한다(상 356조의2 2항). 전자증권법은 이를 양도와 입질로 구분하여 규정하고 있다. 전자증권을 양도하는 경우에는 계좌 간 대체의 전자등록(전자증권법 30조)을 해야 그 효력이 발생한다(전자증권법 35조 2항). 전자증권을 질권의 목적으로 하는 경우에는 제31조에 따른 질권 설정의 전자등록을 해야 입질의 효력이 발생한다(전자증권법 35조 3항 전단). 이 경우 「상법」 제340조 제1항에 따른 주식의 등록질의 경우 질권자의 성명을 주권에 기재하는 것에 대해서는 그 성명을 전자등록계좌부에 전자등록하는 것으로 갈음한다(전자증권법 35조 3항 후단). 다만 전자증권의 신탁은 전자증권이 신탁재산이라는 사실을 전자등록함으로써 제3자에

---

88) "선의취득의 요건은 '전자등록계좌부'의 권리내용을 신뢰하는 것인바, 신주인수인의 신주취득인 경우 아직 신뢰할 전자등록계좌부의 기재가 없었기 때문"이라고 설명한다. 노혁준, 앞의 논문, 1661면.

게 대항할 수 있다(전자증권법 35조 4항).

셋째, 전자증권제도 시행 후 적용대상증권에 대하여 증권이나 증서를 발행하는 것은 무권화의 취지에 반하고 시장의 극심한 혼란을 초래할 수 있다. 따라서 발행인은 전자증권에 대해서는 증권 또는 증서를 발행할 수 없고, 이에 위반하여 발행된 증권 또는 증서는 효력이 없다(전자증권법 36조 1항·2항). 그리고 이미 주권등이 발행된 주식등이 신규 전자등록된 경우 그 전자증권에 대한 주권등은 기준일부터 그 효력을 잃는다(전자증권법 36조 3항 본문). 다만, 기준일 당시 민사소송법상 공시최고절차가 계속 중이었던 주권등은 그 주권등에 대한 제권판결의 확정, 그 밖에 이와 비슷한 사유가 발생한 날부터 효력을 잃는다(전자증권법 36조 3항 단서).

제15장　금융투자업관계기관

제1절　서　　언

　　자본시장이 그 기능을 효율적이고 안전하게 수행하기 위해서는 엄격한 규제의 대상인 금융투자업자와 매매체결·청산·결제기관 이외에도 고객자산보호를 위한 자금예치기관과 자율규제기관 등의 역할이 매우 중요하다. 자본시장법은 이러한 역할을 수행하는 기관을 금융투자업관계기관으로 규정하고 있다. 넓은 의미의 자본시장인프라에 해당한다고 볼 수 있다. 현재 금융투자업관계기관에는 한국금융투자협회('협회'), 예탁결제원, 청산회사, 증권금융회사, 자금중개회사, 단기금융회사, 명의개서대행회사, 금융투자관계단체가 포함된다(9조 17항). 체계상으로는 자본시장인프라기능을 수행하는 거래소와 함께 청산회사와 예탁결제원은 별도의 편에서 함께 규제하는 것이 옳다. 이 책에서도 매매체결기능(거래소와 다자간매매체결회사), 청산기능(청산회사), 결제기능(예탁결제원)은 제12장 금융투자상품시장과 제14장 금융투자상품의 청산·결제에서 이미 설명하였다. 이 장에서는 나머지 금융투자업관계기관을 살펴본다.

　　제2절 한국금융투자협회에서는 협회의 구조와 업무를 살펴본다. 협회는 회원지원기능과 자율규제기능을 동시에 수행하고 있어 그 역할의 구분을 파악하는 것이 중요하다. 제3절 증권금융회사에서는 자본시장거래와 관련한 고객자산보호제도의 핵심요소인 고객예탁금의 별도예치기관으로서의 기능을 설명한다. 전통적인 자금예치기관인 은행이나 신탁업자와의 기능을 비교하는 것은 자본시장에서의 고객자산보호와 관련하여 핵심적 과제라고 할 수 있다. 제4절 기타의 기관에서는 종합금융회사, 자금중개회사, 단기금융회사, 그리고 금융투자관계단체와 코스콤을 정리한다. 특히 코스콤은 자본시장분야 기술전문기관으로서의 공적 역할을 함께 포함한다.

제2절   한국금융투자협회

I. 회원제의 자율규제기관

협회는 "금융투자업자 상호간의 업무질서 유지와 공정한 거래의 확립 그리고 투자자 보호와 금융투자업의 건전한 발전을 위한 회원조직으로서의 비영리특수법인"이다(283조 1항·2항). 협회는 구법상 업종별 3개 협회(한국증권업협회, 자산운용협회, 선물협회)를 하나로 통합한 것이다. 처음에는 증권회사 등을 회원으로 하여 자생적으로 성립된 임의적인 동업자단체였으나 자본시장법에서는 법률상 자율규제기관이다. 협회에 대해서는 민법의 사단법인에 관한 규정이 준용된다(283조 4항).

II. 업   무

1. 범   위

협회는 자율규제업무, 회원 영업행위와 관련된 분쟁자율조정(당사자 신청이 있는 경우에 한함)업무, 주요직무종사자(투자권유자문인력·조사분석인력·투자운용인력등)(령 307조 1항 1호-6호)의 등록·관리업무, 비상장주권의 장외매매거래업무, 금융투자업 관련제도의 조사·연구업무, 투자자교육 및 이를 위한 재단의 설립·운영업무, 금융투자업관련 연수업무 등을 수행한다(286조).

협회는 이들 업무 외에 자본시장법이나 다른 법령에 따라 위탁받은 업무와 금융투자업자 임직원의 징계기록 유지·관리 등 시행령으로 정하는 업무(령 307조 2항 1호-6호), 이러한 업무에 부수되는 업무도 취급한다. 시행령상 업무는 채무증권의 장외매매거래에 대한 정보관리·공시업무, 투자광고의 자율심의업무와 주권을 제외한 비상장 지분증권의 장외매매거래업무를 포함한다(령 307조 2항 3호·5호·5호의2). 또한 협회는 정관이나 업무규정을 통해서 영업질서 유지 및 투자자 보호를 위한 규정을 제정하고 회원이 법령규칙을 위반한 때에 징계를 할 수 있다(287조 1항 7호, 290조).

협회의 자율규제업무는 장내에서의 시장감시 등을 대상으로 하는 시감위와 달리 장외에서의 회원 간 건전한 영업질서유지 및 투자자 보호를 대상으로 한다. 중요한 규정은 금융투자회사의 영업 및 업무에 관한 규정과 증권 인수업무 등에 관한 규정이다.

2. 조직구성상 분리와 구분원칙

자본시장법상 협회업무와 관련하여 특기할 점은 다음과 같다. 첫째, 과거 정관상 업무로 취급되어 왔던 자율규제업무가 법정업무로 명문화된 점이다. 자본시장법은 자율규제업무의 독립성을 확보하기 위하여 자율규제업무와 분쟁조정업무를 일반 협회업무와 분리된 별도의 조직에서 할 것으로 명문으로 규정하고 있다(286조 2항). 둘째, 협회의 조직을 구성할 때 금융투자업의 종류 및 금융투자상품의 범위를 기준으로 구분·운영되도록 하고 있는 점이다(287조 1항 3호). 시행령은 금융투자업의 종류에 관하여 투자매매업·투자중개업과 집합투자업·투자자문업·투자일임업·신탁업, 그리고 금융투자상품의 종류에 관하여 증권·집합투자증권·파생상품의 구분을 기준으로 구분·운영할 것을 규정하고 있다(령 308조 1항 1호·2호). 협회가 기존의 3개 협회가 통합된 것임을 고려하여 조직의 원칙을 규정한 것이다.

Ⅲ. 감 독

협회에 대한 일반적인 감독권은 금융위가 행사한다. 협회 업무규정의 제정·변경·폐지는 금융위 보고사항이다(290조). 또한 정관 중 시행령이 정하는 사항의 변경은 금융위 승인사항이다(287조 2항; 령 308조 3항).

금융위는 협회나 협회의 임직원이 법령 또는 법령에 의한 행정관청의 처분 그리고 협회의 업무에 관한 규정에 위반한 경우에는 협회에 대한 업무정지, 그 임원의 해임요구 또는 직원의 면직 등의 조치를 취할 수 있다(293조 1항-3항, 법 [별표 7]; 령 309조 3항 령 [별표 11]).

금감원장은 금융투자업자에 대해서와 마찬가지로 협회에 대해서도 검사권을 갖는다. 즉 협회의 업무와 재산상황에 관하여 검사권을 가지며 검사상 필요한 경우에는 보고·자료제출·증인출석·증언·의견진술 등을 요구할 수 있다(292조·419조).

임직원의 직무관련 정보의 이용금지와 금융투자상품의 매매제한, 임원의 자격요건에 관한 규정은 협회에 준용한다(289조·54조·63조 및 지배구조법 5조)는 협회에 준용한다. 협회의 공적 기능을 고려한 것이다.

제3절 증권금융회사

Ⅰ. 의 의

자본시장에서 금융투자상품의 발행과 유통을 촉진하기 위해서는 거래를 위한 단기자금이 원활하게 제공될 필요가 있다. 증권금융회사는 금융투자업자가 은행으로부터 차입하는 것이 여의치 않았던 우리나라의 사정을 고려하여 특별히 그러한 금융을 담당하는 회사로 도입된 것이다(323조의21 이하). 이러한 관점에서 증권금융회사의 기능을 '**증권은행**'이라고 표현하기도 한다. 증권금융회사는 자본금 500억원 이상의 주식회사로 인가요건을 갖추어 금융위의 인가를 받아야 한다(324조 1항·2항). 증권금융회사의 인가요건은 금융투자업자에 준하여 설정되어 있다(324조 2항). 누구든지 인가를 받지 않고 증권금융업무(326조 1항)를 영위할 수 없다(323조의21). 다만, 투자자 보호 및 건전한 거래질서를 해할 우려가 없는 경우로서 시행령으로 정하는 경우는 제외한다(323조의21 단서).[1] 현재 인가받은 증권금융회사로는 한국증권금융주식회사가 유일하다. 증권금융회사가 아닌 자는 '**증권금융**' 또는 이와 유사한 명칭을 사용할 수 없다(325조). 증권금융회사는 인가요건유지의무를 진다(324조 9항).

II. 업   무

1. 증권금융업무

증권금융회사는 증권금융업무를 수행한다(326조 1항 1호-4호). 증권금융업무는 금융투자상품의 매도·매수, 증권의 발행·인수 또는 그 중개나 청약의 권유·청약·청약의 승낙과 관련하여 투자매매업자 또는 투자중개업자에 대하여 필요한 자금 또는 증권을 대여하는 업무, 거래소시장에서의 매매거래 및 다자간매매체결회사에서의 거래 또는 청산대상거래에 필요한 자금 또는 증권을 청산기관인 지정거래소 또는 청산회사를 통하여 대여하는 업무, 증권담보대출업무, 그 밖에 금융위의 승인을 얻은 업무를 말한다.

2. 겸영업무

증권금융회사는 투자매매업 및 투자중개업 중 환매조건부매매 및 그 중개·주선·대리업무과 집합투자증권을 대상으로 하는 투자매매업과 투자중개업(령 320조), 신탁업무, 집합투자재산의 보관·관리업무, 증권대차업무, 자본시장법 또는 다른 법령에서 증권금융회사의 업무로 규정한 업무, 그 밖에 금융위로부터 승인을 받은 업무를 영위할 수 있다(326조 2항 1호-3호). 투자매매업 및 투자중개업 중 환매조건부매매 및 그 중개·주선·대리업무과 집합투자증권을 대상으로 하는 투자매매업과 투자중개업(령 320조), 신탁업무, 집합투자재산의 보관·관리업무, 증권대차업무와 관련하여 자본시장법 또는 다른 법률에서 인가·허가·등록 등이 필

---

1) 자본시장법, 동 시행령, 금융관련법령(령 27조 1항)에 따라 증권금융업무인 자금 또는 증권대여(326조 1항 1호)나 증권담보대출(326조 1항 3호)을 하는 경우를 말한다(령 318조의2). 주로 투자매매업자 또는 투자중개업자인 증권회사가 문제될 것이다.

요한 경우에는 이를 받아야 한다.

3. 부수업무

증권금융회사는 증권금융업무, 겸영업무 또는 자금예탁업무 등(330조)에 부수하는 업무로서 보호예수업무 그 밖에 금융위의 승인을 받은 업무를 수행한다(326조 3항).

4. 자금예탁 및 채무증서의 발행 등

이처럼 자본시장법에 명시된 업무 외에 한국증권금융회사는 투자자예탁금의 관리(330조, 74조), 우리사주조합에 대한 지원 및 지도 등 실제로 증권시장에서 중요한 기능을 수행하여 왔다. 이러한 업무를 위한 증권금융회사의 재원은 자본금(500억원, 324조 2항 2호; 령 319조 1항), 1년 내 만기의 어음에 의한 차입(330조 2항; 규칙 36조 2항), 금융투자업자·금융투자업관계기관·거래소·상장법인·국가·지자체·보험회사·우리사주조합·금융투자업자에 거래계좌를 개설한 자로부터의 자금예탁(330조 1항; 규칙 36조 1항 1호-5호), 사채발행(329조)으로 조달한다.

1년 내 만기의 어음에 의한 차입 및 금융투자업자 등으로부터의 자금의 예탁과 관련하여 증권금융회사가 은행업을 영위하는 것인지 여부가 문제될 수 있다. 은행법은 "예금을 받거나 유가증권 또는 그 밖의 채무증서를 발행하여 불특정 다수인으로부터 채무를 부담함으로써 조달한 자금을 대출하는 것을 업으로 하는 것"을 은행업으로 정의하고 있다(2조 1항 1호). 증권금융회사는 자금예탁을 받거나 어음을 발행하여 불특정다수인으로부터 조달한 자금으로 증권담보대출을 한다. 엄밀히 따져 증권금융회사가 은행업을 한다고 보기는 어렵지만, 자본시장법은 이 점을 고려하여 증권금융회사에 대하여 한국은행법과 은행법의 적용을 배제하고 있다(330조 3항). 다만 건전경영지도와 예금지급불능 등에 대한 조치에 관한 은행법규정(34조·46조)을 증권금융회사의 경영건전성을 유지하기 위한 감독업무에 관하여 준용하고(331조 3항 전단), 금융위는 증권금융회사의 특성을 고려하여 별도의 경영지도기준을 정하도록 하고 있다(331조 3항 후단).

증권금융회사가 발행하는 사채는 자본금과 준비금의 합계액의 20배를 초과할 수 없다(329조 1항). 증권금융회사는 발행한 사채의 상환을 위하여 일시적으로 그 한도를 초과하여 사채를 발행할 수 있지만, 발행 후 1개월 이내에 그 발행한도에 적합하도록 해야 한다(329조 2항).

5. 투자자 예탁금의 별도예치와 금융투자업자의 자금이체업무

현재 증권금융회사의 가장 중요한 기능은 금융투자업자에게 투자자가 맡긴 투자자예탁금의 예치를 받는 것이다(74조 1항). 투자자예탁금은 투자자로부터 금융투자상품의 매매, 그 밖

의 거래와 관련하여 예탁받은 금전을 말한다. 투자매매업자 또는 투자중개업자는 투자자예탁
금을 고유재산과 구분하여 증권금융회사에 예치 또는 신탁해야 한다.

자본시장법은 금융투자업자에게 투자자를 위하여 그 투자자가 예탁한 투자자예탁금(74조
1항)으로 수행하는 자금이체업무를 허용하고 있다(40조 4호). 이는 자본시장법 제정과정을 통
틀어 가장 많은 논란의 대상이 되었던 사항이다. 핵심은 이 업무를 지급결제업무로 볼 수 있
는지 여부와 지급결제업무로 볼 경우 은행법상 은행만 수행할 수 있는 은행의 고유업무라고
할 수 있는지 여부였다. 금융투자업자의 투자자예탁금을 이용한 자금이체업무(40조 4호)는 그
자금이체수단인 투자자예탁금 전액이 증권금융회사에 별도 예치(74조 1항)되어 있다는 점에서
금융투자업자의 업무위험과 단절되고 그러한 이유에서 은행법상 예금과도 구별된다.[2] 그러
나 만일 금융투자업자의 투자자 예탁금 전액에 대한 별도예치제도를, 예치비율을 줄이거나
예치기관에 신탁업자인 금융투자업자를 포함하는 방식으로 변경하는 경우에는 자금이체수단
인 예탁금계좌가 금융투자업자의 위험에 노출되어 투자자예탁금과 은행법상 예금 사이의 구
별이 모호해질 것이다.[3]

자본시장법은 (ⅰ) 지급결제수단을 자본시장법상 투자자예탁금과 같이 지급결제업무를
수행하는 금융회사의 위험으로부터 완전히 분리되도록 구성하거나, (ⅱ) 지급결제업무를 수행
하는 금융회사의 업무를 위험업무로부터 분리하는 2가지 방안 중 (ⅰ)의 방식을 채택한 것이
다. 자본시장법상 투자자예탁금계좌는 증권금융회사에 전액 별도예치됨으로써 금융투자업자
의 업무위험과 분리되어 있다. 그러나 투자자예탁금이 이러한 요건을 갖추지 못할 경우에는
(ⅱ)의 방식에 따라 금융투자업자의 위험업무를 제한할 수밖에 없을 것이다.[4]

Ⅲ. 감   독

증권금융회사의 인가, 인가취소, 해산·업무폐지승인, 정관·규정보고는 금융위의 권한사
항이다(324조 1항, 335조 1항, 332조 1항, 333조).

금융위는 증권금융회사나 그 임원 또는 직원이 법령 또는 법령에 의한 행정관청의 처분
그리고 증권금융회사의 업무에 관한 규정에 위반한 경우에는 증권금융회사에 대한 업무정지,
당해 임원의 해임 요구 또는 직원의 면직 등의 조치를 취할 수 있다(335조 2항-4항, 법 [별표

---

2) EU 지급업무지침상의 안전장치요건을 충족하는 것으로 본다. 그러나 평소에는 금융투자업자의 위험에 노출될
   수밖에 없는 CMA의 형태로 운용되다가 이체시점에 투자자예탁금계좌를 일시적으로 통과하는 형태의 절차에
   서는 예금과 구별되는 투자자예탁금계좌의 특성이 명확하게 나타나지 않는다.
3) 정순섭, "금융규제체계개편론 — 은행의 업무범위에 대한 국제적 논의를 중심으로", 『상사판례연구』 제24집
   제4권, 2011, 47-48면.
4) 정순섭, 위의 논문, 55-56면.

9]; 령 324조 5항-7항, 령 [별표 13]).

금감원장은 금융투자업자에 대해서와 마찬가지로 증권금융회사에 대해서도 검사권을 가진다. 즉 증권금융회사의 업무와 재산상황에 관하여 검사권을 가지며 검사상 필요한 경우에는 보고ㆍ자료제출ㆍ증인출석ㆍ증언ㆍ의견진술 등을 요구할 수 있다(334조, 419조).

제4절 기타의 기관

Ⅰ. 종합금융회사ㆍ자금중개회사ㆍ단기금융회사

구 「종합금융회사에 관한 법률」상 종합금융회사는 증권의 매매ㆍ중개ㆍ인수ㆍ투자 등 금융투자업과 함께 어음관리계좌 등 수신업무도 함께 수행하는 금융회사였다. 자금중개회사는 금융기관 간 자금거래의 중개를, 그리고 단기금융회사는 1년 이내에 만기가 도래하는 어음의 발행ㆍ할인ㆍ매매 등을 영위하는 금융회사였다. 구 「종합금융회사에 관한 법률」은 자본시장법의 시행과 함께 자본시장법에 흡수통합되고 폐지되었다(부칙 2조 5호). 이들 회사가 영위하는 업무 중 금융투자업에 해당하지 않는 업무에 대한 별도의 업규제는 제6편 금융투자업관계기관에서 규정하고 있다(종합금융회사: 336조 이하, 자금중개회사: 355조 이하, 단기금융회사: 360조 이하). 따라서 종합금융회사는 자본시장법에서도 업태를 유지할 수 있지만 금융투자업자로 전환할 수도 있다. 자금중개회사가 영위할 수 있는 금융투자업은 채권에 대한 투자중개업에 한정된다.5)

Ⅱ. 명의개서대행회사

주식 등 증권을 보유하는 권리자의 수가 늘어나면 발행회사와 이들과의 관계를 처리하는 업무가 커다란 부담이 될 수 있다. 회사와 계약으로 이러한 업무를 대신 처리해 주는 업무를 영위하는 회사가 바로 명의개서대행회사이다. 명의개서대행회사는 증권보유자의 권리를 위하여 중요한 기능을 수행하므로 금융위에 등록하도록 하고 있다(365조 1항). 명의개서대행회사가 되기 위해서는 전자등록기관 또는 전국적인 점포망을 갖춘 은행으로서 일정한 요건을 갖

---

5) 자금중개회사가 다음 금융투자업을 영위할 수 있다(357조 1항; 령 346조 1항 1호-5호).
　（ⅰ） 외화로 표시된 양도성 예금증서의 중개ㆍ주선 또는 대리
　（ⅱ） 환매조건부매매의 중개ㆍ주선 또는 대리
　（ⅲ） 기업어음증권의 중개ㆍ주선 또는 대리
　（ⅳ） 외국통화ㆍ이자율을 기초자산으로 하는 장외파생상품의 중개ㆍ주선 또는 대리
　（ⅴ） 전문투자자를 상대로 채무증권을 대상으로 하는 투자중개업(령 [별표 1] 2i-11-2i)

추어야 한다(365조 2항). 명의개서대행회사는 명의개서의 대행 외에 배당·이자 및 상환금의 지급대행업무와 증권발행대행업무를 영위할 수 있다(366조). 현재 전자등록기관인 예탁결제원과 일부 은행들이 이 업무를 영위하고 있다. 명의개서대행회사도 다른 금융투자업관계기관과 마찬가지로 각종 감독규정의 적용을 받고 있다(367조-369조).

Ⅲ. 금융투자관계단체

투자자 보호와 건전한 거래질서를 위하여 투자자, 주권상장법인, 투자권유대행인, 주요직무종사자 등이 단체를 설립하고자 하는 경우 금융위 허가를 받아야 한다(370조 1항; 령 353조 1항). 거짓 또는 부정한 방법으로 이러한 허가를 취득하면 1억원 이하의 과태료에 처한다(449조 1항 48호). 또한 이러한 단체에 대해서는 금융위나 금감원이 검사권·업무정지명령권 등으로 감독할 수 있도록 하고 있다(371조, 372조). 이 규정으로 인하여 투자자들이 자신들의 이익보호를 위하여 단체를 결성하는 것이 제약받게 되었다. 이는 자기책임원칙에 따른 투자결과를 수용하지 않고 무리한 요구를 내세우는 일부 극성스런 투자자들이 단체를 결성하는 것을 우려한 결과라고 여겨진다. 그러나 투자자들이 자신의 이익을 위해서 단체를 결성하는 것 자체를 허가사항으로 한 것은 헌법상 결사의 자유에 대한 본질적인 침해로서 위헌의 소지가 크다.

Ⅳ. 코 스 콤

코스콤주식회사(구 한국증권전산주식회사)는 자본시장법상 기관은 아니나 거래소, 금융투자업자의 증권전산업무를 담당하고 있는 상법상의 주식회사이다. 수행하는 업무는 공동온라인시스템과 매매체결시스템의 운영업무, 시세 등 정보제공업무이다. 최근 핀테크의 발전과 함께 자본시장관련 IT전문기관으로서 전자적 투자조언장치의 요건심사(규정 1-2조의2 3호)와 운용성과, 위험지표 등 주요사항의 일일공시(규정 4-77조 18호 라목), 상장증권에 대한 외국인 투자현황을 종합적으로 관리하기 위하여 금감원장이 위탁하는 외국인투자관리시스템 운영(규정 6-1조 10호) 등의 역할도 담당한다.

제 5 편
금융투자업자의 규제

제16장	진입규제

제1절 서 언

진입규제는 건전성규제의 일부이다. 금융투자업을 영위할 수 있는 자를 일정한 자격을 갖춘 자로 제한함으로써 진입단계부터 금융투자업자의 건전성을 확보하겠다는 것이다.

자본시장법상 진입규제는 금융투자업과 금융투자상품 그리고 투자자의 유형을 요소로 당사자들의 선택에 기초한 사업모델의 구성이 가능하다. 예컨대 법률에 의하여 은행이 영위할 사업내용이 정해지는 은행법상 은행업과 달리 금융투자업자가 자신들이 수행할 수 있는 사업범위를 선택할 수 있는 것이다. 이를 기능별 진입규제라고 한다. 또한 인가와 등록으로 이원화하고 있는 점이다. 진입절차를 등록으로 일원화하는 방안도 생각할 수 있지만, 적격성심사가 필요한 금융업의 진입규제의 본질적 기능도 고려해야 한다.

제2절 일반적 금지와 인가·등록에서는 기능별 진입규제의 핵심요소인 포괄적으로 정의된 금융투자업의 일반적 금지와 진입절차를 개관한다. 제3절 인가와 등록의 요건에서는 진입요건을 정리한다. 등록요건은 정성적 요소를 인가요건에 비하여 가급적 제외한 점이 특징이다. 제4절 인가의 변경 등에서는 기능별 진입규제의 핵심적인 요소로서 이미 취득한 인가나 등록의 범위를 금융투자업과 금융투자상품 그리고 투자자의 유형을 기준으로 확장하거나 축소하는 제도를 살펴본다. 제5절 인가요건의 유지의무 등에서는 인가요건과 업무단위 추가등록요건 그리고 등록요건으로 나누어 계속적 규제로서 유지의무를 정리한다. 제6절 인가의 취소 등에서는 인가취소제도, 특히 일부취소의 가능성을 검토한다. 제7절 조직변경, 영업의 양수도와 폐지 등에서는 금융투자업자의 합병 등과 영업의 양수도 등에서 투자자와 자본시장에 미치는 영향을 고려한 금융위의 승인과 보고제도를 살펴본다.

제2절   일반적 금지와 인가·등록

I. 의의와 취지

금융투자업자는 발행시장과 유통시장에서 금융투자상품거래를 넓은 의미에서 **'중개'**한다. 자기계산으로 거래하기도 하지만 투자자를 위한 업무가 본업이다. 금융투자업자는 전문가로서 금융투자상품거래에 관여함으로써 거래가 원활히 이루어지도록 돕는다. 발행시장에서는 발행회사의 자금조달을 돕는 한편 투자자에게는 알맞은 투자대상을 제공함으로써 자원의 효율적 배분에 기여한다. 또한 유통시장에서는 투자자 사이의 거래를 중개함으로써 유통을 촉진한다. 한편 투자자가 금융투자상품시장에 참여하기 위해서는 금융투자업자를 통할 수밖에 없다. 금융투자업자와 투자자는 능력이나 정보 면에서 격차가 클 뿐 아니라 이해상충 가능성도 있다. 또한 은행만큼 심각하지는 않지만, 금융투자업자의 도산은 투자자의 이익을 위태롭게 할 수 있다. 이처럼 금융투자업자는 금융투자상품시장의 정상적인 작동에 중추적인 역할을 담당하는 반면, 투자자 이익을 침해할 수도 있다. 이에 따라 자본시장법은 금융투자업자를 다양하게 규제한다.

증권법 등 종래의 자본시장관련 법률은 아래 [표 16-1]에서 보는 바와 같이 **'금융기관'**을 중심으로 하는 기관별 규제로서 증권회사·선물회사·자산운용회사 등 금융회사별로 각각 개별법에서 각 회사의 금융업무를 규제하였다. 그 결과 동일한 기능과 위험을 가진 업무라도 그 수행주체가 다른 경우 규제내용에 차이가 발생하였다. 그 결과 특히 투자자 보호 수준 등 규제의 형평성에 차별을 야기하는 문제점이 지적되었다. 이를 고려하여 자본시장법은 기능별 규제로 전환함으로써 증권법 등 종래의 자본시장관련 법률에서 규정하던 금융투자업을 기능과 위험을 기준으로 6개의 금융투자업으로 구분하여 규제의 기본틀을 새로이 구축하였다. 이와 같이 재분류된 금융투자업 중에서 동일한 금융기능에 대하여는 진입규제, 건전성규제, 영업행위규제 등 금융규제 전반에 걸쳐 동일한 규제를 적용하는 것을 원칙으로 하고 있다.

자본시장법에서 구상하고 있는 진입규제를 제대로 이해하려면 증권과 파생상품을 포함한 금융투자상품의 개념을 확실히 이해할 필요가 있다. 이에 대해서는 제2장 금융투자상품의 논의를 참조하기 바란다.

▌표 16-1 구 자본시장 관련 법률상 금융투자업의 기능별 분류

구법명	회사명	규정된 금융투자업	금융 기능
증권거래법	증권회사	매매업, 인수업, 매출업	① 투자매매업
	증권회사	위탁매매업, 중개업, 대리업, 매매위탁의 중개·주선·대리업, 모집·매출의 주선업	② 투자중개업
선물거래법	선물회사	선물거래업	
종합금융회사에 관한 법률	종합금융회사	중개업	② 투자중개업
		매매업, 인수업	① 투자매매업
		어음관리계좌업무	수신업
	자금중개회사	자금중개업	자금중개업
신탁업법	신탁회사	신탁업, 개인연금신탁업, 연금신탁업	⑥ 신탁업
간접투자자산 운용업법	은행, 증권, 보험, 자산운용사	간접투자증권의 판매	① 투자매매업 또는 ② 투자중개업
	투자자문사	투자자문업	⑤ 투자자문업
	투자일임사	투자일임업	④ 투자일임업
	자산운용사	투자신탁재산의 운용·운용지시	③ 집합투자업
		투자회사재산의 운용업무	
	–	투자전문회사(PEE)의 업무집행사원 기능	
	수탁회사	투자신탁재산의 수탁업	⑥ 신탁업
	자산보관회사	투자회사의 자산보관업	

(자료) 재정경제부, 「자본시장과 금융투자업에 관한 법률안」 설명자료(2006. 12. 28.), 24면.

Ⅱ. 일반적 금지

1. 의의와 취지

금융투자상품 개념을 기초로 폭넓게 정의된 금융투자업을 인가나 등록 없이 영위하는 것은 일반적으로 금지된다(11조, 17조). 무인가·미등록 영업을 형사처벌함으로써(444조 1호, 445조 1호) 규제공백을 최소화하려는 것이다.[1]

이러한 일반적 금지조항에 대해서는 위헌성이 문제되었다. 무인가 단기금융업무를 영위한 자를 처벌하는 자본시장법 제360조 제1항 및 제444조 제22호 중 "제360조 제1항을 위반하여 인가를 받지 아니하고 해당 업무를 영위한 자" 부분에 대해 헌재는 "인가를 받지 아니한 금융기관은 물론 금융회사가 아닌 자도 처벌조항에 따라 처벌될 수 있음이 분명하다"고 하여 명확성원칙에 위배되지 않는다고 판단하였다(헌법재판소 2015. 9. 24. 선고 2013헌바102 결정).

금융회사가 아닌 개인이나 기업이 무인가 금융투자업을 영위해도 일반적 금지규정위반으

---

1) 간투법도 일반적 금지 원칙을 취하고 있었다(3조 2항).

로 처벌대상이 된다(대법원 2012. 3. 29. 선고 2011도17097 판결). 미등록 금융투자업도 같이 보아야 한다.

집합투자업의 일반적 금지와 관련하여 자본시장법상 집합투자기구가 아닌 계약을 이용한 집합투자도 포함된다는 견해2)가 있다. 그러나 이런 경우가 있다면 투자계약증권에 해당할 것이므로 그런 해석이 가능한지 의문이다. 오히려 집합투자에 이용된 '**계약**'의 법적 성격을 적극적으로 해석하여 익명조합이나 합자조합으로 봄으로써 문제를 해결하는 것이 옳다.

자본시장법상 기능별 규제로의 전환은 진입규제에서 가장 두드러지게 나타난다. 증권업, 선물업, 자산운용업, 투자자문업, 투자일임업, 신탁업으로 다원화되어 있던 종래의 진입규제를 금융투자업에 대한 진입규제로 단일화함으로써 기관별 규제에서 기능별 규제로 나아갈 발판을 마련하였다.

2. 사법상 효력

무인가 또는 미등록 금융투자업자와 체결한 법률행위의 사법상 효력도 문제된다. 구체적으로 미등록 투자일임업자와의 사이에 체결된 투자일임계약의 사법상 효력이 문제되었다. 법원은 미등록 금융투자업을 금지하는 취지는 "고객인 투자자를 보호하고 금융투자업을 건전하게 육성하고자 함에 있"다고 보고, "위 규정에 위반하여 체결한 투자일임계약 자체가 그 사법상의 효력까지도 부인하지 않으면 안 될 정도로 현저히 반사회성, 반도덕성을 지닌 것이라고 할 수 없을 뿐만 아니라 그 행위의 사법상의 효력을 부인해야만 비로소 입법 목적을 달성할 수 있다고 볼 수 없고, 오히려 위 규정을 효력규정으로 보아 이에 위반한 행위를 일률적으로 무효라고 할 경우 거래 상대방과 사이에 법적 안정성을 심히 해하게 되는 부당한 결과가 초래되"는 점을 근거로, 위 규정은 강행규정이 아니라 단속규정이라고 판단하였다(대법원 2019. 6. 13. 선고 2018다258562 판결).3) 사법상 효력은 인정된다는 것이다.

Ⅲ. 진입규제의 특징

자본시장법상 진입규제의 특징은 다음 3가지로 요약할 수 있다. 첫째, 인가제와 등록제의 병용이다. 자본시장법은 금융기능별로 투자자가 노출되는 위험의 크기에 따라 인가와 등록을

---

2) 박삼철외(2021), 58면.

3) 원고가 금융기관에 외환거래계좌를 개설하여 금원을 입금하면 피고가 원고로부터 투자를 일임받아 이를 운용하고 거기서 발생하는 수익 50%씩을 나누어 가지기로 하는 내용의 약정을 체결한 사안이다. 상세한 논의는, 김유성, "자본시장과 금융투자업에 관한 법률 제17조를 위반하여 관계당국에 투자일임업을 등록하지 않은 자와 사이에 체결된 투자일임계약이 사법(私法)상 무효인지 여부", 『대법원판례해설』 제119호(2019상), 2019, 313-351면.

적용한다. 투자자와 직접 채권채무관계를 가지거나(투자매매업), 투자자의 자산을 수탁하는 금융투자업(투자중개업, 집합투자업, 신탁업)에 대해서는 인가제를 채택하고, 투자자의 자산을 수탁하지 않는 금융투자업(투자일임업, 투자자문업)에 대해서는 등록제를 채택하고 있다(12조·18조). 그러면 진입규제에서 종래의 허가제 또는 인가제를 등록제로 전환할 필요는 없는가? 그러나 진입규제에서는 적격성 심사(fit and proper test)가 필수적임을 고려하면 규제완화는 인가절차의 간소화를 통하여 추구할 수밖에 없을 것이다. 둘째, 금융기능별 진입요건 설정이다. 자본시장법은 기능별 규제원칙을 적용하여 기능별로 정의된 금융투자업과 금융투자상품 그리고 투자자의 조합을 진입규제단위로 상정하고 '**동일한 금융기능에 대해서는 동일한 진입요건이 적용**'되도록 금융기능별로 진입요건을 설정하고 있다. 셋째, 업무단위추가(add on) 방식이다. 금융투자업자가 업무영역을 확장하고자 할 경우에는 인가의 변경을 통하여 필요한 인가단위를 추가하도록 하여 규제의 중복을 피하고 있다.

제3절　인가와 등록의 요건

Ⅰ. 개　관

금융투자업자의 진입절차는 인가와 등록으로 이원화되어 있으므로 금융투자업의 종류에 따라 인가·등록요건을 각각 갖추어야 한다. 인가·등록요건은 인가·등록업무단위와 일반 인가·등록요건으로 구성된다.

첫째, 금융기능별 진입규제의 기초가 되는 개념인 인가·등록업무단위는 금융투자업과 금융투자상품 그리고 투자자로 구성되는 다양한 금융기능의 조합 중 현실적으로 영위가능하고 규제의 필요성이 차별적으로 존재하는 금융기능의 조합으로서 신청인이 선택할 수 있는 구체적인 업무단위를 말한다. 시행령에서 매우 구체적으로 규정하고 있다.

둘째, 일반 인가·등록요건은 신청인의 법적 형태와 자기자본, 사업계획의 타당성과 대주주의 자격 등 일반적으로 금융업 진입을 위하여 필요한 요건을 말한다. 자본시장법은 업무겸영의 범위가 확대되는 점을 고려하여 이해상충방지체계의 구축 등 추가적인 진입요건을 설정하고 있다. 이러한 요건은 진입규제의 건전성규제로서의 측면을 강하게 반영하고 있다. 따라서 진입규제는 건전성규제의 관점에서 해석·운영되어야 한다.

Ⅱ. 인가·등록단위의 설정

1. 의   의

자본시장법상 인가나 등록은 '**금융투자업의 종류**', '**금융투자상품의 범위**', 거래하고자 하는 '**투자자의 유형**' 등 3가지 요소로 구성된 인가·등록업무단위를 대상으로 한다(12조 1항, 18조 1항). 이들 요소로 구성할 수 있는 업무단위는 이론상 아주 무한하지만, 시행령은 실제 금융투자업이 영위되는 상황을 고려하여 73개의 인가업무단위와 5개의 등록업무단위를 합쳐 총 78개의 업무단위를 제시하고 있다(령 15조 1항 [별표 1], 20조 [별표 3]). 그 특징은 다음과 같이 정리할 수 있다.[4)]

첫째, 세부 업무단위는 자본시장법 시행 당시 금융투자업자가 실제로 영위하던 업무를 망라하였다. 예컨대 산업은행이 회사채 인수업무를 수행하고 있는 점을 고려하여 '**사채매매업**'(인수에 한정)을 별도 단위로 설정하였다. 겸영금융투자업자의 경우 새로이 인가·등록된 업무단위가 실제로 수행하고 있는 업무범위보다 넓더라도 그 업무범위를 규정한 법령에서 업무범위를 확대하지 않으면 현재의 업무범위를 초과할 수 없다. 둘째, 앞으로 세부업무단위를 추가할 필요가 있는 경우 시행령 개정을 통하여 단위를 쉽게 신설할 수 있는 구조를 채택하였다. 인가·등록단위별 코드를 사전편찬식으로 부여하여 한층 세분할 수 있는 구조로 되어 있다. 셋째, 새로운 금융투자상품이 등장하더라도 별도 인가 없이 취급할 수 있도록 포괄적 단위를 따로 설정하고 있다. 예컨대 투자매매업이나 투자중개업의 경우 금융투자상품의 범위에 따라 '**채무증권**', '**지분증권**', '**집합투자증권**'으로 세분하면서 동시에 '**증권**' 단위를 별도로 설정하고 있다. 넷째, 업무단위를 적절한 수준으로 세분화함으로써 특정 영역에 전문화된 금융투자업자의 진입을 허용하고 있다.[5)] 다섯째, 인가와 등록 자체는 어디까지나 '**금융투자업 인가**'와 '**금융투자업 등록**'이라는 하나의 인가나 등록이고, 그 범위에 차이가 있다. 즉 투자매매업·투자중개업·집합투자업·신탁업의 종류별로 4가지 인가가 따로 있는 것은 아니다.

2. 인가·등록업무단위

1) 금융투자업의 종류

'**금융투자업의 종류**'는 기본적으로 금융투자업의 6가지 업무, 즉 투자매매업·투자중개업·집합투자업·투자자문업·투자일임업·신탁업으로 나뉜다(12조 1항 1호, 18조 1항 1호). 다만 하위 단위를 설치할 필요 때문에 투자매매업 중 인수업을 별도단위로 분리하였다. 이러한

---

4) 금융위, 「자본시장과 금융투자업에 관한 법률시행령」 주요설명자료(2008. 4), 11~14면.
5) 재정경제부, 「자본시장과 금융투자업에 관한 법률안」 설명자료(2006. 12. 28), 29면.

하위 단위설정은 주로 겸영금융투자업자가 종래 영위하고 있는 업무를 반영할 필요에 따른 것이다. 예컨대 한국산업은행법에 따라 설립된 산업은행은 사채인수업을 수행하고 있다(동법 18조 4호). 이를 위하여 '**사채**'에 대한 '**인수**'만 가능한 '**투자매매업**'을 설정하고 있다(령 [별표 1] 12-112-1). 또한 대고객 RP 증권매매를 투자매매업으로 규정함에 따라 은행 등 종래 RP업무를 수행하고 있는 금융회사를 고려하여 '**RP 대상 증권**'을 대상으로 하는 '**인수업을 제외한 투자매매업**'을 별도단위로 설정하고 있다(령 [별표 1] 11r-1r-1).[6]

2) 금융투자상품의 범위

(1) 인가업무단위

'**금융투자상품의 범위**'는 증권·장내파생상품·장외파생상품을 말한다. 증권과 파생상품에 대하여는 추가로 세분할 수 있는 근거를 두고 있다(12조 1항 2호). 다만 집합투자업과 신탁업은 금융투자상품의 범위 대신에 취급하고자 하는 집합투자기구와 신탁재산의 종류가 기준이 된다. 투자관리업으로서의 특징이 반영된 것이다.

첫째, 증권은 1단계로 채무증권, 집합투자증권을 제외한 지분증권, 집합투자증권으로 구분하고, 2단계로 채무증권을 국공채와 사채까지 구분한 후, 3단계로 RP 대상 증권을 별도로 규정하고 있다. 국공채는 은행이나 보험회사가 수행하는 국공채 창구판매업무를(령 [별표 1] 1-111-1. 1-111-2), 사채는 산업은행의 사채인수업(령 [별표 1] 12-112-1, 12-112-2)을 고려하여 별도단위로 규정한 것이다. 집합투자증권은 간투법상 간접투자증권에 대한 판매회사 업무를 영위하였던 은행 등 금융회사나 직판 자산운용회사를 고려하여 '**집합투자증권**'에 대한 투자매매업과 투자중개업을 별도단위로 설정하였다(령 [별표 1] 11-13-1, 11-13-2, 2-13-1, 2-13-2). RP 증권을 별도로 규정한 것은 위에서 본 바와 같이 은행 등 종래 RP 업무를 수행하고 있는 금융회사를 고려한 것이다(령 [별표 1] 11r-1r-1).

둘째, 장내파생상품은 장내파생상품 전체와 주권을 기초자산으로 하는 장내파생상품의 2가지로 구분한다. 종래 증권회사가 주권을 기초자산으로 하는 장내파생상품을 취급하고 있던 점을 고려한 것이다(증권령 36조의2 1항 1호).

셋째, 시행령은 금융업종 간 전업주의와 종래 은행이 영위하고 있는 장외파생상품의 범위를 고려하여 장외파생상품을 구분하고 있다. 시행령에 의하면 장외파생상품은 주권을 기초자산으로 하는 것, 주권 외의 것을 기초자산으로 하는 것, 통화·이자율을 기초자산으로 하는 것의 3가지로 구분된다. 주권을 기초자산으로 하는 장외파생상품은 종래 증권회사만 취급할 수 있는 것으로 이해되어 왔다. 그리고 외국환중개회사는 통화·이자율을 기초자산으로 하는 장외파생상품을 취급해 왔다. 그러나 장외파생상품에 대하여 기초자산 종류별로 규제를 차별

---

6) 이 유형에 속하는 겸영금융투자업자는 일반투자자등을 상대로 환매조건부 증권매수업무를 영위할 수 없다(령 181조 2항).

하는 것은 부적절하다. 파생상품에 대해서는 제22장에서 상세히 논의한다.

넷째, 집합투자기구는 혼합자산 집합투자기구를 종합단위로 설정하고 증권·부동산·특별자산 집합투자기구를 세부단위로서 구분하고 있다. 단기금융상품 집합투자기구는 증권집합투자기구에 속한다.

다섯째, 신탁은 금전을 신탁재산으로 하는 금전신탁과 금전 이외의 재산을 신탁재산으로 하는 재산신탁으로 구분한 후 재산신탁의 세부단위로서 부동산신탁을 별도로 구분하고 있다. 종래 금전신탁과 비금전신탁으로 구분하던 것과 차이가 있다.

(2) 등록업무단위

제정 당시 자본시장법상 등록업무단위의 기준인 '**금융투자상품의 범위**'는 증권, 장내파생상품, 장외파생상품의 구분을 의미하였다(개정 전 18조 1항 2호). 이처럼 대단위로 나눈 것은 세분화의 필요성이 크지 않다고 생각했기 때문이다. 그러나 2015. 5. 28. 개정 자본시장법은 대상자산의 확대를 반영하여 금융투자상품등의 범위를 증권, 장내파생상품, 장외파생상품 및 그 밖에 시행령으로 정하는 투자대상자산의 구분으로 확대하였다(18조 1항 2호). '**시행령으로 정하는 투자대상자산**'은 부동산, 지상권·지역권·전세권·임차권·분양권 등 부동산 관련 권리, 금융기관(령 106조 2항 1호-11호)에의 예치금을 말한다(령 20조 2항, 6조의2 1호-6호).

3) 투 자 자

'**투자자의 유형**'은 일반투자자와 전문투자자를 말한다(12조 1항 3호, 18조 1항 3호). 시행령은 일반투자자와 전문투자자를 모두 상대방으로 하는 경우와 전문투자자만을 상대방으로 하는 경우로 구분하고 있다.

4) 인가·등록업무단위의 구성

(1) 기본원칙

시행령은 이상의 기준에 따라 인가·등록업무단위를 총 78개로 구분하고 있다. 투자자의 유형을 고려하면 투자매매업(38단위), 투자중개업(23단위), 집합투자업(4단위), 신탁업(8단위) 등 인가업무단위 73단위, 투자자문업(2단위)과 투자일임업(2단위), 일반사모집합투자업(1단위) 등 등록업무단위 5단위, 모두 합쳐 78단위로 구성되어 있다.

앞서 지적한 바와 같이 인가·등록업무단위에는 새로운 금융투자상품이 출현하는 것에 대비하여 포괄적인 단위도 따로 포함되어 있다. 예컨대 투자매매업이나 투자중개업의 경우 금융투자상품의 범위에 따라 '**채무증권**'·'**지분증권**'·'**집합투자증권**'으로 세분하면서 동시에 '**증권**'이란 포괄적인 범주도 추가로 두고 있다. 이러한 상위단위에 대한 인가·등록을 받으면 하위 단위 수행을 위한 별도의 인가나 등록은 불필요하다. 따라서 예컨대 증권에 대한 투자매매업 인가를 받은 자는 별도 인가 없이도 RP 업무를 할 수 있다. 마찬가지로 혼합자산 집합투

자기구에 대한 인가를 받은 자는 별도의 인가 없이도 그 하위 단위인 증권 집합투자업을 영위
할 수 있다.

(2) 투자매매업(38단위)

가. 기본방향

투자매매업은 금융투자상품자기매매업무, 증권발행업무, 증권인수업무로 구성된다. 시행
령은 이를 (ⅰ) 투자매매업을 모두 영위하는 경우, (ⅱ) 인수업무만 영위하는 경우, (ⅲ) 인수
업무를 제외한 투자매매업을 영위하는 경우, (ⅳ) 특수한 투자매매업을 영위하는 경우의 4가
지로 구별한다.

나. 투자매매업을 모두 영위하는 경우(22단위)

투자매매업을 모두 영위하는 경우는 금융투자상품의 범위에 따라 증권 투자매매업, 장내
파생상품 투자매매업, 장외파생상품 투자매매업으로 구분된다. 증권 투자매매업은 다시 증
권·채무증권·국공채증권·집합투자증권을 제외한 지분증권·집합투자증권 투자매매업의 5
가지로 구분된다. 장내파생상품 투자매매업은 장내파생상품·주식장내파생상품 투자매매업의
2가지로 구분된다. 장외파생상품 투자매매업은 장외파생상품·주식장외파생상품·비주식장외
파생상품·통화·이자율장외파생상품 투자매매업의 4가지로 구분된다. 이 11가지 단위가 투
자자의 유형에 따라 22가지로 세분된다. 채무증권·국공채증권·지분증권·집합투자증권 투
자매매업은 각각 그 대상증권에 대한 증권예탁증권도 포함한다(령 [별표 1] 비고 2). 투자매매
업 인가를 요하는 파생결합증권 발행업무를 위해서는 증권 및 장외파생상품에 대한 투자매매
업 인가를 모두 요한다(령 [별표 1] 비고 1).

▌표 16-2 투자매매업을 영위하는 경우

인가업무단위	금융투자업	금융투자상품의 범위	투자자의 유형
1-1-1	투자매매업	증권	투자자
1-11-1	투자매매업	채무증권	투자자
1-111-1	투자매매업	국채증권, 지방채증권 및 특수채증권	투자자
1-12-1	투자매매업	지분증권(집합투자증권은 제외한다)	투자자
1-13-1	투자매매업	집합투자증권	투자자
1-2-1	투자매매업	장내파생상품	투자자
1-21-1	투자매매업	장내파생상품(주권을 기초자산으로 하는 것만 해당한다)	투자자
1-3-1	투자매매업	장외파생상품	투자자
1-31-1	투자매매업	장외파생상품(주권을 기초자산으로 하는 것만 해당한다)	투자자
1-32-1	투자매매업	장외파생상품(주권 외의 것을 기초자산으로 하는 것만 해당한다)	투자자
1-321-1	투자매매업	장외파생상품(통화·이자율을 기초자산으로 하는 것만 해당한다)	투자자

다. 인수업무만 영위하는 경우(2단위)

인수업무만 영위하는 경우는 사채를 대상으로 하는 경우만 포함된다. 이 단위는 다시 투자자의 유형에 따라 2가지로 세분된다. 여기서 사채권에는 그에 대한 증권예탁증권도 포함한다(령 [별표 1] 비고 2).

표 16-3 인수업무만 영위하는 경우

인가업무단위	금융투자업	금융투자상품의 범위	투자자의 유형
12-112-1	투자매매업(인수업만 해당한다)	사채권	일반투자자 및 전문투자자

라. 인수업무를 제외한 투자매매업을 영위하는 경우(13단위)

인수업무를 제외한 투자매매업을 영위하는 경우는 금융투자상품의 범위에 따라 증권·채무증권·국공채증권·사채권·집합투자증권을 제외한 지분증권·집합투자증권·RP증권 투자매매업의 7가지로 구분된다. 이 7가지 인가업무단위는 다시 투자자 유형에 따라 13가지로 세분된다. 전문투자자만을 상대로 하는 RP증권 투자매매업은 금융투자업에서 제외되어 있다(령 7조 4항 3호). 채무증권·국공채증권·사채권·집합투자증권을 제외한 지분증권·집합투자증권 투자매매업은 각각의 대상증권에 대한 증권예탁증권도 대상증권에 포함한다(령 [별표 1] 비고 2).

표 16-4 인수업무를 제외한 투자매매업을 영위하는 경우

인가업무단위	금융투자업	금융투자상품의 범위	투자자의 유형
11-1-1	투자매매업(인수업은 제외한다)	증권	투자자
11-11-1	투자매매업(인수업은 제외한다)	채무증권	투자자
11-111-1	투자매매업(인수업은 제외한다)	국채증권, 지방채증권 및 특수채증권	투자자
11-112-1	투자매매업(인수업은 제외한다)	사채권	투자자
11-12-1	투자매매업(인수업은 제외한다)	지분증권(집합투자증권은 제외한다)	투자자
11-13-1	투자매매업(인수업은 제외한다)	집합투자증권	투자자
11r-1r-1	투자매매업(인수업은 제외한다)	제181조 제1항 제1호에 따른 증권	투자자

마. 특수한 투자매매업을 영위하는 경우(1단위)

다자간매매체결업무를 수행하는 투자매매업자를 특수한 인가단위로 두고 있다. 여기서 투자자 유형은 다자간매매체결회사의 거래참가자인 전문투자자를 말한다([별표 1] 비고 13). 다자간매매체결회사인 투자매매업자는 시장기능을 수행하는 점에서 별도 인가단위로 분리하였다.

▌표 16-5 특수한 투자매매업을 영위하는 경우

인가업무단위	금융투자업	금융투자상품의 범위	투자자의 유형
1a-1-2	투자매매업	매매체결대상상품	전문투자자

(3) 투자중개업(23단위)

가. 일반적인 투자중개업을 영위하는 경우(21단위)

투자중개업은 금융투자상품의 위탁매매업무·중개업무·대리업무·발행주선업무로 구성
된다. 시행령은 이를 금융투자상품의 범위에 따라 증권·장내파생상품·장외파생상품 투자중
개업의 3가지로 구분한다.

첫째, 증권 투자중개업은 다시 증권·채무증권·집합투자증권을 제외한 지분증권·집합
투자증권 투자중개업의 4가지로 구분한다. 증권 투자중개업은 투자자 유형에 따라 8가지로
다시 구분되고, 여기에 기관간 RP 거래의 중개업무가 추가된다. 다만, 증권 투자중개업과 지
분증권 투자중개업은 전자증권중개업무를 포함하지 않으며 증권 투자중개업과 채무증권 투자
중개업은 채권중개회사업무를 포함하지 않는다. 전자증권중개업무와 채권중개회사업무는 특
수한 투자중개업으로서 별도로 규정하고 있다(령 [별표 1] 비고 5). 채무증권·집합투자증권을
제외한 지분증권·집합투자증권 투자중개업 그리고 채권중개회사업무의 대상증권에는 각각
대상으로 하는 증권에 대한 증권예탁증권도 포함한다(령 [별표 1] 비고 2). 둘째, 장내파생상품
투자중개업은 장내파생상품·주식장내파생상품 투자중개업의 2가지로 구분된다. 장내파생상
품 투자중개업은 투자자의 유형에 따라 4가지로 다시 세분된다. 셋째, 장외파생상품 투자중개
업은 장외파생상품·주식장외파생상품·비주식장외파생상품·통화·이자율장외파생상품 투자
중개업의 4가지로 구분된다. 이 4가지 단위는 투자자의 유형에 따라 8가지로 세분된다. 넷째,
온라인소액투자중개업자는 금융위에 등록하는 경우 투자중개업 인가를 받은 것으로 본다(117
조의4 1항, 11조). 이는 별도 인가업무단위로 보지 않는다.

▌표 16-6 일반적인 투자중개업을 영위하는 경우

인가업무단위	금융투자업	금융투자상품의 범위	투자자의 유형
2-1-1	투자중개업	증권	투자자
2r-1-2	투자중개업	증권	전문투자자
2-11-1	투자중개업	채무증권	투자자
2-12-1	투자중개업	지분증권(집합투자증권은 제외)	투자자
2-13-1	투자중개업	집합투자증권	투자자
2-2-1	투자중개업	장내파생상품	투자자
2-21-1	투자중개업	장내파생상품(주권을 기초자산으로 하는 것만)	투자자

2-3-1	투자중개업	장외파생상품	투자자
2-31-1	투자중개업	장외파생상품(주권을 기초자산으로 하는 것만)	투자자
2-32-1	투자중개업	장외파생상품(주권 외의 것을 기초자산으로 하는 것만)	투자자
2-321-1	투자중개업	장외파생상품(통화·이자율을 기초자산으로 하는 것만)	투자자

나. 특수한 투자중개업(2단위)

여기에 다자간매매체결업무를 하는 투자중개업자와 채권중개회사가 추가되어 있다. 이 유형은 일종의 호가집중이 가능하다는 특성을 고려하여 별도 단위로 설정한 것이다. 인가업무단위 2a-1-2는 다자간매매체결업무를 하는 투자중개업자를 말한다(78조). 투자자의 유형은 다자간매매체결회사의 거래참가자(78조 1항 1호)인 전문투자자를 말한다(령 [별표 1] 비고 13). 인가업무단위 2i-11-2i는 '채권전문중개회사업무'(inter dealer broker)로서 채권중개회사가 일정한 요건을 충족하는 전문투자자를 상대로 증권시장 외에서 채무증권 매매의 중개업무를 영위하는 경우(령 179조)를 말한다. 이 두 업무는 무허가 시장개설행위 금지에 대한 예외(373조 1호; 령 354조의2 2호)로서 시장기능을 고려하여 별도 인가업무단위로 구성했다.[7]

▎표 16-7 특수한 투자중개업을 영위하는 경우

인가업무단위	금융투자업	금융투자상품의 범위	투자자의 유형
2a-1-2	투자중개업	매매체결대상상품(8조의2 5항, 7조의2 1항)	전문투자자
2i-11-2i	투자중개업	채무증권	전문투자자

(4) 집합투자업(4단위)

집합투자업은 집합투자기구의 종류에 따라 모든 종류의 집합투자기구(229조 1호-5호)를 종합단위로 설정하고 증권 집합투자기구(229조 1호·5호), 부동산 집합투자기구(229조 2호), 특별자산 집합투자기구(229조 3호), 혼합자산집합투자기구(229조 4호)를 세부단위로서 구분하고 있다. 단기금융 집합투자기구는 증권 집합투자기구에 속한다. 한국형 헤지펀드라고 불리는 일반사모펀드를 대상으로 하는 경우는 일반사모집합투자업 등록대상이다(249조의3, 11조).

▎표 16-8 집합투자업을 영위하는 경우

인가업무단위	금융투자업	집합투자기구의 범위	투자자의 유형
3-1-1	집합투자업	증권·부동산·특별자산·혼합자산·단기금융 집합투자기구	투자자
3-11-1	집합투자업	증권·혼합자산 집합투자기구	투자자
3-12-1	집합투자업	부동산 집합투자기구	투자자
3-13-1	집합투자업	특별자산 집합투자기구	투자자

---

7) 증권법상으로도 종합증권업 허가를 받은 자가 채권전문중개회사 업무를 할 수 있는지 여부는 불확실하다.

(5) 신탁업(8단위)

신탁은 모든 신탁가능재산(103조 1항 1호-7호)을 취급하는 것을 종합단위로 설정하고, 하위 단위로 금전을 신탁가능재산으로 하는 금전신탁(103조 1항 1호)과 금전 이외의 재산을 신탁가능재산으로 하는 재산신탁(103조 1항 2호-7호)으로 구분한다. 재산신탁의 세부단위로서 동산, 부동산, 지상권·전세권·부동산임차권·부동산소유권 이전등기청구권 그 밖의 부동산관련 권리를 신탁재산으로 하는 부동산신탁(103조 1항 4호-6호)을 별도로 구분한다. 투자자의 유형을 고려하면 모두 8개 단위가 된다.

▌표 16-9 신탁업을 영위하는 경우

인가업무단위	금융투자업	신탁재산의 범위	투자자의 유형
4-1-1	신탁업	모든 신탁가능재산	투자자
4-11-1	신탁업	금전	투자자
4-12-1	신탁업	금전 이외의 신탁가능재산	투자자
4-121-1	신탁업	동산·부동산·부동산관련 권리	투자자

(6) 투자자문업·투자일임업(4단위)

종래 자본시장법은 투자자문업과 투자일임업에 대해서는 금융투자상품의 종류에 따른 세분화를 하지 않고 있었다(개정 전 18조 1항 2호). 이는 등록업무단위가 세분화의 필요성이 크지 않은 투자자문업과 투자일임업을 대상으로 하고 있는 점을 고려한 것이다. 지나치게 소규모의 업자들이 난립하는 것을 막으려는 정책적 목적도 작용한 것으로 보인다. 그러나 2013. 5. 28 개정에서 자본시장법은 투자일임 및 투자자문대상자산의 확대를 반영하여 금융투자상품 등의 범위를 증권, 장내파생상품, 장외파생상품 및 부동산, 지상권·지역권·전세권·임차권·분양권 등 부동산 관련 권리, 금융기관(령 106조 2항 1호-11호)에의 예치금과 같은 투자대상자산의 구분으로 확대하였다(18조 1항 2호; 령 20조 2항, 6조의2 1호-6호). 투자자문 및 투자일임대상자산을 기준으로 각각 3단위를 설정하고 투자자의 유형에 따라 다시 1단위를 추가하였다.

▌표 16-10 투자자문업·투자일임업을 영위하는 경우

등록업무단위	금융투자업	투자대상자산의 범위	투자자의 유형
5-1-1	투자자문업	모든 투자자문대상자산	투자자
5-21-1	투자자문업	집합투자증권, 파생결합증권, 환매조건부 매매, 금융기관 예치금, 파생결합증권과 유사한 증권으로서 금융위가 정하여 고시하는 채무증권	투자자
6-1-1	투자일임업	모든 투자일임대상자산	투자자
6-1-2	투자일임업	모든 투자일임대상재산	전문투자자

(7) 일반사모집합투자업(1단위)

일반사모집합투자업을 영위하려는 자는 금융위에 일반사모집합투자업 등록을 하여야
한다(249조의3 1항). 원래 인가 대상인 집합투자업에서 일반사모집합투자업은 제외하고 있다
(11조).

▌표 16-11 일반 사모집합투자업을 영위하는 경우

등록업무단위	금융투자업의 종류	투자대상자산의 범위	투자자의 유형
3-14-1	일반 사모집합투자업	증권·부동산·특별자산·혼합자산·단기금융 집합투자기구	적격투자자 (249조의2)

Ⅲ. 인가·등록요건

1. 기본방향

인가·등록요건으로는 기본적인 진입요건을 유형화하여 규정하고 있다(12조 2항·3항, 18
조 2항). 그러나 시행령에 위임된 세부요건은 구법상 요건을 외국입법례 등을 감안하여 완화
하되, 금융투자업과 금융투자상품 그리고 투자자로 구성되는 금융기능의 특성을 반영하여 수
준을 차등화하고 있다.[8] 그 원칙을 정리하면 다음과 같다.[9]

첫째, 금융투자업의 특성을 고려하여 인가제를 채택한 금융투자업의 진입요건은 등록제
를 채택한 금융투자업에 비해 강화한다. 객관적 요건만을 요구하는 등록제와 달리 인가당국
의 재량요건(사업계획의 타당성 등)도 추가한다. 인가제를 채택한 금융투자업 중에서도 투자자
와 채권채무관계를 갖는 금융투자업(투자매매업)에 대해서는 투자자의 자산을 수탁하는 금융
투자업(집합투자업, 신탁업 등)에 비해 요건을 강화한다.

둘째, 금융투자상품의 특성을 고려하여 취급대상 금융투자상품의 위험크기에 따라 장외
파생상품 등 위험상품을 대상으로 하는 인가에 대해서는 그 외의 상품을 대상으로 하는 경우
에 비하여 진입요건을 강화한다.

셋째, 투자자의 특성을 고려하여 투자자의 위험감수능력의 크기에 따라 일반투자자를 상
대로 하는 금융투자업의 경우에는 전문투자자를 상대로 하는 경우보다 진입요건을 강화한다.

2. 인가요건

1) 기본요건

이러한 원칙에 따라 자본시장법은 금융투자업자의 인가요건을 법적 형태, 자기자본, 사

---

8) 재정경제부,「자본시장과 금융투자업에 관한 법률안」설명자료(2006. 12. 28), 29면.
9) 위의 자료, 29면.

업계획, 인적·물적 설비, 임원, 대주주, 재무상태와 사회적 신용, 이해상충방지체계로 나누어 규정하고 있다(12조 2항 1호-7호).

2) 법적 형태

자본시장법은 금융투자업자 인가요건으로서 일정한 법적 형태를 요구한다(12조 2항 1호). 다만 국내금융투자업자와 외국금융투자업자에 대하여 각각 다르게 규정되어 있다.

첫째, 국내금융투자업자는 상법상 주식회사나 시행령으로 정하는 금융회사여야 한다(12조 2항 1호 가목). 주식회사를 요구하는 것은 그 지배구조가 가장 엄격하고 사회적 신뢰를 받고 있기 때문이다. 국내 금융기관 중에는 주식회사가 아닌 것도 있다. 하위 규정에서는 산업은행, 중소기업은행, 수출입은행, 농협중앙회와 농협은행, 수협중앙회와 수협은행, 외국은행과 외국보험회사의 국내지점, 각종 상호금융조합을 열거하고 있다(령 16조 1항 1호-8호; 규정 2-1조 1호-5호). 다만 이러한 법적 형태를 갖추지 못한 개인이 무인가 금융투자업을 영위한 경우도 처벌대상이 된다(대법원 2012. 3. 29. 선고 2011도17097 판결). 취지상 미등록 금융투자업도 마찬가지로 해석되어야 한다.

둘째, 외국금융투자업자는 외국에서 영위하고 있는 영업에 상당하는 금융투자업 수행에 필요한 지점, 그 밖의 영업소를 설치한 자여야 한다(12조 2항 1호 나목). 여기서 외국금융투자업자는 외국 법령에 따라 외국에서 금융투자업에 상당하는 영업을 영위하는 자로서 본국감독내용이 국제감독기준에 맞는 등 시행령상 요건을 충족해야 한다(령 16조 2항).

3) 자기자본

(1) 의   의

금융투자업자로 인가받기 위해서는 업무단위별로 적절한 자기자본을 갖추어야 한다(12조 2항 2호). 구체적인 소요 자기자본 금액은 인가업무 단위별로 5억원 이상으로, 시행령에서 정한다(령 16조 3항 [별표 1]). 종래 금융규제법에서는 자본금을 재무능력 판단기준으로 이용해 왔으나, 자본시장법은 **'정확한 위험흡수능력'**을 나타내는 자기자본으로 변경하였다.[10] 현행 상법상 주식회사의 자본금은 그 회사의 재무적 건전성을 표시하기에는 한계가 있는 지표라는 점에서 보다 정확한 기준이라고 할 수 있는 자기자본으로 변경한 것은 옳은 접근이다.

(2) 소요 자기자본금액

가. 산정기준

시행령에서는 (i) 개별 업무단위별 최저 자기자본은 완화하되 전체적으로는 업권별 최저자본금 수준과 유사한 수준을 유지하고, (ii) 금융투자상품 및 금융투자업의 위험도를 감안하여 자기자본금액을 결정하는 것을 소요 자기자본 금액결정의 기본방향으로 천명하고

---

10) 금융위, 「자본시장과 금융투자업에 관한 법률시행령」 주요설명자료(2008. 4), 15면.

있다.11)

① 금융투자상품의 위험 　장외파생상품 > 증권 > 장내파생상품의 순서로 많은 자기
자본을 요구한다. 이는 장외파생상품이 가장 위험하고 증권이 장내파생상품에 비하여 위험상품
등장 가능성이 높다는 판단에 따른 것이다.

② 금융투자업의 특성 　투자매매업은 투자중개업에 비해, 그리고 신탁업은 집합투자
업에 비해 각각 높은 자기자본을 요구한다. 투자매매업자는 투자자와 직접적인 채권채무관계를 가
지는 점을, 그리고 신탁업자는 집합투자업자에 비하여 높은 신뢰도를 요하는 점을 고려한 것이다.

③ 투자자의 위험감수능력 　전문투자자만을 상대로 할 경우 모든 투자자를 상대로 할
경우에 비해 50%의 자기자본만을 요구한다(령 [별표 1]). 전문투자자는 자신이 거래할 금융투자
업자를 선택할 책임이 있다고 본 것이다.

④ 겸영업무의 확대 　종래 증권회사가 추가 자기자본 없이 영위할 수 있었던 증
권법과 달리 겸영업무에 대해서도 별도 자본을 요구한다. 겸영 확대에 따른 대형화와 위험흡수
능력 제고를 유도하기 위한 것이다.

⑤ 겸영금융투자업자 　그 기관이 다른 업무에서 요구되는 자본수준을 제외한 금액
을 기준으로 자기자본 충족 여부를 판단한다.

⑥ 직판 집합투자업자 　집합투자업자가 자신이 운용하는 집합투자기구의 집합투자
증권을 매매하는 경우 자기자본을 50%로 경감한다(자기자본 10억 요구, 령 [별표 1], 11-13-1
비고 8). 그 증권에 대한 전문성을 고려한 것이다.

⑦ 외국금융투자업자 　증권법은 외국금융투자업자의 국내지점에 대해서 자기자본
요건을 완화하여 적용하고 있었다(증권법 28조의2; 증권령 15조의3 1항). 그러나 자본시장법은
동일 기능에 대한 동일 규제원칙을 관철하기 위하여 국내금융투자업자와 동일한 자본요건을 적
용한다.

나. 소요 자기자본금액

업무단위별 자기자본요건은 아래 [표 16-12]를 참조하기 바란다. 자본시장법 제정 당시
1a-1-2와 2a-1-2의 MTF업무12)와 2i-11-2i의 장외채권중개업무를 제외한 모든 인가·등록
업무단위를 취급할 경우 필요한 자기자본은 2,000억원으로 설정되어 있었다. 업무의 특수성
을 고려하여 별도 단위로 설정하고 있는 MTF업무와 장외채권중개업무에 대한 자기자본은 합
산하지 않았다. 그러나 2013. 5. 28. 개정으로 투자자문업 및 투자중개업을 위한 자기자본기
준이 상향 조정되면서 그 금액은 일부 증가하였다.

---

11) 이하 설명은 위 주요설명자료, 15-18면을 참조. 시행령 제정요강에서는 "자기자본 규모의 상향조정은 단기적
으로 M&A 등을 통해 기존 금융투자업자 대형화를 유도할 수 있으나 신규진입이 제한됨으로써 궁극적으로
대형화 경쟁력 강화를 저해할 우려"가 있고, "하향 조정시 신규진입 부담을 완화할 수 있으나, 투자손실 흡수
및 투자자 보호여력이 축소되어 시장 전체의 리스크가 증가할 우려"가 있다고 하면서 "대형화·겸업화, 전문
화와 진입활성화를 유도할 수 있도록 인가업무단위별 자기자본요건을 설정"하였다고 밝히고 있다.
12) 제정 당시에는 2e-121-1과 2e-121-2의 전자증권중개업(ECN)을 말한다.

▌표 16-12 인가 업무단위와 자기자본

코드	금융투자업 종류			금융투자상품 범위			투자자	자기자본
1-1-1	투자매매업	인수포함		증권			일반＋전문	5001)
1-11-1					채무증권		일반＋전문	2001)
1-111-1						국공채	일반＋전문	751)
1-12-1					지분(집합제외)		일반＋전문	2501)
1-13-1					집합투자증권		일반＋전문	501)
11-1-1			인수제외	증권			일반＋전문	2001)
11-11-1					채무증권		일반＋전문	801)
11-111-1						국공채	일반＋전문	301)
11-112-1						사채	일반＋전문	401)
11-12-1					지분(집합제외)		일반＋전문	1001)
11-13-1					집합투자증권		일반＋전문	201)2)
11r-1r-1					RP대상증권		일반＋전문	60
12-112-1			인수만	증권	채무증권	사채	일반＋전문	601)
1-2-1				장내파생			일반＋전문	1001)
1-21-1					주권기초		일반＋전문	501)
1-3-1				장외파생			일반＋전문	9001)
1-31-1					주권기초		일반＋전문	4501)
1-32-1					주권외기초		일반＋전문	4501)
1-321-1						통화·이자율기초	일반＋전문	1801)
1a-1-2	투자매매업	(ATS)					전문	300
2-1-1	투자중개업			증권			일반＋전문	301)
2r-1-2		(RP중개)		(증권)			전문	5
2-11-1					채무증권		일반＋전문	101)
2-12-1					지분(집합제외)		일반＋전문	101)
2-13-1					집합투자증권		일반＋전문	101)
2-2-1				장내파생			일반＋전문	201)
2-21-1					주권기초		일반＋전문	101)
2-3-1				장외파생			일반＋전문	1001)
2-31-1					주권기초		일반＋전문	501)
2-32-1					주권외기초		일반＋전문	501)
2-321-1						통화·이자율기초	일반＋전문	201)
2a-1-2	투자중개업	(ATS)					전문	200
2i-11-2i	투자중개업	(장외채권중개)		증권	채무증권		전문	30
3-1-1	집합투자업			모든 펀드			일반＋전문	801)
3-11-1					증권(MMF포함)		일반＋전문	401)
3-12-1					부동산		일반＋전문	201)
3-13-1					특별자산		일반＋전문	201)
4-1-1	신탁업			모든 신탁재산			일반＋전문	2501)
4-11-1					금전만		일반＋전문	1301)
4-12-1					금전제외		일반＋전문	1201)
4-121-1						부동산	일반＋전문	1001)

1) 전문투자자만을 대상으로 하는 경우 1/2 경감 (코드 번호는 0-0-2 형태)
2) 자신이 운용하는 집합투자기구의 집합투자증권을 매매하는 경우 1/2 경감 적용
(자료) 금융위

4) 사업계획의 타당성과 건전성

금융투자업 인가를 위해서는 사업계획의 타당성과 건전성이 요구된다(12조 2항 3호). 세부기준으로서 시행령은 (ⅰ) 수지전망의 타당성과 실현가능성, (ⅱ) 위험관리와 금융사고 예방 등을 위한 적절한 내부통제장치의 마련, (ⅲ) 투자자 보호에 적절한 업무방법의 구축, (ⅳ) 법령위반이나 건전한 금융거래질서를 해칠 염려가 없을 것을 요구한다(령 16조 4항 1호-5호).

집합투자증권에 대한 투자매매업·투자중개업 인가의 경우 (ⅲ) 투자자 보호에 적절한 업무방법은 그 신청인의 자기자본 적정성 등을 고려하여 그 증권의 매매·중개와 관련된 손해배상 보장보험에의 가입을 포함한다(령 16조 4항 4호). 집합투자증권 판매업자가 확대될 경우 그 증권의 매매·중개와 관련하여 투자자에 대한 손해배상가능성을 고려한 것이다.

사업계획의 타당성과 건전성 요건은 적격성 기준(fit and proper test)의 하나로서 금융위에 일반적 판단을 맡긴 것이다. 종래 사업계획의 타당성 요건에 포함되어 있던 경영건전성 유지 요건은 금융투자업자 본인요건 중 하나로 규정되어 있다(령 16조 8항 1호).

5) 인적·물적 설비

금융투자업자는 투자자 보호가 가능하고 그 영위하려는 금융투자업을 수행하기에 충분한 인력과 전산설비 그 밖의 물적 설비를 갖추어야 한다(12조 2항 4호). 시행령은 판단기준을 다음과 같이 규정한다(령 16조 5항).

첫째, 인력요건으로서 영위하려는 금융투자업에 관한 전문성과 건전성을 갖춘 주요직무 종사자와 업무수행을 위한 전산요원 등 필요인력을 적절하게 갖추어야 한다(령 16조 5항 1호). 금융투자업자의 인가요건으로서의 인력요건을 갖추기 위해 필요한 주요직무 종사자는 "자본시장법 제286조 제1항 제3호 각목에 따른 주요직무 종사자"를 말한다(령 16조 5항 1호).[13)]

---

13) 주요직무종사자는 '투자권유자문인력', '조사분석인력', '투자운용인력', 그 밖에 투자자 보호 또는 건전한 거래질서를 위하여 시행령으로 정하는 주요직무 종사자를 말한다(286조 1항 3호). '투자권유자문인력'은 투자권유를 하거나 투자에 관한 자문 업무를 수행하는 자를, '조사분석인력'은 조사분석자료를 작성하거나 이를 심사·승인하는 업무를 수행하는 자를, '투자운용인력'은 집합투자재산·신탁재산 또는 투자일임재산을 운용하는 업무를 수행하는 자를 말한다. 시행령은 주요직무종사자로서 '투자권유자문관리인력', '집합투자재산 계산전문인력', '집합투자기구 평가전문인력', '증권분석전문인력', '신용평가전문인력', '그 밖에 투자자 보호 또는 건전한 거래질서를 위하여 등록 및 관리가 필요하다고 금융위가 고시하는 자'를 규정하고 있다(령 307조 1항 1호-6호). '투자권유자문관리인력'은 투자권유자문인력에 대한 관리업무를 수행하는 자를, '집합투자재산 계산전문인력'은 금융위의 검사대상기관, 외국금융투자업자, 연금관리공단 등 또는 일반사무관리회사에서 증권 등 자산가치의 계산에 관련된 업무 또는 집합투자재산의 보관·관리업무에 2년 이상 종사한 경력이 있는 자를(령 276조 3항; 법 254조 2항 3호), '집합투자기구 평가전문인력'은 금융위의 검사대상기관, 외국금융투자업자, 연금관리공단등 또는 집합투자기구평가회사에서 증권·집합투자기구 등의 평가·분석업무 또는 기업금융업무에 2년 이상 종사한 경력이 있는 자를 말한다(령 280조 2항; 법 258조 2항 4호). '증권분석전문인력'은 협회에서 시행하는 증권분석전문인력의 능력검증시험에 합격한 자 또는 금융위의 검사대상기관, 외국금융투자업자, 연금관리공단등 또는 채권평가회사에서 증권의 평가·분석업무에 3년 이상 종사한 자를 말한다(령 285조 3항; 법 263조 2항 4호). '신용평가전문인력'은 공인회계사와 금융위가 고시하는 요건을 갖춘 증권분석·평가업무

둘째, 물적설비로서 영위하려는 금융투자업 수행에 필요한 전산설비 및 통신수단, 사무실 등 충분한 업무공간과 사무장비, 전산설비 등의 물적설비를 안전하게 보호할 수 있는 보안설비, 정전·화재 등의 사고가 발생할 경우 업무연속성 유지에 필요한 보완설비를 갖추어야 한다(령 16조 5항 2호 가목-라목).

6) 임원 결격사유

금융투자업자가 되기 위해서는 그 임원이 결격사유에 해당하지 않아야 한다(12조 2항 5호). 임원은 이사와 감사를 말한다(9조 2항). 자본시장법상 금융투자업자의 임원에 대해서도 지배구조법상 임원결격사유가 적용된다(12조 2항 5호). 지배구조법은 임원결격사유로서 구체적인 사유를 열거하고 있다(동법 5조 1항·2항). 지배구조법상 임원결격사유는 업무집행책임자에도 적용되지만(동법 2조 2호, 5조 1항), 이를 인가요건으로 볼 수는 없다.

지배구조법상 임원결격사유는, (i) 미성년자·피성년후견인 또는 피한정후견인, (ii) 파산선고를 받고 복권되지 않은 사람, (iii) 금고 이상의 실형을 선고받고 그 집행이 끝나거나(집행이 끝난 것으로 보는 경우를 포함) 집행이 면제된 날부터 5년이 지나지 않은 사람, (iv) 금고 이상의 형의 집행유예를 선고받고 그 유예기간 중에 있는 사람, (v) 지배구조법 또는 금융관계법령에 따라 벌금 이상의 형을 선고받고 그 집행이 끝나거나(집행이 끝난 것으로 보는 경우를 포함) 집행이 면제된 날부터 5년이 지나지 않은 사람, (vi) 금융관계법령에 따른 영업의 허가·인가·등록 등의 취소, 금산법상 적기시정조치(동법 10조 1항)나 행정처분(동법 14조 2항)을 받은 금융회사의 임직원 또는 임직원이었던 사람[14]으로서 해당 조치가 있었던 날부터 5년이 지나지 않은 사람, 지배구조법 또는 금융관계법령에 따라 임직원 제재조치(퇴임 또는 퇴직한 임직원의 경우 해당 조치에 상응하는 통보를 포함)를 받은 사람으로서 조치종류별로 5년을 초과하지 않는 범위에서 시행령으로 정하는 취업제한기간(지배구조법 시행령 7조 2항 1호-4호)이 지나지 않은 사람, 해당 금융회사와 여신거래규모가 금융위가 고시하는 기준 이상인 기업과 특수관계가 있는 사람으로서 해당 금융회사의 자산운용과 관련하여 특정 거래기업 등의 이익을 대변할 우려가 있는 사람이다(동법 5조 1항 1호-8호; 동 시행령 7조 3항 3호).

민법상 행위능력이 없거나 제한되는 자 또는 파산 등으로 인하여 사회적 신뢰성을 상실한 자 그리고 금융회사의 부실경영에 관여하였거나 국내외의 금융관련법령에 위반한 자 등 금융투자업자의 임원으로서 참여할 자격이 부족한 자를 열거하고 있다. 이와 관련하여 해임요구 등 제재조치를 받은 후 일정한 기간이 경과되지 않은 자들의 임원자격을 제약하는 것에

경력자를 포함한다(령 324조의3 4항 1호). 그러나 '집합투자재산관리 계산전문인력', '집합투자기구 평가전문인력', '증권분석전문인력', '신용평가전문인력'은 각각 일반사무관리회사, 집합투자기구평가회사, 채권평가회사, 신용평가회사에 필요한 인력이다.

14) 그 조치를 받게 된 원인에 대하여 직접 또는 이에 상응하는 책임이 있는 사람으로서 시행령으로 정하는 사람으로 한정한다(지배구조법 시행령 7조 1항 1호-5호).

대해서는 헌법상 취업의 자유와 관련하여 논란이 있을 수 있다.

그러나 금융투자업자는 우리나라 자본시장의 중핵을 형성하는 경제주체이므로 그들의 건전한 경영을 확보하는 것은 자본시장의 발전과 국가경제에도 중대한 영향을 미칠 수 있는 요인이 된다. 증권법상 임원 결격사유에 대하여 헌법재판소는 직업선택의 자유를 침해하지 않는다고 판단하였다(헌법재판소 2001. 3. 21. 선고 99헌마150 전원재판부 결정).[15]

7) 대주주의 자격 등

(1) 대 주 주

가. 대주주의 의의

① 최대주주와 주요주주

금융투자업자의 대주주는 충분한 출자능력, 건전한 재무상태 및 사회적 신용을 갖추어야 한다(12조 2항 6호 가목). 자본시장법상 대주주는 지배구조법상 대주주 개념과 같다(9조 1항). 지배구조법상 대주주는 최대주주 또는 주요주주에 해당하는 주주를 말한다(동법 2조 6호 가목·나목).

첫째, '**최대주주**'는 "법인의 의결권 있는 발행주식총수를 기준으로 본인 및 특수관계인이 누구의 명의로 하든지 자기의 계산으로 소유하는 주식 및 주식관련 증권예탁증권을 합하여 그 수가 가장 많은 경우의 그 본인"을 말한다(지배구조법 2조 6호 가목). 여기서 특수관계인은 본인과 특수한 관계가 있는 자로서 구체적인 범위는 시행령에서 규정하고 있다(지배구조령 3조). 최대주주는 그 본인도 주주여야 한다. 둘째, '**주요주주**'는 "누구의 명의로 하든지 자기의 계산으로 법인의 의결권 있는 발행주식총수의 10% 이상의 주식 및 주식관련 증권예탁증권을 소유한 자, 임원의 임면 등의 방법으로 법인의 중요한 경영사항에 대하여 사실상의 영향력을 행사하는 주주로서 시행령으로 정하는 자"를 말한다{지배구조법 2조 6호 나목 1), 2)}. 시행령에서는 단독으로 또는 다른 주주와의 합의·계약 등에 따라 대표이사 또는 이사의 과반수를 선임한 주주, 금융투자업자가 투자자문업, 투자일임업, 집합투자업, 집합투자증권에 한정된 투자매매업·투자중개업 또는 온라인소액투자중개업 외의 다른 금융투자업을 겸영하지 않는 경우에는 상법상 사실상 이사(상 401조의2 1항 1호-3호)를 포함한 임원인 주주로서 의결권 있는 발행주식총수의 5% 이상을 소유하는 사람, 금융투자업자가 투자자문업, 투자일임업, 집합투

---

15) 헌재는 구체적으로 "증권회사의 경영을 책임지는 임원은 고도의 윤리의식과 준법의식을 가질 것이 요청되고 특히 금융관련법령의 위반행위는 국가경제에의 막대한 피해발생에 직접적으로 연결되는 점"에 비추어 첫째, 위반행위자에 대하여 엄격한 책임 추궁의 일환으로 임원자격을 제한할 필요가 있는 점, 둘째, 증권회사의 준법경영을 위해서는 금융관련법령을 위반한 처벌전력에 내재된 성격이나 습성에 의하여 되풀이 될 수 있는 경영진의 위법행위를 예방할 필요가 있는 점, 셋째, 금융관련법령을 위반한 처벌전력이 없는 깨끗한 경영진을 유지하여 대외적으로 신용을 확보함이 필요한 점을 근거로 들고 있다 지배구조법상 임원결격사유에 관하여 상세한 논의는, 정순섭, 은행, 138-143면.

자업, 집합투자증권에 한정된 투자매매업·투자중개업 또는 온라인소액투자중개업 외의 다른 금융투자업을 영위하는 경우에는 임원인 주주로서 의결권 있는 발행주식 총수의 1% 이상을 소유하는 사람을 주요주주에 포함하고 있다{지배구조령 4조 1호·2호 가목 1), 2)}.

② 주요주주에의 해당 여부

금융투자업자에 대한 투자자가 대주주 변경승인을 받아야 하는지 여부가 문제된 사건에서 주요주주의 개념이 논의되었다. 사안에서는 개정 전 자본시장법상 "경영전략·조직변경 등 주요 의사결정이나 업무집행에 지배적인 영향력을 행사한다고 인정되는 자로서 금융위원회가 고시하는 주주"(9조 2항; 동 시행령 9조 2호)가 문제된 것이다. 법원은 "'**경영전략 등 주요 의사결정이나 업무집행에 지배적인 영향력을 행사**'한다는 것은 주주가 경영전략 등 주요 의사결정이나 업무집행에 관하여 사실상 구속력 있는 결정이나 지시를 할 수 있는 지배의 근거를 갖추고 그에 따른 지배적인 영향력을 계속적으로 행사하는 것"이라고 판단하였다(대법원 2021. 3. 25. 선고 2016도14165 판결). 따라서 "투자자가 기존 지배주주 등과의 투자계약이나 주주 간 계약 등을 통하여 1차적으로 발행주식총수의 100분의 1 이상의 주식을 인수한 다음 지배적인 영향력을 행사하는 데 필요한 추가 투자의 기반을 마련하기 위한 회사 내 여건 조성 등을 기존 지배주주 등에게 요구하였다고 하더라도, 기존 지배주주 등이 경영전략 등 주요 의사결정이나 업무집행에 관하여 그 요구나 지시를 따르지 않으면 안 될 사실상 구속력을 인정하기 어렵거나, 오히려 기존 지배주주 등이 지배적인 영향력을 계속 보유·행사하면서 투자자와 대립하거나 투자자의 추가 투자 등을 통한 지배 근거 확보를 견제하고 있는 상황이라면" 그 투자자를 주요주주로 볼 수 없다는 것이다(대법원 2021. 3. 25. 선고 2016도14165 판결).

나. 대주주의 요건

대주주 요건은 시행령 [별표 2]에서 (ⅰ) 대주주가 금융기관인 내국법인인 경우, (ⅱ) 대주주가 금융회사가 아닌 내국법인인 경우, (ⅲ) 대주주가 내국인인 개인인 경우, (ⅳ) 대주주가 외국법인인 경우, (ⅴ) 대주주가 기관전용사모펀드 또는 투자목적회사인 경우의 5가지 유형으로 나누어 각각 다른 기준을 제시하고 있다(령 16조 6항).

(ⅰ)과 (ⅱ)에서 기관전용사모펀드와 투자목적회사는 제외된다. 이들 중 (ⅱ) 대주주가 금융회사가 아닌 내국법인인 경우에 대해서 가장 엄격한 기준이 부과되고 있다. 금융회사가 아닌 내국법인의 경우에는 자기자본은 물론이고 부채비율도 제한된다. 또한 내국법인이 공정거래법상의 상호출자총액제한기업집단 등이나 주채무계열에 속하는 경우에는 그 집단 등이나 계열의 부채비율도 제한되고 있다. 다만 은행·보험회사 등 겸영금융투자업자가 금융투자업 인가를 받는 경우나 금융투자업자가 다른 회사와 합병·분할·분할합병을 하는 경우에는 금융위가 그 요건을 완화하여 고시할 수 있다(령 16조 6항 1호·2호).

(2) 외국금융투자업자

외국금융투자업자가 국내에 지점 그 밖의 영업소를 설치하고자 하는 경우 그 외국금융투자업자에 대하여도 충분한 출자능력, 건전한 재무상태 및 사회적 신용을 갖출 것을 요구하여 국내금융투자업자에게 부과되는 것과 유사한 자격요건을 부과하고 있다(12조 2항 6호 나목). 시행령에서는 우선 국내금융투자업자의 대주주가 외국법인인 경우에 적용되는 요건을 대부분 그대로 적용하고 있다(령 16조 2항 1호).[16] 다음으로 외국금융투자업자에 대한 본국의 감독기관의 감독내용이 국제적으로 인정되는 감독기준에 부합될 것을 요구하고 있다(령 16조 2항 2호). 국제금융규제원칙상 널리 인정되는 본국감독원칙을 반영한 것이다.

(3) 기관전용사모펀드 또는 투자목적회사

대주주가 기관전용사모펀드 또는 투자목적회사인 경우 기관전용사모펀드의 업무집행사원과 그 출자지분이 30% 이상인 유한책임사원(기관전용사모펀드에 대하여 사실상 영향력을 행사하고 있지 않다는 사실이 정관, 투자계약서, 확약서 등에 의하여 확인된 경우는 제외) 및 기관전용사모펀드를 사실상 지배하고 있는 유한책임사원, 투자목적회사의 주주나 사원인 기관전용사모펀드의 업무집행사원과 그 출자지분이 30% 이상인 주주나 사원(투자목적회사에 대하여 사실상 영향력을 행사하고 있지 않다는 사실이 정관, 투자계약서, 확약서 등에 의하여 확인된 경우는 제외) 및 투자목적회사를 사실상 지배하고 있는 주주나 사원을 대상으로 대주주 자격심사를 한다(령 [별표 2] 5). 최대주주가 법인인 경우 그 법인의 중요한 경영사항에 대하여 사실상 영향력을 행사하고 있는 자로서 시행령에서는 최대주주인 법인의 최대주주 또는 최대주주인 법인을 사실상 지배하는 자가 그 법인의 최대주주와 명백히 다른 경우에는 그 사실상 지배하는 자, 그리고 최대주주인 법인의 대표자로 규정하고 있다(령 16조 7항 1호·2호). 그러나 대주주인 PEF의 사원도 주식회사이고, 그 주식회사의 대주주도 법인인 경우와 같이 다층적인 소유구조를 취하고 있는 경우에는 사실상 대주주 적격성 심사가 불가능한 경우가 있을 수 있다. 이런 경우는 대주주 적격성 심사가 불가능한 경우로서 인가요건을 갖추지 못한 것으로 처리해야 한다.

8) 금융투자업자 본인의 자격 등

금융투자업의 변경인가를 취득하고자 하는 경우 금융투자업자 본인에 대해서도 시행령이 정하는 건전한 재무상태와 사회적 신용요건을 갖추도록 하고 있다(12조 2항 6호의 2; 령 16조 8항). 그 대신 대주주에 적용되는 요건은 완화하고 있다(16조 2항; 령 19조의2). 금융투자업자가 업무를 추가할 경우 대주주보다는 금융투자업자 본인의 적격성을 심사할 필요성이 큰 점을 고려한 것이라고 한다.

---

16) 다만 외국금융투자업자는 정의상 외국의 법령에 따라 외국에서 금융투자업에 상당하는 영업을 영위하고 있는 자이므로(12조 2항 1호 나목), "인가신청일 현재 외국에서 인가 받고자 하는 금융투자업에 상당하는 영업을 영위하고 있을 것"이라는 요건은 적용되지 않는다.

9) 이해상충방지체계의 구축

금융투자업자는 금융투자업자와 투자자 간, 특정 투자자와 다른 투자자 간의 이해상충방지체계를 갖춰야 한다(12조 2항 7호). 이해상충방지체계는 이해상충이 발생할 가능성을 파악·평가·관리할 수 있는 적절한 내부통제기준을 갖추고, 이해상충행위가 발생하지 않도록 적절한 체계를 갖추고 있어야 한다(령 16조 9항 1호·2호). 이해상충방지체계에 대해서는 제18장 제2절 공통영업행위규제에서 상세히 논의한다.

3. 등록요건

1) 기본요건

자본시장법은 금융투자업자의 등록요건을 법적 형태, 자기자본, 인적 설비, 임원의 결격사유, 대주주 자격, 재무상태와 사회적 신용, 이해상충방지체계로 나누어 규정하고 있다(18조 2항 1호-6호). 등록요건은 인가요건과는 달리 사업계획의 건전성과 타당성과 같은 정성적인 평가항목을 포함하지 않음으로써 규제를 완화하고 있다.

2) 법적 형태

자본시장법은 투자자문업자 또는 투자일임업자는 일정한 법적 형태를 갖추어야 한다(18조 2항 1호). 법적 형태 요건은 3가지 경우로 구분된다.

첫째, 국내금융투자업자인 경우 상법상 주식회사나 시행령으로 정하는 금융기관이어야 한다(18조 2항 1호 가목). '**시행령으로 정하는 금융기관**'은 2011. 8. 4. 개정 자본시장법에서 투자자문업이 은행의 겸영업무가 되면서(은행법 시행령 18조의2 2항 7호) 주식회사 형태가 아닌 특수은행도 투자자문업 등록요건을 갖출 수 있도록 추가된 것이다(령 21조 1항 1호-6호). 이 요건과 관계없이 개인이 미등록 금융투자업을 영위한 경우도 처벌된다(대법원 2012. 3. 29. 선고 2011도17097 판결).[17]

둘째, 외국투자자문업자 또는 외국투자일임업자인 경우에는 외국에서 영위하고 있는 영업에 상당하는 투자자문업 또는 투자일임업 수행에 필요한 지점, 그 밖의 영업소를 설치한 자여야 한다(18조 2항 1호 나목·다목). 외국투자자문업자 또는 외국투자일임업자는 "외국 법령에 따라 외국에서 투자자문업이나 투자일임업에 상당하는 영업을 영위하는 자"를 말한다.

셋째, 역외투자자문업자 또는 역외투자일임업자인 경우에는 법적 형태요건은 적용되지 않는다(18조 2항 1호 단서). 역외투자자문업자 또는 역외투자일임업자는 "외국투자자문업자나 외국투자일임업자가 외국에서 국내 거주자를 상대로 직접 영업을 하거나 통신수단을 이용하여 투자자문업 또는 투자일임업을 영위하는 자"를 말한다(100조 1항). 역외투자자문업자 또는

---

17) 관련 조문은 법 360조 1항, 2항, 444조 22호 및 시행령 348조 1항이다.

역외투자일임업자에게는 별도의 영업행위규칙이 적용된다(100조).

3) 자기자본

투자자문업자나 투자일임업자는 업무단위별로 적절한 자기자본을 갖추어야 한다(18조 2항 2호). 구체적인 금액은 등록업무단위별로 1억원 이상으로서 시행령에서 정하고 있다(령 21조 2항 [별표 3]). 자기자본에 관한 다른 사항은 인가요건에 관한 것과 동일하다.

▌표 16-13 등록업무단위와 자기자본(단위: 억원)

3-14-1	일반사모집합투자업	모든 펀드		적격3)	10
5-1-1	투자자문업	증권, 파생상품, 부동산, 예치금		일반＋전문	2.5
5-21-1			집합투자증권, 파생결합증권, 환매조건부 매매, 예치금 등	일반＋전문	1
6-1-1	투자일임업	증권, 파생상품, 부동산, 예치금		일반＋전문	15
6-1-2				전문	5

4) 인적 설비

투자자문업자 또는 투자일임업자는 일정한 수의 투자권유자문인력과 투자운용인력을 상근임직원으로 두어야 한다(18조 2항 3호; 령 21조 3항·4항).[18] 여기서 '**투자권유자문인력**'은 투자권유를 하거나 투자에 관한 자문 업무를 수행하는 자를, 그리고 '**투자운용인력**'은 집합투자재산·신탁재산 또는 투자일임재산을 운용하는 업무를 수행하는 자를 말한다(286조 1항 3호 가목·다목).

5) 임원 결격사유

투자자문업자 또는 투자일임업자의 임원이 결격사유에 해당하지 않아야 한다(18조 2항 4호). 임원은 이사와 감사를 말한다(9조 2항). 임원 결격사유는 인가요건에서 본 것과 같다(지배구조법 5조).

6) 대주주의 자격 등

투자자문업자 또는 투자일임업자로서 등록하기 위해서는 대주주나 외국투자자문업자 또는 외국투자일임업자가 시행령에서 정하는 사회적 신용을 갖추어야 한다(18조 2항 5호 가목·나목). 대주주와 외국투자자문업자 또는 외국투자일임업자가 갖추어야 할 사회적 신용은 인가요건에 비하여 완화되어 있다(령 21조 5항·6항). 다만 금융투자업인가를 받은 자가 금융투자업등록을 하는 경우 금융위는 요건을 달리 할 수 있다(령 21조 5항 1호 단서).

---

18) 다만 금산법 제4조에 따른 인가를 받아 합병으로 신설되거나 존속하는 종합금융회사의 경우에는 상근 임직원으로 4인의 투자권유자문인력을 갖추어야 한다(령 21조 3항 단서).

7) 금융투자업자 본인의 자격 등

금융투자업의 변경등록을 하고자 하는 경우 금융투자업자 본인도 시행령이 정하는 건전한 재무상태와 사회적 신용요건을 갖추어야 한다(18조 2항 5호의2; 령 21조 7항, 16조 8항). 그 내용은 인가의 경우의 금융투자업자 본인 자격과 같다. 그 대신 대주주에 적용되는 요건은 완화하고 있다(21조 2항; 령 23조의2, 23조 2호 가목-다목). 역시 마찬가지로 금융투자업자가 업무를 추가할 경우 대주주보다는 금융투자업자 본인의 적격성을 심사할 필요성이 큰 점을 고려한 것이라고 한다.

8) 이해상충방지체계의 구축

투자자문업자 또는 투자일임업자로 등록하기 위해서는 금융투자업자와 투자자 간, 특정투자자와 다른 투자자 간의 이해상충을 방지하기 위한 체계를 갖추어야 한다(18조 2항 6호). 이러한 이해상충방지체계는 이해상충의 발생가능성을 파악·평가·관리할 수 있는 내부통제기준을 갖추고(44조), 정보교류행위가 발생하지 않도록 적절한 체계(45조 1항·2항)를 갖추어야 한다(령 21조 8항 1호·2호). 이해상충방지체계에 대해서는 제18장 제2절 공통영업행위규제에서 상세히 논의한다.

Ⅳ. 인가·등록절차

1. 일반절차

1) 인가신청 등

금융투자업의 인가를 받거나 등록을 하려는 자는 인가나 등록신청서를 금융위에 제출해야 한다(13조 1항, 19조 1항) 인가신청서의 기재사항·첨부서류 등 인가신청에 관한 사항과 인가심사의 방법·절차, 그 밖에 필요한 사항은 시행령으로 정한다(13조 7항). 인가신청서에는 인가요건의 구비 여부를 확인할 수 있는 최소한의 사항을 규정하고 있다. 시행령은 상호, 본점과 지점, 그 밖의 영업소 소재지, 임원, 영위하려는 인가업무 단위, 자기자본 등 재무, 사업계획, 인력과 전산설비 등의 물적 설비, 대주주나 외국금융투자업자, 이해상충방지체계, 그밖에 인가요건심사에 필요한 사항으로서 금융위가 고시하는 사항을 인가신청서에 기재하도록 하고 한다(령 17조 1항). 그리고 인가신청서에는 이러한 기재사항의 진위를 확인할 수 있는 서류19)를 첨부해야 한다(령 17조 2항). 그 밖에 인가신청서의 서식 및 작성방법 등에 관하여 필

---

19) 정관, 발기인총회, 창립주주총회 또는 이사회의 의사록 등 설립 또는 인가신청의 의사결정을 증명하는 서류, 본점과 지점, 그 밖의 영업소의 위치와 명칭을 기재한 서류, 임원의 이력서 및 경력증명서, 인가업무 단위의 종류와 업무방법을 기재한 서류, 재무제표와 그 부속명세서(설립중인 법인은 제외), 업무개시 후 3개 사업연도의 사업계획서(추정재무제표를포함한다) 및 예상수지계산서, 인력, 물적 설비 등의 현황을 확인할 수 있는

요한 사항은 금융위가 고시한다(령 17조 2항 12호).

등록신청서의 기재사항·첨부서류 등 등록신청에 관한 사항과 등록검토의 방법·절차, 그 밖에 필요한 사항은 시행령으로 정한다(19조 6항). 등록신청서에는 등록요건의 구비 여부를 확인하기 위하여 필요한 최소한의 사항을 기재할 것을 요구하고 있다(령 22조 1항).[20] 그리고 등록신청서에는 이러한 기재사항의 진위를 확인할 수 있는 서류[21]가 첨부되어야 한다(령 22조 2항). 그 밖에 금융투자업등록의 신청 및 검토, 등록신청서의 서식 및 작성방법 등에 관하여 필요한 사항은 금융위가 고시한다(령 22조 5항).

2) 인가 심사 등

(1) 인가 심사

금융위가 인가신청서를 접수한 경우에는 그 내용을 심사하여 3개월 이내에 인가 여부를 결정하고, 그 결과와 이유를 지체없이 신청인에게 문서로 통지해야 한다(13조 2항 전단). 예비인가를 받은 경우에는 심사기간을 1개월로 단축한다. 이 경우 인가신청서에 흠결이 있는 때에는 보완을 요구할 수 있다(13조 2항 후단). 인가심사기간을 산정할 때 흠결보완기간 등 시행규칙으로 정하는 기간은 산입하지 않는다(13조 3항; 규칙 2조 1호-3호).

금융위는 신청내용에 관한 사실 여부를 확인하고 이해관계자 등으로부터 제시된 의견을 고려하여 신청내용이 인가요건을 충족하는지 여부를 심사해야 한다(령 17조 5항). 금융위의 심사권이 인가요건구비 여부에 대한 형식적 심사권뿐만 아니라 그 내용에 대한 실질적 심사권도 포함하는 것은 조문에 비추어 명백하다. 인가심사를 위하여 금융위는 필요한 경우 이해관계자, 발기인 또는 임원과의 면담 등의 방법으로 실지조사를 할 수 있다(령 17조 6항). 또한 이해관계자 등의 의견을 수렴하기 위하여 신청인, 신청일자, 신청내용을 의견제시의 방법 및 기간과 함께 인터넷 홈페이지 등에 공고해야 한다(령 17조 7항). 이를 통하여 제시된 의견 중

서류, 인가신청일(인가업무 단위를 추가하기 위한 인가신청 또는 겸영금융투자업자의 인가신청의 경우에는 최근 사업연도 말) 현재 발행주식총수의 100분의 1 이상을 소유한 주주의 성명 또는 명칭과 그 소유주식수를 기재한 서류, 대주주나 외국 금융투자업자의 자격을 확인할 수 있는 서류, 이해상충방지체계를 갖추었는지를 확인할 수 있는 서류, 그 밖에 인가요건의 심사에 필요한 서류로서 금융위가 고시하는 서류를 말한다.

20) 시행령은 상호, 본점 소재지, 임원에 관한 사항, 영위하려는 등록업무 단위에 관한 사항, 자기자본 등 재무에 관한 사항, 투자권유자문인력 또는 투자운용인력에 관한 사항, 대주주나 외국투자자문업자 또는 외국투자일임업자에 관한 사항, 이해상충방지체계에 관한 사항 그 밖에 등록의 검토에 필요한 사항으로서 금융위가 고시하는 사항을 기재사항으로 규정하고 있다

21) 정관, 본점의 위치와 명칭을 기재한 서류, 임원의 이력서 및 경력증명서, 등록업무 단위의 종류와 업무방법을 기재한 서류, 재무제표와 그 부속명세서(설립중인 법인은 제외), 투자권유자문인력 또는 투자운용인력의 현황을 확인할 수 있는 서류, 등록신청일(등록업무 단위를 추가하기 위한 등록신청 또는 겸영금융투자업자의 등록신청의 경우에는 최근 사업연도 말) 현재 대주주의 성명 또는 명칭과 그 소유주식수를 기재한 서류, 대주주나 외국투자자문업자 또는 외국투자일임업자가 자격요건(18조 2항 5호 가목·나목)의 요건을 갖추었음을 확인할 수 있는 서류, 이해상충방지체계를 갖추었는지를 확인할 수 있는 서류, 그 밖에 등록의 검토에 필요한 서류로서 금융위가 고시하는 서류를 말한다.

신청인에게 불리하다고 인정되는 의견에 대해서는 신청인에게 통보하여 소명기회를 줄 수 있다(령 17조 8항). 금융투자업 인가가 금융시장에 중대한 영향을 미칠 우려가 있다고 인정되면 공청회를 개최할 수 있다(령 17조 9항).

(2) 등록 검토

금융위가 등록신청서를 접수한 경우 그 내용을 검토하여 2개월 이내에 등록 여부를 결정하고, 그 결과와 이유를 지체없이 신청인에게 문서로 통지해야 한다(19조 2항 전단). 신청서에 흠결이 있는 때에는 보완을 요구할 수 있다(19조 2항 후단). 등록 검토기간을 산정할 때 신청서의 흠결보완기간 등 시행규칙으로 정하는 기간은 검토기간에 산입하지 않는다(19조 3항; 규칙 4조 1호-3호). 이 경우에도 금융위 심사권이 있는지 여부가 문제된다. 금융위는 신청내용에 관한 사실 여부를 확인하고, 그 신청내용이 등록요건을 충족하는지 여부를 '**검토**'해야 한다(령 22조 4항). 여기서 등록시의 '**검토**'와 인가시의 '**심사**'를 동일한 것으로 볼 것인지 여부가 문제이다. 이를 위해서는 다음 2가지 사항을 고려할 필요가 있다. 첫째, 자본시장법상 금융위는 법률에서 규정하고 있는 객관적인 등록거부사유에 해당하지 않을 경우에는 등록을 거부하지 못한다는 규정을 두고 있다(19조 4항). 이는 인가제보다 완화된 규제로서의 등록제도의 취지를 달성하기 위하여 간투법상 투자자문업에 대한 제도를 일부 보완하여 규정한 것이다. 둘째, 인가요건과는 달리 등록요건에는 사업계획의 건전성과 타당성과 같은 실질적 기준을 의도적으로 배제하였다. 따라서 등록시의 금융위의 '**검토**'는 인가시의 '**심사**'와는 달리 주로 형식적 요건으로 구성되어 있는 등록요건의 구비 여부에 대한 형식적 심사권만을 의미하는 것으로 볼 것이다.

3) 예비인가 등

자본시장법은 금융투자업 본인가를 받기 전에 인가를 받을 수 있는지를 사전에 확인하는 절차로서 예비인가제도를 두고 있다. 본인가를 받으려는 자는 미리 금융위에 예비인가를 신청할 수 있다(14조 1항). 금융위가 예비인가를 신청받은 경우 2개월 이내에 본인가 요건을 갖출 수 있는지를 심사하여 예비인가 여부를 결정하고, 그 결과와 이유를 지체없이 신청인에게 문서로 통지해야 한다(14조 2항). 이 경우 예비인가신청에 관하여 흠결이 있는 때에는 보완을 요구할 수 있다(14조 2항). 예비인가 심사기간을 산정할 때 예비인가신청과 관련된 흠결보완기간 등 시행규칙으로 정하는 기간은 심사기간에 산입하지 않는다(14조 3항; 규칙 3조 1호-3호).

금융위는 예비인가를 하는 경우 경영건전성 확보 및 투자자 보호에 필요한 조건을 붙일 수 있다(14조 4항). 예비인가를 받은 자가 본인가를 신청하는 경우 금융위는 예비인가조건의 이행 여부와 인가요건의 충족 여부를 확인한 후 본인가를 결정해야 한다(14조 5항). 예비인가 신청서 및 그 기재사항·첨부서류 등 예비인가신청에 관한 사항과 예비인가심사의 방법·절차, 그 밖에 예비인가에 관하여 필요한 사항은 시행령으로 정한다(14조 6항).

예비인가를 받은 자는 예비인가를 받은 날부터 6개월 이내에 예비인가의 내용 및 조건을 이행한 후 본인가를 신청해야 한다(령 18조 4항 본문). 다만 금융위의 예비인가 당시 본인가 신청기한을 따로 정하였거나, 예비인가 후 본인가 신청기한의 연장에 대하여 금융위 승인을 받은 경우 그 기한 이내에 본인가를 신청할 수 있다(령 18조 4항 단서).

4) 본인가 등

(1) 본인가와 조건부 본인가

금융위가 금융투자업 본인가를 하는 경우 예비인가와 마찬가지로 경영건전성 확보 및 투자자 보호에 필요한 조건을 붙일 수 있다(13조 4항). 조건의 내용에 관하여 자본시장법령에서는 별도 규정을 두고 있지 않다. 간투법에서는 최대주주 및 특수관계인의 일정 기간 동안의 지분유지, 운용능력에 따른 간접투자기구의 종류제한 등을 조건의 내용으로 규정하고 있었다(간투법 6조 3항; 령 14조 4항). 금융투자업규정은 금융투자업자의 최대주주 및 그의 특수관계인에 대하여 인가일로부터 3년을 초과하지 않는 범위 내에서의 지분유지 및 양도제한에 관한 사항, 그 밖에 금융투자업자의 경영건전성 확보, 투자자 보호 등을 위하여 필요한 사항을 조건의 내용으로 규정하고 있다(2-5조 1호·2호). 실무상 증권사의 장내파생상품 투자매매·중개업 인가시 국내 한정조건으로 인가한 경우, 자산운용사의 집합투자업 재인가시 인가업무단위 중 일부업무에 한정하여 영위하도록 조건(예: MMF 제외 등)을 부과한 경우, 그리고 신탁업자의 신탁업인가에서 신탁대출이나 부동산대출을 제한하는 조건을 부과한 경우와 같이 업무를 제한하는 내용의 조건이 부과된 사례가 있다. 그러나 인가의 본질적 내용을 제한하는 조건을 부과하는 것은 허용되지 않는다. 업무를 제한하는 내용의 조건은 인가업무단위의 세분화를 통하는 것이 자본시장법의 취지에 맞다. 금융위는 인가에 조건을 붙인 경우 그 이행 여부를 확인해야 한다(령 17조 11항).

조건부 금융투자업인가를 받은 자는 사정변경 그 밖에 정당한 사유가 있는 경우에는 금융위에 조건의 취소 또는 변경을 신청할 수 있다(13조 5항 전단). 금융투자업자가 조건의 취소·변경을 신청하는 경우 취소·변경에 따라 확대되는 업무에 상응하는 인가요건, 이를 허용할 정책적 타당성 요건의 심사를 거쳐 허용하고 있다.[22] 이 경우 금융위는 2개월 이내에 조건의 취소 또는 변경 여부를 결정하고, 그 결과를 지체없이 신청인에게 문서로 통지해야 한다(13조 5항 후단). 이 경우의 심사기간을 산정할 때도 신청서 흠결보완기간 등 시행규칙으로 정하는 기간은 심사기간에 산입하지 않는다(13조 3항; 규칙 2조 1호-3호).

---

22) 금융위, 보도자료: 향후 금융투자업 인가방향과 운용계획, 2010. 5. 31, 6-7면.

(2) 인가·등록과 조건부 인가·등록의 공시

금융위는 금융투자업인가를 한 경우 그 내용, 조건부 인가의 조건, 조건부 인가의 조건 취소나 변경내용을 관보 및 인터넷 홈페이지 등에 공고해야 한다(13조 6항 1호-3호). 금융위는 등록요건을 갖추지 않은 경우, 등록신청서를 거짓으로 작성한 경우, 그리고 등록신청서에 대한 보완요구를 이행하지 않은 경우 등 법률에서 규정하고 있는 객관적인 등록거부사유에 해당하지 않을 경우 등록을 거부하지 못한다(19조 4항). 이는 인가제보다 완화된 진입규제로서의 등록제의 취지를 달성하기 위한 것이다. 금융위는 금융투자업등록을 결정한 경우 투자자문업자 또는 투자일임업자 등록부에 필요사항을 기재해야 하며, 등록결정한 내용을 관보 및 인터넷 홈페이지 등에 공고해야 한다(19조 5항).

5) 인가 후의 영업 개시 등

(1) 영업 개시의무

금융투자업 인가를 받은 자는 금융위가 기한을 따로 정하거나 기한을 연장한 경우를 제외하고는 인가를 받은 날부터 6개월 이내에 영업을 개시해야 한다(령 17조 10항). 시행령은 인가를 받은 날부터 6개월 이내에 영업을 개시하지 않은 경우를 인가취소사유로 규정하고 있다(령 373조 4항 1호). 등록에 대해서는 등록 후 일정기간 내의 영업개시의무가 별도로 규정되어 있지 않다. 그러나 시행령에서는 인가와 마찬가지로 등록을 한 날부터 6개월 이내에 영업을 개시하지 않은 경우를 등록취소사유로 규정하고 있다(420조 1항 9호; 령 373조 4항 1호). 따라서 등록업자도 인가업자의 경우와 마찬가지로 등록 후 6개월 내 영업개시의무를 부담한다.

여기서 '6개월 이내에 영업'이라고 할 때 영업의 의미가 문제된다. 예컨대 집합투자업자가 1년 이내에 펀드가 조성되지 않아 운용을 하지는 못했지만 이를 위한 마케팅 등의 활동을 열심히 한 경우를 영업을 한 것으로 볼 것인지 여부의 문제이다. 자본시장법의 입법취지상 인가를 받거나 등록을 한 본업 자체의 개시 여부를 따지는 것이 옳다. 시행령은 이를 고려하여 '6개월 이내에 영업'에서 '6개월'을 부동산펀드와 특별자산펀드의 집합투자업과 동산·부동산·부동산관련 권리의 신탁업 인가를 받은 자와 일반사모집합투자업자의 경우에는 1년으로 하고, 영업은 투자매매업자 또는 투자중개업자의 경우 증권의 발행·인수, 금융투자상품의 매도·매수에 관한 계약을 체결하는 행위 또는 그 행위에 관한 청약의 권유, 청약이나 청약의 승낙을 하는 행위, 집합투자업자의 경우 집합투자재산을 운용하는 행위, 투자자문업자의 경우에는 투자자문계약을 체결한 후 투자자문에 응하는 행위, 투자일임업자는 투자일임계약을 체결한 후 투자일임재산을 운용하는 행위, 신탁업자는 신탁계약을 체결한 후 신탁재산의 관리·처분·운용·개발 등을 하는 행위집합투자업자의 경우 집합투자재산을 운용하는 것을 영업으로 본다고 명시하였다(령 373조 4항 1호 가목-마목).[23] 확인적인 규정이다. 부동산펀드와 특별자산펀드에 대하여 기간을 1년으로 연장한 것은 실제 이러한 종류의 펀드조성에 소요되는 평균기간을 고려한 것이다.

그러면 인가를 받거나 등록을 한 후 6개월 내에 영업을 개시하지 않았지만 금융위에서 인가나 등록을 취소하지 않은 경우 인가나 등록이 실효된 것으로 볼 것인가? 인가의 경우에는 법문상 "금융위가 그 기한을 따로 정하거나 그 기한의 연장을 승인한 경우"에만 그 기한 이후에 인가받은 영업을 개시할 수 있다고 규정하고 있으므로 6개월을 경과하면 인가받은 영업을 개시할 수 없는 것은 명백하다. 등록의 경우에는 이러한 규정이 없다. 따라서 등록업자는 등록의 취소가 이루어지지 않는 한 언제든지 영업을 개시할 수 있다.

이 규정은 증권법과 간투법 그리고 구신탁업법의 규정을 참고로 한 것이다. 그런데 구법상으로도 법률효과는 다르게 규정되어 있었다. 증권법과 간투법에서는 "허가를 받은 날부터 6월 이내에 영업을 개시하지 아니한 때"를 허가 취소사유로 규정하고 있었지만(증권법 55조 1항 2호; 간투법 167조 1항 6호), 구신탁업법은 "인가를 받은 날로부터 6월 이내에 영업을 개시하지 아니한 때"에는 인가가 실효되는 것으로 규정하고 있었다(구신탁업법 6조 1항). 법적 확실성을 위해서는 구신탁업법의 예에 따라 인가나 등록이 실효되는 것으로 규정하는 것이 옳다.

(2) 영업 지속의무

시행령에서는 영업을 개시한 후 정당한 사유 없이 인가 받거나 등록한 업무를 6개월 이상 계속해서 영위하지 않은 경우를 인가와 등록의 취소사유로 규정하고 있다(420조 1항 9호; 령 373조 4항 1호). 이는 금융투자업자에게 영업 지속의무를 부과한 것이다. 금융위에서 정당한 사유를 판단하여 인가나 등록의 취소 여부를 결정할 수 있게 한 것으로서 적절한 입법이다. 6개월의 기간과 영업의 의미는 위의 영업개시의무와 같다.

2. 외국금융투자업자의 인가 · 등록절차

1) 의 의

외국금융투자업자가 국내에서 영업을 하고자 하는 경우 지점 그 밖의 영업소를 설치하고 인가를 받거나 등록을 해야 한다. 구법상 외국금융투자업자의 자본금요건을 완화하면서 각 지점별로 진입규제를 받도록 하고 있었다. 자본시장법은 자본요건에 대하여 국내금융투자업자와 동등한 요건을 부과하면서 각 **'지점별 진입규제'**를 국내 지점 전체를 한 단위로 하는 **'업**

---

23) 투자자문업자는 겸영금융투자업자, 투자일임업 외의 금융투자업을 경영하는 투자자문업자 및 역외투자자문업자를, 투자일임업자는 겸영금융투자업자, 투자자문업 외의 금융투자업을 경영하는 투자일임업자 및 역외투자일임업자를, 그리고 신탁업자는 겸영금융투자업자 및 다른 금융투자업을 경영하는 신탁업자는 제외한다(령 373조 4항 1호 다목-마목).

자별 진입규제'로 전환하였다. 외국금융투자업자의 인가·등록절차에 대해서는 이미 보았으므로 '**업자별 진입규제**'만 정리한다.

2) '업자별 인가방식'으로의 전환

국내 금융규제법상 외국계 지점의 인가방식에 대해서는 국내에 있는 각 지점을 진입규제의 단위로 파악하는 '**지점별 진입규제**'와 '**업자별 진입규제**'의 2가지 방식이 있다. 여기서 '**지점별 진입규제**'는 국내에 설치하고자 하는 지점 각각을 하나의 진입단위로 보아 진입규제를 부과하는 방식이다. 증권법 등 자본시장관련법과 은행법은 이러한 방식을 채택하고 있다.

'**업자별 진입규제**'는 국내에 지점을 설치하고자 하는 외국금융업자 자체를 하나의 진입단위로 보아 진입규제를 부과하는 방식이다. 전자의 경우 국내에 지점을 설치할 때마다 개별지점별로 자본 등 진입요건을 갖추어야 한다(은행법 58조; 증권법 28조의2 2항; 선물법 38조 2항 1호; 간투법 157조 1항 1호; 구신탁업법 29조의4 1항; 동시행령 16조의4). 후자의 경우 최초 지점이 진입요건을 갖추어 설치되면 추가 지점을 설치할 경우에는 별도 진입규제를 요하지 않는다(보험업법 6조 2항 1호, 9조 3항; 동시행령 14조). 은행법상 외국은행 국내지점은 전체를 하나의 은행으로 보면서도 추가 신설에 대해서 신설인가를 요하되 전체 지점을 단일체로 보아 인가요건을 적용한다(은행업감독규정 별표 2의5, 11조 8항).[24]

시행령은 외국금융투자업자, 외국은행 또는 외국보험회사를 포함한 외국금융투자업자 등이 국내에 지점, 그 밖의 영업소를 둘 이상 두는 경우 해당 지점이나 영업소 전부를 하나의 금융투자업자로 본다고 하여 업자별 진입규제로의 전환을 선언하고 있다(령 16조 10항 전단). 이 경우 외국금융투자업자 등은 지점이나 영업소를 추가로 신설하고자 하는 때에는 금융위가 고시하는 방법에 따라 금융위에 관련자료를 제출해야 한다(령 16조 10항 후단). 외국금융투자업자 등의 국내지점 설치에 관하여 필요한 구체적인 기준은 금융위가 정하여 고시한다(령 16조 11항).

3. 신고에 의한 금융투자업 인가·등록 특례

자본시장법은 동법 시행 이전에 금융투자업을 영위하고 있던 금융업자에 대하여는 일정한 요건 하에 경과조치를 인정하고 있다(부칙 5조). 자본시장법 시행 후 14년을 경과한 현재 시점에는 특별히 문제되지 않을 것이다.

---

24) 정순섭, 은행, 109면.

제4절 인가의 변경 등

I. 의 의

자본시장법상 진입규제와 관련한 또 하나의 중요한 변화는 이미 인가 또는 등록을 마친 인가·등록업무단위 외에 추가적인 인가·등록업무단위를 업무로서 영위하고자 할 경우에는 새로운 인가나 등록이 아니라 이미 받은 인가나 등록의 변경절차를 취하는 점이다(16조 1항, 21조 1항). 이를 '**업무추가**'(add-on) **방식**이라고 한다. 구체적으로는 인가나 등록의 변경으로 이루어진다.

II. 인가의 변경

1. 의의와 취지

금융투자업자는 이미 인가받은 인가업무단위 외에 다른 인가업무단위를 추가하여 금융투자업을 영위할 수 있다. 예컨대, 종래 증권에 대한 투자매매업을 영위하던 금융투자업자가 증권에 대한 투자중개업을 함께 영위하고자 하는 경우 새로운 금융투자업인가를 받는 것이 아니라 종전의 금융투자업인가의 변경인가를 받게 되는 것이다(16조 1항). 이 경우 새로이 추가되는 업무단위에 대한 인가변경의 요건과 절차는 일반적인 인가절차와 동일하다(16조 1항, 12조, 13조).

인가의 변경에도 예비인가절차를 적용한다(16조 1항). 본래 자본시장법에서는 변경인가에서는 예비인가제도를 적용하지 않도록 규정하였으나 2009. 1. 개정에서 적용하도록 변경하였다. 본인가를 신청하기 전에 필요한 인적·물적 설비 등을 사전에 완비해야 하는 부담이 있는 점에서 본인가와 변경인가에 차이가 없는 점을 고려한 것이다.

한편 같은 금융투자업의 종류에 속하는 금융투자상품을 구성요소로 하여 '**추가등록 업무단위**'를 추가하여 금융투자업을 영위하려는 경우에는 인가의 변경이 아니라 업무단위 추가등록을 하면 변경인가를 받은 것으로 본다(16조의2 1항).

2. 요건과 심사

변경절차에서는 일부 진입요건에 대하여 완화된 기준(유지요건)을 적용함으로써 규제를 완화하고자 하였으나(구 16조 2항), 2009. 1. 개정에서 삭제되었다. 인가요건에 비하여 인가유지요건을 완화한 것은 금융투자업자가 기존에 수행하고 있는 업무에 대한 인가가 취소될 경우 발생할 수 있는 혼란을 고려한 것이라고 할 수 있다. 그런데 변경인가를 통하여 인가업무 단위를 추가하고자 하는 자에게는 그러한 고려를 적용할 수 없다는 판단에 따른 것이다. 다만 인가요건에 금융투자업자 본인의 자격요건을 도입하는 대신 변경 인가시의 대주주의 자격요건은 크게 완화되었다(16조 2항; 령 19조의2 1호-4호).

Ⅲ. 등록의 변경

변경인가와 마찬가지로 등록요건에 금융투자업자 본인자격요건을 도입하는 대신 변경등록시의 대주주 자격요건은 크게 완화되었다(21조 2항; 령 23조의2, 23조 2호 가목-다목). 그 내용은 등록유지요건과 동일하다.

Ⅳ. 업무단위 추가등록

1. 의의와 취지

금융투자업인가를 받은 투자매매업자 또는 투자중개업자(겸영금융투자업자는 제외)가 같은 금융투자업의 종류에 속하는 금융투자상품을 구성요소로 하여 '**추가등록 업무단위**'를 추가하여 금융투자업을 영위하려는 경우에는 금융위에 이를 등록해야 한다(16조의2 1항, 12조 1항). 업무단위 추가등록을 한 자는 변경인가(16조 1항)를 받은 것으로 본다(16조의2 10항).

2. 추가등록 업무단위

'**추가등록 업무단위**'는 시행령 [별표 1]에 따른 인가업무단위로서 2가지로 구분한다(16조의2 1항; 령 19조의3 1항 1호·2호). 첫째, 투자매매업, 투자매매업(인수업은 제외), 투자매매업(인수업만 해당)의 경우 해당 금융투자업에 속하는 금융투자상품 중 증권, 장내파생상품, 장외파생상품 각각을 기준으로 하여 인가받지 않은 다른 업무 단위를 말한다. 둘째, 투자중개업의 경우 투자중개업에 속하는 인가업무 단위 중 인가받지 않은 다른 업무 단위를 말한다. 다만 다자간매매체결회사의 업무인가단위(1a-1-2 및 2a-1-2)는 제외한다.

3. 업무단위 추가등록의 요건과 방법

업무단위 추가등록을 하려는 금융투자업자는 사업계획의 타당성과 건전성 요건과 대주주 및 외국금융투자업자 요건을 제외한 인가요건(12조 2항 1호·2호, 4호·5호, 6호의2·7호)을 갖추어 금융위에 등록신청서를 제출해야 한다(16조의2 2항). 업무단위 추가등록의 방법 및 절차에 관하여는 사업계획과 대주주 등에 관한 사항을 제외한 인가신청서의 기재사항과 첨부서류 그 밖의 절차에 관한 규정을 준용한다{령 19조의3 2항; 령 17조 1항(6호·8호 제외), 2항(7호·9호·10호 제외), 4항-제6항 및 10항-12항}.

금융위는 등록신청서를 접수한 경우 그 내용을 검토하여 2개월 이내에 업무단위 추가등록 여부를 결정하고, 그 결과와 이유를 지체 없이 신청인에게 문서로 통지해야 한다(16조의2 3항 전단). 이 경우 등록신청서에 흠결이 있는 때에는 보완을 요구할 수 있다(16조의2 3항 후단). 업무단위 추가등록의 검토기간(16조의2 3항) 및 조건취소·변경의 심사기간(16조의2 6항)을 산정할 때에는 등록신청서 흠결보완기간등은 그 기간에서 제외한다(16조의2 7항; 규칙 2조의2 1호-3호).

4. 업무단위 추가등록과 조건 부과 및 공시

금융위는 업무단위 추가등록 여부를 결정할 때 업무단위 추가등록요건을 갖추지 않거나, 신청서를 거짓으로 작성한 경우, 또는 신청서보완요구를 이행하지 않은 경우와 같은 등록거부사유가 없으면 등록을 거부할 수 없다(16조의2 4항 1호-3호). 인가제와 구별되는 등록제의 한계를 명시한 것이다.

금융위는 업무단위 추가등록을 결정하는 경우 경영건전성 확보 및 투자자 보호에 필요한 조건을 붙일 수 있다(16조의2 5항). 조건부 업무단위 추가등록을 한 자는 사정변경 그 밖의 정당한 사유가 있는 경우에는 금융위에 조건의 취소·변경을 신청할 수 있다(16조의2 6항 전단). 이 경우 금융위는 그 내용을 심사하여 2개월 이내에 조건의 취소·변경 여부를 결정하고, 그 결과를 지체 없이 신청인에게 문서로 통지해야 한다(16조의2 6항 후단).

금융위는 업무단위 추가등록을 결정하거나 그 등록의 조건을 취소·변경한 경우에는 투자매매업자 또는 투자중개업자등록부에 필요한 사항을 기재하여야 하며, 업무단위 추가등록의 내용과 조건이 있는 경우 그 내용, 조건의 취소·변경의 경우 그 내용을 관보 및 인터넷홈페이지 등에 공고해야 한다(16조의2 8항 1호-3호). 업무단위 추가등록신청 또는 조건의 취소·변경신청에 관한 사항과 등록검토 또는 조건의 취소·변경 심사의 방법·절차, 그 밖에 필요한 사항은 시행령으로 정한다(16조의2 9항; 령 19조의3).

제5절   인가요건의 유지의무 등

I. 의   의

자본시장법은 진입규제에 계속적 규제를 도입하여 인가요건과 업무단위 추가등록요건 그리고 등록요건 유지의무를 부과하고 있다(15조·20조). 계속적 규제는 금융투자업자가 진입단계에서 충족했다고 판단된 요건을 지속적으로 충족하고 있는지를 확인하는 점에서 진입규제가 '**가능성에 대한 심사**'라면, 계속적 규제는 '**실제성에 대한 심사**'를 의미한다.[25]

인가요건 유지의무의 경우 금융투자업자 본인의 사회적 신용요건은 적용하지 않고, 자기자본과 대주주자격에 대해서는 완화된 규정을 적용한다. 그리고 지배구조법상 대주주 자격심사제도의 도입으로 인가유지요건 중 국내금융회사인 대주주 자격요건은 적용을 제외하였다 (15조 1항, 12조 2항 6호 가목). 금융투자업자 본인요건도 적용하지 않는다(15조 1항, 12조 2항 6호의2). 업무단위 추가등록요건 유지의무의 경우에는 사업계획, 대주주, 금융투자업자 본인요건은 적용하지 않는다(15조 2항, 12조 2항 3호·6호·6호의2). 등록요건 유지의무의 경우에도 금융투자업자 본인요건은 적용하지 않는다(15조 2항, 18조 2항 5호의2).

온라인소액투자중개업자와 일반사모집합투자업자의 등록요건유지의무는 본래 인가제의 대상이지만 등록제로 규제완화한 취지를 고려하여 인가요건유지의무에 준하는 체제와 내용으로 되어 있다(117조의4 8항, 249조의3 8항; 령 118조의6, 271조의3).

Ⅱ. 자기자본요건의 완화

인가요건유지의무의 경우 자기자본요건에 대해서는 인가할 때 요구되는 최저자기자본 요건의 70%를 충족하면 된다(령 19조 1항 1호 전단). 자기자본은 경영성과에 따라 변동하기 때문에 일시적으로 경영이 부진한 때에도 안정적인 경영이 가능하도록 완화한 것이다. 이 때 자기자본 유지요건의 충족 여부는 매 회계연도 말을 기준으로 1년에 1회 평가하고, 특정 회계연도 말을 기준으로 유지요건에 미달하는 경우 그 다음 회계연도 말까지는 유지요건에 적합한 것으로 본다(령 19조 1항 1호 후단). 1년간의 보완기간을 주는 것이다. 업무단위 추가등록요건 유지의무의 경우에도 같다(15조 2항, 령 19조 3항, 1항 1호).

등록요건유지의무의 경우 자기자본요건에 대해서도 등록을 할 때 요구되는 최저자기자본 요건의 70%를 충족하면 된다(령 23조 1호 전단). 일시적인 경영부진을 고려한 것이다. 이 경우 유지요건은 매 월말을 기준으로 적용하며, 특정 월말을 기준으로 유지요건에 미달한 금융투자업자는 해당 월말부터 6개월이 경과한 날까지는 그 유지요건에 적합한 것으로 본다(령 23조 1호 후단). 6개월간의 보완기간을 준다는 뜻이다.

---

25) 이중기, "제4장 금융업진입규제의 새로운 발전방안", 김건식·정순섭(편), 『새로운 금융법체제의 모색』, 2006, 171-172면.

Ⅲ. 대주주자격요건의 완화

대주주자격요건에 대해서는 인가 또는 등록시에 출자능력과 재무건전성에 대한 심사 또는 검토가 이루어진 점을 고려하여 사회적 신용요건만 완화하여 적용한다. 첫째, 대주주가 국내법인 등인 경우 부실금융기관 대주주 또는 그 특수관계인이 아닐 것 그리고 최대주주가 최근 5년간 5억원 이상 벌금형이 없을 것이라는 두 가지 요건만 적용된다(령 19조 1항 2호 가목·다목). 둘째, 대주주가 외국인 등인 경우 국내주주에 대한 유지요건 이외에 최대주주가 최근 3년간 금융업에 상당하는 영업의 영위와 관련하여 본국의 사법기관으로부터 5억원의 벌금형 이상에 상당하는 형사처벌을 받은 사실이 없을 것을 추가적으로 요구하고 있다(령 19조 1항 2호 나목). 대주주가 외국금융투자업자인 경우에는 최근 3년을 기준으로 한다(령 19조 1항 2호 라목). 셋째, 등록요건유지의무의 경우도 같다(령 23조 2호 가목·나목). 다만 대주주가 외국투자자문업자 또는 외국투자일임업자인 경우에는 최근 2년을 기준으로 한다(령 23조 2호 다목).

Ⅳ. 위반시의 제재

금융투자업자가 인가요건과 업무단위 추가등록요건 그리고 등록요건 유지의무를 위반한 경우 인가나 등록을 취소하거나(420조 1항 3호), 6개월 이내의 업무의 전부·일부정지, 신탁계약, 그 밖의 계약 인계명령, 위법행위의 시정·중지명령, 위법행위로 인한 조치사실의 공표·게시명령, 기관경고, 기관주의, 그 밖에 위법행위를 시정하거나 방지하기 위하여 필요한 조치로서 시행령으로 정하는 조치를 취할 수 있다(420조 3항 1호-7호). 시행령에서는 지점, 그 밖의 영업소의 폐쇄 또는 그 업무의 전부 또는 일부의 정지, 경영 또는 업무방법의 개선요구 또는 권고, 변상요구, 각서징구, 법 위반의 경우 고발 또는 수사기관에의 통보, 다른 법률을 위반한 경우 관련기관 또는 수사기관에의 통보, 그 밖에 금융위가 자본시장법 및 시행령, 그 밖의 관련 법령에 의하여 취할 수 있는 조치를 추가하고 있다(령 373조 5항 1호-6호).

자본시장법 시행 이전에 금융투자업을 영위하고 있는 자를 위한 신고에 의한 인가·등록의 특례와 관련하여 인가·유지요건을 갖추지 못한 자는 일정한 유예기간을 거쳐 인가나 등록이 취소되는 것과 동일한 효과가 발생할 수 있다. 그러나 이는 기존 인허가나 등록의 갱신에 관한 문제로서 여기서 말하는 인가·등록 유지요건 위반시의 인가·등록의 취소와는 다른 제도라고 할 것이다.

제6절 인가의 취소 등

I. 의   의

금융위는 금융투자업자가 취소사유에 해당할 경우 금융투자업 인가(12조), 업무단위 추가등록(16조의2) 또는 등록(18조·117조의4·249조의3)을 취소할 수 있다(420조 1항 1호-8호).

취소사유는 (ⅰ) 거짓, 그 밖의 부정한 방법으로 금융투자업인가를 받거나 등록한 경우, (ⅱ) 인가조건을 위반한 경우, (ⅲ) 인가요건, 업무단위 추가등록요건 또는 등록요건의 유지의무를 위반한 경우, (ⅳ) 업무정지기간중에 업무를 한 경우, (ⅴ) 금융위의 시정·중지명령을 불이행한 경우, (ⅵ) [별표 1] 각 호의 어느 하나에 해당하는 경우로서 시행령으로 정하는 경우,[26] (ⅶ) 시행령으로 정하는 금융관련법령 등을 위반한 경우로서 시행령으로 정하는 경우,[27] (ⅷ) 그 밖에 투자자이익을 현저히 해할 우려가 있거나 해당 금융투자업을 영위하기 곤란하다고 인정되는 경우로서 시행령으로 정하는 경우[28]를 말한다.

금융투자업자가 그 업무에 관련된 금융투자업인가와 등록이 모두 취소되면 이로 인하여 해산한다(420조 2항). 겸영금융투자업자의 경우에는 그 금융투자업에 대한 인가나 등록만이 취소될 뿐이다.

II. 인가의 일부 취소 등

금융투자업 인가와 등록은 복수의 인가업무단위와 등록업무단위로 구성되는 복합적인 업무단위를 대상으로 한다. 따라서 이를 인가와 등록 자체가 복수 존재하는 것으로 볼 것인지 아니면 인가나 등록은 하나이지만 그 범위에 차이가 있는 것으로 볼 것인지 여부가 문제된다. 기술한 바와 같이 인가와 등록 자체는 어디까지나 **금융투자업 인가**와 **금융투자업 등록**의 단일인가·단일등록이고, 다만 범위에 차이가 있는 것이다. 투자매매업·투자중개업·집합투자업·신탁업의 4가지의 인가와 투자자문업·투자일임업의 두 가지 등록이 별도로 존재하는 것은 아니다. 따라서 인가와 등록의 취소도 인가나 등록 전부를 대상으로 하는 것이 원칙이다.[29]

---

26) 인가를 받지 않고 투자자문업과 투자일임업 이외의 금융투자업을 영위한 경우(법 [별표 1] 1호) 등(령 373조 1항 1호-24호).

27) 실명법, 형법, 특정경제범죄법에 위반한 경우로서 거래정보등을 제공·누설한 경우 등(령 373조 2항 1호-3호, 3항 1호-13호).

28) 영업개시의무나 영업지속의무 위반 등(령 373조 4항 1호-5호).

29) 임재연, 140면.

그러나 특정 단위의 인가나 등록을 금융투자업자가 스스로 반납하는 것은 가능하다.

제7절   조직변경, 영업의 양수도와 폐지 등

Ⅰ. 의의와 취지

진입규제가 기능별 규제인 단일인가·등록제로 전환됨에 따라 조직변경이나 영업양수도와 폐지 등 퇴출규제에 대해서도 보완이 불가피하게 된다. 이를 반영하여 자본시장법에서는 합병 등의 조직변경과 영업폐지에 관한 규정을 보완하고 있다. 그 밖에 자본감소에 대해서도 조직변경이나 영업의 양수도 등에 준하여 취급하고 있다(령 370조 1항). 조직변경 등이 투자자와 자본시장에 미치는 영향을 고려한 것이다.[30] 자본시장법상 조직변경 등에 관한 규제는 다음과 같이 구분하여 정리할 수 있다.

Ⅱ. 승인사항

1. 대   상

금융투자업자가 합병, 분할·분할합병, 주식의 포괄적 교환·이전, 해산을 할 경우 금융위 승인을 받아야 한다(417조 1항 1호-3호). 금융투자업자가 자신이 영위하고 있던 금융투자업의 전부를 다른 금융투자업자에게 양도하거나 다른 금융투자업자가 영위하고 있는 금융투자업의 전부를 양수하거나, 자신이 영위하고 있던 금융투자업의 전부를 폐지하고자 할 경우에는 금융위 승인을 얻어야 한다(417조 1항 4호-7호). 겸영금융투자업자의 경우도 동일하다. 법문상으로는 승인사유를 "제6조 제1항 제1호부터 제3호까지 및 제6호의 어느 하나에 해당하는 금융투자업 전부의 양도 또는 양수", "제6조 제1항 제4호 및 제5호의 어느 하나에 해당하는 금융투자업 전부의 양도 또는 양수", "제6조 제1항 제1호부터 제3호까지 및 제6호의 어느 하나에 해당하는 금융투자업 전부의 폐지", "제6조 제1항 제4호 및 제5호의 어느 하나에 해당하는 금융투자업 전부의 폐지"라고 규정하고 있다. 따라서 금융투자업자가 영위하고 있던 금융투자업 중 투자매매업, 투자중개업, 집합투자업, 신탁업, 투자자문업, 투자일임업 각각의 전부를 양수도하거나 폐지하는 경우를 승인사유로 하고 있는 것으로 이해된다. 그리고 **'이에 준하는 경우'**를 포함한다고 규정하여 **'전부'**의 의미에 관하여 실질적 판단을 할 수 있는 근거를 부여하고 있다. 금융위는 이상의 승인내용을 관보 및 인터넷 홈페이지 등에 공고해야 한다(417조 2항).

---

30) 정순섭, 은행, 119-123면.

2. 심사기준

승인의 기준·방법, 그 밖의 승인업무 처리를 위하여 필요한 사항은 시행령으로 규정하고 있다(417조 3항; 령 370조). 금융위는 이러한 승인을 하려는 경우에는 재무건전성(30조)과 경영건전성(31조)에 관한 기준을 충족할 것(417조 1항 3호·6호·7호의 경우는 제외), 투자자 보호에 지장을 초래하지 않을 것, 금융시장 안전성을 해치지 않을 것, 건전한 금융거래질서를 해치지 않을 것, 내용과 절차가 금융관련법령, 상법 및 공정거래법에 비추어 흠이 없을 것, 그 밖에 대상행위(417조 1항 1호-8호)의 행위별로 투자자 보호 등을 위하여 금융위가 고시하는 기준을 충족할 것의 기준에 적합한지를 심사하여야 한다(령 370조 2항 1호-6호).

3. 보고사항

금융투자업자가 자신이 영위하고 있던 금융투자업의 일부를 다른 금융투자업자에게 양도하거나 다른 금융투자업자가 영위하고 있는 금융투자업의 일부를 양수하거나, 자신이 영위하고 있던 금융투자업의 일부를 폐지한 경우에는 금융위에 보고해야 한다(418조 6호-9호). 전부 양수도나 폐지는 승인사항이다. 보고시기에 대해서는 법문상 '**양도 또는 양수한 때**', '**일부를 폐지한 때**'라고 하여 사후보고임을 명시하고 있다. 구체적인 보고사항과 보고방법은 시행령에서 규정하고 있다(418조; 령 371조).

Ⅲ. 진입규제 및 대주주변경승인과의 관계

첫째, 금융투자업의 양수도 등에 관한 이상의 규정은 금융투자업자에 의한 금융투자업의 양도나 양수를 대상으로 하는 점에서 금융투자업자 아닌 자가 금융투자업을 양수하고자 할 경우에는 자본시장법 제417조나 제418조의 문제가 아니라 새로운 금융투자업의 인가나 등록의 문제가 된다.

둘째, 이러한 조직변경절차를 통하여 새로이 대주주가 되는 자에 대해서는 일정한 요건을 충족하는 경우 대주주변경승인의 대상이 될 수 있다.

제17장   건전성 규제

제1절 서   언

　금융투자업자에 대한 건전성 규제(prudential regulation)란 금융투자업자에게 건전한 경영을 위한 기준을 따르게 함으로써 금융투자업자의 파탄이나 도산에 의한 투자자의 재산상 손실의 발생을 방지하는 것을 말한다. 건전성 규제는 금융투자업자의 지배구조, 업무범위, 재무건전성 및 경영건전성의 유지 등에 관한 기준의 제시와 관리를 그 내용으로 한다.

　금융투자업자의 업무범위를 적정한 한도에서 규제하는 것도 건전성 유지를 위한 기초가 된다고 할 것이다. 그러나 우리나라에서는 금융회사의 업무범위규제를 주로 업종간 이해관계의 조정이나 이해상충의 가능성이라는 관점에서 운영해 온 측면이 있다. 대부분의 투자자는 금융투자업자의 재무적인 건전성을 판단할 능력이 없기 때문에 외부적인 규제를 통하여 금융투자업자의 최소한의 재무적인 요건을 규정하는 것은 매우 중요한 의미를 가진다. 나아가 금융회사의 도산은 금융체제 전체의 안정성에도 영향을 미치지만, 이에 대해서는 별도의 고려가 필요하다. 특히 대규모 금융투자업자에 대한 건전성규제는 특정 금융투자업자의 파탄이 금융시스템 전체의 파탄으로 전파되는 시스템 리스크를 방지하는 의미도 가진다. 시스템 리스크를 특히 은행분야에 한정적인 위험으로 인식해온 전통적인 입장은 현대의 발전된 금융시장에서는 더 이상 적용되기 어려울 것이다. 경영건전성의 유지와 관련하여 주로 경영정보의 공시, 대주주와의 거래제한, 금융회사의 조직변경 규제 등이 문제될 수 있을 것이다.

　제2절 지배구조 규제에서는 지배구조법상 지배구조규율을 정리한다. 제3절 업무범위 규제는 고유업무, 겸영업무, 부수업무를 살펴본다. 제4절 재무건전성 유지에서는 순자본비율을 중심으로 건전성기준을 정리한다. 제5절 기타 경영건전성 규제에서는 대주주와의 거래제한 등을 검토한다.

제2절 지배구조 규제

I. 서 언

건전하고 효율적인 지배구조 유지는 금융투자업자의 의사결정과 업무집행의 적정성을 담보하기 위한 제도적 기초가 된다.[1] 국제적으로 2008년 글로벌 금융위기 이후 금융회사의 지배구조 문제가 금융위기의 주요원인으로 지적되어 왔다. 국내에서도 금융지주회사의 후계승계나 경영진 간 내분사태, 상호저축은행의 파탄, 금융회사의 계열사 지원행위 등과 관련하여 금융회사의 지배구조 문제가 꾸준히 지적되어 왔다. 이를 반영하여 2015. 7. 31. 지배구조법이 제정되어 2016. 8. 1.부터 시행되었다.[2]

금융투자업자의 대주주, 이사회와 임원, 감사위원회, 내부통제와 위험관리, 소수주주권 등을 중심으로 한 지배구조규제는 지배구조법에 따른다. 그러나 첫째, 금융투자업자의 국외현지법인(국외지점을 포함), 시행령으로 정하는 겸영금융투자업자,[3] 역외투자자문업자 또는 역외투자일임업자(100조 1항)에게는 지배구조법을 적용하지 않는다(지배구조법 3조 1항 1호-3호). 증권금융회사와 자금중개회사에 대해서는 자본시장법에서 지배구조규제를 두고 있다(324조 이하, 355조 이하). 둘째, 외국금융투자업자의 국내지점에 대해서는 지배구조법상 임원자격, 내부통제 및 위험관리, 처분·제재에 관한 규정(5조, 7조, 4장 및 7장)을 적용하며, 이 경우 외국금융투자업자의 국내지점의 대표자와 그 밖에 시행령으로 정하는 사람[4]은 금융투자업자의 임원으로 본다(지배구조법 3조 2항; 동 시행령 6조 2항). 셋째, 최근 사업연도 말 현재 자산총액이 5조원 미만인 금융투자업자 또는 종합금융회사, 그 밖에 자산규모, 영위하는 금융업무 등을 고려하여 금융위가 고시하는 자에 대해서는 이사회의 구성·운영, 이사회내 위원회의 설치, 위험관리위원회, 보수위원회 및 보수체계 등, 소수주주권 행사에 관한 사항을 적용하지 않는다(지배구조법 3조 3항 1호-5호; 동 시행령 6조 2항). 다만, 최근 사업연도 말 현재 그 금융투자업자가 운용하는 집합투자재산·투자일임재산·신탁재산의 전체 합계액이 20조원 이상인

---

[1] 국내 금융회사에 대한 지배구조 규제는 어느 정도 통일적인 구조로 발전해 왔다. 그 이유는 자본시장법 시행 이전 증권법상 주권상장법인 특례규정에 있던 지배구조규제를 거의 그대로 따랐기 때문이다. 지배구조법은 이를 바탕으로 한 것이다.

[2] 정순섭, "금융회사의 지배구조와 금융규제", 『BFL』 79호, 2016, 6-7면(이하 "정순섭, 앞의 논문(2016)"으로 인용).

[3] 수출입은행, 증권금융회사, 자금중개회사, 외국환중개회사, 주택금융공사, 신용협동조합, 농업협동조합, 수산업협동조합, 새마을금고, 체신관서.

[4] 명예회장·회장·부회장·사장·부사장·대표·부대표·전무·상무·이사 등 업무를 집행할 권한이 있는 것으로 인정될 만한 명칭을 사용하여 같은 항에 따른 국내지점에서 업무를 집행하는 사람을 말한다.

경우는 제외한다(지배구조법시행령 6조 3항 2호 단서). 또한 금융투자업자가 주권상장법인으로서 최근 사업연도 말 현재 자산총액이 2조원 이상인 자는 지배구조법을 적용한다(지배구조법 3조 3항 1호-5호; 동 시행령 6조 3항 단서).

자본시장법은 금융투자업자의 지배구조와 관련하여 파생상품업무책임자(28조의2)에 대해서 규정하고 있다. 파생상품업무책임자에 대해서는 제22장 파생상품에서 살펴본다. 이하 대주주 변경, 이사회와 임원, 감사위원회, 내부통제를 중심으로 살펴본다.

Ⅱ. 대주주의 변경

1. 의   의

금융투자업자의 대주주 자격에 대해서는 진입규제에서 엄격히 규제하고 있다(12조 2항 6호 가목, 18조 2항 5호 가목, 15조, 20조). 지배구조법은 금융투자업자의 대주주가 되고자 하는 자에 대하여 별도의 승인·보고절차를 규정하고 있다. 투자매매업자, 투자중개업자, 집합투자업자 그리고 신탁업자에 대해서는 대주주 변경승인을, 그리고 투자자문업자와 투자일임업자에 대해서는 대주주 변경보고를 요구한다. 이는 금융투자업자를 인수함으로써 금융투자업자에 대한 엄격한 진입규제를 회피하는 것을 방지하기 위한 것이다).[5]

2. 대주주의 변경승인

1) 적용대상

대주주는 최대주주의 경우 최대주주의 특수관계인인 주주를 포함하며, 최대주주가 법인인 경우 최대주주인 법인의 최대주주 또는 최대주주인 법인의 주요 경영사항을 사실상 지배하는 자가 그 법인의 최대주주와 명백히 다른 경우에는 그 사실상 지배하는 자, 최대주주인 법인의 대표자를 포함한다(지배구조법 31조 1항 본문; 동 시행령 26조 1항 1호·2호).

2) 사전승인과 사후승인

대주주 변경승인은 사전승인과 사후승인의 2가지가 있다. 첫째, 투자자문업자 및 투자일임업자를 제외한 금융투자업자가 발행한 주식을 취득·양수하여 대주주가 되고자 하는 자는 건전한 경영을 위하여 공정거래법, 조세범처벌법 및 금융관련법령을 위반하지 않는 등 요건

---

5) 서울중앙지법 2010. 7. 2. 선고 2010가합8360 판결("자산운용회사의 … 허가 요건을 충족하지 못해 자산운용회사를 운영함에 있어 부적합한 자가 자산운용업 허가 후 주식 취득을 통해 자산운용회사를 인수하는 등 자산운용회사의 대주주에 대한 엄격한 자격 요건의 규제를 회피하여 우회적으로 자산운용업을 영위하고자 하는 행위를 방지하기 위해 자산운용회사의 대주주 변경 시에도 자산운용회사 허가 시의 대주주 자격 요건을 갖추어 금융위의 변경 승인을 얻도록 규정하고 있다."). 서울고법 2011. 4. 21. 선고 2010나70690 판결을 거쳐 대법원 2011. 7. 28. 선고 2011다40472 판결로 확정.

을 갖추어 금융위의 사전승인을 받아야 한다(지배구조법 31조 1항 본문; 동 시행령 26조 3항 [별표 1]). 여기서 '**취득·양수**'는 실질적으로 해당 주식을 지배하는 것으로서 '**취득등**'이라고 한다. 다만, 국가, 예금보험공사, 산업은행(금산법상 금융안정기금의 부담으로 주식을 취득하는 경우만 해당), 일반사모집합투자업자 및 온라인소액투자중개업자의 대주주가 되려는 자,[6] 최대주주 또는 그의 특수관계인인 주주로서 금융투자업자의 의결권 있는 발행주식총수 또는 지분의 1% 미만을 소유하는 자,[7] 자산관리공사, 국민연금공단, 회사의 합병·분할에 대하여 금융관련법령에 따라 금융위 승인을 받은 금융투자업자의 신주를 배정받아 대주주가 된 자는 제외한다(지배구조법 31조 1항 단서; 동 시행령 26조 4항 1호-8호).

둘째, 일정한 사유가 있는 경우에는 사후승인을 받을 수 있다. (i) 기존 주주의 사망에 따른 상속·유증·사인증여로 인하여 주식을 취득등을 하여 대주주가 되는 경우 기존 주주가 사망한 날부터 3개월,[8] (ii) 담보권실행, 대물변제수령 그 밖에 이에 준하는 것으로서 금융위가 정하여 고시하는 원인에 의하여 주식의 취득등을 하여 대주주가 되는 경우 주식 취득등을 한 날부터 1개월, (iii) 다른 주주의 감자 또는 주식처분 등의 원인에 의하여 대주주가 되는 경우 대주주가 된 날부터 1개월 이내에 금융위에 승인을 신청해야 한다(지배구조법 31조 2항; 동 시행령 26조 5항 1호-3호).

3) 절차와 방법

대주주변경승인을 받으려는 자는 신청인, 대주주가 되려고 금융회사의 주식을 취득하려는 경우 그 금융회사가 발행한 주식의 소유현황, 대주주가 되려는 자가 주식취득대상 금융회사가 발행하였거나 발행할 주식을 취득하려는 경우 그 취득계획 그 밖에 승인요건 심사에 필요한 사항으로서 금융위가 고시하는 기재사항이 기재된 대주주 변경승인신청서를 금융위에 제출해야 한다(지배구조법 31조 2항; 동 시행령 26조 6항 1호-4호). 승인의 방법 및 절차에 관하여 필요한 세부사항은 시행령으로 정한다(지배구조법 31조 6항; 동 시행령 26조 7항-12항).

4) 위반시의 제재

금융위는 대주주 변경승인을 받지 않고 취득등을 한 주식과 취득등을 한 후 승인을 신청하지 않은 주식에 대하여 6개월 이내의 기간을 정하여 처분을 명할 수 있다(지배구조법 31조 3항). 처분방법에는 제한이 없다.

승인을 받지 않거나 승인을 신청하지 않은 자는 승인 없이 취득하거나 취득 후 승인을 신청하지 않은 주식에 대해 의결권을 행사할 수 없다(지배구조법 31조 4항). 의결권 제한은 자동으로 발생한다. 금융위의 의결권 제한사실 통보는 "성격상 금융위가 원고에게 이 사건 주식

---

6) 다만, 시행령 [별표 1]에 따른 금융투자업 인가를 받은 자의 대주주가 되려는 자는 제외한다.

7) 다만, 지배구조법시행령상 주요주주(4조 1호·2호)에 해당하는 자는 제외한다.

8) 다만, 불가피한 사유가 있으면 금융위 승인을 받아 3개월의 범위에서 기간을 연장할 수 있다.

취득에 대하여 간투법 제5조의2 제1항, 제3항을 적용한 법률효과를 알려준 것"에 불과하여 "원고가 취득한 이 사건 주식에 대한 의결권제한의 효과는 간투법에 정하여진 요건의 충족여부에 따라 당연히 발생하는 것이지 이 사건 통보에 의하여 발생한다고는 볼 수 없"다(서울고법 2011. 4. 21. 선고 2010나70690 판결).[9]

3. 대주주의 변경보고

투자자문업자 및 투자일임업자는 대주주가 변경된 경우 이를 2주 이내에 금융위에 보고해야 한다(지배구조법 31조 5항 전단). 이 경우 투자자문업 또는 투자일임업과 투자매매업·투자중개업·집합투자업·신탁업의 하나에 해당하는 금융투자업을 함께 영위하는 자로서 승인을 받은 때에는 보고를 한 것으로 본다(지배구조법 31조 5항 후단).

Ⅲ. 이 사 회

1. 의   의

금융투자업자의 이사회는 금융투자업자의 경영 건전성에 중대한 영향을 미칠 수 있다. 금융투자업자의 이사회는 영업에 관한 중요사항을 결정하고 집행하며, 준법감시를 포함한 내부통제체제의 수립과 유지에 관한 최종적 책임을 부담한다. 지배구조법은 이사회의 구성원인 이사의 자격요건에 대한 규제와 함께 사외이사를 두도록 하여 금융투자업자의 건전한 경영을 위한 이사회의 역할을 보장하고 있다.

2. 이사의 자격

지배구조법은 이사회의 구성원인 이사의 소극적 자격요건을 엄격하게 규제한다(5조). 임원자격에 대해서는 제16장 진입규제에서 이미 상세히 논의하였으므로 설명은 생략한다. 다만 자본시장법상 임원은 이사 및 감사를 말하지만(9조 2항), 지배구조법상 임원은 이사와 감사 이외에 집행임원(상법에 따른 집행임원을 둔 경우)과 업무집행책임자를 포함한다(2조 2호). 지배구조법상으로는 업무집행책임자도 이사와 동일한 자격요건의 적용대상이 된다(5조 1항). 지배구조법상 업무집행책임자는 "이사가 아니면서 명예회장·회장·부회장·사장·부사장·행장·부행장·부행장보·전무·상무·이사 등 업무를 집행할 권한이 있는 것으로 인정될 만한 명칭을 사용하여 금융회사의 업무를 집행하는 사람"을 말한다(2조 5호). 지배구조법상 업무집행책임자는 준법감시인이나 위험관리책임자와 같은 이사가 아니면서 중요직무에 종사하는 자를 임원으로 규제하는 것을 목적으로 한다.

---

9) 대법원 2011. 7. 28. 선고 2011다40472 판결로 확정.

선임 당시 소극적 요건에 해당하는 경우에는 선임 자체가 무효이다.[10] 금융투자업자의 임원으로 선임된 사람이 소극적 요건에 해당하게 된 경우 그 직을 잃는다(지배구조법 5조 2항 본문). 법률에 의한 이사지위의 당연상실로서 이사회나 주주총회의 의결을 요하지 않는다. 다만, 제재조치의 대상이 된 자로서 일정한 경우에는 그 직을 잃지 않는다(지배구조법 5조 2항 본문, 1항 7호; 동 시행령 7조 4항).

3. 사외이사의 선임

사외이사는 "상시적인 업무에 종사하지 않는 이사로서 지배구조법상 선임절차(동법 17조)에 따라 선임되는 사람"을 말한다(지배구조법 2조 4호). 금융투자업자는 이사회에 사외이사를 3명 이상 두어야 하고, 그 수는 이사 총수의 과반수가 되어야 한다(지배구조법 12조 1항·2항 본문). 다만, 최근 사업연도 말 현재 자산총액이 3천억원 이상인 금융투자업자는 이사 총수의 4분의 1 이상을 사외이사로 해야 한다(지배구조법 12조 2항 단서; 동 시행령 12조 3호). 금융투자업자는 사외이사의 사임·사망 등의 사유로 사외이사의 수가 이사회 구성요건에 미치지 못하게 된 경우에는 그 사유발생 후 최초로 소집되는 주주총회에서 그 요건을 충족하도록 조치해야 한다(지배구조법 12조 3항).

사외이사를 선임하기 위해서는 3명 이상의 위원으로 구성되는 임원후보추천위원회("임추위")의 사외이사후보 추천을 요한다(지배구조법 17조 1항·2항). 금융투자업자는 주주총회 또는 이사회에서 임원을 선임하려는 경우 임추위의 추천을 받은 사람 중에서 선임해야 한다(지배구조법 17조 3항). 임추위가 후보를 추천하는 경우 주주제안권 행사요건(지배구조법 33조 1항)을 갖춘 주주의 추천후보를 포함해야 한다(지배구조법 17조 4항, 33조 1항).

자본시장법은 사외이사의 독립성과 전문성을 확보하기 위하여 소극적 요건과 적극적 요건을 규정하고 있다. 소극적 요건에 해당하는 경우 사외이사가 될 수 없다(지배구조법 6조 1항 1호-8호).[11] 사외이사가 된 사람이 소극적 요건에 해당하게 되면 그 직을 잃는다(지배구조법

---

10) 정순섭, 은행, 143면.

11) 법률에서는 다음 사유(법률상 소극적 요건)를 규정하고 있다(6조 1항).
　(i) 최대주주 및 그의 특수관계인(최대주주 및 그의 특수관계인이 법인인 경우 그 임직원). 다만, 사외이사가 됨으로써 최대주주의 특수관계인에 해당하게 되는 사람은 사외이사가 될 수 있다.
　(ii) 주요주주 및 그의 배우자와 직계존속·비속(주요주주가 법인인 경우 그 임직원)
　(iii) 해당 금융투자업자 또는 그 계열회사(공정거래법상 계열회사)의 상근임직원 또는 비상임이사이거나 최근 3년 이내에 상근임직원 또는 비상임이사였던 사람
　(iv) 해당 금융투자업자 임원의 배우자 및 직계존속·비속
　(v) 해당 금융투자업자 임직원이 비상임이사로 있는 회사의 상근 임직원
　(vi) 해당 금융투자업자와 '시행령으로 정하는 중요한 거래관계가 있거나 사업상 경쟁관계 또는 협력관계에 있는 법인'의 상근임직원이거나 최근 2년 이내에 상근임직원이었던 사람
　＊여기서 "시행령으로 정하는 중요한 거래관계가 있거나 사업상 경쟁관계 또는 협력관계에 있는 법인"은 다음 법인을 말한다(지배구조법시행령 8조 1항 1호-7호).

6조 2항). 법률에 의한 사외이사 지위의 당연상실로서 이사회나 주주총회의 의결을 요하지 않는다. 적극적 요건은 금융, 경영, 경제, 법률, 회계, 소비자보호 또는 정보기술 등 금융투자업자의 금융업 영위와 관련된 분야에서 연구·조사 또는 근무한 경력이 있는 사람으로서 사외

① 최근 3개 사업연도 중 해당 금융투자업자와의 거래실적 합계액이 자산총액(해당 금융투자업자의 최근 사업연도 말 현재 재무상태표 상의 자산총액) 또는 영업수익(해당 금융투자업자의 최근 사업연도 말 현재 손익계산서 상의 영업수익)의 10% 이상인 법인

② 최근 사업연도 중에 해당 금융투자업자와 매출총액(해당 금융투자업자와 거래계약을 체결한 법인의 최근 사업연도 말 현재 손익계산서 상의 매출총액)의 10% 이상의 금액에 상당하는 단일 거래계약을 체결한 법인

③ 최근 사업연도 중에 해당 금융투자업자가 금전, 유가증권, 그 밖의 증권 또는 증서를 대여하거나 차입한 금액과 담보제공 등 채무보증을 한 금액의 합계액이 해당 금융투자업자의 최근 사업연도 말 현재 재무상태표 상의 자본의 10% 이상인 법인

④ 해당 금융투자업자의 정기주주총회일 현재 해당 금융투자업자가 자본금(해당 금융투자업자가 출자한 법인의 자본금)의 5% 이상을 출자한 법인

⑤ 해당 금융투자업자와 기술제휴계약을 체결하고 있는 법인

⑥ 해당 금융투자업자의 회계감사인(외감법 2조 7호)으로 선임된 회계법인

⑦ 해당 금융투자업자와 주된 법률자문, 경영자문 등의 자문계약을 체결하고 있는 법인**

** 다만 한국은행, 은행등 금융기관(령 10조 2항 1호-18호), 예금보험공사등(령 10조 3항 1호-13호) 및 이에 준하는 외국법인은 제외한다(지배구조법시행령 8조 2항 1호-3호).

(vii) 해당 금융투자업자에서 6년 이상 사외이사로 재직하였거나 해당 금융회사 또는 그 계열회사에서 사외이사로 재직한 기간을 합산하여 9년 이상인 사람

시행령은 "그 밖에 금융투자업자의 사외이사로서 직무를 충실하게 이행하기 곤란하거나 그 금융회사의 경영에 영향을 미칠 수 있는 사람으로서" 다음 사유(시행령상 소극적 요건)를 정하고 있다(지배구조법 시행령 8조 3항).

(viii) 해당 금융투자업자의 최대주주와 법률상 소극적 요건(지배구조법시행령 8조 1항 1호-7호)에 해당하는 관계에 있는 법인(시행령상 소극적 요건에 해당하는 법인은 제외)의 상근임직원 또는 최근 2년 이내에 상근임직원이었던 사람. 이 경우 시행령상 소극적 요건의 "해당 금융투자업자"는 "해당 금융투자업자의 최대주주"로 본다.

(ix) 해당 금융투자업자 외의 둘 이상의 다른 주권상장법인의 사외이사, 비상임이사 또는 비상임감사로 재임 중인 사람. 다만, 해당 금융투자업자가 주권상장법인인 경우 해당 금융투자업자 외의 둘 이상의 다른 회사의 이사·집행임원·감사로 재임 중인 사람

(x) 해당 금융투자업자에 대한 회계감사인으로 선임된 감사반(외감법 2조 7호 나목) 또는 주된 법률자문·경영자문 등의 자문계약을 체결하고 있는 법률사무소·법무조합(변호사법 21조 1항, 58조의18)·외국법자문법률사무소(외국법자문사법 2조 4호)에 소속되어 있거나 최근 2년 이내에 소속되었던 공인회계사, 세무사 또는 변호사 그 밖에 해당 금융투자업자에 대한 회계감사 또는 세무대리를 하거나 해당 금융투자업자와 주된 법률자문, 경영자문 등의 자문계약을 체결하고 있는 공인회계사, 세무사, 변호사 또는 그 밖의 자문용역을 제공하고 있는 사람

(xi) 해당 금융투자업자의 지분증권총수의 1% 이상에 해당하는 지분증권을 보유(133조 3항 본문)하고 있는 사람

(xii) 해당 금융투자업자와의 거래(약관규제법상 약관에 따라 이루어지는 정형화된 거래는 제외) 잔액이 1억원 이상인 사람

(xiii) 종합신용정보집중기관에 신용질서를 어지럽힌 사실이 있는 자 또는 약정기일 내에 채무를 변제하지 않은 자로 등록되어 있는 자(기업이나 법인인 경우에는 해당 기업이나 법인의 임직원)

(xiv) 채무자회생법에 따라 회생절차 또는 파산절차가 진행 중인 기업의 임직원

(xv) 기촉법에 따른 부실징후기업의 임직원

이사 직무수행에 필요한 전문지식이나 실무경험이 풍부하다고 해당 금융투자업자가 판단하는 사람을 말한다(지배구조법 6조 3항; 동 시행령 8조 4항).

법률상 규정된 금지사유 이외에 사외이사의 독립성을 침해하는 것으로 볼 수 있는 사유가 발생한 경우에는 주주들이 의결권 행사를 통하여 견제할 수밖에 없다. 특정 사외이사 후보에 대한 주주들의 반대의 의결권 행사가 반드시 법률상 금지사유가 있는 경우에 한정되는 것은 아니다. 특히 법률상 적극적 요건이 매우 추상적으로 규정되어 있으므로 주주들의 적극적 의결권 행사가 요구되는 분야라고 할 수 있다.

Ⅳ. 감사위원회

1. 의   의

금융투자업자는 감사위원회를 설치해야 한다(지배구조법 16조 1항 2호). 다만 자산규모 등을 고려하여 지나치게 부담이 되거나 필요성이 크지 않은 경우 감사위원회를 설치하지 않아도 된다(지배구조법 3조 3항 1호-5호; 동 시행령 6조 2항). 그러나 이 규정은 이러한 금융투자업자의 감사위원회 설치를 금지하는 것은 아니며, 원할 경우 감사위원회를 설치하는 것은 무방하다(지배구조법 19조 8항 단서).

2. 감사위원의 자격과 선임과 해임

1) 감사위원의 자격

감사위원회는 3명 이상의 이사로 구성하되, 사외이사가 감사위원의 3분의 2 이상이어야 하며, 감사위원 중 1명 이상은 시행령으로 정하는 회계 또는 재무 전문가여야 한다(지배구조법 19조 1항 전단, 2항; 동 시행령 16조 1항 1호-6호). 금융투자업자는 감사위원의 사임·사망 등으로 감사위원 수가 감사위원회의 구성요건에 미치지 못하게 된 경우 그 사유발생 후 최초로 소집되는 주주총회에서 그 요건을 충족하도록 조치해야 한다(지배구조법 19조 3항).

2) 감사위원의 선임과 해임

감사위원의 선·해임권은 주주총회에 있다(지배구조법 19조 6항). 감사위원 후보는 임추위에서 위원 총수의 3분의 2 이상의 찬성으로 의결하여 추천한다(지배구조법 19조 4항). 금융투자업자는 감사위원이 되는 사외이사 1명 이상은 다른 이사와 분리하여 선임해야 한다(분리선출, 지배 구조법 19조 5항).

또한 감사위원 선임에 대해서는 상법상 의결권 제한과 함께 지배구조법에서도 특칙을 두고 있다. 첫째, 감사위원이 되는 이사의 선임에 관하여는 감사선임시 의결권행사제한에 관한 상법 규정(409조 2항·3항)을 준용한다(지배구조법 19조 6항). 의결권 없는 주식을 제외한 발행주식총수의 3%을 초과하는 수의 주식을 가진 주주는 그 초과하는 주식에 관하여 감사선임에서 의결권을 행사하지 못한다(상 409조 2항). 둘째, 최대주주, 최대주주의 특수관계인, 최대주주 또는 그 특수관계인의 계산으로 주식을 보유하는 자, 최대주주 또는 그 특수관계인에게 의결권(의결권의 행사를 지시할 수 있는 권한을 포함)을 위임한 자(해당 위임분만 해당)가 소유하는 금융투자업자의 의결권 있는 주식의 합계가 그 금융투자업자의 의결권 없는 주식을 제외한 발행주식 총수의 3%를 초과하는 경우 그 주주는 3%를 초과하는 주식에 관하여 감사위원이 되는 이사를 선임·해임할 때 의결권을 행사하지 못한다(지배구조법 19조 7항 본문; 동 시행령 16조 2항 1호·2호). 다만, 금융투자업자는 정관으로 3%보다 낮은 비율을 정할 수 있다(상 409조 2항, 지배구조법 19조 7항 단서).

3. 상근감사의 선임

최근 사업연도 말 현재 자산총액 1천억원 이상인 금융투자업자[12]는 회사에 상근하면서 감사업무를 수행하는 상근감사를 1명 이상 두어야 한다(지배구조법 19조 8항 본문; 동 시행령 16조 3항). 다만, 지배구조상 감사위원회를 설치한 경우 상근감사를 둘 수 없다(지배구조법 19조 8항 단서). 감사위원회 설치의무가 없는 금융투자업자가 지배구조법상 감사위원회를 설치한 경우도 같다. 상근감사를 선임하는 경우 감사선임 시 의결권행사 제한에 관한 규정(지배구조법 19조 7항, 상 409조 2항·3항)을 준용한다(지배구조법 19조 9항). 상근감사 및 사외이사가 아닌 감사위원의 자격요건에 관하여는 사외이사의 자격요건을 준용한다(지배구조법 19조 10항 본문, 6조 1항·2항). 다만, 그 금융회사의 상근감사 또는 사외이사가 아닌 감사위원으로 재임 중이거나 재임하였던 사람은 상근감사 또는 사외이사가 아닌 감사위원이 될 수 있다(지배구조법 19조 10항 단서, 6조 1항 3호).

V. 내부통제와 준법감시

1. 의　　의

금융투자업자는 내부통제기준을 정하고 그 준수 여부를 확인하기 위하여 준법감시인을 두어야 한다. 금융투자업자는 내부통제기준을 마련해야 한다(지배구조법 24조 1항). 내부통제

---

12) 다만, 다음 금융회사는 제외한다(지배구조법시행령 16조 3항 1호-3호).
　（ⅰ）외국 금융회사의 국내지점, 그 밖의 영업소
　（ⅱ）주주총회일 또는 사원총회일부터 6개월 이내에 합병 등으로 인하여 소멸하는 금융회사
　（ⅲ）채무자회생법상 회생절차가 개시되거나 파산선고를 받은 금융회사
　（ⅳ）해산을 결의한 금융회사

기준은 "법령을 준수하고, 경영을 건전하게 하며, 주주 및 이해관계자 등을 보호하기 위하여 금융회사의 임직원이 직무를 수행할 때 준수하여야 할 기준 및 절차"를 말한다. 금융지주회사가 금융투자업자인 자회사등의 내부통제기준을 마련하는 경우 그 자회사등은 내부통제기준을 마련하지 않을 수 있다(지배구조법 24조 2항). 내부통제기준에서 정해야 할 세부사항 그 밖에 필요한 사항은 시행령으로 정한다(지배구조법 24조 3항; 동 시행령 19조 1항 1호-13호).

내부통제는 금융규제의 변화에 따라 금융투자업자에 의한 규제준수노력을 보강하기 위한 장치로서 도입된 것이다. 금융규제는 다양한 기준에 따라 다양한 구분이 가능하지만, 내부통제의 금융규제법상 지위를 확인하기 위해서는 내부적 규제와 외부적 규제의 구분이 가장 중요하다. 외부적 규제는 금융회사의 외부에서 법령에 의하여 확보된 규제의 원칙과 내용을 역시 법령에 의하여 확보된 기관과 절차를 통하여 적용·확인하는 것이다. 외부적 규제는 강제성의 정도에 따라 공적 규제와 자율 규제로 구분할 수 있다. 공적 규제는 금융위와 금감원이, 그리고, 자율규제는 거래소와 협회가 회원사에 대하여 법령 또는 회원 간 합의를 기초로 담당하고 있다.

내부적 규제는 금융회사의 내부에서 법령에 의하여 확보된 규제의 원칙과 내용 및 그 회사에서 임의적으로 설정한 원칙과 내용을 역시 법령 및 그 회사에서 임의적으로 설정한 기관과 절차를 통하여 적용·확인하는 것이다. "건전한 회사경영의 확립을 위해 법령준수를 포함한 위험관리체제의 구축과 당해 체제가 충분히 기능하고 있는지 여부를 감독하는 체제"를 의미하는 내부통제는 감사기능과 함께 내부적 규제에 속한다.

현재 금융규제의 완화는 국제적인 추세이며 우리나라에서도 이러한 방향으로 다양한 금융규제법제의 개혁이 이루어지고 있다. 그러나 금융 산업이 국가경제체계에서 차지하는 비중과 영향력을 고려할 때 금융규제의 완화는 금융규제의 소멸을 의미하는 것일 수는 없다. 따라서 금융규제의 완화는 외부적 규제의 완화를 의미하는 것이며 금융회사의 내부통제는 외부적 규제의 완화 정도와 비례해서 강화되어야 하는 것으로 볼 수 있다.13) 금융투자업자의 내부통제는 규제의 민영화 또는 내부화를 위한 수단이며, 외부적 규제의 완화 정도와 비례해서 강화되어야 한다.14)

---

13) 따라서 규제의 완화는 규제의 최종적인 소멸을 의미하는 것이 아니라 '규제의 민영화'(privatization of regulation) 또는 '규제의 내부화'(internalization of regulation)를 의미하는 것으로 인식되어야 한다. 규제의 민영화에 대해서는, Margot Priest, "The Privatization of Regulation: Fiver Models of Self Regulation", Ottawa Law Review Vol. 29, 1998, pp233-302.
14) '규제의 민영화'에는 일정한 한계가 있을 수밖에 없으며, 금융회사의 사업모델의 설정을 제외한 금융시스템에 대한 외부적 규제의 기조는 유지되어야 한다.

2. 준법감시인의 자격과 직무

1) 의   의

준법감시인은 "내부통제기준의 준수 여부를 점검하고 내부통제기준을 위반하는 경우 이를 조사하는 등 내부통제 관련 업무를 총괄하는 사람"이다(지배구조법 25조 1항). 금융투자업자15)는 준법감시인을 1명 이상 두어야 한다(지배구조법 25조 1항).

2) 자격과 선임

금융투자업자는 사내이사 또는 업무집행책임자 중에서 준법감시인을 선임해야 한다(지배구조법 25조 2항 본문). 준법감시인에 관하여는 임원 자격요건이 적용된다(지배구조법 5조 1항). 이와 함께 지배구조법은 준법감시인의 소극적 요건과 적극적 요건을 규정하고 있다(지배구조법 26조 1항 1호·2호). 준법감시인이 된 사람이 소극적 요건을 충족하지 못하게 된 경우 그 직을 잃는다(지배구조법 26조 2항, 1항 1호). 준법감시인이 금융투자업자의 내부통제, 나아가 금융규제시스템의 작동과정에서 핵심역할을 담당하는 점에서 이러한 자격규제는 어느 정도 이해할 수 있다.

다만, 자산규모, 영위하는 금융업무 등을 고려하여 시행령으로 정하는 금융회사(또는 외국금융회사의 국내지점)는 사내이사 또는 업무집행책임자가 아닌 직원 중에서 준법감시인을 선임할 수 있다(지배구조법 25조 2항 단서). 다만 기간제근로자 또는 단시간근로자(기간제 및 단시간근로자 보호 등에 관한 법률)를 준법감시인으로 선임할 수 없다(지배구조법 25조 5항).

금융투자업자(외국금융회사의 국내지점은 제외)가 준법감시인을 임면하려는 경우에는 이사회의 의결을 거쳐야 하며, 해임할 경우에는 이사 총수의 3분의 2 이상의 찬성으로 의결한다(지배구조법 25조 3항). 준법감시인의 임기는 2년 이상으로 한다(지배구조법 25조 4항). 금융투자업자는 준법감시인을 임면하였을 때 임면일부터 7영업일 이내에 그 사실을 금융위에 보고해야 한다(지배구조법 30조 2항; 동 시행령 25조 1항).

3) 직무의 독립성 확보

준법감시인은 내부통제기준의 준수 여부를 점검하고 내부통제기준을 위반하는 경우 이를 조사하여 감사위원회 또는 감사에게 보고할 수 있다(지배구조법 25조 1항). '**보고할 수 있다**'고 한 것은 준법감시인이 감사위원회의 소속기관이 아님을 규정한 의미도 있다.

금융투자업자는 준법감시인이 그 직무를 독립적으로 수행할 수 있도록 해야 한다(지배구조법 30조 1항). 같은 취지에서 금융투자업자는 준법감시인에 대하여 회사의 재무적 경영성과

---

15) 투자자문업이나 투자일임업 외의 다른 금융투자업을 겸영하지 않는 자로서 최근 사업연도 말 현재 운용하는 투자일임재산의 합계액이 5천억원 미만인 자를 제외한다(지배구조법시행령 20조 1항).

와 연동하지 않는 별도의 보수지급 및 평가 기준을 마련하여 운영해야 한다(지배구조법 25조 6항).

금융투자업자 및 그 임직원은 준법감시인이 그 직무를 수행할 때 필요한 자료나 정보의 제출을 요구하는 경우 이에 성실히 응하여야 한다(지배구조법 30조 3항). 금융투자업자는 준법감시인이었던 사람에 대하여 그 직무수행과 관련된 사유로 부당한 인사상의 불이익을 주어서는 안 된다(지배구조법 30조 4항).

준법감시인은 선량한 관리자의 주의로 그 직무를 수행해야 하며, 자산운용업무, 해당 금융회사의 본질적 업무와[16] 부수업무 및 겸영업무, 업무위탁규제상 본질적 업무(령 47조 1항)를 수행하는 직무를 담당해서는 안 된다(지배구조법 29조 1호-3호, 5호; 동 시행령 24조 1항 2호). 준법감시인 직무와 이해상충우려가 있거나 내부통제업무에 전념하기 어려운 업무를 말한다.

준법감시인의 직무는 상법상 준법지원인의 직무와 매우 유사하다(상 542조의13 1항·2항). 그리고 일정 규모 이상의 상장회사는 준법지원인을 두어야 한다(상 542조의13 2항). 상법상 준법통제기준과 준법지원인은 지배구조법상 내부통제기준과 준법감시인에 상응하는 개념이다. 그러면 준법감시인을 두고 있는 금융투자업자도 준법통제기준과 준법지원인을 두어야 하는가? 그러나 유사한 기능을 수행하는 제도를 중복적으로 두도록 강제할 수는 없다. 상법은 다른 법률에 따라 내부통제기준 및 준법감시인을 두어야 하는 상장회사는 준법통제기준 및 준법지원인 제도의 적용범위에서 제외하고 있다(상법 시행령 39조 단서).[17]

3. 내부통제기준의 작성과 시행

1) 의의와 구조

금융투자업자는 내부통제기준을 마련해야 한다(지배구조법 24조 1항). 내부통제기준에는 "법령을 준수하고, 경영을 건전하게 하며, 주주 및 이해관계자 등을 보호하기 위하여 금융회사의 임직원이 직무를 수행할 때 준수하여야 할 기준 및 절차"가 포함되어야 한다. 시행령은 이를 구체화하여 "금융회사의 내부통제가 실효성있게 이루어질 수 있도록" 업무분장 등[18]이

---

16) 해당 금융회사가 인가를 받거나 등록을 한 업무와 직접적으로 관련된 필수업무로서 대통령령으로 정하는 업무를 말한다.
17) 정순섭, "금융회사의 조직규제 — 금융회사 지배구조의 금융규제법상 의미를 중심으로", 『상사판례연구』 제24집 제2권, 2011, 38-40면.
18) 시행령은 다음 사항을 규정하고 있다.
　(ⅰ) 업무분장 및 조직구조
　(ⅱ) 임직원이 업무를 수행할 때 준수하여야 하는 절차
　(ⅲ) 내부통제와 관련하여 이사회·임원·준법감시인이 수행해야 할 역할
　(ⅳ) 내부통제와 관련하여 이를 수행하는 전문성을 갖춘 인력과 지원조직
　(ⅴ) 경영의사결정에 필요한 정보의 효율적 전달체제의 구축
　(ⅵ) 임직원의 내부통제기준 준수 여부의 확인절차·방법과 내부통제기준을 위반한 임직원 처리

포함될 것을 요구하고 있다(지배구조법시행령 19조 1항 1호-13호). 지배구조감독규정은 내부고발자, 명령휴가, 직무분리기준, 영업점자체점검, 자금세탁방지 등을 내부통제기준에 포함되어야 할 사항으로 규정하고 있다(11조 2항, [별표 3]). 협회는 표준내부통제기준을 작성하고 금융투자업자에게 사용을 권고할 수 있다(지배구조감독규정 11조 6항).

금융투자업자는 내부통제기준의 운영과 관련하여 최고경영자를 위원장으로 하는 내부통제위원회를 두어야 하고, 내부통제전담조직을 마련해야 한다(지배구조법시행령 19조 2항). 내부통제기준의 제정·개정·폐지에 관한 사항은 이사회의 권한이다(지배구조법 15조 1항 5호). 금융위는 금융투자업자가 내부통제기준과 관련된 의무를 이행하지 않는 경우 시정명령을 할 수있다(지배구조법 34조 1항 1호, [별표 1] 25호).

회사법상 내부통제는 이사의 감시의무와 관련하여 논의되고 있다(대법원 2021. 11. 11. 선고 2017다222368 판결).[19] 그러나 지배구조법은 이를 제도화하여 금융투자업자와 이사회에 금융규제법상 의무를 구체적인 준수방법과 함께 부과한 것이므로 규범적 의미가 회사법상 이사의 일반적인 의무와는 차원을 달리한다.

2) 내부통제기준 마련 의무의 법적 의의

최근 국내에서는 지배구조법상 내부통제기준 마련 의무의 법적 의의가 문제되었다. 이와 관련하여 W은행사건과 H은행사건에 관한 법원 판결에 약간의 차이가 있다. 첫째, 지배구조법 제24조 제1항에서 규정한 금융투자업자의 의무는 내부통제기준 마련 의무인지 아니면 준수의무인지. 법문상으로는 내부통제기준 마련 의무로 보는 것이 옳다{대법원 2022. 7. 22. 선고 2022두54047 판결; 서울행법 2022. 3. 14. 선고 2020구합65654 판결(항소중)}. 둘째, 실효성을 내부통제기준마련의무의 요소로 볼 수 있는지. W은행사건에 대한 대법원 판결은 "법정사항을 모두 포함시켰고, 위 내부통제기준의 실효성이 없다고 볼 수 없는 이상, 피고가 지적하는 여러 사정에도 불구하고 원고들을 내부통제기준 자체를 마련하지 못하였다는 사유로 제재할 수는 없어 결국 피고의 이 사건 처분사유를 모두 인정할 수 없다"고 판단하였다(대법원 2022. 7. 22. 선고 2022두54047 판결). 그리고 H은행 사건의 하급심은 일부 내규는 실효성이 없다는 이유로 **'펀드 불완전판매 관련 내부통제기준 마련 의무 위반'**을 인정하였고, 준법감시인 제도의 형식적인 운영 등에 비추어 **'불완전판매 방지를 위한 내부통제 점검기준 마련 의무'**도 그 위반을 인정하

(vii) 임직원의 금융관계법령 위반행위 등의 방지절차나 기준(임직원의 금융투자상품 거래내용의 보고 등 불공정행위의 방지절차나 기준을 포함)
(viii) 내부통제기준의 제정 또는 변경 절차
(ix) 준법감시인의 임면절차
(x) 이해상충을 관리하는 방법 및 절차 등
(xi) 임직원 겸직(지배구조법 11조 1항, 4항 4호)에 대한 평가·관리
(xii) 그 밖에 내부통제기준에서 정하여야 할 세부사항으로서 금융위가 정하여 고시하는 사항
19) 같은 취지: 대법원 2022. 7. 28. 선고 2019다202146 판결.

였으나, '상품 사전심의 누락방지를 위한 내부통제 점검기준 마련 의무'의 경우에는 '피고 금감원이 지적하는 점검기준이 당초에 마련되어 있었던 것으로 보인다'는 이유로 그 마련의무 위반을 인정하지 않았다(서울행법 2022. 3. 14. 선고 2020구합65654 판결). 요컨대 실효성을 내부통제기준 마련 의무의 기준으로 보고 있는 것이다.

4. 내부통제기능과 감사기능의 구별

내부통제는 외부적 규제를 대체하는 수단으로서 외부적 법규제에 대한 준수 여부의 확인을 목적으로 하는 점에서 역시 같은 내부적 규제에 속하지만 주로 주주 등 이해관계인의 관점에서 경영진의 업무수행 전반에 대한 적법성 확보를 목적으로 하는 감사 또는 감사위원회와 구별된다.[20] 다만, 감사기능의 범위에는 내부통제체제의 적절성에 관한 판단도 포함되어 있으므로 내부통제와 감사기능은 병행적인 견제와 균형의 관계에 있다고 판단된다. 그러나 내부통제기능에 대한 보조역할과 감사기능에 대한 보조역할은 양 기능이 가진 목적과 제도적 기능의 차별성을 고려할 때 조직적으로 분리되는 것이 원칙적으로 옳다고 판단된다. 지배구조법시행령상 '**내부통제를 전담하는 조직**'(19조 2항)은 법문상 다른 직무를 겸할 수 없다고 해석된다.

5. 내부통제의 실효성 확보

금융투자업자의 내부통제와 준법감시인이 기대하는 정도로 역할을 다하고 있는지에 대해서는 아직 부정적인 평가가 많다. 내부통제의 실효성 확보방안으로는 내부통제평가를 제재 등에서 인센티브로 고려하는 것을 생각할 수 있다. 양벌규정(448조)의 적용에서 내부통제의 효과적인 준수를 법인 등이 그 위반행위를 방지하기 위하여 상당한 주의를 다한 것으로 보는 근거로 삼는 것도 유용한 방안이 될 수 있다.[21]

그러면 금융당국은 금융투자업자의 임직원의 내부통제기준 위반을 이유로 그 임직원을 직접 징계할 수 있는가? 내부통제기준은 어디까지나 금융투자업자의 내부규정이라는 점에서 이러한 형식의 징계는 불가능하다. 다만 금융투자업자에게 내부통제기준의 준수를 위한 기준의 변경이나 실효성 확보장치의 구축 등을 권고할 수는 있을 것이다.

---

20) 정순섭, "금융회사 내부통제의 금융법상 지위", 『선진상사법률연구』 제49호, 2010, 87-104면.
21) 김정수, 159-160면.

768 제5편 · 금융투자업자의 규제

제3절 업무범위 규제

I. 규제의 필요성

국내 금융규제는 기본적으로 전업주의를 취한다. 금융투자업자는 원칙적으로 금융투자업만을 영위할 수 있다. 은행이나 보험회사는 금융투자업을 영위할 수 없는 반면 금융투자업자도 은행업이나 보험업을 영위할 수 없는 것이 원칙이다. 역사적 산물인 전업주의는 세계적으로 점차 후퇴하고 있다. 금융의 디지털화와 금융과 비금융의 융복합, 금융산업의 국제경쟁력 등의 관점에서는 전업주의를 유지할 근거가 부족한 것이 사실이다.

금융투자업자의 업무는 고유업무, 겸영업무, 부수업무로 나눌 수 있다. 고유업무는 자본시장법상 금융투자업자가 수행할 수 있는 업무로 규정한 금융투자업을 말한다. 겸영업무는 원칙적으로 다른 법령에서 진입규제의 대상으로 하고 있는 금융업무를 금융투자업자가 영위하는 경우를 말한다. 부수업무는 원칙적으로 금융업무에 해당하지 않지만 금융투자업자의 인적·물적시설을 활용하여 취급할 수 있는 경우를 말한다.

자본시장법상 금융투자업자의 고유업무는 금융위의 인가를 받거나 등록을 해서 영위하는 금융투자업을 말한다(11조, 18조). 이에 대해서는 제16장 진입규제에서 구체적으로 살펴보았다. 금융업종별 고유업무를 타업종에서 겸영할 수 있는지는 입법판단사항이다. 그에 관한 논의도 이론적·학술적 차원이라기보다는 업종별·조직적 이익을 앞세운 경우가 더 많았다. 그러나 금산분리원칙이나 관련 논의가 진행되어 온 역사적 경로의존성 등을 감안하지 않을 수도 없는 것이 현실이다.

II. 겸영업무

1. 사후보고주의

자본시장법은 투자자 보호 및 건전한 거래질서를 해할 염려가 없는 한도에서 폭넓은 업무를 금융투자업자의 겸영업무로서 허용하고 있다. 이 경우 금융투자업자는 다른 법령에 따른 인허가를 요하는 경우(40조 1항 1호)를 제외하고 겸영업무를 영위하고자 하는 때에는 금융투자업자는 그 업무를 영위하기 시작한 날부터 2주 이내에 이를 금융위에 보고해야 한다(40조 후단). 종래 증권법의 한정적인 접근(51조 1항 1호·2호)이나 2020. 5. 19. 개정 전 자본시장법상 신고주의에 비해 유연한 입장이다.

금융위는 겸영업무 보고내용이 금융투자업자의 경영건전성을 저해하는 경우, 투자자 보호에 지장을 초래하는 경우, 금융시장의 안정성을 저해하는 경우에는 그 겸영업무의 영위를 제한하거나 시정할 것을 명할 수 있다(40조 2항 1호-3호). 겸영업무에 관한 제한명령 또는 시정명령은 보고를 받은 날부터 30일 이내에 그 내용 및 사유가 구체적으로 기재된 문서로 해야 한다(40조 3항). 금융위는 보고받은 겸영업무 및 제한명령 또는 시정명령을 한 겸영업무를 시행령으로 정하는 방법 및 절차에 따라 인터넷 홈페이지 등에 공고해야 한다(40조 4항·44조; 령 43 7항). 금융투자업자의 업무범위에 관한 투자자의 혼동을 방지하기 위한 것이다.

자본시장법은 법에서 금융투자업자의 겸영업무와 겸영가능한 금융투자업자의 범위에 관한 기본원칙을 제시하고 세부내용은 시행령에 위임하고 있다(40조 1항; 령 43조). 다만 겸영금융투자업자에 대해서는 자본시장법상 겸영업무규제가 적용되지 않고 해당 금융회사의 기관규제법률이 적용된다(40조 1항 전단). 자본시장법상 겸영업무 중에서 주목할 것은 투자자예탁금으로 수행하는 자금이체업무, 기업금융업무관련대출, 그리고 지급보증 등이다.

2. 자금이체업무

투자자예탁금으로 수행하는 자금이체업무에 대해서는 금융산업조직 관점에서의 안전성과 효율성에 대한 검토와 함께 은행법상 은행의 지급결제업무와 관련하여 논의할 필요가 있다. 법리적인 문제만 검토하면 은행법상 지급결제업무의 법적 지위에 대해서는 (ⅰ) 지급결제수단의 제조와 관리를 은행업무로 보는 입장, (ⅱ) 예금을 지급결제수단으로 하는 지급결제업무만을 은행업무로 보는 입장, (ⅲ) 격지자 간의 자금이동업무 전체를 지급결제업무로서 은행업무로 보는 입장이 있을 수 있다. 자본시장법은 (ⅱ)의 입장에서 예금을 지급결제수단으로 하지 않는 지급결제업무는 법리적 문제가 없다고 보는 태도를 취하고 있다.[22] 따라서 투자자예탁금에 대하여 적어도 100% 별도예치라는 기준이 적용되는 한 은행법과 관련한 법리적 문제는 없다고 생각된다.[23]

3. 기업금융업무관련대출

기업금융업무관련대출은 기업금융업무를 수행하기 위하여 이루어지는 초단기 대출(bridge loan)을 말한다. 여기서 기업금융업무는 인수업무, 모집·사모·매출의 주선업무, 기업의 인수 및 합병의 중개·주선 또는 대리업무, 기업의 인수·합병에 관한 조언업무, 프로젝트금융을 하는 자금조달구조를 수립하는 등 해당 사업을 지원하는 프로젝트금융에 관한 자문업무, 프로젝트금융을 제공하려는 금융기관 등을 모아 일시적인 단체를 구성하고 자금지원조건을 협

---

22) 정순섭, 은행, 184-185면.
23) 정순섭, "금융규제체계개편론 — 은행의 업무범위에 대한 국제적 논의를 중심으로", 『상사판례연구』 제24집 제4권, 2011, 47-48면("정순섭, 앞의 논문(2011)"로 인용).

의하는 등 해당 금융기관 등을 위한 프로젝트금융의 주선업무, 프로젝트금융의 자문업무 또는 주선업무에 수반하여 이루어지는 프로젝트금융, 사모펀드의 집합투자재산 운용업무24)를 말한다(71조 3호; 령 68조 2항 1호-5호). 금융위는 여기에 3개월 이내의 프로젝트파이낸싱 관련 대출도 포함하고 있다(령 43조 5항 4호; 규정 4-1조 2항). 프로젝트금융은 "설비투자, 사회간접 자본 시설투자, 자원개발, 그 밖에 상당한 기간과 자금이 소요되는 프로젝트를 수주(受注)한 기업을 위하여 사업화 단계부터 특수목적기구(특정 프로젝트를 사업으로 운영하고 그 수익을 주주 등에게 배분하는 목적으로 설립된 회사, 그 밖의 기구를 말한다)에 대하여 신용공여, 출자, 그 밖의 자금지원"을 말한다(령 68조 2항 4호의2). 어느 정도를 초단기 대출의 기간으로 보는지에 대해서 법은 별도의 기준을 두고 있지 않다. 다만 금융위에서 프로젝트파이낸싱 관련 대출에 대하여 '3개월 이내'라는 기준을 두고 있는 점을 참고할 수 있다.25) 그러나 시장상황에 맞추어 유연한 해석이 가능할 것으로 본다.

4. 지급보증업무

지급보증업무의 허용에 대해서는 신용파생상품과 본질상 차이가 없다는 점 등이 고려된 것으로 보이지만 업종별 전업주의를 채택하고 있는 현행 금융규제체계상 적절한 조치인지는 의문이다. 그리고 자본시장법상 지급보증업무는 증권 및 장외파생상품에 대한 투자매매업을 경영하는 경우에 한정된다(령 43조 5항 단서 3문). 이와 관련하여 당해 업무에 국한해서만 지급보증업무를 할 수 있는 것인지 논의가 있었다. 그러나 이는 지급보증을 겸영할 수 있는 금융투자업자의 범위를 제한한 것이지, 지급보증업무를 증권 및 장외파생상품에 대한 투자매매업의 영위와 관련된 것에 국한되는 것은 아니라고 볼 것이다.

▌표 17-1 금융투자업자의 겸영업무

구분	업무범위	수행가능 금융투자업자
〈유형 1〉 금융관련법령에서 인가·허가·등록 등을 요하는 금융업무(40조 1항 1호)	보험대리점·보험중개사 업무(보험업법 91조) 일반사무관리회사 업무(254조 8항) 외국환·외국환중개 업무(외국환거래법) 본인신용정보관리 업무(신용정보의 이용 및 보호에 관한 법률)	해당 법령에서 인허가를 받을 수 있거나 등록요건을 충족하는 금융투자업자

---

24) 다른 회사의 의결권 있는 발행주식총수 또는 출자총액의 10% 이상을 보유하거나 투자계약을 통해 임원의 임면, 조직변경 또는 신규투자 등 주요 경영사항에 대해 권한을 행사할 수 있는 투자나 투자를 통해 투자대상회사의 최대주주가 되는 투자(의결권 있는 발행주식총수 또는 출자총액의 10% 미만을 보유하는 경우로 한정)를 하는 것을 말한다(249조의7 5항 1호·2호; 령 271조의10 1호·2호).

25) 금융당국은 기업금융업무와 관련한 대출업무가 만기 3개월의 제한을 받는지 여부에 대하여 금융투자업규정 제4-1조 제1항의 '만기 3개월'은 프로젝트파이낸싱 대출업무에 관련된 제한으로 보고 있다. 금융위·금감원 e-금융민원센터 법규유권해석 회신사례, 2009. 6. 2.

	퇴직연금사업자 업무(근로자퇴직급여 보장법) 담보부사채신탁 업무(담보부사채신탁법) 자산관리회사 업무(부동산투자회사법) 기업구조정전문회사 업무(산업발전법) 창업기획자 · 중소기업창업투자회사 업무(벤처 　투자 촉진에 관한 법률) 신기술사업금융업(여신전문금융업법) 전자금융업무(전자금융거래법)	
〈유형 2〉 금융관련법령에서 금융투자업자가 영 위할 수 있도록 한 업무(40조 1항 2호)	지배구조법 시행령 제5조 각 호의 법령	해당 법령에서 정한 금융투자업자
〈유형 3〉 지급결제업무(40조 1항 3호 · 4호)	국가 또는 공공단체 업무의 대리 투자자예탁금으로 수행하는 자금이체업무	투자매매업 또는 투자중개업을 경영하는 금융투자업자
〈유형 4〉 그 밖의 금융업무 (40조 1항 5호)	자산관리자 업무 및 유동화전문회사의 수탁업 　무 (자산유동화에 관한 법률) 투자자계좌에 속한 증권 · 금전 등에 대한 제3 　자 담보권 관리업무 상법 상 사채모집의 수탁업무 기업금융업무(71조 3호) 및 프로젝트파이낸싱 　대출 업무 증권의 대차거래와 그 중개 · 주선 · 대리 업무 지급보증업무 원화 표시 CD 매매 · 중개 · 주선 · 대리 업무 대출채권 등 매매 · 중개 · 주선 · 대리 업무 대출 중개 · 주선 · 대리 업무 금지금 및 은지금의 매매 · 중개 업무 퇴직연금 수급권 담보 대출 업무 벤처기업에 대한 대출업무	투자매매업자, 투자중개업자, 집합투 자업자, 신탁업자(령 43조 1항 2호) ＊ 기업금융업무 및 프로젝트파이낸 　싱은 증권에 대한 투자매매업을 　경영하는 경우에 한정(령 45조 5 　항 단서 1문) ＊ 증권 대차거래 및 그 중개 · 주선 · 　대리는 그 증권에 대한 투자매매 · 　투자중개업자에 한정(동조항 단서 　2문) ＊ 지급보증은 증권 및 장외파생상품 　에 대한 투자매매업자에 한정(동 　조항 단서 3문) ＊ 원화 표시 CD · 대출채권 등의 매 　매 등은 채무증권 투자매매 · 투자 　중개업자에 한정(동조항 단서 4문) ＊ 퇴직연금 수급권 담보 대출은 퇴직 　연금사업자에 한정(규정 4-1조 3 　항 2호) ＊ 벤처기업에 대한 대출업무는 증권 　및 장외파생상품 투자매매업자 또 　는 중기특화 금융투자업자에 한정 　(규정 4-1조 3항 3호)

Ⅲ. 부수업무

1. 사후보고주의

자본시장법은 금융투자업자의 부수업무 규제를 종래의 열거주의(증권령 36조의2 5항)에서 포괄주의로 완전 전환하였다(41조). 포괄주의란 영위 가능한 부수업무를 법령에 사전에 열거하는 것이 아니라 원칙적으로 모든 부수업무의 취급을 허용하되 예외적으로 제한하는 방식을 말한다. 이를 위해 금융투자업자는 부수업무를 영위하기 시작한 날부터 2주 이내에 이를 금융위에 보고해야 한다(41조 1항). 이 경우 금융위는 당해 부수업무의 수행이 금융투자업자의 경영건전성을 저해하는 경우, 금융투자업의 영위에 따른 투자자 보호에 지장을 초래하는 경우 그리고 금융시장의 안정성을 저해하는 경우에 한하여 당해 업무의 수행을 제한하거나 시정을 명령할 수 있다(41조 2항). 이러한 제한명령 또는 시정명령은 그 내용 및 사유가 구체적으로 기재된 문서로 해야 한다(41조 3항).

금융위원회는 보고받은 부수업무 및 제한명령 또는 시정명령을 한 부수업무를 인터넷 홈페이지 등에 공고하여야 한다(41조 4항). 첫째, 금융위는 금융투자업자가 부수업무를 보고한 경우 그 보고일부터 7일 이내에 금융투자업자의 명칭, 부수업무의 보고일자와 개시일자, 부수업무의 내용, 그 밖에 금융위가 고시하는 사항을 금융위의 인터넷 홈페이지 등에 공고해야 한다(령 44조 1항 1호-4호). 둘째, 금융위는 제한명령이나 시정명령을 한 경우에는 지체없이 금융투자업자의 명칭, 제한명령이나 시정명령을 한 부수업무의 내용, 제한명령이나 시정명령의 내용 및 사유를 금융위의 인터넷 홈페이지 등에 공고해야 한다(령 44조 2항 1호-3호).

이와 같이 자본시장법상 금융투자업자의 부수업무에 관한 규제는 사후보고주의로 전환했지만, 그 부수업무에 대한 별도의 규제법이 존재할 경우에는 그 규제를 준수해야 한다. 예컨대 금융투자업자는 부동산 매매 및 임대차의 중개업무를 신탁업에 부수되는 업무로 영위할 수 있지만, 「공인중개사의 업무 및 부동산 거래신고에 관한 법률」에 따른 중개사무소 개설등록을 해야 한다.26)

2. 부수성 기준

제한명령 또는 시정명령 사유를 판단할 때 부수성의 판단이 필요한가? 예컨대 금융투자업자가 그 본업보다 주로 이윤이 많이 남을 수 있는 부수업무에만 주력할 경우를 예상할 수도 있기 때문이다. 금융위에서 제한명령 또는 시정명령 사유를 판단할 때 당해 금융투자업자의 자산 중 금융투자업에 따른 자산의 비중 등을 부수성의 요소로서 고려할 수 있을 것이다. 금

---

26) 법제처 09-0242, 2009. 9. 4, 국토해양부 부동산산업과.

융투자업과의 유사성을 요구하는 것은 부수업무에 대한 포괄주의로의 전환 취지에 반할 것이다. 금융위는 금융투자업자가 인가나 등록을 한 후 6개월 내에 금융투자업을 개시하지 않거나 금융투자업을 시작한 후 6개월 이상 계속하지 않을 경우에는 인가나 등록을 취소할 수 있다(420조 1항 8호; 령 373조 4항 1호). 따라서 본업인 금융투자업보다 다른 업무에 치중할 경우에는 금융위는 충분히 규제할 수 있는 장치를 확보하고 있다.

▌표 17-2 금융투자업자의 부수업무

분류	부수업무
M&A 등 기업금융 업무지원	기업의 경영, 구조조정 및 금융에 대한 상담 또는 조력 업무,
	기업의 매수 및 합병의 중개, 주선 또는 대리업무,
	기업의 유·무형자산의 매각 혹은 인수와 관련한 자문 업무,
	유가증권 및 지분의 평가업무
해외펀드 투자지원	국내 기관투자자 대상 역외펀드 중개 및 판매업무 관련 사후관리 서비스지원,
	해외집합투자업자를 위한 국내 마케팅 및 기타 사무수탁업무 등 사후관리,
	해외 사모펀드 운용사에 대하여 펀드 자금조달 자문업무,
	해외 사모펀드 운용사에 대한 사모펀드 자금조달 자문 서비스
부동산 자산활용	회사가 사용중인 임차사옥 건물내의 유휴공간 또는 회의실의 전대 및 대관, 부동산 임대업무
금융관련자 연결 서비스	Fund Placement Agent Business,
	고객이 직접 체결한 해외장외파생상품의 청산결제를 위하여 해외 중개업자를 소개해주는 업무
계열사 지원	해외계열사에 대한 세무관리 지원업무,
	계열사에 대한 전산센터 IT업무 지원,
	계열회사에 대한 총무업무 지원,
	계열회사의 금융상품 광고물 비치
SPC운영·관리 업무 지원	상법상 자산유동화 목적 SPC의 자산관리 및 업무수탁 관련 업무
금융정보의 판매, 출판 등	HTS내 유용한 차트제공 등의 서비스를 유료로 제공하는 업무,
	증권의 가치분석 등에 관한 정보를 판매하는 업무,
	간행물 및 도서의 출판업무
광고관련	광고대행업무, 금융투자업에 관한 영상광고 제작물 사용권 대여 및 판매
금융교육	증권에 관한 연수, 금융투자업관련 연수업무
부동산 관련업무	부동산 사업관련 금융구조 설계 및 자금조달 방안 등 자문업무,
	고객인 기업이 보유한 부동산의 임대매매의 중개 또는 자문업무,
	프로젝트파이낸싱 등 업무수행 시 자금관리 및 특수목적법인을 위한 사무업무 처리
금융기관에 대한 리서치 서비스 제공	투자자문회사에 대한 리서치 서비스 제공, 집합투자재산 운용에 필요한 투자전략 자료 및 계량분석자료 제공
신탁관련	유언서 보관 및 유언의 집행에 관한 업무,

	신탁업무 영위 및 신탁계약 이행에 필요한 금융자문 서비스
증권IT	증권업 관련된 전산시스템·S/W 대여·판매업무 및 증권업 관련 전산개발을 위한 컨설팅서비스,
	IT 전산시스템(소프트웨어) 대여 업무
퇴직연금 시스템 지원	퇴직연금업무를 위하여 보유하고 있는 전산설비 및 전문인력을 활용하는 아래의 업무 (1) K-IFRS 1019호 종업원급여 관련 퇴직급여 계리평가·부채분석, 회계정보제공 서비스 (2) 퇴직연금에 투입된 인력 및 설비를 활용한 관련 업무의 수탁 등 * 다만, 법령에 반하지 않는 범위로 한정
금융관련 자문, 지원 업무	대출의 중개·주선과 관련한 자금집행 관리자로서의 업무수행,
	금융업무에 대한 상담, 자문 또는 조력업무,
	부실채권 투자자문 업무,
	자금수요자의 대출 거래구조 개발 및 자문업무,
	금융투자업 관련 해외법인 설립에 대한 컨설팅,
	Syndicated Loan 관련 대주의 대리금융기관 업무,
	원자재 실물 ETF 지정참가회사로서 창고증권에 대한 매매중개업무,
	유동성리스크관리업무
유가증권 보호예수	증권업과 관련된 유가증권의 보호예수 업무
대리인 업무	증권업과 관련된 업무로서 유가증권거래와 관련한 대리인 업무

(자료) 금융위

IV. 종합금융투자사업자에 관한 특례

1. 의   의

종합금융투자사업자(이하 "사업자")는 투자매매업자 또는 투자중개업자 중 금융위로부터 사업자지정(77조의2)을 받은 자를 말한다(8조 8항). 금융투자업을 투자매매업 등 6가지로 구분하는(6조 1항) 자본시장법 취지상 사업자의 업무를 금융투자업의 새로운 유형이라고 할 수는 없다. 그러나 사업자를 금융투자업자에 관한 조항(8조)에서 규정하는 취지를 고려하면 금융투자업자이기는 하지만, 특수한 유형의 업무를 겸영업무나 부수업무로서 영위할 수 있는 자라고 보는 것이 옳다.[27] 금융투자업자 중 일정한 요건을 충족하는 대형업자에 한하여 일반적으로 허용되지 않는 업무를 허용한다는 것이다. 사업자에 대하여는 일반사모펀드는 물론 기업에 대한 신용공여가 허용됨으로써 신용공여의 목적과 한도, 은행업과의 관계, 위험관리 등이 논의되었다.[28]

---

27) 김효연, "자본시장법상 종합금융투자사업자규제", 『BFL』 제60호, 2013, 24면("김효연, 앞의 논문⟨2013⟩"으로 인용); 박재현·안채연, "헤지펀드와 프라임브로커에 관한 개정 자본시장법의 규제", 『BFL』 제60호, 2013, 37-38면("박재현외, 앞의 논문⟨2013⟩"으로 인용).

28) 김효연, 앞의 논문(2013), 19-24면이 있다.

2. 지   정

1) 지정 기준

금융위는 투자매매업자 또는 투자중개업자로서 상법상 주식회사일 것, 증권인수업을 영위할 것, 3조원 이상으로서 시행령으로 정하는 자기자본을 갖출 것(령 77조의3 1항), 그 밖에 해당 투자매매업자 또는 투자중개업자의 신용공여 업무수행에 따른 위험관리능력 등을 고려하여 시행령으로 정하는 기준을 모두 충족하는 자를 사업자로 지정할 수 있다(77조의2 1항 1호-4호). 지정은 일정한 요건충족만을 확인하는 행위로서 등록과 유사하다.

자기자본금액은 사업자의 업무범위에 따라 다르다. (ⅰ) 전담중개업무, 기업신용공여업무 및 시행령 제77조의6 제1항 제1호에 따른 업무(내부주문집행업무)를 하려는 경우 3조원, (ⅱ) 위 (ⅰ)의 업무 및 단기금융업무(360조; 령 77조의6 1항 2호)를 하려는 경우 4조원, (ⅲ) 위 (ⅱ)의 업무 및 종합투자계좌업무(령 77조의6 1항 3호)를 하려는 경우 8조원이다(77조의2 1항 3호; 령 77조의3 1항). 자기자본의 세부기준은 금융위가 고시한다(77조의2 6항; 규정 4-102조의2).

시행령은 첫째, 사업자의 업무와 관련한 위험관리 및 내부통제 등을 위한 적절한 인력, 전산시스템 및 내부통제장치를 갖출 것과 둘째, 이해상충발생가능성을 파악·평가·관리할 수 있는 적절한 내부통제기준(44조)과, 적절한 정보교류차단체계를 갖출 것(45조 1항·2항)의 두 가지 요건을 추가하고 있다(령 77조의3 2항 1호·2호). 지정요건의 세부기준에 관하여 필요한 사항은 금융위가 고시한다(77조의2 5항; 령 77조의3 9항).

2) 지정 절차

투자매매업자 또는 투자중개업자로서 사업자로 지정받고자 하는 자는 지정요건을 갖추었음을 확인할 수 있는 서류를 첨부하여 금융위에 지정신청서(이하 "신청서")를 제출해야 한다(77조의2 2항; 령 77조의3 3항). 금융위는 지정을 위해 필요한 경우에는 자료제출을 요청할 수 있다(77조의2 3항). 신청과 검토, 신청서식 등에 관하여 필요한 사항은 금융위가 고시한다(77조의2 5항; 령 77조의3 9항). 금융위는 신청서를 접수한 경우 그 내용을 검토하여 2개월 이내에 지정 여부를 결정하고, 그 결과와 이유를 지체 없이 신청인에게 문서로 통지해야 한다(령 77조의3 4항 전단). 이 경우 신청서에 흠결이 있으면 보완을 요구할 수 있다(령 77조의3 4항 후단). 검토기간 산정에서 신청서 흠결보완기간 등 시행규칙으로 정하는 기간은 산입하지 않는다(령 77조의3 5항; 규칙 7조의4 1호·2호). 금융위는 지정 여부를 결정할 때 지정요건을 갖추지 않은 경우, 신청서를 거짓으로 작성한 경우, 지정신청서 흠결보완요구를 이행하지 않은 경우와 같은 사유가 없는 한 지정해야 한다(령 77조의3 6항). 금융위는 지정을 결정하면 사업자지정부에 필요사항을 적고, 결정내용을 관보 및 인터넷 홈페이지 등에 공고해야 한다(령 77조의3 7항).

사업자지정은 금융투자업자의 등록에 준하는 절차로 구성되어 있다. 금융위의 심사권 범위 등에 대해서도 금융투자업자의 등록에 준하여 해석하면 될 것이다. 같은 용어를 사용하지만, 외국금융투자업자의 직무대행자 지정(65조 4항), 다자간매매체결회사에 대한 시장감시 등을 담당할 거래소지정(78조 3항), 증권시장 및 파생상품시장의 청산업무와 파생상품시장에서의 결제업무를 담당할 거래소지정(378조 1항·2항) 등과는 성격이 다르다.29)

3) 지정 취소

금융위는 사업자가 거짓 그 밖의 부정한 방법으로 지정받았거나 지정기준을 충족하지 못하면 지정을 취소할 수 있다(77조의2 4항 1호·2호). 문제는 지정취소요건 중 '**지정기준을 충족하지 못하는 경우**'의 의미이다. 지정 당시 '**지정기준을 충족하지 못하는 경우**'에는 지정을 할 수 없다. 따라서 지정취소요건으로서의 '**지정기준을 충족하지 못하는 경우**'는 지정 이후 지정기준의 유지의무를 위반한 경우를 말한다. 금융위는 사업자지정을 취소한 경우 그 내용을 기록하고 이를 유지·관리해야 하며 그 사실을 관보 및 인터넷 홈페이지 등에 공고해야 한다(령 77조의3 8항). 지정취소절차 등에 관한 세부사항은 금융위가 정하여 고시한다(77조의2 5항; 령 77조의3 9항).

3. 업   무

1) 개   관

종합금융투자사업자는 전담중개업무, 기업신용공여 그 밖에 시행령으로 정하는 업무를 수행한다. 일정한 규모와 위험관리능력 등을 갖추는 것을 조건으로 일반적인 투자매매업자나 투자중개업자가 할 수 없는 업무를 허용하는 특례를 인정한 것이다. 대규모 금융투자업자를 육성하려는 산업정책의 결과물이다.

2) 전담중개업무30)

(1) 의   의

가. 개   념

전담중개업무는 "헤지펀드 등을 대상으로 재산의 보관·관리, 신용공여, 증권대차, 각종 컨설팅 등의 서비스를 종합적으로 제공하는 투자은행업무"를 말한다. 자본시장법은 이를 "일반사모집합투자기구등에 대하여 증권의 대여 또는 그 중개·주선이나 대리업무, 금전의 융자, 그 밖의 신용공여, 일반사모펀드등의 재산의 보관 및 관리, 그 밖에 일반사모펀드등의 효율적인 업무 수행을 지원하기 위하여 필요한 업무로서 '**시행령으로 정하는 업무**'를 효율적인 신용공여와 담보관리 등을 위하여 '**시행령으로 정하는 방법**'에 따라 연계하여 제공하는 업무"라고

29) 김효연, 앞의 논문(2013), 24면.
30) 박재현 외, 앞의 논문(2013), 36-44면.

정의하고 있다(6조 10항 1호-4호). 전담중개업무의 개념을 이해하기 위해서는 업무의 상대방, 시행령으로 정하는 업무, 시행령으로 정하는 방법의 3가지 요소가 정해져야 한다.

나. 전담중개업무의 상대방

전담중개업무의 상대방은 일반사모펀드등이다. 일반사모펀드등은 일반사모펀드, 일정한 금융기관(령 10조 2항 1호-18호), 법률에 따라 설립된 기금 및 그 기금을 관리·운용하는 법인과 법률에 따라 공제사업을 경영하는 법인(령 10조 3항 12호·13호) 및 이에 준하는 외국인, 기관전용사모펀드(9조 19항 1호), 외국집합투자기구로서 사모펀드에 상당하는 집합투자기구를 말한다(령 6조의3 1항 1호-4호). 일반사모펀드 이외에 전담중개업무의 상대방을 확대한 것은 국내외 금융기관, 연기금 등에 대한 업무를 허용함으로써 국제적인 투자은행으로의 성장을 바라는 취지가 반영되어 있다.[31] 그러나 동일법인 및 그 계열회사에 대한 신용공여(77조의3 7항; 령 77조의5 4항)와 사업자와 계열회사관계에 있는 법인에 대한 기업신용공여나 그 법인이 운용하는 일반사모펀드에 대한 전담중개업무 제공은 제한된다(77조의3 9항 본문).

다. 시행령으로 정하는 업무

'**시행령으로 정하는 업무**'는 일반사모펀드등의 투자자재산(일반사모펀드등의 재산으로서 전담중개업무의 대상이 되는 투자자재산)의 매매에 관한 청약·주문의 집행업무, 일반사모펀드등의 투자자재산의 매매 등의 거래에 따른 취득·처분 등의 업무, 파생상품의 매매 또는 그 중개·주선·대리업무, 환매조건부매매 또는 그 중개·주선·대리업무, 집합투자증권의 판매업무, 일반사모펀드등의 투자자재산의 운용과 관련한 금융 및 재무 등에 대한 자문업무, 다른 투자자의 투자를 유치하거나 촉진하기 위하여 일반사모펀드에 출자(투자신탁의 경우에는 그 수익증권의 매수를 포함)를 하는 업무를 말한다(6조 10항 4호; 령 6조의3 3항 1호-7호).

라. 시행령으로 정하는 방법

'**시행령으로 정하는 방법**'은 증권대여 또는 그 중개·주선이나 대리업무, 금전융자 그 밖의 신용공여, 일반사모펀드등의 재산보관 및 관리(6조 10항 1호-3호)의 업무 및 위 시행령으로 정하는 업무(령 6조의3 3항 1호-7호)를 서로 연계하여 제공하는 것을 말한다(6조 10항; 령 6조의3 2항). 이 경우 금전융자 그 밖의 신용공여, 일반사모펀드등의 재산보관 및 관리(6조 10항 2호·3호)의 업무가 포함되어야 한다. 전담중개업무의 핵심은 효율적인 신용공여와 담보관리라는 의미이다.

(2) 연 혁

자본시장법은 한국형 헤지펀드의 도입을 위하여 '**적격투자자대상 사모집합투자기구**'를 규

---

31) 다만 자본시장법상 '시행령으로 정하는 투자자'라고 하고 있어 금융기관의 투자자로서의 지위와 관련한 문제를 제기하는 견해도 있다. 박재현외, 앞의 논문(2013), 40면 각주 8. 그러나 자본시장법상 투자자는 금융투자업자와 금융투자상품 그 밖의 거래를 하는 거래상대방을 부르는 용어이므로 특별한 문제가 없다.

정하고, 시행령개정을 가능했던 사항을 2011. 9. 30. 시행령개정으로 도입하였다.[32] 그러나 신용공여 등 시행령개정으로는 한계가 있어 2013. 5. 28 개정 자본시장법에서 집합투자기구의 명칭을 전문사모펀드로 변경하고, 전담중개업무를 법률에 규정했다. 2021. 4. 20. 개정 자본시장법에서 그 명칭을 다시 일반사모펀드로 변경하였다.

전담중개업무는 금융투자업의 정의에 관한 자본시장법 제6조에서 규정하고 있다. 그러나 금융투자업을 투자매매업 등 6가지로 구분하는 자본시장법 제6조 제1항의 취지상 전담중개업무를 금융투자업의 일부라고 할 수는 없다. 일반사모펀드의 지원을 위하여 필요한 업무를 집합하여 전담중개업무라 하고, 일부는 금융투자업으로, 또 다른 일부는 겸영업무나 부수업무로 영위하게 하는 복합적인 업무단위이다. 전담중개업무의 주체는 종합금융투자사업자에 한정된다(77조의3 1항).

(3) 전담중개업무계약 및 재담보화

가. 전담중개업무계약의 체결

종합금융투자사업자는 일반사모펀드등에 대하여 전담중개업무를 제공하는 경우에는 미리 해당 일반사모펀드등, 그 밖에 시행령으로 정하는 자[33]와 법정사항을 포함하는 내용에 관한 계약을 체결해야 한다(77조의3 2항; 령 77조의4 1항).[34] 현재 실무상으로는 금융투자업규정에 근거하여 협회가 작성한 표준전담중개업무계약서[35]를 이용하고 있다(규정 4-103조). 자본시장법은 전담중개업무계약서의 작성을 위한 법적 근거를 확보하면서 계약에 포함할 사항을 의무화한 의미가 있다.

나. 재담보화

특히 주목할 것은 사업자가 일반사모펀드등의 재산을 제3자에 대한 담보, 대여, 환매조건부매매 등의 방법으로 이용하는 것이다(령 77조의3 2항 2호). 이를 '**담보물의 재이용**' 또는 '**재담보화**'(rehypothecation)라고 한다.[36] 현재 협회의 표준계약도 일반사모펀드등과의 합의를 전제

---

32) 주요내용은 금융위, 보도자료: 자본시장법 시행령 개정안 국무회의 통과, 2011. 9. 27.
33) '시행령으로 정하는 자'란 종합금융투자사업자로부터 일반사모펀드등의 재산의 보관 및 관리(6조 10항 3호)를 위탁받은 자 및 일반사모펀드등으로부터 투자회사재산의 계산(184조 6항 2호)을 위탁받은 일반사무관리회사를 말한다(령 77조의4 2항).
34) 전담중개계약에 포함되어야 하는 사항은 전담중개업무와 관련된 사업자와 일반사모펀드등의 역할 및 책임, 사업자가 일반사모펀드등의 재산을 제3자에 대한 담보, 대여, 환매조건부매매, 그 밖에 전담중개업무의 효율적인 수행 등을 고려하여 시행규칙으로 정하는 방법으로 이용하는 경우 그 이용, 사업자가 이용한 일반사모펀드등의 재산현황 등에 관한 정보를 일반사모펀드등에게 제공하는 절차 및 방법, 전담중개업무의 범위와 기준 및 절차 등, 전담중개업무 제공에 따른 수수료 그 밖의 비용 등, 계약종료사유 및 절차, 계약당사자의 채무불이행에 따른 손해배상 등에 관한 사항이다(77조의3 2항 1호-4호; 령 77조의4 4항 1호-3호, 77조의4 3항).
35) 금융투자협회, 전문사모집합투자기구와 전담중개업자 모범규준, 2014. 2. 11.개정, 〈별지 제3호〉: 표준전담중개업무계약서.
36) 정순섭, "신종금융거래의 담보화에 관한 연구", 『증권법연구』 제4권 제1호, 2003, 145-175면. 최근의 논의로, 이영경, "금융거래에서의 담보물의 재활용", 『서울대학교 법학』 제61권 제1호, 2020, 367-424면.

로 재담보화를 허용하고 있다.[37) 문제는 담보물 자체의 전전유통을 허용하는 담보물의 재이용의 도산법상 지위가 명확하지 않은 점이다.[38)

(4) 이해상충방지체계

전담중개업자의 경우 일반적인 정보교류차단장치상 정보교류가 차단되는 증권대차와 매매의 집행과 같은 투자매매업·투자중개업에 해당하는 업무와 집합투자재산의 보관·관리 등 신탁업에 속하는 업무를 동시에 수행하게 된다. 종합금융투자사업자가 전담중개업무를 수행할 경우 이를 여러 부서로 분리하여 수행하게 하는 것은 이해상충 가능성을 고려하더라도 비효율적일 수밖에 없다. 금융투자업자는 금융투자업, 겸영업무, 부수업무 및 종합금융투자사업자에 허용된 업무를 영위하는 경우 내부통제기준이 정하는 방법 및 절차에 따라 미공개중요정보 등 교류차단 대상 정보의 교류를 적절히 차단하여야 한다(45조 1항; 령 50조 1항 1호-4호).

3) 신용공여업무

(1) 의   의

사업자는 자본시장법 또는 다른 금융관련법령에도 불구하고 기업신용공여업무를 영위할 수 있다(77조의3 3항 1호). 여기서 신용공여는 대출, 기업어음증권에 해당하지 않는 어음의 할인·매입을 말한다(77조의3 11항; 령 77조의5 1항 1호·3호).

자본시장법상 금융투자업자의 신용공여업무는 [표 17-3] 금융투자업자의 신용공여업무에서 보는 3가지로 구분된다. 증권관련대출이나 전담중개업무 중 신용공여업무는 동일한 방법상 제한을 받지만, 사업자의 신용공여업무는 그러한 제한을 받지 않는다.

그러나 사업자에게 허용되는 기업신용공여업무는 '**종합금융투자사업자의 업무수행에 필요한 신용공여**'로서 일반사모펀드등의 담보를 활용하여 제3자로부터 조달한 자금으로 대출하거나 M&A 중개와 연계한 단기대출, 보증부 대출 등 사업자의 건전성에 영향을 미치지 않고, 금융투자업의 영위를 위하여 필요한 것에 한정된다. 예컨대 사업자가 기업운영자금조달을 위하여 기업의 부동산을 담보로 대출하거나 신용장개설업무를 취급하는 것은 금융투자업 영위와 무관한 것으로서 포함될 수 없다.

또한 사업자의 신용공여업무의 내재적 한계는 상대방이 '**기업**'에 한정되는 점에서도 나타난다. 사업자의 신용공여는 금융투자업의 영위와 관련된 것에 한정되어야 한다는 입장에서는 개인기업에 대한 신용공여가 어떤 연결고리를 가지는지 불확실하다. 따라서 개인기업에 대한 신용공여는 포함되지 않는다. 기업신용공여의 기준 및 현황보고 등에 관하여 필요한 세부사

---

37) 표준전담중개업무계약서는 '담보재활용'을 허용하고 있다(제10조 제2항 제7호).

38) 박재현 외, 앞의 논문(2013), 43-44면. 이 문제에 관한 고전적인 논의로는 Christian A. Johnson, "Derivatives and Rehypothecation Failure: It's 3:00 pm., Do You Know Where Your Collateral Is.", Arizona Law Review Vol. 30, 1997, pp949-1001.

항은 금융위가 고시한다(77조의3 11항; 령 77조의5 8항).

(2) 총위험한도비율

사업자가 [표 17-3] 금융투자업자의 신용공여업무에서 보는 3가지 방법으로 신용공여를 하는 경우 100%와 200%의 위험한도규제를 하고 있다.

첫째, 기업금융업무 관련 신용공여(71조 3호)와 중소기업 신용공여를 제외한 신용공여의 총합계액이 자기자본의 100%를 초과할 수 없다(77조의3 6항 1호·2호). 둘째, 신용공여의 총합계액이 자기자본의 200%를 초과할 수 없다(77조의3 5항 본문). 다만, 사업자 업무의 특성, 해당 신용공여가 사업자의 건전성에 미치는 영향 등을 고려하여 사행령으로 정하는 경우는 제외한다(77조의3 5항 단서). 여기서 '**시행령으로 정하는 경우**'는 금융위가 고시하는 방법에 따라 일반사모펀드등으로부터 받은 담보를 활용하여 제3자로부터 조달한 자금으로 신용공여를 하는 경우, 기업금융업무와 관련하여 1년 이내의 신용공여를 하는 경우(령 68조 2항 1호-5호; 규칙 7조의5), 국가, 지방자치단체, 외국 정부, 은행 등 금융기관(령 362조 8항 1호-9호) 또는 이에 준하는 외국금융기관이 원리금상환을 보증한 신용공여(원리금의 상환이 보증된 부분에 한정)를 하는 경우를 말한다(령 77조의5 2항 1호-3호). 단기간이거나 위험이 없는 경우를 열거한 것이다. 중요한 것은 사업자가 제3자로부터의 조달자금으로 신용공여를 하는 경우를 명시한 점이다(령 77조의5 2항 1호).

사업자가 추가로 신용공여를 하지 않았음에도 자기자본의 변동, 동일차주구성의 변동 등으로 인하여 총위험한도비율을 초과하게 되는 경우 그 한도초과일부터 1년 이내에 그 한도에 적합하도록 해야 한다(77조의3 6항).

▌표 17-3   금융투자업자의 신용공여업무

구 분	방 법	수행주체	상대방	근 거
증권관련 대출	1. 해당 투자매매업자 또는 투자중개업자에게 증권 매매거래계좌를 개설하고 있는 자에 대하여 증권매매를 위한 매수대금을 융자하거나 매도하려는 증권을 대여하는 방법 2. 해당 투자매매업자 또는 투자중개업자에게 계좌를 개설하여 전자등록주식등을 보유하고 있거나 증권을 예탁하고 있는 자에 대하여 그 전자등록주식등 또는 증권을 담보로 금전을 융자하는 방법	투자매매업자 또는 투자중개업자	1. 증권 매매거래계좌를 개설하고 있는 자 2. 전자등록주식등을 보유하고 있거나 증권을 예탁하고 있는 자	72조 1항; 령 69조 1항
전담중개 업무	1. 증권 매매를 위한 매수대금을 융자하거나 매도하려는 증권을 대여하는 방법 2. 전담중개업무로서 보관·관리하는 일반사	전담중개업자(종합금융투자사업	일반사모펀드등	6조 10항 2호; 령 69조 2항 1호·2호

	모펀드등의 투자자재산인 증권을 담보로 금전을 융자하는 방법	자)		
종합금융 투자 사업자 업무	대출, 기업어음증권에 해당하지 않는 어음의 할인·매입	종합금융투 자사업자	기업	77조의3 3항 1 호, 11항; 령 77조의5 1 항 1호·3호

(3) 동일인 위험한도비율

사업자가 기업신용공여를 하는 경우 동일한 법인 및 그 법인과 시행령으로 정하는 신용위험을 공유하는 자에 대하여 그 사업자의 자기자본의 25%의 범위에서 시행령으로 정하는 비율에 해당하는 금액을 초과하는 신용공여를 할 수 없다(77조의3 7항). '**시행령으로 정하는 신용위험을 공유하는 자**'는 기업집단에 속하는 회사를(령 77조의5 3항; 공정거래법 2조 2호), 그리고 '**시행령으로 정하는 비율**'은 25%를 말한다(령 77조의5 4항).

사업자가 추가로 신용공여를 하지 않았음에도 자기자본의 변동, 동일차주구성의 변동 등으로 인하여 동일인위험한도비율을 초과하게 되는 경우 그 한도초과일부터 1년 이내에 그 한도에 적합하도록 해야 한다(77조의3 6항).

(4) 계열사 거래한도

사업자는 그와 계열회사의 관계에 있는 법인에 대하여 기업신용공여를 하거나 또는 그 법인이 운용하는 일반사모펀드에 대하여 전담중개업무를 제공해서는 안 된다(77조의3 9항 본문). '**종합금융투자사업자와 계열회사의 관계에 있는 법인**'에는 사업자가 기업집단에 속하는 경우로서 그 동일인(공정거래법 2조 2호)과 동일인관련자의 관계에 있는 외국법인을 말한다(령 77조의5 5항; 공정거래법 시행령 3조 1호 나목-라목).

다만, 사업자가 발행주식총수 또는 출자총액의 50% 이상을 소유 또는 출자하거나 사업자가 발행주식총수 또는 출자총액의 50% 이상을 소유 또는 출자한 해외현지법인이 그 발행주식총수 또는 출자총액의 50% 이상을 소유 또는 출자한 다른 해외현지법인(금융투자업을 영위하고 있는 법인으로 한정)에 대해서는 [개별 해외현지법인에 대한 신용공여액이 사업자의 자기자본의 10% 이하의 금액]이고 [전체 해외현지법인에 대한 신용공여액이 사업자의 자기자본의 40% 이하의 금액]에 한정하여 기업신용공여를 할 수 있다(77조의3 9항 단서; 령 77조의5 6항, 7항 1호·2호).

(5) 은행규제와의 관계

사업자에 대하여는 한국은행법과 은행법을 적용하지 않는다(77조의3 10항). 이는 은행법상 은행업을 "예금을 받거나 유가증권 또는 그 밖의 채무증서를 발행하여 불특정 다수인으로부터 채무를 부담함으로써 조달한 자금을 대출하는 것을 업(業)으로 하는 것"(2조 1항 1호)이라고 정의하고 있어서 은행업으로 해석될 가능성을 제거한 것이다. 여신업무를 하는 금융기관에 대하여 일반적으로 규정되고 있다(여신전문금융업법 52조 1항).

그러나 사업자의 기업신용공여업무는 2008년 금융위기 이후 규제 필요성이 강조되고 있는 그림자금융(shadow banking)과의 관계에서도 중요한 의미가 있다. 이러한 문제의식을 고려하여 2013. 5. 개정 자본시장법의 국회제출안에서는 금융위가 사업자에 대하여 경영건전성기준을 적용할 때 그 업무특성을 반영하여 국제결제은행이 권고하는 건전성감독원칙을 반영할 수 있다는 내용을 포함하였다(안 77조의3 6항).[39] 그러나 대형증권사인 사업자와 중소형증권사 간의 형평성 시비 등으로 추후에 검토하기로 하고 국회통과안에서는 삭제되었다.[40] 그러나 사업자의 신용위험과 자산위험구조가 일반적인 금융투자업자와 차이날 수 있다는 점은 명백하다.

4) 기타 업무

사업자는 자본시장법 또는 다른 금융관련 법령에도 불구하고 '그 밖에 해당 종합금융투자사업자의 건전성, 해당 업무의 효율적 수행에 이바지할 가능성 등을 고려하여 종합금융투자사업자에만 허용하는 것이 적합한 업무로서 시행령으로 정하는 것'을 영위할 수 있다(77조의3 3항 2호). 현재 시행령은 내부주문집행업무, 단기금융업무, 종합투자계좌업무를 규정하고 있다(령 77조의6 1항 1호-3호).

첫째, 내부주문집행업무는 상장주권, 비상장주권, 그 밖에 금융위가 고시하는 금융투자상품에 관하여 동시에 다수의 자를 거래상대방 또는 각 당사자로 하는 장외매매 또는 그 중개·주선이나 대리업무를 말한다. 내부주문집행업무는 첫째, 해당 금융투자상품의 매매주문이 금융위가 고시하는 매매금액 또는 매매수량 기준을 초과할 것, 둘째, 상장주권인 경우 그 주권이 상장된 거래소에서 형성된 매매가격에 근거하여 매매가격을 결정할 것이라는 2가지 영업기준을 충족해야 한다(령 77조의6 1항 1호 가목·나목). 상장주권의 경우 가격형성에 한도가 있는 점이 그리고 비상장주권의 경우 매출규제가 문제된다.

둘째, 단기금융업무는 "1년 이내에 만기가 도래하는 어음의 발행·할인·매매·중개·인수 및 보증업무와 어음담보대출업무"를 말하는 것으로서 이를 사업자가 영위하기 위해서는 별도 금융위 인가를 요한다(령 77조의6 1항 2호, 360조 1항; 령 348조 1항, 2항, 3항 4호).

셋째, 종합투자계좌업무는 "고객으로부터 예탁받은 자금을 통합하여 기업신용공여 등 금융위가 고시하는 기업금융관련자산 등에 운용하고, 그 결과 발생한 수익을 고객에게 지급하는 것을 목적으로 종합금융투자사업자가 개설한 계좌"의 개설 및 운용업무를 말한다(령 77조의6 1항 3호).

---

39) 자본시장과 금융투자업에 관한 법률 일부개정법률안(의안번호 298, 제출연월일: 2012. 6. 25., 제출자: 정부).
40) 김효연, 앞의 논문(2013), 27면.

V. 업무위탁

1. 의   의

금융투자업자는 업무의 효율성을 위하여 일부 업무를 외부기관에 위탁할 필요성이 있다. 이와 같이 금융투자업자가 자신의 업무 중 일부를 외부기관에 위탁하는 것을 업무위탁이라고 한다. 자신이 수행하는 업무에 관하여 자문을 받는 것과는 다르다. 전통적으로 금융투자업의 본질적 기능에 속하는 업무의 외부위탁은 효율성측면에서는 필요하더라도, 진입규제를 형해화하여 안전성관점에서 문제될 수 있다는 인식이 있었다. 이러한 이유에서 증권법은 '**원칙금지-예외허용**', 그리고 자본시장법은 '**원칙허용-예외금지**'의 입장을 채택하였다(42조).

증권법은 위탁가능업무의 범위를 제한하였지만, 자본시장법은 위탁가능업무의 범위에 대한 제한은 폐지하는 대신 본질적 업무를 위탁할 경우 업무수탁자가 인가·등록을 받은 경우에만 가능하도록 제한하고 있었다. 그러나 2020. 5. 19. 개정 자본시장법은 일부 내부통제업무를 제외하고는 위탁업무의 범위에 관한 규제를 폐지하였다(42조 1항). 업무위탁은 진입규제의 형해화나 본질적 기능 수행의 안전성 관점이 아니라 외부자원의 활용에 의한 효율성측면에서 보아야 한다. 안전성에 관한 우려는 업무위탁구조 특히 업무수탁기관에 대한 감독을 통하여 해소할 수 있을 것이다.

2. 업무위탁의 범위와 제한

1) 위탁가능업무의 범위

금융투자업자는 원칙적으로 금융투자업, 겸영업무, 부수업무와 관련하여 그가 영위하는 업무의 일부를 제3자에게 위탁할 수 있다(42조 1항). 그러나 준법감시인(지배구조법 25조 1항)의 업무, 위험관리책임자(지배구조법 28조 1항)의 업무, 내부감사업무로서 의사결정권한까지 위탁하는 경우는 금지한다(령 45조 1호-3호). 금융투자업규정은 의사결정권한까지 위탁이 가능한 내부통제업무로서 준법감시인의 업무 중 임직원의 법규준수와 관련한 교육을 규정하고 있다(령 45조 단서; 규정 4-3조).

2) 업무수탁자의 자격

위탁업무가 본질적 업무인 경우 이를 위탁받는 자는 그 업무수행에 필요한 인가를 받거나 등록을 한 자여야 한다(42조 4항 전단). 본질적 업무는 "해당 금융투자업자가 인가를 받거나 등록을 한 업무와 직접적으로 관련된 필수업무"로서 시행령에서 범위를 정하고 있다(42조 4항).[41]

---

[41] 시행령은 투자매매업자(령 47조 1항 1호), 투자중개업자(령 47조 1항 2호), 집합투자업자(령 47조 1항 3호), 투자자문업자(령 47조 1항 4호), 투자일임업자(령 47조 1항 5호), 신탁업자(령 47조 1항 6호)에 대하여 각각

금융투자업자가 본질적 업무를 포함한 모든 업무를 외부에 위탁하는 경우 금융투자업이 사실상 중개업과 다름없게 되고, 무인가·미등록자가 금융투자업을 간접적으로 영위할 수 있음을 고려한 제한이다. 이 경우 그 업무를 위탁받는 자가 외국금융투자업자로서 그 소재국에서 외국금융감독기관의 허가·인가·등록 등을 받아 위탁받으려는 금융투자업 또는 일부 겸영업무(40조 1항 1호)[42])에 상당하는 영업을 하는 경우 인가를 받거나 등록을 한 것으로 본다(42조 4항 후단; 령 47조 2항).

3. 업무위탁의 방법과 절차

금융투자업자가 제3자에게 업무를 위탁하는 경우 위탁업무의 범위, 수탁자의 행위제한, 위탁업무처리기록유지, 위탁계약해지, 위탁보수 등[43])을 포함하는 위탁계약을 체결하고, 그 내용을 금융위에 보고해야 한다(42조 2항; 령 46조 2항 1호-3호; 규정 4-4조 2항 1호-12호). 또한 금융위 보고사항에는 위탁필요성 및 기대효과와 업무처리절차의 변경내용이 포함되어야 한다(령 46조 1항 5호; 규정 4-4조 1항 1호·2호).

금융위 보고에는 업무위탁계약서 사본, 업무위탁운영기준, 업무위탁계약이 제한 또는 시정명령사유(42조 3항 1호-3호)에 해당하지 않고 업무위탁운영기준에 위배되지 않는다는 준법감시인(준법감시인이 없는 경우에는 감사 등 이에 준하는 자)의 검토의견 및 관련자료, 외국금융투자업자에게 본질적 업무를 위탁하는 경우 그 외국금융투자업자가 인가나 등록간주요건(47조 2항)을 갖춘 자임을 증명하는 서류, 그 밖에 투자자 보호나 건전한 거래질서를 위하여 필요한 서류로서 금융위가 고시하는 서류를 첨부해야 한다(령 46조 1항 1호-4호).

보고일자는 위탁업무의 종류에 따라 다르다. 금융투자업자는 본질적 업무(42조 1항·4항 전단)를 위탁한 경우 업무를 위탁받은 자가 그 업무를 실제로 수행하려는 날의 7일 전까지, 그 밖의 업무를 위탁한 경우 업무를 위탁받은 자가 그 업무를 실제로 수행한 날부터 14일 이내에 일정한 서류를 첨부하여 금융위에 보고해야 한다(령 46조 1항 본문). 다만, 이미 보고한 내용의 일부 변경으로서 변경내용이 경미한 경우 등 금융위가 고시하는 경우에는 보고시기 및 첨부서류 등의 특례에 따른다(령 46조 1항 단서).

규정하고 있다.

42) 자본시장법 또는 금융관련법령에서 인가·허가·등록 등을 요하는 금융업무 중 보험업법 제91조에 따른 보험대리점의 업무 또는 보험중개사의 업무, 그 밖에 시행령으로 정하는 금융업무.

43) 규정은 다음 사항을 추가하고 있다.
(i) 업무위탁에 따른 이해상충방지체계, (ii) 수탁자의 정보이용 제한, (iii) 수탁자에 대한 관리·감독, (iv) 위탁업무에서 발생하는 자료에 대한 위탁 금융투자업자의 소유권과 당해 금융투자업자의 물적 설비 및 지적재산권 등의 이용 조건, (v) 투자자정보 보호, (vi) 업무연속성을 확보하기 위한 백업시스템 확보 등 비상계획, (vii) 면책조항, 보험가입 및 분쟁해결(중재 및 조정 등) 방법, (viii) 수탁자의 책임한계, (ix) 검사당국의 검사 수용의무, (x) 업무 재위탁의 제한, (xi) 준거법 및 관할법원(외국인 또는 외국법인등에게 위탁하는 경우에 한정), (xii) 그 밖에 업무위탁에 따른 위험관리 등을 위하여 필요한 사항.

금융위는 이러한 보고에 기초하여 위탁계약내용이 금융투자업자의 경영건전성을 저해하거나 투자자 보호에 지장을 초래하거나 금융시장 안정성을 저해하거나 금융거래질서를 문란하게 하는 경우에는 업무위탁의 제한 또는 시정명령을 할 수 있다(42조 3항). 이와 같이 자본시장법상 업무위탁범위의 확대는 투자자 보호와 거래의 연속성 유지에 필요한 제반 조치를 강구한 후에 이루어진 조치라고 평가할 수 있다. 위탁계약의 내용을 변경하는 경우에도 이상의 절차를 이행해야 한다(령 49조 3항; 법 42조 2항·3항).

4. 업무위탁의 효과

1) 재위탁의 허용

금융투자업자의 업무를 위탁받은 자는 위탁한 자의 동의를 받은 경우에 한정하여 위탁받은 업무를 제3자에게 재위탁할 수 있다(42조 5항). 원칙적으로 금지했던 것을 위탁자의 동의를 조건으로 허용한 것이다.

2) 투자자 보호 등

업무위탁자는 위탁업무와의 관련성, 정보제공기록유지, 수탁자의 정보이용관리감독가능성 등 일정한 요건을 갖출 경우 업무수탁자에게 투자자의 금융투자상품거래정보, 투자자의 금전 등 재산정보를 제공할 수 있다(42조 6항). 업무위탁자는 투자자 보호와 위험관리평가에 관한 업무위탁운영기준을 정해야 한다(42조 7항). 업무위탁운영기준에는 수탁자의 부도 등 우발상황에 대한 대책, 위탁업무관련 자료요구수단 확보 등의 사항이 포함되어야 한다(령 49조 2항 1호-7호).

금융투자업자는 업무위탁내용을 계약서류(금소법 23조 1항) 및 투자설명서(123조 1항)[44]에 기재해야 하며, 투자자와 계약을 체결한 후에 업무위탁을 하거나 그 내용을 변경한 경우 이를 투자자에게 통보해야 한다(42조 8항).

업무수탁자에 대해서도 직무상 취득한 정보의 이용금지(54조) 및 손실보전 등의 금지(55조)에 관한 규정과 실명법상 금융거래의 비밀보장에 관한 규정이 적용된다(42조 10항).

3) 사용자책임

업무수탁자가 위탁업무를 영위하는 과정에서 투자자에게 손해를 끼친 경우 사용자책임에 관한 규정이 준용된다(42조 9항, 민 756). 재위탁의 경우도 같다. 민법상 사용자책임의 적용범위를 재위탁까지 확대하여 원위탁자·재위탁자·최종수탁자 간 법률관계를 명확화하고, 재위탁으로 인한 책임도 금융투자업자에게 귀속시키고자 한 것이다.[45]

---

44) 집합투자업자의 경우 간이투자설명서(124조 2항 3호)를 포함한다.
45) 금융위, 보도자료: 금융투자업자의 정보교류차단(차이니즈월) 규제체계 개편 등 「자본시장법」 개정안 국회 본회의 통과, 2020. 4. 29., 2면.

4) 업무수탁자에 대한 검사·감독

금감원장은 위탁업무와 관련하여 업무수탁자의 업무 및 재산상황을 검사할 수 있으며, 금융위는 자본시장법 또는 그에 따른 행정관청의 처분명령 등을 위반한 경우 위탁계약의 취소나 변경을 명령할 수 있다(43조 1항·2항).

제4절 재무건전성 유지

I. 규제의 필요성

자본시장법은 금융투자업자의 재무상태에 관한 규정을 두고 있다. 원칙적으로 개별회사의 재무건전성은 회사 자신이 관리할 문제이다. 그러나 금융투자업자가 도산하면 자본시장 전체에 대한 투자자의 신뢰가 없어질 우려가 있다. 따라서 자본시장법은 금융투자업자가 도산하면 지원하는 반면에 평소에는 도산을 막기 위하여 사전예방적 규제를 가하고 있다. 이를 위하여 금융위는 금융투자업자의 경영건전성기준을 정하고, 건전성 확보를 위해 경영실태 및 위험에 대한 평가를 실시해야 한다(31조 1항-3항). 그리고 경영건전성 기준에 위반하는 경우에는 자본금 증액이나 이익배당 제한 등 일정한 조치를 취할 수 있다(31조 4항). 특히 진입규제를 완화하는 경우 재무규제는 더욱 중요해진다. 최근에는 재무건전성에 관한 관리기법이 발달함에 따라 이에 대한 규제의 모습도 크게 변하고 있다. 과거 증권회사의 부채비율을 제한하였으나 현재는 자기자본규제를 채택하고 있다.

II. 재무건전성에 관한 규정

1. 자기자본규제방식

과거 금융당국이 증권회사의 부채비율을 제한하고 자산종목별 한도를 구체적으로 규정하는 등 자산운용에 직접 간섭하였다. 그러나 이러한 감독방식은 개별 증권회사의 경영 자율성을 해칠 뿐만 아니라 전체 리스크를 관리하는 데도 부적합하다는 비판이 있었다. 그리하여 현재는 국제적인 규제경향에 따라 자기자본을 규제하는 방식을 채택하게 되었다. 그러한 규제방식의 전환에 따라 제정된 것이 바로 금감위가 1998년 제정한 「증권회사의 재무건전성감독규정」인데 이 규정은 2000년 「증권업감독규정」으로 통합되었다. 정부는 1999년 증권법을 개정하면서 자기자본규제의 골격을 법에 흡수함으로써 그 지위를 격상시켰다. 이러한 변화는 자본시장법에 그대로 반영되었다.

2. 자본시장법상의 자기자본규제

자본시장법상 자기자본비율은 규정상의 '**영업용순자본비율**'(규정 3-6조 5호)에 상응하는 개념이다. 영업용순자본비율은 총위험액에 대한 영업용순자본의 비율을 백분율로 표시한 수치를 말한다. 자본시장법은 금융투자업자의 '**영업용순자본**'을 '**총위험액**' 이상으로, 즉 영업용순자본비율을 100% 이상으로 유지하도록 하고 있다(30조 1항). 금융투자업자에게 영업에 수반하는 위험에 상응하는 자기자본을 유지하도록 함으로써 무모한 영업확장을 견제하고 부실의 과도한 확대를 미연에 방지하기 위한 것이다. 다만 겸영금융투자업자나 다른 금융투자업을 경영하지 않는 투자자문업자 또는 투자일임업자, 집합투자증권 외의 금융투자상품에 대한 투자매매업 또는 투자중개업을 경영하는 자를 제외한 집합투자업자에 대해서는 재무건전성 규제를 적용하지 않는다(30조 1항; 령 34조 1항 1호·2호).

먼저 자기자본비율의 분자에 해당하는 영업용순자본은 "[자본금·준비금·유동자산에 설정한 대손충당금·후순위차입금·금융리스 부채·자산평가이익의 합계액]에서 [고정자산, 선급금, 선급비용, 선급법인세, 자산평가손실]을 뺀 금액"을 말한다(30조 1항; 규칙 5조 1항·2항). 즉 일반적인 자기자본에서 유동성이 없는 것을 제외한 것이다. 자기자본비율의 분모에 해당하는 총위험액은 [당해 금융투자업자의 자산 및 부채에 내재하거나 업무에 수반되는 위험을 금액으로 환산하여 합계한 금액](30조 1항)을 가리킨다. 영업용순자본과 총위험액의 산정에 관한 구체적인 기준과 방법은 금융투자업규정에서 정한다(30조 2항). 금융투자업자는 매분기마다 자기자본비율을 산정하여 금융위에 보고하고 영업소에 갖추어 둔 후 홈페이지 등을 통하여 공개해야 한다(30조 3항).

금융위는 금융투자업자의 영업용순자본비율이 일정 비율에 미달하는 경우 등에 적기시정조치를 취해야 한다(31조 4항; 규정 3-26조-3-28조).

제5절 기타 경영건전성 규제

I. 경영공시

경영공시제도는 금융투자업자의 경영건전성 규제수단으로서 업무보고서·중요사항공시·경영상황공시로 구성된다. 첫째, 금융투자업자는 매분기별로 금융투자업자의 개요와 업무내용 등을 기재한 분기별 업무보고서를 각 분기 경과 후 45일 이내에 금융위에 제출해야 한다(33조 1항; 령 36조 1항·3항; 규정 3-66조 1항). 금융투자업자는 월별업무보고서도 다음 달 말일까지 제출해야 한다(33조 4항; 령 36조 3항; 규정 3-66조 1항). 둘째, 금융투자업자는 업무보고서의 내용 중 중요사항을 발췌한 공시서류('**중요사항공시서류**')를 1년간 영업소에 갖추어 두고 인터넷 홈페이지 등을 통하여 공시해야 한다(33조 2항). 중요사항공시서류의 기재사항은 업무보고서 기재사항 중 일부이다(령 36조 4항; 규정 3-66조 6항). 셋째, 금융투자업자는 거액금융사고 또는 부실채권발생 등 경영상황에 중대한 영향을 미칠 사항으로서 금융투자업의 종류별로 시행령에서 정한 사항을 금융위에 보고하고 인터넷 홈페이지 등을 통하여 공시해야 한다(33조 3항; 령 36조 2항; 규정 3-70조).

Ⅱ. 대주주와 거래제한 등

1. 의의와 취지

금융투자업자는 자기자본비율을 유지하는 한 원칙적으로 자유롭게 자산을 운용할 수 있다. 그러나 겸영금융투자업자를 제외한 금융투자업자의 다음과 같은 이해상충의 우려가 있는 행위는 제한되고 있다. 이러한 규제의 목적은 "대주주에게 이익을 분여하거나 금융투자회사가 대주주의 사금고로 전락하는 것을 방지하고, 신용위험이 금융투자업자에 전가되어 금융투자업자가 부실화되는 것을 방지"하는 것이다(서울고법 2014. 10. 31. 선고 2014노597 판결).[46] 이러한 규제에 위반한 경우 그 행위의 사법상 효력은 유효하다(대법원 2009. 3. 26. 선고 2006다 47677 판결).

2. 대주주등과의 거래제한

1) 대주주 발행증권의 소유등의 제한

금융투자업자는 그 금융투자업자의 대주주가 발행한 증권을 소유하지 못한다(34조 1항 1호). 금융투자업자는 그 금융투자업자의 특수관계인 중 계열회사가 발행한 주식, 채권 및 사업자금조달을 목적으로 하는 약속어음을 8% 초과하여 소유할 수 없다(34조 1항 2호; 령 37조 2항·3항). 그리고 대주주나 특수관계인과 거래할 때 그 외의 자를 상대로 할 경우와 비교하여 해당 금융투자업자에게 불리한 조건으로 거래를 하거나, 이상의 제한을 회피할 목적으로 제3자와의 계약·담합 등에 의하여 서로 교차하는 방법으로 거래하거나 또는 장외파생상품거래·신탁계약·연계거래 등을 이용하는 행위는 모두 금지된다(34조 1항 3호; 령 37호 4항 1호·2호). 금융투자업자가 그 계열회사 지원을 위하여 다른 기업집단에 속하는 금융투자업자와 일정한 연계거래를 시도할 가능성을 차단하기 위한 것이다.

다만 담보권실행 등 권리행사를 위해 필요한 경우, 안정조작이나 시장조성을 하는 경우 그 밖에 금융투자업자의 건전성을 해하지 않는 범위에서 금융투자업의 효율적 수행을 위하여

---

46) 대법원 2017. 4. 26. 선고 2014도15377 판결로 확정.

시행령으로 정하는 경우에는 이러한 제한의 적용을 받지 않는다(34조 1항 단서; 령 37조 1항; [예외 1]).

2) 대주주등에 대한 신용공여의 금지

금융투자업자는 대주주와 그 특수관계인에게 신용공여를 해서는 안 되며, 대주주와 그 특수관계인도 그 금융투자업자로부터 신용공여를 받아서는 안 된다(34조 2항). 여기서 신용공여는 "금전·증권 등 경제적 가치가 있는 재산대여, 채무이행보증, 자금지원적 성격의 증권매입, 그 밖에 거래상의 신용위험을 수반하는 직접적·간접적 거래로서 시행령으로 정하는 거래"를 말한다(34조 2항). 신용공여에는 (ⅰ) 대주주와 그 특수관계인을 위한 담보제공행위, (ⅱ) 대주주를 위한 어음배서행위, (ⅲ) 대주주를 위한 출자이행약정행위, (ⅳ) 대주주에 대한 금전·증권 등 경제적 가치가 있는 재산의 대여, 채무이행의 보증, 자금 지원적 성격의 증권의 매입, 위 (ⅰ)-(ⅲ)의 금지거래의 제한회피목적으로 하는 거래로서 제3자와의 계약 또는 담합 등에 의하여 서로 교차하는 방법으로 하는 거래나 장외파생상품거래, 신탁계약, 연계거래 등을 이용하는 거래, (ⅴ) 그 밖에 채무인수 등 신용위험을 수반하는 거래로서 금융위가 정하여 고시하는 거래등이 포함된다(령 38조 1항). 위 조항에서 말하는 '거래상의 신용위험을 수반하는 직접적·간접적 거래'는 "현실적으로 손해가 발생하거나 손해발생 우려가 명백한 거래만을 뜻하는 것이 아니라 '경제적 가치가 있는 재산의 대여', '채무이행의 보증', '자금 지원적 성격의 증권의 매입'과 동일하게 거래관계에 있어서 향후 채무불이행이 발생할 가능성이 조금이라도 있는 거래"를 말한다(서울고법 2014. 10. 31. 선고 2014노597 판결). 다만 금융투자업자의 건전성을 해할 우려가 없는 신용공여로서 시행령으로 정하는 경우에는 이를 할 수 있다(34조 2항 3호; 령 38조 2항; [예외 2]).

3) 예외거래의 절차와 방법

금융투자업자가 위에서 본 [예외 1]과 [예외 2]에 따라 대주주 등과 거래를 하고자 할 경우 사전에 재적이사 전원의 찬성에 의한 이사회 결의를 거쳐야 한다(34조 3항). 그리고 그러한 거래사실을 금융위에 지체 없이 보고하고 인터넷 홈페이지 등을 통하여 공시해야 한다(34조 4항). 그 내용을 종합하여 분기별로 금융위에 보고하고, 인터넷 홈페이지 등을 이용하여 공시해야 한다(34조 5항). 금융위는 금융투자업자 또는 그의 대주주가 대주주와의 거래제한에 관한 규정을 위반한 혐의가 있다고 인정될 경우에는 금융투자업자 또는 그의 대주주에게 필요한 자료제출을 명할 수 있다(34조 6항). 금융위는 회사인 금융투자업자의 대주주의 채무초과 등 재무구조의 부실로 금융투자업자의 경영건전성을 현저히 해칠 우려가 있는 경우로서 시행령으로 정하는 일정한 경우에는 금융투자업자에 대하여 대주주 발행증권의 신규취득 및 예외적으로 허용되는 대주주 등에 대한 신용공여를 제한할 수 있다(34조 7항; 령 40조 1호·2호).

3. 대주주의 부당한 영향력 행사 금지

금융투자업자의 대주주나 그의 특수관계인은 금융투자업자의 이익에 반하여 대주주 자신의 이익을 얻을 목적으로 부당한 영향력을 행사하기 위하여 금융투자업자에 대하여 외부에 공개되지 않은 자료 또는 정보의 제공을 요구하는 행위,[47] 경제적 이익 등 반대급부 제공을 조건으로 다른 주주와 담합하여 금융투자업자의 인사 또는 경영에 부당한 영향력을 행사하는 행위, 그 밖에 이에 준하는 행위로서 시행령으로 정하는 행위를 해서는 안 된다(35조; 령 41조). 금융위는 금융투자업자의 대주주가 대주주 등의 부당한 영향력 행사 규제를 위반한 혐의가 있다고 인정될 경우 금융투자업자나 그의 대주주에게 필요한 자료제출을 명할 수 있다(36조).

Ⅲ. 재무위험의 관리체제

재무위험에 대해서 금융당국이 통제하는 것에는 한계가 있다. 그리하여 지배구조법은 금융투자업자로 하여금 재무위험관리에 필요한 위험관리체제를 마련하도록 하고 있다. 금융투자업자의 위험관리조직은 이사회와 위험관리위원회 그리고 위험관리책임자로 구성된다. 효율적인 위험관리를 위하여 필요한 경우에는 이사회 내에 위험관리위원회를 두어야 한다(지배구조법 16조 1항 3호). 투자자문업이나 투자일임업 외의 다른 금융투자업을 겸영하지 않는 자로서 최근 사업연도 말 현재 운용하는 투자일임재산의 합계액이 5천억원 미만인 투자자문업자 및 투자일임업자(지배구조법시행령 20조 1항)를 제외한 금융투자업자는 자산운용이나 업무수행, 그 밖의 각종 거래에서 발생하는 위험을 점검하고 관리하는 위험관리책임자를 1명 이상 두어야 한다(지배구조법 28조 1항). 지배구조법상 위험관리책임자의 독립적 지위는 준법감시인과 유사하다(지배구조법 28조 2항, 29조 1호-3호, 5호, 25조 2항-6항). 위험관리전담조직은 위험에 대한 실무적 종합관리와 이사회 및 경영진의 보조를 위한 조직이다. 금융투자업자는 또한 위험관리기준을 두어야 한다(지배구조법 27조). 금융투자업자의 위험관리기준은 "자산의 운용이나 업무의 수행, 그 밖의 각종 거래에서 발생하는 위험을 제때에 인식·평가·감시·통제하는 등 위험관리를 위한 기준 및 절차"를 말한다(지배구조법 27조 1항). 재무위험도 당연히 내부통제의 대상위험에 포함된다.

---

47) 다만, 주주의 회계장부열람권(지배구조법 33조 6항, 상 466조)에 따른 권리행사에 해당하는 경우를 제외한다(35조 1호 단서).

제18장	영업행위 규제

제1절 서 언

금융투자업자가 투자자와 금융투자상품거래를 할 때 영업행위를 위한 적절한 기준을 제시하여 부적절한 영업행위에 의한 손해나 손실의 발생가능성을 사전에 방지하는 것을 영업행위규제(conduct of business regulation) 혹은 비건전성규제(non-prudential regulation)라고 한다. 영업행위규제는 거래관련 정보의 제공, 금융투자업자와 그 임직원의 자격, 거래의 공정성, 금융투자상품의 판매권유방법 등에 관한 기준의 제시와 관리를 그 내용으로 한다. 영업행위규제는 금융투자업자가 투자자와 거래할 때 지켜야 할 적절한 영업방법에 관한 규칙과 기준의 제시를 주목적으로 하는 점에서 건전성규제와는 차원이 다르다. 영업행위규제는 금융투자업자와 투자자 간의 정보격차를 해결하기 위한 규제상의 조치로 이해할 수 있다.

자본시장법이 전제로 하고 있는 금융투자상품의 복합화와 다양화를 통한 금융투자업자의 업무범위 확대는 필연적으로 금융투자업자와 투자자 간의 분쟁 확대와 이해상충 가능성의 증가로 연결된다. 이런 관점에서 영업행위규제의 강화는 금융투자상품 개념의 포괄화와 금융투자업의 범위 확대를 위한 전제조건이라고 할 수 있다.

영업행위규제의 강화가 과연 전문시장(wholesale markets)에 대해서도 옳은지에 대해서는 의문이 없지 않았다. 자본시장법은 투자자를 위험감수능력에 따라 전문투자자와 일반투자자로 구분하여 전문투자자를 대상으로 하는 경우에는 강화된 투자자 보호규제의 대부분을 적용면제하고 있다.

제2절 공통영업행위규제에서는 모든 금융투자업자에게 일반적으로 적용되는 공통영업행위규제를 살펴본다. 제3절에서는 각 금융투자업자별로 적용되는 개별 영업행위규제를 특히 투자매매업자와 투자중개업자를 중심으로 정리한다.

제2절   공통영업행위규제

Ⅰ. 일반적 의무

1. 일반적 보호의무

1) 의의와 취지

일반적 보호의무를 명시하는 것에 대해서는 선언적이고 자본시장법의 목적조항에서 이미 정하고 있으므로 따로 규정할 실익이 적다는 반론도 있을 수 있다. 그러나 뒤에서 보는 바와 같이 금융투자업자의 투자자에 대한 의무의 이론적 근거를 명시하는 것은 규제 명확성을 위하여 필요하다.

자본시장법은 금융투자업자의 영업행위규제의 일반적·추상적 근거가 될 수 있는 포괄적 의무를 선언하고 있다. 그 내용은 신의성실의무와 투자자이익우선의무의 2가지이다. 먼저 금융투자업자는 신의성실의 원칙에 따라 공정하게 금융투자업을 영위해야 한다(37조 1항). 또한 금융투자업자는 금융투자업을 영위하면서 정당한 사유없이 투자자의 이익을 해하면서 자기가 이익을 얻거나 제3자가 이익을 얻도록 해서는 안 된다(37조 2항). 최근 법원은 이러한 신의성실의무와 투자자이익우선의무를 근거로 자산유동화거래의 주관사가 전문투자자에 대해서도 "유동화증권의 핵심적인 내용을 이루는 기초자산 등에 관한 합리적 수준의 실사 내지 조사를 하고, 투자자에게 그로부터 얻은 정보를 제공[할]" 의무가 있다는 판단 하에 그 의무위반에 따른 주관사의 손해배상책임을 인정한 바 있다{서울고법 2023. 1. 13. 선고 2021나2046187 판결 (상고심 계속중)}.

흥미로운 것은 은행은 투자를 전문으로 하는 금융기관 등에 비해 더 큰 공신력을 가지고 있고, 이러한 공신력으로 인해 은행은 "다른 금융기관에 비해 더 무거운 고객 보호의무를 부담한다"고 보는 점이다{대법원 2013. 9. 26. 선고 2011다53683(본소), 53690(반소) 전원합의체 판결}.[1] 이러한 차별화가 가능한지는 의문이다.[2]

2) 자본시장법 제37조와 영미법상 신인의무의 관계

제37조의 해석과 관련해서는 첫째, 제37조 제1항은 신의성실의무를, 동조 제2항은 이해상충행위의 금지를 규정한 것으로 보고, 기존의 신의성실의무나 충실의무와는 전혀 차원을 달리 하는 가중된 형태의 주의의무(이른바 'fiduciary duty')를 도입한 것으로 보는 견해,[3] 둘째,

---

1) 대법원 2013. 9. 26. 선고 2012다13637 전원합의체 판결; 대법원 2013. 9. 26. 선고 2013다26746 전원합의체 판결; 대법원 2013. 9. 26. 선고 2012다1146 전원합의체 판결.
2) 정순섭, 은행, 45면.
3) 김병연외, 106면.

특히 제37조 제2항의 투자자이익우선의무에 대하여 민법 제124조와 상법 제398조에서 규정하고 있는 자기계약·쌍방대리의 연장선상에 있는 규정으로 이해하는 견해,[4] 셋째, 제37조 제1항은 "선관의무와 충실의무가 반영된 공통 행위규칙과 각 업권별 행위규칙을 모두 적용해 본 후 마지막으로 적용할 수 있는 최후의 비상수단으로 기능하는 신의성실의 원칙에 불과하"고, 제37조 제2항은 "민법 제124조와 상법 제398조에서 연원한 것으로 자기계약과 쌍방대리를 원칙적으로 금지하는데, 이러한 조항들은 원칙적으로 결국 본인과 대리인 사이의 이해상충 또는 본인간의 이해상충을 막기 위한 목적"을 갖는다고 설명하는 견해,[5] 넷째, 제37조 제1항은 신의성실의 의무를 주의적으로 규정한 것이고, 동조 제2항은 자기거래·쌍방대리의 금지가 투자자이익우선을 위하여 가장 중요한 것이기는 하지만, 이에 한정할 필요가 없다고 보는 견해[6]와 같은 다양한 설명이 있다.

그러면 이 의무를 영미법상 신인의무와 같은 것으로 볼 것인가? 그렇게 보기는 어렵다. 영미법상 신인의무는 당사자들 사이에 이른바 '신뢰와 신임'(trust and confidence)의 관계가 있는 경우에 비로소 인정되는 고도의 의무이다. 현행법상 금융투자업자에는 실로 다양한 업자들이 포함되는데 이들과 투자자와의 관계를 모두 '신뢰와 신임'의 관계로 볼 수는 없다. 예컨대 투자매매업자의 경우에는 원칙적으로 신의성실의무가 신인의무까지 포함하지는 않는다. 투자매매업자와 투자자의 관계는 일시적이고 서로 독립된 것으로 '신뢰와 신임'의 관계로 볼 수 없기 때문이다. 자본시장법은 집합투자업자, 투자자문업자, 투자일임업자, 신탁업자에 대해서는 신인의무와 실질적으로 유사한 충실의무를 명시하고 있다(79조·96조·102조). 한편 제2항의 투자자이익우선의무는 신의성실원칙을 확인한 것으로 본다.[7] 금소법은 금융투자업자의 일반적 의무를 적합성원칙과 같은 규제로 보완한다. 이들 규제는 판례에 의하여 구체화되고 있다.

2. 상호규제와 명의대여 금지

1) 상호규제

법률상 상호규제에는 일정한 문자의 사용을 의무화하는 적극적 규제와 일정한 문자의 사용을 제한하는 소극적 규제가 있다. 자본시장법은 소극적 규제만을 규정하고 있다. 따라서 금융투자업자가 아닌 자는 금융투자업자임을 나타내는 문자를 상호 중에 사용할 수 없다.

자본시장법은 이를 금융투자업자의 종류별로 상세히 규정하고 있다. 금융투자업자가 아

---

4) 김정수, 172면.

5) 김용재, 400-402면. 이 견해는 자본시장법 제79조 제2항에 대해서는 신인의무의 도입을 주장하는 것으로 이해된다. 김용재, 741-744면.

6) 임재연, 201-202면.

7) 같은 취지: 김홍기, 127면. 이는 영미법상 신인의무에 상응하는 규정이다. 그러나 자본시장법 제37조 특히 동조 제2항을 신인의무를 도입한 것으로 보기 위해서는 민법상 신의성실의무에서 인정될 수 없는 고도의 의무나 실효성 확보수단이 도출될 수 있다는 논증이 이루어지는 것이 순서일 것이다.

닌 자는 '**금융투자**'라는 문자를, 증권이나 파생상품을 대상으로 하는 투자매매업자나 투자중
개업자가 아닌 자는 '**증권**'이나 '**파생상품 또는 선물**'이라는 문자를, 집합투자업자가 아닌 자는
'**집합투자, 투자신탁 또는 자산운용**'이라는 문자를, 투자자문업자가 아닌 자는 '**투자자문**'이라는
문자를, 투자일임업자가 아닌 자는 '**투자일임**'이라는 문자를, 신탁업자가 아닌 자는 '**신탁**'이라
는 문자를 각각 사용해서는 안 된다(38조 1항-7항). 자본시장법상 상호규제의 특징은 이러한
금지문자에 해당하는 외국어문자와 그에 대한 한글표기문자도 금지한 점이다(38조 1항-7항;
령 42조). 예컨대 금융투자에 해당하는 외국어 문자인 'financial investment'와 그 한글표기문자
인 '**파이낸셜 인베스트먼트**'도 금지대상이 되는 것이다. 금융투자업자의 상호변경은 금융위 보
고사항이다(418조 1호).

금융투자업자 이외에 협회(284조), 예탁결제원(295조), 청산회사(323조의8), 증권금융회사
(325), 신용평가회사(335조의7), 종합금융회사(338조), 자금중개회사(356조)와 같은 금융투자업
관계기관과 거래소(379조)에 대해서도 유사명칭의 사용을 금지하고 있다. 온라인소액투자중개
업자의 경우 '**온라인소액투자중개 또는 이와 유사한 명칭**'에 대한 소극적 상호규제와 함께(117조
의5 2항) 투자중개업 중 온라인소액투자중개에 해당하지 않는 것을 포함한 다른 금융투자업을
영위하지 않는 온라인소액투자중개업자는 상호에 "금융투자" 및 이와 유사한 의미를 가지는
외국어 문자로서 시행령으로 정하는 문자를 사용해서는 안 된다는 규제도 있다(117조의5 1항;
령 118조의7). 그러나 역외투자자문업자·일임업자에게는 상호규제가 적용되지 않는다(100조 1
항, 38조). 그 업자들의 설립국규제가 적용될 사항이다.

2) 명의대여 금지

금융투자업자는 자기명의를 대여하여 타인에게 금융투자업을 영위하게 해서는 안 된다
(39조). 금융투자업자에 대한 진입규제의 형해화를 방지하고 투자자를 보호하기 위한 규정이다.

Ⅱ. 판매규제

1. 서 언

자본시장법은 설명의무, 적합성 및 적정성원칙, 불초청권유금지 등과 같은 판매규제를
도입했다. 특히 설명의무의 도입은 종래 일반사법법리에 의존하고 있던 당사자 간의 법률관
계를 사전에 명확화함으로써 금융상품의 복잡화·다양화에 따른 투자자 보호에 크게 기여한
것으로 평가된다. 2000년대 말 통화파생상품거래에서의 대규모 손실사태를 계기로 2009년 개
정 자본시장법은 판매규제를 더욱 강화하였다.

그 후에도 특히 적합성원칙이나 설명의무에 관하여는 우리파워인컴펀드 등의 분쟁과 관

련하여 중요한 대법원판결이 있었다. 단정적 판단의 제공금지에 대해서도 헌법재판소와 대법원의 민형사판결이 있었다. 최근에 발생한 사모펀드분쟁을 포함하여 앞으로 금융상품판매관련 법리형성에도 많은 영향을 줄 것으로 생각한다. 특히 장외파생상품과 관련한 판매규제는 제22장 파생상품에서 다시 살펴본다.

자본시장법상 투자권유규제는 대부분 금소법으로 이관되었다.[8] 금소법은 금융투자상품 외에 예금과 대출, 보험상품도 대상으로 하므로 '**투자권유**'가 아니라 '**권유**'를 규제대상으로 한다. 그러나 이 책에서는 자본시장법상 '**투자권유**'와 금소법상 '**권유**'가 같은 의미라는 전제 아래 '**투자권유**'라는 용어도 함께 사용한다.

2. 기본원칙

자본시장법과 금소법을 주축으로 하는 금융투자상품 판매규제의 기본원칙은 여전히 공시주의이다. 그러나 이러한 판매규제는 3단계로 발전하고 있다. 제1단계는 합리적인 투자자를 전제로 일정한 정보를 발행공시와 유통공시를 통하여 투자자에게 제공하면 투자판단은 투자자가 자기책임의 원칙에 따라 하고 그 결과를 책임지는 것이다.[9] 제2단계는 첫째, 충분한 내용의 정보가 제공되어도 스스로 합리적인 투자판단을 할 수 없는 비합리적인 투자자의 존재를 정면으로 인정하고, 둘째, 합리적 투자자라도 스스로 판단하기 어려운 고도로 복잡한 금융상품의 등장에 따라 금융투자업자의 투자자 보호의무를 자본시장법이나 금소법과 같은 규제법에서 정면으로 인정하는 것이다. 현재의 적합성원칙과 적정성원칙 그리고 설명의무는 이러한 사고에 기초한 것이다. 제3단계는 금융당국이 금융상품의 제조 자체에 개입하자는 것이다. 이런 방식을 직접적으로 채택한 입법례는 아직 없지만, 상품승인에 관한 지배구조규제나 장외파생상품사전심의제 또는 위험등급제는 이러한 발상에 가까운 것이다. 그러나 우리나라의 위험등급제는 여전히 공시주의모델의 범위 내에 있다.

3. 적용범위

1) 개   관

금소법상 판매규제는 금융상품판매업자가 금융상품계약체결등을 권유할 때 적용된다. 구체적인 기준은 '**금융상품판매업자**', '**권유**' 그리고 '**일반금융소비자**' 개념이다. 금소법은 별도 정의 없이 '**권유**'라는 용어를 사용하지만(17조 2항, 18조 1항, 19조 1항 등) 금융투자상품에 대해서

---

8) 정순섭, "금융소비자보호법의 구조와 내용", 『BFL』 제102호, 2020, 6-20면; 정순섭, "금융소비자보호의 기본 법리 ─ 금융소비자보호기본법 제정안을 중심으로 ─", 『BFL』 제80호, 2016, 86-112면.

9) 자본시장법과 금소법도 기본원칙은 자기책임원칙이다. 대법원 1994. 1. 11. 선고 93다26205 판결("무릇 증권거래는 본래적으로 여러 불확정요소에 의한 위험성을 동반할 수밖에 없는 것으로서 투자가로서도 일정한 범위 내에서는 자신의 투자로 인해 발생할지 모르는 손실을 스스로 부담해야 함이 당연한 점"). 같은 취지: 대법원 2006. 11. 23. 선고 2004다62955 판결.

는 자본시장법상 '**투자권유**'와 같은 취지로 이해된다. 금소법상 적합성원칙 등 일부 규제는 일반금융소비자를 상대로 할 경우에만 적용된다.

2) 금융상품판매업자

(1) 원   칙

금소법상 판매규제는 금융상품판매업자가 금융투자상품에 관한 계약체결등을 권유할 때 적용된다. 투자매매업자나 투자중개업자는 금융상품직접판매업자로서 그리고 투자권유대행인은 금융상품판매대리 · 중개업자로서 금융상품판매업자에 해당한다(금소법 2조 2호 가목 · 나목). 자본시장법상 금융투자업 인가를 받은 금융회사나 투자권유대행인 등록을 한 개인도 금소법상 금융상품직접판매업자나 금융상품판매대리 · 중개업자로서 금융상품판매업자에 해당한다.

과거의 자본시장법상 투자권유규제와 달리 금융투자업자가 아닌 은행 등이 자신이 발행한 증권을 직접 판매하는 경우에도 금소법상 금융상품직접판매업자로서 판매규제가 적용될 수 있다. 예컨대 금융투자업자가 아닌 상호저축은행이 자신이 발행한 후순위채를 창구에서 판매하는 경우 금소법상 판매규제는 적용될 수 있다. 금소법상 판매규제가 적용될 수 없으면 일반사법법리에 기초한 보호법리가 적용된다.

(2) 은행 등

집합투자증권에 관한 투자중개업 인가를 받은 은행은 금융상품판매업자에 해당한다. 또한 은행이 투자성 있는 예금계약, 금적립계좌등의 발행계약을 체결하는 경우 투자매매업에 관한 금융투자업인가를 받은 것으로 본다(77조 1항; 령 제77조의2). 그리고 보험회사, 외국보험회사, 보험대리점 및 보험설계사가 투자성 있는 보험계약을 체결하거나 그 중개 또는 대리를 하는 경우 투자매매업 또는 투자중개업에 관한 금융투자업인가를 받은 것으로 본다(77조 2항). 따라서 은행이 투자성 있는 예금계약등을 투자자에게 투자권유하거나 보험회사, 외국보험회사, 보험대리점 및 보험설계사가 투자성 있는 보험계약을 체결하거나 그 중개 또는 대리를 하면서 투자자에게 투자권유를 하는 경우에는 금소법상 판매규제가 적용된다.

(3) 집합투자업자

가. 금소법상 판매규제의 수범주체

집합투자업자가 집합투자증권의 직접판매를 위한 투자매매업 인가를 받은 경우에는 금소법상 금융상품직접판매업자로서 금융상품판매업자에 해당한다. 일반사모집합투자업자가 자신이 운용하는 일반사모펀드의 집합투자증권을 판매하는 경우는 금융투자업에서 제외되지만 (7조 6항 3호) 금소법상 금융상품직접판매업자에는 해당한다. 이 경우를 제외하고 집합투자업자는 집합투자를 영업으로 하는 자로서 투자자와 직접적인 관계를 갖지 않는 것이 원칙이다. 자본시장법상 집합투자업자가 자신이 설정 또는 설립한 집합투자기구의 집합투자증권을 판매하고자 하는 경우 직판을 제외하고는 투자매매업자와 판매계약을 체결하거나 투자중개업자와 위탁판매계약을 체결해야 한다(184조 5항). 따라서 집합투자업자가 투자자와 직접 접촉하는 경우는 없고 권유도 없다.

집합투자업자가 투자자에게 책임을 지는 것은 집합투자증권을 판매하는 투자매매업자나 투자중개업자에게 집합투자의 수익구조와 위험요인에 관한 올바른 정보를 제공하지 않은 데 따른 책임이다. 자본시장법은 집합투자업자·신탁업자·투자매매업자·투자중개업자 등이 동법에 따라 투자자에 대한 손해배상책임을 부담하는 경우 귀책사유가 있으면 연대하여 손해배상책임을 지게 하고 있다(185조). 다만 이 경우의 집합투자업자의 책임은 권유에 따른 책임은 아니다. 따라서 금소법상 판매권유규제는 집합투자업자에게는 적용되지 않는다.

나. 집합투자업자의 투자자 보호의무

법원은 간투법 이후 일관되게 투자신탁에서 직접 수익증권의 판매업무를 담당하지 않은 경우에도 집합투자업자에게 "투자자에게 투자종목이나 대상 등에 관하여 올바른 정보를 제공함으로써 투자자가 그 정보를 바탕으로 합리적인 투자판단을 할 수 있도록 투자자를 배려하고 보호해야 할 주의의무"를 인정하고 있다(대법원 2007. 9. 6. 선고 2004다53197 판결).[10] 집합투자업자는 판매회사[11]에 대해서도 동일한 의무를 부담한다(대법원 2011. 7. 28. 선고 2010다76368 판결).[12] 그 근거로는 첫째, 자산운용회사는 투자신탁을 설정하고 그 재산을 운용하는 자로서 투자신탁에 관하여 1차적으로 정보를 생산하고 유통시킬 지위에 있는 점, 둘째, 투자자도 운용사의 전문지식과 경험을 신뢰하여 그가 제공하는 투자정보가 올바른 것이라고 믿고 그에 의존하여 투자판단을 하는 점, 셋째, 운용사와 투자자 사이의 정보비대칭성 및 자금제공기능과 투자관리기능의 분리로 인하여 시장에서의 투자자료 수집과 제공이 원칙적으로 전문적 투자관리자에게 맡겨질 수밖에 없는 간접투자의 일반적 특성 등을 들고 있다(대법원 2020. 2. 27. 선고 2016다223494 판결).

이러한 집합투자업자의 의무는 제3자가 투자신탁 설정을 사실상 주도한 경우에도 같다(대법원 2015. 11. 12. 선고 2014다15996 판결).[13] 오히려 판매업자의 투자자에 대한 의무는 집합

---

10) 같은 취지: 대법원 2011. 7. 28. 선고 2010다76368 판결; 대법원 2012. 11. 15. 선고 2011다10532·10549 판결; 대법원 2012. 12. 13. 선고 2011다6748 판결; 대법원 2014. 12. 24. 선고 2011다29420 판결; 대법원 2015. 5. 14. 선고 2012다29939 판결; 대법원 2015. 6. 11. 선고 2012다100142(본소)·100159(반소) 판결; 대법원 2015. 9. 15. 선고 2014다826 판결; 대법원 2015. 11. 12. 선고 2014다15996 판결; 대법원 2020. 2. 27. 선고 2016다223494 판결.
11) 간투법은 간접투자증권의 판매를 담당하는 자를 판매회사라는 독립된 규제단위로 규정하고 그 자격을 은행 등 금융회사로 한정했다. 그러나 자본시장법은 판매회사라는 개념이 독립적인 당사자 지위로 오인될 가능성 등을 고려하여 이를 폐지하고 집합투자증권을 대상으로 하는 투자중개업 인가를 받으면 집합투자증권의 판매업자가 될 수 있게 했다. 현행법상 최소한 법률용어로는 판매회사라는 용어를 사용할 수 없다.
12) 같은 취지: 대법원 2012. 12. 13. 선고 2011다6748 판결; 대법원 2015. 11. 12. 선고 2014다15996 판결.
13) 같은 취지: 대법원 2020. 2. 27. 선고 2016다223494 판결.

투자업자보다 낮다고 본다. "판매회사는 특별한 사정이 없는 한 자산운용회사에서 제공받은 투자설명서나 운용제안서 등의 내용을 명확히 이해한 후 이를 투자자가 정확하고 균형 있게 이해할 수 있도록 설명하면 되고, 내용이 진실한지를 독립적으로 확인하여 이를 투자자에게 알릴 의무가 있다고 할 수는 없다"는 것이다(대법원 2015. 11. 12. 선고 2014다15996 판결). 그러나 판매업자가 투자신탁설정을 실질적으로 주도한 경우 판매업자 역시 집합투자업자와 같이 투자신탁의 수익구조와 위험요인을 합리적으로 조사하여 올바른 정보를 투자자에게 제공할 의무를 부담한다고 본다(대법원 2015. 11. 12. 선고 2014다15996 판결).

이러한 판단은 확장되어 법원은 "자산운용회사 본인이 직접 설정하거나 운용하는 투자신탁이 아니라 하더라도 그 투자신탁재산의 수익구조나 위험요인과 관련한 주요 내용을 실질적으로 결정하는 등으로 투자신탁의 설정을 사실상 주도하였다고 볼 만한 특별한 사정이 있다면," 운용사가 상품을 투자자에게 권유할 때는 "투자신탁상품의 투자권유자로서, 투자신탁의 수익구조와 위험요인을 합리적으로 조사하여 올바른 정보를 투자자에게 제공해야 할 투자자보호의무"를 진다고 판단하였다(대법원 2020. 2. 27. 선고 2016다223494 판결). 이 경우는 권유자로서의 의무를 인정한 것이다.

또한 펀드판매를 주도한 집합투자업자는 '투자권유단계'에서 "자산운용회사로서 투자자들에게 올바른 정보를 제공할 의무"에 더하여 "실질적으로 판매회사가 부담하여야 할 투자자보호의무"도 함께 부담한다.[14] 그러나 집합투자업자는 이와 같이 판매업자로서 책임지는 경우를 제외하고는 투자자와 직접적인 법률관계를 맺지 않는 점에서 적어도 판매책임을 지는 구조가 가능한지 의문이 있다. 집합투자증권의 판매업자가 판매책임을 지고 집합투자업자는 판매업자에게 책임지는 구조가 적절할 것으로 판단된다.

(4) 온라인소액투자중개업자

온라인소액투자중개업자도 투자중개업자이므로 원칙적으로 금소법이 적용된다. 그러나 자본시장법은 금소법상 판매규제 중 일부(17조-19조, 21조, 23조, 25조 1항, 26조, 44조-46조)의 온라인소액투자중개업자에 대한 적용을 배제하였다(117조의7 1항). 업무특성과 투자자에 대한 의무의 수준을 고려한 것이다.

(5) 일반사모펀드의 판매업자

금융상품판매업자가 일반사모펀드의 집합투자증권을 판매하는 경우 적합성원칙과 적정성원칙을 적용하지 않는다(금소법 17조 5항 본문, 18조 5항 본문). 다만, 자본시장법상 적격투자자 중 일반금융소비자가 요청하는 경우에는 그렇지 않다(금소법 17조 5항 단서, 18조 4항 단서; 동 시행령 11조 6항, 12조 7항). 일반사모펀드의 집합투자증권을 판매하는 금융투자업자는 투자

---

14) 대법원 2015. 3. 26. 선고 2014다214588(본소)·214595(반소) 판결.

자가 적격투자자인지를 확인하고(249조의4 1항), 적격투자자 중 일반금융소비자에게는 적합성 원칙과 적정성원칙(금소법 17조·18조)의 적용을 별도로 요청할 수 있음을 미리 알려야 한다(금 소법 17조 6항, 18조 5항; 동 시행령 11조 6항, 12조 7항).

자본시장법상 적격투자자 중 일반금융소비자는 금융상품판매업자에게 적합성원칙을 적 용해 줄 것을 서면교부, 우편·전자우편, 전화·팩스, 휴대전화 문자메시지 또는 이에 준하는 전자적 의사표시의 방법으로 요청할 수 있다(금소법시행령 11조 6항 전단 1호-4호). 이 경우 그 금융상품판매업자는 위의 방법으로 요청할 수 있다는 사실을 미리 알려야 한다(금소법 17조 6 항; 동 시행령 11조 6항 후단). 적정성원칙도 같다(금소법시행령 12조 7항, 11조 6항).

반면 기관전용사모펀드의 업무집행사원은 금융투자업자가 아니므로 금소법상 판매규제 가 적용되지 않는다. 일반사모펀드의 투자권유규제특칙(249조의4)도 기관전용사모펀드에 적용 되지 않는다(249조의20 1항). 다만 기관전용사모펀드에 대해서는 원금 또는 이익보장을 약속하 는 등의 방법으로 사원이 될 것을 권유하는 행위를 규제한다(249조의 14 6항 2호).

3) 일반금융소비자

금소법상 판매규제는 원칙적으로 일반금융소비자를 상대방으로 하는 경우에만 적용된다. 이는 전문금융소비자와 일반금융소비자 사이에 금융투자계약을 체결할 때 필요한 지식과 경 험, 능력 등 그 속성에 차이가 있음을 고려한 것이다(대법원 2019. 7. 11. 선고 2016다224626 판 결). 그러면 운용단계에서도 전문금융소비자를 상대방으로 하는 경우 금융투자업자의 의무의 정도가 완화된다고 볼 것인가. 특정금전신탁의 위탁자가 전문투자자인 사안에서 법원은 "특 정금전신탁의 신탁업자가 계약 체결 이후 투자자의 재산을 관리·운용하는 단계에서 수익자 에 대하여 부담하는 선관주의의무 및 충실의무의 정도는 수익자가 전문투자자인지 여부에 따 라 달라진다고 보기 어렵다"고 판단하였다(대법원 2019. 7. 11. 선고 2016다224626 판결). 신탁업 자의 영업행위규칙(102조)에서는 적합성원칙 등과 달리 신탁업자의 선관주의의무 및 충실의 무에 관하여 수익자가 전문투자자인지 일반투자자인지 구별하지 않고 있기 때문이다.

4) 권　　유
(1) 의　　의
가. 권유와 투자권유

금소법상 판매규제는 원칙적으로 금융상품계약체결등의 '**권유**'가 있는 경우에만 적용된 다. 금융상품계약체결등은 "금융상품에 관한 계약의 체결 또는 계약 체결의 권유를 하거나 청 약을 받는 것"을 말한다(2조 8호). 그리고 금융투자상품을 대상으로 하는 경우 금소법상 권유 는 원칙적으로 자본시장법상 투자권유와 같은 것으로 이해된다.

자본시장법상 투자권유는 "특정 투자자를 상대로 금융투자상품의 매매 또는 투자자문계약·투자일임계약·신탁계약(관리형신탁계약 및 투자성 없는 신탁계약을 제외)의 체결을 권유하는 것"(9조 4항)을 말한다. 투자권유는 금융투자상품 자체의 권유뿐만 아니라 투자자문계약·투자일임계약·신탁계약의 체결의 권유도 포함한다. 이와 같이 '**투자권유**'의 의미는 자본시장법상 직접 정의되어 있고, 법원의 보충적 해석을 통하여 그 범위가 충분히 확정될 수 있다(헌법재판소 2017. 5. 25. 선고 2014헌바459 결정). 그러나 금소법상 투자성상품은 금융투자상품, 연계투자, 신탁계약, 투자일임계약, 그 밖에 자본시장법상 투자성(3조 1항)이 있는 금융상품을 말한다(금소법 3조 3호; 동 시행령 3조 3항 1호-4호; 동 감독규정 3조 3호). 따라서 투자자문계약의 체결은 금소법상 판매규제의 대상에서 제외된다.

나. 투자권유의 판단

법원은 투자권유를 다음과 같이 판단한다(대법원 2017. 12. 5. 선고 2014도14924 판결). 첫째, 투자권유는 '**계약체결을 권유**'하는 것이므로 민법상 청약의 유인, 즉 투자자로 하여금 청약하게끔 하려는 의사의 표시에 해당해야 한다. 둘째, 금융투자상품의 매매·계약체결의 권유가 수반되지 않는 단순한 상담이나 금융투자상품의 소개·설명, 계약이 이미 체결된 이후의 발언 등은 투자권유에 해당하지 않는다. 셋째, 단순한 상담이나 금융투자상품의 소개·설명 등의 정도를 넘어 이와 함께 계약체결을 권유하고, 나아가 그러한 소개·설명 등을 들은 투자자가 해당 금융투자업자에 대한 신뢰를 바탕으로 계약체결에 나아가거나 투자 여부 결정에 그 권유와 설명을 중요한 판단요소로 삼았다면, 해당 금융투자업자는 자본시장법 제9조 제4항에서 규정하는 '**투자권유**'를 하였다고 평가할 수 있다. 투자권유에 해당하는지는 설명의 정도, 투자판단에 미치는 영향, 실무처리 관여도, 이익 발생 여부 등과 같은 투자에 관한 제반 사정을 종합하여 판단해야 한다.

자본시장법상 투자권유의 정의는 사실상 동어반복으로서 입법취지와 구체적인 사정을 고려하여 해당 여부를 판단할 수밖에 없다. 첫째, 투자권유규제의 입법목적은 금융투자상품의 위험성 등에 관한 정보를 금융투자상품에 관한 매매 그 밖의 거래를 위한 "계약 체결을 위한 의사가 확정적으로 형성되기 전에" 투자자에게 제공하게 하는 것이다. 따라서 투자권유는 '**계약체결을 권유**'하는 것이므로 민법상 청약의 유인에 해당해야 하고, 특정 금융투자상품의 매매·계약체결의 권유가 수반되지 않는 단순한 상담이나 금융투자상품의 소개·설명, 계약이 이미 체결된 이후의 발언 등은 투자권유에 해당하지 않는다는 것은 당연한 결론이다.[15] 둘째, 투자권유는 금융투자업자의 투자자에 대한 보호의무가 계약체결 전에 적용되는 기준이 된다. 실제 분쟁에서 소개만 했는지 아니면 체결의 권유도 했는지 여부가 불명확한 경우가 많다.[16] 현실적으로 투자자가 금융투자업자의 소개나 설명에 의존하여 투자판단을 하게 되었다면 그

---

15) 김정수, 201면.
16) 임재연, 217면.

소개나 설명은 투자권유에 해당해야 한다. 금융투자업자의 소개·설명 등을 들은 투자자가 해당 금융투자업자에 대한 신뢰를 바탕으로 계약체결에 나아갔는지 여부나 투자 여부 결정에 그 권유와 설명을 중요한 판단요소로 삼았는지 여부가 기준이 되어야 한다(대법원 2015. 1. 29. 선고 2013다217498 판결).17) 셋째, 이 문제는 고객관계의 성립시점을 언제로 볼 것인지와 관련된다. 평소 지속적인 거래관계가 있었고 투자자의 금융투자업자에 대한 신뢰가 존재하는 경우 일반적이고 추상적인 소개나 설명도 투자권유에 해당할 가능성이 높다(대법원 2015. 1. 29. 선고 2013다217498 판결).

(2) 다른 금융투자업자의 금융투자상품거래등을 소개한 경우

금융투자업자가 고객에게 다른 금융투자업자가 취급하는 금융투자상품 등을 소개한 것도 투자권유에 해당하는가? "금융투자업자가 과거 거래 등을 통하여 자신을 신뢰하고 있는 고객에게 다른 금융투자업자가 취급하는 금융투자상품 등을 단순히 소개하는 정도를 넘어 계약 체결을 권유함과 아울러 그 상품 등에 관하여 구체적으로 설명하는 등 적극적으로 관여하고, 나아가 그러한 설명 등을 들은 고객이 해당 금융투자업자에 대한 신뢰를 바탕으로 다른 금융투자업자와 계약 체결에 나아가거나 투자 여부 결정에 그 권유와 설명을 중요한 판단요소로 삼았다"면, 그 금융투자업자는 '**투자권유**'를 했다고 평가할 수 있다(대법원 2015. 1. 29. 선고 2013다217498 판결). 자사가 직접 거래를 수탁하는 것을 목적으로 하지 않는 투자권유라도 증권회사 또는 그 종업원의 영업정책의 일환으로 이루어지고 고객도 이를 알고 권유를 받은 경우에는 판매규제가 적용될 수 있다(大阪高判 1994. 2. 18. 判夕872号 245면).

(3) 투자일임 등의 경우

금융투자상품의 권유에서는 뒤에 설명하는 적합성원칙이나 설명의무의 적용에 있어 대상 금융투자상품을 확정할 수 있다. 신탁계약·투자일임계약의 체결의 권유의 경우에는 신탁재산이나 투자일임대상자산에 대한 판매규제의 적용이 불가능하겠지만 신탁이나 투자일임의 본질에 비추어 특별히 문제될 것은 없다. 자본시장법과 달리 투자자문은 제외되어 있다.

(4) 특정금전신탁

가. 원   칙

신탁계약 특히 특정금전신탁의 경우에는 운용대상자산을 투자자가 특정하는 점을 근거로 투자권유규제를 적용하지 않는다.18) 특정금전신탁은 "위탁자가 신탁재산인 금전의 운용방법을 지정하는 금전신탁으로서 신탁업자는 위탁자가 지정한 운용방법대로 자산을 운용해야 하

---

17) 같은 취지: 대법원 2017. 12. 5. 선고 2014도14924 판결; 헌법재판소 2017. 5. 25. 선고 2014헌바459 결정. cf. 변제호외, 216면("개별상황별로 다르게 적용될 여지가 있음").

18) 금융위 자본시장국, 특정금전신탁 운용 현황 및 정책방향, 2013. 4., 12-13면. cf. 대법원 2007. 11. 29. 선고 2005다64552 판결.

는 것"을 말한다(대법원 2007. 11. 29. 선고 2005다64552 판결).19)

나. 운용대상 사전확정형 특정금전신탁의 경우

실무에서는 특정금전신탁의 운용대상자산을 사전에 확정해 두고 이를 투자자에게 권유하는 경우20)가 있었다. 대법원은 이와 같이 "신탁업자가 특정금전신탁의 신탁재산인 금전의 구체적인 운용방법을 미리 정하여 놓고 고객에게 계약 체결을 권유하는 등 실질적으로 투자를 권유하였다고 볼 수 있는 경우"에는 신탁업자에게 "신탁재산의 구체적 운용방법에 따르는 수익구조와 위험요인을 합리적으로 조사하여 올바른 정보를 고객에게 제공하고 고객이 이해할 수 있도록 명확히 설명함으로써 고객이 그 정보를 바탕으로 합리적인 투자판단을 할 수 있도록 고객을 보호해야 할 주의의무"가 발생하고, 신탁업자가 이러한 주의의무를 위반한 결과 고객에게 손해가 발생한 때에는 불법행위로 인한 손해배상책임을 진다고 판단하였다(대법원 2015. 12. 23. 선고 2015다231092 판결).21) 이 경우 신탁회사가 고객에게 어느 정도 설명해야 하는지는 신탁재산 운용방법의 구체적 내용 및 위험도의 수준, 고객의 투자 경험 및 능력 등을 종합적으로 고려하여 판단한다(대법원 2015. 9. 10. 선고 2013다6872 판결).22)

다. 특정금전신탁에서의 보호의무의 법적 근거

대법원이 운용대상 사전확정형 특정금전신탁에서 신탁업자의 보호의무를 인정한 법적 근거는 무엇인가? 일부는 자본시장법상 신탁업자의 선관주의의무(대법원 2015. 12. 23. 선고 2015다231092 판결)를, 그리고 또 다른 일부는 신탁법상 수탁자의 선관주의의무(대법원 2018. 6. 15. 선고 2016다212272 판결; 대법원 2018. 2. 28. 선고 2013다26425 판결)를 적용법조로 들고 있다. 그러나 구체적인 판단에서는 보호의무의 법적 근거를 명시하지는 않지만, 사법상 일반적 보호의무론에 따른 것으로 생각된다.

자본시장법은 시행령을 개정하여 파생상품이나 파생결합증권을 운용대상으로 하는 운용대상 사전확정형 특정금전신탁에 대하여 적정성원칙을 적용하고 있다(46조의2 1항; 령 52조의2 1항 5호). 그러나 이 문제는 투자권유 개념의 문제라기보다는 특정금전신탁계약에서 '**특정**'의 요소를 보다 정확하게 정의함으로써 해결되어야 할 것으로 본다. 다양한 금융투자상품 중에서 선택의 기회가 제공되지 않을 경우 '**특정**'이라고 할 수 없다.

라. 투자권유책임과 운용책임의 구분

특정금전신탁에서 투자권유책임과 운용책임은 구분되어야 한다. 수탁자는 위탁자가 지정

---

19) 같은 취지: 대법원 2015. 12. 23. 선고 2015다231092 판결; 대법원 2018. 2. 28. 선고 2013다26425 판결; 대법원 2019. 7. 11. 선고 2016다224626 판결.

20) 대법원 2015. 9. 10. 선고 2013다6872 판결(특정대출채권매입); 대법원 2015. 12. 23. 선고 2015다231092 판결(특정대출채권매입); 대법원 2018. 6. 15. 선고 2016다212272 판결(동양인터내셔널발행 전자단기사채); 대법원 2018. 2. 28. 선고 2013다26425 판결(제주퓨렉스가 발행한 신주인수권부사채).

21) 같은 취지: 대법원 2018. 6. 15. 선고 2016다212272 판결; 대법원 2018. 2. 28. 선고 2013다26425 판결.

22) 같은 취지: 대법원 2018. 6. 15. 선고 2016다212272 판결; 대법원 2018. 2. 28. 선고 2013다26425 판결.

한 방법대로 자산을 운용해야 하고, 그러한 운용의 결과 수익률의 변동에 따른 위험은 신탁업자의 선관주의의무 위반 등 특별한 사정이 없는 한 수익자가 부담해야 한다는 것이 특정금전신탁의 특성이다.[23] 따라서 특정금전신탁의 신탁업자가 위탁자가 지시한 바에 따라 가능한 범위 내에서 수집된 정보를 바탕으로 신탁재산의 최상의 이익에 합치된다는 믿음을 가지고 신중하게 신탁재산을 관리 · 운용하였다면 신탁업자는 법 규정에 따른 선관주의의무를 다하였다고 할 것이고, 설사 그 예측이 빗나가 신탁재산에 손실이 발생하였다고 하더라도 그것만으로 선관주의의무를 위반한 것이라고 할 수 없다.[24]

이 사건에서는 자본시장법상 전문투자자에 해당하는 위탁자인 원고가 신탁업자인 피고와의 특정금전신탁계약에서 특정 신용등급 이상의 기업어음만 신탁재산에 편입하도록 지시하고 피고가 그 지시 범위 내인 A2 등급에 해당하는 기업어음을 편입한 경우에 특정금전신탁에서 수탁자가 부담하는 선관주의의무에 위반되지 않는다고 본 것이다.

마. 투자광고와의 구분

실무상으로는 '**투자광고**'와의 구분이 특히 중요할 것이다. 자본시장법은 상대방의 특정성을 투자권유와 투자광고의 구분기준으로 규정하고 있다. 상대방이 불특정인 경우에는 투자권유에 해당할 수 없고 주로 투자광고에 해당하게 될 것이다. 또 한 가지 구분기준으로 생각해 볼 수 있는 것은 통신수단의 실시간성이다. 실시간 통신수단에 의한 경우에는 투자권유에 해당하고, 비실시간 통신수단에 의할 경우에는 주로 투자광고에 해당할 가능성이 높다. 이 2가지 구분기준을 조합하면 특정인을 상대방으로 하여 실시간 통신수단을 이용할 경우에는 투자권유에 해당할 가능성이 높아진다. 실무상으로는 구체적인 사실관계에 따라 판단할 수밖에 없다.

5) 공모와 사모

자본시장법은 증권의 공모와 사모를 구분하여 전자에 대해서만 증권신고서와 투자설명서 등 발행공시규제를 적용하고 있다(119조 · 123조 · 128조). 그러나 금소법상 판매규제는 공모와 사모의 구분과 무관하게 적용된다. 판매규제 중 적합성원칙과 설명의무만 권유의 상대방이 일반금융소비자일 경우에 적용된다. 따라서 발행공시규제가 면제되는 사모증권의 경우에도 금소법상 판매규제는 적용될 수 있고, 판매규제가 면제되는 전문금융소비자에게 자본시장법상 청약의 권유를 하는 경우에도 투자설명서를 교부해야 할 경우가 있다.

---

23) 대법원 2019. 7. 11. 선고 2016다224626 판결(대법원 2007. 11. 29. 선고 2005다64552 판결, 대법원 2018. 2. 28. 선고 2013다26425 판결 등 참조).

24) 대법원 2019. 7. 11. 선고 2016다224626 판결(대법원 2003. 7. 11. 선고 2001다11802 판결, 대법원 2013. 11. 28. 선고 2011다96130 판결 등 참조). 평석으로, 백숙종, "특정금전신탁의 신탁업자가 투자자의 재산을 관리 · 운용하는 단계에서 부담하는 선관주의의무의 내용 및 그 정도가 수익자가 전문투자자인지에 따라 달라지는지 여부(2019. 7. 11. 선고 2016다224626 판결: 공2019하, 1544)", 대법원판례해설 제121호(2019 하), 2020, 249-285면.

6) 대리인에 의한 거래

대리인에 의한 금융투자상품거래도 가능하다. 문제는 판매규제의 기준, 즉 누구를 기준으로 적합성원칙과 설명의무의 이행 여부를 판단할 것인지이다. 적합성원칙은 본인이 노출되어 있는 지 여부에 따라 판단이 달라질 것이고, 설명의무의 경우에는 대리인을 기준으로 해야 한다.[25]

7) 다른 법률과의 관계

금소법 시행 전에는 자본시장법 외에 은행법(52조의2 2항; 동 시행령 24조의4 2항 2호 가목-다목)과 보험업법(95조의2, 95조의3)도 자본시장법상 적합성원칙과 설명의무에 상당하는 권유 규제를 두고 있었다. 보험업법상 설명의무는 모든 보험계약에 적용되지만 적합성원칙은 자본 시장법상 적합성원칙의 적용대상인 보험상품을 제외한 변액보험계약에만 적용되었다(령 42조 의3 2항). 설명의무에 대해서는 적합성원칙과 달리 적용대상상품에 대한 제한이 없으므로 투 자성 있는 보험의 경우에는 보험업법과 자본시장법상의 설명의무가 모두 적용된다. 그러나 보험업법과 자본시장법상의 설명의무의 설명사항이 다르므로 특별히 문제될 것은 없었다(보 험업법 95조의2 1항; 동 시행령 42조의2 1항). 보험계약에 대한 적합성원칙은 투자성 있는 변액보 험계약, 투자성 없는 변액보험계약, 그 이외의 보험계약에 따라 적용 여부와 적용 법령이 달 라지는 구조였다.

그러나 이제 은행법과 보험업법에 있던 자본시장법상 투자권유규제에 상당하는 규제는 모두 금소법으로 이관되었으므로 자본시장법과의 관계가 특별히 문제될 것은 없다. 자본시장 법상 투자권유규제도 금소법으로 이관되었으므로 금소법이 우선 적용된다.

4. 적합성원칙

1) 의   의

적합성원칙(suitability rule)은 금융투자업자에게 투자자상황에 적합한 투자만을 권유하도 록 하는 원칙이다. 적합성원칙은 원래 미국에서 증권회사가 투자권유시에 투자자 처지에 부 적합한 투자를 권유하는 것을 막는 원칙으로 발전된 것으로 영국, 호주, 일본 등에서 널리 수 용되고 있다.

다만 장외파생상품과 같은 계약형 금융투자상품인 경우 적합성원칙을 어느 범위까지 적 용할 것인지 대해서는 논의의 여지가 있다. 논의의 핵심은 장외파생상품과 같은 상대계약에 서 상대방을 어느 정도까지 보호할 의무가 있다고 볼 것인가이다. 미국은 여전히 장외파생상 품에 대한 적합성원칙의 적용을 부인하고 있다.[26] 그러나 영국과 호주는 이를 모든 금융상품

---

25) 좌담회: 금융상품 분쟁해결의 법리, 『BFL』 제58호(2013), 37-38면.

26) Procter & Gamble v. Bankers Trust Co., 925 F. Supp 1270 (SD Ohio 1996). 상세한 논의로, Wila E. Gibson, "Are Swap Agreements Securities or Futures: The Inadequacies of Applying the Traditional

으로 확대하고 있다. 이 문제에서 중요한 것은 특정 금융투자상품의 특징보다는 당사자간의 전문성의 차이가 있는지 여부와 그에 기하여 '**신뢰와 신임의 관계**'를 인정할 수 있는지 여부라고 할 것이다. 예컨대 은행과 같은 전문적인 장외파생상품 딜러 간의 거래에서는 일방당사자에게 상대방당사자에 대한 보호의무를 인정하는 것은 부당하다. 그러나 은행과 같은 전문적인 장외파생상품 딜러와 헤지목적으로 장외파생상품거래에 참여하는 최종 이용자간의 거래의 경우에는 충분히 투자권유의 요소를 찾을 수 있고, 따라서 적합성원칙도 인정될 수 있다.

금소법상 적합성원칙은 투자자에게 적합하지 않다고 인정되는 투자권유를 하지 말아야 한다는 소극적인 내용으로 규정되어 있다. 그 반대해석을 통하여 투자자에게 적합한 투자권유만을 하도록 하는 적극적인 내용도 당연히 적합성원칙의 내용으로 인정된다.

2) 자본시장법 시행 이전

증권법에서는 증권회사 영업의 일반원칙으로 고객에게 적합한 투자권유를 하고 이를 위하여 고객에 관한 정보를 알기 위한 적절한 노력을 하도록 하는 취지의 규정을 두고 있었다(증권업감독규정 4-4조 1항 4호). 법원은 증권의 투자권유시에 적용되는 보호의무의 내용으로 첫째, 투자자의 정확한 인식을 형성하는 것을 방해하는 것을 회피할 의무, 둘째, 투자자의 투자상황에 비추어 과대한 위험을 수반하는 거래를 적극적으로 권유하는 것을 회피할 의무 등을 제시한 바 있다(대법원 1994. 1. 11. 선고 93다26205 판결).[27] 전자는 설명의무를, 후자는 적합성원칙을 가리키는 것으로 이해되어 왔다.

대법원판결에서 '**적합성**'이라는 용어를 명시적으로 사용한 것은 2008년(대법원 2008. 9. 11. 선고 2006다53856 판결)이 처음이다. 동 판결은 "피고 회사가 주가지수 옵션 상품 투자에 구사한 스트랭글 또는 레이쇼 스프레드 매도전략은 … 적합성을 잃은 것으로 보기는 어렵다고 할 것"이라고 하여 '**적합성**'을 명시적으로 사용하고 있다. 그리고 자본시장법과 같은 정도로 구체적으로 적합성원칙을 설명한 판결은 대법원 2010. 11. 11. 선고 2010다55699 판결이다. 동 판결에서는 "고객의 자산을 관리하는 금융기관은 … 고객의 투자목적·투자경험·위험선호의 정도 및 투자예정기간 등을 미리 파악하여 그에 적합한 투자방식을 선택하여 투자하도록 권유해야 하고"라고 적합성원칙을 설명하고 있다. 나아가 대법원은 "조사된 투자목적에 비추어 볼 때 고객에게 과도한 위험을 초래하는 거래행위를 감행하도록 하여 고객의 재산에 손실을 가한 때에는 그로 인한 손해를 배상할 책임이 있다"고 하여 적합성원칙 위반을 이유로 한 손해배상책임의 가능성을 인정하고 있다. 국내은행과 중소기업과의 장외파생상품거래를 둘러싼 분쟁에서도 적합성원칙의 적용 여부가 문제되었다.[28]

Regulatory Approach to OTC Derivatives", Journal of Corporation Law Vol. 24, 1999, pp379-416.

27) 이하 보호의무에 관한 설명의 상세한 내용은, 권순일, 증권투자권유자책임론, 2004, 161-189면.

28) 자본시장법 시행 전 사안을 대상으로 은행의 장외통화파생상품 판매와 관련하여 적합성원칙의 적용 여부가

다만 위의 대법원 2010다55699 판결에서는 적합성원칙 위반을 이유로 한 손해배상의 가능성을 인정하면서도 "투자자가 금융기관의 권유를 받고 어느 특정한 상품에 투자하거나 어떠한 투자전략을 채택한 데에 단지 높은 위험이 수반된다는 사정만으로 일률적으로 금융회사가 적합성의 원칙을 위반하여 부당하게 투자를 권유한 것이라고 단정할 수는 없으며, 투자자로서도 예상 가능한 모든 위험을 회피하면서 동시에 높은 수익률이 실현될 것을 기대할 수는 없고 위험과 수익률의 조합을 스스로 투자목적에 비추어 선택할 수밖에 없는 것이다"라고 하여 자기책임의 원칙을 강조하고 있다.

3) 자본시장법 시행 이후

(1) 개 관

자본시장법은 이러한 적합성원칙을 명문의 규정으로 도입하였다. 현재는 금소법으로 이관되었지만, 그 내용은 기본적으로 동일하다. 적합성원칙은 다음 4가지 요소로 구성되어 있다.

(2) 적용대상상품

금소법상 투자상 상품은 금융투자상품, 연계투자(온라인투자연계금융업법 2조 1호), 신탁계약, 투자일임계약, 그 밖에 자본시장법상 투자성(3조 1항)이 있는 금융상품이다(금소법 3조 3호; 동 시행령 3조 3항 1호-4호; 동 감독규정 3조 3호). 그 중에서 적합성원칙의 적용대상상품은 온라인소액투자중개의 대상이 되는 증권, 연계투자, 이에 준하는 것으로서 그 특성 및 위험 등을 고려하여 금융위가 고시하는 금융상품을 제외한 투자성 상품이다(금소법 17조 2항; 동 시행령 11조 1항 2호). 투자자문계약의 체결은 금소법상 판매규제의 대상에서 제외된다.

(3) 금융소비자의 분류확인의무

먼저 전문금융소비자와 일반금융소비자의 분류확인의무(17조 1항)가 있다. 자본시장법과 마찬가지로 금소법도 금융소비자의 위험감수능력을 고려하여 보호에 차별성을 두는 규제방식을 도입하고 있다. 이러한 규제의 적용을 위하여 먼저 금융소비자를 분류하게 한 것이다. 언제부터 금융소비자로 볼 것인지는 반드시 분명한 것은 아니다. 결국 **'고객관계'**의 성립시기를 언제로 볼 것인지의 문제라고 할 수 있다.

(4) 고객숙지의무와 상품숙지의무

가. 고객숙지의무

금융투자업자는 일반금융소비자에게 적용대상 투자성 상품 계약체결을 권유하는 경우 면담·질문 등을 통하여 일반금융소비자의 해당 상품 투자목적, 재산상황, 투자경험을 파악하

문제된 대법원 판결에 대한 상세한 소개로, 진상범·최문희, "KIKO 사건에 관한 대법원 전원합의체 판결의 논점 — 적합성 원칙과 설명의무를 중심으로(상) —", 『BFL』 63호, 2014, 85-111면; 최문희, "KIKO 사건에 관한 대법원 전원합의체 판결의 논점 — 적합성 원칙과 설명의무를 중심으로(하) —", 『BFL』 64호, 2014, 78-102면.

고, 일반금융소비자로부터 서명(전자서명을 포함), 기명날인, 녹취 또는 일반금융소비자의 의사를 전달하는 데에 금융위가 고시하는 기준을 충족하는 수단으로서 안전성과 신뢰성이 확보된 전자적 수단을 이용하여 일반금융소비자의 확인을 받을 수 있는 방법으로 확인을 받아 이를 유지·관리하여야 하며, 확인받은 내용을 일반금융소비자에게 지체 없이 제공하여야 한다(금소법 17조 2항 2호; 동 시행령 11조 2항). 이는 적합성원칙의 준수를 위한 기초자료를 수집하는 과정으로서 '**고객숙지의무**'(Know Your Customer) 또는 금융소비자정보 확인의무를 도입한 것이다. 금소법은 적합성원칙을 적용받지 않고 권유하기 위해 일반금융소비자로부터 계약체결 권유를 원하지 않는다는 의사를 서면 등으로 받는 행위를 부당권유행위로 규제하고 있다(금소법 21조 7호; 동 시행령 16조 3항 4호; 동 규정 15조 5항 5호).

나. 정보의 범위

투자성 상품의 경우 금융소비자로부터 파악할 정보는 크게 투자목적, 재산상황, 투자경험 외에 일반금융소비자의 연령, 금융상품에 대한 이해도, 기대이익 및 기대손실 등을 고려한 위험에 대한 태도를 말한다(17조 2항 4호; 동 시행령 11조 3항 2호). 협회 표준투자권유준칙에서는 투자자의 투자에 대한 일반적인 태도를 나타내는 "일반적 투자자성향" 파악을 위한 정보, 현재 투자하려고 하는 목적 및 투자예정기간 등의 "현재 투자자금성향" 파악을 위한 정보, 투자자금의 목적, 투자예정기간, 손실감내도 등의 정보를 열거하고 있다(8. 투자자정보 파악 및 투자자성향 분석 등).

다. 정보의 취득방법과 갱신

정보의 취득방법은 면담이나 질문 등이다. 그리고 취득정보에 대한 기록을 유지해야 한다. 투자자별 정보기록표 유지를 위하여 투자자 동의가 필요한가? 투자자가 제공한 정보를 단순히 기록하고 있는 것이므로 불필요하다. 다만 신용정보법의 적용대상이 되는지는 검토를 요한다.

정보의 갱신(update)에 관한 규정은 없지만, 적극적인 갱신노력이 필요하다. 정보의 유효기간을 12-24개월로 보면서도 그 변경 여부에 대해서 투자권유시마다 확인하는 것이 적절하다는 협회의 표준투자권유준칙을 참고해야 할 것이다{9. 투자자정보의 유효기간 1)}.

정보의 정확성에 대한 책임은 제공자인 투자자에게 있고 금융투자업자가 이를 확인할 의무는 명백한 경우를 제외하고는 없다.[29] 반대로 금융투자업자가 일반금융소비자의 정보(금소법 17조 2항)를 조작하여 권유하는 행위(금소법 21조 7호; 동 시행령 16조 3항 2호)도 제한된다.

라. 상품숙지의무

금소법상 적합성원칙은 고객숙지의무(금융소비자정보확인의무)만 명시하고 있지만 상품숙

---

29) 영국에서도 명백히 오래되거나 부정확 또는 불완전함을 안 경우를 제외하고 금융업자는 고객이 제공한 정보에 의존할 수 있다(COBS 9. 2. 5R).

지의무(Know Your Product)도 당연히 포함한다.[30] 비교 개념인 적합성판단을 제대로 하기 위해서는 당연히 권유의 대상인 '**상품**'과 '**고객**'을 충분히 알아야 한다(Know Your Product & Customer).

적합성원칙을 떠나 금융투자업자는 고객에 대한 신의성실의무(37조 1항)나 일반사법상 보호의무의 내용으로 자기가 이해하지 못한 금융투자상품을 판매해서는 안 된다. 따라서 모든 금융회사는 자기가 판매하는 금융상품의 위험과 구조를 충실히 이해하고 판매할 의무를 진다.

(5) 적합성 판단의무

금융투자업자는 파악한 투자자정보를 고려하여 그 일반금융소비자에게 적합하지 않다고 인정되는 계약 체결을 권유해서는 안 된다(금소법 17조 3항 전단). 이 경우 적합성 판단기준은 금융위가 고시한 바에 따라 일반금융소비자의 정보를 파악한 결과 손실감수능력이 적정한 수준일 것을 말한다(금소법 17조 3항 후단; 동 시행령 11조 4항 1호).[31] 일반적으로는 이 의무만이 적합성원칙이라고 불리고 있다.

첫째, 적합성 판단의 기초가 되는 정보는 투자자가 제공한 정보에 한한다. 금융투자업자가 적극적으로 다른 곳에서 투자자에 관한 정보를 수집할 의무까지 부담하는 것은 아니다. 따라서 투자자가 정보제공을 거부하거나 투자자가 제공한 정보가 불충분한 경우에는 금융투자업자가 적합성판단을 적정하게 수행할 수 없다. 이 경우에는 금융투자상품의 투자권유를 할 수 없게 되는지 아니면 적합성원칙의 적용이 면제되는지 여부가 문제될 수 있다. 금융투자업자가 정보의 불충분성 등을 이유로 적합성 판단이 불가능함을 통지하고 그에 따른 위험을 경고한 후에도 투자자가 투자를 희망할 경우에는 금융투자의 대원칙인 자기책임원칙에 따라 거래할 수 있다.[32]

둘째, 적합성은 투자의 결과가 확정된 후에 이루어지는 '**사후적**' 또는 '**결과적**'인 적합성(how the investment has turned out)이 아니라 권유시점을 기준으로 하는 '**사전적**' 또는 '**예측적**'인 적합성(what was known or ought reasonably to have been known)을 말한다. 적합성은 객관적으로 '**최선의 권유**'에만 인정되는 것은 아니다. 일정한 시기에 투자자에게 적합한 권유는 복수 존재할 수도 있다. 대부분의 권유에는 주관적 요소가 개입될 수밖에 없다. 그러나 금융투

---

30) 좌담회: 금융상품 분쟁해결의 법리, 『BFL』 제58호, 2013, 19면(이숭희 발언부분). 상품숙지의무를 도입하자는 견해로는 안수현, "DLS(Derivative-Linked Securities)의 법적 과제: 금융회사의 상품조사의무 도입 시론(試論)", 『금융법연구』 제8권 제2호, 2011, 69-108면.

31) 다만, 해당 기준의 적용이 현저히 불합리하다고 인정되는 경우로서 금융위가 고시하는 사유에 해당하는 때에는 해당 고시에서 정하는 기준에 따를 수 있다.

32) 영국에서는 고객이 적합성판단에 필요한 정보의 제공을 거부하거나 불충분한 정보를 제공한 경우 금융회사는 개별적 권유를 하거나 거래결정을 해서는 안 된다(COBS 9. 2. 6R).

자업자는 권유대상 거래가 투자자의 투자목표를 충족하고, 투자자가 재무적으로 관련투자위험을 감수할 수 있다고 신뢰할 만한 '**합리적인 근거**'(reasonable basis)를 가지고 있어야 하며, 합리적 근거는 투자자에게 제공되는 특정한 서비스의 맥락에 따라 판단된다. 실무상 증명이 중요하므로 금융투자업자는 권유과정의 기록을 유지하고, 특정한 권유가 이루어진 이유를 명시해야 한다.

셋째, 적합성 판단은 투자자의 투자지식이나 경험 등에 비추어 행한다. 투자자가 스스로 금융투자상품의 위험성과 구조를 파악할 수 있을 정도의 전문성을 가진 전문투자자에 대해서는 적합성원칙이 적용되지 않는다.

4) 적합성원칙의 한계

적합성 판단의무의 한계는 어디까지인가? 적합성 판단을 한 후 부적합하다고 판단될 경우 그 사실을 경고하는 것이 그 한계라고 생각된다. 이와 관련하여 다음 2가지 문제를 살펴볼 필요가 있다.

첫째, 적합성 판단의 결과 부적합하다고 판단될 경우에 금융투자업자에게 그 투자자와 거래를 단념할 의무가 있는가? 적합성판단의 결과 부적합하다고 판단될 경우에는 그 사실을 경고해야 한다. 그러한 경고에도 불구하고 투자자가 자신의 판단과 책임으로 계속 거래를 희망할 경우 그것을 거절할 의무까지 있다고 볼 것은 아니다. 거절의무까지 인정하는 경우에는 당해 거래를 할 수 있는 투자자의 자유가 침해될 것이기 때문이다.[33] 다만 대상상품이 파생상품등 아래에서 보는 적정성원칙의 적용대상일 경우에는 적정성원칙이 적용된다.

둘째, 적합성원칙의 내용으로 특정 금융투자상품이 투자자에게 적합하지 않다고 인정되는 경우에 "계약의 내용을 [투자자들]에게 적합하도록 변경하여 계약의 체결을 권유해야 할 의무"나 "[투자자들]의 손실을 제한할 수 있는 다른 거래조건을 모색하여 이를 권유해야 할 의무"{서울중앙지법 2008. 12. 30.자 2008카합3816 결정(확정)}까지 인정하는 것은 무리이다.

5) 적합성원칙 위반과 손해배상책임

자본시장법 시행전에 대법원은 "위험성에 대한 올바른 인식형성 방해 또는 과대한 위험성을 수반하는 거래의 적극적 권유에 해당하여 보호의무를 위반한 경우", 즉 적합성원칙의 현저한 위반만으로 불법행위가 되는 것을 인정하였다(대법원 1994. 1. 11. 선고 93다26205 판결).[34] 자본시장법은 적합성원칙 위반에 대한 손해배상책임을 특별히 규정하고 있지 않다. 따라서 적합성원칙 위반을 이유로 한 손해배상책임의 인정요건은 여전히 자본시장법 시행 전의 대법

---

33) 금융투자업자의 판단이 투자자 판단보다 반드시 낫다는 보장도 없다.
34) 같은 취지: 대법원 1998. 10. 27. 선고 97다47989 판결; 대법원 2003. 1. 10. 선고 2000다50312 판결; 대법원 2008. 9. 11. 선고 2006다53856 판결; 대법원 2010. 11. 11. 선고 2010다55699 판결; 대법원 2011. 7. 28. 선고 2010다76382 판결; 대법원 2013. 9. 26. 선고 2012다1146 전원합의체 판결.

원 법리에 따르게 될 것이다.

이와 관련하여 공법상 규제에 속하는 적합성원칙이나 적정성원칙의 위반이 민법상 불법행위의 성립요건으로서의 **'위법성'**을 충족한다고 볼 수 있는지 여부가 문제될 수 있다. 일본의 최고재판소는 'NIKKEI 평균주가 옵션거래'가 문제된 사안에서, "증권회사의 담당자가 고객의 의향이나 실정에 반하여 명백히 과도한 위험을 수반하는 거래를 적극적으로 권유하는 등 적합성원칙을 현저하게 일탈한 권유를 하여 거래를 성사시킨 경우에는 당해행위는 불법행위상으로도 위법이라고 해석함이 상당하다"고 판시한 바 있다{일본 최고재판소 판결 [第1小法廷 判決, 平成 15年(受)第1284號](2005. 7. 14)}. 그러나 그 적용범위는 "적합성원칙을 현저하게 일탈한 권유를 하여 거래를 성사시킨 경우"라고 하여 엄격히 해석하고 있다. 불법행위가 성립할 수 있을 정도의 적합성원칙 위반은 모두 뒤에 설명하는 설명의무위반에 해당할 가능성이 높을 것이다.[35] 적합성원칙 위반에 대한 손해배상책임을 인정함으로써 부적합한 상품판매시 설명의무위반의 증명책임을 전환하는 효과를 강조하는 견해[36]도 있다. 자본시장법 시행 이후에 자본시장법상 적합성원칙 위반을 이유로 불법행위책임을 인정한 사례도 다수 존재한다.[37] 그러나 대부분 설명의무 위반 등이 함께 문제된 경우로서 적합성원칙위반이 단독으로 적용된 사례는 찾기 어렵다.

입법론상 적합성원칙 위반에 대하여 손해배상책임 추정규정을 둘 필요가 있는가?[38] 설명의무의 내용과 범위는 설명사항과 설명방법 그리고 설명정도로 나누어 상대적으로 구체적인 의무를 제시하고 있다. 그러나 적합성원칙은 일반투자자에게 적합하지 않은 상품을 권유해서는 안 된다는 일반적이고 추상적인 내용으로 구성되어 있다. 따라서 적합성원칙 위반을 이유로 한 손해배상책임 추정규정을 도입하기 위해서는 의무의 구체화작업이 선행되어야 한다.

5. 적정성원칙

1) 의   의

적합성 확인의무는 일반금융소비자를 대상으로 금융상품계약체결등의 권유를 할 경우에만 적용된다. 그러면 투자권유를 수반하지 않는 경우에는 적합성원칙은 전혀 적용되지 않는가? 투자자가 자신의 계좌를 관리하는 금융투자업자의 직원을 통해서 주문을 내는 경우에는 그 직원이 투자자의 투자경험이나 목적 등에 비추어 당해 종목의 위험성에 대해서 경고할 의

---

35) 같은 취지: 채동헌, "집합투자상품의 판매와 고객보호 — 판례에 나타난 설명의무와 적합성의 법리를 중심으로"(서울대학교 금융법센터 「자본시장법 시행 1년의 회고와 전망」 세미나 발표자료, 2010. 2. 8), 87면.

36) 좌담회: 금융상품 분쟁해결의 법리, 『BFL』 제58호, 2013, 26면(김주영 발언부분).

37) 서울남부지법 2022. 9. 6. 선고 2021가합103762 판결(항소중) 등.

38) 적합성원칙 위반을 이유로 한 손해배상책임규정을 도입하자는 주장으로는, 윤희웅, "투자자보호제도로서의 적합성원칙"(금융투자협회, 「투자권유제도 선진화를 위한 세미나」 발표자료, 2010. 1. 26), 21면.

무가 있다고 인정할 수 있는 경우가 전혀 없지는 않을 것이다. 자본시장법은 2009. 2. 개정시에 투자권유가 없이 이루어지는 일반투자자의 위험금융투자상품에 대하여 적정성원칙을 도입하였다. 이는 투자권유가 없거나 투자자가 희망하는 상품을 지정해온 단순주문집행거래 (execution-only)의 경우에도 일종의 적합성과 유사한 판단이 필요하다는 영국의 적정성원칙 (appropriateness)을 도입한 것이다.[39]

2) 적용대상상품

적용상품은 (ⅰ) 파생상품 및 파생결합증권{금·은적립계좌와 금·은연계파생 결합증권(령 7조 2항 1호·2호) 제외}, (ⅱ) 조건부사채{파생결합사채, 전환사채, 신주인수권부사채(상 469조 2항, 513조 또는 516조의2) 제외}, (ⅲ) 고난도금융투자상품, 고난도투자일임계약 및 고난도금전신탁 계약, (ⅳ) 파생상품집합투자기구(93조 1항)의 집합투자증권,[40] (ⅴ) 집합투자재산의 50%를 초과하여 파생결합증권에 운용하는 집합투자기구의 집합투자증권, (ⅵ) 파생상품집합투자기구 (93조 1항)의 집합투자증권, 파생상품 및 파생결합증권{금·은적립계좌와 금·은연계파생 결합증권(령 7조 2항 1호·2호) 제외}, 고난도금융투자상품, 고난도금전신탁계약 및 고난도투자일임계약, 조건부사채{파생결합사채, 전환사채, 신주인수권부사채(상 469조 2항, 513조 또는 516조의2) 제외} 중 하나를 취득·처분하는 금전신탁계약의 수익증권 또는 이와 유사한 것으로서 신탁계약에 따른 수익권이 표시된 것이다(금소법시행령 12조 1항 2호 가목-라목; 동 규정 11조 1항 1호-3호). **'이와 유사한 것으로서 신탁계약에 따른 수익권이 표시된 것'**은 비금전 특정신탁의 수익권을 말한다.

3) 적정성 파악의무

(1) 대상정보

금융투자업자는 적용대상 투자성 상품에 대하여 일반금융소비자에게 계약체결을 권유하지 않고 판매계약을 체결하려는 경우 미리 면담·질문 등을 통하여 대상정보를 파악하여야 한다(금소법 18조 1항 2호). 금소법상 대상정보는 적합성원칙의 대상정보와 추가정보를 말한다

---

39) 적정성원칙에 대해서는, 정순섭, 자통법상 판매규제에 관한 연구 — 적합성원칙과 설명의무 등의 영국사례를 중심으로(자산운용협회 연구보고서, 2008. 8), 59-64면.

40) 다만, 다음 사항에 모두 해당하는 집합투자기구의 집합투자증권(상장지수집합투자기구가 목표로 하는 지수의 변화에 1배를 초과한 배율로 연동하거나 음의 배율로 연동하여 운용하는 것을 목표로 하는 상장지수집합투자기구의 집합투자증권이 아닌 경우로 한정)은 제외한다(금융소비자감독규정 11조 1항 1호 단서).

    (ⅰ) 장외파생상품이나 파생결합증권에 투자하지 않을 것

    (ⅱ) 기초자산(4조 10항)의 가격 또는 기초자산의 종류에 따라 다수 종목의 가격수준을 종합적으로 표시하는 지수의 변화에 연동하여 운용하는 것을 목표로 하는 집합투자기구일 것

    (ⅲ) 연동하고자 하는 기초자산의 가격 또는 지수가 상장지수집합투자기구의 요건(령 246조 1호-3호)의 요건을 모두 갖출 것

    (ⅳ) 1좌당 또는 1주당 순자산가치의 변동율과 집합투자기구가 목표로 하는 지수의 변동율의 차이가 10% 이내로 한정될 것.

(18조 1항 2호·4호, 17조 2항 2호). 추가정보는 일반금융소비자의 연령, 금융상품에 대한 이해도 기대이익 및 기대손실 등을 고려한 위험에 대한 태도를 말한다(금소법 18조 1항 4호, 동 시행령 12조 2항, 11조 3항 2호, 1호 나목·다목).

적정성 파악의무의 대상정보도 적합성원칙의 대상정보와 동일하다. 이와 관련하여 양자를 구별할 필요성을 제기하는 견해[41]가 있다. 적정성원칙은 투자상품에 대한 투자권유가 없는 경우에 투자자가 상품의 위험이나 복잡성을 이해할 수 있는 금융역량(financial literacy)을 가지고 있는가를 판단하는 원칙이라고 할 수 있는 점에서 투자성향(투자목적, 재산상황)과 금융역량(투자지식과 경험)에 관한 정보를 토대로 투자자에게 적합한 상품을 권유하는 적합성원칙과는 근본적으로 차이가 있으므로 투자권유를 원치 않는 고객에게 금융역량 관련 질문 외에 투자목적, 재산상황 등 투자성향 관련 정보까지 요구하는 것은 논리적으로 맞지 않는다는 것이다. 2008년 이후 장외통화파생상품 거래와 관련한 대규모 손실사태에 대한 대응으로 파생상품 등 위험성이 높은 상품에 한정하여 금융투자업자의 판매부담을 강화한다는 취지에서 도입된 제도인 점이 고려되어야 한다.

(2) 적정 여부의 판단과 부적정사실의 통지의무

금융투자업자는 확인한 투자자정보를 고려하여 해당 상품이 그 일반금융소비자에게 적정하지 않다고 판단되는 경우에는 그 사실을 알리고, 그 일반금융소비자로부터 서명, 기명날인, 녹취, 그 밖에 시행령으로 정하는 방법으로 확인을 받아야 한다(금소법 18조 2항 전단). 이 경우 적정성 판단기준은 적합성원칙의 판단기준과 같다(금소법 18조 2항 후단; 동 시행령 12조 3항, 11조 4항·7항).

시행령은 알리는 방법으로 서면 교부, 우편 또는 전자우편, 전화 또는 팩스, 휴대전화 문자메시지 또는 이에 준하는 전자적 의사표시의 방법을 추가하고 있다(금소법시행령 12조 4항 전단; 11조 6항 1호-4호). 이 경우 금융상품판매업자는 금융상품의 적정성 판단 결과 및 그 이유를 기재한 서류와 설명의무의 이행방법으로 제공되는 설명서를 함께 제공해야 한다(금소법 시행령 12조 4항 후단 1호·2호; 금소법 18조 2항, 19조 2항).

적정성원칙에 따라 부정적하다고 판단된 경우에는 거래를 거절해야 하는가? 법률상 거절의무는 없다.

6. 설명의무

1) 의   의

자본시장법은 종래 일반사법상 당사자 간 보호의무를 근거로 인정되어 왔던[42] 설명의무

---

41) 자본시장연구원, 자산운용산업내 각종 상품·서비스간 규제체계 비교 및 개선방안(학술연구용역보고서, 2011. 12), 98-102면.

를 명시적으로 규정하였다(47조). 그 이유는 종래 일반사법법리에 의존하고 있는 당사자 간의 법률관계를 사전에 명확히 하기 위한 것이다. 현재 설명의무는 금소법으로 이관되었다(19조).

금융투자상품에 대한 투자위험은 투자자가 부담하는 것이 원칙이나, 금융투자업자와 투자자 사이에는 전문성 및 정보에 현저한 차이가 있으므로, 위와 같은 자기책임의 원칙은 투자자에게 위험부담의 중요사항인 금융투자상품의 구성, 투자대상, 위험성 등에 관한 정확한 정보가 제공되고 이에 따라 투자자의 투자결정이 적정하게 이루어지는 것을 전제로 해야 한다. 따라서 금융투자상품을 거래하는 금융투자업자는 상품의 내용, 투자에 따르는 위험 등을 투자자가 충분히 이해할 수 있게 설명함으로써 투자자를 보호해야 할 의무가 있는데, 이를 '**설명의무**'라 한다(서울중앙지법 2013. 1. 17. 선고 2011가합71808 판결).[43]

금소법상 금융투자업자의 설명의무는 일반금융소비자를 대상으로 권유할 경우와 일반금융소비자가 설명을 요청하는 경우에만 적용된다(19조 1항). 구체적으로 설명사항, 설명정도, 설명방법의 3가지가 문제된다.

2) 주 체

(1) 금융투자업자

금소법상 금융투자상품을 대상으로 하는 설명의무의 주체는 금융투자업자를 포함한 금융상품판매업자이다. 따라서 금융투자업자에 해당하지 않는 무인가 또는 미등록 금융투자업자는 물론 유사투자자문업자도 자본시장법이나 금소법상 설명의무의 주체가 될 수 없다.

(2) 기관전용사모펀드의 무한책임사원 겸 업무집행사원

기관전용사모펀드의 설립주체 겸 운용자에 해당하는 무한책임사원 겸 업무집행사원은 금융투자업자에 해당하지 않는다. 기관전용사모펀드의 투자자들에게 유한책임사원으로서 투자하도록 권유하는 경우 투자자에 해당하는 유한책임사원에 대한 설명의무의 주체는 누구인가? 사모투자전문회사와 관련하여 같은 쟁점에 대해 법원은 "사모투자전문회사를 설립하고 그 무한책임사원 겸 업무집행사원이 되어 투자자들에게 유한책임사원으로서 출자하여 투자에 참여하도록 권유하는 자"를 '**사모투자전문회사의 설립·운용자**'라고 하면서, 투자자에 해당하는 유한책임사원들에게 정보를 제공할 의무가 있다고 판단하였다(대법원 2016. 10. 27. 선고 2015다216796 판결).[44]

---

42) 예컨대 대법원 2006. 5. 11. 선고 2003다51057 판결은 "투자신탁회사의 임직원이 고객에게 투자신탁상품의 매입을 권유할 때에는 그 투자에 따르는 위험을 포함하여 당해 투자신탁의 특성과 주요내용을 설명함으로써 고객이 그 정보를 바탕으로 합리적인 투자판단을 할 수 있도록 고객을 보호해야 할 주의의무"가 있다고 판시하고 있다.

43) 항소심은 서울고법 2014. 2. 14. 선고 2013나28010 판결, 대법원 2014다24662 심리불속행기각으로 확정. 적합성원칙을 '개별적인 후견기능', 설명의무는 '일반 예방적인 기능'을 한다는 설명도 있다. 성희활, 자본시장법강의, 캐피털북스, 2020, 186면.

그 이유는 3가지다. 첫째, 사모투자전문회사의 설립·운용자는 "미리 투자대상과 투자방법 및 투자회수구조 등을 결정한 자"로서 "투자자들이 사모투자전문회사에 투자 참여하는 데 대하여 직접적인 이해관계가 있을 뿐만 아니라 사모투자전문회사를 통한 투자에 관하여 제1차적으로 정보를 생산하고 이를 제공하는 지위"에 있다. 둘째, 이러한 사모투자전문회사의 설립·운용자는 해당 사모투자전문회사의 투자대상과 투자방법 및 투자회수구조 등의 중요한 사항에 대하여 정확한 정보를 생산하여 이를 사모투자전문회사의 유한책임사원으로서 투자에 참여하려는 투자자들에게 제공할 의무가 있다. 셋째, 사모투자전문회사의 설립·운용자가 이 의무를 위반하여 투자자들의 투자판단에 영향을 주고 그로 말미암아 투자자들에게 손해가 발생하였다면 그 주의의무 위반에 따른 불법행위책임을 진다.

이러한 책임은 첫째, 사모투자전문회사의 설립 당시에 유한책임사원으로 참여한 경우와 둘째, 기존 유한책임사원으로부터 사모투자전문회사의 지분을 양수한 경우에 모두 발생할 수 있다."[45] 다만 이 경우의 설명의무는 자본시장법이나 금소법상 설명의무는 아닌 일반사법상 보호의무에 근거한 것이다.

3) 설명사항

(1) 의   의

설명사항은 설명대상인 투자성 상품의 내용, 투자위험, 위험등급, 투자자가 부담해야 하는 수수료, 계약해지·해제, 증권환매·매매, 연계투자투자자 제공정보(온라인투자연계금융업법 22조 1항 1호-11호)(연계투자는 이 사항만 해당), 그 밖에 이에 준하는 것으로서 금융위가 고시하는 사항을 말한다(금소법 19조 1항 2호 나목; 동 시행령 13조 4항 1호-5호).

(2) 상품의 내용

투자성 상품의 내용은 증권과 파생상품의 구분에 따라, 증권은 증권의 종류별로 그리고 파생상품도 장내외파생상품의 구분과 기초자산의 종류 그리고 기본구성요소의 차이에 따라 다양하다. 금소법상 설명사항으로 규정되어 있는 "투자위험, 위험등급, 투자자가 부담해야 하는 수수료, 계약해지·해제, 증권환매·매매, 연계투자투자자 제공정보"도 크게 보면 모두 상품의 내용에 포함된다.

판례상으로는 기업어음발행자의 신용등급(대법원 2006. 6. 29. 선고 2005다49799 판결), 공사채형 투자신탁의 경우 채권시장의 시가변동에 의한 위험, 발행주체의 신용위험, 외국채권을

---

44) 이 판결에 대해서는, 이원석, "사모투자전문회사 설립·운용자의 투자권유 관련 손해배상책임: 대상판결: 대법원 2016. 10. 27. 선고 2015다216796 판결", 『BFL』 82호, 2017, 109-119면.

45) 대법원 2016. 10. 27. 선고 2015다216796 판결. 이 판결에 대해서는, 이원석, "사모투자전문회사 설립·운용자의 투자권유 관련 손해배상책임: 대상판결: 대법원 2016. 10. 27. 선고 2015다216796 판결", 『BFL』 82호, 2017, 109-119면.

신탁재산에 편입하는 때에는 환시세 변동에 의한 위험이 존재하고 이로 인한 원본 손실 가능성이 있다는 사실(대법원 2003. 7. 11. 선고 2001다11802 판결), 회사채 투자권유 시에는 회사채시가의 변동 위험과 원리금이 만기에 지급되지 아니할 위험, 즉 발행기업의 신용위험 및 그로인한 원본 손실 가능성(대법원 2015. 9. 15. 선고 2015다216123 판결),[46] 장외파생상품의 경우 거래 구조와 위험성을 정확하게 평가할 수 있도록 장외파생상품 계약의 구조와 주요 내용, 고객이 그 거래를 통하여 얻을 수 있는 이익과 발생 가능한 손실의 구체적 내용, 손실발생의 위험요소 등(대법원 2013. 9. 26. 선고 2012다1146 전원합의체 판결)에 대해 설명의무가 인정되었다. 그러나 장외파생상품의 상세한 금융공학적 구조나 다른 금융상품에 투자할 경우와 비교하여 손익에 있어서 어떠한 차이가 있는지와 중도청산금의 개략적인 규모와 산정방법{대법원 2013. 9. 26. 선고 2011다53683(본소), 53690(반소) 전원합의체 판결}, 금융기관과 고객이 제로코스트 구조의 장외파생상품거래를 하는 경우 그 상품구조 속에 포함된 수수료 및 그로 인하여 발생하는 마이너스 시장가치(대법원 2010. 11. 11. 선고 2010다55699 판결; 대법원 2013. 9. 26. 선고 2012다1146 전원합의체 판결) 등은 설명사항이 아니다.

(3) 위험등급

투자성 상품의 위험등급{금소법 19조 1항 2호 나목 3)}도 설명사항에 포함된다. 위험등급제는 금융투자상품의 위험을 등급으로 표시하여 설명사항에 포함함으로써 금융상품에 관한 이해도를 높이려는 것이다.[47] EU의 위험등급제(Summary Risk Indicator: SRI)[48]를 모델로 한 것이다.

위험등급제의 대상과 기준은 시행령으로 정한다. 첫째, 위험등급제의 적용대상 투자성 상품은 연계투자와 금전 이외의 신탁재산(103조 1항 2호-7호)을 대상으로 하는 신탁계약을 제외한 투자성 상품을 말한다(금소법시행령 13조 2항 1호·2호). 둘째, 금소법상 금융상품직접판매업자인 금융투자업자가 위험등급을 정하는 경우에는 기초자산의 변동성, 신용등급, 금융상품 구조의 복잡성, 최대 원금손실 가능금액, 금융소비자의 환매나 매매가 용이한지에 관한 사항, 외국화폐로 투자하는 경우에는 환율변동성, 그 밖에 원금손실위험에 중요한 영향을 미칠 수 있는 사항을 고려해야 한다(금소법시행령 13조 3항 1호-5호; 금융소비자 보호에 관한 감독규정 12조 3항 1호-3호). 이 경우 금융상품직접판매업자가 위험등급을 정하는 경우에 (ⅰ) 객관적 자

---

46) 이 경우 증권을 모집·매출하는 경우 작성·공시하는 증권신고서와 투자설명서에 기재되어 있는 발행 주체의 재무 상황 등까지 설명하여야 하는 것은 아니다.

47) 금융위·금감원, 보도자료: 투자성 금융상품의 위험성에 대해 금융소비자가 보다 쉽게 이해할 수 있도록 위험 등급 산정 기준을 마련하였습니다, 별첨: 투자성 상품 위험등급 산정 가이드라인, 2023. 1. 20.

48) REGULATION (EU) No 1286/2014 OF THE EUROPEAN PARLIAMENT AND OF THE COUNCIL of 26 November 2014 on key information documents for packaged retail and insurance-based investment products(PRIIPs), OJ L 352, 9. 12. 2014, pp1-23.

료에 근거하여 평가할 것, (ⅱ) 위험등급은 원금손실위험에 비례하여 구분할 것, (ⅲ) 위험등급이 금융상품의 발행인이 정한 위험등급과 다른 경우에는 해당 발행인과 위험등급의 적정성에 대해 협의할 것의 기준을 지켜야 한다(금소법시행령 13조 3항; 동 규정 12조 2항 1호-3호). 여기서 원금손실위험은 원금 손실발생 가능성 및 손실규모 등을 종합적으로 평가한 결과를 말한다. 위험등급은 제조자와 판매자가 모두 정한다. 설명의무의 설명사항인 위험등급은 판매자가 정한 것을 말한다. 따라서 판매자가 해당 상품의 발행인이 아닌 경우에는 발행인과 협의하여야 한다.

현행법은 위험등급을 정하는 구체적인 기준은 설명사항으로 규정하고 있지 않다. 현행법상 위험등급제는 설명의무의 일부로서 여전히 공시주의모델에 기초한 것임을 주의해야 한다. 낮은 위험등급이 결과적으로 손실의 발생가능성이 낮음을 보장하는 것은 아니다. 신용평가회사의 신용등급에 관하여 "금융투자업자가 투자자에게 사채권의 신용등급과 아울러 해당 신용등급의 의미와 그것이 전체 신용등급에서 차지하는 위치에 대하여 투자자가 이해할 수 있도록 설명하였다면, 특별한 사정이 없는 한 금융투자업자는 사채권의 원리금 상환 여부에 영향을 미치는 발행기업의 신용위험에 관하여 설명을 다하였다고 볼 것"이고, "구체적인 평가기준, 예컨대 증권신고서와 투자설명서에 기재되어 있는 발행주체의 재무상황 등까지 설명해야 하는 것"은 아니다(대법원 2015. 9. 15. 선고 2015다216123 판결).

(4) 투자에 따르는 위험
가. 의   의

금융투자상품 투자에 따르는 위험은 그 상품의 수익과 위험이 발생하는 구조와 성격을 설명하라는 의미이다. 예컨대 장외파생상품의 경우 기초자산의 내용, 기초자산으로부터 가치가 파생되는 방법, 기초자산가치의 변동에 따른 파생상품 가치의 변동내역, 기초자산가치의 변동에 따른 손실가능액 등을 설명해야 한다. 통화를 기초자산으로 하는 장외파생상품의 경우 그 계약구조의 본질은 환율변동에 따라 일정한 이익 또는 손실을 볼 수 있다는 것이므로 기업들은 계약구조 자체 및 환율변동에 따른 손익 가능성을 인식해야 한다. 즉, 환율변동에 따라 손익이 결정되는 구조라는 점(계약의 위험성 및 지표) 및 손익구조의 기본내용(계약의 주요내용)에 대한 설명이 이루어졌는지 설명의무 이행 여부 판단의 관건이 되어야 할 것이다.

그렇다고 금융공학에 기초한 세부모델, 예컨대 옵션가격결정모델을 완벽하게 설명할 것을 요구하는 것은 아니다. 자본시장법 시행 전의 사건에 대한 하급심 판결 중에는 "설명의무의 범위와 정도는, 투자자가 구조화된 금융투자상품의 세세한 금융공학적 구조와 내용까지 모두 알 수 있을 정도는 아니"라고 판단한 사례가 있다(서울중앙지법 2013. 1. 17. 선고 2011가합71808 판결). 위에서 본 바와 같이 위험등급의 설정기준도 마찬가지로 이해된다.

나. 위험의 발생가능성 및 정도

'**위험의 발생가능성 및 정도**'를 설명사항으로 하는 것은 경우에 따라 기초자산 가치의 변동 가능성 및 정도에 대한 예측을 하는 것과 다를 바 없으며, 파생상품거래의 양 당사자가 기초자산 가치의 변동 가능성 및 정도에 대하여 동일한 예측을 하고 있을 경우에는 거래 자체가 성립될 수 없을 것이다. 따라서 상대계약으로서의 장외파생상품거래의 본질상 설명사항에는 스스로 제한이 있을 수밖에 없다. 설명사항은 계약구조상 손익이 발생할 수 있는 위험요소와 그 위험이 현실화된 경우의 효과, 즉 손익구조에 대한 일반적 설명을 의미하는 것으로 보는 것이 옳다. 다만 위험등급을 정할 때 원금손실위험을 고려하게 되어 있다.

다. 수수료에 관한 사항

금소법은 투자자가 부담해야 하는 수수료를 설명사항으로 규정하고 있다. 외국에서도 수수료 공시를 요구하고 있고(COBS 6.1.9R), 일본의 금융상품거래법은 "수수료, 보수, 비용 기타 어떠한 명칭에 의하든지 간에 금융상품거래계약에 관하여 고객이 지급해야 할 수수료 등의 종류별 금액 또는 그 계산방법"의 고지를 요구하고 있다(금융상품거래법 37조 3호, 37조의3; 정령 16조 1항 1호; 내각부령 74조 및 81조). 여기서 수수료 등은 '**금융회사의 일정한 서비스에 대한 대가**'이지만, '**거래상대방이 되어 신용위험을 부담하는 것 자체의 대가**'는 포함하지 않는다. 다만 그 판단은 형식(명칭이나 회계처리)이 아니라 실질에 따라야 한다.

라. 이미 알고 있는 사항 또는 알 수 없는 사항

투자자나 그 대리인이 내용을 충분히 잘 알고 있는 사항에 대하여는 설명의무가 인정되지 않는다(대법원 1999. 5. 11. 선고 98다59842 판결).[49] 반대로 수익증권판매를 전문으로 하는 판매업자도 투자권유 당시 합리적으로 예측할 수 있는 투자위험이 아닌 사항까지 설명의무가 인정되지는 않는다(대법원 2015. 2. 26. 선고 2014다17220 판결).[50]

4) 설명정도

금소법은 설명정도에 관하여 '**일반금융소비자가 이해할 수 있도록**' 설명할 것을 요구하고 있다(19조 1항). 이 경우의 일반금융소비자는 평균적인 일반금융소비자가 아니라 설명의 상대방인 특정한 금융소비자를 말한다. 그리고 "이해하였음을 서명(전자서명을 포함), 기명날인·녹취, 일반금융소비자의 의사를 전달하는 데에 금융위가 정하여 고시하는 기준을 충족하는 수단으로서 안전성과 신뢰성이 확보된 전자적 수단을 이용하여 일반금융소비자의 확인을 받을 수 있는 방법으로 확인"할 것을 요구한다(금소법 19조 2항; 동 시행령 13조 9항, 11조 2항).

어느 정도 설명하면 투자자가 '**이해할 수 있도록**' 설명한 것으로 인정될 수 있는가? 판례

---

49) 같은 취지: 대법원 2010. 11. 11. 선고 2010다55699 판결; 대법원 2015. 2. 26. 선고 2014다17220 판결; 대법원 2015. 9. 15. 선고 2015다216123 판결; 대법원 2015. 4. 23. 선고 2013다17674 판결; 대법원 2015. 4. 23. 선고 2013다35306 판결; 대법원 2020. 2. 27. 선고 2016다223494 판결.
50) 같은 취지: 대법원 2015. 2. 26. 선고 2014다17220 판결.

의 축적을 기다릴 수밖에 없다. 법원은 "고객에게 어느 정도의 설명을 해야 하는지는 투자 대상인 상품의 특성 및 위험도의 수준, 고객의 투자 경험과 능력 및 기관투자자인지 여부 등을 종합적으로 고려"해야 한다는 원칙만을 선언하고 있다(대법원 2003. 7. 11. 선고 2001다11802 판결).[51]

설명정도에 관하여 자본시장법 시행 이전의 사안에 대한 하급심 판결 중에는 설명사항을 구분하여 "적어도 ㉠ 상품에 어떤 위험성이 있으며 위험이 현실화되는 요인이나 조건은 무엇인지, ㉡ 투자자가 상품을 통해 얻을 수 있는 이익과 부담하게 될 위험의 구체적 내용과 그러한 손익을 발생시키는 원인은 무엇인지, ㉢ 동일한 거래 목적을 달성할 수 있는 다른 상품과의 구조적 차이점과 당해 상품을 선택할 경우 다른 상품에 비하여 더 얻을 수 있는 이익과 더 부담하게 될 수 있는 위험의 내용과 정도는 어떠한지 등 투자자 자신의 이해와 직접적 관련이 있는 주요한 내용에 관하여는 투자자가 상품을 판매하는 금융투자업자의 인식과 비슷한 수준으로 인식할 수 있을 정도"로 설명해야 한다고 한 것이 있다(서울중앙지법 2013. 1. 17. 선고 2011가합71808 판결).[52] 매우 세밀한 기준을 제시하고 있지만 이와 같은 정도로 설명하기는 현실적으로 쉽지 않다. 설명의무는 손실을 입은 투자자가 용이하게 손실을 회복할 수 있는 근거를 제공함과 동시에 금융투자업자에게 사전에 적절한 판매권유체계를 구축하도록 유도하는 기능을 수행한다. 설명의무를 통하여 확보하고자 하는 결과는 자기책임의 원칙에 따라 스스로 투자판단을 할 수 있을 정도의 설명을 기대하는 것이다.

5) 설명방법

(1) 설명서의 제공

금소법은 설명방법에 대해서 "설명에 필요한 설명서를 일반금융소비자에게 제공"할 것을 요구하고 있다(19조 2항). 금소법상 설명서에는 동법상 설명사항이 포함되어야 하며, 그 내용이 일반금융소비자가 쉽게 이해할 수 있도록 작성되어야 한다(14조 1항 본문). 다만, 일반금융소비자에게 투자설명서 또는 간이투자설명서를 제공하는 경우(123조 1항)에는 그 내용을 제외할 수 있다(금소법 시행령 14조 1항 단서).

금융투자업자는 설명 전에 서면교부, 우편 또는 전자우편, 휴대전화 문자메시지 또는 이에 준하는 전자적 의사표시방법으로 일반금융소비자에게 설명서를 제공해야 한다(금소법 시행령 14조 3항 1호-3호). 설명서에는 일반금융소비자에게 설명한 내용과 실제 설명서의 내용이

---

51) 같은 취지: 대법원 2003. 7. 11. 선고 2001다11802 판결; 대법원 2003. 7. 25. 선고 2002다46515 판결; 대법원 2006. 5. 11. 선고 2003다51057 판결; 대법원 2010. 11. 11. 선고 2008다52369 판결; 대법원 2015. 4. 23. 선고 2013다17674 판결; 대법원 2018. 7. 20. 선고 2016다35352 판결; 대법원 2018. 9. 28. 선고 2015다69853 판결 등.

52) 항소심은 서울고법 2014. 2. 14. 선고 2013나28010 판결(원고 패소). 대법원 2014. 7. 10. 선고2014다24662 판결로 심리불속행기각.

같다는 사실에 대해 설명을 한 사람의 서명(전자서명을 포함)이 있어야 한다(금소법 시행령 14조 2항 본문). 이 경우 설명을 한 사람은 실제 설명을 한 사람을 말한다. 다만, 전자금융거래법에 따른 전자적 장치를 이용한 자동화 방식을 통해서만 서비스가 제공되는 계약에 대한 설명서는 제외한다(금소법 시행령 14조 2항 단서 2호).

온라인투자연계금융업자가 일반금융소비자에게 투자관련정보나 연계대출계약관련사항을 모두 제공하거나 설명한 경우(온라인투자연계금융법 22조 1항 1호-11호, 24조 1항 1호-9호), 기존 계약과 같은 내용으로 계약을 갱신하는 경우, 이에 준하는 것으로서 금융위가 고시하는 경우에는 설명서의 제공을 생략할 수 있다(금소법 19조 2항 단서; 동 시행령 14조 4항 2호, 4호·3호).

교부문서의 언어가 외국어로 되어 있다거나 혹은 전문용어가 일부 포함되어 있는 점 때문에 일률적으로 설명방법의 적법성을 부정하는 것은 옳지 않다. 이는 구체적으로 문서 수령인이 동 서류의 내용을 이해할 수 있는지 여부에 따라 판단해야 할 사항이다. 따라서, 영어로 관련 계약서를 작성하고 외국에 상품 혹은 서비스를 수출하는 수출기업, 혹은 해외에 자회사, 지사 등을 보유한 기업들의 경우처럼 외국어 이해 및 구사능력을 갖춘 경우에는 외국어로 기재되었다는 점이 동 교부문서의 설명의무이행에 대한 증거능력을 부정하는 이유로 삼을 수는 없을 것이다.[53]

(2) 단정적 판단의 제공 금지 등[54]

가. 의   의

금융투자업자는 설명할 때 "일반금융소비자의 합리적인 판단 또는 금융상품의 가치에 중대한 영향을 미칠 수 있는 사항으로서 시행령으로 정하는 사항"을 거짓으로 또는 왜곡하여 설명하거나 '**시행령으로 정하는 중요한 사항**'을 빠뜨려서는 안 된다(금소법 19조 3항). '**왜곡**'은 "불확실한 사항에 대하여 단정적 판단을 제공하거나 확실하다고 오인하게 할 소지가 있는 내용을 알리는 행위"를 말한다. "시행령으로 정하는 사항" 및 "시행령으로 정하는 중요한 사항"은 설명의무의 설명사항을 말한다(금소법 19조 3항; 동 시행령 13조 10항; 금소법 19조 1항 1호 나목, 4호).

나. 수익보장행위와의 구별

간투법상 자산운용회사의 판매직원인 A가 "요새 나오는 펀드들은 실제로 원금손실이 날

---

53) 특히 장외파생상품계약은 주로 장외파생상품업자들로 이루어진 국제단체인 국제스왑파생상품협회(International Swaps and Derivatives Association: ISDA)에서 작성한 마스터계약서(영문)를 이용하여 체결되고 있다. 국내에도 국문계약서의 사용을 주장하는 견해가 있지만, 국내외 기관과 동시에 장외파생상품계약을 체결하는 금융회사의 입장에서 국내거래와 국제거래에 사용되는 계약서가 상이할 경우 계약서불일치위험(documentation mismatch risk)에 노출될 우려가 있다. 국제금융환경과의 정합성 유지라는 보다 넓은 관점에서 판단되어야 할 사항으로 생각된다.

54) 정순섭, "자본시장법상 단정적 판단제공 등 금지규제의 해석론 — 일본법과의 비교를 중심으로", 『상사판례연구』 제32집 제2권, 2019, 37-39면.

가능성이 거의 없다. 갑회사에서는 아직 원금이 손실된 적이 없을 뿐만 아니고 다 조기상환으로 끝이 났으며, 개인적으로도 2004년부터 지금까지 100% 일체 조기상환을 했다. 실제로 주가가 내리는 상황에서 반 토막이 나도 원금은 손실이 안 나게 구조를 계속 그렇게 만들고 있다"라고 하면서 투자권유를 한 사안에서, 이를 증권법상 단정적 판단의 제공(증권법 52조 3호. 자본시장법 제49조 제3호에 해당)으로 볼 것인지 아니면 간투법상 수익보장행위(간투법 57조 1항 1호, 182조 10호; 자본시장법 55조에 해당)로 볼 것인지가 문제되었다. 대법원은 A의 행위가 간투법 제57조 제1항 제1호에서 규정한 **'투자원금의 보장 등 수익을 보장하는 권유행위'**에 해당한다고 판단한 원심판결을 파기하고, "원금손실이 나지 않을 것이라는 사항에 대하여 단정적 판단을 제공하거나 확실하다고 오인하게 할 소지가 있는 내용을 알리면서 거래를 권유하였을 뿐"이고, "원금 또는 수익을 사전에 보장하거나 약속하는 행위를 하면서 거래를 권유한 것으로 볼 수는 없다"고 하여 단정적 판단의 제공과 수익보장행위를 구별하고 있다(대법원 2012. 5. 24. 선고 2011도11237 판결).

다. 동일한 행위유형

문언상 금소법 제19조 제3항의 **'불확실한 사항에 대하여 단정적 판단을 제공하거나 확실하다고 오인하게 할 소지가 있는 내용을 알리는 행위'**(구 자본시장법 제47조 제3항에 해당)와 제21조 제1호의 **'불확실한 사항에 대하여 단정적 판단을 제공하거나 확실하다고 오인하게 할 소지가 있는 내용을 알리는 행위'**(구 자본시장법 제49조 제2호에 해당)는 동일한 행위유형에 속한다. 법원도 같은 사안에 대한 판단이지만, 헌재결정(헌법재판소 2017. 5. 25. 선고 2014헌바459 결정)과 형사판결(대법원 2017. 12. 5. 선고 2014도14924 판결)을 참조하는 형태로 구 자본시장법 제49조 제2호와 제47조 제3항의 행위유형을 같은 기준으로 판단하고 있다(대법원 2018. 9. 28. 선고 2015다69853 판결). 일본에서도 같은 해석이 이루어지고 있다.[55] 다만 구 자본시장법상으로는 불확실한 사항에 대해서는 자본시장법 제47조 제3항은 설명의무의 설명사항을 중요사항으로 한정하고 있으므로 불확실한 사항도 중요사항으로 한정되는지 여부가 문제되었다. 법원은 금소법 제21조 제1호에 해당하는 구 자본시장법 제49조 제2호의 불확실한 사항을 투자자의 합리적인 투자판단 또는 해당 금융투자상품의 가치에 영향을 미칠 수 있는 사항 중 객관적으로 진위가 분명히 판명될 수 없는 사항이라고 해석하여 중요사항으로 한정하고 있다(대법원 2018. 9. 28. 선고 2015다69853 판결).[56] 법원의 입장이 옳다. 금소법에서도 마찬가지로 해석되어야 한다.

---

55) 神崎克郎・川口恭弘・志谷匡史, 金融商品取引法, 青林書院, 2012(이하 "神崎외"로 인용), 753면; 日野正晴, 詳解金融商品取引法 第4版, 中央経済社, 2016, 705면(이하 "日野"로 인용). 다만 금상법은 '오해', 금융서비스법은 '오인'이라는 표현을 사용하고 있지만, 같은 의미로 해석되고 있다. 永田光博, 「金融商品取引法制における「適合性の原則」「断定的判断の提供等の禁止」の検討」, 『金融法務事情』 No. 1813, 2007, 26면.

56) 일본에도 금융서비스법 제4조 위반을 인정한 것은 아니지만 증권회사 종업원이 회사를 경영하면서 사채를 중심으로 투자해온 그 회사의 대표자에 대하여 산업활력의 재생 및 산업활동의 혁신에 관한 특별조치법("산활법")적용의 인정을 받고 있는 전자부품제조판매회사의 사채의 구입을 권유하면서 그 회사의 경영상태에 불안

라. 단정적 판단의 제공 등의 행위의 판단기준

법원은 특정 행위가 단정적 판단의 제공 등에 해당하는지 여부를 판단하는 기준에 관하여 같은 사안에 대한 형사판결을 참조하여 "통상의 주의력을 가진 평균적 투자자를 기준으로 금융투자업자가 사용한 표현은 물론 투자에 관련된 제반 상황을 종합적으로 고려하여 객관적·규범적으로 판단"해야 한다고 보았다{대법원 2018. 9. 28. 선고 2015다69853 판결(대법원 2017. 12. 5. 선고 2014도14924 판결 등 참조)}. 구 자본시장법 제49조 제2호와 제47조 제3항의 판단기준을 동일하게 본 것이다.

그러나 첫째, 구 자본시장법 제47조 제3항의 단정적 판단 등의 제공 금지는 설명의무의 일부로 규정된 만큼 설명의무위반에 대한 판단구조를 따라야 하는 점, 둘째, 종래의 대법원판결57)에 따라 구 자본시장법 제47조 제1항과 제3항에 따라 설명할 때 설명 정도는 해당 금융투자상품의 특성 및 위험도의 수준, 투자자의 투자경험 및 능력 등을 종합적으로 고려하여 판단해야 한다고 보는 점, 셋째, 법원은 구 자본시장법 제47조 제1항과 제3항 위반으로 불법행위가 성립하기 위해서는 그 권유행위가 투자자에게 거래행위에 필연적으로 수반되는 위험성에 관한 올바른 인식형성을 방해하거나 또는 고객의 투자상황에 비추어 과대한 위험성을 수반하는 거래를 적극적으로 권유한 경우에 해당하여 고객보호의무를 저버려 위법성을 띤 행위라고 평가될 수 있는 경우라야 할 것으로 보는 점, 넷째, 구 자본시장법 제47조는 전문투자자를 상대로 할 경우에는 적용되지 않는 점 등을 고려할 때, 단정적 판단의 제공 등에 해당하는지 여부의 판단을 "통상의 주의력을 가진 평균적 투자자를 기준으로" "객관적·규범적으로 판단"한다고 보는 것은 옳지 않다. 따라서 구 자본시장법 제47조 제3항의 단정적 판단 등에의 해당 여부의 판단에는 권유의 상대방인 투자자의 개별적 특성이 반영되어야 한다.

6) 설명의무위반과 손해배상책임

(1) 손해배상책임의 추정

자본시장법은 금소법상 설명의무(19조)에 위반한 경우 일반적인 행정제재 외에 민사제재로서 손해배상책임의 추정규정을 둔다(48조 2항). 그에 의하면 손해액은 "금융투자상품의 취득으로 인하여 일반투자자가 지급하였거나 지급해야 할 금전 등의 총액에서 당해 금융투자상품의 처분, 그 밖의 방법으로 당해 일반투자자가 회수하였거나 회수할 수 있는 금전 등의 총액을 뺀 금액"으로 추정한다. 금융투자업자가 설명의무 등을 위반함에 따른 일반투자자의 손해는 '**미회수금액의 발생이 확정된 시점**'에 현실적으로 발생하고, 그 시점이 투자자가 금융투자업자에게 갖는 손해배상청구권의 지연손해금 기산일이 된다(대법원 2018. 9. 28. 선고 2015다

이 있어도 산활법적용의 재인정을 받을 전망이 높다는 등의 설명을 한 것에 대하여 단정적 판단을 제공하여 금융상품을 매수하게 한 것으로 본 사례가 있다(札幌地判 2015. 1. 30. 判時2276号, 138면 이하).

57) 대법원 2010. 11. 11. 선고 2008다52369 판결; 대법원 2015. 4. 23. 선고 2013다17674 판결 등.

69853 판결).58) 책임제한이나 과실상계 등의 법리도 그대로 적용된다(대법원 2003. 1. 24. 선고 2001다2129 판결; 대법원 2011. 7. 28. 선고 2010다76368 판결).

자본시장법 시행 전에 금융투자업자의 권유에 따라 금융투자상품거래를 한 투자자가 설명의무 위반으로 손실을 입은 경우 그 손실을 회복하기 위해서는 (ⅰ) 설명의무 위반의 존재, (ⅱ) 손해발생과 손해액, (ⅲ) 의무위반과 손해 사이의 인과관계의 3가지에 대해서 증명책임을 부담하였다. 이 중 (ⅱ) 손해액과 (ⅲ) 인과관계의 증명은 매우 곤란한 경우가 많다. 이를 감안하여 자본시장법은 설명의무 위반의 존재만 증명하면 손해발생과 손해액, 그리고 의무위반과 손해 사이의 인과관계는 추정된다는 규정을 둔 것이다.59) 이에 대해서는 규정형식상 거래인과관계는 필요하지 않다는 견해60)와 거래인과관계의 추정까지 포함한 것은 아니라는 견해61)가 있다. 그러나 전자의 견해는 설명의무 위반으로 인하여 거래한 것이 아님이 명백한 경우에도 손해배상책임을 인정할 필요는 없는 점에서, 그리고 후자의 견해는 투자자가 거래인과관계를 별도로 증명하는 것은 부담스럽다는 점에서 각각 받아들일 수 없다.62) 법원은 "자본시장법 제48조는 … 설명의무위반과 발생한 손해 간의 상당인과관계를 추정함과 동시에 손해액을 추정함으로써 증명책임이 금융투자업자에게 전환된다"라고 판시하여, 인과관계의 증명책임도 전환된다고 밝히고 있다{서울고법 2013. 10. 16. 선고 2012나105927판결(확정)}. 법원은 손해인과관계에 관하여 설명의무위반에 따른 투자자의 손해는 "판매회사나 자산운용회사의 투자자 보호의무 위반으로 투자자의 투자에 관한 의사결정권이 침해되어 투자자가 의도하지 아니한 투자위험을 지게 된 결과이므로, 위와 같은 판매회사나 자산운용회사의 투자자 보호의무 위반과 투자자의 손해 사이에는 상당인과관계가 있다"고 판단하여 매우 유연하게 이해하고 있다(대법원 2015. 12. 23. 선고 2013다40681 판결).

금소법은 동일한 설명의무위반에 대하여 "금융상품판매업자등이 제19조를 위반하여 금융소비자에게 손해를 발생시킨 경우에는 그 손해를 배상할 책임을 진다"고 하고(44조 2항 본문), "그 금융상품판매업자등이 고의 및 과실이 없음을 입증한 경우에는 그러하지 아니하다"(44조 2항 단서)고 하여 자본시장법 제48조와 다른 내용으로 규정되어 있다. 이와 같은 차이를 두어야 할 합리적인 근거는 없다.

---

58) "금융투자상품을 취득하기 위하여 금전을 지급할 당시에 미회수금액의 발생이 이미 객관적으로 확정되어 있었다면, 금융투자상품을 취득하기 위하여 금전을 지급한 시점이 금융투자업자에 대한 손해배상청구권의 지연손해금 기산일이 된다." 대법원 2018. 9. 28. 선고 2015다69853 판결.

59) 일본법도 비슷한 규정을 두고 있다. 일본 금융서비스법 제5조(손해액의 추정) ① 고객이 제4조의 규정에 의하여 손해배상을 청구하는 경우에 원본결손액은 금융상품 판매업자 등이 중요사항에 대하여 설명을 하지 아니함으로써 당해 고객에게 발생한 손해액으로 추정한다.

60) 임재연, 445면; 김정수, 214면.

61) 한기정, "자본시장통합법 제정방안과 금융고객 보호제도의 선진화", 『BFL』 제18호, 2006, 24면.

62) 같은 취지: 김홍기, 140면.

"금융회사가 서면이나 녹음·녹화자료 등에 의해 설명의무의 이행을 증명하기는 용이한 반면에 투자자 측에서 설명의무가 이행되지 않았음을 증명하기는 성질상 매우 어려운 점 등"에 비추어, 금융기관측에 설명의무 이행의 증명책임이 있다고 해석하는 것이 "손해의 공평·타당한 부담을 지도원리로 하는 손해배상제도의 이상에 부합한다"는 하급심 판결이 있다(서울중앙지법 2013. 1. 17. 선고 2011가합71808 판결). 증명책임분배에 관한 일반법리상 가능한지 의문이다.

(2) 자본시장법상 손해배상책임과 민법상 손해배상책임

설명의무위반에 대한 손해배상책임과 관련하여 민법상 불법행위책임과의 관계가 문제될 수 있다. 전문금융소비자를 대상으로 하는 경우와 일반금융소비자를 대상으로 하는 경우를 구별해야 한다.

첫째, 일반금융소비자를 대상으로 하는 경우 자본시장법 제48조와 민법 제750조의 경합을 인정해야 한다. 그러나 자본시장법상 손해배상책임요건이 훨씬 완화되어 있으므로 현실적으로 양 규정의 경합이 문제되는 경우는 많지 않다. 자본시장법 제48조는 동법 제64조나 금소법 제44조에 대해서는 특별규정이다.

둘째, 전문금융소비자를 대상으로 하는 경우에는 금소법과 자본시장법상 설명의무 및 그 위반에 대한 별도의 규정을 두고 있지 않으므로 일반투자자를 대상으로 하는 경우와는 다른 접근이 필요할 것이다. 이는 (ⅰ) 종래의 판례와 같이 민법상 계약당사자 간의 보호의무에 근거한 설명의무를 인정할 것인지 여부와 (ⅱ) (ⅰ)에서 설명의무가 인정될 경우 그 위반을 이유로 민법 제750조의 손해배상책임을 인정할 것인가 여부의 2가지 문제로 구분해 볼 수 있다.

먼저 (ⅰ)에 대해 살펴보자. 금소법에서 전문금융소비자에 대한 설명의무를 명시하지 않은 것은 전문금융소비자의 위험감수능력을 고려한 것이다. 따라서 금융투자업자가 모든 전문금융소비자에 대하여 민법상 일반적 보호의무에 기하여 설명의무를 부담한다고 볼 수는 없을 것이다. 그러나 전문금융소비자라 해도 모두 금융투자업자와 대등한 지위에 선다고 볼 수는 없을 것이다. 따라서 구체적인 사실관계를 고려하여 보호의무의 존재를 인정할 경우가 없지는 않을 것이다.

(ⅱ)와 관련하여 설명의무가 인정되면 그 위반을 이유로 손해배상책임을 묻는 것도 가능할 것이다. 다만 설명의무가 인정될 가능성이 좁아지는 것에 상응하여 손해배상의 가능성도 줄어들게 될 것이다. 구 간투법 적용사건에 대한 대법원판결에서 "수익증권 투자자가 내용을 충분히 잘 알고 있는 사항이거나 수익증권의 판매를 전문적으로 하는 판매회사로서도 투자권유 당시 합리적으로 예측할 수 있는 투자 위험이 아닌 경우에는 그러한 사항에 대하여서까지 판매회사에게 설명의무가 인정된다고 할 수는 없다"고 판단하였다(대법원 2015. 2. 26. 선고

2014다17220 판결).

(3) 적합성원칙 및 설명의무위반에 따른 손해배상책임의 법적 성질

적합성원칙이나 설명의무위반에 따른 손해배상책임은 불법행위책임으로 이해하고 있다. 이를 채무불이행으로 인한 손해배상책임으로 볼 수 있는가? 법원은 "금융회사가 고객과 장외 파생상품 거래를 할 때 투자권유 단계 또는 계약체결 준비단계에서 부담하는 고객 보호 의무로서의 적합성의 원칙과 설명의무는 신의칙 또는 법령에 의하여 인정되는 의무일 뿐, 그 후에 체결되는 계약에 근거하여 발생하는 의무라고 볼 수는 없"고, "신의칙과 법령이 금융기관에게 위와 같은 의무를 준수할 것을 요구한다고 하여, 곧바로 상대방인 고객에게 그 의무에 상응하는 채권이 생긴다고 보기도 어렵다"고 하여 금융회사가 적합성원칙이나 설명의무를 위반하는 경우 이는 "위법한 행위로서 불법행위를 구성할 수는 있지만, 고객에 대한 채무불이행을 구성하지는 않는다"고 판단하였다(서울고법 2015. 7. 3. 선고 2015나10433 판결).[63] 또한 같은 취지에서 신탁회사가 신탁계약 체결을 권유하면서 고객보호의무를 위반함으로써 고객이 체결하지 않았을 신탁계약을 체결하게 된 경우 신탁회사는 그에 따른 손해에 관하여 불법행위책임을 지고, 다른 특별한 사정이 없는 한 채무불이행책임을 지지는 않는다(대법원 2018. 2. 28. 선고 2013다26425 판결).

7) 설명의무위반과 착오취소

수익증권의 판매업자가 집합투자의 중요사항에 대한 잘못된 정보를 제공한 경우 투자자들의 착오를 이유로 한 수익증권 매매계약의 취소가 인정되고 있다.[64] 옳은 접근이지만 문제는 취소의 결과 발생한 부당이득 반환의무의 주체이다.

7. 부당권유의 금지

1) 의   의

적합성원칙과 비슷하면서도 구별되는 것으로 부당권유의 금지가 있다. 적합성원칙은 금융소비자의 구체적 사정에 비추어 적합한 권유를 해야 한다는 원칙임에 반하여, 부당권유의 금지는 금융소비자의 구체적 사정과 관계없이 금융투자업자가 금융소비자의 건전한 판단을 저해할 가능성이 있는 일정한 행위를 금지하는 원칙이다. 따라서 적합성원칙과 달리 부당권유의 금지는 상대방이 일반금융소비자인 경우에 한정되지 않는다. 그러나 금소법상 부당권유의 금지도 판매규제인만큼 금융투자업자가 계약체결을 권유하는 경우에 적용되는 점은 적합

---

63) 대법원 2017. 6. 15. 선고 2015다47075 판결로 확정.

64) 서울고법 2015. 12. 18. 선고 2014나60608 판결(대법원 2016. 4. 28. 선고 2016다3638 판결로 심리불속행 기각); 서울고법 2015. 11. 6. 선고 2014나2048352 판결(대법원 2016. 3. 24. 선고 2015다250291 판결로 심리불속행 기각).

성원칙과 같다(21조 1호-4호, 6호·7호).

2) 유   형

(1) 단정적 판단의 제공 등의 금지[65]

가. 의의와 취지

금소법상 단정적 판단의 제공 등은 '**불확실한 사항에 대하여 단정적 판단을 제공하거나 확실하다고 오인하게 할 소지가 있는 내용을 알리는 행위**'를 말한다(21조 1호). 이를 금지하는 근거는 금융투자상품을 권유하는 금융투자업자가 단정적 판단을 제공함으로써 투자자가 정보에 기초하여 스스로 투자판단을 해야 한다는 자기책임원칙의 기초를 무력화하기 때문이다. 따라서 단정적 판단의 제공 등의 금지는 계약체결을 권유하는 경우에 적용된다. 따라서 단정적 판단의 제공 등의 금지를 적용할 때는 먼저 권유의 개념에 해당하는지가 중요해진다. 그러나, 권유와 단정적 판단의 제공 등의 행위를 동일인이 할 필요도 없다. 예컨대 A가 먼저 고객에 대하여 단정적 판단을 제공하고 그 후 그와 결탁한 금융투자업자의 직원 B가 투자자에 대하여 금융투자상품을 권유할 경우 단정적 판단의 제공 등에 해당할 수 있다.[66]

나. 판단 기준

① 불확실한 사항의 범위와 판단

첫째, '**불확실한 사항에 대하여 단정적 판단을 제공하거나 확실하다고 오인하게 할 소지가 있는 내용을 알리는 행위**'는 "객관적으로 진위가 분명히 판명될 수 없는 사항에 대하여 진위를 명확히 판단해 주거나 투자자에게 그 진위가 명확하다고 잘못 생각하게 할 가능성이 있는 내용을 알리는 행위"를 말한다(대법원 2017. 12. 5. 선고 2014도14924 판결). 법원은 '**불확실한 사항**'을 "객관적으로 진위가 분명히 판명될 수 없는 사항"으로 한정하여 해석하고 있다.

둘째, 특정행위가 단정적 판단의 제공 등에 해당하는지는 "통상의 주의력을 가진 평균적 투자자"를 대상으로, "금융투자업자가 사용한 표현은 물론 투자에 관련된 제반 상황을 종합적으로 고려하여 객관적·규범적으로 판단"한다(대법원 2017. 12. 5. 선고 2014도14924 판결). 판단기준은 권유의 상대방 자신이 아니다.

셋째, "투자자가 금융투자업자의 위와 같은 행위로 인하여 투자할 것"을 별도의 구성요건으로 규정하고 있지 않다(서울고법 2014. 10. 24. 선고 2014노73 판결).[67] 따라서 금융투자업자가 일단 단정적 판단의 제공 등을 한 이상 "이로써 바로 위 조항 위반죄가 성립하고, 금융투자업자의 불확실한 사항에 대한 단정적 판단의 제공 등에 어떠한 합리적인 근거가 있는지, 제

---

65) 이하 설명은 정순섭, "자본시장법상 단정적 판단제공 등 금지규제의 해석론 — 일본법과의 비교를 중심으로", 『상사판례연구』 제32집 제2권, 2019, 3-48면에 기초한 것이다.
66) 龍田節(編), 逐条商品取引所法, 商事法務研究会, 1995, 721면.
67) 대법원 2017. 12. 5. 선고 2014도14924 판결로 확정.

공한 단정적 판단 등이 결과적으로 맞았는지, 상대방이 제공된 단정적 판단 등을 신뢰하여 실제 투자를 하였는지, 투자로 인하여 실제로 손해가 발생하였는지 등은 위 조항 위반죄의 성립에 영향을 미치지 않는" 것이다(대법원 2017. 12. 5. 선고 2014도14924 판결).[68]

넷째, 단정적 판단의 제공 등의 금지는 그 적용범위와 관련하여 '**불확실한 사항에 대하여**'라고 하고 있고 가격이나 수익 등으로 한정하고 있지 않다. 취지상 중요사항으로 한정된다고 해석할 것인가? 증권령에서 "특정 유가증권의 가격의 상승 또는 하락에 대하여"(36조의3 2호)라고, 그리고 증권법은 "이익이 발생하는 것이 확실하다고 오인하게 될"(45조 1항 2호)이라고 규정하여 가격이나 수익으로 한정했다는 해석도 가능한 구조였다. 그러나 구 자본시장법은 "불확실한 사항에 대하여"(49조 2호)라고 하여 그러한 제한을 인정할 수 있는 근거를 삭제하였다. 그러나 규제의 취지상 사항은 중요사항으로 한정하는 것이 옳다. 법원도 같은 취지이다. 금소법은 이를 중요사항으로 명시하였다(금소법 19조 3항; 동 시행령 13조 10항; 금소법 19조 1항 1호 나목, 4호).

② 단정적 판단의 제공과 확실하다고 오인하게 할 소지가 있는 내용을 알리는 행위

첫째, 단정적인지의 판단과 관련하여 '**단정적 판단을 제공**'하는 행위는 '**전혀 문제가 없는**', '**대박 나는 거다**', '**다시는 없다**', '**단연코**', '**완벽하게**', '**땅 짚고 헤엄치기**' 등의 단정적 표현을 사용하는 것이 일반적이다(서울고법 2014. 10. 24. 선고 2014노73 판결). 그러나 '**반드시**', '**틀림없이**'와 같은 부사나 '**보증한다**', 단언할 수 있다'와 같은 동사를 사용할 필요는 없고,[69] 개별사례별로 실질적으로 판단할 사항이다. 같은 표현이라도 그 표현이 사용된 상황이나 이를 청취하는 사람에 따라 판단이 달라질 수 있다.[70] 자기 또는 관계자의 거래로 증권가격이 상승 또는 하락한다는 취지를 표시할 필요도 없다.[71] 자본시장법은 누구든지 상장증권 또는 장내파생상품의 매매를 유인할 목적으로 그 증권 또는 장내파생상품의 시세가 자기 또는 타인의 시장조작에 의하여 변동한다는 말을 유포하는 행위를 금지하고 있다(176조 2항 2호). 특정 업종에 속하는 회사의 평균주가수익률이 40이므로 그 업종에 속하는 특정회사의 주가가 적어도 주가수익률 기준으로 35가 되는 1470엔까지 상승한다고 표시하여 그 회사의 주식을 1300엔에 매수할 것을 권유하는 것은 단정적 판단의 제공에 해당한다.[72]

둘째, '**단정적 판단을 제공하는 행위**'와 '**확실하다고 오인하게 할 소지가 있는 내용을 알리는 행위**'를 별개의 행위유형으로 볼 것인가? 일본의 해석론은 '**확실하다고 오인하게 할 소지가 있는 내용을 알리는 행위**'를 "단정적 판단의 제공에는 이르지 않았지만, 고객이 확실하다고 오해

---

68) 헌법재판소 2017. 5. 25. 선고 2014헌바459 결정을 참조.
69) 神崎외, 752면.
70) 永田光博, 앞의 논문, 27면.
71) 神崎외, 752-753면.
72) 神崎외, 753면 각주 1.

할 수 있는 내용을 알리는 것"이라고 설명하고 있다.[73] 확실하다는 것이 명시되지 않아도 다양한 상황을 고려하여 일반적으로는 확실하다고 오해할 수 있는 것을 말하고, 단정적 판단의 제공보다는 간접적으로 확실성을 전달하는 표현을 의미한다.[74] 이와 관련하여 일본의 금상법의 "조문구조상 불확실한 사항에 관하여 '반드시' 등의 단정적 표현을 수반하는 정보제공이 단정적 판단의 제공에 해당"하고, "단정적 표현을 수반하지 않지만 확실하다고 오해하게 할 소지가 있는 정보제공은 확실하다고 오인하게 할 소지가 있는 내용을 알리는 행위에 해당"한다고 보는 견해[75]가 있다. '단정적 판단을 제공하는 행위'와 '확실하다고 오인하게 할 소지가 있는 내용을 알리는 행위'를 별도의 행위유형으로 보아 판단기준을 달리하는 것이 옳다. 법원도 "객관적으로 진위가 분명히 판명될 수 없는 사항에 대하여 진위를 명확히 판단해 주는 행위"를 '단정적 판단을 제공하는 행위'로, 그리고 "투자자에게 그 진위가 명확하다고 잘못 생각하게 할 가능성이 있는 내용을 알리는 행위"를 '확실하다고 오인하게 할 소지가 있는 내용을 알리는 행위'라고 하여 구분하고 있다(대법원 2017. 12. 5. 선고 2014도14924 판결).[76]

다. 일반금융소비자와 전문금융소비자의 판단기준 차별화

단정적 판단의 제공 등의 금지는 거래의 상대방으로서 일반금융소비자뿐만 아니라 전문금융소비자도 포함한다. 그러면 법원에서 말하는 "통상의 주의력을 가진 평균적 투자자"라는 기준이 일반금융소비자와 전문금융소비자에 동일하게 적용될 수 있는가? "단정적 판단 또는 확실하다고 오인하게 할 소지가 있는 내용"에의 해당 여부는 구체적인 금융소비자의 주관적 사정이 아니라 통상의 주의력을 가진 평균적 금융소비자를 기준으로 규범적으로 판단하는 점(대법원 2017. 12. 5. 선고 2014도14924 판결)[77]을 고려할 때 일반금융소비자와 전문금융소비자에 대하여 판단기준을 달리할 수는 없다.

라. 부당권유행위와 상대방의 투자 결정 사이의 인과관계 요부

금소법 제21조 제1호는 "금융소비자가 금융투자업자의 위와 같은 행위로 인하여 투자할 것"을 구성요건으로 명시하고 있지 않다. 또한 문제의 본질은 단정적 판단의 제공 등이 금융투자상품시장의 가격형성기능 및 투자판단의 형성기능을 왜곡시키는 데 있다.[78] 따라서 단정적 판단은 금융소비자의 책임에 속하는 투자판단을 한 것에 해당하므로 그러한 판단에 합리적 근거가 있는지 여부, 결과적으로 맞았는지 여부,[79] 그러한 판단에 근거하여 실제 투자를

---

73) 澤飯敦・大越有人,「第38조」, 岸田雅雄監修,『注釈 金融商品取引法 第2巻 業者規制』, 金融財政事情研究会, 2009, 321면.
74) 日野, 앞의 책, 704면.
75) 川村正幸, 金融商品取引法〈第5版〉, 中央經濟社, 2014, 424면.
76) 헌법재판소 2017. 5. 25. 선고 2014헌바459 결정을 참조.
77) 헌법재판소 2017. 5. 25. 선고 2014헌바459 결정을 참조.
78) 日野, 앞의 책, 703-704면.
79) 服部育生, 新證券取引法講義, 泉文堂, 2001, 57면("단정적 판단이 결과적으로 적중해도 그 권유행위의 위법성은 조각되지 않는다").

하였는지 여부는 단정적 판단의 제공 등의 성립에 영향을 미치지 않는다는 법원의 결론80)은 근거가 있다.

마. 자문과의 구분

장래의 불확실한 사항에 대하여 의견이나 자문을 제공하는 행위도 단정적 판단의 제공 등의 행위로서 금지되는가? 이 경우는 금융소비자의 투자판단의 형성기능을 왜곡하는 것이 아니라 오히려 조장하는 것이므로 금지되는 행위에 포함되지 않는다.81) 그러나 시황분석의 전문가로 알려진 자가 먼저 고객에 대하여 단정적 판단을 제공하고 그 후 그와 결탁한 금융투자업자의 직원이 투자자에 대하여 금융투자상품을 권유하는 경우에는 단정적 판단의 제공 등에 해당할 수 있다.82)

(2) 금융상품의 내용을 사실과 다르게 알리는 행위

금융상품의 내용을 사실과 다르게 알리는 행위도 부당권유행위로서 금지된다(금소법 21조 2호). 일반적으로 투자판단의 기초가 되는 중요정보에 관하여 거짓 사실을 알리는 적극적 행위유형으로서 투자자의 투자판단형성기능을 중대하게 침해할 수 있다. 자본시장법과 달리 금소법은 이 행위에 대해서는 형벌을 폐지하였다. 이러한 입법은 이례적이라고 생각되지만, 이 규제에 위반할 경우 부정거래행위의 하나인 '거짓의 기재 또는 표시'(178조 1항 2호)로 처벌할 수 있을 것이다{서울고법 2021. 5. 27. 선고 2020노2251 판결(확정)}.

(3) 금융상품의 가치에 중대한 영향을 미치는 사항을 미리 알고 있으면서 금융소비자에게 알리지 않는 행위

위 (2)가 적극적으로 거짓의 사실을 알리는 행위라면 부당권유행위로서 금융상품의 가치에 중대한 영향을 미치는 사항을 미리 알고 있으면서 금융소비자에게 알리지 않는 행위(금소법 21조 3호)는 소극적으로 알고 있는 중요사항을 감추는 행위를 말한다. 일반적으로 투자판단의 기초가 되는 중요정보를 감추는 행위로서 역시 적극적으로 거짓 사실을 알리는 행위와 마찬가지로 투자자의 투자판단형성기능을 중대하게 침해한다. 이 경우도 부정거래행위의 하나인 "중요사항의 기재 또는 표시가 누락된 문서, 그 밖의 기재 또는 표시"(178조 1항 2호)의 사용에 해당할 수 있다.

(4) 금융상품 내용의 일부에 대하여 비교대상 및 기준을 밝히지 않거나 객관적인 근거 없이 다른 금융상품과 비교하여 해당 금융상품이 우수하거나 유리하다고 알리는 행위

금융상품 내용의 일부에 대하여 비교대상 및 기준을 밝히지 않거나 객관적인 근거 없이

---

80) 대법원 2017. 12. 5. 선고 2014도14924 판결. 일본에서도 같은 입장이 일반적이다. 長島·大野·常松, 906면 ("단정적 판단이 합리적 근거에 기초한 것인지 여부, 결과적으로 맞았는지 여부 등에 관계없이 금지된다").
81) 永田光博, 앞의 논문, 27면.
82) 龍田節(編), 앞의 책, 721면.

특정상품의 상대적인 우수함이나 유리함을 알리는 행위(금소법 21조 4호)로서 역시 단정적 판단의 제공등이나 거짓 사실을 알리는 행위 또는 중요사항을 감추는 행위와 마찬가지로 금융소비자의 투자판단형성기능을 심각하게 침해할 수 있다. 이 행위도 단정적 판단의 제공등이나 거짓 사실을 알리는 행위 또는 중요사항을 감추는 행위에 해당할 수 있지만, 다른 금융상품과의 상대적 우수함이나 유리함을 본질적 요소로 하는 점에서 위 3유형에 우선하여 적용되어야 한다. 금융당국은 온라인플랫폼에서 여러 대출상품을 권유할 때 대출상품 간의 조건비교 및 과거 대출상품 중개 이력 데이터 등을 기반으로 대출상품 선호도를 분석하여 선호도가 높을 것으로 예측되는 순서로 나열하여 고객에게 보여 주는 경우 동 분석기법이 알고리즘요건을 충족하고 객관적인 데이터에 기반하면 부당권유행위에 해당하지 않는다고 판단하였다(신속처리시스템 회신, 은행 211102-141).[83]

(5) 불초청권유의 금지

가. 원 칙

금소법은 금융소비자의 사생활의 평온을 보호하고 지나치게 강압적인 판매를 규제하기 위하여 금융소비자가 요청하지 않은 투자권유를 금지하고 있다(21조 6호 가목·나목). 구체적으로 투자성 상품의 경우 금융소비자로부터 계약의 체결권유를 해줄 것을 요청받지 않고 방문·전화 등 실시간 대화의 방법을 이용하는 행위(불초청권유금지)와 계약의 체결권유를 받은 금융소비자가 이를 거부하는 취지의 의사를 표시하였는데도 계약의 체결권유를 계속하는 행위(재권유금지)를 금지하고 있다.

나. 예 외

금융소비자 보호 및 건전한 거래질서를 해칠 우려가 없는 다음 3가지 행위는 허용된다(금소법 21조 단서; 동 시행령 16조 1항).

첫째, 전문금융소비자의 경우 장외파생상품 및 연계투자를 제외한 투자성 상품, 일반금융소비자의 경우 장외파생상품 및 연계투자, 장내파생상품, 일반사모펀드의 집합투자증권, 고난도금융투자상품, 고난도투자일임계약 및 고난도금전신탁계약을 제외한 투자성 상품에 대한 불초청권유행위(금소법 21조 6호 가목)는 허용된다(금소법 21조 단서; 동 시행령 16조 1항 1호). 일종의 사전안내행위를 허용한 것이므로 금융투자업자가 계약체결권유를 하기 전에 금융소비자의 연락처 등 개인정보의 취득경로, 권유하려는 금융상품의 종류·내용, 금융소비자의 연락정보 등 개인정보의 취득경로, 방문·전화 등 실시간 대화의 방법으로 권유하기 위한 것이라는 사실, 방문·전화 등을 하려는 방문판매자등의 성명과 권유하려는 시간·장소를 금융소비자에게 미리 안내하고 해당 금융소비자가 계약체결권유를 받을 의사를 표시한 경우로 한정한다

---

83) 법무법인(유) 지평, 『금융소비자보호법 해설』, 박영사, 2023, 131-132면 주 5.

(금소법 21조 단서; 동 시행령 16조 1항 1호 가목·나목; 동 규정 15조 1항 1호-5호).

둘째, 적용대상상품에 대한 재권유행위(금소법 21조 6호 나목)에 따른 행위(금소법 21조 단서; 동 시행령 16조 1항 2호)도 허용된다. 여기서 적용대상상품은 (ⅰ) 금융투자상품의 경우 수익증권, 장내파생상품, 장외파생상품, 증권예탁증권, 지분증권, 채무증권, 투자계약증권, 파생결합증권, (ⅱ) 신탁계약의 경우 금전신탁계약, 비금전신탁계약, (ⅲ) 투자자문계약 또는 투자일임계약의 경우 장내파생상품에 관한 계약과 장외파생상품에 관한 계약, 증권에 관한 계약을 말한다(금융소비자감독규정 15조 2항 1호-3호). 이러한 구분에도 불구하고 기초자산의 종류가 다른 장외파생상품이나 금융상품의 구조(선도, 스왑, 옵션)가 다른 장외파생상품은 다른 유형의 금융상품으로 본다(금융소비자감독규정 15조 3항 1호·2호).

셋째, 투자성 상품에 대한 계약체결권유를 받은 금융소비자가 이를 거부하는 취지의 의사를 표시한 후 1개월이 지나면 그 상품에 대한 재권유행위(금소법 21조 5호 나목)도 허용된다(금소법 21조 단서; 동 시행령 16조 1항 3호; 동 규정 15조 4항).

(6) 투자성 상품 권유시 대출성 상품의 안내 등

투자성 상품에 관한 계약체결을 권유하면서 일반금융소비자가 요청하지 않은 다른 대출성 상품을 안내하거나 관련 정보를 제공하는 행위(금소법 21조 7호; 동 시행령 16조 3항 3호)도 금지된다. 금소법상 대출성 상품에 대한 구속성거래에 대해서는 별도의 금지규제(20조)가 있다. 부당권유행위로서의 대출성 상품의 안내 등은 대출을 통하여 투자금을 증액하려는 유인을 방지하기 위한 것으로 해석하는 견해[84]가 있다.

(7) 직무수행교육 미이수자의 판매행위

내부통제기준에 따른 직무수행 교육을 받지 않은 자로 하여금 계약체결권유와 관련된 업무를 하게 하는 행위(금소법 21조 7호; 동 시행령 16조 3항 1호)도 금지된다. 금융당국은 상품숙지의무를 규정한 것으로 설명하면서, 개별상품에 필요한 직무교육 사항은 금융회사가 상품내용, 소비자보호정책 등을 고려하여 자율적으로 정할 사항이라고 한다.[85] 금소법상 내부통제기준에는 내부통제기준에 따른 직무수행 교육에 관한 사항이 포함되어야 한다(16조 2항; 동 시행령 10조 2항 5호).

(8) 권유의 상대방인 일반금융소비자의 정보조작 후 권유행위

일반금융소비자의 정보(금소법 17조 2항)를 조작하여 권유하는 행위(금소법 21조 7호; 동 시행령 16조 3항 2호)도 제한된다. 적합성원칙의 적용을 위한 제도적 기초 중의 하나인 일반금융소비자정보를 조작하는 것은 적합성원칙의 제도적 취지를 근본적으로 훼손하는 것으로서 금

---

84) 김민석외, 136-137면.
85) 금융위·금감원, 보도참고자료: 금융소비자보호법 관련 10問 10答, 2021. 3. 24., 4면.

융소비자 보호 또는 건전한 거래질서를 해칠 우려가 있는 행위로 본 것이다.

(9) 금융상품에 대한 금융소비자의 합리적 판단을 저해하는 행위

금융소비자감독규정은 이러한 행위로서 (ⅰ) 투자성 상품의 가치에 중대한 영향을 미치는 사항을 알면서 그 사실을 금융소비자에 알리지 않고 그 금융상품의 매수 또는 매도를 권유하는 행위, (ⅱ) 자기 또는 제3자가 소유한 투자성 상품의 가치를 높이기 위해 금융소비자에게 해당 투자성 상품의 취득을 권유하는 행위, (ⅲ) 금융소비자가 불공정거래행위(174조, 176조 또는 178조)에 위반되는 매매, 그 밖의 거래를 하고자 한다는 사실을 알고 그 매매, 그 밖의 거래를 권유하는 행위, (ⅳ) 적합성원칙(금소법 17조)을 적용받지 않고 권유하기 위해 일반금융소비자로부터 계약체결권유를 원하지 않는다는 의사를 서면 등으로 받는 행위를 규정하고 있다(금소법 21조 7호; 동 시행령 16조 3항 4호; 동 규정 15조 5항 1호-3호, 5호). 위 (ⅰ)은 전형적인 소극적 유형의 정보은닉거래이고, 위 (ⅱ)는 선행매매형에 속한다. 위 (ⅲ)은 불공정거래행위에 대한 교사범이나 방조범에 해당한다. (ⅳ)는 권유불원행위로서 전형적으로 예상되는 적합성원칙 회피사례이다.

3) 부당권유금지의 실효성 확보수단

(1) 행정제재

구 자본시장법은 금소법과는 달리 단정적 판단의 제공 등의 금지 위반행위를 형벌로 처벌하고 있었다(445조 6호, 49조 2호). 죄형법정주의와 과잉금지원칙에 반한다는 논의에 대하여 헌법재판소는 합헌으로 결정하였다(헌법재판소 2017. 5. 25. 선고 2014헌바459 결정). 특히 형벌의 적용과 관련하여 최근 부당권유행위의 하나인 단정적 판단의 제공금지에 위반한 행위를 제178조의 부정거래행위로 기소하여 유죄가 확정된 사례가 있다는 점에 주의할 필요가 있다.

금소법은 형벌을 폐지하고 과태료와 과징금을 부과한다. 먼저 금융위는 부당권유규제에 위반한 자에 대하여 1억원 이하의 과태료를 부과한다(69조 1항 4호). 다음으로 금융위는 '그 **위반행위와 관련된 계약으로 얻은 수입 또는 이에 준하는 금액**'("수입등")의 50% 이내에서 과징금을 부과할 수 있다(57조 1항 3호). 수입등을 산정할 때에는 명칭 여하를 불문하고 계약 체결 및 그 이행으로 인해 금융소비자로부터 얻는 모든 형태의 금전등을 대상으로 한다(금소법시행령 43조 1항 본문).[86] 다만, 위반행위자가 영업실적이 없는 등의 사유로 수입등이 없거나 재해로 인해 수입등을 산정하는데 필요한 자료가 소멸되거나 훼손되는 등으로 수입등을 산정하기가 곤란한 경우 10억원을 한도로 과징금을 부과할 수 있다(금소법 57조 1항 3호 단서; 동 시행령 43조 2항 1호·2호). 수입등의 산정은 금융시장 환경변화로 인한 변동요인, 금융상품 유형별 특

---

86) 다만, 인지세 등 제세공과금과 저당권 설정 등에 따른 등기 비용 등은 제외한다(금소법시행령 43조 1항 단서; 37조 6항).

성, 금융상품계약체결등의 방식 및 금융상품판매업자등의 사업규모 등을 고려하여 시행령으로 정한다(금소법 57조 4항; 동 시행령 43조).

금융투자업자가 금융상품계약체결등을 대리하거나 중개하게 한 투자권유대행인 또는 금융투자업자의 소속 임직원이 부당권유규제에 위반하는 행위를 한 경우 그 금융투자업자에 대하여 "그 위반행위와 관련된 계약으로 얻은 수입등의 50% 이내에서" 과징금을 부과할 수 있다(금소법 57조 2항 본문). 다만, 금융투자업자가 그 위반행위를 방지하기 위해 그 업무에 관하여 적절한 주의와 감독을 게을리하지 않은 경우 그 금액을 감경하거나 면제할 수 있다(금소법 57조 2항 단서).

부당권유규제에 위반한 금융투자업자와 그 임직원은 각종 기관 및 임직원 제재의 대상이 될 수 있다(금소법 51조-53조).

(2) 민사제재

가. 부당권유와 손해배상책임

금융투자업자의 부당권유행위는 투자자에 대한 불법행위책임을 발생시킬 수 있다(금소법 44조). 단순한 '**적극적 권유**'만으로 부족하지 않지만, '**적극적 기망행위**'까지 요구하지도 않는다(대법원 1994. 1. 11. 선고 93다26205 판결).[87] 법원은 "증권회사의 임·직원이 증권거래법에 위반한 방법으로 투자를 권유하였으나 투자결과 손실을 본 경우에 투자가에 대한 불법행위책임이 성립하기 위하여는, 거래행위와 거래방법, 고객의 투자상황, 거래의 위험도 및 이에 관한 설명의 정도 등을 종합적으로 고려한 후 당해 권유행위가 경험이 부족한 일반 투자가에게 거래행위에 필연적으로 수반되는 위험성에 관한 올바른 인식형성을 방해하거나 고객의 투자상황에 비추어 과대한 위험성을 수반하는 거래를 적극적으로 권유한 경우에 해당하여 결국 고객에 대한 보호의무를 저버려 위법성을 띤 행위인 것"으로 평가될 수 있어야 한다고 하고, 이는 "투자수익보장의 방법에 의한 투자를 권유한 경우"와 "단정적 판단의 제공에 의한 권유행위"의 경우에 동일하게 적용되어야 한다고 판시하였다(대법원 1996. 8. 23. 선고 94다38199 판결).[88]

중요한 것은 금융투자업자는 금융상품계약체결등의 업무를 대리·중개한 투자권유대행인이 대리·중개 업무를 할 때 금융소비자에게 손해를 발생시킨 경우 단순한 사용자책임이 아니라 직접적인 손해배상책임을 지는 점이다(금소법 45조 1항 본문). 다만, 금융투자업자가 투자권유대행인의 선임과 그 업무감독에 대하여 적절한 주의를 하였고 손해를 방지하기 위하여 노력한 경우에는 책임지지 않는다(금소법 45조 1항 단서). 물론 금융투자업자의 이러한 손해배상책임이 투자권유대행인에 대한 구상권 행사를 방해하지 않는다(금소법 45조 2항).

---

87) 같은 취지: 대법원 2003. 1. 10. 선고 2000다50312 판결; 대법원 2007. 7. 12. 선고 2006다53344 판결.
88) 같은 취지: 대법원 2001. 10. 12. 선고 2000다28537(본소)·28544(반소) 판결; 대법원 2002. 10. 8. 선고 2002다37382 판결; 대법원 2002. 12. 26. 선고 2000다56952 판결; 대법원 2003. 1. 10. 선고 2000다50312 판결.

나. 위법계약해지권

① 의의와 대상

금융소비자는 금융투자업자가 부당권유규제를 위반하여 금융상품계약을 체결한 경우 계약해지를 요구할 수 있다(금소법 47조 1항 전단; 동 시행령 38조 1항; 동 규정 31조 1항 1호-4호, 2항). 첫째, 해지사유는 계약체결 당시의 부당권유규제위반이다. 둘째, 해지대상은 금융소비자와 금융투자업자 간 계속적 거래[89]가 이루어지고 금융소비자가 해지 시 재산상 불이익이 발생하는 금융상품[90]에 관한 계약이다. 만기도래나 해약 등으로 효력이 소멸한 경우는 적용되지 않는다.[91] 셋째, 해지기간은 계약체결일부터 5년 이내의 범위에서 금융소비자가 계약체결에 대한 위반사항을 안 날부터 1년 이내이다. 안 날은 다른 경우(117조의12 3항, 127조, 142조 5항, 162조 5항)와 같이 새겨야 한다. 넷째, 해지 의사표시는 서면등으로 해야 한다.

② 거절사유와 계약해지

금융상품투자업자는 해지를 요구받은 날부터 10일 이내에 금융소비자에게 수락 여부를 통지해야 하며, 거절할 때에는 거절사유를 함께 통지해야 한다(금소법 47조 1항 후단). 금융소비자는 금융투자업자가 정당한 사유 없이 해지요구를 따르지 않는 경우 그 계약을 해지할 수 있다(금소법 47조 2항). 정당한 사유는 위반사실에 대한 근거를 제시하지 않거나 거짓으로 제시한 경우, 계약체결 당시에는 위반사항이 없었으나 금융소비자가 계약체결 이후의 사정변경에 따라 위반사항을 주장하는 경우, 금융소비자의 동의를 받아 위반사항을 시정한 경우, 그 밖에 이에 준하는 것으로서 금융위가 고시하는 경우를 말한다(금소법시행령 38조 1호-4호).

③ 계약해지의 효력

위법계약이 해지되면 장래에 향하여 효력을 상실한다. 이 경우 해지에 따른 정산이 필요하다. 다만 금융투자업자는 수수료, 위약금 등 계약해지와 관련된 비용을 금융소비자에게 요구할 수 없다(금소법 47조 3항). 결국 해지의 정당한 사유로서 부당권유규제위반 여부에 관한 다툼으로 귀결될 것이다. 계약으로부터의 이탈을 보장함으로써[92] 금융소비자보호에 도움이 된다는 평가도 있지만, 법체계상 특이한 규정으로서 신중한 적용이 요구된다.

---

89) 계약 체결로 집합투자규약(9조 22항)이 적용되는 경우에는 그 적용기간을 포함한다. 집합투자증권을 적용대상으로 포함하기 위한 특칙이다.

90) 온라인투자연계금융업자와 체결하는 계약, 원화표시 양도성 예금증서, 표지어음, 그 밖에 이와 유사한 금융상품은 제외한다.

91) 법무법인 지평, 앞의 책, 216면 주 3).

92) 전상수·연광석·박준모·황성필, 금융소비자보호법: 해석과 입법론, 홍문사, 2022, 398면.

8. 이익보장의 금지

1) 의   의

금융투자상품의 매매, 그 밖의 거래와 관련한 이익보장행위는 금지된다(55조 1호-4호). 대표적인 것은 금융투자상품을 권유하면서 금융투자업자나 그 임직원이 이익을 보장하는 행위이다. 금융투자업자는 일반적인 투자매매업자 또는 투자중개업자에 한정되지 않고, 집합투자증권을 직판하는 집합투자업자도 포함한다.[93] 적용범위도 권유에 한정되지 않고 금융투자상품의 매매 그 밖의 거래와 관련성이 있으면 된다. 구체적으로 손실 전부 또는 일부 보전의 사전약정이나 사후보전 그리고 이익의 사전보장이나 사후제공이 모두 금지된다. 금융투자업자의 임직원이 자기계산으로 하는 경우도 금지된다(55조 후단). 이익보장금지는 업무위탁과 투자권유대행인에도 준용된다(42조 10항, 52조 6항).

그 이유는 "증권시장에서의 가격이 공정하게 형성되도록 노력할 책무가 있는 증권회사나 그 임직원이 고객에 대하여 수익을 보장하는 약정을 하고 이를 이행하기 위하여 부득이 불건전한 거래 또는 변칙적인 거래를 함으로써 증권시장의 공정한 거래질서의 왜곡을 가져올 위험성이 있"고(대법원 2010. 7. 22. 선고 2009다40547 판결), "위험관리에 의하여 경제활동을 촉진하는 증권시장의 본질을 훼손하고 안이한 투자판단을 초래하여 가격형성의 공정을 왜곡하는 행위"이기 때문이다(대법원 2001. 4. 24. 선고 99다30718 판결).

그러나 자본시장법상 허용된 손실보전 또는 이익보장을 하는 경우(103조 3항), 그 밖에 건전한 거래질서를 해할 우려가 없는 경우로서 정당한 사유가 있는 경우를 제외한다(55조 전단). 이익보장의 금지 또는 제한(55조)을 회피할 목적으로 하는 행위로서 장외파생상품거래, 신탁계약, 연계거래 등을 이용하는 행위는 투자매매업자등의 불건전영업행위로서 금지된다(71조 7호; 령 68조 5항 11호, 85조 8호; 령 87조 4항 7호, 98조 2항 10호; 령 99조 4항 5호).

2) 적용범위

(1) 사인 간의 수익보장약정

금융투자업자(및 그 임직원)가 아닌 사인 간의 수익보장약정의 효력은 어떠한가? 대법원은 위에서 본 금지이유에 비추어 "증권거래법상 수익보장금지 원칙을 곧바로 유추적용하기는 어렵다 할 것이고, 달리 그 사법적 효력을 부인할 근거를 찾기 어렵다"고 판단하였다(대법원 2010. 7. 22. 선고 2009다40547 판결).

(2) 발행인에 의한 수익보장약정

일부에서는 파생결합증권 중 기초자산의 가치를 과실에만 연계시키는 과실연계형 파생결

---

93) 대법원 1998. 10. 27. 선고 97다47989 판결.

합증권을 원금보장형 파생결합증권이라고 부르면서 자본시장법상 금융투자상품의 개념요소로서의 투자성을 갖추지 못한 것이 아닌가 하는 의문을 제기하는 견해가 있다. 만일 금융투자업자에 의한 문언 그대로의 원금보장이 이루어졌다면 자본시장법상 수익보장금지규정에 위반하여 그 사법상 효력은 부인되어야 한다. 그러나 발행인인 금융투자업자가 발행인으로서 원금상환을 약속하는 것은 여기서 말하는 금융투자업자의 수익보장에 해당되지 않는다.

(3) 이익보장약속에 의한 부당권유행위

금융투자업자에 의한 수익보장행위와 구별되는 것으로 기관전용사모펀드의 업무집행사원이 이익보장약속 등의 방법으로 투자를 권유하는 행위가 있다. 기관전용사모펀드의 업무집행사원이 "원금 또는 일정한 이익의 보장을 약속하는 등의 방법으로 사원이 될 것을 부당하게 권유하는 행위"는 금지된다(249조의14 6항 2호). 업무집행사원은 법인이 업무집행사원인 경우 법인의 임직원을 포함한다.

금지되는 이익보장약속에 의한 부당권유행위의 주체는 업무집행사원이고, 그 권유행위의 일부를 이루는 이익보장약속의 주체 역시 특별한 사정이 없는 한 업무집행사원이므로, "업무집행사원의 투자권유와 무관하게 유한책임사원 등의 제3자가 업무집행사원과 별도로 투자자에게 이익보장약속을 하였더라도" 그 사정만을 가지고 이익보장약속에 의한 부당권유규제를 위반하였다고 할 수 없다(대법원 2017. 12. 13. 선고 2017두31767 판결).

다만 이익보장주체인 제3자가 단순히 이익보장약속을 하는 데서 나아가 펀드설정 및 판매의 전 과정에 주도적으로 참여하여, "투자자가 업무집행사원의 권유를 받아들여 사원이 될 것인지의 투자판단에 직접적인 영향을 미쳐 실질적으로도 간접투자와 집합투자가 아니라 제3자에 대한 자금 대여를 권유한 것과 같은 결과에 이른다면", 이러한 업무집행사원의 행위는 이익보장약속에 의한 부당권유행위에 해당한다(대법원 2017. 12. 13. 선고 2017두31767 판결).

3) 위반시의 제재

이익보장규제에 위반한 금융투자업자와 그 임직원은 각종 기관 및 임직원 제재의 대상이 될 수 있다(420조·422조 [별표1] 56호). 또한 위반행위자는 3년 이하의 징역 또는 1억원 이하의 벌금에 처한다(445조 10호).

이익보장에 의한 권유도 일반적인 부당권유규제위반과 함께 투자자에 대한 불법행위책임을 발생시킬 수 있다(금소법 44조). 문제는 이익보장약정의 사법상 효력이다. 대법원은 증권법 제52조 제1호(자본시장법 55조에 해당)가 '공정한 증권거래질서의 확보를 위하여 제정된 강행법규'라고 전제하고 그에 위배되는 수익보장약정은 무효라고 한다(대법원 1980. 12. 23. 선고 79다2156 판결).[94] 나아가 이익보장약정에 따라 지급한 이익금은 부당이득으로 보았다(대법원

---

94) 같은 취지: 대법원 1996. 8. 23. 선고 94다38199 판결; 대법원 1997. 2. 14. 선고 95다19140 판결; 대법원

1997. 2. 14. 선고 95다19140 판결).95) 사후적인 손실보전약정이나 보전행위도 무효로 본다(대법원 2001. 4. 24. 선고 99다30718 판결).96) 사전적인 손실보전약정도 같다.

같은 취지에서 특정금전신탁에 관한 원본보전이나 이익보장 약정은 모두 특정금전신탁의 본질과 기능에 반하고 건전한 신탁거래질서를 해치는 것으로서 강행법규인 구 신탁업법 제11조에 반하여 무효라고 판단하였다(대법원 2007. 11. 29. 선고 2005다64552 판결). 자본시장법에서도 같다.

9. 투자성 있는 예금과 보험

1) 의의 및 취지

투자성 있는 예금과 보험에 대해서는 원칙적으로 이상에서 살펴본 금소법상의 판매규제가 그대로 적용되지만, 각 상품별 특수성을 고려하여 일부 적용제외규정을 두고 있다. 여기서 주의할 것은 투자성 있는 보험은 보험업법상 변액보험의 형태로 거래될 수 있지만, 투자성 있는 예금이 은행법상 허용되는지 여부는 명확하지 않다는 점이다. 은행법상 예금은 민법상 금전소비임치로서 원본보전성을 본질적 요소로 하고 있기 때문이다. 자본시장법에서 투자성 있는 예금에 관하여 특칙을 둔 것은 은행법상 그러한 업무가 허용되는 것을 전제로 한 것이다.

2) 투자성 있는 예금계약 등

은행이 투자성 있는 예금계약, 금적립계좌등의 발행을 위한 계약을 체결하는 경우에는 투자매매업에 관한 금융투자업인가를 받은 것으로 본다(77조 1항 전단, 12조; 령 77조의2). 이 경우 인가요건유지의무(15조), 명의대여금지, 겸영업무, 부수업무, 업무위탁, 검사 및 처분, 이해상충의 관리와정보교류차단(39조-45조), 약관(56조), 수수료(58조), 소유증권의 예탁, 금융투자업 폐지 공고 등, 임직원의 금융투자상품 매매, 고객응대직원에 대한 보호 조치 의무, 손해배상책임, 외국 금융투자업자의 특칙(61조-65조) 및 금융투자업자의 지배구조와 경영건전유지, 투자매매업자 및 투자중개업자의 영업행위 규칙(2편 2장·3장·4장 2절 1관)을 적용하지 않으며, 발행공시규제(3편 1장)은 투자성 있는 외화예금계약을 체결하는 경우에 대하여는 적용하지 않는다(77조 1항 후단, 12조).

3) 투자성 있는 보험

보험회사·외국보험회사·보험설계사·보험대리점(보험업법 2조 8호-10호)이 투자성 있는

2001. 4. 24. 선고 99다30718 판결; 대법원 2002. 12. 26. 선고 2000다56952 판결. 평석으로는 김건식, "증권회사직원의 이익보증약정과 투자자의 구제", 『민사판례연구(XIX)』, 1997, 272면 이하.

95) 증권회사 이외의 금융회사가 체결한 수익보장약정도 무효로 보고 있다. 대법원 1999. 3. 23. 선고 99다4405 판결.

96) 같은 취지: 대법원 2003. 1. 24. 선고 2001다2129 판결.

보험계약을 체결하거나 그 중개 또는 대리를 하는 경우에는 제12조에 따라 투자매매업 또는 투자중개업에 관한 금융투자업인가를 받은 것으로 본다(77조 2항 전단, 12조).

이 경우 인가요건유지의무(15조), 명의대여금지, 겸영업무, 부수업무, 업무위탁, 검사 및 처분, 이해상충의 관리와 정보교류차단(39조-45조), 검사 및 조치(51조-53조), 약관(56조), 수수료(58조), 소유증권의 예탁, 금융투자업 폐지 공고 등, 임직원의 금융투자상품 매매, 고객응대직원에 대한 보호 조치 의무, 손해배상책임, 외국 금융투자업자의 특칙(61조-65조) 및 금융투자업자의 지배구조와 경영건전유지, 투자매매업자 및 투자중개업자의 영업행위 규칙과 발행공시규제(2편 2장·3장·4장 2절 1관, 3편 1장)는 투자성 있는 외화예금계약을 체결하는 경우에 대하여는 적용하지 않는다(77조 2항 후단, 12조).

4) 금소법의 적용

금소법상 개별 금융상품이 동법상 4유형 중 둘 이상의 상품유형에 해당하는 속성이 있는 경우에는 해당 유형에 각각 속하는 것으로 본다(3조 단서). 예컨대 투자성 있는 예금이나 투자성 있는 보험과 같이 예금 또는 보험과 금융투자상품의 속성을 동시에 가지고 있는 경우에는 그 두 유형에 적용되는 규제가 모두 적용된다는 것을 의미한다.

10. 투자권유대행인

1) 의   의

투자권유대행인은 "금융투자업자의 위탁을 받아 금융투자상품의 판매권유를 대행하는 것을 영업으로 하는 자"로서 간투법상 취득권유자 제도를 확대한 것이다(52조 1항). 금융투자업자는 투자권유대행인 이외의 자에게 투자권유대행을 위탁해서는 안된다(52조 1항). 그러나 업무위탁규제는 적용되지 않는다(51조 1항 전단, 42조). 투자권유대행인에 관한 규제는 금소법으로 이관되어 금융상품판매대리·중개업자로 규제된다. 금융투자상품의 제조와 판매의 분리라는 현상을 고려하여 전문판매조직의 육성을 통한 금융투자업자와 투자자의 공동이익을 목적으로 도입된 것이다. 그러나 투자권유대행인은 파생상품등에 대한 투자권유를 할 수 없다(51조 1항 전단). 2009. 2. 위험상품에 대한 권유를 제한하기 위해 도입된 것이다.

2) 등록과 규제

투자자 보호를 위하여 투자권유대행인의 판매권유행위에 대한 일정한 규제가 필요하다는 관점에서 투자권유대행인의 등록을 의무화하고(51조 3항), 그 자격을 전속의 개인으로 한정하고 있다(51조 1항 전단). 투자권유대행인은 금소법상 금융상품판매대리·중개업자로서 영업행위 규제를 받고(52조 2항 폐지), 금감원장의 검사 및 처분의 대상으로 하고 있다(53조). 설명의무위반(금소법 19조 1항·3항)에 따른 손해배상책임(48조), 직무관정보의 이용금지(54조), 이익보장금지(55조) 및 금융거래의 비밀보장(실명법 4조)은 투자권유대행인이 투자권유를 대행하는 경우에 준용한다(52조 6항). 금융투자업자는 투자권유대행인이 투자권유를 대행하면서 법령을 준수하고 건전한 거래질서를 해하는 일이 없도록 성실히 관리해야 하며, 이를 위한 투자권유 대행기준을 정해야 한다(52조 4항).

3) 부당권유와 손해배상책임

투자권유대행인은 금융투자업자의 투자권유를 중개하는 자이며 계약체결의 대리권이나 투자자의 재산을 수령할 권한을 가지지 않는다. 그리하여 투자권유대행인이 위탁한 금융투자업자나 투자자를 대리하여 계약을 체결하거나 투자자로부터 재산을 수취하거나 제3자에게 투자권유를 재위탁하는 것을 모두 금지하고 있다. 그리고 자본시장법은 투자권유대행인이 투자권유를 대행하면서 투자자에게 손해를 끼친 경우 투자권유를 위탁한 금융투자업자에게 민법 제756조의 사용자책임을 인정하고 있었다(폐지 전 52조 5항). 그러나 금소법상으로는 금융상품투자업자는 투자권유대행인이 위탁받은 업무를 수행하는 과정에서 금융소비자에게 발생시킨 손해에 대해 직접 손해배상책임을 진다(동법 45조 1항 본문). 그리고 그 면책요건도 금융투자업자가 (ⅰ) 업무위탁시 적절한 주의와 (ⅱ) 손해방지를 위한 노력을 증명한 경우로 한정하고 있다(동법 45조 1항 단서). 물론 금융투자업자는 투자권유대행인에게 구상권을 행사할 수 있다.

11. 투자권유준칙

금융투자업자는 투자권유를 하면서 그 임직원이 준수해야 할 구체적인 기준과 절차를 포함한 투자권유준칙을 정해야 한다(50조 1항). 투자권유준칙을 제정하거나 변경한 경우에는 인터넷 홈페이지 등을 이용하여 공시해야 한다(50조 2항). 협회에서 업계 공통으로 사용할 수 있는 준칙을 제정할 수 있다(50조 3항). 협회에서 제정하는 투자권유준칙에는 이상에서 살펴본 일반적·추상적인 투자권유규제를 보다 구체화하는 내용이 포함되어야 할 것이다. 협회의 표준투자준칙을 기초로 금융투자업의 범위와 취급하는 금융투자상품의 종류를 고려하여 개별 금융투자업자별로 투자권유준칙을 제정하게 될 것이다. 다만 파생상품등 위험상품에 대하여는 일반투자자의 투자목적·재산상황 및 투자경험 등을 고려하여 투자자등급별로 차등화된 투자권유준칙을 마련해야 한다(50조 1항 단서, 46조의2 1항). 금융투자업자가 투자자와 그 위험선호도에 대하여 합의한 경우 그 투자목표를 이해한 후 적절한 위험에 대한 경고가 이루어져야 할 것이다.

Ⅲ. 투자광고

1. 의   의

제정 당초 자본시장법에서는 금융투자업자의 무분별한 광고로부터 투자자를 보호하기 위해 투자광고 규제를 도입했다(폐지 전 57조). 투자광고에 관한 사항은 금소법으로 이관되었다. 이하 금소법상 광고규제를 금융투자상품과 관련되는 범위에서 살펴본다.

자본시장법은 '**투자광고**'라는 용어를 사용했지만, 금소법은 '**금융상품등에 관한 광고**'라고 한다. 금융상품등에 관한 광고는 "금융상품판매업자등의 업무에 관한 광고 또는 금융상품에 관한 광고"를 말한다(금소법 22조 1항 본문). 광고와 권유는 금융투자상품 거래를 유인할 목적을 가진 점에서는 같지만 다음과 같이 구별된다. 첫째, 투자권유는 "특정 투자자를 상대로 금융투자상품의 매매…의 체결을 권유하는 것"(9조 4항)이라고 정의되어 있다. 따라서 불특정 다수인을 상대로 하는 것은 투자광고의 개념요소가 된다. 둘째, 투자권유는 금융투자상품매매계약의 체결 등을 그 내용으로 한다. 따라서 특정한 계약의 체결이 아닌 일반적인 정보의 제공행위는 투자광고의 개념요소라고 할 수 있다. 투자광고는 '**금융투자상품의 매매를 유인할 목적**'으로 '**금융투자업무 또는 금융투자상품에 관한 정보를 제공**'하는 행위라는 점에서 투자자 보호의 필요성이 없는 공익적 광고나 이미지 광고와 구별된다. 금융규제에서 광고규제는 금융투자업과 금융투자상품을 대상으로 그 주체와 내용을 규제하는 것이다.

2. 주   체

투자성 상품에 관한 광고를 할 수 있는 자는 원칙적으로 금융투자업자이다. 따라서 금융투자업자가 아닌 자 및 투자성 상품에 관한 금융상품판매대리·중개업자 등 시행령으로 정하는 자는 금융상품등에 관한 광고를 할 수 없다(금소법 22조 1항 본문; 동 시행령 17조 1항 1호·2호). 금융투자업자의 업무에 관한 광고의 경우에는 투자성 상품을 취급하는 금융상품판매대리·중개업자, 그리고 금융투자상품에 관한 광고의 경우에는 금융상품판매대리·중개업자가 제한대상이다. 다만, 금융상품직접판매업자가 금융상품판매대리·중개업자에게 허용한 경우에는 금융상품에 관한 광고를 할 수 있지만, 투자성 상품을 취급하는 경우는 제외한다. 협회, 금융상품판매업자등을 자회사 또는 손자회사로 하는 금융지주회사와 증권의 발행인 또는 매출인, 집합투자업자 등 시행령으로 정하는 자는 금융상품등에 관한 광고를 할 수 있다(금소법 22조 1항 단서 1호; 령 17조 2항 1호-6호). 특히 증권의 발행인 또는 매출인은 해당 증권에 관한 광고를 하는 경우로 한정된다.

상품별로 주체에 대한 제한을 두기도 한다. 온라인소액투자중개업자 또는 온라인소액증권발행인이 아닌 자는 온라인소액투자중개에 대한 투자광고를 해서는 안 된다(117조의9 2항).

3. 내   용

1) 의의와 취지

광고내용의 규제는 일정한 사항을 반드시 포함하기 위한 적극적 규제와 일정한 사항이 포함되지 않게 하려는 소극적 규제로 나눌 수 있다.

2) 적극적 규제

광고의 주체는 금융상품계약을 체결하기 전에 상품설명서 및 약관을 읽어 볼 것을 권유하는 내용, 금융투자업자등의 명칭, 금융상품의 내용, 투자위험, 과거 운용실적을 포함하여 광고를 하는 경우 그 운용실적이 미래수익률을 보장하는 것이 아니라는 사항, 설명을 받을 수 있는 권리(금소법 19조 1항), 법령 및 내부통제기준에 따른 광고관련절차준수에 관한 사항, 예금자보호법 등 다른 법률에 따른 금융소비자 보호내용, 투자권유대행인의 경우 투자권유대행인에 관한 사항(금소법 26조 1항 1호-3호), 그 밖에 금융소비자의 계약체결이나 권리·의무에 중요한 영향을 미치는 사항으로서 금융위가 고시하는 사항이 포함되어야 한다(금소법 22조 3항 1호-4호; 동 시행령 18조 3항 1호-6호). 다만, 일반사모펀드의 집합투자증권에 관한 광고에는 적용되지 않는다(금소법 22조 3항 단서, 17조 5항 본문).

3) 소극적 규제

광고주체가 금융상품등에 관한 광고를 하는 경우 금융소비자의 오인을 야기하거나 그 밖에 금융소비자보호를 저해할 우려가 있는 사항을 포함할 수 없다(금소법 22조 4항 2호 가목-다목). 다음 3가지가 중요하다.

첫째, 손실보전 또는 이익보장이 되는 것으로 오인하게 하는 행위이다. 다만, 자본시장법 시행령 제104조 제1항 단서에 따라 손실을 보전하거나 이익을 보장하는 경우는 제외한다(금소법 22조 4항 2호 가목 단서; 동 시행령 20조 2항).

둘째, 집합투자증권에 대하여는 집합투자증권을 발행한 자의 명칭, 소재지 및 연락처, 그의 조직 및 집합투자재산 운용인력과 운용실적, 집합투자증권의 환매, 그 밖에 이에 준하는 것으로서 집합투자증권의 특성 등을 고려하여 금융위가 고시하는 사항(금소법시행령 20조 3항 1호-5호) 외의 사항을 광고에 사용하는 행위이다.

셋째, 수익률이나 운용실적을 표시하는 경우 좋은 기간의 수익률이나 운용실적만을 표시하는 행위 등 금융소비자 보호를 위하여 시행령으로 정하는 행위[97]를 해서는 안 된다(금소법

---

97) 시행령은 다음 행위를 규정하고 있다(금소법시행령 20조 4항 1호-3호).
보험료를 일(日) 단위로 표시하는 등 금융소비자의 경제적 부담이 작아 보이도록 하거나 계약체결에 따른 이익을 크게 인지하도록 하여 금융상품을 오인하게끔 표현하는 행위, 비교대상 및 기준을 분명하게 밝히지

시행령 20조 4항 1호-3호).

4. 방   법

광고주체는 금융상품등에 관한 광고를 할 때 금융소비자가 금융상품내용을 오해하지 않도록 명확하고 공정하게 전달해야 한다(금소법 22조 2항). 그 광고에 「표시·광고의 공정화에 관한 법률」에 따른 표시·광고사항(동법 4조 1항)이 있으면 동법을 준수해야 한다(금소법 22조 5항).

광고의 상대방에 관한 제한으로 일반사모펀드의 집합투자증권을 판매하는 금융투자업자가 그 기구의 투자광고를 하는 경우에는 전문투자자 또는 적격투자자만을 대상으로 해야 한다(249조의5 1항). 이 경우에는 서면, 전화, 전자우편, 그 밖에 금융위가 고시하는 매체를 통하여 투자자에게 개별적으로 알려야 한다(249조의5 2항).

광고시기에 관한 제한도 있다. 투자매매업자 또는 투자중개업자는 집합투자기구의 등록(182조) 전에는 그 집합투자증권의 판매광고를 할 수 없다(76조 3항). 다만, 관련 법령개정에 따라 새로운 형태의 집합투자증권의 판매가 예정되어 있어, 그 집합투자기구의 개괄적인 내용을 광고해도 투자자이익을 해칠 염려가 없는 경우에는 그 내용이 달라질 수 있음을 표시하고 판매광고를 할 수 있다(령 77조 3항).

광고수단에 관한 제한으로 온라인소액투자중개업자 또는 그 발행인은 일정한 경우를 제외하고 그 중개업자가 개설한 인터넷 홈페이지 이외의 수단을 통해서 투자광고를 할 수 없다(117조의9 1항).

광고에 관한 사항은 협회의 자율규제에 맡겨져 있다. 협회는 광고주체의 금융상품등에 관한 광고와 관련하여 광고 관련 기준(금소법 22조 1항-4항)을 준수하는지를 확인하고 그 결과에 대한 의견을 해당 광고의 주체인 금융투자업자등에게 통보할 수 있다(금소법 22조 6항; 동법 시행령 21조). 필요하면 금융위에 법위반사실을 통보할 수 있다(동법 시행령 21조 3항 후단). 광고기준과 관련된 구체적인 내용 및 광고의 방법과 절차는 시행령으로 정한다(금소법 22조 7항; 동법 시행령 20조).

않거나 객관적인 근거 없이 다른 금융상품등과 비교하는 행위, 불확실한 사항에 대해 단정적 판단을 제공하거나 확실하다고 오인하게 할 소지가 있는 내용을 알리는 행위, 계약 체결 여부나 금융소비자의 권리·의무에 중대한 영향을 미치는 사항을 사실과 다르게 알리거나 분명하지 않게 표현하는 행위(금소법시행령 20조 1항 2호-5호), 투자성 상품의 수익률이나 운용실적을 표시하는 경우 수익률이나 운용실적이 좋은 기간의 수익률이나 운용실적만을 표시하는 행위, 그 밖에 이에 준하는 것으로서 금융소비자의 합리적 의사결정을 방해하거나 건전한 시장질서를 훼손할 우려가 있다고 금융위가 고시하는 행위.

Ⅳ. 이해상충방지

1. 의   의

금융업에서 이해상충은 다양한 상황에서 발생한다. 특히 자기매매업무와 타인자산관리업무를 같은 법인이 겸영하는 경우 그 위험은 특히 큰 것으로 지적되어 왔다. 금융투자업자의 겸영범위가 확대될수록 이해상충의 발생가능성도 증가할 것이다. 예컨대 특정 영업의 투자자 이익을 희생하여 다른 영업에서 자신이나 다른 투자자의 이익을 추구하는 경우가 그 예에 속한다. 자본시장법은 금융투자업의 영위와 관련하여 금융투자업자에게 일반적인 이해상충방지의무를 부과하고 있다(44조).[98]

자본시장법상 금융투자업자의 이해상충방지의무는 일반적 의무와 개별적 의무로 구분할 수 있다. 자본시장법은 개별업자별로 예상가능한 이해상충상황을 추출하여 행위유형별로 금지의무를 부과하고 있다. 그러나 모든 상황을 예상할 수는 없으므로 개별적 의무와 함께 제44조와 제45조의 일반적 의무를 규정한 것이다. 따라서 양자는 중복될 수 있다. 개별적 의무규정은 일반적 의무규정보다 우선 적용된다.

2. 내   용

1) 평가 · 파악 · 관리의무

자본시장법은 금융투자업자와 투자자 간, 특정 투자자와 다른 투자자 간에 이해상충이 발생할 수 있음을 전제로 이해상충방지를 위한 공시 및 절차적 · 구조적 의무를 부과하고 있다(44조 1항). 금융투자업자는 금융투자업의 영위와 관련하여 금융투자업자와 투자자 간, 특정 투자자와 다른 투자자 간의 이해상충을 방지하기 위하여 이해상충의 발생가능성을 파악 · 평가하고, 내부통제기준(지배구조법 24조)이 정하는 방법 및 절차에 따라 적절히 관리해야 한다. 요컨대 이해상충의 발생가능성의 정도에 따라 공시(disclose), 관리(control), 거래포기(avoid)의 3단계 체제를 구축한 것이다.

2) 공시 및 감축의무

금융투자업자는 이해상충의 발생가능성을 파악 · 평가한 결과 이해상충 발생가능성이 있다고 인정되는 경우에는 그 사실을 미리 해당 투자자에게 공시해야 한다(44조 2항). 그리고 그 이해상충의 발생가능성을 내부통제기준이 정하는 방법 및 절차에 따라 투자자 보호에 문제가 없는 수준으로 낮춘 후 매매, 그 밖의 거래를 수행해야 한다(44조 2항).

---

98) 구신탁업법 12조의4와 22조, 구신탁업감독규정 35조, 증권법 48조, 간투법 20조 등에서 산발적으로 규제하고 있던 것을 금융투자업자의 일반적인 의무로 재정리한 것이다.

3) 정보차단장치의 구축의무

(1) 의   의

정보차단장치(Chinese Wall)는 이해상충 가능성이 있는 업무 또는 계열회사 간의 정보의 교류를 차단하는 장치를 말한다. 금융투자업자의 이해상충은 결국 그 내부의 다른 업무수행자 또는 다른 계열회사로부터 취득한 특정 투자자에 대한 업무상 정보를 활용하여 자신이나 다른 투자자의 이익을 위하여 활용하는 형식으로 나타나게 된다. 따라서 정보교류의 차단이야말로 이해상충방지의 효율적인 수단으로 평가받고 있는 것이다.

제정 당시 자본시장법은 업무단위별로 그리고 금융투자업자 내부에서와 계열회사 등 간으로 나누어 정보차단장치의 구축으로 규정하고 있었다(45조).[99] 그러나 그 내용이 지나치게 경직적이고 탄력성이 없어 많은 비판의 대상이 되었다. 제정 당시의 이러한 태도는 금융투자업 간 겸영확대에 따른 우려를 반영한 것이었다. 특히 당시의 증권업과 자산운용업의 겸영이 초래할 이해상충 가능성에 대한 우려가 입법과정을 거치면서 과도하게 경직적인 장치로 입법화된 것이다. 그러나 2020. 5. 개정 자본시장법은 정보를 중심으로 정보교류차단의 기본원칙만 제시하고, 세부사항은 금융투자업자가 자율적으로 설계·운영하는 방식으로 전환했다.[100] 아래에서는 기본구조만 간략히 소개한다.

(2) 금융투자업자 내부의 정보교류차단

금융투자업자는 금융투자업등 업무를 영위하면서 내부통제기준이 정하는 방법 및 절차에 따라 교류차단 대상 정보의 교류를 적절히 차단해야 한다(45조 1항). 교류차단 대상 업무는 금융투자업, 겸영업무(40조 1항), 부수업무(41조 1항) 및 종합금융투자사업자에 허용된 업무(77조의3)를 말한다.

교류차단 대상 정보는 미공개중요정보(174조 1항), 투자자의 금융투자상품 매매·소유현황정보로서 불특정다수인이 알 수 있도록 공개되기 전의 정보, 집합투자재산, 투자일임재산 및 신탁재산의 구성내역과 운용에 관한 정보로서 불특정다수인이 알 수 있도록 공개되기 전의 정보, 그 밖에 이에 준하는 것으로서 금융위가 고시하는 정보(령 50조 1항 1호-4호)를 말한다. 다만, 투자자의 금융투자상품 매매·소유현황정보와 집합투자재산, 투자일임재산 및 신탁재산의 구성내역과 운용에 관한 정보 중 이해상충 우려가 없는 정보로서 금융투자업자가 내부통제기준에 반영하여 게시한 정보(령 50조 1항 단서; 규정 4-6조 1항; 령 50조 3항 3호)는 제외한다. 투자자 보호 및 건전한 거래질서를 해칠 우려가 없고 이해상충이 발생할 가능성이 크지 않은 정보로 본 것이다.

99) 제정 당시 정보차단장치의 실제운영에 대해서는 금융위, 자본시장통합법상 「정보교류차단장치운영방안」(2009. 2. 2).
100) 겸영금융투자업자에 대해서는 특칙을 두고 있다(250조 7항, 251조 3항).

(3) 계열회사등 간의 정보교류차단

금융투자업자는 금융투자업등을 영위하면서 계열회사를 포함한 제3자에게 정보를 제공하는 경우에는 내부통제기준이 정하는 방법 및 절차에 따라 교류차단 대상 정보의 교류를 적절히 차단해야 한다(45조 2항). 교류차단 대상 업무와 정보는 금융투자업자 내부의 정보교류차단의 경우와 같다.

(4) 정보교류차단 관련 내부통제기준과 적정성 판단

정보교류차단 관련 내부통제기준은 정보교류차단을 위해 필요한 기준 및 절차, 교류차단 대상 정보의 예외적 교류를 위한 요건 및 절차, 이해상충 발생을 방지하기 위한 조직·인력운영, 이해상충 발생우려가 있는 거래의 유형화, 교류차단 대상 정보 활용에 관련된 책임소재, 그 밖에 이에 준하는 것으로서 금융위가 고시하는 사항을 반드시 포함해야 한다(45조 3항 1호-3호; 령 50조 2항 1호-4호).

금융투자업자는 정보교류 차단을 위한 내부통제기준의 적정성에 대한 정기적 점검, 정보교류차단과 관련되는 법령 및 내부통제기준에 대한 임직원교육, 정보교류 차단 업무를 독립적으로 총괄하는 임원(상법상 업무집행지시자를 포함) 또는 금융위가 고시하는 총괄·집행책임자의 지정·운영, 정보교류차단을 위한 상시적 감시체계의 운영, 내부통제기준 중 정보교류차단과 관련된 주요 내용의 공개, 그 밖에 이에 준하는 것으로서 금융위가 고시하는 사항을 준수해야 한다(45조 4항 1호-3호; 령 50조 3항 1호-4호).

(5) 정보교류 차단 대상 정보의 이용

금융투자업자와 그 임직원은 교류차단 대상 정보(45조 1항·2항)를 정당한 사유 없이 본인이 이용하거나 제3자에게 이용하게 할 수 없다(54조 2항). 직무상 정보이용규제의 대상이지만 확인적으로 규정한 것이다.

4) 거래포기의무

금융투자업자는 그 이해상충이 발생할 가능성을 낮추는 것이 곤란하다고 판단되는 경우에는 매매, 그 밖의 거래를 해서는 안 된다(44조 3항).

3. 의무위반의 효과

이해상충방지의무에 위반한 경우 금융투자업자 및 그 임직원에 대한 처분 및 업무위탁계약 취소변경명령, 과태료 등 행정제재(43조·420조·422조; 법 [별표 1] 43·44·45·45의2)가 부과될 뿐 아니라 손해배상책임에 관한 특칙이 적용된다. 금융투자업자는 법령 등에 위반하는 행위를 하거나 그 업무를 소홀히 하여 투자자에게 손해를 발생시킨 경우 그 손해를 배상할 책임이 있다(64조 1항). 배상책임을 질 금융투자업자가 투자매매업 또는 투자중개업과 집합투자업을 함께 영위함에 따라 발생하는 이해상충과 관련하여 이해상충방지의무를 위반한 때에는 그 금융투자업자가 상당한 주의를 하였음을 증명하거나 투자자가 금융투자상품의 매매, 그 밖의 거래를 할 때에 그 사실을 안 경우에는 배상책임을 지지 않는다(64조 1항 단서). **'상당한 주의를 다한 사실'**과 **'투자자의 악의'**에 대한 증명책임은 금융투자업자가 진다.

V. 계약서류의 교부 등

1. 약관의 규제

1) 사후보고제

금융투자업자는 금융투자업 영위와 관련하여 약관을 제정·변경하는 경우 그 제정·변경 후 7일 이내에 금융위 및 협회에 보고해야 한다(56조 1항). 사전신고제를 약관심사신청 급증에 따른 심사지연으로 금융서비스가 적시에 제공하지 못하고, 일단 사전심사를 통과한 후에는 금융회사의 책임추궁에 한계가 있다는 지적을 고려해 사후보고제로 전환한 것이다.[101] 다만 종래와 차별성 있는 서비스를 제공하는 등 투자자권익에 중대한 영향을 미칠 경우 사전신고제를 유지하고 있다(56조 1항 단서; 령 59조의2).

협회는 건전한 거래질서의 확립과 불공정약관의 통용을 방지하기 위해 금융투자업 영위와 관련한 표준약관을 제정할 수 있다(56조 3항). 협회가 표준약관을 제정 또는 변경할 경우에는 금융위에 사전신고해야 한다(56조 4항 본문). 다만, 전문투자자만을 대상으로 하는 표준약관의 제정·변경은 그 제정·변경 후 7일 이내에 금융위에 보고하면 된다(56조 4항 단서).

약관규제의 취지를 고려하여 금융위는 신고받은 약관·표준약관의 내용을 검토하여 자본시장법에 적합하면 신고수리를 해야 한다(56조 5항). 그러나 금융위는 약관·표준약관이 자본시장법 또는 금융관련법령에 위반되거나 그 밖에 투자자이익을 침해할 우려가 있다고 인정되는 경우 금융투자업자 또는 협회에 그 내용을 구체적으로 기재한 서면에 의하여 약관·표준약관을 변경할 것을 명할 수 있다(56조 7항).

약관의 미신고나 거짓신고에 대해서는 1억원 이하의 과태료를 부과한다(449조 1항 24호·25호). 그리고 약관의 미보고나 거짓보고에 대해서는 3천만원 이하의 과태료를 부과한다(449조 3항 4호).

2) 공정위와의 관계

약관에 대한 일반적 규제기관인 공정위와의 관계설정도 중요하다. 약관·표준약관을 신고·보고받은 금융위는 그 약관·표준약관을 공정위에 통보해야 한다(56조 6항 전단). 이 경우

---

101) [시행 2020. 1. 1.][법률 제16191호, 2018. 12. 31., 일부개정].

공정위는 통보받은 약관·표준약관이 약관규제법(6조-14조)에 위반된 사실이 있다고 인정될 때에는 금융위에 그 사실을 통보하고 그 시정조치를 취하도록 요청할 수 있으며, 금융위는 특별한 사유가 없는 한 이에 응해야 한다(56조 6항 후단).

2. 수수료 부과기준의 공시

금융투자업자는 투자자로부터 받는 수수료의 부과기준 및 절차에 관한 사항을 정하고, 인터넷 홈페이지 등을 이용하여 공시해야 한다(58조 1항). 금융투자업자는 수수료 부과기준을 정함에 있어서 투자자를 정당한 사유 없이 차별해서는 안 된다(58조 2항). **'정당한 사유'**는 사업자로서의 금융투자업자의 영업의 효율성 관점에서 주로 평가되어야 할 것이다.

3. 계약서류의 제공

종래 자본시장법 제59조에 규정되었던 계약서류의 교부의무는 금소법 제23조로 이관되면서 계약서류의 제공의무로 규정되었다. 금융투자업자는 금융소비자와 금융상품계약을 체결하는 경우 금융상품계약서, 금융상품약관, 금융상품설명서를 금융소비자에게 지체 없이 제공해야 한다(금소법 23조 1항 본문; 동 시행령 22조 1항 1호-3호). 다만, 계약내용 등이 금융소비자 보호를 해칠 우려가 없는 경우로서 자본시장법에 따라 계약서류가 제공된 경우(온라인소액투자중개업자만 해당), 그 밖에 계약내용이나 금융상품의 특성 등을 고려할 때 계약서류를 제공하지 않아도 금융소비자 보호가 저해될 우려가 없는 경우로서 금융위가 고시하는 경우에는 계약서류를 제공하지 않을 수 있다(금소법 23조 1항 단서; 동 시행령 23조 2항). 계약서류교부의무란 설명의무의 이행을 거쳐 일단 체결된 계약의 구체적인 조건을 서면으로 투자자에게 교부하도록 할 의무로서 설명의무와 함께 논의될 필요가 있다. 계약서류의 제공사실에 관하여 금융소비자와 다툼이 있는 경우에는 금융투자업자가 이를 증명하여야 한다(금소법 23조 2항). 계약서류 제공의 방법 및 절차는 시행령으로 정한다(금소법 23조 3항; 동 시행령 22조).

4. 청약철회

1) 의의와 취지

(1) 의 의

금융투자업자와 적용대상 투자성 상품에 관한 계약의 청약을 한 일반금융소비자는 청약철회기간 내에 청약을 철회할 수 있다(금소법 46조 1항 2호). 이는 주로 보험과 같이 장기계약 상품에 대하여 투자자의 신중한 판단과 선택의 기회를 보장하기 위해 인정되고 있는 'cooling-off'를 제도화한 것이다. 자본시장법에서는 계약해제(폐지 전 59조)라고 한 것을 **'청약철회 제도'**라고 변경한 것이다.

(2) 구　　별

첫째, 청약철회 제도와 유사한 것으로서 자본시장법시행령에서 규정하는 숙려기간 제도와의 관계가 문제된다. 숙려기간은 "투자자에게 권유한 금융투자상품의 판매과정에서 금융투자상품의 매매에 관한 청약·주문을 철회할 수 있는 기간"으로서 현재 2영업일 이상으로 규정되어 있다(령 68조 5항 2호의2 나목·다목). 투자일임업자나 신탁업자의 경우에는 숙려기간은 고난도투자일임계약과 고난도금전신탁을 대상으로 "투자권유를 받은 투자자와의 계약 체결 과정에서 투자일임계약이나 금전신탁계약을 해지할 수 있는 기간"으로서 2영업일 이상이 부여되어 있다(령 99조 4항 1호의2 나목·다목, 109조 3항 1호의2 나목·다목). 문제되는 것은 후자의 숙려기간제도와의 관계이다.

둘째, 청약철회 제도를 규정하고 있는 할부거래에 관한 법률("할부거래법")(8조)과 전자상거래 등에서의 소비자보호에 관한 법률("전자상거래법")(17조)과의 관계도 문제이다. 할부거래법과 전자상거래법에서 각각 적용대상에서 제외하고 있는 자본시장법상 증권(4조) 및 어음(336조 1항 1호)(할부거래법 3조 2호; 동 시행령 4조 4호) 그리고 투자매매업자·투자중개업자가 하는 증권거래, 종합금융회사 및 명의개서대행회사가 하는 금융거래(전자상거래법 3조 4항; 동 시행령 3조 1호; 금융위설치법 38조 2호)를 제외하고는 중복규제 가능성이 있다.[102]

2) 청약철회의 요건

첫째, 적용대상 투자성 상품은 고난도금융투자상품, 고난도투자일임계약, 금전신탁을 제외한 신탁계약, 고난도금전신탁계약이다(금소법시행령 37조 1항 2호). 다만, 일반금융소비자가 청약철회 기간 이내에 예탁한 금전등을 운용하는 데 동의한 경우는 제외한다(금소법시행령 37조 1항 2호 단서). 이 경우에도 청약철회를 허용하게 되면 이미 매수한 증권에 대한 가격변동위험을 금융투자업자에게 전가하는 결과가 될 수 있어 자기책임의 원칙에 반할 우려가 있다. 이 경우의 동의는 청약철회 기간의 기산일 전후를 불문한다.[103] 고난도금융투자상품은 일정기간에만 금융소비자를 모집하고 그 기간이 종료된 후에 금융소비자가 지급한 금전등으로 집합투자를 실시하는 것만 해당한다.

둘째, 청약철회 기간은 계약서류를 제공받은 경우(금소법 23조 1항 본문)에는 그 제공받은 날, 그리고 계약서류를 제공하지 않아도 되는 경우(금소법 23조 1항 단서)에는 계약체결일로부터 7일이고, 거래당사자 사이에 이 기간보다 긴 기간으로 약정한 경우에는 그 기간이다(금소법 46조 1항 2호 가목·나목). 고난도투자일임계약과 고난도금전신탁(금소법 37조 1항 2호 나목·라목)에 대하여 청약철회기간을 계산할 때 숙려기간(령 99조 4항 1호의2 나목, 109조 3항 1호의2

---

102) 법무법인 지평, 앞의 책, 213면.
103) 법무법인 지평, 앞의 책, 209면 주 6).

나목)이 부여되는 금융상품에 대해서는 해당 숙려기간을 제외하고 계산한다(금소법시행령 37조 2항). 숙려기간의 기산일은 계약체결일이다. 청약철회기간은 계약서교부일 또는 계약체결일로부터 7일이고, 숙려기간을 제외하고 계산해야 하므로 결국 숙려기간 2일과 청약철회기간 7일을 합치면 총기간은 9일이 된다.[104]

3) 청약철회의 효력

청약철회는 일반금융소비자가 청약의 철회의사를 표시하기 위하여 서면등을 발송한 때에 효력이 발생한다(금소법 46조 1항 1호). 서면등에는 전자우편, 휴대전화 문자메시지 또는 이에 준하는 전자적 의사표시, 그 밖에 이에 준하는 것으로서 금융위가 고시하는 의사표시 방법에 따른 경우를 포함한다(금소법시행령 37조 3항 1호-3호). 일반금융소비자가 서면등을 발송한 때에는 금융투자업자에게 지체 없이 그 발송 사실을 알려야 한다(금소법시행령 37조 4항).

청약이 철회된 경우 금융상품판매업자등이 일반금융소비자로부터 받은 금전·재화등의 반환은 청약의 철회를 접수한 날부터 3영업일 이내에 이미 받은 금전·재화등을 반환하고, 금전·재화등의 반환이 늦어진 기간에 대해서는 해당 금융상품의 계약에서 정해진 연체이자율을 금전·재화·용역의 대금에 곱한 금액을 일 단위로 계산한 금액을 더하여 지급하는 방법으로 한다(금소법 46조 3항 2호 본문; 동 시행령 37조 8항). 금융상품판매업자등이 일반금융소비자에게 이자 및 수수료를 포함한 금전을 반환하는 경우에는 해당 일반금융소비자가 지정하는 계좌로 입금해야 한다(금소법시행령 37조 7항). 다만, 시행령으로 정하는 금액 이내인 경우에는 반환하지 않을 수 있다(금소법 46조 3항 2호 단서). 현재 시행령에는 규정이 없다.

청약이 철회된 경우 금융상품판매업자등은 일반금융소비자에 대하여 청약의 철회에 따른 손해배상 또는 위약금 등 금전의 지급을 청구할 수 없다(금소법 46조 4항). 청약철회에 관한 금소법 규정에 반하는 특약으로서 일반금융소비자에게 불리한 것은 무효로 한다(금소법 46조 6항). 청약 철회권의 행사 및 그에 따른 효과 등에 관하여 필요한 사항은 시행령과 감독규정으로 정한다(금소법 46조 7항; 동 시행령 37조 9항).

5. 자료의 기록 및 유지·보관

1) 자본시장법

금융투자업자는 금융투자업 영위와 관련한 자료를 자료종류별로 일정기간 동안 기록·유지해야 한다(60조 1항).[105] 금융투자업자는 기록·유지해야 하는 자료가 멸실되거나 위조 또는

---

104) 법무법인 지평, 앞의 책, 212면.
105) 자료의 종류별 보관기간은 다음과 같다(령 62조 1항).
　　1. 영업에 관한 자료
　　　가. 투자권유 관련 자료: 10년
　　　나. 주문기록, 매매명세 등 투자자의 금융투자상품의 매매, 그 밖의 거래 관련 자료: 10년

변조가 되지 않도록 적절한 대책을 수립·시행해야 한다(60조 2항). 계약서류 등 보관의무는 투자자가 향후 금융투자상품계약체결 등과 관련하여 분쟁이 발생한 경우 관련자료의 불비 등으로 인하여 분쟁제기 자체가 불가능하게 될 우려에 대비하여 적합성 판단자료, 기본계약서, 상품설명서, 확인서 등을 보관하게 하는 것이다.

2) 금소법

금소법도 자료의 기록 및 유지·관리를 규정하고 있다(28조). 금소법은 일반적인 자료의 기록 및 유지·관리의무(28조 1항·2항)와 함께 금융소비자에게 분쟁조정 또는 소송 수행 등 권리구제목적으로 금융투자업자나 투자권유대행인이 기록 및 유지·관리하는 자료의 열람이나 사본의 제공 또는 청취를 요구할 수 있는 권리를 보장하고(28조 3항) 있다. 자본시장법상 기록 및 유지·관리의무와 중복되는 부분에 대해서는 자본시장법이 우선 적용된다.

제3절 금융투자업자별 영업행위규제

Ⅰ. 서 언

자본시장법은 금융투자업자의 종류별로 투자매매업자 및 투자중개업자, 집합투자업자, 투자자문업자 및 투자일임업자, 신탁업자에 대하여 각각 개별적인 영업행위규칙을 두고 있다. 이 절에서는 투자매매업자 및 투자중개업자에 대한 영업행위규제를 중심으로 살펴본다.

    다. 집합투자재산, 투자일임재산, 신탁재산 등 투자자재산의 운용 관련 자료: 10년
    라. 매매계좌 설정·약정 등 투자자와 체결한 계약 관련 자료: 10년
    마. 업무위탁 관련 자료: 5년
    바. 부수업무 관련 자료: 5년
    사. 그 밖의 영업 관련 자료: 5년
  2. 재무에 관한 자료: 10년
  3. 업무에 관한 자료
    가. 주주총회 또는 이사회 결의 관련 자료: 10년
    나. 주요사항보고서에 기재해야 하는 사항에 관한 자료: 5년
    다. 고유재산 운용 관련 자료: 3년
    라. 자산구입·처분 등, 그 밖의 업무에 관한 자료: 3년
  4. 내부통제에 관한 자료
    가. 내부통제기준, 위험관리 등 준법감시 관련 자료: 5년
    나. 임원·대주주·전문인력의 자격, 이해관계자 등과의 거래내역 관련 자료: 5년
    다. 그 밖의 내부통제 관련 자료: 3년
  5. 그 밖에 법령에서 작성·비치하도록 되어 있는 장부·서류: 해당 법령에서 정하는 기간(해당 법령에서 정한 기간이 없는 경우에는 제1호부터 제4호까지의 보존기간을 고려하여 금융위가 고시하는 기간을 말한다)

Ⅱ. 투자매매업자와 투자중개업자

1. 서   언

금융투자상품시장에서 상장금융투자상품을 거래하는 것은 거래소의 회원인 투자매매업자 또는 투자중개업자를 통해서만 할 수 있다. 따라서 투자자는 금융투자상품시장에서의 거래를 위해서는 금융투자업자의 도움을 받는 것이 일반적이다. 그리고 투자중개업자가 단순히 투자자의 주문을 거래소에서 집행하는 수동적인 역할만을 수행하는 것은 아니다. 투자전문가인 투자중개업자에게는 정보와 투자능력이 부족한 일반투자자에 대해서 어느 정도 후견적인 역할이 기대되고 있다. 자본시장법은 투자매매업자 및 투자중개업자의 영업행위규제에서 이러한 기대를 구체화하고 있다. 이러한 규제는 모두 투자자를 효과적으로 보호하기 위해서는 투자매매업자 또는 투자중개업자의 영업행위를 규제하는 것이 극히 중요하다는 고려에서 비롯된 것이다.

2. 매매거래관련

1) 매매형태의 명시의무

금융투자업자는 금융투자상품거래를 원하는 투자자와의 사이에서 첫째, 자신이 그 거래의 상대방이 되어 투자자와 계약을 체결하거나, 둘째, 위탁매매인으로서 위탁자인 투자자의 계산으로 거래를 체결하는 2가지 매매형태 중 하나를 선택할 수 있다. 전자는 투자매매업자로서, 그리고 후자는 투자중개업자로서 영업하는 것이다. 자본시장법은 투자매매업자 또는 투자중개업자가 투자자로부터 금융투자상품의 매매에 관한 청약·주문을 받는 경우에는 사전에 그 투자자에게 "자기가 투자매매업자인지 투자중개업자인지"를 명시하도록 하고 있다(66조). 이러한 명시의무가 없다면 투자자의 청약이나 주문을 받은 금융투자업자가 그 당시의 시세동향에 따라 투자자에게 위험을 부담시키고 이익은 자기가 차지할 우려가 있다. 매매형태를 명시하는 방법은 특별히 규정되어 있지 않다. 따라서 서면에 의하건 구두에 의하건 무방하다. 이러한 정함에 위반한 경우에도 그 거래가 무효가 되는 것은 아니다. 그 결과 투자자가 손해를 입은 경우에는 투자자에 대해서 손해배상책임이 발생한다. 의무위반에 대해서는 금융투자업자 및 그 임직원에 대한 처분(420조 3항, 422조, [별표 1] 74호)과 함께 형벌이 규정되어 있다(446조 11호).

2) 자기계약의 금지

투자매매업자 또는 투자중개업자는 금융투자상품에 관한 같은 매매에서 자신이 본인이 됨과 동시에 상대방의 투자중개업자가 될 수 없다(67조 본문). 이해상충방지를 위한 기본규정의 하나이다. 그러나 투자매매업자 또는 투자중개업자가 증권시장 또는 파생상품시장을 통하여 매매가 이루어지도록 한 경우, 그 밖에 투자자 보호 및 건전한 거래질서를 해할 우려가 없는 경우로서 시행령이 정하는 경우에는 예외로 하고 있다(67조 단서).

첫째, 거래소시장에서는 거래상대방은 중요하지 않다. 청산을 통하여 형식적인 상대방은 모두 청산기관이 되기 때문이다. 따라서 체결된 거래에서 청산을 위한 면책적 채무인수 전에 투자중개업자가 우연히 상대방이 되는 경우에도 자기계약에 해당하는 것으로 보지 않는다.

둘째, 시행령은 이해상충의 가능성이 없는 자기계약의 금지의 예외로 (ⅰ) 투자매매업자 또는 투자중개업자가 자기가 판매하는 집합투자증권을 매수하는 경우, (ⅱ) 투자매매업자 또는 투자중개업자가 다자간매매체결회사를 통하여 매매가 이루어지도록 한 경우, (ⅲ) 종합금융투자사업자가 금융투자상품의 장외매매(77조의6 1항 1호)가 이루어지도록 한 경우, (ⅳ) 그 밖에 공정한 가격 형성과 매매, 거래의 안정성과 효율성 도모 및 투자자의 보호에 우려가 없는 경우로서 금융위가 고시하는 경우를 규정하고 있다(령 66조 1호-4호). (ⅰ)은 집합투자증권의 가격은 별도로 규정된 방식으로 산출되는 점을, (ⅱ)는 증권시장 또는 파생상품시장을 통한 매매와 같은 익명거래임을, (ⅲ)은 종합금융투자사업자가 매매의 상대방이 될 수 있는 점을 고려한 것이다.

3) 최선집행의무

(1) 의   의

종래 거래소 독점체제를 유지해 온 우리나라는 상장증권의 가격에 대한 일물일가의 원칙이 철저히 지켜졌다. 따라서 투자매매업자 또는 투자중개업자에게 어느 시장에서 투자자의 주문을 집행하는 것이 투자자에게 최선인지 여부를 따지는 최선집행의무가 문제될 여지가 없었다. 그래서 과거 자본시장법은 증권시장 또는 파생상품시장에서의 매매 위탁을 받은 투자중개업자는 거래를 반드시 증권시장 또는 파생상품시장을 통하여 실행해야 한다는 시장매매의무를 규정하고 있었을 뿐이다(개정 전 68조 전단).

그러나 2013. 5. 28. 자본시장법 개정에서 거래소허가제와 다자간매매체결회사를 도입하여 거래소의 독점을 적어도 법률상으로는 폐지하면서 최선집행의무가 도입되었다(68조). 최선집행의무는 투자매매업자 또는 투자중개업자에게 최선집행기준을 마련하여 공표하게 하고(68조 1항), 그 최선집행기준에 따라 금융투자상품매매에 관한 청약·주문을 집행할 의무를 부과하는 것을 말한다(68조 2항). 최선집행의무는 투자자로부터 거래의 위탁을 받은 투자매매업자 또는 투자중개업자가 투자자에 대하여 부담하는 선량한 관리자로서의 주의의무의 한 내용이라고 할 수 있다.[106]

---

106) 長島외, 943면.

최선의 거래조건의 구체적인 내용, 최선집행기준의 공표의 방법과 청약·주문의 집행 방법 및 제3항에 따른 최선집행기준의 점검·변경 및 변경 사실의 공표 방법, 세부내용 및 관련 자료의 보관 등에 관하여 필요한 사항은 시행령과 금융투자업규정으로 정한다(68조 5항; 령 66조의2 7항).

(2) 최선집행기준

최선집행의무의 내용을 어떻게 구성할 것인지도 문제이지만 금융투자업자에게 구체적인 이행방법을 제공하는 것은 더욱 어렵다. 자본시장법은 일정한 기준을 공표하고 이를 준수하면 의무를 이행한 것으로 본다.

첫째, 투자매매업자 또는 투자중개업자는 금융투자상품 매매에 관한 투자자의 청약·주문을 처리하기 위하여 최선의 거래조건으로 집행하기 위한 기준, 즉 최선집행기준을 마련하고 이를 공표해야 한다(68조 1항).

둘째, 적용대상상품은 일부 거래를 제외한 금융투자상품 매매이다. 시행령은 (i) 비상장증권, (ii) 장외파생상품, (iii) 상장증권과 장내파생상품 중 일부(채무증권, 주권을 제외한 지분증권, 수익증권, 투자계약증권, 파생결합증권, 주권과 관련된 증권예탁증권은 제외한 증권예탁증권, 장내파생상품) 매매를 제외하고 있다(령 66조의2 1항 1호-3호; 규칙 7조의3 1호-7호). 복수의 가격이 존재할 가능성이 없는 상품을 열거한 것이다.

셋째, 최선조건은 투자자입장에서 판단되어야 한다. 투자자에 따라서 최선조건은 가격일 수도 있지만, 매매체결의 신속성이나 확실성을 선호할 수도 있다. 최선집행기준에는 금융투자상품 가격, 매매체결과 관련하여 부담하는 수수료 그 밖의 비용, 그 밖에 청약·주문규모, 매매체결가능성 등을 고려하여 최선거래조건으로의 집행방법 및 그 이유 등이 포함되어야 한다(령 66조의2 2항 본문). 다만, 투자자가 청약·주문처리에 관하여 별도 지시를 했을 때에는 최선집행기준과 달리 처리할 수 있다(령 66조의2 2항 단서). 투자자의 선호를 배려한 것이다.

넷째, 투자매매업자 또는 투자중개업자는 3개월마다 최선집행기준의 내용을 점검해야 한다(68조 3항 전단; 령 66조의2 5항). 이 경우 최선집행기준의 내용이 청약·주문을 집행하기에 부적합한 것으로 인정되는 때에는 이를 변경하고, 그 변경사실을 공표해야 한다(68조 3항). 공표방법은 투자매매업자 또는 투자중개업자의 본지점 그 밖의 영업소에 게시하거나 갖추어 두고 열람에 제공하는 방법이나 투자매매업자 또는 투자중개업자의 인터넷 홈페이지를 이용하여 공시하는 방법이다(령 66조의2 3항 1호·2호). 최선집행기준의 변경사실 공표에는 그 이유를 포함해야 한다(령 66조의2 3항).

(3) 최선집행의무의 이행 및 확인서의 제공

투자매매업자 또는 투자중개업자는 공표된 최선집행기준에 따라 금융투자상품 매매에 관한 청약·주문을 집행할 의무를 진다(68조 2항). 투자매매업자 또는 투자중개업자는 금융투자상품 매매에 관한 청약·주문을 받는 경우 미리 문서, 전자문서, 팩스로 최선집행기준을 기재 또는 표시한 설명서를 투자자에게 교부해야 한다(68조 4항 본문; 령 66조의2 6항). 다만, 이미 그 설명서(최선집행기준을 변경한 경우에는 변경한 내용이 기재 또는 표시된 설명서)를 교부한 경우에는 교부의무가 없다(68조 4항 단서). 투자매매업자 또는 투자중개업자는 투자자의 청약·주문을 처리한 후 그 투자자가 요구하는 때에는 그 청약·주문이 최선집행기준에 따라 처리되었음을 증명하는 서면 등을 금융위가 고시하는 기준과 방법에 따라 투자자에게 제공해야 한다(령 66조의2 4항).

(4) 의무위반과 제재

최선집행의무에 위반한 자에 대하여는 1억원 이하의 과태료를 부과한다(449조 1항 28호의2). 최선집행의무위반으로 손해를 입은 자는 투자매매업자 등의 손해배상책임을 물을 수 있다.

4) 임의매매의 금지

투자매매업자 또는 투자중개업자는 투자자나 그 대리인으로부터 금융투자상품 매매의 청약·주문을 받지 않고는 투자자로부터 예탁받은 재산으로 금융투자상품 매매를 해서는 안 된다(70조). 증권법 하에서 임의매매에 따른 증권회사와 그 임직원의 책임이 자주 문제되었다(제13장 제5절 Ⅱ. 고객주식의 임의매매).

5) 매매명세의 통지

투자매매업자 또는 투자중개업자는 금융투자상품 매매가 체결된 때에 그 명세를 투자자에게 통지해야 한다(73조; 령 70; 규정 4-36조·4-37조). 늦게 통지함으로써 투자자가 매도대금을 이용하지 못하여 생긴 손해는 증권회사가 배상의무를 진다(대법원 1991. 1. 11. 선고 90다카16006 판결). 다만 증권회사가 위탁증거금의 추가납부 통지를 게을리해도 고객이 이미 위탁증거금의 부족사유를 알게 된 경우에는 증권회사에 대하여 손해배상을 청구할 수 없다(대법원 2003. 1. 10. 선고 2000다50312 판결).

3. 불건전영업행위규제

1) 의   의

자본시장법은 투자매매업자 또는 투자중개업자가 그 영업과정에서 투자자 보호 및 건전한 거래질서를 해할 우려가 있는 행위를 불건전영업행위로서 금지하고 있다(71조 본문). 다만, 투자자 보호 및 건전한 거래질서를 해할 우려가 없는 경우로서 시행령으로 정하는 경우에는 이를 할 수 있다(71조 단서; 령 68조). 최근 불건전영업행위로 열거하는 방식으로 소극적으로 실질적인 신규 영업행위규제를 도입하는 사례가 있다. 입법현실을 고려하더라도 자본시장법상 위임범위에 관한 깊은 성찰이 먼저 요구된다.

2) 위탁매매의 우선

투자자로부터 금융투자상품의 가격에 중대한 영향을 미칠 수 있는 매매주문을 받거나 받게 될 가능성이 큰 경우 그 거래를 실행하기 전에 그 금융투자상품을 자기의 계산으로 매매하거나 제3자에게 매매를 권유하는 행위이다(71조 1호). 위탁매매를 자기매매에 우선해야 한다는 점과 아울러 투자자 주문정보를 자기를 위해서 사용할 수 없다는 것이다. 이해상충방지를 위한 개별규제 중의 하나이다. 이 행위는 직무관련정보이용행위(54조)나 부정거래행위(178조)에 해당할 수 있다.

다만 투자자의 매매에 관한 청약·주문정보를 이용하지 않았음을 증명하는 경우, 다자간매매체결회사에서의 거래를 포함한 증권시장과 파생상품시장 간의 가격차이를 이용한 차익거래, 그 밖에 이에 준하는 거래로서 투자자정보를 의도적으로 이용하지 않았다는 사실이 객관적으로 명백한 경우는 제외한다(71조 단서; 령 68조 1항 1호 가목·나목).

3) 조사분석자료

자본시장법은 조사분석자료의 작성과 관련하여 3가지 금지사항을 두고 있다. 조사분석자료는 "특정 금융투자상품의 가치에 대한 주장이나 예측을 담고 있는 자료"를 말한다(71조 2호).

첫째, 조사분석자료를 투자자에게 공표할 때 그 내용이 **'사실상 확정된 때부터 공표 후 24시간이 경과하기 전까지'** 그 조사분석자료의 대상이 된 금융투자상품을 자기의 계산으로 매매하는 행위를 금지한다(71조 2호). 이해상충방지를 위한 개별규제 중의 하나이다. 이 행위는 직무관련정보이용행위(54조)나 부정거래행위(178조)에 해당할 수 있다. 다만 조사분석자료의 내용이 직접 또는 간접으로 특정 금융투자상품매매를 유도하는 것이 아닌 경우, 조사분석자료의 공표로 인한 매매유발이나 가격변동을 의도적으로 이용했다고 볼 수 없는 경우, 공표된 조사분석자료의 내용을 이용하여 매매하지 않았음을 증명하는 경우, 그 조사분석자료가 이미 공표한 조사분석자료와 비교하여 새로운 내용을 담고 있지 않은 경우와 같이 이해상충 가능성이 없는 경우를 제외한다(71조 단서; 령 68조 1항 2호 가목-라목).

둘째, 조사분석자료 작성담당자에게 기업금융업무와 연동된 성과보수를 지급하는 행위를 금지한다(71조 3호). 성과보수를 위한 자료왜곡가능성을 고려한 것이다. 다만 그 조사분석자료가 투자자에게 공표되거나 제공되지 않고 **'금융투자업자 내부에서 업무를 수행할 목적으로 작성된 경우'**를 제외한다(71조 단서; 령 68조 1항 3호). 금융투자업자는 이 예외조항의 의미를 내부규정으로 구체화해 둘 필요가 있다.

셋째, 주권, 주권관련사채권,[107] 주권 및 주권관련사채권 관련증권예탁증권의 공모와 관

---

107) 주권관련사채권에는 전환사채, 신주인수권부사채, 이들 사채와 교환할 수 있는 교환사채, 전환형 조건부자본

련한 계약을 체결한 날부터 그 주권이 증권시장에 최초상장된 후 40일 이내에 그 주권에 대한 조사분석자료를 공표하거나 특정인에게 제공하는 행위를 금지하고 있다(71조 4호; 령 68조 3항). 증권매매와 관련한 조사분석자료의 중요성을 고려하여 그 작성자의 이해상충행위를 제한하기 위한 개별규제 중의 하나이다. 이 행위도 직무관련정보이용행위(54조)나 부정거래행위(178조)에 해당할 수 있다.

4) 무자격자에 의한 투자권유

투자권유대행인 및 투자권유자문인력이 아닌 자에게 투자권유를 하게 하는 행위도 금지된다(71조 5호). 금융투자상품판매인력에 대한 자격요건제도를 유지하기 위한 것이다. 다만 투자권유대행인 및 투자권유자문인력이 아닌 자에게 금적립계좌등에 대한 투자권유를 하게 하는 경우는 제외한다(71조 단서; 령 68조 1항 4호).

5) 일임매매의 금지

(1) 의   의

과거 고객이 증권회사 직원에게 자금을 맡기고 투자를 일임하는 경우가 많았다. 이러한 일임매매는 증권회사의 권한남용으로 인한 분쟁소지가 많아 증권법상 허용되지 않았다. 증권회사는 고객으로부터 유가증권 매매에 관하여 위탁받을 경우 그 수량·가격 및 매매시기에 한하여 일임을 받을 수 있었다(증권법 107조 1항). 그러나 증권법이 허용하는 일임매매는 거래계에서 거의 찾아보기 어려웠다. 실제로는 불법인 포괄적 일임매매가 광범하게 이루어졌다. 그것은 일임매매를 원하는 고객들이 많고 증권회사도 수수료수입을 위하여 묵인하였기 때문이었다.

자본시장법은 일임매매, 즉 "투자자로부터 금융투자상품에 대한 투자판단의 전부 또는 일부를 일임받아 투자자별로 구분하여 금융투자상품의 취득·처분 그 밖의 방법으로 운용하는 행위"를 명시적으로 금지하고 있다(71조 6호 본문). 일임매매는 투자일임업자로서 하라는 것이 입법취지이다(71조 6호 단서). 물론 투자일임업에 해당하지 않는 경우(7조 4항; 령 7조 3항 1호-5호)는 문제가 없다.

(2) 과당거래

과거 과당거래 내지 '**과당매매**'(churning)는 주로 포괄적 일임매매에서 증권회사 직원에 의하여 이루어졌다. 증권회사 직원의 과당매매로 인하여 고객이 손해를 본 경우 불법행위책임이 성립된다(대법원 1996. 8. 23. 선고 94다38199 판결).[108]

과당매매인지를 판단하는 기준은 (ⅰ) 일반투자자가 부담하는 수수료 총액, (ⅱ) 일반투

증권이 포함된다(령 68조 4항).

108) 같은 취지: 대법원 1997. 10. 24. 선고 97다24603 판결; 대법원 2007. 4. 12. 선고 2004다38907 판결; 대법원 2007. 7. 12. 선고 2006다53344 판결.

자자의 재산상태 및 투자목적에 적합한지 여부, (iii) 일반투자자의 투자지식이나 경험에 비추어 당해 거래에 수반되는 위험을 잘 이해하고 있는지 여부, (iv) 개별 매매거래시 권유내용의 타당성 여부 등이다(규정 4-20호 1항 5호 가목). 판례는 과당매매의 판단기준으로 "고객구좌에 대한 증권회사의 지배 여부, 주식매매의 동기 및 경위, 거래기관과 매매횟수 및 양자의 비율, 매매주식의 평균적 보유기간, 매매주식 중 단기매매가 차지하는 비율, 동일주식의 매입·매도를 반복한 것인지의 여부, 수수료 등 비용을 공제한 후의 이익 여부, 운용액 및 운용기간에 비추어 본 수수료액의 과다 여부, 손해액에서 수수료가 차지하는 비율, 단기매매가 많이 이루어져야 할 특별한 사정이 있는지의 여부 등 제반사정을 참작하여 주식매매의 반복이 전문가로서의 합리적인 선택이라고 볼 수 있는지의 여부"를 들고 있다(대법원 1997. 10. 24. 선고 97다24603 판결).[109]

과당매매를 인정하는 경우에도 실제 그로 인한 손해발생과 그 범위를 확정하는 것은 극히 어렵다. 판례 중에는 예탁금 총액에서 잔고평가액과 거래비용을 공제한 금액을 손해로 본 경우가 있다(대법원 2007. 4. 12. 선고 2004다6122 판결).

그러나 일임매매 자체를 금지하는 자본시장법에서는 이러한 형태의 과당매매는 불가능하다. 그래서 자본시장법은 일반투자자를 대상으로 빈번한 금융투자상품의 매매거래 또는 과도한 규모의 금융투자상품의 매매거래를 권유하는 행위(규정 4-20조 1항 5호 가목)를 금지하는 형식을 취한 것이다.

6) 그 밖의 불건전영업행위

(1) 의의와 취지

자본시장법은 그 밖에 투자자 보호 또는 건전한 거래질서를 해할 우려가 있는 행위를 금지할 수 있는 근거를 두고 구체적인 행위유형은 시행령에 위임하고 있다(71조 7호; 령 68조 5항 1호-14호).

(2) 전문투자자 전환 관련 불건전영업행위

일반투자자와 같은 대우를 받겠다는 전환가능 전문투자자의 요구(9조 5항 단서)에 정당한 사유 없이 동의하지 않는 행위, 전문투자자로의 전환을 위한 서류제출(령 10조 3항 17호 가목) 이후에는 전문투자자와 같은 대우를 받지 않겠다는 의사를 표시하기 전까지는 전문투자자로 대우받는다는 사실을 일반투자자에게 설명하지 않고 서류를 제출받는 행위, 전환요건(령 10조 3항 17호)을 갖추지 못했음을 알고도 전문투자자로 대우하는 행위를 말한다(령 68조 5항 1호·1호의2·1호의3). 투자자의 구분에 따른 규제차별화의 제도적 기초를 흔드는 행위로서 엄격하게

---

109) 같은 취지: 대법원 2005. 9. 9. 선고 2003다61382 판결; 대법원 2006. 2. 9. 선고 2005다63634 판결; 대법원 2007. 4. 12. 선고 2004다4980 판결; 대법원 2007. 7. 12. 선고 2006다53344 판결; 대법원 2012. 6. 14. 선고 2011다65303 판결.

금지되어야 한다.

(3) 투자권유관련 불건전영업행위

개인일반투자자 중 투자목적·재산상황 및 투자경험 등의 정보를 파악(금소법 17조 2항, 18조 1항)한 결과 판매상품이 적합하지 않거나 적정하지 않다고 판단되는 사람 또는 65세 이상인 사람을 대상으로 금융투자상품[110]을 판매하는 경우 녹취나 숙려기간관련 의무를 불이행하는 행위,[111] 고난도금융투자상품[112]을 판매하는 경우 개인일반투자자를 대상으로 하는 녹취나 숙려기간관련 의무를 불이행하는 행위나 개인투자자에게 고난도금융투자상품의 내용, 투자에 따르는 위험 및 그 밖에 금융위가 고시하는 사항[113]을 해당 투자자가 쉽게 이해할 수 있도록 요약한 설명서를 내어 주지 않는 행위[114]를 말한다(령 68조 5항 2호의2·2호의3). 주의할 것은 자본시장법상 고령투자자를 65세를 기준으로 하면서 녹취의무와 숙려기간제도를 적용한 것이다. 최근 65세가 적절한지에 대한 논의가 있다.[115]

(4) 재산상 이익 제공 관련 불건전영업행위

투자자(법인 그 밖의 단체인 경우 임직원을 포함) 또는 거래상대방(법인 그 밖의 단체인 경우 임직원을 포함) 등에게 업무와 관련하여 금융위가 고시하는 기준을 위반하여 직접 또는 간접으로 재산상의 이익을 제공하거나 이들로부터 재산상의 이익을 제공받는 행위를 말한다(령 68조 5항 3호). **'간접으로'**는 형식을 불문하고 실질적으로 그러한 이익을 제공하거나 수취하는 것을 말한다. 반드시 중간당사자가 개입하는 경우에 한정되지 않는다.

"금융위가 고시하는 기준"은 투자매매업자·투자중개업자나 그 임직원이 투자매매계약의

---

110) 투자자 보호 및 건전한 거래질서를 해칠 우려가 없는 것으로서 금융위가 고시하는 금융투자상품은 제외한다 (령 68조 5항 2호의2; 규정 4-20조의2 1항 1호·2호).

111) 판매과정을 녹취하지 않거나 투자자요청에도 불구하고 녹취된 파일을 제공하지 않는 행위나 투자자에게 권유한 금융투자상품의 판매과정에서 숙려기간에 대해 안내하지 않는 행위 또는 투자권유를 받고 금융투자상품의 청약등을 한 투자자에게 2영업일 이상의 숙려기간을 부여하지 않는 행위, 숙려기간 동안 투자자에게 투자에 따르는 위험, 투자원금의 손실가능성, 최대 원금손실 가능금액 및 그 밖에 금융위원회가 고시하는 사항을 고지하지 않거나 청약등을 집행하는 행위, 숙려기간이 지난 후 서명, 기명날인, 녹취 또는 그 밖에 금융위가 고시하는 방법으로 금융투자상품의 매매에 관한 청약등의 의사가 확정적임을 확인하지 않고 청약등을 집행하는 행위, 청약등을 집행할 목적으로 투자자에게 그 청약등의 의사가 확정적임을 표시해 줄 것을 권유하거나 강요하는 행위를 말한다(령 68조 5항 2호의2 가목-바목).

112) 투자자 보호 및 건전한 거래질서를 해칠 우려가 없는 것으로서 금융위가 고시하는 고난도금융투자상품은 제외한다(령 68조 5항 2호의3; 규정 4-20조의2 2항).

113) 해당 상품의 특성과 손실위험에 대한 시나리오 분석결과와 해당 상품 목표시장의 내용 및 설정 근거를 말한다(령 68조 5항 2호의3 3항 나목; 규정 4-20조의2 3항 1호·2호). 목표시장은 해당 상품을 판매하려는 투자자의 범위를 말한다.

114) 다음 경우는 제외한다{령 68조 5항 2호의3 나목 1)·2)}.
    (ⅰ) 투자자가 해당 설명서를 받지 않겠다는 의사를 서면, 전신, 전화, 팩스, 전자우편 또는 그 밖에 금융위가 고시하는 방법으로 표시한 경우
    (ⅱ) 집합투자증권의 판매 시 간이투자설명서(124조 2항 3호)를 교부한 경우

115) 현재의 기준은 노인복지법이 65세를 기준으로 하고 있는 것 등을 고려한 것이다.

체결 또는 투자중개계약의 체결과 관련하여 투자자 또는 거래상대방 등에게 제공하거나 투자자 또는 거래상대방으로부터 제공받는 금전·물품·편익 등의 범위가 일반인이 통상적으로 이해하는 수준에 반하지 않는 것을 말한다(규정 4-18조 1항). 이러한 금전·물품·편익 등이 최근 5개 사업연도를 합산한 금액을 기준으로 10억원을 초과하는 경우 그 내용을 인터넷 홈페이지 등을 통하여 공시해야 한다(령 68조 5항 3호; 규정 4-18조 2항). 투자매매업자·투자중개업자가 금전·물품·편익 등을 제공하거나 제공받는 경우 제공목적, 제공내용, 제공일자 및 제공받는 자 등에 대한 기록을 유지해야 한다(규정 4-18조 3항).

(5) 증권 인수 등 관련 불건전영업행위

증권의 인수업무 또는 모집·사모·매출의 주선업무와 관련하여 첫째, 발행인이 증권신고서(정정신고서와 첨부서류를 포함)와 투자설명서(예비투자설명서 및 간이투자설명서를 포함) 중 중요사항에 관한 부실기재나 중요사항의 기재누락을 방지하는 데 필요한 적절한 주의를 기울이지 않는 행위, 둘째, 증권의 발행인·매출인 또는 그 특수관계인에게 증권의 인수를 대가로 모집·사모·매출 후 그 증권을 매수할 것을 사전에 요구하거나 약속하는 행위, 셋째, 모집·사모·매출의 주선을 포함한 인수 증권의 배정을 대가로 그 증권을 배정받은 자로부터 그 증권투자로 인하여 발생하는 재산상 이익을 직접 또는 간접으로 분배받거나 그 자에게 그 증권의 추가적인 매수를 요구하는 행위, 넷째, 인수하는 증권의 청약자에게 증권을 정당한 사유 없이 차별하여 배정하는 행위, 다섯째, 그 밖에 투자자 보호나 건전한 거래질서를 해칠 염려가 있는 행위로서 금융위가 고시하는 행위를 말한다(령 68조 5항 4호 가목-마목). 특히 가격발견 등 핵심기능을 수행하는 인수나 주선 등 발행시장질서를 심각하게 침해하는 행위를 열거한 것이다.

(6) 금융투자상품 정보관련 불건전영업행위

금융투자상품의 가치에 중대한 영향을 미치는 사항을 미리 알고 있으면서 이를 투자자에게 알리지 않고 해당 금융투자상품의 매수나 매도를 권유하여 해당 금융투자상품을 매도하거나 매수하는 행위를 말한다(령 68조 5항 4호 가목-마목). 투자자의 이익을 우선할 의무(37조 2항)를 부담하는 투자매매업자나 투자중개업자가 그 의무에 위반하여 투자자의 이익을 소극적인 정보은닉을 통하여 침해하는 행위이다. 이해상충방지를 위한 개별적 규정 중의 하나이다.

(7) 불공정거래관련 불건전영업행위

투자자가 불공정거래규제(174조·176조·178조)를 위반하여 매매 그 밖의 거래를 하려는 것을 알고 그 거래를 위탁받는 행위, 금융투자상품의 매매 그 밖의 거래와 관련하여 투자자의 위법거래를 감추어 주기 위해 부정한 방법을 사용하는 행위, 이익보장이나 불건전영업행위(55조·71조)에 따른 금지·제한을 회피할 목적으로 하는 행위로서 장외파생상품거래, 신탁계약, 연계거래 등을 이용하는 행위를 말한다(령 68조 5항 6호·7호·11호). 특히 시세조종의 수탁 그 자체도 시세조종이다(176조 1항 4호, 2항 1호, 3항).

(8) 결제 관련 불건전영업행위

금융투자상품의 매매, 그 밖의 거래와 관련하여 결제가 이행되지 않을 것이 명백하다고 판단되는 경우임에도 정당한 사유 없이 그 매매, 그 밖의 거래를 위탁받는 행위(령 68조 5항 8호)를 말한다. 공매도는 물론 공매도가 아닌 경우에도 투자자의 결제이행능력을 확인하는 것은 투자매매업자 또는 투자중개업자의 기본적인 업무이다.

(9) 자기주식매매관련 불건전영업행위

투자자에게 해당 투자매매업자·투자중개업자가 발행한 자기주식의 매매를 권유하는 행위(령 68조 5항 9호)를 말한다. 이해상충방지를 위한 개별규제 중 하나이다.

(10) 집합투자관련 불건전영업행위

첫째, 투자자로부터 상장집합투자증권을 제외한 집합투자증권을 매수하거나 그 중개·주선 또는 대리하는 행위(령 68조 5항 10호 본문)를 말한다. 집합투자증권을 투자매매업자 또는 투자중개업자의 고유재산으로 환매할 수 없다는 환매제도의 기본원칙을 유지하기 위한 것이다. 다만, 집합투자증권의 원활한 환매를 위하여 필요하거나 투자자이익을 해할 우려가 없는 일정한 경우에 그 투자매매업자·투자중개업자가 환매청구를 받거나 환매에 응할 것을 요구받은 집합투자증권을 자기계산으로 취득하는 경우는 제외한다(령 68조 5항 10호 본문, 235조 제6항 단서).

둘째, 집합투자업자와의 이면계약 등에 따라 집합투자업자에게 집합투자재산의 운용에 관한 명령·지시·요청 등을 하는 행위(령 68조 5항 12호의2)도 금지된다. 이른바 OEM펀드에서 집합투자업자만 처벌하고 투자매매업자나 투자중개업자를 처벌할 수 없던 한계를 극복하기 위한 것이다. 집합투자업자가 운용하는 집합투자기구의 집합투자증권을 판매하는 투자매매업자 또는 투자중개업자와의 이면계약 등에 따라 그 투자매매업자 또는 투자중개업자로부터 명령·지시·요청 등을 받아 집합투자재산을 운용하는 행위도 처벌된다(령 87조 4항 6호). 투자자의 경우(령 87조 4항 5호)와 달리 일상적일 것을 요하지 않는다.

셋째, 집합투자증권의 판매업무와 집합투자증권의 판매업무 외의 업무를 연계하여 정당한 사유 없이 고객을 차별하는 행위(령 68조 5항 13호)도 제한된다. 이해상충방지를 위한 개별규제 중 하나이다.

(11) 담보관련 불건전영업행위

채권자로서 그 권리를 담보하기 위하여 백지수표나 백지어음을 받는 행위(령 68조 5항 12호)도 제한된다.

(12) 종합금융투자사업자관련 불건전영업행위

종합금융투자사업자가 영업행위기준(령 77조의6 2항·3항)을 위반하여 단기금융업무나 종합투자계좌업무를 하는 행위도 금지된다(령 68조 5항 13호의2·13호의3).

(13) 온라인소액투자중개업자 관련 불건전영업행위

온라인소액투자중개업자가 온라인소액증권발행인이 정정게재를 하는 경우(117조의10 4항 단서) 온라인소액투자중개업자가 정정게재 전 해당 증권의 청약의사를 표시한 투자자에게 정정게재사실 통지와 청약의사 재확인을 하지 않는 행위, 일정한 소득요건을 갖춘 자를 제외한 투자자(117조의10 6항 2호)가 온라인소액투자중개의 방법을 통하여 증권을 청약하려는 경우 온라인소액투자중개업자가 해당 투자자에게 투자위험 등에 대하여 이해했는지 여부를 질문을 통하여 확인하지 않거나, 확인한 결과 투자자에게 온라인소액투자중개의 방법을 통한 투자가 적합하지 않음에도 청약의 의사표시를 받는 행위, 증권의 발행가능요건이 충족되었음에도 온라인소액투자중개업자가 해당 사실을 청약자에게 통지하지 않는 행위도 금지된다(령 68조 5항 13호의4-13호의6).

(14) 그 밖의 불건전영업행위

그 밖에 투자자의 보호나 건전한 거래질서를 해칠 염려가 있는 행위로서 금융투자업규정에서 15가지 행위유형을 규정하고 있다(령 68조 5항 14호; 규정 4-20조 1호-15호).

7) 실효성 확보수단

불건전영업행위에 대해서는 인가취소 등 금융투자업자 및 그 임직원에 대한 처분(420조 1항 6호·3항, 422조 1항·2항, [별표 1] 79)을 할 수 있다. 기관제재 중 인가취소는 법률상 불건전영업행위에 위반하는 경우에 한정된다(420조 3항, [별표 1] 79; 령 373조 1항 5호). 불건전영업행위 중 법률상 규제에 위반하는 자는 5년 이하의 징역 또는 2억원 이하의 벌금(444조 8호, 71조 1호-6호), 그리고 시행령상 행위에 해당하는 자는 1억원 이하의 과태료를 부과한다(449조 1항 29호, 71조 7호; 령 68조 5항).

불건전영업행위에 대해서는 손해배상책임도 인정된다(64조 1항 본문). 투자매매업 또는 투자중개업과 집합투자업을 함께 영위함에 따라 발생하는 이해상충과 관련된 경우 그 금융투자업자가 상당한 주의를 하였음을 증명하거나 투자자가 금융투자상품의 매매, 그 밖의 거래를 할 때에 그 사실을 알았음을 증명한 경우에는 배상책임을 면한다(64조 1항 단서). 금융투자업자가 손해배상책임을 지는 경우로서 관련되는 임원에게도 귀책사유가 있는 경우 그 금융투자업자와 관련되는 임원이 연대하여 그 손해를 배상할 책임이 있다(64조 2항). 특히 과당매매의 불법행위로 인한 손해의 산정은 쉽지 않다. 법원은 "모든 개별적인 주식매매 행위를 대상으로 과당매매로 인한 손해발생 여부와 그 범위를 확정하는 것이 사실상 불가능"하므로 "과당매매에 해당하는 기간 동안의 모든 주식매매 행위를 일체로 보아 그 기간 동안의 주식매매로 인하여 발생한 손해 전부를 기준으로" 그 손해를 산정해야 한다고 판단하였다(대법원 2007. 4. 12. 선고 2003다63067·63074 판결).

일임매매의 사법상의 효력에 대해서 법원은 일찍부터 유효입장이다. 투자자가 증권회사에 대해서 매매를 위탁하는 주식의 종목 등을 특정하여 주문하지 않았다고 하여 매매위탁계약이 아니라고 할 수 없고 유망주식을 적당한 시기에 적당한 수량, 가격으로 매입 또는 매각해 달라고 위탁할 수도 있다는 취지로 판시한 바 있다(대법원 1979. 3. 27. 선고 78다2483 판결). 이러한 태도는 계속되고 있다. 판례는 일임매매약정은 증권법 제107조에 위반한 것이지만 "고객에 의하여 매매를 위임하는 의사표시가 된 것임이 분명한 이상 그 사법상 효력을 부인할 이유가 없고 그 효력을 부인할 경우 거래상대방과의 사이에서 법적 안정성을 심히 해하게 되는 부당한 결과가 초래되므로" 사법상 유효하다고 보았다(대법원 1996. 8. 23. 선고 94다38199 판결). 고객의 의사표시가 묵시적인 경우도 같다(대법원 2002. 3. 29. 선고 2001다49128 판결).

4. 자기주식의 예외적 취득

투자매매업자는 투자자로부터 그 투자매매업자가 발행한 자기주식으로서 다자간매매체결회사에서의 거래를 포함한 증권시장의 매매수량단위 미만의 주식에 대하여 매도청약을 받은 경우에는 이를 증권시장 밖에서 취득할 수 있다(69조 전단). 시장기능을 유지하면서 투자자의 매도수요를 충족해주기 위한 예외이다. 다만 이렇게 취득한 자기주식은 취득일부터 3개월 이내에 처분해야 한다(69조 후단; 령 67조).

5. 신용공여

1) 증권과 관련한 신용공여

투자매매업자 또는 투자중개업자는 '**증권과 관련하여**' 금전융자 또는 증권대여의 방법으로 투자자에게 신용공여할 수 있다(72조 1항 본문). '**증권과 관련한 금전융자 또는 증권대여**'는 구체적으로 그 투자매매업자등에게 증권계좌를 개설하고 있는 자에 대한 증권매수대금융자나 매도증권대여 또는 그 투자매매업자등에게 계좌를 개설해 전자등록주식등을 보유하거나 증권을 예탁하고 있는 자에게 그 전자등록주식등 또는 증권을 담보로 한 금전융자를 말한다(72조 1항; 령 69조 1항 1호·2호). 다만, 투자매매업자는 증권인수일부터 3개월 이내에 투자자에게 그 증권을 매수하게 하기 위해 그 투자자에게 금전융자, 그 밖의 신용공여를 할 수 없다(72조 1항 단서).

2) 전담중개업자의 예외

전담중개업자는 증권매수대금융자나 매도증권대여 또는 전담중개업무로서 보관·관리하는 일반사모펀드등의 투자자재산인 증권담보금전용자의 방법으로 그 전담중개업무를 제공받는 일반사모펀드등에게 신용공여할 수 있다(72조 2항; 령 69조 2항 1호·2호).

3) 신용공여기준과 담보관리

투자매매업자등의 증권관련신용공여와 전담중개업자의 신용공여에서 투자매매업자등은 특히 담보관리에 유의해야 한다. 구체적 기준과 담보비율 및 징수방법 등은 금융위가 고시한다(72조 2항; 령 69조 3항).

6. 투자자예탁금 및 투자자 예탁증권 관련

1) 투자자예탁금의 별도예치

(1) 예치기관에의 예치 또는 신탁

가. 투자자예탁금의 의의

투자자예탁금은 "투자매매업자 또는 투자중개업자("투자매매업자등")가 투자자로부터 금융투자상품의 매매, 그 밖의 거래와 관련하여 예탁받은 금전"을 말한다(74조 1항). 투자매매업자등은 투자자예탁금을 예치기관에 예치 또는 신탁해야 한다(74조 1항·2항). 투자자예탁금을 예치 또는 신탁한 투자매매업자등을 '**예치금융투자업자**', 이를 예치 또는 신탁받은 증권금융회사나 신탁업자를 '**예치기관**'이라고 한다(74조 4항·3항). 자본시장법은 예치금융투자업자의 파산 등 위험에 대비하여 투자자예탁금을 별도로 보관하게 한 것이다. 예치기관의 파산 등 위험에 대해서도 같은 취지의 보호장치를 두고 있다.

나. 별도 예치 또는 신탁

투자매매업자등은 투자자예탁금을 고유재산과 구분하여 증권금융회사에 예치 또는 신탁해야 한다(74조 1항). 다만 겸영금융투자업자인 은행이나 보험회사는 투자자예탁금을 증권금융회사에 예치 또는 신탁하는 외에 신탁업자에게 신탁할 수 있다(74조 2항 전단; 령 71조 1호-4호). 이 경우 그 은행등이 신탁업을 영위하는 경우 자신의 신탁계정으로 자기신탁할 수 있다(74조 2항 후단; 신탁법 3조 1항).[116] 그러나 신탁업을 영위하는 투자매매업자등은 투자자예탁금을 자기신탁방식으로 신탁할 수 없다. 이는 투자매매업자등의 투자자예탁금을 이용한 자금이체업무(40조 4호)와 관련된다. 지급수단인 투자자예탁금은 투자매매업자등의 신용위험으로부터 완전히 격리시켜야 한다. 은행과 보험회사는 투자자예탁금을 이용한 자금이체업무를 수행하지 않는다.

---

116) 법문상 '자기계약'이라고 하지만 신탁법상 신탁선언으로 해석해야 한다. 정순섭, 신탁, 113-114면.

다. 투자자예탁금 예치 또는 신탁의 법률관계

투자자는 투자자예탁금을 예치금융투자업자에게 예탁하고, 예치금융투자업자는 그 예탁금을 예치기관에 예치하거나 신탁한다.

첫째, 투자자의 예치금융투자업자에 대한 투자자예탁금의 예탁은 민법상 예치기관에의 100% 예치를 조건으로 하는 임치이다. 둘째, 예치방식의 경우 예치금융투자업자의 예치기관에 대한 예치의 법적 성질은 민법상 금전소비임치에 해당한다. 투자자는 예치기관에 대한 직접적 권리를 보유할 수 없으며, 예치금융투자업자에 대해서만 반환청구권을 가진다. 예치기관에 대한 반환청구권은 예치금융투자업자가 갖게 된다. 셋째, 신탁방식의 경우 예치기관인 신탁업자(증권금융회사 포함)를 수탁자로, 예치금융투자업자를 위탁자 겸 수익자로 하게 된다. 자기신탁인 경우에는 예치금융투자업자가 위탁자와 수익자이면서 수탁자이기도 하다. 따라서 신탁방식의 경우에도 투자자는 신탁업자에 대하여 직접적인 권리를 갖지 않는다.

(2) 투자자의 재산임을 표시

투자매매업자 또는 투자중개업자는 예치기관에게 투자자예탁금을 예치 또는 신탁하는 경우 그 투자자예탁금이 투자자재산이라는 뜻을 밝혀야 한다(74조 3항). 투자자재산이라는 뜻을 표시한 경우 투자자를 수익자로 예치금융투자업자를 위탁자로, 예치기관을 수탁자로 하는 신탁의 성립을 인정할 수 있는가? 신탁방식의 경우에는 특정 예치금융투자업자에 투자자계좌부 또는 고객계좌부를 가진 투자자 전체를 수익자로 하는 신탁의 성립을 인정할 수 있다. 예치방식인 경우에도 투자자의 자산보호를 위한 자본시장법의 입법취지상 신탁의 성립을 인정하는 것이 불가능하지는 않지만 입법적으로 명확히 하는 것이 필요하다.

(3) 상계·담보제공 등의 금지

누구든지 예치기관에 예치 또는 신탁한 투자자예탁금인 '**예치예탁금**'을 상계·압류(가압류)하지 못하며, 예치금융투자업자는 예외적 양도를 제외하고 예치예탁금을 양도하거나 담보로 제공할 수 없다(74조 4항). 예외적 양도는 예치금융투자업자의 흡수합병 또는 신설합병으로 존속법인이나 신설법인에 예치예탁금을 양도하는 경우, 예치금융투자업자의 금융투자업 전부나 일부 양도로 양수회사에 예치예탁금을 양도하는 경우, 자금이체업무(40조 4호)와 관련하여 금융위가 정하는 한도와 방법에 따라 예치금융투자업자가 은행에 예치예탁금을 담보제공하는 경우 그 밖에 투자자 보호를 해칠 염려가 없는 경우로서 금융위가 고시하는 경우에 한정된다(74조 4항; 령 72조 1호-4호).

(4) 예치금융투자업자의 인가취소등과 투자자에 대한 우선지급

예치기관은 예치금융투자업자가 우선지급사유에 해당하게 된 경우 투자자청구에 따라 예치 또는 신탁된 투자자예탁금을 그 투자자에게 우선 지급해야 한다(74조 5항). 우선지급사유

는 예치금융투자업자의 인가취소, 해산결의, 파산선고, 금융투자업의 전부양도·폐지승인 또
는 전부정지명령(6조 1항 1호·2호) 그 밖에 이에 준하는 사유를 말한다(74조 5항 1호-7호).

금융위는 우선지급사유가 발생한 경우 그 사실을 그 예치금융투자업자, 예치기관 및 예
금보험공사에 즉시 통지해야 한다(74조 6항). 우선지급사유 통지를 받은 예치기관은 투자자예
탁금 별도예치 관련정보를 예금보험공사에 제공해야 하고, 그 통지를 받은 날부터 2개월 이
내에 투자자예탁금의 지급시기·지급장소, 그 밖에 투자자예탁금의 지급관련사항을 둘 이상
의 일간신문과 인터넷 홈페이지 등을 이용하여 공고해야 한다(74조 7항 본문). 다만, 예치기관
은 불가피한 사유가 발생하여 기간 내에 공고할 수 없는 경우 금융위 확인을 받아 1개월 범위
에서 그 기간을 연장할 수 있다(74조 7항 단서).

예치기관은 투자자예탁금을 지급할 때 투자자가 예금자보호법상 부실관련자(21조의2 1항)
에 해당하거나 부실관련자와 지배구조법상 특수관계인관계(동 시행령 3조 1항)에 있는 경우 그
투자자예탁금에 대하여 투자자예탁금의 지급시기 등의 공고일부터 6개월의 범위에서 그 지급
을 보류할 수 있다(74조 8항; 령 73조의2 1항·2항). 이 경우 지급보류 금액·사유·기간·지급청
구방법 등을 투자자에게 서면으로 알려야 한다(령 73조의2 2항).

예치금융투자업자는 우선지급사유가 발생한 경우 금융거래 내용에 대한 정보 또는 자료
(실명법 4조) 및 개인신용정보(신용정보법 32조 1항)를 제공할 수 있는 정보의 범위, 투자자정보
의 암호화 등 처리방법, 투자자정보의 분리보관, 투자자정보의 이용기간 및 목적, 이용기간
경과 시 투자자정보의 삭제에 관하여 금융위가 정하는 방법과 절차에 따라 예치기관에 투자
자예탁금지급에 이용하게 할 목적으로 제공할 수 있다(74조 9항 1호-6호). 시행령으로 투자자
정보의 엄격한 관리에 필요한 사항을 추가할 수 있다. 이는 금융거래의 비밀보장(실명법 4조
1항) 및 개인신용정보 제공동의와 이용규제(신용정보법 32조·33조)에 우선하여 적용된다.

예치기관이 투자자예탁금을 투자자에게 직접 지급한 경우 예치금융투자업자에 대한 예치
기관의 투자자예탁금 지급채무와 투자자에 대한 예치금융투자업자의 투자자예탁금 지급채무
는 그 범위에서 각각 소멸한 것으로 본다(74조 10항). 예치금융투자업자인 증권회사등이 파산
하여 지급기능을 상실한 경우 예치기관이 직접 처리할 수 있도록 특칙을 둔 것이다.

(5) 예치기관의 인가취소 등과 투자자에 대한 우선지급

예치기관은 그 예치기관에 우선지급사유가 발생한 경우 예치금융투자업자에게 예치 또는
신탁받은 투자자예탁금을 우선하여 지급해야 한다(74조 11항). 예치기관이 파산선고를 받은
경우 자본시장법상 첫째, 예치금융투자업자가 파산선고를 받은 예치기관으로부터 예치예탁금
을 인출하여, 둘째, 이를 투자자에게 우선하여 지급하게 된다. 여기서 투자자는 예치기관이
아니라 예치금융투자업자에 대하여 권리를 가지게 된다. 신탁방식인 경우 예치예탁금은 신탁

재산의 독립성에 따라 예치기관의 파산재단에 귀속하지 않고, 수익자인 예치금융투자업자는 파산절차와 무관하게 예탁금에 대하여 직접 권리를 행사할 수 있다.

(6) 예치기관의 투자자예탁금 운용

예치기관의 투자자예탁금 운용방법은 엄격하게 제한되어 있다. 예치기관은 국채나 지방채, 정부·지방자치단체 또는 은행 등 금융회사가 지급보증한 채무증권의 매수, '**그 밖에 투자자예탁금의 안정적 운용을 해할 우려가 없는 것으로서 시행령으로 정하는 방법**'으로 투자자예탁금을 운용해야 한다(74조 12항 1호-3호; 령 74조 1항·2항). 시행령은 증권 또는 원화표시 양도성예금증서 담보대출, 한국은행 또는 체신관서에의 예치, 특수채 매수, 그 밖에 투자자예탁금의 안전한 운용이 가능하다고 인정되는 것으로서 금융위가 정하는 방법을 추가하고 있다(74조 12항 3호; 령 74조 2항 1호-3호; 규정 4-40조 1항). 예탁금의 안정적 운용을 해할 우려가 없는 방법을 한정한 것이다. 이러한 제한은 예치기관이 증권금융회사인 경우 적용상 문제가 없다. 그러나 신탁업자인 경우에는 자본시장법상 운용방법규제(105조)와의 관계가 문제된다. 예치예탁금의 운용에 관한 한 제74조가 제105조에 대한 특칙으로 우선 적용된다.

(7) 예치방법 등

투자매매업자등이 예치기관에 예치 또는 신탁해야 하는 예탁금의 범위, 예치 또는 신탁비율, 예치예탁금의 인출, 예치기관의 예탁금 관리, 그 밖에 예탁금의 예치 또는 신탁에 관하여 필요한 사항은 시행령으로 정한다(74조 13항 전단). 현재 별도예치비율은 투자자의 실질예탁금에서 비용등을 공제한 별도예치금액 100%이다(령 75조 2항). 이 경우 예치 또는 신탁의 비율은 투자매매업자등의 재무상황 등을 고려하여 인가받은 투자매매업자 또는 투자중개업자별로 달리 정할 수 있다(74조 13항 후단). 별도예치제도는 투자자예탁금을 투자매매업자등의 신용위험으로부터 보호하려는 것이므로 안전성을 우선하여 설정·운영되어야 한다.

2) 투자자 예탁증권의 예탁

(1) 예탁방법 등

투자매매업자등은 금융투자상품의 매매 그 밖의 거래에 따라 보관하게 되는 투자자소유 증권등을 예탁결제원에 지체없이 예탁해야 한다(75조 1항 본문; 령 76조 1항 2호). 투자매매업자 등이 외화증권을 예탁결제원에 예탁하는 경우 금융위가 정하는 외국보관기관에 개설된 예탁결제원계좌로 계좌대체 등으로 예탁하게 된다(75조 2항; 령 76조 3항). 다만, 그 증권의 유통가능성, 다른 법령에 따른 유통방법이 있는지 여부, 예탁실행가능성 등을 고려하여 시행령으로 정하는 경우에는 예탁결제원에 예탁하지 않을 수 있다(75조 1항 단서).[117]

---

[117] 시행령은 예탁가능한 증권 또는 증서의 발행불능, 증권미발행을 발행조건으로 약정한 경우, 외화증권 예탁불능으로 외국보관기관에 보관하는 경우, 그 밖에 그 증권의 성격이나 권리내용 등을 고려하여 예탁이 부적합한 경우로서 시행규칙으로 정하는 경우를 규정한다(75조 1항 단서; 령 76조 2항, 63조 2항 1호-4호). 시행규

(2) 전자등록증권

상장법인이 발행한 주식을 포함한 의무전환증권의 경우 전자증권법 시행과 함께 전자등록증권으로 자동 전환되었다. 따라서 전자등록증권에 대해서는 예탁이 아니라 전자등록기관이 관리하는 전자등록부에 등록되는 방식으로 유통된다. 자본시장법상 예탁제도(6편 2장 2절)는 전자증권법에 따른 전자등록증권등에 대해서는 적용하지 않는다(308조 1항). 따라서 전자등록증권은 다른 법령에 따른 유통방법이 있는 것으로서 예탁결제원에 예탁하지 않을 수 있다(75조 1항 단서).

칙은 해당 증권이 투자계약증권인 경우, 해당 증권이 상법상 합자회사·유한책임회사·합자조합·익명조합의 출자지분이 표시된 것인 경우(집합투자증권은 제외), 해당 증권이 발행일부터 만기가 3일 이내에 도래하는 어음인 경우를 규정하고 있다(령 63조 2항 4호; 규칙 7조의2 1호-3호).

제 6 편
금융투자규제의 체계

제19장	금융투자규제기관

제1절 서 언

1990년대 들어서면서 금융투자업을 비롯한 금융산업은 커다란 변화의 시기를 맞았다. 우리나라에서도 기존의 금융규제를 근본적으로 개혁해야 한다는 목소리가 높았다. 번번이 좌절되었던 개혁의 물꼬를 튼 계기가 된 것은 1997년의 경제위기였다. 경제위기의 원인 중 하나가 비효율적인 금융감독제도라는 견해가 확산됨에 따라 금융감독제도의 개혁론이 힘을 얻게 되었다. 그 개혁의 핵심을 이루는 법률이 「금융위의 설치 등에 관한 법률」(이하 **'금융위법'**)이다. 금융위법은 2008년 2월 종전의 「금융감독기구의설치 등에 관한 법률」의 명칭을 변경한 것이다.

1997. 8. 국회에 제출된 금융감독기구법안이 관련 이해집단의 반대와 정치권의 의견대립으로 국회의결이 지연되던 중, IMF 구제금융을 계기로 반대론이 수그러들면서 마침내 1997년 12월 29일 국회를 통과하게 되었다. 금융감독기구법은 금융감독에 관한 권한을 당시 재정경제부에서 분리하여 새로 설치된 금융감독위원회에 이양하고 한국은행 소속이던 은행감독원, 증권감독원, 보험감독원, 신용관리기금의 네 개 금융감독기관을 통합하여 금융감독원을 설치하였다. 또한 금융투자분야의 특수성을 고려하여 따로 증권선물위원회를 설치하게 되었다. 그리하여 과거 금융투자분야에서 증권관리위원회와 증권감독원이 해 오던 역할은 금감위, 증선위, 금감원이 나누어 맡게 되었다. 2008년 2월 정부조직의 개편에 따라 당시 재정경제부에서 담당하던 금융정책기능과 당시 금융감독위원회에서 담당하던 금융감독기능을 금융위에서 함께 담당하는 것으로 변경되었다.

제2절과 제3절 그리고 제4절은 금융위, 증선위 그리고 금감원의 구조와 기능을 살펴보고, 제5절은 이들 기관의 관계를 정리한다.

제2절 금융위원회

Ⅰ. 조직과 운영

금융위는 금융정책, 외국환업무취급기관의 건전성감독 및 금융감독에 관한 업무를 수행하기 위하여 설치된 국무총리실 소속의 합의제 행정기관으로서 그 권한에 속하는 사무를 독립적으로 수행한다(3조 1항·2항).[1]

금융위는 위원장과 부위원장 1인을 포함한 총 9인의 위원으로 구성된다. 위원은 당연직과 임명직으로 구분되며 당연직에는 기획재정부차관과 금감원장 등 4인이, 그리고 임명직에는 위원장과 부위원장, 위원장이 추천하는 2인과 대한상공회의소회장이 추천하는 1인의 위원이 있다(4조 1항). 위원장, 부위원장 및 2인의 위원은 상임이고 나머지 위원은 비상임이다(4조 4항). 임명직위원의 임기는 3년이며 한차례만 연임할 수 있다(6조 1항).

위원장은 금융위를 대표하고 회의를 주재하며 사무를 통할한다(5조 1항). 금융위는 회의체로 운영된다. 회의의 소집은 위원장이 단독으로 또는 3인 이상의 위원의 요구가 있으면 소집한다(11조 1항). 위원회의 회의는 원칙적으로 재적위원 과반수출석과 출석위원 과반수의 찬성으로 의결한다(11조 2항). 의안은 위원장이 단독으로 또는 3인 이상의 위원이 제안할 수 있다(11조 3항). 위원장은 예외적으로 내우외환·천재지변 또는 중대한 금융경제상의 위기 등 긴급한 상황하에서는 위원회를 소집하지 않고 독자적으로 필요한 조치를 취할 수 있다(14조 1항).

과거의 증권관리위원회와는 달리 금융위는 공무원으로 이루어진 독자적인 보조조직을 갖추고 있으며 그 조직은 점차 확대되고 있다.

Ⅱ. 소관사무

1. 금융위법

금융위의 기본적인 권한은 금융위법에 규정되어 있다. 금융투자분야의 권한에 관해서는 자본시장법과 자산유동화법 등에서 각각 규정되고 있다. 먼저 금융위법에서는 다음의 사항에 대한 심의·의결권이 규정되어 있다(17조).

(ⅰ) 금융에 관한 정책 및 제도에 관한 사항
(ⅱ) 금융기관 감독 및 검사·제재에 관한 사항

---

1) 이 장에서의 조문인용은 별도의 표시가 없는 한 금융위법의 조문을 의미한다.

(iii) 금융기관의 설립, 합병, 전환, 영업의 양수·양도 및 경영 등의 인가·허가에 관한 사항

(iv) 자본시장의 관리·감독 및 감시 등에 관한 사항

(v) 금융소비자의 보호와 배상 등 피해구제에 관한 사항

(vi) 금융중심지의 조성 및 발전에 관한 사항

(vii) 위의 사항에 관련된 법령 및 규정의 제정·개정 및 폐지에 관한 사항

(viii) 금융 및 외국환업무 취급기관의 건전성 감독에 관한 양자 간 협상, 다자 간 협상 및 국제협력에 관한 사항

(ix) 외국환업무 취급기관의 건전성 감독에 관한 사항

(x) 그 밖에 다른 법령에서 금융위 소관으로 규정한 사항

또한 금융위는 금감원의 업무·운영·관리와 관련하여 지시·감독권이 있으며, 다음 사항에 대한 심의·의결권을 갖는다(18조).

(i) 금감원의 정관변경에 대한 승인

(ii) 금감원의 예산 및 결산승인

(iii) 그 밖에 금감원을 지도·감독하기 위하여 필요한 사항

2. 자본시장법

1) 일   반

자본시장법상 금융위의 권한에는 발행시장과 유통시장의 공시규제, 불공정거래규제, 금융투자업자에 대한 인가와 등록, 거래소에 대한 허가 및 감독, 협회 등 금융투자업관계기관에 대한 감독 등이 포함된다. 이러한 금융위의 권한은 규정에 따라 증선위에 위임하거나, 금감원장, 거래소나 협회에게 위탁할 수 있다(438조 2항-4항).[2]

2) 조치명령권

(1) 의의와 취지

금융위의 금융투자업자에 대하여 조치명령권을 가진다(416조 1항 본문 1호-11호). 이는 금융위에 조치명령에 관한 일반적인 권한을 부여한 것으로서 "개별 감독규정만으로는 규제하기 어려운 감독 사각지대가 발생할 경우에 투자자 보호 및 건전한 거래질서를 유지하는데 필요한 적절한 조치를 적시에 발동할 수 있도록 하기 위한 것"으로서 현재까지 3차례 발동되었다.[3] 이 규정은 신용평가회사(335조의14 1항), 종합금융회사(350조), 자금중개회사(357조 2항),

---

2) 금융위 및 증선위의 권한이나 업무의 일부를 시행령으로 정하는 바에 따라 거래소에 위탁할 수 있다고 정하는 자본시장법 제438조 제3항 중 '거래소' 부분 및 외감법 제15조 제4항이 "위임의 필요성 및 Howey 법령에서 규정될 대강의 내용에 대한 예측가능성이 모두 인정되므로" 포괄위임금지원칙에 위반되지 않는다는 결정이 있다. 헌법재판소 2022. 9. 29. 선고 2019헌바416 결정.

3) 금융위는 2008년 리먼브라더스 본점의 파산에 따라 국내 투자자 보호를 위해 리먼브라더스 서울지점의 영업

단기금융회사(361조) 및 명의개서대행회사(367조)에 준용된다. 금융위가 금융투자업자에 대한 조치명령권을 행사하는 경우 미리 증선위의 심의를 거쳐야 한다(439조 2호 라목). 이에 따른 명령을 이행하기 위한 절차·조치를 불이행한 자는 1년 이하의 징역 또는 3천만원 이하의 벌금에 처한다(446조 62호의2). 신용평가회사등에 준용되는 경우도 같다.

(2) 요건과 내용

첫째, 행사요건은 투자자를 보호하고 건전한 거래질서를 유지하기 위하여 긴급한 조치가 필요하다고 명백히 인정되는 경우(416조 1항)이다. 2023. 3. 21. 개정에서 필요성과 명백성을 요건으로 추가하였다. 둘째, 적용대상자는 금융투자업자 및 그 임원이다. 임원은 상법상 업무지시자등을 포함한다(상 401조의2 1항 1호-3호). 다만, 장내파생상품의 거래규모의 제한에 관한 사항에 관하여는 위탁자에게도 필요한 조치를 명할 수 있다(416조 1항 단서, 1항 7호). 셋째, 행사의 범위와 수단은 다음 [표 19-1]에서 보는 바와 같다(416조 1항 1호-8호, 2항 1호-14호).

▌표 19-1 조치명령권의 행사범위와 수단

행사범위	행사수단	비고
1. 금융투자업자의 고유재산 운용에 관한 사항	(1) 채무불이행 또는 가격변동 등의 위험이 높은 자산의 취득금지 또는 비정상적으로 높은 금리에 의한 수신(受信)의 제한	적기시정조치 (금산법 10조 1항 3호)
2. 투자자 재산의 보관·관리에 관한 사항	(2) 영업의 양도나 예금·대출 등 금융거래와 관련된 계약의 이전	적기시정조치 (금산법 10조 1항 8호)
	(3) 채무변제행위의 금지	긴급조치 (규정 3-35조 2항 3호)
	(4) 계열회사 등 제3자에 대한 송금·자산이전 등 거래 금지	신설
	(5) 투자자예탁금 등의 일부 또는 전부의 반환명령 또는 지급정지	긴급조치 (규정 3-35조 2항 1호)
	(6) 투자자예탁금 등의 수탁금지 또는 다른 금융투자업자로의 이전	긴급조치 (규정 3-35조 2항 2호)
3. 금융투자업자의 경영 및 업무개선에 관한 사항	(7) 임원의 직무정지나 임원의 직무를 대행하는 관리인의 선임	적기시정조치 (금산법 10조 1항 4호·2호·7호)
	(8) 보유자산의 처분이나 점포·조직의 축소	

정지 및 본사와의 거래 등을 금지하였고, 2013년 한국토지신탁의 대주주 변경을 승인하면서 대주주 계열회사(건설회사)와의 이해상충방지의무를 부과하였으며, 2020년 옵티머스자산운용 펀드판매 중단 시 영업정지 및 관리인 선임 등의 조치를 명령하였다. 국회 정무위원회 수석전문위원 이용준, 자본시장과 금융투자업에 관한 법률 일부개정법률안 검토보고 〈조치명령권 행사요건 및 수단 명확화 등〉 ▣ 이용우의원 대표발의(의안번호 제2107536호), 2021. 3., 4면.

	(9) 합병 또는 제3자에 의한 해당 금융기관의 인수	
4. 각종 공시에 관한 사항	(10) 보고 또는 자료의 제출과 제출한 보고서 또는 자료의 공시	신설
5. 영업의 질서유지에 관한 사항	(11) 영업의 전부 또는 일부 정지	적기시정조치 (금산법 10조 1항 6호)
6. 영업방법에 관한 사항	(12) 증권 및 파생상품의 매매제한	긴급조치 (규정 3-35조 2항 5호)
7. 장내파생상품 및 장외파생상품의 거래규모의 제한에 관한 사항	(13) 파생상품의 거래규모 제한	신설
8. 그 밖에 투자자 보호 또는 건전한 거래질서를 위하여 필요한 사항으로서 대통령령으로 정하는 사항	(14) (1)에서 (13)에 준하는 조치로서 그 밖에 대통령령으로 정하는 조치	–

주. 적기시정조치 중 조치명령에 적합하지 않은(재무건전성만을 목적) 자본증감, 주식소각·병합 제외
(자료: 금융위)[4]

금융위가 선임한 관리인(416조 2항 7호)의 권한, 해임, 등기 등에 관하여는 금산법 제14조의3을 준용한다(416조 3항). 조치명령권의 세부기준, 절차, 그 밖에 필요한 사항은 시행령으로 정한다(416조 4항).

제3절 증권선물위원회

Ⅰ. 조직과 운영

증선위는 위원장 1인을 포함한 5인의 위원(위원장 이외의 위원 1인은 상임)으로 구성한다(20조 1항). 증선위 위원장은 금융위 부위원장이 겸임한다(20조 2항). 일반위원의 임기는 3년이고 한 차례만 연임할 수 있다(20조 5항). 증선위의 회의는 위원장이 단독으로 또는 위원 2인 이상의 요구가 있으면 소집한다(21조 1항). 회의는 3인 이상의 찬성으로 의결한다(21조 2항).

Ⅱ. 권한사항

1. 금융위법

증선위의 권한은 금융위법, 자본시장법, 외감법 등에 산재하고 있다. 기본적인 권한은 금융위법에 있다. 증선위는 다음 업무를 수행한다(19조).

---

4) 위의 검토보고서, 9면.

(ⅰ) 자본시장의 불공정거래 조사

(ⅱ) 기업회계의 기준 및 회계감리에 관한 업무

(ⅲ) 금융위 소관사무 중 자본시장의 관리·감독 및 감시등과 관련된 주요사항에 대한 사전 심의

(ⅳ) 자본시장의 관리·감독 및 감시등을 위하여 금융위로부터 위임받은 업무

(ⅴ) 그 밖에 다른 법령에서 증선위에 부여된 업무

2. 자본시장법

자본시장법상 증선위는 다음을 비롯한 각종의 사항에 관하여 권한을 갖는다.

(ⅰ) 내부자의 단기매매차익거래(172조)

(ⅱ) 미공개중요정보이용행위와 시세조종 등 불공정거래금지위반과 관련된 조사, 압수, 수색 권(427조)

(ⅲ) 금융위권한 중 중요한 사항의 심의(439조)

(ⅳ) 금융위가 위임한 사항(438조 2항)

3. 외 감 법

외감법상 증선위는 다음을 비롯한 각종의 사항에 관하여 권한을 갖는다.

(ⅰ) 감사인지정(11조)

(ⅱ) 회계처리기준 심의(5조 1항)

(ⅲ) 회계감리업무(26조)

(ⅳ) 감사인 등에 대한 등록취소 등 조치권(29조)

제4절 금융감독원

Ⅰ. 총 설

금감원은 금융위 또는 증선위의 지도감독을 받아 그 의결사항을 집행하고 금융기관에 대한 검사·감독업무를 수행하는 기관이다(24조 1항).

과거에 금융산업별로 따로 존재하였던 은행감독원, 증권감독원, 보험감독원, 신용관리기금을 통합하는 금감원을 설치하자는 제안에 대해서는 각 기관의 이해가 엇갈려 반대가 많았다. 그러나 1997년에 시작된 금융위기를 계기로 현상유지론이 금융산업 사이의 벽이 점차 무너지고 있는 추세에 효과적으로 대처하자는 개혁론에 밀리면서 감독기관의 통합이 이루어지

게 되었다. 금감원은 자본금이 없는 무자본 특수법인[5]으로서(24조 2항) 금융위 직원들과는 달리 금감원 직원들은 공무원신분을 갖지 않는다.[6]

Ⅱ. 구 성

금감원의 인원은 크게 집행간부와 직원으로 구성된다. 집행간부는 원장 1인, 부원장 4인 이내, 부원장보 9인 이내, 감사 1인으로 구성된다(29조 1항). 금감원을 대표하고 업무를 통할 하는 원장은 금융위 위원장의 제청으로 대통령이 임명하고 부원장은 원장의 제청으로 금융위 가, 그리고 부원장보는 원장이 임명한다(29조 2항·3항). 감사는 금융위의 제청으로 대통령이 임명한다(29조 4항). 원장을 제외한 집행간부의 해임은 제청권자의 제청으로 임명권자가 한다 (32조). 일반 직원의 임면은 원장의 권한사항이다(33조). 집행간부와 직원은 겸직제한의무·청 렴의무·비밀유지의무 등을 부담한다(34조, 35조).

Ⅲ. 업 무

금감원의 감독대상인 금융기관은 은행, 금융투자업자, 보험사, 종금사 등 각종 금융기관 을 망라하고 있다.[7] 금감원은 이들 금융기관의 업무 및 재산상황에 대한 검사를 행하고 그 검사결과에 따른 제재를 가하는 것이 주된 업무이다. 그 밖에 금융위와 증선위의 업무를 지원 하고 특별히 법령에서 지정한 업무를 수행한다(37조).

금감원장은 업무수행상 필요하다고 인정하는 때에는 금융기관에 대하여 업무 또는 재산 에 관한 보고, 자료의 제출, 관계자의 출석 및 진술을 요구할 수 있다(40조 1항). 금감원장은 금감원의 업무수행과 관련하여 필요한 경우 규칙을 제정할 수 있다(39조 1항). 이러한 규칙을 제정 또는 변경한 경우 금융위에 즉시 보고해야 한다(39조 2항).

금감원장은 위와 같은 검사결과에 따라 위반사항이 있으면 각종의 제재권을 갖는다. 먼 저 금감원장은 금융기관의 임직원이 다음에 해당하는 경우 당해 기관의 장에게 이를 시정하 게 하거나 당해 직원의 징계를 요구할 수 있다(41조 1항).[8]

---

5) 분담금과 정부의 출연금 등으로 예산을 충당하고 있다(46조).
6) 다만 형벌이나 벌칙의 적용에서는 공무원으로 본다(69조 1항).
7) 금융감독원의 검사를 받는 기관은 다음과 같다(38조).
   1. 은행 2. 금융투자업자, 증권금융회사, 종합금융회사 및 명의개서대행회사 3. 보험회사 4. 상호저축은
   행과 그 중앙회 5. 신용협동조합 및 그 중앙회 6. 여신전문금융회사 및 겸영여신업자 7. 농협은행 8. 수협
   은행 9. 다른 법령에서 금감원이 검사를 하도록 규정한 기관 10. 그 밖에 금융업 및 금융 관련 업무를 하는
   자로서 시행령으로 정하는 자
8) 징계는 면직·정직·감봉·견책·경고로 구분한다(41조 2항).

(ⅰ) 자본시장법 또는 동법에 의한 규정·명령 또는 지시를 위반한 경우

(ⅱ) 자본시장법에 의하여 원장이 요구하는 보고서 또는 자료를 허위로 작성하거나 그 제출을 태만히 한 경우

(ⅲ) 자본시장법에 의한 금감원의 감독과 검사업무의 수행을 거부·방해 또는 기피한 경우

(ⅳ) 금감원장의 시정명령이나 징계요구에 대한 이행을 태만히 한 경우

만약 임원이 금융위법과 그에 따른 규정·명령·지시를 고의로 위반한 때에는 그 임원의 해임을 임면권자에게 권고할 수 있으며, 그 임원의 업무집행의 정지를 명할 것을 금융위에 건의할 수 있다(42조).

금감원장은 금융회사가 금융위법이나 그에 의한 규정·명령 또는 지시를 "계속 위반하여 위법 또는 불건전한 방법으로 영업하는 경우"에는 금융위에 위법행위 또는 비행의 중지, 6월의 범위 내에서의 업무의 전부 또는 일부정지를 건의할 수 있다(43조).

제5절 금융위·증선위·금감원의 관계

금융위와 증선위 그리고 금감원은 우리나라 금융의 핵심적인 규제 및 감독기관으로서 역할을 담당한다. 아래에서 보는 바와 같이 조직적·절차적 정당성 확보를 위한 지도감독관계에 있지만 결국은 공동의 노력으로 금융규제라는 목적을 추구하기 위하여 기능적으로 분리되어 있는 것이다.

금융위는 금감원에 대한 업무지도·감독권을 갖고 있다(18조). 금감원장은 금융기관에 대해서 검사를 실시한 경우 그 결과와 조치사항을 금융위에 보고하게 되어 있다(59조). 금융위는 필요하다고 인정하는 경우 금감원의 업무·재산 및 회계관련 사항을 보고하게 하거나 그 업무·재산상황·장부·서류 그 밖의 물건을 검사할 수 있다(60조).

금감원에 대한 관계에서는 금융위는 물론이고 증선위도 상위기관이다. 그리하여 증선위는 금감원의 업무를 지시·감독하는 데 필요한 명령을 할 수 있으며(61조 1항), 금융감독에 필요한 자료의 제출을 명할 수 있다(58조). 또한 증선위는 자신의 업무에 관한 금감원의 처분이 위법하거나 심히 부당하다고 인정되는 때에는 그 처분의 전부 또는 일부를 취소하거나 그 집행을 정지시킬 수 있다(61조 3항). 금융위와 증선위는 대체로 분업을 하고 있지만 양자 사이에서도 결국은 금융위가 상위기관이다. 그리하여 금융위는 금감원의 처분은 물론이고 증선위의 처분에 대해서도 그것이 위법하거나 공익 또는 예금자 등 금융수요자의 보호를 위하여 매우 부당하다고 인정되는 때에는 그 처분의 전부 또는 일부를 취소하거나 그 집행을 정지시킬 수

있다(61조 2항).

또한 금융위 및 증선위는 금융감독의 효율성을 높이기 위하여 필요한 경우에는 금융위법 또는 자본시장법을 포함한 다른 법령에 따른 권한의 일부를 금감원장에게 위탁할 수 있다(71조).

제20장	국제자본시장규제

제1절 서 언

종래 자본시장은 국경에 의하여 물리적으로 분리되었다. 그러나 이러한 장벽은 급속히 낮아져 과거 특정국가 내에서만 이루어지던 금융투자상품거래가 국경을 넘어서 이루어지고 있다. 국경을 넘어서 이루어지는 금융투자업자의 국제적인 영업활동도 규제되고 있지만, 여기에서는 국경을 넘어서 이루어지는 국제적인 증권거래에 관한 규제에 대해서만 살펴보기로 한다. 국제자본시장규제는 국제증권거래와 전통적인 국제사법의 교착이 이루어지는 분야로서 특히 실무와 연구가 부족한 것이 사실이다.

국제증권거래가 이루어지는 모습은 크게 (i) 외국투자자가 국내에서 국내기업이 발행한 증권을 거래하는 경우, (ii) 외국투자자가 외국에서 국내기업이 발행한 증권을 거래하는 경우, (iii) 국내투자자가 외국에서 외국기업이 발행한 증권을 거래하는 경우, (iv) 국내투자자가 국내에서 외국기업이 발행한 증권을 거래하는 경우로 나누어 볼 수 있다. 국제적인 장내파생상품거래의 구체적인 양상도 (i) 외국투자자가 국내거래소에 상장된 장내파생상품을 거래하는 경우와 (ii) 국내투자자가 외국거래소에 상장된 장내파생상품을 거래하는 경우로 나눌 수 있다. 우리나라에서 자본시장 국제화는 1981. 1.「국제화장기계획」과 1988. 12.「자본시장 국제화의 단계적 확대추진계획」을 계기로 본격적으로 추진되었다. 외국자본을 유치하여 국내기업의 자금조달을 촉진한다는 정책목표가 국내투자자들의 투자대상을 확대하는 정책목표보다 훨씬 절박했기 때문에 자본시장 국제화는 증권의 경우 대체로 위 (i)에서 (iv)에 이르는 순서로 진행되었다.

제2절은 자본시장법의 역외적용 기준을 살펴본다. 제3절은 역외투자자문업자등에 관한 특례를 준거법과 재판관할을 중심으로 정리한다. 제4절은 외국금융투자감독기관과의 감독공조를 검토한다. 제5절 국제적 증권거래와 결제제도에서는 결제제도의 국제적 측면을 설명한다.

제2절 역외적용[1]

I. 총설

자본시장법 제2조는 '**국외행위에 대한 적용**'이라는 제목 아래 "이 법은 국외에서 이루어진 행위라도 그 효과가 국내에 미치는 경우에는 이를 적용한다"라고 하여 역외적용에 관한 명문의 규정을 도입하였다.[2] 종래 증권법을 포함한 대부분의 금융관련법령에는 국제적 적용범위에 관한 규정이 없었다. 학설·판례도 거의 없어 실무상 불명확한 부분이 많았다. 이러한 상황에서 시장참가자는 '**가장 불리한 해석의 가능성**'을 전제로 행동한 결과 거래는 위축될 수밖에 없다. 법적용상의 불명확성을 해소하고 외국감독기관과의 감독공조를 위한 전제로서 역외적용에 관한 명시적 규정을 두는 것은 필요하다. 조문 자체는 공정거래법상 역외적용 규정을 주로 참조한 것으로서 효과주의의 원칙을 선언한 것이다. 중요한 기준은 '**국외에서 이루어진 행위**'와 '**그 효과가 국내에 미치는 경우**'의 해석이다.

II. 적용기준

자본시장법의 역외적용을 위한 기준은 (ⅰ) 국외에서 이루어진 행위, (ⅱ) 그 효과가 국내에 미치는 경우로서 행위가 이루어진 장소와 그 효과의 발생지가 다르고, 그 효과의 발생지가 국내인 경우를 말한다.

'**국외에서 이루어진 행위**'에 대해서는 행위의 일부라도 국내에서 이루어지는 경우에는 이를 국내에서 행위가 이루어진 것으로 볼 수 있으므로 국내관련성이 전혀 없는 경우를 원칙적인 적용대상으로 한다.

'**그 효과가 국내에 미치는 경우**'에서 핵심적인 기준은 '**그 효과**', 즉 국내에 미치는 영향의 정도이다. '**그 효과가 국내에 미치는 경우**'란 국내자본시장의 신뢰성과 안정성에 영향을 미치는 경우와 국내투자자 보호에 영향을 미치는 경우를 주로 의미하게 된다. '**국내자본시장의 신뢰성**

[1] 이하 설명은 석광현·정순섭, "국제자본시장법의 서론적 고찰 — 역외적용 및 역외투자자문업자 등의 특례를 중심으로 —",『증권법연구』제11권 제2호, 2010, 27-82면에 기초한 것이다. 자본시장법 제정 이전의 입법방안 제안으로, 김건식·정순섭,『증권거래법의 역외적용 및 외국감독기관과의 공조제도 정비방안 연구』(금융법센터 연구보고서, 2004. 10), 1-64면. 최근 논의로, 정성구, "국제증권거래와 관련한 자본시장법의 역외적용 — 외국투자매매업자 및 외국투자중개업자에 대한 진입규제문제를 중심으로,"『국제거래법연구』제25집 제1호, 2016, 246-296면.

[2] 국내법 중에서 역외적용규정을 두고 있는 것은 공정거래법(2조의2), 외국환거래법(2조 1항 2호)의 2가지 법률이다.

과 **안정성에 영향을 미치는 경우**'의 예로는 외국에서 행해진 행위가 국내자본시장에서 가격형
성의 공정성을 저해한다든지 하는 방법으로 시장을 교란하는 경우를 들 수 있다. '**국내투자자
보호에 영향을 미치는 경우**'란 국내투자자를 상대방으로 금융투자상품을 권유하거나 사기적 방
법에 의한 거래로 국내투자자에게 손해를 입힐 가능성이 있는 경우 등을 가리킨다.

Ⅲ. 적용범위

1. 서   언

법의 국제적 적용범위는 모든 법 혹은 특정법률에 대하여 일원적으로 정하여질 수 있는
문제가 아니다. 이는 법령의 본질과 내용에 따라 개별규정의 성질을 고려하여 논의해야 한다.
종래 사법법규에 관하여는 '**국제사법**'의 문제로서, 형사법규에 관하여는 '**형법의 장소적 적용범
위**' 문제로서 논의가 이루어져 왔다. 그러나, 사법이나 형사법규 이외의 법령, 특히 금융관련
법령에 관하여는 특유한 문제가 있다. 이하 자본시장법을 행정(또는 금융규제)규정, 사법규정
과 형사규정으로 구분하여 살펴본다.

2. 금융규제

1) 개   관

금융관련법령 중 행정법규적 성질의 규정에 대해서는 국제사법상 준거법선택원리와는 다
른 접근방식이 요구된다. 행정법규적 성질의 규정에 대해서는 특정 국가의 행정기관인 금융
당국이 자국 법령의 적용범위를 정하는 문제이다. 이는 법원에서 특정 법률관계에 대한 준거
법을 정하는 문제와는 차원을 달리하는 '**국제행정법 혹은 섭외공법**'의 문제라고 할 수 있다. 다
만 전통적인 국제사법적 접근방법이 '**국제행정법 혹은 섭외공법**'적 문제의 해결을 위한 방법론
적 시사점을 제공할 수는 있다.

금융규제의 유형별 역외적용범위에 대한 논의에는 다음 3가지 경로가 있다.[3] 첫째, 규제
목적을 중시하여 국외에서의 행위에도 일률적으로 국내법을 적용하는 입장이다. 오로지(혹은
주로) 국외에서 행위가 이루어지는 경우라도 국내법에 의한 각종 규제상 의무의 이행을 요구
할 수 있다는 주장이다. 둘째, 일정한 기준에 따라 그 외국에서의 행위가 국내시장에 일정 수
준 이상의 영향을 미칠 수 있다고 판단될 경우에만 국내법에 의한 규제상 의무의 이행을 요구
하는 입장이다. 셋째, 그 행위가 이루어진 외국에서 국내법에 의한 규제와 유사한 정도의 규
제가 과하여지고 있는 경우에는 이러한 절차의 이행으로 국내법이 달성하고자 하는 목적이

---

3) 金融法委員會, 「金融関連法令のクロスボーダー適用に関する中間論点整理 金融関連法令のクロスボーダー適用
に関する中間論点整理—証券取引法を中心に—」, 2002. 9. 13, 11-12면.

충족된 것으로 보아 국내법 적용을 면제하는 입장이다.

자본시장법은 이 문제에 대하여 "국외에서 이루어진 행위로서 그 효과가 국내에 미치는 경우에도 적용"된다고 규정함으로써 위 두 번째 입장을 취하고 있다. 이하 자본시장법상 규제의 분류에 따라 진입규제 및 건전성규제, 영업행위규제와 불공정행위규제 그리고 공시규제로 구분하여 역외적용 규정의 구체적인 적용범위를 살펴본다.

2) 진입규제 등

(1) 문제의 의의

자본시장법상 국내투자자를 상대로 금융투자업을 영위할 경우 업무의 종류에 따라 인가나 등록을 요한다(진입규제). 이와 관련하여 역외적용이 문제되는 것은 "외국금융투자업자가 국내투자자를 상대로 외국에서 금융투자업을 영위하고자 하는 경우"이다. "외국금융투자업자가 투자자를 상대로 국내에서 금융투자업을 영위하고자 하는 경우"에는 자본시장법이 당연히 적용된다. 이 경우에는 투자자의 국적이나 거주성도 묻지 않는다.

자본시장법은 외국금융투자업자가 국내투자자를 상대로 하여 영업할 경우에는 지점 그 밖에 영업소를 요건으로 함으로써 역외금융업무를 사실상 금지하고 있는 종래의 입장을 그대로 유지하고 있다. 따라서 사실상 진입규제의 역외적용은 문제되지 않는다. 이를 위해 "외국 법령에 따라 외국에서 금융투자업에 상당하는 영업을 영위하는 자"를 '**외국금융투자업자**'로, "외국 법령에 따라 외국에서 투자자문업에 상당하는 영업을 영위하는 자"를 '**외국투자자문업자**'로, "외국 법령에 따라 외국에서 투자일임업에 상당하는 영업을 영위하는 자"를 '**외국투자일임업자**'로 정의한 후, 이들이 국내에서 금융투자업을 영위하기 위해서는 국내에 지점 그 밖에 영업소를 갖출 것을 요구한다(12조 2항 1호 나목, 18조 2항 1호 나목·다목).

(2) 예   외

자본시장법은 2가지 예외를 두고 있다. 첫째, 역외투자자문업자와 역외투자일임업자에 대해서는 국내에 지점 그 밖에 영업소를 둘 것을 요구하지 않고 "외국에서 국내 거주자를 상대로 직접 영업을 하거나 통신수단을 이용하여 투자자문업 또는 투자일임업을 영위하는 경우"를 허용한다(18조 2항 1호 단서).[4] 둘째, 외국금융투자업자의 역외영업에 대해서는 자본시장법이 종래와는 달리 포괄주의를 통한 규제범위의 확대를 규정하고 있는 점과 관련하여 투자자 보호의 필요성과 금융감독의 효율성 등을 고려하여 일정한 경우에는 인가 및 등록을 면제하고 있다(7조 6항 4호). 시행령에서는 외국투자매매업자나 외국투자중개업자가 투자매매업자를 상대로 하거나 투자중개업자를 통하여 투자매매업 또는 투자중개업을 영위하는 경우와

---

4) 간투법 제150조 제1항과 같은 취지의 규정이다. 그러나 간투법은 금융위에 등록을 요구했지만, 자본시장법은 투자자 보호를 위하여 연락책임자를 국내에 두는 것으로 변경하였다.

국내거주자를 상대로 투자권유나 투자광고 없이 국내 거주자의 매매주문을 받아 그 자를 상
대방으로 투자매매업 또는 투자중개업을 영위하는 경우를 각각 금융투자업의 범위에서 제외
하고 있다(령 7조 4항 6호). 이 경우에는 별도 진입규제를 요하지 않는다.

3) 영업행위규제

영업행위규제 중 특히 투자권유규제 등 투자자 보호에 관한 규제는 자본시장법상 역외적
용을 명시한 가장 중요한 목적 중의 하나이다. 행위가 이루어지는 장소를 불문하고 국내투
자자를 상대로 금융투자업을 영위할 경우에는 투자권유규제 등 영업행위규제는 당연히 적용
된다.

외국상장회사에 대해서 공개매수를 하는 경우 그 회사가 국내에서 발행한 주식도 공개매
수의 대상에 포함시킨다면 자본시장법상 공개매수규제도 준수해야 하는가? 외국의 공개매수
규제를 충족시키기 위해서는 상당한 비용이 소요되므로 국내에 거주하는 주주를 제외하고자
할 수도 있다. 이러한 사태를 피하기 위하여 미국 법원과 SEC는 미국에 거주하는 대상주주의
비율이 적은 경우 공개매수자가 본국법에 따라서 공개매수를 하는 것을 허용함으로써 미국법
의 적용을 일부 면제하는 등 외국의 공개매수자에 대한 규제에 있어 다소 융통성을 보이고
있다.5) 미국에 거주하는 주주도 공개매수에 참여할 기회를 갖는 편이 더 유리하기 때문이다.
국내에 거주하는 주주에 대한 위임장권유에는 한국법도 적용될 것이다.

4) 불공정행위규제

불공정행위규제는 투자자 보호를 위한 영업행위규제와 함께 자본시장법상 역외적용규정
을 명시한 가장 중요한 목적 중의 하나이다. 행위가 이루어지는 장소를 불문하고 국내자본시
장질서를 교란하거나 국내투자자에게 손실을 입힐 가능성이 있을 경우 자본시장법상 불공정
거래규제가 당연히 적용된다. 이와 관련해서 자본시장규제의 역외적용에 관하여 가장 적극적
인 입장인 것으로 알려져 온 미국 연방대법원이 증권법상 반사기조항의 역외적용에 대하여
자제하는 태도를 취한 것은 주목할 만하다. 연방대법원은 1934년 증권거래소법 제10조 및
SEC 규칙 10b-5의 적용범위를 (ⅰ) 미국 증권거래소에 상장된 증권의 매매나 (ⅱ) 미국에서
의 다른 증권의 매매로 한정하였다.6) 그러나 국내금융투자상품시장에 상장된 증권이나 파생
상품의 매매 그 밖의 거래와 관련되거나 국내투자자를 직접적인 불공정행위의 상대방으로 한
경우 등에는 불공정행위규제가 적용되어야 한다.

---

5) Plessey Co. Plc v. General Electric Co. Plc, 628 F. Supp 477(D. Del. 1986); 浜田道代, 「國際的な株式公開買付けを巡る法的問題」, 『證券硏究』 제102권, 1992, 98-100면.
6) Morrison v. National Australia Bank Ltd., 561 U.S. 247 (2010). 상세한 논의는 Elizabeth Cosenza, "Paradise Lost: 5 10(b) after Morrison v NationalAustralia Bank", Chicago Journal of International Law Vol. 11, 2011, pp343-397.

5) 공시규제

(1) 속지주의 원칙

국외에서 이루어지는 증권 발행이나 유통 등과 관련한 공시규제는 증권의 발행기업입장에서는 중요한 비용이다. 따라서 외국발행인의 등록·공시에 대해서는 일정 요건 아래 국내법의 적용을 면제할 필요가 있다. 증권신고서 제출의무에 대해서는 미국의 Regulation S를 기초로 국내에서도 외국증권발행에 관한 공시면제규정을 둘 수 있다. 다만 미국의 Regulation S는 미국 증권법상 공시규제가 속지주의를 기초로 하고 있음을 전제로 일정 요건에 해당하는 증권의 발행이나 매출을 '미국 외'에서 이루어진 것으로 규정하는 방식을 채택하고 있다.

과거 국내기업의 해외증권발행에 대하여 증권신고서 제출의무가 부과되는지 여부에 대한 논란이 있었다. 대법원은 증권법이 증권 공모에 관하여 모집행위가 이루어지는 국가의 법이 적용된다는 속지주의를 채택하고 있다고 해석하였다(대법원 2004. 6. 17. 선고 2003도7645 전원합의체 판결).[7]

> "상장회사가 해외에서 해외투자자를 상대로 전환사채를 공모함에 있어서 내국인이 최초 인수자인 해외투자자로부터 재매수하기로 하는 이면계약을 별도로 체결하였다 할지라도, 해외투자자와 발행회사 사이의 투자계약은 여전히 유효한 것이고, 또한 증권거래법 제8조 제1항에 의한 유가증권발행신고서 제출의무는 국내 발행시장에서 모집에 응하는 투자자를 보호하기 위한 것임에 비추어 볼 때, 국내 투자자가 유통시장에서 그 이면약정에 따라 이를 다시 인수하였는지 여부를 불문하고 해외에서 발행된 전환사채에 대하여는 증권거래법 제8조 제1항에 의한 유가증권발행신고서 제출의무가 인정되지 아니한다."

(2) 역외적용

가. 발행공시

그러나 자본시장법은 역외적용을 명시하고 있다(2조). 따라서 해외에서 증권이 발행되는 경우에도 국내투자자 보호에 영향을 미칠 때에는 "국외에서 이루어진 행위로서 그 효과가 국내에 미치는 경우"에 해당하여 자본시장법이 적용된다. 이를 전제로 발행공시규정은 증권을 국내기업이 외국에서 공모하는 경우 일정한 요건 아래 증권신고서 제출의무 등의 공시규제를 면제하고 있다. 발행공시규정은 "해외에서 증권을 발행하는 경우 해당 증권, 해당 증권에 부여된 권리 또는 그 권리의 행사에 따라 발행되는 증권등("해당 증권등")을 「외국환거래법」에 따른 거주자[8]가 해당 증권의 발행 당시 또는 발행일부터 1년 이내에 취득 불가능한 조건으로

---

7) 같은 취지: 대법원 2006. 4. 27. 선고 2003도135 판결. 이러한 판결들은 2006. 11. 30. 「유가증권의 발행 및 공시등에 관한 규정」개정 전에 내려진 것들이다. 그러나 속지주의를 취한다고 해도 이 판결의 타당성에는 의문이 있다.

8) "대한민국에 주소 또는 거소를 둔 개인과 대한민국에 주된 사무소를 둔 법인"을 말한다(3조 1항 14호). 증권

발행하는 경우"에는 모집에 해당하지 않는 것으로 본다(2-2조의2 1항).9) 여기서 해외에서 증권을 '발행'하는 경우는 "청약의 권유, 청약 등 발행과 관련한 주요 행위가 해외에서 이루어지는 경우"를 말한다. 따라서 국내기업의 해외증권 발행시 그러한 요건이 구비되면 증권신고를 하지 않아도 된다.

그런데 이 규정은 과거 증권법하에서 만들어진 「유가증권의 발행 및 공시등에 관한 규정」에 있던 것(12조 1항 6호)10)을 거의 그대로 채택한 것이다. 과거 「유가증권의 발행 및 공시등에 관한 규정」 제12조 제1항 제6호에 대해서는 상위법의 위임범위를 벗어난다는 등의 비판이 있었다.11) 그러나 역외적용을 명시하고 있는 자본시장법에서는 그러한 문제는 적을 것이다. 다만 세부적인 조문내용에는 일부 수정이 필요하다. 예컨대 규정의 적용범위와 관련하여 그 적용대상이 되는 해외증권발행의 '발행인'의 범위가 문제된다. 자본시장법상 발행인은 증권을

발행과 관련한 인수계약에 따라 그 증권을 취득하는 금융투자업자를 제외한다.

9) 다음의 경우에는 전매기준에 해당되지 않는 것으로 본다(발행공시규정, 2-2조의2 2항).

　　1. 발행당시 또는 발행일부터 1년 이내에 해당 증권등을 거주자에게 양도할 수 없다는 뜻을 해당 증권의 권면(실물발행의 경우에 한한다), 인수계약서, 취득계약서 및 청약권유문서에 기재하고, 발행인 또는 인수한 금융투자업자가 취득자로부터 그러한 발행조건을 확인·서명한 동의서를 징구하고, 해당 동의서의 이행을 담보할 수 있는 장치를 강구한 후 발행하는 경우

　　2. 발행 후 지체없이 발행지의 공인 예탁결제기관에 예탁하고 그 예탁일부터 1년 이내에는 이를 인출하지 못하며 거주자에게 해당 증권등을 양도하지 않는다는 내용의 예탁계약을 체결한 후 그 예탁계약을 이행하는 경우

　　3. 전환사채권신주인수권부사채권교환사채권이 아닌 사채권으로서 제2-2조 제2항 제4호(나목은 제외한다)에 따라 적격기관투자자가 취득(발행시점에서 발행인 또는 인수인으로부터 취득하는 것을 포함한다)하고 적격기관투자자 사이에서만 양도·양수되는 경우로서 다음 각목의 요건을 모두 충족하는 경우〈개정 2012. 12. 4.〉

　　　가. 외국통화로 표시하여 발행하고 외국통화로 원리금을 지급할 것

　　　나. 발행금액의 100분의 80 이상을 거주자 외의 자에게 배정할 것(발행시점에서 발행인 또는 인수인으로부터 취득하는 것에 한한다)

　　　다. 사채권이 감독원장이 정하는 해외주요시장(이하 이 목에서 "해외주요시장"이라 한다)에 상장되거나 해외주요시장 소재지국의 외국금융투자감독기관에 등록 또는 신고, 그 밖에 모집으로 볼 수 있는 절차를 거친 것

　　　라. 발행당시 또는 발행일부터 1년 이내에 적격기관투자자가 아닌 거주자에게 해당 사채권을 양도할 수 없다는 뜻을 해당 사채권의 권면(실물발행의 경우에 한한다), 인수계약서, 취득계약서 및 청약권유문서에 기재하는 조치를 취할 것〈개정 2012. 12. 4.〉

　　　마. 발행인과 주관회사(주관회사가 있는 경우에 한한다. 이하 이 목에서 같다)가 가목부터 라목까지의 조치를 취하고 관련 증빙서류를 발행인 및 주관회사가 각각 또는 공동으로 보관할 것

　　4. 외국법인등이 외국통화로 표시된 증권을 해외에서 발행하는 경우로서 발행당시 또는 발행일로부터 1년 이내에 해당 증권 등을 거주자에게 양도할 수 없다는 뜻을 해당 증권의 권면(실물발행의 경우에 한한다), 인수계약서, 취득계약서 및 청약권유문서에 기재하고 국내 금융투자업자가 해당 증권 등을 중개 또는 주선하지 않는 경우〈신설 2017. 2. 23.〉

　　5. 그 밖에 발행당시 또는 발행일부터 1년 이내에 거주자가 해당 증권등을 취득할 수 없는 구조로 발행되는 경우〈개정 2017. 2. 23.〉

10) 이 규정은 2006. 11. 30. 개정에서 추가된 것이다.

11) 조민제외, "해외증권 발행 공시규제에 대한 비판적 소고", 『BFL』 제28호, 2008, 89면 이하; 이정두, "자본시장법 역외적용 기준에 관한 소고: 해외증권 발행을 중심으로", 『금융감독연구』 제3권 제2호, 2016, 23면 이하.

발행하였거나 발행하고자 하는 자를 말하고(9조 10항), 이 발행인에는 외국인이 포함된다(4조 1항). 그러나 입법취지를 고려할 때 적용대상인 발행인은 내국인만을 의미하는 것으로 보아야 할 것이다.[12] 발행공시규정은 "외국법인등에 관하여는 국내에 증권을 상장하거나 최근 사업 연도 말을 기준으로 발행한 지분증권 발행주식총수의 20% 이상을 거주자가 보유하고 있는 외국법인등이 해외에서 증권을 발행하는 경우에 한한다"고 하여 해결하였다(2-2조의2 1항 1호·2호).

이러한 문제는 주로 외국에서 원주를 발행하는 경우에 발생할 수 있다. 그러나 증권예탁 증권을 발행하는 경우에도 같은 문제가 발생할 여지가 전혀 없는 것은 아니다. 실무상 국내기 업이 발행한 원주를 기초로 발행된 예탁증권을 소지한 자는 언제든지 원주를 인출할 수 있다. 그래서 발행공시규정은 그 적용범위를 그 증권 이외에 "그 증권에 부여된 권리 또는 그 권리 의 행사에 따라 취득하는 증권 등"으로 확대한 것이다. 자본시장법 제123조의 투자설명서나 제128조의 증권발행실적보고서도 증권신고서 제출의무 있는 자를 대상으로 하므로 따로 고려 할 사항은 없다.

증권신고서 기재사항 중 외국회사인 상장법인의 '**최대주주**'를 판단하는 준거법이 관하여 설립준거법(홍콩법)인지 발행지법(한국법)인지가 문제된 사례가 있다. 법원은 "증권의 모집· 매출을 위해 증권신고서를 제출하는 발행인이 외국 법령에 따라 설립된 외국 기업이라고 하 더라도 국제증권감독기구(IOSCO)에서 제정한 공시기준에 맞춘 신고서를 제출하지 않는 이상 동일하게 적용된다"고 하여 발행지법인 자본시장법에 따라 판단하였다(대법원 2018. 8. 1. 선고 2015두2994 판결).[13]

나. 유통공시

유통공시의 적용 여부도 문제될 수 있다. 외국의 발행인에게 계속공시의무를 부과할 것 인지와 어떤 내용의 공시를 요구할 것인가는 증권이 유통되는 국가가 결정한다. 미국법은 발 행인의 총자산이 1,000만 미국달러를 초과하지 않거나, 그 종류의 증권을 보유하는 투자자가 2,000명 미만{적격투자자(accredited investor) 기준 500명}이거나 은행·저축대부조합지주회사· 은행지주회사의 경우 투자자가 2,000명 미만인 경우 상장 여부와 관계없이 SEC에 등록하고 계속공시할 의무를 면제한다{SEC Rule 12g-1, Rule 12g3-2(b)}. 그러나 외국발행기업에 적용되 는 공시의무는 미국 발행인에 비하여 상당히 완화되고 있다. 발행공시가 적용되면 유통공시 도 당연히 적용되어야 한다.

---

12) 조민제외, 앞의 논문, 104-105면도 증권법상 「유가증권의 발행 및 공시등에 관한 규정」 제12조 제1항 제6호 에 대하여 동일한 해석론을 전개하고 있다.

13) 대법원 2018. 8. 30. 선고 2014두9271 판결. 간략한 논의로, 임정하, "외국법인에 대한 공시규제에 있어서 최 대주주의 개념 — 대법원 2018. 8. 1. 선고 2015두2994 판결," 『상사법연구』 제38권 제1호, 2019, 259-296면.

3. 민사규정

1) 서 언

금융관련법령 중 사법적 규정의 국제적 적용범위에 대한 기본적인 접근방법으로는 다음 2가지를 고려할 수 있다. 〈제1설〉은 먼저 적용대상행위의 성질결정을 행한 후(불법행위, 부당이득 등) 국제사법상 일반적 준거법선택법리를 관철하는 방안이다. 〈제2설〉은 금융관련법령상 사법규정은 일정한 규제목적을 가진 행정법규적 금융규제규정과 일체가 되어 금지효과를 완성하는 것이므로 규제의 일체성을 고려하여 그 적용범위를 정하는 방안이다.[14] 자본시장법에는 한 개의 금지규정에 복수의 제재를 중층적으로 조합한 것이나 복수의 규정을 일체적으로 적용함으로써 규제목적을 달성하고자 하는 경우가 있다. 따라서 원칙론으로는 〈제2설〉이 옳다.

2) 단기매매차익반환

국내 증권시장에 주권 등을 상장한 주권상장법인의 내부자에 의한 외국에서의 단기매매차익반환의 경우 이익반환이 문제된다. 이익반환의 경우 회사와 임원 등과의 사이에 사법적인 권리의무관계를 발생시키는 면이 있으므로(반환해야 할 이익의 액의 산정에 관한 172조 1항) 국제사법상 일반원칙을 적용할 여지도 있다. 그러나 단기매매차익반환제도는 미공개중요정보 이용행위 규제의 보완을 위한 제도이므로 규제의 일체성의 관점에서 내부자거래규제와 마찬가지로 자본시장법이 적용되어야 한다.

3) 손해배상책임

민법상 불법행위의 준거법에 관하여는 국제사법 제32조에 따라 불법행위지법원칙을 채택하고 있다. 자본시장법상 불공정거래규제에 위반한 자의 손해배상책임에 관한 규정(175조, 177조, 179조)은 민법의 불법행위에 관한 특칙으로 해석된다.[15] 따라서, 이 경우 동조의 국제적 적용범위에 관하여 불공정거래행위 자체를 규제하는 자본시장법 제174조·176조·178조와 별도로 국제사법 제32조에 따른 불법행위에 관한 일반 준거법원칙을 적용할 수 있는지 여부가 문제된다. 이에 대해서는 자본시장법상 손해배상책임에 관한 규정(175조, 177조, 179조)이 불공정거래행위에 대한 금융규제 규정인 제174조·제176조·제178조를 보완하는 규정인 점을 중시하면, 제174조·제176조·제178조가 적용될 경우에는 원칙적으로 손해배상책임에 관한 규정들(175조, 177조, 179조)도 함께 적용된다고 해석하는 것이 옳다.[16]

---

14) 金融法委員會, 앞의 자료, 9-10면.

15) 투자설명서의 부실기재로 인한 손해배상책임의 법적 성질은 증권거래법상의 불법행위로서 사법상의 불법행위와 본질적으로 차이가 없다. 석광현, 국제사법과 국제소송 I, 박영사, 2001, 627면.

16) 이에 대해서는 金融法委員會, 앞의 자료, 9-10면; 森下國彦,「金融關係法令の國際的適用範圍」,『ジュリスト』

4. 형사규정

사법규정이나 금융규제규정과는 달리 형사규정의 적용은 죄형법정주의의 요청에 따라 그 적용범위를 유연하게 해석하는 데 한계가 있다. 특정 행위가 금융규제상 금지되는 경우라도 본래 그 금지규정의 실효성을 뒷받침할 형벌규정은 형법상 속지주의의 원칙에 따라 그 적용이 엄격히 제한된다. 그러나 자본시장법과 같이 "당해 법령에 특별한 규정이 있는 경우"에는 형법 제2조 및 제3조와 자본시장법상 역외적용 규정의 관계가 문제된다. 자본시장법상 형사규정의 역외적용이 인정될 경우에는 특히 죄형법정주의와 관련하여 역외적용의 요건으로서의 **'영향'**의 구체적 기준을 제시할 필요가 있다.

제3절　역외투자자문업자 등에 대한 특례[17]

자본시장법은 역외투자자문업자와 역외투자일임업자에 대하여 특례규정을 두면서 국내에 영업소를 전혀 가지고 있지 않은 업자들의 영업상 특징을 고려하여 국내투자자의 보호를 도모한다는 취지에서 영업행위와 관련하여 준거법과 재판관할을 확정하는 규정을 두고 있다(100조 3항). 국내 입법으로서는 매우 이례적인 규정이라고 할 수 있다.[18] 역외투자자문업자 등이 이에 위반하면 행정제재로서 금융투자업자 및 그 임직원에 대한 처분이 가능하다(420조 3항 및 422조 1항·2항, [별표 1] 116). 역외투자자문업자 등이 이에 위반하여 관련계약상 준거법을 국내법 이외의 법률로 하거나 외국법원을 재판관할로 지정한 경우의 사법상 효과에 대해서는 별도의 규정이 없다. 이에 대해서는 (ⅰ) 국내법을 강행적으로 적용해야 한다는 설과 (ⅱ) 국제사법의 일반원칙을 적용하여 준거법과 재판관할을 지정해야 한다는 설의 2가지 견해가 있을 수 있다.

제4절　외국금융투자감독기관과의 감독공조[19]

Ⅰ. 의　　의

자본시장의 국제화와 함께 증권범죄도 국제화되면서 감독기관간 공조와 협력의 필요성이

No. 1232, 2002, 121면. 그러나 이 경우 국제사법 제32조가 적용된다는 전제에서 그 결론을 도출할 수 있는 것인지, 아니면 국제사법 제32조와 다른 원칙이 적용된다고 볼 것인지에 대해서는 검토가 필요하다.

17) 역외투자자문업자의 특례에 대해서는 석광현·정순섭, 앞의 논문, 67면 이하.
18) 간투령 제147조 제5항을 법률로 옮겨 규정한 것이다.
19) 이하 감독공조에 대해서는 김건식·정순섭, 앞의 보고서, 65-88면.

부각되고 있다. 종래 우리나라에서는 외국감독기관과의 감독공조에 관한 일반적인 규정을 두고 있지만, 실명법 등 관련 법률의 내용이 서로 충돌하거나 명확하지 못하여 국제공조를 할 수 있는 여건이 미비하다는 평가를 받아 왔다. 이에 따라, 실제 외국감독기관과의 국제적인 협력체제의 구축과 금융거래정보의 교환 등 국제적인 감독공조가 절실함에도 아직 현실화되지 못하고 있는 실정이었다. 감독공조에는 공적감독기관 간 공조와 자율규제기관 간 공조가 있다. 이하에서는 공적감독기관 간 공조를 중심으로 살펴본다. 공적감독기관 간 감독공조는 외국감독기관에 대한 조사·검사협력과 정보교환으로 이루어진다.

현재 우리나라가 금융감독공조체제의 구축을 위하여 조약을 체결한 사례는 없다. 2010. 6. 한국은 증권 및 파생거래 감독·정보교환 관련 국제협력을 위해 회원국 간 정보교환 및 상호협력 절차를 주요 내용으로 하는 다자간 양해각서인 국제증권감독자기구 다자간 양해각서(IOSCO MMOU)에 정식으로 가입함으로써 감독공조를 위한 기반을 확보하였고 현재 다수의 공조사례가 존재한다.

II. 조사·검사협력

금융위 또는 증선위는 외국금융투자감독기관이 자본시장법이나 그 법에 상응하는 외국법령에 위반한 행위에 대하여 목적과 범위 등을 밝혀 자본시장법에서 정한 방법에 따른 조사 또는 검사를 요청하는 경우 이에 협조할 수 있다(437조 2항 전단). 조사·검사협력의 출발점은 "자본시장법이나 그 법에 상응하는 외국법령에 위반한 행위"가 있어야 하는 것이다. 자본시장법상 규제의 포괄성은 이러한 관점에서도 의미가 있다. 자본시장법에 위반되지 않는 행위에 대해서 조사·검사협력을 논의할 수는 없기 때문이다. 이러한 조치가 가능하게 되면 반대로 금융위가 외국금융투자감독기관에게 동일한 요구를 할 수 있게 된다.

III. 정보교환

감독공조, 특히 불공정거래의 조사와 관련해서는 정보의 수집과 제공을 통한 정보자료의 공유가 필수적이다. 이와 관련하여 일차적으로 장애가 되는 것은 실명법에 의한 개인정보의 엄격한 보호장치이다. 외국감독기구와의 효율적인 공조를 통한 규제의 역외적 실효성 확보를 위해서 실명법에 대한 예외근거가 마련되어 있다(실명법 4조 1항 6호 나목).

자본시장법상 금융위(172조-174조, 176조, 178조, 178조의2, 180조 및 180조의2-180조의5 위반사항은 증선위)는 외국금융투자감독기관과 정보교환을 할 수 있다(437조 1항). 그리고 위에서 본 조사·검사의 협력에 따른 조사 또는 검사자료를 상호주의 원칙에 따라 외국금융투자감독기관에 제공하거나 이를 제공받을 수 있다(437조 2항 후단). 다만 금융위가 정보교환을 하기 위해서는 첫째, 외국금융투자감독기관에 제공된 조사 또는 검사자료가 제공된 목적 외의 다른 용도로 사용되지 않을 것, 둘째, 조사 또는 검사자료 및 그 제공사실의 비밀이 유지될 것[20]이라는 2가지 요건을 충족해야 한다(437조 3항 1호·2호). 물론 이러한 정보교환에 따른 외국에서의 내국민의 형사소추 가능성 등 인권의 측면은 심각하게 고려되어야 한다. 종래 금융위의 외국금융투자감독기관과의 정보교환을 방해해 왔던 요건은 외국 금융투자감독기관에 제공된 조사 또는 검사자료가 금융위의 사전동의 없이는 외국의 형사사건의 수사나 재판에 사용되지 아니할 것(구 437조 3항 3호)이라는 요건이었다. 감독공조의 확대를 위하여 2009. 2. 개정에서 이 요건은 삭제되었다. 이에 따라 2010. 6. 한국은 국제증권감독자기구 다자간 양해각서(IOSCO MMOU)에 정식으로 가입하였다.

우리나라에서는 주로 공적감독기구 간의 국제협력에 대해서만 논의해 왔지만, 거래소 등 자율규제기관 간의 협력체제도 필요하다. 자본시장의 국제화와 경쟁격화는 거래소 등 자본시장 간의 다양한 국제협력체제의 모색을 요구하고 있으며, 내국인의 해외증권투자와 외국인의 국내 증권투자를 포함한 국제증권투자의 비중이 확대되고 있다. 이러한 자본시장의 글로벌화는 시장 간 거래의 규모 확대를 초래하고 있으며, 그에 따라 불공정거래의 가능성도 크게 증대하게 된다. 자본시장법은 거래소의 외국거래소와의 정보교환에 대한 근거를 두고 있다(437조 4항·5항; 실명법 4조 1항 7호 나목[21]). 이 경우에는 금융위의 승인을 얻어야 한다(실명법 4조 1항 7호 나목 단서).[22]

---

20) 다만 조사·검사자료가 제공된 목적범위에서 자본시장법에 상응하는 외국 법령의 위반과 관련된 처분, 재판 또는 그에 상응하는 절차에 사용되는 경우는 제외한다(437조 3항 2호 단서).

21) 실명법 4조 1항 7호의 '「자본시장과 금융투자업에 관한 법률」에 따라 설립된 한국거래소'는 '「자본시장과 금융투자업에 관한 법률」에 따라 설립된 거래소'로 개정되어야 한다.

22) 자본시장법에서는 금융위와 협의해야 한다고 하고, 일정한 예외사유를 규정하고 있지만(437조 4항 단서), 실명법은 금융위의 사전 승인을 요건으로 하고 예외사유를 규정하고 있지 않다(4조 1항 7호 나목 단서). 다른 법률과 저촉될 경우 실명법의 우선적용을 규정한 동법 제9조 제1항에 따라 금융위의 사전승인을 요하는 것으로 보아야 할 것이다. 다만 실명법 적용대상이 아닌 정보교환에 대해서는 금융위와 협의하면 될 것이다. 『증시효율화를 위한 예탁결제 및 무권화제도 발전방향』, 증권예탁원 세미나 연구논집, 1996.

제 7 편

집합투자 · 파생상품 · 신용평가

제21장   집합투자

제1절 서   언

집합투자는 다수의 투자자로부터 모은 금전등을 전문적인 투자관리자인 집합투자업자가 운용하여 그 실적을 배분하는 투자기법을 말한다. 집합투자는 상당히 발전한 자본시장에서 나타나는 현상이다. 개인투자자들의 직접투자보다는 투자전문가인 집합투자업자에 의존하여 간접투자를 모색하는 것이 훨씬 안전하다고 할 수 있다. 우리나라 자본시장의 문제점 중 상당수는 개인투자자의 직접투자 비중이 너무 높다는 데에 기인한다.

우리나라의 집합투자규제는 3단계로 발전해왔다. 제1단계는 미국식의 주요투자대상자산을 규제의 기초로 하는 증권투자신탁업법과 증권투자회사법의 시대이다. 이 단계는 주로 증권을 투자대상자산으로 하는 집합투자에 대한 규제를 중심으로 하였다. 제2단계는 투자대상자산의 종류를 불문하고 기능적으로 정의된 집합투자를 규제대상으로 하는 영국식 기능별 규제를 도입한 간투법상 간접투자의 시기이다. 이 단계에서도 집합투자기구의 제한이나 과도한 운용방법의 규제 등 과거의 주요투자대상자산을 규제의 출발점으로 하는 잔재가 많이 남아 있었다. 제3단계는 집합투자분야에서 기능별 규제를 정착시킨 것으로 평가할 수 있는 자본시장법상 집합투자의 시기이다. 투자대상자산의 종류를 불문하고 동일한 규제를 적용하는 점에서 기능별 규제가 완성단계에 들어선 것으로 볼 수 있다. 다만 개별법펀드에 대해서는 아직 기능별 규제가 완전하다고 하기 어렵다.

제2절 연혁과 기능에서는 집합투자의 기능과 규제의 연혁을 살펴본다. 제3절 자본시장법상 집합투자의 기본구조에서는 집합투자의 개념과 법적 구조를 분석한다. 제4절과 제5절은 투자신탁과 투자회사를 정리한다. 제6절부터 제12절은 집합투자증권의 발행·판매 및 환매, 운용, 회계, 보관 및 관리, 공시 및 보고서, 소멸과 합병 그리고 감독을 검토한다. 제13절부터 제15절은 사모펀드와 기업인수목적회사 그리고 자산유동화를 정리한다.

제2절 연혁과 기능

Ⅰ. 집합투자의 연혁

1. 직접투자와 집합투자

투자자들은 금융투자상품 투자에 필요한 정보도 부족하고 능력도 미흡한 것이 보통이다. 따라서 전문가의 조력이 필요하다. 전문가의 조력은 여러 방법으로 얻을 수 있다. 가장 쉬운 것은 위탁매매를 하는 투자중개업자 직원(broker)의 도움을 받는 것이다. 그러나 첫째, 브로커의 본질적 기능은 주문집행으로서 자문수수료를 수취할 수 없고, 둘째, 온라인 거래가 일반화됨에 따라 증권회사 직원의 직접적인 도움에는 한계가 있다.

투자자문업자는 객관적이고 전문적으로 조언할 수 있지만, 투자에 따른 최종책임은 투자자 자신이 진다. 투자자문업자는 투자중개업자와는 달리 투자자에게 투자정보를 제공하는 것만을 영업으로 한다. 그들의 수입은 투자정보의 정확성에 달려 있으므로 투자자의 상황에 가장 적합한 자문이 될 가능성이 높다. 그러나 투자자문업자의 도움을 받기 위해서는 수수료가 들기 때문에 투자자금이 상당한 규모에 달하지 않는 한 비경제적일 것이다. 투자일임업자도 대안이 될 수 있다. 그러나 투자자와 투자일임업자 간의 1:1 법률관계를 기초로 하는 구조상 경제적 효율성에 한계가 있다. 이러한 문제를 해결할 수 있는 대안이 바로 **'집합투자'**(collective investment scheme: CIS)이다.

2. 집합투자규제의 연혁

과거 집합투자는 1969년 증권투자신탁업법상 증권투자신탁을 의미했다. 1998년 증권투자회사법상 증권투자회사도 추가되었다. 이들은 증권을 주요투자자산으로 하는 경우에 한정되었다. 투자신탁은 영국의 유닛트러스트(unit trust)에서 유래한 것이다. 투자회사는 일반적으로 미국의 뮤추얼펀드(mutual fund)를 모델로 한 것으로 설명한다.[1] 두 법을 통합하여 2003. 10. 간투법[2]이 제정됨으로써 펀드의 법적 형태는 물론이고 투자대상과 무관하게 간접투자 전반이 같은 법의 적용을 받게 되었다. 이는 **'투자대상자산'**에 기초한 전통적인 규제체계 **'투자구조'** 자체가 가진 위험에 기초한 기능별 규제가 도입되었다는 점에서 중요한 의미를 가진다.[3]

---

1) 국회 재정경제위원회 전문위원, 증권투자회사법안 검토보고, 1998. 8., 3면. 미국의 뮤추얼펀드는 공모 · 개방형펀드로서 신탁형도 포함하므로 우리나라의 회사형펀드를 뮤추얼펀드라고 하는 것은 부정확하다. 이 책에서는 투자회사, 투자유한회사, 투자합자회사, 투자유한책임회사를 합쳐서 '회사형 집합투자기구' 또는 '회사형펀드'라고 부른다.

2) [시행 2004. 1. 5.][법률 제6987호, 2003. 10. 4., 제정].

3) 동법의 제정배경에 대해서는 안창국, "자산운용업법 제정요강을 통해서 본 통합법제정의 기본방향", 『투신』

이러한 간투법의 제정은 종래 "증권"에 한정되었던 투자대상을 부동산과 실물자산 등을 포함하여 널리 확대하는 계기가 되었다.

또한 과거 증권거래법에서 규율되던 투자자문업과 투자일임업도 간투법에 포함됨으로써 투자관리에 관한 주요업무가 모두 같은 법의 규율을 받게 되었다. 자본시장법은 '**간접투자**'를 '**집합투자**'로 변경하면서 집합투자기구의 범위를 확대하는 등 큰 변화를 도입하였다.[4]

▌표 21-1 국내 집합투자규제의 변화

구분	1969. 8. 14-2004. 1. 4	2004. 1. 5.-2009. 2. 3	2009. 2. 3.-현재
	증권투자신탁업법/증권투자회사법	간투법	자본시장법
집합투자 정의	주요투자자산기준*	기능적 정의**	기능적 정의**
	"증권투자신탁": "위탁자의 지시에 따라 수탁자가 투자신탁의 신탁재산을 특정 유가증권에 대하여 투자하고 운용하며 그 수익권을 분할하여 불특정 다수인에게 취득시킴을 목적으로 하는 것"(투신업법 2조 1항) "증권투자회사": "자산을 유가증권등에 투자하여 그 수익을 주주에게 배분하는 것을 목적으로 이 법에 의하여 설립된 회사"(투자회사법 2조 1호).	"간접투자": "투자자로부터 자금 등을 모아서 다음 자산에 운용하고 그 결과를 투자자에게 귀속시키는 것"(2조 1호 본문) 가. 투자증권 나. 장내파생상품 또는 장외파생상품 다. 부동산 라. 실물자산 마. 그 밖에 대통령령이 정하는 것	"집합투자": "2인 이상의 투자자로부터 모은 금전등을 투자자로부터 일상적인 운용지시를 받지 아니하면서 재산적 가치가 있는 투자대상자산을 취득·처분, 그 밖의 방법으로 운용하고 그 결과를 투자자에게 배분하여 귀속시키는 것"(6조 5항 본문)
투자대상 자산	유가증권/유가증권등	자산	투자대상자산

* 미국 1940년 투자회사법 ** 영국 1986년 금융서비스법 *** 영국 2000년 금융서비스 및 시장법

▌표 21-2 국내 펀드시장 규모(2022년 12월말)(단위: 억원, 개)

구분	공모	사모			
		구사모펀드*	일반		기관전용**
			경영참여外	경영참여	
수탁고(NAV)	2,831,184	321,341	5,322,915	16,705	1,257,829
개수	5,000	770	9,205	120	1,101

* 자본시장법 개정(2015년) 전에 설정 또는 설립된 일반사모집합투자기구.

35호, 2002, 1-16면. 간투법의 제명은 최초 자산운용업법으로 제정안이 국회에 제출되어 심의과정에서 "간접투자자산운용업법"으로 확정되고, 200. 7. 29. 개정에서 "간접투자자산 운용업법"으로 변경되었다.

4) 그러나 그 변화는 자본시장법의 다른 분야에 비하면 그렇게 큰 것이라고 할 수 없다. 그 이유는 집합투자규제는 이미 2003년 간투법에서 기능별 규제의 도입이 이루어졌기 때문이다.

** 기관전용사모펀드는 출자약정액 기준(금감원)
※ 전체 운용사 450사(증권사 보험사 등 겸업사 제외), 그 중 일반사모운용사 369사(금감원, '23. 3월말 기준)
(자료) 금투협

Ⅱ. 자본주의발전과 집합투자의 증대[5]

저명한 회사법학자인 클라크 교수는 1981년 발표한 유명한 논문에서 미국의 자본주의 발전을 다음과 같이 4단계로 나눈 바 있다.[6]

(1) 제1단계: 기업가의 시대 — 투자와 경영의 일치
(2) 제2단계: 전문경영인의 시대 — 투자와 경영의 분리
(3) 제3단계: 펀드매니저의 시대 — 자금제공기능과 투자관리기능의 분리
(4) 제4단계: 저축설계사의 시대

제1단계는 자신이 구상한 사업에 자금을 투자하고 직접 경영하는 기업가(entrepreneur)의 시대이다. 19세기 후반에 개막된 이 시대에는 투자위험을 부담하는 자와 경영자가 일치한다. 20세기 초반부터 본격화된 제2단계는 전문경영인(professional business manager)의 시대이다. 전문경영인의 대두는 주식소유의 분산에 따른 소유와 경영의 분리의 산물이다. 즉 제2단계에서는 투자와 경영이 분리된다. 그렇지만 투자결정을 하고 투자대상을 선택하는 것은 여전히 투자자였다. 그러나 1960년대에 완숙기가 시작된 제3단계에서는 투자대상을 선택하는 기능이 투자자로부터 펀드매니저(portfolio manager)로 넘어가게 되었다. 즉 제2단계에서는 기업가의 기능이 투자와 경영으로 분리되어 전문경영인이 경영을 맡게 된 것처럼 제3단계에서는 투자 기능이 자금제공기능과 투자관리기능으로 분리되어 펀드매니저가 투자관리를 맡게 된 것이다. 그러나 제3단계에서도 소득 중에서 얼마만큼을 노후의 생활을 위하여 투자할 것인가는 여전히 투자자가 결정하였다. 클라크 교수는 제4단계는 자신의 글이 발표된 1980년경에 막 개시되었다고 보았다. 제4단계에서는 소득 중 어느 만큼을 소비하고 어느 만큼을 후일을 위하여 투자할 것인가를 결정하는 기능까지도 저축설계사(savings planner)라는 전문가에게 넘어가게 된다.

이러한 자본주의의 단계적 발전은 바로 앞 단계에 비하여 다음 단계가 전문가에 의한 분업이 심화되고 있다는 점에서 대체로 보다 효율적이라는 평가가 가능할 것이다. 클라크 교수의 논문은 당시 출간된 집합투자업에 관한 두 권의 책에 대한 서평을 겸하였다. 그는 이처럼 집합투자업에 관한 저서가 두 권이나 발간되고 있는 상황을 근거로 미국의 자본주의가 제3단

---

5) 이하 서술은 김건식, "집단적 증권투자의 구조", 『인권과 정의』 제278호, 1999, 8면 이하에 대폭 의존하였다.
6) Robert C. Clark, The Four Stages of Capitalism: Reflections on Investment Management Treatises, 94 Harvard Law Review 561(1981). 이 논문에 관한 우리말 소개로는 김화진, M&A와 경영권(1999), 1면 이하.

계에서 무르익고 있는 것이 아닌가 하는 평가를 내렸다. 우리나라에서는 아직 소유와 경영의 분리가 지지부진한 상황이기 때문에, 제2단계조차도 본격적으로 개시되었다고 보기 어렵다. 그러나 다른 한편으로 집합투자는 비교적 활발한 편이기 때문에 제3단계가 이미 시작된 것으로 볼 수 있을 것이다.

Ⅲ. 집단적 투자로서의 집합투자

1. 집합투자의 의의

위에서 본 제3단계에서는 자금제공기능과 투자관리기능이 분리된다. 그러나 두 기능의 분리가 반드시 집합투자에서만 가능한 것은 아니다. 개인이라도 투자규모가 큰 경우 전문적인 투자관리자에게 자산운용을 위탁할 수 있다. 집합투자가 이러한 전통적인 자산운용과 다른 점은 이른바 집단적 투자의 일종이라는 점이다. 사모펀드와 같이 소수의 거액투자자의 금전등을 운용하기도 하지만, 집합투자는 불특정다수의 투자자들이 제공한 금전등을 집합하여 관리·운용하는 것이 일반적이다.

2. 집합투자의 2가지 장점

집합투자의 장점은 규모의 경제에 있다. 첫째, 투자전문가의 도움이다. 소액투자자라도 다수가 펀드를 구성하여 투자하면 투자전문가의 수수료를 감당할 수 있다. 둘째, 분산투자가 가능하다. 포트폴리오 이론에 의하면 투자자는 적절한 분산투자를 통해서 투자위험을 최소화할 수 있다. 소액투자자에게는 애초에 불가능하지만, 집합투자에서는 가능해진다.[7]

3. 집합투자의 대상

이론상 집합투자는 투자대상과 관계없이 성립할 수 있다. 과거 증권투자신탁업법이나 증권투자회사법은 투자대상을 증권법상 '**유가증권**'으로 한정하였다. 그러나 유가증권 이외에 파생상품, 부동산, 일반상품 등을 대상으로 하는 것도 얼마든지 가능하다. 집합투자에서 발생하는 문제는 투자대상을 불문하고 동일하기 때문에 입법론으로는 하나의 법률로 규율하는 것이

---

7) 집합투자에서의 기관투자자의 역할이 기업지배의 개선효과를 가져올 수도 있다. 기업지배에서 발생하는 여러 난제들은 주식소유가 다수의 투자자에게 분산되는 현상에서 비롯된다. 주식소유가 분산되면 개별주주가 주주 전체의 이익을 위한 행동에 나설 인센티브가 없게 되는, 이른바 '집단행동의 문제'(collective action problem)가 발생한다. 그러나 소액투자자들의 집단적 투자로 구성된 펀드는 주식보유비율이 높기 때문에 경영진이 주주이익을 침해하는 결정을 감행하는 경우 적극적으로 저항할 인센티브가 커지게 된다. 특히 우리나라의 집합투자업자는 일부 은행계와 외국계를 제외하고는 재벌기업과 지분적으로 연결되어 있고, 집합투자자금의 대부분이 이들로부터 공급되는 상황임도 고려되어야 한다. 그러나 집합투자가 기업지배개선에 얼마나 기여하고 있는가는 간단히 말할 수 있는 문제가 아니므로 여기서는 더 이상 논하지 않기로 한다.

옳다. 간투법과 자본시장법은 바로 이러한 사고에 입각한 것이다. 2001년 「부동산투자회사법」
과 2002년 「선박투자회사법」과 같은 개별법상 펀드도 공모의 경우에는 자본시장법상 규제가
적용된다.

4. 법적 형식

집합투자가 성립하려면 투자자들의 '**투자**'와 전문적인 '**투자관리자**'가 필요하다. 투자관리
자는 투자자들이 제공한 금전등을 집합하여 관리한다. 그 과정에서 투자자의 집합재산과 투
자관리자의 고유재산이 혼합될 수 있다. 이들 재산이 혼합되면 집합재산이 줄어들거나 투자
관리자의 도산 시에 그 채권자들이 집합재산에 대하여 권리를 행사할 수 있다. 따라서 집합재
산과 투자관리자의 고유재산을 법적으로 분리할 필요가 있다.

재산분리를 위해서 다양한 법적 형식을 활용할 수 있다. '**신탁**' 이나 '**회사**' 또는 '**조합**'은
그러한 재산분리기구이다. 자본시장법은 전통적인 법적 형식인 신탁과 주식회사 이외에 합자
회사, 유한회사, 유한책임회사, 익명조합, 합자조합 등 상법상 인정되는 모든 형태를 허용하
였다. 회사형펀드, 신탁형펀드 그리고 조합형펀드는 이를 기준으로 한 구분이다.

신탁이나 회사 또는 조합은 각각 정교한 법원칙이 발달되어 있는 법적 형태이다. 어느 형
태를 택하는가에 따라 각각 그에 수반되는 법원칙이 적용된다. 그러나 신탁형이든 회사형 또
는 조합형이든 신탁법이나 상법의 원칙이 그대로 적용되지는 않는다. 자본시장법은 집합투자
기구의 특성에 따라 상법과 신탁법의 특칙을 마련하고 있다.

Ⅳ. 집합투자의 종류

1. 조직형태에 따른 분류: 신탁형 · 회사형 · 조합형

집합투자는 집합투자기구의 법적 구성 또는 조직형태에 따라 신탁형(투자신탁), 회사형(투
자회사, 투자유한회사, 투자유한책임회사, 투자합자회사), 조합형(투자합자조합, 투자익명조합)으로
구분된다. 신탁형펀드의 투자자는 신탁법상의 수익자의 지위를 갖는 데 비하여, 회사형펀드
의 투자자는 주주나 사원의 지위를 갖는다. 조합형펀드의 투자자는 조합원이나 출자자로서의
지위를 가지게 된다.[8]

---

8) 뒤에 살펴보겠지만 투자익명조합은 투자익명조합재산을 신탁재산(신탁법 3장)으로 간주함으로써 신탁형과 유
  사한 법적 구조를 취하고 있다(228조 2항).

‖표 21-3 펀드 유형별 차이

구 분	집합투자기구	법적 형태	집합투자업자	집합투자증권	투자회수
신탁형	투자신탁	신탁	신탁법상 수탁자	수익증권(신탁수익권)	개방형: 환매
회사형	투자회사	주식회사	법인이사	지분증권(주식)	
	투자유한회사	유한회사	업무집행사원	지분증권(회사지분)	
	투자유한책임회사	유한책임회사	〃	〃	
	투자합자회사	합자회사	〃	〃	
	기관전용사모집합투자기구	합자회사	〃	〃	폐쇄형: 거래소 증권 시장 매도
조합형	투자익명조합	익명조합	영업자	지분증권(조합지분)	
	투자합자조합	합자조합	업무집행조합원	〃	

2. 환매가능 여부에 따른 분류: 개방형과 폐쇄형

집합투자는 투자자의 환매 허용 여부에 따라 개방형(open-end)과 폐쇄형(closed-end)으로 구분된다. 개방형은 투자자가 환매를 청구할 수 있는 형태이고, 폐쇄형은 만기가 있는 대신 환매가 허용되지 않는 형태이다. 폐쇄형펀드의 투자자는 청산이 이루어지는 만기까지 기다려 자금을 회수할 수 있다. 그 이전에 자금을 회수하기 위해서는 집합투자증권을 매도할 수밖에 없다. 따라서 폐쇄형에서는 집합투자증권의 유통성을 높이기 위하여 거래소 증권시장에 상장이 강제된다.

3. 기타의 분류

첫째, 추가형은 펀드에 대한 추가투자가 가능한 형태임에 비하여 단위형은 펀드에 일정한도가 있어서 그것이 소진되는 경우에는 추가투자가 불가능한 형태이다. 둘째, 집합투자의 주된 투자대상이 주식인가 공사채인가에 따라서 주식형, 공사채형, 혼합형 등으로 구분할 수 있다. 이와 같이 다양한 분류가 가능하지만 가장 일반적인 유형은 신탁형이나 회사형의 주식형 또는 채권형이다.

Ⅴ. 집합투자와 대리인문제

1. 자금제공자와 투자관리자의 분리와 대리인문제

소유와 경영이 분리된 회사에서 경영자와 주주 사이에 이른바 '**대리인문제**'(agency problems)가 발생하는 점은 널리 알려져 있다. 이러한 문제는 집합투자에서도 발생한다. 집합투자에서의 대리인비용은 자금제공자와 투자관리자의 분리에 따른 것이다. 주식소유가 분산된 주식회사에서 주주는 뒷전으로 물러나고 경영진이 주도적 역할을 하는 것과 마찬가지로 집합투자에서도 주도적인 역할은 투자자가 아니라 투자관리자가 담당한다.9) 따라서 집합투자에서도 자금제공자와 투자관리자 사이의 '**이해상충**'을 최소화할 수 있는 제도적 장치가 요구된다. 집합투자에서의 대리인문제는 운용단계뿐만 아니라 판매단계에서도 발생한다. 이하 대리인문제의 양상을 단계별로 살펴본다.

2. 대리인문제의 양상

1) 판매단계: 투자자의 자금제공단계

투자관리자의 주된 수입원인 운용수수료는 운용자산의 일정비율로 정해진다. 따라서 투자관리자는 수수료증대를 위해서 당연히 펀드규모를 확대하고자 하는 유인이 있다. 특히 투자자들이 환매청구권을 갖는 개방형에서는 투자자들의 환매청구에 응하기 위한 재원을 마련하기 위해서도 계속 새로이 투자자를 끌어들이기 위하여 온갖 노력을 기울이게 된다.10)

이러한 투자관리자의 유인구조로 인하여 판매단계에서 투자자의 투자판단을 왜곡하는 사태가 발생할 가능성이 높다. 소액투자자는 스스로 투자대상을 선택할 능력이 없는 것이 보통이다. 이들이 직접투자 대신 집합투자를 선택하는 것은 바로 그 때문이다. 그러나 집합투자에서도 '**선택**'은 피할 수 없다. 수많은 펀드 중에서 하나를 골라야 하기 때문이다. 투자자가 수요에 부합하는 적절한 펀드를 선택하기 위해서도 정보가 필요하다.

펀드에 관한 정보의 문제에는 2가지 측면이 존재한다. 하나는 적극적인 측면으로 그 펀드에 대하여 충분한 정보를 투자자에게 제공하는 것이다. 즉 펀드의 기본투자방침, 수수료 등 투자자의 선택에 필요한 정보를 공시해야 한다. 다른 하나는 소극적인 측면에서 오해를 초래할 수 있는 정보를 차단하는 것이다. 예컨대 과도한 운용수익이 보장되는 듯한 문구를 사용하거나 과거의 운용수익률을 과장하는 식으로 부정확하거나 오해를 초래할 우려가 있는 정보를 이용하여 투자자를 유인하는 것을 규제해야 한다. 권유와 광고를 포함한 판매규제는 집합투자에서 특히 중요하다.

2) 펀드운용단계

펀드운용단계에서도 자기거래 등 다양한 대리인문제가 생길 수 있다. 첫째, 대표적인 예

---

9) 자본시장법상 집합투자는 집합투자업자가 투자자로부터 '일상적인 운용지시를 받지 않을 것'을 요건으로 한다 (6조 5항).

10) 미국업계의 불건전관행 중에는 투자관리자가 신규판매를 촉진하기 위하여 저지른 것들이 많다. 예컨대 투자자유치를 위하여 펀드실적을 과대표시하거나 미래수익에 대한 투자자기대를 과도하게 부추기는 것은 이미 우리나라에서도 낯설지 않다. 미국에서는 당해 연도의 실적을 우량한 것으로 꾸미기 위하여 장기적 관점에서는 부적절한 거래를 감행하는 사례도 적지 않았다고 한다.

는 **'자기거래'**(self-dealing)이다. 투자관리자의 고유재산 중 불량자산을 펀드재산으로 매입하거나 그 반대방향의 거래가 전형적이다. 또한 자신이 관리하는 여러 펀드 사이의 거래를 통해서 특정펀드의 부를 다른 펀드로 이전시키는 것도 자기거래라고 할 수 있다. 둘째, 투자자가 믿고 선택한 펀드의 운용방침이 임의로 변경되면 투자자의 기대는 무너질 것이다. 이러한 위험은 투자관리자의 보수가 운용실적에 따라 결정되는 경우 실적을 위해 투기거래를 감행할 우려가 있으므로 특히 크다. 셋째, 투자자의 이익은 펀드의 재무구조가 변동되면 영향을 받는다. 투자관리자가 펀드의 계산으로 외부로부터 차입을 하거나 선순위증권을 발행하면 후순위권리자의 투자위험은 그만큼 증가한다. 투자관리자의 수입은 운용자산규모에 상응하는 것이 보통이므로 투자자에게 불리한 결과라도 자산규모를 늘리고자 할 유인이 있다. 넷째, 투자관리자의 주된 수입원은 운용수수료이다. 수수료는 실제로는 투자관리자가 일방적으로 결정할 가능성이 크다.

3. 투자자 보호를 위한 규제의 방식

이러한 대리인문제로부터 투자자를 보호하는 장치는 크게 시장경쟁과 규제 2가지라고 할 수 있다. 시장경쟁은 반드시 집합투자에서만 효용을 발휘하는 것은 아니므로 여기서는 주로 규제에 대해서 살펴본다. 집합투자규제는 (ⅰ) 업자규제, (ⅱ) 설정·설립규제, (ⅲ) 공시규제, (ⅳ) 운용규제의 4가지로 나누어 볼 수 있다. 먼저 (ⅰ) 업자규제는 펀드의 유형에 따라 공모펀드는 집합투자업자로, 일반사모펀드는 일반사모집합투자업자로 규제한다. 기관전용사모펀드에 대해서는 전통적인 진입규제와는 다른 업자규제를 한다. (ⅱ)는 펀드를 설정하거나 설립할 때 등록을 요구하는 것으로 공모펀드에 한정된다. (ⅲ)의 공시규제 중 발행공시는 일반 증권의 경우와 같다. 그러나 운용보고서 등은 운용단계에서 투자자를 보호하는 기능을 한다. (ⅳ)의 운용규제는 가장 간섭적인 규제로서 집합투자규제의 가장 큰 부분을 차지하고 있다. 그 예로는 자기거래의 금지 등 전통적인 행위규제와 운용방법규제를 들 수 있다. 펀드의 법적 형식에 따른 규제의 차이는 원칙적으로 없다. 조직규제의 관점에서 회사형과 신탁형 그리고 조합형에서 차이로 보이는 것은 투자관리자에 대한 통제의 방식이 회사와 신탁 그리고 조합의 형식에 따라 달라지는 것뿐이다.

제3절   자본시장법상 집합투자의 기본구조

Ⅰ. 총   설

자본시장법이 규율하는 **'투자관리업'**은 투자자에게 자산운용서비스를 제공하는 업무이다.

법상 자산운용서비스는 2가지 방식으로 제공될 수 있다. 하나는 업자가 투자자로부터 모은 자금으로 구성한 기금(펀드)을 운용하는 방식('집합투자')이고, 다른 하나는 업자가 특정 투자자의 자문에 응하여 자산운용에 관한 조언을 하거나('투자자문') 투자판단의 전부 또는 일부를 일임받아 대신 투자하는('투자일임') 방식이다. 후자는 투자자의 관여도가 높고 여러 투자자로부터의 자금집합(pooling)도 없으므로 규제필요성은 전자에 비해 훨씬 낮다. 이하 집합투자를 중심으로 살펴본다.

Ⅱ. 집합투자의 의의

1. 서   언

자본시장법은 간투법상 용어인 '간접투자'를 폐기하고, '집합투자'를 사용하면서, 이를 "2인 이상의 투자자로부터 모은 금전등을 투자자로부터 일상적인 운용지시를 받지 아니하면서 재산적 가치가 있는 투자대상자산을 취득·처분, 그 밖의 방법으로 운용하고 그 결과를 투자자에게 배분하여 귀속시키는 것"으로 정의하고 있다(6조 5항 본문). 이를 간투법상 간접투자와 비교하면 첫째, '2인 이상의 투자자로부터 모은 금전등일 것', 둘째, '투자자로부터 일상적인 운용지시를 받지 않을 것', 셋째, 운용대상을 '재산적 가치가 있는 투자대상자산'으로 확대하고 있는 것의 3가지 측면에서 범위가 확대되고 명확해졌음을 알 수 있다. 이와 같이 자본시장법상 집합투자규제가 집합투자의 개념에서 출발하는 것은 기능별 규제의 원칙을 관철하면서 포괄주의를 구현하기 위한 것이다.

2. 사모단독펀드의 제한

전형적인 자산집합은 복수의 투자자의 투자자금을 모아서 하나의 투자자산을 형성하는 경우이다. 이와 관련하여 투자자 1인으로부터 모은 자산으로 설정되는 '사모단독펀드'가 가능한가? 간투법은 "투자자로부터 자금 등을 모아서"라고 규정하여 자산집합을 요건으로 했지만, 투자자의 수를 명시하고 있지 않았다(간투법 2조 1호). 자본시장법의 입법단계에서는 2인 이상의 투자자의 투자를 요건으로 함으로써 사모단독펀드를 전면 제외하려는 움직임도 있었다. 자본시장법은 2013. 5. 28. 개정에서 '2인 이상의 투자자로부터 모은'으로 변경함으로써 사모단독펀드는 금지되었다.

3. 일상적인 운용지시의 부재

투자자로부터 일상적인 운용지시를 받지 않을 것을 집합투자의 요건으로 포함하고 있다. 이 요건의 추가는 집합된 투자자의 자금 등을 투자관리자(집합투자업자)가 대신 운용하는 집합투자로서의 특성을 명시한 것으로서 간투법의 해석상으로도 인정되는 것이었다. 다만 투자자가 펀드자산의 운용에 관한 의사결정에 개입하는 것을 차단함으로써 집합투자와 투자일임 및 신탁과의 개념 구분을 위한 근거를 명백히 하는 효과를 가진다. 자본시장법은 "투자자와의 이면계약 등에 따라 그 투자자로부터 일상적으로 명령·지시·요청 등을 받아 집합투자재산을 운용하는 행위"를 집합투자업자의 불건전영업행위로 규정하고(85조 8호; 령 87조 4항 5호) 1억원 이하의 과태료를 부과하고 있다(449조 1항 29호). 투자자의 일상적인 운용지시가 있는 경우에는 집합투자에 해당할 수 없다.

4. 실적배당원칙

자산운용의 결과는 집합투자업자가 아니라 투자자에게 귀속되기 때문에 투자자에 대한 분배가 실적과 무관한 경우에는 집합투자가 될 수 없다. 반면에 투자자가 가격변동의 위험을 부담하는 불특정금전신탁이나 변액보험은 집합투자에 해당한다.

5. 투자대상자산

자본시장법은 집합투자의 운용대상을 "재산적 가치가 있는 투자대상자산"으로 확대하였다. 이에 따라 간투법에서 인정되지 않던 지식재산권 등에 대한 투자도 가능해졌다. 그러나 간투법에서 시행령을 통하여 이미 운용대상의 범위를 크게 확대하고 있으므로 사실상 차이는 없다는 평가도 있다. 가상자산도 해당될 수 있지만 시가평가나 환매가능성 등을 집합투자업자의 선관주의의무의 관점에서 판단해야 할 것이다.[11]

6. 집합투자 개념의 포괄화와 대응

이러한 집합투자 개념의 확대에 따라 자본시장법상 집합투자규제의 적용범위를 불명확하게 하는 문제가 발생할 수 있다. 이러한 현상은 포괄주의를 기본으로 하는 자본시장법에서는 불가피한 것이다. 이를 감안하여 자본시장법은 일정한 요건에 해당하는 것을 집합투자의 개념에서 배제하는 방식을 채택하고 있다(6조 5항 단서).

Ⅲ. 집합투자기구

1. 의   의

집합투자는 '**투자신탁**'과 '**투자회사**' 등을 통해서 이루어지는데 이러한 기구를 '**집합투자기구**'라고 한다(9조 18항). 간투법상 간접투자기구는 투자신탁, 주식회사, 합자회사(PEF)의 3가지

---

11) 박삼철외(2021), 55면.

로 한정되어 있었다. 그 결과 첫째, 다양한 집합투자기구의 이용을 통한 집합투자상품의 다양화에 한계가 있고, 둘째, 법에 규정되어 있지 않는 기구를 이용할 경우 규제의 공백으로 인한 투자자 보호문제를 야기할 수 있었다.[12) 자본시장법은 신탁과 주식회사 외에 합자회사, 유한회사, 유한책임회사, 합자조합과 익명조합 등을 집합투자기구로 이용할 수 있도록 허용하고 있다(9조 18항).

2. 종 류

1) 개 관

자본시장법상 집합투자기구는 다양한 기준에 따라 분류할 수 있다. 이하 법적 구조, 운용대상자산, 구성방식에 따른 구분을 살펴본다.

2) 법적 구조에 따른 분류: 신탁형, 조합형, 회사형

자본시장법상 집합투자기구는 법적 구조를 기준으로 크게 신탁형과 조합형 그리고 회사형으로 구분할 수 있다. 신탁형은 신탁법상 신탁을 기본구조로 하는 것으로서 투자신탁이 이에 속한다. 투자신탁은 "집합투자업자인 위탁자가 신탁업자에게 신탁한 재산을 신탁업자로 하여금 그 집합투자업자의 지시에 따라 투자·운용하게 하는 신탁형태의 집합투자기구"를 말한다(9조 18항 1호).

조합형은 상법상 합자조합과 익명조합 등 조합계약을 기본 구조로 하는 것으로서 신탁형과 함께 계약형이라고도 할 수 있다. 투자합자조합은 "「상법」에 따른 조합 형태의 집합투자기구"(9조 18항 5호)를 말한다. 종래 「민법」에 따른 조합 형태의 집합투자기구라고 되어 있던 것을 상법 개정과 함께 합자조합으로 변경한 것이다. 투자익명조합은 "「상법」에 따른 익명조합 형태의 집합투자기구"(9조 18항 6호)를 말한다.

회사형은 주식회사, 유한회사, 유한책임회사, 합자회사 등 회사를 기본구조로 하는 것으로서 투자회사, 투자합자회사, 투자유한회사, 투자유한책임회사가 여기에 속한다. 법인형이라고도 할 수 있다. 투자회사는 "「상법」에 따른 주식회사 형태의 집합투자기구"(9조 18항 2호)를, 투자유한회사는 "「상법」에 따른 유한회사 형태의 집합투자기구"(9조 18항 3호)를, 투자합자회사는 "「상법」에 따른 합자회사 형태의 집합투자기구"(9조 18항 4호)를, 투자유한책임회사는 "「상법」에 따른 유한책임회사 형태의 집합투자기구"를 말한다(9조 18항 4호의2).

이와 다른 집합투자기구를 이용한 집합투자업은 허용되지 않는다.[13) 이와 같이 자본시장법은 집합투자기구로서 투자신탁과 투자회사 이외의 다양한 종류를 허용하고 있다. 이러한

---

12) 그러나 이러한 해석에 대해서는 간투법상 기구의 종류를 불문하는 포괄적 개념인 간접투자업의 영위를 금지하는 체계였다는 점에서 반드시 옳다고 볼 수 없다는 반론도 있었다.

13) 이러한 집합투자기구의 이용 여부는 투자계약증권과 집합투자를 구분하는 기준이 된다.

집합투자기구는 각각 일장일단이 있기 때문에 업자가 이러한 선택지를 갖는 것은 중요하다. 그러나 집합투자의 주류는 역시 투자신탁이나 투자회사, 특히 그중에서도 신탁형이다. 신탁형에 비하여 회사형의 장점으로는 펀드의 운용이 투명하고 각 펀드 사이의 독립성이 보다 잘 확보된다는 점을 들고 있다. 그러나 신탁형에서도 본래의 규제가 제대로 준수된다면 펀드운용의 투명성과 독립성은 얼마든지 확보할 수 있다. 회사형에서 주주의 소극성은 일반사업회사에서보다 더 심하므로 주주의 역할을 크게 기대하기는 어렵다. 회사형도 하나의 기구에 불과하므로 가급적 비용은 줄이면서 효과는 높이는 방향으로 개선 노력을 기울여야 할 것이다.[14]

간투법은 간접투자를 투자신탁과 투자회사라는 집합투자기구를 이용하는 방식에 한정하였다. 그러나 2004년 개정으로 사모투자전문회사를 도입하였다. 일반적으로 PEF(private equity fund)라고 불리는 이 사모펀드는 "경영권 참여, 사업구조 또는 지배구조의 개선 등을 위하여 지분증권 등에 투자·운용하는 투자합자회사로서 지분증권을 사모로만 발행하는 집합투자기구"(삭제 전 9조 18항 7호)로서 사모방식으로 설립한 회사를 말한다. 자본시장법은 사모펀드규제를 목적에 의한 구분에서 참여투자자의 범위에 의한 구분으로 변경하면서 경영참여형 사모펀드를 기관전용사모펀드로 변경하고 있다(9조 19항 1호). 자본시장법은 기업재무안정 사모펀드와 창업·벤처전문 사모펀드를 추가로 도입하였다(249조의22·249조의23). 상세한 것은 뒤에 따로 설명한다.

3) 운용대상자산

집합투자기구는 운용대상에 따라 증권·부동산·특별자산[15]·혼합자산·단기금융집합투자기구의 5가지로 구분한다(229조 1호-5호). 증권·부동산·특별자산집합투자기구는 집합투자재산의 50%를 초과하여 '증권 및 증권파생상품', '부동산 및 부동산파생상품, 부동산개발관련법인대출, 부동산관련증권', '특별자산'에 각각 투자해야 한다(령 240조 1항·3항·6항). 자본시장법상 특징적인 유형으로는 혼합자산집합투자기구를 들 수 있다. 혼합자산집합투자기구는 집합투자재산을 운용함에 있어서 운용대상자산에 관한 비율규제를 받지 않는 집합투자기구를 말한다. 단기금융집합투자기구는 집합투자재산 전부를 일정한 단기금융상품에 투자하는 집합투자기구를 말한다.

4) 구성방식

자본시장법은 집합투자기구의 구성방식에 따라 환매금지형, 종류형, 전환형, 모자형, 상장지수 등의 특별한 형태를 규정하고 있다.

첫째, 환매금지형은 집합투자증권의 환매를 청구할 수 없는 집합투자기구를 말한다(230

---

14) 국내 집합투자가 투자신탁에서 비롯되었다는 역사적 이유와 법인격의 부재에 따른 유연성과 회사형의 경우 회계 등 처리비용 등이 회사형보다 신탁형을 선택하게 한 것으로 분석하고 있다. 박삼철외(2021), 80면.

15) 여기서 특별자산은 부동산과 증권 이외의 투자대상자산을 말한다(229조 3호).

조 1항). 환매금지형 집합투자증권은 '**환금성 보장 등을 위한 다른 방법**'이 갖추어져 있지 않으면 최초발행일로부터 90일 이내에 상장이 강제되어 있다(230조 3항). 집합투자업자등은 집합투자기구의 운용대상자산을 현금화하기 곤란한 사정 등을 고려하여 일정한 경우에는 환매금지형집합투자기구로 설정·설립해야 한다(230조 5항; 령 242조 2항 1호-5호).

둘째, 종류형은 같은 집합투자기구에서 판매보수의 차이로 인하여 기준가격이 다르거나 판매수수료가 다른 여러 종류의 집합투자증권을 발행하는 집합투자기구를 말한다(231조 1항). 종류형에는 특정 종류의 집합투자증권의 투자자에 대하여만 이해관계가 있는 경우에는 그 종류의 투자자만으로 종류집합투자자총회를 개최할 수 있다(231조 2항).

셋째, 전환형은 복수의 집합투자기구 간에 각 기구의 투자자가 소유하고 있는 집합투자증권을 다른 기구의 집합투자증권으로 전환할 수 있는 권리를 투자자에게 부여하는 구조의 집합투자기구를 말한다(232조 1항). 이 경우 첫째, 복수의 집합투자기구 간에 공통으로 적용되는 집합투자규약이 있을 것과 둘째, 집합투자규약에 투자신탁, 투자회사, 투자유한회사, 투자합자회사, 투자유한책임회사, 투자합자조합, 투자익명조합, 기관전용사모펀드 간의 전환이 금지되어 있을 것의 요건을 충족해야 한다(232조 1항 1호·2호).

넷째, 모자형은 모집합투자기구가 발행하는 집합투자증권을 취득하는 구조의 자집합투자기구를 설정·설립하는 경우를 말한다(233조 1항). 이 경우 자집합투자기구가 모집합투자기구의 집합투자증권 외의 다른 집합투자증권을 취득하는 것이 허용되지 않을 것, 자집합투자기구 외의 자가 모집합투자기구의 집합투자증권을 취득하는 것이 허용되지 않을 것, 자집합투자기구와 모집합투자기구의 집합투자재산을 운용하는 집합투자업자가 동일할 것 등의 3가지 요건을 갖추어야 한다(233조 1항 1호-3호).

다섯째, 상장지수형은 기초자산의 가격 또는 기초자산의 종류에 관하여 그 종류에 따라 다수 종목의 가격수준을 종합적으로 표시하는 지수[16]의 변화에 연동하여 운용하는 것을 목표로 하는 집합투자기구를 말한다(234조 1항 1호). 상장지수집합투자기구는 수익증권 또는 투자회사 주식의 환매가 허용되고, 수익증권 또는 투자회사 주식이 그 투자신탁의 설정일 또는 투자회사의 설립일부터 30일 이내에 증권시장에 상장되어야 한다(234조 1항 2호·3호).

3. 등   록

1) 의의 및 절차

자본시장법은 종래 투자회사에 관하여만 규정했던 집합투자기구의 등록제도를 모든 집합투자기구로 확대하였다(182조). 간투법상 간접투자기구의 등록은 투자신탁은 신탁약관의 제정·보고(29조), 투자회사는 투자회사의 등록(41조)을 통하여 각각 이루어졌다. 자본시장법상

---

16) 이 경우 그 지수는 시행령으로 정하는 요건(령 246조 1호-3호)을 갖추어야 한다.

집합투자기구의 등록제도는 이 2가지 제도를 폐지하면서 그 취지를 집합투자기구 일반으로 확대한 것이다. 일반사모펀드에 대해서는 등록을 면제하고(249조의8 1항, 182조) 사후보고제도로 변경하였다(249조의6 2항). 기관전용사모펀드에 대해서는 간투법상 별도의 등록제도가 존재하였고(144조의6), 자본시장법에서도 동일한 제도를 유지하다가(삭제 전 268조 3항·4항) 사후보고제도로 변경하였다(249조의10 4항).

이에 따라 투자신탁이나 투자익명조합의 집합투자업자 또는 투자회사·투자유한회사·투자유한책임회사·투자합자회사 및 투자합자조합(이하 '**투자회사 등**')은 집합투자기구가 설정·설립된 경우 이를 금융위에 등록해야 한다(182조 1항). 집합투자기구의 등록요건은 다음과 같다(182조 2항; 령 209조; 규정 7-1조).

(i) 그 집합투자기구의 집합투자업자와 신탁업자, 그 집합투자증권[17])을 판매하는 투자매매업자·투자중개업자, 투자회사의 경우 일반사무관리회사가 업무정지기간중에 있지 않을 것

(ii) 집합투자기구가 적법하게 설립·설정되었을 것

(iii) 집합투자규약이 법령을 위반하거나 투자자이익을 명백히 침해하지 않을 것[18]

(iv) 그 밖에 집합투자기구의 유형 등을 고려하여 시행령으로 정하는 요건을 충족할 것

집합투자기구가 이상의 요건을 갖춘 경우 금융위는 등록 여부를 결정하고 그 사실을 지체없이 신청인에게 통지한 후, 집합투자기구 등록부에 기재하고 인터넷 홈페이지 등을 이용하여 공시해야 한다(182조 4항·7항). 등록신청서에 흠결이 있는 경우에는 금융위는 보완을 요구할 수 있다(182조 4항). 등록요건흠결이나 등록신청서의 거짓 작성, 보완요구불이행 등 사유가 없는 한 등록을 거부할 수 없다(182조 6항).

투자매매업자 또는 투자중개업자는 집합투자기구의 등록 전에는 그 집합투자증권을 판매하거나 판매광고를 할 수 없는 것이 원칙이다(76조 3항 본문).[19] 증권법과 달리 집합투자증권도 증권신고서 제출이 의무화되어 있다. 이와 관련하여 집합투자업자나 투자회사등이 집합투자기구 등록신청서와 함께 증권신고서를 제출한 경우 그 증권신고의 효력이 발생하는 때 그 집합투자기구가 등록된 것으로 본다(령 211조 5항).

---

17) '집합투자증권'은 집합투자기구에 대한 출자지분(투자신탁의 경우에는 수익권)이 표시된 것을 말한다(9조 21항).

18) '집합투자규약'은 집합투자기구의 조직, 운영 및 투자자의 권리·의무를 정한 것으로서 투자신탁의 신탁계약, 투자회사·투자유한회사·투자합자회사·투자유한책임회사의 정관 및 투자합자조합·투자익명조합의 조합계약을 말한다(9조 22항).

19) 다만 관련법령개정에 따라 새로운 형태의 집합투자증권의 판매가 예정되어 있어 그 집합투자의 개괄적인 내용을 광고하여도 투자자이익을 해칠 염려가 없는 경우에는 판매광고를 할 수 있다(76조 3항 단서; 령 77조 3항 전단). 이 경우 관련법령개정이 확정되지 않은 경우 광고내용에 관련법령개정이 확정됨에 따라 그 내용이 달라질 수 있음을 표시해야 한다(령 77조 3항 후단).

2) 고려사항

자본시장법상 집합투자기구의 등록제도와 관련하여 등록요건으로서의 "집합투자규약이 법령을 위반하거나 투자자의 이익을 명백히 침해하지 아니할 것"(182조 2항 3호)은 운용에 따라서는 사실상 집합투자증권이라는 금융투자상품에 대한 제조규제로 해석될 수도 있다. 증권 신고서 제출과 다른 제도적 의미를 찾는다면 정보비대칭성의 교정을 위한 단순한 판매규제가 아닌 내용규제를 인정한 것으로 해석하게 될 것이다. 현재의 집합투자증권에 대한 증권신고 서제도와 등록제도를 이원화하는 이유는 불분명하다.

Ⅳ. 집합투자기구의 업무대행

1. 집합투자업자

집합투자업자는 금융위의 인가를 받아 집합투자를 영업으로 하는 자(6조 4항)로서 집합투 자에서 가장 핵심역할을 수행한다. 집합투자업자에 대한 규제에 대해서는 제5편 금융투자업 자의 규제에서 살펴보았다.

집합투자기구는 투자자의 재산을 집합투자업자의 재산으로부터 분리하기 위한 수단이기 때문에 명목상의 기구로 유지되어야 한다. 투자신탁이나 투자익명조합등 계약형태를 취할 경 우에는 문제가 없으나 투자회사등 회사형태를 취할 경우에는 실제로 집합투자재산을 자산에 운용하여 그 수익을 투자자에게 배분하는 것 외의 업무를 수행해서는 안 된다.

집합투자재산[20]의 운용업무는 그 집합투자기구의 집합투자업자가 담당한다(184조 2항). 집합투자업자는 투자신탁에서는 위탁자(9조 18항 1호), 투자익명조합에서는 영업자(225조 1항), 투자합자조합에서는 업무집행조합원(219조 1항), 투자회사와 투자유한회사에서는 법인이사 (197조 1항 · 209조 1항), 투자유한책임회사에서는 업무집행자(217조의4 1항 후단), 투자합자회사 에서는 업무집행사원(214조 1항)의 지위에 선다.

투자신탁재산 또는 투자익명재산에 속하는 지분증권 및 그와 관련된 증권예탁증권의 의 결권 행사는 그 투자신탁등의 집합투자업자가 수행한다(184조 1항 전단). 투자회사 · 투자유한 회사 · 투자합자회사 · 투자유한책임회사 및 투자합자조합("투자회사등")의 집합투자재산에 속 하는 지분증권 등의 의결권 행사는 그 투자회사등이 수행하거나 그 투자회사등의 집합투자업 자에게 위탁할 수 있다(184조 1항 후단 및 단서).

집합투자업자는 일정한 범위의 운용보수를 받게 된다. 그러나 집합투자업자는 집합투자 기구의 운용실적에 연동하여 미리 정하여진 산정방식에 따른 보수, 즉 성과보수를 사모펀드

---

20) '집합투자재산'은 집합투자기구의 재산으로서 투자신탁재산, 투자회사재산, 투자유한회사재산, 투자합자회사재 산, 투자유한책임회사재산, 투자합자조합재산 및 투자익명조합재산을 말한다(9조 20항).

를 제외하고는 원칙적으로 받을 수 없다(86조 1항 1호). 그러나 일정한 요건에 해당하는 공모펀드에 대해서는 성과보수를 허용하고 있다(86조 1항 2호). 이 경우 미리 투자설명서(집합투자업자는 간이설명서를 포함)와 집합투자규약에 성과보수의 산정기준과 방식 등에 관한 사항을 기재해야 한다(86조 2항).

2. 집합투자재산을 보관·관리하는 신탁업자

1) 법적 지위

자본시장법에서는 '**투자신탁재산을 보관·관리하는 신탁업자**'(80조 1항·2항 등), '**집합투자기구의 신탁업자**'(80조 5항), 또는 '**집합투자재산을 보관·관리하는 신탁업자**'(84조 2항 등) 등의 용어를 사용하고 있지만 모두 같은 뜻이다.[21] 과거 투자신탁에서는 수탁회사, 투자회사에서는 자산보관회사라고 한 것을 신탁업자로 정리한 것이다. 간투법상 수탁회사와 자산보관회사는 신탁업법상 신탁회사 또는 신탁업을 겸영하는 금융회사가 될 수 있었던 점을 고려하여 체계를 정리한 것이다(간투법 23조 1항·24조 1항).

집합투자재산을 보관·관리하는 신탁업자의 법적 지위는 집합투자기구의 법적 형태에 따라 다르다고 볼 것인가? 투자신탁에서는 신탁법상 수탁자이지만, 그 이외의 집합투자기구인 투자회사등에서는 신탁법상 수탁자가 아닌 단순한 보관수임인(custodian)이라고 설명하는 견해[22]가 있다. 투자회사등의 집합투자재산을 보관·관리하는 신탁업자와의 관계는 신탁이 아닌 것이 된다. 그러나 자본시장법은 "집합투자재산을 자신의 고유재산, 다른 집합투자재산 또는 제3자로부터 보관을 위탁받은 재산과 구분하여 관리해야" 하고(246조 2항 전단), "집합투자재산이라는 사실과 위탁자를 명기"하게 한다(246조 2항 후단). 투자신탁의 경우에는 보관을 따로 위탁받는 것이 아니라 그 자체 신탁의 설정요건인 신탁재산의 이전에 해당한다. 투자회사등의 경우에는 투자회사등이 위탁자로서 집합투자재산을 보관·관리하는 신탁업자를 수탁자로, 그리고 집합투자재산을 신탁재산으로 하는 신탁을 설정한 것으로 보는 것이 옳다. 구법상 자산보관회사를 집합투자재산을 보관·관리하는 신탁업자로 바꾼 것은 단순한 명칭의 변경이 아니다. 입법적으로 명확히 정리할 필요가 있다.

2) 투자재산의 분리

집합투자에서는 투자자의 투자재산이 집합투자업자의 고유재산과 혼합되는 것을 막아야 한다. 따라서 자산운용에 관한 지시는 집합투자업자가 해도 집합투자재산의 관리는 다른 주체가 담당하는 것이 원칙이다. 자본시장법상 투자신탁이나 투자익명조합의 집합투자업자 또는 투자회사등은 집합투자재산의 보관·관리를 '**신탁업자**'에게 위탁해야 한다(184조 3항).

---

21) 이하 이 절에서 '신탁업자'라고 하면 집합투자재산을 보관·관리하는 신탁업자를 말한다.
22) 박삼철외(2021), 321면 주 576).

3) 자   격

집합투자재산을 보관·관리하는 신탁업자는 자본시장법상 신탁업자여야 한다. 집합투자업자도 신탁업을 겸영할 수 있다. 그러나 집합투자업자는 자신이 운용하는 집합투자재산을 보관·관리하는 신탁업자가 될 수 없다(184조 4항). 그리고 그 집합투자기구나 그 집합투자재산을 운용하는 집합투자업자의 계열회사는 그 집합투자기구의 집합투자재산을 보관·관리하는 신탁업자가 될 수 없다(246조 1항). 계열회사와 관련하여 문제되는 집합투자기구는 투자회사나 투자유한회사, 투자합자회사 및 투자유한책임회사와 같은 회사형 기구에 한정된다(246조 1항 1호). 신탁이나 조합과 같은 비회사형에서는 계열회사라는 개념을 생각할 수 없다. 신탁의 경우 신탁법상 위탁자나 수탁자에 해당하는 집합투자업자나 신탁업자를 생각할 수 있지만 신탁구조의 특징을 정확하게 인식해야 한다.[23]

4) 업   무

집합투자재산을 보관·관리하는 신탁업자는 다음 업무를 영위한다. 첫째, 신탁업자는 집합투자재산을 자신의 고유재산, 다른 집합투자재산 또는 제3자로부터 보관을 위탁받은 재산과 구분하여 관리해야 한다(246조 2항 전단). 이 경우 집합투자재산이라는 사실과 위탁자를 명기해야 한다(246조 2항 후단). 이 경우의 위탁자는 집합투자기구의 법적 형태에 따라 집합투자업자나 투자회사등이 된다. 신탁업자는 집합투자재산 중 예탁대상증권 등에 속하는 것은 예외적인 경우를 제외하고(246조 3항 단서; 령 268조 2항·63조 2항). 자신의 고유재산과 구분하여 집합투자기구별로 예탁결제원에 예탁해야 한다(246조 3항 본문; 령 268조 1항). 다만 예탁증권에 관한 사항은 전자증권에는 적용되지 않으므로(308조 1항). 신탁업자나 투자회사등의 명의로 전자등록방식으로 보관된다. 둘째, 신탁업자는 그 집합투자업자가 자산의 취득·처분 등의 이행 또는 보관·관리 등에 필요한 지시를 하는 경우 이를 각각의 집합투자기구별로 증권 등의 인·수도와 대금의 지급·수령을 동시에 결제하는 방법으로 이행해야 한다(246조 4항; 령 268조 3항). 셋째, 투자자는 집합투자증권을 판매한 투자매매업자 또는 투자중개업자 및 집합투자업자가 해산 등으로 환매에 응할 수 없는 경우 그 신탁업자에게 환매를 청구할 수 있다(235조 2항). 넷째, 신탁업자는 집합투자재산을 운용하는 집합투자업자의 지시 또는 행위가 법령, 집합투자규약이나 정관, 투자설명서 등에 위반하는지 여부를 확인하고 위반사항이 있는 경우 집합투자업자에 대하여 그 운용지시 또는 운용행위의 철회·변경 또는 시정을 요구해야 한다(247조 1항).[24] 이러한 신탁업자의 감시의무는 일반사모펀드나 기관전용사모펀드에는 적용되지 않는다(249조의8 1항·249조의20 1항). 그러나 일반투자자를 대상으로 하는 일반사모펀

---

23) 공정거래법상 내부거래규제와 집합투자업자 및 수탁자에 대하여, 정순섭, 신탁, 325-327면.
24) 다만 투자회사재산을 보관·관리하는 신탁업자는 그 위반을 투자회사의 감독이사에게 보고하고 감독이사가 집합투자업자에 대하여 시정을 요구하게 된다(247조 2항).

드에는 신탁업자의 감시의무가 적용된다(249조의8 2항 5호, 247조). 다섯째, 신탁업자는 집합투자재산에 관하여 집합투자기구의 회계기간이나 계약기간 또는 존속기간의 종료, 그 해지나 해산 등의 사유가 발생한 때에는 그로부터 2개월 내에 집합투자규약의 주요 변경사항, 투자운용인력의 변경, 집합투자자총회[25]의 결의내용 등이 기재된 자산보관·관리보고서를 작성하여 투자자에게 교부해야 한다(248조 1항 본문). 보고서의 작성·교부비용은 신탁업자가 부담한다(248조 3항; 령 270조 4항). 금감원과 협회는 2021. 6. 28.부터 신탁업자의 준수사항, 운용행위에 대한 감시·확인사항 등을 규정한 「신탁업자의 수탁 업무처리 가이드라인」을 제정하여 시행하고 있다.[26]

5) 의   무

집합투자재산을 보관·관리하는 신탁업자는 선량한 관리자의 주의로써 집합투자재산을 보관·관리해야 하며 투자자 이익을 보호해야 한다(244조). 이러한 신탁업자는 자본시장법상 신탁업자이지만 제102조 이하의 신탁업자의 영업행위규칙의 적용을 받지 않는다(245조).[27] 신탁업자가 주로 집합투자업자의 지시에 따라 소극적으로 업무를 집행하는 지위에 있는 점이 고려된 것이다. 이러한 관점에서 자본시장법 제102조의 선관의무가 주로 신탁재산의 운용에 관한 의무라면, 제244조의 선관의무는 집합투자재산의 보관·관리에 관한 의무라는 점에서 구별된다. 그러나 이 경우의 신탁업자도 집합투자업자에 대한 적극적인 감시업무(247조 1항)를 수행하는 점에서 이러한 설명은 정확하지 않다.

3. 일반사무관리회사

일반사무관리회사는 투자회사의 위탁을 받아 투자회사재산의 운용 외에 투자회사의 운영에 관한 업무(184조 6항)와 투자신탁이나 투자익명조합의 집합투자업자 또는 투자회사등의 위탁을 받아 집합투자증권의 기준가격 산정 및 이를 위한 집합투자재산의 계산업무를 주된 업으로 하는 자를 말한다(254조 1항; 령 276조 1항).

첫째, 투자회사의 운영에 관한 업무와 관련하여 특히 투자회사는 재산분리만을 위한 명목상 회사이다. 따라서 집합투자와 관련하여 필요한 업무는 제3자가 담당한다. 자산운용의 지시는 투자회사의 법인이사 자격이지만 집합투자업자가, 그리고 재산의 보관·관리는 신탁업자가 담당한다. 투자회사재산을 보관·관리하는 신탁업자는 다른 집합투자재산을 보관·관리하는 신탁업자와는 달리 **'자산보관'**만 담당하므로 **'그 밖에 필요한 일반사무'**[28]는 일반사무관리

---

25) '집합투자자총회'는 집합투자기구의 투자자 전원으로 구성된 의사결정기관으로서 수익자총회, 주주총회, 사원총회, 조합원총회 및 익명조합원총회를 말한다(9조 23항).
26) 금감원·협회, 보도자료: 「신탁업자의 수탁 업무처리 가이드라인」 제정, 2021. 5. 31.
27) 신탁업자의 합병 등(116조) 및 청산(117조)에 관한 규정은 그대로 적용된다.
28) 투자회사 주식의 발행 및 명의개서, 투자회사재산의 계산, 법령 또는 정관에 의한 통지 및 공고, 이사회 및 주

회사가 담당한다(184조 6항; 령 212조 1호·2호).

둘째, 집합투자재산의 기준가격산정업무와 관련하여 금융위는 투자신탁이나 투자익명조합의 집합투자업자 또는 투자회사등이 거짓으로 기준가격을 산정한 경우 그 투자신탁이나 투자익명조합의 집합투자업자 또는 투자회사등에 대하여 기준가격산정업무를 일반사무관리회사에 그 범위를 정하여 위탁하도록 명할 수 있다(238조 8항 전단). 이 경우 그 집합투자업자 및 그 집합투자업자의 계열회사, 투자회사·투자유한회사·투자합자회사·투자유한책임회사의 계열회사는 수탁대상에서 제외된다(238조 8항 후단).

일반사무관리회사는 금융위에 등록해야 하며 상법상 주식회사, 명의개서대행회사(예탁결제원 포함), 그 밖에 시행령이 정하는 금융기관만이 될 수 있다(254조 1항·2항).

4. 판매회사제도의 폐지

간투법은 간접투자증권의 판매를 업으로 하고자 하는 자는 판매회사로서 금융위에 등록할 것을 요구하고 있었다(26조). 그리고 동법상 판매회사가 될 수 있는 자는 증권회사·은행·보험회사·선물업자·종합금융회사, 증권금융회사로 한정되어 있었다. 자본시장법은 간투법상 간접투자의 관계인으로 규정되어 있는 판매회사 개념을 폐지하고, 집합투자증권의 판매를 영업으로 할 수 있는 자의 범위를 투자매매업·투자중개업에 대한 인가를 취득한 자로 통일하였다. 따라서 자본시장법상으로는 판매회사가 아니라 판매업자로 부르는 것이 옳다.

투자신탁이나 투자익명조합의 집합투자업자 또는 투자회사등은 집합투자기구의 집합투자증권을 판매하고자 하는 경우 투자매매업자와 판매계약을 체결하거나 투자중개업자와 위탁판매계약을 체결해야 한다(184조 5항 본문). 다만 투자신탁이나 투자익명조합의 집합투자업자가 투자매매업자 또는 투자중개업자로서 집합투자증권을 직접 판매하는 경우에는 판매계약 또는 위탁판매계약을 체결하지 않는다(184조 5항 단서).

5. 집합투자 관계당사자의 연대책임

이상 본 바와 같이 집합투자에 관하여는 집합투자업자 외에도 많은 당사자가 관계된다. 자본시장법은 이러한 관계자들이 동법상 손해배상책임을 지게 될 경우 연대책임임을 규정하고 있다. 집합투자업자·신탁업자·투자매매업자·투자중개업자·일반사무관리회사·집합투자기구평가회사(258조) 및 채권평가회사(263조)는 자본시장법에 따라 투자자에 대한 손해배상책임을 부담하는 경우 귀책사유가 있는 경우에는 연대하여 손해배상책임을 진다(185조).

기관전용사모펀드의 업무집행사원에게도 이 조항은 적용된다(249조의20 1항). 따라서 업무집행사원·신탁업자·투자매매업자·투자중개업자·일반사무관리회사·집합투자기구평가

주총회의 소집·개최·의사록 작성 등에 관한 업무, 기준가격산정업무, 투자회사의 운영업무를 말한다.

회사 및 채권평가회사는 자본시장법에 따라 투자자에 대한 손해배상책임을 부담하는 경우 귀책사유가 있는 경우에는 연대하여 손해배상책임을 진다(185조).

책임의 범위는 자본시장법상 공시규제와 불공정거래규제는 물론 판매와 운용규제위반에 따른 책임을 모두 포함한다. 그러나 금소법상 손해배상책임은 포함되지 않는다. 제185조를 "이 법 및 금소법에 따라 투자자에 대한 손해배상책임을 부담하는 경우"라고 개정해야 한다.

제4절 신탁형펀드: 투자신탁[29]

I. 총 설

신탁형집합투자기구('신탁형펀드')는 일반적인 신탁과 마찬가지로 위탁자('집합투자업자'), 수탁자('신탁업자'), 수익자('투자자')의 3당사자로 구성된다. 위탁자는 앞서 설명한 집합투자업자이고, 수탁자는 신탁업자, 그리고 수익자는 투자자, 즉 수익증권보유자이다. 집합투자업자는 신탁업자와 신탁계약을 체결한다. 통상의 신탁계약에서는 수탁자가 주도권을 잡지만, 신탁형펀드에서는 집합투자업자가 운용지시를 맡고 신탁업자는 단순히 집합투자업자의 결정을 집행하고 신탁재산을 보관할 뿐이다.

다만 자본시장법은 간투법에서와 마찬가지로 집합투자재산을 보관·관리하는 신탁업자에 집합투자업자의 운용지시를 감시하는 기능을 부여하고 있기 때문에(247조 1항·2항) 과거보다는 기능이 확대되었다. 집합투자업자는 수익증권을 발행하며 투자자는 집합투자증권 판매업자인 투자매매업자나 투자중개업자로부터 수익증권을 취득하여 수익자가 된다.

수익증권은 신탁기간이 종료할 때까지 그대로 보유하는 경우도 있지만 도중에 환매청구를 할 수도 있다. 집합투자업자는 투자자인 수익자에 대해 선관주의의무를 부담한다(79조 1항).

자본시장법은 투자신탁을 포함한 집합투자기구에 대해 "이 법에서 특별히 정한 경우를 제외하고는「상법」및「민법」의 적용을 받는다"(181조)고 규정하고 있어 신탁법이 적용되지 않는다는 견해도 있을 수는 있다. 그러나 자본시장법이 투자신탁을 신탁법상 신탁을 기초로 구성하고 있는(9조 18항 1호) 이상 명문의 규정이 없는 한 신탁법이 일반적으로 적용된다고 보는 것이 합리적이다.[30]

---

29) 종전의 투신업법에 따른 신탁형펀드의 다양한 법적 문제에 관해서는 현투증권주식회사 편,『투자신탁의 이론과 실무 전면개정판』, 무한, 2002.

30) 자본시장법에서 투자신탁에 적용될 신탁법사항을 완결적으로 규정하는 것이 옳다는 관점에서 신탁재산의 독립성에 관한 신탁법규정은 적용된다는 견해도 있다. 박삼철외(2021), 84-85면.

Ⅱ. 기본적 법률관계

1. 집합투자업자와 신탁업자와의 관계

1) 신탁계약

자본시장법은 집합투자업자와 신탁업자와의 관계가 신탁임을 명시하고 있다. 집합투자업자가 신탁업자와 신탁계약을 체결할 때는 신탁계약서에 의해야 한다(188조 1항).[31] 신탁계약의 변경도 변경계약을 체결하고 인터넷 홈페이지 등을 통하여 공시해야 한다(188조 2항·3항).

신탁계약의 변경에서 수익자인 투자자의 동의를 요한다고 볼 것인가? 다수의 수익자가 있는 투자신탁에서 신탁계약의 변경에 투자자의 동의를 요구하는 것은 비현실적이라는 견해[32]가 있다. 집합투자업자·신탁업자 등이 받는 보수, 그 밖의 수수료의 인상, 신탁업자의 변경(합병·분할·분할합병, 그 밖에 시행령으로 정하는 사유로 변경되는 경우를 제외), 신탁계약기간의 변경(투자신탁을 설정할 당시에 그 기간변경이 신탁계약서에 명시되어 있는 경우는 제외), 그 밖에 수익자의 이익과 관련된 중요한 사항으로서 시행령으로 정하는 사항 등 일부 중요한 사항을 변경하는 경우에는 수익자총회의 결의와 인터넷 홈페이지 등을 통한 공시 이외에 수익자에 대한 개별 통지를 요한다(188조 2항 단서·3항 후단; 령 216조·217조).

집합투자업자가 투자신탁을 설정하거나 그 투자신탁을 추가로 설정할 때 신탁업자에게 신탁원본 전액을 금전으로 납입해야 한다(188조 4항). 고객자산의 분리보관을 위한 첫 단계 조치에 해당한다.

2) 집합투자업자와 신탁업자의 권한분배

신탁법상 수탁자는 수익자의 이익이나 그 밖의 목적을 위하여 위탁자가 이전한 재산권을 '관리, 처분, 운용, 개발, 그 밖에 신탁 목적의 달성을 위하여 필요한 행위'를 하게 되어 있다(신탁법 2조). 그러나 집합투자업자는 신탁재산을 신탁업자에 신탁하였지만 그 재산의 투자 및 운

---

31) 집합투자업자와 신탁업자가 체결하는 신탁계약서에는 다음 사항이 포함되어야 한다(188조 1항).
    (ⅰ) 집합투자업자 및 신탁업자의 상호
    (ⅱ) 신탁원본가액 및 수익증권(189조 1항·3항)의 총좌수에 관한 사항
    (ⅲ) 투자신탁재산의 운용 및 관리에 관한 사항
    (ⅳ) 이익분배 및 환매에 관한 사항
    (ⅴ) 집합투자업자·신탁업자 등이 받는 보수, 그 밖의 수수료의 계산방법과 지급시기·방법에 관한 사항. 다만 집합투자업자가 기준가격 산정업무를 위탁하는 경우에는 그 수수료는 해당 투자신탁재산에서 부담한다는 내용을 포함해야 한다.
    (ⅵ) 수익자총회에 관한 사항
    (ⅶ) 공시 및 보고서에 관한 사항
    (ⅷ) 그 밖에 수익자 보호를 위하여 필요한 사항으로서 시행령으로 정하는 사항
32) 임재연, 1212면.

용을 지시하는 것은 신탁업자가 아니라 집합투자업자이다(184조 2항). 신탁업자는 집합투자업자가 자산의 취득·처분 등의 이행, 보관·관리 등에 필요한 지시를 하는 경우 이를 각각의 집합투자기구별로 이행해야 한다(246조 4항). 법문상으로는 집합투자업자가 매매를 지시하면 실제로 투자중개업자에 주문을 내는 것은 신탁업자인 것처럼 되어 있다. 그러나 종래 신탁형 펀드에서는 집합투자업자가 직접 주문을 내고 신탁업자는 단지 결제만을 담당하는 것이 실무관행이었다.33) 그 밖에도 자본시장법상 집합투자업자는 신탁재산과 관련하여 다음과 같은 권한을 행사한다.

(ⅰ) 수익증권의 발행(189조 1항·3항)
(ⅱ) 신탁재산에 속하는 지분증권 및 그와 관련된 증권예탁증권에 관한 의결권의 행사(184조 1항)
(ⅲ) 투자설명서의 작성과 공시(123조)
(ⅳ) 자산운용보고서의 교부(88조)
(ⅴ) 영업보고서의 제출(90조)
(ⅵ) 신탁재산 등에 관한 회계처리와 장부·서류의 작성·비치(240조 1항)

종래 투자신탁의 수탁회사(집합투자재산을 보관·관리하는 신탁업자에 해당)의 주된 의무는 신탁재산의 보관·관리·계산에 한정되므로 신탁재산을 수동적으로 관리하는 '**수동신탁**'(passive trust)에 해당하였다. 신탁법상 허용되는 신탁이 수탁자가 신탁재산을 적극적으로 '**관리·처분하는**'(2조) 능동신탁에 한정된다고 보아 그러한 수동신탁은 신탁법에 반하는 것이 아닌가 하는 의문이 있을 수 있다. 그러나 그렇게 보더라도 자본시장법은 신탁법의 특별법이므로 문제는 없다. 또한 자본시장법은 신탁업자에 집합투자업자의 운용지시에 대한 적극적 감시를 맡기고 있으므로 이제 수동신탁의 의문은 사라졌다.34) 신탁업자가 집합투자업자의 지시에 따라 신탁재산을 운용한다는 점에서 집합투자업자와 신탁업자 사이의 신탁은 특정금전신탁과 유사하다. 근본적으로 신탁사무처리에 관한 지시권자가 있는 지시형 신탁도 신탁의 한 유형으로서 인정되어야 한다.35)

33) 그러나 대법원에서는 증권투자신탁계약에 따른 신탁재산의 대외적 소유명의자는 수탁회사[신탁업자 상당]이고 위탁회사[집합투자업자 상당]는 내부적 의사결정자일 뿐 그에 따른 대외적 법률행위는 수탁회사를 통하여 해야 하므로 위탁회사 자신이 신탁재산에 관한 법률행위의 주체가 되거나 이행책임을 부담할 수 없다고 판시하고 있다. 대법원 2003. 4. 8. 선고 2001다38593 판결.
34) 수동신탁에 대해서는, 정순섭, 신탁, 132-138면.
35) 정순섭, 신탁, 138-144면.

2. 투자자와 집합투자업자와의 관계: 이중적 신탁구조

1) 신탁계약

자본시장법에서 신탁으로 보는 것은 집합투자업자와 신탁업자의 관계이다. 실제로 중요한 것은 투자자와 집합투자업자 사이의 관계이지만 원래 위탁자는 수익자에 대한 의무가 없다. 투자자와 집합투자업자 사이의 관계의 법적 성질에 대해서는 학설이 나뉘고 있다. 이들 사이의 관계의 특성을 고려하지 않는다면 위임관계로 보게 될 것이다. 그러나 실질적으로는 이들 사이의 관계는 '**위임에서 한 걸음 더 나아가**' 진정한 '**신탁**'의 성격을 지니는 것을 부인할 수 없다. 문제는 이것을 신탁적 성격을 지닌 위임으로 볼 것인가, 아니면 정면으로 신탁계약을 인정할 것인가이다.

이 책의 제3판에서는 "실질적인 결과에는 별 차이가 없지만 신탁으로 보는 것이 타당할 것"으로 보고 있었다.[36] 그 근거는 첫째, "위탁회사는 … 수탁회사와 함께 증권투자신탁계약을 체결함으로써 수탁회사와 공동으로 증권투자신탁을 설정"하는 것으로서 "투자자를 배려하고 보호해야 할 주의의무가 있다"고 설시한 대법원 판결(대법원 2007. 9. 6. 선고 2004다53197 판결)을 위탁회사[집합투자업자]와 투자자 간에 직접적인 신탁관계를 인정한 것으로 이해하였다. 둘째, 신탁의 2가지 요소는 수탁자에 대한 재산의 이전과 수탁자에 의한 재산의 관리인데(신탁법 2조), 투자자와 집합투자업자와의 관계에서는 그 2가지 요건이 모두 충족된 것으로 보았다. 이에 비해 신탁계약을 부정하는 견해는 투자자의 수익권이 집합투자업자가 아니라 신탁업자에 대한 권리라는 점을 들고 있다. 그러나 그것은 집합투자업자가 다시 신탁업자와 신탁계약을 체결하면서 수익자를 투자자로 하였기 때문에 생겨난 결과로 반드시 신탁계약과 모순되는 것은 아니다.

생각건대 투자자인 수익자로부터 집합투자업자에게로 신탁재산의 이전이 이루어지지 않는 점을 고려할 때 집합투자자와 수익자 사이에 직접 신탁의 성립을 인정할 수는 없다. 집합투자업자는 자본시장법상 신탁재산운용을 포함한 신탁사무처리에 관한 지시권자로서의 법적 지위가 인정된 것이다.[37] 따라서 자본시장법상 투자신탁은 집합투자업자를 위탁자 겸 지시권자, 신탁업자를 수탁자, 투자자를 수익자로 하는 지시형신탁이다. 지시형신탁에서 지시권자에 대해서는 수탁자에 관한 법리가 적용될 수 있다.

2) 지시형신탁

이처럼 집합투자업자를 지시형신탁의 지시권자로 이해하면 집합투자업자가 투자자에게 부담하는 폭넓은 의무를 쉽게 설명할 수 있다.[38] 즉 집합투자업자는 자본시장법의 규정이 없

---

36) 김건식 · 정순섭, 879면.
37) 정순섭, 신탁, 139면.
38) 정순섭, 신탁, 143면.

더라도 신탁법상의 선관주의의무(신탁법 32조) 등 각종의 의무를 부담하게 된다. 신탁법상 수탁자는 선관주의의무 외에도 수익자의 이익과 충돌하는 것을 피할 의무, 즉 충실의무를 부담한다(신탁법 33조-35조). 또한 신탁법상 수익자는 수탁자에게 관리부적절로 인한 손해배상책임을 물을 수 있다(신탁법 43조). 자본시장법은 이를 명시하고 있다. 집합투자업자는 투자자에 대해서 선량한 관리자의 의무가 있을 뿐만 아니라(79조 1항), 투자자의 이익을 보호하기 위한 충실의무도 가진다(79조 2항).

3) 집단신탁

투자자와 집합투자업자 사이의 신탁관계는 투자자 전원과 집합투자업자 사이가 아니라, 개별투자자와 집합투자업자 사이에 성립한다. 다만 투자신탁의 개념상 집합투자업자는 투자자로부터 수령한 자금을 개별적으로 관리하는 것이 아니라 집단적으로 관리한다. 즉 투자자와 집합투자업자 사이의 관계는 '**집단신탁**'에 속한다.

4) 집합투자업자의 투자자에 대한 책임

(1) 집합투자업자의 판매책임

법원은 간투법 이후 일관되게 판매단계에서의 집합투자업자의 투자자 보호의무를 인정하고 있다{제18장 제2절 Ⅱ. 3. 2) (3) 집합투자업자}.

(2) 집합투자업자의 운용계획서, 운용제안서 등의 법적 효력

신탁약관 이외에 제공되는 운용계획서, 운용제안서가 투자자와의 개별약정에 해당하는지 여부도 문제된다. 특히 사모펀드의 경우 투자설명서가 별도로 작성되지 않기 때문에 집합투자업자가 작성한 운용계획서 등의 자료를 투자권유를 위하여 사용하는 관행을 고려하여 다음과 같이 판단하고 있다.

첫째, 운용계획서가 투자자와의 개별약정에 해당하는지에 대해 법원은 "증권투자신탁에서 투자자인 고객에게 약관의 내용과 다른 투자신탁 운용계획서를 교부한 경우에 운용계획서의 내용이 개별약정으로서 구속력이 있는지 여부의 판단기준은 운용계획서의 내용, 그와 같은 서류가 교부되게 된 동기와 경위, 당사자의 진정한 의사 등을 종합적으로 고찰하여 논리와 경험칙에 따라 합리적으로 판단해야 한다"고 판시하였다(대법원 2007. 9. 6. 선고 2004다53197 판결).[39]

둘째, 이러한 운용계획서는 개별약정에 해당하는지 여부와 무관하게 집합투자업자의 "투자자에게 투자종목이나 대상 등에 관하여 올바른 정보를 제공함으로써 투자자가 그 정보를 바탕으로 합리적인 투자판단을 할 수 있도록 투자자를 배려하고 보호해야 할 주의의무" 위

---

39) 같은 취지: 대법원 2012. 11. 15. 선고 2010다64075 판결; 대법원 2012. 11. 15. 선고 2011다10532·10549 판결; 대법원 2012. 11. 15. 선고 2010다64075 판결; 대법원 2014. 12. 24. 선고 2011다29420 판결.

반 여부를 판단하는 데 중요한 자료가 될 수 있다(대법원 2012. 11. 15. 선고 2011다10532 · 10549 판결).[40]

셋째, 자산운용회사가 투자신탁의 운용에 관한 구체적 기준이 담긴 운용제안서를 투자자에게 교부 · 제시한 경우 "그 운용제안서가 개별약정에 해당한다고 볼 수 없더라도 그 내용은 자산운용회사의 운용단계에서의 투자자 보호의무 내지 선관주의의무 위반 여부를 판단하는 중요한 자료"가 된다(대법원 2012. 11. 15. 선고 2011다10532 · 10549 판결).[41]

3. 신탁업자와 투자자의 관계

신탁업자와 투자자와의 관계를 제대로 이해하기 위한 출발점은 투자자와 집합투자업자의 관계라고 할 수 있다. 투자자와 집합투자업자와의 관계를 신탁으로 이해한다면 투자자는 이미 집합투자업자에 대한 관계에서 위탁자인 동시에 수익자의 지위에 선다. 그 경우 집합투자업자는 일부의 사무처리를 위하여 신탁재산을 신탁업자에 신탁한 것으로 볼 수 있다. 집합투자업자는 신탁업자와의 신탁에서 투자자를 수익자로 한다('**타인신탁**'). 따라서 투자신탁의 신탁업자와의 관계에서 투자자는 위탁자가 아니라 수익자에 불과하다. 또한 투자자는 각자가 개별적으로 수익자가 되는 것이 아니라 투자자 전원이 하나의 수익권을 분점한다(189조 1항). 게다가 신탁업자의 수탁사무는 한정된 것이므로 투자자와의 관련도 적을 수밖에 없다. 그러므로 투자자에게 신탁법상의 수익자에 관한 규정을 적용한다 해도 신탁업자에 대한 관계에서는 그다지 실익이 없을 것이다.

4. 판매업자의 지위

간투법상 자산운용회사는 수익증권의 판매를 위하여 판매회사와 위탁판매계약을 체결해야 하였다(간투법 55조). 판매회사는 매상에 따라 수수료를 지급받았다(간투법 60조). 수익증권의 판매업무 외에도 판매회사는 수익자를 대신하여 수익증권을 보관하는 수익증권저축업무도 담당했다. 판매회사가 상법상의 위탁매매인인가 아니면 자산운용회사의 위임을 받은 대리인인가에 대해서는 학설의 다툼이 있었다.[42] 그러나 판매회사는 환매업무를 담당하지만(간투법 62조 2항) 적어도 간투법상으로는 환매의무의 주체로 볼 수 없다.[43] 자본시장법에서는 판매회

---

40) 같은 취지: 대법원 2012. 11. 15. 선고 2010다64075 판결; 대법원 2014. 12. 24. 선고 2011다29420 판결.
41) 같은 취지: 대법원 2014. 12. 24. 선고 2011다29420 판결; 대법원 2015. 6. 11. 선고 2012다100142(본소), 2012다100159(반소) 판결; 대법원 2015. 9. 15. 선고 2014다826 판결.
42) 상세한 것은 김건식, "수익증권판매회사의 환매의무", 『BFL』 제12호, 2005, 77면. 대법원은 "판매회사인 피고 00증권은 증권투자신탁에 있어서 단순히 위탁회사의 대리인에 불과한 것이 아니라 자신의 책임으로 수익증권 판매업무 등을 수행하는 독립된 당사자로 보아야 할 것"이라고 하여 판매회사를 독립적 당사자로 보고 환매 책임을 인정하는 기존입장을 유지하였다. 대법원 2008. 6. 12. 선고 2007다70100 판결.
43) 수익증권 판매회사의 고유재산에 의한 환매의무를 규정한 구 증권투자신탁업법 제7조 및 제30조의 위헌 여부

사제도를 폐지하였다.

수익증권매매계약에서도 투자자가 중대한 사실에 관하여 중대한 과실없이 계약을 체결한 경우 이를 취소할 수 있다. 이 경우 투자자의 수익증권매매대금을 부당이득으로 반환하게 된다. 문제는 그 반환의무의 주체이다. 법원은 일관되게 판매를 담당한 투자중개업자를 위탁매매인으로 보아 그 반환의무를 인정한다(대법원 2015. 12. 23. 선고 2013다40681 판결; 대법원 2016. 4. 28. 선고 2016다3638 판결).

수익증권 매매계약의 착오에 의한 취소로 그 투자금을 부당이득으로서 투자자에게 반환한 판매업자가 집합투자업자나 다른 판매업자에게 구상권을 행사할 수 있는지도 문제이다. 최근 법원은 "불법행위로 인한 손해배상채무에 관하여 채무자와 함께 공동불법행위책임을 부담하는 자가 있고, 채무자의 위와 같은 변제가 공동불법행위자들 내부관계에서 인정되는 자기의 부담 부분을 초과한 것이라면, 채무자는 다른 공동불법행위자에게 공동 면책을 이유로 그 부담 부분의 비율에 따라 구상권을 행사할 수 있다"고 하여 판매업자의 구상권행사를 인정하였다(대법원 2021. 6. 10. 선고 2019다226005 판결).[44]

판매업자의 법적 지위에 대한 국내 학설로는 대리인설, 위탁매매인설, 독립당사자설이 있다. 대리인설은 판매업자를 집합투자업자의 대리인으로 보는 견해, 그리고 위탁매매인설은 판매업자를 위탁매매인으로 보는 견해이다.[45] 독립당사자설은 판매업자를 투자신탁에서 자신의 책임으로 수익증권 판매업무를 수행하는 독립된 당사자로 보는 견해이다.[46] 1998년 구 증권투자신탁업법 개정 이후에도 수익증권 판매업자의 법적 지위에 관한 판례의 일관된 입장이다. 여기서 판매계약의 법적 구조는 매매계약이지만, 위탁판매의 법적 구조는 판매당사자들이 상법상 위탁매매나 대리 또는 중개 중에서 계약상 선택할 수 있다.[47]

5. 투자신탁의 특징

일반금전신탁의 경우에는 투자자인 위탁자가 금전을 수탁자에게 이전하고 수탁자가 이를

가 다투어졌다. 법원은 "입법자에게 판매회사가 고유재산에 의한 환매의무를 부담하지 않도록 법률을 제정할 헌법상의 입법의무가 있다고 할 수 없으므로, 위 조항이 부진정입법부작위에 의한 위헌이라고 할 수 없다"고 판시하였다. 대법원 2010. 10. 14. 선고 2008다13043 판결.

44) 공동불법행위가 성립하는 경우에 한정된 판단이다. 원심은 서울고법 2019. 3. 7. 선고 2018나2005483 판결. 백숙종, "구 간접투자법상 펀드매매계약이 취소된 경우의 문제 — 대상판결: 대법원 2021. 6. 10. 선고 2019다226005 판결 —", 『BFL』 제111호, 2022, 94-108면.

45) 학설 소개는 이계정, "수익증권 매매계약 취소에 따른 부당이득의 법률관계와 이득소멸의 항변", 『한국 민법과 프랑스 민법 연구』, 박영사, 2021, 787면.

46) 이중기, "투자신탁제도의 신탁적 요소와 조직계약적 요소", 『한림법학 FORUM』 제9권, 2000, 86면.

47) 정순섭, "자본시장법상 투자신탁의 법적 구조에 관한 연구 — 집합투자업자와 수익증권 판매업자의 신탁법상 법적 지위를 중심으로 —", 신탁 산업의 발전을 위한 제언, 2021년 한국신탁학회 동계학술대회 발표자료집, 19-20면. 같은 취지: 박삼철외(2021), 142면("위탁판매는 위탁매매 또는 매매대리형태로 이루어질 것").

관리·운용해서 그 수익을 위탁자 겸 수익자에게 교부하는 '**자익신탁**'의 형식을 취한다. 투자신탁도 투자자가 집합투자업자에 금전을 이전하고 관리·운용을 시켜 수익을 분배받는다는 점에서는 일반금전신탁과 실질적으로 다를 바가 없다. 그러나 일반금전신탁은 특정 투자자를 위한 개별적 투자수단임에 비해 투자신탁은 다수의 투자자를 위한 집합투자라는 점에서 차이가 있다.[48] 혼란이 생기는 것은 과거의 증권투자신탁업법이 투자자와 자산운용회사의 관계를 신탁이라고 명시하지 않고 오히려 자산운용회사와 수탁회사의 신탁관계를 기초로 제도를 구성했기 때문이다.

이처럼 기묘한 형태로 도입된 것은 모법인 일본법이 출범할 당시의 일본업계의 사정에 기인한다. 당시 일본의 신탁회사는 증권투신업무를 환영하지 않았던 반면, 증권회사는 적극적이었다고 한다. 한편 투자자의 지분을 소액단위로 분할하기에 적합한 법형식이 신탁 말고는 따로 존재하지 않았다고 한다.[49] 그리하여 신탁회사가 형식적으로는 수탁자가 되지만 핵심업무인 운용지시는 증권회사가 맡는 다소 기이한 구조가 탄생하게 된 것이다.

6. 신탁법과의 관계

투자신탁에서 집합투자업자와 신탁업자의 관계는 물론이고 투자자와 집합투자업자와의 관계도 신탁으로 파악한다면 그 관계에 대한 특별규정을 포함하고 있는 자본시장법은 신탁법의 특별법이다. 따라서 이들 관계에 관하여 자본시장법에 특별규정이 없는 경우에는 신탁법이 적용된다.

신탁형펀드의 법적 구조를 이중적 신탁구조로 이해하는 한 신탁업자뿐만 아니라 집합투자업자도 신탁의 인수를 업으로 한다고 볼 수 있다. 그러한 영업신탁에 관한 법으로 과거에는 신탁업법이 존재하였다. 그러나 현재 신탁업법은 자본시장법의 일부로 통합·폐지되었다. 집합투자업자와 집합투자재산을 보관·관리하는 신탁업자에 관한 자본시장법 규정은 그 한도에서는 신탁업자에 관한 규정의 특칙으로 볼 수 있다.

이러한 관점에서 자본시장법이 집합투자재산을 보관·관리하는 신탁업자의 합병 및 청산에 관해서 신탁업자에 관한 규정을 준용하고 있는 것(245조, 116조·117조)은 당연하다. 그러나 그 영업행위의 특수성을 고려하여 신탁업자의 영업행위규칙의 적용을 받지 않는다(245조). 간투법은 집합투자업자의 해산과 청산에 관하여 신탁법을 준용하였으나(22조), 자본시장법은 역으로 집합투자업자의 청산에 관한 규정을 신탁업자에 준용한다(117조). 이는 조문체계의 변화에 따른 것으로 특별한 입법판단은 아니다.

---

48) 국내에서도 새마을금고가 구 증권투자신탁업법에 의하여 투신사가 발매하는 수익증권을 매입하는 행위가 금전신탁에 해당하는지 문제된 사례가 있다. 대법원은 수익증권매입행위는 신탁회사에의 금전신탁에 해당하지 않는다고 판시하였다. 대법원 2001. 12. 24. 선고 2000도4099 판결.

49) 鴻常夫(編), 商事信託法制, 有斐閣, 1998, 162면(岩原紳作 집필부분).

Ⅲ. 수익자총회

1. 의   의

투자신탁에서 수익자는 다수인 경우가 일반적이다. 다수의 투자자들이 수익자로서의 권리를 공동으로 행사하는 것은 현실적으로 상당히 어렵다. 자본시장법은 수익자들이 다수이기 때문에 발생하는 현실적인 문제점을 해소하기 위하여 전체 수익자로 구성되는 수익자총회를 신탁형펀드의 기관으로 규정하고 있다. 수익자총회는 자본시장법 및 신탁계약에서 정한 사항을 의결할 수 있다(190조 1항).

수익자총회는 투자신탁을 설정한 집합투자업자가 소집하지만(190조 2항), 투자신탁재산을 보관·관리하는 신탁업자나 5% 이상의 수익자도 금융위 승인을 받아 집합투자업자에 소집을 요청할 수 있다(190조 3항).50) 총회 의장은 수익자 중에서 총회에서 선출한다(령 221조 5항). 총회의 의결정족수는 출석한 수익자의 의결권의 과반수와 발행수익증권총수의 4분의 1 이상인 것이 원칙이다(190조 5항 본문).51) 의사정족수는 삭제되었다. 총회의 결의가 이루어지지 않으면 그 날부터 2주 이내에 연기수익자총회를 소집해야 한다(190조 7항).

그 밖에 수익자총회에 관해서는 주주총회에 관한 규정이 폭넓게 준용되고 있다(190조 4항·10항). 이 경우 '**주주**'는 각각 '**수익자**'로, '**정관**'은 각각 '**신탁계약**'으로, '**주식**'은 '**수익증권**'으로, '**회사**'는 각각 '**집합투자업자**'로, '**이사회의 결의**'는 각각 '**집합투자업자의 결정**'으로 본다.

2. 간주중립투표제도

수익자총회의 원활한 운영을 위하여 일본의 간주찬성제도(일본 투자신탁 및 투자법인에 관한 법률 93조)를 모델로 간주중립투표제도를 도입하였다. 일정한 요건을 모두 충족하는 경우 수익자총회에 출석한 수익자가 소유한 수익증권의 총좌수의 결의내용에 영향을 미치지 않도록 의결권을 행사(간주의결권행사)한 것으로 간주하는 것이다(190조 6항 단서). 간주의결권행사를 적용하기 위한 요건은 다음과 같다.

(ⅰ) 수익자에게 시행령으로 정하는 방법에 따라 의결권 행사에 관한 통지가 있었으나 의결권이 행사되지 않았을 것

(ⅱ) 간주의결권행사의 방법이 집합투자규약에 기재되어 있을 것

(ⅲ) 수익자총회에서 의결권을 행사한 수익증권의 총좌수가 발행된 수익증권의 총좌수의 10% 이상일 것

---

50) 소집통지에 관해서는 주주총회의 소집통지규정(상 363조 1항·2항)을 준용한다(190조 4항).
51) 수익자는 수익자총회에 출석하지 않고 서면에 의하여 의결권을 행사할 수 있다(190조 6항).

(ⅳ) 그 밖에 수익자보호를 위하여 시행령으로 정하는 방법 및 절차를 따를 것

3. 수익증권매수청구권

1) 의   의

일정한 경우에는 수익자에게도 반대주주와 마찬가지로 수익증권매수청구권이 인정된다. 신탁약관의 변경이나 투자신탁의 합병에 대한 수익자총회의 의결에 반대하는 수익자가 집합투자업자에게 수익증권의 수를 기재한 서면으로 소유수익증권의 매수를 청구할 수 있다(191조 1항). 매수청구기간과 방법은 수익자가 반대한 총회 결의내용에 따라 다르다.

첫째, 신탁계약의 변경(188조 2항 후단) 또는 일반적인 투자신탁의 합병(193조 2항)에 대한 수익자총회의 결의에 반대한 경우에는 수익자가 그 수익자총회의 결의일부터 20일 이내에 수익증권의 매수를 청구해야 한다(191조 1항 1호). 수익자총회 전에 해당 집합투자업자에게 서면으로 그 결의에 반대하는 의사를 통지한 경우로 한정한다(191조 1항 1호).

둘째, 건전한 거래질서를 해할 우려가 적은 소규모 투자신탁의 합병(193조 2항 단서)에 반대하는 경우에는 수익자가 집합투자업자가 소규모 투자신탁의 합병사항(령 225조의2 2항)을 통지한 날부터 20일 이내에 그 집합투자업자에게 서면으로 합병에 반대하는 의사를 통지하는 방법으로 수익증권의 매수를 청구해야 한다(191조 1항 1호; 령 222조 1항).

2) 집합투자업자의 매수 및 소각

투자신탁을 설정한 집합투자업자는 수익증권의 매수청구가 있는 경우에는 매수청구기간이 만료된 날부터 15일 이내에 그 투자신탁재산으로 시행령으로 정하는 방법에 따라 그 수익증권을 매수해야 한다(191조 3항).[52] 매수방법은 환매의 방식을 따르게 된다. 집합투자업자는 투자신탁재산으로 수익증권을 매수하는 경우에는 매수청구기간의 종료일에 환매청구한 것으로 보아 신탁계약에서 정하는 바에 따라 매수해야 한다(령 222조 2항).

이 경우 집합투자업자는 수익증권의 매수청구가 있는 경우 그 수익자에게 수익증권의 매수에 따른 수수료, 그 밖의 비용을 부담시켜서는 안 된다(191조 2항). 수익증권을 매수한 집합투자업자는 지체없이 그 수익증권을 소각해야 한다(191조 4항).

Ⅳ. 투자신탁에서의 투자자 보호

투자신탁에서는 수익자총회와 집합투자재산을 보관 · 관리하는 신탁업자가 구조적으로 집합투자업자에 대한 견제기능을 수행할 여지가 있다. 실제로 이러한 견제기능이 제대로 발

---

52) 다만 매수자금의 부족으로 매수에 응할 수 없는 경우에는 금융위의 승인을 얻어 수익증권의 매수를 연기할 수 있다(191조 3항 단서).

휘될지는 지켜봐야 할 것이다. 그러나 신탁형펀드에서 투자자 이익이 완전히 무방비상태에 있는 것은 아니다.

첫째, 집합투자는 경쟁이 심한 분야이다. 집합투자업자가 투자자 이익을 도외시하거나 실적이 부진한 경우에는 투자자는 다른 펀드로 이동할 것이다. 집합투자업자가 다르다는 점을 제외하고는 많은 펀드들은 대체가능성이 높다. 따라서 집합투자업자로서는 최선을 다할 유인이 있다. 그러나 이러한 시장경쟁의 압력은 펀드운용에 관한 정보가 투자자에게 제대로 전달되는 경우에만 생길 수 있다. 따라서 펀드운용에 관한 정보공시를 강화할 필요가 있다. 둘째, 신탁형펀드의 주종인 개방형펀드에서는 환매가 가능하므로 감독자의 필요성이 절실하지 않다. 불만이 있는 투자자는 환매를 통하여 바로 투자금을 회수할 수 있다. 어떠한 이유로든 투자자가 환매를 청구하면 집합투자업자의 수입은 줄어들게 되므로 환매청구를 당하지 않기 위해서도 투자자를 위해서 최선을 다할 유인이 있다.

제5절 회사형펀드: 투자회사

I. 총 설

회사형펀드도 투자전문가를 통한 집합적인 자산투자라는 점에서는 앞서 설명한 신탁형펀드와 차이가 없다. 신탁형펀드에서 각 펀드는 분별 관리되기는 하지만 법인격은 없다. 그에 비하여 회사형펀드는 각 펀드가 상법상 회사인 투자회사나 투자유한회사 또는 투자합자회사로 조직되며 투자자들은 그 회사의 주식이나 출자지분을 갖게 된다. 투자자들은 주주나 사원으로서 회사운영에 참여하며 투자수익을 배분받게 된다. 각 펀드가 회사형태를 취하므로 이사회 등 상법상 회사의 기관이 있기는 하지만, 자산운용은 투자전문가인 집합투자업자가 맡는 점에서 신탁형펀드와 같다. 회사형펀드에는 투자회사(주식회사), 투자유한회사(유한회사), 투자합자회사(합자회사), 투자유한책임회사(유한책임회사)의 4가지 종류가 있다.

집합투자라는 점에서 회사형펀드는 기존의 신탁형펀드와 차이가 없다. 그렇다면 구태여 별도로 회사형펀드를 도입한 이유는 무엇일까. 당시 입법자료는 "기존계약형에 비해 설립이 용이하고 운용상의 제약이 적어 투자자의 다양한 자산운용욕구에 부응할 수 있으며, 투자자가 주주로서의 권리를 지녀 투자자 보호에 보다 충실하다는 등의 이점이 있음"[53]을 강조하고 있다. 이러한 논리에는 전혀 동의할 수 없지만, 시장에 또 하나의 선택지를 제공하는 것은 의미가 있다.

집합투자의 경우에는 자금제공자와 자금운용자 사이에 대리인문제가 발생한다. 회사형펀

---

[53] 국회 재정경제위원회 전문위원, 증권투자회사법안 검토보고, 1998. 8, 3면.

드에서도 자금을 운용하는 투자전문가는 투자회사의 이사회가 아니라 집합투자업자이다. 대리인문제의 양상은 신탁형펀드와 같다. 따라서 투자회사에서도 집합투자업자의 권한남용을 적절히 통제하는 것이 중요하다. 자본시장법에서 투자유한회사와 투자합자회사를 새로이 도입한 것은 기구의 종류를 확대하여 상품설계의 가능성과 투자자 보호 범위를 확대하기 위한 것이다. 이하 투자회사를 중심으로 살펴본다.

Ⅱ. 투자회사

1. 설립과 등록

1) 의　　의

투자회사는 회사의 재산을 자산에 운용하여 그 수익을 주주에게 배분하는 것을 목적으로 설립된 집합투자기구이다. 투자회사는 상법상 주식회사의 형태를 취한다(9조 18항 2호). 따라서 자본시장법에 규정이 없는 사항에 대해서는 상법 및 민법규정이 적용된다(181조).

2) 설　　립

자본시장법은 설립에 관하여 상세히 규정하고 있지만(194조 이하), 일반적인 주식회사와 크게 다르지 않다. 1인 설립도 인정된다. 발기인에 대해서는 금융투자업자 임원의 결격사유를 준용하고 있을 뿐(194조 1항, 지배구조법 5조), 적극적인 자격요건은 없다. 정관기재사항은 대체로 주식회사와 비슷하지만 특이한 것은 투자회사가 유지해야 하는 최저순자산액 등을 기재하는 점이다(194조 2항 7호). 순자산액은 자산에서 부채를 뺀 금액이다. 과거 최저순자산액은 10억원이었지만(삭제전 194조 5항; 령 227조 2항), 2015. 7. 24. 개정에서 삭제되었다. 다만 정관에서 정한 최저순자산액에 미달하면 환매와 이익금 분배가 제한되고(237조 8항 2호, 242조 2항 단서). 3개월 이상 미달하면 등록취소사유가 된다(253조 1항 4호). 투자회사의 발기인은 설립절차 종결 후 필요서류를 첨부하여 설립등기를 해야 한다(194조 10항).

다만 한 가지 설립에 관한 내용상 제한이 있다. 투자회사의 발기인은 투자회사재산을 선박에 투자하는 투자회사를 설립해서는 안 되며, 투자회사는 설립 후에도 투자회사재산을 선박에 투자하는 투자회사에 해당하도록 그 투자회사의 정관을 변경할 수 없다(194조 11항). 종래 투자회사재산의 70%를 초과하여 부동산에 투자하는 투자회사의 설립을 제한하던 규정(삭제전 194조 11항 1호)은 부동산펀드의 운용제약을 고려하여 삭제되었다.

3) 명목상의 회사

투자회사는 투자자재산을 집합투자업자의 고유재산으로부터 분리하기 위한 명목상 회사이기 때문에 자산운용과 수익배분 외의 업무를 할 수 없다. 따라서 투자회사는 상근임원이나 직원을 두거나, 본점 외에 영업소를 설치할 수 없다(184조 7항). 자산운용은 법인이사인 집합투자업자가 담당한다(184조 2항). 그 외에 주식발행이나 명의개서 등 회사로서의 일반사무는 일반사무관리회사에 위탁해야 한다(184조 6항). 심지어 회사자산의 보관업무도 신탁업자에 위탁해야 한다(184조 3항). 끝으로 투자회사가 발행하는 주식도 직접 판매하는 것이 아니라 투자매매업자나 투자중개업자가 판매한다. 유통공시(3편 3장)와 주권상장법인특례(3편 3장의2)는 투자회사에 적용되지 않는다(205조, 165조의2 1항 2호).

2. 기관구조

1) 의   의

회사형펀드와 신탁형펀드의 가장 큰 차이점은 전자의 경우에는 투자자가 주주의 지위를 갖기 때문에 투자자 이익이 상법에 의한 보호를 받는다는 점이다. 신탁형펀드에서 수익자총회가 도입됨으로써 양자의 차이는 다소 좁혀진 감이 있지만 아직 형식상으로는 상당한 차이가 있다.

2) 주주총회

회사형펀드의 투자자들은 주주로서 회사의 의사결정에 관여할 수 있다. 자본시장법에는 주주총회의 권한에 관하여는 아무런 규정도 없으므로 결국 권한은 일반주식회사의 주주총회와 같다(181조). 따라서 이사의 선임, 정관변경 등 중요사항의 결정과 같은 권한을 가진다. 주주총회는 이사회가 소집한다(201조 1항).[54] 주주총회의 의결정족수는 출석한 주주의 의결권의 과반수와 발행주식총수의 4분의 1 이상인 것이 원칙이다(201조 2항).[55] 그 밖에 수익자총회에 관한 규정이 준용된다(201조 3항).

만약 투자자인 투자회사의 주주들이 적극적으로 단합하여 회사운영에 참여한다면 회사형펀드에서 대리인문제는 거의 생겨날 여지가 없다. 그러나 실제로 집합투자의 투자자들은 일반회사의 주주들보다도 더 소극적이다. 당초 투자대상의 운영에 적극적으로 관여할 의사와 능력이 있었다면 집합투자의 방법을 택하지 않았을 것이다. 투자자가 어떤 이유로든 회사의 투자방향이나 실적에 불만을 갖게 되면 주주총회에서 적극적인 역할을 하기보다 주식을 팔고 회사를 떠나는 소극적인 방식을 취할 것이다. 정관의 변경이나 합병에 대한 주주총회결의에 반대하는 주주에게는 수익자총회 결의에 반대하는 투자신탁의 수익자와 마찬가지로 주식매수청구권이 인정된다(201조 4항 전단, 191조).

---

54) 투자신탁의 수익자총회와 마찬가지로 5% 이상의 주주가 금융위의 승인을 얻어 총회소집을 요청할 수 있다(201조 3항·190조 3항).

55) 다만 자본시장법상 주주총회 결의사항 외에 집합투자규약으로 정한 주주총회의 결의사항에 대하여는 출석한 주주의 의결권의 과반수와 발행주식총수의 5분의 1 이상의 수로 결의할 수 있다(201조 2항 단서).

따라서 당초 소극적일 수밖에 없는 주주들에게 능동적인 역할을 기대하는 것은 무리일 것이다. 특히 언제든지 환매를 요구할 수 있는 개방형펀드의 경우에는 주주가 행동에 나설 가능성은 별로 없다. 투자자 보호를 위하여 주주총회를 소집하고 위임장권유를 행하는 것은 그 효과에 비하여 비용이 과다한 것으로 여겨진다. 오히려 주주총회의 권한을 최소한의 경우로 한정시키는 것이 보다 현실적인 대안이다. 또한 주주총회에서 크게 기대할 것이 없다면 주주총회의 개최비용을 줄이는 것이 옳다. 주주들이 주주총회를 통해서 행동에 나서는 가능성을 열어놓되 가급적 저렴하게 운용할 수 있도록 방안을 모색하는 노력이 필요하다.

3) 이사회: 법인이사와 감독이사

자본시장법은 이사회의 독립성을 강화하기 위하여 상법에서와는 달리 이사를 집합투자업자인 이사(법인이사)와 감독이사로 나누고 이사의 정원 3인 중 2인을 감독이사로 선임할 것을 요구한다(197조). 과거 증권투자회사법에서는 공인회계사자격을 가진 감사의 선임을 요구하였으나(26조 1항), 간투법은 이를 폐지하였다. 법인이사나 감독이사의 선임에 관해서는 특별한 규정이 없으므로 주주총회에서 선임한다(200조 4항, 181조). 감독이사에 대해서는 엄격한 결격사유가 적용되고 있다(199조 4항; 령 231조).

이사회는 각 이사가 소집하며 회의일 3일 전까지 소집을 통지해야 한다(200조 1항·2항). 이사회는 자본시장법 및 정관이 정하는 사항에 한하여 의결한다(200조 3항). 이사회의 의결은 이사 과반수의 출석과 출석한 이사 과반수의 찬성으로 한다(200조 5항).

투자회사를 대표하고 업무를 집행하는 것은 법인이사이다(198조 1항). 다만 집합투자업자 · 신탁업자 · 투자매매업자 · 투자중개업자 및 일반사무관리회사와의 업무위탁계약 체결, 자산운용 또는 보관 등에 따르는 보수지급, 금전분배 및 주식배당에 관한 사항 그 밖에 투자회사 운영상 중요하다고 인정되는 사항으로서 정관이 정하는 사항에 대해서는 이사회의 의결을 거쳐야 한다(198조 2항).

법인이사는 3개월마다 1회 이상 그 업무집행상황 및 자산운용내용을 이사회에 보고해야 한다(198조 3항). 법인은 관념상 존재이므로 실제로 법인이사의 역할을 수행하는 자연인이 필요하다. 집합투자업자는 자신의 임직원 중에서 직무범위를 정하여 그 직무를 수행할 자를 선임하여 투자회사에 서면으로 통보해야 한다(198조 4항). 이러한 직무수행자가 직무범위 안에서 행한 행위는 법인이사의 행위로 본다(198조 5항).[56]

4) 회사기관에 의한 투자자 보호의 한계

회사형펀드가 신탁형펀드와 다른 점은 집합투자업자와 투자자 사이의 대리인문제를 회사

---

56) 법인이사의 업무집행을 감독하는 것은 감독이사이다. 감독이사는 업무나 재산상황을 파악하기 위해서 법인이사 등에 보고를 요구할 수 있다(199조 1항). 또한 필요한 경우에는 회계감사인에 대해서 회계감사에 관한 보고를 요구할 수도 있다(199조 2항).

의 지배구조에 의하여 해결하려 한 것이다. 그러나 과연 회사의 주주총회나 감독이사가 제대로 기능할 것인지에 대해서는 의문이 없지 않다. 일반적인 주식회사에서도 주주총회는 물론이고 이사회나 감사와 같은 기관이 제대로 작동하지 않고 있다는 점은 이미 널리 알려져 있다. 투자회사에서 과연 이러한 기관들이 제대로 작동할 수 있을 것인가?

앞서 지적한 바와 같이 주주총회에 커다란 기대를 거는 것은 무리라고 여겨진다. 그렇다면 감독이사는 어떠한가? 미국의 경험에 의하면 감독이사는 기대만큼 역할을 하지 못하고 있다. 그렇다고 해서 감독이사 같은 것이 완전히 불필요하다는 것은 아니다. 문제는 감독이사가 비용을 상쇄하는 효과를 가져오는지 하는 점이다. 여기서 하나의 딜레마에 봉착하게 된다. 감독이사가 제대로 기능하려면 상당한 보수를 지급해야 할 것이다. 그 경우에는 회사형펀드를 운영하는 비용이 증가한다. 종래 증권투자회사법하에서 감독이사로는 의사·방송인과 같이 감사업무와 비교적 거리가 먼 직업의 사람들이 선임된 예가 많았다. 이들에 대해서는 보수가 지급되지 않는 것이 관행이었다. 보수가 낮은 것은 비용절감의 측면에서는 반가운 일이나 과연 무보수의 감독이사가 제대로 업무를 수행할 수 있을 것인지는 의문이다. 이들 감독이사가 제대로 업무집행을 하도록 하는 유인구조를 만들어내는 일이 커다란 과제라고 할 것이다.

지배구조를 고안할 때 유의할 것은 투자회사가 **'투자의 용기'**(investment vehicle)에 불과하다는 것이다. 이를 유지하는 데 지나치게 많은 비용이 든다면 시장에서 외면당할 수밖에 없다. 따라서 가급적 저렴한 비용이 소요되는 구조를 마련하는 것이 중요하다. 이러한 관점에서 과거의 증권투자회사법에서 요구하던 감사선임을 폐지한 것은 환영할 일이다.

제6절 조합형펀드

Ⅰ. 의의와 취지

조합형펀드도 투자전문가를 통한 집합적인 자산투자라는 점에서는 앞서 설명한 신탁형이나 회사형펀드와 차이가 없다. 조합형펀드는 법인격이 없는 점에서 신탁형펀드와 같다. 자본시장법에서는 조합형펀드로서 투자익명조합(익명조합)과 투자합자조합(조합)의 2가지를 새로이 도입하고 있다. 조합형펀드를 도입한 것도 집합투자기구의 종류를 확대하여 상품설계의 가능성과 투자자 보호의 범위를 확대하기 위한 것이다. 조합형펀드는 아직 사례가 없다. 이 절에서는 투자합자조합을 살펴본다.

Ⅱ. 투자합자조합

1. 설립과 등록

1) 의   의

투자합자조합은 "조합의 재산을 자산에 운용하여 그 수익을 조합원에게 배분하는 것을 목적으로 설립된 집합투자기구"를 가리킨다. 투자합자조합은 상법상 합자조합의 형태를 취한다(9조 18항 5호). 따라서 자본시장법에 규정이 없는 사항에 대해서는 상법규정이 적용된다(181조). 상법은 합자조합에 관하여는 상법 또는 조합계약에 다른 규정이 없으면 민법 중 조합에 관한 규정을 준용하고 있으므로(상 86조의8 4항), 투자합자조합에도 민법 중 조합에 관한 규정이 적용될 수 있다. 자본시장법은 집합투자기구로서의 투자합자조합의 본질에 맞지 않는 민법 및 상법규정의 적용을 배제하고 있다. 상법상 합자조합의 사원경업금지, 공동대표, 청산인에 관한 조항(상 86조의8 2항, 198조, 208조 2항, 287조)은 투자합자조합에는 적용하지 아니한다(223조 2항). 또한 민법상 조합의 정의와 출자방법, 조합사무의 집행방법 및 조합원의 탈퇴와 해산 · 청산에 관한 조항(703조, 706조-713조, 716조-724조)도 투자합자조합에는 적용하지 아니한다(223조 3항).

2) 설   립

자본시장법은 투자합자조합의 설립에 관하여 상세한 규정을 마련하고 있지만(218조 이하), 일반적인 조합의 설립절차와 크게 다르지 않다. 투자합자조합은 업무집행조합원 1인과 유한책임조합원 1인의 조합계약 작성과 기명날인 또는 서명으로 설립된다(218조 1항). 조합계약의 기재사항은 대체로 투자회사의 정관기재사항과 비슷하지만 조합의 특성이 반영되어 있다(218조 1항 1호-9호). 투자합자조합의 조합원은 출자의무를 이행해야 하며 출자의 목적은 금전에 한한다(218조 2항).[57] 투자합자조합은 집합투자기구등록(182조)을 하지 않으면 새로운 조합원을 가입시킬 수 없다(218조 3항). 투자자가 투자합자조합의 지분증권을 매수한 때 투자합자조합에 가입한 것으로 본다(223조 4항).

2. 기관구조

1) 서   설

조합형펀드에도 신탁형펀드와 마찬가지로 조합원총회를 도입하여 투자자 보호를 도모하고 있다. 업무집행조합원이 신탁형펀드의 집합투자업자나 투자회사의 법인이사와 같은 역할

---

[57] 조합원의 출자를 금전 기타 재산 또는 노무로 할 수 있게 한 민법 제703조 제2항은 투자합자조합에 적용되지 않는다(223조 3항).

을 담당하고 있다. 이와 관련하여 상법상 합자조합과 민법상 조합에 관한 규정 중 일부를 적용배제하고 있다. 그 결과 자본시장법상 투자합자조합은 상법상 합자조합의 형태를 취하고 있지만 실질은 상당히 다르게 구성되어 있다. 종래 민법상 조합으로 규정되어 있던 것을 상법상 합자조합으로 변경한 것이다.

2) 조합원총회

조합형펀드의 투자자들은 조합원으로서 조합의 의사결정에 관여할 수 있다. 투자합자조합의 조합원총회는 조합원 전원으로 구성되며 자본시장법과 조합계약에서 정한 사항에 대하여 결의할 수 있다(220조 1항). 따라서 조합계약변경 등 중요사항의 결정과 같은 권한을 갖고 있다. 조합계약의 변경에 대해서는 투자회사의 정관변경에 관한 규정이 준용되고 있다(222조 1항, 195조). 조합원총회는 업무집행조합원이 소집한다(220조 2항).[58] 조합원총회의 의결정족수는 출석한 조합원의 의결권의 과반수와 발행지분증권총수의 4분의 1 이상인 것이 원칙이다(220조 3항 본문).[59] 그 밖에 투자신탁의 수익자총회에 관한 규정이 준용되고 있다(220조 4항).

3) 업무집행조합원

투자합자조합을 대표하고 업무집행을 담당하는 것은 업무집행조합원이다(219조 2항, 198조 1항). 업무집행자와 조합원 결의를 통하는 민법상 조합의 업무집행방법(민 706조)은 투자합자조합에 적용되지 않는다(223조 3항). 위임에서의 수임인의 보수 등에 관한 권리의무 규정이 준용되는 민법상 조합의 업무집행조합원조항(민 707조, 681조-688조)도 투자합자조합에는 적용되지 않는다(223조 3항). 그리고 민법상 조합의 조합원은 조합의 업무 및 재산상태에 대한 검사권을 가진다(민 710조). 이 규정 역시 투자합자조합의 업무집행조합원에게는 적용되지 않는다(223조 3항).

업무집행조합원은 집합투자업자이다. 법인은 관념상 존재이므로 실제로 업무집행조합원의 역할을 할 자연인이 필요하다. 집합투자업자는 자신의 임직원 중에서 직무범위를 정하여 그 직무를 수행할 자를 선임하여 투자합자조합에 통보해야 한다(219조 2항·198조 4항). 직무수행자가 직무범위 안에서 한 행위는 업무집행조합원의 행위로 본다(219조 2항, 198조 5항).

투자합자조합은 투자합자조합의 채무에 대하여 무한책임을 지는 업무집행조합원 1인과 출자액을 한도로 유한책임을 지는 유한책임조합원으로 구성된다(219조 1항). 투자합자조합은 무한책임조합원과 유한책임조합원 간에 이익배당률 또는 이익배당순서를 다르게 정할 수 있지만, 손실배분율이나 손실배분순서를 다르게 정할 수 없다(223조 5항·6항). 따라서 조합원 간의 손익분배비율의 결정방법에 관한 민법 제711조는 투자합자조합에는 적용되지 않는다(223

58) 투자신탁의 수익자총회와 마찬가지로 5% 이상의 조합원이 총회소집을 요청할 수 있다(220조 4항·190조 3항).
59) 다만 자본시장법상 결의사항 외에 조합계약으로 정한 결의사항에 대하여는 출석한 조합원의 의결권의 과반수와 발행된 지분증권 총수의 5분의 1 이상의 수로 결의할 수 있다(220조 3항 단서).

조 3항). 그리고 조합채권자로 하여금 그 채권발생 당시에 조합원의 손실부담의 비율을 알지 못한 때에는 각 조합원에게 균분하여 그 권리를 행사할 수 있다고 한 민법 제712조도 적용되지 않는다.

투자합자조합의 유한책임조합원은 투자자에 불과하므로 조합원 중에 변제자력 없는 자가 있는 때에는 그 변제할 수 없는 부분을 다른 조합원이 균분하여 변제할 책임을 인정하는 민법 제713조도 투자합자조합에는 적용될 수 없다(223조 3항). 상법상 합자조합의 유한책임조합원은 출자가액에서 이미 이행한 부분을 제외한 가액도 책임지지만(상 86조의6), 자본시장법에서는 유한책임조합원이 출자를 이행한 금액을 한도로 책임진다(219조 1항).[60]

제7절 집합투자증권의 발행·판매 및 환매

I. 집합투자증권의 발행

1. 신탁형: 수익권과 수익증권

투자신탁을 설정한 집합투자업자는 투자신탁의 수익권을 균등하게 분할하여 수익증권으로 표시해야 한다(189조 1항). 수익자는 신탁원본상환 및 이익분배 등에 관하여 수익증권의 좌수에 따라 균등한 권리를 가진다(189조 2항). 이러한 권리의 내용을 달리하는 종류수익권은 허용되지 않는다. 수익증권의 발행도 투자회사의 주식과 같이 기준가격에 따라 산정되어야 한다(196조 5항; 령 230조).[61] 수익증권은 무액면, 기명식으로 발행한다(189조 4항). 일반신탁에서 신탁업자가 발행하는 것과는 달리 수익증권은 집합투자업자가 발행가액전액이 납입된 때 집합투자재산을 보관·관리하는 신탁업자의 확인을 받아 전자증권법상 전자등록방식으로 발행한다(189조 3항). 집합투자업자는 투자신탁을 신규로 설정하는 경우 및 그 투자신탁을 추가로 설정하는 경우에 신탁업자에게 그 신탁계약에서 정한 신탁원본 전액을 금전으로 납입해야 한다(188조 4항).

투자신탁을 설정한 집합투자업자는 수익자명부의 작성에 관한 업무를 전자등록기관에 위탁하여야 한다(189조 6항). 이러한 위탁을 받은 전자등록기관은 수익자의 주소 및 성명, 수익자가 소유하는 수익증권의 좌수를 기재한 수익자명부를 작성·비치하여야 한다(189조 7항 1호·2호). 전자등록기관은 수익자명부의 기재사항에 관한 정보를 타인에게 제공해서는 안 된다(189조 8항 본문).[62]

---

60) 상법 제86조의6를 명시적으로 배제할 필요가 있다는 견해로, 박삼철외(2021), 120면, 주 220).

61) 박삼철외(2021), 149면.

62) 다만 수익자총회 개최를 위하여 집합투자업자에게 제공하거나 실명법상 정보제공을 위한 경우는 허용된다(189조 8항; 령 219조).

수익자명부에 관해서는 주주명부에 관한 상법규정(353조·354조)을 준용한다(189조 9항 후단). 또한 주식의 양도, 입질에 관한 상법규정(337조·339조·340조)과 등록질에 관한 전자증권법규정(35조 3항 후단)도 수익권 및 수익증권에 관하여 준용한다(189주 9항 전단).

2. 회사형: 주식 또는 지분과 주권 또는 지분증권

투자회사의 주식은 기명식으로 하며 무액면발행이 강제되고 있다(196조 1항). 투자회사는 회사 성립일 또는 신주납입기일에 지체 없이 전자증권법상 전자등록의 방법으로 주식을 발행하여야 한다(196조 2항). 설립시의 주식발행에 관해서는 특기할 만한 점이 없지만 신주발행에 대해서는 몇 가지 규정을 두고 있다. 신주발행의 경우에는 정관에 달리 정함이 없는 한 이사회가 신주의 수, 발행가액, 납입기일을 정해야 한다(196조 3항). 주주의 청구가 있는 경우 그 주주의 주식을 매수할 수 있는 투자회사인 개방형투자회사의 경우에는 일정한 발행기간을 정하여 그동안 매일 소정의 방법에 따라 정해진 발행가액으로 주식을 발행할 수 있다(196조 4항 전단). 신주발행의 경우 같은 날에 발행하는 신주의 발행가액, 그 밖의 발행조건은 균등하게 정하여야 하고, 신주발행가액은 그 투자회사가 소유하는 자산의 순자산액에 기초하여 기준가격에 따라 산정한다(196조 5항; 령 230조). 개방형투자회사는 매일의 발행가액을 그 투자회사 주식을 판매하는 투자매매업자나 투자중개업자의 영업소에 게시하고 인터넷 홈페이지 등을 이용하여 공시해야 한다(196조 4항 후단). 주식인수인은 투자회사가 그 성립 후에 신주를 발행하는 경우 주금납입과 동시에 주주의 권리·의무를 가진다(196조 7항).

투자유한회사의 지분증권에는 법정사항을 기재하고, 법인이사가 기명날인 또는 서명하여야 한다(208조 2항). 투자합자회사의 지분증권발행에 대해서는 투자유한회사에 관한 규정이 준용된다(216조 2항, 208조). 투자유한책임회사의 지분증권에도 법정사항을 기재하고, 업무집행자가 기명날인 또는 서명하여야 한다(217조의3 2항). 발행에 관하여는 투자회사에 관한 규정이 준용된다{208조 3항, 216조 2항, 217조의3 3항, 196조(2항 제외)}.

3. 조합형: 지분권과 지분증권

투자합자조합의 유한책임조합원은 출자금액반환 및 이익분배 등에 관하여 지분증권의 수에 따라 균등한 권리를 가진다(222조 2항·208조 1항). 이러한 권리를 표시하는 증권을 지분증권이라고 한다(4조 4항). 투자합자조합의 지분증권에는 조합의 상호와 설립연월일, 지분증권의 발행일, 조합원의 성명, 환매조건, 지분증권을 판매하는 투자매매업자·투자중개업자 등이 기재되어야 한다(222조 2항·208조 2항; 령 235조). 그 외 투자합자조합의 지분증권 발행에 대해서는 투자회사의 주식발행에 관한 규정이 준용된다{222조 2항, 208조 3항, 196조(2항 제외)}. 투자익명조합의 지분증권 발행에는 투자유한회사에 관한 규정이 준용된다{227조 2항, 208조 3항,

196조(2항 제외)}.

II. 집합투자증권의 판매

1. 판매계약 또는 위탁판매계약의 체결

집합투자증권의 판매는 집합투자업자가 아니라 판매망을 갖춘 투자매매업자나 투자중개업자가 담당한다. 간투법은 간접투자증권의 판매를 업으로 하는 자를 판매회사라고 하여 간접투자의 관계인으로 규제하고 있었다(26조). 동법상 판매회사가 될 수 있는 자는 증권회사 · 은행 · 보험회사 · 선물업자 · 종합금융회사 · 증권금융회사로 한정되어 있었다. 그러나 자본시장법은 판매회사 개념을 폐지하고, 집합투자증권의 판매를 영업으로 할 수 있는 자의 범위를 투자매매업이나 투자중개업 인가를 취득한 자로 통일하였다(184조 5항).

투자신탁이나 투자익명조합의 집합투자업자 또는 투자회사등은 집합투자기구의 집합투자증권을 판매하고자 하는 경우 투자매매업자와 판매계약을 체결하거나 투자중개업자와 위탁판매계약을 체결해야 한다(184조 5항 본문). 다만 투자신탁이나 투자익명조합의 집합투자업자가 투자매매업자 또는 투자중개업자로서 집합투자기구의 집합투자증권을 판매하는 경우 판매계약 또는 위탁판매계약을 체결하지 않는다(184조 5항 단서). 이른바 **'직판'**의 경우를 말한다.

2. 투자설명서

투자신탁이나 투자익명조합의 집합투자업자나 투자회사등 집합투자증권의 발행인이 집합투자증권을 발행할 때에는 투자설명서 및 간이투자설명서를 작성해야 한다(123조 1항). 간투법상 집합투자증권의 투자설명서는 증권법상 사업설명서와 별도의 제도였지만, 자본시장법에서는 하나의 제도로 통합하였다. 다만 일반증권에 대한 투자설명서와 달리 집합투자증권의 발행인이 투자설명서를 작성할 때에는 그 내용이 법령 및 집합투자규약에 부합하는지 여부에 대하여 그 신탁업자의 확인을 받아야 한다(247조 5항 1호). 투자설명서에 관하여 상세한 내용은 제5장 발행시장의 규제를 참조하기 바란다.

3. 판매제한

투자신탁이나 투자익명조합의 집합투자업자나 투자회사등은 집합투자증권의 환매연기(237조 1항)나 집합투자기구에 대한 회계감사인의 감사의견이 적정의견이 아닌 경우(240조 3항)에는 집합투자증권을 판매한 투자매매업자 등에게 즉시 통지해야 한다(92조 1항 · 186조 2항). 집합투자증권의 판매를 담당하는 투자매매업자 등이 이러한 통지를 받은 경우에는 당해 집합투자증권을 판매할 수 없다(76조 2항). 투자신탁이나 투자익명조합의 집합투자업자나 투자회사 등으로부터 이러한 사유가 해소되었다는 통지를 받은 경우에는 판매를 재개할 수 있다(76조 2항 단서, 92조 2항, 186조 2항).

4. 판매가격

집합투자증권의 판매가격은 결국 그 기초가 되는 집합투자재산의 가치에 근거하여 결정해야 한다. 집합투자재산의 가치는 시시각각 변하므로 만약 판매가격을 결정하는 기준시점이 투자를 결정하는 시점보다 앞선다면('**과거가격주의**') 집합투자재산의 가치가 급히 변동하는 경우 그 차이를 이용하기 위한 거래가 이루어질 수 있다. 예컨대 집합투자재산의 가격이 급락하는 경우 과거의 유리한 가격을 적용받기 위하여 환매를 신청하고 반대의 경우에는 매수를 신청할 가능성이 있다. 그리하여 현행법은 집합투자증권의 판매가격을 "투자자가 취득자금을 납입한 후 최초로 산출되는 기준가격"으로 하는 '**미래가격주의**'를 채택하고 있다(76조 1항).[63]

5. 보수 및 수수료

집합투자증권의 판매를 담당하는 투자매매업자 등은 집합투자증권의 판매와 관련하여 판매수수료와 판매보수를 수령한다(76조 4항). '**판매수수료**'는 집합투자증권을 판매하는 행위에 대한 대가로 투자자로부터 직접 받는 금전을 말한다. 판매수수료는 판매시에 수취하는 것과 환매시에 수취하는 것으로 나뉘며 각각 납입금액과 환매금액의 3% 이내로서 시행령으로 정하는 한도 내에서 수취할 수 있다(76조 5항 1호).[64] '**판매보수**'는 집합투자증권을 판매한 투자매매업자, 투자중개업자가 투자자에게 지속적으로 제공하는 용역의 대가로 집합투자기구로부터 받는 금전을 말한다. 보수액은 집합투자재산의 연평균가액의 1.5% 범위 내에서 시행령으로 정하는 한도 내에서 수취할 수 있다(76조 5항 2호).[65] 지나친 판매수수료와 판매보수의 수취를 방지하고 투자자 보호를 도모하기 위하여 종전보다 그 한도를 대폭 낮추었다. 입법취지에는 충분히 공감할 수 있지만, 법령에서 가격을 직접 통제하는 것은 부적절하다.

그리고 집합투자기구의 운용실적에 연동(連動)하여 판매수수료 또는 판매보수를 받아서는 안 된다(76조 4항). 그러나 판매수수료는 판매방법, 투자매매업자·투자중개업자, 판매금액, 투자기간 등을 기준으로 차등하여 받을 수는 있다(령 77조 6항). 그 밖에 판매수수료 및 판매보수의 한도의 구체적 설정방법, 부과방법, 그 밖에 판매수수료 및 판매보수에 관하여 필

---

63) 다만 집합투자자의 이익을 해할 우려가 없는 경우로서 시행령이 정하는 경우에는 시행령으로 정하는 가격으로 판매해야 한다(76조 1항 단서; 령 77조 1항·2항). 대표적으로 단기금융집합투자기구를 판매할 경우 금전 등의 납입일에 공고되는 기준가격으로 판매가격을 정한다(령 77조 1항 2호·3호, 2항 2호). 예외적으로 과거 가격주의를 인정한 것이다.

64) 현재 그 한도는 2%로 정해져 있다(령 77조 4항 1호).

65) 현재 그 한도는 금융위에서 고시하는 일정한 경우를 제외하고 1%로 정해져 있다(령 77조 4항 2호).

요한 사항은 시행령에서 정하고 있다(령 77조 4항-7항).

6. 외국 펀드의 국내판매

1) 원   칙

외국 투자신탁이나 외국 투자익명조합의 외국 집합투자업자 또는 외국 투자회사등은 외국 집합투자증권을 국내에서 판매하려는 경우 그 외국 펀드를 금융위에 등록해야 한다(279조 1항). 이 경우 외국 집합투자업자 또는 외국 투자회사등은 시행령으로 정하는 외국 집합투자업자 적격요건 및 외국 집합투자증권 판매적격요건을 갖추어야 한다(279조 2항 전단). 금융위는 투자자 보호와 건전한 거래질서를 유지하기 위해 외국 집합투자업자 또는 외국 투자회사등에 대하여 그 집합투자재산의 공시 등에 관하여 필요한 조치를 명하거나 검사할 수 있다(281조). 현재 외국 집합투자증권 국내판매제도의 특징은 공사모를 구별하지 않고 외국 집합투자업자에 대한 등록제도가 없는 점이다.[66] 여기서 판매는 규제취지상 투자권유와 투자광고도 포함한다.[67] 외국 펀드에는 계약형펀드와 같이 명확하게 자본시장법상 집합투자기구에 해당하지 않는 기구를 이용하는 형태도 있다. 그러나 규제취지상 여기서 말하는 외국 펀드는 반드시 자본시장법상 신탁과 조합 또는 회사를 이용하는 경우에 한정되지 않고 그에 상응하는 집합투자기능을 가진 것을 모두 포함하는 것으로 해석하는 것이 옳다.[68] **'외국 집합투자기구'**는 자본시장법상 집합투자기구와 유사한 것으로서 외국 법령에 따라 설정·설립된 것을 말하기 때문이다(279조 1항).

2) 교차판매제도

이러한 원칙에 대한 중대한 특례가 교차판매제도이다. 교차판매는 아시아펀드패스포트(asia regional fund passport: ARFP)를 반영한 것이다. 이는 유럽의 UCITS Passport, ASEAN의 Collective Investment Scheme(CIS) 등과 같이 펀드의 설정국 및 판매국 간 상호인증을 통해 펀드교차판매를 간소화하는 제도이다. 현재 참가국은 한국, 일본, 호주, 뉴질랜드, 태국이다.[69]

투자신탁이나 투자익명조합의 집합투자업자 또는 투자회사등은 집합투자증권을 교차판매협약등을 체결한 그 외국에서 판매하려는 경우 그 집합투자기구를 금융위에 교차판매 집합투자기구로 등록할 수 있다(182조의2 1항). 교차판매협약등은 "대한민국 정부와 외국 정부 사이에 집합투자기구의 집합투자증권 교차판매에 공통으로 적용되는 기준을 마련하기 위해 체결한 양해각서로서 금융위가 정하여 고시하는 양해각서"(령 211조의2 1항)를 말한다. 교차판매

---

66) 박삼철외(2021), 577-578면.
67) 같은 취지: 박삼철외(2021), 577-578면.
68) 같은 취지: 박삼철외(2021), 581면.
69) 협회, 아시아 펀드패스포트(ARFP): ARFP 펀드등록 실무안내, 2020. 5, 2면. 2022. 6. 15. 현재 실적은 전혀 없다.

집합투자기구의 등록요건은 (ⅰ) 등록 집합투자기구일 것, (ⅱ) 교차판매 집합투자기구를 운용하는 투자신탁이나 투자익명조합의 집합투자업자 또는 투자회사등이 자기자본, 임원 및 운용인력 등 적격요건을 갖출 것, (ⅲ) 그 밖에 집합투자재산의 투자대상자산 등 교차판매협약 등의 내용 등을 고려하여 시행령으로 정하는 요건을 갖출 것의 3가지이다(182조의2 2항 1호-3호; 령 211조의2 2항·3항).

Ⅲ. 집합투자증권의 환매

1. 환매의 상대방

집합투자증권에 대한 투자의 회수는 원칙적으로 환매를 통해서 이루어진다. 투자자는 언제든지 집합투자증권의 환매를 청구할 수 있다(235조 1항). 환매청구의 상대방은 집합투자증권을 판매한 투자매매업자나 투자중개업자인 것이 원칙이다(235조 2항 본문). 투자매매업자 등이 해산 등의 사유로 환매청구에 응할 수 없을 때에는 집합투자업자에게, 그리고 집합투자업자도 해산 등으로 환매에 응할 수 없는 경우에는 신탁업자에게 청구할 수 있다(235조 2항 단서).

환매의 의미에 대해서는 주의할 필요가 있다. 환매는 2가지 의미로 사용된다. 하나는 환매청구된 집합투자증권을 집합투자재산의 일부를 현금화한 자금으로 매입하는 경우이고, 다른 하나는 판매를 담당한 투자매매업자 등의 고유재산으로 매입하는 경우이다. 엄격하게 말하면 전자는 환매라기보다는 '**상환**'(redemption)이고 후자만이 환매(repurchase)에 해당한다. 뒤에 보는 바와 같이 자본시장법상 환매는 상환방식으로 이루어지는 것이 원칙이지만 상환이란 용어 대신 환매라는 용어가 계속 사용된다.[70]

이처럼 투자매매업자 등은 환매청구의 상대방이지만 직접 환매의무를 지는 것이 아니라 최종의무자인 투자신탁이나 투자익명조합의 집합투자업자나 투자회사·투자유한회사·투자합자회사·투자합자조합(투자회사 등)에게 환매청구를 전달할 뿐이다. 환매청구를 받은 투자매매업자 등은 환매대상 증권이 투자신탁수익증권이나 투자익명조합지분증권인 경우에는 그 집합투자업자에게, 그 이외의 집합투자증권인 경우에는 투자회사등에게 지체없이 환매에 응할 것을 요구해야 한다(235조 3항 전단). 투자회사등이 발행한 집합투자증권에 대한 환매청구를 받은 집합투자업자나 신탁업자는 투자회사등에 대하여 지체없이 환매에 응할 것을 요구해야 한다(235조 3항 후단). 환매청구를 받거나 환매에 응할 것을 요구받은 투자신탁이나 투자익명조합의 집합투자업자나 그 신탁업자·투자회사 등은 환매일에 환매대금을 지급해야 한다(235

---

70) 사실 상환방식도 집합투자업자가 환매청구 당일에 일단 고유재산으로 수익자에게 지급하고 후일 신탁의 일부 해지로 취득한 현금을 고유재산에 편입시킨다면 후자와 유사하게 된다. 환매 규모가 크지 않은 경우 어떤 형태를 취하더라도 수익자는 물론 집합투자업자에도 별 차이가 없었기 때문에 종래 이러한 구체적인 환매형태의 차이는 실무상 별로 의식되지 않았던 것으로 보인다.

조 4항).

즉 원칙적으로 환매청구는 판매를 담당한 투자매매업자 등을 거쳐서 집합투자업자나 투자회사 등에게 전달된다. 그러므로 투자매매업자 등의 환매의무는 '**자신의 고유재산으로 책임지고 환매하는 의무**'가 아니라 '**집합투자업자나 투자회사 등에 의하여 환매가 이루어지도록 배려할 의무**'에 불과하다. 다만 집합투자기구의 해산, 투자회사의 순자산액이 정관상 최저순자산액에 미달하는 경우, 법령 또는 법령에 따른 명령에 의하여 환매가 제한되는 경우에는 집합투자업자나 투자회사등은 환매청구에 응하지 않을 수 있다(237조 8항).

2. 환매의 방법

환매에 응하는 집합투자업자나 투자회사등은 일정한 경우를 제외하고는 환매일[71]에 "집합투자재산의 범위에서 집합투자재산으로 소유 중인 금전 또는 집합투자재산을 처분하여 조성한 금전으로만" 환매대금을 지급해야 한다(235조 5항 본문).[72]

과거 집합투자업자나 판매회사가 자신의 고유재산으로 환매할 수 있었다.[73] 집합투자업자나 판매담당 투자매매업자 등이 고유재산으로 환매하는 경우 환매청구 당일 대금을 지급할 수 있고 집합투자재산의 처분을 피할 수 있는 등 편리한 점이 적지 않다.[74] 그러나 자칫하면 이들이 환매를 통하여 취득하는 집합투자증권이 과도한 분량에 이를 우려가 있기 때문에[75] 원칙적으로 환매는 집합투자재산을 재원으로 하도록 한 것이다. 그리하여 집합투자증권을 판매한 투자매매업자나 투자중개업자, 그 집합투자재산을 운용하는 집합투자업자, 그리고 집합

---

71) 환매일은 원칙적으로 환매청구일로부터 15일 이내에 집합투자규약에서 정한 날을 말하지만, 집합투자기구의 투자대상자산의 환금성 등을 고려하여 시행령이 정하는 경우에는 15일을 초과하여 환매일을 정할 수 있다 (235조 4항; 령 254조 1항).

72) 그 집합투자기구의 투자자 전원이 동의하는 경우 금전 대신 그 집합투자기구에서 소유하고 있는 집합투자재산으로 지급할 수 있다(235조 5항 단서).

73) 구법상으로는 위탁회사(판매회사도 마찬가지)가 고유재산으로 환매할 의무가 있다고 볼 여지도 없지 않았다. 1999년 대우그룹의 몰락으로 대우채를 많이 포함하고 있는 펀드의 가치가 폭락하자 수익증권보유자들이 위탁회사를 상대로 고유재산으로 환매해 줄 것을 요구하여 소송으로까지 이어지기도 하였다. 이러한 구법하의 소송에 대하여 상세한 것은 김건식, "수익증권판매회사의 환매의무", 『BFL』 제12호, 2005, 67-80면.

74) 예컨대 투자신탁의 경우 신탁재산으로 매입하기 위해서는 신탁을 해지해야 한다. 신탁재산에 금전이 충분히 존재하는 경우 그것으로 지급하면 되기 때문에 문제가 없다. 그러나 금전이 부족한 경우에는 신탁재산으로 보유중인 증권을 처분할 수밖에 없다. 증권시장 상황상 처분이 불리한 시점이라도 어쩔 수 없이 처분해야 하기 때문에 경우에 따라서는 보유증권 처분에 따라 신탁재산에 남아 있는 보유증권의 시세가 더욱 하락할 수도 있다. 신탁의 해지는 위탁회사에도 불리한 영향을 미친다. 그 보수는 기본적으로 신탁재산의 순자산가액에 비례하여 결정되기 때문에 신탁의 해지로 신탁재산이 줄면 그만큼 보수도 줄게 된다(구신탁약관 29조 3항). 근본적인 문제는 보유증권의 처분이 현실적으로 곤란한 경우에 발생한다. 채권의 유통시장이 발달하지 않은 우리나라에서는 현실적으로 채권의 만기 전 처분이 제한되었으므로 채권은 고유계정이나 다른 펀드에 매각할 수밖에 없는 경우가 많았다. 반면 위탁회사가 고유재산으로 환매하는 경우 이러한 문제를 피할 수 있었다.

75) 실제로 외환위기 당시 국내 투신사들은 대부분 막대한 양의 수익증권(이른바 '미매각증권')을 고유재산으로 보유하고 있었다.

투자재산을 보관·관리하는 신탁업자는 환매대상인 집합투자증권을 매입하는 것은 물론이고 매입의 주선도 원칙적으로 금지된다(235조 6항 본문).[76] 1998년 개정 후 구 증권투자신탁업법은 환매청구방법에 관하여 1998년 개정 전 구 증권투자신탁업법과 같은 입장을 유지하면서 판매회사의 경우에만 방법상 변경을 규정하였다. 환매청구를 받은 판매회사는 "지체없이 위탁회사 또는 수탁회사에 대하여 환매에 응할 것을 요구해야 하고(7조 4항), 환매에 응하여야 할 위탁회사 또는 수탁회사는 신탁의 일부해지에 의하여 조성한 현금으로만 환매에 응하여야 한다(7조 5항).

이러한 변화는 1998년 구 증권투자신탁업법 개정으로 이루어진 것이다. 간투법과 자본시장법에서는 집합투자업자 등의 고유재산에 의한 환매는 금지된다. 그러나 새로운 체제하에도 집합투자업자가 해지대금을 판매를 담당한 투자매매업자나 투자중개업자에 지급하지 않는 경우 그 투자매매업자나 투자중개업자가 직접 지급해야 한다고 주장하는 견해[77]도 있다.

또한 1998년 증권투자신탁업법 개정 후 새로운 체제하의 사안임에도 불구하고 만기상환 시 신탁재산의 현금화가 어려운 경우에는 법에 따로 규정이 없다는 이유로 판매회사가 고유재산에 의한 상환의무를 지는 것으로 본 하급심 판결이 있었다(서울고법 2005. 4. 28. 선고 2004나32659 판결). 그러나 동 사안에 대하여 대법원은 "판매회사에게 고유재산에 의한 상환금 지급의무는 인정되지 아니하고, 다만 위탁회사로부터 상환금을 지급받은 때에 비로소 수익자에게 그 상환금을 지급할 의무가 인정된다"고 하여 판매회사의 환매책임을 부정하였다(대법원 2006. 10. 26. 선고 2005다29771 판결).[78] 환매의무를 이행한 집합투자업자 등은 해당 집합투자증권을 소각해야 한다(235조 7항).

3. 환매가격과 수수료

집합투자증권을 환매하는 경우 환매가격이 산정방법에 따라 투자자들의 이익이 좌우된다. 환매가 집합투자재산의 진정한 가치에 따른다면 환매를 청구하는 투자자와 남아 있는 투자자 사이에 불균형은 생기지 않을 것이다. 집합투자증권의 환매는 원칙적으로 환매청구일 이후에 산출한 기준가격('미래가격')으로 한다(236조 1항). 환매를 청구하는 투자자는 집합투자규약에서 정하는 환매수수료를 지급해야 하고, 이 환매수수료는 집합투자재산에 귀속된다(236조 2항; 령 255조 2항).

---

76) 다만 원활한 환매를 위하여 필요하거나 투자자의 이익을 해할 우려가 없는 경우로서 시행령으로 정하는 경우에는 그러하지 아니하다(235조 6항 단서; 령 254조 2항).
77) 김태병, "증권투자신탁 판매회사의 환매책임", 『저스티스』 제84호, 2005, 126면.
78) 자본시장법 하의 같은 취지의 판결로, 대법원 2018. 8. 30. 선고 2017다281213 판결.

4. 환매의 연기

환매는 집합투자재산을 재원으로 하므로 자산매각이 어려운 경우도 있을 수 있다. 자본시장법은 종전과 마찬가지로 환매연기를 허용한다(237조). 환매연기에 관해서는 집합투자자총회의 통제를 받게 되어 있다.

5. 부분환매제

환매연기는 집합투자재산의 현금화가 어려운 경우를 대비한 것이다. 만약 집합투자재산의 일부에 문제가 있는 경우라면 전부환매를 연기하기보다 부분환매를 허용할 필요가 있을 것이다. 자본시장법은 집합투자재산의 일부에 대해서 환매를 연기하고 그러한 재산만으로 별도의 집합투자기구를 설정하거나 설립하는 것을 허용하고 있다(237조 5항-7항).

6. 판매업자 이동제도

종래 집합투자증권 투자자가 판매업자를 변경하기 위해서는 환매를 하고 새로운 집합투자증권을 매입하는 방법밖에 없었다. 자본시장법은 집합투자증권 판매업자들간의 경쟁을 촉진하고 투자자의 판매업자 선택권을 보장하기 위하여 판매업자 이동제도를 도입하였다. 판매업자 이동제도는 투자자가 환매수수료, 판매수수료 등 비용 부담 없이 펀드 판매업자를 자유롭게 변경할 수 있는 제도이다.[79]

판매업자 이동을 위해서는 무엇보다 기준가격이 중요하다. 투자매매업자나 투자중개업자가 집합투자증권을 판매하는 경우 투자자가 집합투자증권의 취득을 위하여 금전 등을 납입한 후 최초로 산정되는 기준가격으로 판매해야 한다(76조 1항 본문). 그러나 투자자가 집합투자기구를 변경하지 않고 그 집합투자기구의 집합투자증권을 판매한 투자매매업자 또는 투자중개업자를 변경할 목적으로 집합투자증권을 환매한 후 다른 투자매매업자 또는 투자중개업자를 통하여 그 집합투자증권을 매수하는 경우에는 집합투자증권을 환매한 후 15일 이내에 집합투자규약에서 정하는 투자매매업자 또는 투자중개업자 변경의 효력이 발생하는 날에 산정(사모펀드의 집합투자증권만 해당)되거나 공고되는 기준가격을 적용하게 하고 있다(76조 1항 단서; 령 77조 1항 5호, 2항 4호). 판매업자 이동제도는 모든 판매업자의 수수료와 서비스가 비슷하고, 특히 판매수수료는 선취인 경우가 많아 큰 실익이 없다는 평가도 있다.[80]

---

79) 금감원, 펀드 판매회사 이동제도 시행('10. 1. 25), 2010. 1. 19.
80) '펀드 판매사 이동제' 있으나 마나, 서울경제신문, 2019. 3. 7.

제8절 집합투자재산의 운용

Ⅰ. 집합투자업자의 선관의무와 충실의무

1. 의   의

집합투자에서 가장 중요한 것은 집합투자재산을 운용하는 집합투자업자의 선관의무와 충실의무이다. 집합투자업자는 "가능한 범위 내에서 수집된 정보를 바탕으로 신중하게 집합투자재산을 운용함으로써 투자자의 이익을 보호해야 할 의무"가 있다(대법원 2004. 2. 27. 선고 2002다63572 판결).[81] 자본시장법도 집합투자업자에게 "선량한 관리자의 주의로써 집합투자재산을 운용"하고, "투자자의 이익을 보호하기 위하여 해당 업무를 충실하게 수행"할 의무를 부과하고 있다(79조).[82] 전자를 선관의무, 후자를 충실의무라고 한다. 전자는 운용자로서의 전문성과 후자는 이해상충방지와 주로 관련된다.

2. 선관의무

선관의무의 내용은 관계법령, 집합투자약관 내용, 그 시점의 경제상황 및 전망 등 사정을 종합적으로 고려하여 판단한다(대법원 2003. 7. 11. 선고 2001다11802 판결).[83] 선관의무의 주체인 집합투자업자는 대상 펀드의 운용사를 말한다. 대상 펀드의 설정을 사실상 주도했더라도 대상 펀드의 운용사가 아닌 자산운용회사는 '**운용단계에서의 선관주의의무**'는 지지 않지만, 투자자에게 '**투자권유단계에서의 투자자 보호의무**'는 진다(대법원 2020. 2. 27. 선고 2016다223494 판결).[84]

선관의무의 내용은 일반적·추상적이지만 3가지를 기본으로 한다.[85] 첫째, 투자원본의 안전성과 합리적인 수익가능성이 있어야 한다. 집합투자의 본질상 집합투자재산의 원본보전과 규칙적인 소득가능성을 요구할 수는 없지만, 추가운용을 위한 유동성 확보와 원본증가 가

---

81) 같은 취지: 대법원 2015. 3. 26. 선고 2014다214588(본소)·214595(반소) 판결; 대법원 2015. 3. 20. 선고 2013다54765(본소)·54772(반소) 판결; 대법원 2018. 9. 28. 선고 2015다69853 판결.

82) 간투법은 투자회사를 선관의무의 주체로 명시하고 있었다(86조 1항 전단). 이에 대하여 회사형펀드의 경우에는 투자회사는 용기에 불과하고 투자전문가 자산운용회사가 맡는 법인이사이고, 법인이사는 어차피 이사로서 상법상 선관의무를 부담할 것이기 때문에 별문제는 없을 것이라는 지적을 한 바 있다. 김건식, 464면. 자본시장법은 의무의 주체를 집합투자업자라고 하여 이러한 의문을 제거하였다.

83) 같은 취지: 대법원 2004. 2. 27. 선고 2002다63572 판결; 대법원 2015. 3. 26. 선고 2014다214588(본소)·214595(반소) 판결; 대법원 2015. 11. 12. 선고 2014다15996 판결; 대법원 2018. 9. 28. 선고 2015다69853 판결.

84) 환송후 원심은 서울고법 2020. 7. 22. 선고 2020나2009570 판결이다.

85) Harvey E. Bines and Steve Thel, Investment Management Law and Regulation, Aspen Publishers, 2004, p363 이하.

능성에 대한 판단은 필요하다. 집합투자업자(위탁회사)가 "가능한 범위 내에서 수집된 정보를 바탕으로 신탁재산의 최상의 이익에 합치된다는 믿음을 가지고 신중하게 신탁재산의 운용에 관한 지시를 하였다면 위 법 규정에서 말하는 선량한 관리자로서의 책임을 다한 것"이고, "설사 그 예측이 빗나가 신탁재산에 손실이 발생하였다고 하더라도 그것만으로는 투자신탁 운용단계에서의 선량한 관리자로서의 주의의무를 위반한 것"이라고 할 수 없다(대법원 2003. 7. 11. 선고 2001다11802 판결).[86] 그러나 운용회사가 "A그룹의 재정상태가 위태로워 채권상환능력이 극히 의심스러움에도", "A그룹 채권 만기를 연장하여 기존 투자신탁재산에 편입시키고, 신규 투자신탁재산에도 새로이 편입시켜 투자신탁재산 중 A그룹 채권의 비율을 높인 행위"는 선관주의의무 위반에 해당한다(대법원 2004. 2. 27. 선고 2002다63572 판결; 대법원 2006. 12. 8. 선고 2003다10407 판결).

둘째, 투자목적의 달성을 위해 합리적 주의의무를 다해야 한다. 이와 관련하여 (i) 투자전략의 선택, (ii) 투자전략에 적합한 투자자산의 선택, (iii) 집합투자업자에 의하여 일반적으로 이용되는 정보의 활용, (iv) 투자대상과 방법 결정에서 비용과 이익에 대한 형량, (v) 이상의 투자전략 구사를 위한 지식과 전문성의 확보 등을 고려해야 한다. 집합투자업자는 "간접투자재산을 운용할 때 가능한 범위 내에서 수집된 정보를 바탕으로 간접투자자의 이익에 합치된다는 믿음을 가지고 신중하게 간접투자재산의 운용에 관한 지시를 하여 선량한 관리자로서의 책임을 다할 의무"가 있고, 자산운용회사가 이를 위반하여 투자자에게 손해를 가하는 경우 투자자에 대해 손해배상책임을 진다(대법원 2015. 11. 12. 선고 2014다15996 판결). 그러나 A그룹 회사채가 약관상 기준 신용등급 이하로 하락했는데도 가격조정 또는 신속처분조치를 취하지 않은 것에 대해 따로 법령 또는 계약상 의무가 없고, 위 회사채 환매연기조치 전후 시장상황과 환매대금 평가방식에 관한 관련 법령 및 약관규정 등에 비추어 위탁회사(집합투자업자)의 수익자에 대한 선관주의의무 혹은 충실의무 등 위반이라고 보기 어렵다는 사례(대법원 2006. 5. 11. 선고 2003다51057 판결)가 있다.

셋째, 투자대상의 위험 · 수익관계에 대하여 수학적인 정확성을 요구할 수는 없지만 평균적인 확정성은 있어야 한다. 투자수익에 대한 평균적인 확정성의 확보방안으로서 자산배분의 고려가 요구된다. 자본시장법은 일부 자산 종류별 분산투자원칙을 제외하고는 자산배분의무를 부과하고 있지 않다. 그러나 집합투자규약이나 투자설명서에서 특별한 투자목적이나 투자전략을 명시하지 않는 한 모든 집합투자업자가 선관주의의무의 한 내용으로서 자산배분의무 내지 분산투자원칙을 준수해야 한다.[87] 법원도 "증권투자신탁은 스스로의 자력과 능력으로

---

86) 같은 취지: 대법원 2013. 11. 28. 선고 2011다96130 판결(투자신탁); 대법원 2019. 7. 11. 선고 2016다224626 판결(특정금전신탁); 대법원 2008. 9. 11. 선고 2006다53856 판결(투자일임업자).
87) 같은 취지: 채동헌, "집합투자상품의 판매와 고객보호 — 판례에 나타난 설명의무와 적합성의 법리를 중심으로"(서울대학교 금융법센터 「자본시장법 시행 1년의 회고와 전망」 세미나 발표자료, 2010. 2. 8), 93면.

직접 증권투자를 하기 곤란한 일반 공중의 자금을 모아서 증권투자신탁회사라는 증권투자전
문가에게 그 운용을 맡겨서 그 분산투자의 과실을 일반 공중의 투자자로 하여금 향수케 하는
것"이라고 하여 분산투자를 집합투자의 본질적 요소로 설명한다(대법원 1998. 10. 27. 선고 97다
47989 판결).[88] 자산배분의무는 자산종류별 위험, 발행인의 신용위험, 국제투자일 경우 국가위
험(country risk) 등 다양한 위험요소별 분산투자를 내용으로 해야 한다.

3. 선관의무와 충실의무의 관계

충실의무는 종래의 '**투자자의 이익을 보호할 의무**'를 명시한 것이다. 선관의무가 투자원본
의 안전성과 합리적인 수익을 위한 운용자로서의 전문성을 의미하는 데 비하여, 충실의무는
운용자와 투자자 간의 이해상충방지를 핵심으로 한다. 중요한 것은 민법상 선관의무가 영미
법상 신인의무와 그 범위에서 본질적인 차이가 있는지 여부이다. 충실의무에 대해서는 다양
한 이해가 있지만 선관의무를 확인적으로 규정한 것으로 본다.

4. 선관의무 및 충실의무와 전문투자자

집합투자업자의 선관의무는 전문투자자를 대상으로 하면 경감되는가? 집합투자업자는
아니지만 신탁업자를 대상으로 한 판결이 있다. 특정금전신탁에서 위탁자가 전문투자자인 경
우 위탁자가 일반투자자인 경우보다 신탁업자의 선관주의의무의 정도가 완화되는지가 문제되
었다. 법원은 "신탁업자의 영업행위 규칙을 다루고 있는 자본시장법 제102조에서는 공통 영
업행위 규칙에서의 적합성 원칙 등과 달리, 금융투자업자로서의 신탁업자가 부담하는 선관주
의의무 및 충실의무에 관하여 수익자가 전문투자자인지 일반투자자인지 구별하지 않"으므로
"신탁업자가 … 투자자의 재산을 관리·운용하는 단계에서 수익자에 대하여 부담하는 선관주
의의무 및 충실의무의 정도는 수익자가 전문투자자인지 여부에 따라 달라진다고 보기 어렵
다"고 판단하였다(대법원 2019. 7. 11. 선고 2016다224626 판결). 취지상 적절한 판단으로서 집합
투자업자의 경우에도 같다.

II. 운용방법·대상자산

집합투자업자는 집합투자재산을 법령, 집합투자규약, 투자설명서 그리고 핵심상품설명서
(249조의4 2항 전단)에서 정하는 바에 따라 운용해야 한다(85조 8호; 령 87조 4항 1호). 집합투자
기구의 종류별 운용방법 등 상세한 사항은 시행령으로 정하지만(229조) [표 21-4]에서 보는
바와 같이 기본적으로 자산운용대상은 크게 확대되었다(령 240조·241조).

---

88) 같은 취지: 대법원 2003. 11. 28. 선고 2001다67171 판결; 대법원 2006. 10. 26. 선고 2005다29771 판결.

▌표 21-4 집합투자기구별 운용대상 자산의 종류

구 분	증권펀드	부동산펀드	특별자산펀드	단기금융펀드	혼합자산펀드
증 권	○	○	○	○	○
파생상품	○	○	○	×	○
부 동 산	○	○	○	×	○
실물자산	○	○	○	×	○
특별자산	○	○	○	×	○

Ⅲ. 자산운용의 제한

집합투자업자의 운용에 관해서는 주로 집중위험의 관리를 위하여 원칙적으로 다음 사항에 대한 제한이 적용된다. 다만 투자자 보호 및 집합투자재산의 안정적 운용을 해할 우려가 없는 경우로서 시행령이 정하는 경우 그 제한을 받지 않는다(81조 1항; 령 80조 1항). 이 규정은 원칙적으로 개방형 · 공모 · 증권펀드를 전제로 한 것이다.[89]

첫째, 금전대여의 금지(83조 4항). 다만 일정한 금융기관에 대한 30일 이내의 단기대출은 허용된다(83조 4항; 령 83조 4항 · 345조 1항). 여기서 금전대여와 대출채권의 매수나 취득은 구별된다. 둘째, 증권과 파생상품에 대한 투자한도(81조 1항 1호 가목-사목). 집합투자증권과 외국집합투자증권을 제외하고, 원화표시 CD, 기업어음증권 외의 어음, 대출채권과 예금 기타 채권, 사업수익권을 포함한다(령 80조 2항 · 3항 1호-4호). 셋째, 집합투자증권에 대한 투자한도(81조 1항 3호 가목-바목). 외국집합투자증권을 포함한다. 넷째, 부동산에 대한 투자한도(81조 1항 2호 가목 · 나목). 취득 후 5년 이내의 단기간 또는 부동산개발사업시행 전에 처분하는 행위를 대상으로 한다. 다섯째, 기타 투자자 보호 또는 집합투자재산의 안정적 운용 등을 해할 우려가 있는 행위로서 시행령으로 정하는 행위로서 일정한 범위의 RP매도행위, 증권의 대여와 차입을 제한하고 있다(81조 1항 4호; 령 81조 1항 1호-3호).

그러나 불가피한 사유로 이러한 투자한도를 초과하게 된 경우에는 그 초과일로부터 3개월 또는 부도 등으로 처분이 불가능한 경우에는 처분가능시, 그 밖에 시행령으로 정하는 시기까지 그 투자한도에 적합한 것으로 본다(81조 3항; 령 81조 3항). 이러한 유예규정의 적용을 받기 위해서는 한도초과가 집합투자재산에 속하는 투자대상자산의 가격변동, 투자신탁의 일부해지 또는 투자회사 등의 집합투자증권의 일부소각, 담보권의 실행 등 권리행사, 투자대상 증권 발행법인의 합병 또는 분할합병, 그 밖에 투자대상자산의 추가적인 취득이 없이 투자한도를 초과하게 된 경우에 해당해야 한다(81조 3항; 령 81조 2항).

---

89) 박삼철외(2021), 203면.

일반사모펀드의 경우에는 위 제한이 적용되지 않는다(249조의8 1항). 투자신탁이나 투자익명조합의 집합투자업자는 원칙적으로 집합투자기구의 계산으로 자기집합투자증권을 취득하거나 그에 대한 질권을 취득할 수 없다(82조 본문). 투자회사 등도 원칙적으로 자기계산으로 자기주식 등 자기집합투자증권을 취득하거나 그에 대한 질권을 취득할 수 없다(186조 1항 본문). 또한 집합투자업자는 원칙적으로 집합투자재산의 운용과 관련하여 또는 집합투자기구의 계산으로 자금차입·채무보증·담보제공이 금지된다(83조 1항·5항).

Ⅳ. 자산운용지시와 실행 및 자산배분

1. 운용과 실행의 분리

자산운용에 대한 결정은 집합투자업자가 한다. 투자신탁에서는 집합투자업자가 직접 자산의 취득이나 매각을 실행하는 것이 아니라 신탁업자에 투자신탁재산별로 실행하도록 지시하는 것이 원칙이다(80조 1항). 운용권과 처분권의 분리라는 투자신탁의 법리에 따르면서 신탁업자에 의한 운용행위감시를 위한 조치이다. 그러나 상장증권매매나 장내파생상품매매, 또는 헤지목적 장외파생상품매매와 같이 신속한 실행이 필요한 예외적인 경우에는 집합투자업자가 직접 실행할 수 있다(80조 1항 단서, 3항; 령 79조 2항 1호-9호). 이 경우에는 다수의 집합투자재산에서 동일한 투자대상자산을 집합하여 거래하게 된다("집합거래").[90]

따라서 집합투자업자가 직접 자산의 취득처분 등을 실행하는 집합거래의 경우에는 그 실행결과를 투자신탁재산별로 미리 정하여진 자산배분내역에 따라 공정하게 배분해야 한다(80조 3항 전단).[91] 집합투자업자는 복수의 투자신탁을 운영하는 것이 보통이다. 이 경우 집합투자업자는 특정신탁재산을 우대하기 위해 좋은 조건으로 실행된 거래결과를 우선 배분할 여지가 있다. 자산배분의 공정성과 투명성을 위하여 도입된 규정이다.

투자신탁을 제외한 집합투자기구의 집합투자업자는 그 집합투자재산을 운용할 때 집합투자기구의 명의로[92] 집합투자재산별로 투자대상자산의 취득·처분 등을 하고, 그 집합투자기구의 신탁업자에게 취득·처분 등을 한 자산의 보관·관리에 필요한 지시를 해야 한다(80조 5항 전단). 신탁업자는 집합투자업자의 지시에 따라야 한다. 이 경우 집합투자업자가 투자대상자산의 취득·처분 등을 함에 있어서는 집합투자업자가 그 집합투자기구를 대표한다는 사실을 표시해야 한다(80조 5항 후단).

---

90) 박삼철외(2021), 210-212면.
91) 이 경우 집합투자업자는 자산배분명세서를 작성·관리할 의무가 있다(80조 3항 후단; 규칙 9조).
92) 투자익명조합의 경우에는 그 집합투자업자의 명의를 말한다.

2. 펀드의 금융거래와 당사자[93)]

1) 투자신탁

투자신탁에서 신탁재산에 대해서 실질적인 이해관계가 있는 것은 수익자이지 집합투자업자나 신탁업자가 아니다. 그럼에도 불구하고 과거 파생상품거래의 잘못으로 신탁재산이 마이너스가 된 경우 상대방이 집합투자업자를 상대로 제소하는 경우가 없지 않았다. 이러한 혼란을 피하기 위하여 집합투자업자나 신탁업자가 직접 거래를 체결한 경우에도 거래의 이행책임은 집합투자재산을 한도로 부담한다는 점을 명시하였다(80조 2항).[94)]

이 문제는 신탁법상 신탁재산으로 제3자와 금융거래를 한 경우 계약당사자를 누구로 볼 것인지 라는 당사자 확정의 문제와 그에 관한 수탁자인 신탁업자의 책임범위에 관한 문제의 2가지로 구분할 수 있다. 첫째, 당사자의 확정에 대해서는 신탁법리상 당연히 수탁자인 신탁업자가 계약당사자가 된다(대법원 2003. 4. 8. 선고 2001다38593 판결). 둘째, 수탁자의 책임범위는 자기재산으로 무한책임을 지는 것이다(대법원 2006. 11. 23. 선고 2004다3925 판결, 대법원 2004. 10. 15. 선고 2004다31883·31890 판결).

그런데 첫째 문제에 대하여 대법원에서 일반원칙으로는 수탁회사인 신탁업자가 계약당사자라고 하면서도 선물환계약의 명의가 위탁회사인 자산운용회사로 되어 있는 점을 근거로 자산운용회사를 계약당사자로 인정한 사례가 있었고(대법원 2003. 4. 8. 선고 2001다38593 판결), 둘째 문제에 대한 의문도 있어서 간투법을 제정할 때 제90조 제2항에서 특칙을 규정한 것이다.

2) 기 타

투자회사와 투자유한회사 그리고 투자유한책임회사의 경우, 어차피 거래주체가 유한책임의 적용을 받는 회사이기 때문에 이러한 문제는 발생할 여지가 없다. 그러나 투자합자회사의 업무집행사원(214조 1항), 투자합자조합의 업무집행조합원(219조 1항), 투자익명조합의 영업자(225조 1항)[95)]인 집합투자업자의 경우에는 무한책임을 지게 되므로 특칙이 필요할 것이다. 자본시장법에서는 투자신탁을 제외한 집합투자기구의 집합투자업자의 집합투자재산 운용방법으로서 "집합투자기구의 명의로 […] 투자대상자산의 취득·처분 등을 하고", "투자대상자산의 취득·처분 등을 함에 있어서는 집합투자업자가 그 집합투자기구를 대표한다는 사실을 표

---

93) 상세한 논의는, 정순섭, 신탁, 635-652면.

94) 2018. 3. 27. 자본시장법 개정에서 "그 투자신탁재산으로"를 "그 투자신탁재산을 한도로 하여"로 수정하여 그 의미를 명확히 하였다. 국회 정무위원회 수석전문위원 전상수, 자본시장과 금융투자업에 관한 법률 일부개정법률안 검토보고〈변액보험 등에 대한 사모단독펀드 허용 등〉■ 정우택의원 대표발의(의안번호: 제3888호), 2017. 2., 25면.

95) 자본시장법은 투자익명조합재산을 신탁재산으로, 영업자를 수탁자로 보는 구조를 취하고 있다(228조 2항). 따라서 투자익명조합 영업자의 제3자에 대한 책임은 상법이 아니라 신탁법상 수탁자로서의 책임이 되어 위에서 논의한 문제가 그대로 적용되게 된다.

시"하도록 규정하고 있다(80조 5항). 명의와 대표사실의 표시만으로 책임재산을 한정하는 효과가 발생할 수 있는지 여부를 생각해 볼 수 있지만 투자신탁의 경우와 같은 명시적인 규정이 필요하다.

V. 자산운용상 금지행위

1. 일반적 금지유형

집합투자에 참여하는 투자자들의 이해관계에 결정적 영향력을 미치는 것은 바로 집합투자업자이다. 자본시장법은 집합투자업자에게 투자매매업자나 투자중개업자와 마찬가지로 넓은 영업행위규제를 부과한다. 집합투자업자는 집합투자재산의 운용과 관련하여 다음 행위가 금지된다(85조).[96]

(1) 집합투자재산을 운용하면서 투자대상자산의 가격에 중대한 영향을 미칠 수 있는 매수·매도의사를 결정한 후 이를 실행하기 전에 그 투자대상자산을 집합투자업자의 자기계산으로 매수·매도하거나 제3자에게 매수·매도를 권유하는 행위. 다만 집합투자재산의 운용과 관련한 정보를 이용하지 않았음을 증명하는 경우와 증권시장과 파생상품시장 간의 가격 차이를 이용한 차익거래, 그 밖에 이에 준하는 거래로서 집합투자재산의 운용과 관련한 정보를 의도적으로 이용하지 않았다는 사실이 객관적으로 명백한 경우에는 허용된다(령 87조 1항 1호). 프런트러닝에 해당한다.

(2) 자기 또는 관계인수인[97]이 인수한 증권을 집합투자재산으로 매수하는 행위. 다만 인수일부터 3개월이 지난 후 매수하는 경우에는 허용된다(령 87조 1항 2호). 그리고 인수한 증권이 국채증권, 지방채증권, 한국은행통화안정증권, 특수채증권, 그 밖에 일정한 범위의 사채권에 대해서도 금지되지 않는다(령 87조 1항 2호의2). 일정한 범위의 사채권은 투자자 보호 및 건전한 거래질서를 위하여 금융위가 고시하는 발행조건, 거래절차 등의 기준을 충족하는 채권으로 한정한다. 인수한 증권이 상장주권인 경우로서 그 주권을 증권시장에서 매수하는 경우와 일반적인 거래조건에 비추어 집합투자기구에 유리한 거래(령 87조 1항 2호의3·2호의4)도 허용된다.

(3) 자기 또는 관계인수인이 인수업무[98]를 담당한 법인의 특정증권등[99]에 대하여 인위적인 시세를 형성하기 위하여 집합투자재산으로 그 특정증권 등을 매매하는 행위.

---

96) 투자자 보호 및 건전한 거래질서를 해할 우려가 없는 경우로서 시행령에서 정하는 경우에는 적용되지 않는다(85조 1항 단서; 령 87조 1항 1호-5호).

97) '관계인수인'은 집합투자업자와 같은 기업집단에 속하는 인수인, 집합투자업자가 운용하는 전체 집합투자기구의 집합투자증권을 30% 이상 판매한 인수인을 말한다(령 87조 2항 1호·2호; 규정 4-60조 2항).

98) 발행인 또는 매출인으로부터 직접 증권의 인수를 의뢰받아 인수조건 등을 정하는 업무를 말한다(령 87조 3항).

99) 단기매매차익반환대상인 특정증권 등을 말한다(85조 3호, 172조 1항).

(4) 특정 집합투자기구의 이익을 해하면서 자기 또는 제3자의 이익을 도모하는 행위.

(5) 특정 집합투자재산을 집합투자업자의 고유재산 또는 그 집합투자업자가 운용하는 다른 집합투자재산, 투자일임재산 또는 신탁재산과 거래하는 행위. 다만 특정 집합투자재산을 그 집합투자업자의 고유재산과 이해관계인의 매매중개(령 85조 2호; 규정 4-56조 2항)를 통하여 채무증권, 원화CD, CP를 제외한 어음의 매매를 하는 경우와 집합투자업자가 운용하는 집합투자기구 상호간에 자산(령 224조 4항에 따른 미지급금 채무를 포함)을 동시에 한쪽이 매도하고 다른 한쪽이 매수하는 거래로서 법령 및 집합투자규약상의 투자한도를 준수하기 위하여 불가피한 경우, 집합투자증권의 환매에 응하기 위하여 불가피한 경우, 집합투자기구의 해지 또는 해산에 따른 해지금액 등을 지급하기 위하여 불가피한 경우, 그 밖에 금융위가 투자자의 이익을 해칠 염려가 없다고 인정한 경우에는 허용된다(령 87조 1항 3호·4호). 이 경우 집합투자기구 상호간의 매매거래에 있어서 매매가격, 매매거래절차 및 방법, 그 밖에 필요한 사항은 금융위가 정하여 고시한다.

(6) 제3자와의 계약 또는 담합 등에 의하여 집합투자재산으로 특정 자산에 교차하여 투자하는 행위.

(7) 투자운용인력이 아닌 자에게 집합투자재산을 운용하게 하는 행위. 다만 전자적 투자조언장치를 활용하여 집합투자재산을 운용하는 경우는 허용된다(85조 단서; 령 87조 1항 5호).

(8) 그 밖에 투자자 보호 또는 건전한 거래질서를 해할 우려가 있는 행위로서 시행령으로 정하는 행위(령 87조 4항). 시행령은 집합투자규약이나 투자설명서 또는 핵심상품설명서(249조의4 2항 전단)를 위반하여 집합투자재산을 운용하는 행위, 집합투자기구의 운용방침이나 운용전략 등을 고려하지 않고 집합투자재산으로 금융투자상품을 지나치게 자주 매매하는 행위, 집합투자업자가 운용하는 집합투자기구의 집합투자증권을 판매하는 투자매매업자 또는 투자중개업자(그 임직원과 투자권유대행인을 포함)에게 업무와 관련하여 금융위가 고시하는 기준을 위반하여 직접 또는 간접으로 재산상의 이익을 제공하는 행위, 투자매매업자 또는 투자중개업자(그 임직원을 포함) 등으로부터 업무와 관련하여 금융위가 고시하는 기준을 위반하여 직접 또는 간접으로 재산상의 이익을 제공받는 행위, 투자자와의 이면계약 등에 따라 그 투자자로부터 일상적으로 명령·지시·요청 등을 받아 집합투자재산을 운용하는 행위, 집합투자업자가 운용하는 집합투자기구의 집합투자증권을 판매하는 투자매매업자 또는 투자중개업자와의 이면계약 등에 따라 그 투자매매업자 또는 투자중개업자로부터 명령·지시·요청 등을 받아 집합투자재산을 운용하는 행위, 손실보전 등 금지(55조), 자산운용제한(81조), 이해관계인과 거래제한(84조) 및 불건전영업행위금지(85조)에 따른 금지 또는 제한을 회피할 목적으로 하는 행위로서 장외파생상품거래, 신탁계약, 연계거래 등을 이용하는 행위, 채권자로서 그 권리를 담보하기 위하여 백지수표나 백지어음을 받는 행위, 단기금융집합투자기구의 집합투자재산을

대상 단기금융상품(241조 1항) 외의 자산에 투자하거나 대상 운용방법(241조 2항) 외의 방법으로 운용하는 행위, 자신이 운용하는 둘 이상의 집합투자기구(교차하거나 순환하여 투자하기 위해 다른 집합투자업자가 운용하는 집합투자기구를 이용하는 경우에는 그 집합투자기구를 포함)가 교차하거나 순환하여 투자하는 행위, 집합투자기구를 운용하는 과정에서 증권을 취득하거나 금전을 대여할 때 그 증권을 발행하거나 금전을 대여받은 자에게 취득 또는 대여의 대가로 자신이 운용하는 집합투자기구에서 발행하거나 발행할 예정인 집합투자증권의 취득을 강요하거나 권유하는 행위, 투자신탁의 해지 등{192조 2항 5호·202조 1항 7호(211조 2항, 216조 3항 및 217조의 6 2항에서 준용하는 경우를 포함) 또는 221조 1항 4호(227조 3항에서 준용하는 경우를 포함)}에 따른 해지나 해산을 회피할 목적으로 자신이 운용하는 다른 집합투자기구 또는 다른 집합투자업자가 운용하는 집합투자기구를 이용하는 행위, 집합투자재산을 금전대여로 운용하는 경우 그 금전대여의 대가로 금전이나 이에 준하는 재산적 가치를 지급받는 행위, 그 밖에 투자자의 보호와 건전한 거래질서를 해칠 염려가 있는 행위로서 금융위가 고시하는 행위를 금지하고 있다(령 87조 4항).

2. 이해관계인과의 거래

이해관계인[100])과의 거래는 투자자 이익을 해칠 우려가 크지만 위의 행위와는 달리 이해상충의 우려가 없이 투자자에게 유리한 경우도 없지 않다. 따라서 자본시장법은 이해관계인과의 거래는 제한적으로 허용하고 있다(84조 1항 단서). 이해관계인과의 거래는 신탁업자의 감독을 받는다(84조 2항). 집합투자업자는 집합투자와 관련하여 자기가 발행한 증권(수익증권은 제외)을 취득하거나 소정의 한도를 초과하여 이해관계인인 계열회사가 발행한 증권(수익증권·파생결합증권 등 일부 증권은 제외)이나 원화표시 CD, 대출채권 예금 등 일정한 투자대상자산을 취득할 수 없다(84조 3항-5항; 령 86조). 투자회사나 투자신탁의 집합투자업자에 대해서는 이사 등과 회사와의 거래에 관한 상법 제398조도 적용될 수 있다.[101] 집합투자업자는 집합투자기구의 계산으로 그 집합투자업자가 발행한 증권을 취득할 수 없지만 투자신탁의 수익증권은 취득할 수 있다. 신탁의 구조상 발행주체는 형식상 집합투자업자이지만, 실질적으로는 신탁이기 때문이다.[102]

---

100) 이해관계인은 집합투자업자의 임직원과 그 배우자, 집합투자업자의 대주주와 그 배우자, 집합투자업자의 계열회사, 계열회사의 임직원과 그 배우자, 집합투자업자가 운용하는 전체 집합투자기구의 집합투자증권(국가재정법 제81조에 따라 여유자금을 통합하여 운용하는 집합투자기구가 취득하는 집합투자증권은 제외)을 30% 이상 판매·위탁판매한 투자매매업자 또는 투자중개업자("관계 투자매매업자·투자중개업자"), 집합투자업자가 운용하는 전체 집합투자기구의 집합투자재산의 30% 이상을 보관·관리하고 있는 신탁업자. 집합투자업자가 법인이사인 투자회사의 감독이사를 말한다(령 84조 1항 1호-6호).

101) 박삼철외(2021), 267-268면.

102) 김은집·박삼철·서종군, 로앤비 온주 자본시장과금융투자업에관한법률 제84조, 2019. 12. 20; 김홍기, 188면.

Ⅵ. 집합투자재산에 관한 권리 행사

1. 의   의

투자신탁과 투자익명조합의 집합투자재산에 속하는 지분증권과 그에 대한 증권예탁증권의 의결권 행사는 집합투자업자가 행사하는 것이 원칙이다(184조 1항 전단). 다만 의결권 외의권리는 신탁업자를 통해 행사해야 한다. 투자회사 등의 집합투자재산에 속하는 지분증권과그에 대한 증권예탁증권의 의결권 행사는 집합투자업자에게 위탁하지 않는 한 그 투자회사등이 행사한다(184조 1항 후단 및 단서). 집합투자재산의 실질적인 주인은 투자자이므로 권리행사는 투자자 이익 보호를 위해 신의에 따라 성실하게 해야 한다(37조·79조). 집합투자재산에관한 권리행사는 권한의 형식으로 되어 있으나 지배구조에서 기관투자자 역할이 강조됨에 따라 의결권행사 여부가 집합투자업자의 재량이 아니라 의무에 속하는 것으로 보는 경향이 있다.

2. 의결권 행사방법

의안에 대한 찬반은 집합투자업자나 투자회사 등의 재량에 맡겨야 한다. 종래 자본시장법은 집합투자업자나 투자회사 등이 그 권한을 관계회사의 경영권지원을 위하여 남용할 우려가 있는 일정한 경우에는 의결권을 주주총회의 의결내용에 영향을 미치지 않는 방향으로 행사하도록 하고 있었다(87조 1항·186조 2항). 그러나 2013. 5. 28. 개정에서 집합투자업자나 투자회사 등은 투자자 이익을 보호하기 위하여 집합투자재산에 속하는 주식의 의결권을 충실하게행사할 의무를 규정하고 의결권행사방법에 관한 종래의 규제는 삭제하였다(87조 1항·186조 2항).

다만 다음의 경우에는 집합투자재산에 속하는 주식을 발행한 법인의 주주총회에 참석한주주가 소유하는 주식수에서 집합투자재산에 속하는 주식수를 뺀 주식수의 결의내용에 영향을 미치지 않도록 의결권을 행사해야 한다(87조 2항·186조 2항; 령 89조). 이해상충방지를 위한것이다.

(ⅰ) 그 집합투자업자 및 그와 시행령으로 정하는 이해관계가 있는 자, 그 집합투자업자에 대하여 사실상의 지배력을 행사하는 자로서 시행령으로 정하는 자가 그 집합투자재산에속하는 주식을 발행한 법인을 계열회사로 편입하기 위한 경우
(ⅱ) 그 집합투자재산에 속하는 주식을 발행한 법인이 그 집합투자업자와 계열회사의 관계가있는 경우 또는 그 집합투자업자에 대하여 사실상의 지배력을 행사하는 관계로서 시행령으로 정하는 관계가 있는 경우
(ⅲ) 그 밖에 투자자 보호 또는 집합투자재산의 적정한 운용을 해할 우려가 있는 경우로서시행령으로 정하는 경우

그러나 집합투자업자는 주요의결사항에 대하여 위에서 본 결의내용에 영향을 미치지 않는 방법에 따라 의결권을 행사하는 경우 집합투자재산에 손실을 초래할 것이 명백하게 예상되는 때에는 직접 의결권을 행사할 수 있다(87조 3항·186조 2항). 주요의결사항은 법인의 합병, 영업의 양도·양수, 임원의 임면, 정관변경, 그 밖에 이에 준하는 사항으로서 투자자 이익에 명백한 영향을 미치는 사항을 말한다. 다만, 공정거래법상 상호출자제한기업집단(동법 31조 1항)에 속하는 집합투자업자는 집합투자재산으로 그와 계열회사의 관계에 있는 주권상장법인이 발행한 주식을 소유하고 있는 경우에는 다음 요건을 모두 충족하는 방법으로만 의결권을 행사할 수 있다(87조 3항 단서, 186조 2항).

(i) 그 주권상장법인의 특수관계인(공정거래법 9조 1항 5호 가목)이 의결권을 행사할 수 있는 주식의 수를 합하여 그 법인의 발행주식총수의 15%를 초과하지 않도록 의결권을 행사할 것

(ii) 집합투자업자가 투자한도를 초과하여 취득한 주식(81조 1항 단서 및 1호 가목)은 그 주식을 발행한 법인의 주주총회에 참석한 주주가 소유한 주식수에서 집합투자재산인 주식수를 뺀 주식수의 결의내용에 영향을 미치지 않도록 의결권을 행사할 것

3. 의결권 행사제한과 처분명령

집합투자업자 또는 투자회사등은 자본시장법상 투자한도를 초과하여 취득한 주식이나 이해관계자와의 거래제한에 위반하여 취득한 계열회사 주식의 경우에는 의결권을 행사할 수 없다(87조 4항·81조 1항·84조 4항). 집합투자업자 또는 투자회사등은 제3자와의 계약에 의하여 의결권을 교차하여 행사하는 등 위의 규제를 피하기 위한 행위를 해서는 안 된다(87조 5항·186조 2항). 집합투자업자 또는 투자회사등의 의결권행사가 이러한 규제에 위반한 경우 금융위가 문제된 주식의 처분을 명할 수 있다(87조 6항, 186조 2항). 의결권 제한과 처분명령의 대상은 제한에 위반하여 취득한 주식 전부이다.

4. 의결권 행사내용 공시

집합투자업자 또는 투자회사등은 집합투자재산에서 일정한 비율이나 금액 이상을 보유하는 주식의 발행법인(의결권공시 대상법인)에 대한 의결권행사 여부 및 그 내용, 그리고 의결권 불행사 사유에 관한 기록을 유지해야 한다(87조 7항·186조 2항). 집합투자업자 또는 투자회사 등은 집합투자재산에 속하는 주식 중 주권상장법인이 발행한 주식 등[103]에 대한 의결권 행사 내용이나 행사하지 않은 사유 등을 공시해야 한다(87조 8항·186조 2항). 2009. 2. 법령 개정을

---

103) 주권이 상장된 경우에는 그 주권상장법인이 발행한 주식을, 그리고 증권예탁증권이 발행된 경우에는 그 기초가 된 주권상장법인이 발행한 주식을 각각 말한다(87조 8항; 령 91조 1항).

통하여 의결권행사공시대상주식을 주권상장법인이 발행한 주식 등으로 한정해 공시부담의 완화를 도모하고 있다. 그리고 이러한 공시에는 의결권행사 여부의 적정성을 판단하는 데 필요한 자료를 함께 공시해야 한다(87조 9항 · 186조 2항). 의결권행사지침과 소유주식 및 증권예탁증권의 수, 이해관계의 존부 등이 포함되어 있다(령 91조 4항 1호-3호).

집합투자업자 또는 투자회사 등의 의결권행사 내용을 보아 투자자에게 불리하게 의결권이 행사되거나 그 행사를 포기한 경우 투자자는 집합투자업자의 투자자이익보호의무위반을 이유로 손해배상을 청구할 수 있다.

제9절   집합투자와 관련된 회계

Ⅰ. 집합투자재산의 평가와 기준가격

집합투자증권의 판매와 환매는 집합투자재산의 가치에 근거해서 이루어져야 한다. 자본시장법은 집합투자재산의 평가를 시가 또는 공정가액에 따라 집합투자업자가 스스로 하게 함으로써 시장규율에 따른 효율적 평가를 유도하고 있다.

자본시장법은 시가가 없는 경우를 제외하고는 시가평가가 원칙이다(238조 1항). 시가는 증권시장에서 거래된 최종시가 또는 파생상품시장에서 공표하는 가격을 말한다(령 260조 1항). 평가일 현재 신뢰할만한 시가가 없는 경우 시행령으로 정하는 공정가액으로 평가해야 한다(238조 1항 본문). 여기서 **'공정가액'**은 집합투자재산에 속한 자산 종류별로 투자대상자산의 취득가격과 거래가격, 투자대상자산에 대하여 채권평가회사, 회계법인, 신용평가회사, 감정평가법인등, 인수업을 영위하는 투자매매업자, 이에 준하는 자로서 법령에 따른 허가 · 인가 · 등록 등을 받은 자 그리고 이에 준하는 외국인으로부터 제공받은 가격, 환율, 집합투자증권의 기준가격 등을 고려하여 집합투자재산평가위원회가 결정한 가격을 말한다(령 260조 2항). 이 위원회는 집합투자재산의 평가를 위하여 집합투자업자가 구성한다(238조 2항). 이 위원회는 그 평가에서 충실의무를 준수하고 평가의 일관성을 유지해야 한다. 집합투자업자는 신탁업자의 확인을 받아 집합투자재산의 평가와 절차에 관한 기준(집합투자재산평가기준)을 마련해야 한다(238조 3항). 집합투자재산평가기준에는 위원회의 구성 및 운영, 평가의 일관성 유지, 채권평가회사를 두는 경우 그 선정 및 변경과 채권평가회사가 제공하는 가격의 적용, 그 밖에 시행령이 정하는 사항이 포함된다.

집합투자업자는 평가위원회가 집합투자재산을 평가한 경우 그 평가내역을 지체없이 신탁업자에 통보해야 하고(238조 4항), 신탁업자는 그 평가가 법령 및 집합투자재산평가기준에 따라 공정하게 이루어졌는지 여부를 확인해야 한다(238조 5항).

위에서 본 평가결과에 따라 집합투자업자 또는 투자회사 등은 집합투자증권의 기준가격을 산정해야 한다(238조 6항). 이러한 기준가격은 투자자가 집합투자증권의 판매나 환매를 결정하는 중요자료가 되기 때문에 집합투자업자 및 투자회사 등은 그것을 매일 공고·게시하는 것이 원칙이다(238조 7항). 집합투자업자나 투자회사 등이 거짓으로 기준가격을 산정한 경우 금융위는 집합투자업자 등에 대하여 기준가격산정업무를 일반사무관리회사에 위탁하도록 명할 수 있다(238조 8항 전단). 이 경우 해당 집합투자업자 및 그 집합투자업자의 계열회사, 투자회사·투자유한회사·투자합자회사·투자유한책임회사의 계열회사는 그 수탁대상에서 제외된다(238조 8항 후단).

II. 집합투자재산의 회계처리

1. 회계처리기준

집합투자재산에 관한 회계처리는 금융위가 정한 회계처리기준에 따라야 한다(240조 1항). 금융위는 회계처리기준의 제정을 민간기구인 한국회계기준원에 위탁하고 있다(240조 2항 전단; 령 263조).

2. 결산서류와 재무상태표

집합투자업자와 투자회사 등은 집합투자기구의 결산기마다 재무상태표, 손익계산서, 자산운용보고서와 같은 결산서류를 작성해야 한다(239조 1항). 투자회사의 경우 결산서류는 이사회 승인을 받아야 한다(239조 2항). 결산서류는 뒤에 설명하는 회계감사보고서 및 집합투자자총회의사록(투자회사의 이사회 의사록)과 함께 집합투자업자의 본점에 갖추어 두어야 하며, 그 집합투자증권을 판매한 투자매매업자나 투자중개업자에 송부하여 그 영업소에 갖추어 두게 해야 한다(239조 3항). 집합투자기구의 투자자와 채권자는 영업시간 중 언제나 그 결산서류 등을 열람할 수 있다(239조 5항).

3. 회계감사

집합투자업자나 투자회사 등은 집합투자재산에 대하여 외감법상 회계감사인의 감사를 받는 것이 원칙이다(240조 3항 본문). 회계감사는 회계기간의 말일 및 계약기간 종료 또는 해지의 경우는 그 종료일 또는 해지일이나 존속기간 만료 또는 해산의 경우는 그 만료일 또는 해산일로부터 2개월 이내에 이루어져야 한다(240조 3항 1호·2호). 다만 집합투자재산의 총액이 일정 금액 이하인 경우 회계감사를 면제한다(240조 3항 단서; 령 264조).

회계감사인을 선임·교체할 때는 신탁업자에 통지해야 하며, 그 선임일·교체일로부터 1

주 이내에 금융위에 보고해야 한다(240조 4항). 회계감사인은 감사기준(240조 10항) 및 외감법상 회계감사기준에 따라 회계감사를 실시한다(240조 6항). 회계감사인은 집합투자재산평가기준 준수 여부의 검사결과를 집합투자업자의 감사나 투자회사 등에 통보해야 한다(240조 5항).

회계감사인이 중요사항을 회계감사보고서에 기재 또는 표시하지 않거나 거짓 기재 또는 표시를 함으로써 이를 이용한 투자자에게 손해를 발생하게 한 경우 손해배상책임을 진다(241조 1항). 집합투자업자의 이사·감사나 투자회사의 감독이사에게도 귀책사유가 있는 때에는 회계감사인과 이사·감사 또는 감독이사가 연대하여 손해를 배상할 책임을 진다(241조 2항 본문). 고의가 아닌 경우에는 귀책사유에 따라 법원이 정하는 비율에 따라 배상책임을 지도록 규정하면서 아울러 손해액의 일부를 배상받지 못하는 경우 변제력이 있는 피고가 일부를 추가부담하도록 하였다(241조 4항; 외감법 31조 6항-9항). 그러나 고의의 경우와 소액투자자에 대하여는 이러한 연대배상책임을 유지하였다(241조 2항 단서, 241조 3항).

입법이유에 따르면 "회사 재무제표 작성의 일차적 책임이 있는 해당 회사의 이사 또는 감사와 전수조사가 아닌 일정한 감사절차에 따라 감사하는 회계감사인은 그 책임의 정도가 다름에도 불구하고 서로 연대책임을 지도록 하는 것은 형평의 원칙에 부합하지 않"고, 종래의 "연대책임제도하에서는 피고의 과실정도를 불문하고 회계감사인 등 변제력이 있는 특정피고를 대상으로 소송을 제기하는 사례가 증가하는 등 각종 부작용에 대한 우려가 커지고 있는 문제"를 고려한 것이다.[104]

Ⅲ. 이익금의 분배와 준비금의 적립

집합투자업자나 투자회사 등은 집합투자재산 운용에 따라 발생한 이익금을 투자자에게 금전 또는 새로이 발행하는 집합투자증권으로 분배해야 한다(242조 1항 본문). 단기금융집합투자기구 이외의 집합투자기구는 집합투자규약이 정하는 바에 따라 이익금의 분배를 집합투자기구에 유보할 수 있다(242조 1항 단서; 령 266조 1항). 집합투자업자나 투자회사 등은 집합투자기구의 특성에 따라 이익금을 초과하여 분배할 필요가 있는 경우에는 집합투자규약에 미리 정함이 있는 경우에 한하여 이익금을 초과하여 금전으로 분배할 수 있다(242조 2항; 령 266조 4항). 초과분배의 예로는 이익금이 분배금보다 적으면 투자원금을 지급재원으로 활용하는 월지급식펀드가 있다.[105] 다만 투자회사는 순자산액에서 최저순자산액을 뺀 금액을 초과하여 분배할 수 없다(242조 2항 단서).

---

104) 신탁업자에 대해서도 같은 취지의 규정을 두고 있다(115조 3항·4항).
105) 박삼철외(2021), 310-311면.

제10절 집합투자재산의 보관 및 관리

집합투자재산의 운용과 보관·관리를 동일한 기관이 담당하게 되면 운용실적을 감추기 위하여 부정이 발생할 위험이 있다. 그리하여 자본시장법도 운용과 보관·관리의 분리를 강제하고 있다. 집합투자업자나 투자회사 등은 집합투자재산의 보관 및 관리를 신탁업자에게 위탁해야 한다(184조 3항). 이와 같이 위탁받은 신탁업자는 투자자를 위하여 선량한 관리자의 주의로써 집합투자재산을 보관·관리해야 하며, 투자자 이익을 보호해야 한다(244조). 신탁업자의 이러한 의무를 구체화하기 위하여 자본시장법은 다음과 같은 의무를 부과하고 있다. 첫째, 신탁업자는 자신이 보관·관리하는 집합투자재산을 자신의 고유재산, 다른 집합투자재산 또는 제3자로부터 보관을 위탁받은 재산과 거래할 수 없다(246조 5항).106) 둘째, 신탁업자는 자신이 보관·관리하는 집합투자재산을 그 이해관계인의 고유재산과 거래할 수 없다(246조 6항). 셋째, 신탁업자는 그 집합투자기구의 집합투자재산에 관한 정보를 자기의 고유재산의 운용, 자기가 운용하는 집합투자재산의 운용 또는 자기가 판매하는 집합투자증권의 판매를 위하여 이용해서는 안 된다(246조 7항). 이러한 거래는 집합투자업자의 운용지시가 있어도 할 수 없다.107) 이해관계인과의 거래제한 등에 관한 제84조와 제246조 제5항의 관계도 문제된다. 제84조의 제한대상인 이해관계인에 "집합투자업자가 운용하는 전체 집합투자기구의 집합투자재산의 100분의 30 이상을 보관·관리하고 있는 신탁업자" 즉 관계신탁업자가 포함되기 때문이다(령 84조 5호). 관계신탁업자에 대해서는 양 규정이 모두, 그리고 그 외의 신탁업자에 대해서는 제246조 제5항이 적용된다.108)

신탁업자는 집합투자재산을 자신의 고유재산, 다른 집합투자재산, 또는 제3자로부터 보관위탁받은 재산과 구분하여 관리해야 한다(246조 2항 전단). 이 경우 그 재산이 집합투자재산이라는 사실과 위탁자를 명기해야 한다(246조 2항 후단). 집합투자재산 중 예탁대상증권 등은 자신의 고유재산과 구분하여 집합투자기구별로 예탁결제원에 예탁해야 한다(246조 3항 본문). 다만, 해당 증권의 유통가능성, 다른 법령에 따른 유통방법이 있는지 여부, 예탁의 실행가능성 등을 고려하여 시행령으로 정하는 경우에는 그렇지 않다(246조 3항 단서; 령 268조 2항, 63조 2항 1호-4호). 전자증권은 "법 및 이 영, 그 밖에 다른 법령에 따라 해당 증권을 예탁결제원에

---

106) 다만 집합투자재산을 효율적으로 운용하기 위하여 필요한 경우로서 시행령으로 정하는 경우에는 거래할 수 있다(246조 5항 단서). 집합투자재산운용 후 잔여현금을 신탁업자가 고유재산과 거래하는 경우, 금융기관에의 예치, 단기대출, 외국통화의 매입이나 매도(환위험회피를 위한 선물환거래 포함) 등이 여기에 포함된다(령 268조 4항 1호-7호). 이 경우에는 집합투자업자의 운용지시를 요하지 않는다. 박삼철외(2021), 327면.
107) 박삼철외(2021), 327면(금융위 유권해석 2017. 8. 22., 2017. 10. 20.을 인용).
108) 박삼철외(2021), 327면.

예탁할 수 있는 증권 또는 증서로 발행할 수 없는 경우"(령 63조 2항 1호)에 해당한다. 또한 집합투자업자나 투자회사 등의 자산의 취득·처분 등의 이행 또는 보관·관리 등에 관한 지시도 각 집합투자기구별로 이행해야 한다(246조 4항).

집합투자재산을 보관·관리하는 신탁업자는 집합투자업자의 운용지시나 운용행위가 법령, 집합투자규약, 투자설명서 등을 위반하는지 여부를 확인하고 위반이 있는 경우에는 집합투자업자에 대해서 시정을 요구할 의무가 있다(247조 1항). 투자회사재산을 보관·관리하는 신탁업자도 집합투자업자의 운용행위에 대해서 감시하고 법령, 정관 또는 투자설명서 위반이 있는 경우에는 투자회사의 감독이사에 보고해야 하고, 감독이사는 집합투자업자에 대하여 시정을 요구하도록 해야 한다(247조 2항).[109]

신탁업자는 집합투자재산과 관련하여 투자설명서의 적법성, 자산운용보고서와 위험관리방법 작성의 적정성, 평가의 공정성, 기준가격산정의 적정성, 시정요구에 대한 이행명세 등을 확인해야 한다(247조 5항; 령 269조 4항).

제11절 공시 및 보고서

I. 서 설

집합투자에서도 투자자와 투자전문가 사이의 정보비대칭이 문제된다. 이를 보완하기 위해 각종 정보공시를 요구한다. 투자설명서(123조)에 대해서는 이미 언급하였으므로, 이하 그 밖의 공시제도에 대해서 살펴본다.

II. 집합투자규약의 열람

집합투자업자는 집합투자규약을 인터넷 홈페이지 등을 이용하여 공시해야 한다(91조 3항). 여기서 '**집합투자규약**'은 집합투자기구의 조직, 운영 및 투자자의 권리·의무를 정한 것으로서 투자신탁의 신탁계약, 투자회사·투자유한회사·투자합자회사·투자유한책임회사의 정관 및 투자합자조합·투자익명조합의 조합계약을 말한다(9조 22항). 집합투자규약의 필수적 기재사항은 집합투자기구의 법적 형태를 불문하고 동일하다.[110]

---

109) 집합투자업자가 시정요구에 따르지 않는 경우 신탁업자나 투자회사의 감독이사는 그 사실을 금융위에 보고하고 관련내용을 공시해야 한다(247조 3항 본문). 감독이사가 보고·공시의무를 이행하지 않는 경우 신탁업자가 이행해야 한다(247조 3항 단서).
110) 박삼철외(2021), 130면.

Ⅲ. 자산운용보고서

집합투자업자는 원칙적으로 3개월마다 1회 이상 자산운용보고서를 작성하여 해당 신탁업자의 확인을 받아 집합투자기구의 투자자에게 교부해야 한다(88조 1항). 자산운용보고서에는 집합투자기구의 자산, 부채 및 집합투자증권의 기준가격, 운용기간중의 운용경과와 손익상황 등 운용에 관한 정보를 기재해야 한다(88조 2항). 자산운용보고서의 작성 및 교부비용은 집합투자업자가 부담한다(88조 3항; 령 92조 5항). 집합투자업자는 허위 자산운용보고서를 송부한 경우 그로 인한 손해배상책임을 진다(대법원 2012. 3. 29. 선고 2011다80968 판결).

Ⅳ. 수시공시제도

집합투자업자나 투자회사 등은 투자운용인력의 변경, 환매연기 또는 재개의 결정,[111] 부실자산의 발생 등 집합투자재산과 관련한 중요한 변동사항, 집합투자자총회의 의결내용에 대해서 지체없이 공시해야 한다(89조 1항·186조 2항). 수시공시의 방법에 대하여 종래 인터넷 홈페이지 등을 이용할 것을 요구하였다(개정 전 89조). 그러나 2009. 2. 개정에서는 수시공시사항이 투자자이익보호와 투자판단에 중요한 사항이므로 공시방법을 다양화하고 있다. 그 결과 집합투자업자 등은 인터넷 홈페이지,[112] 전자우편,[113] 영업소[114] 게시의 모든 수단을 이용하여 공시해야 한다(89조 2항 1호-3호).

Ⅴ. 집합투자재산에 관한 보고 및 공시

집합투자업자 및 투자회사등은 집합투자재산에 관한 매 분기의 영업보고서를 매 분기 종료 후 2개월 이내에 금융위 및 협회에 제출해야 한다(90조 1항·186조 2항). 또한 집합투자업자 및 투자회사등은 집합투자기구의 회계기간의 종료나 집합투자기구가 종료되는 때에는 결산서류를 금융위 및 협회에 제출해야 한다(90조 2항). 금융위와 협회는 이러한 서류를 인터넷 홈페이지 등을 통하여 공시해야 한다(90조 3항). 협회는 각 집합투자재산의 순자산가치의 변동명

---

111) 환매금지형집합투자기구의 만기변경이나 만기상환거부 결정 및 그 사유를 포함한다.
112) 집합투자업자, 집합투자증권을 판매한 투자매매업자 또는 투자중개업자 및 협회의 인터넷 홈페이지를 말한다(89조 2항 1호).
113) 투자자의 인적사항을 파악하고 있는 집합투자증권을 판매한 투자매매업자 또는 투자중개업자가 공시의 주체가 된다(89조 2항 2호).
114) 집합투자업자, 집합투자증권을 판매한 투자매매업자 또는 투자중개업자의 본점과 지점, 그 밖의 영업소를 말한다(89조 2항 3호).

세가 포함된 운용실적을 비교하여 그 결과를 공시해야 한다(90조 4항). 비교공시사항에는 집합투자기구의 종류, 주된 투자대상자산 이외에 운용보수와 판매수수료 및 판매보수, 수익률115)도 포함하여 투자자의 투자판단의 효율성을 높이고 있다(령 94조 2항).

VI. 장부 · 서류의 열람

투자자는 집합투자업자 · 투자회사 등 및 판매담당 투자매매업자 등에 대하여 영업시간중에 이유를 기재한 서면으로 그 투자자에 관련된 집합투자재산에 관한 장부 · 서류의 열람이나 등본 또는 초본의 교부를 청구할 수 있다(91조 1항 · 186조 2항). 투자회사에는 상법 제466조 제1항도 적용된다(206조). 그러나 자본시장법상 특칙과는 달리 소수주주권으로서 주식보유요건이 적용된다.

VII. 자산보관 · 관리보고서

신탁업자는 집합투자기구의 회계기간 종료 후 2개월 이내에 소정의 사항이 기재된 자산보관 · 관리보고서를 작성하여 투자자에게 교부하고 금융위 및 협회에 제출해야 한다(248조).

제12절 집합투자기구의 소멸과 합병

I. 투자신탁의 해지와 합병

1. 해   지

1) 승인해지
집합투자업자는 금융위 승인을 얻어 투자신탁을 해지할 수 있다(192조 1항 본문). 다만 다음 경우에는 금융위 승인을 얻지 않고 투자신탁을 해지할 수 있다(192조 1항 단서; 령 223조 1호-4호).

(ⅰ) 수익자 전원이 동의한 경우
(ⅱ) 그 투자신탁의 수익증권 전부에 대한 환매청구를 받아 신탁계약을 해지하려는 경우
(ⅲ) 사모펀드가 아닌 존속하는 동안 투자금을 추가로 모집할 수 있는 투자신탁으로서 설정

---

115) 사모펀드가 아닌 존속하는 동안 투자금을 추가로 모집할 수 있는 집합투자기구로서 원본액 50억원 미만과 50억원 이상의 집합투자기구의 수익률은 별도로 비교 · 공시해야 한다(령 94조 2항 7호).

한 후 1년{집합투자업자의 운용책임이 강화된 일정한 집합투자기구(령 81조 3항 1호)는 설정 이후 2년}이 되는 날에 원본액이 50억원 미만인 경우

(ⅳ) 사모펀드가 아닌 투자신탁을 설정하고 1년{집합투자업자의 운용책임이 강화된 일정한 집합투자기구(령 81조 3항 1호)는 설정 이후 2년}이 지난 후 1개월간 계속하여 투자신탁의 원본액이 50억원 미만인 경우

이 경우 집합투자업자는 그 해지사실을 지체없이 금융위에 보고해야 한다. (ⅲ)과 (ⅳ)는 소규모 투자신탁의 해소방법의 하나로 규정된 것이다. 국내 자본시장에 소규모 펀드가 너무 많아 효율적인 자산운용을 저해하는 등 시장의 건전한 발전을 가로막고 있다는 판단에 따른 것이다.[116]

2) 의무해지

그러나 신탁계약기간의 종료, 수익자총회의 신탁해지결의, 투자신탁의 피흡수합병이나 등록취소, 수익자의 총수가 1인이 되는 경우, 투자신탁인 일반사모펀드의 해지명령(249조의9 1항)을 받은 경우 등 일정한 사유가 발생하면 지체없이 투자신탁을 해지하는 것이 원칙이다(의무해지, 192조 2항). 수익자의 총수가 1인이 되는 경우를 해지사유로 규정한 것은 사모단독펀드의 금지를 반영한 것이다. 다만, 사모단독펀드에 해당해도 법률상 인정되거나(6조 6항) 건전한 거래질서를 해할 우려가 없는 경우로서 시행령으로 정하는 경우는 제외한다(192조 2항 5호 단서; 령 224조의2).

3) 일부해지와 해지환급금의 지급

또한 수익자의 환매청구에 응하는 등 일정한 경우에는 투자신탁의 일부를 해지할 수 있다(192조 5항; 령 225조 1호-3호). 집합투자업자가 투자신탁을 해지하는 경우에는 신탁계약이 정하는 바에 따라 투자신탁재산에 속하는 자산을 당해 수익자에게 지급할 수 있다(192조 3항).

2. 파   산

투자신탁에 대해서는 파산에 관한 규정도 없다. 신탁법상 신탁은 유한책임신탁의 경우에 한하여 파산할 수 있다.[117] 그러므로 투자신탁을 신탁법상 유한책임신탁(동법 114조 이하)으로 구성하지 않는 한 파산의 대상이 될 수는 없다. 그러나 입법론상 투자신탁은 법률상 책임한정신탁(80조 2항)으로서[118] 그 실질상 유한책임신탁과 동일한 것이므로 신탁의 파산에 관한 특칙을 두는 것이 옳다.[119]

---

116) 정순섭외, 『펀드 규모 적정화를 위한 제도개선 방안 연구』(금융법센터 연구용역보고서, 2009. 8).
117) 정순섭, 신탁, 601-609면.
118) 정순섭, 신탁, 641-645면.
119) 같은 취지: 박삼철외(2021), 231-232면.

3. 합   병

1) 의   의

집합투자업자는 자신이 운용하는 다른 투자신탁의 투자신탁재산을 흡수하는 방법으로 투자신탁을 합병할 수 있다(193조 1항). 투자신탁의 합병은 합병계획서를 작성하여 합병하는 각 투자신탁의 수익자총회의 승인을 요한다(193조 2항 본문).

집합투자업자는 수익자총회 회일의 2주 전부터 합병 후 6개월이 경과하는 날까지 합병계획서 등의 서류를 본점 및 판매를 담당한 투자매매업자 및 투자중개업자의 영업소에 갖추어 두어야 한다(193조 4항). 집합투자업자는 투자신탁을 합병한 경우에는 그 사실을 지체없이 금융위에 보고해야 하고, 상장수익증권의 경우에는 그 증권이 상장된 증권시장을 운영하는 거래소에 보고해야 한다(193조 5항).

투자신탁의 합병은 존속투자신탁의 집합투자업자가 금융위에 보고를 한 때에 그 효력이 발생한다(193조 6항 전단). 이 경우 소멸투자신탁은 합병과 동시에 해지된 것으로 본다(193조 6항 후단). 투자신탁의 합병도 주식회사의 경우와 같이 채권자보호절차를 거쳐야 한다(193조 3항; 상 527조의5). 합병 후 존속투자신탁은 합병으로 인한 소멸투자신탁의 권리·의무를 승계한다(193조 7항).

2) 소규모 투자신탁의 합병

투자신탁의 합병은 원칙적으로 수익자총회의 결의를 요한다(193조 2항 본문). 그러나 소규모 투자신탁은 이를 해소하는 방법의 하나로서 번거로운 절차인 합병계획서의 작성과 수익자총회의 개최 없이 합병할 수 있다(193조 2항 단서; 령 225조의2 1항). 이는 국내 자본시장에 소규모 펀드가 너무 많아 효율적인 자산운용을 저해하는 등 시장의 건전한 발전을 가로막고 있다는 판단에 따른 것이다. 다만 이러한 특례의 적용대상이 되기 위해서는 다음 3요건을 갖추어야 한다(령 225조의2 1항 1호-3호).

(i) 존속하는 동안 투자금을 추가로 모집할 수 있는 사모펀드가 아닌 투자신탁으로서 설정 후 1년{집합투자업자의 운용책임이 강화된 일정한 집합투자기구(령 81조 3항 1호)는 설정 이후 2년}이 되는 날에 원본액이 50억원 미만인 경우나 사모펀드가 아닌 투자신탁을 설정하고 1년{집합투자업자의 운용책임이 강화된 일정한 집합투자기구(령 81조 3항 1호)는 설정 이후 2년}이 지난 후 1개월간 계속하여 투자신탁의 원본액이 50억원 미만인 경우일 것(령 223조 3호·4호)

(ii) 집합투자기구의 종류가 동일할 것. 여기서 집합투자기구의 종류는 주요투자대상자산에 따른 종류를 말한다(229조).

(iii) 집합투자규약에 따른 투자대상자산 등이 유사할 것.

소규모 투자신탁의 합병 특례에 따라 합병을 하는 경우 집합투자업자는 합병하는 날의 20일 전까지 일정한 사항을 수익자에게 서면으로 통지해야 한다(령 225조의2 2항). 집합투자업자는 이러한 통지업무를 전자등록기관에 위탁해야 한다(령 225조의2 3항).

II. 투자회사의 해산 및 합병[120]

1. 해 산

투자회사는 정관에서 정한 사유, 주주총회결의, 합병, 법인이사인 주주를 제외한 주주의 총수가 1인이 되는 경우 등의 사유로 해산한다(202조 1항 전단). 법인이사인 주주를 제외한 주주의 총수가 1인이 되는 경우를 해산사유로 한 것은 사모단독펀드의 금지를 반영한 것이다. 다만, 건전한 거래질서를 해할 우려가 없는 경우로서 시행령으로 정하는 경우는 제외한다(202조 1항 7호 단서; 령 231조의2).

투자회사가 해산한 경우 청산인은 해산일부터 30일 이내에 해산사유 등의 사항을 금융위에 보고해야 한다(202조 1항 후단). 투자회사가 해산한 경우에는 청산인 및 청산감독인으로 구성되는 청산인회를 둔다(202조 4항). 청산인과 청산감독인에 관한 사항은 등기해야 한다(202조 2항·3항).

청산인은 취임 후 지체없이 회사의 재산상황을 조사하여 재산목록과 재무상태표를 작성하여 청산인회의 승인을 얻어야 하며, 그 등본을 지체 없이 금융위에 제출해야 한다(203조 1항). 청산인은 취임한 날부터 1개월 이내에 투자회사의 채권자에 대하여 일정한 기간 이내에 그 채권을 신고할 것과 그 기간 이내에 신고하지 않으면 청산에서 제외된다는 뜻을 2회 이상 공고함으로써 최고해야 한다(203조 3항).

청산인은 청산사무가 종결된 때에는 지체없이 결산보고서를 작성하여 주주총회 승인을 얻어야 한다(203조 5항 전단). 이 경우 청산인은 주주총회 승인을 받은 결산보고서를 공고하고, 이를 금융위 및 협회에 제출해야 한다(203조 5항 후단). 청산감독인은 청산인이 업무수행과 관련하여 법령이나 정관에 위반하거나 그 밖에 투자회사에 대하여 현저하게 손해를 끼칠 우려가 있는 사실을 발견한 때에는 금융위에 이를 보고해야 한다(203조 2항).

2. 합 병

1) 의 의

투자회사는 그 투자회사와 법인이사가 같은 다른 투자회사를 합병하는 경우가 아니면 다

---

[120] 투자회사의 해산과 합병에 관한 규정은 투자유한회사(211조 2항), 투자합자회사(216조 3항), 투자유한책임회사(217조의6 2항)에도 준용되고 있다.

른 회사와는 합병할 수 없다(204조 1항). 합병에는 주주총회의 결의를 요한다(204조 2항 본문, 201조 2항 단서). 합병시 합병계획서 등 공시, 금융위나 거래소에 대한 보고에 대해서는 투자신탁의 합병에 관한 규정이 준용되고 있다(204조 3항·193조 4항·5항·8항). 투자회사의 합병시에도 일반 주식회사의 경우와 마찬가지로 채권자보호절차를 거쳐야 한다(206조 2항; 상 527조의5).

2) 소규모 투자회사의 합병

투자회사를 합병하는 경우에는 원칙적으로 주주총회의 결의를 거쳐야 한다(204조 2항, 201조 2항 단서). 소규모 투자회사는 이를 해소하는 방법의 하나로서 번거로운 주주총회를 개최하지 않고 합병할 수 있다(204조 2항 단서; 령 233조의2 1항). 이는 국내 자본시장에 소규모 펀드가 너무 많아 효율적인 자산운용을 저해하는 등 시장의 건전한 발전을 가로막고 있다는 판단에 따른 것이다. 다만 이러한 특례의 적용대상이 되기 위해서는 소규모 투자신탁의 합병특례에 관한 것과 유사한 요건을 충족해야 한다(령 233조의2 1항 1호-3호). 소규모 투자회사의 합병에 관하여는 소규모 투자신탁의 합병특례에 관한 규정이 준용된다(령 233조의2 2항, 225조의2 2항·3항).

Ⅲ. 투자합자조합의 해산과 청산[121]

투자합자조합은 조합계약상 해산사유의 발생, 조합원총회의 결의, 투자합자조합 등록의 취소, 유한책임조합원의 총수가 1인이 되는 경우 등 일정한 사유가 발생한 경우에는 해산한다(221조 1항). 유한책임조합원의 총수가 1인이 되는 경우를 해산사유로 한 것은 사모단독펀드의 금지를 반영한 것이다. 다만, 유한책임조합원의 총수가 1인이 되는 경우라도 건전한 거래질서를 해할 우려가 없는 경우로서 시행령으로 정하는 경우는 해산사유에서 제외한다(221조 1항 4호 단서; 령 238조 2항 1호-4호). 투자합자조합이 해산하는 경우 원칙적으로 업무집행조합원이 청산인이 된다(221조 2항). 청산인은 투자합자조합의 잔여재산을 조합원에게 분배함에 있어서 투자합자조합재산을 조합계약에 따라 조합원에게 지급할 수 있다(221조 5항). 그 밖에 청산사무에 대해서는 청산감독인에 관한 규정(203조 2항)을 제외하고 투자회사에 관한 규정이 준용되고 있다(221조 6항, 203조).

---

121) 투자합자조합의 해산과 청산에 관한 규정은 투자익명조합에도 준용되고 있다(227조 3항).

IV. 소규모 집합투자기구의 정리

1. 의   의

국내자산운용시장의 특징이자 약점은 소규모 집합투자기구가 난립하는 것이다. 소규모 펀드의 난립은 투자자의 집합투자기구 선택을 어렵게 하고 적절한 분산투자를 저해하여 시장 발전에 중대한 장애요인으로 작용해 왔다.[122] 이 문제를 해결하기 위하여 자본시장법은 소규모 집합투자기구의 해지·해산과 합병 특례 이외에 소규모 집합투자기구의 모자형 집합투자기구로의 전환, 소규모 집합투자기구 관련 공시 강화 등 2가지 제도를 추가로 도입하였다. 자본시장법상 소규모 집합투자기구는 원본액 기준 50억원 미만인 집합투자기구로서 사모펀드가 아닌 것을 말한다.

2. 소규모 집합투자기구의 모자형 집합투자기구로의 전환

집합투자기구의 운용방식 등이 유사한 소규모 집합투자기구를 병합하여 하나의 대규모 집합투자기구로 운용할 수 있도록 하기 위하여 원본액이 50억원 미만인 둘 이상의 집합투자기구의 자산을 합하여 하나의 모집합투자기구로 이전하는 방법으로 모자형 집합투자기구로의 전환을 허용하고 있다(령 245조 5항). 다만 모자형 집합투자기구로의 전환이 허용되는 것은 존속하는 동안 투자금을 추가로 모집할 수 있는 공모집합투자기구로 한정된다.

3. 소규모 집합투자기구 해지관련 공시 강화

소규모 집합투자기구를 정리하는 가장 근본적인 해결책은 소규모 집합투자기구의 비효율성을 투자자들이 인식하는 데 있다. 이를 위하여 자본시장법은 수시공시사항으로서 해당 집합투자기구가 소규모 집합투자기구로서 해지될 수 있음을 공시하도록 의무화하고 있다.

집합투자업자나 투자회사 등은 투자자에 대한 수시공시사항으로서 첫째, 존속하는 동안 투자금을 추가로 모집할 수 있는 공모집합투자기구로서 설정 및 설립 이후 1년이 되는 날에 원본액이 50억원 미만인 경우{집합투자업자의 운용책임이 강화된 일정한 집합투자기구(령 81조 3항 1호)는 설정 이후 2년} 그 사실과 해당 집합투자기구가 해지될 수 있다는 사실, 둘째, 사모펀드가 아닌 집합투자기구가 설정·설립되고 1년이 지난 후{집합투자업자의 운용책임이 강화된 일정한 집합투자기구(령 81조 3항 1호)는 설정 이후 2년} 1개월간 계속하여 원본액이 50억원 미만인

---

122) 2011년 6월 기준 국내 자산운용시장에는 자산규모 50억원 미만의 소규모 집합투자기구가 전체 집합투자기구의 47.1%를 점하고 있다. 소규모 펀드의 문제점과 정리방안에 대해서는 정순섭외, 『펀드 규모 적정화를 위한 제도개선 방안 연구』(금융법센터 연구용역보고서, 2009. 8) 참조.

경우 그 사실과 해당 집합투자기구가 해지될 수 있다는 사실을 포함해야 한다(령 93조 3항 4호·5호).

또한 협회는 소규모 펀드와 그 이외의 펀드간 수익률을 별도로 비교공시하여 투자자의 선택을 위한 자료를 제공해야 한다(령 94조 2항 7호).

제13절 감   독

Ⅰ. 자료제출 및 보고명령

금융위는 투자자 보호 또는 건전한 거래질서를 위하여 필요하다고 인정되는 경우에는 위반행위의 혐의가 있는 자 그 밖의 관계자에게 참고가 될 보고 또는 자료제출을 명하거나 금감원장에게 장부·서류, 그 밖의 물건을 조사하게 할 수 있다(426조 1항). 금융위는 이러한 조사를 위하여 위반행위의 혐의가 있는 자 그 밖의 관계자에게 조사사항에 관한 사실과 상황에 대한 진술서의 제출, 조사사항에 관한 진술을 위한 출석, 조사에 필요한 장부·서류, 그 밖의 물건의 제출 등을 요구할 수 있다(426조 2항).

금융투자업자와 투자회사 등은 그 업무와 재산상황에 관하여 금감원장의 검사를 받아야 한다(419조 1항·252조 2항). 금감원장은 이 검사에 필요하다고 인정되는 경우 금융투자업자와 투자회사 등에게 업무·재산보고, 자료제출, 증인출석, 증언 및 의견진술을 요구할 수 있다(419조 5항).

Ⅱ. 감독명령

금융위는 투자회사 등에 대하여 투자자 보호와 건전한 거래질서의 유지를 위하여 집합투자재산의 운용과 공시, 평가와 회계, 집합투자증권의 환매, 집합투자기구의 해산과 합병 등에 관하여 필요한 명령을 할 수 있다(252조 1항; 령 274조).

Ⅲ. 검   사

금감원장은 투자회사 등의 업무와 재산에 관하여 검사할 수 있고, 그 검사결과를 금융위에 보고해야 한다(252조 2항, 419조 1항·7항). 금융위는 검사결과 위반사실이 있는 때에는 투자회사 등이나 그 집합투자업자, 법인이사·업무집행사원·업무집행조합원에 대하여 (i) 업무 전부·일부정지, (ii) 계약인계명령, (iii) 위법행위의 시정·중지명령, (iv) 조치사실 공표 및 게시명령, (ⅴ) 기관경고, (ⅵ) 기관주의, (ⅶ) 위법행위의 시정 또는 방지에 필요한 조치로서 시행령이 정하는 조치를 할 수 있다(253조 2항; 령 275조 5항 1호-5호). 금융위는 (ⅰ) 거짓 그밖에 부정한 방법으로 등록 또는 변경등록한 경우, (ⅱ) 등록요건을 갖추지 못하게 된 경우, (ⅲ) 집합투자기구의 해지 또는 해산, (ⅳ) 투자회사의 순자산액이 3개월 이상 최저순자산액에 미달하는 경우, (ⅴ) 금융위의 시정·중지명령 불이행 등에 해당하는 경우에는 집합투자기구의 등록을 취소할 수 있다(253조 1항; 령 275조 1항-5항). 그리고 금융위는 일정한 경우 감독이사의 해임요구 등의 조치를 취할 수 있다(253조 3항; 령 275조 6항·7항).

제14절 사모펀드

Ⅰ. 서 설

집합투자기구("펀드")는 투자자의 성격과 수에 따라 공모펀드와 사모펀드로 구분된다. 소수의 전문투자자를 상대로 하는 사모펀드의 경우 투자자 보호 필요성이 적으므로 펀드규제는 주로 공모펀드를 대상으로 한다. 그러나 종래 우리나라는 사모펀드에 대해서 일부 규제를 완화하면서도 펀드의 법적 구성, 지배구조 등은 공모펀드와 큰 차이가 없었다.[123]

국내 사모펀드는 (ⅰ) 일반적인 사모펀드로서 공모펀드규제가 적용되는 것을 원칙으로 하되 일부 특례를 인정하던 단계(1998년 증권투자신탁업법 개정 33조 2항), (ⅱ) 경영권 참여가 가능한 유형으로서 사모투자전문회사를 도입한 단계(2004년 간투법 개정), (ⅲ) 사모펀드, 사모투자전문회사 외에 전문사모펀드(2009년 도입한 적격투자자 사모펀드를 변경)를 도입한 단계(2011년 자본시장법 개정), (ⅳ) 경영참여형 사모펀드와 전문투자형 사모펀드를 구분하여 경영권 행사와 자산운용 등 규제를 차별화한 단계(2015년 자본시장법 개정), (ⅴ) 종래 경영참여형과 전문투자형으로 구분된 사모펀드를 통합하고, 투자자 유형에 따라 기관전용과 일반사모펀드를 구분하는 단계(2021년 자본시장법 개정)의 5단계로 발전해 왔다.

사모펀드규제는 (ⅰ) 전담중개업자를 통하여 규제하는 방식, (ⅱ) 운용업자에 대한 진입규제를 두고 그 운용내역을 보고하게 하는 방식, (ⅲ) 운용업자규제와 함께 펀드 자체를 직접규제하는 방식으로 나눌 수 있다.[124] 최근 미국이나 EU 등의 규제개혁은 (ⅰ)에서 (ⅱ)로 발전하는 것이다. 우리나라는 여전히 (ⅲ)의 방식을 채택하고 있다. 이러한 차이는 사모펀드규제를 논의할 때 반드시 고려되어야 한다.

---

123) 사모펀드에 관한 논의로는, 박삼철외(2021)가 상세하다.

124) 정순섭, "국내 자본시장법제의 개선방향 ― 자본시장법 개정안에 대한 의견을 중심으로 ― ", 『경영법률』 제23집 제2호, 2013, 57-58면.

사모펀드에 대한 법적 논의에서는 첫째, 외국계 투기자본의 진출 경로, 둘째, 국내 산업 자본의 문어발식 확장의 수단, 그리고 셋째, 행동주의펀드의 적극적 경영관여의 문제에 대한 논란이 수반된다. 그러나 첫째, 외국계 투기자본의 문제와 관련하여 사모펀드의 국내 활동은 펀드의 설정·설립→판매→운용의 3가지로 구분할 수 있다. 국내 규제를 통하여 제한할 수 있는 것은 펀드의 설정·설립뿐이다. 둘째, 국내 산업자본의 확장통로 문제는 경영권 행사를 목적으로 하는 사모펀드에 대해서는 금산분리를 포함한 관련규제를 적용하면 된다. 셋째, 행 동주의펀드는 기업지배구조는 물론 다양한 사회경제적 관점에서의 논의를 요한다. 자본시장 법은 사모펀드에 대해서도 투자자 보호관점에서의 공시규제가 핵심이다.

이하 사모펀드의 의의와 구조를 살펴본 후 일반사모펀드와 기관전용사모펀드로 나누어 정리한다.

II. 사모펀드의 의의와 구조

1. 의   의

'**사모집합투자기구**' 즉 사모펀드는 "집합투자증권을 사모로만 발행하는 집합투자기구로서 시행령으로 정하는 투자자의 총수가 시행령으로 정하는 방법에 따라 산출한 100인 이하인 것"을 말한다(9조 19항; 령 14조 2항). 사모펀드에 해당하기 위해서는 첫째, 집합투자증권을 사 모로만 발행해야 하고, 둘째, 투자자의 총수가 100인 이하여야 한다. 사모발행은 일반적인 발 행규제의 경우와 같으므로 문제는 투자자 수의 산정방법이다.

먼저 '**시행령으로 정하는 투자자**'는 국가와 한국은행 등(령 10조 1항 1호-6호, 2항 1호-17호, 3항 1호-11호, 3항 18호 가목-다목) 그리고 법인세법 시행규칙상 기금운용법인 등(규정 1-4조 1 항; 법인세법 시행규칙 56조의2 1항·2항)에 해당하는 투자자(령 14조 1항 1호·2호)를 제외한 투자 자를 말한다(령 14조 1항 1호·2호).

사모펀드의 투자자 총수는 기관전용사모펀드의 경우 무한책임사원 및 유한책임사원의 수, 일반사모펀드의 경우 투자자의 수를 합산한 수로 한다(령 14조 2항 전단 1호·2호). 이 경우 투자자의 총수를 계산할 때 다른 집합투자기구[125]가 그 집합투자기구의 집합투자증권 발행총 수의 10% 이상을 취득하는 경우에는 그 다른 집합투자기구의 투자자의 수를 더해야 한다(령 14조 2항 후단). 여기서 더하는 투자자는 합산대상인 시행령 제14조 제1항의 투자자를 말한다. 그 집합투자기구를 운용하는 집합투자업자가 둘 이상의 다른 집합투자기구를 함께 운용

---

125) 사모투자재간접집합투자기구(령 80조 1항 5호의2), 부동산·특별자산투자재간접집합투자기구(령 80조 1항 5 호의3) 또는 부동산집합투자기구 등(령 80조 1항 5호의3 가목-마목)에 대한 투자금액을 합산한 금액이 자산 총액의 80%를 초과하는 공모부동산투자회사(부동산투자회사법 49조의3 1항)는 제외한다.

하는 경우로서 해당 둘 이상의 다른 집합투자기구가 그 집합투자기구의 집합투자증권 발행총
수의 30% 이상을 취득[126]하는 경우에는 그 증권 발행총수의 10% 미만을 취득한 다른 집합투
자기구의 투자자의 수도 더해야 한다(령 14조 3항). 여기서 더하는 투자자도 합산대상인 시행
령 제14조 제1항의 투자자를 말한다.

2. 구　분

사모펀드는 기관전용사모펀드와 일반사모펀드로 구분한다(9조 19항 1호 · 2호). 사모펀드는
단순투자목적으로 조직할 수도 있지만 실제로는 주로 기업인수(사모 M&A 펀드)나 기업구조조
정(**'기업구조 조정기금'**) 목적으로 이용될 것이다. 현행법은 종래 경영참여형과 전문투자형으로
구분된 사모펀드를 통합하고, 투자자 유형에 따라 기관전용과 일반사모펀드를 구분한다.[127]
운용전략상 종래의 경영참여형에 해당할 경우 그에 따른 규제가 적용된다.

Ⅲ. 기관전용사모집합투자기구[128]

1. 의　의

기관전용사모펀드는 "일정한 투자자(249조의11 6항)만을 사원으로 하는 투자합자회사인
사모집합투자기구"를 말한다(9조 19항 1호). 다른 정함이 없는 한 상법상 합자회사에 관한 규
정이 적용된다(181조, 277조 2항).

2. 설　립

기관전용사모펀드는 사모방식으로 설립한다(9조 19항). 이 기구는 정관을 작성하고(249조
의10 1항), 일정한 사항을 등기해야 한다(249조의10 2항). 정관에는 각 사원의 출자목적과 가격
(또는 평가기준), 그리고 사원의 인적사항을 기재한다(249조의10 1항 4호 · 7호). 정관에 기재하는
것은 출자약정액이고 사원의 출자는 실제로 투자대상회사에 대한 투자가 이루어지는 시점에
이루어진다.[129] 이와 같이 기관전용사모펀드의 사원은 업무집행사원이 출자이행을 요구하는

---

126) 여유자금의 효율적 운용을 위한 취득으로서 금융위가 고시하는 경우의 취득은 제외한다.

127) 전문투자형에 해당하는 헤지펀드와 경영참여형에 해당하는 PEF의 구분에 대해서는, 박삼철외(2021), 7-8면
　　주 19), 9면 주 23). 이는 시장에서의 운용전략상 구분일뿐 법률상 규제차원에서 구분할 실익은 없다. 운용결
　　과 경영참여형에 해당하면 그에 필요한 규제를 적용하면 된다. 박삼철외(2021), 9면. 그러나 PEF를 일반사모
　　펀드로 구성하는 경우는 기관전용사모펀드에 비해 규제상 불리하다는 평가가 있다. 박삼철외(2021), 77면.

128) 박삼철외(2021), 451-566면. 상세한 것은 『BFL』 제10호(2005. 3)의 특집논문과 김지평, "경영참여형 사모집
　　합투자기구의 사원 간 권한분배 및 지배관계에 관한 소고", 『저스티스』 통권 제130호(2012), 195면 이하('김
　　지평, 앞의 논문(2012)'으로 인용); 박삼철, "PEF에 대한 감독 · 규제법상의 문제", 『금융법연구』 제2권 제1호,
　　2005, 43면 이하('박삼철, 앞의 논문(2005)'으로 인용).

129) 박삼철, 앞의 논문(2005), 50면.

때에 출자하기로 약정하는 방식으로 출자할 수 있다(249조의11 9항; 령 271조의14 11항).

등기시에는 유한책임사원을 제외한 무한책임사원의 인적사항만을 기재하지만(249조의10 2항 2호) 정관을 첨부하므로(상업등기법 77조, 57조 1호) 유한책임사원의 익명성은 보장되지 않는다.[130]

또한 설립 후 2주내에 등기사항과 업무집행사원 등의 사항을 금융위에 보고해야 한다(249조의10 4항; 령 271조의13 1항). 다만 이 경우에도 정관을 첨부하지만 각 사원의 출자목적과 가격 또는 평가기준, 사원성명 등 그리고 유한책임사원에 관한 내용을 제외할 수 있다(령 271조의13 2항 1호).

유한책임사원은 개인[131]이 아닌 전문투자자로서 시행령으로 정하는 투자자(령 271조의14 4항 1호-5호), 그 밖에 전문성 또는 위험감수능력 등을 갖춘 자로서 시행령으로 정하는 투자자(령 271조의14 5항 1호-6호)여야 한다(249조의11 6항). 산업은행과 기업은행은 그 설립목적에 부합하는 범위에서 기관전용사모펀드에 출자할 수 있다(249조의11 7항).

■ 표 21-5　자본시장법상 기관전용사모집합투자기구의 적격투자자의 범위

구분		적격투자자	
개인이 아닌 전문투자자로서 시행령으로 정하는 투자자	〈1〉	국가	령 271조의14 4항 1호-5호
	〈2〉	한국은행	
	〈3〉	다음 기준을 모두 충족하는 주권상장법인(코넥스상장법인 제외) 가. 금융위에 나목의 기준을 충족하고 있음을 증명하는 자료를 제출할 것 나. 가목에 따라 자료를 제출한 날의 전날의 금융투자상품 잔고가 100억원(외감법상 외부감사를 받는 주식회사는 50억원) 이상일 것 다. 가목에 따라 자료를 제출한 날부터 2년이 지나지 않을 것	
	〈4〉	일정한 금융기관(령 10조 2항 1호-18호) 1. 은행 2. 한국산업은행 3. 중소기업은행 4. 한국수출입은행 5. 농업협동조합중앙회 6. 수산업협동조합중앙회 7. 보험회사 8. 금융투자업자[겸영금융투자업자(8조 9항)는 제외] 9. 증권금융회사 10. 종합금융회사 11. 자금중개회사 12. 금융지주회사 13. 여신전문금융회사 14. 상호저축은행 및 그 중앙회 15. 산림조합중앙회 16. 새마을금고연합회 17. 신용협동조합중앙회 18. 위 기관에 준하는 외국 금융기관	
	〈5〉	일정한 전문기관(령 10조 3항 1호-6호, 6호의2, 7호-14호 또는 18호 가목-라목)	

---

130) 이와 관련한 실무상의 논점에 관해서는 박삼철, 앞의 논문(2005), 49-50면.
131) 외국인(168조 1항), 해당 기관전용사모펀드의 업무집행사원의 임원 또는 운용인력을 제외한다.

		1. 예금보험공사 및 정리금융회사 2. 한국자산관리공사 3. 한국주택금융공사 4. 한국투자공사 5. 협회 6. 한국예탁결제원 6의2. 전자등록기관 7. 거래소 8. 금감원 9. 집합투자기구(기관전용사모펀드와 기관전용사모펀드의 유한책임사 　원이 집합투자증권 전부를 보유하는 일반사모펀드에 한정) 10. 신용보증기금 11. 기술보증기금 12. 법률에 따라 설립된 기금(신보와 기보는 제외) 및 그 기금을 관 　리·운용하는 법인 13. 법률에 따라 공제사업을 경영하는 법인 14. 지방자치단체 18. 외국 정부, 조약에 따라 설립된 국제기구, 외국 중앙은행 등	
그 밖에 전문 성 또는 위험 감수능력 등 을 갖춘 자로 서 시행령으 로 정하는 투 자자	〈6〉	1. 기관전용사모펀드의 업무집행사원과 관련된 다음의 자(그 업무집행 　사원이 운용하는 기관전용사모펀드에 1억원 이상 투자하는 경우로 　한정) 　가. 기관전용사모펀드의 업무집행사원의 임원이나 투자운용전문인 　　력(249조의15 1항 3호) 　나. 기관전용사모펀드의 업무집행사원의 모회사(상 342조의2 1항) 　다. 기관전용사모펀드의 업무집행사원의 임원이나 투자운용전문인 　　력이 발행주식 또는 출자지분 전부를 보유하고 각각 1억원 이상 　　을 출자한 법인 또는 단체	
	〈7〉	2. 기관전용사모펀드의 유한책임사원이 출자지분 전부를 보유하는 여 전법상 신기술사업투자조합	
	〈8〉	3. 다음 각 목의 기준을 모두 충족하는 재단법인 　가. 금융위원회에 나목의 기준을 충족하고 있음을 증명하는 자료를 　　제출할 것 　나. 가목에 따라 자료를 제출한 날의 전날을 기준으로 제10조 제2항 　　각 호의 자나 같은 조 제3항 제1호부터 제6호까지, 제6호의2, 　　제7호, 제8호, 제10호 또는 제11호의 자가 전체 출연금액의 100 　　분의 90 이상을 출연한 재단법인일 것 　다. 가목에 따라 자료를 제출한 날부터 2년이 지나지 않을 것 4. 다음 각 목의 기준을 모두 충족하는 법인 　가. 금융위에 나목 및 다목의 기준을 충족하고 있음을 증명하는 자 　　료를 제출할 것 　나. 업무 및 사업 수행에 필요한 인적·물적 요건을 갖출 것 　다. 가목에 따라 자료를 제출한 날의 전날을 기준으로 최근 1년 이 　　상의 기간 동안 계속해서 금융투자상품을 월말 평균잔고 기준으 　　로 500억원 이상 보유하고 있을 것 　라. 가목에 따라 자료를 제출한 날부터 2년이 지나지 않을 것 5. 내국인의 출자지분이 없는 외국법인(기관전용사모펀드에 100억원 　이상을 투자하는 경우로 한정) 6. 그 밖에 다른 법률에 따라 설립된 기관 또는 단체로서 기관전용사 　모펀드 투자에 필요한 전문성 및 위험관리능력을 갖추고 있다고 금 　융위가 고시하는 기관 또는 단체	령 271조의14 5항 1호-6호

3. 업무집행사원의 등록

1) 의   의

업무집행사원이 집행하는 기관전용펀드의 업무는 집합투자기구의 재산 운용 및 보관·관리, 그 지분의 판매 및 환매 등이다. 이러한 업무는 집합투자업에 해당할 수 있다. 자본시장법은 무인가 영업의 금지를 규정하는 제11조를 "기관전용사모집합투자기구의 업무집행사원이 기관전용사모집합투자기구의 집합투자재산의 운용 및 보관·관리, 기관전용사모집합투자기구 지분의 판매 및 환매 등을 영위하는 경우"에 적용하지 않는다(249조의14 4항, 11조).

자본시장법은 2013. 5. 28. 개정에서 업무집행사원에 대한 등록제를 도입하였다(249조의15 1항). 글로벌 금융위기 이후 사모펀드운용업자에 대한 진입규제가 신설되는 국제적인 추세에 영향을 받은 것으로 보인다. 일반사모펀드와 기관전용사모펀드는 그 실질이 동일함을 고려하여 동일한 등록제의 대상으로 한 것이다. 다만 전자에 대해서는 운용업자에 대한 진입규제로서 등록제(249조의3)를 적용한 것임에 비하여, 후자에 대해서는 엄밀한 의미의 진입규제로서의 등록제라고 하기는 어렵다.[132) 지배구조법도 적용되지 않는다. 그러나 등록요건과 취소 등 진입규제사항을 규정하고 있어 본질적인 차이는 없다. 등록신청서의 기재사항·첨부서류 등 등록신청에 관한 사항과 등록검토의 방법·절차 그 밖에 필요한 사항은 시행령으로 정한다(249조의15 11항; 령 271조의21).

2) 등록요건

기관전용사모펀드의 업무집행사원의 등록요건은 (i) 등록신청일 현재 1억원 이상의 자기자본을 갖출 것(령 271조의21 1항), (ii) 임원(합자회사의 업무집행사원, 유한책임회사의 업무집행자, 유한회사의 이사 또는 합명회사의 업무집행사원 포함)이 지배구조법 제5조에 적합할 것(령 271조의21 2항 1호-3호), (iii) 시행령으로 정하는 투자운용전문인력을 2명 이상 갖출 것(령 271조의21 3항·4항), (iv) 이해상충이 발생할 가능성을 파악·평가·관리할 수 있는 적절한 내부통제기준을 갖출 것(44조), (v) 시행령으로 정하는 건전한 재무상태와 사회적 신용을 갖출 것(령 271조의21 5항)이다(249조의15 1항). 일반사모집합투자업자의 등록요건과는 첫째, 법적 형태와 대주주자격요건이 없고, 둘째, 자기자본금액이 10억원이 아니라 1억원인 점에 차이가 있다(249조의3 2항 1호·2호·5호).

3) 등록신청 및 검토

업무집행사원의 등록을 하려는 자는 금융위에 등록신청서를 제출해야 한다(249조의15 2항). 금융위는 등록신청서를 접수한 경우에는 그 내용을 검토하여 1개월 이내에 등록 여부를

---

132) '합법적인 미인가 집합투자업자'라고 표현한다. 박삼철외(2021), 460면.

결정하고, 그 결과와 이유를 지체없이 신청인에게 문서로 통지해야 한다(249조의15 3항 전단). 이 경우 등록신청서에 흠결이 있는 때에는 보완을 요구할 수 있다(249조의15 3항 후단). 검토기간산정에서 등록신청서 흠결의 보완기간 등 시행규칙으로 정하는 기간은 검토기간에 산입하지 않는다(249조의15 4항; 규칙 24조의3 1호-3호). 금융위는 등록 여부를 결정할 때 등록요건을 갖추지 않은 경우, 등록신청서를 거짓으로 작성한 경우, 흠결보완요구를 이행하지 않은 경우를 제외하고는 그 등록을 거부해서는 안 된다(249조의15 5항).

4) 등록요건의 유지

기관전용사모펀드의 업무집행사원은 등록 후 그 집합투자기구재산의 운용업무를 영위하는 경우 등록요건을 유지해야 한다(249조의15 6항). 금융투자업자의 인가나 등록과 달리 유지요건이 완화되지는 않는다.

5) 등록의 취소

금융위는 기관전용사모펀드의 업무집행사원이 (i) 거짓, 그 밖의 부정한 방법으로 업무집행사원의 등록을 한 경우, (ii) 등록요건유지의무를 위반한 경우, (iii) 업무정지기간 중에 업무를 한 경우, (iv) 금융위의 시정명령 또는 중지명령을 불이행한 경우, (v) 그 밖에 금융시장의 안정 또는 건전한 거래질서를 현저히 해칠 우려가 있거나 해당 기관전용사모펀드의 집합투자재산 운용업무를 영위하기 곤란하다고 인정되는 경우로서 시행령으로 정하는 경우에는 그 업무집행사원의 등록을 취소할 수 있다(249조의15 7항; 령 271조의21 6항 1호-3호).

4. 사원과 업무집행사원

1) 사원의 구성

기관전용사모펀드의 사원은 1인 이상의 무한책임사원과 1인 이상의 유한책임사원으로 하되, 사원총수는 100인 이하로 한다(249조의11 1항). 업무집행사원을 제외한 사원의 총수가 1인이 되는 경우 기관전용사모펀드의 해산사유가 된다(202조 1항 7호, 216조 3항, 249조의20 1항).

사원 수를 계산할 때 전문투자자 중 일정한 대규모 투자자는 제외한다(249조의11 3항; 령 271조의14 2항 1호·2호). 그러나 다른 사모펀드가 그 기관전용사모펀드의 집합투자증권 발행총수의 10% 이상을 취득하는 경우[133]에는 그 다른 집합투자기구의 투자자의 수는 합산해야 한다(249조의11 2항; 령 271조의14 1항). 상법상 일반적인 합자회사와는 달리 회사도 무한책임사원이 될 수 있다(249조의20 2항; 상 173조).

---

[133] 이 경우 그 기관전용사모펀드를 운용하는 업무집행사원이 둘 이상의 다른 기관전용사모펀드를 함께 운용하는 경우로서 해당 둘 이상의 다른 기관전용사모펀드가 그 기관전용사모펀드의 집합투자증권 발행총수의 30% 이상을 취득(여유자금의 효율적 운용을 위한 취득으로서 금융위가 정하여 고시하는 경우의 취득은 제외)하는 경우에는 그 기관전용사모펀드의 집합투자증권 발행총수의 10% 미만을 취득하는 경우를 포함한다.

2) 유한책임사원의 권한과 의무

(1) 업무집행권

유한책임사원은 회사재산인 주식이나 지분의 의결권행사 및 시행령으로 정하는 업무집행사원의 업무에 관여할 수 없다(249조의11 4항). 여기서 관여가 금지되는 업무집행사원의 업무는 투자대상기업의 선정이나 투자목적회사의 설립 또는 선정업무, 투자대상기업이나 투자목적회사의 지분증권을 매매하는 경우에는 그 가격 · 시기 · 방법 등을 결정하는 업무, 기관전용사모펀드의 집합투자재산이나 투자목적회사재산에 속하는 지분증권에 대한 의결권의 행사 업무, 그 밖에 금융시장안정 또는 건전한 거래질서의 유지를 위해 필요한 업무로서 금융위가 고시하는 업무를 말한다(령 271조의14 3항, 271조의20 4항 6호 가목-라목). 또한 업무집행사원이 아닌 사원은 업무집행사원의 업무집행이 현저하게 부적합하거나 업무수행에 중대한 위반행위가 있는 경우 금융위 승인을 받아 사모펀드의 업무와 재산상황을 검사할 수 있다(249조의14 10항).

그러나 실제로 기관전용사모펀드의 유한책임사원은 회사의 재산운용 전반에 관여하고자 하는 경우가 많고 기관전용사모펀드를 설립 · 운용하는 업무집행사원도 투자자 확보를 위하여 유한책임사원의 요구를 수용할 수밖에 없는 것이 현실이다.[134] 다만 자본시장법에서 명시적으로 금지하고 있는 업무에 대해서는 직접적 또는 간접적인 형태를 불문하고 관여할 수 없다. 다음 3가지 경우로 나누어 검토한다.

첫째, 기관전용사모펀드의 설립과정에서 미리 총사원의 동의 혹은 정관으로 투자대상기업선정 및 투자가격 · 시기 · 방법 등을 결정하는 경우.[135] 업무집행 개념 자체가 회사설립 이후에만 있을 수 있으므로 특히 금지되는 업무집행관여행위로 볼 것은 아니다. 둘째, 기관전용사모펀드의 설립 이후 사원총회 혹은 투자심의위원회 등 내부의사결정기관을 통하여 간접적으로 업무집행에 관한 의사를 결정하는 경우.[136] 구체적인 사안에 따라 판단해야 할 사항이지만, 입법취지상 간접적인 형태의 업무집행관여행위로 볼 여지가 있다. 셋째, 개별 유한책임사원이 직접적으로 거부권을 가지는 경우.[137] 이 경우는 명백한 업무집행관여행위로 볼 수 있다.

(2) 출자의무

사원의 출자는 금전이 원칙이지만 예외적으로 객관적인 가치평가가 가능하고 사원 이익을 해할 우려가 없는 경우로서 다른 모든 사원의 동의가 있는 경우에는 증권으로 할 수도 있다(249조의11 5항). 비상장증권도 가능하다. 기관전용사모펀드는 그 업무집행사원의 특수관계인인 유한책임사원의 출자지분이 그 기관전용사모펀드의 전체 출자지분 중 30% 이상(규정

134) 김지평, 앞의 논문(2012), 203면.
135) 김지평, 앞의 논문(2012), 207-208면.
136) 김지평, 앞의 논문(2012), 209-213면.
137) 김지평, 앞의 논문(2012), 213-215면.

7-41조의10 5항)인 경우 그 유한책임사원 관련정보 및 기관전용사모펀드의 투자구조 등 시행령으로 정하는 사항을 그 비율에 해당하게 된 날부터 3영업일 이내에 금융위에 보고해야 한다(249조의11 8항; 령 271조의14 6항-8항).

3) 업무집행사원의 권한과 의무

기관전용사모펀드는 정관으로 무한책임사원 중 1인 이상을 업무집행사원으로 정해야 한다(249조의14 1항 전단). 자본시장법령, 은행법 등 시행령으로 정하는 금융관련법령에서 규정하는 업무를 영위하는 자도 업무집행사원이 될 수 있다(249조의14 2항 전단; 령 271조의20 1항). 예컨대 집합투자업자나 투자자문업자도 업무집행사원이 될 수 있다. 업무집행사원의 적격성에 대해서는 따로 규정이 없다. 투자자로서는 결국 시장에서의 평판을 믿고 투자판단을 내릴 수밖에 없다.

업무집행사원은 기관전용사모펀드의 업무를 집행할 권리와 의무를 가진다(249조의14 1항 후단). 업무집행사원은 법령과 정관에 따라 기관전용사모펀드를 위하여 그 직무를 충실히 수행해야 한다(249조의14 5항). 업무집행사원은 선량한 관리자의 주의의무도 부담한다(상 269조·195조; 민 707조·681조). 수인의 업무집행사원이 있는 경우에는 그 각 사원의 업무집행에 관한 행위에 대하여 다른 업무집행사원의 이의가 있는 때에는 곧 그 행위를 중지하고 업무집행사원 과반수의 결의에 의해야 한다(상 201).

업무집행사원은 (ⅰ) 기관전용사모펀드와 거래하는 행위(사원 전원의 동의가 있는 경우를 제외), (ⅱ) 원금 또는 일정한 이익보장을 약속하는 등의 방법으로 사원이 될 것을 부당하게 권유하는 행위, (ⅲ) 사원 전원의 동의 없이 사원의 일부 또는 제3자의 이익을 위하여 기관전용사모펀드의 소유자산명세를 사원이 아닌 자에게 제공하는 행위, (ⅳ) 그 밖에 금융시장의 안정 및 건전한 거래질서를 해할 우려가 있다고 시행령이 정하는 행위가 금지된다(249조의14 6항 1호-4호; 령 271조의20 4항 1호-9호). (ⅱ)와 (ⅲ)에 대해서는 법인이 업무집행사원인 경우 그 임직원을 포함한다(249조의14 6항).

업무집행사원에 대한 손익분배나 순위 등에 관해서는 정관에서 특별히 정할 수 있다(249조의14 3항). 업무집행사원이 손실을 먼저 부담해도 금융투자업자가 아니므로 이익보장금지(55조)는 문제되지 않는다. 또한 정관이 정하는 바에 따라 보수와 운용실적에 따른 성과보수를 지급할 수도 있다(249조의14 11항).

4) 기관전용사모펀드의 판매와 판매규제의 적용

업무집행사원은 투자매매업자등과의 판매 또는 위탁판매계약 없이(249조의20 1항, 184조 5항) 기관전용사모펀드의 집합투자증권을 직접 판매할 수 있다. 업무집행사원은 자본시장법상 금융투자업자는 물론 금소법상 금융상품판매업자에도 해당하지 않으므로 금소법도 적용되지 않는다. 자본시장법상 부당권유금지규제는 적용된다(249조의14 6항 2호). 그리고 민법상 설명의무 등은 적용되고 그 위반에 대해 불법행위책임을 질 수 있다(대법원 2016. 10. 27. 선고 2015다216796 판결).

5. 자산운용

1) 운용규제의 일원화

2021년 자본시장법 개정으로 종래 사모펀드간 이원화되었던 운용규제를 일원화하면서 완화하였다. 이를 위해 기관전용사모펀드의 자산운용에 대해서 일반사모펀드의 자산운용규제를 준용한다(249조의12 1항, 249조의7). 이에 따라 기관전용사모펀드는 일반사모펀드와 동일한 방법으로 운용할 수 있게 되었다. 이에 따라 지분투자 외에 메자닌 투자, 금전차입, 법인대출, 부동산투자 등이 가능하게 되었다. 다만 파생상품위험평가액 등의 보고와 의결권행사에 관한 규정은 준용하지 않는다(249조의12 1항, 249조의7 3항 · 6항).

기관전용사모펀드는 파생상품 매매 및 그에 따른 위험평가액 현황, 채무보증 또는 담보제공 현황, 금전차입 현황, 그 밖에 금융시장의 안정 또는 건전한 거래질서를 위하여 필요한 사항으로서 시행령으로 정하는 사항에 관하여 금융위에 보고해야 한다(249조의12 2항; 령 271조의16 3항). 보고시기와 방법은 시행령으로 정한다(령 271조의16 1항 · 2항).

2) 이해관계인과의 거래제한

이해관계인과의 거래제한은 거래제한과 증권취득제한으로 구성된다.

첫째, 업무집행사원은 기관전용사모펀드의 집합투자재산을 운용할 때 이해관계인[138]과 거래행위를 해서는 안 된다(249조의16 1항 본문). 거래행위의 종류와 범위에는 제한이 없다. 다만, 증권시장 등 불특정다수인이 참여하는 공개시장을 통한 거래, 일반적인 거래조건에 비추어 기관전용사모펀드에 유리한 거래, 그 밖에 시행령으로 정하는 거래의 경우[139]에는 이를 할 수 있다(249조의16 1항 단서). 그 사모펀드와 이해가 상충될 우려가 없는 거래로 본 것이다. 업무집행사원은 허용되는 이해관계인과의 거래가 있거나 이해관계인의 변경이 있는 경우에는 그 내용을 그 사모펀드의 집합투자재산을 보관 · 관리하는 신탁업자에게 즉시 통보해야 한다

---

138) 시행령은 업무집행사원의 임직원과 그 배우자, 업무집행사원의 대주주와 그 배우자, 업무집행사원의 계열회사로서 (i) 해당 업무집행사원이 그 집합투자재산을 운용하는 기관전용사모펀드가 투자한 투자대상기업 또는 투자목적회사, (ii) (i)의 투자대상기업이나 투자목적회사에 공동운용(령 271조의10 16항)함으로써 그 투자대상기업이나 투자목적회사에 투자한 다른 기관전용사모펀드와 그 업무집행사원, (iii) 그 밖에 금융시장안정 또는 건전한 거래질서를 해칠 우려가 없는 회사로서 금융위가 정하여 고시하는 회사를 제외한 계열회사를 이해관계인으로 규정하고 있다(령 271조의22 1항 1호-3호).

139) 시행령은 집합투자기구와 이해가 상충될 우려가 없는 거래(령 85조), 그 기관전용사모펀드 사원 전원이 동의한 거래, 그 밖에 금융시장안정 또는 건전한 거래질서를 해칠 우려가 없는 거래로서 금융위가 고시하는 거래를 추가하고 있다(령 271조의22 2항 1호-3호).

(249조의16 2항).

둘째, 업무집행사원은 기관전용사모펀드의 집합투자재산을 운용할 때 그 펀드의 계산으로 그 업무집행사원이 발행한 증권을 취득해서는 안 된다(249조의16 3항). 업무집행사원은 기관전용사모펀드의 집합투자재산을 운용할 때 집합투자재산의 5%를 초과하여 그 업무집행사원의 계열회사나 그 기관전용사모펀드 출자총액의 30% 이상의 출자지분을 보유한 유한책임사원의 계열회사가 발행한 증권, 그 계열회사가 발행한 지분증권과 관련한 증권예탁증권 및 원화표시 CD 등을 취득할 수 없다(249조의16 4항 본문; 령 271조의22 3항·6항, 86조 3항). 이 경우 기관전용사모펀드의 집합투자재산으로 취득하는 증권은 시가로 평가하되 평가방법과 절차는 집합투자재산의 평가방법에 따른다(249조의16 4항 단서; 령 271조의22 5항, 260조 1항·2항).

6. 투자목적회사

사모펀드는 직접 투자할 수 있지만, 투자목적회사라는 명목상 회사(paper company)에 대한 지분증권 투자를 통해서 간접적으로 투자할 수도 있다(249조의13 1항). 종래 경영참여형 사모펀드에 한정했던 것을 사모펀드 전체로 확대하여 허용하였다. 투자목적회사는 다음 요건을 모두 충족해야 한다(249조의13 1항; 령 271조의19).[140)]

(i) 주식회사 또는 유한회사일 것
(ii) 특정법인 또는 특정자산 등에 대한 효율적인 투자를 목적으로 할 것
(iii) 그 주주 또는 사원이 (i) 사모펀드 또는 그 사모펀드가 투자한 투자목적회사, (ii) 투자목적회사가 투자하는 회사의 임원 또는 대주주, (iii) 그 밖에 투자목적회사의 효율적 운영을 위하여 투자목적회사의 주주 또는 사원이 될 필요가 있는 자로서 시행령으로 정하는 자(령 271조의19 2항)에 해당하되, (i)에 해당하는 주주 또는 사원의 출자비율이 50% 이상일 것(령 271조의19 1항)
(iv) 그 주주 또는 사원인 사모펀드의 투자자 수와 사모펀드가 아닌 주주 또는 사원의 수를 합산한 수가 100인 이내일 것
(v) 상근임원을 두거나 직원을 고용하지 않고, 본점 외에 영업소를 설치하지 않을 것

다른 규정이 없는 한 투자목적회사에 대해서는 상법이 적용된다(249조의13 2항). 투자목적회사의 차입 및 채무보증한도는 폐지되었다(249조의13 3항 삭제). 투자목적회사에 관하여는 집합투자기구의 이익금 분배(242조), 일정한 범위의 전문투자자의 사원총수 계산에서의 제외(249조의11 3항) 및 상호출자제한기업집단 계열 기관전용사모펀드 등에 대한 제한(249조의18)에 관한 규정을 준용한다(249조의13 5항).

---

140) 일반사모펀드는 기관전용사모펀드가 설립·투자한 투자목적회사의 지분증권에 투자하지 못하고(금투업규정 4-63조 15호), 그 반대의 경우도 금지된다(금투업규정 7-41조의14).

일반투자자를 대상으로 하는 일반사모펀드가 주주 또는 사원인 투자목적회사는 투자목적
회사의 재산의 보관 · 관리업무를 신탁업자에게 위탁해야 하고, 투자목적회사는 스스로 그 재
산을 보관 · 관리하는 신탁업자가 될 수 없다(249조의13 6항, 184조 3항 · 4항). 또한 투자목적회
사의 재산을 보관 · 관리하는 신탁업자가 다른 신탁업자에게 업무를 위탁한 경우(42조 1항)에
는 당사자 간 합의가 있는 경우를 제외하고 위탁한 신탁업자가 투자목적회사의 운용행위를
감시해야 한다(249조의13 6항, 249조의8 2항 5호, 247조).

투자목적회사인 주식회사의 설립등기에는 자본금의 액과 발행주식의 총수, 그 종류와 각
종 주식의 내용과 수는 적용되지 않는다(249조의13 7항; 상 317조 2항 2호 · 3호). 마찬가지로 투
자목적회사인 유한회사의 설립등기에는 자본금의 총액과 출자 1좌의 금액을 적용하지 않는다
(249조의13 7항; 상 549조 2항 2호, 543조 2항 2호 · 3호).

7. 지분양도와 합병 기타

무한책임사원의 지분양도는 엄격히 제한된다. 정관에 정한 경우에 사원 전원의 동의를
얻은 경우에만 지분 분할 없이 양도가능하다(249조의17 1항). 유한책임사원은 무한책임사원 전
원의 동의를 얻어 지분을 분할하지 않고 양도할 수 있다(249조의17 2항). 지분 분할은 원칙적
으로 허용되지 않지만 양도 결과 사원의 수가 100명을 초과하지 않는 범위 안에서 분할양도
할 수 있다(249조의17 3항 전단). 전문투자자 중 일정한 대규모 투자자는 사원총수 계산에서 제
외한다(249조의17 3항 후단, 249조의11 3항; 령 271조의14 2항 1호 · 2호). 기관전용사모펀드의 유
한책임사원은 그 지분을 적격투자자(249조의11 6항 1호 · 2호) 아닌 자에게 양도할 수 없다(249
조의17 5항). 기존 지분의 양도에 따른 사원의 변동이 아니라 새로운 사원이 입사하는 경우에
는 총사원의 동의를 얻어 정관을 변경해야 한다(상 269조 · 204조).

기관전용사모펀드는 기관전용사모펀드를 비롯한 다른 회사와 합병할 수 없다(249조의17
4항). 펀드의 개별적 특성을 훼손할 우려가 있고, 공동투자 등 자산운용이 자유로운 점을 반영
한 것이다.[141] 같은 취지에서 합명회사로의 조직변경에 관한 상법 제286조도 적용되지 않는
다(249조의20 2항).

8. 특   례

첫째, 자본시장법은 기관전용사모펀드에 대해서 집합투자에 관한 특례를 규정하고 있다.
집합투자기구 등록(182조), 집합투자기구 명칭의 적극적 규제(183조 1항), 집합투자재산의 보
관 · 관리와 상근임원이나 직원 또는 영업소의 설치 제한을 제외한 집합투자기구의 업무수행
등(184조 1항 · 2항 · 5항 · 6항), 자기집합투자증권의 취득제한 등(186조), 투자합자회사의 설립

---

141) 박삼철외(2021), 519면.

등(213조-215조), 투자회사와 투자유한회사 규정의 준용(216조),[142] 투자합자회사와 상법과의
관계(217조), 집합투자기구의 종류와 환매 및 환매연기(229조-237조), 시가평가와 공정가액원
칙, 기준가격산정방법을 제외한 집합투자재산평가 및 기준가격산정 등(238조 2항-5항, 7항·8
항), 결산서류 작성 등(239조), 회계처리기준을 제외한 집합투자재산 회계처리 등(240조 3항-10
항), 회계감사인의 손해배상책임(241조), 집합투자재산평가의 공정성과 기준가격산정의 적정
성에 관한 확인을 제외한 운용행위감시 등(247조 1항-4항, 5항 1호-3호, 6호·7호, 6항·7항), 자
산보관·관리보고서의 교부(248조), 미등록 영업행위의 금지(249조), 일반사모펀드의 투자자/
일반사모집합투자업의 등록/일반사모펀드의 투자권유 등과 투자광고 그리고 설정·설립 및
보고(249조의2-249조의6), 일반사모펀드에 대한 특례(249조의8), 일반사모펀드에 대한 조치(249
조의9), 은행에 대한 특칙(250조), 보험회사에 대한 특칙(251조) 및 집합투자기구의 등록취소
등(253조)은 기관전용사모펀드에 적용하지 않는다(249조의20 1항).

둘째, 자본시장법은 권리능력의 제한(상 173조), 사원의 경업금지(상 198조), 사원의 퇴사
권(상 217조 2항), 지분 압류채권자에 의한 퇴사청구(상 224조), 지배인의 선임, 해임(상 274조)
및 조직변경(상 286조)는 기관전용사모펀드에 적용하지 않는다(249조의20 2항).

셋째, 자본시장법상 기관전용사모펀드에 관한 규정은 주로 투자자 보호규제이다. 그러나
기관전용사모펀드는 공정거래법이나 금융규제에도 영향을 미친다. 그리하여 자본시장법은 기
관전용사모펀드에 관하여 공정거래법 및 금융규제상 특례를 상세히 규정하고 있다(249조의20
3항·4항, 249조의19).[143]

9. 감　독

업무집행사원은 주기적으로 기관전용사모펀드(투자목적회사 포함)의 재무제표 등 정보를
사원에게 제공하고 그 운영 및 재산에 관한 사항을 설명해야 하며, 그 제공 및 설명에 관한
내용을 기록·유지해야 한다(249조의14 8항). 사원은 영업시간 내에만 기관전용사모펀드의 재
산에 관한 장부·서류의 열람이나 등본 또는 초본의 교부를 청구할 수 있다(249조의14 9항).
또한 업무집행사원이 아닌 사원은 업무집행사원의 업무집행이 현저하게 부적합하거나 업무수
행에 중대한 위반행위가 있는 경우에는 금융위 승인을 받아 기관전용사모펀드의 업무와 재산
상황을 검사할 수 있다(249조의14 10항). 그리고 금융위는 금융시장안정 또는 건전한 거래질서
를 위하여 필요한 경우 기관전용사모펀드의 업무집행사원에 대하여 그 사모펀드의 운용에 관
하여 필요한 조치를 명할 수 있다(249조의14 12항).

그러면 기관전용사모펀드의 업무집행사원에 대하여 금융당국이 직접 제재할 수 있는가?

---

142) 제216조 제3항 중 투자합자회사의 해산·청산에 관하여 준용하는 부분은 제외한다.
143) 박삼철외(2021), 234-239면.

간투법상 사모투자전문회사의 업무집행사원에 대한 제재 가부를 판단한 사례가 있다. "사모투자전문회사의 무한책임사원인 업무집행사원은 업무상의 권리의무에 비추어 사모투자전문회사의 임원에 해당하므로, 금융위원회는 사모투자전문회사의 업무와 재산에 대한 검사에서 간투법 위반 사실이 확인되는 경우에는 간투법 제166조 제5항, 간투령 제159조 제2호에 따라 업무집행사원에 대한 '**직무정지 · 경고 또는 주의의 요구**'를 할 수 있다"고 판단하였다(대법원 2017. 12. 13. 선고 2017두31767 판결). 현행법상 금융위는 일정한 사유가 있는 경우 기관전용사모펀드의 해산 등과 업무집행사원 및 그 임직원에 대한 해임요구 등의 조치를 할 수 있다(249조의21).

Ⅳ. 일반사모집합투자기구

1. 의   의

일반사모펀드는 "기관전용사모집합투자기구를 제외한 사모집합투자기구"를 말한다(9조 19항 2호). 일반사모펀드인 투자신탁이나 투자익명조합의 일반사모집합투자업자 또는 일반사모펀드인 투자회사등은 적격투자자에 한정하여 집합투자증권을 발행할 수 있다(249조의2 1호 · 2호). 기관전용사모펀드와 달리 일반사모펀드의 법적 형태는 공포펀드의 경우와 다르지 않다.

2. 설정 또는 설립

일반사모펀드는 사모로 설정 또는 설립되는 집합투자기구이다. 일반사모펀드인 투자신탁이나 투자익명조합의 집합투자업자 또는 일반사모펀드인 투자회사등은 일반사모펀드를 설정 · 설립한 경우 그 날부터 2주일 이내에 금융위에 보고하여야 한다(249조의6 2항 본문). 다만, 투자자 보호 및 건전한 거래질서를 해칠 우려가 있는 경우로서 시행령으로 정하는 경우에는 일반사모펀드가 설정 · 설립된 후 지체 없이 보고해야 한다(249조의6 2항 단서; 령 271조의9 2항 1호-4호).

또한 집합투자기구별 설정 또는 설립절차를 준수해야 한다. 일반사모펀드인 투자회사는 일반사모집합투자업자인 법인이사 1명을 두며, 이사의 수를 1명 또는 2명으로 할 수 있다(249조의8 7항).

일반사모펀드의 투자자(투자신탁의 경우 그 투자신탁재산을 운용하는 일반사모집합투자업자)는 자본시장법상 제한규정(188조 4항, 194조 7항(196조 6항에서 준용하는 경우를 포함), 207조 4항, 213조 4항, 217조의2 4항, 218조 2항 및 224조 2항)에도 불구하고 객관적인 가치평가가 가능하고 다른 투자자의 이익을 해칠 우려가 없는 경우에는 다른 투자자 전원의 동의를 받고[144] 시가

---

144) 다만, 공직자윤리법에 따라 주식백지신탁계약을 체결할 목적으로 설정된 투자신탁의 경우는 제외한다.

나 공정가액(238조 1항)에 기초하여 집합투자재산평가위원회가 정한 가격으로 납부할 경우에는 증권, 부동산 또는 실물자산 등 금전 외의 자산으로 납입할 수 있다(249조의8 4항; 령 271조의11 2항 1호·2호).

그리고 일반사모펀드의 투자자는 그 집합투자증권을 적격투자자 이외의 자에게 양도할 수 없다(249조의8 3항). **'적격투자자'**는 [표 21-6]에 기재되어 있는 자를 말한다.

❚표 21-6   자본시장법상 일반사모집합투자기구의 적격투자자의 범위

구분		적격투자자	
전문투자자로서 시행령으로 정하는 투자자	〈1〉	국가	령 271조 1항 1호-5호
	〈2〉	한국은행	
	〈3〉	주권상장법인,	
	〈4〉	일정한 금융기관(령 10조 2항 1호-18호) 1. 은행 2. 한국산업은행 3. 중소기업은행 4. 한국수출입은행 5. 농업협동조합중앙회 6. 수산업협동조합중앙회 7. 보험회사 8. 금융투자업자[겸영금융투자업자(8조 9항)는 제외] 9. 증권금융회사 10. 종합금융회사 11. 자금중개회사 12. 금융지주회사 13. 여신전문금융회사 14. 상호저축은행 및 그 중앙회 15. 산림조합중앙회 16. 새마을금고연합회 17. 신용협동조합중앙회 18. 위 기관에 준하는 외국 금융기관	
	〈5〉	일정한 전문기관(령 10조 3항 1호-8호, 13호-18호) 1. 예금보험공사 및 정리금융회사 2. 한국자산관리공사 3. 한국주택금융공사 4. 한국투자공사 5. 협회 6. 한국예탁결제원 6의2. 전자등록기관 7. 거래소 8. 금감원 13. 법률에 따라 공제사업을 경영하는 법인 14. 지방자치단체 15. 해외 증권시장에 상장된 주권을 발행한 국내법인 16. 다음 요건을 모두 충족하는 법인 또는 단체(외국 법인 또는 외국 단체는 제외) 　가. 금융위에 나목의 요건을 충족하고 있음을 증명할 수 있는 관련 자료를 제출할 것 　나. 관련 자료를 제출한 날 전날의 금융투자상품 잔고가 100억원(외감법상 외부감사를 받는 주식회사는 50억원) 이상일 것 　다. 관련 자료를 제출한 날부터 2년이 지나지 않을 것 17. 다음 요건을 모두 충족하는 개인. 다만, 외국인인 개인, 일정한 범위의 개인종합자산관리계좌에 가입한 거주자인 개인 및 전문투자자와 같은 대우를 받지 않겠다는 의사를 금융투자업자에게 표시한 개인은 제외한다. 　가. 금융위가 정하여 고시하는 금융투자업자에게 나목 및 다목의 요건을 모두 충족하고 있음을 증명할 수 있는 관련 자료를 제출할 것 　나. 관련 자료를 제출한 날의 전날을 기준으로 최근 5년 중 1년 이상의 기간 동안 금융위가 고시하는 금융투자상품을 월말 평균잔고 기준	

		으로 5천만원 이상 보유한 경험이 있을 것 다. 금융위가 정하여 고시하는 소득액·자산 기준이나 금융 관련 전문성 요건을 충족할 것 18. 외국 정부, 조약에 따라 설립된 국제기구, 외국 중앙은행 등	
1억원 이상으로서 시행령으로 정하는 금액 이상을 투자하는 개인 또는 법인, 그 밖의 단체	〈6〉	(ⅰ) 파생상품매매에 따른 위험평가액(파생상품에 투자하는 경우), 집합투자재산으로 해당 일반사모펀드 외의 자를 위하여 채무보증 또는 담보제공을 하는 방법으로 운용하는 경우 그 채무보증액 또는 담보목적물의 가액, 일반사모펀드의 계산으로 금전을 차입하는 경우 그 차입금의 총액, 그 밖에 거래의 실질이 차입에 해당하는 경우로서 시행령으로 정하는 경우에는 시행령으로 정하는 방법에 따라 산정한 그 실질적인 차입금의 총액(249조의7 1항 1호-4호)을 합산한 금액이 일반사모펀드의 자산총액에서 부채총액을 뺀 가액의 200%를 초과하지 않는 일반사모펀드에 투자하는 경우: 3억원 (ⅱ) 위 (ⅰ) 외의 일반사모펀드에 투자하는 경우: 5억원 * 국가재정법 [별표 2]에서 정한 법률에 따른 기금과 집합투자기구를 포함	령 271조 2항 1호 · 2호

3. 자산운용

1) 원   칙

2021년 자본시장법 개정으로 종래 사모펀드간 이원화되었던 운용규제를 일원화하면서 완화하였다. 기관전용사모펀드에 대해서도 일반사모펀드의 자산운용규제를 준용한다(249조의12 1항, 249조의7). 일반사모펀드의 경우 기관전용사모펀드와 달리 투자합자회사나 투자합자조합으로 구성해도 캐피털콜(capital call)방식의 출자가 금지된다(217조 3항·219조 1항).[145] 자본시장법은 기관전용사모펀드에 대해서는 이를 허용한다(249조의11 9항; 령 271조의14 11항).

2) 위험한도규제

일반사모펀드는 일반적인 펀드와는 달리 파생상품거래, 금전차입과 채무보증 및 담보제공을 할 수 있다(249조의7 1항 1호-4호). 일반사모집합투자업자가 일반사모펀드의 집합투자재산(투자목적회사의 재산을 포함)을 운용하는 경우 [파생상품에 투자하는 경우 그 파생상품의 매매에 따른 위험평가액, 집합투자재산으로 해당 일반사모펀드 외의 자를 위하여 채무보증 또는 담보제공을 하는 방법으로 운용하는 경우 그 채무보증액 또는 담보목적물의 가액, 일반사모펀드의 계산으로 금전을 차입하는 경우 그 차입금의 총액, 그 밖에 거래의 실질이 차입에 해당하는 경우로서 시행령으로 정하는 경우에는 시행령으로 정하는 방법에 따라 산정한 그 실질적인 차입금의 총액[146]을 합산한 금액]이 [일반사모펀드의 자산총액에서 부채총액을 뺀

---

145) 박삼철외(2021), 77면 주 160), 456면.
146) 시행령은 실질적인 차입금의 총액을 증권을 환매조건부매도하는 경우 그 매도금액과 증권을 차입하여 매도하

가액]의 400%를 초과할 수 없다(249조의7 1항 본문 1호-4호; 령 271조의10 1항).

일반사모펀드가 금전차입 규정에 따라 사채를 발행할 수 있는가? 구체적으로 투자회사는 주식회사로서 사채를 발행할 수 있는지, 그리고 투자신탁은 신탁법상 신탁사채(87조)를 발행할 수 있는지가 문제되고 있다. 부정적인 해석이 일반적이다.[147] 그러나 투자신탁이 신탁사채 발행을 위한 신탁법상 요건(87조 1항 1호-3호)을 충족할 수 있다면 제한할 근거는 없다.

3) 금지행위

일반사모집합투자업자는 일반사모펀드의 집합투자재산을 운용할 때 국내에 있는 부동산(령 271조의10 3항)을 취득한 후 1년 이내(령 271조의10 4항 본문)에 이를 처분하는 행위, 건축물, 그 밖의 공작물이 없는 토지로서 그 토지에 대하여 부동산개발사업을 시행하기 전에 이를 처분하는 행위, 일반사모집합투자업자가 일반사모펀드의 집합투자재산을 개인 등에게 직접 대여하거나 이를 회피할 목적으로 대부업자 등과의 연계거래 등을 이용하는 행위, 일반사모집합투자업자가 일반사모펀드의 집합투자재산을 금전대여로 운용하는 경우 그 집합투자기구의 집합투자증권을 국가, 한국은행등에게 발행하는 행위, 일반사모집합투자업자가 이 장의 규제를 회피할 목적으로 투자목적회사가 아닌 법인으로서 이와 유사한 목적 또는 형태를 가진 법인을 설립 또는 이용하는 행위를 해서는 안 된다(249조의7 2항 1호-5호).[148]

주목할 것은 "일반사모펀드의 집합투자재산을 개인 등에게 직접 대여하거나 이를 회피할 목적으로 대부업자 등과의 연계거래 등을 이용하는 행위"를 불건전영업행위로 규정함으로써

는 경우 그 매도금액을 합산한 금액으로 규정한다(령 271조의10 2항 1호·2호).

147) 박삼철외(2021), 225-226면.

148) 구체적인 금지행위는 다음과 같다(249조의7 2항 1호-5호).

(ⅰ) 국내부동산(령 271조의10 3항)을 취득한 후 1년 이내(령 271조의10 4항 본문)에 이를 처분하는 행위, 건축물, 그 밖의 공작물이 없는 토지로서 그 토지에 대하여 부동산개발사업을 시행하기 전에 이를 처분(국내 부동산을 취득한 투자목적회사가 발행한 주식 또는 지분을 처분하는 것을 포함)하는 행위. 다만, 부동산개발 사업에 따라 조성하거나 설치한 토지·건축물 등을 분양하는 경우, 그 밖에 투자자 보호를 위하여 필요한 경우로서 시행령으로 정하는 경우는 제외한다.

(ⅱ) 건축물, 그 밖의 공작물이 없는 토지로서 그 토지에 대하여 부동산개발사업을 시행하기 전에 이를 처분하는 행위. 다만, 일반사모펀드의 합병·해지 또는 해산, 그 밖에 투자자 보호를 위하여 필요한 경우로서 시행령으로 정하는 경우는 제외한다.

(ⅲ) 일반사모집합투자업자가 일반사모펀드의 집합투자재산을 개인 및 그 밖에 시행령으로 정하는 자에게 직접 대여하거나 이를 회피할 목적으로 대부업자 등 시행령으로 정하는 자와의 연계거래 등을 이용하는 행위

(ⅳ) 일반사모집합투자업자가 일반사모펀드의 집합투자재산을 금전대여로 운용하는 경우 그 펀드의 집합투자증권을 국가, 한국은행, 전문투자자 중 시행령으로 정하는 자 이외의 자에게 발행하는 행위. 다만, 집합투자재산의 안정적 운용을 해칠 우려가 없는 경우로서 일반사모펀드가 금전을 대여한 차주의 목적이 시행령으로 정하는 경우에 해당하는 경우에는 허용된다.

(ⅴ) 일반사모집합투자업자가 제7장(사모집합투자기구 등에 대한 특례)의 규제회피목적으로 투자목적회사가 아닌 법인으로서 이와 유사한 목적 또는 형태를 가진 법인을 설립 또는 이용(그 법인이 발행한 지분증권에 투자하는 행위를 포함)하는 행위. 다만, 외국 투자대상자산의 취득을 목적으로 설립된 외국법인 등 시행령으로 정하는 법인을 설립 또는 이용하는 행위는 제외한다.

금전대여를 간접적으로 허용한 것이다.[149] 여기서 금전대여는 대부업법상 여신금융기관에 해당하여 등록을 요하지 않으며(대부업법 3조 2항, 2조 4호; 동 시행령 2조의2 6호), 대출채권의 모집을 포함하지 않는다.[150]

4) 주식처분과 의결권 행사

일반사모펀드의 경영권 행사도 가능하다.[151] 일반사모펀드의 적용제외회사(투자목적회사, 투자회사, 투자유한회사, 투자합자회사, 투자유한책임회사, 유동화전문회사, 부동산투자회사, 선박투자회사, 문화산업전문회사, 외국법인 그 밖에 금융위가 고시하는 회사) 이외의 다른 회사에 대한 경영권 행사는 원칙적으로 15년간 허용된다(249조의7 5항 1호 · 2호; 령 271조의10 15항 1호-16호). 구체적으로 일반사모집합투자업자는 적용제외회사 이외의 다른 회사에 대한 경영권 참여, 사업구조 또는 지배구조의 개선 등을 위하여 다른 회사의 의결권 있는 발행주식총수 또는 출자총액의 10% 이상을 보유하거나 임원임면 등 투자하는 회사의 주요경영사항에 대하여 사실상의 지배력 행사가 가능하도록 하는 투자로서 '**시행령으로 정하는 투자**'(령 271조의10 17항 1호 · 2호)를 하여 일반사모펀드의 집합투자재산을 운용하는 경우[152] 다른 회사의 의결권 있는 발행주식총수 등의 10% 이상을 보유하게 된 날이나 사실상의 지배력 행사가 가능하도록 하는 투자를 한 날부터 15년이 되는 날까지 그 지분증권을 제3자에게 처분해야 한다(249조의7 5항 1호 · 2호). 이러한 방법으로 집합투자재산을 운용하는 경우 그 사실을 집합투자규약에 기재해야 한다(규정 7-8조 8호).

집합투자업자는 투자한도(81조 1항, 84조 4항)를 초과하여 취득한 주식에 대하여는 의결권을 행사할 수 없다(87조 4항). 그러나 일반사모집합투자업자는 상호출자제한기업집단의 계열회사인 일반사모집합투자업자가 운용하는 일반사모펀드나 같은 상호출자제한기업집단에 속하는 금융회사가 집합투자증권 총수의 30%를 초과하여 투자한 일반사모펀드에 해당하지 않는 일반사모펀드의 집합투자재산인 주식과 관련하여 투자한도(81조 1항)를 초과하여 취득한 주식에 대하여 의결권을 행사할 수 있다(249조의7 6항).

5) 보고 등

일반사모집합투자업자는 매분기 말일부터 1개월 이내에 펀드별로 파생상품매매(및 그에 따른 위험평가액)현황, 채무보증 또는 담보제공현황, 금전차입현황, 그 밖에 투자자 보호 또는 건전한 거래질서를 위하여 필요한 사항으로서 시행령으로 정하는 사항에 관하여 매분기 말일

---

149) 박삼철외(2021), 228면.
150) 전문투자형 사모펀드의 금전 대여 업무 가이드라인, 2조 1항 1호 나목. 이 자료는 금융위 · 금감원, 보도자료: 전문투자형 사모펀드의 금전대여 업무 가이드라인 변경 시행, 2018. 7. 25.에서 확인할 수 있다. 같은 취지: 박삼철외(2021), 228면(금융위 유권해석 2017. 12. 11.을 인용).
151) 박삼철외(2021), 234-239면.
152) 시행령으로 정하는 방법(령 271조의10 16항)에 따라 다른 사모펀드와 공동으로 운용하는 경우를 포함한다.

을 기준으로 금융위에 보고해야 한다(249조의7 3항 1호-4호; 령 271조의10 12항·13항).

일반사모펀드인 투자신탁이나 투자익명조합의 집합투자업자 또는 일반사모펀드인 투자회사등은 투자자 보호와 관련하여 자산운용상 위험한도(249조의7 1항 본문)를 초과한 경우, 부실자산(89조 1항 3호; 령 93조 2항)이 발생한 경우, 환매연기 또는 환매재개의 결정이 있는 경우, 환매금지형 집합투자기구의 경우에는 만기변경이나 만기상환거부 결정이 있는 경우에는 그 날부터 3영업일 이내에 금융위에 보고해야 한다(249조의7 4항; 령 271조의10 14항).

일반사모펀드 집합투자재산의 구체적인 운용방법과 보고 절차, 그 밖에 필요한 사항은 시행령으로 정한다(249조의7 7항; 령 271조의10).

4. 종류집합투자증권: 손익분배 또는 순위

일반사모집합펀드는 집합투자규약에 따라 투자자에 대한 손익분배 또는 손익순위 등에 관한 사항을 정할 수 있다(249조의8 8항). 손익분배 또는 손익순위 등에 관하여 다른 내용을 가진 종류집합투자증권을 허용하는 것이다. 자본시장법은 수익자의 균등한 권리(189조 2항), 신주발행조건의 균등(196조 5항),[153] 투자유한회사 사원의 균등한 권리(208조 1항)[154] 등도 일반사모펀드에 대해서는 적용배제하고 있다(249조의8 1항). 다양한 투자수요를 충족할 수 있게 할 것으로 생각된다. 그러나 집합투자재산의 원본을 초과하는 손실이 발생하는 경우 투자자가 그 집합투자기구의 집합투자증권을 추가매입하도록 사전에 약정하는 행위는 불건전영업행위로서 금지된다(규정 4-63조 10호). 증권으로서의 본질(추가지급의무의 부재)에 반하기 때문이다. 일반사모집합투자업자가 손실을 먼저 부담하면(249조의8 8항) 금융투자업자이므로 이익보장금지(55조)가 문제된다.[155]

5. 집합투자증권의 판매

1) 의의와 취지

일반사모펀드의 집합투자증권에 대한 투자광고와 투자권유를 포함한 판매에 대해서는 금소법이 적용된다. 사모도 "새로 발행되는 증권의 취득의 청약을 권유하는 것"(9조 8항)이므로 자본시장법상 투자권유 또는 금소법상 권유에 해당한다. 사모집합투자업자가 자신이 운용하는 일반사모펀드의 집합투자증권을 판매하는 경우는 금융투자업에서 적용제외되어 있지만(7조 6항 3호), "자신이 직접 계약의 상대방으로서 금융상품에 관한 계약의 체결을 영업으로 하

---

153) 자본시장법 제208조 제3항, 제216조 제2항, 제217조의3 제3항, 제222조 제2항 및 제227조 제2항에서 투자유한회사, 투자합자회사, 투자유한책임회사, 투자합자조합, 투자익명조합에 준용하는 경우를 포함한다.
154) 제216조 제2항, 제222조 제2항 및 제227조 제2항에서 투자합자회사, 투자합자조합, 투자익명조합에 준용하는 경우를 포함한다.
155) 박삼철외(2021), 470면.

는 것"으로서 금융상품직접판매업에 해당한다(금소법 2조 2호 가목). 다만 자본시장법은 일반사모펀드에 대한 투자광고와 투자권유, 그리고 금융투자업에서 배제되어 있는 일반사모집합투자업자의 영업행위규제에 관하여 특칙을 두고 있다.

2) 투자광고

일반사모펀드의 집합투자증권을 판매하는 금융투자업자는 전문투자자 또는 기준금액(투자광고를 하는 날 전날의 투자자예탁금 잔액을 포함한 금융투자상품 잔고가 1억원 이상으로서 시행령으로 정하는 금액) 이상인 일반투자자만을 대상으로 투자광고를 해야 한다(249조의5 1항). 일반사모펀드의 위험한도규제의 위험총액(249조의7 1항 1호-4호)이 일반사모펀드의 자산총액에서 부채총액을 뺀 가액의 200%를 초과하지 않는 일반사모펀드의 투자광고를 하는 경우에는 3억원, 그 외의 일반사모펀드의 투자광고를 하는 경우에는 5억원을 기준금액으로 한다(령 271조의6 1호·2호). 투자광고를 하는 경우 서면, 전화, 전자우편, 그 밖에 금융위가 고시하는 매체를 통하여 전문투자자 또는 대상투자자에게 개별적으로 알려야 한다(249조의5 2항).

3) 투자권유

(1) 설명의무의 이행 등

일반사모펀드의 집합투자증권을 판매하는 금융투자업자는 투자자가 적격투자자인지를 확인해야 하며(249조의4 1항), 금소법상 설명의무를 이행해야 한다(동법 19조). 이와 함께 일반사모펀드의 집합투자증권을 발행하는 집합투자업자는 집합투자재산의 운용에 따른 위험도 및 위험요소 등 시행령으로 정하는 사항이 포함된 핵심상품설명서를 작성하여 그 일반사모펀드의 집합투자증권을 투자권유 또는 판매하는 자에게 제공해야 한다(249조의4 2항 전단; 령 271조의5 1항 1호-5호). 착오·오기 등 경미한 사항으로서 시행령으로 정하는 경우는 제외하고, 그 핵심상품설명서의 기재사항이 변경된 경우에도 같다(249조의4 2항 후단; 령 271조의5 2항 1호-4호).

(2) 판매업자의 검증의무와 감시의무 등

2021년 개정 자본시장법의 중요한 특징은 일반사모펀드의 집합투자증권 판매업자에게 판매자료의 검증의무와 집합투자업자의 집합투자재산의 운용등에 관한 감시의무를 도입한 것이다. 사모펀드의 경우에는 집합투자재산을 보관·관리하는 신탁업자의 감시의무가 면제되는 점(249조의8 1항; 249조의20 1항)을 고려한 것이다. 그러나 단순히 집합투자증권을 위탁매매나 중개 또는 대리하는 펀드판매의 법적 구조를 고려할 때 판매업자에게 이러한 의무를 부과할 이론적 근거는 명확하지 않다. 사모펀드사태에 대응하기 위한 순수한 정책적 대응으로 이해된다.

첫째, 일반사모펀드의 집합투자증권을 투자권유 또는 판매하는 자("판매업자")는 핵심상품설명서가 그 펀드의 집합투자규약과 부합하는지 여부 등 시행령으로 정하는 사항을 미리 검증해야 한다(249조의4 3항; 령 271조의5 3항 1호-4호). 판매업자는 그 일반사모펀드의 집합투자증권을 발행하는 자가 작성하여 제공한 핵심상품설명서를 투자자[156]에게 시행령으로 정하는 방법에 따라 교부하고, 그 설명서를 사용하여 투자권유 또는 판매해야 한다(249조의4 4항 본문; 령 271조의5 4항·5항). 다만, 일반사모펀드의 집합투자증권을 투자권유 또는 판매하는 자가 투자자가 이해하기 쉽도록 핵심상품설명서 내용 중 집합투자재산의 운용에 따른 위험도 및 위험요소 등 시행령으로 정하는 중요한 사항을 발췌하여 기재 또는 표시한 경우로서 그 일반사모펀드의 집합투자증권을 발행한 집합투자업자와 미리 합의한 경우에는 해당 자료를 사용하여 투자권유 또는 판매할 수 있다(249조의4 4항 단서; 령 271조의5 6항 1호-4호). 그러나 판매업자가 그 핵심설명서 내용의 진실성을 독립적으로 조사하여 확인할 의무는 없다.[157] 그러나 판매업자가 투자신탁설정을 실질적으로 주도한 경우 판매업자 역시 집합투자업자와 같이 투자신탁의 수익구조와 위험요인을 합리적으로 조사하여 올바른 정보를 투자자에게 제공할 의무를 부담한다(대법원 2015. 11. 12. 선고 2014다15996 판결).

둘째, 일반투자자를 대상으로 일반사모펀드의 집합투자증권을 판매한 자는 그 일반사모펀드의 집합투자증권을 발행한 집합투자업자의 운용행위가 핵심상품설명서에 부합하는지 여부에 대하여 시행령으로 정하는 기준 및 방법에 따라 확인하고, 부합하지 않는 경우에는 그 집합투자업자에게 그 운용행위의 철회·변경 또는 시정을 요구해야 한다(249조의4 5항; 령 271조의5 7항). 일반사모펀드의 집합투자증권을 판매한 자는 집합투자업자에게 그 운용행위의 철회등을 요구한 경우에는 그 날부터 3영업일 이내[158]에 그 일반사모펀드의 집합투자증권을 발행한 집합투자업자가 그 요구를 이행하지 않는 경우에는 그 사실을 시행령으로 정하는 방법에 따라 금융위에 보고하고 투자자에게 통보해야 한다(249조의4 6항; 령 271조의5 8항). 그리고 판매업자가 집합투자업자에게 운용행위의 철회등을 요구한 경우 집합투자업자는 그 요구에 대하여 금융위에 이의를 신청할 수 있다(249조의4 7항 전단). 이 경우 관련 당사자는 집합투자업자의 운용행위가 핵심상품설명서에 부합하는지 여부, 집합투자증권을 판매한 자가 집합투자업자에게 통지한 운용행위의 철회·변경 또는 시정 요구가 관련 절차 및 요건을 갖추었는지 여부, 집합투자업자의 운용행위가 금융관계법령에 위반되는지 여부에 따라 이루어지는 금융위 결정에 따라야 한다(249조의4 7항 후단; 령 271조의5 9항 1호-3호).

4) 일반사모집합투자업자의 영업행위규제

일반사모집합투자업자가 자신이 운용하는 일반사모펀드의 집합투자증권을 판매하는 경

[156) 전문투자자와 그 밖에 시행령으로 정하는 자는 제외한다(령 271조의5 4항; 132조).

157) 박삼철외(2021), 159면.

158) 집합투자업자가 3영업일 이내에 요구를 이행하기 곤란한 불가피한 사유가 있는 경우로서 일반사모펀드의 집합투자증권을 판매하는 자와 이행기간을 따로 합의한 경우에는 그 기간 이내.

우에는 금융투자업에서 적용제외하고 있다(7조 6항 3호). 그러면 이 경우의 판매규제는 어떻게 적용되는가? 투자매매업자 또는 투자중개업자의 불건전영업행위 규제 중 일부(71조 5호-7호),[159] 투자자예탁금의 별도예치(74조) 및 투자자예탁증권의 예탁(76조 1항)을 준용한다(249조의8 9항 전단). 이 경우 제74조 및 제76조 제1항 중 "투자매매업자 또는 투자중개업자는"은 "자신이 운용하는 일반 사모집합투자기구의 집합투자증권을 판매하는 일반 사모집합투자업자는"으로 본다(249조의8 9항 후단).

6. 특   례

첫째, 일반사모펀드에 대해서는 집합투자규제에 관한 특례를 인정하고 있다. 시가 또는 공정가액관련 사항을 제외한 집합투자증권 판매 등에 관한 특례(76조 2항-6항), 자산운용의 제한(81조-83조), 자산운용보고서의 교부(88조), 수시공시{89조(186조 2항에서 준용하는 경우를 포함)}, 집합투자재산에 관한 보고 등{90조(186조 2항에서 준용하는 경우를 포함)}, 집합투자규약의 공시{91조 3항(186조 2항에서 준용하는 경우를 포함)}, 파생상품의 운용 특례(93조), 신탁등기관련사항을 제외한 부동산의 운용특례(94조 1항-4항, 6항), 집합투자기구의 등록(182조), 집합투자기구 명칭의 적극적 규제(183조 1항), 자기집합투자증권의 취득제한 등{186조(87조를 준용하는 경우는 제외)}, 신탁계약의 변경과 공시(188조 2항 · 3항), 투자신탁 수익권의 균등성(189조 2항), 투자회사의 정관의 변경 등(195조), 투자회사 주식발행가액 등의 균등성{196조 5항(208조 3항, 216조 2항, 217조의3 3항, 222조 2항 및 227조 2항에서 준용하는 경우를 포함)}, 투자회사 이사의 구분(197조), 투자회사 법인이사와 이사회의 관계(198조 2항 · 3항), 투자회사 감독이사(199조), 투자회사의 이사회(200조), 투자유한회사의 등록전 사원가입(207조 5항), 투자유한회사 지분증권의 균등성{208조 1항(216조 2항, 222조 2항 및 227조 2항에서 준용하는 경우를 포함)}, 투자유한회사 정관변경관련 준용규정(211조 1항), 투자합자회사의 등록전 사원가입(213조 5항), 투자회사 정관변경관련 준용규정(216조 1항), 투자유한책임회사의 등록전 사원가입(217조의2 5항), 투자유한책임회사의 지분증권의 균등성(217조의3 1항), 투자유한책임회사의 정관변경관련 준용규정(217조의6 1항), 투자합자조합의 등록전 조합원가입(218조 3항), 투자합자조합의 조합계약변경관련 준용규정(222조 1항), 투자익명조합의 등록전 조합원가입(224조 3항), 투자익명조합의 익명조합계약변경관련 준용규정(227조 1항), 집합투자기구의 종류(229조), 환매금지형 집합투자기구(230조), 환매청구 및 방법 등(235조), 환매연기(237조), 기준가격의 공고 · 게시 등(238조 7항 · 8항), 결산서류의 작성 등(239조 1항 3호, 2항-5항), 회계처리기준을 제외한 집합투자재산의 회계처리 등(240조 3항-8항, 10항), 회계감사인의 손해배상책임(241조), 일부 사항을 제외한 운용행위감시 등(247조 1항-4항, 5항 1호-3호, 제6호 · 제7호, 6항 · 7항), 자산보관 · 관

---

159) 제7호의 경우 같은 호에 따른 대통령령으로 정하는 행위 중 대통령령으로 정하는 것으로 한정한다.

리보고서의 교부(248조) 및 집합투자기구의 등록취소 등(253조)는 일반사모펀드에는 적용하지 않는다(249조의8 1항).

둘째, 위 첫째 특례에도 불구하고 일반투자자를 대상으로 하는 일반 사모펀드에는 다음 조항을 적용한다(249조의8 2항 본문).

(i) 환매연기 등의 통지를 받은 경우 집합투자증권의 판매금지(76조 2항). 다만, 집합투자업자에 의한 환매연기의 통지{92조 1항 1호·2호(186조 2항에서 준용하는 경우를 포함)}에 따른 통지를 받은 경우로 한정한다.

(ii) 자산운용보고서의 교부(88조). 다만, 전문투자자에 대해서는 자산운용보고서를 교부하지 않을 수 있다.

(iii) 환매금지형집합투자기구의 설정·설립강제(230조 5항)

(iv) 집합투자재산의 회계처리 등(240조 3항-10항). 다만, 투자자 전원의 동의를 얻은 경우 및 투자자의 이익을 해할 우려가 없는 경우로서 시행령으로 정하는 경우에는 이를 적용하지 않는다.

(v) 집합투자재산을 보관·관리하는 신탁업자에 의한 운용행위의 감시등(247조). 집합투자재산을 보관·관리하는 신탁업자가 다른 신탁업자에게 업무를 위탁한 경우(42조 1항)에는 당사자 간 합의가 있는 경우를 제외하고 위탁한 신탁업자가 제247조를 이행하여야 한다. 이 경우 "투자설명서"는 "핵심상품설명서"로, "3영업일"은 "3영업일 또는 집합투자업자가 3영업일 이내에 요구를 이행하기 곤란한 불가피한 사유가 있는 경우로서 일반사모집합투자기구의 집합투자재산을 보관·관리하는 신탁업자와 이행을 위한 기간을 따로 합의한 경우에는 그 기간"으로 각각 본다. 다만, 이 경우 다른 사모펀드에 투자하는 펀드로서 사모펀드에 해당하지 않는 펀드와 다른 사모펀드에 투자하는 펀드로서 일반투자자를 대상으로 하는 일반사모펀드는 일반투자자로 본다(249조의8 2항 단서; 령 271조의11 1항 1호·2호).

셋째, 집합투자자총회 및 그와 관련된 사항은 일반사모펀드에는 적용하지 않는다(249조의8 5항 본문). 다만, 일반투자자를 대상으로 하는 일반사모펀드의 경우에는 환매연기규정(237조)을 적용하며, 이 경우 집합투자자총회 결의일은 환매연기일로부터 3개월 이내로 한다(249조의8 5항 단서).

넷째, 일반사모펀드인 투자신탁이나 투자익명조합의 집합투자업자 또는 일반 사모펀드인 투자회사등이 자본시장법 또는 상법에 따라 투자자에게 공시 또는 공고해야 하는 사항에 대하여 집합투자규약에서 정한 방법으로 전체 투자자에게 통지한 경우에는 자본시장법 또는 상법에 따라 공시 또는 공고한 것으로 본다(249조의8 6항).

7. 감독 및 조치

금융위는 설립 · 설정요건을 갖추지 못하는 등 사유가 있는 경우 일반사모펀드의 해지 · 해산을 명할 수 있다(249조의9 1항 1호-6호). 금융위는 또한 동일한 사유가 있는 경우 일반사모펀드인 투자회사등과 그 집합투자업자 또는 그 법인이사 · 업무집행사원 · 업무집행조합원에 대하여 6개월 이내의 업무의 전부 또는 일부의 정지, 계약인계명령, 위법행위의 시정 · 중지명령, 위법행위로 인한 조치사실의 공표 · 게시명령, 기관경고, 기관주의 등의 조치를 취할 수 있다(249조의9 2항 1호-7호; 령 271조의12 4항 1호-5호). 금융위는 일반사모펀드인 투자회사의 감독이사가 정당한 사유 없이 직무관련정보를 이용한 경우 등에는 해임요구, 6개월 이내의 직무정지, 문책경고, 주의적 경고, 주의 등의 조치를 할 수 있다(249조의9 3항 1호 · 2호; 령 271조의12 5항, 4항 3호-5호). 일반사모펀드, 일반사모집합투자업자 및 그 임직원에 대한 조치 등에 관하여는 금융투자업자의 임직원에 대한 관리감독자의 책임(422조 3항) 및 청문 · 처분 등의 기록 및 공시 등 · 이의신청(423조-425조)에 관한 규정을 준용한다(249조의9 4항).

Ⅴ. 특수한 형태의 사모펀드

일반적인 사모펀드와 구별해야 하는 것으로서 기업재무안정사모펀드(249조의22)와 창업 · 벤처전문사모펀드(249조의23)가 있다. 전자는 금융기관을 제외한 재무구조개선기업의 경영정상화 및 재무안정 등을 위하여, 그리고 후자는 창업 · 벤처기업등의 성장기반 조성 및 건전한 발전을 위하여 집합투자재산을 투자 · 운용하여 그 수익을 투자자에게 배분하는 것을 목적으로 하는 사모펀드를 말한다(249조의22 1항 · 249조의23 1항). 이 취지에 따라 운용상 일정한 특례를 인정한다(249조의22 2항 · 3항, 249조의23 2항 · 3항). 과거 특수한 형태의 경영참여형 사모펀드로 규정되었던 것을 사모펀드 일원화에 따라 사모펀드 전체에 적용되는 형태로 정비하였다. 따라서 이제는 특수한 형태의 사모펀드를 일반사모펀드로도 구성할 수 있다. 과거에 존재했던 기업재무안정투자회사는 공모의 투자회사라는 점에서 특수한 형태의 사모펀드와는 구별된다.

제15절 기업인수목적회사¹⁶⁰⁾

I. 의 의

기업인수목적회사(special purpose acquisition company: SPAC)는 기업인수·합병을 유일한 목적으로 투자자로부터 공모방식으로 자금을 모집하여 설립하는 회사이다. 설립 후 공모한 자금은 합병 또는 해산할 때까지 안전하게 예치 또는 신탁하며 대상회사를 발굴하여 일정기간내에 인수 여부를 결정하고 인수 후 투자자와 그 밖의 관계자들이 합병이익을 향유하는 것을 목적으로 한다. 일정한 존속기간 내에 기업인수·합병을 하지 못할 경우에는 투자금을 반환하게 된다. 자본시장법은 기업인수목적회사를 "다른 법인과 합병하는 것을 유일한 사업목적으로 하고 모집을 통하여 주권을 발행하는 법인"이라고 정의하고 있다(령 6조 4항 14호).

기업인수목적회사에 대해서는 사모펀드 등과는 달리 집합투자 규제의 적용을 배제하는 형태로 규정되어 있다(6조 5항 3호; 령 6조 4항 14호). 그러나 집합투자와 유사한 특징을 감안하여 집합투자에 관한 부분에서 정리한다. 자본시장법상 기업인수목적회사가 되기 위해서는 자본의 모집과 관리 등에 관하여 일정한 요건을 갖추어야 한다. 자본시장법상 기업인수목적회사의 요건을 갖추지 못할 경우에는 집합투자기구로 추정되는 효과가 발생할 수 있다.

기업인수목적회사의 특징은 다음과 같이 정리할 수 있다.¹⁶¹⁾ 첫째, 영업활동이 없는 명목상 회사이며, SPAC의 주가가 상승하더라도 합병가액은 주가에서 최대 30%까지 할인될 수 있다(령 176조의5 3항·1항 1호). 둘째, 현재까지 합병 성공률은 63.9%이며, 상장 후 3년내 합병하지 못하면 상장폐지 및 해산된다. 셋째, 주식시장에서 공모가 보다 높은 가격으로 기업인수목적회사에 투자하였다면, 동 회사 해산시 돌려받는 금액(공모가 내외)이 투자원금보다 적을 수 있다. 넷째, 합병에 반대하는 주주가 많거나 주식매수청구권 행사금액이 클 경우, 합병 진행이 무산될 수 있다.

▌표 21-7 **기업인수목적회사 합병 및 상장폐지 현황***(단위: 건)

구 분	'10	'11	'12	'13	'14	'15	'16	'17	'18	'19	'20	'21. 1~8.	합계
합병성공	0	2	4	4	1	13	12	21	11	11	17	7	103
상장폐지**	0	0	4	8	0	0	0	8	15	5	7	4	51

* SPAC 합병등기일 및 상장폐지일 기준, ** 상장 후 36개월 내 합병에 성공하지 못한 경우 상장폐지 (자료) 금감원

---

160) 한국거래소, 『기업인수목적회사 SPAC의 이해』, 2009.
161) 금감원, 보도참고자료: SPAC(기업인수목적회사) 투자자 유의사항 안내, 2021. 8. 27.

II. 설립과 운영

1. 법적 형태: 주식회사

자본시장법상 기업인수목적회사는 주권의 발행을 통하여 모은 투자금으로 기업인수 · 합병을 유일한 목적으로 하는 회사로서 그 법적 형태는 주식회사로 한정된다.

2. 자본의 모집과 관리

주식의 공모발행을 통하여 모은 금전을 기업인수 · 합병을 위한 투자금으로 한다. 그리고 주권 발행을 통하여 모은 금전의 90% 이상으로서 금융위가 고시하는 금액 이상을 주금납입일의 다음 영업일까지 증권금융회사 등 금융위가 고시하는 기관에 예치 또는 신탁해야 한다(령 6조 4항 14호 가목). 다만 이 경우의 금전에는 최초 모집 이전에 발행된 주권의 발행에 따른 금전은 제외한다. 이와 같이 예치 또는 신탁한 금전은 다른 법인과의 합병등기가 완료되기 전에 인출하거나 담보로 제공할 수 없다(령 6조 4항 14호 나목 본문). 다만, 기업인수목적회사의 운영을 위하여 불가피한 경우로서 주식매수청구권 행사로 주식을 매수하기 위한 경우 등 금융위가 고시하는 경우에는 인출할 수 있다(령 6조 4항 14호 나목 단서).

3. 구 성 원

기업인수목적회사의 발기인 중 1인 이상은 금융위가 고시하는 규모 이상의 지분증권(집합투자증권은 제외) 투자매매업자여야 한다(령 6조 4항 14호 다목). 그리고 기업인수목적회사의 임원에 대해서는 지배구조법상 임원결격사유(5조)가 적용된다(령 6조 4항 14호 라목).

4. 상장 및 합병

기업인수목적회사는 최초로 모집한 주권의 주금납입일부터 90일 이내에 그 주권을 증권시장에 상장해야 한다(령 6조 4항 14호 마목). 최근 국내에서도 기업인수목적회사가 상장된 사례가 있다. 그리고 기업인수목적회사는 최초로 모집한 주권의 주금납입일부터 36개월 이내에 다른 법인과의 합병등기를 완료해야 한다(령 6조 4항 14호 바목). 합병을 완료하지 못할 경우에는 투자자에게 투자금을 반환해야 할 것이다.

5. 기   타

기업인수목적회사는 그 밖에 투자자 보호를 위한 것으로서 금융위가 고시하는 기준을 갖추어야 한다(령 6조 4항 14호 사목).

제16절 자산유동화[162]

증권화(securitization)는 다양한 의미로 사용된다. 증권화는 주로 "기업 자금조달의 중점이 은행차입으로부터 증권발행으로 옮겨가고 있는 현상"이나 "유동성(liquidity)이 없는 보유자산을 증권으로 전환하여 자본시장에서 현금화하는 거래"를 가리키는 의미로 사용된다.[163] 이처럼 유동성을 제고한다는 측면을 강조하여 '**자산유동화**'라는 용어가 사용되기도 한다. 1998년 「자산유동화에 관한 법률」 제정 이래 우리나라에서는 자산유동화란 용어가 일반적으로 사용되므로 여기에서도 그 용례를 따른다.

자산유동화의 전형적인 예로는 은행이 보유하는 대출채권과 같이 현금흐름(cash flow)을 발생시키는 '**자산**'을 집합(pooling)하여 그것을 기초로 '**증권**'을 발행함으로써 자본시장에서 자금을 조달하는 경우를 들 수 있다. 증권발행이 '**자산**'을 기초로 한 것이라는 점에서 '**자산유동화**'(asset securitization)로 불린다. 자산유동화를 통해서 종래 유동성을 갖지 못하던 자산이 '**증권**'의 형태로 탈바꿈하여 자본시장의 거래대상으로 등장하게 되는 것이다.

일반적으로 자본시장에서 거래되는 주식이나 사채와 같은 전통적인 의미의 증권은 '**기업 전체**'의 신용과 수익을 기초로 발행된 것이다. 그러한 점에서 이들은 '**기업금융형증권**'이라고 불리기도 한다. 그에 반해서 자산유동화의 결과로 발행되는 증권은 '**자산**'을 경제적인 담보[164]로 하는 새로운 유형의 증권이다. 흔히 '**자산담보부증권**(Asset-Backed Security: ABS)'이라고 불리는 이 증권은 일정한 자산 및 그로부터 발생하는 현금흐름을 기초로 발행된 것이라는 점에서 '**자산금융형증권**'이라고 할 수 있다.

자산유동화는 집합투자와 기본적으로 동일한 구조를 취하고 있다. 집합투자에서는 ㈀ '**집합투자증권의 발행**'을 통하여 투자자들로부터 모은 금전등으로('**증권발행**') ㈁ 일정한 자산의 보유나 운용을 하고('**자산보유·운용**') ㈂ 그로부터 발생하는 현금흐름(수익)을 투자자들에게 배분하는 구조('**수익배분**')이다. 이에 비하여 자산유동화는 ⒜ 일정한 자산보유자가 그 자산의 보유나 운용으로부터 발생하는 현금흐름(수익)을 기초로('**자산보유·운용**') ⒝ '**유동화증권의 발행**'을 하고('**증권발행**') ⒞ 그 현금흐름을 투자자들에게 배분하는 구조('**수익배분**')이다. 이와 같이 자산유동화와 집합투자는 증권의 발행{㈀과 ⒝}과 자산의 보유·운용{㈁과 ⒜}이 순서를 달리

---

162) 상세한 것은, 정순섭, 은행, 제14장 제2절 자산유동화, 484-497면.

163) 전자를 광의의 증권화로, 후자를 협의의 증권화로 부르기도 한다. 송옹순·김상만, "금융자산의 증권화에 관한 고찰",『한국수출입은행업무가이드』제100호, 1992, 39면.

164) 자산유동화증권에 대하여 유동화자산을 '담보'로 한다거나 자산담보부증권 등의 표현이 사용되고 있지만, 이는 유동화자산으로부터 발생하는 현금흐름이 유동화증권의 원리금 변제를 위한 기초가 된다는 의미이지, 법률적 의미에서의 담보가 되는 것은 아니다.

할 뿐 최종적으로 투자자에 대한 실적배분이 이루어지는 점에서 기본적으로 동일한 구조라고 파악할 수 있다. 이러한 관점에서 자산유동화를 '**유동화형 집합투자**', 본래의 집합투자를 '**운용형 집합투자**'라고 부르기도 한다. 이 책에서 자산유동화를 집합투자의 일부로 설명하는 것은 바로 이러한 인식에 기초한 것이다.

입법론으로는 유동화형 집합투자를 유동화법에서 별도로 규제하기보다는 운용형 집합투자와 함께 집합투자의 일부로 포섭하여 함께 규제하는 것이 규제의 효율성을 위하여 필요하다.[165] 집합투자규제를 (i) 운용업자규제, (ii) 설정 · 설립규제, (iii) 운용방법규제, (iv) 판매규제로 구분할 경우 (ii) 설정 · 설립규제는 유동화법상 유동화계획의 등록(3조)에 해당하고, (iv) 판매규제는 집합투자증권의 판매에 대한 규제로서 유동화증권의 판매와 동일한 규제에 해당한다. 차이가 있는 것은 (i) 운용업자규제와 (iii) 운용방법규제인데 자산유동화에는 운용이 없기 때문에 결국 차이가 있는 것은 (i) 운용업자규제를 자산유동화의 자산보유자에게 적용할 것인지 여부이다.

---

165) 이러한 발상 자체는 일본의 金融審議會 集団投資スキームに関するワーキンググループ報告, 「橫断的な集団投資スキームの整備について」(1999. 11. 30.)에서 제안된 것이다. 이하 논의는, 정순섭, "국내 자본시장법제의 개선방향 — 자본시장법 개정안에 대한 의견을 중심으로 —", 『경영법률』 제23집 제2호, 2013, 60면.

제22장	파생상품[1]

제1절 서 언

자본시장법은 종래 은행법과 증권법 등에 분산되어 있던 파생상품규제를 기능별 규제원칙에 따라 일원화한 점에서 큰 규제상 발전이라고 할 수 있다. 파생상품의 법률문제는 거래경로에 따라 차이를 보인다. 파생상품은 첫째, 파생상품시장에서 표준화된 형태로 거래되는 장내파생상품, 둘째, 파생상품시장밖에서 당사자간 합의에 따라 거래되는 장외파생상품, 셋째, 예금·증권·보험 등 전통적인 금융상품의 요소로 결합되어 거래되는 파생결합상품(파생결합예금, 파생결합증권, 변액보험)의 3가지 경로로 거래된다.

파생상품의 법률문제는 당사자들의 계약에서 출발하는 거래법문제와 건전성규제와 영업행위규제 같은 규제법문제로 나눌 수 있다. 건전성문제에 관해서는 은행법과 자본시장법 등 주체별 건전성규제가 적용된다. 영업행위규제 중에서 판매규제는 대부분 금소법에서 규정하고 있다.

장내파생상품은 투자자의 주문에 따라 매매가 이루어지면 거래소가 정하는 규정이 자동적으로 적용된다. 따라서 거래법적 문제는 장외파생상품과는 다르게 나타난다. 장외파생상품의 경우 계약서 작성을 포함한 거래법적 문제는 권리능력 등 다양한 범위에 걸쳐 있다. 특히 당사자 중 일방의 도산 등으로 거래를 지속할 수 없는 경우 그 거래의 청산도 중요하다. 이 문제는 건전성규제와도 직결된다. 금융거래법 문제는 다른 책에서 설명하였으므로 이 장에서는 간략히 그 쟁점을 소개하는 데 그친다. 파생결합상품에는 각각 은행법, 자본시장법, 보험업법이 적용된다.

제2절 의의와 종류에서는 일반적인 내용을 검토한다. 제3절 파생상품과 판매규제에서는 장외파생상품을 중심으로 자본시장법과 금소법상 판매규제를 정리한다. 제4절 금융거래법에

---

1) 이하 설명은 김건식, 『스왑거래에 관한 법적연구』(한국금융연구원 보고서, 1997), 1-16면에 기초하였다. 상세한 논의는, 정순섭, 은행, 제12장 장외파생상품, 421-427면, 430-446면.

서는 권리능력과 도박, 네팅 등 장외파생상품거래의 금융거래법상 문제점을 간략히 살펴본다.

제2절　의의와 종류

Ⅰ. 의　　의

일반적으로 파생상품(derivatives)은 그 가치가 다른 기초자산에서 파생되는 상품을 말한다. 파생상품은 역사적으로 농산물 · 금속 · 석유 등 일반상품을 기초자산으로 하는 상품파생상품이 파생금융상품보다 먼저 발생하였다. 양자는 기초자산을 달리할 뿐 법률상으로는 같은 구조를 가진다. 우리나라도 1995년 선물거래법 이래 양자를 함께 규율하고 있다.

파생상품에 대한 법적 정의는 쉽지 않다. 그러나 일반적으로 파생상품은 "다른 기초자산의 가치에 연관되어 그 가치가 결정되는 가치파생성과 장래에 결제되는 장래결제성 등을 본질적 요소로 하는 금융계약"을 말한다.[2] 결제방법은 현물인도에 의한 결제와 차액결제가 모두 가능하다. 결제방법의 차이가 특정상품의 법적 성질판단에 영향을 미치는 것은 아니다. 파생상품에는 선도(forward),[3] 옵션(option), 스왑(swap) 등이 포함된다. 자본시장법은 이러한 특징을 고려하여 금융투자상품 중에서 '**증권 이외의 것으로서 선도나 옵션 또는 스왑의 요소를 가진 것**'을 파생상품이라고 정의하고 있다(5조 1항 · 3조 2항). 이러한 가치파생성과 장래결제성 그리고 차액결제의 특성은 실물과의 관계를 추상화시켜 파생상품을 도박으로 보려는 시각의 원인이 된다. 파생상품, 특히 과도한 투기성에 관한 부정적 평가도 이러한 권리로서의 구체성과 명확성의 부족에 기인한 것이다.

국제금융시장에서 파생상품 거래의 규모는 이미 엄청나며 해마다 증대되고 있다. BIS통계에 의하면 2021년 12월 말 현재 명목원금기준으로 장내거래는 80조달러, 장외거래는 582조달러에 달하였다.[4] 그러나 지속적인 증가추세를 보여주던 장외파생상품거래는 최근 금융위

---

2) 다양한 정의에 대해서는 Edward J. Swan, "The Issue of Understanding Derivatives", Edward J. Swan(ed), Issues in Derivative Instruments, Kluwer Law International, 1999, pp1-22.

3) 일반적으로 선도를 표준화하여 거래소에서 거래하는 것을 선물(future)이라 한다. 그러나 영국법상 선물(futures)은 현물인도에 의한 결제가 이루어지는 선도 전체를 의미한다. Financial Services and Markets Act 2000, SCHEDULE 2 Regulated Activities 18.

4) BIS Derivatives Statistics Table D1(장내 미결제약정잔액 기준), D5.1(장외 명목원금 잔액기준). 명목원금을 기준으로 삼는 것은 자료수집의 편의를 고려한 것으로 실제로 위험에 노출되는 금액은 대체로 그 10% 이내인 것으로 추정된다. 2022. 4월중 전세계 외환상품시장 거래액은 일평균 7.5조달러로 직전 조사인 2019. 4월(6.6조달러) 대비 14.1% 증가하였다. 우리나라 외환상품시장의 거래액은 일평균 677.4억달러로 2019. 4월(553.2억달러) 대비 22.5% 증가하였다. 우리나라 시장의 전세계 외환상품시장에서의 비중은 0.7%였으며, 조사대상국 중 순위는 15위로 2019. 4월(15위)과 동일하다. 2022. 4월중 전세계 장외 금리파생상품시장의 거래액은 일평균 5.2조달러로 직전 조사인 2019. 4월(6.4조달러) 대비 18.8% 감소하였다. 우리나라 장외 금리파생상품시장 거래액은 일평균 108.2억달러로 2019. 4월(85.2억달러) 대비 26.9% 증가하였다. 전세계 장외 금리파

기의 여파로 감소세를 보이고 있다.

1990년대 중반 이후 세계금융시장에서는 파생상품에서 비롯된 대규모 실패사례가 주기적으로 발생하고 있다. 2008년 미국의 서브프라임 모기지 사태로 촉발된 금융위기의 진행과정에서도 장외파생상품은 위험의 확대재생산에서 매우 중요한 역할을 했다.[5] 그리고 국내에서도 KIKO라고 알려진 통화파생상품과 DLS·DLF로 알려진 파생결합증권과 이를 운용대상자산으로 편입한 사모펀드로 인하여 많은 투자자가 거액의 손실을 입는 사태가 발생하여 위험관리의 중요성을 다시 환기시키고 있다. 이러한 사건을 계기로 각종 법제도적 보완이 함께 이루어졌다. 그러나 주의해야 할 것은 파생상품은 순기능과 함께 역기능을 가진 것이며, 그 부작용을 이유로 긍정적인 경제적 기능까지 부정되어서는 안 된다는 점이다.

II. 종   류

1. 3가지 기본형태

파생상품은 극히 다양할 뿐 아니라 시시각각으로 새로운 상품이 개발되고 있다. 그러나 대체로 선도, 옵션, 스왑이 3가지 기본형태라고 할 수 있다.[6] 새로이 개발되는 신종상품들은 모두 이들의 변형이라고 할 수 있다.

2. 선도와 선물

시장의 거래는 결제시기를 기준으로 현물거래(spot transactions)와 선도거래(forward contracts)로 나눌 수 있다. 현물거래는 계약체결당일에 결제(기초자산의 인도와 대금의 지급)가 이루어지는 거래를 말한다.[7] 반면에 선도거래는 이행기가 장래의 특정시점[8]으로 정해진 거래이다. 현물거래와 선도거래는 이행기를 제외하고는 차이가 없다. 선도거래는 어떠한 상품에 대해서도 성립할 수 있으며 계약당사자들이 이행기·수량 등 계약조건을 자유롭게 정할 수 있

생상품시장에서의 비중은 0.2%였으며, 조사대상국 중 순위는 17위로 2019. 4월(20위) 대비 3단계 상승하였다. 한국은행, 2022년도 BIS 주관 「전세계 외환 및 장외파생상품 시장 조사(거래금액 부문)」 결과, 공보 2022-11-07호, 2022. 11. 1.

5) 서브프라임 모기지 사태 과정에서 파생상품의 역할에 대해서는, 박준, "서브프라임 대출 관련 금융위기의 원인과 금융법의 새로운 방향 모색", 『국제거래법연구』 제17집 제2호, 2008, 3-57면.

6) 스왑거래는 일련의 선도거래가 결합된 것이라는 점에서 파생상품거래의 기본형은 엄밀히 말해서 선도거래와 옵션거래의 2가지라고 볼 수도 있다. 그러나 스왑거래가 지닌 독특한 경제적 기능과 법적 문제점을 고려하여 독자적인 유형으로 분류하는 것이 일반적이다. 자본시장법에서도 스왑거래를 별도의 유형으로 정의하고 있다 (5조 1항 3호).

7) 실제 거래일로부터 2영업일 이내에 결제가 이루어지는 외환거래는 현물거래로 본다.

8) 구체적으로 거래일로부터 얼마나 장래일 것을 요구할 것인지에 대해서는 입법례에 따라 차이가 있다. 제2장 제5절 II. 2. 4).

다. 선도거래 중에서 거래조건이 표준화되어 거래소가 개설한 파생상품시장에서 거래되는 것을 선물거래(future)라고 한다.

선도와 선물에도 일반매매와 같은 매수인과 매도인이 존재한다. 선도와 선물거래의 결제방법에는 이행기에 기초자산이 인도되는 **'현물인도에 의한 결제'**(현물결제, physical delivery)와 기초자산의 이행기의 가격과 계약가격의 차액을 정산하는 **'차액결제'**(차금수수에 의한 결제, cash settlement)의 2가지가 있다. 차액결제가 일반적이다. 선도와 선물거래의 경우에 매수인은 기초자산의 가격이 상승하는 경우에는 이익을 보고 하락하는 경우에는 손해를 보게 된다. 반면에 매도인은 그와 정반대의 처지에 놓이게 된다. 즉 선도나 선물거래로 인한 매도인과 매수인의 손익은 서로 상쇄된다. 이를 그림으로 표현한 것이 [그림 22-1]이다.

예컨대 갑이 선물가격 1,000원에 1단위의 선물을 을로부터 매수하였다고 하자. 만기일에 현물가격이 1,500원으로 상승하는 경우 갑은 500원의 이익을 거두는 반면에 을은 500원의 손실을 입게 된다. 반대의 경우 즉 만기일에 현물가격이 500원으로 하락하는 경우 갑은 500원의 손실을 입는 반면에 을은 500원의 이익을 보게 된다.

▌그림 22-1 선물거래의 손익

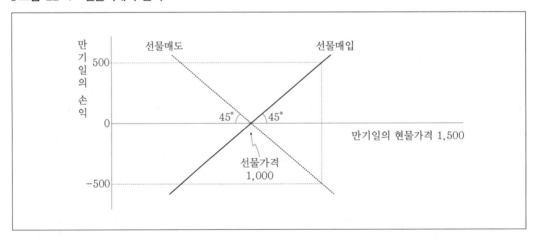

3. 옵   션

옵션(options)은 상품·증권·통화·금리 등의 자산을 일정의 기간 내에 또는 일정기일에 일정한 가격으로 매수하는 권리 또는 매도하는 권리를 매매하는 거래이다. 옵션의 대상이 되는 자산이 주가지수·선물·스왑거래 등과 같은 파생상품인 경우도 있다. 또한 금리상한계약거래(cap), 금리하한계약거래(floor), 금리상하한거래(collar)와 같은 변형도 이용된다.[9]

---

9) 협회가 작성한 『장외파생상품거래 한글약정서 권고안』(제5장 용어정의집 Ⅱ. 이자율 장외파생상품거래)은 다

옵션 중에서 기초자산을 매수할 수 있는 권리는 콜옵션(call option), 그리고 매도할 수 있는 권리는 풋옵션(put option)이라고 한다. 상법상 주식매수선택권(상법 340조의2-340조의5, 542조의3)은 일종의 콜옵션이다. 옵션에서 기초자산의 매도 또는 매수가격으로 정해진 가격을 행사가격(exercise or strike price)이라고 한다. 옵션은 행사기간과 관련하여 '**아메리칸옵션**' (American option)과 '**유러피언옵션**'(European option)으로 구분된다. 전자는 행사기간 내에는 언제라도 행사할 수 있는 것인 데 비하여 후자는 정해진 행사기일에만 행사할 수 있다.

▌그림 22-2 콜옵션의 투자성과 유러피언옵션

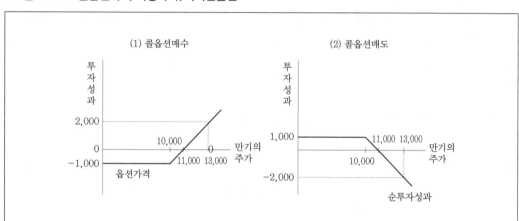

옵션은 권리이기 때문에 행사할 의무가 있는 것은 아니며 행사를 포기할 수도 있다. 예컨대 갑이 을회사의 주식 1주를 1만원에 매입할 수 있는 콜옵션을 가지고 있다고 하자. 만약 乙의 주가가 8천원에 머무르는 경우 갑은 옵션을 행사할 이유가 없을 것이다. 1만원에 옵션을 행사하기보다는 시장에서 8천원에 매입하는 것이 유리하기 때문이다. 갑은 을의 주가가 1만원을 초과하는 경우[10]에만 비로소 옵션을 행사할 것이다. 선물과는 달리 옵션을 보유하는 자

음과 같이 정의하고 있다.

　[…] 3. "금리상하한거래"라 함은 금리상한거래와 금리하한거래를 동시에 체결하는 거래를 말한다.

　4. "금리상한거래"라 함은 계약기간 중 매 이자계산기간별로 시장금리가 계약시 당사자간에 약정한 상한금리 이상으로 상승하는 경우 시장금리와 상한금리와의 차액을 정산하여 옵션 매도인이 옵션 매수인에게 지급일에 지급하기로 하고 이에 대한 대가로 옵션 매수인은 옵션 매도인에게 프리미엄을 지급할 것을 약정하는 거래를 말한다. 옵션 매도인이 옵션 매수인에게 지급일에 지급할 금액을 산식으로 표현하면 "계약금액 × (시장금리 − 상한금리)% × 일수계산기준"과 같다.

　5. "금리하한거래"라 함은 계약기간 중 매 이자계산기간별로 시장금리가 계약시 당사자간에 약정한 하한금리 이하로 하락하는 경우 시장금리와 하한금리와의 차액을 정산하여 옵션 매도인이 옵션매수인에게 지급하기로 하고 이에 대한 대가로 옵션 매수인은 옵션 매도인에게 프리미엄을 지급할 것을 약정하는 거래를 말한다. 옵션 매도인이 옵션 매수인에게 지급일에 지급할 금액을 산식으로 표현하면 "계약금액 × (하한금리 − 시장금리)% × 일수계산기준"과 같다.

10) 실제로는 행사가격과 옵션 매입을 위해 지급한 프리미엄을 합한 금액보다 시가가 높은 경우에만 이익을 볼

는 기초자산가격의 변동으로 인한 손실은 최악의 경우에도 옵션취득비용에 한정된다.[11) [그림 22-2]는 콜옵션을 매수한 자와 매도한 자의 손익을 그림으로 표시한 것이다.

그러나 을의 주가가 8천원에 머무르는 경우에도 갑이 옵션을 행사하는 경우도 있을 수 있다. 갑이 을회사의 경영권을 다투고 있는 경우와 같이 의결권이 필요한 경우에는 가격을 불문하고 그 의결권을 확보할 필요성이 있기 때문이다.

[그림 22-2]의 (1)에서 갑이 병으로부터 을회사 주식에 대한 옵션을 1,000원에 취득하였다고 가정하자. 갑은 을의 주가가 행사가격인 10,000원을 초과하는 경우에만 옵션을 행사할 것이다. 그리하여 만기일의 을의 주가가 13,000원인 경우 갑은 옵션을 행사하여 2,000원 (13,000−10,000−1,000)의 이익을 거두게 된다. 한편 갑에게 콜옵션을 매도한 병은 (2)에서 보는 바와 같이 갑과는 정반대의 투자성과를 거두게 된다. 그러므로 을회사의 주가가 11,000원일 때가 손익분기점이 된다.

▌그림 22-3 풋옵션의 투자성과 유러피언옵션

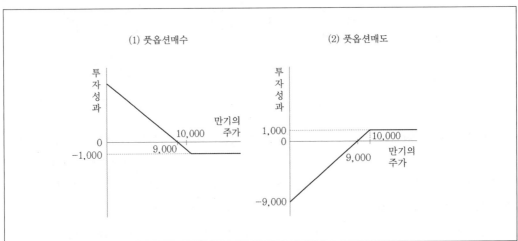

[그림 22-3]은 풋옵션의 매수인과 매도인의 손익을 표시한 것이다. (1)은 병으로부터 을회사주식 1주를 1만원에 매도할 수 있는 풋옵션을 1,000원에 매수한 갑의 투자성과를, (2)는 반대로 병의 투자성과를 나타낸다.

수 있을 것이다. 기초자산의 시장가격이 행사가격보다 높은 경우를 '내가격'(in the money), 기초자산의 시장가격이 행사가격보다 낮은 경우를 '외가격'(out of the money), 그리고 기초자산의 시장가격과 행사가격이 일치하는 경우를 '등가격'(at the money)이라고 한다.

11) 이를 근거로 옵션 매입자의 입장에서는 옵션은 증권이라는 견해가 있을 수 있다. 그러나 금융투자상품으로서의 특정 계약의 법적 성질을 이해하기 위해서는 계약 전체에 대한 종합적인 판단이 필요하다. 지금은 입법적으로 해결되었다. 이에 대해서는 제2장 제3절 Ⅱ.

4. 스 왑[12)

1) 의 의

스왑은 두 당사자가 "장차 발생하는 현금흐름(cash flow)을 '**교환**'하는 거래"이다. 미래의 현금흐름을 사전에 교환하는 점에서 선도와 유사하며 경제적으로는 일련의 선도가 계속적·반복적으로 이루어지는 것으로 볼 수 있다. 스왑이 의미를 갖는 것은 교환되는 현금흐름의 결정방식이나 통화가 다른 경우이다. 현금흐름은 '**명목원금**'(notional principal amount)에 일정한 공식을 적용하여 결정한다. 당사자는 계약시점 현재 서로 교환되는 현금흐름의 현재가치가 대등하다고 판단한 것으로 볼 수 있다. 이러한 교환이 가능한 것은 당사자가 특정의 통화나 금리 등에 관하여 특별한 수요를 갖기 때문이다.

2) 종 류

스왑거래는 기초자산의 종류에 따라 금리스왑, 통화스왑, 신용스왑, 주식스왑, 상품스왑, 날씨스왑 등 다양한 분류가 가능하다. 실제로는 이들 거래가 혼합되기도 한다. 기초자산이 여기에 한정되는 것도 아니다.

첫째, 금리스왑은 통화는 같지만 금리결정방식이 다른 두 채권을 교환하는 것과 같은 효과를 추구하는 거래로서 가장 흔하다. 명목원금은 현금흐름을 산정하는 기초가 될 뿐 교환되지 않는다. 변동금리와 변동금리 또는 변동금리와 고정금리를 교환하는 경우가 많다. 기간은 보통 3-10년이다. 여기서 말하는 금리는 금전사용대가로서의 이자는 아니다.

둘째, 통화스왑은 이종통화의 채권을 교환하는 것과 마찬가지의 효과를 가져오는 거래를 말한다. 금리스왑과는 달리 이자뿐만 아니라 원본도 교환될 수 있다. 이 경우의 원본은 명목원금이라고 할 수 없다. 그러나 반드시 원본의 교환을 요구하는 것은 아니다. 금리결정방식은 같을 수도 있고 다를 수도 있다.

셋째, 신용스왑은 신용위험을 기초자산으로 하는 스왑이다. 자신이 보유하고 있는 자산(reference asset, 준거자산)에 대한 신용위험을 상대방에게 이전하고 그 대가로서 수수료를 지급하는 거래이다. 이 때 신용위험을 나타내는 기준으로서 지급불이행이나 채무재조정, 신용등급의 변화와 같은 신용사고(credit event)를 사전에 약정해 둔다.

넷째, 주식스왑은 당사자들이 약정한 특정 주식으로부터 발생하는 실제 현금흐름(배당 또는 자본차익 등)과 해당 주식의 취득에 필요한 자금의 조달비용을 교환하는 거래이다. 주식스왑의 기본구조를 확장시키면 총수익스왑(total return swap) 등으로 발전하게 된다.

다섯째, 날씨스왑은 강수량이나 기온과 같은 날씨의 변동에 따른 손실위험을 기초자산으

---

12) 보다 상세한 것은 김건식, 앞의 보고서.

로 하는 스왑이다. 특정지역의 강수량이나 기온에 관한 기준을 설정하고 이를 넘는 날짜의 수를 반영하여 지급금의 구모와 지급인 및 수취인을 결정하는 구조를 고려할 수 있다. 특히 날씨보험과의 구분이 문제될 수 있다.

5. 장내거래와 장외거래

파생상품은 표준화(standardization)되어 거래소가 개설한 파생상품시장에서 거래되는 장내파생상품과 맞춤형(customization)으로 설계되어 금융회사를 통해서 장외(over-the-counter: OTC)에서 거래되는 장외파생상품으로 나눌 수 있다. 선물은 정의상 장내거래이지만 선도와 스왑은 장외거래이다. 옵션은 장내와 장외에서 거래된다. 거래의 규모는 장외거래쪽이 훨씬 크다. 파생상품규제는 장내거래와 장외거래에서 큰 차이가 있다. 자본시장법은 장내파생상품과 장외파생상품이라는 용어를 사용한다(5조 2항·3항).

6. 기초자산에 의한 분류

파생상품은 기초자산에 따라서 금리관련, 통화관련, 증권관련, 상품관련의 파생상품으로 나눌 수 있다. 특히 신용위험이나 날씨위험의 관리를 목적으로 하는 신용파생상품과 날씨파생상품은 보험계약에 기능적·구조적으로 접근하게 된다.

Ⅲ. 파생상품의 기능과 위험

1. 기 능

파생상품은 기초자산에 관련된 위험의 전가와 인수를 목적으로 한다. 파생상품을 이용하는 일차적 동기는 위험의 전가(회피), 즉 헤지(hedge)이다. 파생상품은 환율, 금리, 증권시세 등의 변동에 따른 위험을 전가하거나 인수하는 것을 돕는다. 파생상품거래에 의하면 상대적으로 적은 비용으로 막대한 규모의 위험을 관리할 수 있다. 한편 파생상품거래는 헤지와는 무관하게 위험의 적극적 인수, 즉 투기(speculation)에도 이용될 수 있다.

그러나 법률상 헤지나 투기의 구별은 결코 쉽지 않다. 자본시장법은 헤지를 '**위험회피 목적의 거래**'라고 규정한다. 동법상 '**위험회피 목적의 거래**'는 '위험회피대상에 대하여 미래에 발생할 수 있는 경제적 손실을 부분적 또는 전체적으로 줄이기 위한 거래로서 계약체결 당시 (ⅰ) 위험회피대상을 보유하고 있거나 보유할 예정일 것, 그리고 (ⅱ) 장외파생거래 계약기간 중 장외파생거래에서 발생할 수 있는 손익이 위험회피대상에서 발생할 수 있는 손익의 범위를 초과하지 아니할 것이라는 요건을 모두 충족하는 거래'를 말한다(166조의2 1항 1호 전단; 령 186조의2 1호·2호). 여기서 위험회피대상은 "위험회피를 하려는 자가 보유하고 있거나 보유하려는 자산·부채 또는 계약 등"을 말한다(령 186조의2).

파생상품은 유리한 조건의 자금조달이나 규제회피를 위하여 이용되기도 한다. 뒤에 설명하는 바와 같이 파생상품은 때로 대규모 손실을 야기하여 사회경제적 문제가 되기도 한다. 그러나 주의할 것은 그러한 부정적 측면에 치우친 나머지 긍정적 기능을 무시해서는 아니 된다는 점이다.

2. 위　험

1) 신용위험(credit risk)

신용위험이란 당사자가 채무를 이행하지 못할 위험을 말한다. 장내거래나 청산대상인 장외파생상품에서는 거래가 성립하면 상대방이 청산기관으로 변경되어 거래이행을 실질적으로 보증하기 때문에[13] 신용위험은 문제되지 않는다. 그러나 장외거래에서는 당사자가 특별한 조치를 취하지 않는 한 신용위험을 부담하게 된다. 금융당국은 금융회사가 파생상품거래에서 과도한 신용위험을 부담하는 것을 억제하기 위하여 위험에 상응한 자기자본규제를 적용한다. 당사자가 신용위험에 대처하는 방법으로는 신용 있는 상대방하고만 거래하고 그 거래한도를 정할 수 있다.[14] 담보제공을 요구하는 것도 한 방법이다(담보화, collateralization).[15] 당사자의 상호채무를 일괄청산하는 '네팅'(close-out netting)도 신용위험을 줄이기 위한 수단이다.

2) 시장위험(market risk)

시장위험이란 어떤 자산의 가치가 시장사정의 변동으로 변동할 위험을 말한다. 가격위험(price risk)이라고도 한다. 스왑거래에서 시장위험이 실현되어 일방 당사자가 상대방에 대해서 'out of the money'의 처지에 빠지면 상대방은 바로 신용위험을 부담하게 된다. 신용위험은 일방만이 부담하는 것에 비해서 시장위험은 양당사자가 모두 부담한다. 금융당국은 자기자본규제에서 신용위험뿐만 아니라 시장위험도 반영하고 있다.[16] 또한 금융회사가 부담하는 시장위험의 규모와 내용에 관하여 공시도 요구하고 있다.

3) 그 밖의 위험

위에서 설명한 신용위험과 시장위험 외에도 파생상품거래에는 여러 가지 위험이 수반된

---

13) 장내거래에서 청산기관에 의한 이행보증기능을 말하며, 법률상 보증은 아니다.
14) IMF와 같은 초우량기관들은 AAA의 등급을 가진 상대방과만 거래하는 것이 원칙이라고 한다. 이러한 수요에 부응하여 금융업자들은 초우량등급의 파생상품거래특별기구(special purpose derivatives vehicle: SPDV)를 설립하여 거래하기도 한다.
15) 담보의 중요성이 높아짐에 따라 담보를 법적으로 유효하면서도 신속하게 설정할 필요성이 있다. 정순섭, 은행, 제12장 장외파생상품, 421-427면; 정순섭, "신종금융거래의 담보화에 관한 연구", 『증권법연구』 제4권 제1호, 2004. 145-175면.
16) 바젤은행감독위원회에서는 1996년부터 위험자기자본의 결정시에 금리나 환율의 변동으로 인한 시장위험을 반영하도록 하고 있다.

다. 이하에서는 그것을 간단히 언급하는 것에 그친다.

유동성위험(liquidity risk)은 유동성 부족으로 다른 거래의 체결이나 이행이 곤란하게 될 위험을 말한다. **법적 위험**(legal risk)은 파생상품거래의 일부 또는 전부의 법적 효력이 부인될 위험을 말한다. 예컨대 공공단체와 같은 당사자의 파생상품거래에 관한 권리능력이 부정되거나 일괄청산네팅조항이 무효로 선언되는 것과 같은 위험이다. 이에 대처하는 가장 효과적인 방법은 입법적 해결이다. **결제위험**(settlement risk)의 전형적인 예는 양당사자가 동시이행할 의무를 일방만이 이행한 경우이다. 이러한 위험은 '**페이먼트네팅**'(payment netting)17)을 이용하면 대부분 제거할 수 있다. **운영위험**(operational risk)은 파생상품거래의 위험을 관리하는 장치상의 결함이나 업무상의 잘못으로 손실을 입을 위험을 말한다. 이제는 금융회사지배구조법상 금융회사는 적절한 위험관리시스템과 내부통제장치를 갖출 의무를 부담한다.18) **시스템위험**(systemic risk)은 이상의 위험으로 말미암아 금융회사가 도산하는 경우 그 영향이 다른 금융회사에도 파급되어 금융제도 전반의 안정이 위협받을 위험을 말한다.

3. 거액의 손실사례와 규제론

이처럼 파생상품의 거래규모가 커짐에 따라 관심도 높아지게 되었다. 특히 1990년대 중반 파생상품거래로 인한 거액의 손실사례가 잇달아 보도되면서 이러한 관심은 차츰 우려로 변하였다. 예컨대 1994년 프록터앤갬블은 금리스왑거래에서 1억 5천만달러를 초과한 손실을 입었다. 2008년 우리나라에서도 환율 급변에 따라 통화파생상품거래를 한 일부 기업들이 대규모 손실을 입었다.

이들의 손실은 파생상품에 대한 전문지식 부족에 따른 것으로 치부할 수 있을지도 모른다. 그러나 1995년 영국 베어링스사가 직원 한 명의 무모한 파생상품거래로 인하여 무려 15억달러의 손실을 입고 매각된 사건은 큰 충격을 주었다. 우리나라에서도 이미 1990년대부터 증권회사와 투신사, 그리고 보험회사 등의 금융회사가 파생상품거래에서 막대한 손실을 입는 사례가 간혹 보도되었다. 특히 IMF사태를 전후하여 일부 금융회사들이 파생상품거래에서 거액의 손실을 입고 제이피모건과 벌인 분쟁을 계기로 거래의 위험성과 금융회사의 위험관리능력 부재가 널리 부각되었다.19)

---

17) 페이먼트네팅은 양당사자 사이에 지급일과 통화가 동일한 채권을 서로 가지고 있고 그러한 채권의 쌍이 여럿 있는 경우에 지급일이 도래한 시점에 서로의 채권을 차감계산하여 잔액만을 지급하는 것을 말한다. 예컨대 i) 갑과 을 사이에 7월 1일을 결제일로 하여 갑이 을에게 1만달러를 지급하고 을은 갑에 대해서 750만원을 지급하는 통화교환계약과, ii) 갑이 을에게 700만원을 지급하고 을은 갑에게 100만엔을 지급하는 통화교환계약이 존재하는 경우에 원화의 지급은 을이 갑에게 차액 50만원을 지급함으로써 결제하는 것으로 본다. 이러한 차액만의 지급으로 결제비용이 절감되고 이른바 'Herstatt Risk'에 노출되는 금액을 줄일 수 있다.

18) Basel Ⅱ에서는 신용위험, 시장위험과 함께 운영위험도 자기자본규제의 대상으로 확대하고 있다.

19) Korea Life Insurance Co., Ltd. and Morning Glory Investment (L) Limited v Morgan Guaranty Trust

파생상품과 관련된 대규모 손실사례를 계기로 파생상품거래에 대한 불안이 확산되면서 규제론이 제기되기도 하였다.[20] 대부분의 경우 파생상품 자체의 규제론은 별로 힘을 얻지 못하였다.[20] 그러나 2008년 금융위기를 계기로 장외파생상품 규제강화는 금융개혁의 중요한 부분이 되었다.

위험의 전가와 인수를 내용으로 하는 파생상품이 다른 상품보다 위험한 것은 사실이다. 그러나 파생상품의 위험성은 화학물질의 위험성과 비슷한 것이 아닌가 생각된다. 화학약품 중에는 그 자체로는 위험하지만 유익한 용도에 사용될 수 있는 것도 많다. 때로는 다른 위험물질의 독성을 중화시키는 작용을 하기도 한다. 따라서 그러한 화학물질이 위험하다고 해서 제조나 사용을 금할 것은 아니고 단지 보관 · 운반 · 사용과 관련하여 적절한 규제를 가할 필요가 있을 뿐이다. 매스컴을 장식하는 엄청난 손실사례는 파생상품 자체의 결함에 따른 것이라기보다는 이를 거래한 기업의 허술한 내부통제에서 비롯된 것이다. 예컨대 베어링스사의 사건에서는 닉 리슨이라는 젊은 직원이 수년에 걸친 거래에서 막대한 손실을 쌓아오는 동안 놀랍게도 거의 아무런 통제도 받지 않았던 사실이 밝혀졌다.[21] 이처럼 동일인이 거래기능과 내부통제기능을 동시에 수행하는 체제의 취약성은 다른 거액손실 사례에서도 확인되고 있다.

현재 파생상품에 대해서는 개별 거래에 대한 사전적 규제와 함께 거래기업의 위험관리와 내부통제제도의 정비, 그 거래가 기업의 재산이나 손익에 미치는 영향을 정확히 파악하기 위한 공시제도의 개선, 표준화된 장외파생상품에 대한 청산의무화와 같은 주장은 상당부분 실현되고 있다.[22] 우리나라에서는 자본시장법에서 이를 규정하고 있다(제14장 제3절 Ⅱ. 3. 의무청산제도).

제3절 파생상품과 판매규제

Ⅰ. 서 언

자본시장법 시행 전 우리나라의 파생상품거래는 거래장소와 거래주체 · 규제목적 등에 따

Company of New York, 269 F. Supp. 2d 424 (SDNY, 2003); Korea Life Insurance Co., Ltd. and Morning Glory Investment (L) Limited v Morgan Guaranty Trust Company of New York, 2004 WL 1858314 (SDNY). 이 사건에 대해서는 정순섭, "파생상품거래에 관한 법적 문제 — 대한생명과 제이피 모건의 뉴욕연방법원판결을 중심으로", 『상사판례연구』 제19집 제4권, 2006, 187-220면.

20) 오늘날과 같이 국제화된 금융시장에서 한 국가가 파생상품을 엄격하게 규제하는 경우에는 다른 국가에 거래를 빼앗길 수 있다는 우려도 규제를 꺼리는 한 원인이 되고 있다.

21) 비슷한 사실관계는 거액의 손실을 발생시킨 일본의 다이와은행사건에서도 발견된다.

22) 2009년 G20 피츠버그 정상회담 이후 장외파생상품규제개혁 상황은 금융안정위원회(Financial Stability Board, FSB)가 2010. 10. 25. 1차 보고 이후 매년 보고하고 있다. 최근의 보고는 Financial Stability Board, OTC Derivatives Market Reforms: Implementation progress in 2022, 7 November 2022.

라서 다원적이고 산발적인 규제의 대상이 되었다. 첫째, 거래장소를 기준으로 장내파생상품에 대해서는 선물법이, 그리고 장외파생상품에 대해서는 증권법과 은행법이 적용되었다. 둘째, 규제목적에 따라「외국환거래법」상 외국환업무에 해당할 경우에는 「외국환거래법」이 적용되었다. 그러나 자본시장법은 첫째, 증권법과 선물법을 통합하여 장내파생상품과 장외파생상품에 대한 규제를 일원화하였다. 둘째, 기능별 규제원칙에 따라 수행주체를 불문하고 장외파생상품거래에 대해서는 동일한 규제를 적용한다. 종래 증권법과 은행법에 따라 서로 다른 영업행위규제의 대상이 되었던 증권회사와 은행은 자본시장법의 일원적 규제의 대상이 된다.

파생상품의 정의 및 업규제에 대해서는 이미 살펴보았으므로 이하에서는 자본시장법상 장외파생상품에 대한 판매규제를 정리한다. 장외파생상품을 취급하는 금융투자업자에 대한 진입규제, 건전성규제, 영업행위규제 및 퇴출규제에 대해서는 일반적인 금융투자업자규제가 그대로 적용된다. 종래 장외파생상품에 대한 매매규제는 자본시장법 시행령 제186조에 규정되었으나, 2009. 2. 자본시장법 개정에서 당시 문제되었던 통화파생상품에 대한 우려를 반영하여 강화된 형태로 법률에 규정되었다. 그 내용을 요약하면 일반투자자와의 장외파생상품매매는 위험회피목적거래를 제외하고는 사실상 금지되는 효과가 발생할 것으로 생각된다. 이제 적합성원칙과 설명의무 등 판매규제는 금소법에서 규율한다.

Ⅱ. 장외파생상품 매매규제

1. 사전심의제

2010. 2. 개정 자본시장법은 투자자 보호를 위하여 장외파생상품에 대한 사전심의제를 도입하였다(삭제전 166조의2 1항 6호). 사전심의를 담당하는 기관은 협회내에 설치되는 장외파생상품심의위원회('위원회')로, 협회의 다른 업무와 독립적으로 운영되도록 별도 조직으로 구성하도록 하고 있었다(286조 1항 4호, 288조의2). 다만 이 제도는 일몰조항을 두어 2011년 12월 31일까지 시행하는 것으로 되어(부칙 2조) 현재는 폐지되었다.

2. 매매규제

(1) 자본시장법상 전문투자자에 속하는 주권상장법인은 장외파생상품거래에 있어서는 별도의 서면통지가 없는 한 일반투자자로 취급된다(9조 5항 4호 단서). 금융투자업자와 장외파생상품거래를 하는 주권상장법인이 전문투자자로 취급받고자 할 경우에는 **"전문투자자와 같은 대우를 받겠다는 의사"**를 금융투자업자에게 서면으로 통지해야 한다. 이러한 의사표시의 방법과 적용범위 등에 대해서는 투자자의 분류 및 전환에 관하여 논의한 내용이 그대로 적용된다.

금소법상으로는 주권상장법인 외에「국가재정법」별표 2에 따른 법률에 따라 설치된 기금(기술보증기금 및 신용보증기금은 제외)을 관리·운용하는 공공기관, 개별 법률에 따라 공제사업을 영위하는 법인·조합·단체, 자발적 전문투자자인 법인·단체와 개인, 지방자치단체, 금융관련협회는 장외파생상품에 관한 계약을 체결하거나 계약체결의 청약을 하는 경우에는 전문금융소비자와 같은 대우를 받겠다는 의사를 금융상품판매업자등에게 서면으로 알린 경우에만 전문금융소비자로 한다(2조 9호 라목·마목; 동 시행령 2조 9항·11항; 동 규정 2조 9항). 금소법상 규제에 대해서는 일반투자자로 보는 대상이 확대되었다.

(2) **'적용대상 금융투자업자'**(겸영금융투자업자를 포함)는 금융투자업자의 파생상품업무를 총괄하는 자로서 파생상품업무책임자를 1인 이상 두어야 한다(28조의2 1항; 령 32조의2 2항). 적용대상 금융투자업자는 장내파생상품에 대한 투자매매업 또는 투자중개업을 경영하는 자로서 최근 사업연도말일을 기준으로 자산총액이 1천억원 이상인 자와 장외파생상품에 대한 투자매매업 또는 투자중개업을 경영하는 자를 말한다(령 32조 1항 1호·2호). 파생상품업무책임자는 파생상품 투자자 보호절차나 기준의 수립 및 집행에 관한 관리·감독, 장외파생상품매매에 관한 승인업무를 수행한다(28조의2 2항 1호·2호). 파생상품업무책임자의 자격에 대해서는 지배구조법상 임원결격사유가 그대로 적용된다(28조의2 1항; 령 32조의2 2항, 지배구조법 5조 1항).

(3) 금융투자업자는 투자권유를 함에 있어서 그 임직원이 준수해야 할 기준과 절차를 포함한 투자권유준칙을 정해야 한다(50조 1항 본문). 그 투자권유준칙에는 파생상품 등에 대하여 일반투자자의 투자목적·재산상황·투자경험 등을 고려하여 투자자등급별로 차등화된 내용을 포함해야 한다(50조 1항 단서). 요컨대 금융투자상품을 위험도에 따라 등급별로 분류하고, 투자자를 위험감수능력에 따라 등급화하여 금융투자상품등급과 투자자등급을 맞추게 하려는 것이다. 규제부담을 고려하여 파생상품 등 시행령에서 정하는 위험상품으로 그 적용범위를 한정하였다.

(4) 투자권유대행인이 투자권유를 대행할 수 있는 범위에서 파생상품등을 제외하였다(51조 1항).

(5) 투자매매업자 또는 투자중개업자는 장외파생상품을 대상으로 영업하는 경우에는 다음의 기준을 준수해야 한다(166조의2).

첫째, 일반투자자를 대상으로 장외파생상품의 매매 및 그 중개·주선 또는 대리를 할 경우에는 그 일반투자자가 위험회피 목적의 거래를 하는 경우에 한할 것(166조의2 1항 1호). 위험회피 목적은 위험회피를 하려는 자가 보유하고 있거나 보유하려는 자산·부채 또는 계약 등 위험회피대상에 대하여 미래에 발생할 수 있는 경제적 손실을 부분적 또는 전체적으로 줄이기 위한 거래로서 다음 2가지 요건을 갖추어야 한다(령 186조의2 1호·2호). (ⅰ) 위험회피대상을 보유하고 있거나 보유할 예정일 것. (ⅱ) 장외파생거래 계약기간 중 장외파생거래에서 발생할 수 있는 손익이 위험회피대상에서 발생할 수 있는 손익의 범위를 초과하지 않을 것.

이 경우 투자매매업자 또는 투자중개업자는 일반투자자가 장외파생상품 거래를 통하여 회피하려는 위험의 종류와 금액을 확인하고 관련 자료를 보관해야 한다. 일반투자자와의 거래에 한정하여 과거 폐지되었던 실수요증빙제도가 부활한 것으로 볼 수 있다. 파생상품거래에서 명목원금인 계약금액의 결정과 관련하여 법원에서는 '**외화순유입액**'을 기준으로 하는 것이 타당하다고 설시한 사례가 있다.23) 순유입액을 기준으로 헤지거래의 명목원금을 정하는 것이 적절해 보일 수 있지만, 새로운 위험의 인수를 통하여 기존 위험을 중화하는 것을 본질로 하는 파생상품거래에서 자신이 부담하고 있는 위험에 대하여 헤지거래를 할 것인지 여부, 어느 정도의 위험에 대하여 헤지할 것인지 여부 등은 해당 기업의 위험선호도와 경영환경에 따라 결정할 사항으로 보는 것이 타당하고, 일률적으로 모든 경우에 적용되는 최적의 헤지비율이라는 이상적인 수준을 설정할 수는 없다. 따라서 특정한 헤지비율을 전제로 그와 다른 모든 헤지거래를 적합하지 않은 것으로 보는 것은 다소 무리가 있다고 생각된다. 요컨대 외화가치의 상승가능성을 예측한 기업은 순유입액 중 일부만 헤지할 수도 있고, 헤지거래를 전혀 하지 않을 수도 있는 것으로 보는 것이 현실적이다. 따라서 여기서 말하는 '**위험회피 목적의 거래**'가 반드시 헤지대상위험 전부에 대한 헤지를 요구하는 것이라고 해석할 수는 없다.24)

둘째, 장외파생상품의 매매에 따른 위험액이 일정한 한도를 초과하지 아니할 것(166조의2 1항 2호). 이 경우 위험액의 의미와 그 한도는 금융위가 정하여 고시한다.

셋째, 장외파생상품을 대상으로 하는 투자매매업자 또는 투자중개업자는 순자본비율(영업용순자본에 총위험액을 차감한 금액을 필요유지자기자본으로 나눈 값) 150% 이상을 유지할 것. 순자본비율이 150%25) 미만일 경우 미달상태가 해소될 때까지 새로운 장외파생상품 매매를 중지하고, 미종결거래 정리나 위험회피 관련업무만을 수행할 수 있다(166조의2 1항 3호).

넷째, 장외파생상품의 매매를 할 때마다 파생상품업무책임자의 승인을 받을 것(166조의2 1항 4호). 다만 금융위가 고시하는 기준을 충족하는 계약으로서 거래당사자 간에 미리 합의된 계약조건에 따라 장외파생상품을 매매하는 경우는 제외한다.

다섯째, 월별 장외파생상품(파생결합증권을 포함)의 매매, 그 중개 · 주선 또는 대리의 거래내역을 다음 달 10일까지 금융위에 보고할 것(166조의2 1항 5호).

여섯째, 기초자산이 신용위험이나 그 밖에 자연적 · 환경적 · 경제적 현상 등에 속하는 위험으로서 합리적이고 적정한 방법에 의하여 가격 · 이자율 · 지표 · 단위의 산출이나 평가가 가

---

23) 적합성 및 설명의무 부분에서 '콜옵션의 계약금액이 기업의 평균적인 외화 순유입액(외화수입액 – 외화지출액)을 넘지 않도록' 해야 한다고 설시하는 등, 가처분 재판부는 수 차례에 걸쳐 적정한 헤지비율은 '예상 외화 순유입액'임을 기준으로 해야 한다고 판단하였다. 서울중앙지법 2009. 7. 3. 선고 2009카합393 결정.

24) 수출기업의 환 헤지의 필요성이 순외화유입액에 국한되는 것이 아니라고 판단한 사례도 있다. 서울고법 2011. 5. 31. 선고 2010나34519 · 34526 판결.

25) 겸영금융투자업자의 경우에는 금융위가 고시하는 경우를 말한다.

능한 것에 해당하는 장외파생상품 및 일반투자자를 대상으로 하는 장외파생상품을 신교로 취급하는 경우 협회의 사전심의를 받을 것(다만, 대통령령[26]으로 정하는 경우는 제외한다)(166조의2 1항 6호).

장외파생상품 거래의 매매에 따른 위험관리, 그 밖에 투자자를 보호하기 위하여 필요한 사항은 금융위가 정하여 고시할 수 있다(166조의2 2항). 금감원장은 투자매매업자 및 투자중개업자의 장외파생상품의 매매 등과 관련하여 이상의 기준 준수 여부를 감독해야 한다(166조의2 3항).

Ⅲ. 장내파생상품 매매규제

앞서 언급한 바와 같이 파생상품거래는 장외거래와 장내거래로 나눌 수 있다. 장외거래는 주로 금융기관의 주도하에 거래당사자간에 개별적으로 다양하게 이루어지고 있다. 파생상품의 장내거래가 어디에서 이루어지는지는 국가에 따라 차이가 있다. 우리나라에서는 한시적으로 주식과 관련된 파생상품은 증권거래소, 그 밖의 파생상품은 별도로 개설된 선물거래소에서 거래하는 것으로 출발하였다. 1996년 처음 도입된 주가지수선물을 시작으로 1997년 주가지수옵션, 2002년 개별주식옵션이 도입되었다. 그 후 증권령을 개정하여 파생상품의 일종인 주식워런트증권과 주가연계증권 그리고 파생결합증권(령 2조의3 1항 6호·7호·8호)이 추가되었다. 한편 2004. 1. 주가지수선물 등 기존의 주식관련파생상품에 관한 증권거래법 규정이 모두 실효됨에 따라(1995. 12. 29. 선물법부칙 6조; 2000. 12. 29. 동시행령부칙 2항) 모든 장내파생상품은 선물법의 적용을 받고 있었다. 자본시장법은 선물법을 폐지·통합함으로써 증권과 장내파생상품을 모두 그 적용범위에 포함하게 되었다.

제4절 장외파생상품과 금융거래법

Ⅰ. 총 설

현재 파생상품시장에서는 경제상황의 변화에 따른 거래계의 새로운 수요를 충족시키기

---

26) 령 177조의2은 다음의 사항을 제외하고 있다. (i) 법 제166조의2 제1항 제6호 가목에 따른 장외파생상품의 기초자산이나 기초자산의 가격·이자율·지표·단위 또는 이를 기초로 하는 지수 등에 관한 정보가 증권시장·파생상품시장, 해외 증권시장·파생상품시장, 그 밖에 금융위원회가 정하여 고시하는 시장에서 충분히 제공되는 경우(다만, 일반투자자를 대상으로 하는 장외파생상품은 제외한다), (ii) 협회의 사전심의를 받은 장외파생상품과 같거나 비슷한 구조의 상품으로서 협회가 정하는 기준을 충족하는 경우, (iii) 앞의 (i) 및 (ii)에 준하는 경우로서 금융위원회가 정하여 고시하는 경우.

위해서 새로운 유형의 상품이 속속 등장하고 있다. 이러한 신종상품의 구조는 극히 복잡하여 극소수의 전문가를 제외하고는 제대로 이해하지 못하는 경우가 대부분이다. 특히 장외파생상품은 당사자의 특수한 수요에 따라 개발된 것이어서 더욱 그러하다. 그렇지만 파생상품거래도 위험이 높은 점을 제외하고는 일반적인 금융거래와 본질적인 차이는 없다. 파생상품거래에서 발생하는 법률문제는 극히 다양하다. 이하에서는 대표적인 것들만을 간단히 소개한다.27)

Ⅱ. 도 박 성

파생상품거래는 우연성을 지니기 때문에 도박에 해당하는지 여부가 문제될 수 있다. 자본시장법은 금융투자업자가 금융투자업을 영위하는 경우에는 형법상 도박죄에 해당하지 않는다는 특칙을 두어 입법적으로 해결하였다(10조 2항)(상세한 논의는 제2장 제5절 Ⅵ. 3. 도박규제의 적용 여부).

Ⅲ. 네팅과 도산법

네팅이란 동일한 당사자 사이에서 동종의 거래를 다수 행하는 경우에 이행기가 동일한 복수의 채권 · 채무를 미리 체결된 합의에 기하여 서로 차감계산하여 하나의 채권으로 만드는 것이다.28) 네팅에는 여러 종류가 있으나, 특히 문제되는 것은 '**일괄청산네팅**'(close-out netting)29)이다. 일괄청산네팅이란 양당사자가 거래의 기본원칙을 규정한 마스터계약서에서 미리 일정한 범위의 채권채무(지급일 및 통화가 다른 것도 포함)에 관해서 당사자 일방에 파산 등의 중도종료사유(파산이나 회생절차 개시신청 등 신용력의 악화에 관한 사유)가 발생하는 경우에는, 통화나 이행기가 다른 미결제의 모든 채권채무를 일괄하여 청산하여 이행기가 도래한 하나의 채권으로 만드는 것을 말한다. 일괄청산은 마스터계약서에서 미리 정한 방법에 따라 현재가치를 계산하여 차감계산함으로써 행한다. 일괄청산네팅은 일방당사자의 도산에 따른 신용위험을 절감시킬 뿐만 아니라 나아가 유동성위험이나 시스템위험도 절감시키는 효과를 갖기 때문에 파생상품거래의 핵심을 이루는 요소가 되고 있다.

민법상의 법정상계규정만으로는 이러한 일괄청산네팅과 같은 효과를 거두는 것은 불가능

---

27) 상세한 논의는, 정순섭, 은행, 제12장 장외파생상품, 421-427면, 430-446면.
28) 이들은 모두 당사자의 합의에 근거하고 있다는 점에서 민법상의 법정상계(492조 이하)보다는 상계계약, 특히 상계의 예약에 가깝다.
29) 경우에 따라 default netting, open contract netting, replacement contract netting 등 여러 가지 이름으로 불리고 있다.

하므로 명시적인 합의가 있어야 한다. 계약자유의 원칙상 이러한 합의가 당사자들 사이에서 유효한 것은 물론이다. 그러나 일괄청산네팅의 합의가 당사자의 채권자와 같은 제3자에 대해서도 효력이 있는가에 대해서는 과거 상당한 의문이 존재하였다. 예컨대 금융회사가 도산한 고객이 자신에 대해서 갖는 채권을 도산당사자에 대한 채권의 담보로 삼을 수 있다면 도산당사자의 다른 채권자들의 이익이 침해될 가능성이 있다. 일괄청산네팅의 효력이 문제되는 것은 실질적으로 이와 같은 효과를 초래하기 때문이다. 이러한 일괄청산네팅은 일견 도산법상 파산관재인 등의 미이행쌍무계약에 관한 선택권에 저촉되는 것처럼 보이기도 한다.

이러한 불확실성을 제거하는 가장 효과적인 방안은 입법에 의한 해결이라고 할 수 있다. 선진 입법례에 따라 우리도 2005년 채무자회생법을 제정하면서 일괄청산네팅과 같은 계약상의 정산이 도산법의 적용을 받지 않는다는 점을 명시하였다(120조 3항, 336조).[30]

Ⅳ. 회사 내지 단체의 권리능력의 제한 여부

민법 제34조는 법인은 '정관으로 정한 목적의 범위내에서' 권리능력을 갖는다고 하고 있다. 학설상으로는 이 규정은 비영리법인에 대해서만 적용되고 영리법인인 회사에 대해서는 적용이 없다고 보는 것이 거의 통설에 가깝다. 그러나 대법원은 회사도 그 규정의 적용을 받아 정관의 소정목적의 범위 내에서만 권리능력이 인정된다고 보면서, 다만 그 목적범위를 넓게 해석함으로써 현실적인 불합리를 피하고 있다. 따라서 파생상품거래가 도박에 해당하지 않고 공서양속에도 반하지 않는다고 하더라도 당사자가 법인이나 단체인 경우에는 파생상품거래가 과연 권리능력 범위 내에 속하는 것인가가 문제될 여지가 있다.[31]

파생상품거래를 업무로 하는 금융기관의 경우에는 당연히 할 수 있다고 하겠지만 일반회사의 경우에는 의문이 없지 않다. 파생상품거래가 가능하다는 취지의 규정이 정관에 있다면 문제가 없을 것이다. 그러나 파생상품거래에 대해서 따로 정관에 규정을 둔 회사는 거의 없는 실정이다. 과연 그러한 회사는 스왑거래를 할 수 있는 권리능력이 있다고 볼 것인가? 적어도 업무상 위험관리차원에서 일반적으로 파생상품거래를 행할 필요가 인정되는 회사는 정관에 명시적인 규정이 없는 경우에도 할 수 있다고 보아야 할 것이다.[32] 그러나 판례가 기존의 태

---

30) 상세한 논의는 정순섭, "통합도산법상 금융거래의 특칙에 관한 연구 — '채무자 회생 및 파산에 관한 법률' 제120조 제3항의 해석론을 중심으로", 『증권법연구』 제6권 제2호, 2005, 245-269면.

31) 실제 이 문제는 회사보다는 비영리법인, 지방자치단체 등의 경우에 주로 논의되고 있다.

32) 권리능력의 범위를 정관에 기재된 목적으로 한정하는 이른바 능력외법리(ultra vires doctrine)의 본고장이라고 할 수 있는 영국에서는 최근의 회사법개정으로 이 법리는 거의 유명무실화되었다. 즉 영국의 2006년 회사법(Companies Act 2006)은 거래회사가 행한 행위의 유효성을 그것이 정관소정의 목적범위 외라는 이유로 공격하는 것을 금하고 있다(39조 1항). 또한 회사와 거래하는 선의의 제3자는 이사회의 권한을 제한하는 회사 정관규정의 적용을 받지 않는다(40조 1항).

도를 고수하는 한 그러한 파생상품거래의 필요가 인정되지 않는 회사의 거래는 권리능력범위 외의 행위로 무효가 될 가능성이 없지 않다.[33]

판례는 공익법인이 주무관청의 허가 없이 기본재산(현금 5억 원)을 투자중개업자에게 예탁한 예탁금으로 외국환증거금거래를 하였다가 손실을 입은(예탁한 5억 원 중 1억 8,100여만 원만 회수함) 사건에서, 외국환증거금거래계약의 체결 및 이를 위한 위탁계좌의 개설은 주무관청 허가 없는 기본재산의 용도변경행위로서 공익법인법에 반하여 효력이 없음을 인정하였다(대법원 2022. 10. 14. 선고 2018다244488 판결).[34]

V. 이사의 선관주의의무와의 관계

파생상품거래에는 권리능력범위의 문제 이외에도 회사법적인 문제로 이사의 선관주의의무에 관한 문제가 존재한다. 먼저 이사가 적극적으로 파생상품거래를 이용하여 위험을 회피할 의무가 있는가 하는 문제가 있다. 이 문제에 대해서는 아직 별로 논의가 없다. 업무상 금리나 환율의 변동으로 인한 위험에 노출되는 정도가 큰 회사의 경영진은 그러한 위험을 적절히 관리할 수 있는 체제를 갖출 필요가 있다. 따라서 금융기관은 물론이고 무역이나 금융면에서 국제적인 거래를 많이 행하는 대기업의 이사는 환율변동위험에 적절히 대처하지 않아서 손해를 입은 경우에는 선관주의의무 위반으로 회사에 손해배상책임을 질 수 있다(상 399조).[35] 물론 이사가 위험을 헤지하지 않기로 한 결정이 여러 상황을 고려한 신중한 판단에 근거한 것이라면, 후에 예상과는 달리 손해를 보게 된 경우에도 책임을 지지 않을 것이다('**경영판단의 원칙**'). 만약 이사가 스스로 국제금융에 전문적인 지식을 갖추지 못한 경우에는 전문가의 조언을 얻어야 할 것이다.

현실적으로 보다 심각한 것은 회사가 해야 할 파생상품거래를 하지 않아서 발생하는 문제가 아니라 파생상품거래를 잘못해서 생기는 문제일 것이다. 파생상품거래를 계속적으로 행하는 은행 기타 회사에서는 적절한 내부통제체제를 갖출 필요가 있다. 기본적인 것은 거래를 결정하는 딜러기능과 거래결과를 정확하게 평가·파악하는 관리기능을 분리하는 것이다.

---

33) 파생상품거래의 효력을 부인하고자 하는 회사측에서는 권리능력의 문제와 아울러 파생상품거래가 거래담당자의 대리권을 넘어서 이루어졌음을 주장할 가능성도 있으나 이 문제는 파생상품거래에 고유한 것은 아니므로 따로 논하지 않기로 한다.

34) 다만 원고의 부당이득반환청구는 현존이익이 없음을 이유로 기각한 원심판결을 확정하였다. 원심은 서울고법 2018. 6. 1. 선고 2017나2036879 판결. 자본시장법상 투자일임계약 체결은 기본재산의 현상에 변동을 일으키는 행위로서 공익법인의 건전성을 유지하고자 하는 공익법인법의 입법목적을 침해할 우려가 있는 기본재산의 '용도변경'에 해당한다고 본 판결도 있다. 서울고법 2015. 1. 15. 선고 2014나2006334 판결. 대법원은 처분권주의와 변론주의에 반한다는 이유로 받아들이지 않았다. 대법원 2018. 10. 25. 선고 2015다205536 판결.

35) 그러한 판결의 예로는 Brane v Roth, 590 N.E.2d 587(Ind.Ct.App. 1992); In re Compaq Securities Litigation, 848 F. Supp 1307, 1315-1316 (S. D. Texas, 1993).

파생상품거래에 관한 대형스캔들 중에는 이러한 내부관리체제가 제대로 갖추어졌더라면 —적어도 그렇게 큰 규모로는— 생겨나지 않았을 경우가 많았다. 만약 앞으로도 내부통제체제의 정비에 소홀하여 그러한 사고가 발생하는 경우에는 당해 기업의 이사의 선관주의의무 위반이 인정될 가능성이 높을 것이다.

제23장 | 신용평가

제1절 서 언

신용평가는 자본시장에서의 증권거래는 물론 대출시장에서도 신용위험의 평가와 관리를 위한 기초가 되고 있다. 증권의 발행과 인수는 물론 대출의 실행을 위하여 반드시 필요한 발행가격이나 금리를 포함한 조달비용의 산정을 위한 기본자료로서 역할을 담당하고 있다.

문제는 신용평가를 일반적인 금융업의 하나로 이해할 것인지 아니면 매매체결이나 청산, 결제와 같은 자본시장인프라로 볼 것인지이다. 이러한 성질결정에 따라 그 범위의 획정과 규제방안 그리고 발행인등이나 투자자에 대한 책임과 감독 및 처분의 기본원칙이 달라질 수 있다.

우리나라에서는 종래 신용평가를 단순히 신용에 관한 사항으로 보아 신용정보업과 함께 신용정보법에서 규율하다가 자본시장 기초인프라의 하나로 새롭게 인식하면서 자본시장법으로 이관하였다. 적절한 판단으로 생각된다.

신용평가회사의 신용등급을 규제수단으로 이용하기도 한다. 예컨대 일정한 범위의 연기금은 일정 수준 이상의 신용등급을 가진 증권에 한정하여 투자할 수 있게 하는 것이 대표적이다. 그러나 신용등급 자체를 규제수단으로 활용하는 것은 신중한 판단이 필요하다. 신용등급 자체가 일정한 가정과 변수를 전제한 전문가적 의견의 하나에 불과하기 때문이다.

제2절 신용평가업의 의의와 범위에서는 적용범위를 획정하기 위한 대상을 정의하고 제도적 기능을 확인한다. 제3절 신용평가업의 규제에서는 신용평가회사의 진입규제와 지배구조규제 그리고 행위규제를 정리한다. 제4절 신용평가회사의 책임에서는 신용평가를 의뢰한 발행인등에 대한 책임과 투자자에 대한 책임을 살펴본다. 신용평가에 관한 자본시장법상 논의에서 가장 핵심적인 부분이라고 할 수 있다. 제5절 감독 및 처분에서는 신용평가회사에 대한 감독과 처분의 개요를 검토한다.

제2절 신용평가업의 의의와 범위

Ⅰ. 의   의

신용평가(credit rating)는 자본시장에서의 증권발행은 물론 프로젝트 파이낸싱과 같은 기업금융업무의 수행에 기본적인 인프라 기능을 제공한다. 신용평가는 발행인은 물론 발행되는 개별 증권에의 신용등급을 부여함으로써 자본시장에 참여하는 투자자와 금융투자업자에게 중요한 투자판단 및 업무자료를 제공한다. 기능적인 면에서 신용평가는 "이해관계자로부터 독립적인 위치에 있는 신용평가회사가 전문적인 분석력과 판단능력을 기초로 하여 특정증권이나 그것을 발행한 기업이 상환의무를 이행할 수 있는가를 종합적으로 평가한 결과를 일정한 기호로 등급화하여 공시하는 서비스"라고 할 수 있다.[1]

종래 신용평가에 대한 규제는 거의 존재하지 않았다. 미국과 EU가 신용평가에 대한 규제를 본격적으로 도입한 것은 2008년 글로벌 금융위기 이후이다. 미국과 EU, 일본 등은 2008년 이후 자본시장 문지기로서의 역할[2]을 고려하여 신용평가회사에 대한 규제를 새로이 도입하거나 강화하였다.[3] 종래 우리나라에서는 신용정보법에서 신용정보업과 함께 신용평가업을 규제해 왔다. 2013. 5. 28. 개정 자본시장법은 자본시장 인프라로서의 신용평가업의 경제적 기능을 고려하여 이를 자본시장법의 적용대상으로 이관하였다. 신용평가회사를 금융투자업자와 같은 업자로 규제할 것인지 아니면 자본시장 인프라 운영기관의 하나로 규제할 것인지는 규제내용뿐만 아니라 향후의 감독실무에도 미치는 영향이 매우 크다. 자본시장법은 이를 신용평가회사라고 하여 금융투자업 관계기관의 하나로 규정해서 자본시장 인프라 운영기관으로 규제하고 있다.

자본시장법은 신용평가업을 금융투자상품, 기업·집합투자기구 그 밖에 시행령으로 정하는 자에 대한 "신용상태를 평가하여 그 결과에 대하여 신용등급(기호, 숫자 등을 사용하여 표시한 등급)을 부여하고 그 신용등급을 발행인, 인수인, 투자자, 그 밖의 이해관계자에게 제공하

---

[1] 이인호, 한국의 신용평가제도, 서울대출판부, 2007, 1면.
[2] 문지기(gatekeeper)는 국내에서도 일반적으로 사용되는 개념이다. 송옥렬, "신용평가회사의 문지기책임", 『BFL』 제82호, 2017, 72면("송옥렬(2017)"로 인용).
[3] 미국의 도드-프랭크 월가개혁 및 소비자보호법(Dodd-Frank Wall Street Reform and Consumer Protection Act 2010), EU의 '신용평가회사규칙'(EU Regulation No. 1060/2009 on Credit Rating Agencies), 일본의 2009년 금융상품거래법 개정이 대표적이다. Andrea Miglionico, The Governance of Credit Rating Agencies: Regulatory Regimes and Liability Issues, Edward Elgar, 2019, pp95-152("Miglionico(2019)"로 인용). 기본적인 접근은 IOSCO, Code of Conduct Fundamentals for Credit Rating Agencies: Final Report, FR05/2015, March 2015에서 확인할 수 있다.

거나 열람하게 하는 행위를 영업으로 하는 것"으로 정의하고 있다(9조 26항). 구신용정보법은 **'신용평가업무'**를 "투자자를 보호하기 위하여 금융상품 및 신용공여 등에 대하여 그 원리금이 상환될 가능성과 기업 · 법인 및 간접투자기구 등의 신용도를 평가하는 행위"라고 정의하였다 (2조 12호). 이처럼 양 법상 신용평가업의 정의에는 상당한 차이가 존재한다. 이하에서는 자본시장법상 신용평가업의 정의를 구체적으로 살펴본다.[4]

Ⅱ. 적용범위

1. 신용평가의 대상

신용평가의 대상은 금융상품과 발행인을 포함한다. 자본시장법은 "금융투자상품"과 "기업 · 집합투자기구 그 밖에 시행령으로 정하는 자"를 신용상태 평가대상으로 규정하여, 상품은 금융투자상품으로, 그리고 발행인은 기업 · 집합투자기구 그 밖에 시행령으로 정하는 자로 규정하고 있다. 이러한 정의는 구신용정보법상 "금융상품 및 신용공여 등에 대한 원리금이 상환가능성"과 "기업 · 법인 및 간접투자기구 등의 신용도"라고 한 것과 차이가 있다. 다음 3가지 사항에 주목할 필요가 있다.

첫째, 신용평가의 대상으로서 금융상품 중 금융투자상품만을 명시하고 구신용정보법상 신용공여를 평가대상에서 삭제하였다. 이는 자본시장법상 업무의 정의는 금융투자상품을 기초로 정의되고 있는 점, 신용공여는 자본시장법의 직접 적용대상이 아닌 점을 고려한 것으로 보인다.

둘째, 신용평가의 대상을 기업과 집합투자기구 이외에 국가, 지자체, 법률에 따라 직접 설립된 법인, 민법, 그 밖에 관련 법령에 따라 허가 · 인가 · 등록 등을 받아 설립된 비영리법인으로 확대함으로써(령 14조의3 1호-4호) 비영리법인도 신용평가의 대상으로 명시하였다.

셋째, 신용상태라는 것은 원리금 상환가능성과 신용도를 포괄적으로 부르는 용어로서 신용위험의 상태를 나타낸다. 전자는 특정한 금융투자상품과 관련한 그리고 후자는 대상기업 등의 일반적인 신용상태를 의미한다.

2. 신용평가의 범위

자본시장법은 신용평가업무의 내용을 구신용정보법상 "원리금 상환 가능성과 신용도를

---

4) 자본시장법상 신용평가의 정의는 일본 금융상품거래법상 정의와 매우 유사하다. 일본 금융상품거래법 제2조 제34항은 '신용격부'란 "금융상품 또는 법인(이와 유사한 것으로서 내각부령으로 정하는 것을 포함)의 신용상태에 관한 평가(신용평가)의 결과에 관하여 기호 또는 숫자(이와 유사한 것으로서 내각부령으로 정하는 것을 포함)를 사용하여 표시한 등급(주로 신용평가 이외의 사항을 감안하여 정해지는 등급으로서 내각부령으로 정하는 것을 제외)"을 말한다.

평가하는 행위"에서 "신용상태를 평가하여 신용등급을 부여하고, 이를 발행인, 인수인, 투자자, 그 밖의 이해관계자에게 제공하거나 열람하게 하는 행위"로 변경하였다. 신용평가는 발행인이나 특정 금융투자상품에 대한 신용상태, 즉 신용위험에 대한 평가업무와 이를 이해관계자들에게 제공 또는 열람하게 하는 공시업무로 구성된다.

그러면 구신용정보법상 신용평가업무에 속하였던 "은행, 금융기관 등의 기업 등에 대한 신용공여의 원리금상환 가능성에 대한 평가업무"를 신용평가회사가 할 수 있는가? 자본시장법은 이를 신용평가회사의 부수업무로 규정하였다(335조의10 2항 1호). 그러면 신용평가회사 이외의 자들도 이 업무를 할 수 있는가? 자본시장법상 부수업무는 업자의 여유, 인적 또는 물적 설비를 활용하여 하는 수익창출행위로서 다른 업자들의 영위를 금지할 수 없다. 따라서 예컨대 전문적인 평가능력을 갖추고 있는 은행 등이 이러한 행위를 영위할 가능성도 부정할 수 없다.

3. 신용평가의 결과

신용평가의 결과는 신용등급으로 표시된다. 신용등급은 신용평가의 결과를 기호, 숫자 등을 사용하여 표시한 등급을 말한다. 신용평가회사는 신용평가의 결과에 따라 발행인이나 발행된 증권의 신용위험에 대해서 일정한 기호, 숫자 등을 사용하여 서열화하는 작업을 하게 된다. 자본시장법은 구체적인 신용등급의 부호체계에 대해서는 시장에 맡기고 있다.

제3절 신용평가업의 규제

I. 진입규제

1. 일반적 금지와 인가

자본시장법은 신용평가회사의 진입규제를 구신용정보법상 허가주의에서 인가주의로 변경하였다(335조의3). 이에 따라 인가를 받은 자를 신용평가회사라 한다(9조 17항 3호의2). 장기간에 걸친 신뢰구축을 통하여 자본시장에서 신용을 확보한 국제적인 신용평가회사들에 비하여, 국내 신용평가회사가 시장에서의 신뢰를 확보하기 위해서는 앞으로도 상당한 시일을 요한다. 종래 신용정보법은 이를 반영하여 신용평가회사의 진입규제로서 허가주의를 유지해 왔다. 자본시장법은 허가를 인가로 변경하였지만, 신용평가회사의 자본시장 인프라로서의 특수한 지위를 고려할 때 그들의 진입에 대해서는 여전히 많은 제약이 따를 것으로 생각된다.

누구든지 자본시장법상 신용평가업 인가를 받지 않고 신용평가업을 영위할 수 없다(335

조의2). 이에 위반하여 인가를 받지 않고 그 업무를 영위한 자는 5년 이하의 징역 또는 2억원 이하의 벌금에 처한다(444조 22호). 다만, 투자자 보호 및 건전한 거래질서를 해할 우려가 없 는 경우로서 시행령으로 정하는 경우는 제외한다(335조의2). 시행령은 신용정보법상 기업신용 조회회사의 기업·법인에 대한 기업신용등급제공업무 및 기술신용평가업무로서 일정 요건을 충족하는 경우5)를 예외로 규정한다(령 324조의2).

신용평가회사가 아닌 자는 신용평가 또는 이와 유사한 명칭을 사용할 수 없다(335조의7 본문). 다만 시행령으로 정하는 경우는 예외로 한다(335조의7 단서). 신용정보법 개정에 따라 전문개인신용평가업 및 개인사업자신용평가업의 도입을 고려한 예외이지만 현재 시행령에는 별도 규정이 없다.

2. 인가요건

1) 원 칙

신용평가업 인가를 받으려는 자는 다음 요건을 모두 갖추어야 한다(335조의3 2항).

(i) 상법상 주식회사, 그 밖에 시행령으로 정하는 법인일 것
(ii) 50억원 이상의 자기자본을 갖출 것(령 324조의3 2항)
(iii) 사업계획이 타당하고 건전할 것
(iv) 신뢰성 있는 신용등급을 지속적으로 생산하기에 충분한 인력 및 전산설비, 그 밖의 물적 설비를 갖출 것
(v) 임원이 적격성을 갖출 것
(vi) 대주주가 충분한 출자능력, 건전한 재무상태 및 사회적 신용을 갖출 것
(vii) 신용평가회사와 투자자 또는 발행인 사이의 이해상충방지체계를 갖출 것

신용평가회사의 인가요건도 금융투자업자의 인가요건에 준하여 규정되어 있고, 종래의 신용정보법상 허가요건과 거의 동일하다. 인가요건에 관하여 필요한 세부사항은 시행령으로 정한다(335조의3 3항; 령 324조의3).

2) 법적 형태

신용평가회사는 상법에 따른 주식회사, 그 밖에 시행령으로 정하는 법인6)이어야 한다

---

5) 시행령은 다음 3가지 요건을 규정하고 있다(령 324조의2 1호-3호).
  (i) 기업에 대한 신용정보를 신용정보주체 또는 그 신용정보주체의 상거래의 상대방 등 이해관계를 가지는 자에게만 제공할 것
  (ii) 위 (i)에 따라 신용정보를 제공할 때 기업신용등급제공업무 및 기술신용평가업무임을 알릴 것
  (iii) 기업신용등급제공업무 및 기술신용평가업무를 하는 기업신용조회회사의 신용정보를 만들어 내는 부서와 영업부서(335조의8 2항 1호에 따른 영업조직에 준하는 부서)의 분리에 관하여 내부통제기준을 마련할 것
6) 시행령은 따로 정하고 있지 않다.

(335조의3 2항 1호). 원칙적으로 주식회사의 법적 형태를 갖출 것을 요구한 것은 주식회사의 지배구조가 가장 엄격하고 잘 정착된 회사형태임을 고려한 것이다. 다만, 이러한 요건을 충족하더라도 상호출자제한기업집단에 속하는 회사가 10%를 초과하여 출자한 법인, 시행령으로 정하는 금융기관[7]이 10%를 초과하여 출자한 법인, 이러한 회사가 최대주주인 법인은 제외한다. 신용평가회사의 신용평가업무의 대상이 되는 기업이나 법인은 이들 기업이나 금융기관 또는 이들 기업이나 금융기관의 지배를 받는 기업이나 법인일 가능성이 높으므로 신용평가회사와 평가대상기업 등 사이의 이해상충을 원천적으로 배제하기 위한 것이다.

이에 위반한 경우, 상호출자제한기업집단에 속하는 회사 또는 지분규제대상 금융기관(335조의3 2항 1호 나목)이 같은 10% 출자한도를 초과하여 신용평가회사의 주식이나 출자지분을 보유하는 경우 의결권이 제한되고, 처분명령 등의 조치가 이루어질 수 있다(335조의13). 첫째, 10% 초과분에 대한 의결권 행사의 제한은 금융위의 별도 처분 없이 법률의 규정에 의하여 자동으로 발생한다(335조의13 1항 전단). 그리고 위반자는 지체없이 그 한도에 적합하도록 해야 한다(335조의13 1항 후단). 둘째, 금융위는 상호출자제한기업집단에 속하는 회사 또는 지분규제대상 금융회사가 10% 출자한도를 초과하여 보유하고 있는 신용평가회사의 주식이나 출자지분을 처분할 것을 6개월 이내의 기간을 정하여 명할 수 있다(335조의13 2항).

3) 자기자본의 적정성

신용평가회사는 50억원 이상의 자기자본을 갖추어야 한다(335조의3 2항 2호; 령 324조의3 2항).

4) 사업계획의 타당성과 건전성

신용평가회사는 타당성과 건전성을 갖춘 사업계획을 가지고 있어야 한다(335조의3 2항 3호). 사업계획의 타당성과 건전성은 수지전망이 타당하고, 실현 가능성이 있을 것, 사업계획에 따른 조직구조 및 관리·운용체계가 이해상충 및 불공정행위의 방지 등에 적합할 것, 법령을 위반하지 않고, 건전한 신용평가업무의 영위를 해칠 염려가 없을 것의 3가지 기준에 따라 판단한다(령 324조의3 3항 1호-3호).

---

7) 시행령은 이러한 금융기관으로 은행, 금융지주회사, 산업은행, 수출입은행, 정책금융공사, 중소기업은행, 주택금융공사, 자본시장법에 따른 투자매매업자·투자중개업자·신탁업자·집합투자업자·증권금융회사·종합금융회사·자금중개회사 및 명의개서대행회사, 상호저축은행과 그 중앙회, 농업협동조합과 그 중앙회, 수산업협동조합과 그 중앙회, 산림조합과 그 중앙회, 신용협동조합과 그 중앙회, 새마을금고와 그 연합회, 보험회사, 여신전문금융회사, 기술신보, 신보, 신용보증재단과 그 중앙회, 무역보험공사, 예금보험공사 및 정리금융기관, 외국에서 이러한 금융기관과 유사한 금융업을 경영하는 금융기관, 외국 법령에 따라 설립되어 외국에서 신용정보법상 신용정보업 및 채권추심업 중 어느 하나에 해당하는 업무를 수행하는 자를 규정하고 있다(령 324조의3 1항).

5) 인적·물적 설비

신용평가회사는 신뢰성 있는 신용등급을 지속적으로 생산하기에 충분한 인력 및 전산설비, 그 밖의 물적 설비를 갖추어야 한다(335조의3 2항 4호). 이에 대해서는 공인회계사 5명 이상과 금융위가 고시하는 요건을 갖춘 증권 분석·평가업무 경력자 5명 이상을 포함하여 20명 이상의 상시고용 신용평가 전문인력8)을 갖출 것과 신용평가를 하는 데 필요하다고 금융위가 고시하는 전산설비 및 자료관리체제를 갖출 것의 2가지 기준에 비추어 적합성을 판단해야 한다(령 324조의3 4항 1호·2호).

6) 임원의 적격성

신용평가회사의 임원의 적격성 요건에 대해서는 지배구조법상 임원에 관한 제5조가 적용된다(335조의3 2항 5호).

7) 대주주의 적격성

신용평가회사의 대주주는 충분한 출자능력, 건전한 재무상태 및 사회적 신용을 갖추어야 한다. 여기서 대주주는 금융투자업자의 대주주(12조 2항 6호 가목)와 같다(335조의3 2항 6호). 대주주의 자격요건은 시행령 [별표 13의2]의 요건에 적합해야 한다(령 324조의3 5항).

8) 이해상충방지

신용평가회사는 신용평가회사와 투자자 또는 발행인 사이의 이해상충을 방지하기 위한 체계를 갖추어야 한다(335조의3 2항 7호).

3. 인가절차

1) 신청과 심사

신용평가회사의 인가를 받으려는 자는 인가신청서를 금융위에 제출해야 한다(335조의4 1항). 신용평가업인가를 받으려는 자는 예비인가를 신청한 경우로서 예비인가 신청시에 제출한 예비인가신청서 및 첨부서류의 내용이 변경되지 아니한 경우에는 그 부분을 적시하여 이를 참조하라는 뜻을 기재하는 방법으로 인가신청서의 기재사항 중 일부를 기재하지 아니하거나 첨부서류 중 그 첨부서류의 제출을 생략할 수 있다(령 324조의4 3항).

금융위는 인가신청서를 접수한 때에는 그 내용을 심사하여 3개월 이내에 인가 여부를 결정하고, 그 결과와 이유를 지체없이 신청인에게 문서로 통지해야 한다(335조의4 2항 전단). 이

---

8) 다만, 분석·평가하려는 증권(자산유동화법상 유동화증권이 아닌 증권)의 발행인들이 경영하고 있는 업종(「통계법」 제22조 제1항에 따라 통계청장이 고시하는 한국표준산업분류의 대분류에 해당되는 업종)이 3개 이하이거나 자산유동화법상 유동화증권만을 평가하는 경우에는 공인회계사 5명 이상과 증권 분석·평가업무 경력자 5명 이상의 상시고용 신용평가 전문인력을 갖추어야 한다.

경우 인가신청서에 흠결이 있는 경우에는 보완을 요구할 수 있다(335조의4 2항 후단).9)

금융위의 심사권의 범위 등은 금융투자업자의 인가에 대한 심사와 동일하다. 금융위는 인가를 한 경우에는 인가 내용을 관보 및 인터넷 홈페이지 등에 공고해야 한다(335조의4 6항 1호). 인가신청서의 기재사항·첨부서류 등 인가의 신청에 관한 사항과 인가심사의 방법·절차, 그 밖에 필요한 사항은 시행령으로 정한다(335조의4 7항; 령 324조의4 1항·2항·12항). 거짓, 그 밖의 부정한 방법으로 인가를 받은 경우에는 인가를 취소할 수 있다(335조의15 1항 1호).

2) 인가의 조건

금융위는 인가를 하는 경우에는 신용평가회사의 경영의 건전성 확보 및 건전한 시장질서 유지에 필요한 조건을 붙일 수 있다(335조의4 4항). 금융위는 신용평가업 인가에 조건을 붙인 경우에는 그 이행 여부를 확인해야 한다(령 324조의4 11항). 인가조건을 위반한 경우에는 인가를 취소할 수 있다(335조의15 1항 2호).

조건부 인가를 받은 자는 사정변경이나 그 밖에 정당한 사유가 있는 경우에는 금융위에 조건의 취소 또는 변경을 요청할 수 있다(335조의4 5항 전단). 이 경우 금융위는 2개월 이내에 조건의 취소 또는 변경 여부를 결정하고, 그 결과를 지체없이 신청인에게 문서로 통지해야 한다(335조의4 5항 후단). 금융위는 인가를 한 경우에는 인가 조건을, 그리고 인가 조건을 취소하거나 변경한 경우 그 내용을 관보 및 인터넷 홈페이지 등에 공고해야 한다(335조의4 6항 2호·3호).

4. 예비인가

신용평가업 본인가를 받으려는 자는 미리 금융위에 예비인가를 신청할 수 있다(335조의5 1항). 금융위는 예비인가를 신청받은 경우에는 2개월 이내에 본인가 요건을 갖출 수 있는지 여부를 심사하여 예비인가 여부를 결정하고, 그 결과와 이유를 지체없이 신청인에게 문서로 통지해야 한다(335조의5 2항 전단). 이 경우 예비인가신청에 관하여 흠결이 있는 때에는 보완을 요구할 수 있다(335조의5 2항 후단). 예비인가에 관한 구체적인 사항은 금융투자업 예비인가와 동일하다. 예비인가의 신청서 및 그 기재사항·첨부서류 등 예비인가의 신청에 관한 사항과 예비인가심사의 방법·절차, 그 밖에 예비인가에 관하여 필요한 사항은 시행령으로 정한다(335조의5 6항; 령 324조의5).

5. 인가요건의 유지

신용평가회사는 신용평가업인가를 받아 그 업무를 영위함에 있어서 인가요건을 유지해야 한다(335조의6). 금융투자업자의 경우와는 달리 인가요건 중 인가유지요건에서 완화하는 경우

---

9) 심사기간을 산정함에 있어서 인가신청서 흠결의 보완기간 등 시행규칙(36조의2)으로 정하는 기간은 이를 산입하지 않는다(335조의4 3항).

는 없다. 인가요건 유지의무를 위반한 경우에는 인가를 취소할 수 있다(335조의15 1항 3호).

Ⅱ. 업무범위규제

1. 겸영업무

자본시장법은 신용평가회사가 영위할 수 있는 겸영업무를 투자자 보호 및 건전한 거래질서를 해할 우려가 없는 업무로서 채권평가회사의 업무 그 밖에 시행령으로 정하는 업무를 규정하고 있다(335조의10 1항 1호·2호). 현재의 시행령에서는 별도의 업무를 규정하고 있지 않다. 자본시장법이 신용평가회사의 겸영업무를 규정하면서 붙이고 있는 **"투자자 보호 및 건전한 거래질서를 해할 우려가 없는 업무"**라는 조건의 해석이 문제된다. 자본시장법은 법령상 겸영업무로 열거되더라도 **"투자자 보호 및 건전한 거래질서를 해할 우려가 없는 업무"**일 것을 요구하는 것으로 해석된다. 따라서 예컨대 자본시장법상 겸영업무로 규정되어 있는 채권평가회사의 업무라도 투자자 보호를 침해하거나 건전한 거래질서를 해할 우려가 있는 경우에는 허용될 수 없다고 해석해야 할 것이다.

2. 부수업무

신용평가회사는 다음 업무를 포함한 부수업무를 영위할 수 있다(335조의10 2항).

1) 신용공여의 원리금상환 가능성 평가업무(335조의10 2항 1호)

신용평가회사는 은행, 그 밖에 시행령으로 정하는 금융기관의 기업 등에 대한 신용공여의 원리금상환 가능성에 대한 평가업무를 영위할 수 있다. 여기서 **'시행령으로 정하는 금융기관'**은 은행, 증권금융회사, 여신금융회사 등을 말한다(령 324조의7 1항, 10조 2항 1호-10호).

2) 금융기관 평가업무(335조의10 2항 2호)

신용평가회사는 은행, 보험회사, 그 밖에 시행령으로 정하는 금융기관의 지급능력, 재무건전성 등에 대한 평가업무를 영위할 수 있다. 여기서 **'시행령으로 정하는 금융기관'**은 위 1)의 경우와 같다(령 324조의7 1항).

3) 시행령 업무(335조의10 2항 3호; 령 324조의7 2항)

신용평가회사는 그 밖에 시행령으로 정하는 업무로서 사업성평가, 가치평가 및 기업진단 업무, 신용평가모형과 위험관리모형의 개발 및 제공 업무, 그 밖에 금융위가 고시하는 업무를 영위할 수 있다.

4) 기타 업무

이상 3가지 업무는 예시적 열거규정으로 해석되어야 한다. 자본시장법은 신용평가회사의 부수업무를 '**다음 업무를 포함한 신용평가업에 부수하는 업무**'라고 하여 이러한 취지를 명시하고 있다(335조의10 2항). 따라서 위 3가지 유형에 속하지 않더라도 신용평가업에 부수하는 업무에 해당하는 것으로서 자본시장법 제335조의10 제4항에 의하여 준용되는 금융투자업자의 부수업무제한사유(41조 2항 1호-3호)에 해당하지 않는 경우에는 모두 부수업무로 영위할 수 있다.

3. 겸영업무 및 부수업무의 영위

1) 신고주의

신용평가회사는 겸영업무 또는 부수업무를 영위하기 위해서는 영위하려는 날의 7일 전까지 이를 금융위에 신고해야 한다(335조의10 3항). 신고주의는 겸영업무와 부수업무의 양자에 대해서 모두 적용된다. 여기서 신고주의는 특히 부수업무의 경우에 자본시장법에서 직접 열거하고 있는 업무에 대해서도 적용된다고 볼 것인지 여부가 문제된다. 문언상 당연히 신고주의의 대상이 된다.

2) 업무제한사유

부수업무의 영위에 관해서는 금융투자업자의 부수업무제한사유(41조 2항 1호-3호)가 준용된다(335조의10 4항). 신용평가회사가 부수업무의 영위를 위하여 일정한 사항을 신고한 경우 그 내용이 금융투자업자의 경영건전성을 저해하는 경우, 인가를 받거나 등록한 금융투자업의 영위에 따른 투자자 보호에 지장을 초래하는 경우, 금융시장의 안정성을 저해하는 경우에는 금융위는 그 부수업무의 영위를 제한하거나 시정할 것을 명할 수 있다(41조 2항 1호-3호). 그러나 현재 자본시장법은 금융투자업자의 부수업무를 사후보고의 대상으로 하고 있다. 이를 고려하여 해석하되, 입법적으로 정리되어야 한다.

여기서 문제되는 것은 금융투자업자의 부수업무에 관한 제한규정인 자본시장법 제41조 제2항을 신용평가회사의 겸영업무에 대해서도 준용된다고 볼 수 있는지 여부이다. 금융투자업자의 부수업무에 관한 제한규정인 자본시장법 제41조 제2항의 문언상 겸영업무에 대해서는 준용되지 않는다. 앞서 살펴본 바와 같이 자본시장법은 신용평가회사의 겸영업무를 규정하면서 "**투자자 보호 및 건전한 거래질서를 해할 우려가 없는 업무**"라는 조건을 두고 있으므로 특별히 문제가 되지 않는다.

Ⅲ. 지배구조

1. 임   원

임원 및 대주주변경승인 등에 대한 내용은 신용평가회사 및 그 임원에게 준용된다(335조의8 1항; 지배구조법 5조, 31조(5항 제외)}.

2. 내부통제기준

1) 내부통제기준의 수립

신용평가회사는 그 임직원이 직무를 수행할 때 준수할 적절한 기준 및 절차로서 신용평가내부통제기준을 정해야 한다(335조의8 2항). 내부통제기준은 다음 사항을 포함해야 한다(335조의8 2항; 령 324조의6 1항 1호-4호).

(i) 평가조직과 영업조직의 분리에 관한 사항
(ii) 이해상충방지체계에 관한 사항
(iii) 불공정행위의 금지에 관한 사항
(iv) 신용평가 대상의 특성에 적합한 신용평가기준 도입에 관한 사항
(v) 신용평가 관련 자료의 기록 및 보관에 관한 사항
(vi) 신용평가의 적정성을 검토하기 위한 내부절차 마련에 관한 사항
(vii) 임직원의 신용평가내부통제기준의 준수 여부 점검에 관한 사항
(viii) 그 밖에 신용평가내부통제기준에 관하여 필요한 사항으로서 금융위가 고시하는 사항

신용평가회사는 신용평가내부통제기준을 제정하거나 변경하려는 경우에는 이사회의 결의를 거쳐야 한다(령 324조의6 2항). 금융위는 금융감독원장의 검사결과 법령을 위반한 사실이 드러난 신용평가회사에 대하여 법령 위반행위의 재발방지를 위하여 신용평가내부통제기준의 변경을 권고할 수 있다(령 324조의6 3항).

2) 준법감시인

(1) 선   임

신용평가회사는 신용평가내부통제기준의 준수 여부를 점검하고 신용평가내부통제기준을 위반하는 경우 이를 조사하여 감사위원회 또는 감사에게 보고하는 자로서 준법감시인을 1인 이상 두어야 한다(335조의8 3항). 그러나 자산규모, 매출액 등을 고려하여 시행령으로 정하는 법인은 제외한다. 시행령은 최근 사업연도말을 기준으로 자산총액이 100억원 미만인 법인을 제외하고 있다(령 324조의6 4항). 신용평가회사의 규모를 고려하여 준법감시인의 선임으로 얻을 수 있는 규제상 이익과 그 선임에 소요되는 비용을 형량하여 일정 규모 미만의 신용평가회사에 대한 준법감시인 선임의무를 면제한 것이다.

준법감시인의 기능과 관련하여 지배구조법은 "준법감시인은 필요하다고 판단하는 경우 조사결과를 감사위원회 또는 감사에게 보고할 수 있다"고 규정하고 있다(25조 1항 후단). 이는 종래 "감사위원회 또는 감사에게 보고하는 자"라고 한 것을 명령복종관계가 아니라는 취지에

서 변경한 것이다. 지배구조법 취지에 따라 개정되어야 한다.

(2) 직　무

준법감시인은 선량한 관리자의 주의로 그 직무를 수행해야 한다(335조의8 4항 전단). 그러나 이해상충의 가능성이 있는 직무의 수행을 금지하고 있다(335조의8 4항 후단 1호-3호). 금지되는 직무는 해당 신용평가회사의 고유재산운용업무·신용평가업 및 그 부수업무·겸영업무(335조의10)의 수행이다. 신용평가회사의 준법감시인에게는 지배구조법상 임원, 준법감시인의 임면과 자격요건, 준법감시인에 대한 금융회사의 의무에 관한 규정(5조, 25조 3항, 26조 1항 1호 및 30조)을 준용한다(335조의8 5항).

Ⅳ. 행위규제

1. 독립성·공정성·충실성 유지의무

신용평가회사 및 그 임직원은 신용평가에 관한 업무를 함에 있어 독립적인 입장에서 공정하고 충실하게 그 업무를 수행해야 한다(335조의9). 신용평가업무의 독립성은 신용평가요청인인 기업 등으로부터의 독립을, 공정성은 신용평가요청인인 기업 등에 대한 동등한 기준을 비롯한 신용평가방법의 적용을, 그리고 충실성은 신용평가요청인인 기업 등의 이익을 우선해야 한다는 것을 의미한다. 이에 위반하여 신용평가에 관한 업무를 함에 있어 독립적인 입장에서 공정하고 충실하게 업무를 수행하지 않은 경우에는 신용평가회사와 그 임직원에 대하여 영업정지 등 일정한 조치를 취할 수 있다(335조의15 2항-4항 [별표 9의2] 14호; 령 [별표 13의3] 10호). 자본시장법은 이러한 의무를 구체화하여 신용평가회사의 이해상충방지의무를 별도로 규정하고 있다(335조의11 7항). 또한 신용평가회사의 신용평가내부통제기준은 그 내용의 하나로서 평가조직과 영업조직의 분리에 관한 사항과 이해상충방지체계에 관한 사항을 포함해야 한다(335조의8 2항 1호·2호).

2. 영업개시의무

자본시장법은 신용평가업인가를 받은 자는 그 인가를 받은 날부터 6개월 이내에 영업을 시작해야 한다는 영업개시의무를 규정하고 있다(령 324조의4 10항 본문). 다만, 금융위가 그 기한을 따로 정하거나 신용평가업인가를 받은 자의 신청을 받아 그 기간을 연장한 경우에는 그 기한 이내에 그 인가받은 영업을 시작할 수 있다(령 324조의4 10항 단서). 영업지속의무에 대해서는 금융투자업자의 경우와 마찬가지로 명시적으로 규정하고 있지는 않지만, 영업을 시작한 후 정당한 사유 없이 인가받은 업무를 6개월 이상 계속해서 하지 아니한 경우를 인가취소사

유의 하나로 규정하여 영업지속의무를 인정하고 있다(335조의15 1항 8호; 령 324조의10 4항 1
호). 영업개시의무나 영업지속의무에 위반한 경우에는 인가를 취소할 수 있다(335조의15 1항
8호; 령 324조의10 4항 1호).

　　금융투자업자의 경우와 마찬가지로 '6개월 이내에 영업'을 시작하지 않거나 '인가받은 업무
를 6개월 이상 계속해서 하지 아니한 경우'라고 할 때의 영업이나 업무의 의미가 문제될 것이다.
역시 금융투자업자의 경우와 마찬가지로 영업과 업무는 같은 의미로서 겸영업무나 부수업무
를 제외한 신용평가업 그 자체, 구체적인 신용평가 요청인에 대한 신용평가서의 작성을 위한
계약의 체결과 신용평가의 수행 그 자체를 말한다. 영업개시의무와 달리 영업지속의무에 대
해서는 '정당한 사유'가 있는 경우에는 예외적으로 허용된다. 정당한 사유는 천재지변이나 국
제적인 금융위기와 같은 객관적인 사유를 의미하고, 신용평가회사의 내부적인 사정 등 주관
적인 사유는 포함하지 않는다고 해석해야 할 것이다.

3. 행위규칙

1) 신용평가방법에 따른 신용평가

　　신용평가회사는 금융위가 고시하는 바에 따라 신용평가방법을 정하고, 그 방법 등에 따
라 신용평가를 해야 한다(335조의11 1항). 여기서 신용평가방법은 신용등급의 부여 · 제공 · 열
람에 제공하기 위한 방침 및 방법을 말한다. 신용평가회사는 신용평가방법을 정하거나 변경
한 경우에는 금융위, 거래소 및 협회에 이를 제출해야 한다(335조의12 1항). 거래소가 복수 존
재하는 경우 모든 거래소에 제출해야 한다. 신용평가회사는 신용평가요청인에 대한 신용평가
를 하는 경우에는 재무상태 · 사업실적 등 현재의 상황과 사업위험 · 경영위험 및 재무위험 등
미래의 전망을 종합적으로 고려해야 한다(335조의11 2항). 신용평가요청인은 신용평가를 요청
한 자이다.

2) 신용평가서의 작성 및 제공

　　신용평가회사는 신용평가서를 작성해야 한다(335조의11 3항). 신용평가서는 신용평가의
결과를 기술한 것으로서 신용등급과 신용평가회사의 의견, 신용평가가 허용되는 해당 신용평
가회사와 출자관계에 있는 자와 관련한 신용평가를 하는 경우에 그 출자관계에 관한 사항, 그
밖에 투자자 등의 합리적 의사결정에 필요한 정보로서 금융위가 고시하는 사항을 포함한 서
류를 말한다.

　　신용평가회사는 요청인에게 신용평가서를 제공하는 경우 신용평가실적서, 그 밖에 그 신
용평가회사의 신용평가능력의 파악에 필요한 것으로서 금융위가 고시하는 서류를 함께 제공
해야 한다(335조의11 4항). 신용평가실적서는 신용평가회사가 부여한 신용등급별로 원리금 상

환 이행률 등을 기재한 것을 말한다.

예컨대 회사채 발행회사 등이 신용평가회사를 사전에 접촉해 좋은 신용등급을 제시하는 곳을 고르는 '**신용등급 쇼핑**' 관행과 관련하여 신용평가서의 제공시기가 문제된다. 이와 관련하여 과거 금감원의 '**신용평가등급의 공시 등 업무 모범규준**'에서 신용평가회사가 서면에 의한 신용평가계약을 체결하지 아니하고 개략적인 신용평가 결과 또는 신용등급 범위 등을 포함한 예상신용평가결과 또는 특정 신용평가등급의 부여 가능 여부를 직·간접적으로 요청인 등에게 제공하는 것을 금지하고 있다{4조(구두의뢰에 의한 신용평가 금지 등)}. 현재 이 모범규준은 폐지되었다. 대신 자본시장법 시행령에서 "신용평가계약의 체결을 유인하기 위하여 신용등급을 이용하는 행위"를 금지하고 있다(령 324조의8 4항 5호). "신용평가계약을 체결하기 전에 특정 신용등급이 부여될 가능성 또는 예상되는 신용등급(신용등급의 범위를 포함한다)에 대한 정보를 요청인 또는 그의 이해관계자에게 제공하는 행위"도 금지하고 있다(령 324조의8 4항 4호). 여기서 '**신용평가계약을 체결하기 전에**'를 근거로 구두의뢰에 의한 신용평가는 금지된다. 또한 '**신용평가의 실시를 위한 계약서류**'를 3년간 보존해야 한다(령 324조의8 2항 1호).

3) 기록보존의무

신용평가회사는 요청인의 주소와 성명, 요청받은 업무내용 및 요청받은 날짜, 요청받은 업무의 처리내용 또는 제공한 신용평가서 및 제공한 날짜, 그 밖에 투자자 보호 및 건전한 거래질서 유지를 위하여 기록보존이 필요한 것으로서 시행령으로 정하는 사항에 대한 기록을 3년간 보존해야 한다(335조의11 5항 1호-4호). 여기서 '**그 밖에 시행령으로 정하는 사항**'은 신용평가의 실시를 위한 계약서류 및 신용평가와 관련하여 수취한 수수료의 내역, 신용등급을 변경한 경우 그 변경내역 및 사유, 신용평가를 위하여 요청인 또는 그의 이해관계자에게 제공하거나 요청인 또는 이해관계자로부터 제출받은 자료를 말한다(령 324조의8 2항).

4) 비밀유지의무

신용평가회사의 임직원이나 임직원이었던 자는 직무상 알게 된 요청인의 비밀을 누설하거나 이용할 수 없다(335조의11 6항 본문). 다만, 요청인이 제공·이용에 동의한 목적으로 이용하는 경우, 법원의 제출명령 또는 법관이 발부한 영장에 따라 제공되는 경우, 그 밖에 법률에 따라 제공되는 경우는 제외한다(335조의11 6항 단서 1호-3호).

5) 이해상충방지의무

신용평가회사는 이해상충의 방지를 위하여 일정한 행위를 할 수 없다(335조의11 7항). 자본시장법은 이해상충가능성이 특히 높은 행위와 이를 회피하기 위한 일정한 행위를 금지하고 있다.

첫째, 관계회사에 대한 신용평가(335조의11 7항 1호)이다. 신용평가회사와 일정 비율 이상의 출자관계에 있는 등 특수한 관계에 있는 자로서 시행령으로 정하는 자와 관련된 신용평가를 하는 행위. 여기서 '**시행령으로 정하는 자**'는 (ⅰ) 해당 신용평가회사에 5% 이상 출자한 법인, (ⅱ) 해당 신용평가회사가 5% 이상 출자한 법인, (ⅲ) 해당 신용평가회사와 계열회사의 관계에 있는 법인, (ⅳ) 해당 신용평가회사와 (ⅰ)-(ⅲ)의 관계에 있는 법인이 40% 이상 출자한 법인, (ⅴ) 그 밖에 신용평가업무와 이해상충소지가 있는 자로서 금융위가 고시하는 자를 말한다(령 324조의8 3항).

둘째, 상품 구매 등의 강요(335조의11 7항 2호)이다. 신용평가회사는 신용평가과정에서 신용평가회사 또는 그 계열회사의 상품이나 서비스를 구매하거나 이용하도록 강요하는 행위를 할 수 없다.

셋째, 그 밖에 신용평가회사는 투자자 보호 또는 건전한 거래질서를 해할 우려가 있는 행위로서 시행령으로 정하는 행위를 할 수 없다(335조의11 7항 3호). 여기서 '**시행령으로 정하는 행위**'는 신용평가과정에서 다른 신용평가회사와 면담, 협의 또는 자료제공 등의 방법을 통하여 신용평가대상의 신용등급에 영향을 미치는 정보를 교환하는 행위, 신용평가와 관련하여 금융위가 고시하는 기준을 위반하여 신용평가 요청인 및 그의 이해관계자에게 재산상 이익을 제공하거나 이들로부터 재산상 이익을 제공받는 행위, 관계회사에 대한 신용평가(335조의11 7항 1호)와 상품구매 등의 강요(335조의11 7항 2호)에 대한 금지나 제한을 회피할 목적으로 하는 행위로서 신용평가회사 상호간에 특수한 관계에 있는 자에 대하여 교차하여 신용평가를 하는 행위, 계열회사의 상품이나 서비스의 구매와 관련하여 연계거래 등을 하는 행위, 신용평가계약의 체결을 유인하기 위하여 신용등급을 이용하는 행위, 그 밖에 투자자 보호나 신용평가의 독립성·공정성을 해칠 염려가 있는 행위로서 금융위가 고시하는 행위를 말한다(령 324조의8 4항 1호-6호).

4. 신용평가서의 제출 및 공시

1) 의 의

자본시장법은 투자자에게 공시할 필요성이 있는 일정한 경우에 신용평가서와 그 적정성 등에 관한 서류를 금융위 등에 제출하게 하고 있다. 투자자에게 공시함으로써 신용평가의 독립성·공정성·충실성(335조의9)과 함께 그 내용의 적정성을 확인하기 위한 것으로 추측된다. 신용평가회사의 책임을 추궁할 때 기본적인 자료로 활용될 수 있을 것이다.

2) 제출의무

첫째, 신용평가회사는 자본시장법 또는 금융관련법령에 따라 발행인 등에 대하여 신용평가를 받게 한 경우(의무평가기준), 증권신고서·사업보고서 등 자본시장법 또는 금융관련 법령에 따라 의무적으로 작성되는 서류에 신용평가서를 첨부하는 경우(의무첨부기준), 그 밖에 투자자 보호 및 건전한 거래질서를 위하여 필요한 경우로서 시행령으로 정하는 경우에는 신용평가서를 금융위, 거래소 및 협회에 제출해야 한다(335조의12 2항). 여기서 '**시행령으로 정하는 경우**'란 위 의무평가나 의무첨부기준에 따라 제출한 신용평가서의 신용등급이 변동되는 경우를 말한다(335조의12 2항 3호; 령 324조의9 1항). 제출처는 금융위, 거래소 및 협회로서 거래소가 복수 존재하는 경우 모든 거래소에 제출해야 한다. 둘째, 신용평가회사는 신용평가의 적정성 등에 관한 것으로서 금융위가 고시하는 서류를 금융위, 거래소 및 협회에 제출해야 한다(335조의12 3항).

3) 공시의무

금융위와 거래소는 제출받은 서류 중 시행령으로 정하는 제출대상서류를 3년간 일정한 장소에 갖추어 두고, 인터넷 홈페이지 등을 이용하여 공시해야 한다(335조의12 4항; 령 324조의9 2항). 제출대상서류와 그 제출 및 비치·공시시기는 [표 23-1]과 같다(령 324조의9 2항, 3항).

▌표 23-1   신용평가회사의 제출대상서류와 그 제출 및 비치·공시시기

구분	제 출 대 상 서 류	제 출 시 기	비 고
1	신용평가방법	제정 또는 개정일로부터 10일 이내	령 324조의9 2항·3항; 규정 8-19 조의12
2	신용평가서	신용평가의 종료일로부터 10일 이내	
3	신용평가실적서	매분기말 기준으로 작성하여 기준일부터 10일 이내	
4	신용등급변화표	매년말 기준으로 작성하여 기준일부터 20일 이내	
5	평균누적부도율표		
6	기타 금융위가 고시하는 서류	금융위 고시	

5. 임직원의 금융투자상품매매 등

임직원의 금융투자상품 매매에 관한 규정도 준용되고 있으므로 신용평가회사의 임직원도 동일한 규제의 대상이 된다(335조의14 1항, 63조). 신용평가회사의 임직원도 신용평가업무를 수행하는 과정에서 발행인이나 금융투자상품에 관한 미공개중요정보에 접근할 가능성이 매우 높기 때문이다.

6. 업무보고서 제출의무

금융투자업자의 업무보고서 제출에 관한 규정이 신용평가회사에 준용되고 있으므로 신용평가회사는 매사업연도 개시일부터 3·6·9·12개월간의 업무보고서를 작성하여 일정한 기간 이내에 금융위에 제출해야 한다(335조의14 1항, 33조 1항). 신용평가회사의 경영상황파악을 위한 기본자료이다.

제4절 신용평가회사의 책임

I. 의   의

신용평가회사가 신용평가업무를 수행하는 과정에서 지게 되는 책임은 크게 신용평가를 의뢰한 발행인 등이나 투자자에게 손해를 입힌 경우에 지게 되는 민사책임으로서의 손해배상책임과 형사책임으로 나눌 수 있다.

신용평가회사의 민사책임으로서의 손해배상책임은 신용평가와 관련한 계약위반으로 인한 채무불이행책임(민 390조), 불법행위책임(민 750조) 외에 자본시장법상 발행공시서류나 유통공시서류의 부실기재에 대한 손해배상책임이 있다(125조, 162조). 또한 종래 신용정보법상 손해배상책임(43조)의 적용 여부가 논의되어 왔다. 신용평가회사의 형사책임으로는 개정 (2013. 5. 28) 전 신용정보법상 신용평가업무를 하면서 고의 또는 중대한 과실로 해당 금융투자상품, 법인 및 간접투자기구에 대한 투자자 및 신용공여자 등에게 중대한 손실을 끼치는 일을 금지하고 이에 위반한 경우 형벌을 부과하고 있었다(동법 50조 2항 7호, 40조 6호).

민법상 일반법리에 따른 책임에 대해서는 특별히 논의할 필요가 없고 증권신고서등의 부실기재관련 책임에 대해서는 제2편 제5장과 제6장에서 이미 논의하였으므로 이 절에서는 신용정보법상 책임에 대해서만 살펴본다.

II. 민사책임

1. 외국법상의 변화[10]

신용평가회사의 손해배상책임과 관련하여 신용평가결과의 공표를 헌법상 표현의 자유의 대상으로 인식하는 경향이 특히 미국을 중심으로 존재하였다.[11] 이를 반영하여 1933년 증권법상 SEC 규칙 436(g)는 채무증권, 전환채무증권, 우선주 등에 대한 신용평가회사(nationally recognized statistical rating organization: NRSRO)의 신용평가는 증권법 제7조 및 제11조에서 규정하는 전문가 작성 또는 인증한 증권신고서의 일부로 간주되지 않으므로 신용평가회사는 ① 증권신고서나 투자설명서에 자신의 명칭이나 신용평가의 이용과 관련한 서면동의를 제출

---

10) 영국과 미국, EU와 호주의 현황에 대해서는 Miglionico(2019), pp154-257.
11) 박휘일, "신용평가에 따른 손해배상청구의 법적 문제", 『경영법률』 제17집 제2호, 2008, 142-147면. 미국에 대해서는, 송옥렬(2017), 77-80면.

할 필요가 없고, ② 증권법 제11조상 강화된 책임의 대상이 되지 않는다고 규정하고 있었다. 그러나 2010년 도드-프랑크 월가개혁 및 소비자보호법은 SEC 규칙 436(g)를 폐지하여 미국의 신용평가회사도 증권법상 손해배상책임을 지게 되었다(Section 939G). EU의 신용평가회사 규칙도 신용평가회사에 대한 민사책임규정을 도입하였다{Art.35a(1)}.[12] 동 규칙은 잘못된 신용평가의 행위태양을 명세서를 통해 구체적으로 제시하고 있고, 그 위반이 고의나 중과실에 의하여 이루어지고 신용평가에 영향을 준 경우에만 책임을 인정하며, 반면 이용자에게 그 자신이 투자결정에 요구되는 주의를 다하고 신용평가 결과를 신뢰하였음에 대한 입증책임을 부담하도록 하여 신용평가사의 책임범위와 정도를 제한하고 있다.[13]

2012. 11. 5. 호주연방법원은 구조화상품의 신용등급 부여와 관련하여 신용평가회사가 신용평가시 투자자에게 주의의무를 부담하며, 당해 사안에서 신용평가기관이 주의의무를 위반하였다고 보아 손해배상책임을 진다고 판결하였다{Bathurst Regional Council v Local Government Financial Services Pty Ltd (No 5) [2012] FCA 1200}.[14] 또한 일본의 하급심 판결 중 신용평가회사가 신용등급평가에 관하여 매우 엄격한 요건 아래 제3자에게 불법행위에 기한 손해배상책임을 부담할 수 있음을 설시한 예가 있다{名古屋高裁 2005. 6. 29. 宣告 平成17年(ネ)第296號判決}.[15]

2. 투자자에 대한 책임

자본시장법상 신용평가업무에서 주로 문제되는 것은 그 평가에 의존한 투자자의 손해이다. 2008년 이후 미국에서는 서브프라임 대출을 유동화자산으로 하는 자산유동화증권에 대한 투자로 손해를 입은 투자자들이 신용평가회사를 상대로 소송을 제기하는 사례가 있다. 국내에도 신용평가회사의 부적정한 신용평가에 기초한 신용등급을 믿고 기업어음에 투자하여 손해를 입은 투자자가 그로 인한 손해배상을 청구한 사안에서 신용평가회사의 책임을 부정한 사례가 있다{서울고법 2007. 11. 30. 선고 2007나1557 판결(확정); 대법원 2008. 6. 26. 선고 2007다90647 판결}. 위 판결의 사안은 다음과 같다.

신용평가사들이 갑주식회사 발행어음을 투자적격인 B등급으로 평정하여 이를 믿고 대상어음을 매수한 투자자가 갑사의 부도로 손해를 입은 사안에서 원고인 투자자가 피고 신용평가사에

12) Regulation (EU) No 462/2013 of the European Parliament and of the Council of 21 May 2013 amending Regulation (EC) No 1060/2009 on credit rating agencies Text with EEA relevance, OJ L 146, 31. 5. 2013, pp1-33. 송옥렬(2017), 80-81면; Chiara Picciau, "The Civil Liability of Credit Rating Agencies to Investors in the EU", Olha O. Cherednychenko(ed), Financial Regulation and Civil Liability in European Law, Edward Elgar, 2020, pp181-201.
13) 이정수, "신용평가업 규제의 현황과 문제점 그리고 개선방향", 『증권법연구』 제17권 제1호, 2016, 312-313면.
14) 그러나 이 사건은 구조화파생상품의 평가에 관한 주의의무위반이 명백한 사안이라는 점에서 일반화하기는 어렵다는 평가가 있다. 호주에 대해서는, 송옥렬(2017), 81-83면 특히 73면.
15) 송옥렬(2017), 72-73면 주 1).

게 신용평정에 대한 주의의무를 위반한 과실로 인하여 투자자가 입은 손해의 배상을 청구한 사안이다. 법원은 제출된 증거만으로는 피고 신용평가사들이 갑사 발행 기업어음에 대한 신용평정시 주의의무를 위반하여 B등급으로 평정하였다는 원고 주장을 인정하기에 부족하고, 달리 이를 인정할 증거가 없으며, B등급의 기업어음은 환경변화에 따라 적기상환능력이 크게 영향을 받을 수 있어 투기적 요소가 내포된 등급으로 C등급과 함께 투기등급으로 분류되는 점 등에 비추어 갑사가 사후 부도를 냈다는 사정만으로는 피고 신용평가사들의 평정이 잘못되었다고 볼 수 없다고 판단하였다.

이 판결은 신용평가회사의 신용평정시 어떠한 주의의무를 지는지에 대하여 전혀 언급이 없어 소송에서 중요한 쟁점으로 부각되지 않은 것으로 보인다.

자본시장법상 증권신고서 등의 부실기재에 대해서는 그 기재사항이나 첨부서류가 진실 또는 정확하다고 증명하여 서명한 신용평가전문가의 손해배상책임이 인정되고 있다(125조, 162조).[16] 문제는 신용평가회사의 신용등급 부여가 어떤 경우에 증권신고서 등의 부실기재에 해당하게 되는지이다. 증권신고서 등의 부실기재에 따른 손해배상책임의 요건은 "중요사항에 관하여 거짓의 기재 또는 표시가 있거나 중요사항이 기재 또는 표시되지 아니함으로써 입은 손해"이다. 발행인은 일반적으로 증권신고서나 투자설명서, 또는 사업보고서 등에 채무증권이나 주식 등의 신용등급을 인용하게 된다. 신용등급은 투자자의 투자판단에 중대한 영향을 미치는 사실로서 중요사항에 해당한다. 이 때 무엇이 신용등급에 관한 거짓기재 또는 기재누락에 해당하는 것인가가 문제될 수 있다. 신용평가의 기준이 법적으로 정하여져 있다면 그 기준 준수 여부가 신용평가가 적법하게 이루어졌는지 여부 및 거짓기재 · 기재누락 여부에 대한 일차적인 판단기준이 될 것이다. 외부감사인의 감사보고서과 비상장법인의 주식공모시 공모가액평가분석기관의 분석[17]에 대하여는 법규상 기준이 정해져 있어 위법성 유무 또는 거짓기재 · 기재누락의 판단에 어려움이 없다. 신용평가회사에 대하여는 법률에 독립성 · 공정성 준수의무(335조의9)와 행위규칙(335조의11 2항)만이 규정되어 있고, 구체적인 신용평가업무 처리방법은 신용평가회사가 스스로 정하여 금융위와 거래소에 제출하여 공시한다(335조의 12). 신용평가회사가 법률에 규정된 의무 또는 스스로 정한 평가방법을 위반하여 신용평가를 하고 그

---

16) 미국도 도드-프랭크 월가개혁 및 소비자보호법으로 증권신고서에 신용등급을 기재할 때 신용평가회사의 동의(Consent Letter)를 받게 하였다.

17) 대법원은 분석기관이 공모가액의 적정성에 대하여 평가를 할 경우 재무에 관한 사항은 원칙적으로 기업회계기준을 따라야 하고, 그 이외의 사항 또한 유가증권 분석 전문가로서의 평균적 지식에 비추어 객관적이고 합리적이라고 볼 수 있는 방법에 따라 평가할 주의의무가 있다고 보고, 분석기관이 자신의 평가의견이 주식공모에 참가하는 투자자들의 이용에 제공된다는 사정을 인식하면서도 기업회계기준에 반하여 불합리하게 유가증권을 평가하거나 지나치게 합리성이 결여되고 객관적 정당성을 상실한 방법에 따라 평가를 한 경우에는 위법하다고 보아야 한다고 판시하고 당해 사안에서는 분석기관의 불법행위 책임을 인정하였다(대법원 2010. 1. 28. 선고 2007다16007 판결). 대법원은 이러한 판시의 근거로 분석기관의 평가에 관한 당시 금융감독위원회 규정의 여러 조항을 언급하였다.

신용평가 내용이 증권신고서에 기재되도록 한 경우에는 거짓기재 또는 기재누락에 해당하게
된다. 시장에 제공되는 정보의 검증책임은 발행인이나 인수인등은 물론 신용평가회사의 당연
한 책무이다.[18] 경우에 따라서는 자본시장법상의 책임 이외에 민법상의 불법행위 책임이 문
제될 수도 있다. 이외에 자본시장법상 신용평가회사의 투자자에 대한 책임에 관한 특칙을 둘
필요는 없을 것으로 본다.[19]

이 경우에 신용등급을 증권신고서 등에 기재하는 것에 대한 신용평가회사의 동의가 있었
는지 여부도 문제될 수 있다. 일반적으로 신용등급을 포함한 신용평가서는 그 평가서상에 기
재된 용도 외에는 사용할 수 없다. 공모를 전제로 발행예정증권에 대한 신용평가를 받는 경우
이는 당연히 증권신고서 등에의 기재를 전제로 하고 있다고 해석된다.

투자자가 신용평가회사의 신용평가 및 신용등급 부여가 부적정한 것임을 이유로 손해배
상청구를 하기 위해서는 그 부적정함을 증명해야 한다. 이를 위해서 증명자료 확보가 관건이
다. 신용평가회사는 증권신고서 등 자본시장법상 의무적으로 작성되는 서류에 신용평가서를
첨부하는 경우와 그에 따라 제출한 신용평가서의 신용등급이 변동되는 경우 신용평가서를 금
융위, 거래소 및 협회에 제출해야 한다(335조의12 2항; 령 324조의9 1항). 그리고 신용평가회사
는 신용평가의 적정성 등에 관한 것으로서 금융위가 고시하는 서류를 금융위, 거래소 및 협회
에 제출해야 한다(335조의12 3항). 이렇게 제출·공시된 서류는 신용평가회사의 책임을 추궁할
때 기본자료가 될 것이다.

3. 신용평가요청인 등에 대한 책임

자본시장법은 신용평가요청인이나 신용평가대상인 기업 등에 대한 신용평가회사의 손해
배상책임에 관하여는 별도의 특칙을 두고 있지 않으므로 민법상 일반원칙으로 해결하게 된
다. 종래 구신용정보법 제43조에 근거한 손해배상책임이 신용평가회사에 적용되는지 여부에
대하여 논의가 있었지만, 자본시장법은 신용평가회사에 관한 규정을 이관하면서 동조를 자본
시장법에 포함하지 않는 방법으로 삭제하였다(부칙 16조 16항).

Ⅲ. 형사책임

구신용정보법은 신용정보회사에 대하여 신용평가업무를 하면서 고의 또는 중대한 과실로
해당 금융투자상품, 법인 및 간접투자기구에 대한 투자자 및 신용공여자 등에게 중대한 손실
을 끼치는 일을 금지하고, 이에 위반한 경우 3년 이하의 징역 또는 3천만원 이하의 벌금에

---

18) 이정두·홍사랑, "신용평가의 신뢰성 제고를 위한 제도개선 방향 — 구조화금융 신용평가를 중심으로 —", 『증권법연구』 제20권 제1호, 2019, 63면.
19) 이정수(2016), 312-313면

처한다는 규정을 두고 있었다{개정(2013. 5. 28) 전 신용정보법 50조 2항 7호, 40조 6호}. 동조에 대해서는 신용평가회사의 투자 정보의 생산을 위축시킬 수 있다는 비판이 있었다.[20] 자본시장법은 2013. 5. 28. 개정에서 신용평가회사에 관한 규정을 이관하면서 신용정보법 제40조 제6호를 삭제하였다(부칙 16조 16항).

제5절 감독 및 처분

I. 감독 및 검사

금융투자업자에 대한 금융위의 감독(415조), 금융위의 조치명령권(416조), 금융위의 승인사항(417조)과 금융위에 대한 보고사항(418조)에 관한 규정은 신용평가회사에 준용된다(335조의14 1항). 금융투자업자에 대한 금융위의 검사권에 관한 규정(419조 1항, 5항-7항, 9항)도 한국은행과 관련된 3개항을 제외하고 신용평가회사에 준용된다(335조의14 1항).

II. 처 분

금융위는 신용평가회사에 일정한 사유가 있는 경우에는 인가취소, 영업정지 등의 조치를 취할 수 있다(335조의15 1항·2항, 법 [별표 9의2]; 령 324조의10 1항·5항).

금융위는 신용평가회사의 임원이 일정한 사유에 해당하는 경우에 해임요구, 6개월 이내의 직무정지, 문책경고, 주의적 경고, 주의 등의 조치를 할 수 있다(335조의15 3항, 1항 1호-5호, 7호·8호, 법 [별표 9의2]; 령 324조의10 1항·6항·7항). 금융위는 신용평가회사의 직원이 일정한 사유에 해당하는 경우에는 면직, 6개월 이내의 정직, 감봉, 견책, 경고, 주의 등의 조치를 그 신용평가회사에 요구할 수 있다(335조의15 4항, 1항 1호-5호, 7호·8호, 법 [별표 9의2]; 령 324조의10 1항·6항·7항).

금융위는 신용평가회사의 임직원에 대하여 조치를 하거나 이를 요구하는 경우 그 임직원에 대하여 관리·감독의 책임이 있는 임직원에 대한 조치를 함께 하거나 이를 요구할 수 있다(335조의15 5항, 422조 3항 본문). 다만, 관리·감독의 책임이 있는 자가 그 임직원의 관리·감독에 상당한 주의를 다한 경우에는 조치를 감면할 수 있다(335조의15 5항, 422조 3항 단서).

금융투자업자 및 그 임직원에 대한 조치 등과 관련한 청문, 처분 등의 기록 및 공시 등, 이의신청 등의 절차는 신용평가회사 및 그 임직원에 대한 조치 등에 관하여 준용한다(335조의15 5항, 423조-425조).

---

20) 박임출, "신용평가 규제법제의 입법론적 과제", 『증권법연구』 제10권 제2호, 2009, 258면.

판례색인

[하 급 심]

사항색인

저자 주요 약력

김 건 식

서울대 법대 법학사 및 법학석사
하버드법대 LL.M.
워싱턴주립대 법대 J.D. & Ph.D.
서울대 법대 학장 겸 법학전문대학원 원장 역임
한국상사법학회 회장 역임
서울대 법학전문대학원 교수
현재 서울대 법학전문대학원 명예교수

주요 저서
회사법 (박영사, 2023 공저)
회사법연구 Ⅰ, Ⅱ (2010), Ⅲ (2021)
기업지배구조와 법 (2010)
미국의 증권규제 (홍문사, 2001 공저)

정 순 섭

서울대 법대 법학사
호주 멜버른대학교 대학원 법학박사
금융위원회 비상임위원 역임
은행법학회 금융정보학회 금융소비자학회 회장 역임
현재 한국금융투자협회 자율규제위원장(비상임)
        서울대 법학전문대학원 교수

주요 저서
금융법 (홍문사, 2023)
은행법 (지원출판사, 2017)
신탁법 (2021)
자본시장법 기본판례 (소화, 2021 공저)

제 4 판
자본시장법

초판발행   2009년 3월 7일
제 4 판발행   2023년 9월 10일
중판발행   2024년 1월 5일

지은이   김건식 · 정순섭
펴낸이   안종만 · 안상준

편 집   김선민
기획/마케팅   조성호
표지디자인   이영경
제 작   고철민 · 조영환

펴낸곳   (주) 박영사
              서울특별시 금천구 가산디지털2로 53, 210호(가산동, 한라시그마밸리)
              등록 1959. 3. 11. 제300-1959-1호(倫)
전 화   02)733-6771
f a x   02)736-4818
e-mail   pys@pybook.co.kr
homepage   www.pybook.co.kr
ISBN   979-11-303-4496-6   93360

copyright©김건식 · 정순섭, 2023, Printed in Korea

정 가   65,000원